Opera Omnia S. Thomæ

Tomus XI

Commentaria in Epistolas Sancti Pauli

Vol. I

[Latin Edition]

Ad Romanos, 1 et 2 ad Corinthios

S. Thoma Aquinatis

© Mediatrix Press MMXIV

Præoratio

Cum singuli de Summa Theologiae S. Thomae cognatus essent, generatim ignorarent de suis operibus alteris. Nos igitur iterum conati sunt imprimere ea Latine, pro doctoribus discipulisque, non solum ad linguam Latinam propagandam sed etiam Thomam legendam in originale, quae est necessitas qui doctorem angelicum cognoscet.

Ita reformavimus et instruximus textas S. Thomae ad legendum facile et intellegendum a lectore moderne, instruente in columnas, remanuimus fideles ad traditionem. Sperimus quia haec nova editio Operum Omnium S. Thomae erit proficua ad omnes laborantes in Philosophiam et Theologiam.

Mediatrix Press

Post Falls, Idaho

2014

Table of Contents

Epistula Ad Romanos. 1
   Prologus. 1
   Capitulus I. 5
   Capitulus II. 47
   Capitulus III. 67
   Capitulus IV. 86
   Capitulus V. 101
   Capitulus VI. 125
   Capitulus VII. 138
   Capitulus VIII. 157
   Capitulus IX. 193
   Capitulus X. 218
   Capitulus XI. 231
   Capitulus XII. 253
   Capitulus XIII. 271
   Capitulus XIV. 289
   Capitulus XV. 308
   Capitulus XVI. 323

Prima Epistula ad Corinthios. 331

Prologus..331

Capitulus I...331

Capitulus II..352

Capitulus III...365

Capitulus IV...384

Capitulus V..396

Capitulus VI...407

Capitulus VII..420

Capitulus XI...427

Capitulus XII..466

Capitulus XIII...483

Capitulus XIV...498

Capitulus XV..520

Capitulus XVI...558

Secunda Epistula ad Corinthios..............565

Capitulus I...565

Capitulus II..579

Capitulus III...588

Capitulus IV...599

Capitulus IV...611

Capitulus VI...628

Capitulus VII. 641

Capitulus VIII. 650

Capitulus IX. 660

Capitulus X. 666

Capitulus XI. 673

Capitulus XII. 692

Capitulus XIII. 716

Epistula Ad Romanos

Prologus

Prooemium

Vas electionis est mihi iste, etc.. Act. IX, 15.

Homines in sacra Scriptura inveniuntur vasis comparati propter quatuor, scilicet: propter constitutionem, repletionem, usum et fructum.

Primo enim quantum ad constitutionem.

Vas enim artificis arbitrio subiacet. Ier. XVIII, 4: fecit illud vas alterum, sicut placuerat ei. Sic et constitutio hominum subiacet Dei arbitrio, de quo in Ps. XCIX, 3: ipse fecit nos et non ipsi nos. Unde Isaias XLV, 9 dicit: numquid dicit lutum figulo suo: quid facis? et infra IX, 20: numquid dicit figmentum ei, qui se finxit: quid me fecisti sic? et inde est quod secundum voluntatem Dei artificis diversa invenitur vasorum constitutio. I Tim. II, 20: in magna autem domo non solum sunt vasa aurea et argentea, sed etiam lignea et fictilia.

Beatus autem Paulus, quia vas electionis nominatur in verbis propositis, quale vas fuerit, patet per id quod dicitur Eccli. L, 10: quasi vas auri solidum ornatum omni lapide pretioso.

Aureum quidem vas fuit propter fulgorem sapientiæ, de qua potest intelligi quod dicitur Gen. II, 12: et aurum terræ illius optimum est, quia, ut dicitur Prov. III, 15, pretiosior est cunctis opibus. Unde et beatus Petrus testimonium perhibet ei dicens. I petr. III, 15: sicut et charissimus frater noster Paulus secundum datam sibi sapientiam scripsit vobis.

Solidum quidem fuit virtute charitatis, de qua dicitur Cant.Cap. Ultimo: fortis est ut mors dilectio. Unde et ipse dicit Rom. VIII, 38 s.: certus sum enim quia neque mors neque vita, etc. Poterunt nos separare a charitate Dei.

Ornatum autem fuit omni lapide pretioso, scilicet omnibus virtutibus, de quibus dicitur I Cor. III, 12: si quis superædificat supra fundamentum hoc, aurum, argentum, lapides pretiosos, etc.. Unde et ipse dicit II Cor. I, 12: gloria nostra hæc est, testimonium conscientiæ nostræ, quod in simplicitate cordis et in sinceritate Dei et non in sapientia carnali, sed in gratia Dei conversati sumus in hoc mundo.

Quale autem fuerit istud vas patet ex hoc quod talia propinavit: docuit enim excellentissimæ divinitatis mysteria, quæ ad sapientiam pertinent, ut patet I Cor. II, 6: sapientiam loquimur inter perfectos, commendavit etiam excellentissime charitatem, I Cor. XIII, instruxit homines de diversis virtutibus, ut patet Col. III, 12: induite vos sicut electi Dei, sancti et dilecti, viscera misericordiæ etc..

Commentaria in Epistolis S. Pauli

Secundo etiam ad vasa pertinere videtur ut liquore aliquo impleantur, secundum illud IV Reg. IV, 5: illi offerebant vasa et illa infundebat.

Invenitur etiam inter vasa diversitas quantum ad huiusmodi plenitudinem. Nam quædam inveniuntur vasa vini, quædam olei, et diversa diversi generis. Sic etiam et homines diversis gratiis, quasi diversis liquoribus, replentur divinitus, I Cor. XII, 8: alii datur per spiritum sermo sapientiæ, alii, etc..

Hoc autem vas, de quo nunc agitur, plenum fuit pretioso liquore, scilicet nomine Christi, de quo dicitur Cant. I, 2: oleum effusum nomen tuum. Unde dicitur ut portet nomen meum. Totus enim videtur fuisse hoc nomine plenus, secundum illud Apoc. III, 12: Scribam super eum nomen meum.

Habuit enim hoc nomen in cognitione intellectus, secundum illud I Cor. II, 2: non enim iudicavi me scire aliquid inter vos nisi Christum.

Habuit etiam hoc nomen in dilectione affectus, secundum illud Rom. VIII, 35: quis nos separabit a charitate Christi. I Cor. Cap. Ultimo: si quis non amat Dominum nostrum Iesum Christum, sit anathema.

Habuit etiam ipsum in tota vitæ suæ conversatione.

Unde dicebat Gal. II, 20: vivo autem iam non ego vivit vero in me Christus.

Tertio, quantum ad usum considerandum est quod omnia vasa alicui usui deputantur, sed quædam ad honorabiliorem, quædam ad viliorem, secundum illud Rom. IX, 21: an non habet potestatem figulus luti ex eadem massa facere aliud quidem vas in honorem, aliud vero in contumeliam? sic etiam homines, secundum divinam ordinationem, diversis usibus deputantur, secundum illud Eccli. XXXIII, 10-11: omnes homines de solo et ex terra, unde et creatus est Adam.

In multitudine disciplinæ Dominus separavit eos et immutavit vias eorum. Ex ipsis benedixit et exaltavit, maledixit et humiliavit.

Hoc autem vas ad nobilem usum est deputatum, est enim vas portatorium divini nominis, dicitur enim ut portet nomen meum, quod quidem nomen necessarium erat portari quia longe erat ab hominibus, secundum illud Is. XXX, 27: ecce nomen Domini venit de longinquo.

Est autem nobis longinquum propter peccatum, secundum illud Ps. XCVIII, 155: longe a peccatoribus salus. Est etiam nobis longinquum propter intellectus obscuritatem, unde et de quibusdam dicitur, Hebr. XI, 13, quod erant a longe aspicientes, et Num. XXIV, 17, dicitur: videbo eum, sed non modo; intuebor illum, sed non prope. Et ideo sicut Angeli divinas illuminationes ad nos deferunt, tamquam a Deo distantes, ita apostoli evangelicam doctrinam a Christo ad nos detulerunt.

Et sicut in veteri testamento post legem Moysi leguntur prophetæ, qui legis doctrinam populo tradebant secundum illud Mal. IV, 4: mementote Moysi servi mei ita etiam in novo testamento, post evangelium, legitur apostolorum doctrina, qui, ea quæ a Domino audierunt, tradiderunt fidelibus, secundum illud I Cor. XI, 23: accepi a Domino quod et tradidi vobis.

Portavit autem beatus Paulus nomen Christi: primo quidem in corpore, conversationem et passionem eius imitando, secundum illud Gal. Cap. Ultimo: ego enim stigmata Christi Iesu in corpore meo porto.

Secundo in ore, quod patet in hoc quod in epistolis suis frequentissime Christum nominat: ex abundantia enim cordis os loquitur, ut dicitur Matth. XII, 34.

Unde potest significari per columbam, de qua dicitur, Gen. VIII, 11, quod venit ad arcam portans ramum olivæ in ore suo. Quia enim oliva misericordiam significat, congrue per ramum olivæ accipitur nomen Iesu Christi, quod etiam misericordiam significat, secundum illud Matth. I, 21: vocabis nomen eius Iesum; ipse enim salvum faciet populum suum a peccatis eorum.

Hunc autem ramum, virentibus foliis, detulit ad arcam, scilicet ecclesiam, quando eius virtutem et significationem multipliciter expressit, Christi gratiam et misericordiam ostendendo. Unde iste dicit I Tim. I, 16: ideo misericordiam consecutus sum, ut in me primo ostenderet Iesus Christus omnem patientiam.

Et inde est quod sicut inter Scripturas veteris testamenti maxime frequentantur in ecclesia Psalmi David, qui post peccatum veniam obtinuit, ita in novo testamento frequentantur epistolæ Pauli, qui misericordiam consecutus est, ut ex hoc peccatores ad spem erigantur; quamvis possit et alia ratio esse, quia in utraque Scriptura fere tota theologiæ continetur doctrina.

Tertio portavit non solum ad præsentes sed etiam ad absentes et futuros, sensum Scripturæ tradendo, secundum illud is. VIII, 1: sume tibi librum grandem et scribe in eo stilo hominis.

In hoc autem officio portandi nomen Dei ostenditur eius excellentia quantum ad tria. Primo quidem, quantum ad electionis gratiam, unde dicitur vas electionis. Eph. I, 4: elegit nos in Christo ante mundi constitutionem. Secundo quantum ad fidelitatem quia nihil sui quæsivit sed Christi, secundum illud II Cor. IV, 5: non enim nosmetipsos prædicamus, sed Christum Iesum.

Unde dicit: vas electionis est mihi.

Tertio quantum ad singularem excellentiam, unde ipse dicit, I Cor. XV, 10: abundantius illis omnibus laboravi. Unde signanter dicit vas electionis est mihi, quasi præ aliis singulariter.

Quantum ad fructum considerandum est quod quidam sunt quasi vasa inutilia, vel propter peccatum vel propter errorem, secundum illud Ier. LI, 34: reddidit me quasi vas inane. Sed beatus Paulus fuit purus a peccato et errore, unde fuit vas electionis utile, secundum illud II Tim. II, 21: si quis emundaverit se ab istis, scilicet

Commentaria in Epistolis S. Pauli

erroribus et peccatis, erit vas in honorem sanctificatum utile Domino.

Unde utilitas sive fructus huius vasis exprimitur cum dicitur coram gentibus, quarum doctor fuit secundum illud I Tim. II, 7: doctor gentium in fide et veritate; et regibus, quibus fidem Christi annuntiavit sicut Agrippæ, ut habetur Act. XVI, 38, et etiam Neroni et eius principibus; unde dicitur Phil. I, 12-13: quæ circa me sunt magis ad profectum venerunt evangelii, ita ut vincula mea manifesta fierent in Christo in omni prætorio; Is. XLIX, 7: reges videbunt et consurgent principes. Et filiis Israel, contra quos de Christo disputabat, Act. IX, 22: Saulus autem magis convalescebat et confundebat Iudæos, qui habitabant Damasci, affirmans quoniam hic est Christus.

Sic igitur ex verbis præmissis possumus accipere quatuor causas huius operis, scilicet epistolarum Pauli, quas præ manibus habemus.

Primo quidem auctorem in vase. Secundo materiam in nomine Christi, quæ est plenitudo vasis, quia tota doctrina hæc est de doctrina Christi. Tertio modum in usu portationis; traditur enim hæc doctrina per modum epistolarum, quæ per nuntios portari consueverunt, secundum illud II par. XXX, 6: perrexerunt cursores cum epistulis ex regio imperio, etc.. Quarto distinctionem operis in utilitate prædicta.

Scripsit enim quatuordecim epistolas quarum novem instruunt ecclesiam gentium; quatuor prælatos et principes ecclesiæ, id est reges; una populum Israel, scilicet quæ est ad Hebræos.

Est enim hæc doctrina tota de gratia Christi, quæ quidem potest tripliciter considerari.

Uno modo secundum quod est in ipso capite, scilicet Christo, et sic commendatur in epistola ad Hebræos.

Alio modo secundum quod est in membris principalibus corporis mystici, et sic commendatur in epistolis quæ sunt ad prælatos.

Tertio modo secundum quod in ipso corpore mystico, quod est ecclesia, et sic commendatur in epistolis quæ mittuntur ad gentiles, quarum hæc est distinctio: nam ipsa gratia Christi tripliciter potest considerari.

Uno modo secundum se, et sic commendatur in epistola ad Romanos; alio modo secundum quod est in sacramentis gratiæ et sic commendatur in duabus epistolis ad Corinthios, in quarum prima agitur de ipsis sacramentis, in secunda de dignitate ministrorum, et in epistola ad Galatas in qua excluduntur superflua sacramenta contra illos qui volebant vetera sacramenta novis adiungere; tertio consideratur gratia Christi secundum effectum unitatis quem in ecclesia fecit.

Agit ergo apostolus, primo quidem, de institutione ecclesiasticæ unitatis in epistola ad Ephesios; secundo, de eius confirmatione et profectu in epistola ad Philippenses; tertio, de eius defensione, contra errores quidem, in epistola ad colossenses, contra persecutiones vero præsentes, in I ad Thessalonicenses, contra futuras vero et præcipue tempore Antichristi, in secunda.

Prælatos vero ecclesiarum instruit et spirituales et temporales. Spirituales quidem de institutione, instructione et gubernatione ecclesiasticæ unitatis in prima ad Timoneum, de firmitate contra persecutores in secunda, tertio de defensione contra hæreticos in epistola ad Titum. Dominos vero temporales instruit in epistola ad Philemonem.

Et sic patet ratio distinctionis et ordinis omnium epistolarum.

Sed videtur quod epistola ad Romanos non sit prima. Prius enim videtur scripsisse ad Corinthios secundum illud rom. Cap. Ultimo: commendo autem vobis Phoeben, sororem nostram, quæ est in ministerio ecclesiæ quæ est cenchris, ubi est portus Corinthiorum.

Sed dicendum quod epistola ad Corinthios prior est in tempore Scripturæ. Sed epistola ad Romanos præmittitur, tum propter dignitatem Romanorum qui aliis gentibus dominabantur quia hic confutabatur superbia quæ est initium omnis peccati; ut dicitur Eccli. X, 14; tum quia etiam hoc exigit ordo doctrinæ ut prius gratia consideretur in se quam ut est in sacramentis.

Item quæritur unde apostolus hanc epistolam scripsit. Augustinus dicit quod de Athenis; Hieronymus quod de Corintho.

Nec est contradictio, quia forte Athenis incepit eam scribere sed Corinthi consummavit.

Item obiicitur contra id quod in Glossa dicitur quod aliqui fideles, antequam Petrus, Romanis prædicaverunt. In ecclesiastica vero historia dicitur quod Petrus primus prædicavit eis.

Sed intelligendum est primus inter apostolos et cum sequela magni fructus. Ante vero prædicaverat Romæ Barnabas ut habetur in itinerario clementis.

Capitulus I

Lectio 1

Hæc epistola in duas partes dividitur scilicet: in salutationem et epistolarem tractatum, qui incipit ibi primum quidem, etc..

Circa primum tria facit.

Primo describitur persona salutans; secundo personæ salutatæ, ibi omnibus qui sunt Romæ; tertio salus optata, ibi gratia vobis, etc..

Circa primum duo facit.

Primo describitur persona auctoris; secundo commendatur eius officium, ibi quod ante promiserat, etc..

Persona autem scribens describitur a quatuor.

Primo quidem ex nomine, cum dicit Paulus.

Circa quod tria consideranda sunt.

Commentaria in Epistolis S. Pauli

Primo proprietas eius. Hoc enim nomen, secundum quod his litteris describitur, non potest Hebraicum esse quia apud Hebræos non invenitur hoc elementum p, sed potest esse Græcum vel Latinum. Si tamen aliquod elementum ei propinquum sumatur, id quod est p potest esse Hebræum.

Secundo, consideranda est eius significatio.

Secundum enim quod potest Hebræum esse idem est quod mirabilis vel electus; secundum autem quod est Græcum idem est quod quietus; secundum vero quod est Latinum idem est quod modicus.

Et hæc quidem ei conveniunt. Electus quidem fuit quantum ad gratiam, unde Act. IX, 15: vas electionis est mihi iste. Mirabilis fuit in opere, Eccli. XLIII, 2: vas admirabile opus excelsi. Quietus in contemplatione, sap. VIII, 16: intrans in domum meam conquiescam cum illa. Modicus per humilitatem, I Cor. X, 9: ego autem sum minimus apostolorum.

Tertio, considerandum est quando sit hoc nomen apostolo impositum cum tamen ante Saulus vocaretur, ut habetur actibus IX.

Circa hoc triplex est opinio.

Hieronymus dicit quod cum prius vocaretur Saulus postmodum voluit vocari Paulus, propter quoddam insigne suum quod fecit, scilicet quia convertit Sergium Paulum proconsulem, ut habetur Act. XIII, 7, sicut scipio dictus est Africanus quia devicit Africam.

Alii vero dicunt quod hoc nomen impositum est sibi propter profectum virtutum qui ex hoc nomine signatur, ut dictum est.

Imponuntur enim divinitus quibusdam nomina a principio nativitatis ad designandum gratiam quam a principio consequuntur, sicut patet de Ioanne baptista, Lc. I, 13; quibusdam vero mutantur nomina ad designandum profectum virtutis eorum, ut Chrysostomus dicit, sicut patet de Abraham et de Petro.

Alii vero dicunt, et melius, quod Paulus fuit a principio binomius. Consuetum enim erat apud Iudæos ut simul cum nominibus Hebraicis assumerent sibi nomina illarum gentium quibus serviebant, sicut Græcis servientes nominabantur nominibus Græcorum, ut patet de Iasone et Menelao.

Hoc autem nomen Paulus ab antiquo celebre fuit apud Romanos, et ideo, cum diceretur Saulus secundum Hebræos, vocatus est etiam Paulus secundum Romanos, quo nomine non videtur usus nisi postquam coepit gentibus prædicare. Unde, act. XIII, 9, dicitur: Saulus qui et Paulus. Et hoc magis approbat Augustinus.

Secundo describitur persona scribentis ex conditione, cum dicit servus Christi.

Videtur autem esse abiecta conditio servitutis si absolute consideretur. Unde et sub maledicto pro peccato infligitur, Gen. IX, 25: maledictus Chanaan puer, servus servorum erit fratrum suorum. Sed redditur commendabilis ex eo quod additur Iesu Christi.

Iesus enim interpretatur salvator, Matth. I, 21: ipse salvum faciet etc.. Christus interpretatur unctus, secundum illud Ps. XLIV, 8: unxit te Deus, Deus tuus, etc., per quod designatur dignitas Christi et quantum ad sanctitatem, quia sacerdotes ungebantur ut patet Ex. XXIX, 7; et quantum ad potestatem, quia etiam reges ungebantur ut patet de David et de Salomone; et quantum ad cognitionem, quia etiam prophetæ ungebantur ut patet de Eliseo.

Quod autem aliquid subiiciatur suæ saluti et spirituali unctioni gratiæ, laudabile est, quia tanto aliquid est perfectius quanto magis suæ perfectioni subiicitur, sicut corpus animæ et ær luci, Ps. CXV, 16: o Domine, quia ego servus tuus sum.

Sed contra est quod dicitur Io. XV, 15: iam non dicam vos servos sed amicos.

Sed dicendum quod duplex est servitus.

Una timoris, quæ non competit sanctis, Rom. VIII, 15: non accepistis spiritum servitutis iterum in timore, etc., alia humilitatis et amoris, quæ sanctis convenit secundum illud Lc. XVII, 10: dicite: servi inutiles sumus. Cum enim liber est qui est causa sui, servus autem qui est causa alterius, sicut ab alio movente motus: si quis sic agat causa alterius, sicut ab alio motus, sic est servitus timoris, quæ cogit hominem operari contra suam voluntatem; si vero aliquis agat causa alterius, sicut propter finem, sic est servitus amoris, quia amicorum est bene facere et obsequi amico propter ipsum, ut Philosophus dicit in IX Ethic..

Tertio commendatur a dignitate cum dicitur vocatus apostolus.

Dignitas apostolatus est præcipua in ecclesia, secundum illud I Cor. XII, 28: quosdam quidem posuit Deus in ecclesia primum apostolos. Apostolus enim idem est quod missus, secundum illud Io. XX, 21: sicut misit me pater et ego mitto vos, scilicet ex eadem dilectione et cum eadem auctoritate.

Dicit autem vocatus apostolus ad designandum gratiam, id est vocatus ad hoc quod sit apostolus; Hebr. V, 4: nemo assumit sibi honorem, etc.; vel ad designandum excellentiam, ut sicut urbs antonomastice vocatur ipsa Roma, ita apostolus vocatur Paulus, secundum illud I Cor. XV, 10: abundantius illis omnibus laboravi; vel ad designandum humilitatem, ut sit sensus: non audeo me dicere apostolum sed homines me ita vocant. Sic, I Cor. XV, 9, non sum dignus vocari apostolus.

Quarto describitur persona scribentis ex officio cum dicit segregatus in evangelium Dei.

Segregatus, inquam, vel per conversionem ab infidelibus, secundum illud Gal. I, 15: cum autem placuit ei qui me segregavit ex utero matris meæ, scilicet synagogæ; vel segregatus per electionem ab aliis discipulis, secundum illud Act. XIII, 2: segregate mihi Saulum, etc..

Commentaria in Epistolis S. Pauli

Evangelium autem idem est quod bona Annuntiatio.

Annuntiatur enim in ipso coniunctio hominis ad Deum, quæ est bonum hominis, secundum illud Ps. LXXII, 28: mihi autem Deo adhærere bonum est.

Triplex autem coniunctio hominis ad Deum annuntiatur in evangelio.

Prima quidem per gratiam unionis, secundum illud Io. I, 14: verbum caro factum est. Secunda per gratiam adoptionis, prout inducitur in Ps. LXXXIX, 6: ego dixi: dii estis et filii excelsi omnes. Tertia per gloriam fruitionis, Io. XVII, 3: hæc est vita æterna.

Is. LII, 7: quam pulchri super montes pedes annuntiantis.

Hæc autem Annuntiatio non humanitus sed a Deo facta est, Is. XXI, 10: quæ audivi a Domino exercituum, Deo Israel, annuntiavi vobis.

Unde dicit in evangelium Dei.

Lectio 2

Descripta persona scribentis, hic commendatur negotium sibi commissum scilicet evangelium, cuius, in præmissis, duplex commendatio posita est, quarum una pertinet ad utilitatem quam habet ex materia, quæ significatur ex ipso evangelii nomine, ex quo datur intelligi quod in eo bona annuntientur; alia vero ex auctoritate quam habet ex parte auctoris quæ est expressa in eo quod dictum est Dei.

Utramque ergo commendationem prosequitur apostolus: primo quidem illam quæ est ex parte auctoris, secundo illam quæ est ex parte materiæ, ibi de filio suo.

Circa primum commendatur evangelium quadrupliciter.

Primo quidem ex antiquitate quod fuit necessarium contra Paganos qui evangelio detrahebant quasi post longa tempora subito eius prædicatio esset exorta. Et ad hoc excludendum dicit quod ante, quia licet ex tempore certo prædicari inceperit, ante tamen pronuntiatum fuit divinitus. Is. LXVIII, 5: antequam venirent indicavi tibi.

Secundo, ex eius firmitate quæ designatur in hoc quod dicit promiserat, quia ipse ante promisit qui non mentitur. Act. XIII, 32: nos vobis annuntiamus eam quæ ad patres nostros repromissio facta est.

Tertio, ex dignitate ministrorum sive testium cum dicit per prophetas, quibus ante fuerat revelata quæ sunt completa circa verbum incarnatum. Amos III, 7: non faciet Dominus Deus verbum, scilicet incarnari, nisi revelaverit secretum ad servos suos prophetas.

Act. X, 43: huic omnes prophetæ, etc..

Signanter autem dicit suos. Sunt enim aliqui prophetæ spiritu humano loquentes, secundum illud Ier. XXIII, 16: visionem cordis sui loquuntur non de ore Domini. Unde dicit ad Titum I, 12: dixit quidam ex illis proprius illorum propheta. Sunt etiam quidam prophetæ Dæmonum qui immundo spiritu inspirantur, sicut prophetæ quos interfecit Elias, ut dicitur III Reg. XVIII, 40.

Sed prophetæ Dei dicuntur qui divino spiritu inspirantur. Ioel II, 28: effundam de spiritu meo, etc..

Quarto, ex modo tradendi quia non solum sunt huiusmodi promissa verbo edicta, sed litteris scripta, unde dicit in Scripturis.

Hab. II, 2: scribe visum et explana illum. Non autem consueverunt scribi nisi magna quæ sunt digna memoria et quæ oportet ad posteros devenire. Et ideo ut Augustinus dicit, XVIII de civitate Dei, tunc inceperunt scribi prophetiæ de Christo per Isaiam et Oseam, quando Roma est edita sub cuius imperio Christus erat nasciturus et fides eius gentibus prædicanda. Io. V, 39: scrutamini Scripturas, etc..

Addit autem sanctis, ad differentiam Scripturarum gentilium. Dicuntur autem sanctæ, primo quidem, quia, ut dicitur II Petr. I, 21: spiritu sancto inspirati, II Tim. III, 16: omnis Scriptura divinitus inspirata; secundo quia sancta continent, Ps.: confitemini memoriæ sanctificationis eius; tertio quia sanctificant; unde Io. XVII, 17: sanctifica eos in veritate.

Sermo tuus veritas est. Unde dicitur I Mach. XII, 9: habentes solatio sanctos libros qui in manibus, etc..

Secundo, prosequitur commendationem quæ sumitur ex bonis in evangelio denuntiatis, quæ pertinent ad materiam evangelii, quæ est Christus, quem quidem commendat tripliciter: primo quidem ex origine, secundo ex dignitate sive virtute, ibi qui prædestinatus.

Tertio ex liberalitate, ibi per quem accepimus.

Originem autem Christi describit dupliciter.

Primo quidem æternam cum dicit de filio suo, in quo excellentiam evangelii designavit.

Nam mysterium generationis æternæ ante erat valde absconditum unde Salomon dicit quod nomen eius et nomen filii eius si nosti? sed in evangelio patris testimonio est declaratum. Matth. XVII, 5: hic est filius meus dilectus.

Convenienter autem filius Dei materia sanctarum Scripturarum esse dicitur, quæ divinam sapientiam exponunt secundum illud Deut. IV, 6: hæc est sapientia vestra et intellectus coram populis.

Filius autem dicitur esse verbum et sapientia genita, I Cor. I, 24: Christum Dei virtutem et Dei sapientiam.

Sed circa hanc filiationem tripliciter aliqui erraverunt.

Quidam enim dixerunt eum filiationem habere adoptivam, sicut Photinus qui posuit Christum initium sumpsisse ex maria virgine quasi hominem purum, qui, per vitæ meritum, ad hanc celsitudinem pervenit ut, præ ceteris sanctis, filius Dei diceretur.

Sed secundum hoc Christo non competeret descensus ad humanitatem sed magis ascensus ad divinitatem

Commentaria in Epistolis S. Pauli

contra id quod dicitur io. VI, 51: descendi de cælo.

Quidam vero posuerunt huiusmodi filiationem solummodo nuncupativam sicut Sabellius dixit ipsum patrem incarnatum et ex hoc filium nominari, ita quod eadem sit persona et solum nomina sint diversa.

Sed secundum hoc non competeret filio mitti a patre quod falsum est cum ipse dicat, Io. VI, 38, se descendisse ut faciat voluntatem eius qui misit eum.

Alii vero posuerunt, sicut Arius, huiusmodi filiationem esse creatam ita quod filius Dei sit excellentissima creatura ex nihilo tamen producta postquam prius non fuerat.

Sed secundum hoc omnia non essent per ipsum facta, contra id quod dicitur Io. I, 3.

Oportet enim esse non factum per quem facta sunt omnia.

Et hæc tria excluduntur per hoc quod signanter addit suo, id est proprio et naturali. Dicit enim Hilarius: hic verus et proprius est filius origine et non adoptione, veritate, non nuncupatione, nativitate, non creatione; procedit enim a patre sicut verbum a corde, quod pertinet ad eandem naturam præsertim in Deo, in quo non potest aliquid accidentaliter advenire. Unde ipse dicit Io. X, 30: ego et pater unum sumus. Quod dicit unum liberat te ab Ario; quod dicit sumus liberat a Sabellio, ut Augustinus dicit.

Secundo tangit temporalem originem cum dicit qui factus est.

Ubi statim videntur patrocinium sui erroris assumere tres prædicti errores per hoc quod dicit qui factus est ei. Non enim confitentur æternum sed factum. Sed per ea quæ adduntur tollitur eorum intentio.

Quia enim dicit qui factus est ei, excludit dictum Sabellii. Non enim potest esse filius factus patri si sit eadem persona cum ipso, sed per incarnationem erit filius virginis.

Quod vero subdit ex semine David, tollit intentionem Photini. Si enim per adoptionem esset factus Dei filius non diceretur factus esse ex semine David sed magis ex spiritu, scilicet qui est spiritus adoptionis filiorum, ut dicitur Rom. VIII, 15, et ex semine Dei, ut dicitur I Io. III, 9.

Quod vero sequitur secundum carnem, tollit intentionem Arii qui ponit eum factum non solum secundum carnem sed etiam secundum divinam naturam.

Est etiam considerandum ulterius quod circa ipsum incarnationis mysterium multipliciter aliqui erraverunt.

Nestorius enim posuit unionem verbi ad hominem esse factam solum secundum inhabitationem, scilicet prout filius Dei hominem illum inhabitavit excellentius cæteris.

Manifestum est enim quod alia est substantia inhabitantis et inhabitati, sicut hominis et domus; secundum hoc ponebat aliam esse personam vel hypostasim verbi et hominis, ita quod alius esset, secundum personam, filius Dei et alius filius hominis.

Ad Romanos

Sed hoc manifeste apparet falsum esse, per hoc quod apostolus, Phil. II, 7, unionem huiusmodi vocat exinanitionem. Pater autem et spiritus sanctus inhabitant homines secundum illud, Io. XIV, 23: ad eum veniemus et apud eum mansionem faciemus. Sequeretur igitur quod pater et spiritus sanctus essent exinaniti, quod est absurdum. Hoc ergo excluditur per hoc quod apostolus dicit de filio suo, qui, scilicet filius Dei, est factus secundum carnem, id est habens carnem, ex semine David. Qui modus loquendi locum non haberet si hæc unio facta esset solum secundum inhabitationem.

De aliis enim, quos verbum inhabitat, non dicitur quod verbum factum est hic vel ille, sed quod factum est ad Ieremiam vel Isaiam.

In hoc ergo quod apostolus cum dixit: de filio suo, addidit qui factus est ei ex semine David, manifeste excludit errorem prædictum.

Rursus aliqui alii, licet duas personas non concedant in Christo, concedunt tamen duas hypostases vel duo supposita quod in idem redit, quia nihil aliud est persona quam hypostasis et suppositum rationalis naturæ. Cum ergo sit una solum hypostasis et unum suppositum in Christo, quod est suppositum vel hypostasis verbi æterni, non potest dici quod illa hypostasis sit facta filius Dei, quia non incepit esse filius Dei.

Et ideo non proprie dicitur quod homo sit factus Deus vel filius Dei. Sed tamen, si inveniatur ab aliquo doctore dictum exponendum est sic: factum est, ut homo esset Deus.

Secundum hoc proprie dicitur Dei filius factus est homo quia semper non fuit homo.

Et ideo legendum est quod hic dicitur ut ly qui accipiatur ex parte subiecti, ut sit sensus: qui, filius Dei, factus est ex semine David; non autem ex parte prædicati, quia sensus esset quod aliquis existens ex semine David, factus est filius Dei: quod non dicitur vere et proprie, sicut dictum est.

Fuerunt autem alii qui posuerunt unionem esse factam secundum conversionem verbi in carnem, sicut dicitur ær fieri ignis. Unde Eutyches dixit quod etiam ante incarnationem fuerunt duæ naturæ, post incarnationem vero una.

Sed hoc est expresse falsum quia, cum Deus sit immutabilis, secundum illud mal. III, 6: ego Deus et non mutor, non potest in aliquid aliud converti.

Unde cum dicitur factus est non intelligitur secundum conversionem sed secundum unionem, absque divina mutatione.

Potest enim aliquid de novo dici relative de aliquo absque eius immutatione, puta: aliquis, immobiliter sedens, fit dexter, per mutationem eius qui transfertur. Et sic Deus dicitur ex tempore Dominus vel creator per mutationem creaturæ; et eadem ratione dicitur de novo factus, secundum illud Psalmi: Domine refugium factus es nobis. Quia igitur unio relatio quædam est, per

Commentaria in Epistolis S. Pauli

mutationem creaturæ Deus dicitur de novo factus homo, scilicet unitum in persona humanæ naturæ.

Fuerunt enim et alii qui dixerunt animam Christum non habuisse sed ibi fuisse verbum loco animæ: scilicet Arius et Apollinaris.

Contra quos est illud Io. X, 18: nemo tollit animam meam. Quod vero dicitur secundum carnem non excluditur a Christo anima, sed caro ponitur pro toto homine, secundum illud Is. XL, 5: videbit omnis caro, etc..

Quæritur autem, cum nos confitemur Christum natum ex virgine, quare apostolus dicat eum esse factum ex muliere.

Et dicendum quod illud nascitur quod naturali ordine producitur, sicut fructus ex arbore vel proles a parente. Quod autem ex voluntate agentis producitur, non secundum naturæ ordinem, sicut domus ab artifice, non potest dici nasci, sed factum.

Quia igitur Christus ex virgine processit naturali ordine quantum ad aliquid, scilicet quod conceptus est ex foemina, spatio novem mensium, dicitur natus; quia vero quantum ad aliquid, non naturali ordine, sed sola virtute divina processit, absque virili semine, dicitur factus. Eva autem dicitur ex Adam facta non nata, Isaac autem ex Abraham natus non factus.

Item, quare specialiter dicitur ex semine David et non ex semine Abrahæ, cui promissio facta fuit de Christo, secundum illud Gal. III, 16: Abrahæ factæ sunt promissiones.

Et dicendum est quod factum est ad dandam spem veniæ peccatoribus, quia David peccator fuit ex cuius semine nascitur Christus, Abraham vero iustus; ad commendandam etiam dignitatem regiam Christi Romanis, regnum gentium tenentibus.

Excluditur etiam per verba ista triplex error Manichæorum.

Primo quidem, quod dicunt non eumdem esse Deum veteris testamenti et qui est pater Domini nostri Iesu Christi, quod excluditur per hoc quod dicit apostolus: quod Deus ante promiserat per prophetas suos de filio suo in Scripturis sanctis, scilicet: veteris testamenti.

Secundo vero, quod damnant Scripturas veteris testamenti, quas apostolus hic dicit sanctas. Non enim aliæ Scripturæ fuerunt sanctæ ante evangelium.

Tertio, quod dicunt Christum habuisse carnem phantasticam, quod excluditur per hoc quod dicit Christum factum ex semine David secundum carnem ei, id est ad gloriam patris, secundum illud Io. VIII, 50: ego gloriam meam non quæro sed gloriam eius qui misit me.

Lectio 3

Commendata origine Christi, hic commendat virtutem ipsius et ponit tria: primo, prædestinationem, cum dicit: qui prædestinatus est; secundo, dignitatem seu virtutem, cum dicit filius Dei in virtute; tertio, signum sive effectum, cum dicit secundum spiritum sanctificationis.

Ad Romanos

Circa primum considerandum est quod nomen prædestinationis a destinatione sumitur. Dicitur enim prædestinatus quasi ante destinatus. Destinatio autem dupliciter sumitur. Quandoque pro missione: dicuntur enim destinati qui ad aliquid mittuntur, secundum illud I Mach. I, 14: destinaverunt aliqui ex populo, et abierunt ad regem.

Quandoque vero destinare idem est quod proponere, secundum illud II Mach. VI, 20: destinavit, Eleazarus, non admittere illicita.

Hæc autem secunda significatio a prima derivari videtur. Sicut enim nuntius, qui mittitur, ad aliquid dirigitur, ita, quod proponimus, ad finem aliquem ordinamus. Secundum hoc igitur prædestinare nihil aliud est quam ante in corde disponere quid sit de re aliqua faciendum.

Potest tamen aliquis de futura re, seu operatione, disponere: uno modo, quantum ad ipsam rei constitutionem, sicut artifex disponit qualiter debeat facere domum; secundo modo, quantum ad ipsum usum vel gubernationem rei, sicut aliquis disponit qualiter debeat uti suo equo: et ad hanc secundam prædispositionem pertinet prædestinatio, non ad primam.

Id enim quo aliquis utitur refert in finem quia, ut Augustinus dicit in libro de doctrina christiana: uti est referre aliquid in finem quo fruendum est.

Sed cum res in seipsa constituitur, non dirigitur ex hoc ipso in aliud. Unde prædispositio constitutionis rei, proprie prædestinatio dici non potest. Ergo idem est negare prædestinationem quod negare præordinationem divinam ab æterno de iis quæ sunt fienda in tempore. Sed quia omnia naturalia pertinent ad constitutionem rei ipsius, quia vel sunt principia ex quibus res constituitur, vel ex huiusmodi principiis consequuntur, consequens est quod naturalia proprie sub prædestinatione non cadant; sicut non dicimus proprie quod homo est prædestinatus habere manus.

Relinquitur ergo quod prædestinatio dicatur proprie eorum solum quæ sunt supra naturam, in quæ rationalis creatura ordinatur.

Supra autem naturam rationalis creaturæ est Deus solus, cui unitur rationalis creatura per gratiam. Uno modo, quantum ad actum ipsius Dei, puta cum per gratiam prophetiæ communicatur homini præcognitio futurorum, quæ est propria Deo: et huiusmodi dicitur gratia gratis data; alio modo quantum ad ipsum Deum, cui unitur rationalis creatura, communiter quidem, secundum effectum dilectionis, secundum illud I Io. IV, 16: qui manet in charitate in Deo manet et Deus in eo, quod quidem fit per gratiam gratum facientem, quæ est gratia adoptionis; alio modo, quæ est singularis Christo, per unionem in esse personali: et hæc dicitur gratia unionis.

Sicut ergo hominem esse unitum Deo, per gratiam adoptionis, cadit sub prædestinatione, ita etiam esse unitum Deo, per gratiam unionis in persona,

Commentaria in Epistolis S. Pauli

sub prædestinatione cadit.

Et quantum ad hoc dicit qui prædestinatus est filius Dei.

Et ne hoc referatur ad filiationem adoptionis, additur in virtute, quasi diceret: prædestinatus est ut sit talis filius, ut habeat æqualem, imo eamdem virtutem cum Deo patre. Quia, ut dicitur Apoc. V, 12, dignus est agnus qui occisus est accipere virtutem et divinitatem. Quinimmo ipse Christus est Dei virtus, secundum illud I Cor. I, 24: Christum Dei virtutem et Dei sapientiam. Unde, Io. V, 19: quæcumque pater facit hæc et filius similiter facit.

Respectu vero gratiæ gratis datæ, non dicitur aliquis prædestinari simpliciter, quia gratia gratis data non ordinatur directe ad hoc quod ille, qui eam recipit, ad finem ultimum dirigatur, sed ut per eam alii dirigantur, secundum illud I Cor. XII, 7: unicuique datur manifestatio spiritus ad utilitatem.

Manifestum est autem quod id quod est per se est mensura et regula eorum quæ dicuntur per aliud et per participationem.

Unde prædestinatio Christi, qui est prædestinatus ut sit filius Dei per naturam, est mensura et regula vitæ et ita prædestinationis nostræ, quia prædestinamur in filiationem adoptivam, quæ est quædam participatio et imago naturalis filiationis, secundum illud Rom. VIII, 30: quos præscivit et prædestinavit conformes fieri imagini filii sui.

Sicut igitur homo Christus prædestinatus non est propter merita præcedentia, sed ex sola gratia, ut sit filius Dei naturalis, ita et nos ex sola gratia, non ex meritis, prædestinamur ut simus filii adoptivi, secundum illud Deut. IX, 14: ne dicas in corde tuo, cum deleverit eos Dominus Deus tuus in conspectu tuo: propter iustitiam meam introduxit me Deus ut terram hanc possiderem.

Est igitur manifestum ad quid sit ista prædestinatio, scilicet ad hoc quod aliquis sit Dei filius in virtute.

Sed restat inquirendum quis est iste qui est ad hoc prædestinatus.

Cum autem prædestinatio antecessionem importet, videtur quod ille, qui est prædestinatus ut sit filius Dei in virtute, non semper fuerit filius Dei in virtute. Non enim videtur esse prædestinatio de eo quod semper fuit, quia hoc non potest antecessionem habere.

Si igitur poneremus, secundum Nestorium, quod persona filii hominis esset alia a persona filii Dei, nulla esset dubitatio quia possemus dicere quod persona creata filii hominis non fuit ab æterno, sed ex tempore incoepit esse filius Dei in virtute.

Et simile est si quis dicat quod est alia hypostasis, vel suppositum, filii Dei et filii hominis.

Sed hæc aliena sunt a fide ut supra dictum est.

Cum igitur non solum sit eadem persona filii Dei et filii hominis, sed etiam hypostasis et idem suppositum, ratione cuius non potest dici vere et proprie quod filius hominis est factus filius Dei, ne aliquod suppositum creatum intelligatur esse, de quo, de novo, prædicatur filius Dei.

Pari ratione videtur quod non possit dici filius hominis esse prædestinatus filius Dei quia filius hominis supponit suppositum æternum quod fuit semper filius Dei.

Unde antecessio, quam importat prædestinatio, locum non habet.

Propter hoc igitur Origenes dicit quod littera non debet esse: qui prædestinatus est, sed: qui destinatus est filius Dei in virtute, ut nulla antecessio designetur. Et secundum hoc planus est sensus; quia Christus destinatus, id est, missus est a Deo patre in mundum, tamquam verus filius Dei in virtute divina.

Sed quia communiter omnes libri Latini habent qui prædestinatus aliter alii hoc exponere voluerunt secundum consuetudinem Scripturæ in qua dicitur aliquid fieri quando innotescit, sicut Dominus post resurrectionem dicit, Matth. Cap. Ultimo: data est mihi omnis potestas, quia post resurrectionem innotuit talem potestatem sibi esse datam ab æterno.

Sed secundum hoc quod dicit prædestinatus non proprie accipitur, quia prædestinatio est de eo quod pertinet ad gratiam; non autem in hoc gratia Christo facta est quod eius virtus divina innotuit, sed potius nobis.

Et ideo etiam in Glossa dicitur quod secundum hunc sensum prædestinatus large ponitur, pro præscito, ut sit sensus: Christus prædestinatus est, scilicet ab æterno præscitus, ut innotesceret ex tempore esse filius Dei in virtute.

Unde quidam alii prædestinationem ad ipsam unionem referentes, non attribuerunt eam personæ sed naturæ, ut sit sensus: qui prædestinatus est filius Dei in virtute, id est, cuius natura prædestinata est ut sit ei unita, qui est filius Dei in virtute.

Sed hæc etiam expositio impropria est et extorta. Cum enim prædestinatio importet ordinem in finem, eius est prædestinari cuius est per suam operationem ordinari in finem.

Agere autem propter finem non est naturæ sed personæ.

Ideo, si proprie accipiatur, oportet quod prædestinatio attribuatur ipsi personæ Christi.

Sed quia persona Christi subsistit in duabus naturis, humana scilicet et divina, secundum utramque potest aliquid dici de eo. Sicut enim de homine potest aliquid dici secundum corpus, ut tangi et vulnerari, aliquid autem secundum animam, ut intelligere et velle, ita et de Christo potest aliquid dici et secundum divinam naturam sicut ipse de se dicit Io. X, 30: ego et pater unum sumus aliquid secundum humanam naturam, sicut cum dicimus eum crucifixum et mortuum. Et hoc modo dicitur esse prædestinatus secundum humanam naturam. Quamvis enim ipsa persona Christi semper fuerit filius Dei, tamen

Commentaria in Epistolis S. Pauli

non semper fuit, ut existens in humana natura, esset filius Dei, sed hoc fuit ineffabilis gratiæ.

Est autem alia ratio de hoc participio factus, quod designat actum realem, et de hoc participio prædestinatus, quod designat actum animæ.

Anima enim, secundum suum intellectum et rationem, potest distinguere ea quæ sunt secundum rem coniuncta. Potest enim aliquis de pariete albo cogitare et loqui seorsum quidem quantum ad hoc quod est paries, seorsum autem ex hoc quod est albus. Ita etiam in prædestinatione. Nam prædestinatio potest attribui personæ Christi secundum quod subsistit in humana natura, licet non attribuatur ei secundum quod subsistit in divina.

Unde et apostolus prius filium Dei incarnatum esse præmiserat, et postea ei prædestinationem attribuit, ut intelligatur prædestinatus esse secundum quod factus est ex semine David secundum carnem. Et sic a filio Dei, explicando incarnationis mysterium, descendit ad carnem, et a carne, secundum prædestinationem, ascendit ad filium Dei, ut ostendatur quod neque gloria divinitatis impedivit infirmitatem carnis, neque infirmitas carnis diminuit maiestatem Dei.

Quæritur autem in Glossa, primo quidem, utrum Christus, secundum quod homo, sit filius Dei.

Et videtur quod sic. Quia hic est Christus, qui prædestinatus est ut sit, sed secundum quod homo est prædestinatus ut sit; ergo, secundum quod homo est filius Dei.

Et dicendum quod si ly secundum quod denotat unitatem suppositi: verum est quod secundum quod homo est filius Dei, quia unum est suppositum Dei et hominis. Si autem designat conditionem naturæ vel causam, falsum est; non enim ex natura humana habet ut sit filius Dei.

In argumento autem est fallacia compositionis et divisionis. Ex eo quod ly secundum quod potest determinare participium prædestinatus, et sic verum est quod, secundum quod homo, est prædestinatus; vel potest determinare ipsum esse filium Dei ad quod ordinatur prædestinatio, et sic falsum est. Non enim prædestinatus est ut secundum quod homo sit filius Dei: et in hoc sensu procedit ratio.

Secundo quæritur utrum Christus, secundum quod homo, sit persona.

Et dicendum quod si ly secundum quod referatur ad ipsum suppositum hominis, concedendum est quod ipsum suppositum hominis est persona divina. Si vero designet naturæ conditionem vel causam, sic Christus secundum quod homo non est persona, quia humana natura non causat novam personalitatem in Christo. Adiungitur enim digniori in cuius personalitatem transit.

Item obiicitur de hoc, quod Glossa dicit, quod qui suscepit et quod suscepit est una persona. Id autem quod suscepit filius Dei est humana natura, ergo humana natura est persona.

Et dicendum est quod huiusmodi locutiones sunt exponendæ, ut sit sensus: quod ille qui suscepit et natura quam suscepit, uniuntur in una persona.

Quarto quæritur utrum hoc sit verum: homo est assumptus a verbo.

Et videtur quod sic, secundum illud Ps. LXIV, 5: beatus quem elegisti et assumpsisti.

Et dicendum est quod cum homo supponat suppositum æternum, non potest proprie dici quod homo sit assumptus a verbo.

Non enim assumitur idem a seipso sed exponendum est, sicubi inveniatur, homo assumptus, id est, humana natura.

Quinto quæritur utrum hæc sit vera: iste homo semper fuit.

Et dicendum est hanc esse veram propter hoc quod homo supponit æternum suppositum, unde Hebr. Cap. Ultimo dicitur: Iesus Christus heri et hodie, ipse et in sæcula.

Non tamen cum reduplicatione est vera huiusmodi propositio. Non enim ille homo, secundum quod homo est, semper fuit, sed secundum quod est filius Dei.

Sic igitur patet et de præordinatione et de virtute filii Dei.

Restat tertium, scilicet de signo, quod tangitur in eo quod subditur secundum spiritum, etc..

Est enim proprium virtutis divinæ per collationem spiritus sancti sanctificare homines, Lev. XX, 8: ego Dominus qui sanctifico vos. Ipse etiam spiritum sanctum solus dare potest secundum illud Is. XLII, 5: hæc dicit Dominus Deus creans cælos, et infra: dans flatum populo qui est super terram et spiritum calcantibus eam. Ex hoc igitur apparet Christum habere virtutem divinam, quia ipse dat spiritum sanctum, secundum illud: Io. XV, 26: cum venerit Paraclitus quem ego mittam. Eius etiam virtute sanctificamur, secundum illud I Cor. VI, 11: sed sanctificati estis, sed iustificati estis in nomine Domini nostri Iesu Christi et spiritu Dei nostri.

Dicit ergo quod Christus sit filius Dei in virtute, apparet secundum spiritum sanctificationis, id est secundum quod dat spiritum sanctificantem, quæ quidem sanctificatio incoepit ex resurrectione mortuorum Iesu Christi Domini nostri, id est ex mortuis secundum illud Io. VII, 30: nondum erat spiritus datus quia nondum Iesus fuerat glorificatus: quod non est sic intelligendum quod nullus, ante Christi resurrectionem, spiritum sanctificantem acceperit, sed quia ex illo tempore, quo Christus resurrexit, incoepit copiosius et communius spiritus sanctificationis dari.

Potest etiam intelligi quod hic designentur duo signa virtutis divinæ in Christo.

Primum quidem ex hoc quod dicit secundum spiritum sanctificationis, sive intelligatur secundum sanctificantem spiritum, sicut dictum est, sive intelligatur secundum hoc quod ipse, per spiritum sanctum, est in

Commentaria in Epistolis S. Pauli

utero virginali conceptus, quod est signum divinæ virtutis in ipso, secundum illud Ic. I, 35: spiritus sanctus superveniet in te, et postea sequitur: ideoque et quod ex te nascetur sanctum, vocabitur filius Dei.

Secundum autem signum virtutis divinæ est resuscitatio mortuorum, secundum illud Io. V, 21: sicut pater suscitat mortuos et vivificat, sic et filius.

Est ergo sensus quod apparet Christum esse filium Dei in virtute ex resurrectione mortuorum, id est ex hoc quod mortuos fecit secum resurgere, secundum illud Matth. XXVII, 52: multa corpora sanctorum qui dormierant surrexerunt, et tandem faciet omnes resurgere secundum illud Io. V, 25: omnes qui in monumentis sunt audient vocem filii Dei, et, qui audierint, vivent.

Vel potest intelligi de spirituali resurrectione mortuorum, quæ est a peccatis, secundum illud Eph. V, 14: surge qui dormis et exurge a mortuis. Dicuntur autem mortui Iesu Christi qui ab ipso resuscitantur, sicut et infirmi alicuius medici a quo sanantur.

Possunt autem hæc duo signa ad duas præcedentes clausulas referri hoc modo: qui factus est ei ex semine David secundum carnem, et hoc secundum spiritum sanctificationis ex quo, scilicet caro eius, concepta est; qui prædestinatus est filius Dei in virtute, et hæc apparent in resurrectione mortuorum, etc..

Sed prima expositio est melior.

Lectio 4

Postquam commendavit Christum ab origine et virtute, hic commendat ipsum ex liberalitate, quæ ostenditur ex muneribus quæ fidelibus contulit.

Ponitur autem duplex munus.

Unum quidem commune omnibus fidelibus, scilicet gratia per quam reparamur, quam quidem a Deo per Christum accepimus, unde dicit per quem accepimus, omnes fideles, gratiam. Io. I, 17: gratia et veritas per Iesum Christum facta est, et infra: per quem accessum habemus in gratiam istam in qua stamus.

Conveniens est enim ut sicut per verbum Dei omnia ista facta sunt, ut habetur Io. I, 3, ita et per ipsum, sicut per artem omnipotentis Dei, omnia instaurentur: sicut et artifex eadem arte reparat domum qua condidit.

Col. I, 20: per eum placuit Deo reconciliare omnia sive quæ in cælo sive quæ in terra sunt.

Aliud autem est munus spirituale collatum apostolis quod tangit subdens et apostolatum, quod est præcipuum inter ecclesiasticos gradus. I Cor. XII, 28: et quosdam quidem posuit Deus in ecclesia primum quidem apostolos.

Apostolus autem idem est quod missus.

Sunt enim a Christo missi quasi eius auctoritatem et vicem gerentes, Io. XX, 21: sicut misit me pater et ego mitto vos, id est cum plenitudine auctoritatis. Unde ipse Christus apostolus nominatur Hebr. III, 1: considerate apostolum et pontificem Iesum Christum.

Unde et per ipsum, tamquam principalem apostolum sive missum, alii sunt secundario apostolatum consecuti. Lc. VI, 13: elegit duodecim quos et apostolos nominavit.

Præmittit autem gratiam apostolatui tum quia non ex meritis sed ex gratia apostolatum sunt consecuti, I Cor. XV, 9: ego sum minimus apostolorum qui non sum dignus vocari apostolus; gratia autem Dei sum id quod sum; tum etiam quia apostolatus digne haberi non potest nisi præhabita gratia sanctificante, Eph. IV, 7: unicuique nostrum data est gratia, etc..

Describit autem hunc apostolatum, primo quidem, ex utilitate cum subdit ad obediendum fidei, quasi diceret: ad hoc sumus missi ut faciamus homines fidei obedire.

In his obedientia locum habet quæ voluntarie facere possumus. His autem quæ sunt fidei voluntate consentimus, non ex rationis necessitate, cum sint supra rationem, nullus enim credit nisi volens, ut dicit Augustinus, et ideo circa fidem locum habet, infra VI, 17: obedistis ex corde in eam formam doctrinæ in quam traditi estis. De hoc fructu dicitur Io. XV, 16: posui vos ut eatis, etc..

Secundo, describitur ex amplitudine cum subditur in omnibus gentibus, quia non tantum in una gente Iudæorum, sed ad instructionem omnium gentium sunt directi.

Matth. Cap. Ultimo: euntes docete omnes gentes.

Specialiter Paulus in omnes gentes apostolatum acceperat, ut ei competere possit quod dicitur Is. XLIX, 6: parum est ut sis mihi servus ad suscitandum tribus Iacob et fæces Israel convertendas; dedi te in lucem gentium.

Tamen ab eius apostolatu exclusi non erant Iudæi, præsertim qui inter gentes habitabant; infra XI, 13 s.: quamdiu quidem ego sum gentium apostolus, ministerium meum honorificabo, si quomodo ad æmulandum provocem carnem meam et salvos faciam aliquos ex ipsis.

Tertio, ex plenitudine potestatis, cum subdit pro nomine eius, scilicet vice et auctoritate ipsius.

Sicut enim Christus in nomine patris venisse dicitur, Io. XX, 21, quasi plenam patris potestatem habens, ita et apostoli in nomine Christi venisse dicuntur, quasi in persona Christi. II Cor. II, 10: nam et ego quod donavi, si quid donavi, propter vos in persona Christi.

Vel per hoc describitur ex fine, ut sit sensus: pro nomine eius dilatando, non pro aliquo terreno fructu sibi quærendo. Act. IX, 15: vas electionis est mihi iste ut portet nomen meum, etc., unde ad hoc fideles hortabatur dicens: omnia in nomine Iesu Christi agite.

Quarto ex potestate super illos quibus scribebat qui prædicto apostolatui erant subiecti unde subdit in quibus, id est inter quas gentes, nostro apostolatui subiectas, estis et vos, scilicet Romani, quamvis sublimes.

Is. XXVI, 5 s.: civitatem sublimem humiliabit, conculcabit eam pes pauperis, scilicet Christi, gressus egenorum, id est apostolorum, specialiter Petri et Pauli, II Cor. X, 14: usque ad vos pervenimus in evangelio Christi.

Subdit vocati Iesu Christi, secundum illud Os. I, 9: vocabo non populum meum; vel: vocati ut sitis Iesu Christi, infra VIII, 30: quos praedestinavit hos et vocavit; vel: vocati Iesu Christi, id est dicti a Iesu Christo, Christiani, Act. XI, 26: ita ut cognominarentur primum Antiochiae discipuli Christiani.

Consequenter describuntur personae salutatae, et primo, ex loco cum dicit omnibus qui sunt Romae.

Signanter autem omnibus scribit quia omnium salutem cupiebat; I Cor. VII, 7: volo omnes homines esse sicut meipsum; Act. XXIII, 11, dictum est ei: oportet te et Romae testificari.

Secundo, describuntur personae salutatae ex gratiae dono, ibi dilectis Dei.

Circa quod primo ponitur gratiae origo, quod est Dei dilectio. Deut. XXXIII, 3: dilexit populos, omnes sancti in manu illius sunt. I Io. IV, 10: non quasi nos dilexerimus Deum, scilicet prius, sed quoniam ipse prior dilexit nos. Dei enim dilectio non provocatur ex bono creaturae, sicut dilectio humana, sed magis ipsum bonum creaturae causat, quia diligere

est bonum velle dilecto: voluntas autem Dei est causa rerum, secundum illud Ps.: omnia quaecumque voluit fecit.

Secundo, ponitur vocatio cum subdit vocatis.

Quae quidem est duplex. Una exterior, secundum quam vocavit Petrum et Andream, Matth. IV, 18. Alia autem est vocatio interior, quae est secundum interiorem inspirationem, Prov. I, 24: vocavi et renuistis.

Tertio, ponit gratiam iustificationis cum dicit sanctis, id est per gratiam et sacramenta gratiae, sanctificatis. I Cor. VI, 11: sed abluti estis, sed sanctificati estis, ut sitis dilecti a Deo, vocati ad hoc quod sitis sancti.

Deinde ponuntur bona quae eis optat, quae sunt gratia et pax. Quorum unum, scilicet gratia, est primum inter Dei bona, quia per eam iustificatur impius, infra III, 24: iustificati gratis per gratiam ipsius. Aliud autem, scilicet pax, est ultimum quod in beatitudine perficitur. Ps.: qui posuit fines tuos pacem.

Tunc enim erit perfecta pax, quando voluntas requiescet in plenitudine omnis boni, consequens immunitatem ab omni malo. Is. XXXII, 18: sedebit populus meus in pulchritudine pacis.

Et sic per haec duo bona, alia media intelliguntur.

Ostendit etiam consequenter unde sint huiusmodi bona expectanda, cum subdit a Deo patre nostro. Iac. I, 17: omne datum optimum et omne donum perfectum desursum est, descendens a

Ad Romanos

patre luminum.

Ps. LXXXIII, 12: gratiam et gloriam dabit Dominus.

Addit autem et Domino Iesu Christo quia, ut dicitur Io. I, 17, gratia et veritas per Iesum Christum facta est. Ipse etiam dicit, Io. XIV, 7, pacem meam do vobis.

Quod autem dicit Deo patre nostro, potest teneri essentialiter pro tota trinitate, quæ dicitur pater, quia nomina importantia relationem ad creaturam, communia sunt toti trinitati, sicut creator et Dominus.

Addit autem et Domino Iesu Christo, non quod sit alia persona a tribus, sed propter humanam naturam, per cuius mysterium ad nos dona gratiarum perveniunt. II petr. I, 4: per quem maxima et pretiosa nobis promissa donavit.

Vel potest dici quod hoc quod dicit Deo patre nostro, tenetur pro persona patris, quæ secundum proprietatem dicitur pater Christi, sed secundum appropriationem pater noster. Io. XX, 17: ascendo ad patrem meum et patrem vestrum.

Tangitur autem persona filii cum dicitur et Domino Iesu Christo. Persona autem spiritus sancti expresse non ponitur, quia intelligitur in donis eius, quæ sunt gratia et pax; vel etiam quia intelligitur in duabus personis patris et filii, quarum est unio et nexus.

Lectio 5

Præmissa salutatione, hic apostolus epistolarem tractatum incipit, in quo: primo ostendit affectum suum ad eos quibus scribebat ut reddat auditores benevolos, secundo, instruit eos de veritate gratiæ Christi, ibi virtus enim Dei est.

Ostendit autem affectum ad eos tripliciter: primo quidem ex gratiarum actione, qua de eorum bonis gratias agit, secundo ex oratione, quam pro eis ad Deum fundit, ibi testis enim est mihi Deus, tertio ex desiderio visitationis eorum, ibi obsecrans si quo modo.

Circa primum tria oportet considerare.

Primo quidem gratiarum actionis ordinem, cum dicit primum quidem gratias ago Deo meo.

Necesse enim est ut in omnibus gratiarum actionem præmittamus, secundum illud I Thess. Ultim.: in omnibus gratias agite. Non enim est dignus beneficium consequi qui de acceptis beneficiis gratias non agit. Sap. XVI, 29: ingrati spes tamquam hybernalis glacies tabescet, et Eccle. I, 7: ad locum unde exeunt flumina revertuntur, quia ad principium unde proveniunt beneficia revertuntur, scilicet per gratiarum actiones, ut iterum fluant, scilicet per iteratam beneficiorum exhibitionem.

In omnibus autem, quæ petimus vel agimus, divino beneficio indigemus, et ideo, ante omnia, debet gratiarum actio præmitti.

Secundo, designat personas tres,

Commentaria in Epistolis S. Pauli

quarum una est persona cui fit gratiarum actio, quam designat dicens Deo meo, scilicet cui debetur gratiarum actio de omnibus bonis, quia ab eo fluunt. Iac. I, 17: omne datum optimum et omne donum perfectum desursum est, etc.. Et quamvis sit Deus omnium per creationem et gubernationem, secundum illud, infra X, 12 Dominus omnium, specialiter tamen dicitur esse Deus iustorum tripliciter: primo quidem secundum specialem curam quam de eis gerit, Ps. XXXIII, 16: oculi Domini super iustos, et alibi dicit: Dominus illuminatio mea. Secundo per specialem cultum, Ex. XV, 2: iste Deus meus, et glorificabo eum. Tertio quia eorum præmium, Gen. XV, 1: ego Dominus merces tua magna nimis.

Secunda persona est mediatoris, quam tangit dicens per Iesum Christum. Eodem enim ordine debet gratiarum actio in Deum recurrere quo gratiæ a Deo in nos deveniunt, quod quidem est per Iesum Christum, infra V, 2: per quem accessum habemus per fidem in gratiam istam in qua stamus.

Tertia est persona illorum pro quibus gratias agit, quam designat subdens pro omnibus vobis, quia scilicet eorum gratias quasi suas reputat, propter vinculum charitatis, quasi diceret: maiorem horum non habeo gratiam quam ut audiam, etc..

Signanter autem dicit pro omnibus vobis, quia scilicet omnibus placere desiderat, I Cor. X, 33: sicut et ego per omnia omnibus placeo, et omnium salutem cupit, secundum illud I Cor. VII, 7: volo omnes homines esse sicut meipsum.

Tertio, ponit materiam gratiarum actionis cum subdit quia fides vestra annuntiatur in universo mundo.

Agit quidem gratias de fide eo quod est bonorum omnium spiritualium fundamentum.

Hebr. XI, 1: est autem fides sperandarum substantia rerum.

Commendantur autem Romani de fide, quia fidem de facili susceperant, et in eadem firmiter permanebant, unde et usque hodie apud eos plurima fidei signa ostenduntur in visitatione sanctorum locorum, ut Hieronymus dicit super epistolam ad Galatas. Nondum tamen perfectam fidem habebant, quia aliqui eorum præventi erant a pseudo apostolis ut crederent legis cæremonias evangelio iungendas.

Gaudet autem et gratias agit de eorum fide non solum propter eos, sed propter utilitatem inde consequentem, quia scilicet eorum exemplo, qui erant Domini gentium, aliæ gentes provocabantur ad fidem, quia, ut dicit Glossa, prompte facit inferior quod videt fieri a superiori: propter quod admonentur prælati ut fiant forma gregis ex animo.

I Petr. Ultim..

Consequenter cum dicit testis enim, etc. Ostendit affectum suum ad eos ex oratione quam pro eis fundit.

Et quia orationis negotium in secreto agitur coram Deo, secundum illud Matth. VI, 6: tu autem cum oraveris intra in cubiculum tuum et clauso

Ad Romanos

Ostio ora patrem tuum, Dei testimonio probat se pro eis orare.

Primo ergo inducit testem, secundo manifestat supra quod testimonium inducat, quod sine intermissione.

Testem autem inducit cum dicit testis est mihi Deus sub cuius testimonio omnia aguntur. Ier. XXIX, 23: ego sum iudex et testis.

Et ut iustum testem non frustra se invocare ostendat ponit consequenter quomodo sit ei coniunctus. Primo quidem quantum ad servitium cum dicit cui servio, scilicet per latriæ cultum. Deut. VI, 13: Dominum Deum tuum adorabis et illi soli servies. Secundo quantum ad modum serviendi cum dicit in spiritu meo, quasi dicat: non solum in exteriori servitio corporali, sed præcipue interius secundum spiritum. Io. IV, 24: spiritus est Deus et eos qui adorant eum in spiritu et veritate adorare oportet. Vel in spiritu scilicet in spiritualibus observantiis non in carnalibus sicut Iudæi. Phil. III, 3: nos sumus circumcisio qui spiritu servimus Deo. Tertio quantum ad officium in quo servit scilicet in evangelio filii eius, secundum illud, supra eodem: segregatus in evangelium. Quod quidem est filii Dei tripliciter: uno modo quia est de ipso, Lc. II, 10: evangelizo vobis gaudium magnum, alio modo quia est ab ipso prædicatum ex proprio officio, Lc. IV, 43: quia et aliis civitatibus oportet me evangelizare regnum Dei, quia ideo missus sum, tertio quia est ab eo iniunctum, Mc. Ultim.: prædicate evangelium omni creaturæ.

Sed, secundum Augustinum, cum idem sit testis enim est mihi Deus quod iuro per Deum, videtur apostolus facere contra id quod Dominus dicit Matth. V, 34: ego dico vobis non iurare omnino; Iac. Ultim.: ante omnia autem fratres mei nolite iurare.

Sed, sicut dicit Augustinus, intellectus sacræ Scripturæ ex actibus sanctorum intelligitur.

Idem enim spiritus quo sacræ Scripturæ sunt editæ, secundum illud II Petr. I, 21: spiritu sancto inspirati locuti sunt sancti Dei, sanctos viros ad operandum inducit; infra VIII, 14: qui spiritu Dei aguntur hi sunt filii Dei.

Ex hoc ergo quod Paulus iurasse invenitur, ostenditur verbum Domini et apostoli Iacobi non sic esse intelligendum quasi iuramentum sit omnino illicitum, sed quia ad hoc homo niti debeat ut, quantum ex ipso est, iuramento non utatur, tamquam quodam bono et per se appetibili, tum propter periculum quod imminet ex frequenti iuratione ne homo labatur in periurium propter labilitatem humanæ linguæ, secundum illud Eccli. XXIII, 9: iurationi non assuescat os tuum, nam multi, etc., tum etiam quia contra reverentiam Dei facere videtur qui ipsum, absque necessaria causa, testem inducit. Unde Eccli. XXIII, 10: nominatio Dei non sit assidua in ore tuo.

Unde nec apostolus iurasse invenitur nisi scribendo, quando homo cum maiori deliberatione et cautela loquitur.

Est autem quandoque necessarium

Commentaria in Epistolis S. Pauli

iuramentum ut fides verbo dicentis adhibeatur, quod quandoque utile est etiam ei qui audit. Et sic apostolus iurat propter utilitatem auditorum quibus erat utile ut ei crederent, quasi non quærens quod sibi utile est sed multis, ut salvi fierent.

Unde quod Dominus dicit, Matth. V, 37: quod amplius est, scilicet quam simplex verbum, a malo est, non est intelligendum a malo eius qui iurat sed eius qui exigit iuramentum; non quidem a malo culpæ nisi in casu quando existimat quis eum a quo exigit iuramentum esse falsum iuraturum: tunc enim est grave peccatum, ut dicit Augustinus; sed intelligit esse a malo poenæ, scilicet ignorantia, qua nescimus an sit verum quod dicitur nobis.

Est autem duplex modus iurandi: unus quidem per simplicem attestationem, sicut cum dicimus per Deum vel testis est mihi Deus et hoc modo apostolus iurat hic; alius autem per execrationem, quando scilicet aliquis implorat divinum testimonium secundum aliquam poenam sibi infligendam si mentitur, secundum illud Ps. VII, 5: si reddidi retribuentibus mihi mala, etc.. Et hoc etiam modo apostolus iurat, II Cor. I, 23: testem Deum invoco in animam meam.

Consequenter hic ponit id supra quod eum testem invocat dicens quod memoriam vestri facio semper in orationibus meis, quæ sunt sine intermissione, scilicet quia semper in orationibus suis pro eis orabat, propter utilitatem communem quæ ex eorum conversione proveniebat. I Reg. XII, 23: absit hoc peccatum a me in Domino ut cessem orare pro vobis.

Quod autem dicit memoriam vestri facio, dupliciter potest intelligi. Uno modo sic: memoriam vestri habeo, secundum illud Ps. CXXXVI, 6: adhæreat lingua mea faucibus meis si non meminero tui. Alio modo memoriam vestri facio, scilicet orationem Deo, qui respicit orationes humilium. Et sic dum sancti pro aliquibus orant, quodammodo divino aspectui proponuntur, sicut et cetera sanctorum facta. Unde, III Reg. XVII, 18 dixit mulier ad Eliam: ingressus es ad me ut rememorarentur iniquitates meæ, quasi illud sit in memoria et in oculis Dei quod contra iustos agitur.

Quod autem dicit orationes sine intermissione se habere, congruit ei quod dicit II Thess. Ultim.: sine intermissione orate, et, Lc. XVIII, 1: oportet semper orare et numquam deficere.

Quæ quidem possunt intelligi tribus modis.

Uno modo quantum ad ipsum actum orandi: et sic semper vel sine intermissione orat qui statutis temporibus et horis orat. Act. III, 1: Petrus et Ioannes ascendebant in templum ad horam orationis nonam. Alio modo quantum ad finem orationis, qui est ut intellectus noster ascendat in Deum; et sic tamdiu homo orat quamdiu totam vitam suam in Deum ordinat. I Cor. X, 31: sive manducatis sive bibitis, etc.. Tertio quantum ad causam: dum enim aliquis

Ad Romanos

agit unde alii pro eo orent, ipse orare videtur, ut patet in his qui dant eleemosynas pauperibus, qui pro eis orant.

Eccli. XXIX, 15: conclude eleemosynam in sinu pauperis, etc..

Sic ergo continuanda est littera: gratias ago pro vobis, quia bona vestra reputo quasi mea, quod patet ex hoc quod pro vobis oro, sicut pro meipso.

Deinde cum dicit obsecrans, etc.

Probat affectum suum ex desiderio visitationis.

Et primo ponit desiderium, secundum propositum exequendi, ibi nolo autem vos ignorare, etc..

Circa primum duo facit: primo ponit desiderii signum, secundo desiderii causam, ibi desidero enim.

Signum autem desiderii est oratio quam pro hoc faciebat.

Ex hoc autem signum ostenditur desiderii huiusmodi primo quidem intensum, per hoc quod dicit obsecrans, quasi ob sacra contestans, sicut pro aliquo magno quod mea merita excedit. Prov. XVIII, 23: cum obsecrationibus loquitur pauper et dives effabitur rigide. Quod autem intense desideratur magnum desideranti videtur.

Secundo, ostenditur esse anxium cum dicit si quo modo. Quæ enim anxie aliquis desiderat quærit adipisci quocumque modo, sive facili sive laborioso, Phil. I, 18: quid enim? dum omni modo, sive per occasionem sive per veritatem, Christus adnuntietur: et in hoc gaudeo sed et gaudebo.

Tertio, ostenditur esse diuturnum in hoc quod dicit tandem aliquando, scilicet post longa desideria. Iusti enim non ad horam sed perseveranter afficiuntur. Prov. XVII, 17: omni tempore diligit qui amicus est.

Quarto, ostenditur esse rectum ex hoc quod est divinæ voluntati conforme, unde subdit prosperum iter habeam, et hoc in voluntate Dei, id est secundum voluntatem eius, secundum quam solum aliquid reputo prosperum, sicut et Dominus dicit Lc. XXII, 42: non mea voluntas sed tua fiat.

Deinde cum dicit desidero enim, etc., ostendit desiderii causam, quæ quidem est duplex.

Una, utilitas eorum qui erant visitandi, unde dicit desidero enim videre vos. Phil. I, 8: cupio omnes vos esse in visceribus Iesu Christi. Et hoc non in vanum, sicut est in amicitia sæculari, sed ut impartiar, id est tradam, vobis aliquid gratiæ spiritualis, non tamquam auctor gratiæ sed sicut minister, I Cor. IV, 1: sic nos existimet homo ut ministros Christi. Et hoc ad confirmandum vos, scilicet in fide quam suscepistis, Lc. XXII, 23: et tu aliquando conversus, confirma fratres tuos.

Impartitur autem gratiam minister multipliciter, tum per administrationem sacramentorum gratiæ, I Petr. IV, 10: unusquisque sicut accepit gratiam in alterutrum illam administrantes, etc., tum per exhortationem sermonum, Eph. IV, 29: omnis sermo malus ex ore vestro non

Commentaria in Epistolis S. Pauli

procedat, sed si quis bonus est ad ædificationem fidei, ut det gratiam audientibus.

Secunda causa est mutua consolatio, quæ consideratur in convictu amicorum, unde subdit id, scilicet me videre vos et impartiri gratiam, et me simul consolari cum vobis per eam quæ invicem est fidem vestram atque meam.

Ad mutuam enim consolationem redit, si unanimes in fide reddamur. II Cor. VII, 6-7: qui consolatur humiles consolatus est nos Deus in adventu Titi. Non solum, etc..

Deinde cum dicit nolo autem vos ignorare, ne videatur esse vanum desiderium, subdit propositum prosequendi. Et primo proponit propositum, secundo ostendit causam propositi, ibi ut aliquem fructum, tertio concludit propositi promptitudinem, ibi ita quod in me.

Circa primum duo facit: primo ponit propositum, secundum impedimentum, ibi et prohibitus sum, etc..

Dicit ergo primo. Non solum desidero vos videre sed etiam proposui ad hoc operam dare, et hoc, fratres, nolo vos ignorare quia sæpe proposui venire ad vos, ut dilectionem meam ostenderem, non solum verbo et lingua sed etiam opere et veritate, ut dicitur I io. III, 18.

Secundo tangit obstaculum impediens eum ab isto proposito exequendo, dicens prohibitus usque adhuc, etc., et hoc vel a diabolo qui nititur impedire prædicationem ex qua provenit salus hominum, Prov. XXV, 23: ventus Aquilo dissipat pluviam, id est doctrinas prædicatorum, vel ab ipso Deo secundum cuius nutum dispensantur prædicatorum itinera et verba, Iob XXXVII, 11 s.: nubes, id est prædicatores spargunt lumen suum, quæ lustrant cuncta per circuitum, quocumque voluntas gubernantis duxerit. Unde et Act. XVI, 6 dicitur: transeuntes autem Phrygiam et Galatiæ regionem, vetati sunt a spiritu sancto loqui, et iterum: tentabant ire in Bithyniam, et non permisit eos spiritus Iesu.

Utrumque autem horum vult apostolus eos non ignorare propter eorum utilitatem, ut scilicet cognoscentes affectum apostoli devotius eius verba suscipiant et impedimentum visitationis eius imputent suæ culpæ et sic corrigantur.

Nam in poenam culpæ dicitur Is. V, 6: mandabo nubibus meis ne pluant super eam imbrem.

Deinde ponit causam duplicem propositi, quarum prima est utilitas, unde dicit ut aliquem fructum habeam in vobis sicut in ceteris gentibus quibus, scilicet, prædicavi.

Quod potest dupliciter intelligi. Uno modo quasi dicat: ut faciam aliquem fructum in vobis per meam prædicationem. Io. XV, 16: ut eatis et fructum afferatis. Alio modo quasi ex eorum conversione ei fructus accrescat, secundum illud Io. IV, 36: qui metit mercedem accipit et fructum congregat in vitam æternam.

Alia autem causa est debitum quod

sibi imminebat ex suscepto officio. I Cor. IX, 16: si non evangelizavero væ mihi, etc..

Et quia universalem gentium apostolatum susceperat, omnibus se asserit debitorem, secundum illud I Cor. IX, 19: cum essem liber ex omnibus omnium me servum feci.

Et ideo duplicem diversitatem ponit.

Una quidem secundum diversitatem gentium cum dicit Græcis ac barbaris.

Dicitur autem aliquis barbarus dupliciter.

Uno modo secundum quid, qui scilicet est extraneus quoad aliquem, secundum illud I Cor. XIV, 11: si ergo nesciero virtutem vocis, ero ei cui loquar barbarus. Alio modo simpliciter, qui scilicet est quasi extraneus a communitate hominum, in quantum ratione non regitur. Unde proprie barbari dicuntur qui ratione non reguntur, secundum quod dictum est II Mach. XV, 2: ne ita ferociter ac barbare feceris, id est inhumane.

Et quia Græci fuerunt primi legum inventores, omnes gentiles, qui humanis legibus reguntur, nominat Græcos.

De Iudæis autem, qui divinis legibus regebantur, mentionem non facit, quia non erat institutus apostolus Iudæorum sed gentilium.

Gal. II, 9: ita ut illi in circumcisis, nos autem in gentibus.

Ex utraque autem causa concludit promptitudinem voluntatis cum subdit ita quod in me, id est quantum ad me

pertinet dummodo aliunde non impediar, promptum est etiam vobis, qui Romæ estis, evangelizare.

Ex. XXXV, 20: egressaque omnis multitudo filiorum Israel de conspectu Moysi obtulit mente promptissima atque devota.

Et excludit impedimentum promptitudinis, scilicet erubescentiam, propter quam multi ea prætermittunt quæ alias facerent prompte. Et hoc est quod subdit non enim erubesco evangelium, quod quidem infidelibus apud quosdam erubescibile videbatur, propter id quod dicit I Cor. I, 23: nos autem prædicamus Christum crucifixum Iudæis quidem scandalum, gentibus autem stultitiam.

Non est autem secundum rei veritatem erubescendum propter id quod sequitur: ipsis autem vocatis Iudæis atque Græcis, Christum Dei virtutem et Dei sapientiam. Unde dicitur Lc. IX, 26: qui erubuerit me et meos sermones, hunc filius hominis erubescet.

Et inde est quod baptizati liniuntur chrismate in fronte signo crucis, ubi est sedes verecundiæ, ne scilicet evangelium erubescant.

Lectio 6

Postquam apostolus Romanos fideles, quibus scribebat, sibi benevolos reddidit ostendendo affectum suum ad eos, hic incipit instruere eos de his quæ pertinent ad evangelicam doctrinam in quam se segregatum prædixerat. Et primo ostendit virtutem

Commentaria in Epistolis S. Pauli

evangelicæ gratiæ, secundo exhortatur ad executionem operum huius gratiæ, XII cap., ibi obsecro itaque.

Circa primum duo facit: primo proponit quod intendit, secundo manifestat propositum, ibi revelatur enim.

Circa primum tria facit: primo proponit virtutem evangelicæ gratiæ, secundo exponit ibi iustitia enim, tertio expositionem confirmat ibi sicut scriptum est.

Dicit ergo primo: ideo evangelium non erubesco, quia, quamvis ut dicitur I Cor. I, 18, verbum crucis pereuntibus quidem stultitia sit, nobis tamen virtus Dei est. Virtus enim Dei est.

Quod potest intelligi dupliciter: uno modo, quia virtus Dei in evangelio manifestatur secundum illud Ps. CX, 6: virtutem operum suorum adnuntiavit populo suo; alio modo, quia ipsum evangelium in se Dei virtutem continet, secundum illud Ps. LXVIII, 34: dabit voci suæ vocem virtutis.

Circa quam virtutem tria sunt consideranda.

Primo quidem ad quid se ista virtus extendat, et hoc designatur cum subditur in salutem.

Iac. I, 21: in mansuetudine suscipite insitum verbum quod potest salvare animas vestras. Quod quidem fit tripliciter: uno modo, in quantum per verbum evangelii remittuntur peccata; Io. XV, 3: iam mundi estis propter sermonem quem locutus sum vobis. Secundo, in quantum per evangelium homo consequitur gratiam sanctificantem; io. XVII, 17: sanctifica eos in veritate. Sermo tuus veritas est. Tertio, in quantum perducit ad vitam æternam; Io. VI, 69: verba vitæ æternæ habes.

Secundo, per quem modum evangelium salutem conferat, quia per fidem, quod designatur cum dicitur omni credenti.

Quod fit tripliciter: primo per prædicationem; Mc. Ultim.: prædicate evangelium omni creaturæ; qui crediderit et baptizatus fuerit salvus erit. Secundo per confessionem; infra X, 10: oris confessio fit ad salutem. Tertio per Scripturam, unde etiam verba evangelii scripta virtutem salutiferam habent, sicut beatus Barnabas infirmos curabat, evangelium superponendo.

Cavendæ sunt tamen superstitiones characterum, quia hoc est superstitiosum. Unde, Ez. IX, 6, illi salvati sunt in quorum frontibus est scriptum thau, quod est signum crucis.

Tertio, quibus evangelium fit in salutem, quia tam Iudæis quam gentibus.

Non enim Iudæorum tantum Deus est sed et gentium, infra III, 29, et ideo subdit Iudæo primum et Græco.

Per Græcum omnem gentilem intelligens, eo quod a Græcis gentilium sapientia est exorta.

Sed, cum infra X, 10 dicatur non est distinctio Iudæi et Græci, quomodo hic Iudæo primum? dicendum est ergo quod quantum ad salutis finem consequendum non est distinctio inter eos, æqualem enim consequuntur mercedem utrique, sicut pro labore etiam in vinea, priores et posteriores, eundem denarium acceperunt, ut dicitur Matth. XX, 1-16. Sed quantum ad ordinem salutis Iudæi sunt primi, quia eis promissiones sunt factæ, ut infra III, 2, et in eorum gratiam sunt gentiles assumpti, ac si ramus oleastri inseratur in bonam olivam, ut infra XI, 24. Ex his etiam salvator noster natus est. Io. IV, 22: salus ex Iudæis est.

Exponit autem consequenter quomodo evangelium sit in salutem cum dicit iustitia enim Dei revelatur in eo ex fide in fidem.

Quod quidem dupliciter potest intelligi.

Uno modo de iustitia qua Deus iustus est, secundum illud Ps. X, 8: iustus Dominus et iustitias dilexit. Et secundum hoc, sensus est quod iustitia Dei, qua scilicet iustus est servando promissa, in eo revelatur, scilicet in homine credente evangelio, quia credit Deum implesse quod promisit de Christo mittendo; et hoc ex fide, scilicet Dei promittentis Ps. CXLIV, 13: fidelis Dominus in omnibus verbis suis. In fidem scilicet hominis credentis.

Vel, alio modo, ut intelligatur de iustitia Dei, qua Deus homines iustificat. Nam iustitia hominum dicitur qua se homines, propriis viribus, iustificare præsumunt, infra X, 3: ignorantes Dei iustitiam et suam quærentes statuere, iustitiæ Dei non sunt subiecti.

Quæ quidem iustitia revelatur in evangelio, in quantum per fidem evangelii homines iustificantur secundum quodcumque tempus, unde subdit ex fide in fidem, id est ex fide veteris testamenti procedendo in fidem novi testamenti, quia ab utroque homines iustificantur et salvantur per fidem Christi, quia eadem fide crediderunt venturum qua nos venisse credimus; et ideo dicitur II Cor. IV, 13: habentes eamdem speciem fidei credimus propter quod loquimur.

Vel potest intelligi ex fide prædicatorum in fidem auditorum, infra X, 14: quomodo credent ei quem non audierunt? vel ex fide unius articuli, in fidem alterius, quia ad iustificationem requiritur omnium articulorum fides. Apoc. I, 3: beatus qui legit et audit verba prophetiæ huius.

Alio modo potest intelligi ex fide præsenti in fidem futuram, id est in plenam visionem Dei, quæ quidem dicitur fides ratione certæ et firmæ cognitionis, hæc autem ratione evangelicæ cognitionis. I Cor. XIII, 12: videmus nunc per speculum in ænigmate tunc autem facie ad faciem.

Probat autem hanc expositionem cum subdit sicut scriptum est iustus autem meus ex fide vivit. Quod quidem accipitur secundum litteram LXX. Nam in littera nostra, quæ est secundum Hebraicam veritatem, dicitur iustus ex fide sua vivit.

Dicitur autem iustus meus, scilicet a me iustificatus et apud me iustus reputatus, infra IV, 2 s.: si autem Abraham ex operibus legis iustificatus est, habet gloriam sed non apud Deum. Quid enim Scriptura dicit? credidit Abraham Deo, et reputatum est ei ad iustitiam. Unde ex hoc subditur ex fide vivit, scilicet vita gratiæ. Gal. II, 20: quod autem nunc vivo in carne, in fide vivo filii Dei.

Quatuor autem hic considerare oportet circa fidem.

Primum quidem quid sit fides. Importat enim assensum quemdam cum certitudine, ad id quod non videtur, ex voluntate, quia nullus credit nisi volens, ut Augustinus dicit. Et secundum hoc differt credens a dubitante, qui in neutram partem assentit; differt etiam ab opinante qui assentit in unam partem, non cum certitudine sed cum formidine alterius; differt etiam a sciente qui per certitudinem assentit ex necessitate rationis. Et secundum hoc fides est media inter scientiam et opinionem.

Secundo considerandum est an fides sit virtus.

Et manifestum est quod non est virtus si accipiatur pro eo quod creditur secundum illud fides catholica hæc est ut unum Deum in trinitate. Si autem accipiatur pro habitu quo credimus, sic quandoque est virtus, quandoque non.

Est enim virtus principium actus perfecti.

Actus autem, ex duobus principiis dependens, non potest esse perfectus si alteri principiorum desit sua perfectio: sicut equitatio non potest esse perfecta si vel equus bene non vadat, vel sessor equum ducere nesciat. Actus autem fidei, qui est credere, dependet ex intellectu et voluntate movente intellectum ad assensum; unde actus fidei erit perfectus si voluntas perficiatur per habitum charitatis et intellectus per habitum fidei, non autem si habitus charitatis desit; et ideo fides formata charitate est virtus, non autem fides informis.

Tertio considerandum est quod idem numero habitus fidei, qui sine charitate erat informis, adveniente charitate fit virtus; quia, cum charitas sit extra essentiam fidei, per eius adventum et recessum non mutatur substantia eius.

Quarto considerandum est quod sicut corpus vivit per animam naturali vita, ita anima vivit per Deum vita gratiæ. Primo autem Deus animam inhabitat per fidem, Eph. III, 17: habitare Christum per fidem in cordibus vestris. Nec tamen est perfecta habitatio nisi fides per charitatem sit formata, quæ per vinculum perfectionis nos unit Deo, ut dicitur Col. III, 14. Et ideo, quod hic dicit ex fide vivit intelligendum est de fide formata.

Deinde cum dicit revelatur enim ira Dei, probat quod dixerat, scilicet virtutem evangelicæ gratiæ esse omnibus hominibus in salutem. Et primo ostendit quod est necessaria ad salutem; secundo quod est efficax sive sufficiens, V cap., ibi iustificati ergo ex fide.

Circa primum duo facit.

Primo ostendit virtutem evangelicæ

Ad Romanos

gratiæ esse necessariam ad salutem gentibus, quia scilicet sapientia, de qua confidebant, salvare eos non potuit; secundo ostendit quod fuit necessaria Iudæis, quia scilicet circumcisio et lex et alia in quibus confidebant, eis salutem non attulerunt.

II cap. Ibi propter quod inexcusabilis es.

Circa primum duo facit.

Primo proponit quod intendit; secundo manifestat propositum, ibi quia quod notum est Dei.

Proponit autem tria. Primo quidem poenam dicens: recte dico quod in eo iustitia Dei revelatur, revelatur enim in eo ira Dei, id est vindicta ipsius, quæ dicitur ira Dei secundum similitudinem hominum irascentium, qui vindictam quærunt extra.

Tamen Deus vindictam infert ex animi tranquillitate.

Sap. XII, 18: tu autem dominator noster cum tranquillitate iudicas.

Et de hac ira Dei dicitur Io. III, 36: qui incredulus est filio non videbit vitam, sed ira Dei manet super eum.

Hoc autem dicitur quia quidam Philosophi dicebant a Deo non esse poenas peccatorum, contra id quod dicitur in Ps. XCIII, 10: qui corripit gentes non arguet? unde additur de cælo, quia credebant circa cælestia eius providentiam occupari, ita quod ad res terrenas non se extenderet.

Iob XXII, 14: circa cardines cæli perambulat, nec nostra considerat. Sed, sicut in Ps. Ci, 20 dicitur, Dominus de cælo in terram prospexit.

Vel dicitur de cælo eorum iniquitatem demonstrare, quia maxime ex magnitudine cæli creatoris virtutem intelligere debuerunt.

Iob XX, 27: revelabunt cæli iniquitatem eius.

Vel de cælo venturi ad iudicium. Act. I, 11: quemadmodum vidistis eum ascendentem in cælum, ita veniet.

Secundo ponit culpam pro qua poena infligitur.

Et primo quidem culpam, quæ contra Deum committitur cum subdit super omnem impietatem. Sicut enim pietas dicitur cultus qui Deo exhibetur, tamquam summo parenti, sic impietas dicitur peccatum quod est contra cultum divinum. Ez. XVIII, 28: impietas impii super eum erit.

Secundo, ponit culpam quæ committitur in homine cum dicit et iniustitiam. Nam iustitia est per quam homines sibi invicem ratione conveniunt et communicant. Iob XXXV, 8: filium hominis adiuvabit iustitia tua.

Tertio ponit cognitionem quam de eo habuerunt, cum subdit hominum eorum qui veritatem Dei, id est veram de Deo cognitionem, detinent in iniustitia, quasi captivatam.

Nam vera Dei cognitio quantum est de se inducit homines ad bonum, sed ligatur, quasi captivitate detenta, per iniustitiæ affectum, per quam, ut Ps. XI, 1, diminutæ sunt veritates a filiis hominum.

Commentaria in Epistolis S. Pauli

Deinde cum dicit quia quod notum est, manifestat propositum, ordine tamen retrogrado.

Primo enim consentit quod sapientes gentilium de Deo cognoverunt veritatem; secundo, ostendit quod in eis impietas et iniustitia fuerit, ibi ita ut sint inexcusabiles; tertio quod iram Dei incurrerunt, ibi qui cum iustitiam Dei.

Circa primum tria facit.

Primo, quid de Deo cognoverunt; secundo, ostendit a quo huiusmodi cognitionem acceperunt, ibi Deus enim illis; tertio, ostendit per quem modum, ibi invisibilia enim.

Dicit ergo primo. Recte dico quod veritatem Dei detinuerunt, fuit enim in eis, quantum ad aliquid, vera Dei cognitio, quia quod notum est Dei, id est quod cognoscibile est de Deo ab homine per rationem, manifestum est in illis, id est manifestum est eis ex eo quod in illis est, id est ex lumine intrinseco.

Sciendum est ergo quod aliquid circa Deum est omnino ignotum homini in hac vita, scilicet quid est Deus. Unde et Paulus invenit Athenis aram inscriptam: ignoto Deo. Et hoc ideo quia cognitio hominis incipit ab his quæ sunt ei connaturalia, scilicet sensibilibus creaturis, quæ non sunt proportionata ad repræsentandam divinam essentiam.

Potest tamen homo, ex huiusmodi creaturis, Deum tripliciter cognoscere, ut Dionysius dicit in libro de divinis nominibus.

Uno quidem modo per causalitatem. Quia enim huiusmodi creaturæ sunt defectibiles et mutabiles, necesse est eas reducere ad aliquod principium immobile et perfectum. Et secundum hoc cognoscitur de Deo an est.

Secundo per viam excellentiæ. Non enim reducuntur omnia in primum principium, sicut in propriam causam et univocam, prout homo hominem generat, sed sicut in causam communem et excedentem. Et ex hoc cognoscitur quod est super omnia.

Tertio per viam negationis. Quia si est causa excedens, nihil eorum quæ sunt in creaturis potest ei competere, sicut etiam neque corpus cæleste proprie dicitur grave vel leve aut calidum aut frigidum. Et secundum hoc dicimus Deum immobilem et infinitum et si quid aliud huiusmodi dicitur.

Huiusmodi autem cognitionem habuerunt per lumen rationis inditum. Ps. IV, 6: multi dicunt quis ostendit nobis bona? signatum est super nos lumen vultus tui Domine.

Deinde cum dicit Deus illis manifestavit, ostendit a quo auctore huiusmodi cognitio eis fuerit manifestata, et dicit quod Deus illis manifestavit, secundum illud Iob XXXV, 11: docet nos super iumenta terræ.

Ubi considerandum est quod unus homo alteri manifestat explicando conceptum suum per aliqua signa exteriora, puta per vocem vel Scripturam, Deus autem dupliciter aliquid homini manifestat. Uno modo, infundendo lumen interius, per quod

Ad Romanos

homo cognoscit, Ps. XLII, 3: emitte lucem tuam et veritatem tuam. Alio modo, proponendo suæ sapientiæ signa exteriora, scilicet sensibiles creaturas. Eccli. I, 10: effudit illam, scilicet sapientiam, super omnia opera sua.

Sic ergo Deus illis manifestavit vel interius infundendo lumen, vel exterius proponendo visibiles creaturas, in quibus, sicut in quodam libro, Dei cognitio legeretur.

Deinde cum dicit invisibilia enim ipsius a creatura mundi, etc., ostendit per quem modum huiusmodi cognitionem acceperunt.

Ubi, primo considerandum est quæ sunt ista, quæ de Deo cognoverunt. Et ponit tria.

Primo quidem invisibilia ipsius, per quæ intelligitur Dei essentia, quæ, sicut dictum est a nobis videri non potest.

Io. I, 18: Deum nemo vidit unquam, scilicet per essentiam, vita mortali vivens. I Tim. I, 17: regi sæculorum immortali, invisibili.

Dicit autem pluraliter invisibilia quia Dei essentia non est nobis cognita secundum illud quod est, scilicet prout in se est una.

Sic erit nobis in patria cognita, et tunc erit Dominus unus et nomen eius unum, ut dicitur Zac. Cap. Ult.. Est autem manifesta nobis per quasdam similitudines in creaturis repertas, quæ id quod in Deo unum est, multipliciter participant, et secundum hoc intellectus noster considerat unitatem divinæ essentiæ sub ratione bonitatis, sapientiæ, virtutis et huiusmodi, quæ in Deo unum sunt.

Hæc ergo invisibilia Dei dixit, quia illud unum quod his nominibus, seu rationibus, in Deo respondet, non videtur a nobis.

Hebr. XI, 3: ut ex invisibilibus invisibilia fierent.

Aliud autem quod de Deo cognoscitur est virtus ipsius, secundum quam res ab eo procedunt, sicut a principio; Ps. CXLVI, 5: magnus Dominus et magna virtus eius. Hanc autem virtutem Philosophi perpetuam esse cognoverunt, unde dicitur sempiterna quoque virtus eius.

Tertium cognitum est quod dicit et divinitas, ad quod pertinet quod cognoverunt Deum sicut ultimum finem, in quem omnia tendunt.

Divinum enim bonum dicitur bonum commune quod ab omnibus participatur; propter hoc potius dixit divinitatem, quæ participationem significat, quam deitatem, quæ significat essentiam Dei. Col. II, 9: et in ipso habitat omnis plenitudo divinitatis.

Hæc autem tria referuntur ad tres modos cognoscendi supradictos. Nam invisibilia Dei cognoscuntur per viam negationis; sempiterna virtus, per viam causalitatis; divinitas, per viam excellentiæ.

Secundo, considerandum est per quod medium illa cognoverunt, quod designatur cum dicit per ea quæ facta sunt.

Commentaria in Epistolis S. Pauli

Sicut enim ars manifestatur per artificis opera, ita et Dei sapientia manifestatur per creaturas. Sap. XIII, 5: a magnitudine enim speciei et creaturæ cognoscibiliter poterit creator horum videri.

Tertio, ostendit quomodo per ista cognoscatur Deus, cum dicit intellecta conspiciuntur.

Intellectu enim cognosci potest Deus, non sensu vel imaginatione, quæ corporalia non transcendunt; Deus autem spiritus est, ut io. IV, 24 dicitur; Is. LII, 13: ecce intelliget servus meus.

Quarto, potest designari a qua, per hunc modum, Deus cognoscatur, cum dicitur a creatura mundi. Per quod, uno modo, potest intelligi homo, Mc. Cap. Ult.: prædicate evangelium omni creaturæ, vel propter excellentiam hominis, qui ordine naturæ minor est Angelis sed excellit inter inferiores creaturas, secundum illud Ps. VIII, 6: minuisti eum Paulo minus ab Angelis, omnia subiecisti sub pedibus eius, oves et boves, etc., vel quia communicat cum omni creatura: habet enim esse cum lapidibus, vivere cum arboribus, sentire cum animalibus, intelligere cum Angelis, ut Gregorius dicit.

Alio modo potest intelligi de universali creatura.

Nulla enim creatura, ex propriis naturalibus, potest Dei essentiam in seipsa videre.

Unde et de Serapim dicitur Is. VI, 2 quod duabus alis velabant caput. Sed, sicut homo intelligit Deum per creaturas visibiles, ita Angelus per hoc quod intelligit propriam essentiam.

Potest autem aliter intelligi per creaturam mundi, non ipsa res creata sed rerum creatio, ac si diceretur: a creatione mundi. Et tunc potest dupliciter ordinari.

Uno modo quod intelligatur quod invisibilia Dei intelliguntur per ea quæ facta sunt a creatione mundi, non solum per ea quæ facta sunt tempore gratiæ. Alio modo quod intelligatur quod a creatione mundi homines incoeperunt Deum cognoscere per ea quæ facta sunt. Iob XXXVI, 25: omnes homines vident eum.

Glossa autem dicit quod per invisibilia Dei intelligitur persona patris. I Tim. Cap. Ult.: quem nullus hominum vidit, etc.. Per sempiternam virtutem, persona filii secundum illud I Cor. I, 24: Christum Dei virtutem. Per divinitatem, persona spiritus sancti cui appropriatur bonitas. Non quod Philosophi, ductu rationis, potuerint pervenire, per ea quæ facta sunt, in cognitionem personarum quantum ad propria, quæ non significant habitudinem causæ ad creaturas, sed secundum appropriata. Dicuntur tamen defecisse in tertio signo, id est in spiritu sancto quia non posuerunt aliquid respondere spiritui sancto, sicut posuerunt aliquid respondere patri, scilicet ipsum primum principium, et aliquid respondere filio, scilicet primam mentem creatam, quam vocabant paternum intellectum ut Macrobius dicit in libro super somnium scipionis.

Ad Romanos

Lectio 7

Postquam apostolus ostendit veritatem Dei fuisse a gentibus cognitam, hic ostendit eos obnoxios culpæ impietatis et iniustitiæ. Et primo ostendit hoc quantum ad culpam impietatis, secundo quantum ad culpam iniustitiæ, ibi et sicut non probaverunt, etc..

Posset autem aliquis credere eos a culpa impietatis excusari propter ignorantiam, sicut apostolus de se dicit infra I Tim. I, 13: misericordiam consecutus sum, quia ignorans feci, primo ergo ostendit gentiles non esse excusabiles, secundo ponit eorum culpam, ibi et mutaverunt gloriam.

Circa primum considerandum est quod tunc ignorantia culpam excusat quando sic procedit et causat culpam, quod non causatur a culpa. Sicut cum aliquis, adhibita diligentia debita, dum credit percutere hostem, percutit patrem. Si vero ignorantia causetur ex culpa, non potest subsequentem culpam ignorantia excusare. Unde si quis per ebrietatem homicidium committit, non excusatur a culpa, quia peccavit se inebriando, unde secundum Philosophum meretur duplices mulctationes.

Primo igitur proponit quod intendit, dicens ita, quod est Dei, notum est eis, ut sint inexcusabiles, id est ut per ignorantiam excusari non possint Iac. IV, 17: scienti bonum et non operanti peccatum est illi. Infra II, 1: propter quod inexcusabilis est.

Secundo ibi quia cum cognovissent, etc., probat quod dixerat. Et primo, ostendit quod prima eorum culpa ex ignorantia non processit, secundo quod ex hac culpa est ignorantia subsecuta, ibi sed evanuerunt.

Quod autem prima eorum culpa non fuerit ex ignorantia, ostenditur per hoc quod Dei cognitionem habentes ea non sunt usi ad bonum. Dupliciter autem Deum cognoverunt.

Uno modo sicut omnibus super eminentem, et sic ei debebant gloriam et honorem quæ superexcellentibus debetur. Isti ideo dicuntur inexcusabiles quia cum cognovissent Deum, non sicut Deum glorificaverunt, vel quia ei debitum cultum non impenderunt, vel quia virtuti eius et scientiæ terminum imposuerunt, aliqua eius potentiæ et scientiæ subtrahentes, contra id quod dicitur Eccli. XLIII, 37: glorificantes Dominum quantumcumque potueritis.

Secundo, cognoverunt eum sicut omnium bonorum causam. Unde ei in omnibus gratiarum actio debebatur, quam tamen ipsi non impendebant, sed potius suo ingenio et virtuti suæ bona sua adscribebant; unde subdit gratias non egerunt, scilicet Domino, I Thess.

Ult.: in omnibus gratias agite.

Deinde cum dicit sed evanuerunt, ostendit quod in eis ex culpa est ignorantia subsecuta. Et primo ponit intentum, secundo manifestat propositum, ibi dicentes.

Primo ergo proponit culpam quæ est ignorantiæ causa cum dicit evanuerunt.

Commentaria in Epistolis S. Pauli

Vanum enim dicitur quod non habet stabilitatem seu firmitatem. Solus autem Deus de se est immutabilis. Mal. III, 6: ego Deus et non mutor. Et ideo tunc solum mens humana est a vanitate libera quando Deo innititur. Cum autem, prætermisso Deo, innititur cuicumque creaturæ, incurrit vanitatem.

Sap. XIII, 1: vani sunt omnes homines in quibus non subest scientia Dei, etc.; Ps. XCIII, 11: Dominus scit cogitationes hominum quoniam vanæ sunt. In cogitationibus suis evanuerunt, in quantum in seipsis, et non in Deo, fiduciam habebant, sibi et non Deo bona sua adscribentes, secundum illud Ps. XI, 5: labia nostra, etc..

Secundo ponit ignorantiam subsecutam dicens et obscuratum est; id est, per hoc quod obscuratum est, factum est cor eorum insipiens, id est lumine sapientiæ privatum, per quam homo vere Deum cognoscit.

Sicut enim qui oculos corporales a sole materiali avertit, obscuritatem corporalem incurrit, ita ille qui a Deo avertitur, de seipso præsumens et non de Deo, spiritualiter obscuratur.

Prov. XI, 2: ubi humilitas, per quam scilicet homo se Deo subiicit, ibi sapientia; ubi superbia, ibi contumelia. Matth. XI, 25: abscondisti hæc a sapientibus, secundum quod scilicet eis videbatur, et revelasti ea parvulis, id est humilibus. Et de his habetur Eph. IV, 17 s.: gentes ambulant in vanitate sensus sui, tenebris obscuratum habentes intellectum.

Deinde cum dicit dicentes, exponit quod dixerat.

Et, primo, qualiter in cogitationibus suis evanuerunt, cum dicit dicentes se esse sapientes, stulti facti sunt. Dicentes, id est sapientiam sibi a seipsis adscribentes. Is. V, 21: væ qui sapientes estis in oculis vestris.

Is. XIX, 11: quomodo dicetis Pharaoni: filius sapientium ego, filius regum antiquorum? etc..

Secundo, exponit quod dixerat et obscuratum est insipiens cor, cum dicit stulti facti sunt, quasi contra divinam sapientiam agentes.

Ier. X, 14: stultus factus est omnis homo a scientia sua, de qua scilicet præsumebat.

Deinde cum dicit et mutaverunt gloriam, ponit peccatum impietatis gentilium. Et primo quanto ad hoc quod peccaverunt contra Dei gloriam, secundo quomodo contra veritatem naturæ ipsius, ibi qui commutaverunt veritatem.

Circa primum duo facit: primo ponit impietatis culpam, secundo poenam, ibi propter quod tradidit.

Culpa quidem eorum fuit quod, quantum in ipsis erat, honorem divinum in alium transtulerunt, secundum illud Ier. II, 11: populus meus mutavit gloriam suam in idolum.

Primo ergo ponit id quod mutaverunt, secundo id in quod mutaverunt, ibi in similitudinem.

Circa primum, tria sunt attendenda ex parte Dei.

Ad Romanos

Primo, quidem ipsius gloriam, quam tangit dicens et mutaverunt gloriam, quod potest intelligi dupliciter. Uno modo de gloria qua homo Deum glorificat, ei cultum latriæ exhibendo.

I Tim. I, 17: soli Deo honor. Hanc igitur mutaverunt, cum cultum Deo debitum exhibuerunt aliis. Alio modo potest intelligi de gloria qua Deus in se gloriosus est, quæ est incomprehensibilis et infinita. Prov. XXV, 27: perscrutator maiestatis opprimetur a gloria. Quæ quidem gloria, nihil est aliud quam ipsa claritas divinæ naturæ; lucem enim inhabitat inaccessibilem, I Tim. Cap. Ult..

Hanc autem mutaverunt, dum eam aliis attribuerunt. Incommunicabile enim nomen lignis et lapidibus imposuerunt, ut dicitur sap. XIV, 21.

Secundo, notatur incorruptibilitas, cum dicit incorruptibilis. Ipse enim solus perfecte incorruptibilis est, qui est omnino immutabilis; omnis enim mutatio quædam corruptio est. Unde dicitur I Tim. Cap. Ult.: solus habet immortalitatem.

Tertio, notatur naturæ sublimitas, cum dicitur Dei, ut enim in Ps. XLVII, 2 dicitur: Deus magnus Dominus.

Ex parte vero eius in quod mutaverunt, tria correspondentia ponuntur. Nam, contra gloriam dicit in similitudinem imaginis, id est in similitudinem alicuius rei per modum imaginis ab aliquo expressæ. Manifestum enim est quod similitudo imaginis est posterior illa re cuius est imago. Gloria autem, sive claritas Dei, est principium omnis speciei et formæ; et sic dum Dei gloriam in similitudinem imaginis mutaverunt, converterunt primum in ultimum. Sap. XIV, 15: acerbo luctu dolens pater, cito sibi rapti filii fecit imaginem.

Contra id quod dixerat incorruptibilis, dicit corruptibilis. Ps. XXIX, 10: quæ utilitas in sanguine meo dum descendo in corruptionem? scilicet quod est amplius iam corruptum sive mortuum? Sap. XV, 17: cum sit mortalis, mortuum fingit, manibus iniquis.

Contra id quod dixit Dei, ponit hominis.

Iob XXXII, 21: non accipiam personam viri et Deum homini non æquabo.

Et, quod est abominabilius, homo gloriam Dei transtulit non solum in hominem, qui est ad imaginem Dei sed etiam ad ea quæ sunt infra hominem, unde subdit et volucrum quantum ad volatilia, et quadrupedum quantum ad gressibilia, et serpentium quantum ad reptilia. Prætermittit autem pisces tamquam magis ab humana conversatione seiunctos.

Hæc autem omnia sunt a Deo homini supposita. Ps. VIII, 8: omnia subiecisti sub pedibus eius. Ez. VIII, 9: ingredere et vide abominationes pessimas quas isti faciunt hic. Et ingressus vidi; et ecce omnis similitudo reptilium et animalium etc..

Est autem notandum quod, sicut dicit Glossa, ab adventu Aeneæ consueverunt in Italia imagines hominum coli, puta Iovis, Herculis et

Commentaria in Epistolis S. Pauli

similium. Sed tempore Cæsaris augusti, devicta Aegypto, eorum cultum Romani assumpserunt qui imagines animalium colebant, propter figuras animalium, quæ notantur in cælo, quibus Aegypti, tamquam astrologiæ dediti, cultum divinitatis impendebant. Unde et Dominus filios Israel in Aegypto nutritos ab huiusmodi cultu removet dicens Deut. IV, 19: ne forte elevatis oculis ad coelum videas solem et lunam et omnia astra cæli, etc..

Deinde cum dicit propter quod tradidit, ponit poenam huiusmodi culpæ respondentem.

Circa quod considerandum est quod homo medium locum obtinet inter Deum et animalia bruta, et cum utroque extremorum communicat: cum Deo quidem, secundum intellectualitatem; cum animalibus vero brutis, secundum sensualitatem. Sicut igitur homo, id quod est Dei, mutavit usque ad bestias, ita Deus, id quod est divinum in homine secundum rationem, subdidit ei quod est brutale in ipso, scilicet desiderio sensualitatis, secundum illud Ps. XLVIII, 21: homo cum in honore esset non intellexit, similitudinem scilicet divinæ imaginis propter rationem, comparatus est iumentis insipientibus. Hoc est ergo quod dicit propter quod tradidit illos Deus in desideria cordis, ut eorum ratio subderetur desideriis cordis, scilicet sensualis affectus, de quibus dicitur infra XIII, 14: carnis curam ne feceritis in desideriis. Quod quidem est contra naturalem ordinem hominis, secundum quem ratio appetitui sensibili dominatur.

Gen. IV, 7: sub te erit appetitus eius, et tu dominaberis illius.

Inducit ergo homines in desideria cordis eorum sicut in manu dominorum crudelium.

Is. XIX, 4: tradam Aegyptum in manu dominorum crudelium.

Præcipue tamen circa appetitum sensitivum bestialis quædam deordinatio pertinet ad peccata carnalia. Nam delectationes tactus, circa quas sunt gula et luxuria, manifeste sunt communes nobis et brutis. Et ideo sunt magis exprobrabiles quasi magis brutales, ut dicit Philosophus in III ethicorum.

Et hoc designatur cum subdit in immunditiam quæ ad peccata carnalia pertinet, secundum illud Eph. V, 5: omnis fornicator aut immundus, quia scilicet homo, per huiusmodi peccata, maxime convertitur et trahitur ad id quod est infra ipsum. Unumquodque enim dicitur esse impurum sive immundum ex commixtione vilioris, sicut argentum ex commixtione plumbi. Unde exponens subdit ut contumeliis, id est turpibus et immundis actibus, afficiant, id est inficiant, corpora sua in semetipsis, id est non quasi ab aliis coacti, puta a barbaris, sed a semetipsis hoc agunt, propria sponte. Infra IX, 21: an non habet potestatem figulus luti ex eodem luto facere aliud vas in honorem, aliud in contumeliam? scilicet in turpem usum.

Sed cum huiusmodi immunditia sit

peccatum, videtur quod Deus in eam homines non tradat, quia, ut dicitur Iac. I, 13: Deus intentator malorum est.

Dicendum est quod Deus non dicitur tradere homines in immunditiam directe, inclinando affectum hominis ad malum, quia Deus omnia ordinat in seipsum, Prov. XVI, 4: universa propter se operatus est Dominus, peccatum autem est aliquid per aversionem ab eo. Sed indirecte tradit homines in peccatum, in quantum iuste subtrahit gratiam per quam homines continebantur ne peccarent; sicut si aliquis alicuius substentaculum tolleret, diceretur facere casum eius. Et per hunc modum primum peccatum est causa sequentis peccati, sequens vero est poena prioris.

Ad cuius evidentiam sciendum est quod unum peccatum potest esse causa alterius indirecte et directe. Directe quidem, in quantum ex uno peccato inclinatur ad aliud, quod fit tripliciter. Uno modo secundum rationem causæ finalis; sicut cum quis ex avaritia vel invidia incitatur ad homicidium committendum.

Secundo, secundum rationem causæ materialis; sicut gula inducit ad luxuriam, ministrando materiam. Tertio, secundum rationem causæ moventis; sicut cum ex multis actibus alicuius peccati generatur habitus ad simile peccatum inducens.

Indirecte autem, sicut primum peccatum meretur exclusionem gratiæ, qua subtracta, homo ruit in aliud peccatum. Et sic primum peccatum est causa secundi indirecte sive per accidens, sicut removens prohibens.

Sed notandum est quod peccatum, in quantum huiusmodi, non potest esse poena, quia poenam contra voluntatem patimur, peccatum autem est voluntarium, ut Augustinus dicit.

Sed quia peccatum habet quædam adiuncta, quæ sunt contra voluntatem peccantis, ratione eorum peccatum dicitur poena præcedentis peccati. Hoc autem est, uno modo, aliquid præcedens peccatum, sicut subtractio gratiæ ex qua sequitur ut homo peccet.

Alio modo, est aliquid adiunctum ipsi peccato, vel interius sicut est inordinatio animi, unde Augustinus dicit in I confessionum: iussisti Domine, et sic est ut poena sibi sit omnis inordinatus animus; sive quantum ad exteriores actus, quibus difficultates ac labores adiunguntur, secundum illud quod dicunt impii Sap. V, 7: ambulavimus vias difficiles, etc.. Tertio, quantum ad id quod sequitur peccatum sicut est remorsus conscientiæ, infamia et similia.

Deinde cum dicit commutaverunt, ponit culpam impietatis quam commiserunt contra veritatem divinæ naturæ. Et primo ponit culpam, secundo poenam, ibi propterea tradidit.

Divina autem natura potest considerari dupliciter. Uno modo secundum quod est ratio cognoscendi, ut veritas prima, et quantum ad hoc dicit quia commutaverunt veritatem Dei in mendacium.

Quod quidem potest intelligi

Commentaria in Epistolis S. Pauli

dupliciter.

Uno modo quia veram cognitionem quam a Deo acceperunt, perversa ratione ad falsa dogmata converterunt, sicut cum dixerunt idola esse deos, vel Deum non esse omnipotentem, vel omniscientem. Ier. IX, 5: docuerunt linguas suas loqui mendacium.

Alio modo veritatem Dei in mendacium mutaverunt quia divinitatis naturam, quæ est ipsa veritas, attribuerunt idolo, quod est mendacium inquantum non est Deus, ut dicitur Ier. XVI, 19 s.: vere mendacium possederunt patres nostri, vanitatem quæ eis non profuit.

Numquid faciet homo sibi deos, et ipsi non sunt dii? alio modo potest considerari divina natura secundum quod est principium essendi omnibus per creationem: et sic debetur ei ab homine, interius quidem, cultus secundum pium affectum, Io. IX, 31: si quis cultor Dei est, etc., exterius vero, debetur ei servitus latriæ, secundum illud Deut. VI, 13: Dominum Deum tuum adorabis, et illi soli servies.

Unde subdit, contra eos scilicet, coluerunt et servierunt creaturæ potius, etc..

Colebant enim cælestia corpora et ærem et aquam et alia huiusmodi, secundum illud Sap. XIII, 2: aut ignem, aut spiritum, aut citatum ærem, etc..

Et in hoc improbat sapientes gentilium qui, quamvis numquam in imaginibus aliquid numinis esse crederent, sicut sectatores Hermetis credebant, neque ea quæ a poetis fabulose dicebantur de diis crederent esse vera, creaturis tamen aliquibus cultum divinitatis impendebant ex quibus rationem fabularum assignabant. Sicut varro posuit totum mundum esse Deum propter animam eius, dicens quod toti mundo, et omnibus partibus eius, divinitatis cultus impendi potest, scilicet æri quem vocabant Iunonem, et aquæ quam vocabant Liæum, et sic de aliis. Platonici etiam posuerunt quod omnibus substantiis rationalibus, quæ sunt supra nos, cultus divinitatis debetur; puta Dæmonibus, animabus cælestium corporum, intelligentiis, id est substantiis separatis.

Quamvis autem iis, quæ supra nos sunt, aliquam reverentiam exhibere debeamus, non tamen cultum latriæ, quæ potissime in sacrificiis et oblatione consistit, per quam homo profitetur omnium bonorum Deum esse auctorem, sicut in quolibet regno aliquis honor supremo Domino exhibetur quem non licet transferre in alium.

Et ideo subdit qui est benedictus, idest cuius bonitas est manifesta, sicut enim dicimus benedicere Deum in quantum eius bonitatem corde recognoscimus et ore confitemur. Eccli. XLIII, 33: benedicentes Deum exaltate illum quantum potestis.

Addit autem in sæcula, quia eius bonitas est sempiterna ab alio non dependens, sed omnis boni principium. Et ex hoc sibi debetur omnis latriæ cultus.

Addit autem amen ad omnimodam certitudinem asserendam. Is. LXV, 16:

qui benedictus est super terram benedicetur in Deo.

Amen, quod idem est quod verum, vel fiat.

Videtur autem apostolus triplicem theologiam tangere gentilium.

Primo quidem civilem, quæ observabatur a pontificibus in adoratione idolorum in templo; et quantum ad hoc dicit: et mutaverunt gloriam incorruptibilis Dei.

Secundo theologiam fabularem, quam poetæ tradebant in theatris; et quantum ad hoc dicit: qui commutaverunt veritatem Dei in mendacium.

Tertio theologiam naturalem, quam observaverunt Philosophi in mundo, partes mundi colentes; et quantum ad hoc dicit: et coluerunt et servierunt creaturæ potius quam creatori.

Lectio 8

Posita culpa impietatis, secundum quam contra naturam divinam peccaverunt, ponit poenam, qua scilicet ad hoc reducti sunt ut contra suam naturam peccarent.

Et primo ponit poenam, secundo exponit, ibi nam feminæ, tertio eius convenientiam ostendit, ibi et mercedem.

Dicit ergo primo propterea, scilicet quia Dei veritatem in mendacium mutaverunt, tradidit illos Deus, non quidem impellendo in malum sed deserendo, in passiones ignominiæ, id est peccata contra naturam, quæ dicuntur passiones, secundum quod proprie passio dicitur ex eo quod aliquid trahitur extra ordinem suæ naturæ, puta cum aqua calefit aut cum homo infirmatur. Unde quia per huiusmodi peccata homo recedit ab ordine naturali, convenienter dicuntur passiones, infra VII, 5: passiones peccatorum.

Dicuntur autem passiones ignominiæ quia non sunt nomine digna, secundum illud Eph. V, 15: quæ aguntur in occulto ab eis turpe est dicere. Si enim peccata carnis communiter exprobrabilia sunt quia per ea homo deducitur ad id quod est bestiale in homine, multo magis peccatum contra naturam, per quod etiam homo a natura bestiali decidit.

Os. IV, 7: gloriam eorum in ignominiam commutabo.

Deinde cum dicit nam feminæ eorum, etc., exponit quod dixerat, et primo quantum ad feminas, secundo quantum ad masculos, ibi similiter autem masculi.

Dicit ergo primo. Ideo illos dico in passiones ignominiæ traditos, nam feminæ eorum mutaverunt naturalem usum in eum usum qui est contra naturam. I Cor. XI, 14: nec ipsa natura docet vos. Is. XXIV, 5: mutaverunt ius, dissipaverunt foedus sempiternum, id est ius naturale.

Est autem considerandum quod dupliciter est aliquid contra naturam hominis. Uno modo contra naturam differentiæ constitutivæ hominis, quæ est rationale; et sic omne peccatum

Commentaria in Epistolis S. Pauli

dicitur esse contra naturam hominis, inquantum est contra rationem rectam.

Unde et Damascenus dicit in II Lib. Quod Angelus peccans versus est ex eo quod est secundum naturam in id quod est præter naturam.

Alio modo dicitur esse aliquid contra naturam hominis ratione generis, quod est animal.

Manifestum est autem quod, secundum naturæ intentionem, commixtio sexuum in animalibus ordinatur ad actum generationis, unde omnis commixtionis modus, ex quo generatio sequi non potest, est contra naturam hominis inquantum est animal. Et secundum hoc dicitur in Glossa naturalis usus est ut vir et mulier in uno concubitu coeant, contra naturam vero ut masculus masculum polluat et mulier mulierem. Et eadem ratio est de omni actu coitus ex quo generatio sequi non potest.

Deinde cum dicit similiter autem, exponit quantum ad mares, qui, scilicet, relicto naturali usu feminæ exarserunt, id est, extra terminos naturæ arserunt, secundum illud Ps. CXVII, 12: exarserunt sicut ignis in spinis: et hoc in desideriis suis, scilicet carnalibus, invicem masculi in masculos turpitudinem operantes. Ez. XVI, 37: nudabo ignominiam tuam coram eis, etc..

Deinde cum dicit et mercedem, ostendit hanc poenam convenientem esse culpæ, dicens recipientes in semetipsis, id est in deformatione suæ naturæ, mercedem erroris sui, scilicet quo Dei veritatem in mendacium commutaverunt, mercedem, id est retributionem, quam oportuit scilicet eos recipere, secundum iustitiæ ordinem, ex qua debitum erat ut qui in Dei naturam iniuriosi fuerant, id quod est proprium sibi, creaturis attribuendo, in sui natura contumeliosi existerent.

Et quamvis merces proprie videatur in bonum sonare, tamen hic sumitur pro quacumque retributione, etiam in malis, secundum modum quo dicitur infra VI, 23: stipendia peccati mors. Mich. I, 7: mercedes eorum igni comburentur.

Est autem notandum quod satis rationabiliter apostolus vitia contra naturam, quæ sunt gravissima inter peccata carnalia, ponit idololatriæ poenam, quia simul cum idololatria incepisse videntur, scilicet tempore Abrahæ, quando creditur idololatria incoepisse.

Unde et tunc primo leguntur in Sodomitis punita fuisse, ut Gen. XIX. Simul etiam idololatria crescente, huiusmodi vitia creverunt.

Unde dicitur II Mach. IV, 12 s., quod Iason ausus est sub ipsa arce optimos quosque epheborum in lupanaribus ponere. Erat autem hoc non initium sed incrementum quoddam et profectus gentilis et alienigenæ conversationis.

Deinde cum dicit et sicut non probaverunt, ostendit eos iustitiæ fuisse subiectos.

Et primo ostendit ex qua priori culpa

in hæc peccata devenerunt, secundo enumerat horum peccatorum differentias, ibi repletos omni iniquitate.

Culpam autem præcedentem ponit, cum dicit et sicut non probaverunt Deum habere in notitia. Quod potest dupliciter intelligi. Uno modo, quia quamvis lumine rationis per creaturas visibiles veram Dei cognitionem habere potuerunt, tamen ut liberius possent peccare, non probaverunt, id est non approbaverunt, ut ipsi haberent Deum in sui notitia. Iob XXI, 14: recede a nobis: scientiam viarum tuarum nolumus.

Alio modo, potest intelligi quod ipsi non probaverunt quod Deus in sui notitia haberet facta humana, secundum illud Ps. XCIII, 7: dixerunt: non videbit Dominus, nec intelliget Deus. Et secundum hunc sensum convenienter huic culpæ respondet pœna cum subditur tradidit illos Deus in reprobum sensum.

Dicitur autem hic sensus hominis non exterior, quo sensibilia cognoscuntur, sed interior, secundum quem iudicat de agendis, secundum illud Sap. VI, 16: cogitare de illa sensus est consummatus.

Dicitur autem sensus reprobus quo aliquis reprobandum iudicium habet de agendis, secundum illud II Tim. III, 8: homines mente corrupti, reprobi circa fidem. Ier. VI, 30: argentum reprobum vocate eos.

Et ideo subdit ut faciant ea quæ non conveniunt, id est ea quæ a recta ratione discordant. Sap. III, 11: inutilia opera eorum sunt.

Est autem conveniens ut qui contra Dei notitiam peccaverunt, vel eum cognoscere nolentes, vel eum cognoscere non arbitrantes, in perversitatem sensus traderentur. Unde et Sap. XIV, 31 dicitur: peccantium pœna perambulat semper in iustorum prævaricationem.

Deinde cum dicit repletos, etc., enumerat huiusmodi inconvenientia opera. Et primo, ponit id quod est generale, dicens repletos omni iniquitate, quia ut dicitur I Io. III, 4, omne peccatum est iniquitas.

Sicut enim omnis virtus, inquantum exequitur præceptum legis, habet rationem iustitiæ, ita etiam omne peccatum, inquantum a regula legis divinæ discordat, habet rationem iniquitatis. Et sic in sacra Scriptura præcipue peccata arguuntur.

Dupliciter autem eorum culpam exaggerat.

Primo quidem intensive per hoc quod dicit repletos. Ille enim videtur repleri iniquitate cuius affectus est totaliter ad peccandum dispositus, secundum illud Ps. XIII, 3: quorum os maledictione et amaritudine plenum est. Secundo extensive quia scilicet non tantum in uno peccaverunt sed in omnibus.

Sap. XIV, 27: infandorum idolorum cultura omnis mali causa est.

Consequenter cum dicit malitia, enumerat peccata in speciali. Et primo quantum ad transgressionem, quæ opponitur præceptis negativis, secundo quantum ad omissionem, quæ

Commentaria in Epistolis S. Pauli

opponitur præceptis affirmativis, ibi superbos.

Circa primum duo facit: primo ponit peccata quibus aliquis deterioratur in seipso, secundo peccata quibus aliquis fit nocivus proximo, ibi nequitia.

Circa primum, ponit quidem id primo quod est generale cum dicit malitia, quæ est habitus vitiosus, virtuti oppositus.

Unde ex malitia peccare dicuntur qui ex habitu peccant. Ps. LI, 3: quid gloriaris in malitia? in speciali ponit peccatum quo quis deordinatur circa appetitum corporalium delectationum, cum dicit fornicatione. Quamvis enim fornicatio proprie sit cum meretricibus, quæ iuxta fornices, id est arcus triumphales, se publice prostituebant, tamen hic sumitur pro omni illicito concubitu. Tob. IV, 13: attende tibi fili mi ab omni fornicatione.

Secundo, ponit vitium per quod quis deordinatur circa appetitum rerum exteriorum cum dicit avaritia, quæ est immoderatus appetitus habendi. Hebr. Cap. Ult.: sint mores sine avaritia, contenti præsentibus.

Deinde ponuntur peccata quæ tendunt ad nocumentum proximi. Et primo ponit id quod est generale cum dicit nequitia, dum scilicet attentat aliquis quod nequit implere; quod maxime contingit circa nocumenta proximorum, quibus non potest aliquis aliquando pro voto nocere. Ps. VII, 10: consumetur nequitia peccatorum.

Consequenter ponit radicem horum peccatorum dicens plenos invidia, quæ est dolor de alieno bono, ex quo aliquis incitatur ad nocendum alteri. Sap. II, 24: invidia diaboli mors introivit in orbem terrarum.

Postea ponuntur nocumenta et primo manifesta, et quantum ad facta, cum dicit homicidiis, quæ sunt præcipua nocumenta.

Os. IV, 2: maledictum, mendacium et homicidium, furtum et adulterium inundaverunt.

Dicit autem pluraliter homicidiis, quia homicidium non solum consistit in opere sed etiam in voluntate. I Io. III, 5: qui odit fratrem suum homicida est, qui scilicet odit ad occidendum.

Et quantum ad verba, cum dicit contentione.

Est autem contentio impugnatio veritatis cum confidentia clamoris. Prov. XX, 3: honor est homini qui se separat a contentionibus.

Deinde ponit nocumenta occulta et, primo, illud quod est generale, cum dicit dolo, quando scilicet aliud simulatur et aliud agitur. Ier. IX, 8: sagitta vulnerans lingua eorum, dolum locuta est; in ore suo pacem cum amico suo loquitur et occulte ei ponit insidias.

Post hæc ponit radicem interiorem horum nocumentorum, cum dicit malignitate, quæ importat malum ignem, id est malum affectum in corde secundum illud Ps. XXVII, 3: loquuntur pacem cum proximo suo mala autem in cordibus. Ps. V, 6: non habitabit iuxta te malignus.

Ad Romanos

Consequenter ponit nocumenta occulta, quæ præcipue fiunt verbis, cum dicit susurrones, qui scilicet occulte susurrant in auribus hominum ad seminandas inter eos discordias. Eccli. XVIII, 15: susurro et bilinguis maledictus in populo; multos enim turbavit pacem habentes. Detractores, qui scilicet detrahunt famæ alicuius occulte, id est eo ignorante mala dicentes de eo. Eccle. X, 11: si mordeat serpens in silentio nihil eo minus habet qui occulte detrahit.

Et ne putentur ista peccata esse levia, quia solo ore committuntur, subdit Deo odibiles.

Impugnant enim id maxime quod Deus in hominibus amat, scilicet mutuum amorem.

Io. XV, 12: hoc est præceptum meum ut diligatis invicem. Unde dicitur Prov. VI, 16: sex sunt quæ odit Deus et septimum detestatur anima eius, scilicet qui seminat inter fratres discordias.

Addit autem contumeliosos, qui scilicet mala in faciem inferunt. I Tim. I, 13: qui prius fuit blasphemus et persecutor et contumeliosus.

Sic ergo hæc tria vitia in materia conveniunt, quia omnes mala dicunt de proximo.

Differunt autem in fine, nam susurro intendit discordiam, detractor infamiam, contumeliosus iniuriam.

Consequenter ponit peccata quæ pertinent ad omissionem, et primo ponit radicem horum peccatorum cum dicit superbos.

Dicuntur enim superbi quasi super se euntes per inordinatum appetitum excellentiæ, volunt enim præesse, non subesse alienæ regulæ, et ideo præcepta omittunt. Eccli. X, 15: initium omnis peccati superbia, quod verum est quantum ad aversionem a Deo, non quantum ad conversionem ad bonum commutabile. Dicitur enim I Tim. Cap. Ult.

Quod radix omnium malorum est cupiditas.

Secundo ponit processum superbiæ, ex quo primo in corde nascitur elatio, ut scilicet homo se super alios efferat. Lc. XVIII, 11: non sum sicut ceteri hominum.

Unde dicitur contra elatos illud Ps. CXXX, 1: neque elati sunt oculi mei.

Secundo ex superbia in opere nascitur novitatum præsumptio, et quantum ad hoc subdit inventores malorum; quia enim bona iam a Deo et ab hominibus sunt instituta, consequens est ut ipsi de novo adinveniant mala. Is. III, 8: adinventiones eorum contra Dominum.

Consequenter ponuntur ipsæ omissiones. Et primo respectu superiorum; unde, quantum ad parentes, dicit parentibus non obedientes. Contra id quod dicitur Eph. VI, 1: filii obedite parentibus vestris in Domino. Quantum autem ad Deum dicit insipientes, id est contra divinam reverentiam agentes. Iob XXVIII, 28: ecce timor Domini ipsa est sapientia et recedere a malo intelligentia.

Commentaria in Epistolis S. Pauli

Secundo, ponit omissionem quantum ad seipsum. Cum dicit incompositos, in habitu et in incessu. Eccli. XIX, 27: amictus corporis et risus dentium et ingressus hominis, enuntiant de illo. Quidam tamen inculpantur Is. III, 16 de hoc quod composito gradu incedebant, quia illa compositio excedebat modum communem hominum, inter quos conversabantur.

Tertio, ponit omissionem quantum ad pares ad quos debemus habere, primo, affectum in corde; contra quod dicit sine affectione.

Prov. XII, 10: viscera impiorum crudelia.

II Tim. III, 2: erunt homines seipsos amantes, scilicet et non alios. Secundo, debet homo eis exhibere socialem conversationem; contra quod subdit absque foedere, quo scilicet aliis socialiter non convivunt.

Iud. XVIII, 27 s.. Percusserunt eos in ore gladii eo quod cum nullo hominum haberent quicquam societatis et negotii. Eccle. IV, 10: væ soli quoniam cum ceciderit, etc..

Quarto, quantum ad inferiores, subdit sine misericordia, quam debemus miseris exhibere. Iac. II, 13: iudicium sine misericordia fiet illi qui non facit misericordiam, etc..

Deinde cum dicit qui cum iustitiam, ostendit eos esse obnoxios iræ, sive vindictæ divinæ.

Circa quod tria consideranda sunt primo naturalis eorum affectus quia, cum cognoscerent Deum iustum et omnes alias perfectiones habentem, non crediderunt quod pro peccatis pœnam inferret. Soph. I, 12: dicunt in cordibus suis: non faciet Dominus male. Et hoc est quod dicit qui cum iustitiam Dei cognovissent, non intellexerunt.

Secundo pœna peccatis eorum debita, cum dicit digni sunt morte. Infra VI, 23: stipendia peccati mors est.

Dignum est enim quod anima, quæ deserit Deum, a corpore suo deseratur per mortem corporalem, et finaliter deseratur a Deo per mortem æternam, de qua dicitur in Ps. XXXIII, 22: mors peccatorum pessima, et, Apoc. XX, 6: in his mors secunda non habebit potestatem.

Tertio considerandum est quibus talis pœna debetur. Et, primo, his qui talia agunt, scilicet prædicta peccata, secundum illud Ps. V, 7: odisti omnes qui operantur iniquitatem, perdes omnes qui loquuntur mendacium.

Et non solum illis qui faciunt sed etiam his qui consentiunt facientibus. Et hoc dupliciter.

Uno modo directe, vel laudando peccatum, secundum illud Ps. IX, 24: laudatur peccator in desideriis animæ suæ, vel etiam præbendo consilium et favorem, secundum illud II par. XIX, 2: impio præbes auxilium. Alio modo indirecte, quando non reprehendit aut impedit quocumque modo, si potest, et præcipue si ex officio incumbat, sicut peccata filiorum imputantur Heli, sicut patet I Reg. III, 13. Hæc autem specialiter apostolus dicit propter quosdam sapientes gentilium, qui, et si idola non colebant, tamen colentibus non resistebant.

Capitulus II

Lectio 1

Postquam apostolus ostendit quod gentiles iustificati non sunt ex veritatis cognitione quam habuerunt, hic ostendit quod neque etiam Iudæi iustificati sunt ex his in quibus gloriabantur. Et sic utrisque est necessaria ad salutem virtus evangelicæ gratiæ.

Primo ergo dicit quod Iudæi non sunt iustificati ex lege.

Secundo, quod non sunt iustificati ex genere, de quo gloriabantur, cap. III quid ergo est amplius? tertio, quod non sunt iustificati ex circumcisione, cap. IV quid ergo dicemus? circa primum considerandum est quod Iudæi et gentiles, ad fidem conversi, se invicem iudicabant de priori vita. Iudæi enim gentibus obiiciebant, quod sine Dei lege viventes, idolis immolabant. Gentes autem obiiciebant Iudæis quod, lege Dei accepta, eam non servabant.

Primo ergo utrosque arguit de inordinato iudicio; secundo specialiter ostendit quod Iudæi non erant digni præmio, quia ea in quibus gloriabantur non sufficiebant ad salutem, ibi non enim auditores legis.

Circa primum duo facit.

Primo confutat humanum iudicium; secundo astruit et commendat divinum, ibi scimus enim.

Circa primum duo facit.

Primo proponit mutuo se iudicantes inexcusabiles esse; secundo assignat rationem, ibi in quo enim.

Primo ergo concludit ex præmissis, dicens: propter quod gentiles veritatem de Deo cognitam in iniustitia detinuerunt, o homo, qui iudicas alium hominem, inexcusabilis es, sicut supra dixit: ita ut sint inexcusabiles.

Addit autem omnis, quasi dicat, quicumque sis, sive gentilis sive Iudæus, quia etiam gentilis de quo magis videbatur, non potest excusari per ignorantiam, sicut supra ostensum est. I Cor. IV, 5: nolite ante tempus iudicare.

Deinde cum dicit in quo enim assignat rationem, excludendo causam excusationis.

Primo, quidem ignorantiam; secundo, innocentiam, ibi eadem enim.

Ignorantia quidem excluditur per iudicium. Quicumque enim iudicat aliquem quasi male agentem, demonstrat se cognoscere illud esse malum, et ex hoc ostendit esse condemnabilem. Et hoc est quod dicit: ideo (inquam) es inexcusabilis, in quo enim iudicas alterum quasi male agentem, teipsum condemnas, id est, ostendis te esse condemnabilem.

Matth. VII, 1: nolite iudicare, et non iudicabimini.

Non tamen credendum est, quod omne iudicium sit condemnationis causa.

Est enim triplex iudicium. Unum

Commentaria in Epistolis S. Pauli

quidem iustum, quod scilicet fit secundum regulam iustitiæ. Sap. I, 1: diligite iustitiam, qui iudicatis terram. Aliud est iudicium non iustum, quod scilicet fit contra regulam iustitiæ.

Sap. VI, 5: cum essetis ministri regni eius, non recte iudicastis. Est autem tertium iudicium temerarium, contra quod dicitur Eccle. V, 1: ne temere quid loquaris.

Quod quidem dupliciter committitur. Uno modo, quando aliquis procedit circa id quod est sibi commissum iudicium absque debita veritatis cognitione; contra id quod dicitur Iob XXIX, 6: causam quam ignorabam diligentissime investigabam. Alio modo, quando aliquis usurpat sibi iudicium de occultis, de quibus solus Deus iudicare habet; contra id quod dicitur I Cor. IV, 5: nolite ante tempus iudicare, quoadusque veniat Dominus, qui illuminabit, etc..

Est autem aliquid occultum, non solum quoad nos, sed secundum sui naturam, ad solam Dei cognitionem pertinens. Primo quidem cogitatio cordis, secundum illud Ier. XVII, 9 s.: pravum est cor hominis et inscrutabile, quis cognoscet illud? ego Dominus scrutans corda, et probans renes. Secundo, contingens futurum, secundum illud Is. XLI, 23: annuntiate quæ ventura sunt in futurum, et dicemus quia dii estis vos. Et ideo, sicut dicit Augustinus, de sermone Domini in monte: duo sunt in quibus temerarium iudicium cavere debemus: cum incertum est quo animo quidque factum fuerit, vel cum incertum est qualis quisque futurus est, qui nunc vel bonus vel malus apparet.

Primum ergo iudicium non est condemnationis causa, sed secundum et tertium.

Deinde cum dicit eadem enim, excludit aliam excusationis causam, scilicet innocentiam. Quasi dicat: ideo tu qui iudicas alios, teipsum condemnas, quia tu eadem agis quæ iudicas, id est de quibus alios condemnas, et ita videtur quod contra conscientiam agis. Matth. VII, 3: quid autem vides festucam in oculo, etc..

Est tamen sciendum quod non semper cum aliquis aliquem iudicat de peccato quod ipse committit per hoc ipsum semper sibi condemnationem acquirit, quia non semper mortaliter peccat sic iudicando, semper tamen suam damnationem manifestat.

Si enim publice sit in peccato de quo alium iudicat, videtur scandalizare iudicando, nisi forte humiliter se simul cum illo reprehendat pro suo peccato ingemiscens.

Si vero sit in eodem peccato occulte, non peccat iudicando alium de peccato eodem, maxime cum humilitate et conatu ad resurgendum, ut Augustinus dicit in libro de sermone Domini in monte: primum cogitemus cum aliquem reprehendere necessitas nos cogit, utrum tale sit vitium, quod nunquam habuimus: et tunc cogitemus nos etiam habere potuisse, vel tale quod habuimus, et iam non habemus: et tunc tangat memoriam fragilitas communis, ut illam correctionem non odium, sed misericordia præcedat. Si autem invenimus nos in eodem vitio

Ad Romanos

esse, non obiurgemus, sed congemiscamus et ad pariter condolendum invitemus.

Deinde cum dicit scimus enim, astruit et commendat divinum iudicium. Et circa hoc tria facit.

Primo ponit divini iudicii veritatem; secundo excludit contrariam opinionem, ibi existimas; tertio manifestat veritatem, ibi qui reddet unicuique.

Dicit ergo primo. Ideo dico quod teipsum condemnas cum eadem agis quæ iudicas, scimus enim, id est pro certo tenemus, quoniam iudicium Dei est in eos qui talia agunt, id est imminet eis divinum iudicium.

Iob XIX, 29: ultor iniquitatis est gladius, et scitote esse iudicium. Eccle. Cap. Ult.: cuncta quæ fiunt adducet Deus in iudicium.

Item scimus quod hoc iudicium est secundum veritatem. Ps. XCV, 13: iudicabit orbem terræ in æquitate.

Hominis autem iudicium, etiam si iuste iudicet, non semper est secundum veritatem negotii sed secundum dicta testium, quæ quandoque dissonant a veritate. Sed hoc non est in divino iudicio, quia, ut ipse dicit, Ier. XXIX, 23: ego sum iudex et testis. Non etiam fallitur falsis allegationibus, secundum illud Iob XLI, 3: non parcam ei quasi verbis potentibus et ad deprecandum compositis.

Deinde cum dicit existimas autem, excludit opinionem contrariam, et primo ponit eam; secundo assignat causam, ibi an divitias; tertio improbat, ibi ignoras.

Dicit ergo primo. Ita dixi quod iudicium Dei est secundum veritatem in eos qui talia agunt, sed numquid, o homo, quicumque es, qui iudicas eos qui talia agunt, et tamen facis ea, superioris iudicium non times? existimas quia tu effugies iudicium Dei? quasi dicat: si hoc existimas, falsa est æstimatio tua. Ps. CXXXVIII, 7: quo ibo a spiritu tuo? et quo a facie tua fugiam? Iob XI 20: effugium peribit ab eis.

Deinde cum dicit an divitias, ostendit causam huius falsæ æstimationis.

Quia enim homo non statim punitur a Deo pro peccato, æstimat se non esse puniendum, contra id quod dicitur Eccli. V, 4: ne dixeris in corde tuo: peccavi, et quid accidit triste? altissimus enim est patiens redditor. Et Eccle. VIII, 11: etenim, quia non profertur cito contra malos sententia, absque ullo timore filii hominum perpetrant mala.

Attamen peccator ex eo quod centies facit malum, et per patientiam sustentatur, non debet contemnere, sed advertere quod est bonum timentibus eum. Et ideo hic dicit an contemnis, secundum illud Prov. XVIII, 3: impius, cum in profundum peccatorum venerit, contemnit. Divitias, id est abundantiam.

Eph. II, 3: Deus qui dives est in misericordia.

Bonitatis eius, per quam scilicet in nos diffundit bona, secundum illud Ps.

49

Commentaria in Epistolis S. Pauli

CXLIV, 16: aperis tu manum tuam et omnia imples bonitate. Nam bonum diffusionis rationem importat secundum Dionysium.

Thren. III, 25: bonus est Dominus sperantibus in eum. Et patientiæ, per quam, scilicet, sustinet graviter et ex malitia peccantes.

Ps. VII, 12: Deus iudex iustus, et patiens, numquid irascitur per singulos dies? et longanimitatis, per quam scilicet diu sustinet homines ex infirmitate peccantes, diu tamen in peccato permanentes. II Petr. Cap. Ult.: longanimitatem Domini nostri Iesu Christi, salutem arbitramini.

Deinde cum dicit ignoras, improbat prædictam causam, scilicet contemptum divinæ patientiæ, et primo fructum divinæ patientiæ demonstrat; secundo, periculum contemptus, ibi secundum duritiam autem.

Dicit ergo primo, mirum est quod contemnis, numquid igitur ignoras quoniam benignitas Dei differentis poenam ad poenitentiam te adducit? II Petr. III, 9: non tardat Dominus promissis, sed patienter agit propter vos, nolens aliquos perire, sed ad poenitentiam reverti. Is. XXX, 18: expectat vos Deus ut misereatur vestri.

Videtur autem apostolus, ut in Glossa dicitur, tres gradus peccatorum tetigisse. Primo quidem impunitatem sibi promittentium; secundo, contemnentium Dei bonitatem; tertio vero, ignorantium. Unde dicit Glossa: peccas, o homo, dum tibi impunitatem promittis; gravius peccas, quia contemnis, et gravissime peccas, quia ignoras.

Sed videtur hoc esse falsum, nam ignorantia alleviat peccatum magis quam aggravet.

Est igitur secundum quosdam intelligendum gravissime, id est periculosissime, quia qui ignorat peccatum, non quærit remedium.

Vel gravissime propter ignorantiæ speciem, quæ ad infidelitatem pertinet, quæ est gravissimum peccatum. Unde dicitur I Cor. XIV, 38: si quis ignorat, ignorabitur. Vel gravissime in genere ingratitudinis. Augustinus: magis enim est ingratus qui beneficium non cognoscit, quam qui diminuit, quod est contemnere.

Deinde cum dicit secundum duritiam, ostendit periculum contemptus, dicens secundum autem duritiam, quia scilicet ob beneficia divinæ bonitatis non emollitur. Eccli. III, 27: cor durum male habebit in novissimo, etc., cor impoenitens, quod scilicet ad poenitentiam non flectitur ex Dei patientia et longanimitate. Ier. VIII, 6: nullus est qui agat poenitentiam super peccato suo. Thesaurizas tibi iram, id est multiplicas tibi reatum poenæ. Iac. V, 3: thesaurizastis vobis iram in novissimis diebus.

Unde et hic sequitur in die iræ, id est in die iudicii, de qua dicitur sophon. I, 15: dies illa dies iræ, quia scilicet nunc Deus vindictam non infert, quam tunc inferet, secundum illud Ps. LXXIV, 3: cum accepero tempus, ego iustitias iudicabo. Et revelationis iusti iudicii Dei, quia tunc revelabitur iustitia divini iudicii, quod nunc non creditur esse, aut non videtur esse iustum. Is. LVI, 1: iuxta est salus mea ut veniat, et iustitia mea ut reveletur.

Et quia Glossa hic dicit, quod per duritiam et cor impoenitens significatur peccatum in spiritum sanctum, quod est irremissibile, ideo oportet videre quid sit peccatum in spiritum sanctum, et quomodo sit irremissibile.

Est igitur sciendum, quod secundum antiquos doctores ecclesiæ qui fuerunt ante Augustinum, scilicet Athanasium, Hilarium, Ambrosium, Hieronymum et Chrysostomum, peccatum in spiritum sanctum dicitur blasphemia, qua opera spiritus sancti spiritui immundo attribuuntur, ut patet Matth. XII, 31. Quod quidem dicitur irremissibile et in hoc sæculo et in futuro, quia pro hoc peccato puniti sunt Iudæi, etiam in hoc sæculo per Romanos et in futuro per Dæmones. Vel quia non habet aliquam rationem excusationis, sicut habebat blasphemia, quam dicebant in Christum, inquantum erat filius hominis: secundum illud Matth. XI, 19: ecce homo vorax et potator vini. Ad quod poterant induci per infirmitatem carnis, sicut et in veteri testamento, quia filii Israël murmuraverunt pro defectu panis et aquæ, ut legitur Ex. XVI, 2 s., quasi humanum fuit et facile remissibile, sed quod postea dixerunt coram idolo, ut Ex. XXXII, 4: isti sunt dii tui, Israel, qui te eduxerunt de terra Aegypti, peccaverunt in spiritum sanctum, scilicet, opus Dei Dæmonibus attribuentes. Unde et eorum peccatum dicitur irremissibile,

cum Dominus subdit: ego autem in die ultionis visitabo peccatum eorum.

Augustinus autem dicit peccatum in spiritum sanctum esse verbum vel blasphemiam, quam quis dicit contra spiritum sanctum, per quem fit remissio peccatorum, secundum illud Io. XX, 22 ss.: accipite spiritum sanctum, quorum remiseritis peccata, etc.. Et hoc quidem corde scilicet ore et opere, dum aliquis perseverat in peccato usque in finem ultimum.

Et sic finalis impoenitentia est peccatum in spiritum, de qua manifestum est esse irremissibile.

Magistri vero sequentes dicunt peccatum in spiritum sanctum, scilicet quod committitur ex certa malitia, quæ contrariatur appropriato spiritui sancto, scilicet bonitati, sicut et peccatum in filium Dei, quod est ex ignorantia, quæ opponitur sapientiæ, quæ appropriatur filio. Et similiter peccatum in patrem potest dici quod sit ex infirmitate, quæ contrariatur potentiæ, quæ est appropriata patri.

Sic ergo peccatum quod est in patrem vel in filium, dicitur remissibile, quia ex hoc ipso peccatum videtur aliquam excusationem habere, quia ex ignorantia vel ex infirmitate committitur. Quod autem ex certa malitia committitur, nullam in se habet excusationis causam: et ideo dicitur irremissibile, quia non habet in se unde remittatur, licet quandoque Deus illud ex sua bonitate remittat, sicut quandoque ex sua virtute curat morbum qui est de se incurabilis.

Et secundum hoc assignantur sex

Commentaria in Epistolis S. Pauli

species peccati in spiritum sanctum, excludentes ea per quæ peccatum remittitur. Quorum prima duo accipiuntur per respectum ad ea quæ se tenent ex parte Dei, scilicet spes divinæ misericordiæ, cui opponitur desperatio, et timor divinæ iustitiæ, cui opponitur præsumptio.

Alia vero duo accipiuntur ex parte hominis, scilicet, contemptus boni commutabilis, cui opponitur obstinatio, quæ hic duritia dicitur, per quam scilicet aliquis firmat animum suum ad peccatum; et destinatio aversionis a Deo, cui opponitur cor impoenitens, quod scilicet numquam proponit per poenitentiam reverti ad Deum.

Alia vero accipiuntur ex parte donorum Dei, quorum unum est fides, secundum illud Prov. XV, 27: per fidem purgantur peccata, et huic opponitur impugnatio veritatis agnitæ.

Aliud autem est charitas, secundum illud Prov. X, 12: universa delicta operit charitas, et huic opponitur invidentia fraternæ gratiæ.

Lectio 2

Postquam, apostolus proposuit veritatem divini iudicii, exclusa contraria opinione, hic manifestat divini iudicii veritatem, et primo proponit quod intendit; secundo manifestat propositum, ibi his quidem qui secundum patientiam.

Proponit autem primo veritatem divini iudicii quantum ad duo, scilicet, quantum ad opera et quantum ad personas.

Quantum ad opera quidem, quia in præsenti non reddit secundum opera, sed quandoque male agentibus gratiam largitur, sicut ipsi Paulo apostolo, qui prius blasphemus et persecutor misericordiam consecutus est, ut dicitur I Tim. I, 13. Sed hoc non erit in die iudicii, quando erit tempus secundum iustitiam iudicandi. Ps. LXXIV, 3: cum accepero tempus, ego iustitias iudicabo. Et ideo alibi dicitur: secundum opera manuum eorum tribue illis.

Quantum ad personas attenditur veritas divini iudicii, quia retributionis æqualitas servabitur quantum ad omnes. II Cor. V, 10: omnes nos manifestari oportet.

Videtur autem quod non sit secundum opera retributio futura, quia peccato temporali poena æterna retribuetur.

Sed dicendum est quod, sicut Augustinus dicit, XXI de Civit. Dei: in retributione iustitiæ non consideratur æqualitas temporis inter culpam et poenam, quia etiam secundum humanum iudicium pro culpa adulterii, quæ brevi hora committitur, infligitur poena mortis; in qua non attendit legislator moram occisionis, sed potius quod per mortem perpetuo excluditur a societate viventium. Et sic etiam suo modo homo pro culpa temporali punitur poena æterna.

Et ideo non est mirum si peccata commissa contra charitatem, per quam scilicet est societas inter Deum et homines, æternaliter divino iudicio puniuntur.

Et hoc quidem esse iustum ex tribus apparet.

Primo ex infinita dignitate Dei in quem peccatur. Tanto enim quis gravius peccat, quanto maior est dignitas personæ in quam peccatur, sicut plus peccat qui percutit principem, quam qui percutit privatam personam.

Et sic cum culpa peccati mortalis sit quodammodo infinita, oportet quod ei infinita poena respondeat. Et sic cum non possit esse infinita secundum intentionem, relinquitur quod sit infinita secundum durationem.

Secundo apparet ex voluntate per quam peccatur.

Quicumque enim mortaliter peccat aversus ab incommutabili bono, finem constituit in bono commutabili, sicut fornicator in dilectione carnis, avarus in pecunia. Et quia finis per se appetitur, quicumque appetit finem, fertur in illud, volens illud semper obtinere, si aliquid aliud non obsistat. Unde ille qui peccat mortaliter, voluntatem habet perpetuo in peccato manendi, nisi forte per accidens, sicut quando timet poenam, vel aliquod aliud impedimentum. Unde conveniens est, ut ex quo homo secundum suam voluntatem peccatum perpetuo obtinendum appetit, quod æternaliter pro illo puniatur. Deus enim qui est inspector cordis, præcipue ad voluntatem peccantis attendit.

Tertio ex parte effectus peccati, qui est subtractio gratiæ, ex qua sequitur quod homo, quantum est de se, perpetuo maneat in peccato, a quo exire non potest nisi per auxilium gratiæ. Non est autem conveniens ut durante culpa cesset poena, et ideo in perpetuum durat poena.

Quod autem dicitur reddere unicuique secundum opera sua, non est intelligendum secundum æqualitatem operum, quia præmium excedit meritum, sed secundum proportionem, quia bonis retribuet bona et melioribus meliora.

Et eadem ratio est de malis.

Deinde cum dicit his quidem qui secundum patientiam, manifestat propositum, et primo quantum ad opera, secundo quantum ad personas, ibi in omnem animam.

Quantum autem ad opera ostendit veritatem divini iudicii, primo quidem in bonis, secundo in malis, ibi his autem qui ex contentione.

Circa primum duo consideranda sunt, scilicet meritum et præmium.

Ad meritum tria concurrunt. Primo quidem patientia. Quod potest intelligi, uno modo, de patientia Dei, de qua supra dictum est: an divitias bonitatis et patientiæ ut intelligantur illi esse secundum patientiam boni operis, scilicet dispositi, qui bene patientia Dei utuntur bene operando.

Alio modo potest intelligi de patientia hominis, quod etiam intelligi potest dupliciter.

Uno modo, secundum quod patientia importat tolerantiam adversorum cum æquanimitate cordis. Hoc autem

Commentaria in Epistolis S. Pauli

necessarium est, quod aliquis a bono opere non desistat propter mala quæ patitur, et hoc est quod dicit secundum patientiam boni operis. Iac. I, 4: patientia opus perfectum habet. Lc. XXI, 19: in patientia vestra possidebitis animas vestras. Secundo, potest intelligi patientia pro longanimitate, sive pro perseverantia, ut scilicet aliquis a bono opere propter tædium non recedat. Iac. Cap. Ult.: patientes estote, fratres, usque ad adventum Domini. Hebr. X, 36: patientia vobis necessaria est.

Secundum est bonitas operis, quod quidem dicitur bonum secundum ordinem ad debitum finem et secundum quod convenit regulæ debitæ, quæ est lex Dei et ratio humana.

Gal. Cap. Ult.: bonum facientes non deficiamus.

Tertio tangitur rectitudo intentionis quærentibus vitam æternam, ut scilicet in malis quæ homo patitur, vel in bonis quæ agit, non quærat aliquid temporale, sed æternum.

Matth. VI, 33: primum quærite regnum Dei.

Ex parte etiam præmii tangit tria, quorum primum est gloria, quæ significat claritatem sanctorum, etiam intrinsecam, qua replebuntur in mente, secundum illud is. LVIII, 11: implebit splendoribus animam tuam: et exteriorem, qua splendebunt in corpore.

Matth. XIII, 43: fulgebunt iusti sicut sol in regno patris eorum. Ps. CXLIX, 5: exultabunt sancti in gloria.

Secundo tangitur honor, per quem significatur sanctorum dignitas, et reverentia quæ eis exhibetur ab omni creatura. Erunt enim reges et sacerdotes. Apoc. V, 10: fecisti nos Deo nostro regnum et sacerdotes. Et ulterius computabuntur inter filios Dei, secundum illud Sap. V, 5: ecce quomodo computati sunt inter filios Dei. Ps. CXXXVIII, 17: nimis honorati sunt amici tui, Deus.

Tertio tangitur incorruptio, quia scilicet illa gloria et honor non erunt transitoria, sicut ea quæ sunt in hoc mundo. I Cor. IX, 25: illi quidem ut corruptibilem coronam accipiant, nos autem incorruptam.

Deinde cum dicit his autem, ostendit veritatem divini iudicii in malis, in quibus etiam tangitur culpa et poena.

Et quantum ad culpam tanguntur tria, quorum primum est contentionis pertinacia.

Quæ quidem, primo, potest intelligi hominis ad Deum, beneficiis ad se vocantem, contra quem homo contendere videtur divinis beneficiis resistendo. Deut. XXXI, 27: adhuc vivente me et ingrediente vobiscum, semper contentiose egistis contra Dominum. Secundo potest intelligi de contentione hominis contra fidem. II Tim. II, 14: noli verbis contendere. Tertio potest intelligi de contentione hominum ad invicem, quæ contrariatur charitati, quæ est mater virtutum.

Iac. III, 16: ubi zelus et contentio, ibi

Ad Romanos

inconstantia et omne opus pravum.

Secundo ponitur duritia eorum, scilicet, qui non acquiescunt veritati. Quod potest, uno modo, intelligi de veritate fidei.

Io. VIII, 45: si veritatem dico, quare non creditis mihi? alio modo de veritate divinæ iustitiæ, cui non acquiescunt, veritatem divini iudicii non credentes. Ez. XVIII, 29: dixistis: non est æqua via Domini.

Tertio potest intelligi de veritate vitæ, cui non acquiescunt, qui perverse vivunt.

Io. III, 21: qui facit veritatem, venit ad lucem.

Tertio autem tangitur malitia in hoc quod dicit credunt autem iniquitati, vel quia consentiunt persuadentibus iniquitatem. Prov. XVII, 4: malus obedit linguæ iniquæ.

Vel quia credunt impunitatem peccatorum, quæ in divinam iniquitatem redundaret.

Eccli. V, 4: ne dixeris, peccavi, et quid mihi accidit triste? vel credunt iniquitati, id est infidelitati, scilicet doctrinæ quæ est contra fidem. II Thess. II, 11: iudicentur omnes qui non crediderunt veritati, sed consenserunt iniquitati.

Ex parte autem poenæ quatuor ponuntur, quæ quidem dupliciter distingui possunt.

Uno modo ut ira, id est poena et vindicta corporalis, intelligatur esse post iudicium.

Soph. I, 15: dies illa, dies iræ. Indignatio autem in iudicio, quando impii sibi ipsis indignabuntur, fit ex peccatis quæ commiserunt Sap. V, 6: erravimus a via veritatis. Tribulatio autem et angustia pertinent ad animam separatam a corpore ante resurrectionem.

Prov. I, 27: quando venerit super vos tribulatio et angustia.

Vel alio modo possunt distingui, ut prima duo accipiantur ex parte Dei, cuius ira dicitur dispositio ad puniendum, quæ est malis horribilis. Apoc. VI, 16: dicent montibus et petris: cadite super nos, etc.. Indignatio eius refertur ad hoc quod peccatores indignos reputabit vita æterna. Ps. XCIV, 11: quibus iuravi in ira mea, si introibunt.

Alia vero accipiuntur ex parte hominis. Et tribulatio quidem dicitur a tribulo, qui pungit, unde ad tribulationem potest pertinere omne quod dolorem infert. Soph. I, 14: vox diei Domini amara, tribulabitur ibi fortis.

Angustia autem dicitur ex hoc, quod animus hominis angustiatur non valens invenire remedium contra mala quæ timet, vel iam patitur.

Dan. XIII, 22: angustiæ mihi sunt undique, et quid eligam ignoro. Iob XXVII, 9: numquid clamorem illius audiet Deus cum venerit super illum angustia? deinde cum dicit in omnem animam, ostendit veritatem divini iudicii quantum ad personas. Et primo proponit huius æquitatem; secundo rationem assignat, ibi non est enim

Commentaria in Epistolis S. Pauli

personarum; tertio rationem manifestat, ibi quicumque enim.

Veritatem quidem divini iudicii quantum ad personas ostendit primo in malis, cum dicit in omnem animam hominis operantis id est contra omnem animam, quia sicut gloria sanctorum ab anima ad corpus devenit, ita reproborum poena primo et principaliter est in anima et secundo in corpore, quod propter defectum vel culpam animæ resurget passibile. Ez. XVIII, 4: anima quæ peccaverit, ipsa morietur.

Dicit autem Iudæi primum et Græci, quia Iudæis maior poena debebatur tamquam cognoscentibus Dei voluntatem per legem. Lc. XII, 47: servus sciens voluntatem Domini sui, et non fecit, etc., digne plagis vapulabit multis. Et similiter Christiani quantum ad idem peccatum, puta adulterium vel furtum, graviori poena puniuntur quam infideles.

Hebr. X, 29: quanto magis putatis maiora mereri supplicia, qui filium Dei, etc..

Sed quantum ad totam poenam, gravior est poena infidelium propter peccatum infidelitatis, quod est gravissimum. Unde dicitur I Petr. III, quod super incredulos ira Dei manet.

Secundo manifestat in bonis, et ponit primo duo, quæ supra dixit gloriam et honorem, tertium vero, scilicet pacem, ponit loco incorruptionis, quam includit pax, et multa alia comprehendit.

Non enim potest esse pax hominis perfecta quamdiu aliquis timet se amissurum bona quæ habet, sed tunc aliquis habet veram pacem cordis, quando habet omnia quæ concupiscit et ea perdere non timet. Is. XXXII, 18: sedebit populus meus in pulchritudine pacis.

Et in his etiam primatum Iudæis attribuit, quia eis sunt primo promissa, et in eorum promissiones gentes introierunt. Io. IV, 38: alii laboraverunt et vos in labores eorum introistis.

Deinde cum dicit non enim est acceptio, assignat rationem dictorum, quia scilicet non est personarum acceptio apud Deum. Act. X, 34: non est personarum acceptor Deus.

Opponitur autem personarum acceptio iustitiæ distributivæ, per quam aliquis distribuit unicuique secundum dignitatem personarum; ergo acceptio est quando præter dignitatem datur alicui plus vel minus. Tunc autem hoc fit præter dignitatem, quando hoc fit non propter conditionem, sed propter personam quæ facit ad causam. Hoc est enim causam accipere, scilicet quasi regulam operandi, sed propter personam, quasi ipsa persona accipiatur ut causa aliquid faciendi.

Puta si aliquis det alicui propter consanguinitatem plus de bonis patrimonialibus, non est acceptio personarum, quia consanguinitas est conveniens causa propter quam de talibus bonis debeat habere. Si autem propter consanguinitatem aliquis prælatus det alicui plus de bonis ecclesiasticis, potest hoc ad acceptionem personarum pertinere, si

Ad Romanos

alia idoneitas non concurrat. Non enim consanguinitas est ratio conveniens distributionis bonorum spiritualium.

Quia igitur Deus omnia convenientissima ratione facit, non cadit in ipsum personarum acceptio. Dicitur enim Sap. VIII, 1, quod disponit omnia suaviter.

Sed videtur acceptor personarum, quia peccatorum quosdam in suis peccatis relinquit, quosdam ad se vocat.

Sed dicendum quod personarum acceptio opponitur iustitiæ, unde locum habet in his quæ dantur ex debito, quod attendit iustitia.

Deus autem non ex debito, sed gratis, peccatores ad poenitentiam vocat. Si enim ex operibus, iam non ex gratia, ut dicitur infra XI, 6, et Tit. III, 5: non ex operibus iustitiæ quæ fecimus nos, sed secundum suam misericordiam salvos nos fecit.

In talibus autem beneficiis gratis datis non solum Deo, sed etiam homini, liberum est dare cui voluerit. Matth. XX, 15: an non licet mihi quod volo facere? deinde cum dicit quicumque enim, exponit prædictam rationem.

Quod enim non sit personarum acceptio apud Deum, patet per hoc quod omnes qui peccant puniuntur. Unde primo loquitur quantum ad illos qui legem non susceperunt, dicens, quod quicumque peccaverit sine lege, scilicet Moysi, accepta a Deo, sine lege peribit, id est condemnabitur, non propter legis transgressionem. Iob IV, 20: quia nullus intelligit, in æternum peribunt.

Secundo loquitur quantum ad illos qui legem scriptam acceperunt, et dicit quod quicumque peccaverunt in lege, id est, post legem scriptam, iudicabuntur per legem, id est, propter hoc quod transgressi sunt præceptum legis. Io. XII, 48: sermo quem locutus sum vobis ille iudicabit eum in novissimo die.

Quidam autem ex hoc modo loquendi occasionem erroris sumpserunt.

Quia enim apostolus non dicit, quicumque in lege peccaverit per legem peribit, sicut dixerat de his qui sunt sine lege quod sine lege peribunt, crediderunt quod illi qui post legem susceptam peccant, iudicentur aliqualiter, scilicet in præsenti, non tamen pereunt.

Sed, sicut dicit Glossa quis Christianus dicat non perire Iudæum si non credat in Christum, cum Dominus dicat quod tolerabilius erit Sodomæ in die iudicii quam eis? ut habetur Matth. X, 15. Unde Ez. XVIII, 32: nolo mortem peccatoris.

Utitur autem tali diversitate in loquendo, quia, ut Gregorius dicit in moralibus super illud Iob XXXVI, 6: iudicium pauperibus tribuit, quidam in futuro iudicio peribunt, sed non iudicabuntur, id est impii, qui sunt sine fide et lege Dei. Ps. I, 5: non resurgent impii in iudicio, quia scilicet non est locus disceptandi contra eum, qui totaliter alienus est a Deo. Io. III, 18: qui non credit, iam iudicatus est.

Alii vero, qui lege Dei et fide suscepta

Commentaria in Epistolis S. Pauli

peccant, ita peribunt, quod etiam iudicabuntur, quasi quadam disceptatione cum eis facta.

Unde Ez. XXXIV, 17 dicitur: ecce ego iudico inter pecus et pecus, arietum et hircorum.

Sicut et rex, ut Gregorius dicit, hostes condemnat absque audientia, cives autem cum diligenti audientia.

Lectio 3

Postquam apostolus confutavit humanum iudicium, quo se gentiles et Iudæi mutuo iudicabant et divinum iudicium commendavit, hic procedit ad ostendendum ea, quibus Iudæi gloriabantur, eis non sufficere ad salutem et primo ostendit propositum, secundo solvit ea quæ in contrarium dici possent III cap., ibi quid ergo amplius, etc..

De duobus Iudæi gloriabantur, scilicet de lege et circumcisione, quæ non erat ex lege Moysi, sed ex patribus, ut dicitur Io. VII, 22.

Primo ergo ostendit quod lex audita sive recepta, non sufficiebat ad salutem.

Secundo ostendit idem de circumcisione, ibi circumcisio quidem, etc..

Circa primum duo facit.

Primo proponit quod intendit, secundo manifestat propositum, ibi cum enim gentes.

Circa primum proponit duo, unum excludendo, alterum asserendo.

Excludit enim quod Iudæi opinabantur se per solum legis auditum iustificari. Unde dicit: ita dictum est, peccantes in lege iudicentur per legem; non enim auditores legis, ex hoc ipso quod legem audiunt, iusti sunt apud Deum et si apud homines iusti reputantur.

Matth. VII, 26: qui audit verba mea et non facit ea, similis est viro stulto.

Iac. I, 23: si quis auditor est verbi, et non factor, etc..

Secundo astruit quod factores legis sunt iusti, cum dicit sed factores legis iustificabuntur.

Matth. VII, 24: omnis qui audit verba mea et facit ea, assimilabitur viro, etc.. Iac. I, 22: estote factores verbi, et non auditores tantum et Ps. CX, 10: intellectus bonus omnibus facientibus eum.

Sed circa secundum videtur esse quod infra III, 20, dicitur: ex operibus legis non iustificabitur omnis caro coram eo. Non ergo aliqui ex hoc quod opera legis faciunt, iustificantur.

Sed dicendum est quod iustificari tripliciter accipi potest. Uno modo potest accipi quantum ad reputationem, ut tunc aliquis iustificari dicatur, quando iustus reputatur. Ez. XVI, 51: iustificasti sorores tuas, scilicet per reputationem. Et secundum hoc potest intelligi factores legis iustificabuntur, id est, iusti apud Deum et homines reputabuntur.

Secundo, per executionem iustitiæ, inquantum scilicet opera iustitiæ exequuntur. Lc. XVIII, 14: descendit

Ad Romanos

hic iustificatus in domum suam, quia scilicet publicamus opus iustitiæ fecerat confitendo peccatum. Et hoc modo verificatur quod hic dicitur factores legis iustificabuntur, scilicet legis iustitiam exequendo.

Tertio modo potest accipi iustificatio quantum ad causam iustitiæ, ut scilicet ille dicatur iustificari qui iustitiam de novo accipit, sicut infra V, 1: iustificati igitur ex fide, etc..

Sic autem non intelligitur hic quod factores legis iustificentur, quasi per opera legis iustitiam acquirant. Hoc quidem esse non potest neque quantum ad opera cæremonialia, quæ gratiam iustificantem non conferebant; neque etiam quantum ad moralia, ex quibus habitus iustitiæ non acquiritur, sed potius per habitum iustitiæ infusum huiusmodi opera facimus.

Deinde cum dicit cum enim gentes, manifestat propositum. Et primo ostendit quod factores legis, etiam si non sint auditores, iustificantur; secundo, quod auditores legis sine legis observantia non iustificantur, ibi si autem Iudæus.

Circa primum tria facit.

Primo proponit dignitatem eorum qui legem absque auditu observant; secundo manifestat quod dixerat, ibi qui, ostendunt opus legis; tertio probat ibi testimonium reddente illis.

Circa primum tria tangit quantum ad gentiles.

Primo, carentiam legis, dicens cum enim gentes quæ legem non habent, scilicet divinam, quam non acceperunt. Non enim gentibus data est lex, sed Iudæis, secundum illud Eccli. XXIV, 33: legem mandavit Moyses in præceptis iustitiarum, et hæreditatem domui Iacob et Israel promissiones. Et Ps. CXLVII, 20: non fecit taliter omni nationi.

Deut. XXXIII, 4: legem præcepit nobis Moyses, hæreditatem multitudinis Iacob.

Ex quo patet quod gentiles non peccabant non observando cæremonialia legis.

Secundo commendat in eis legis observantiam, cum dicit naturaliter faciunt quæ sunt legis, id est, quæ lex mandat, scilicet quantum ad præcepta moralia, quæ sunt de dictamine rationis naturalis, sicut et de Iob dicitur, quod erat iustus et rectus ac timens Deum et recedens a malo. Unde ipse dicit: vestigia eius secutus est pes meus, vias eius custodivi.

Sed quod dicit naturaliter, dubitationem habet.

Videtur enim patrocinari Pelagianis, qui dicebant quod homo per sua naturalia poterat omnia præcepta legis servare.

Unde exponendum est naturaliter, id est per naturam gratia reformatam. Loquitur enim de gentilibus ad fidem conversis, qui auxilio gratiæ Christi coeperant moralia legis servare. Vel potest dici naturaliter, id est per legem naturalem ostendentem eis quid sit agendum, secundum illud Ps. IV, 7 s.: multi dicunt: quis ostendit nobis bona? signatum, etc., quod est lumen rationis

Commentaria in Epistolis S. Pauli

naturalis, in qua est imago Dei. Et tamen non excluditur quin necessaria sit gratia ad movendum affectum, sicut etiam per legem est cognitio peccati, ut dicitur infra III, 20, et tamen ulterius requiritur gratia ad movendum affectum.

Tertio ostendit eorum dignitatem, in hoc scilicet quod huiusmodi legem non habentes, ipsi sibi sunt lex, inquantum scilicet funguntur officio legis ad seipsos, instruendo se et inducendo ad bonum, quia, ut Philosophus dicit Ethic., lex est sermo coactionem habens ab aliqua prudentia et intellectu procedens. Et ideo dicitur I Tim. I, 9, quod iusto lex non est posita, id est, exteriori lege non cogitur, sed posita est iniustis, qui indigent exterius cogi.

Et iste est supremus gradus dignitatis in hominibus, ut scilicet non ab aliis, sed a seipsis inducantur ad bonum. Secundus vero gradus est eorum qui inducuntur ab alio, sed sine coactione. Tertius autem est eorum qui coactione indigent ad hoc quod fiant boni.

Quartus est eorum qui nec coactione ad bonum dirigi possunt. Ier. II, 30: frustra percussi filios vestros, disciplinam non receperunt.

Deinde, cum dicit qui ostendunt, ostendit quomodo ipsi sunt sibi lex, quod quidem accipere possumus ad similitudinem legis quæ ab exteriori homine proponitur, quæ scilicet consuevit ad infirmitatem et memoriam scripto tradi; et similiter illi qui legem observant absque exteriori auditu legis, ostendunt opus legis scriptum, non quidem atramento, sed, primo quidem et principaliter spiritu Dei vivi, ut dicitur I Cor. III, 3.

Secundo, etiam humano studio, Prov. III, 3: describe ea in tabulis cordis tui, scilicet præcepta sapientiæ. Unde et hic sequitur in cordibus suis, non Pergameno, aut tabulis lapideis, sive æreis. Ier. XXXI, 33: dabo legem meam in visceribus eorum et in corde eorum superscribam eam.

Deinde, cum dicit testimonium reddente, probat quod dixerat, scilicet quod opus legis sit in cordibus eorum inscriptum per quædam opera quæ huiusmodi scriptum annuntiant.

Et, primo, ponit illa opera, quorum unum est testimonium conscientiæ, quod tangit dicens testimonium reddente illis conscientia, quæ quidem nihil aliud est quam applicatio cognitionis habitæ ad iudicandum de aliquo opere, utrum sit bene vel male factum.

Unde huiusmodi conscientia quandoque testimonium perhibet de bono, secundum illud II Cor. I, 12: gloria nostra hæc est, testimonium conscientiæ nostræ quandoque autem de malo Eccle. VII, 23: scit conscientia tua, quia et tu crebro maledixisti aliis.

Non autem potest aliquis perhibere testimonium de aliquo opere, quod sit bonum vel malum, nisi per hoc quod habet legis notitiam. Unde hoc ipsum quod conscientia testimonium reddit de bono vel malo, est evidens signum quod in corde hominis sit opus legis descriptum.

Ad Romanos

Aliud autem opus est accusatio et defensio, quæ sine notitia legis esse non possunt.

Et quantum ad hoc dicit et cogitationum, id est, cogitationibus, accusantium aut etiam defendentium, id est, accusantibus vel defendentibus, more Græcorum, qui genitivis loco ablativorum utuntur. Et hoc inter se invicem.

Insurgit enim homini circa aliquod factum aliqua cognitio accusans, dum propter rationem aliquam cogitat se male fecisse. Ps. XLIX, 21: arguam te, et statuam contra faciem tuam. Is. III, 9: agnitio vultus eorum respondebit eis.

Quandoque etiam insurgit aliqua cognitio defendens, dum per aliquam rationem cogitat se fecisse bene, secundum illud Iob XXVII, 6: non reprehendet me cor omni vita mea. Et inter hanc accusationem et defensionem locum habet testimonium conscientiæ, cui statur.

Potest et aliter legi, ut dicatur testimonium reddente illis conscientia ipsorum, quæ scilicet conscientia non solum est operum, sed etiam cogitationum, de quibus scilicet homo conscientiam habet, sed primum melius est.

Sed quia testimonium, accusatio et defensio in iudicio locum habent, agit, secundo, de huiusmodi iudicio, ostendens tempus cum dicit in die, quod dicit non ad designandum temporis qualitatem, sed absconditorum manifestationem. I Cor. IV, 5: illuminabit abscondita tenebrarum.

Quandoque tamen dicitur nox propter incertitudinem horæ illius. Matth. XXV, 6: media nocte clamor factus est.

Dicuntur autem cogitationes accusantes vel defendentes in die iudicii, non illæ quæ tunc erunt, quia tunc unicuique manifesta erit salus vel damnatio, sed defensio vel accusatio cogitationum quæ nunc sunt et testimonium conscientiæ quod nunc est, repræsentabitur homini in illa die, virtute divina faciente, ut dicit Augustinus, II de Civit. Dei.

Notitia autem illarum cogitationum quæ remanent in anima, nihil esse aliud videtur, ut dicit Glossa, quam reatus poenæ vel meritum ex eis consequens.

Ostendit etiam auctorem iudicii, dicens cum iudicabit Deus. Ps. XCV, 13: iudicabit orbem terrarum in æquitate.

Determinat etiam de quibus erit iudicium, cum dicit occulta hominum, de quibus nunc homines iudicare non possunt. I Cor. IV, 5: illuminabit abscondita tenebrarum.

Ostendit etiam doctrinam ex qua habetur fides de hoc iudicio, cum dicit secundum evangelium meum, id est a me prædicatum.

Matth. XII, 36: omne verbum otiosum, etc..

Dicit autem evangelium meum, quamvis non possit dicere baptismum suum et sit utriusque minister, quia in baptismo nihil operatur industria

Commentaria in Epistolis S. Pauli

hominis, sed in evangelio prædicando industria prædicatoris operatur, Eph. III, 4: prout potestis legentes intelligere prudentiam meam in ministerio.

Postea ponit cui datum est iudicium, cum subdit per Iesum Christum, qui scilicet est constitutus a Deo iudex vivorum et mortuorum, ut dicitur Act. X, 42, et Io. V, 21 s.: pater omne iudicium dedit filio, qui scilicet in iudicio apparebit bonis et malis: sed bonis secundum gloriam divinitatis, Is. XXXIII, 17: regem in decore suo videbunt, malis autem secundum naturam humanitatis, Apoc. I, 7: videbit eum omnis caro.

Lectio 4

Ostenso quod factores legis iustificantur etiam sine hoc quod sint auditores, quod pertinebat ad gentiles, hic ostendit quod auditores non iustificantur, nisi sint factores, quod pertinet ad Iudæos.

Primo ergo ostendit prærogativam Iudæorum quantum ad legis susceptionem; secundo ponit eorum defectum quantum ad legis transgressionem, ibi qui ergo alium.

Ponit autem eorum prærogativam tripliciter.

Primo, quantum ad gentem cui data est lex; secundo, quantum ad legem, ibi et requiescis in lege; tertio, quantum ad legis effectum sive factum, ibi et nosti voluntatem eius.

Quantum autem ad gentem dicit si autem tu Iudæus cognominaris, quod est nomen honorabile, secundum illud Ps. CXIII, 2: facta est Iudæa sanctificatio eius. Io. IV, 22: salus ex Iudæis est.

Dicuntur autem Iudæi non a Iuda Machabæo, ut quidam dicunt, forte propter hoc quod Iudas Machabæus gentem illam in dispersione existentem congregavit et protexit, secundum illud I Mach. III, 2 s.: proeliabatur proelia Israel cum lætitia, et dilatavit gloriam populo suo. Invenitur enim nomen Iudæorum ante Iudam Machabæum, secundum illud Esther VIII, 16: Iudæis nova lux oriri visa est.

Et ideo dicendum est quod Iudæi denominantur a Iuda patriarcha, Gen. XLIX, 8: Iuda, te laudabunt fratres tui. Cum enim tempore Roboam decem tribus, ab eius regno se segregantes, vitulum aureum adorarent, in transmigrationem sunt ductæ ab Assyriis, ut habetur I Reg. XVII. Nec de eorum reversione facit mentionem Scriptura, sed potius terra remansit occupata ab alienigenis, qui postmodum Samaritani sunt dicti. Duæ autem tribus, scilicet Iudæ et Beniamin, adhærentes regno Roboam, perseveraverunt in cultu Dei.

Et quamvis in captivitatem Babylonis fuerint ductæ, postmodum tamen per Cyrum regem Persarum sunt reducti in terram suam, ut dicitur I Esdræ I. Et quia tribus Iudæ maior erat, ab ea gens tota illa denominabatur. Et non solum illi qui erant ex tribu Beniamin, sed etiam de aliis tribubus revertentibus qui se illis adiunxerunt.

Ad Romanos

Consequenter cum dicit et requiescis in lege, ponit eorum prærogativam quantum ad legem.

Et primo quidem, quantum ad ipsam legem, cum dicit et requiescis in lege, quasi per eam certificatus in credendis et in agendis.

Dubitans enim intellectu non quiescit, sed utrinque sollicitatur: qui autem sapientiæ certitudinem accipit, mente quiescit. Sap. VIII, 16: intrans in domum meam conquiescam eum illa.

Secundo, quantum ad legislatorem, cum subdit et gloriaris in Deo, id est, in cultu et notitia unius Dei. Ier. IX, 24: in hoc glorietur qui gloriatur, scire et nosse me. I Cor. I, 31 et II Cor. X, 17: qui gloriatur, in Domino glorietur.

Deinde, cum subdit et nosti, ponit prærogativam eorum quantum ad fructum legis: primo, quantum ad hominem respectu sui ipsius; secundo, respectu aliorum, ibi confidis.

Ponit autem duplicem fructum.

Primum quidem respondentem gloriæ, quam de Deo habebant, cum dicit nosti voluntatem eius, quid scilicet Deus velit nos facere. Infra XII, 2: ut probetis quæ sit voluntas Dei.

Secundum fructum ponit, qui respondet quiescenti in lege Dei, cum dicit et probas utiliora, id est, scis approbare eligendo non solum mala a bonis, sed etiam meliora a minus bonis. Unde quærebat quidam, Matth. XXII, 36: quod est mandatum magnum? et hoc instructus per legem. Ps. XXXIII, 12: beatus homo quem tu erudieris, Domine, et de lege tua docueris eum.

Consequenter ponit fructus per respectum ad alios, qui quidem tripliciter se habent ad notitiam legis.

Quidam enim sunt omnino in legis ignorantia constituti. Uno quidem modo per defectum naturalis ingenii, sicut et homo corporaliter dicitur cæcus per defectum interioris potentiæ visivæ. Is. LIX, 10: palpavimus ut cæci parietem. Huiusmodi autem hominibus non potest homo lumen scientiæ præbere, ut ipsi per se videre possint quid sit agendum, sed præbet eis homo ducatum ut cæcis, mandando eis quid facere debeant, quamvis mandatorum rationem non cognoscant, Iob XXIX, 15: oculus fui cæco de quibus tamen dicitur Matth. XV, 14: cæci sunt, et duces cæcorum.

Alio modo sunt in ignorantia per defectum disciplinæ, qui sunt quasi in tenebris exterioribus non illuminati per doctrinam, quibus sapiens præbere potest lumen disciplinæ, ut intelligant quæ mandantur, et hoc est quod dicit lumen eorum qui in tenebris sunt.

Lc. I, 79: illuminare his qui in tenebris.

Secundo autem tangit illos qui sunt in via perveniendi ad scientiam, quam nondum attigerunt. Et hoc, uno modo, per defectum plenæ instructionis. Et hoc est quod dicit eruditorem insipientium, id est, eorum qui nondum sapientiam acceperunt, qui dicuntur erudiri, quasi erui a ruditate, quæ a principio inest omnibus, cum primo instruuntur. Eccli. VII, 25: filii tibi sunt? erudi eos.

Commentaria in Epistolis S. Pauli

Alio modo per defectum ætatis, sicut sunt pueri. Et quantum ad hoc dicit Magistrum infantium. Is. XXXIII, 18: ubi est doctor parvulorum? tertii vero sunt qui iam sunt in scientia provecti. Et isti indigent a sapientibus informari, ut habeant sapientium dicta in auctoritate quasi quamdam regulam seu formam. Et quantum ad hoc dicit habentem formam scientiæ. II Tim. I, 13: formam habe bonorum verborum quæ a me audisti. Et, Phil. III, 17: observate eos qui ita ambulant, sicut habetis formam nostram.

Oportet autem eos qui sic informantur, auctoritate maiorum instrui, ut sciant quid sit in lege traditum, et ideo dicit scientiæ.

Sap. X, 10: dedit illi scientiam sanctorum.

Et etiam ut sciant quid sit verus intellectus eorum quæ traduntur in lege. Et quantum ad hoc dicit veritatis. Ps. XLII, 3: emitte lucem tuam et veritatem tuam.

Deinde, cum dicit qui ergo alium doces, ostendit defectum eorum secundum transgressionem legis.

Et, primo, hominis ad seipsum, cum dicit qui ergo alium doces, dirigendo ipsum ad bonum, teipsum non doces, dirigendo.

Et potest legi vel interrogative, quasi cum quadam indignatione, vel remisse, quasi asserendo eorum malitiam et simile est in sequentibus.

Iob IV, 3: ecce docuisti plurimos, et infra: nunc tetigit plaga, et defecisti.

Secundo tangit defectum quantum ad proximum.

Primo quidem quantum ad res quæ furto subtrahuntur, cum dicit qui prædicas non furandum, furaris? Is. I, 23: principes tui infideles, socii furum.

Secundo, quantum ad personam coniunctam, quæ per adulterium polluitur. Et quantum ad hoc dicit qui doces non moechandum, moecharis? Os. VII, 4: omnes adulterantes quasi clibanus. Ier. V, 8: unusquisque ad uxorem proximi sui.

Tertio autem ostendit eorum defectum per comparationem eorum ad Deum, et, primo quidem, quantum ad hoc quod peccabant contra ipsius cultum. Et quantum ad hoc dicit qui abominaris idola, cognoscens scilicet ex præcepto legis ea non esse colenda, sacrilegium facis, abutendo scilicet his quæ pertinent ad divinum cultum.

Quod quidem primo fecerunt in statu legis, Mal. I, 12: dicitis: mensa Domini contaminata est, et postmodum blasphemando Christum.

Matth. XII, 24: in Beelzebub principe, etc..

Secundo, quantum ad ipsam gloriam, cum dicit qui in lege gloriaris, per prævaricationem legis Deum inhonoras.

Sicut enim legis observantia in bonis operibus est occasio videntibus, ut honorent Deum, ita etiam transgressio legis per mala opera occasio est videntibus blasphemandi.

I Petr. II, 12: ex bonis operibus vos

Ad Romanos

considerantes, glorificent Deum.

E contra autem dicitur I Tim. VI, 1: quicumque sunt sub iugo servitutis, dominos suos omni honore dignos arbitrentur, ne nomen Domini et doctrina fidei blasphemetur.

Et ideo in Ps. CXVIII, 158 dicitur: vidi prævaricantes, et tabescebam.

Et ad hoc inducit auctoritatem, subdens nomen enim Dei per vos blasphematur inter gentes quia scilicet gentes videntes Iudæorum malam conversationem, reputabant hoc provenire ex mala instructione legis a Deo traditæ.

Dicit autem sicut scriptum est, scilicet Is. LII, 5: dominatores eius inique agunt, et iugiter tota die nomen meum blasphematur, et Ez. XXXVI, 22, secundum aliam litteram, ubi nostra sic habet: non propter vos faciam, domus Israël, sed propter nomen sanctum meum, quod polluistis in gentibus.

Deinde cum dicit circumcisio, ostendit quod nec circumcisio sufficit ad salutem eadem ratione qua nec lex, quia scilicet observantia legis sine circumcisione valet, sine qua tamen circumcisio non prodest, sicut superius dictum est.

Et circa hoc tria facit.

Primo comparat circumcisionem ad Iudæos circumcisos; secundo, ad gentes incircumcisas, ibi si igitur præputium; tertio manifestat quod dixerat, ibi non enim qui in manifesto.

Circa primum duo facit.

Primo ostendit qualiter circumcisio prosit; secundo, qualiter non prosit, ibi si autem prævaricator, etc..

Dicit ergo primo circumcisio quidem prodest quantum ad remissionem peccati originalis, unde dicitur Gen. XVII, 14: masculus cuius præputii caro circumcisa, etc..

Sed tibi adulto tunc finaliter prodest, si legem observes, sicut religiosis prodest professio, si regulam observent. Circumcisio enim erat quasi quædam professio, obligans homines ad observantiam legis. Gal. V, 3: testificor omni circumcidenti se, quoniam debitor, etc..

Quod autem apostolus dixit: si circumcidamini, Christus nihil vobis proderit, loquitur quantum ad tempus post gratiam evangelii divulgatum; hic autem loquitur quantum ad tempus ante passionem Christi, in quo circumcisio statum habebat.

Secundo, ibi si autem prævaricator, ostendit quomodo circumcisio non prosit, dicens: si tu Iudæe adulte, prævaricator es legis, circumcisio tua præputium facta est, id est, non plus valet tibi quam præputium, quia non servas quod per circumcisionem profiteris, Ier. IX, 26: omnes gentes præputium habent, domus autem Israël incircumcisi sunt corde quinimmo ex hoc sunt magis rei, quia non servant quod promiserunt. Displicet enim stulta et infidelis promissio, ut dicitur Eccle. V, 3.

Deinde cum dicit si ergo præputium, comparat circumcisionem ad gentiles, et hoc dupliciter.

Commentaria in Epistolis S. Pauli

Primo quidem quantum ad hoc quod eius fructum habent gentiles observando legem.

Unde dicit: si circumcisio prodest cum observatione legis, non autem sine ea, igitur, si præputium, id est gentilis incircumcisus, custodiat iustitias legis, id est iusta præcepta legis, Ps. CXVIII, 86: omnia mandata tua veritas, nonne præputium illius in circumcisionem reputabitur? quasi dicat: fructum veræ circumcisionis habebit.

Ad hoc enim homo exterius circumciditur in carne, ut scilicet se circumcidat in corde.

Ier. IV, 4: circumcidimini Domino, et auferte præputia cordium vestrorum.

Secundo, ibi et iudicabit, etc., comparat circumcisionem gentili, eum ostendens propter observantiam legis Iudæo præferri.

Unde dicit et præputium, id est gentilis incircumcisus, consummans, id est implens mandata legis, ex natura, id est per naturalem rationem, ut supra dictum est quod naturaliter quæ sunt legis faciunt, iudicabit, per comparationem, te, scilicet Iudæum circumcisum, qui es prævaricator legis, transgrediendo præcepta eius, per litteram, id est habentem legem litteris descriptam, et circumcisionem, scilicet carnis. Unde de hoc comparationis iudicio dicitur Matth. XII, 41: viri Ninivitæ, etc..

Deinde, cum dicit non enim qui in manifesto, etc. Assignat rationem dictorum.

Et primo ponit rationem; secundo probat eam, ibi cuius laus.

Circa primum duo facit.

Primo assignat rationem quare circumcisio vel Iudaismus sine legis observatione non prosit; secundo assignat rationem quare observantia legis prosit sine Iudaismo et circumcisione, ibi sed qui in abscondito.

Dicit ergo quod ideo circumcisio prævaricantis legem sit præputium et iudicatur a præputio custodiente legem, non enim est verus Iudæus ille qui in manifesto est Iudæus, secundum carnalem generationem.

Infra IX, 6: non enim omnes qui ex circumcisione sunt Israel, hi sunt Israelitæ, sed qui filii sunt promissionis. Et similiter etiam non est vera circumcisio illa, quæ est manifesta in carne. Illa enim est signum, ut dicitur Gen. XVII, 11: circumcidetis carnem præputii vestri, ut sit in signum foederis. Non autem est signum verum, nisi ei respondeat signatum. Unde si quis Iudæus esset transgressor foederis, non esset eius vera circumcisio, et ideo reputatur in præputium.

Deinde, cum dicit sed qui in abscondito, assignat rationem quare præputium custodientis legem reputetur in circumcisionem et iudicet circumcisionem carnalem; quia scilicet ille vere est Iudæus qui est in abscondito, id est, qui habet in affectu cordis mandata legis, quam Iudæi profitentur.

Matth. VI, 6: pater tuus qui videt in

abscondito, etc..

Et similiter circumcisio vera est, quæ est cordis in spiritu, id est, per spiritum facta, per quam superfluæ cogitationes a corde præciduntur.

Vel in spiritu, id est per spiritualem intellectum legis, non litteralem. Phil. III, 3: nos sumus circumcisio, qui spiritu Deo servimus.

Deinde cum dicit cuius laus etc., probat præmissam rationem.

Manifestum est enim quod in omnibus iudicium divinum præferendum est humano.

Ea vero quæ exterius apparent, sive sit Iudaismus, sive circumcisio, laudantur ab hominibus, sed ea quæ sunt in abscondito laudantur secundum iudicium divinum, quia, ut dicitur I regum XVI, 7: homines vident quæ apparent, Deus autem intuetur cor, etc..

Unde relinquitur quod interior Iudaismus et circumcisio prævalet exteriori. Et hoc est quod dicit cuius, scilicet interioris circumcisionis, laus non est ex hominibus, sed ex Deo. II Cor. X, 18: non enim qui seipsum commendat, etc..

Capitulus III

Lectio 1

Postquam apostolus ostendit quod Iudaismus, ad quem pertinet legis susceptio, et circumcisio non sufficiunt ad salutem sine legis custodia, per quam gentilis, sine exteriori Iudaismo et circumcisione, fructum utriusque consequitur, hic obiicit contra præmissa; et primo quidem proponit obiectionem, secundo solvit, ibi multum quidem.

Obiicit ergo primo sic: si ita esset, sicut dictum est, quod non est verus Iudæus, nec vera circumcisio in manifesto, sed in occulto cordis, quid ergo amplius est Iudæo? id est, quid amplius datum est quam cæteris? videtur quod nihil. Et hoc est inconveniens, cum Dominus dixerit Deut. VII, 6: te elegit Dominus Deus tuus, ut sis ei populus peculiaris. Aut quæ utilitas circumcisionis, scilicet exterioris? videtur ex præmissis quod nulla, quod est inconveniens, cum sit a Deo tradita, qui dicit Is. XLVIII, 17: ego Dominus docens te utilia.

Deinde cum dicit multum quidem, solvit præmissam obiectionem. Et primo quantum ad prærogativam Iudaismi, secundo quantum ad utilitatem circumcisionis, IV cap. Ibi quid ergo dicemus? circa primum duo facit.

Primo ostendit Iudæorum prærogativam; secundo excludit eorum gloriam, qua se gentibus superbe præferebant, ibi quid ergo? præcellimus.

Circa primum tria facit.

Primo proponit quod intendit; secundo manifestat, ibi primum quidem, tertio excludit obiectionem, ibi quid enim si quidam.

Commentaria in Epistolis S. Pauli

Dicit ergo primo. Quæsitum est quid amplius sit Iudæo, est autem ei amplius et quantum ad quantitatem, quæ significatur cum dicit multum, et quantum ad numerum, qui significatur cum dicit per omnem modum.

Habent enim amplius aliquid et in contemplatione divinorum, secundum illud Ps. LXXV, 1: notus in Iudæa, et secundum dispositionem temporalium, Ps. CXLVII, 20: non fecit taliter omni nationi. Habent etiam amplius quantum ad patres, quantum ad promissiones, et quantum ad prolem. Infra IX, 4: quorum est adoptio filiorum Dei et gloria, et testamentum.

Et in quolibet eorum non est parva excellentia sed magna et præcipua, quod pertinet ad id quod dicit multum.

Maximum enim bonum hominis est in Dei cognitione, in hoc quod Deo adhæreat et a Deo instruatur, Ps. XCIII, 12: beatus homo quem tu erudieris, Domine.

Deinde, cum dicit primum quidem, etc., manifestat quod dixerat, dicens: primum quidem, id est præcipue amplius est Iudæis quia eloquia Dei sunt tradita illis, quasi amicis, Io. XV, 15: vos dixi amicos. Et hoc est multum, quia eloquia Dei sunt honesta, Ps. XVIII, 10: eloquia Domini vera iustificata in semetipsa, sunt delectabilia, Ps. CXVIII, 113: quam dulcia faucibus meis eloquia tua, sunt etiam utilia ad non peccandum, Ps. Eodem: in corde meo abscondi eloquia tua, ut non peccem tibi.

Deinde cum dicit. Quid enim si quidam, excludit obiectionem. Et primo ponit eam; secundo excludit ipsam ducendo ad inconveniens, ibi numquid incredulitas; tertio ostendit esse inconveniens id ad quod inducitur, ibi est autem Deus verax.

Posset aliquis prærogativæ Iudæorum derogare, opponendo ingratitudinem eorum, per quam viderentur dignitatem eloquiorum Dei amisisse. Unde dicit quid autem si quidam illorum non crediderunt; numquid per hoc excluditur quod nihil amplius sit Iudæo? secundum illud II Petr. II, 21: melius erat eis non cognoscere viam iustitiæ, quam post cognitam retrorsum converti.

Non crediderunt autem, primo quidem, legislatori.

Ps. CV, 24: non crediderunt in verbo eius. Secundo non crediderunt prophetis.

Ez. II, 6: increduli et subversores sunt tecum.

Tertio non crediderunt ipsi filio. Io. VIII, 45: si veritatem dico vobis, quare non creditis mihi? deinde cum dicit numquid incredulitas, excludit dictam obiectionem ducendo ad inconveniens, quia si propter incredulitatem aliquorum prærogativa Iudæorum tolleretur, sequeretur quod incredulitas hominis fidem Dei evacuaret, quod est inconveniens.

Et hoc est quod dicit numquid incredulitas eorum, scilicet qui non crediderunt, evacuavit fidem Dei? quod potest dupliciter intelligi. Uno modo de fide qua creditur in Deum. Non enim per hoc quod quidam non

Ad Romanos

crediderunt, evacuatur fides illorum qui crediderunt. Malum enim quorumdam in societate existentium, non evacuat bonum aliorum. Eccli. XXXIII, 12: ex ipsis benedixit et exaltavit, sanctificavit et ad se applicavit, etc.. Quod est contra illos, contra quos Augustinus dicit in epistola ad plebem Hipponensem: ad quid aliud sedent isti, et quid aliud tractant, nisi ut cum episcopus, vel clericus, vel monachus, vel sanctimonialis ceciderit, omnes tales esse credant, sed non omnes posse manifestari? alio modo potest intelligi de fide qua Deus fidelis est implens promissa. Hebr. X, 23: fidelis enim est qui repromisit. Hæc autem fidelitas evacuaretur, si propter quorumdam incredulitatem accideret quod nihil amplius esset Iudæo. Promisit enim Deus populum illum multiplicare et magnificare, ut patet Gen. XXII 16: multiplicabo semen tuum.

Deinde cum dicit absit, est autem, ostendit hoc esse inconveniens, quod fides Dei evacuaretur propter hominum incredulitatem. Et primo quidem ad hoc inducit rationem; secundo, auctoritatem, ibi sicut scriptum est; tertio, excludit falsum sensum auctoris, ibi si autem iniquitas.

Ratio autem sumitur ex hoc quod Deus secundum se verax est. Ier. X, 10: Dominus autem Deus verax est; I Io. Cap. Ult.: hic est verus Deus et vita æterna.

Et tamen omnis homo est mendax. Ps. CXV, 10: ego dixi in excessu meo, omnis homo mendax. Unde patet quod mendacium hominis sive infidelitas veritati non adhærens, Dei veritatem sive fidem non evacuat.

Ad horum evidentiam sciendum est, quod veritas importat adæquationem rei ad intellectum.

Aliter autem adæquatur res ad intellectum nostrum, aliter ad intellectum divinum.

Noster enim intellectus cognitionem accipit a rebus, et ideo causa et mensura veritatis ipsius est esse rei: ex eo enim quod res est, vel non est, oratio dicitur vel vera vel falsa, secundum Philosophum. Unde intellectus noster potest esse verus vel falsus, inquantum potest adæquari vel non adæquari.

Quod autem potest esse et non esse, indiget alio agente ad hoc quod sit, sine quo remanet non ens. Sicut enim ær, sine illuminante, remanet tenebrosus, ita et intellectus noster, nisi a prima veritate illuminetur, de se in mendacio remanet. Unde, quantum est de se, omnis homo est mendax secundum intellectum, sed solum est verus inquantum veritatem divinam participat. Ps. XLII, 3: emitte lucem tuam et veritatem tuam.

Intellectus autem divinus est causa et mensura rerum et propter hoc, secundum seipsum, est indeficienter verax, et unaquæque res est vera, inquantum ei conformatur.

Similiter, secundum quod accipitur veritas ex parte rei, homo de se non habet veritatem, quia natura sua vertibilis est in nihilum; sed solum natura divina, quæ nec est ex nihilo,

69

Commentaria in Epistolis S. Pauli

nec vertibilis in nihilum, de se veritatem habet.

Deinde cum dicit sicut scriptum est, probat idem per auctoritatem Ps. L, 6, in quo sic legitur ut iustificeris in sermonibus tuis, et vincas cum iudicaris. Quod qualiter ad propositum faciat videri potest, si præcedentia Psalmi considerentur.

Præmittitur enim, tibi soli peccavi, et tunc sequitur, ut iustificeris in sermonibus tuis, et vincas cum iudicaris. Promiserat enim Deus per Nathan prophetam David, quod eius regnum in æternum stabiliret in semine suo, ut habetur II Reg. VII, 12. Postea vero cum in grave peccatum incideret, adulterii scilicet et homicidii, ut legitur II Reg. XI, 2 ss., propter huiusmodi peccatum dicebatur a quibusdam quod Deus non esset ei promissum observaturus.

Intentio ergo Psalmistæ, est duo dicere.

Primo quidem, quod propter peccatum eius non mutatur iustitia Dei, ad quam pertinet ut suos sermones impleret. Et quantum ad hoc dicit ut iustificeris in sermonibus tuis, id est, ut ex hoc appareas in sermonibus tuis iustus, quia propter mea peccata eos non præteris. Prov. VIII, 8: recti sunt omnes sermones mei. Ps. CXLIV, 13: fidelis Dominus in omnibus verbis suis.

Secundo, quod divina promissio imitetur humanum iudicium. Et hoc est quod dicit, vincas, scilicet promissionem tuam servando, cum iudicaris, scilicet ab hominibus: quod eam propter mea peccata non sis impleturus.

Infra XII, 21: noli vinci a malo, sed vince in bono malum. Hoc dicitur homini quod multo magis competit Deo.

Est autem considerandum, quod promissio facta David a Deo, erat implenda de Christi incarnatione. Unde pertinebat ad prophetiam prædestinationis, secundum quam aliquid promittitur, quasi omnibus modis implendum: quod vero promittitur vel prænunciatur secundum prophetiam comminationis, non prædicitur, quasi omnibus modis implendum, sed secundum quod exigunt humana merita quæ possunt mutari.

Et ideo si non factum fuisset quod promissum est David, præiudicaret divinæ iustitiæ.

Si vero non fiat quod promittitur per prophetiam comminationis, non præiudicat divinæ iustitiæ, sed designat mutationem meritorum humanorum. Unde dicit: Ier. XVIII, 7: repente loquar adversus gentem et adversus regnum, ut eradicem, et destruam, et disperdam, et dissipem. Si egerit poenitentiam gens illa, etc., poenitentiam agam et ego super malo, etc..

Sic ergo patet secundum hunc sensum, quod peccatum hominis divinam fidelitatem non excludit.

Ponuntur autem et alii sensus auctoritatis huius in Glossa, qui non ita pertinent ad intentionem apostoli,

Ad Romanos

quorum primus est, ut hæc verba, quæ hic ponuntur, continuentur cum his quæ ante Psalmista præmiserat: amplius lava me ab iniquitate mea, ad hoc scilicet ut iustificeris, id est iustus appareas, in sermonibus tuis, in quibus veniam peccatoribus promisisti non solum Ez., quia hæc verba Ps. Prius fuerunt dicta sed etiam Levit. XXIV, 41 s.: orabunt pro impietatibus suis, et recordabor foederis mei, etc.. Deut. XXX, 1 s.: si ductus poenitudine cordis reversus fueris ad Deum, reducet te Dominus Deus tuus, et miserebitur tibi. Et sic vincas cum iudicaris, ab hominibus, quod mihi veniam dare non debeas.

Secundo, continuantur hæc verba cum eo, quod dictum est tibi soli peccavi, id est, per comparationem ad te qui solus es iustus. Et hoc est, quod dicit ut iustificeris, id est, ex comparatione mei et aliorum peccatorum iustus appareas, Ps. X, 8: iustus Dominus, et iustitias dilexit, et hoc non solum in factis, sed etiam in sermonibus, quod est maximum, secundum illud Iac. III, 2: si quis in verbo non offendit et vincas cum iudicaris, id est, dum cuicumque alii in iudicio compararis. Is. V, 3: iudicate inter me et vineam meam, etc..

Tertio, referuntur hæc verba ad Christum, qui solus est sine peccato, secundum illud I Petr. II, 22: qui peccatum non fecit, nec inventus est in ore eius dolus, et sic iustificatur in sermonibus in comparatione ad omnes homines. Et vincas, scilicet peccatum, mortem et diabolum. Apoc. V, 5: ecce vicit leo. Et hoc dum iudicaris, scilicet iniuste a Pilato. Iob XXXVI, 17: causa tua quasi impii iudicata est.

Deinde cum dicit si autem iniquitas nostra, excludit falsum intellectum auctoritatis inductæ.

Posset enim aliquis intelligere præmissa verba secundum hunc sensum, ut hæc dictio ut, poneretur causaliter et non solum consecutive.

Et sic sequeretur, quod peccatum hominis directe ordinaretur ad commendandum Dei iustitiam.

Sed apostolus ostendit hoc esse falsum, ut sic det intelligere quod ly ut ponitur consecutive, quia, scilicet, David peccante, consecutum est quod divina iustitia manifestetur; non autem causaliter, quasi peccatum hominis commendet Dei iustitiam.

Quod quidem probat ducendo ad inconveniens.

Et hoc dupliciter.

Primo quidem ex parte iudicii divini, secundo ex parte iudicii humani.

Circa primum tria facit.

Primo ponit sensum falsum; secundo ostendit inconveniens, quod ex hoc sequitur, ibi quid dicemus? numquid iniquus; tertio ostendit hoc esse inconveniens, ibi absit.

Est considerandum quod supra apostolus duas comparationes fecerat, unam quidem veritatis divinæ ad humanum mendacium, cum dixerat: est autem Deus verax, omnis autem homo mendax. Alia iustitiæ Dei ad peccatum humanum, secundum verba

Commentaria in Epistolis S. Pauli

Ps. L, 6, quibus dicit: tibi soli peccavi, ut iustificeris.

Et quantum ad comparationem primam, dicit: si hæc verba sunt intelligenda quod iniquitas nostra directe commendat Dei iustitiam, quid dicemus? id est, non poterimus sustinere inconvenientia quæ sequuntur. Non enim peccatum est Deo necessarium ad eius iustitiam commendandam. Eccli. XV, 22: non concupiscit multitudinem infidelium filiorum et inutilium.

Exprimit autem inconveniens quod sequitur, dicens numquid Deus qui infert iram, id est vindictam pro peccato, est iniquus? hoc enim sequitur ex eo quod dictum est.

Si enim peccatum directe ordinaretur ad commendandam iustitiam, non esset dignum poena sed præmio. Et sic Deus puniens homines pro peccato, esset iniquus, contra illud Deut. XXXII, 4: Deus autem fidelis et absque ulla iniquitate.

Excludit autem consequenter hoc inconveniens, cum subdit absit, scilicet quod Deus sit iniquus. Secundum hominem dico, id est, quod hæc verba protuli, non ex meo sensu, sed ex hominis errantis sensu protuli, sicut dicitur I Cor. III, 3: cum sint inter vos zelus et contentio, nonne carnales estis? hoc autem non esse dicendum ostendit subdens alioquin, scilicet, si Deus est iniquus, quomodo iudicabit hunc mundum, id est, quomodo conveniet quod ipse sit universalis et supremus mundi iudex? oportet enim, quod est primum et supremum in quolibet genere esse infallibile: sicut primum movens est immutabile. Unde in Psalmo XCV, 13 dicitur: iudicabit orbem terræ in æquitate.

Et simile argumentum ponitur Iob XXXIV, 12 s., ubi dicitur: vere Deus non condemnat frustra; nec omnipotens subvertit iudicium; quem constituit alium super terram? etc., scilicet quia si ipse non iuste iudicaret, oporteret dicere alium esse iudicem mundi.

Deinde cum dicit si enim veritas, ostendit idem per humanum iudicium.

Et circa hoc etiam tria facit.

Primo proponit falsum intellectum prædictorum verborum; secundo ponit inconveniens, quod sequitur, ibi quid adhuc; tertio ostendit illud esse inconveniens, ibi quorum damnatio.

Exprimit autem falsum sensum secundum illam comparationem, quæ est divinæ veritatis ad humanum mendacium, cum dicit si enim in meo mendacio, id est propter meum mendacium, veritas Dei, manifesta scilicet, abundavit in gloria ipsius, ita quod mendacium hominis directe pertineat ad augmentum gloriæ, contra id quod dicitur Iob XIII, 7: numquid Deus indiget vestro mendacio? subdit autem consequenter duo inconvenientia, quæ sequuntur. Quorum unum est quod homo non deberet reputari peccator propter mendacium, ex quo in Dei gloriam directe ordinatur. Et hoc est quod dicit quid adhuc, id est cur etiam nunc, et ego iudicor, scilicet ab hominibus, tamquam peccator, pro mendacio. Sap.

Ad Romanos

XVII, 10: cum sit timida nequitia, data est in omnium condemnationem, quia scilicet peccatores ab omnibus iudicio condemnantur.

Aliud autem inconveniens est, quod locum habeat verbum falsum, quod apostolis imponebatur.

Quia enim prædicabant quod per abundantiam gratiæ Christi solvebatur abundantia peccatorum, secundum illud infra V, 20: ubi abundavit delictum, superabundavit et gratia, blasphemabant apostolos, quasi dicerent quod homines deberent facere mala ut consequerentur bona, quod sequeretur si mendacium hominis directe commendaret Dei gratiam et veritatem. Hoc est quod dicit non faciamus mala, peccando scilicet, et mendacium docendo, ut veniant bona, scilicet ut Dei veritas et iustitia commendetur, sicut blasphemamur, id est, sicut quidam blasphemando nobis imponunt. Infra I Cor. IV, 5: blasphemamur et obsecramus et sicut quidam aiunt nos dicere, verba nostra depravando. II Petr. Cap. Ult.: quæ indocti et instabiles depravant.

Hæc autem excludit subdens quorum condemnatio iusta est, idest eorum qui faciunt mala ut eveniant bona.

Sicut enim non est verum syllogizandum ex falsis, ita non est perveniendum ad bonum finem per mala. Ier. XII, 1: bene est omnibus qui prævaricantur et inique agunt, quod dicitur ex persona impiorum.

Vel quorum, scilicet hæc nobis false imponentium, damnatio iusta est. Iuste enim condemnantur perversores sacræ doctrinæ.

Apoc. Cap. Ult.: si quis apposuerit ad hæc apponet Deus plagas scriptas in libro isto.

Lectio 2

Postquam apostolus ostendit prærogativam Iudæorum supra gentiles quantum ad divina beneficia, hic excludit eorum inanem gloriam, qua se gentibus ad fidem conversis præferebant. Et primo proponit quod intendit; secundo probat propositum, ibi causati enim sumus.

Dicit ergo primo. Ita dictum est: quid amplius est Iudæo? primum quidem, quia tradita sunt illis eloquia Dei. Quid igitur, dicemus nos Iudæi ad fidem conversi? numquid præcellimus eos, scilicet gentiles ad fidem conversos? de quo erat inter eos contentio. Lc. XXII, 24: facta est contentio inter discipulos Iesu quis esset maior. Et respondens subdit nequaquam.

Sed hoc videtur contra præmissa in quibus dictum est, multum per omnem modum amplius est Iudæo.

Sed ad hoc respondetur in Glossa quod illud fuit dictum quantum ad esse quod habebant Iudæi tempore legis: hoc autem nunc dicit apostolus secundum statum gratiæ, quia, ut dicitur Col. III, 11: in Christo non est gentilis et Iudæus, circumcisio et præputium, quia scilicet non faciunt differentiam quantum ad statum gratiæ.

Sed hæc responsio non videtur esse

Commentaria in Epistolis S. Pauli

omnino secundum intentionem apostoli, quia infra ostendet quod etiam dum sub lege erant peccatis subiacebant, sicut et gentiles, vel amplius. Ez. V, 5 s.: ista est Ierusalem, in medio gentium posui eam, et in circuitu eius terras, contempsit iudicia mea ut magis esset impia quam gentes? sic igitur dicendum est quod supra ostendit prærogativam divinorum beneficiorum, unde non dixit quod Iudæus esset excellentior, sed quod aliquid esset Iudæo amplius donatum; hic autem excludit excellentiam personarum, quia illi qui divina beneficia acceperunt, non sunt illis debite usi.

Deinde cum dicit causati enim sumus, ostendit propositum, et primo quod Iudæi non excedunt gentiles quantum ad statum peccati; secundo quod non excedunt quantum ad statum iustitiæ, ibi nunc autem sine lege.

Primum ostendit dupliciter.

Primo quidem ex his quæ supra dicta sunt; secundo per auctoritatem, ibi sicut scriptum est.

Dicit ergo causati enim sumus, id est causando rationibus ostendimus, Iudæos atque Græcos, id est gentiles, omnes sub peccato esse. Is. I, 6: a planta pedis usque ad verticem non est, etc..

Ostendit enim primo quod gentiles veritatem Dei cognitam in impietate et in iniustitia detinebant; secundo, quod Iudæi lege suscepta per prævaricationem legis Deum inhonorabant.

Deinde cum dicit sicut scriptum est, ostendit propositum per auctoritatem Psalmistæ, et primo inducit auctoritatem, secundo manifestat eam, ibi scimus autem.

Circa primum duo facit.

Primo ponit peccata omissionis; secundo, peccata commissionis, ibi sepulchrum patens.

Peccata autem omissionis tangit dupliciter.

Primo quidem removendo principia bonorum operum; secundo, removendo ipsa bona opera, ibi omnes declinaverunt.

Sunt autem tria bonorum operum principia, quorum unum pertinet ad ipsam operis rectitudinem et hoc est iustitia, quam excludit dicens sicut scriptum est, scilicet in Ps. XIII, 3, quia non est iustus quisquam. Mich. VII, 2: periit sanctus de terra, et rectus in hominibus non est.

Quod quidem dupliciter potest intelligi.

Uno modo quod intelligatur: nullus est iustus in se ex seipso, sed ex se quilibet est peccator, ex solo autem Deo habet iustitiam.

Ex. XXXIV, 6 s.: dominator Domine Deus, misericors et clemens, qui aufers iniquitatem atque peccata, nullusque apud te per se innocens est.

Alio modo quod nullus est quantum ad omnia iustus, quin aliquod peccatum habeat, secundum illud Prov. XX, 9: quis potest dicere, mundum est cor meum? Eccle. VII, 21: non est homo

Ad Romanos

iustus in terra quia facit bonum, et non peccet.

Tertio etiam potest intelligi, ut referatur ad populum malorum, inter quos nullus est iustus. Est enim consuetudo Scripturæ, ut quandoque loquatur de toto populo ratione malorum, quandoque ratione bonorum, ut patet Ier. XXVI, 8 s., ubi dicitur quod cum complesset Ieremias loqui omnia quæ præceperat ei Dominus ut loqueretur ad universum populum, apprehenderunt eum sacerdotes et prophetæ, et omnis populus, dicentes, morte moriatur. Et postea subditur: dixerunt principes et omnis populus, non est viro huic iudicium mortis.

Sed primi duo sensus magis sunt secundum intentionem apostoli. Et hoc idem dicendum est in sequentibus.

Secundum autem principium boni operis est discretio rationis. Et hoc excludit subdens non est intelligens. Ps.: nescierunt neque intellexerunt, et alibi: noluit intelligere.

Tertium principium est rectitudo intentionis quam excludit subdens non est requirens Deum, intentionem suam scilicet dirigendo ad ipsum. Os. X, 12: tempus inquirendi Dominum, qui cum venerit docebit iustitiam.

Consequenter excludit ipsa bona opera.

Et primo quidem quantum ad offensionem divinæ legis, cum dicit, omnes declinaverunt, scilicet a regula divinæ legis. Is. LVI, 11: omnes in viam suam declinaverunt.

Secundo, quantum ad ostensionem finis; unde subdit simul inutiles facti sunt. Hoc enim inutile dicimus, quod non sequitur finem suum.

Et ideo cum homines a Deo declinant propter quem facti sunt, redduntur inutiles.

Sap. IV, 3: impiorum multitudo non est utilis.

Tertio excludit ipsa bona opera, cum subdit non est qui faciat bonum. Ier. IV, 22: sapientes sunt ut faciant mala, bene autem facere nescierunt.

Subdit autem usque ad unum, quod potest uno modo intelligi exclusive, quasi diceret, præter unum qui scilicet solus fecit bonum redimendo humanum genus. Eccle. VII, 29: virum de mille unum reperi, mulierem non inveni.

Vel potest intelligi inclusive, quasi dicat, nec etiam unus est purus homo qui faciat bonum, scilicet perfectum. Ier. V, 1: quærite in plateis eius an inveniatis virum facientem iudicium et quærentem fidem.

Deinde cum dicit sepulchrum patens, ponit peccata commissionis, et primo peccata oris; secundo, peccata operis, ibi veloces pedes eorum. Peccata vero cordis ex his peccatis deprehenduntur.

Circa peccatum oris quatuor ponit.

Primo promptitudinem, seu turpitudinem cum dicit sepulchrum patens est guttur eorum.

Sepulchrum enim patens duo habet. Est enim paratum ad recipiendum mortuum, et secundum hoc guttur

Commentaria in Epistolis S. Pauli

hominis dicitur esse sepulchrum patens, quando est paratum ad dicendum mortifera, per quem modum dicitur Ier. V, 16: pharetra eius quasi sepulchrum patens. Secundo exhalat foetorem. Matth. XXIII, 27: similes sunt sepulchris dealbatis, quæ a foris parent hominibus speciosa, intus sunt plena ossibus mortuorum et omni spurcitia. Eorum ergo guttur est sepulchrum patens, ex quorum ore procedit turpiloquii foetor. Apoc. IX, 17: et de ore ipsorum procedit ignis et fumus et sulphur.

Secundo tangit, circa peccatum oris, fraudem, cum dicit linguis suis dolose agebant, aliud scilicet habendo in corde, aliud in ore. Ier. IX, 8: sagitta vulnerans lingua eorum, dolum locuta est.

TertCXIX, 7: cum his qui oderunt pacem.icit venenum aspidum sub labiis eorum, quia scilicet talia verba eveniunt, quæ insanabiliter proximos occidunt vel spiritualiter vel corporaliter. Deut. XXXII, 33: fel draconum vinum eorum, et venenum, etc..

Quarto designat abundantiam horum peccatorum, cum dicit quorum os maledictione plenum est et amaritudine, quia scilicet in talibus semper abundat maledictio, quia scilicet maledicunt de aliis detrahendo, contra id quod dicitur infra XII, 14: benedicite et nolite maledicere.

Et amaritudine, in quantum scilicet non verentur in faciem proximi dicere iniuriosa verba, quibus ad amaritudinem provocantur, contra id quod dicitur Eph. IV, 31: omnis amaritudo tollatur a vobis.

Deinde cum dicit veloces pedes eorum, tangit peccata operis, circa quæ tria tangit.

Primo quidem promptitudinem ad male agendum.

Unde dicit veloces pedes eorum, prompti sunt pedes, id est affectus eorum, ad effundendum sanguinem, id est ad faciendum quæcumque gravia peccata, quia inter cætera quæ committimus in proximum, homicidium est gravius. Prov. I, 16: pedes eorum in malum currunt, et festinant ut effundant sanguinem.

Secundo tangit multitudinem nocumentorum, quæ aliis inferunt, cum subdit in viis eorum, id est in operibus eorum, est contritio, quia scilicet alios conterunt opprimendo eos. Is. X, 7: ad conterendum cor eius.

Et infelicitas, inquantum scilicet privant homines bonis suis, ad miseriam eos deducendo.

Iob XXIV, 7: nudos dimittunt homines indumenta tollentes, etc..

Possunt tamen hæc duo intelligi esse posita ad designandum poenam potius quam culpam, ut sit sensus: in viis eorum est contritio et infelicitas, id est opera eorum, quæ per vias designantur, ducunt eos ad contritionem et infelicitatem.

Ita quod contritio referatur ad oppressionem poenæ, qua pro peccatis punientur, Is. XXX, 14: comminuentur sicut conteritur lagena figuli;

Ad Romanos

infelicitas autem referenda est ad poenam damni, quia felicitate æterna privabuntur.

Sap. XIII, 10: infelices autem sunt, et inter mortuos spes eorum.

Tertio ostendit eorum culpæ obstinationem ad malum, a qua quidem aliqui revocantur dupliciter.

Uno modo per hoc, quod volunt ab hominibus pacem habere. Sed contra dicitur et viam pacis non cognoverunt, id est, non acceptaverunt.

Ps. Cxix, 7: cum his qui oderunt pacem. Alio modo intuitu divini timoris, sed isti nec Deum timent, nec hominem reverentur, ut dicitur Lc. XVIII, 7. Unde subditur non est timor Dei ante oculos eorum, id est, ante ipsorum considerationem. Eccli. I, 27: timor Domini expellit peccatum. Nam qui sine timore est non poterit iustificari.

Potest autem et hoc specialiter dici contra Iudæos, Christo non credentes, quod non cognoverunt viam pacis, id est Christum, de quo dicitur Eph. II, 14: ipse est pax nostra.

Deinde cum dicit scimus autem quia quæcumque, manifestat auctoritatem inductam tripliciter.

Primo quidem exponendo sensum eius; secundo exponendo intentionem ipsius, ibi ut omne os; tertio, assignando rationem dictorum in ipsa, ibi quoniam ex operibus.

Circa primum considerandum est quod Iudæi, contra quos apostolus hic loquebatur, poterant ad sui excusationem pervertere sensum auctoritatis inductæ dicendo quod prædicta præmissa verba sunt intelligenda de gentibus, non de Iudæis.

Sed hoc excludit apostolus dicens scimus quod quæcumque lex loquitur, his qui in lege sunt loquitur, id est, ad quos lex datur, et qui legem profitentur. Deut. XXXIII, 4: legem præcipit nobis Moyses. Gentiles autem non erant sub lege, et secundum hoc prædicta verba pertinent ad Iudæos.

Est hic autem duplex obiectio.

Prima quidem, quia verba supra inducta non sunt assumpta de lege, sed de Psalmo.

Sed ad hoc dicendum est, quod quandoque nomen legis sumitur pro toto veteri testamento, non pro quinque libris Moysi tantum, secundum illud Io. XV, 25: ut impleatur sermo qui in lege eorum scriptus est quia odio habuerunt me gratis, quod scriptum est in veteri testamento, non in quinque libris Moysi, qui proprie lex dicuntur. Et sic etiam lex accipitur hic.

Quandoque autem totum vetus testamentum dividitur in tria, scilicet in legem, Psalmos, et prophetas, secundum illud Lc. Cap. Ult.: necesse est impleri omnia quæ scripta sunt in lege Moysi, Psalmis et prophetis de me.

Aliquando vero totum vetus testamentum dividitur in duo, scilicet in legem et prophetas, secundum illud Matth. XXII, 40: in his duobus

Commentaria in Epistolis S. Pauli

mandatis pendet omnis lex et prophetæ.

Et secundum hunc modum Psalterium sub prophetis continetur.

Secunda obiectio est, quia in lege, id est in veteri testamento, multa dicuntur pertinentia ad alias gentes, sicut patet in pluribus locis Isaiæ et Ieremiæ, ubi dicuntur multa contra Babylonem, et similiter contra alias nationes. Non ergo quæcumque loquitur lex, loquitur his et de his qui in lege sunt.

Sed dicendum quod quæcumque indeterminate loquitur ad eos pertinere videntur, quibus lex datur; quando vero Scriptura de aliis loquitur, speciali titulo designat alios, sicut cum dicitur onus Babylonis, et onus Tyri, etc.. Quæ contra alias gentes in veteri testamento dicuntur, aliquo modo ad Iudæos pertinebant, inquantum eorum infortunia ad eorum consolationem vel terrorem prænunciabantur, sicut etiam prædicator ea debet dicere quæ pertinent ad eos quibus prædicat, non autem quæ pertinent ad alios. Is. LVIII, 1: annuntia populo meo peccata eorum, quasi diceret, non quæ sunt aliorum.

Deinde cum dicit ut omne os, etc., assignat intentionem prædictæ auctoritatis: propter duo enim sacra Scriptura omnes de iniustitia arguit.

Primo quidem ad reprimendum eorum iactantiam, qua se iustos arbitrabantur, secundum illud Lc. XVIII, 12: ieiuno bis in sabbato.

Et quantum ad hoc dicit ut omne os obstruatur, quod scilicet sibi iustitiam præsumptuose adscribebat. Ps. LXII, 12: obstructum est os loquentium iniqua. I Reg. II, 3: nolite multiplicare loqui sublimia gloriantes.

Secundo, ut suam culpam recognoscentes, se Deo subiiciant, sicut infirmus medico. Unde subdit et subditus fiat omnis mundus Deo, id est, non solum gentilis, sed etiam Iudæus, culpam suam recognoscentes. Ps. LXI, 2: nonne Deo subiecta erit anima mea? deinde cum dicit quoniam ex operibus legis, assignat rationem præmissorum verborum. Et primo ponit rationem; secundo manifestat eam, ibi per legem etc..

Dicit ergo primo. Ideo non est iustus quisquam, quoniam omnis caro, id est omnis homo, non iustificatur coram illo, id est secundum eius iudicium, ex operibus legis, quia, ut dicitur Gal. II, 21: si ex lege est iustitia, Christus gratis mortuus est, et ad Tit. III, 5: non ex operibus iustitiæ quæ fecimus nos, sed secundum misericordiam suam salvos nos fecit.

Est autem duplex opus legis.

Quoddam quidem est proprium legis Mosaicæ, sicut observatio ceremonialium præceptorum; quoddam est opus legis naturæ, quia pertinet ad legem naturalem, sicut: non occidas, non furtum facias, etc..

Quidam ergo hoc intelligunt dictum esse de primis legis operibus, scilicet quod cæremonialia gratiam non conferebant per quam homines iustificantur.

Non tamen ista videtur esse intentio apostoli, quod patet ex hoc quod statim subdit per legem enim cognitio peccati. Manifestum est autem quod peccata cognoscuntur per prohibitionem Moralium præceptorum, et ita apostolus intendit, quod ex omnibus operibus legis, etiam quæ per præcepta moralia mandantur, non iustificatur homo, ita quod ex operibus in eo causetur iustitia, quia, ut dicitur infra XI, 3: si enim per gratiam, iam non ex operibus.

Deinde cum dicit per legem, probat quod dixerat, scilicet quod opera legis non iustificent.

Lex enim datur ut homo cognoscat quid debeat agere, quid vitare. Ps. CXLVII, 20: non fecit taliter omni nationi, et iudicia sua non manifestavit eis. Prov. VI, 23: mandatum lucerna est, et lex lux et via vitæ. Ex hoc autem quod homo cognoscit peccatum, quod vitare debet tamquam prohibitum, non statim sequitur quod illud vitet, quod pertinet ad rationem iustitiæ, quia concupiscentia subvertit iudicium rationis in particulari operabili.

Et ideo lex non sufficit ad iustificandum, sed est necessarium aliud remedium per quod concupiscentia reprimatur.

Lectio 3

Postquam ostendit apostolus Iudæos et gentiles æquales esse quantum ad statum culpæ præcedentis, hic ostendit eos æquales quantum ad statum gratiæ subsequentis.

Et circa hoc tria facit.

Primo ostendit propositum; secundo ostendit quoddam quod supposuerat, ibi an Iudæorum Deus tantum? tertio respondet obiectioni, ibi legem ergo destruimus? circa primum tria facit.

Primo proponit quod intendit; secundo manifestat propositum, ibi non est distinctio; tertio infert conclusionem intentam, ibi ubi est ergo gloriatio tua? circa primum tria facit.

Primo proponit habitudinem iustitiæ ad legem; secundo assignat causam iustitiæ, ibi iustitia autem Dei; tertio assignat huiusmodi iustitiæ communitatem, ibi in omnes, etc..

Ponit autem primo duplicem comparationem seu habitudinem iustitiæ ad legem.

Primo quidem quia non est ex lege causata.

Et hoc est quod dicit: dictum est quod olim per opera legis non poterat esse iustitia Dei, vel quia ipse iustus est adimplens promissa de iustificatione hominum. Infra XV, 8: dico enim Christum ministrum fuisse circumcisionis propter veritatem Dei.

Vel potius iustitia Dei, qua aliquis iustificatur a Deo, de qua dicitur infra X, 3: ignorantes Dei iustitiam.

Hæc, inquam, Dei iustitia, nunc, id est tempore gratiæ, manifestata est, tum per Christi doctrinam, tum per eius miracula, tum etiam per facti evidentiam, inquantum evidens est multos esse divinitus iustificatos.

Et hoc sine lege, scilicet causante

Commentaria in Epistolis S. Pauli

iustitiam.

Gal. V, 4: evacuati estis a Christo, qui in lege iustificamini, a gratia excidistis. Is. LVI, 1: prope est salus mea ut veniat, et iustitia mea ut reveletur.

Et ne aliquis credat hanc iustitiam legi esse contrariam, secundo, ponit aliam habitudinem iustitiæ ad legem cum dicit testificata a lege et prophetis.

Lex quidem Christi iustitiam testificata est prænunciando et præfigurando: Io. V, 46: si crederetis Moysi, forsitan et mihi crederetis, de me enim ille scripsit, et etiam per effectum, quia, cum ipsa iustificare non posset, testimonium perhibebat aliunde quærendam esse iustitiam.

Prophetæ autem testificati sunt eam prænunciando.

Act. X, 43: huic omnes prophetæ testimonium perhibent.

Consequenter autem assignat causam huius iustitiæ, et dicit iustitia autem Dei est per fidem Iesu Christi, id est quam ipse tradidit. Hebr. XII, 2: aspicientes in auctorem fidei, etc.. Vel etiam quæ de ipso habetur.

Infra X, 9: quia si confitearis in ore tuo Dominum Iesum, et in corde tuo credideris quod Deus illum suscitavit a mortuis, salvus eris.

Dicitur autem iustitia Dei esse per fidem Iesu Christi, non ut quasi per fidem mereamur iustificari, quasi ipsa fides ex nobis existat et per eam mereamur Dei iustitiam, sicut Pelagiani dixerunt, sed quia in ipsa iustificatione qua iustificamur a Deo, primus motus mentis in Deum est per fidem. Accedentem enim ad Deum oportet credere, ut dicitur Hebr. XI, 6. Unde et ipsa fides quasi prima pars iustitiæ est nobis a Deo. Eph. II, 8: gratia estis salvati per fidem, etc..

Hæc autem fides ex qua est iustitia, non est fides informis, de qua dicitur Iac. II, 26: fides sine operibus mortua est, sed est fides per charitatem formata, de qua dicitur Gal. V, 6: nam in Christo Iesu neque circumcisio aliquid valet sine fide, per quam in nobis habitat Christus. Eph. III, 17: habitare Christum per fidem in cordibus vestris, quod sine charitate non fit. I Io. IV, 16: qui manet in charitate, in Deo manet, et Deus in eo. Hæc est etiam fides de qua dicitur Act. XV, 9: fide purificans corda eorum, quæ quidem purificatio non fit sine charitate. Prov. X, 12: universa delicta operit charitas.

Et ne aliquis dicere per hanc fidem solos Iudæos iustificari, tertio, ostendit communitatem huius iustitiæ, cum subdit in omnes, scilicet ista iustitia est in corde, non carnalibus observantiis, de quibus dicitur Hebr. IX, 10, quod carnales observantiæ erant ad iustificationem carnis, usque ad tempus correctionis impositæ. Et super omnes, quia videlicet facultatem humanam ac merita excedit. II Cor. III, 5: non quod sufficientes simus cogitare.

Addit autem qui credunt in eum, quod pertinet ad fidem formatam, per quam homo iustificatur, ut dictum est.

Deinde cum dicit non est enim

distinctio, manifestat quod dixerat, et primo quantum ad communitatem iustitiæ; secundo, quantum ad causam eius, ibi iustificati gratis; tertio, quantum ad manifestationem ipsius, ibi ad ostensionem.

Dicit ergo primo: dictum est, iustificatio Dei est in omnes et super omnes qui credunt in Christum, non enim est, quantum ad hoc, distinctio inter Iudæum et gentilem. Col. III, 11: in Christo Iesu non est gentilis et Iudæus, scilicet distinctionem aliquam habens, quasi Iudæus non indigeat iustificari a Deo sicut gentilis. Omnes enim peccaverunt, sicut supra ostensum est. Is. LIII, 6: omnes nos quasi oves erravimus, et per hoc egent gloria Dei, id est, iustificatione quæ in gloriam Dei cedit. Non autem sibi debet homo hanc gloriam adscribere.

Ps. CXIII, 1: non nobis, Domine, non nobis, sed nomini tuo da gloriam. Ps. LXV, 2: date gloriam Deo.

Sic igitur quia omnes peccaverunt, et ex se iustificari non possunt, restat ut per aliam causam iustificentur, quam consequenter ostendit subdens iustificati.

Ubi primo ostendit, quod huiusmodi iustificatio est sine lege, id est, quod non est ex operibus legis, cum dicit iustificati gratis, id est, absque merito præcedentium operum. Is. LII, 3: gratis venumdati estis, et sine argento redimemini. Et hoc per gratiam ipsius, scilicet Dei, cui ex hoc debetur gloria. I Cor. XV, 10: gratia Dei sum id quod sum.

Secundo ostendit quæ sit causa iustificationis. Et primo ponit ipsam causam, cum dicit, per redemptionem ut enim dicitur Io. VIII, 34: qui facit peccatum, servus est peccati: ex qua quidem servitute homo redimitur si pro peccato satisfaciat.

Sicut si aliquis ob culpam commissam obnoxius esset regi ad solvendam pecuniam, ille eum redimere diceretur a noxa, qui pro eo pecuniam solveret. Hæc autem noxa ad totum humanum genus pertinebat, quod erat infectum per peccatum primi parentis. Unde nullus alius pro peccato totius humani generis satisfacere poterat, nisi solus Christus qui ab omni peccato erat immunis.

Unde subdit quæ est in Christo Iesu.

Quasi dicat: in alio non poterat nobis esse redemptio. I Petr. I, 18: non corruptibilibus auro vel argento.

Secundo, ostendit unde ista redemptio efficaciam habuit cum dicit quem proposuit Deus propitiatorem.

Ex hoc enim Christi satisfactio efficaciam ad iustificandum habuit, et ad redimendum, quia eum Deus ad hoc ordinaverat secundum suum propositum, quod designat cum dicit quem proposuit Deus propitiatorem. Eph. I, 11: qui operatur omnia secundum consilium voluntatis suæ.

Vel proposuit. Id est pro omnibus posuit, ut quia humanum genus non habebat unde satisfacere posset, nisi ipse Deus eis redemptorem et satisfactorem daret. Ps. CX, 9: redemptionem misit Dominus populo suo.

Commentaria in Epistolis S. Pauli

Et sic, dum satisfaciendo, nos redimit a noxa peccati, Deum peccatis nostris propitium facit, quod petebat Psalmista dicens: propitius esto peccatis nostris: et ideo dicit eum propitiatorem. I io. II, 2: propitiatio. In cuius figura, Ex. XXV, 17, mandatur quod fiat propitiatorium, id est quod Christus ponatur super arcam, id est, ecclesiam.

Tertio, ostendit per quos redemptionis effectus ad nos perveniat, cum dicit per fidem in sanguine eius, id est, quæ est de sanguine eius pro nobis effuso.

Ut enim pro nobis satisfaceret, congruebat ut poenam mortis pro nobis subiret, quam homo per peccatum incurrerat, secundum illud Gen. II, 17: quacumque die, etc..

Unde dicitur I Petr. III, 18: Christus semel pro peccatis nostris mortuus est. Hæc autem mors Christi nobis applicatur per fidem, qua credimus per suam mortem mundum redemisse.

Gal. II, 20: in fide vivo filii Dei, qui dilexit me, etc.. Nam et apud homines satisfactio unius alteri non valeret, nisi eam ratam haberet.

Et sic patet quomodo sit iustitia per fidem Iesu Christi, ut supra dictum est.

Sed quia etiam supra dixit iustitiam Dei esse nunc manifestatam, agit consequenter de hac manifestatione, et, primo, tangit modum manifestationis, dicens ad ostensionem quasi dicat: hoc inquam factum est, ut iustificaremur per redemptionem Christi et per fidem sanguinis eius, ad ostensionem iustitiæ suæ, id est ad hoc quod suam iustitiam Deus ostenderet, et hoc propter remissionem præcedentium delictorum.

In hoc enim quod præcedentia delicta Deus remisit, quæ lex remittere non poterat, nec homines propria virtute ab eis se præcavere poterant, ostendit quod necessaria est hominibus iustitia, qua iustificentur a Deo. Solum autem per sanguinem Christi potuerunt remitti peccata non solum præsentia, sed præterita, quia virtus sanguinis Christi operatur per fidem hominis, quam quidem fidem habuerunt illi qui præcesserunt Christi passionem, sicut et nos habemus. II Cor. IV, 13: habentes eumdem spiritum fidei credimus.

Unde et legitur aliter, ut dicatur propter remissionem delictorum quæ sunt hominum præcedentium Christi passionem. Unde dicitur Mich. Cap. Ult.: deponet iniquitates nostras et proiiciet, etc..

Secundo, ostendit tempus manifestationis eius, cum subdit in sustentatione Dei ad ostensionem iustitiæ eius in hoc tempore.

Quasi diceret: præcedentia delicta erant ante Christi passionem in sustentatione Dei quasi in quadam divina Dei sustinentia: quia nec pro eis credentes et poenitentes damnat, nec ab eis totaliter reddit absolutos, ut scilicet, eis non obstantibus, possint introire in gloriam.

Vel, secundum aliam litteram, potest intelligi quod ipsi sancti patres erant in sustentatione Dei, quia detinebantur in Limbo, non quidem patientes

Ad Romanos

poenam sensibilem, sed expectantes introire in gloriam per Christi passionem. Eccli. II, 3: sustine sustentationes Dei. Ad hoc, inquam, præcedentia delicta vel præcedentes patres erant in sustentatione Dei, ad ostensionem scilicet iustitiæ eius in hoc tempore, id est, ut in hoc tempore gratiæ suam iustitiam perfecte ostenderet, plenam remissionem peccatorum tribuendo.

Ps. Ci, 14: venit tempus, etc.. Et II Cor. VI, 2: ecce nunc tempus acceptabile, etc.. Et hoc est quod supra dixerat nunc esse iustitiam Dei manifestatam.

Oportuit autem ut præcedentia peccata usque ad hoc tempus essent in Dei sustentatione, ut primo convinceretur homo de defectu scientiæ, quia tempore legis naturæ in errores et turpia peccata incidit, et etiam defectu potentiæ, quia post legem scriptam, quæ fecit cognitionem peccati, adhuc homo per infirmitatem peccavit.

Tertio, ostendit quod per remissionem peccatorum Dei iustitia ostendatur, sive accipiatur Dei iustitia, qua ipse est iustus, sive qua alios iustificat.

Unde subdit ut sit ipse iustus, id est ut per remissionem peccatorum Deus appareat esse iustus in se ipso, tum quia remittit peccata sicut promiserat, tum quia ad iustitiam Dei pertinet quod peccata destruat, homines ad iustitiam Dei reducendo. Ps. X, 8: iustus Dominus et iustitias dilexit.

Et etiam ut sit iustificans eum, qui est ex fide Iesu Christi, id est, qui per fidem Iesu Christi accedit ad Deum. Hebr. XI, 6: accedentem enim ad Deum oportet credere.

Lectio 4

Postquam apostolus ostendit quod Iudæi non præcedunt gentiles, neque quantum ad statum culpæ, neque quantum ad statum iustitiæ, hic concludit conclusionem intentam, excludendo scilicet eorum gloriam qua gentibus se præferebant.

Et circa hoc tria facit primo proponit huius gloriæ exclusionem; secundo exclusionis causam, ibi per quam legem; tertio ostendit modum quo excludit, ibi arbitramur enim, etc..

Circa primum duo facit. Primo proponit quæstionem dicens: ex quo communiter es sub peccato, tu, Iudæus, sicut et gentilis, et ex quo gentilis iustificatur per fidem sicut et tu, ubi est gloriatio tua? qua scilicet in lege gloriaris, ut supra dictum est, et per hoc te gentili vis præferre. I Cor. V, 6: non est bona gloriatio vestra. Gal. V, 26: non efficiamur inanis gloriæ cupidi, etc..

Secundo, huic quæstioni respondet dicens, exclusa est, id est sublata est. I Reg. IV, 21: et ablata est gloria de Israel. Os. IV, 7: gloriam eorum in ignominiam commutabo.

Vel exclusa, id est, expresse manifestata est.

Gloriabantur enim Iudæi in gloria et cultu unius Dei, et hanc eorum gloriam dicit exclusam, id est expressam per Christum, sicut artifices

Commentaria in Epistolis S. Pauli

qui aliquam imaginem in argento exprimunt, exclusores vocantur, secundum illud Ps. LXVII, 31: ut excludant eos qui probati sunt argento.

Sed primus sensus est magis litteralis.

Cum autem dicit per quam legem, ostendit causam huius exclusionis.

Quia autem Iudæorum gloriatio erat in lege, ut supra dictum est, ideo oportere videbatur quod per aliquid eiusdem generis, id est per aliquam legem, eorum gloriatio excluderetur.

Et ideo interrogando quærens subdit per quam, scilicet est eorum gloriatio exclusa? posset autem aliquis credere, quod eorum gloriationem exclusam apostolus diceret per aliqua præcepta legalia, quibus quædam maiora opera mandarentur. Et ideo interrogando subdit factorum? quasi dicat: numquid per aliquam legem factorum, eorum gloriationem exclusam dico? et respondet quod non sed per legem fidei.

Et sic patet quod duplicem legem hic inducit apostolus, scilicet factorum et fidei. Et in promptu esse videtur quod per legem factorum intelligitur lex vetus, et per legem fidei lex nova, per quam gentilis æquiparatur Iudæo.

Sed dubitatur de hac distinctione.

Nam et in veteri lege necessaria erat fides, sicut et in nova. Eccli. II, 8: qui timetis Dominum, credite illi, et Ps. CXV, 10: credidi propter quod locutus sum. Immo etiam in nova lege facta quædam requiruntur et quorumdam sacramentorum, secundum illud lc.

XXII, 19: hoc facite in meam commemorationem; et etiam Moralium observationum, Iac. I, 22: estote factores verbi, et non auditores tantum.

Dicendum est igitur quod legem factorum dicit legem exterius propositam et descriptam, per quam exteriora facta hominum ordinantur, dum præcipitur quid fieri debeat, et per prohibitionem ostenditur a quo debeat abstineri. Legem autem fidei vocat legem interius descriptam, per quam non solum exteriora facta, sed etiam ipsi motus cordium disponuntur, inter quos primus est motus fidei.

Corde enim creditur ad iustitiam, ut dicitur hic et cap. Et de hac lege loquitur infra: VIII, 2: lex spiritus vitæ quæ est in Christo Iesu.

Deinde cum dicit arbitramur enim, ostendit modum quo per legem fidei gloria Iudæorum excluditur, dicens: arbitramur enim nos apostoli, veritatem a Christo edocti, hominem quemcumque, sive Iudæum sive gentilem, iustificari per fidem.

Act. XV, 9: fide purificans corda eorum. Et hoc sine operibus legis.

Non autem solum sine operibus ceremonialibus, quæ gratiam non conferebant, sed solum significabant, sed etiam sine operibus Moralium præceptorum, secundum illud ad Tit. III, 5: non ex operibus iustitiæ quæ fecimus nos, etc.. Ita tamen quod hoc intelligat sine operibus præcedentibus iustitiam, non autem sine operibus consequentibus, quia, ut dicitur Iac. II, 26: fides sine operibus, scilicet subsequentibus, mortua est. Et ideo iustificare non potest.

Deinde cum dicit an Iudæorum, ostendit quoddam quod præsupposuerat, scilicet quod iustitia fidei communiter se haberet ad omnes.

Et prius quidem hoc manifestaverat ratione accepta ex parte causæ materialis, cum supra dixerat: omnes peccaverunt et egent gratia Dei, id est, peccatores sunt, quos oportet per gratiam fidei iustificari. Sed probatio quæ est ex sola causa materiali non sufficit, quia materia non movetur per se ad formam sine causa agente. Et ideo hic subiungit rationem acceptam ex parte causæ agentis, id est iustificantis, qui est Deus. Infra VII, 33: Deus qui iustificat.

Manifestum est autem quod Deus noster illos iustificando salvat, quorum est Deus, secundum illud Ps. LXVII, 21: Deus noster, Deus salvos faciendi. Non est autem Iudæorum tantum Deus, sed et gentium, ergo utrosque iustificat.

Circa hoc ergo tria facit.

Primo proponit quæstionem de Iudæis, cum dicit an Iudæorum tantum est Deus? quod quidem videri posset alicui per hoc quod dicitur exodi V, 3: Deus Hebræorum vocavit nos.

Dicendum est ergo, quod Iudæorum Deus tantum erat per specialem cultum ab eis Deo exhibitum, unde in Ps. LXXV, 2 dicitur: notus in Iudæa Deus; erat tamen Deus omnium per commune regimen universorum, secundum illud Ps. XLVI, 8: rex omnis terræ Deus.

Secundo, proponit quæstionem ex parte gentilium dicens: nonne et gentium, scilicet est Deus? et respondet immo et gentium, quas scilicet gubernat et regit, secundum illud Ier. X, 7: quis non timebit te, o rex gentium? tertio, ibi quoniam quidem, manifestat per signum quod dixerat, quasi dicat: ex hoc manifestum est quod Deus est non solum Iudæorum, sed et gentium, quoniam quidem unus est Deus qui iustificat circumcisionem, idest Iudæos, ex fide, ut enim dicitur Gal. V, 6: in Christo Iesu neque circumcisio, neque præputium.

Quod autem dicit ex fide et per fidem, secundum Glossam est omnino idem; potest tamen aliqua differentia attendi.

Nam hæc præpositio ex, designat aliquando causam remotam; hæc præpositio per, propinquam. Iudæi ergo iustificari dicuntur ex fide, quia fides fuit prima causa ex qua processit circumcisio et cætera sacramenta legalia: et ita Iudæos iustificat fides, sicut quædam causa primaria per quasdam medias causas. Sed gentiles per ipsam fidem immediate iustificantur.

Deinde cum dicit legem ergo, excludit quamdam obiectionem.

Posset enim aliquis dicere quod prædictam legem destrueret, et ideo quærit dicens legem ergo destruimus per fidem, ex hoc scilicet quod dicimus homines iustificari sine operibus legis.

Et respondet absit, secundum illud Matth. V, 18: non præteribit iota unum, aut unus apex, etc.. Subdit autem sed legem statuimus, id est per fidem legem perficimus et adimplemus, secundum illud Matth. V, 17: non veni solvere legem, sed adimplere.

Et hoc quantum ad præcepta cæremonialia, quæ cum essent figuralia, per hoc statuuntur et adimplentur, quod veritas significata per ea, in fide Christi exhibetur; et etiam quantum ad moralia, quia fides Christi auxilium gratiæ confert ad implenda moralia præcepta legis, addit etiam quædam consilia per quæ præcepta moralia tutius et firmius conservantur.

Capitulus IV

Lectio 1

Postquam apostolus exclusit Iudæorum gloriam quam habebant in lege, per eam se gentibus præferentes, hic excludit eorum gloriam quantum ad circumcisionem.

Et circa hoc duo facit.

Primo resumit quæstionem quam supra posuerat, dicens quæ est utilitas circumcisionis? et quia Abraham primus mandatum de circumcisione accepit, ut dicitur Gen. XVII, 10, ideo quæstionem iterat in persona ipsius Abrahæ dicens: si ita est quod Deus iustificat præputium, sicut et circumcisionem, quid ergo dicemus invenisse utilitatis Abraham patrem nostrum secundum carnem? id est secundum circumcisionem carnalem et secundum alias observantias carnales?

videtur esse inconveniens si dicatur quod nihil utilitatis invenerit, cum dicatur Is. XLVII, 17: ego Dominus docens te utilia.

Secundo, ibi si enim Abraham, etc., respondet propositæ quæstioni.

Et duo facit.

Primo ostendit quod Abraham non hoc invenerit per circumcisionem, et cætera legis opera, quod per eam iustificaretur, sed magis per fidem.

Secundo commendat fidem ipsius, ibi qui contra spem, etc..

Circa primum duo facit.

Primo ostendit propositum, ratione accepta ex parte divinæ acceptationis; secundo, ratione divinæ promissionis, ibi non enim per legem, etc..

Circa primum tria facit.

Primo proponit quamdam conditionalem; secundo probat destructionem consequentis, ibi quid enim dicit Scriptura, etc..

Tertio, probat ipsam conditionalem, ibi sicut et David, etc..

Circa primum intendit apostolus sic argumentari: si Abraham iustificatus esset ex operibus legis, non haberet gloriam apud Deum; ergo non ex operibus iustificatus est.

Proponit ergo conditionalem dicens: quæsitum est quid Abraham invenit secundum carnalem circumcisionem, et manifestum est quod hoc non invenit ut iustificatus sit ex operibus legis, ita scilicet quod eius iustitia in operibus legis consistat; habet quidem gloriam, scilicet apud homines, qui exteriora facta vident, sed non apud Deum qui videt in occulto, secundum illud I Reg. XVI, 7: Deus autem intuetur Cor. I Cor. III, 21: nemo vestrum glorietur in hominibus, etc.. Unde contra quosdam dicitur Io. XII, 43: dilexerunt magis gloriam hominum quam Dei.

Sed contra hoc potest obiici, quia ex consuetudine operum exteriorum generatur interior habitus, secundum quem etiam cor hominis bene disponitur, ut sit promptum ad bene operandum et in bonis operibus delectetur, sicut Philosophus docet in II ethicorum.

Sed dicendum est quod hoc habet locum in iustitia humana, per quam scilicet homo ordinatur ad bonum humanum. Huius enim iustitiæ habitus per opera humana potest acquiri, sed iustitia quæ habet gloriam apud Deum, ordinatur ad bonum divinum, scilicet futuræ gloriæ, quæ facultatem humanam excedit, secundum illud I Cor. II, 9: in cor hominis non ascendit quæ præparavit Deus diligentibus se.

Et ideo opera hominis non sunt proportionata ad huius iustitiæ habitum causandum, sed oportet prius iustificari interius cor hominis a Deo, ut opera faciat proportionata divinæ gloriæ.

Deinde cum dicit quid enim, etc., destruit consequens quod fuit negativum, probando affirmationem oppositam, scilicet quod Abraham habebat gloriam apud Deum.

Et hoc probat per auctoritatem Scripturæ, quam primo apostolus ponit; secundo exponit, ibi ei autem etc..

Dicit ergo primo. Dico Abraham sic iustificatum esse quod habet gloriam apud Deum, quid enim Scriptura dicit? Gen. XV, 6: credidit Abraham Deo promittenti sibi seminis multiplicationem. Eccli. II, 6: crede Deo, et recuperabit te. Et reputatum est illi, scilicet a Deo, ad iustitiam.

I Mach. II, 52: Abraham in tentatione inventus est fidelis. Et sic patet quod apud Deum, a quo est ei reputatum ad iustitiam quod credidit, gloriam habet.

Est autem considerandum quod iustitiam quam Deus reputat scriptam expressit non in aliquo exteriori opere, sed in interiori fide cordis, quam solus Deus intuetur. Cum autem dicatur triplex esse actus fidei, scilicet credere Deum, Deo, et in Deum, posuit hunc actum qui est credere Deo, qui est proprius actus fidei, eius speciem demonstrans. Nam credere in Deum, demonstrat ordinem fidei ad finem, qui est per charitatem; nam credere in Deum, est credendo in Deum ire, quod charitas facit. Et sic sequitur speciem fidei.

Credere autem Deum, demonstrat fidei materiam, secundum quod est virtus theologica, habens Deum pro obiecto. Et ideo hic actus nondum attingit ad speciem fidei, quia si aliquis credat Deum esse per aliquas rationes humanas et naturalia signa, nondum dicitur fidem habere, de qua loquimur, sed solum quando ex hac ratione credit quod est a Deo dictum, quod

Commentaria in Epistolis S. Pauli

designatur per hoc quod dicitur credere Deo; et ex hoc fides specificatur, sicut et quilibet cognoscitivus habitus speciem habet ex ratione, per quam assentit in aliquid. Alia enim ratione inclinatur ad assentiendum habens habitum scientiæ, scilicet per demonstrationem, et alia ratione habens habitum opinionis, scilicet per syllogismum dialecticum.

Deinde cum dicit ei autem qui operatur, etc., exponit prædictam auctoritatem quantum ad hoc quod dicit reputatum est illi ad iustitiam, etc..

Et tangitur in Glossa duplex horum verborum expositio. Prima est secundum quod referentur ad finalem mercedem, de qua primo ostenditur qualiter se habeat ad opera, secundo qualiter ad fidem, ibi ei vero qui non etc..

Dicit ergo primo, quod ei, qui operatur, scilicet opera iustitiæ, merces, æternæ retributionis, de qua dicitur Is. XL, 10: ecce merces eius cum eo, non reputatur secundum gratiam tantum, sed secundum debitum, secundum illud Matth. XX, 13: nonne ex denario convenisti mecum? sed contra est quod dicitur infra VI, 23: gratia Dei vita æterna. Et infra VIII, 18: non sunt condignæ passiones huius temporis ad futuram gloriam. Sic igitur illa retributio non fit secundum debitum, sed secundum gratiam.

Sed dicendum est quod opera humana possunt considerari dupliciter. Uno modo secundum substantiam operum, et sic non habent aliquid condignum, ut eis merces æternæ gloriæ reddatur.

Alio modo possunt considerari secundum suum principium, prout scilicet ex impulsu Dei aguntur secundum propositum Dei prædestinantis; et secundum hoc eis debetur merces prædicta secundum debitum, quia, ut infra VIII, 14 dicitur: qui spiritu Dei aguntur, hi sunt filii Dei; si autem filii, et hæredes.

Deinde cum dicit ei vero, etc., ostendit qualiter se habeat merces æterna ad fidem, dicens ei vero qui non operatur, scilicet exteriora opera, puta quia non habet tempus operandi, sicut patet in baptizato statim mortuo, credenti in eum qui iustificat impium, scilicet in Deum, de quo dicitur infra, VIII, 18. Deus qui iustificat, reputabitur fides eius, scilicet sola sine operibus exterioribus, ad iustitiam, id est, ut per eam iustus dicatur, et iustitiæ præmium accipiat, sicut si opera iustitiæ fecisset, secundum illud infra, X, 10 corde creditur ad iustitiam, et hoc secundum propositum gratiæ Dei, id est, secundum quod Deus proponit ex gratia sua homines salvare. Infra VIII, 28: his qui secundum propositum vocati sunt sancti.

Eph. I, 11: qui operatur omnia secundum consilium voluntatis suæ.

Alia expositio est ut hoc referatur ad hominis iustificationem.

Dicit ergo ei autem qui operatur, id est, si aliquis per opera iustificetur, ipsa iustitia imputaretur quasi merces non secundum gratiam, sed secundum debitum. Infra XI, 6: si autem gratia, iam non ex operibus, alioquin gratia iam non est gratia. Ei vero, qui non operatur, ut scilicet per sua opera iustificetur, credenti autem in eum qui iustificat impium, computabitur hæc eius fides ad iustitiam secundum propositum gratiæ Dei, non quidem ita quod per fidem iustitiam mereatur, sed quia ipsum credere est primus actus iustitiæ quam Deus in eo operatur. Ex eo enim quod credit in Deum iustificantem, iustificationi eius subiicit se, et sic recipit eius effectum.

Et hæc expositio est litteralis, et secundum intentionem apostoli, qui facit vim in hoc quod in Gen. XV, 6 dictum est reputatum est illi ad iustitiam, quod consuevit dici, quando id, quod minus est ex parte alicuius, reputatur ei gratis, ac si totum fecisset.

Et ideo apostolus dicit quod hæc reputatio locum non haberet, si iustitia esset ex operibus, sed solum habet locum secundum quod est ex fide.

Deinde cum dicit sicut et David, probat conditionalem præmissam ex auctoritate Psalmi. Cuius primo præmittit sensum; secundo ponit verba eius, ibi beati quorum; tertio excludit falsum intellectum, ibi beatitudo, etc..

Dicit ergo: sicut et David dicit, id est asserit, beatitudinem hominis esse illius, scilicet, cui Deus fert, id est dat, iustitiam; accepto, id est gratis, sine operibus præcedentibus. Tit. III, 5: non enim ex operibus iustitiæ quæ fecimus nos.

Beatitudo autem hominis est a Deo, secundum illud Ps. XXXIX, 5: beatus vir cuius est Dominus Deus spes eius. Sic igitur manifestum est illum habere gloriam apud Deum, qui non ex operibus legis iustificatur, ut dictum est.

Deinde cum dicit beati quorum, etc., ponit verba David prædictam sententiam continentia, et dicit eos esse beatos quorum remittuntur peccata. Et sic patet quod non habuerunt prius bona opera ex quibus iustitiam seu beatitudinem consequerentur.

Est autem triplex peccatum, scilicet originale, actuale mortale et actuale veniale.

Primo ergo quantum ad originale dicit beati quorum remissæ sunt iniquitates.

Ubi considerandum est quod peccatum originale iniquitas dicitur, quia est carentia originalis iustitiæ, per quam secundum æquitatem ratio hominis subiiciebatur Deo, inferiores vires rationi, et corpus animæ; sed per peccatum originale hæc æquitas tollitur, quia postquam ratio desiit esse subiecta Deo, inferiores vires rationi rebellant et corpus ab obedientia animæ subducitur per corruptionem et mortem. Unde in Ps. L, 7: ecce enim in iniquitatibus conceptus sum.

Utrobique autem peccatum originale pluraliter significatur. Vel propter plures homines, in quibus multiplicatur originale peccatum, vel potius quia virtute continet in se quodammodo omnia peccata.

Huiusmodi autem peccatum originale remitti dicitur, quia transit reatus

Commentaria in Epistolis S. Pauli

superveniente gratia, sed remanet actu, remanente fomite sive concupiscentia, quæ non tollitur totaliter in hac vita, sed remittitur, sive mitigatur.

Secundo, quantum ad actuale mortale, dicit et quorum tecta sunt peccata.

Dicuntur autem peccata tegi divino conspectui, inquantum non inspicit ad ea punienda.

Ps. LXXXIV, 3: operuisti omnia peccata eorum.

Tertio, quantum ad veniale, dicit beatus vir cui non imputavit Dominus peccatum, ut scilicet per peccatum intelligantur peccata venialia, quæ, licet levia sint, tamen per multa homo separatur et elongatur a Deo. II Paral. XXX, 18 s.: Dominus bonus propitiabitur cunctis, qui in toto corde requirunt illum, et non imputabitur illis quod minus sancti sunt.

Possunt autem et hæc tria aliter distingui.

Sunt enim in peccato tria, quorum unum est offensa Dei, et quantum ad hoc dicit beati quorum remissæ sunt iniquitates, secundum quod homo dicitur remittere offensam sibi factam. Is. XL, 2: dimissa est iniquitas illius.

Aliud autem est ipse actus inordinatus culpæ, qui non potest non fuisse factus ex quo semel perpetratus est, sed tegitur manu misericordiæ divinæ, ut quasi pro non facto habeatur.

Tertio vero est reatus poenæ et quantum ad hoc dicit beatus vir cui non imputavit Dominus peccatum, scilicet ad poenam.

Deinde cum dicit beatitudo ergo etc., excludit falsum intellectum auctoritatis prædictæ.

Posset enim Iudæus sic intelligere quod prædicta gratia remissionis peccatorum non fieret nisi circumcisis.

Ad hoc ergo excludendum, primo apostolus quæstionem movet dicens beatitudo hæc, qua scilicet Deus dat iustitiam sine operibus, manet tantum in circumcisione, id est habet locum solum in circumcisis, an etiam in præputio, id est in gentibus? manifestum est quod in utrisque, secundum illud quod dicit infra X, 10: idem Dominus dives in omnes, etc..

Secundo, ibi dicimus enim, ad hoc ostendendum assumit auctoritatem Scripturæ, quasi dicat, hoc ideo quæro: dicimus enim, etc., quod reputatur fides Abrahæ ad iustitiam, Gen. XV, 6.

Tertio ex hac auctoritate concludit solutionem præmissæ quæstionis, sub interrogatione tamen, dicens quomodo ergo reputata est? scilicet fides Abrahæ ad iustitiam, in circumcisione, id est, quando erat circumcisus, an in præputio, id est quando erat incircumcisus? et respondet non in circumcisione, sed in præputio. Et hoc manifestum est ex serie narrationis Scripturæ. Nam Gen. XV, 6 legitur, quod fides reputata est Abrahæ ad iustitiam, circumcisionem autem accepisse legitur Gen. XVII, 23 s.. Si igitur Abraham, adhuc incircumcisus existens iustificatus est per fidem, manifestum est quod iustitia fidei, per quam gratis remittuntur peccata, non est solum in circumcisione, sed etiam in præputio, id est, in gentilitate.

Lectio 2

Ostenso quod beatitudo remissionis peccatorum non solum est in circumcisione, sed etiam in præputio, exemplo Abrahæ qui tempore præputii est iustificatus, hic respondet cuidam obiectioni.

Posset enim aliquis dicere: si Abraham iustificatus est ante circumcisionem, ergo sine causa et frustra circumcisus est.

Ad hanc ergo obiectionem excludendam primo proponit, quod circumcisio non erat causa iustitiæ, sed signum; secundo ostendit quid ex hoc signo consequatur, ibi ut sit pater, etc.; tertio ostendit modum quo consequatur non his tantum, etc..

Circa primum duo facit. Primo proponit circumcisionem esse signum. Gen. XVII, 11: circumcidetis carnem præputii vestri, ut sit in signum foederis inter me et vos.

Secundo ostendit cuius rei sit signum, dicens, quod sit signaculum iustitiæ fidei, id est quæ est per fidem, quæ, quidem fides, est in præputio, id est quam Abraham habuit adhuc incircumcisus existens.

Dicitur autem signaculum dupliciter.

Uno modo quasi expressum signum habens similitudinem rei signatæ, secundum illud Ezech. XXVIII, 12: tu signaculum similitudinis, etc.. Habet autem circumcisio expressam similitudinem cum fide Abrahæ, primo quidem, quantum ad rem creditam. Credidit enim multiplicationem sui seminis, et ideo congruenter accepit signum in membro generationis.

Secundo, quantum ad effectum huius fidei, quæ est remotio culpæ, quæ signatur per remotionem superfluæ pelliculæ.

Alio modo signaculum dicitur signum aliquid occultans quod revelandum est amicis, sicut patet de sigillo; et secundum hoc dicitur Apoc. V, 9: dignus est agnus qui occisus est accipere librum et aperire signacula eius. Claudebatur ergo sub signaculo circumcisionis secretum incarnationis Christi ex semine Abrahæ.

Consequenter ostendit quid consequatur ex dictis.

Consequitur enim ex hoc quod Abraham in præputio iustificatus per fidem, postea circumcisionem accepit, ut sit pater non solum circumcisorum, sed etiam credentium in præputio.

Et hoc est quod dicit ut sit pater, id est ex prædictis consequitur, quod Abraham sit pater omnium credentium per præputium, id est qui sunt in statu præputii.

Vel Abraham sit pater per præputium, id est per id quod habuit in præputio, ut reputetur et illis ad iustitiam, hoc scilicet quod credunt, sicut reputatum est Abrahæ. Et de hac paternitate dicitur Matth. III, 9: potens est Deus de lapidibus istis, etc.. Et sit pater circumcisionis, id est circumcisorum, qui ex eo originem ducunt. Unde Io.

Commentaria in Epistolis S. Pauli

VIII, 39: pater noster Abraham est.

Deinde ostendit per quem modum sit pater etiam incircumcisorum, quia per imitationem. Et hoc est quod dicit ut sit, inquam, pater non his tantum qui sunt in circumcisione, id est qui sunt circumcisi, sed etiam his qui sectantur vestigia fidei patris nostri Abrahæ, qui est in præputio, id est, quam Abraham habuit adhuc incircumcisus.

Io. VIII, 39: si filii Abrahæ estis, opera eius facite.

Et quia hic de circumcisione fit mentio, oportet circa ipsam tria considerare, scilicet quare sit instituta, quam vim habuit et quare sit mutata.

Circa primum considerandum quod circumcisio, sicut et aliæ legis cæremoniæ, est propter duo instituta.

Primo quidem propter cultum divinum, ad quem homines secundum huiusmodi cæremonialia disponebantur.

Et secundum hoc circumcisio habet triplicem institutionis causam, quarum prima est ad significandum fidem et obedientiam qua Abraham se Deo subiecit, ut scilicet illi qui circumcisionem acciperent Abrahæ traditam, fidem et obedientiam ipsius observarent. Dicitur enim Hebr. IV, 11: fide Abraham circumcisus est; et ideo facta est circumcisio in membro generationis ad significandum fidem ipsius circa prolem futuram, ut dictum est.

Secunda est ad exprimendum in signo corporali id quod spiritualiter erat faciendum, ut scilicet sicut a membro generationis, quod principaliter concupiscentiæ deservit, abscindebatur superflua pellicula, ita etiam a corde hominis omnis superflua concupiscentia tolleretur, secundum illud Ier. IV, 4: circumcidimini Domino, et auferte præputium cordium vestrorum, etc..

Tertia est ut per hoc signum populus ille Deum colens, ab omnibus aliis populis distingueretur.

Et inde est quod mandavit Dominus circumcidi filios Israel, qui inter alias nationes erant habitaturi, qui prius in deserto solitarii manentes circumcisi non erant.

Alia autem ratio circumcisionis et omnium ceremonialium accipitur per comparationem ad Christum, ad quem comparatur, sicut figura ad veritatem et membra ad corpus, secundum illud Col. II, 17: quæ sunt umbra futurorum, corpus autem Christi.

Sic igitur per circumcisionem corporalem significatur circumcisio spiritualis fienda per Christum. Primo quidem in animam, quantum per ipsum peccatorum reatus et concupiscentiæ præscinduntur. Col. II, 11: in quo, Christo, circumcisi estis circumcisione non manufacta, in expoliatione corporis carnis, sed in circumcisione Domini nostri Iesu Christi.

Secundo vero quantum ad corpus, quando scilicet etiam in resurrectione ab electorum corporibus omnis passibilitas et mortalitas auferetur; et ideo circumcisio fiebat octavo die, quia significat octavam ætatem

Ad Romanos

resurgentium: nam septima est quiescentium in Christo.

Sex autem ætates sunt quibus sæculum currit. Unde et circumcisio facta legitur cultellis petrinis Ios. V, 2 et Ex. IV, 25, ad significandum quod spiritualis circumcisio fienda erat per petram, qui est Christus, ut dicitur I Cor. X, 4. Non tamen hoc generaliter observabatur, quod necesse esset circumcisionem fieri cum petra.

Circa secundum vero est sciendum, quod sicut hic Glossa dicit, et est Bedæ, idem salutare curationis auxilium circumcisio in lege contra originalis peccati vulnus præbebat, quod baptismus agere tempore revelatæ gratiæ consuevit. Ex quo patet quod virtus circumcisionis se extendebat ad deletionem originalis peccati.

Quidam tamen dicunt quod gratia in circumcisione non conferebatur: non enim potest esse Dei gratia sine iustitia. Argumentatur autem Apost. Gal. II, 21: si iustitia est per legem, ergo Christus gratis mortuus est, id est sine causa.

Et eodem modo argumentari possumus: si ex circumcisione est gratia iustificans, Christus gratis mortuus est; sed hoc non potest esse, nam remissio peccati numquam fit sine gratia. Tit. III, 7: iustificati igitur gratia ipsius, etc..

Et ideo alii dicunt quod in circumcisione dabatur gratia, quantum ad effectus privativos, scilicet remotionis culpæ, non autem quantum ad effectus positivos, puta operationem iustitiæ.

Sed hoc etiam conveniens non videtur; effectus enim positivi alicuius formæ ordine naturæ præcedunt effectus privativos. Non enim lumen pellit tenebras nisi per hoc quod illuminat. Et ita gratia per hoc culpam pellit, quod iustificat. Remoto autem priori, removetur posterius.

Et ideo melius dicendum est quod circumcisio ex ipso opere operato non habebat virtutem effectivam, neque quantum ad remotionem culpæ, neque quantum ad operationem iustitiæ: sed erat solum iustitiæ signum, ut hic apostolus dicit, sed per fidem Christi, cuius circumcisio signum erat, auferebatur peccatum originale et conferebatur auxilium gratiæ ad recte agendum.

Circa tertium vero manifestum est iam ex dictis, quare oportuit circumcisionem mutari. Nam circumcisio erat signum futuri.

Non autem idem signum convenit præsenti, sive præterito et futuro: et ideo baptismus est signum præsentis gratiæ qui copiosiorem et utiliorem effectum habet gratiæ, quia quanto agens est propinquius et præsentius, tanto efficacius operatur.

Deinde, cum dicit non enim per legem, etc., ostendit propositum, scilicet quod circumcisio sive quodcumque opus legis non iustificet ex divina promissione.

Et circa hoc duo facit.

Primo proponit quod intendit; secundo probat propositum, ibi si enim qui ex

Commentaria in Epistolis S. Pauli

lege, etc..

Supponit ergo apostolus, primo, ex auctoritate genes. Promissionem factam Abrahæ et semini eius, ut hæres esset mundi, id est, ut omnes gentes mundi in ipso benedicerentur, secundum illud Gen. XII, 3: in te benedicentur, etc..

Dicit autem ac semini eius; quia huiusmodi promissio et si in ipso non est completa, complenda tamen erat in semine eius.

Dicitur enim Gen. XXII, 18: benedicentur in semine tuo omnes gentes terræ.

Hoc autem semen principaliter intelligitur Christus, secundum illud Gal. III, 16: Abrahæ dictæ sunt promissiones et semini eius.

Non dicit, in seminibus, quasi in multis: sed in semine, quasi in uno, etc.. Quia scilicet in uno in quo completur, ostenditur, ut sit hæres mundi, secundum illud Ps. II, 8: postula a me, et dabo tibi gentes hæreditatem tuam. Secundario autem completur in illis, qui per gratiam Christi sunt spiritualiter semen Abrahæ. Infra IX, 8: qui filii sunt promissionis æstimantur in semine. Qui etiam per Christum sunt hæredes mundi, inquantum omnia in gloria electorum cedunt.

I Cor. III, 22: omnia vestra sunt, etc..

Circa hanc promissionem unum negat, et unum asserit.

Negat huiusmodi promissionem esse factam per legem. Quod quidem non dicitur propter ipsam promissionem, quia tempore promissionis lex data non erat, sed propter promissionis impletionem, ut sit sensus, quod talis promissio facta erat Abrahæ, non quasi implenda per legem, quia, ut dicitur Hebr. VII, 19: nihil ad perfectum adduxit lex.

Aliud autem astruit, quod scilicet huiusmodi promissio sit implenda per iustitiam fidei, quia, sancti per fidem vicerunt regna Hebr. XI, 33.

Deinde cum dicit si enim, etc., ostendit propositum. Et primo quantum ad hoc, quod promissio non sit implenda per legem; secundo quantum ad hoc, quod sit implenda per iustitiam fidei, ibi ideo ex fide, etc..

Circa primum ponit talem rationem: si promissio facta Abrahæ esset implenda per legem, fides Abrahæ credentis promissioni, esset inanis, quia promissio ei facta aboleretur; sed hoc est inconveniens, ergo et primum.

Circa hoc duo facit.

Primo proponit conditionalem; secundo probat eam, ibi lex enim, etc..

Destructio autem consequentis est manifesta.

Dicit ergo primo quod promissio non est facta per legem.

Si enim qui ex lege sunt, hi sunt hæredes, id est, si ad hoc quod aliqui hæreditatem promissam participent, requiritur quod ex legis observantia hoc consequantur, exinanita est fides, id est, vacua facta est fides qua Abraham credidit Deo promittenti, ut dicitur Genesis XV, 6. Et hoc est inconveniens, secundum quod dicitur I Cor. XV, 14: si Christus non resurrexit, inanis est prædicatio nostra, etc..

Et quare sit inanis, ostendit subdens abolita, id est cassata, est promissio, quia non consequitur suum effectum. Contra id quod dicitur Hebr. XI, 11: fidelem credidit eum esse qui repromiserat, et hic infra in præsenti cap. Dicitur: quæcumque promisit Deus, potens est, etc..

Deinde cum dicit lex enim, probat conditionalem præmissam per effectum sive eventum legis. Et primo proponit legis effectum sive eventum; secundo, probat, ibi ubi enim non est lex, etc..

Probat autem conditionalem sic: si aliqua promissio sit implenda per id quod impletionem promissionis impedit, talis promissio aboletur et fides credentis exinanitur; sed lex impedit consecutionem hæreditatis, lex enim iram operatur: ergo si per legem sit adimplenda promissio, exinanita est fides, abolita est promissio.

Dicitur autem lex operari iram, id est vindictam, quia per legem facti sunt homines digni Dei vindicta. IV Reg. XXII, 13: magna ira Domini succensa est contra nos, quia non audierunt patres nostri verba libri huius, scilicet legis, etc..

Posset autem aliquis intelligere quod lex iram operatur quantum ad cæremonialia tempore gratiæ observata, secundum illud Gal. V, 2: si circumcidamini, Christus nihil vobis proderit. Sed quod hic dicitur, intelligendum est etiam quantum ad moralia, non quidem quod legis præcepta moralia præcipiant aliquid, quod qui observant dignos ira Dei efficiat, sed occasionaliter, quia præcipit et gratiam adimplendi non præbet, secundum illud II Cor. III, 6: littera occidit, spiritus autem vivificat, quia scilicet interius adiuvat infirmitatem nostram, ut dicitur infra VIII, 26.

Deinde cum dicit ubi enim non est lex, etc., ostendit qualiter iram operatur, dicens ubi non est lex, non est prævaricatio, quia et si aliquis, lege non data, peccare possit contra id quod naturaliter iustum est faciendo, non tamen prævaricator dicitur, nisi legem transgrediens. Ps. CXVIII, 158: vidi prævaricantes et tabescebam, etc.. Et tamen omnis peccator potest dici prævaricator, inquantum legem naturalem transgreditur.

Ps. CXVIII, 119: prævaricantes reputavi omnes peccatores terræ.

Gravius est tamen transgredi simul legem naturæ et legem scriptam, quam solam legem naturæ. Et ideo lege data sine gratia adiuvante, prævaricatio crevit, et maiorem iram promeruit.

Lectio 3

Ostenso quod promissio facta Abrahæ et semini eius non sit implenda per legem, hic ostendit quod sit implenda per fidem.

Et circa hoc tria facit.

Commentaria in Epistolis S. Pauli

Primo ostendit per quid sit huiusmodi promissio adimplenda; secundo ostendit in quibus sit adimplenda, ibi omni semini, etc.; tertio a quo sit implenda, ibi qui vivificat mortuos, etc..

Primo ergo concludit propositum quasi ex divisione.

Videtur enim necessarium esse quod promissio adimpleatur vel per fidem, vel per legem: non autem per legem, quia promissio aboleretur, unde concludit ideo ex fide, scilicet consequimur promissionem, ut hæredes simus mundi. Io. V, 4: hæc est victoria quæ vincit mundum, etc..

Et hoc confirmat per contrarium medium ei quod supra assumpserat. Dictum est enim quod si iustitia ex lege esset, promissio aboleretur; sed si sit ex fide, remanet firma promissio propter virtutem divinæ gratiæ iustificantis hominem per fidem. Et hoc est quod dicit ut promissio Dei sit firma, non quidem per operationes hominum quæ possunt deficere, sed secundum gratiam quæ infallibilis est. II Cor. XII, 9: sufficit tibi gratia mea, etc.. II Cor. I, 20: quotquot sunt promissiones, in illo, scilicet Christo, sunt, id est, veritatem habent.

Deinde cum dicit omni semini, etc., ostendit in quibus impleatur prædicta promissio.

Et primo proponit quod intendit, et dicit quod prædicta promissio sic implenda per fidem, est firma per gratiam. Omni semini, id est, omni homini qui fuerit qualitercumque semen Abrahæ. Eccli. XLIV, 11 s.: cum semine eorum permanent bona, hæreditas sancta nepotes eorum.

Secundo, ibi non ei, etc., exponit quod dixerat omni semini.

Est enim quoddam semen carnale, secundum illud Io. VIII, 33: semen Abrahæ sumus.

Est aliud semen spirituale, secundum illud Matth. III, 9: potens est Deus de lapidibus his, id est de gentibus, suscitare filios Abrahæ; solum autem semen Abrahæ carnale legem servavit, sed fidem eius etiam imitatur semen spirituale.

Et sic, si per solam legem esset promissio, non impleretur in omni semine sed solum in carnali. Quia vero impletur per fidem quæ est omnibus communis, planum est, quod impletur in omni semine.

Tertio, ibi qui est pater, etc., probat quod supposuerat, scilicet quod semen Abrahæ sit non solum quod est ex lege sed etiam quod est ex fide, per auctoritatem Scripturæ, cuius, primo, ponit sensum, dicens, qui, scilicet Abraham, est pater omnium nostrum, id est, omnium credentium, sive Iudæorum, sive gentilium. Supra, eodem: ut sit pater omnium credentium.

Is. LI, 2: attendite ad Abraham patrem vestrum.

Secundo inducit auctoritatem, dicens sicut scriptum est, Gen. XVII, 4, quia patrem multarum gentium posui te. Littera alia habet, constitui te, quod sensum non variat.

Eccli. XLIV, 20: *Abraham magnus pater multitudinis gentium.*

Tertio, ibi *ante Deum*, etc., exponit quod dixerat. Sic enim dictum est *posui te* quasi iam esset impletum quod longe postea erat implendum: sed quæ sunt futura in seipsis, in Dei providentia sunt præsentia, secundum illud Eccli. XXIII, 29: *Domino Deo nostro, antequam crearentur, omnia sunt agnita, sic et post perfectum respicit omnia.* Et ideo apostolus dicit quod hoc quod dictum est, *posui te*, intelligendum est *ante Deum*, id est, in eius præsentia, *cui credidisti*. Crediderat enim Abraham Deo futura prænuncianti, ac si videret præsentia, quia, ut dicitur Hebr. XI, 1: *fides est sperandarum substantia rerum, argumentum non apparentium.*

Deinde cum dicit *qui vivificat mortuos*, etc., ostendit a quo sit implenda huiusmodi promissio, dicens *qui*, scilicet Deus, *vivificat mortuos*, id est, Iudæos, qui erant mortui in peccatis, contra legem agentes, vivificat per fidem et gratiam, ut promissionem Abrahæ consequantur. Io. V, 21: *sicut pater suscitat mortuos et vivificat*, etc..

Et vocat ea quæ non sunt, id est, gentiles vocat, scilicet ad gratiam, *tamquam ea quæ sunt*, id est, tamquam Iudæos. Infra IX, 25: *vocabo non plebem meam*, etc..

Significat autem gentiles per ea quæ non sunt, quia erant omnino alienati a Deo. Sicut I Cor. XIII, 2 dicitur: *si charitatem non habuero, nihil sum.* Et sic per huiusmodi vocationem implebitur promissio Abrahæ etiam in gentilibus.

Vel quod dicit *et vocat ea quæ non sunt*, non intelligitur de vocatione temporali, sed de vocatione prædestinationis æternæ, quia vocantur et eliguntur etiam qui non sunt ac si essent. Eph. I, 4: *eligit nos in ipso ante mundi constitutionem.* Et de hac vocatione dicitur infra IX, 12: *non ex operibus, sed ex vocante dictum est, quia maior serviet minori.*

Vel, vocationem hic dicit simplicem Dei notitiam vel cognitionem, qua cognoscit futura, quæ non sunt in actu sicut præsentia.

Et hoc modo vocatio in Ps. CXLVII, 4 accipitur, cum dicitur: *qui numerat multitudinem stellarum*, etc.. Et secundum hunc sensum quod hic dicitur, inducitur propter id quod supra dictum est *ante Deum cui credidisti.*

Duo enim videbantur obstare ei quod dictum est *patrem multarum gentium posui te.* Quorum unum erat, quia ipse idem Abraham erat quasi emortuus præ senectute, ut infra dicetur. Et contra hoc dicit *qui vivificat mortuos.* Aliud autem est, quia illæ multæ gentes nondum erant. Et contra hoc subdit *et vocat ea quæ non sunt tamquam ea quæ sunt.*

Deinde cum dicit *qui contra spem*, commendat fidem Abrahæ.

Et primo ostendit magnitudinem fidei eius; secundo, efficaciam vel fructum eius, ibi *ideo et reputatum est*, etc..

Circa primum duo facit.

Commentaria in Epistolis S. Pauli

Primo ostendit magnitudinem fidei Abrahæ quantum ad promissionem seminis multiplicandi; secundo, quantum ad repromissionem seminis exaltandi, ibi in repromissione, etc..

Circa primum duo facit.

Primo ostendit fidem eius fuisse magnam; secundo ostendit eam fuisse firmam, ibi et non infirmatus est in fide, etc..

Circa primum duo facit. Primo proponit magnitudinem fidei Abrahæ, dicens qui, scilicet Abraham, in hanc spem credidit, ut fieret pater multarum gentium, sed contra aliam spem.

Circa quod considerandum est quod spes importat certam expectationem boni futuri, quæ quidem certitudo est quandoque ex causa humana sive naturali, secundum illud I Cor. IX, 10: debet in spe qui arat, arare.

Quandoque vero certitudo expectantis est ex causa divina, secundum illud Ps. XXX, 2: in te, Domine, speravi, etc..

Hoc ergo bonum, quod Abraham fieret pater multarum gentium, certitudinem habebat ex parte Dei promittentis, sed contrarium apparebat ex causa naturali sive humana. Ideo dicit qui contra spem, causæ naturalis vel humanæ, credidit in spem, scilicet divinæ promissionis.

Quam quidem secundo ponit dicens secundum quod dictum est ei, scilicet Gen. XXII, 17: sic erit semen tuum sicut stellæ cæli et sicut arena maris.

Utrumque autem horum inducitur propter similitudinem innumerabilis multitudinis. Nam, quantum ad stellas, dicitur Deut. I, 10: Dominus Deus vester multiplicavit vos, et estis hodie sicut stellæ cæli. Quantum ad arenam, dicitur III Reg. IV, 20: Iuda et Israel innumerabiles sicut arena maris sunt.

Potest tamen aliqua differentia inter utrumque attendi, ut stellis comparentur iusti, qui fuerunt ex semine Abrahæ, Dan. XII, 3: qui ad iustitiam erudiunt plurimos, quasi stellæ in perpetuas æternitates. Arenæ autem comparantur peccatores, quia fluctibus mundi quasi cuiusdam maris opprimuntur, Ier. V, 22: posui arenam terminum maris.

Deinde cum dicit et non infirmatus est, ostendit firmitatem Abrahæ, quam primo proponit dicens et non infirmatus est. Sicut enim temperantia ostenditur non esse infirma, quæ magnis concupiscibilibus non vincitur, ita fides ostenditur non esse infirma, sed fortis quæ a magnis difficultatibus non superatur. I Petr. V, 9: cui resistite fortes in fide.

Secundo, ibi nec consideravit, etc., ponit difficultates ex quibus ostenditur fides eius non fuisse infirma.

Et primo quidem ex parte ipsius Abrahæ, cum dicit non consideravit, scilicet ad discernendum promissionem, corpus suum emortuum, scilicet quia iam mortificata erat in eo vis generativa propter senectutem, unde dicit cum iam fere centum annorum esset.

Abrahæ enim centenario existenti natus est Isaac, ut habetur Gen. XXI, 5. Per annum autem ante fuerat sibi filius

Ad Romanos

promissus, secundum illud Gen. XVIII, 10: revertens veniam ad te tempore isto, et erit Saræ filius.

Sed videtur quod non fuit corpus eius emortuum quantum ad vim generativam, quia etiam post mortem Saræ duxit Cethuram uxorem, quæ genuit ei filios, ut dicitur Gen. XXV, 1.

Dicunt ergo quidam quod mortua erat in eo vis generativa quantum ad hoc, quod ex muliere antiqua generaret, non quantum ad hoc quod generaret filium ex iuvencula. Solent enim senes ex iuvenculis mulieribus prolem gignere, non autem ex antiquis, quæ sunt minus aptæ ad concipiendum. Sed melius dicendum videtur quod Abrahæ miraculose restituta erat vis generandi et quantum ad Saram et quantum ad omnes mulieres.

Secundo ponit difficultatem ex parte uxoris, cum dicit et emortuam vulvam Saræ, scilicet non consideravit ut discrederet.

Dicit autem emortuam quantum ad actum generandi, tum propter sterilitatem, tum propter senectutem. Iam enim desierant ei fieri muliebria, ut dicitur Gen. XVIII, 11. Et ideo Is. LI, 2 ubi dicitur: attendite ad Abraham patrem vestrum et ad Saram quæ vos peperit, ut ostenderet utriusque mortificationem et frigiditatem, præmisit dicens: attendite ad petram unde excisi estis, et ad cavernam laci de qua præcisi estis.

Deinde cum dicit in repromissione etiam Dei, etc., commendat fidem Abrahæ quantum ad iteratam promissionem de seminis exaltatione.

Et primo ponit fidei firmitatem; secundo, firmitatis causam, ibi dans gloriam Deo.

Dicit ergo primo in repromissione etiam Dei, id est, in iterata eius promissione, vel de seminis multitudine quam promisit, primo quidem Gen. XV, 5, dicens: suspice cælum et numera stellas si potes, et infra XVII, 4: eris pater multarum gentium, et iterum infra XXII, 17: multiplicabo semen tuum sicut stellas cæli.

Vel intelligendum est in repromissione Dei, id est, in iterata promissione de exaltatione seminis eius, quia cum dixisset: multiplicabo semen tuum, statim subdit: possidebit semen tuum portas inimicorum tuorum, et benedicentur in semine tuo omnes gentes terræ.

In hac quidem Dei promissione non hæsitavit, id est, non dubitavit diffidentia, scilicet, quod diffideret de veritate divinæ repromissionis.

Iac. I, 6: qui hæsitat similis est fluctui maris, etc.. Sed confortatus est fide, id est, fortiter fidei adhæsit. I Petr. Cap. Ult.: cui resistite fortes in fide.

Consequenter cum dicit dans gloriam Deo, assignat rationem firmitatis fidei eius dicens: confortatus est, inquam, fide, dans gloriam Deo, in quantum scilicet consideravit omnipotentiam eius. Ps. CXLVI, 5: magna virtus eius, etc..

Unde et hic subditur plenissime sciens quia quæcumque promisit Deus, potens est et facere. Sap. XII, 18: subest

Commentaria in Epistolis S. Pauli

tibi enim cum volueris posse.

Ex quo patet quod quicumque non est firmus in fide Dei, quantum est in se divinæ gloriæ derogat vel quantum ad eius veritatem, vel quantum ad eius potentiam.

Deinde cum dicit et reputatum est ei, commendat fidem Abrahæ quantum ad eius effectum.

Et primo ponit effectum quem in ipso habuit, dicens: ideo, scilicet quia Abraham tam perfecte hoc ipsum credidit, reputatum est illi ad iustitiam. Mach. II, 52: et reputatum est ei ad iustitiam.

Secundo ostendit effectum, quem fides eius habet etiam in aliis. Et circa hoc tria facit.

Primo ponit similitudinem effectus, dicens non autem scriptum est tantum propter ipsum, quia reputatum est illi ad iustitiam, ut scilicet reputemus quod soli Abrahæ fides ad iustitiam reputata sit, sed, scriptum est, propter nos, quibus reputabitur, scilicet fides, ad iustitiam. Infra XV, 4: quæcumque scripta sunt, ad nostram doctrinam scripta sunt.

Sic ergo scriptum est propter eum ut sit nobis in exemplum, et propter nos ut sit nobis in iustificationis spem.

Secundo, ibi credentibus in eum, ostendit similitudinem fidei.

Reputata est enim ad iustitiam fides Abrahæ credenti, quod corpus suum emortuum, et emortua vulva Saræ posset vivificari ad filiorum procreationem. Reputabitur, et nobis, credentibus in eum, qui suscitavit Dominum nostrum Iesum Christum a mortuis: et in Deum patrem, cui ipse dicit in Ps. XL, 11: tu autem, Domine, miserere mei et resuscita me. Et quia eadem est virtus patris et filii, ipse etiam in propria virtute surrexit.

Quod autem hæc fides iustificet, habetur infra X, 9: si confitearis in ore tuo Dominum Iesum, et in corde tuo credideris quod Deus illum suscitavit a mortuis, salvus eris.

Tertio, ibi qui traditus est, etc., assignat causam quare fides resurrectionis Christi iustificet, dicens qui, scilicet Christus, traditus est, scilicet in mortem, a Deo patre, infra VIII, 31: proprio filio suo non pepercit Deus, sed pro nobis omnibus tradidit illum; et a seipso, Eph. V, 25: tradidit semetipsum pro nobis; et a Iuda, Io. XIX, 11: qui me tradidit tibi maius peccatum habet; et a Iudæis, Matth. XX, 19: tradent eum gentibus ad illudendum.

Et resurrexit propter iustificationem nostram, id est, ut nos resurgendo iustificaret.

Infra VI, 4: quomodo Christus resurrexit a mortuis per gloriam patris, ita et nos in novitate vitæ ambulemus.

Et quod propter delicta nostra sit traditus in mortem, manifestum videtur ex hoc quod sua morte meruit nobis deletionem peccatorum, sed resurgendo non meruit, quia in statu resurrectionis non fuit viator, sed comprehensor.

Et ideo dicendum est quod mors

Christi fuit nobis salutaris, non solum per modum meriti sed etiam per modum cuiusdam efficientiæ.

Cum enim humanitas Christi esset quodammodo instrumentum divinitatis eius, ut Damascenus dicit, omnes passiones et actiones humanitatis Christi fuerunt nobis salutiferæ, utpote ex virtute divinitatis provenientes.

Sed quia effectus habet aliqualiter similitudinem causæ, mortem Christi, qua extincta est in eo mortalis vita, dicit esse causam extinctionis peccatorum nostrorum: resurrectionem autem eius qua redit ad novam vitam gloriæ, dicit esse causam iustificationis nostræ, per quam redimus ad novitatem iustitiæ.

Capitulus V

Lectio 1

Postquam apostolus ostendit necessitatem gratiæ Christi, quia sine ea nec cognitio veritatis gentibus, nec circumcisio et lex Iudæis profuerunt ad salutem, hic incipit commendare virtutem gratiæ.

Et circa hoc duo facit.

Primo ostendit quæ bona per gratiam consequamur; secundo, a quibus malis per eam liberemur, ibi propterea sicut per unum hominem, etc..

Circa primum duo facit.

Primo proponit modum perveniendi, seu viam qua venimus ad gratiam; secundo ostendit bona quæ per gratiam consequimur, ibi et gloriamur in spe gloriæ, etc..

Circa primum duo facit.

Primo exhortatur ad debitum gratiæ usum; secundo ostendit nobis gratiæ aditum, ibi per quem accessum, etc..

Dicit ergo primo. Dictum est quod fides reputabitur omnibus ad iustitiam credentibus resurrectionem Christi, quæ est causa nostræ iustificationis. Iustificati igitur ex fide, inquantum scilicet per fidem resurrectionis effectum eius participamus, habeamus pacem ad Deum, scilicet subiiciendo nos et obediendo ei. Iob XXII, 21: acquiesce igitur ei et habeto pacem. Iob IX, 4: quis restitit ei, et pacem habuit? et hoc per Iesum Christum Dominum nostrum, qui nos ad istam pacem perduxit.

Eph. II, 14: ipse est pax nostra.

Unde subdit per quem, Christum accessum habemus, scilicet tamquam per mediatorem.

Tim. II, 5: mediator Dei et hominum, etc.. Eph. II, 18: per ipsum accessum habemus ambo in uno spiritu ad patrem.

Accessum, inquam, in gratiam istam, id est, in statum gratiæ. Io. I, 17: gratia et veritas per Iesum Christum facta est. In qua, id est, per quam gratiam, non solum resurreximus a peccatis, sed etiam stamus, fixi et erecti per affectum in cælestibus. Ps. CXX, 21: stantes erant pedes nostri. Et iterum: nos autem surreximus, et erecti sumus.

Et hoc per fidem, per quam, scilicet,

Commentaria in Epistolis S. Pauli

gratiam consequamur, non quia fides præcedat gratiam, cum potius per gratiam sit fides.

Eph. II, 8: gratia estis salvati per fidem, scilicet, quia primus effectus gratiæ in nobis est fides.

Deinde cum dicit gloriamur in spe gloriæ, etc. Ostendit quæ bona nobis per gratiam provenerunt.

Primo dicit quod per gratiam habemus gloriam spei; secundo, quod per gratiam habemus gloriam Dei, ibi non solum autem, etc..

Circa primum tria facit.

Primo ostendit magnitudinem spei, in qua gloriamur; secundo, eius vehementiam, ibi non solum autem, etc..

Tertio, eius firmitatem, ibi spes autem non confundit, etc..

Magnitudo autem spei consideratur ex magnitudine rei speratæ, quam ponit dicens et gloriamur in spe gloriæ filiorum Dei, id est ex hoc quod speramus nos adepturos gloriam filiorum Dei.

Per gratiam enim Christi adepti sumus spiritum adoptionis filiorum Dei, ut dicitur infra VIII, 15, et Sap. V, 5: ecce quomodo computati sunt inter filios Dei. Filiis autem debetur hæreditas patris, infra VIII, 17: si autem filii et hæredes. Hæc autem hæreditas est gloria quam Deus habet in seipso. Iob XL, 4: si habes brachium ut Deus, etc.. Et huiusmodi spes indita est nobis per Christum.

I Petr. I, 3 s.: regeneravit nos in spem vivam, per resurrectionem Iesu Christi ex mortuis in hæreditatem incorruptibilem, etc.. Et hæc gloria, quæ in futuro in nobis complebitur, interim nunc in nobis inchoatur per spem. Infra VIII, 24: spe salvi facti sumus.

Ps. V, 12: gloriabuntur in te omnes qui diligunt nomen tuum.

Deinde cum dicit non solum autem, etc., ostendit vehementiam huius spei.

Qui enim vehementer aliquid sperat, libenter sustinet propter illud etiam difficilia et amara, sicut infirmus si vehementer sperat sanitatem, libenter bibit potionem amaram ut sanetur per ipsam. Signum ergo vehementis spei quam habemus propter Christum est quod non solum gloriamur ex spe futuræ gloriæ, sed etiam de malis quæ pro ipsa patimur, unde dicit non solum autem gloriamur, scilicet in spe gloriæ, sed etiam gloriamur in tribulationibus, per quas ad gloriam pervenimus. Act. XIV, 21: per multas tribulationes oportet nos introire in regnum cælorum. Iac. I, 2: omne gaudium existimate, fratres mei, cum in tentationes varias incideritis.

Et causam ostendit consequenter, dicens scientes, etc..

Ubi quatuor per ordinem ponit, quorum primum est tribulatio, de qua dicitur quod tribulatio patientiam operatur; non quidem sic quod tribulatio sit eius causa effectiva, sed quia tribulatio est materia et occasio exercendi patientiæ actum. Infra XII, 12: in tribulatione patientes.

Ad Romanos

Secundo ponit patientiæ effectum, cum dicit patientia probationem.

Eccli. II, 5: in igne probatur aurum et argentum: homines vero receptibiles in camino humiliationis.

Manifestum est enim quod detrimentum alicuius rei de facili sustinemus, propter rem quam magis amamus. Unde si aliquis in rebus corporalibus et temporalibus patienter sustinet propter bona consequenda æterna, sufficienter ex hoc probatur quod talis plus amet bona æterna quam temporalia.

Sed contra id quod hic dicitur est illud Iac. I, 3: probatio fidei vestræ patientiam operatur.

Dicendum est autem quod probatio dupliciter potest intelligi. Uno modo secundum quod est in probato, et sic probatio est ipsa tribulatio per quam homo probatur. Unde idem est dictu quod tribulatio patientiam operatur, et quod tribulatio probat patientiam.

Alio modo accipitur probatio pro probatum esse. Et ita accipitur hic quod patientia probationem operatur, quia ex hoc quod homo patienter tribulationem sustinet, redditur iam probatus.

Tertio, subdit tertium, dicens probatio vero spem, scilicet operatur, quia scilicet, per hoc quod aliquis iam probatus est, potest de eo spes haberi et ab ipso et ab aliis quod ad hæreditatem Dei admittatur.

Sap. III, 5: Deus probavit illos et invenit illos dignos se.

Sic igitur de primo ad ultimum patet, quod tribulatio viam parat ad spem. Unde si aliquis vehementer gloriatur de spe, consequens est, ut de ipsis tribulationibus glorietur.

Deinde cum dicit spes autem non confundit, ostendit huiusmodi spei firmitatem.

Et primo ponit eam, dicens spes autem, scilicet hæc qua speramus gloriam filiorum Dei, non confundit, id est, non deficit, nisi homo ei deficiat. Ille enim dicitur a spe sua confundi, qui deficit ab eo quod sperat, Ps. XXX, 2: in te, Domine, speravi, non confundar in æternum. Eccle. II, 11: nullus speravit in Domino, et confusus est.

Secundo, ibi quia charitas Dei, etc., ponit certitudinis spei duplex argumentum, quorum primum est ex dono spiritus sancti, secundum ex morte Christi, ibi ut quid enim Christus, etc..

Dicit ergo primo: ex hoc possumus scire quod spes non confundit quia charitas Dei diffusa est in cordibus nostris, per spiritum sanctum qui datus est nobis.

Charitas Dei autem dupliciter accipi potest.

Uno modo pro charitate qua diligit nos Deus, Ier. XXXI, 3: charitate perpetua dilexi te, alio modo potest dici charitas Dei, qua nos Deum diligimus, infra VIII, 38 s.: certus sum quod neque mors neque vita separabit nos a charitate Dei. Utraque autem charitas Dei in cordibus nostris diffunditur per

Commentaria in Epistolis S. Pauli

spiritum sanctum qui datus est nobis.

Spiritum enim sanctum, qui est amor patris et filii, dari nobis, est nos adduci ad participationem amoris, qui est spiritus sanctus, a qua quidem participatione efficimur Dei amatores. Et hoc quod ipsum amamus, signum est, quod ipse nos amet. Prov. VIII, 17: ego diligentes me diligo. Non quasi nos primo dilexerimus Deum, sed quoniam ipse prior dilexit nos, ut dicitur I Io. IV, 10.

Dicitur autem charitas, qua nos diligit, in cordibus nostris diffusa esse, quia est in cordibus nostris patenter ostensa per donum sancti spiritus nobis impressum. Io. III, 24: in hoc scimus, quoniam manet in nobis Deus, etc..

Charitas autem qua nos Deum diligimus, dicitur in cordibus nostris diffusa, id est quia ad omnes mores et actus animæ perficiendos se extendit; nam, ut dicitur I Cor. XIII, 4: charitas patiens est, benigna est, etc..

Ex utroque autem intellectu horum verborum concluditur, quod spes non confundit. Si enim accipiatur charitas Dei qua nos diligit Deus, manifestum est quod his quos diligit seipsum non negabit.

Deut. XXXIII, 3: dilexit populos, omnes sancti in manu illius sunt. Similiter etiam si charitas Dei accipiatur qua nos Deum diligimus, manifestum est, quod se diligentibus bona æterna præparavit. Io. XIV, 21: si quis diligit me, diligetur a patre meo, etc..

Lectio 2

Postquam apostolus ostendit firmitatem spei per donum spiritus sancti, hic ostendit idem per mortem Christi. Et primo proponit quæstionem; secundo ostendit difficultatem, ibi vix enim pro iusto, etc.; tertio determinat quæstionis veritatem, ibi commendat autem suam charitatem, etc..

Dicit ergo primo. Dictum est quod spes non confundit, quod quidem apparet hoc consideranti ut quid enim Christus cum adhuc infirmi essemus, scilicet infirmitate peccati. Ps. VI, 3: miserere mei, Domine, quoniam infirmus sum.

Nam sicut per corporalem infirmitatem dissolvitur humorum debita harmonia, ita etiam per peccatum debitus ordo affectionum excluditur. Cum ergo adhuc infirmi essemus, Christus mortuus est pro impiis. I petr. III, 18: Christus semel pro peccatis nostris mortuus est, iustus pro iniustis.

Et hoc secundum tempus, id est ut certo tempore in morte moraretur, die scilicet tertia surrecturus. Matth. XII, 40: sicut fuit Iona in ventre ceti tribus diebus et tribus noctibus, sic erit filius hominis in corde terræ.

Hoc ergo magnum est, si consideremus quis mortuus sit. Magnum etiam est si consideremus pro quibus est mortuus. Non potest autem esse tam magnum quid, nisi fiat propter aliquem certum fructum, secundum illud Ps. XXIX, 10: quæ utilitas in sanguine meo, dum descendo in corruptionem? quasi dicat: nulla, si non sequatur humani generis salus.

Deinde cum dicit vix enim pro iusto, etc., ostendit prædictæ quæstionis difficultatem ex parte eorum, pro quibus Christus mortuus est, scilicet pro impiis, dicens vix enim quis, id est, aliquis, moritur pro homine iusto liberando; quin immo, ut dicitur Is. LVII, 1: iustus perit et non est qui recogitet in corde suo, etc.. Ideo dico vix moritur, nam forsitan quis, id est aliquis rarus ex zelo virtutis, audeat mori pro bono homine.

Rarum enim est propter hoc quod est maximum, ut enim dicitur Io. XV, 13: maiorem hac dilectionem nemo habet, etc.. Illud autem quod Christus fecit, ut quis moriatur pro impiis et iniustis, nunquam invenitur. Et ideo merito admirandum est, quare Christus hoc fecerit.

Potest autem et aliter legi, ut pro iusto intelligamus aliquem in virtute exercitatum; per bonum autem, hominem innocentem.

Et quamvis secundum hoc iustus sit præstantior bono, tamen pro iusto vix aliquis moritur. Cuius ratio est, quia innocens, qui per bonum intelligitur, magis miserandus videtur propter defectum ætatis vel alicuius huiusmodi. Iustus autem, quia perfectus est et absque defectu, non habet in se misericordiæ malitiam. Quod ergo aliquis moriatur pro innocente, potest ex compassione misericordiæ provenire; sed quod aliquis moriatur pro iusto, provenit ex zelo virtutis, qui in paucioribus invenitur quam misericordiæ passio.

Deinde cum dicit commendat autem, etc., respondet præmissæ quæstioni.

Et primo ponit responsionem; secundo ex hoc arguit ad propositum, ibi multo ergo magis, etc.; tertio ostendit necessitatem consequentiæ, ibi si enim cum inimici, etc..

Dicit ergo primo. Quæsitum est quare Christus pro impiis mortuus est; et ad hoc est responsio, quia per hoc Deus suam charitatem commendat in nobis, id est per hoc ostendit se nos maxime diligere, quoniam si cum adhuc peccatores essemus, Christus mortuus est pro nobis, et hoc secundum tempus, sicut supra expositum est.

Ipsa autem mors Christi pro nobis charitatem ostendit Dei, quia dedit filium suum, ut pro nobis satisfaciens moreretur. Io. III, 16: sic Deus dilexit mundum, ut filium suum unigenitum daret, etc.. Et ita sicut charitas Dei patris ad nos ostenditur per hoc quod spiritum suum dedit nobis, ut supra dictum est, ita et per hoc quod dedit filium suum, ut hic dicitur.

Sed in hoc quod dicit commendat, immensitatem quamdam divinæ charitatis assignat, quæ quidem ostenditur, tum ex ipso facto, quia scilicet dedit filium suum, ut moreretur pro nobis, tum ex parte nostræ conditionis, quia hoc non fecit provocatus nostris meritis, cum adhuc peccatores essemus.

Eph. II, 4 s.: Deus qui dives est in misericordia propter nimiam charitatem qua dilexit nos, cum essemus mortui peccatis, convivificavit nos Christo, etc..

Consequenter cum dixit multo ergo magis, etc., concludit propositum ex præmissis, dicens: si Christus pro nobis mortuus est, cum adhuc peccatores essemus, multo magis vivificati nunc in sanguine ipsius, sicut supra III, 25 habitum est, quem proposuit Deus propitiatorem per fidem, per sanguinem ipsius, salvi erimus ab ira, id est a vindicta damnationis æternæ, quam propter peccata homines incurrunt. Matth. III, 7: genimina viperarum, quis demonstravit, etc..

Deinde cum dicit si enim cum inimici, etc., ostendit necessitatem prædictæ consequentiæ, quæ procedit a minori ad maius affirmando.

Et est ibi observanda duplex comparatio minoris ad maius: una quidem ex parte nostra, alia ex parte Christi. Ex parte quidem nostra comparat inimicos reconciliatis. Minus enim videtur quod aliquis bene faciat inimicis, quam iam reconciliatis. Ex parte Christi comparat mortem vitæ. Potentior enim vita eius videtur quam mors, quia, ut dicitur II Cor. Cap. Ult.: mortuus est ex infirmitate, scilicet carnis nostræ, sed vivit ex virtute Dei.

Et ideo dicit: ratione conclusum est, quod multo magis vivificati salvi erimus per ipsum.

Si enim cum inimici essemus, reconciliati sumus Deo, et hoc per mortem filii eius: multo magis iam nos reconciliati, salvi erimus, et hoc in vita ipsius.

Est autem considerandum, quod homo dicitur inimicus Deo dupliciter. Uno modo, quia contra Deum inimicitiam exercet, dum eius mandatis renititur. Iob XV, 26: cucurrit adversus Deum erecto collo.

Alio modo per hoc quod Deus homines odio habet, non quidem secundum ipsum quod fecit, quia quantum ad hoc dicitur sap. XI, 25: dilexisti omnia, et nihil odisti eorum quæ fecisti, etc.; sed quantum ad hoc quod in homine inimicus homo, id est diabolus, fecit, id est quantum ad peccatum.

Sap. XIV, 9: similiter odio sunt Deo impius, etc.. Et Eccli. XII, 7: altissimus odio habet peccatores.

Subtracta inimicitiæ causa, scilicet peccato, per Christum, sequitur reconciliatio per ipsum. II Cor. V, 19: Deus erat in ipso mundum reconcilians sibi. Peccatum autem nostrum sublatum est per mortem filii eius.

Circa quod considerandum est quod mors Christi tripliciter considerari potest.

Uno modo secundum ipsam rationem mortis.

Et sic dicitur Sap. I, 13: Deus mortem non fecit in humana natura, sed est per peccatum inducta. Et ideo mors Christi, ex communi mortis ratione, non fuit sic Deo accepta, ut per ipsam reconciliaretur, quia Deus non lætatur in perditione vivorum, ut dicitur Sap. I, 13.

Ad Romanos

Alio modo potest mors Christi considerari secundum quod est in actione occidentium, quæ maxime Deo displicuit. Unde contra eos Petrus dicit Act. III, 14: vos sanctum et iustum negastis et petistis homicidam, etc..

Unde mors Christi sic considerata, non potuit esse reconciliationis causa, sed magis indignationis.

Tertio modo potest considerari secundum quod processit ex voluntate Christi patientis, quæ quidem voluntas informata fuit ad mortem sustinendam, cum ex obedientia ad patrem, Phil. II, 8: factus est obediens patri usque ad mortem, tum etiam ex charitate ad homines, Eph. V, 2: dilexit nos et tradidit se pro nobis. Et ex hoc mors Christi fuit meritoria et satisfactoria pro peccatis nostris, et intantum Deo accepta, quod sufficit ad reconciliationem omnium hominum, etiam occidentium Christum, ex quibus aliqui sunt salvati ipso orante, quando dixit Lc. XXIII, 34: ignosce illis quia nesciunt quid faciunt.

Deinde cum dicit non solum autem, etc., ostendit quæ bona iam in re consequimur per gratiam, dicens non solum autem gloriamur, in spe gloriæ quam in futuro expectamus, sed in Deo, id est in hoc quod sumus etiam nunc Deo coniuncti per fidem et charitatem, I Cor. I, 31, et II Cor. X, 17: qui gloriatur, in Domino, etc.. Et hoc quidem per Dominum nostrum Iesum Christum, per quem, etiam nunc in præsenti tempore, reconciliationem accepimus, ut de inimicis facti simus amici. Col. I, 20: per eum placuit reconciliari omnia, etc..

Posset autem et continuari cum eo quod dictum est: salvi erimus in vita ipsius a peccato et a poena, et non solum salvi erimus a malis, sed etiam gloriamur in Deo, id est per hoc quod erimus idem in futuro cum ipso. Io. XVII, 22: ut sint unum in nobis, sicut et nos unum sumus.

Lectio 3

Postquam apostolus ostendit quæ bona per gratiam Christi consecuti sumus, hic consequenter ostendit a quibus malis per eam liberemur.

Et circa hoc tria facit.

Primo enim ostendit quod per gratiam Christi liberati sumus a servitute peccati.

Secundo ostendit quod per gratiam eius sumus liberati a servitute legis; cap. VII, ibi an ignoratis, fratres, etc..

Tertio ostendit quod per gratiam Christi liberamur a damnatione; cap. VIII, ibi nihil nunc damnationis, etc..

Circa primum duo facit.

Primo ostendit quod per gratiam Christi liberamur ab originali peccato præterito; secundo ostendit quod ea tuti, regimur contra peccata futura, ibi quid ergo dicemus, etc..

Circa primum duo facit.

Primo agit de processu peccati; secundo, de processu gratiæ destruentis peccatum, ibi sed non sicut delictum, etc..

Circa primum duo facit.

Commentaria in Epistolis S. Pauli

Primo proponit processum peccati; secundo manifestat, ibi usque ad legem, etc..

Circa primum duo facit.

Primo proponit processum peccati; secundo ostendit eius universalitatem, ibi et ita in omnes, etc..

Circa primum duo facit.

Primo ostendit peccati originem; secundo, originem mortis, ibi et per peccatum mors, etc..

Dicit ergo primo quod per Christum reconciliationem accepimus.

Ita enim a Christo reconciliatio procedit in mundum, sicut per unum hominem, scilicet per Adam, peccatum intravit in hunc mundum. I Cor. XV, 22: sicut in Adam omnes moriuntur, ita et in Christo omnes vivificabuntur.

Est autem hic considerandum quod hæretici Pelagiani peccatum originale in parvulis esse negantes, hæc verba apostoli dicebant esse intelligenda de peccato actuali. Quod quidem secundum eos in hunc mundum intravit per Adam, in quantum omnes peccantes peccatum Adæ imitantur, secundum illud Osee VI, 7: ipsi autem sicut Adam transgressi sunt pactum, etc..

Sed, sicut dicit Augustinus contra eos, si de introitu peccati actualis, qui est per imitationem, hic apostolus loqueretur, non diceret peccatum per hominem in hunc mundum intrasse, sed magis per diabolum quem peccantes imitantur; secundum illud Sap. II, 24: invidia diaboli mors introivit, etc..

Est ergo intelligendum quod per Adam peccatum in hunc mundum intravit, non solum imitatione sed etiam propagatione, id est per carnis originem vitiatam, secundum illud Eph. II, 3: eramus natura filii iræ, et in Ps. L, 7: ecce enim in iniquitatibus conceptus sum, etc..

Sed videtur hoc esse impossibile, quod per originem carnis peccatum ab uno in alium traducatur.

Peccatum enim est in anima rationali, quæ non traducitur per originem carnis, tum quia intellectus non est alicuius corporis actus, et ita non potest per virtutem corporalis seminis causari, ut Philosophus dicit in libro de generatione animalium. Tum etiam quia cum anima rationalis sit quædam res subsistens, ut puta per se operationem habens et corpore corrupto non corrumpatur, consequens est, quod non generetur, corpore generato, sicut aliæ formæ, quæ non possunt per se subsistere, sed potius causatur a Deo. Consequens igitur videtur quod nec peccatum, quod est accidens animæ, possit per carnis originem traduci.

Ad hoc autem rationabiliter respondetur, quod licet in semine non sit anima, est tamen in semine virtus dispositiva corporis ad animæ receptionem, quæ cum corpori infunditur, etiam ei suo modo conformatur, eo quod omne receptum est in recipiente per modum recipientis. Et exinde videmus quod filii similantur parentibus, non solum in defectibus corporalibus, sicut leprosus generat leprosum et podagricus podagricum, sed etiam in defectibus animæ, sicut iracundus iracundum et amentes ex amentibus nascuntur.

Quamvis enim pes, qui est subiectum podagræ, non sit in semine, nec anima quæ est subiectum iræ vel amentiæ, est tamen in semine virtus formativa corporalium membrorum et dispositiva ad animam.

Sed adhuc remanet dubitatio, quia defectus, qui ex vitiata origine trahuntur, non habent rationem culpæ. Non enim merentur poenam, sed magis misericordiam, sicut Philosophus dicit de eo qui nascitur cæcus, vel quocumque alio modo aliter orbatus.

Et hoc ideo, quia de ratione culpæ est quod sit voluntaria et in potestate hominis cui culpa imputatur. Sic igitur si aliquis defectus in nos pervenit per originem primi parentis, non videtur in nobis habere rationem culpæ, sed poenæ.

Et ideo dicendum est, quod sicut peccatum actuale est peccatum personæ, quia per voluntatem personæ peccantis committitur, ita peccatum originale est peccatum naturæ, quod per voluntatem principii humanæ naturæ commissum est.

Est enim considerandum quod sicut diversa corporis membra partes sunt personæ unius hominis, ita omnes homines sunt partes et quasi quædam membra humanæ naturæ. Unde et Porphyrius dicit quod participatione speciei plures homines sunt unus homo.

Videmus autem quod actus peccati exercitus per aliquod membrum, puta per manum vel pedem, non habet rationem culpæ ex voluntate manus vel pedis, sed ex voluntate totius hominis, a qua sicut a quodam principio derivatur motus peccati ad singula membra.

Et similiter a voluntate Adæ, qui fuit principium humanæ naturæ, tota inordinatio naturæ habet culpæ rationem in omnibus, ad quos pervenit quantum ad hoc quod susceptivi sunt culpæ. Et sicut peccatum actuale, quod est peccatum personæ, trahitur ad singula membra per aliquem actum personalem, ita peccatum originale trahitur ad singulos homines per actum naturæ, qui est generatio. Et ita sicut per generationem humana natura trahitur, ita etiam per generationem traducitur defectus humanæ naturæ, qui est consecutus ex peccato primi parentis.

Est autem hic defectus carentia originalis iustitiæ, quæ erat primo homini divinitus collata, non solum ut erat persona quædam singularis, sed etiam ut erat principium humanæ naturæ, ut scilicet eam simul cum natura in posteros traduceret. Et ideo simili modo amissionem huius originalis iustitiæ per peccatum ad posteros transmittit, habentem in eis rationem culpæ, ratione iam dicta.

Et ideo dicitur quod in processu originalis peccati persona infecit naturam, scilicet Adam peccans

Commentaria in Epistolis S. Pauli

vitiavit humanam naturam, sed postmodum in aliis natura vitiata inficit personam, dum scilicet genito imputatur ad culpam naturæ vitium propter voluntatem primi parentis, ut dictum est.

Ex hoc autem patet quod licet primum peccatum primi parentis per originem traducatur in posteros, alia tamen eius peccata, vel etiam aliorum hominum, in filios non traducuntur, quia per solum primum peccatum sublatum est bonum naturæ, quod erat per originem naturæ traducendum. Per alia vero peccata subtrahitur bonum gratiæ personalis, quod non transit ad alios posteros.

Et inde etiam est quod quamvis peccatum Adæ deletum fuerit per suam poenitentiam, iuxta illud Sap. X, 2: eduxit illum a delicto suo, non tamen eius poenitentia delere potuit peccatum posterorum, quia eius poenitentia fuit per actum personalem, quia ultra eius personam non se extendebat.

Et propter hoc est unum tantum originale peccatum, quia solus defectus consequens primum peccatum originaliter derivatur ad posteros. Et ideo apostolus singulariter dicit per unum hominem peccatum in hunc mundum intravit, non autem dixit pluraliter peccata: quod fuisset dicendum si de actualibus loqueretur.

Dicitur autem quandoque pluraliter peccata originalia, sicut in Ps. L, 7: in peccatis concepit me mater mea, quia continet virtualiter multa peccata, inquantum ex corruptione fomitis inclinamur ad multa peccata.

Sed videtur quod peccatum originale non intraverit in hunc mundum per unum hominem, scilicet Adam, sed magis per unam mulierem, scilicet Evam, quæ primo peccavit, secundum illud Eccli. XXV, 33: a muliere factum est initium peccati, et per illam omnes morimur.

Ad hoc respondetur in Glossa dupliciter.

Uno modo, quia consuetudo Scripturæ est ut genealogiæ non per mulieres, sed per viros texantur, sicut patet Matth. I, 1 ss. Et lc. III, 23 ss.. Et ideo apostolus hic volens quasi genealogiam quamdam peccati ostendere, non fecit mentionem de muliere, sed solum de viro.

Alio modo, quia etiam mulier de viro sumpta est, et ideo quod est mulieris attribuitur viro.

Potest etiam alio modo dici, et melius, quod cum peccatum originale traducatur simul cum natura, sicut dictum est, sicut per virtutem activam viri, muliere materiam ministrante, natura traducitur, ita et peccatum originale. Unde si Adam non peccasset, Eva peccante, non per hoc fuisset peccatum traductum ad posteros.

Illa enim est causa quare Christus peccatum originale non traxit, quia ex sola foemina sine virili semine carnem accepit.

Per hoc verbum apostoli Augustinus respondet Iuliano hæretico in hunc modum quærenti: non peccat iste qui nascitur, non peccat iste qui genuit, non peccat ille qui condidit: per quas igitur rimas, inter tot præsidia innocentiæ peccatum fingis ingressum? sed Augustinus respondet: quid quæris latentem rimam, cum habeas apertissimam ianuam? nam secundum apostolum per unum hominem peccatum in hunc mundum intravit.

Consequenter tangit ingressum mortis in mundum, cum dicit et per peccatum mors, scilicet in hunc mundum intravit, secundum illud Sap. I: iniustitia mortis est acquisitio.

Videtur autem quod mors non sit ex peccato, sed magis ex natura, utpote proveniens ex necessitate materiæ. Est enim corpus humanum ex contrariis compositum. Unde est naturaliter corruptibile.

Dicendum est autem quod natura humana dupliciter potest considerari. Uno modo secundum principia intrinseca, et sic mors est ei naturalis. Unde Seneca dicit in libro de remediis fortuitorum, quod mors natura est hominis, non poena.

Alio modo potest considerari natura hominis secundum quod per divinam providentiam fuit ei per iustitiam originalem provisum.

Quæ quidem iustitia erat quædam rectitudo, ut mens hominis esset sub Deo, et inferiores vires essent sub mente, et corpus sub anima, et omnia exteriora sub homine: ita scilicet, quod quamdiu mens hominis Deo subderetur, vires inferiores subderentur rationi, et corpus animæ, indeficienter ab ea vitam recipiens, et exteriora homini, ut scilicet omnia servirent, et nullum ex eis nocumentum sentiret.

Hoc autem providentia divina disposuit propter dignitatem animæ rationalis, quæ cum naturaliter sit incorruptibilis, debebatur sibi incorruptibile corpus. Sed quia corpus quod est ex contrariis compositum, oportebat esse organum sensus, et tale corpus secundum naturam suam incorruptibile esse non potest, supplevit potentia divina quod deerat naturæ humanæ, dans animæ virtutem continendi corpus incorruptibiliter, sicut faber, si posset, daret ferro, ex quo cultellum fabricat, virtutem ut rubiginem nullam contraheret.

Sic ergo postquam mens hominis per peccatum est a Deo aversa, amisit virtutem continendi inferiores vires, et etiam corpus et exteriora, et sic incurrit mortem naturalem a causis intrinsecis, et violentam ab exterioribus nocumentis.

Deinde cum dicit et ita in omnes, etc., ostendit universalitatem huius processus et quantum ad mortem et quantum ad peccatum, ordine tamen retrogrado. Nam supra prius egit de ingressu peccati, qui est causa ingressus mortis, nunc autem prius agit de universalitate mortis, tamquam de manifestiori; et hoc est quod dicit: et ita mors, scilicet, vel peccatum primi parentis, pertransiit in omnes, quia scilicet per originem vitiatam contrahunt homines necessitatem moriendi. II Reg. XIV, 14: omnes morimur. Ps. LXXXVII, 49: quis est

Commentaria in Epistolis S. Pauli

homo qui vivit, etc..

Deinde tangit universalitatem processus peccati, cum dicit in quo omnes peccaverunt, quod, sicut Augustinus dicit in Glossa, potest dupliciter intelligi.

Uno modo in quo, scilicet primo homine, vel in quo, scilicet peccato: quia scilicet eo peccante quodammodo omnes peccaverunt, inquantum in eo erant sicut in prima sua origine.

Sed cum Christus etiam originem ex Adam traxerit, ut patet Lc. III, 23 ss., videtur quod etiam ipse, eo peccante, peccaverit.

Ad hoc respondet Augustinus super Genesim ad litteram, quod Christus non omnimodo fuit in Adam, quo nos fuimus: nos enim fuimus et secundum corpulentam substantiam, et secundum seminalem rationem. Christus autem fuit in eo solum secundum corpulentam substantiam.

Quod quidam male intelligentes, putaverunt quod tota substantia corporum humanorum, quæ pertinet ad veritatem humanæ naturæ, fuerit actu in Adam, et per quamdam multiplicationem divina virtute factam, id est, quod sumptum est ab Adam, est in tanta corporum quantitate ampliatum.

Sed hoc est inconveniens opera naturæ miraculo attribuere, præsertim quia videmus quod corpus humanum quantumcumque sit de veritate humanæ naturæ, corrumpitur et accipit aliam formam.

Unde quia omne generabile est corruptibile, et e converso, oportet dicere quod materia quæ ante generationem hominis sub alia forma quam humana fuit, formam humanæ carnis assumpserit, et sic non totum quod est in corporibus nostris ad veritatem naturæ pertinens fuit actu in eodem, sed solum secundum originem, prout scilicet effectus est in principio activo.

Secundum hoc ergo intelligendum est quod cum in nostra generatione sit et materia corporalis quam foemina ministrat, et vis activa quæ est in semine maris; utrumque per originem ducitur ab Adam, sicut a primo principio.

Et ideo dicitur in eo fuisse et secundum rationem seminalem, et secundum corpulentam substantiam: quia scilicet utrumque ab eo processit. In generatione autem Christi fuit corpulenta substantia quam traxit de virgine: loco autem rationis seminalis fuit virtus activa spiritus sancti, quæ non derivatur ab Adam, et ideo non fuit in Adam secundum seminalem rationem, sed tantum secundum substantiam corpulentam.

Sic igitur nos accipimus peccatum ab Adam et trahimus: atque naturam humanam ab eo accipimus; sicut a principio activo, quod est esse in eo secundum seminalem rationem, quod quidem non competit Christo, ut dictum est.

Videtur ulterius quod peccatum originale non transeat in omnes, quia baptizati a peccato originali purgantur per baptismum: et ita videtur quod

Ad Romanos

non possint in posteros peccatum transmittere quod non habent.

Dicendum est autem quod per baptismum homo liberatur a peccato originali quantum ad mentem, sed remanet peccati infectio quantum ad carnem; unde, infra VII, 25 dicit apostolus: ego ipse mente servio legi Dei, carne autem legi peccati. Homo autem non generat mente carnales filios, sed carne: et ideo non transmittit novitatem Christi, sed vetustatem Adæ.

Lectio 4

Postquam apostolus ostendit originem peccati et mortis, sive ingressum utriusque in mundum, hic manifestat quod dixerat.

Et primo manifestat ipsum dictum; secundo manifestat similitudinem quam innuebat dicens, ibi propterea sicut, etc.; tertio exponit similitudinem, ibi qui est forma futuri, etc..

Dixerat autem quod peccatum et mors in omnes transierunt, et hoc quidem, secundum expositionem Augustini, manifestare intendit per hoc quod etiam sub lege peccatum remansit, quasi lege illud excludere non valente.

Circa quod duo facit.

Primo manifestat propositum quantum ad peccatum; secundo, quantum ad mortem, ibi sed regnavit, etc..

Circa primum duo facit.

Primo ostendit peccatum fuisse etiam sub lege; secundo quid circa peccatum lex facit, ibi peccatum autem, etc..

Dicit ergo primo: dictum est quod omnes peccaverunt in Adam, quia nec etiam lex peccatum abstulit. Usque ad legem, id est etiam sub lege, ut ly usque teneatur inclusive, peccatum erat in mundo, quod quidem potest intelligi de lege naturæ et de lege Moysi: similiter et de peccato actuali et de peccato originali.

Peccatum enim originale erat in parvulo usque ad legem naturæ, id est usque ad usum rationis per quem homo huiusmodi leges advertit.

Ps. L, 6: in peccatis concepit me mater mea. Nec tamen cessat hoc peccatum lege naturali adveniente in homine, sed magis excrescit per additionem peccati actualis, quia, ut dicitur Eccle. VII, 21: non est homo iustus in terra qui faciat bonum, etc..

Sed si intelligamus de lege Moysi, tunc quod dicitur peccatum fuisse in mundo usque ad legem, potest intelligi non solum de originali, sed etiam de actuali; quia et ante legem et sub lege peccatum utrumque permansit, Prov. XX, 9: quis potest dicere: mundum est cor meum? quamvis autem lex peccatum non auferret, peccati tamen cognitionem fecit, quod antea non cognoscebatur.

Unde subdit peccatum autem non imputabatur.

Quod quidem planum est, si intelligatur de lege naturali. Quamvis enim peccatum originale sit in parvulo ante legem naturalem, et reputetur ei

113

Commentaria in Epistolis S. Pauli

a Deo, non tamen imputatur ei apud homines.

Si autem intelligatur de lege Moysi, planum est quantum ad aliqua peccata actualia, quod non imputabantur ante legem, sicut illa quæ specialiter sunt per legem prohibita, quæ homines peccata non reputabant, sicut quod dicitur Exod. XX, 17: non concupisces, etc.. Imputabantur tamen quædam peccata prout erant contra legem naturæ. Unde et Gen. XXXIX, 11 s. Joseph legitur in carcerem missus propter adulterium sibi impositum.

Consequenter agit de morte, dicens: quamvis peccata ante legem non imputarentur, tamen mors, scilicet spiritualiter, id est peccatum vel æterna damnatio, de qua dicitur in Ps. XXXIII, 21: mors peccatorum pessima, regnavit, id est potestatem suam exercuit in homines, ducendo eos in damnationem, ab Adam, per quem peccatum intravit in mundum, usque ad Moysen, sub quo data est lex, Io. I, 17: lex per Moysen data est.

Non solum in eos qui peccaverunt actualiter, sed etiam in eos qui non peccaverunt in similitudinem prævaricationis Adæ, qui actualiter peccavit. Os. VI, 7: ipsi autem sicut Adam transgressi sunt pactum, ibi prævaricati sunt in me, quia etiam pueri damnationem incurrebant.

Potest etiam et sub hoc sensu intelligi de morte corporali, per quam manifestatur peccatum fuisse etiam cum non imputabatur, quasi dicat peccatum autem non imputabatur, ante legem, sed ex hoc deprehenditur fuisse quia regnavit mors, scilicet corporalis, primo quidem aliquas passiones inducendo, puta famem, et sitim et ægritudinem, et tandem totaliter dissolvendo, etiam in eos, qui non peccaverunt in similitudinem prævaricationis Adæ, id est in pueros, qui non peccaverunt actualiter: quoniam etiam isti mortem corporalem antea et postea patiuntur, secundum illud Ps. LXXXVII, 47: quis est homo qui, etc..

Ambrosius autem aliter ista verba exposuit, scilicet de peccato actuali tantum et de lege Moysi. Et secundum eum inducuntur hæc verba ad manifestandum, quod per primum parentem peccatum in hunc mundum intravit et in omnes transivit.

Usque enim ad legem, id est, ante legem Moysi, peccatum erat in mundo, scilicet peccatum actuale. Homines enim multipliciter peccabant contra legem naturæ. Unde dicitur Gen. XIII, 13: homines Sodomitæ pessimi erant. Peccatum autem non imputabatur cum lex non esset, quod est intelligendum, non quin imputaretur quasi puniendum apud homines, cum quidam legantur ante legem puniti ab hominibus pro peccatis, ut patet Gen. XXXIX et XL, sed non imputabatur quasi a Deo puniendum. Tunc enim non credebant homines quod Deus humana facta vel puniret vel præmiaret, secundum illud Iob XXII, 14: circa cardines cæli perambulat, nec nostra considerat. Sed postea lege divinitus data innotuit quod peccata imputantur a Deo ad poenam, et non solum ab hominibus.

Et ideo quia homines non credebant se puniendos a Deo pro peccatis, libere et absque fræno peccabant ubi humanum iudicium non timebant. Et ideo subdit: sed mors, id est peccatum, regnavit, id est, omnimodam suam potestatem exercuit, ab Adam usque ad Moysen, exclusive. Nam per Moysen data est lex, quæ incepit regnum peccati diminuere, incutiens timorem divini iudicii, secundum illud Deut. V, 29: quis det eos talem habere mentem, ut timeant me, et custodiant universa mandata mea? regnavit, inquam, peccatum usque ad Moysen, non tamen in omnes, sed in eos qui peccaverunt in similitudinem prævaricationis Adæ.

Dicit enim Ambrosius in libris antiquis non inveniri hanc negationem non, unde credit a corruptoribus appositam. Adam quippe magis credidit promissioni diaboli quam comminationi divinæ, ut patet Gen. III, et ita quodammodo diabolum prætulit Deo. Sic igitur in similitudinem prævaricationis Adæ prævaricantur idololatræ, qui, relicto Dei cultu, diabolum colunt. In tales ergo mors, id est peccatum, totaliter regnavit, quia eos omnino possedit. Fuerunt autem ante legem Moysi veri Dei cultores, qui et si peccarent, non tamen peccatum in eis regnabat, quia non totaliter eos a Deo separabat: sed peccabant sub Deo, id est, sub fide unius Dei, etiam si peccarent mortaliter: vel sub charitate Dei, cum peccabant venialiter.

Ex utraque harum expositionum potest conflari tertia, quæ magis videtur ad intentionem apostoli pertinere.

Dixerat enim quod per unum hominem peccatum in hunc mundum intravit, et quia peccatum est transgressio legis divinæ, posset alicui videri, quod hoc non esset verum quantum ad tempus ante legem, præsertim cum supra IV, 15 dixerit: ubi non est lex, nec prævaricatio. Et ideo posset aliquis credere, quod non per unum hominem peccatum in mundum intravit, sed magis per legem.

Et ideo ad hoc excludendum dicit, quod usque ad legem, id est, tempus ante legem, peccatum erat in mundo, et originale et actuale, non tamen erat peccatum cognitum; præsertim quasi a Deo puniendum. Et hoc est quod subdit peccatum autem non imputabatur, scilicet quasi contra Deum existens, cum lex, scilicet divinitus data, non esset.

Fuerunt enim aliqui, ut dicit Philosophus in V ethicorum, qui crediderunt quod nihil est iustum naturaliter, et per consequens nec iniustum, sed per solam positionem legis humanæ. Et secundum hoc non imputabatur aliquod peccatum, quasi contra Deum existens, et præcipue peccatum originale, id est non cognoscebatur.

Sed quod ista reputatio hominum esset falsa, ostenditur per effectum, quia mors corporalis regnavit ab Adam, per quem intravit originale peccatum in mundum usque ad Moysen, sub quo data fuit lex; et ita cum mors sit effectus peccati præcipue originalis,

Commentaria in Epistolis S. Pauli

manifestum est quod ante legem fuit peccatum originale in mundo.

Et ne aliquis dicat quod moriebantur propter peccata actualia, ad hoc excludendum dicit quod regnavit etiam in eos qui non peccaverunt proprio actu, scilicet pueros, et etiam in iustos qui non peccaverunt mortaliter, qui tamen peccaverunt in primo homine, ut supra dictum est. Et ideo subdit in similitudinem prævaricationis Adæ, inquantum similitudinem illius peccati traxerunt per originem simul cum similitudine naturæ; quasi dicat, quod moriebantur absque proprio peccato, demonstrat quod in eis erat diffusa similitudo peccati Adæ per originem. Et hoc est quod apostolus manifestare intendit, scilicet, quod per Adam peccatum originale in mundum intravit.

Deinde, cum dicit qui est forma futuri, etc., exponit similitudinem, quæ intelligebatur in adverbio sicut. Unde dicit qui, scilicet Adam, est forma, id est, figura quædam, futuri, id est Christi, tamen per contrarium.

Nam sicut per Adam peccatum et mors in mundum intravit, ita per Christum intravit iustitia et vita. I Cor. XV, 47: primus homo de terra terrenus: secundus de cælo cælestis.

Sunt autem et aliæ similitudines inter Christum et Adam, quod scilicet sicut corpus Adæ formatum fuit sine coitu, ita et corpus Christi de virgine. Et sicut de latere Adæ dormientis sumpta est mulier, ita ex latere Christi dormientis in cruce fluxit sanguis et aqua, ut dicitur Io. XIX, 34, quæ significant sacramenta quibus est formata ecclesia.

Lectio 5

Postquam apostolus posuit ingressum peccati in hunc mundum, hic agit de progressu gratiæ abolentis peccatum.

Et circa hoc duo facit.

Primo ostendit quomodo per Christi gratiam remotum est peccatum, quod per unum hominem in mundum intravit; secundo ostendit quomodo per gratiam Christi peccatum est remotum, quod lege adveniente superabundaverat, ibi lex autem subintravit, etc..

Ostendit autem quod per gratiam Christi removetur peccatum per Adam introductum in mundum, comparando gratiam Christi peccato Adæ, quia scilicet plus potest gratia Christi in bono, quam peccatum Adæ in malo.

Et circa hoc duo facit.

Primo comparat ipsas causas, scilicet gratiam Christi peccato Adæ: secundo ponit comparationem earum quantum ad effectus, ibi et non sicut per unum, etc..

Circa primum duo facit.

Primo proponit comparationem; secundo, manifestat eam, ibi si enim unius, etc..

Dicit ergo primo. Dictum est quod Adam est forma futuri, sed non sicut delictum, etc., quasi dicat: non est æstimandum quod tantæ efficaciæ sit delictum Adæ, quantæ est efficaciæ

Ad Romanos

donum Christi.

Cuius ratio est ista: quia peccatum procedit ex infirmitate voluntatis humanæ, gratia autem procedit ex immensitate bonitatis divinæ, quam manifestum est voluntati humanæ, præsertim infirmæ, præferri. Et ideo virtus gratiæ excedit omne peccatum. Et idcirco dicebat David: miserere mei, Deus, secundum magnam misericordiam tuam.

Et propter hoc iuste reprobatur verbum Cain, Gen. IV, 13: dicentis: maior est iniquitas mea, quam ut veniam merear.

Deinde cum dicit si enim unius, etc., manifestat quod dixerat, scilicet quod donum gratiæ excedit delictum Adæ, dicens si enim delicto unius, scilicet Adæ, multi mortui sunt, id est, si ex delicto Adæ peccatum et mors transivit in multos alios, quia in omnes qui in eo peccaverunt, multo magis gratia Dei et donum, id est, gratuitum Dei donum, ut ly et expositive teneatur. Vel gratia Dei refertur ad remissionem peccati.

Supra eodem: iustificati gratis per gratiam ipsius, etc.. Donum autem refertur ad bona superaddita ultra remissionem peccatorum, ut dicit Ps. LXVII, 19, secundum aliam litteram, dedit Dominus dona hominibus.

Multo magis, inquam, huiusmodi gratia et dona, abundavit in plures, idest in multos.

Quanto enim aliquid est potentius, tanto magis se potest ad multa extendere. Peccatum autem Adæ ad multos se extendit, quod probatur per mortem. Unde signanter dicit quod unius delicto multi mortui sunt. Mors enim argumentum est peccati originalis, ut supra dictum est. Adæ dixit Deus: quacumque die comederis, etc.. Gratia Dei quæ est fortior, multo amplius ad multos extenditur. Hebr. II, 10: qui multos filios in gloriam adduxit.

Notandum est autem quod dicit abundavit, quia non solum gratia Dei processit in multos ad deletionem peccati per Adam inducti, sed etiam ad peccata actualia delenda, et multa alia bona consequenda.

II Cor. IX, 8: potens est autem Deus omnem gratiam abundare facere in vobis.

Sicut enim peccatum ex uno homine abundavit in multos ex prima suggestione diaboli, ita et gratia Dei per unum hominem processit ad multos. Unde signanter addit in gratia, id est, per gratiam unius hominis Iesu Christi. Sic enim a Deo gratia in multos effunditur, ut eam per Christum accipiant, in quo omnis plenitudo gratiarum invenitur, secundum illud Io. I, 16: de plenitudine eius omnes accepimus, gratiam pro gratia.

Sic autem legenda est littera secundum expositionem Augustini, ut hoc quod dicitur plures, non accipiatur comparative, sed absolute: et ita vult quod attendatur comparatio quantum ad hoc, quod si delictum unius Adæ processit in multos, multo magis gratia unius Christi in multos.

Commentaria in Epistolis S. Pauli

Sed secundum Ambrosium ly plures accipitur comparative, ut sit sensus, quod delicto, id est peccato actuali, unius, scilicet Adæ, multi, non omnes, mortui sunt, scilicet morte peccati, imitando scilicet peccatum ipsius Adæ per idololatriam, ut supra expositum est. Sap. XIII, 10 dicitur de idololatris: infelices autem sunt, et inter mortuos spes eorum. Et multo magis gratia Dei abundavit in plures, scilicet quam in idololatris qui peccaverunt in similitudinem Adæ, quia non solum eorum peccata tolluntur per gratiam Christi, sed etiam peccata eorum qui in fide unius Dei permanserunt. Mich. Cap. Ult.: deponet iniquitates nostras, et proiiciet omnia peccata nostra.

Deinde, cum dicit et non sicut, etc., comparat Christi gratiam peccato Adæ, quantum ad effectum, quia non solum utrumque in multos redundat, sed etiam maiorem effectum habet gratia Christi quam peccatum Adæ.

Et circa hoc tria facit.

Primo proponit quod intendit; secundo manifestat propositum, ibi nam iudicium etc.; tertio probat, ibi si enim unius, etc..

Dicit ergo primo. Non solum dictum est, scilicet quod Christi gratia magis abundat in multos, quam peccatum Adæ, sed etiam in eis maiorem effectum facit. Et hoc est quod dicit et non sicut per unum peccatum, ita et donum, quasi dicat: non tantus effectus sequitur per unum peccatum Adæ in multis, quantus consequitur in multis per donum gratiæ Christi. Potentioris enim causæ potentior est effectus. Unde cum dictum sit gratiam esse potentiorem quam peccatum Adæ, consequens est quod maiorem effectum efficiat.

Deinde cum dicit nam iudicium, etc., manifestat quod dixerat, dicens: nam iudicium, id est divina punitio, procedit quidem ex uno, scilicet peccato primi parentis, in condemnationem, scilicet omnium hominum, quia in illo peccante peccaverunt, secundum illud quod supra dictum est, quod mors in omnes pertransiit, in quo omnes peccaverunt. Gratia autem Dei, quæ datur per Christum, procedit ex multis delictis, id est, non solum ex illo uno originali sed etiam ex multis actualibus, in iustificationem, id est, perfectam emundationem. I Cor. VI, 11: et hæc quidem fuistis aliquando, sed abluti estis, sed sanctificati estis, sed iustificati estis.

Deinde, cum dicit si enim unius, etc., probat quod dixerat, scilicet quod gratia Christi procedit ex multis delictis in iustificationem.

Et primo quidem hoc probat ex posteriori; secundo ex priori, ibi: sicut enim etc..

Circa primum considerandum est quod apostolus in præmissa comparatione non ponit sibi respondentia, scilicet res eiusdem generis. Nam ex parte peccati ponit condemnationem, quæ pertinet ad poenam, ex parte autem gratiæ ponit iustificationem, quæ non pertinet ad præmium, sed magis ad statum meriti.

Sic igitur apostolus intendit, per hoc

quod dicit quod peccatum inducit condemnationem, ostendere quod gratia inducat iustificationem.

Et utitur tali ratione: sicut condemnatio mortis procedit ex peccato primi parentis, ita regnum vitæ procedit ex gratia Christi.

Hæc enim duo uniformiter sibi correspondent, sed ad regnum vitæ nullus potest pervenire, nisi per iustitiam, ergo per gratiam Christi homines iustificantur.

Primo ergo ponit præmissas; secundo infert conclusionem intentam, ibi igitur sicut per unius, etc..

Primam autem propositionem proponit dicens si enim ex delicto unius hominis mors regnavit per unum hominem, quia, sicut supra eodem dictum est, per unum hominem peccatum intravit et per peccatum mors, multo magis, homines, regnabunt in vita, scilicet æterna, per unum Iesum Christum, qui dicit Io. X, 10: ego veni ut vitam habeant, et abundantius habeant, participando scilicet æternitatem vitæ, quæ quidem abundantia hic per regnum designatur.

Unde dicitur Apoc. XX, 4, quod regnabunt cum Christo annis mille, id est, æterno tempore.

Minorem autem designat, interponendo abundantiam gratiæ Christi et donationis, et iustitiæ accipientes, quasi diceret: ad regnum vitæ homines pervenire non possunt, nisi hoc accipiendo. Ita quod gratia Christi referatur ad dimissionem peccati, quam nulla merita præcedere possunt, et ideo omnino gratiæ deputatur; si enim ex operibus, iam non ex gratia, ut dicitur infra XI, 6.

Quod autem dicitur donationis, referendum est ad dona gratiarum, quibus homines promoventur in bona. Esther II, 18: largitus est dona iuxta magnificentiam principalem, etc..

Quod autem dicitur iustitiæ, referendum est ad rectitudinem operum. I Cor. I, 30: qui factus est nobis a Deo iustitia.

Deinde cum dicit igitur sicut, etc., infert conclusionem intentam, quæ idem continet cum eo quod supra præmissum est, videlicet quod sicut per unius delictum Adæ divinum iudicium processit in omnes homines qui carnaliter ex eo nascuntur in condemnationem mortis, sic et per unius scilicet iustitiam Christi, divina gratia processit in omnes homines, in iustificationem vitæ, id est, quæ ducit ad vitam.

Sed videtur hoc esse falsum. Non enim omnes homines iustificantur per Christum, sicut omnes homines moriuntur per Adam.

Sed dicendum quod intelligendum est quod, sicut omnes homines qui nascuntur carnaliter ex Adam, incurrunt condemnationem per eius peccatum, ita omnes qui renascuntur spiritualiter per Christum, adipiscuntur iustificationem vitæ, quia, ut dicitur Io. III, 5, nisi quis renatus fuerit denuo ex aqua et spiritu sancto, non potest introire in regnum Dei, etc..

Commentaria in Epistolis S. Pauli

Quamvis possit dici quod iustificatio Christi transit in iustificationem omnium hominum, quantum ad sufficientiam, licet quantum ad efficientiam procedat in solos fideles.

Unde dicitur I Tim. IV, 10: qui est salvator omnium hominum, maxime autem fidelium.

Ex hoc autem quod hic dicitur, accipere debemus, quod sicut nullus moritur, nisi per peccatum Adæ, ita nullus iustificatur, nisi per iustitiam Christi, quæ quidem est per fidem ipsius, secundum illud quod supra III, 22 dictum est: iustitia Dei per fidem Iesu Christi in omnes, qui credunt in eum.

In eum autem crediderunt homines, non solum qui sunt post eius incarnationem, sed etiam qui eius incarnationem præcesserunt.

Sicut enim nos credimus eum natum et passum, ita ipsi crediderunt nasciturum et passurum.

Unde eadem est fides nostra et eorum.

II Cor. IV, 13: habentes eumdem fidei spiritum, etc..

Sic igitur probatum est quod gratia Christi procedat ad multorum iustificationem ex posteriori, scilicet ex regno vitæ.

Consequenter cum dicit sicut enim, etc., probat idem ex priori.

Causæ enim similes sunt suis effectibus.

Inobedientia autem primi parentis, quæ habet rationem iniustitiæ, constituit peccatores et iniustos. Igitur obedientia Christi quæ habet rationem iustitiæ, constituit iustos.

Et hoc est quod supra dictum est, quod gratia procedit in omnes homines in iustificationem.

Sed videtur esse dubium quod dicitur, quod per inobedientiam unius hominis peccatores constituti sunt multi, id est omnes qui ab eo nascuntur secundum rationem seminalem. Primum enim eius peccatum videtur fuisse superbia, magis quam inoboedientia, secundum illud Eccli. X, 15: initium omnis peccati superbia.

Sed dicendum est quod, sicut ibidem dicitur initium superbiæ facit homines apostatare a Deo, quia scilicet prima pars superbiæ consistit in hoc quod homo non vult subiici præceptis divinis, quod ad inobedientiam pertinet. Unde primum hominis peccatum fuisse videtur inobedientia, non secundum actum exteriorem, sed secundum interiorem motum superbiæ, quo voluit divino præcepto contraire. Unde eius inobedientiam Dominus arguit Gen. III, 17: quia audisti vocem uxoris tuæ, et comedisti de ligno de quo præceperam tibi ne comederes, etc.. Obedientia autem Christi hic dicitur secundum quam, præcepto patris obediens, mortem sustinuit pro salute nostra, secundum illud Phil. II, 8: factus est obediens usque ad mortem, etc..

Nec est contrarium quod alibi dicitur, Christus ex charitate mortuus est, ut patet Eph. V, 2; quia hoc ipsum quod obedivit, processit ex dilectione quam

Ad Romanos

habuit ad patrem et ad nos.

Et est attendendum quod per obedientiam et inobedientiam probat nos per unum peccatores effici, et per unum iustificari: quia iustitia legalis, quæ est omnis virtus, attenditur in observatione præceptorum legis, quod pertinet ad rationem obedientiæ.

Iniustitia autem legalis, quæ est omnis malitia ut dicitur V ethicorum, attenditur in transgressione mandatorum legis, quæ pertinet ad rationem inoboedientiæ.

Sic ergo convenienter dicitur quod per obedientiam constituuntur homines iusti, et per inobedientiam peccatores.

Lectio 6

Postquam apostolus ostendit quod per donum gratiæ subtrahitur peccatum, quod per Adam in hunc mundum intraverat, hic ostendit quod per gratiam Christi tollitur peccatum, quod lege superveniente abundaverat.

Circa hoc duo facit.

Primo ponit abundantiam peccati, quæ fuit per legem; secundo, absolutionem peccati, quæ est per gratiam Christi, ibi ubi abundavit, etc..

Dicit ergo primo. Dictum est quod per obedientiam unius hominis iusti constituuntur multi, non autem lex hoc facere potuit, sed potius lex subintravit, ut superabundaret delictum.

Circa quod apostoli dictum, duplex occurrit dubitatio.

Primo quidem de hoc quod dicit legem subintrasse, id est latenter intrasse post culpam originalem et actualem, vel post naturalem legem, ut Glossa dicit. Non enim lex occulte intravit sed manifeste data fuit, secundum illud Io. XVIII, 20: non in abscondito locutus sum.

Dicendum est ergo quod licet ipsa legislatio fuerit data in manifesto, tamen mysteria legis erant in occulto, et præcipue quoad intentionem Dei circa legem ferendam, quæ peccatum ostenderet, non sanaret, secundum illud infra XI, 34: quis cognovit sensum Domini, etc..

Potest etiam dici quod lex subintravit, id est quasi media intravit, inter peccatum hominis et donum gratiæ Christi, quorum utrumque supra dixerat per unum ad plures transisse.

Secunda autem dubitatio est de hoc quod dicit legem subintrasse ut abundaret delictum.

Sic enim videtur quod abundantia delicti sit finis legis, et ita sequitur quod lex sit mala, quia cuius finis malus est, ipsum quoque malum est; et hoc est contra illud I Tim. I, 8: scimus quidem quod lex bona est, etc..

Ad hoc autem respondetur in Glossa tripliciter.

Primo quidem ut dicamus quod ly ut, non ponitur causaliter, sed consecutive. Non enim ad hoc fuit data lex ut peccatum abundaret, quin potius lex, quantum in se fuit, peccatum prohibuit, secundum illud Ps. CXVIII, 11; in corde meo abscondi

121

Commentaria in Epistolis S. Pauli

eloquia tua, ut non peccem tibi. Sed, lege data, consecuta est abundantia delictorum dupliciter.

Uno quidem modo, quantum ad peccatorum multitudinem. Lex enim licet peccatum demonstraret, peccati tamen concupiscentiam non auferebat. Cum autem alicui prohibetur id quod concupiscit, vehementius in concupiscentiam illius exardescit, et sicut fluvius apposito obice fortius fluit et obicem frangit.

Cuius ratio potest esse triplex.

Una quidem, quia illud quod subiacet hominis potestati, non reputat aliquis pro magno, sed illud quod est extra hominis potestatem, apprehenditur ab homine quasi magnum.

Prohibitio autem eius quod concupiscitur ponit illud quod prohibetur quasi extra hominis potestatem, et ideo concupiscentia magis exardescit in rem concupitam dum prohibetur.

Secunda ratio est quia interiores affectiones quando interius retinentur, ita quod exterius non deriventur, ex hoc ipso magis interius incenduntur; sicut patet in dolore et ira, quæ dum interius clausa tenentur, magis augentur; si autem exterius quoquo modo procedant eorum virtus diminuitur. Prohibitio autem propter timorem pœnæ cogit hominem ut concupiscentiam suam ad exteriora non perducat et ideo ipsa concupiscentia, interius retenta, magis inflammatur.

Tertia ratio est, quia illud quod non est nobis prohibitum, apprehendimus quasi possibile fieri quandocumque nobis placuerit: et ideo multoties, opportunitate existente, illud vitamus; sed quando aliquid est prohibitum, apprehenditur a nobis, ut non semper a nobis haberi possit: et ideo quando opportunitas datur sine timore pœnæ illud consequendi, promptiores ad hoc sumus.

Et inde est quod, data lege, quæ concupiscentiæ usum prohibebat, et tamen ipsam concupiscentiam non mitigabat, concupiscentia ipsa magis ferventer homines ad peccata ducebat. Unde dicitur Ez. V, 5 s.: ista est Ierusalem, in medio gentium posui eam, et in circuitu eius terras, et contempsit iudicia mea, ut plus esset impia, quam gentes.

Sed secundum hoc videtur quod omnis lex humana, quæ gratiam non confert diminuentem concupiscentiam, faciat abundare peccata: quod est contra intentiones legislatorum, quia ad hoc tendunt, ut cives faciant bonos, ut patet per Philosophum, II ethicorum.

Sed dicendum, quod alia est intentio legis humanæ, et alia legis divinæ. Lex enim humana refertur ad humanum iudicium, quod est de exterioribus actibus; sed lex divina refertur ad divinum iudicium, quod est de interioribus motibus cordis, secundum illud I Reg. XVI, 7: homo videt ea quæ patent, sed Deus intuetur Cor. Sic igitur lex humana suam intentionem consequitur, dum per prohibitionem et pœnæ comminationem impedit ne multiplicentur exteriores actus peccati, licet concupiscentia interior magis

Ad Romanos

augeatur: sed quantum ad legem divinam etiam interiores concupiscentiæ malæ imputantur ad peccatum, quæ abundant lege prohibente, et non auferente concupiscentiam.

Sciendum tamen, quod, sicut Philosophus dicit in X Ethic., prohibitio legis, licet illos qui sunt male dispositi cohibeat ab exterioribus peccatis solo poenæ timore; quosdam tamen bene dispositos inducit per amorem virtutis. Sed ista bona dispositio quantum ad aliquid potest esse a natura, sed eius perfectio non est nisi per gratiam; ex qua contingit, quod etiam lege veteri data, non in omnibus peccatum abundat, sed in pluribus. Quidam vero, lege prohibente et gratia ulterius adiuvante, ad perfectionem virtutum tandem pervenerunt, secundum illud Eccli. XLIV, 1: laudemus viros gloriosos, etc., et infra: homines magnos virtute.

Secundo superabundavit delictum lege superveniente quantum ad gravitatem reatus. Gravius enim fuit peccatum ubi accessit prævaricatio, non tantum legis naturæ, sed etiam legis scriptæ. Unde supra IV, 15 dictum est quod ubi non est lex, nec prævaricatio.

Secundo, autem potest responderi ut dicitur, quod ly ut teneatur causaliter, ita tamen quod loquatur apostolus de abundantia delicti secundum quod est in nostra cognitione, ut sit sensus: lex subintravit ut abundaret delictum, id est ut abundantius delictum cognosceretur, secundum modum loquendi quo dicitur aliquid fieri cum innotescit. Unde supra dictum est, quod per legem est cognitio peccati.

Tertio modo potest exponi ita quod ly ut teneatur causaliter, ita tamen quod abundantia delicti non intelligatur finis legis subintrantis, sed id quod ex abundantia delicti sequitur, scilicet humiliatio hominis.

Lege enim subintrante abundavit delictum, ut dictum est in prima expositione. Ex qua quidem delicti abundantia consecutum est, quod homo infirmitatem suam recognoscens humilietur. Dicebat enim homo superbus, de viribus suis præsumens: non deest qui impleat, sed deest qui iubeat, secundum illud Ex. XXIV, 7: omnia quæ locutus est Dominus, facimus, et ei obediemus. Sed quando, lege data, consecuta est multitudo delictorum, homo suam infirmitatem cognovit ad observantiam legis, secundum illud Sap. IX, 5: infirmus homo et exigui temporis, etc..

Intentio ergo Dei legem dantis non terminatur ad abundantiam peccatorum, sed ad humilitatem hominis, propter quam permisit abundare delicta. Sic ergo quia hoc erat occultum, signanter quantum ad hoc dicit quod lex subintravit.

Quia vero hic agitur de lege et fine legis, duo consideranda occurrunt. Primo quidem quot modis lex dicatur; secundo, quis sit finis legis.

Circa primum sciendum est, quod lex, uno modo, dicitur tota Scriptura veteris testamenti, secundum illud Io. XV, 25: ut impleatur sermo eorum, qui in lege eorum scriptus est, quia odio

123

Commentaria in Epistolis S. Pauli

habuerunt me gratis, cum tamen hoc scriptum sit in Psalmo.

Quandoque vero dicitur lex Scriptura quinque librorum Moysis, secundum illud Deut. XXXIII, 4: legem præcepit nobis Moyses.

Tertio dicitur Decalogus præceptorum, secundum illud exodi XXIV, 12: dabo tibi duas tabulas lapideas, et legem ac mandata quæ scripsi ut doceas. Quarto dicitur lex tota continentia ceremonialium, secundum illud Hebr. X, 1: umbram habens lex futurorum bonorum. Quinto dicitur lex aliquod speciale præceptum ceremoniale, secundum illud Lev. VII, 11: hæc est lex hostiæ pacificorum.

Sumitur autem hic lex communiter ab apostolo, quantum ad totam doctrinam legis Moysi, id est, quantum ad moralia et cæremonialia præcepta, quia scilicet per cæremonias legis non dabatur gratia, per quam homo adiuvaretur ad implenda præcepta moralia concupiscentia diminuta.

Circa finem autem legis sciendum est quod in populo Iudæorum tria fuerunt hominum genera, sicut et in quolibet alio populo, scilicet duri, id est peccatores et rebelles, proficientes et perfecti.

Quantum igitur ad duros, lex fuit data in flagellum, et quantum ad præcepta moralia, ad quorum observantiam cogebantur per poenæ comminationem, ut patet Lev. II, et quantum ad cæremonialia, quæ ideo sunt multiplicata, ne liceret eis diis alienis alium cultum superaddere. Ex. XX, 34: in manu valida et brachio extento, et in furore effuso regnabo super vos.

Sed proficientibus, qui dicuntur mediocres, lex fuit in pædagogum, secundum illud Gal. III, 24: lex pædagogus noster fuit in Christo. Et hoc quantum ad cæremonialia, quibus continebantur in divino cultu: et quantum ad moralia, quibus ad iustitiam promovebantur.

Perfectis autem fuit quantum ad cæremonialia quidem in signum, secundum illud Ezech. XX, 12: sabbata mea dedi eis, ut essent signum inter me, etc.. Quantum ad moralia vero in solatium, secundum illud infra VII, 22: condelector legi Dei secundum interiorem hominem.

Deinde cum dicit ubi abundavit, etc., ostendit quomodo per gratiam tollitur abundantia delictorum.

Et primo ponit gratiæ abundantiam; secundo ostendit abundantis gratiæ effectum, ibi ut sicut regnavit, etc..

Dicit ergo primo: dictum est quod lege subintrante abundavit delictum: nec tamen propter hoc impeditur divinum propositum de salute Iudæorum et totius humani generis, quia ubi abundavit delictum, scilicet in humano genere et specialiter in Iudæis, superabundavit et gratia, scilicet Christi condonantis peccata. II Cor. IX, 8: potens est Deus omnem gratiam abundare facere in vobis.

Eius autem quod hic dicitur, duplex ratio assignari potest.

Una quidem ex effectu gratiæ. Sicut enim magnitudinem morbi non sanat nisi fortis et efficax medicina, ita requirebatur abundans gratia ad hoc ut sanaret abundantiam delictorum.

Lc. VII, 47: dimissa sunt ei peccata multa, quoniam dilexit multum, etc..

Alia ratio sumi potest ex dispositione peccantis, qui, dum magnitudinem peccatorum suorum recognoscit, quandoque quidem desperat et contemnit, secundum illud Prov. XVIII, 3: impius cum in profundum venerit peccatorum, contemnit, etc., quandoque vero per auxilium divinum ex consideratione suorum peccatorum magis humiliatur, et maiorem consequitur gratiam, secundum illud Ps. XV, 4: multiplicatæ sunt infirmitates eorum, postea acceleraverunt.

Deinde cum dicit ut, sicut regnavit peccatum in mortem, etc. Ostendit effectum gratiæ abundantis, qui quidem est per oppositum respondens effectui peccati.

Ut, scilicet sicut peccatum, introductum per primum hominem, et abundans per legem, regnavit, id est plenum dominium in homines obtinuit, et hoc quousque duceret eos in mortem temporalem et æternam, infra VI, 23: stipendia peccati mors ita et gratia Dei regnet, id est plene dominetur in nobis, per iustitiam, quam scilicet in nobis facit; supra eodem: iustificati gratis per gratiam ipsius. Et hoc quousque nos ducat in vitam æternam, secundum illud infra VI, 23: gratia Dei vita æterna.

Et hoc totum est per Iesum Christum Dominum nostrum, qui est dator gratiæ, secundum illud Io. I, 17: gratia et veritas per Iesum Christum facta est, et etiam iustitia, I Cor. I, 30: qui factus est nobis iustitia a Deo, et dator vitæ æternæ, Io. X, 28: ego vitam æternam do eis.

Capitulus VI

Lectio 1

Postquam apostolus ostendit quod per gratiam Christi liberamur a peccato præterito, tam introducto per primum hominem, quam etiam abundante per legem, hic ostendit quod per gratiam Christi datur nobis facultas ad resistendum peccatis futuris.

Et circa hoc duo facit.

Primo ponit quæstionem ex præmissis ortam; secundo solvit eam, ibi absit.

Si enim, etc..

Dixerat autem supra, quod ubi abundavit delictum, superabundavit et gratia; quod quidem aliquis posset male intelligere, quasi abundantia delicti esset causa superabundantiæ gratiarum. Et ideo inducit quæstionem dicens: quid ergo dicemus, numquid permanebimus in peccato, ut gratia abundet? quod quidem oporteret dicere, si abundantia delicti esset causa gratiæ abundantis, et non sola occasio, ut supra dictum est. Unde et supra III, 8, apostolus dicit: sicut blasphemamur, et sicut aiunt quidam nos dicere, faciamus mala ut eveniant bona.

Ier. XII, 1: bene est omnibus qui prævaricantur et inique agunt.

Commentaria in Epistolis S. Pauli

Deinde cum dicit absit, etc., solvit inductam quæstionem.

Et primo assignat rationem, quare non est nobis permanendum sub peccato; secundo concludit exhortationem intentam, ibi non ergo regnet, etc..

Circa primum duo facit.

Primo assignat rationem, quare non sit in peccato permanendum; secundo ostendit nobis inesse facultatem, ad hoc quod non sub peccato maneamus, ibi hoc scientes, etc..

Circa primum ponit talem rationem: si sumus mortui peccato, non debemus vivere in illo; sed mortui sumus peccato, ergo non debemus vivere in peccato.

Circa hoc ergo quatuor facit.

Primo ponit conditionalem; secundo probat antecedens, ibi an ignoratis, etc.; tertio concludit consequens, ibi ut quomodo Christus, etc.; quarto probat necessitatem consequentiæ, ibi si enim complantati, etc..

Dicit ergo primo absit, scilicet quod hac intentione permanendum sit in peccato, ut gratia abundet, quia, ut dicitur Eccli. XV, 21, nemini mandavit Deus impie agere.

Et huius ratio est: si enim mortui sumus peccato per hoc scilicet quod peccatum est mortificatum in nobis, quomodo adhuc in illo vivemus? non enim naturalis ordo rerum habet, ut a morte redeatur ad vitam.

Is. XXIV, 14: morientes non vivant, etc..

Cant. V, 3: lavi pedes meos, quomodo inquinabo illos? deinde cum dicit an ignoratis, etc., probat antecedens, scilicet, quod fideles sunt mortui peccato.

Et primo proponit medium ad propositum ostendendum; secundo manifestat medium inductum, ibi consepulti enim sumus, etc..

Dicit ergo primo an ignoratis, quasi dicat: quod vobis proponendum est, est adeo manifestum quod illud vobis ignorare non licet, I Cor. XIV, 38: si quis ignorat, ignorabitur, quia quicumque baptizati sumus in Christo Iesu: quod intelligitur tripliciter. Uno modo secundum institutionem Iesu Christi, Matth. Cap. Ult.: docete omnes gentes, baptizantes eos, etc.. Secundo, per invocationem Iesu Christi, act. VIII, 12: in nomine Iesu Christi baptizabantur viri ac mulieres. Tertio, in Christo Iesu, id est in quadam conformitate ad Christum Iesum, Gal. III, 27: quicumque in Christo Iesu baptizati estis, Christum induistis.

Sicut igitur eius morti configuramur, in similitudinem mortis eius, quasi ipsam mortem Christi in nobis repræsentantes. II Cor. IV, 10: semper mortificationem Iesu Christi in corpore nostro circumferentes. Gal. Cap. Ult.: stigmata Iesu in corpore meo porto.

Vel in morte ipsius, id est, per virtutem mortis eius. Apoc. I, 5: lavit nos a peccatis nostris. Unde de latere Christi pendentis in cruce post mortem fluxit sanguis et aqua, ut dicitur Io. XIX, 34.

Ad Romanos

Sicut igitur eius morti configuramur, inquantum peccato morimur, sic ipse mortuus est vitæ mortali, in qua erat similitudo peccati, licet non esset ibi peccatum. Ergo omnes qui baptizati sumus, mortui sumus peccato.

Deinde cum dicit consepulti enim, etc., probat propositum medium, scilicet quod omnes baptizemur in conformitate ad mortem Christi, dicens: consepulti enim sumus cum illo per baptismum in morte. Quasi dicat: sepultura non nisi mortuis debetur.

Matth. VIII, 22: sinite mortuos sepelire mortuos suos.

Per baptismum autem homines sepeliuntur Christo, id est conformantur sepulturæ ipsius.

Sicut enim ille qui sepelitur ponitur sub terra, ita ille qui baptizatur immergitur sub aqua. Unde et in baptismo fit trina immersio, non solum propter fidem trinitatis, sed etiam ad repræsentandum triduum sepulturæ Christi. Et sicut triduum sepulturæ non facit nisi unam sepulturam, ita trina immersio non facit nisi unum baptisma. Et inde etiam est, quod in sabbato sancto solemnis baptismus in ecclesia celebratur quando commemoratur sepultura Christi, sicut et in vigilia Pentecostes quando solemnizatur de spiritu sancto, ex cuius virtute aqua baptismi accipit vim purgandi, ut dicitur Io. III, 5: nisi quis renatus fuerit ex aqua et spiritu sancto, etc..

Est tamen considerandum, quod corporaliter aliquis prius moritur et postea sepelitur; sed spiritualiter sepultura baptismi causat mortem peccati, quia sacramentum novæ legis efficit quod signat. Unde cum sepultura, quæ fit per baptismum, sit signum mortis peccati, mortem efficit in baptizato.

Et hoc est, quod dicit, quod sumus sepulti in mortem, ut per hoc ipsum, quod signum sepulturæ Christi in nobis accipimus, consequimur mortem peccati.

Deinde cum dicit ut quomodo Christus, infert consequens, scilicet quod non debeamus vivere in peccato. Ad hoc quidem inducit similitudinem ex resurrectione Christi, dicens ut quomodo Christus resurrexit a mortuis per gloriam patris, id est, per virtutem patris, ex qua ipse pater glorificatur, secundum illud Ps. LVI, 8: exurge, gloria mea, ita et nos in novitate vitæ ambulemus, id est, per bona opera vitæ procedamus.

Vita enim peccati vetustatem habet, quia in corruptionem nos ducit. Hebr. VIII, 13: quod antiquatur et senescit prope interitum est. Unde et dicitur Bar. III, 10: quid est quod in terra inimicorum es, inveterasti in terra aliena? etc.. Unde et novitas vitæ dicitur per quam aliquis redit ad integritatem, ut scilicet sit sine peccato. Ps. Cii, 5: renovabitur ut aquilæ iuventus tua. Eph. IV, 23: renovamini spiritu mentis vestræ.

Deinde cum dicit si enim, probat necessitatem consequentiæ.

Christus enim postquam fuit mortuus resurrexit; unde conveniens est, ut illi,

Commentaria in Epistolis S. Pauli

qui conformantur Christo quantum ad mortem in baptismo, conformentur etiam resurrectioni eius per innocentiam vitæ. Et hoc est quod dicit si enim complantati facti sumus similitudini mortis eius, id est, si in nobis assumamus similitudinem mortis eius, ut ei incorporemur sicut ramus qui inseritur plantæ: ut quasi nos in ipsa passione Christi inseramur, simul et resurrectionis erimus, scilicet, similitudini eius complantati, ut scilicet in præsenti innocenter vivamus, et in futuro ad similem gloriam perveniamus. Phil. III, 21: reformabit corpus humilitatis nostræ configuratum corpori claritatis suæ. II Tim. II, 11: si commortui sumus, et convivemus.

Sic igitur, sicut apostolus per similitudinem mortis Christi probavit quod sumus mortui peccato, quod præmiserat quasi antecedens, sic, per similitudinem resurrectionis eius, probavit quod non debemus vivere in peccato; quod quasi consequens superius introduxit.

Lectio 2

Postquam apostolus ostendit, quod non est nobis in peccato permanendum, ex eo quod per baptismum mortui sumus peccato, hic ulterius ostendit adesse nobis facultatem ad hoc observandum.

Et circa hoc duo facit.

Primo proponit quod intendit; secundo manifestat propositum, ibi qui enim mortuus, etc..

Circa primum duo facit.

Primo proponit beneficium, quod consecuti sumus; secundo, huius beneficii effectum, ibi ut destruatur, etc..

Dicit ergo primo. Dictum est quod debemus in novitate ambulare, scilicet desistendo a peccato. Et ne hoc aliquis forte impossibile diceret, dicit quod sumus hoc scientes, quia vetus homo noster, id est vetustas hominis per peccatum inducta, simul, scilicet cum Christo, crucifixus est, id est per crucem Christi est mortificatus. Sicut enim supra dictum est, vetustas hominis per peccatum inducta est, inquantum per peccatum bonum naturæ corrumpitur; quæ quidem vetustas in homine principatur quamdiu homo peccato subiacet. Et quia id quod est principale in homine dicitur esse ipse homo, inde est quod in eo qui peccato subiicitur, ipsa vetustas peccati dicitur esse vetus homo.

Vetustas autem peccati potest intelligi vel ipse reatus, seu macula actualium peccatorum, vel etiam consuetudo peccandi, quæ quamdam necessitatem ingerit ad peccandum, vel etiam ipse fomes peccati proveniens ex peccato primi parentis.

Sic igitur vetus homo noster dicitur esse simul crucifixus cum Christo, inquantum prædicta vetustas virtute Christi sublata est.

Vel quia totaliter est amota, sicut totaliter amovetur in baptismo reatus et macula peccati.

Ad Romanos

Vel quia diminuitur virtus eius, sicut virtus fomitis vel etiam consuetudinis peccandi.

Col. II, 14: delens quod adversum nos erat chirographum decreti, quod erat contrarium nobis: et ipsum tulit de medio, affigens illud cruci.

Deinde cum dicit ut destruatur, etc., ponit effectum prædicti beneficii duplicem; quorum primus est remotio præcedentium delictorum. Et hoc est quod dicit ut destruatur corpus peccati. Dicitur enim corpus peccati ipsa congeries malorum operum, sicut ipsa congeries membrorum facit unum corpus naturale. Iob XLI, 6: corpus eius quasi scuta fusilia, etc..

Secundus autem effectus est ut caveamus a peccatis in futurum: et hoc est quod subdit dicens ut ultra non serviamus peccato.

Tunc enim homo peccato servit, quando concupiscentiæ peccati obedit per consensum et corporis executionem. Io. VIII, 34: qui facit peccatum, servus est peccati.

Deinde cum dicit qui enim mortuus est, etc., manifestat quod dixerat. Et primo quantum ad primum effectum; secundo quantum ad secundum, ibi si autem mortui, etc..

Circa primum considerandum est, quod congeries peccatorum destruitur quando peccata homini remittuntur. Sic igitur destructionem corporis peccati manifestat dicens: qui enim mortuus est, peccato scilicet per baptismum, quo Christo commorimur, iustificatus est a peccato, id est, remissis peccatis, translatus est in statum iustitiæ.

I Cor. VI, 11: et hæc quidem fuistis aliquando, sed abluti estis, etc..

Quia igitur per crucem Christi homo peccato moritur, consequens est quod a peccato iustificetur, et ita quod corpus peccati destruatur.

Deinde cum dicit si autem mortui, etc., manifestat secundum effectum per conformitatem ad vitam Christi tali ratione: ille qui Christo morienti commoritur, simul convivit et resurgenti.

Christus autem sic resurrexit a mortuis tamquam numquam de cætero moriturus; ergo ille qui mortificatus est peccato, sic Christo resurgenti convivit, quod habet facultatem numquam de cætero ad peccatum redeundi.

Circa hoc ergo tria facit.

Primo ostendit conformitatem hominis fidelis ad vitam Christi resurgentis; secundo ponit conditionem vitæ resurgentis, ibi scientes quod Christus, etc.; tertio infert conclusionem intentam, ibi ita et vos, etc..

Dicit ergo primo, si autem mortui sumus cum Christo, id est, si virtute mortis Christi sumus mortui peccato, credimus quia simul etiam vivemus cum illo, id est, ad similitudinem vitæ eius. Vivemus, inquam, hic vita gratiæ et in futuro vita gloriæ. Eph. II, 5: cum essemus mortui peccatis, convivificavit nos, etc..

Deinde cum dicit scientes, ponit

Commentaria in Epistolis S. Pauli

conditionem vitæ Christi resurgenti. Et primo ponit eam; secundo probat, ibi quod enim mortuus est, etc..

Dicit ergo primo. Hoc, inquam, quod dictum est credimus scientes quod Christus resurgens ex mortuis, iam non moritur, sed vivit vita perpetua. Apoc. I, 18: fui mortuus, et sum vivens in sæcula sæculorum.

Et, quod plus est, mors illi ultra non dominabitur, quæ scilicet in homine dominatur non solum dum moritur per separationem animæ a corpore, sed etiam ante mortem dum patitur ægritudinem, famem et sitim, et alia huiusmodi, per quæ pervenitur ad mortem: sed ab his libera est vita Christi resurgentis. Et ideo non subiicitur dominio mortis, sed potius ipse habet dominium super mortem. Apoc. I, 18: habet clavem mortis et inferni.

Deinde cum dicit quod enim mortuus, etc., probat propositum scilicet quod Christus resurgens ulterius non moriatur, et hoc dupliciter.

Primo quidem ratione accepta ex parte mortis quam sustinuit, dicens quod enim mortuus est peccato, mortuus est semel.

Non autem intelligitur, quod ipse mortuus est peccato, quod ipse commisit vel contraxit, quia in eo nullo modo peccatum locum habuit. I Petr. II, 22: qui peccatum non fecit, etc.. Sed dicitur mortuus esse peccato dupliciter. Uno modo, quia mortuus est pro peccato tollendo, II Cor. V, 21: eum qui non novit peccatum pro nobis Deus fecit peccatum, id est hostiam pro peccato.

Alio modo, quia mortuus est similitudini carnis peccati, id est, vitæ passibili et mortali.

Infra VIII, 3: Deus misit filium suum in similitudinem carnis peccati.

Utroque autem modo concludi potest, quod Christus mortuus sit semel, ex hoc quod mortuus est peccato. Quantum enim ad primum, manifestum est quod per unam mortem omnia peccata delevit, secundum illud Hebr. X, 14: una oblatione consummavit in sempiternum sanctificandos. Ideo non restat ut adhuc pro peccato moreretur. I petr. III, 18: Christus semel pro peccatis nostris mortuus est, etc.. Quantum ad secundum autem idem potest concludi. Si enim Christus mortem sustinuit, ut deficeret in eo similitudo carnis peccati, debuit eius mors conformari aliis gerentibus carnem peccati, qui semel moriuntur. Unde dicitur ad Hebr. IX, 27 s.: quemadmodum statutum est hominibus semel mori, sic et Christus semel oblatus est, etc..

Secundo ostendit idem ex conditione vitæ, quam resurgendo adeptus est, dicens quod autem vivit, vivit Deo, id est, ad conformitatem Dei. Dicitur enim II Cor. Cap. Ult.

Quod si crucifixus est ex infirmitate, vivit ex virtute Dei.

Effectus autem conformatur causæ; unde et vita quam Christus resurgens acquisivit, est deiformis. Sicut ergo vita Dei est sempiterna et absque

Ad Romanos

corruptione, secundum illud I Tim. Cap. Ult.: qui solus habet immortalitatem, ita et vita Christi est immortalis.

Deinde cum dicit ita et vos, etc., infert conclusionem intentam ut conformemur vitæ Christi resurgentis, et quantum ad hoc quod mortuus est peccato, id est mortali vitæ, quæ habet similitudinem peccati, numquam ad eam rediturus, et quantum ad hoc quod vivit ad conformitatem Dei.

Et quantum ad primum dicit ita et vos existimate vos quidem mortuos esse peccato, scilicet tamquam ad peccatum numquam sitis redituri. Is. XXVI, 14: morientes non vivant.

Et quantum ad secundum dicit viventes Deo, id est, ad honorem vel similitudinem Dei, ut scilicet numquam per peccatum moriamur.

Gal. II, 20: quod autem nunc vivo in carne, in fide vivo filii Dei.

Et ideo subdit in Christo Iesu Domino nostro, id est, per Iesum Christum, per quem et peccatis morimur et Deo vivimus. Vel: in Christo Iesu, id est, tamquam incorporati Christo Iesu, ut per eius mortem moriamur peccato et per eius resurrectionem vivamus Deo. Eph. II, 5: convivificavit nos in Christo, cuius gratia salvati estis per Christum.

Lectio 3

Postquam apostolus ostendit, quod non est nobis permanendum in peccato, et quod huius rei facultatem habemus, hic concludit moralem exhortationem.

Et circa hoc tria facit.

Primo proponit admonitionem; secundo rationem assignat, ibi peccatum enim, etc.; tertio movet quæstionem et solvit, ibi quid ergo? peccabimus, etc..

Circa primum duo facit.

Primo proponit admonitionem; secundo exponit eam, ibi ut obediatis, etc..

Dicit ergo primo. Dictum est quod vetus homo noster simul crucifixus est, ut destruatur corpus peccati, per quod datur intelligi, quod virtus peccati in tantum diminuta est, ut nobis dominari non possit. Ergo peccatum, de cætero, non regnet in vestro mortali corpore.

Non autem dicit: non sit peccatum in vestro mortali corpore, quia quamdiu corpus nostrum est mortale, id est necessitati mortis addictum, non potest esse quin in corpore nostro sit peccatum, id est fomes peccati.

Sed ex quo a Deo liberati sumus a regno peccati debemus conari, quod peccatum in corpore nostro dominium iam amissum in nobis non recuperet. Et hoc est quod dicit non regnet peccatum in vestro mortali corpore. Et hoc quidem necessarium est cavere, dum corpus mortale gerimus, quia dicitur Sap. IX, 15: corpus quod corrumpitur aggravat animam, etc..

Deinde, cum dicit ut obediatis, etc., exponit admonitionem præmissam.

Circa quod considerandum est, quod

131

Commentaria in Epistolis S. Pauli

dupliciter peccatum regnat in homine. Uno modo per interiorem consensum mentis. Et hoc removendo dicit ut obediatis concupiscentiis eius. Obedire enim per consensum mentis concupiscentiis peccati est peccatum regnare in nobis. Eccli. XVIII, 30: post concupiscentias tuas non eas.

Secundo modo regnat in nobis peccatum per operis executionem. Et ad hoc excludendum subdit sed neque exhibeatis membra vestra peccato, id est fomiti peccati, arma iniquitatis, id est instrumenta ad iniquitatem exequendam. Homo enim cum per membra sua peccatum exequitur, ad iniquitatem exequitur: et hoc ipso impugnare videtur ad restituendum dominium peccati, quod per consuetudinem peccati in nobis convalescit.

Ez. XXXII, 27: cum armis suis ad inferos descenderunt.

Deinde, cum dicit sed exhibete vos Deo, etc., exhortatur ad contrarium, ut scilicet exhibeamus nos Deo.

Et primo quantum ad interiorem affectum, cum dicit sed exhibeatis vos Deo, ut scilicet mens vestra ei subdatur. Deut. X, 12: et nunc, Israel, quid Dominus Deus tuus requirit a te, nisi ut timeas Dominum Deum tuum, et ambules in viis eius? et hoc facere debetis tamquam ex mortuis viventes, id est tamquam reducti ad vitam gratiæ de morte culpæ. Nam et ideo iustum est ut qui vivit, iam non sibi vivat, sed ei qui pro omnibus mortuus est, II Cor. V, 15.

Secundo, quantum ad exteriorem actum, unde dicit: exhibete membra vestra Deo, id est ad eius obsequium, arma iustitiæ, id est instrumenta quædam ad iustitiam exequendam, quibus scilicet pugnetis contra inimicos Dei. Eph. Cap. Ult.: induite vos armaturam Dei, ut possitis stare adversus insidias diaboli.

Deinde, cum dicit peccatum enim, etc., assignat rationem admonitionis prædictæ.

Posset, enim aliquis seipsum excusare, allegans peccati dominium, per quod assereret se ab observatione admonitionis prædictæ impediri.

Hoc ergo Apost. Primo excludit dicens peccatum enim vobis non dominabitur, scilicet si coeperitis peccato resistere et vos Deo exhibere, secundum illud Iac. VI, 8: appropinquate Deo, et appropinquabit vobis: resistite diabolo, et fugiet a vobis. Quasi dicat: ideo potestis prædicta observare, quia non invenitis peccatum in vos dominari, per quod retrahi possitis; sumus enim liberati a Christo, secundum illud Io. VIII, 36: si filius vos liberaverit, vere liberi eritis.

Secundo manifestat quod dixerat, dicens non enim estis sub lege, sed sub gratia.

Ubi considerandum est, quod non loquitur hic de lege solum quantum ad cæremonialia, sed etiam quantum ad moralia, sub qua quidem aliquis dicitur esse dupliciter.

Uno modo quasi legis observantiæ voluntarie subiectus. Et hoc modo etiam Christus fuit sub lege, secundum

Ad Romanos

illud Gal. IV, 4: factum sub lege: quia scilicet legem observavit, non solum quantum ad moralia, sed etiam quantum ad cæremonialia. Fideles autem Christi sunt quidem hoc modo sub lege, quantum ad moralia, non autem quantum ad cæremonialia.

Alio modo dicitur aliquis esse sub lege, quasi a lege coactus; et sic dicitur esse sub lege, qui non voluntarie ex amore, sed timore cogitur legem observare. Talis autem caret gratia, quæ si adesset, inclinaret voluntatem ad observantiam legis, ut ex amore moralia eius præcepta impleret. Sic igitur quamdiu aliquis sic est sub lege, ut non impleat voluntarie legem, peccatum in eo dominatur, ex quo voluntas hominis inclinatur ut velit id quod est contrarium legi, sed per gratiam tale dominium tollitur, ut scilicet homo servet legem, non quasi sub lege existens, sed sicut liber. Gal. IV, 31: non sumus ancillæ filii, sed liberæ: qua libertate Christus nos liberavit.

Hanc autem gratiam facientem homines libere legem implere, non conferebant legalia sacramenta, sed conferunt eam sacramenta Christi; et ideo illi qui se cæremoniis legis subiiciebant, quantum pertinet ad virtutem ipsorum sacramentorum legalium, non erant sub gratia, sed sub lege, nisi forte per fidem Christi gratiam adipiscerentur.

Illi vero qui se sacramentis Christi subiiciunt, ex eorum virtute gratiam consequuntur, ut non sint sub lege, sed sub gratia, nisi forte per suam culpam se subiiciant servituti peccati.

Deinde cum dicit quid ergo, etc., movet quæstionem contra id quod dictum est.

Et circa hoc tria facit.

Primo proponit quæstionem; secundo solvit eam ducendo ad inconveniens, ibi absit. An nescitis, etc.; tertio ostendit esse inconveniens id ad quod duxerat, ibi gratias ago Deo, etc..

Circa primum considerandum est, quod verbum præmissum poterat male intelligi ab aliquibus, ut scilicet fideles Christi non sint sub lege, quantum ad debitum observandi præcepta moralia, ex quo sequeretur, quod fidelibus Christi licitum esset peccare, scilicet contra præcepta moralia faciendo.

Et ideo sub hoc sensu quæstionem movet, dicens: quid ergo, dicemus, numquid peccabimus, scilicet contra præcepta moralia legis faciendo, quoniam dictum est, quod non sumus sub lege, sed sub gratia? et hunc sensum apostolus improbat ad Gal. V, 13 dicens: vos in libertatem vocati estis, fratres mei, tantum ne libertatem in occasionem detis carnis.

Et ideo hic etiam respondens, subdit, absit, scilicet ut peccemus, quia sumus a lege liberati: quia si peccaremus, sequeretur hoc inconveniens, quod iterum redigeremur in servitutem peccati.

Et hoc est quod dicit an nescitis, quoniam cui vos exhibetis propria voluntate servos ad obediendum spontanee servi estis, cui obedistis. Obedire enim debitum est, quod servi dominis debent. Eph. VI, 5: servi, obedite dominis carnalibus. Unde cum aliquis obedit alicui, se servum profitetur eius, obediendo. Diverso tamen stipendio, diversis dominis obeditur. Qui enim obedit peccato, per servitutem peccati ducitur in mortem. Et hoc est quod dicit sive peccati, scilicet servi estis ei obediendo. Et hoc est in mortem, id est æternam damnationem præcipitandi, de qua dicitur Apoc. II, 11: in his mors secunda non habet locum. Qui vero obedit Deo, efficitur huius obedientiæ servus: quia per assuetudinem obediendi, mens eius magis ac magis ad obediendum inclinatur et ex hoc iustitiam perficit. Et hoc est quod dicit sive obeditionis, scilicet divinorum præceptorum, servi estis ad iustitiam implendam, secundum illud supra II, 13: factores legis iustificabuntur.

Et satis convenienter obeditionem peccato opponit, eo quod, sicut Ambrosius dicit, peccatum est transgressio legis divinæ et cælestium inobedientia mandatorum.

Deinde, cum dicit gratias autem Deo, ostendit hoc esse inconveniens, scilicet quod obediendo peccato, iterum reducamur in servitutem peccati. Primo quidem ratione accepta ex beneficio, quod consecuti sumus.

Si enim aliquis per gratiam alicuius a servitute liberatur, inconveniens est quod se spontaneum subiiciat servituti; unde cum nos per gratiam Dei simus liberati a peccato, inconveniens est, quod iterum nos sponte retrudamus in servitutem peccati.

Secundo, ex conditione in quam ducti sumus post libertatem peccati, ut scilicet simus servi iustitiæ. Non licet autem servo alicuius, se contrarii Domini servituti subiicere; unde nobis non licet, ex quo sumus facti servi iustitiæ, iterum redire ad servitutem peccati.

Utramque rationem apostolus simul tangit dicens gratias ago Deo, sic et vos gratia agere debetis, quod, cum essetis servi peccati, quia qui facit peccatum, servus est peccati, Io. VIII, 34, obedistis, scilicet credendo, supra I, 5: ad obediendum fidei in omnibus gentibus; et hoc non coacti, sed ex corde, infra X, 10: corde creditur ad iustitiam, in eam formam doctrinæ, idest in doctrina catholicæ fidei, II Tim. I, 13: formam habens sanorum verborum, quæ a me audistis; in quam traditi estis, II Cor. VIII, 5: semetipsos dederunt primum Deo, deinde, nobis per voluntatem Dei. Et per hoc liberati estis a peccato, et ita non convenit quod iustitiam deseratis. I Cor. VII, 23: pretio empti estis, et non estis vestri.

Lectio 4

Postquam apostolus ostendit, ratione accepta ex beneficio divino, quod non est nobis in peccato permanendum sed Deo serviendum, hic ostendit idem ratione accepta ex prioris vitæ consuetudine.

Et circa hoc tria facit.

Primo proponit suppositi documenti conditionem, quod subdit; secundo ponit documenti expressionem ibi sicut enim exhibuistis, etc.; tertio documenti rationem assignat, ibi cum enim servi.

Dicit ergo primo. Monui quod exhibeatis vos Deo; adhuc dico vobis quoddam humanum, id est, congruens imbecillitati humanæ. Sic enim quandoque homo accipitur in Scriptura, prout scilicet significat conditionem infirmitatis humanæ; Sap. IX, 5: homo infirmus et exigui temporis et minor ad intellectum iudicii et legum. I Cor. III, 3: cum sit inter vos zelus et contentio, nonne carnales estis, et secundum hominem ambulatis? causam autem assignat, subdens propter infirmitatem; perfectis enim sunt perfectiora præcepta tradenda. I Cor. II, 6: sapientiam loquimur inter perfectos. Hebr. V, 14: perfectorum est solidus cibus. Infirmioribus sunt danda leviora præcepta. I Cor. III, 1 s.: tamquam parvulis in Christo, lac potum dedi vobis, non escam. Hebr. V, 12: facti estis quibus lac opus est.

Hæc autem infirmitas non ex spiritu sed ex carne venit, quia corpus quod corrumpitur aggravat animam, ut dicitur Sap. IX, 15.

Et ideo subdit carnis vestræ. Matth. XXVI, 41: spiritus quidem promptus est, caro autem infirma.

Deinde, cum dicit sicut enim exhibuistis, etc., ponit documentum quod dicit esse humanum, in quo docet corpus esse æqualiter exhibendum ad serviendum iustitiæ, secundum quod nos exhibuimus ipsum ad serviendum peccato. Et hoc est quod dicit sicut enim exhibuistis membra vestra servire, scilicet per executionem mali operis, immunditiæ et iniquitati corde conceptæ: ut immunditia referatur ad peccata carnalia, Eph. V, 3: omnis fornicatio, aut immunditia nec nominetur in vobis, etc.; iniquitas autem refertur ad peccata spiritualia et præcipue quibus læditur proximus. Ps.: iniquitatem meditatus est in cubili suo. Quibus in corde conceptis membra serviunt ad iniquitatem, scilicet opere exequendam.

Et ponit iniquitatem hic pro immunditia et iniquitate, I Io. III, 4, secundum quod omne peccatum est iniquitas. Et hoc in quantum discordat ab æquitate legis divinæ.

Ita nunc, scilicet liberati a peccato, exhibete membra vestra, scilicet per executionem bonorum operum, servire iustitiæ, in lege divina nobis propositæ: et hoc in sanctificationem, id est in executionem et augmentum sanctitatis. Apoc. Cap. Ult.: sanctus sanctificetur adhuc.

Dicit autem hoc esse humanum, quia secundum rectum iudicium exigeretur ut homo multo plus serviret iustitiæ, quam ante servierit peccato. Bar. IV, 28: sicut fuit sensus vester, ut erraretis a Deo decies tantum, iterum convertentes requiretis eum.

Huius documenti rationem consequenter assignat dicens cum enim servi, etc..

Et circa hoc duo facit.

Primo proponit rationem

Commentaria in Epistolis S. Pauli

prædictorum; secundo probat quod supposuerat, ibi stipendia peccati mors, etc..

Ostendit autem rationem præmissorum, præferendo statum gratiæ statui culpæ. Si enim plura nobis bona ex iustitia proveniunt quam ex culpa, magis debemus insistere ad serviendum iustitiæ, quam studuerimus ad serviendum peccato.

Primo ergo ponit conditionem status peccati; secundo conditionem status iustitiæ, ibi nunc vero liberati, etc..

Circa primum tria facit.

Primo ponit conditionem peccati; secundo, effectum peccati, ibi quem ergo fructum, etc..

Tertio, finem, ibi nam finis illorum, etc..

Circa primum considerandum est, quod homo naturaliter est liberi arbitrii, propter rationem et voluntatem, quæ cogi non potest, inclinari tamen ab aliquibus potest.

Semper ergo homo, quantum ad arbitrium rationis, remanet liber a coactione, non tamen est liber ab inclinatione.

Quandoque enim liberum arbitrium inclinatur ad bonum per habitum gratiæ vel iustitiæ: et tunc habet servitutem iustitiæ et est liber a peccato. Quandoque autem arbitrium inclinatur ad malum per habitum peccati: et tunc habet servitutem peccati et libertatem iustitiæ. Servitutem quidem peccati qua trahitur ad consentiendum peccato, contra iudicium rationis. Io. VIII, 34: qui facit peccatum, servus est peccati.

Et quantum ad hoc dicit: cum enim servi essetis peccati. Libertatem vero a iustitia, quantum ad hoc quod homo absque freno iustitiæ præcipitat se in peccatum. Et quantum ad hoc dicit liberi fuistis iustitiæ, quod præcipue contingit his qui ex certo proposito peccant. Nam illi qui ex infirmitate vel passione peccant, aliquo freno iustitiæ retinentur, ut non videantur a iustitia omnino liberi. Ier. II, 20: a sæculo fregisti iugum, rupisti vincula, dixisti, non serviam.

Iob XI, 12: vir vanus in superbiam erigitur; et tamquam pullum onagri, liberum se putat.

Sciendum est tamen, quod iste status habet veram servitutem, libertatem autem non veram, sed apparentem.

Cum enim homo sit id quod est secundum rationem, tunc homo vere est servus, quando ab aliquo extraneo abducitur ab eo quod est rationis. Sed quod aliquis freno rationis non cohibeatur a sequela concupiscentiæ, est libertas quantum ad opinionem illius, qui summum bonum putat concupita sequi.

Deinde cum dicit quem ergo fructum, etc., ostendit effectum peccati.

Et unum quidem effectum excludit, scilicet effectum fructuosum, cum dicit quem ergo fructum, scilicet cum peccabatis in illis, scilicet peccatis. Sunt enim infructuosa peccati opera, quia non adiuvant hominem ad beatitudinem consequendam. Is. LIX,

Ad Romanos

6: opera eorum, opera inutilia. Mich. II, 1: væ qui cogitatis inutile, et operamini malum in cubilibus vestris.

Adstruit autem effectum confusibilem, dicens in quibus, scilicet peccatis, id est de quibus nunc, scilicet in statu poenitentiæ, erubescitis, propter eorum turpitudinem.

Ier. XXXI, 19: postquam ostendisti mihi, percussi femur meum confusione, et erubui.

Is. I, 29: erubescitis super hortis, scilicet voluptatis, quos elegeratis.

Deinde cum dicit nam finis, etc., ponit finem peccati, dicens nam finis illorum, scilicet peccatorum, mors est.

Quæ quidem et si non sit finis operantis peccatum, quia peccando non intendit mortem incurrere, est tamen finis ipsorum peccatorum, quia de se nata sunt mortem inducere temporalem quia cum anima a se Deum separat, dignum est ut ab ea corpus suum separetur, et æternam, quia cum aliquis ad tempus vult separari a Deo, propter concupiscentiam peccati, dignum est ut ab eo æternaliter separetur, quod est mors æterna. Supra I, 32: qui talia agunt, digni sunt morte.

Deinde cum dicit nunc vero, etc., ostendit qualitatem status iustitiæ. Et primo ponit conditionem status iustitiæ; secundo, effectum, ibi habetis fructum vestrum, etc.; tertio ponit finem, ibi finem vero, etc..

Circa primum considerandum est, quod sicut quando aliquis a peccato inclinatur ad malum, est liber a iustitia; ita cum aliquis ex habitu iustitiæ et gratiæ inclinatur ad bonum, est liber a peccato; ut scilicet ab eo non superetur usque ad consensum.

Unde dicit nunc vero, scilicet in statu iustitiæ, liberati a peccato. Io. VIII, 36: si filius vos liberaverit, tunc vere liberi eritis.

Similiter, e contra, sicut in statu peccati est aliquis servus peccati, cui obedit, ita in statu iustitiæ est aliquis servus Dei voluntarie obediens, secundum illud Ps. XCIX, 2: servite Domino in lætitia. Et hoc est quod subdit servi autem facti Deo. Ps. CXV, 16: o Domine, quia ego servus tuus, etc..

Hæc autem vera est libertas, et optima servitus; quia per iustitiam homo inclinatur ad id quod convenit ipsi, quod est proprium hominis, et avertitur ab eo quod convenit concupiscentiæ, quod est maxime bestiale.

Deinde cum dicit habetis fructum, etc., ponit effectum iustitiæ, dicens habetis fructum vestrum in sanctificatione, id est, ipsa sanctificatio, hoc est executio sanctitatis per bona opera, est fructus vester, in quantum scilicet hoc spiritualiter et sancte vos delectat. Eccli. XXIV, 23: flores mei fructus honoris et honestatis, etc.. Gal. V, 22: fructus spiritus est gaudium, pax, etc..

Consequenter ponit finem, dicens finem vero habetis vitam æternam. Quæ quidem est finis ipsorum iustorum, qui propter vitam æternam habendam omnia operantur.

Commentaria in Epistolis S. Pauli

Matth. VI, 33: primum quærite regnum Dei, etc.. Et etiam ipsorum operum, quæ cum ex obedientia Dei fiant et ad Dei imitationem, vitam æternam merentur.

Io. X, 27 s.: oves meæ vocem meam audiunt, et sequuntur me, et vitam æternam do eis.

Deinde cum dicit stipendia enim peccati, etc., manifestat quod dixerat de finibus malorum et bonorum.

Et primo quantum ad mala. Dicit: dictum est quod finis peccatorum est mors, stipendia enim peccati, mors. Dicuntur autem stipendia mercedes militum, a stipe pendenda, id est ponderanda: quia pecunia distribuenda militibus ponderabatur. Quia ergo peccatores peccato militant, membra sua exhibentes arma peccato, ut supra dictum est, mors dicitur esse stipendium peccati, id est retributio, quam retribuit sibi servientibus.

Et ex hoc manifestum est, quod mors sit finis peccatorum, non quem peccantes quærunt, sed qui eis retribuitur. Ps. X, 6: ignis, sulphur, spiritus procellarum, pars calicis eorum.

Quantum vero ad bona, dicit gratia Dei vita æterna.

Quia enim dixerat iustos homines habere vitam æternam, quam certum est non posse haberi, nisi per gratiam: ideo hoc ipsum quod bona operamur, et quod opus nostrum est dignum vita æterna, est a gratia Dei.

Unde et in Ps. LXXXIII, 12, dicitur: gratiam et gloriam dabit Dominus.

Sic igitur opera nostra si considerentur in sui natura et secundum quod procedunt ex libero arbitrio hominis, non merentur ex condigno vitam æternam, sed solum secundum quod procedunt ex gratia spiritus sancti.

Unde dicitur Io. IV, 14: quod fiet in eo fons aquæ salientis in vitam æternam.

Et hoc fit in Christo Iesu Domino nostro, id est, per Christum, vel in quantum in ipso sumus per fidem et charitatem. Io. VI, 40: omnis qui videt filium, et credit in eum, habet vitam æternam.

Capitulus VII

Lectio 1

Postquam apostolus ostendit quod per gratiam Christi liberamur a peccato, hic ostendit quod per eamdem gratiam Christi, liberamur a servitute legis.

Et circa hoc duo facit.

Primo proponit propositum; secundo excludit obiectionem, ibi quid ergo dicemus, etc..

Circa primum duo facit.

Primo ostendit, quod per gratiam Christi liberamur a servitute legis; secundo ostendit utilitatem huius liberationis, ibi ut fructificemus Deo, etc..

Circa primum tria facit.

Primo proponit documentum, ex quo arguitur ad propositum ostendendum; secundo manifestat ipsum, ibi nam quæ sub viro est, etc.; tertio concludit,

Ad Romanos

ibi itaque, fratres mei, etc..

Documentum autem proponit eis quasi notum.

Unde dicit an ignoratis, fratres, quasi diceret: hoc ignorare non debetis. I Cor. XIV, 38: si quis ignorat, ignorabitur.

Et causam quare non debent ignorare, ostendit subdens scientibus enim legem loquor.

Sed cum Romani gentiles essent et legem Moysi ignorarent, videtur eis non competere quod hic dicitur. Et ideo quidam exposuerunt hoc de lege naturali, quæ gentibus non erat incognita, secundum illud, supra II, 14: cum gentes quæ legem non habent, naturaliter ea quæ legis sunt, faciunt, etc.. Unde et subditur quia lex in homine dominatur, scilicet naturalis, quanto tempore vivit, scilicet lex in homine. Quæ quidem vivit, quamdiu ratio naturalis efficaciter in homine viget. Moritur autem lex naturalis in homine quamdiu ratio naturalis passionibus succumbit. Is. XXIV, 5: dissipaverunt foedus sempiternum, scilicet legis naturalis.

Sed hoc non videtur esse secundum intentionem apostoli qui, absolute et indeterminate de lege loquens, semper loquitur de lege Moysi.

Et ideo dicendum est quod Romani fideles non erant solum gentes sed inter eos erant multi Iudæi. Unde habetur Act. XVIII, 2, Paulus Corinthi invenit quemdam Iudæum, nomine aquilam, qui nuper venerat ab Italia, et Priscillam uxorem eius, eo quod præcepisset Claudius discedere omnes Iudæos a Roma.

Lex ergo hoc modo dominatur in homine, quanto tempore vivit, scilicet homo. Data est enim lex ad dirigendum homines in via huius vitæ, secundum Ps. XXIV, 12: legem statuit ei in via quam elegit. Ideo legis obligatio morte solvitur.

Deinde, cum dicit nam quæ sub viro, etc., manifestat quod dixerat per exemplum in lege matrimonii. Et primo ponit exemplum; secundo manifestat per signum, ibi ergo vivente, etc..

Circa primum duo facit.

Primo in exemplo ponit quomodo obligatio legis durat, vita durante, dicens nam mulier quæ sub viro, id est sub viri potestate, est, ex lege divina, qua dictum est Gen. III, 16: sub viri potestate eris. Alligata est legi, scilicet qua tenetur convivere viro, secundum illud Matthæi XIX, 6: quos Deus coniunxit, homo non separet.

Et hæc quidem inseparabilitas matrimonii præcipue causatur in quantum est sacramentum coniunctionis indissolubilis Christi et ecclesiæ, vel verbi et humanæ naturæ in persona Christi. Eph. V, 32: sacramentum hoc magnum est in Christo et ecclesia, etc..

Secundo, ibi si autem mortuus, etc., manifestat in exemplo quomodo obligatio legis solvitur post mortem, dicens: si autem vir, scilicet mulieris, fuerit mortuus, mulier, post mortem viri, soluta est a lege mariti, id est a

139

Commentaria in Epistolis S. Pauli

lege matrimonii, qua obligabatur viro.

Cum enim, ut Augustinus ait in libro de nuptiis et concupiscentia: nuptiæ sint bona mortalium, non se extendit obligatio nuptiarum post vitam mortalem. Et propter hoc in resurrectione, quando erit vita immortalis, neque nubent, neque nubentur, ut dicitur Matth. XXII, 30.

Ex quo patet quod si aliquis moriatur, et resurgat, sicut in Lazaro accidit, non erit uxor, quæ fuerat, nisi de novo cum ipso contrahat.

Sed contra hoc inducitur quod habetur Hebr. XI, 35: acceperunt mulieres de resurrectione mortuos suos.

Sed sciendum est quod mulieres non receperunt maritos suos, sed filios suos: sicut mulier quædam per Eliam, ut habetur III Reg. XVII, 17 ss., et alia per Eliseum, ut habetur IV Reg. IV, 18 ss..

Aliter autem se habet in sacramentis quæ imprimunt characterem, qui est quædam consecratio animæ immortalis. Omnis autem consecratio manet quamdiu manet res consecrata: sicut patet in consecratione ecclesiæ vel altaris. Et ideo si baptizatus, vel confirmatus, vel ordinatus moriatur et resurgat, non debet iterum eadem sacramenta accipere.

Deinde cum dicit ergo vivente, etc., manifestat quod dixerat per signum.

Et primo quantum ad obligationem matrimonii, quæ durat in muliere, vivente viro, cuius signum est quod vocatur adultera si fuerit cum alio viro, scilicet ei carnaliter commixta, vivente viro. Ier. III, 1: si dimiserit vir uxorem suam, et recedens ab eo, duxerit virum alterum, numquid non polluta et contaminata est mulier illa? secundo, ibi si autem mortuus, etc., inducit signum quantum ad hoc quod obligatio legis matrimonii solvitur per mortem, dicens quod si vir eius, scilicet mulieris, mortuus fuerit, liberata est mulier a lege viri, qua obligatur viro, ut non sit adultera, si fuerit cum alio viro carnaliter ei commixta, præsertim si ei matrimonialiter coniungatur.

I Cor. VII, 39: si dormierit vir eius, scilicet mulieris, liberata est: cui vult nubat.

Ex quo patet quod secundæ nuptiæ vel tertiæ vel quartæ sunt secundum se licitæ et non solum per dispensationem, ut videtur dicere Chrysostomus, qui super Matthæum dicit quod sicut Moyses permisit libellum repudii, ita apostolus permisit secundas nuptias.

Nulla est enim ratio, si lex matrimonialis solvitur per mortem, quare non liceat coniugi remanenti ad secunda vota transire. Quod autem apostolus dicit I Tim. III, 2, quod oportet episcopum esse unius uxoris virum, non hoc dicitur quia secundæ nuptiæ sint illicitæ, sed propter defectum sacramenti, quia non esset unus unius, sicut Christus est sponsus unius ecclesiæ.

Deinde, cum dicit itaque, fratres mei, etc., concludit principale propositum, dicens itaque, etc., id est per hoc quod estis facti membra corporis Christi,

Ad Romanos

simul cum eo mortui et sepulti, ut supra est habitum; mortificati estis legi, id est quantum ad hoc quod cessat in vobis obligatio legis, ita scilicet ut iam sitis alterius, scilicet Christi, eius legi subiecti, qui ex mortuis resurrexit, in quo et vos resurgentes novam vitam assumpsistis.

Et ita non lege prioris vitæ, sed lege novæ vitæ tenemini obligati.

Videtur autem esse dissimilitudo quantum ad hoc, quod in præcedenti exemplo vir moriebatur et remanebat mulier absque obligatione legis. Hic autem ille qui solvitur ab obligatione, dicitur mori.

Sed si recte consideremus utrumque est eiusdem rationis, quia cum matrimonium sit inter duos, sicut quædam relatio, non refert, quicumque eorum moriatur, ad hoc quod tollatur lex matrimonii: utrumlibet enim contingat, manifestum est, quod per mortem, qua commorimur Christo, cessat obligatio veteris legis.

Deinde cum dicit ut fructificemus, ostendit utilitatem prædictæ liberationis.

Et circa hoc tria facit.

Primo ponit utilitatem, dicens ut fructificemus Deo. Per hoc enim quod sumus facti membra Christi, in Christo manentes, possumus fructum boni operis facere ad honorem Dei. Io. XV, 4: sicut palmes non potest ferre fructum, etc..

Secundo, ibi cum enim essemus.

Ostendit quod iste fructus impediebatur, quando eramus sub servitute legis, dicens: cum essemus in carne, id est subditi concupiscentiis carnis. Infra VIII, 9: vos autem non estis in carne, sed in spiritu. Passiones autem et affectiones peccatorum, quæ quidem erant per legem, vel notificatæ vel augmentatæ occasionaliter ut supra patuit, operabantur in membris nostris, id est movebant membra nostra. Iac. IV, 1: unde bella et lites, nonne ex concupiscentiis? et hoc, ut fructificarent morti, id est, ut fructum facerent mortis. Iac. I, 15: peccatum cum consummatum fuerit, generat mortem.

Tertio, ibi nunc autem soluti.

Ostendit quod prædicta utilitas acquiritur ab his qui sunt liberati a servitute legis, dicens nunc autem soluti sumus per gratiam Christi a lege mortis, id est a servitute legis Moysi, quæ dicitur lex mortis, vel quia corporaliter occidebat absque misericordia. Hebr. X, 28: irritam quis faciens legem Moysi, etc.. Vel potius dicitur lex mortis, quia spiritualiter occidebat per occasionem, secundum illud II Cor. III, 6: littera occidit, etc..

In qua lege, nos tenebamur, quasi servi sub lege. Gal. III, 23: prius autem quam veniret fides, sub lege custodiebamur. Ita, scilicet sumus soluti, ut serviamus in novitate spiritus, in spiritu renovati per gratiam Christi.

Ez. XXXVI, 27: dabo vobis cor novum, et spiritum novum ponam in medio vestri non in vetustate litteræ, id est non secundum veterem legem. Vel non in vetustate peccati, quam littera legis

Commentaria in Epistolis S. Pauli

auferre non potuit.

Ps. VI, 8: inveteravi inter omnes inimicos meos.

Lectio 2

Postquam apostolus ostendit quod per gratiam Christi liberamur a servitute legis, et quod ista liberatio est utilis, hic respondet cuidam obiectioni, quæ ex præmissis occasionem habet, per quam videtur quod lex vetus non sit bona.

Et circa hoc duo facit.

Primo solvit obiectionem per quam videtur legem non esse bonam; secundo ostendit legem esse bonam, ibi scimus enim, etc..

Circa primum duo facit.

Primo ponit obiectionem quantum ad ipsam legem; secundo solvit, ibi itaque lex quidem sancta, etc..

Dicit ergo primo. Dictum est quod passiones peccatorum erant per legem et quod est lex mortis, quid ergo dicemus ex his sequi? numquid dicemus, quod lex est peccatum? quod quidem potest intelligi dupliciter.

Uno modo quod lex peccatum doceat, sicut dicitur Ier. X, 3: leges populorum vanæ sunt, quia scilicet vanitatem docent. Alio modo, ut lex dicatur peccatum, quia ille qui legem dedit, peccaverit, talem legem ferendo.

Et hæc duo invicem se consequuntur, quia si lex peccatum docet, legislator legem ferendo peccat. Is. X, 1: væ qui condunt leges iniquas. Videtur autem quod lex peccatum doceat, si passiones peccatorum sunt per legem, et si lex ducit ad mortem.

Deinde cum dicit absit, solvit prædictam obiectionem.

Circa quod sciendum est, quod si lex per se et directe causaret passiones peccatorum vel mortem, sequeretur quod lex esset peccatum altero modorum dictorum, non autem si lex est occasio passionum peccati et mortis.

Circa hoc ergo duo facit.

Primo ostendit quid lex per se facit; secundo ostendit quid ex ea occasionaliter sequatur, ibi occasione autem accepta, etc..

Circa primum tria facit.

Primo respondet ad quæstionem dicens absit, scilicet, quod lex sit peccatum.

Neque enim ipsa docet peccatum, secundum illud Ps. XVIII, 8: lex Domini immaculata, neque legislator peccavit, quasi iniustam legem ferens, secundum illud Prov. VIII, 15: per me reges regnant, etc..

Secundo, ibi sed peccatum, etc..

Ponit id quod per se pertinet ad legem, scilicet notificare peccatum et non auferre.

Et hoc est, quod dicit sed peccatum non cognovi nisi per legem. Supra III, 20: per legem enim Dei cognitio peccati. Et siquidem hoc intelligitur de lege naturali manifestum est quod dicitur, quia per legem naturalem

Ad Romanos

homo diiudicat inter bonum et malum. Eccli. XVII, 6: sensu implevit corda illorum, et bona et mala ostendit. Sed apostolus hic videtur loqui de lege veteri, quam significavit supra, dicens non in vetustate litteræ.

Dicendum est ergo, quod sine lege poterat quidem peccatum cognosci, secundum quod habet rationem inhonesti, id est contra rationem existens, non autem secundum quod importat offensam divinam; quia per legem divinitus datam manifestatur homini quod Deo displicent peccata humana, in hoc quod ea prohibet et mandat puniri.

Tertio, ibi nam concupiscentiam, etc.. Probat quod dixerat, dicens nam concupiscentiam nesciebam, nisi lex diceret: non concupisces.

Circa quod considerandum est quod hoc quod dixerat, peccatum non cognosci nisi per legem, posset aliquis referre ad ipsum actum peccati, quem lex in notitiam hominis ducit dum prohibet. Et hoc quidem verum est quantum ad aliqua peccata; dicitur enim lev. XVIII, 23: mulier non succumbet iumento.

Sed quod hic non sit intellectus apostoli, patet ex his quæ hic dicuntur. Nullus enim est qui ipsum actum concupiscentiæ ignoret, cum omnes ipsum experiantur.

Est ergo intelligendum, sicut supra diximus, quod peccatum non cognoscitur nisi per legem, quantum ad reatum poenæ et offensam Dei. Ideo autem hoc probat per concupiscentiam, quia concupiscentia prava communiter se habet ad omnia peccata. Unde Glossa, dicit et Augustinus: hoc elegit apostolus quod est generale peccatum, scilicet concupiscentiam. Bona est ergo lex, quæ dum concupiscentias prohibet, omnia mala prohibet.

Potest autem intelligi, quod concupiscentia sit generale peccatum, secundum quod sumitur pro concupiscentia rei illicitæ, quæ est de essentia cuiuslibet peccati. Non autem sic appellavit Augustinus concupiscentiam generale peccatum, sed quia est radix et causa omnis peccati aliqua concupiscentia specialis. Unde et Glossa dicit quod concupiscentia est generale peccatum, unde omnia mala veniunt.

Inducit enim apostolus præceptum legis, quod habetur Ex. XX, 17, ubi specialiter prohibetur: non concupisces rem proximi tui, quæ est concupiscentia avaritiæ, de qua loquitur I Tim. VI, 10: radix omnium malorum est cupiditas. Et hoc ideo quia pecuniæ obediunt omnia, ut dicitur Eccle. X, 19.

Et ideo concupiscentia, de qua hic loquitur, est generale malum, non communitate generis vel speciei, sed communitate causalitatis.

Nec est contrarium quod habetur Eccli. X, 15: initium omnis peccati, superbia. Nam superbia est initium peccati ex parte aversionis.

Cupiditas autem est principium peccatorum ex parte conversionis ad bonum commutabile.

Commentaria in Epistolis S. Pauli

Potest autem dici, quod apostolus specialiter assumit concupiscentiam ad propositi manifestationem, quia vult ostendere quod sine lege peccatum non cognoscebatur, in quantum scilicet pertinet ad offensam Dei: et hoc maxime patet in hoc quod lex Dei prohibet concupiscentiam quæ ab homine non prohibetur. Nam solus Deus hominem reum reputat propter concupiscentiam cordis, secundum illud I Reg. XVI, 17: homines vident quæ patent, Deus autem intuetur Cor. Ideo autem lex Dei potius prohibuit concupiscentiam rei alienæ, quæ furto aufertur, et uxoris alienæ, quæ per adulterium violatur, quam concupiscentiam aliorum peccatorum, quia ista peccata etiam in ipsa concupiscentia habent quamdam delectationem, quod non contingit de aliis peccatis.

Deinde cum dicit occasione autem, etc., ostendit quid ex lege occasionaliter consequatur. Et primo proponit quod intendit; secundo manifestat propositum, ibi sine lege, etc..

Dicit ergo primo, quod peccatum occasione accepta per mandatum, scilicet legis prohibentis peccatum, operatum est in me omnem concupiscentiam.

Per peccatum autem potest hic intelligi diabolus secundum emphaticam locutionem, quia ipse est peccati initium. Et secundum hoc in homine operatur omnem concupiscentiam peccati. I Io. III, 8: qui facit peccatum, ex diabolo est, quia ab initio diabolus peccat.

Sed quia apostolus hic de diabolo mentionem non fecerat, potest dici quod peccatum actuale quodcumque, prout est cogitatione apprehensum, operatur in homine sui concupiscentiam, secundum illud Iac. I, 14: unusquisque tentatur a concupiscentia sua: deinde concupiscentia parit peccatum.

Sed melius est quod hoc referamus ad peccatum, quod supra dixerat V, 12 per unum hominem in hunc mundum ingressum, scilicet ad peccatum originale, quod scilicet ante gratiam Christi est in homine secundum culpam et poenam, sed, veniente gratia, transit reatu et remanet actu quantum ad fomitem peccati; vel concupiscentiam habitualem, quæ operatur in homine omnem concupiscentiam actualem, sive hoc referatur ad concupiscentias diversorum peccatorum: alia enim est concupiscentia furti, alia adulterii, et sic de aliis; sive referatur ad diversos concupiscentiæ gradus, prout consistit in cogitatione, delectatione, consensu et opere.

Sed ad hunc effectum in homine operandum peccatum accipit occasionem ex lege.

Et hoc est quod dicit occasione accepta.

Vel quia adveniente mandato additur ratio prævaricationis, quia ubi non est lex, nec prævaricatio, ut supra IV, 15 dictum est, vel quia crescit desiderium peccati prohibiti, rationibus supra positis.

Et est notandum quod non dicit quod

Ad Romanos

lex dederit occasionem peccandi, sed quia ipsum peccatum occasionem acceperit ex lege.

Ille enim qui dat occasionem, scandalizat et per consequens peccat: quod quidem fit, quando aliquis facit aliquod opus minus rectum, unde proximus offenditur aut scandalizatur, puta si quis loca inhonesta frequentaret, licet non mala intentione. Unde dicitur infra XIV, 18: hoc iudicate magis ne ponatis offendiculum fratribus vel scandalum.

Sed si quis rectum opus faciat, puta si det eleemosynam et alius inde scandalizatur, ipse non dat occasionem scandalizandi; unde nec scandalizat, nec peccat, sed alius accipit occasionem qui scandalizatur et ille peccat. Sic igitur lex rectum aliquid fecit quia peccatum prohibuit, unde occasionem non dedit peccandi; sed homo occasionem ex lege accipit, et propter hoc sequitur, quod lex non sit peccatum, sed magis quod peccatum sit ex parte hominis.

Sic igitur intelligendum est quod passiones peccatorum quæ pertinent ad concupiscentiam peccati, non sunt per legem, quasi lex illas operetur, sed peccatum illas operatur, accepta occasione ex lege. Et eadem ratione dicitur lex mortis, non quia lex mortem operetur, sed quia peccatum mortem operatur, occasione accepta ex lege.

Potest autem eodem sensu littera aliter ordinari ut dicatur quod peccatum operatum est per mandatum legis omnem concupiscentiam et hoc occasione accepta ab ipso mandato; sed prima expositio simplicior et melior est.

Deinde cum dicit sine lege enim manifestat quod dixerat et hoc per experientiam effectus. Et primo proponit effectum; secundo resumit causam, ibi nam peccatum, etc..

Circa primum tria facit.

Primo describit statum ante legem; secundo statum sub lege, ibi sed cum venisset, etc.; tertio, ex comparatione utriusque status, concludit eventum legis, ibi et inventum est mihi, etc..

Dicit ergo primo, quod peccatum occasione accepta per mandatum, operatum est in me omnem concupiscentiam, quod ex hoc apparet: sine lege enim peccatum erat mortuum, non quidem sic quod peccatum non esset, quia per unum hominem peccatum in hunc mundum intravit ante legem, ut supra V, 12 dictum est. Sed intelligitur quod erat mortuum, vel quantum ad cognitionem hominis, qui quædam lege prohibita nesciebat esse peccata, puta concupiscentiam, vel quia erat mortuum, quantum ad efficaciam moriendi, per comparationem ad id quod postea fuit. Non enim habebat tantam virtutem inducendi hominem ad mortem, quantam postea habuit occasione accepta sub lege.

Habetur enim quasi mortuum, quod est debilitatum virtute. Col. III, 5: mortificate membra vestra quæ sunt super terram. Talis ergo erat status ante legem quantum ad peccatum.

Commentaria in Epistolis S. Pauli

Sed qualis esset quantum ad hominem, ostendit subdens ego autem vivebam sine lege aliquando.

Quod etiam dupliciter potest intelligi.

Uno modo quantum ad id quod homini videbatur ex seipso quod viveret, dum ignorabat peccatum esse id per quod mortuus erat. Apoc. III, 1: nomen habes quod vivas, sed mortuus es. Vel hoc dicitur per comparationem ad mortem, quæ consecuta est occasione legis. Dicuntur enim minus peccantes vivere, in comparatione ad eos qui magis peccant.

Deinde cum dicit sed cum venisset, etc. Describit statum sub lege.

Et primo quantum ad peccatum cum dicit sed cum venisset mandatum, data scilicet lege, revixit peccatum, quod potest dupliciter intelligi. Uno modo quantum ad cognitionem hominis, qui incepit cognoscere peccatum in se esse, quod prius non cognoverat. Ier. XXXI, 19: postquam ostendisti mihi, percussi femur meum, confusus sum et erubui. Et signanter dixit revixit, quia in Paradiso plenam notitiam homo habuerat de peccato, licet non habuerit per experientiam. Vel revixit, quantum ad virtutem, quia data lege occasionaliter augmentata est virtus peccati.

I Cor. XV, 56: virtus peccati, lex.

Secundo quantum ad ipsum hominem, cum dicit ego autem mortuus sum.

Quod etiam dupliciter potest intelligi. Uno modo secundum cognitionem, ut sit sensus mortuus sum, id est, cognovi me mortuum.

Alio modo per comparationem ad statum priorem, ut sit sensus mortuus sum, id est magis morti obligatus sum, quam ante. Unde aliqualiter verum est quod dictum est Moysi et Aaron Num. XIV, 41: vos interfecistis populum Domini.

Deinde cum dicit et inventum, etc. Concludit ex comparatione utriusque status eventum legis, dicens: et inventum est, secundum prædicta, mandatum quod erat ad vitam. Primo quidem secundum intentionem dantis legem; secundo quantum ad ipsam mandati honestatem et devotionem obedientis. Ez. XX, 11: dedi eis præcepta bona et iudicia, quæ faciens homo, vivet in eis. Hoc est mihi ad mortem occasionaliter, scilicet per peccatum quod in homine erat.

Iob XX, 14: panis eius in utero eius vertetur in fel aspidum intrinsecus, etc..

Deinde cum dicit nam peccatum, etc., resumit causam quasi manifestans per eventum præmissum, dicens: hoc ideo contingit, scilicet quod mandatum præmissum, quod erat ad vitam, inveniretur ad mortem esse, nam peccatum, occasione accepta per mandatum, seduxit me, scilicet per concupiscentiam quam in me operatum est, ut dictum est Dan. XIII, 56: species decepit te, et concupiscentia subvertit cor tuum, et per illud, scilicet mandatum, occasionaliter peccatum me occidit. II Cor. III, 6: littera occidit.

Deinde cum dicit itaque lex, etc., concludit conclusionem intentam,

146

scilicet quod lex non solum non sit peccatum, sed ulterius quod sit bona, tamquam faciens cognoscere peccatum et prohibens ipsum.

Et primo concludit quantum ad totam legem, dicens: sicut ex præmissis patet lex quidem est sancta. Ps. XVIII, 8: lex Domini immaculata. I Tim. I, 8: scimus quia bona est lex.

Secundo quantum ad particulare legis mandatum, dicens et mandatum legis est sanctum, quantum ad præcepta cæremonialia, quibus homines ordinantur ad Dei cultum.

Lev. XX, 7: sancti estote, quia ego sanctus sum. Et iustum quantum ad præcepta iudicialia, quibus homo debito modo ordinatur ad proximum. Ps. XVIII, 10: iudicia Domini vera, iustificata, etc.. Et bonum, id est honestum, quantum ad præcepta moralia. Ps. CXVIII, 72: bonum est mihi lex oris tui super millia, etc.. Quia tamen omnia præcepta ordinant nos in Deum, ideo totam legem sanctam nominavit.

Deinde cum dicit quod ergo bonum est, etc., movet quæstionem quantum ad legis effectum.

Et primo quæstionem, dicens quod ergo bonum est, scilicet in se, factum est mihi mors, id est per se causa mortis. Quod quidem aliquis poterat falso intelligere ex eo quod supra dictum est: inventum est mihi mandatum, quod erat ad vitam, hoc esse ad mortem.

Secundo solvit per interemptionem, dicens absit. Non potest id quod est secundum se bonum et vivificum, esse causa mali et mortis, secundum illud Matth. VII, 18: non potest arbor bona fructus malos facere.

Tertio, ibi sed peccatum, etc., concordat id quod nunc dicitur, cum eo quod supra dictum est. Non enim mandatum sic invenitur esse ad mortem, quod ipsum mortem operetur sed quia, occasione accepta ab ipso peccato, mortem operatur.

Et hoc est quod dicit sed peccatum, ut appareat peccatum, id est ex hoc apparet esse peccatum per legis bonum id est per mandatum legis: quia ex hoc ipsum bonum est, quod facit cognitionem peccati. Et hoc occasionaliter in quantum manifestat peccatum.

Non autem sic intelligitur peccatum per legem operatum esse mortem, quasi sine lege mors non fuisset. Dictum est enim supra quod regnavit mors ab Adam usque ad Moysen, scilicet cum lex non esset. Sed intelligitur quod peccatum per legem operatur mortem, quia damnatio mortis est augmentata lege adveniente.

Et hoc est quod subditur: ita dico quod peccatum operatum est mortem per bonum, ut peccatum fiat peccans, id est peccare faciens per mandatum legis occasionaliter. Et hoc supra modum quo antea peccabant, vel quia accessit reatus prævaricationis, vel quia crevit concupiscentia peccati, ut supra dictum est, veniente prohibitione legis.

Peccatum autem hic intelligitur, sicut supra diximus, vel diabolus vel potius fomes peccati.

Commentaria in Epistolis S. Pauli

Lectio 3

Postquam apostolus exclusit illa ex quibus lex videbatur esse mala et mali effectus, hic probat legem esse bonam.

Et circa hoc duo facit.

Primo probat bonitatem legis ex ipsa repugnantia, quæ in homine invenitur ad bonum, quam lex tollere non potest; secundo ostendit per quod huiusmodi legis repugnantia tolli potest, ibi infelix, etc..

Circa primum tria facit.

Primo proponit quod intendit; secundo probat propositum, ibi quod enim operor, etc.; tertio infert conclusionem intentam, ibi invenio igitur, etc..

Circa primum duo facit.

Primo proponit legis bonitatem; secundo, hominis conditionem, ibi ego autem, etc..

Dicit ergo primo. Dictum est quod lex est sancta. Et hoc dicit scimus enim, nos qui sumus in divinis sapientes, quod lex, scilicet vetus, spiritualis est, scilicet spiritui homines concordans. Ps.: lex Domini immaculata. Vel spiritualis est, id est a spiritu sancto data, qui digitus Dei dicitur in Scripturis. Lc. XI, 20: si in digito Dei eiicio Dæmonia. Unde dicitur Ex. XXXI, 18: dedit Dominus Moysi duas tabulas lapideas scriptas digito Dei.

Lex tamen nova non solum dicitur lex spiritualis, sed lex spiritus, ut patet infra VIII, 2, quia non solum a spiritu sancto, est, sed spiritus sanctus eam imprimit cordi quod inhabitat.

Deinde cum dicit ego autem carnalis sum, etc. Ostendit conditionem hominis.

Et potest hoc verbum dupliciter exponi.

Uno quidem modo, ut apostolus loquatur in persona hominis in peccato existentis. Et ita hoc Augustinus exponit in libro LXXXIII quæstionum. Postea vero in libro contra Iulianum, exponit hoc ut apostolus intelligatur loqui in persona sua, id est, hominis sub gratia constituti.

Prosequamur ergo declarando qualiter hæc verba et sequentia diversimode possunt utroque modo exponi, quamvis secunda expositio melior sit.

Quod ergo dicitur primo ego autem etc., sic intelligendum est, ut ly ego pro ratione hominis intelligatur, quæ est principale in homine; unde videtur unusquisque homo esse sua ratio vel suus intellectus, sicut civitas videtur esse rector civitatis, ita ut quod ille facit, civitas facere videatur.

Dicitur autem homo carnalis, quia eius ratio carnalis est, quæ dicitur carnalis dupliciter. Uno modo ex eo quod subditur carni, consentiens his, ad quæ caro instigat, secundum illud I Cor. III, 3: cum sit inter vos zelus et contentio, nonne carnales estis, etc.. Et hoc modo intelligitur de homine nondum per gratiam reparato. Alio modo dicitur ratio esse carnalis, ex eo quod a carne impugnatur, secundum illud Gal. V, 17: caro concupiscit adversus spiritum.

Ad Romanos

Et hoc modo intelligitur esse carnalis ratio etiam hominis sub gratia constituti. Utraque enim carnalitas provenit ex peccato, unde subdit venumdatus sub peccato.

Sed tamen notandum quod carnalitas quæ importat rebellionem carnis ad spiritum, provenit ex peccato primi parentis, quia hoc pertinet ad fomitem, cuius corruptio ex illo peccato derivatur. Carnalitas autem quæ importat subiectionem ad carnem, provenit non solum ex peccato originali, sed etiam actuali, per quod homo obediendo concupiscentiis carnis, servum se carnis constituit; unde subdit venumdatus sub peccato, scilicet vel primi parentis, vel proprio.

Et dicit venumdatus, quia peccator seipsum vendit in servum peccati, pretio propriæ voluntatis implendæ. Is. L, 1: ecce in iniquitatibus vestris venditi estis.

Deinde cum dicit quod enim operor, etc., ostendit quod proposuerat. Et primo quod lex sit spiritualis; secundo, quod homo sit carnalis, venumdatus sub peccato, ibi nunc autem iam non ego, etc..

Circa primum duo facit.

Primo proponit probationem; secundo inducit conclusionem, ibi si autem quod nolo, etc..

Sumitur autem probatio ex hominis infirmitate, quam primo proponit; secundo adducit probationem, ibi non autem, etc..

Infirmitas autem hominis est manifesta et ex hoc quod operatur id quod intelligit non esse operandum; unde dicitur quod enim operor, non intelligo, scilicet esse operandum.

Quod quidem potest intelligi dupliciter.

Uno modo de eo qui est subiectus peccato, qui quidem in universali intelligit non esse operandum peccatum, tamen victus suggestione Dæmonis vel passione vel inclinatione perversi habitus, operatur illud. Et ideo dicitur operari quod intelligit non esse operandum contra conscientiam faciens; sicut, Lc. XII, 47 s.: servus sciens voluntatem Domini sui et non faciens, digne plagis vapulabit multis.

Alio modo potest intelligi de eo qui est in gratia constitutus. Qui quidem operatur malum, non quidem exequendo in opere vel consentiente mente, sed solum concupiscendo secundum passionem sensibilis appetitus, et illa concupiscentia est præter rationem et intellectum, quia prævenit eius iudicium, quo adveniente talis operatio impeditur. Et ideo signanter non dicit intelligo non esse faciendum, sed non intelligo, quia scilicet intellectu nondum deliberato, aut præcipiente, talis operatio concupiscentiæ insurgit.

Gal. V, 17: caro concupiscit adversus spiritum, et spiritus adversus carnem.

Deinde cum dicit non enim quod volo, etc., probat quod dixerat et per divisionem et per effectum.

Per divisionem quidem eius, quod dixit quod enim operor, etc., sub quo duo continentur, scilicet non agere bonum

Commentaria in Epistolis S. Pauli

et agere malum, quia etiam ille qui non agit bonum, dicitur operari peccatum, peccato omissionis.

Ex parte autem eius quod dixit non intelligo, probat per effectum; quia enim intellectus movet voluntatem, velle est effectus eius, quod est intelligere.

Dicit ergo primo quantum ad omissionem boni non enim ago hoc bonum, quod volo agere.

Quod quidem uno modo potest intelligi de homine sub peccato constituto: et sic hoc quod dicit ago est accipiendum secundum actionem completam, quæ exterius opere exercetur per rationis consensum. Quod autem dicit volo est intelligendum non quidem de voluntate completa, quæ est operis præceptiva, sed de voluntate quadam incompleta, qua homines in universali bonum volunt, sicut et in universali habent rectum iudicium de bono, tamen per habitum vel passionem perversam pervertitur hoc iudicium et depravatur talis voluntas in particulari, ut non agat quod in universali intelligit agendum et agere vellet.

Secundum autem quod intelligitur de homine per gratiam reparato, e converso oportet intelligere per hoc quod dicit volo voluntate completa perdurante in electione particularis operationis, ut per hoc quod dicit ago intelligatur actio incompleta, quæ consistit tantum in appetitu sensitivo non perveniens usque ad rationis consensum. Homo enim sub gratia constitutus, vult quidem mentem suam a pravis concupiscentiis conservare, sed hoc bonum non agit propter motus inordinatos concupiscentiæ insurgentes in appetitu sensitivo.

Et simile est quod dicit Gal. V, 17: ut non quæcumque vultis, illa faciatis.

Secundo quantum ad perpetrationem mali, subdit: sed quod odi malum, illud facio. Quod quidem si intelligatur de homine peccatore, per hoc quod dicit odi intelligatur quoddam odium imperfectum, secundum quod omnis homo naturaliter odit malum. Per hoc autem quod dicit facio intelligatur actio perfecta per operis executionem secundum rationis consensum. Nam illud odium mali in universali, tollitur in particulari eligibili per inclinationem habitus vel passionis.

Si vero intelligitur de homine sub gratia constituto, per hoc quod dicit facio intelligitur e converso actio imperfecta, quæ consistit in sola concupiscentia appetitus sensitivi.

Per hoc quod dicit odi intelligitur odium perfectum quo quis perseverat in detestationem mali usque ad finalem reprobationem ipsius, de quo dicitur in Ps. CXXXVIII, 22: perfecto odio oderam illos, scilicet malos, inquantum sunt peccatores. II Mach. III, 1: cum leges adhuc optime custodirentur propter Oniæ pontificis pietatem, et alios odio habentes malum.

Deinde cum dicit si autem quod nolo etc., concludit ex præmissa dispositione hominis, quod lex sit bona, dicens si autem quod nolo, illud facio, quocumque dictorum modorum intelligatur, hoc ipso quod nolo malum, consentio legi, quoniam bona est, in hoc quod prohibet malum, quod ego naturaliter nolo.

Manifestum est enim quod inclinatio hominis secundum rationem ad volendum bonum et fugiendum malum est secundum naturam vel gratiam, et utraque est bona. Unde et lex, quæ huic inclinationi consentit præcipiendo bonum et prohibendo malum, eadem ratione est bona. Prov. IV, 2: donum bonum tribuam vobis, legem meam ne derelinquatis, etc..

Deinde cum dicit nunc autem ego, etc., probat quod dixerat de conditione hominis, scilicet quod sit carnalis venumdatus sub peccato.

Et circa hoc tria facit.

Primo proponit quod intendit; secundo probat propositum, ibi scio enim, etc.; tertio concludit intentum, ibi si autem quod nolo, etc..

Quod autem homo carnalis venumdatus sub peccato, quasi aliqualiter sit servus peccati, ex hoc apparet quod ipse non agit sed agitur a peccato. Ille enim qui est liber, ipse per seipsum agit et non ab alio agitur.

Et ideo dicit: dictum est quod per intellectum et voluntatem consentio legi, nunc autem, dum contra legem facio, ego iam non operor illud quod facio contra legem, sed peccatum, quod in me habitat, et sic patet me esse servum peccati, in quantum peccatum, in me quasi dominium habens, operatur.

Et hoc quidem recte ac faciliter potest intelligi de homine sub gratia constituto, quod enim concupiscit malum secundum appetitum sensitivum ad carnem pertinentem, non procedit ex opere rationis, sed ex inclinatione fomitis. Illud autem homo dicitur operari quod ratio operatur, quia homo est id quod est secundum rationem: unde motus concupiscentiæ, qui non sunt a ratione sed a fomite, non operatur homo sed fomes peccati, qui hic peccatum nominatur.

Iac. IV, 1: unde bella et lites in vobis? nonne ex concupiscentiis vestris quæ militant in membris vestris? sed de homine sub peccato constituto hoc proprie intelligi non potest, quia eius ratio peccato consentit, et ideo ipsemet operatur.

Unde dicit Augustinus, et habetur in Glossa: multum fallitur homo, qui consentiens est concupiscentiæ carnis suæ: et quod illa desiderat decernens facere, et statuens putat sibi adhuc esse dicendum: non ego operor illud.

Potest tamen, licet extorte, exponi etiam de homine peccatore.

Actio enim maxime attribuitur principali agenti, quod secundum proprietatem suam movet, non autem agenti quod movet vel agit secundum proprietatem alterius a quo movetur. Manifestum est autem quod ratio hominis, secundum illud quod est proprium sibi, non inclinatur ad malum sed secundum quod movetur a concupiscentia. Et ideo operatio mali quam ratio facit, prout est a concupiscentia victa, non attribuitur

Commentaria in Epistolis S. Pauli

principaliter rationi, quæ hic per hominem intelligitur, sed potius ipsi concupiscentiæ vel habitui, ex quo ratio inclinatur ad malum.

Dicitur autem peccatum habitare in homine, non quasi peccatum sit res aliqua, cum sit privatio boni, sed designatur permanentia huiusmodi defectus in homine.

Deinde cum dicit scio enim probat quod peccatum habitans in homine, operetur malum quod homo facit. Et primo ponit medium ad probandum propositum; secundo illud medium manifestat, ibi nam velle, etc..

Probat ergo primo quod peccatum habitans in homine operetur malum quod homo facit. Quæ quidem probatio manifesta est secundum quod verba referuntur ad hominem sub gratia constitutum, qui est liberatus a peccato per gratiam Christi, ut supra VI, 22 habitum est. Quantum ergo ad eum in quo Christi gratia non habitat, nondum est liberatus a peccato. In carne autem gratia Christi non habitat sed habitat in mente, unde infra VIII, 10 dicitur, quod si Christus in nobis est, corpus quidem mortuum est propter peccatum, spiritus autem vivit propter iustificationem. Igitur adhuc in carne dominatur peccatum quod operatur concupiscentia carnis.

Carnem enim hic accipit simul cum viribus sensitivis. Sic enim caro distinguitur contra spiritum et ei repugnat, in quantum appetitus sensitivus tendit in contrarium eius quod ratio appetit, secundum illud Gal. V, 17: caro concupiscit adversus spiritum.

Dicit ergo: dictum est quod in me, etiam per gratiam reparato, peccatum operatur; sed intelligendum est in me, secundum carnem simul cum appetitu sensitivo.

Scio enim, per rationem et experimentum, quod bonum, scilicet gratiæ, quo reformatus sum, non habitat in me.

Sed ne intelligatur secundum rationem, secundum modum superius positum, exponit: hoc est in carne mea. Nam in me, id est, in corde meo, hoc bonum habitat, secundum illud Eph. III, 17: habitare Christum per fidem in cordibus vestris.

Et per hoc patet, quod hoc verbum non patrocinatur Manichæis, qui volunt carnem non esse bonam secundum naturam, et ita non esse creaturam Dei bonam, cum scriptum sit I Tim. IV, 4: omnis creatura Dei bona est. Non enim hic apostolus agit de bono naturæ, sed de bono gratiæ, quo a peccato liberamur.

Si vero hoc referatur ad hominem sub peccato existentem, superflue additur quod dicit hoc est in carne mea. Quia in homine peccatore bonum gratiæ non habitat nec quantum ad carnem, nec quantum ad mentem; nisi forte quis extorte velit exponere hoc esse dictum quia peccatum, quod est privatio gratiæ, quodammodo a carne derivatur ad mentem.

Deinde cum dicit nam velle, etc., manifestat quod dixerat. Et primo ex hominis facultate; secundo, ex hominis actione, quæ facultatem demonstrat, ibi non enim quod volo, etc..

Facultas autem hominis primo describitur quantum ad voluntatem, quæ videtur in hominis esse potestate. Unde dicit nam velle adiacet mihi, id est propinquum est mihi, quasi sub mea potestate existens.

Nihil enim est tam in hominis voluntate constitutum, quam hominis voluntas, ut Augustinus dicit.

Secundo ponit facultatem hominis, vel potius difficultatem, quantum ad consummationem effectus, cum subdit perficere autem bonum non invenio, scilicet in mea potestate existens, secundum illud Prov. XVI, 1: hominis est præparare animum; et iterum: cor hominis disponit viam suam, sed Domini est dirigere gressus eius.

Hoc autem verbum patrocinari videtur pelagianis, qui dicebant quod initium boni operis est ex nobis in quantum bonum volumus. Et hoc est quod videtur apostolus dicere: perficere autem bonum non invenio.

Sed hunc sensum excludit apostolus phil. II, 13 dicens: Deus est qui operatur in nobis velle et perficere.

Quod ergo dicit velle adiacet mihi, scilicet per gratiam iam reparato, est ex operatione divinæ gratiæ, per quam quidem gratiam non solum volo bonum, sed etiam aliquid boni facio, quia repugno concupiscentiæ et contra eam ago ductus spiritu, sed non invenio in mea potestate quomodo istud bonum perficiam, ut scilicet totaliter concupiscentiam excludam. Et per hoc manifestatur, quod bonum gratiæ non habitat in carne, quia si in carne habitaret, sicut habeo facultatem volendi bonum per gratiam habitantem in mente, ita haberem facultatem perficiendi bonum per gratiam habitantem in carne.

Si vero referatur ad hominem sub peccato constitutum, sic exponi poterit, ut velle accipiatur pro voluntate incompleta, quæ ex instinctu naturæ in quibuscumque peccantibus est ad bonum. Sed illud velle adiacet homini, id est iuxta hominem iacet, quasi infirmum, nisi gratia voluntati tribuat efficaciam ad perficiendum.

Deinde cum dicit non enim quod volo, etc., manifestat quod dixerat ex actione hominis, quæ est signum et effectus facultatis humanæ. Ex hoc enim apparet, quod homo non invenit perficere bonum, quia non agit bonum quod vult, sed facit malum quod non vult, et hoc quidem supra expositum est.

Deinde cum dicit si autem quod nolo, etc., concludit illud quod supra proposuerat, dicens si autem quod nolo illud facio, non ego operor illud, sed quod habitat in me peccatum; et hoc etiam supra expositum est.

Sed notandum est quod ex uno et eodem medio, scilicet quod nolo illud facio, apostolus duo concludit quæ supra posuerat, scilicet legis bonitatem, cum dicit: si autem quod nolo illud facio, consentio legi Dei quoniam bona est, et iterum dominium peccati in homine, cum dicit hic si autem quod nolo illud facio, non ego

Commentaria in Epistolis S. Pauli

operor illud, sed quod habitat in me peccatum. Quarum duarum conclusionum prima pertinet ad hoc quod dixerat lex spiritualis est, secunda ad hoc quod dixerat ego autem carnalis sum, venumdatus sub peccato. Sed primam conclusionem, quæ est de bonitate legis, elicit ex illo medio, ratione eius quod dicit nolo, quia eius ratio non vult illud quod lex prohibet, et ex hoc patet legem esse bonam.

Sed ex parte eius quod dicit illud facio, concludit in homine dominari peccatum, quod contra voluntatem rationis operatur.

Lectio 4

Postquam apostolus ostendit legem esse bonam ex eo quod rationi concordat, hic infert duas conclusiones secundum duo quæ posuerat; secunda ponitur, ibi video autem aliam legem, etc..

Circa primum duo facit.

Primo infert conclusionem ex dictis; secundo ponit signum ad maiorem manifestationem, ibi condelector, etc..

Duo autem supra posuerat. Primum quidem quod lex spiritualis est, quo iam probato, concludit sic: invenio igitur, scilicet per experimentum, legem Moysi consonam esse mihi volenti facere bonum, id est rationi meæ, per quam bonum approbo et malum detestor, dum et ipsa lex bonum mandat et malum prohibet. Deut. XXX, 14: iuxta te est verbum valde in ore tuo et in corde tuo ut facias illud.

Et hoc modo necessarium fuit quod, id est quia malum, id est peccatum vel fomes peccati, mihi adiacet, id est iuxta rationem meam iacet, quasi carnem meam inhabitans.

Mich. VIII, 5: ab ea quæ dormit in sinu tuo, custodi claustra oris tui, id est a carne.

Deinde cum dicit condelector enim, etc., ponit signum per quod ostenditur quod lex rationi consentiat.

Nullus enim delectatur nisi in eo quod est sibi conveniens. Homo autem secundum rationem delectatur in lege Dei; ergo lex Dei est conveniens rationi. Et hoc est quod dicit condelector legi Dei secundum interiorem hominem, id est secundum rationem et mentem, quæ interior homo dicitur, non quod anima sit effigiata secundum formam hominis, ut Tertullianus posuit, vel quod ipsa sola sit homo, ut Plato posuit, quod homo est anima utens corpore; sed quia id quod est principalius in homine dicitur homo, ut supra dictum est.

Est autem in homine principalius, secundum apparentiam quidem, id quod est exterius, scilicet corpus sic effigiatum, quod dicitur homo exterior; secundum veritatem autem id quod est intrinsecum, scilicet mens vel ratio, quæ hic dicitur homo interior. Ps. XCVIII, 103: quam dulcia faucibus meis eloquia tua. I Mach. XII, 9: habentes solatio libros sanctos, qui in manibus nostris sunt.

Ad Romanos

Deinde cum dicit video autem, etc., ponit aliam conclusionem quæ respondet ei quod supra posuerat dicens ego autem carnalis sum, etc..

Dicens video aliam legem in membris meis, quæ est fomes peccati, quæ quidem potest dici lex duplici ratione. Uno modo propter similes effectus, quia sicut lex inducit ad bonum faciendum, ita fomes inducit ad peccandum. Alio modo per comparationem ad causam.

Cum autem fomes sit quædam poena peccati, duplicem causam habet: unam quidem ipsum peccatum, quod in peccante dominium accepit, et ei legem imposuit, quæ est fomes, sicut Dominus servo victo legem imposuit. Alia causa fomitis est Deus qui hanc poenam homini peccanti indidit, ut rationi eius inferiores vires non obedirent. Et secundum hoc ipsa inobedientia inferiorum virium, quæ dicitur fomes, lex dicitur inquantum est per legem divinæ iustitiæ introducta, sicut iusti iudicis sententia quæ legem habet, secundum illud I Reg. XXX, 25: et factum est hoc ex die illa, et deinceps constitutum et præfinitum, et quasi lex in Israel usque ad diem hanc.

Hæc autem lex originaliter quidem consistit in appetitu sensitivo, sed diffusive invenitur in omnibus membris, quæ deserviunt concupiscentiæ ad peccandum.

Supra VI, 19: sicut exhibuistis membra vestra servire immunditiæ, etc.. Et ideo dicit in membris meis.

Hæc autem lex duos effectus in homine habet. Primo namque resistit rationi, et quantum ad hoc dicit repugnantem legi mentis meæ, id est legi Moysi, quæ dicitur lex mentis inquantum consonat menti, vel legi naturali, quæ dicitur lex mentis quia naturaliter menti indita est. Supra II, 15: qui ostendunt opus legis scriptum in cordibus suis. Et de hac repugnantia dicitur Gal. V, 17: caro concupiscit adversus spiritum.

Secundus effectus est quod hominem in servitutem redigit. Et quantum ad hoc subdit et captivantem me, vel captivum me ducentem, secundum aliam litteram, in lege peccati, quæ est in membris meis, id est in meipso, more Hebraicæ locutionis, secundum quam ponuntur nomina loco pronominum.

Lex autem peccati captivat hominem dupliciter.

Uno modo hominem peccatorem per consensum et operationem; alio modo hominem sub gratia constitutum quantum ad concupiscentiæ motum. De hac captivitate dicitur in Ps. CXXV, 1: in convertendo Dominus captivitatem sion.

Deinde cum dicit infelix ego homo, etc., agit de liberatione a lege peccati, et tria circa hoc facit.

Primo quidem ponit quæstionem; secundo ponit responsionem, ibi gratia Dei, etc.; tertio infert conclusionem, ibi igitur ego ipse, etc..

Circa primum duo facit.

Unum quidem confitetur, scilicet suam miseriam, cum dicit infelix ego homo;

Commentaria in Epistolis S. Pauli

quod quidem est per peccatum quod in homine habitat, sive quantum ad carnem tantum sicut in iusto, sive etiam quantum ad mentem sicut in peccatore. Prov. XIV, 34: miseros facit populos peccatum. Ps. XXXVII, 7: miser factus sum et curvatus sum usque in finem.

Aliud autem quærit dicens quis me liberabit de corpore mortis huius? quæ quidem videtur quæstio esse desiderantis, secundum illud Ps. CXLI, 10: educ de carcere animam meam.

Sciendum est tamen, quod in corpore hominis considerari potest natura ipsa corporis quæ est conveniens animæ, unde ab ea non vult separari, II Cor. V, 4: nolumus expoliari, sed supervestiri, et iterum corruptio corporis, quæ aggravat animam, secundum illud Sap. IX, 15: corpus quod corrumpitur, aggravat animam, etc..

Et ideo signanter dicit de corpore mortis huius.

Deinde cum dicit gratia Dei, etc., respondet quæstioni.

Non enim homo propriis viribus potest liberari a corporis corruptione, nec etiam animæ, quamvis consentiat rationi contra peccatum, sed solum per gratiam Christi, secundum illud Io. VIII, 36: si filius vos liberaverit, vere liberi eritis.

Et ideo sequitur gratia Dei, scilicet me liberabit, quæ datur per Iesum Christum.

Io. I, 17: gratia et veritas per Iesum Christum facta est.

Hæc autem liberat a corpore mortis huius dupliciter. Uno modo ut corruptio corporis menti non dominetur, trahens eam ad peccandum; alio modo ut corruptio corporis totaliter tollatur.

Quantum ergo ad primum convenit dicere peccatori: gratia liberavit me de corpore mortis huius, id est liberavit me a peccato, in quo est anima inducta ex corporis corruptione.

Sed ad hoc iam iustus liberatus est, unde ei competit dicere, quantum ad secundum, gratia Dei liberavit me de corpore mortis huius, ut scilicet in corpore meo non sit corruptio peccati, aut mortis; quod erit in resurrectione.

Deinde cum dicit igitur ego ipse, etc., infert conclusionem quæ secundum duas præmissas expositiones diversimode ex præmissis infertur.

Secundum enim quod præmissa verba exponuntur in persona peccatoris, sic inferenda est conclusio: dictum est quod gratia Dei liberavit me a corpore mortis huius, ut scilicet ab ea non deducar in peccatum, ergo quando ero iam liberatus, mente servio legi Dei, secundum carnem autem legi peccati, quæ quidem in carne remanet quantum ad fomitem, per quem caro concupiscit adversus spiritum.

Si autem præmissa verba intelligantur ex persona iusti, sic est inferendum: gratia Dei per Iesum Christum liberavit me de corpore mortis huius, ita scilicet ut in me non sit corruptio peccati et mortis. Igitur, ego ipse, unus et idem antequam liberer, mente servio legi Dei, ei consentiens, carne autem servio legi peccati, inquantum caro mea, secundum legem carnis, movetur ad concupiscendum.

Capitulus VIII

Lectio 1

Postquam apostolus ostendit, quod per gratiam Christi liberamur a peccato et lege, hic ostendit quod per eamdem gratiam liberamur a damnatione.

Et primo, ostendit quod per gratiam Christi liberamur a damnatione culpæ; secundo, quod per eamdem gratiam liberamur a damnatione poenæ, ibi si autem Christus, etc..

Circa primum duo facit.

Primo proponit quod intendit; secundo probat propositum, ibi lex enim spiritus vitæ, etc..

Circa primum duo facit. Primo proponit beneficium quod gratia confert, concludens ex præmissis ita: gratia Dei per Iesum Christum liberavit me de corpore mortis huius, in qua existit nostra redemptio, ergo nunc, ex quo sumus per gratiam liberati, nihil damnationis est residuum, quia tollitur damnatio et quantum ad culpam et quantum ad poenam, Iob XXXIV, 29: ipso concedente pacem, quis est qui condemnet? secundo ostendit quibus hoc beneficium concedatur. Et ponit duas conditiones, quæ ad hoc requiruntur. Quarum primam ponit dicens iis qui sunt in Christo Iesu, id est qui sunt ei incorporati per fidem, et dilectionem, et fidei sacramentum. Gal. III, 17: omnes quotquot in Christo baptizati estis, Christum induistis. Io. XV, 4: sicut palmes non potest ferre fructum, nisi manserit in vite, sic nec vos nisi in me manseritis. Illis vero qui non sunt in Christo Iesu, damnatio debetur, unde, ibidem subditur: si quis in me non manserit, mittetur foras, sicut palmes, et arescet, et colligent eum, et in ignem mittent, et ardet.

Secundam conditionem ponit dicens qui non secundum carnem ambulant, id est concupiscentiam carnis non sequuntur. II Cor. X, 3: in carne ambulantes, non secundum carnem militamus.

Ex his autem verbis aliqui volunt accipere, quod in infidelibus, qui non sunt in Christo Iesu, etiam primi motus sint peccata mortalia, quamvis eis non consentiant, quod est secundum carnem ambulare. Si enim illi qui non secundum carnem ambulant, ex hoc non eis damnabile est, quod carne serviunt legi peccati secundum primos concupiscentiæ motus, quia sunt in Christo Iesu, sequitur, a contrario sensu, quod illis, qui non sunt in Christo Iesu, hoc sit damnabile.

Ad hoc etiam rationem inducunt. Dicunt enim quod necesse est actum damnabilem esse, qui procedit ex habitu damnabilis peccati.

Peccatum autem originale est damnabile, quia privat hominem æterna vita, cuius habitus manet in infideli, cui non est originalis culpa dimissa. Quilibet ergo motus concupiscentiæ, ex originali peccato

Commentaria in Epistolis S. Pauli

proveniens, est in eis peccatum damnabile.

Primo autem ostendendum est hanc positionem esse falsam.

Primus enim motus habet quod non sit peccatum mortale ex eo quod rationem non attingit, in qua completur ratio peccati. Ista autem causa etiam in infidelibus manet; unde in infidelibus primi motus non possunt esse peccata mortalia.

Præterea, in eadem specie peccati, gravius peccat fidelis quam infidelis, secundum illud Hebr. X, 29: quanto magis putatis deteriora mereri supplicia, etc.. Si ergo primi motus in infidelibus essent peccata mortalia, multo magis in fidelibus.

Secundo respondendum est ad eorum rationes.

Nam primo quidem ex littera apostoli hoc habere non possunt. Non enim dicit apostolus quod hoc solum non sit damnabile his qui sunt in Christo Iesu quod carne serviunt legi peccati, secundum concupiscentiæ motus, sed quod omnino nihil est eis damnationis. Illis autem, qui non sunt in Christo Iesu, est hoc ipsum damnabile.

Præterea, si hoc ad primos motus referatur his qui non sunt in Christo Iesu, sunt damnabiles huiusmodi motus secundum damnationem originalis peccati, quæ adhuc in eis manet, a qua sunt liberati hi, qui sunt in Christo Iesu. Non autem sic quod per huiusmodi motus nova addatur eis damnatio.

Quod etiam secundo obiiciunt non ex necessitate concludit quod intendunt. Non enim verum est, quod actus quilibet procedens ex habitu peccati damnabilis sit etiam et ipse damnabilis, sed solum quando est actus perfectus per consensum rationis. Si enim in aliquo sit habitus adulterii, motus concupiscentiæ adulterii, qui est actus imperfectus, non est in eo peccatum mortale, sed solum motus perfectus qui est per consensum rationis.

Et præterea actus, ex tali habitu procedens, non habet aliam rationem damnationis ab ea, quæ est secundum rationem habitus.

Et secundum hoc primi motus in infidelibus ex eo quod procedunt a peccato originali, non afferunt damnationem peccati mortalis, sed solum originalis.

Deinde, cum dicit lex, etc., probat quod dixerat. Et primo quantum ad primam conditionem qua dixerat nihil esse damnationis his qui sunt in Christo Iesu; secundo, quantum ad secundam conditionem, qua dixerat qui non secundum carnem ambulant, ibi qui non secundum carnem ambulamus, etc..

Circa primum duo facit.

Primo ponit probationem; secundo manifestat quod supposuerat per causam, ibi nam quod impossibile erat legi, etc..

Circa primum ponit talem rationem.

Lex spiritus liberat hominem a peccato et morte; sed lex spiritus est in Iesu Christo: ergo, per hoc quod aliquis est

Ad Romanos

in Christo Iesu, liberatur a peccato et morte.

Quod autem lex spiritus liberet a peccato et morte, sic probat: lex spiritus est causa vitæ, sed per vitam excluditur peccatum et mors, quæ est effectus peccati, nam et ipsum peccatum est spiritualis mors animæ: ergo lex spiritus liberat hominem a peccato et morte. Damnatio autem non est nisi per peccatum et mortem: ergo his qui sunt in Christo Iesu nihil damnationis existit.

Hoc est ergo quod dicit lex enim spiritus, etc..

Quæ quidem lex potest dici, uno modo, spiritus sanctus, ut sit sensus: lex spiritus, id est lex quæ est spiritus.

Lex enim ad hoc datur, ut per eam homines inducantur ad bonum; unde et Philosophus in II Ethic. Dicit quod intentio legislatoris est cives facere bonos. Quod quidem lex humana facit, solum notificando quid fieri debeat; sed spiritus sanctus, mentem inhabitans, non solum docet quid oporteat fieri, intellectum illuminando de agendis, sed etiam affectum inclinat ad recte agendum.

Io. XIV, 26: Paracletus autem spiritus sanctus, quem mittet pater in nomine meo, ille vos docebit omnia, quantum ad primum, et suggeret vobis omnia, quantum ad secundum, quæcumque dixero vobis.

Alio modo lex spiritus potest dici proprius effectus spiritus sancti, scilicet fides per dilectionem operans. Quæ quidem et docet interius de agendis, secundum illud infra: unctio docebit vos de omnibus, et inclinat affectum ad agendum, secundum illud II Cor. V, 14: charitas Christi urget nos.

Et hæc quidem lex spiritus dicitur lex nova, quæ vel est ipse spiritus sanctus, vel eam in cordibus nostris spiritus sanctus facit.

Ier. XXXI, 33: dabo legem meam in visceribus eorum, et in corde eorum superscribam eam. De lege autem veteri supra dixit solum quod erat spiritualis, id est a spiritu sancto data.

Et sic prædicta considerantes, inveniemus quatuor leges ab apostolo esse inductas.

Primo, legem Moysi, de qua dicit: condelector legi Dei secundum interiorem hominem, secundo, legem fomitis, de qua dicit: video aliam legem in membris meis, tertio, legem naturalem secundum unum sensum, de qua subdit: repugnantem legi mentis meæ, quarto tradit legem novam, cum dicit: lex spiritus.

Et addit vitæ; quia sicut spiritus naturalis facit vitam naturæ, sic spiritus divinus facit vitam gratiæ. Io. VI, 64: spiritus est qui vivificat; Ez. I, 20: spiritus vitæ erat in rotis.

Addit autem in Christo Iesu, quia scilicet iste spiritus non datur nisi his qui sunt in Christo Iesu. Sicut enim spiritus naturalis non pervenit ad membrum quod non habet connexionem ad caput, ita spiritus sanctus non pervenit ad hominem qui non est capiti Christo coniunctus. I Io.

Commentaria in Epistolis S. Pauli

III, 24: in hoc scimus quod ipse manet in nobis, quia de spiritu suo ipse dedit nobis. Act. V, 2: spiritus sanctus quem dedit Deus omnibus obedientibus sibi.

Hæc, inquam, lex eo quod est in Christo Iesu, liberavit me. Io. VIII, 36: si filius vos liberaverit, vere liberi estis. Et hoc a lege peccati, id est a lege fomitis quæ inclinat ad peccatum. Vel a lege peccati id est a consensu et operatione peccati, quod hominem tenet ligatum per modum legis. Per spiritum enim sanctum remittitur peccatum. Io. XX, 22: accipite spiritum sanctum, quorum remiseritis peccata, remittuntur eis. Et mortis, non solum spiritualis sed etiam corporalis, ut infra probabitur. Et hoc ideo quia est spiritus vitæ. Ez. XXXVII, 9: a quatuor ventis veni, spiritus, et insuffla super interfectos istos et reviviscant.

Deinde cum dicit nam quod impossibile, etc. Manifestat quod dixerat scilicet quod lex vitæ, quæ est in Christo Iesu, liberat a peccato: nam quod liberet a morte infra probabitur. Et hoc probat per causam quæ sumitur ex incarnatione Christi.

Circa quam tria ponit.

Primo, necessitatem incarnationis, secundo, modum incarnationis ibi Deus filium suum, tertio, incarnationis fructum ibi et de peccato.

Et ut planior fiat expositio accipiemus primo secundum, secundo tertium, tertio primum, hoc modo.

Recte dico quod lex spiritus vitæ in Christo Iesu liberat a peccato, nam Deus, pater, filium suum, id est proprium consubstantialem sibi et coæternum, Ps. II, 7: Dominus dixit ad me: filius meus es tu, etc.. Mittens, non de novo creans vel faciens, sed quasi præexistentem misit.

Matth. XXI, 37: novissime misit ad eos filium suum, non quidem ut esset ubi non erat, quia, ut dicitur Io. I, 10, in mundo erat, sed ut esset modo quo non erat in mundo, id est, visibiliter per carnem assumptam; unde ibidem sequitur: verbum caro factum est, et vidimus gloriam eius. Bar. III, 38: post hoc in terris visus est.

Et ideo hic subditur in similitudinem carnis peccati. Quod non est sic intelligendum, quasi veram carnem non habuerit sed solum carnis similitudinem, quasi phantasticam, sicut Manichæi dicunt, cum ipse Dominus dicat Lc. Cap. Ult.: spiritus carnem et ossa non habet, sicut me videtis habere. Unde non subdit solum, in similitudinem carnis, sed in similitudinem carnis peccati.

Non enim habuit carnem peccati, id est, cum peccato conceptam, quia caro eius fuit concepta per spiritum sanctum qui tollit peccatum.

Matth. I, 20: quod enim in ea natum est, de spiritu sancto est. Unde Ps. XXV, 11 dicit: ego in innocentia mea ingressus sum, scilicet in mundum. Sed habuit similitudinem carnis peccati, id est, similem carni peccatrici in hoc quod erat passibilis. Nam caro hominis, ante peccatum, passioni subiecta non erat. Hebr. II, 17: debuit per omnia fratribus assimilari, ut misericors fieret.

Ad Romanos

Subdit autem duplicem effectum incarnationis, quorum primus est remotio peccati, quam ponit dicens de peccato damnavit peccatum in carne.

Quod quidem potest legi: de peccato, id est, pro peccato commisso in carne Christi, diabolo instigante, ab occisoribus eius. Damnavit, id est destruxit peccatum, quia cum diabolus innocentem, in quo nihil iuris habebat, attentavit morti tradere, iustum fuit ut potestatem amitteret. Et ideo per suam passionem et mortem dicitur peccatum destruxisse.

Col. II, 15: expolians, scilicet in cruce, principatus et potestates.

Sed melius est ut dicatur damnavit peccatum in carne, id est debilitavit fomitem peccati in carne nostra, de peccato, id est ex virtute passionis suæ et mortis, quæ dicitur peccatum propter similitudinem peccati, ut dictum est, vel quia per hoc factus est hostia pro peccato, quæ in sacra Scriptura dicitur peccatum. Os. IV, 8: peccata populi mei comedent. Unde dicit II Cor. V, 21: eum qui non noverat peccatum pro nobis Deus fecit peccatum, idest hostiam pro peccato. Et ita, satisfaciendo pro peccato nostro, abstulit peccata mundi. Io. I, 29: ecce agnus Dei, ecce qui tollit peccata mundi.

Secundum effectum ponit consequenter dicens ut iustificatio legis, id est iustitia quam lex promittebat, et quam ex lege aliqui sperabant, impleretur, id est perficeretur, in nobis, existentibus scilicet in Christo Iesu. Infra IX, 30: gentes quæ non sectabantur iustitiam, apprehenderunt iustitiam quæ est ex fide. Et II Cor. V, 21, cum dixisset: eum qui non noverat peccatum Deus pro nobis fecit peccatum, subdit: ut nos efficeremur iustitia Dei in ipso.

Hoc aliter fieri non poterat quam per Christum et ideo præmisit quod scilicet damnare potest peccatum in carne et implere iustificationem, quod erat impossibile legi Moysi. Hebr. VII, 19: nihil ad perfectum adduxit lex.

Et hoc quidem erat legi impossibile, non propter defectum legis, sed in quo, id est inquantum, infirmabatur per carnem, id est propter infirmitatem carnis, quæ erat in homine ex corruptione fomitis, ex qua proveniebat quod etiam lege data, homo a concupiscentia vincebatur. Matth. XXVI, 41: spiritus quidem promptus est, caro autem infirma.

Et supra VI, 19: humanum dico propter infirmitatem carnis vestræ.

Et ex hoc patet quod necesse fuit Christum incarnari, unde et Gal. II, 21 dicitur: si per legem est iustitia, Christus gratis mortuus est, id est sine causa. Ideo ergo necessarius fuit Christum incarnari, quia lex iustificare non poterat.

Deinde, cum dicit qui non secundum carnem, etc., probat propositum quantum ad secundam conditionem, ostendens quod ad hoc quod aliqui damnationem evadant requiritur quod non secundum carnem ambulent.

Et circa hoc tria facit.

Primo proponit quod intendit; secundo

Commentaria in Epistolis S. Pauli

probat propositum, ibi qui enim secundum carnem, etc.; tertio manifestat quoddam quod in probatione supposuerat, ibi quoniam sapientia, etc..

Dicit ergo primo. Dictum est, quod iustificatio legis impletur in nobis, qui scilicet non solum sumus in Christo Iesu, sed etiam non ambulamus secundum carnem, sed secundum spiritum, id est, qui non sequimur concupiscentias carnis, sed instinctum spiritus sancti. Gal. V, 16: spiritu ambulate.

Deinde, cum dicit qui enim secundum carnem, etc., probat quod dixerat.

Et inducit duos syllogismos. Unum quidem ex parte carnis, qui est talis: quicumque sequuntur prudentiam carnis, ducuntur ad mortem; sed quicumque sunt secundum carnem, sequuntur prudentiam carnis: ergo, quicumque sunt secundum carnem, ducuntur ad mortem.

Alium syllogismum ponit ex parte spiritus, qui est talis: quicumque sequuntur prudentiam spiritus, consequuntur vitam et pacem; sed quicumque sunt secundum spiritum, sequuntur prudentiam spiritus: ergo, quicumque sunt secundum spiritum, sequuntur vitam et pacem.

Et sic patet quod illi, qui non ambulant secundum carnem, sed secundum spiritum, liberantur a lege peccati et mortis.

Primo, ergo ponit minorem primi syllogismi, dicens qui enim secundum carnem, id est, qui carni subduntur quasi ei subiecti, Rom. XVI, 18, huiusmodi Domino non serviunt, sed suo ventri, sapiunt ea quæ sunt carnis ac si dicat, habent sapientiam carnis.

Sapere enim quæ sunt carnis est approbare et iudicare bona esse quæ sunt secundum carnem. Matth. XVI, 23: non sapis quæ Dei sunt, sed quæ hominis. Ier. IV, 22: sapientes sunt, ut faciant mala.

Secundo, ponit minorem secundi syllogismi, dicens qui vero sunt secundum spiritum, id est, qui spiritum sanctum sequuntur, et secundum eum ducuntur secundum illud Gal. V, 18: si spiritu ducimini, non estis sub lege, sentiunt ea quæ sunt spiritus, id est, habent rectum sensum in rebus spiritualibus, secundum illud Sap. I, 1: sentite de Domino in bonitate.

Et horum ratio est, quia, sicut Philosophus dicit in III Ethic., qualis est unusquisque, talis finis videtur ei. Unde ille cuius est animus informatus per habitum bonum vel malum, existimat de fine secundum exigentiam illius habitus.

Tertio, ponit maiorem primi syllogismi, dicens nam prudentia carnis, etc..

Ad cuius intellectum oportet scire, quod prudentia est recta ratio agibilium, ut dicit Philosophus VI Ethic.. Recta autem ratio agendorum unum præsupponit, et tria facit.

Præsupponit enim finem qui est sicut principium in agendis, sicut et ratio speculativa præsupponit principia ex

Ad Romanos

quibus demonstrat.

Facit autem recta ratio agibilium tria. Nam primo, recte consiliatur; secundo, recte iudicat de consiliatis; tertio, recte et constanter præcipit quod consiliatum est.

Sic ergo ad prudentiam carnis requiritur quod aliquis præsupponat pro fine delectabile carnis et quod consilietur et iudicet et præcipiat ea quæ conveniunt ad hunc finem.

Unde talis prudentia est mors, id est, causa mortis æternæ. Gal. Cap. Ult.: qui seminat in carne, de carne et metet corruptionem.

Quarto, ponit maiorem secundi syllogismi, dicens prudentia autem spiritus vita et pax.

Dicitur autem secundum prædicta prudentia spiritus, quando aliquis, præsupposito fine spiritualis boni, consiliatur et iudicat et præcipit quæ ordinantur convenienter ad hunc finem. Unde talis prudentia est vita, id est, causa vitæ gratiæ et gloriæ. Gal.

Ult.: qui seminat in spiritu, de spiritu et metet vitam æternam. Et est pax, id est causa pacis, nam pax causatur a spiritu sancto.

Ps. CXVIII, 165: pax multa diligentibus legem tuam, Domine. Gal. V, 22: fructus spiritus charitas, gaudium et pax.

Lectio 2

Supposuerat apostolus in præcedentibus quod prudentia carnis mors est, et hoc quidem nunc probare intendit. Et primo probat propositum; secundo ostendit fideles quibus scribit a tali prudentia esse alienos, ibi vos autem, etc..

Circa primum duo facit.

Primo propositum probat de prudentia carnis in abstracto; secundo id quod de prudentia carnis dixerat, adaptat eis qui prudentiam carnis sequuntur, ibi qui autem in carne, etc..

Circa primum ponit tria media, quorum posterius probat prius.

Per primum autem probat id quod supra positum est, scilicet quod prudentia carnis sit mors, hoc modo: qui inimicatur Deo, incurrit mortem. Lc. XIX, 27: verum tamen inimicos illos qui noluerunt me regnare supra se, adducite huc, et interficite ante me. Et hoc quia Deus vita nostra est.

Deut. XXX, 20: ipse est enim vita tua. Et ideo ille qui inimicatur Deo, incurrit mortem; sed prudentia carnis inimica est Deo: ergo prudentia carnis est causa mortis.

Ubi notandum est, quod id quod supra dixerat prudentiam carnis, nunc nominat carnis sapientiam, non quod idem sit sapientia simpliciter et prudentia, sed quia in rebus humanis est prudentia. Prov. X, 23: sapientia est viro prudentia.

Ad cuius intellectum sciendum quod sapiens simpliciter dicitur qui cognoscit causam altissimam ex qua omnia dependent. Causa autem suprema simpliciter omnium Deus est.

Commentaria in Epistolis S. Pauli

Unde sapientia simpliciter est cognitio divinarum rerum, ut Augustinus dicit in libro de trinitate. I Cor. II, 6: sapientiam loquimur inter perfectos. Dicitur autem sapiens in unoquoque genere qui cognoscit altissimam causam illius generis: sicut in arte ædificatoria dicitur sapiens, non ille qui scit dolare ligna et lapides, sed ille qui concipit et disponit convenientem formam domus: ex hoc enim totum artificium dependet; unde et apostolus dicit I Cor. III, 10: ut sapiens architectus fundamentum posui. Sic igitur sapiens in rebus humanis dicitur qui bonam æstimationem habens de fine humanæ vitæ, secundum hoc ordinat totam humanam vitam, quod pertinet ad prudentiam.

Et ita sapientia carnis est idem quod carnis prudentia. De hac sapientia dicitur Iac. III, 15: non est desursum descendens, sed terrena, animalis, diabolica.

Dicitur autem hæc sapientia Deo inimica, quia contra legem Dei hominem inclinat.

Iob XV, 26: currit adversus Deum collo erecto et pingui cervice.

Et ideo ad hoc probandum inducit aliud medium, subdens legi enim Dei non est subiecta.

Non enim potest aliquis Deum odire secundum quod in se est, cum Deus sit ipsa essentia bonitatis: sed secundum hoc aliquis peccator Deum odit, quod præceptum divinæ legis est contrarium suæ voluntati, sicut adulter odit Deum, inquantum odit hoc præceptum: non moechaberis. Et sic omnes peccatores inquantum nolunt subiici legi Dei, sunt inimici Dei. II par. XIX, 2: his qui oderunt Deum amicitia iungeris.

Unde convenienter probat quod prudentia, vel sapientia carnis sit inimica Deo, quia non est subiecta legi Dei.

Probat autem hoc per tertium medium, dicens nec enim potest.

Prudentia enim carnis vitium est quoddam, ut ex prædictis patet. Quamquam autem ille qui subiectus est vitio possit liberari a vitio et subiici Deo, secundum illud supra VI, 18: liberati a peccato, servi facti Deo, tamen ipsum vitium Deo subiici non potest, cum ipsum vitium sit aversio a Deo vel a lege Dei, sicut ille qui est niger potest fieri albus, sed ipsa nigredo numquam potest fieri alba. Et secundum hoc dicitur Matth. VII, 18: non potest arbor mala fructus bonos facere.

Ex quo patet quod non recte Manichæi ad confirmationem sui erroris hæc verba assumunt, volentes per hæc verba ostendere naturam carnis non esse a Deo, cum sit inimica Deo, nec possit Deo subiici. Non enim agit apostolus hic de carne ista quæ est vitium hominis, ut dictum est.

Deinde cum dicit qui autem in carne, etc., adaptat quod dixerat de prudentia carnis, ad homines, quibus prudentia carnis dominatur, dicens qui autem in carne sunt, id est qui concupiscentias carnis sequuntur per prudentiam carnis, quamdiu tales sunt Deo placere non possunt, quia, ut in Ps. CXLVI, 11

Ad Romanos

dicitur, beneplacitum est Deo super timentes eum.

Unde illi qui ei non subiiciuntur, non possunt ei placere, quamdiu tales sunt. Possunt autem desinere esse in carne secundum modum prædictum, et tunc Deo placebunt.

Deinde, cum dicit vos autem, etc., ostendit eos, quibus loquitur, esse immunes a prudentia carnis.

Et circa hoc tria facit. Primo ponit fidelium statum, dicens vos autem non estis in carne. Et sic patet non esse intelligendum de carnis natura. Romani enim, quibus loquebatur, mortales erant carne induti. Sed carnem accipit pro vitiis carnis, secundum illud I Cor. XV, 50: caro et sanguis regnum Dei non possidebunt. Unde dicit vos non estis in carne, id est, non estis in vitiis carnis, quasi secundum carnem viventes, II Cor. X, 3: in carne viventes, non secundum carnem militamus, sed in spiritu, id est, spiritum sequimini. Apoc. I, 10: fui in spiritu dominica die.

Secundo apponit conditionem, dicens si tamen spiritus Dei habitat in vobis, scilicet per charitatem I Cor. III, 16: templum Dei estis, et spiritus Dei habitat in vobis.

Apponit autem hanc conditionem, quia quamvis in baptismo spiritum sanctum receperint, potuisset tamen contingere, quod per peccatum superveniens spiritum sanctum amisissent, de quo dicitur Sap. I, 5, quod corripitur a superveniente iniquitate.

Tertio ostendit conditionem hanc oportere in eis exstare, dicens si quis spiritum Christi non habet, hic non est eius.

Sicut non est membrum corporis quod per spiritum corporis non vivificatur, ita non est membrum Christi, qui spiritum Christi non habet. I Io. IV, 13: in hoc scimus quoniam manet in nobis, quoniam de spiritu suo dedit nobis.

Est autem notandum, quod idem est spiritus Christi et Dei patris; sed dicitur Dei patris inquantum a patre procedit; dicitur spiritus Christi, inquantum procedit a filio.

Unde etiam Dominus ubique attribuit eum simul sibi et patri, sicut Io. XIV, 26: Paracletus spiritus sanctus, quem mittet pater in nomine meo. Item: cum venerit Paracletus, quem ego mittam vobis a patre, etc..

Deinde cum dicit si autem Christus, etc. Ostendit, quod per gratiam Christi sive per spiritum sanctum liberamur a poena. Et primo ostendit quod liberamur per spiritum sanctum in futuro a morte corporali; secundo, quod interim in hac vita adiuvamur a spiritu sancto contra infirmitates præsentis vitæ, ibi similiter autem, etc..

Circa primum tria facit.

Primo proponit quod intendit; secundo ex hoc infert quoddam corollarium, ibi ergo, fratres, etc.; tertio probat propositum, ibi quicumque enim, etc..

Circa primum considerandum est, quod supra mentionem fecerat de

Commentaria in Epistolis S. Pauli

spiritu Dei, et de spiritu Christi, quamvis sit unus et idem spiritus.

Primo ergo ostendit quid consequamur ex spiritu, ex hoc quod est Christi; secundo ostendit quid consequamur ex eo, inquantum est spiritus Dei patris, ibi quod si spiritus eius, etc..

Dicit ergo: dictum est, quod si quis spiritum Christi non habet, hic non est eius, unde, cum vos sitis Christi, spiritum Christi habetis, et ipsum Christum in vobis habitantem per fidem, secundum illud Eph. III, 17: habitare Christum per fidem in cordibus vestris. Si autem Christus sic in vobis est, oportet vos Christo esse conformes.

Christus autem sic venit in mundum, ut quantum ad spiritum esset plenus gratia et veritate, et tamen, quantum ad corpus, habet similitudinem carnis peccati, ut supra dictum est. Unde et hoc oportet esse in vobis, quod corpus quidem vestrum propter peccatum, quod adhuc manet in carne vestra, mortuum est, id est, necessitati mortis addictum, sicut Gen. II, 17 dicitur: quacumque die comederitis, morte moriemini, id est necessitati mortis addicti eritis; spiritus vero vivit, qui iam revocatus est a peccato, secundum illud Eph. IV, 23: renovamini spiritu mentis vestræ: vivit vita gratiæ, propter iustificationem, per quam iustificatur a Deo. Gal. II, 3: quod autem nunc vivo in carne, in fide vivo filii Dei. Supra I, 17: iustus ex fide vivit.

Deinde, cum dicit quod si spiritus, etc., ostendit quid consequamur in spiritu sancto, inquantum est spiritus patris, dicens quod si habitat in vobis spiritus eius, scilicet Dei patris, qui suscitavit Iesum Christum a mortuis. Ps. XL, 11: tu autem, Domine, miserere mei, et resuscita me. Act. III, 15: hunc Deus suscitavit, etc., et tamen ipse Christus propria virtute resurrexit, quia eadem est virtus patris et filii, consequens est, quod id quod Deus pater fecit in Christo, faciat etiam in nobis.

Et hoc est quod subdit qui suscitavit Iesum Christum a mortuis, vivificabit et mortalia corpora vestra. Non dicit mortua, sed mortalia, quia in resurrectione non solum a corporibus vestris auferetur quod sint mortua, id est necessitatem mortis habentia, sed etiam quod sint mortalia, id est potentia mori, quale fuit corpus Adam ante peccatum.

Nam post resurrectionem corpora nostra erunt penitus immortalia. Is. XXV, 19: vivent mortui tui, interfecti mei resurgent, etc.. Os. VI, 3: vivificabit nos post duos dies.

Et hoc propter inhabitantem spiritum eius in nobis, id est in virtute spiritus sancti in nobis habitantis. Ez. XXXVII, 5: hæc dicit Dominus Deus ossibus his: ecce ego intromittam in vobis spiritum, et vivetis.

Et hoc propter inhabitantem spiritum, id est propter dignitatem quam corpora nostra habent eo quod fuerunt receptacula spiritus sancti. I Cor. VI, 19: nescitis quod membra vestra templum sunt spiritus sancti. Illi vero, quorum membra non fuerunt templum spiritus, resurgent, sed habebunt

Ad Romanos

corpora passibilia.

Deinde, cum dicit ergo debitores, etc., concludit corollarium ex dictis. Et primo ponit conclusionem; secundo rationem assignat, ibi si enim, etc..

Dicit ergo primo. Dictum est, quod per spiritum sanctum multa bona nobis proveniunt et quod ex prudentia carnis sequitur mors: ergo debitores sumus spiritui sancto propter beneficia ab eo recepta, ut vivamus secundum spiritum et non secundum carnem. Gal. V, 25: si spiritu vivimus, spiritu et ambulemus.

Deinde, cum dicit si enim secundum carnem, assignat rationem conclusionis præmissæ.

Et primo quantum ad carnem dicens si enim secundum carnem vixeritis, scilicet sequendo concupiscentias carnis, moriemini, scilicet morte culpæ in præsenti et morte damnationis in futuro, I Tim. V, 6: quæ in deliciis vivens mortua est.

Secundo assignat rationem quantum ad spiritum, dicens si autem spiritu, id est per spiritum, scilicet mortificaveritis facta carnis, id est opera quæ ex concupiscentia carnis proveniunt, vivetis, vita gratiæ in præsenti et vita gloriæ in futuro. Col. III, 5: mortificate membra vestra quæ sunt super terram.

Gal. V, 24: qui Christi sunt, carnem suam crucifixerunt cum vitiis et concupiscentiis.

Lectio 3

Postquam apostolus proposuit, quod per spiritum sanctum dabitur nobis vita gloriosa quæ omnem mortalitatem a corporibus nostris excludet, hic probationem inducit. Et primo ostendit, quod per spiritum sanctum huiusmodi gloriosa vita datur; secundo ostendit causam quare differtur, ibi si tamen compatimur, etc..

Circa primum ponit talem rationem: quicumque sunt filii Dei consequuntur æternitatem gloriosæ vitæ: sed quicumque reguntur spiritu sancto sunt filii Dei; ergo quicumque reguntur spiritu sancto, consequuntur hæreditatem gloriosæ vitæ.

Primo ergo ponit minorem prædictæ rationis; secundo maiorem, ibi si autem, etc..

Circa primum duo facit.

Primo proponit quod intendit; secundo probat propositum, ibi non enim accepistis, etc..

Circa primum duo consideranda sunt.

Primo quidem quomodo aliqui aguntur a spiritu Dei. Et potest sic intelligi: quicumque spiritu Dei aguntur, id est reguntur sicut a quodam ductore et directore, quod quidem in nobis facit spiritus, scilicet inquantum illuminat nos interius quid facere debeamus.

Ps. CXLII, 10: spiritus tuus bonus deducet me, etc..

Sed quia ille qui ducitur, ex seipso non operatur, homo autem spiritualis non tantum instruitur a spiritu sancto quid agere debeat, sed etiam cor eius a

167

Commentaria in Epistolis S. Pauli

spiritu sancto movetur, ideo plus intelligendum est in hoc, quod dicitur quicumque spiritu Dei aguntur.

Illa enim agi dicuntur, quæ quodam superiori instinctu moventur. Unde de brutis dicimus quod non agunt sed aguntur, quia a natura moventur et non ex proprio motu ad suas actiones agendas. Similiter autem homo spiritualis non quasi ex motu propriæ voluntatis principaliter sed ex instinctu spiritus sancti inclinatur ad aliquid agendum, secundum illud Is. LIX, 19: cum venerit quasi fluvius violentus quem spiritus Dei cogit; et Lc. IV, 1, quod Christus agebatur a spiritu in deserto.

Non tamen per hoc excluditur quin viri spirituales per voluntatem et liberum arbitrium operentur, quia ipsum motum voluntatis et liberi arbitrii spiritus sanctus in eis causat, secundum illud Phil. II, 13: Deus est qui operatur in nobis velle et perficere.

Secundo considerandum est quomodo illi, qui spiritu Dei aguntur, sunt filii Dei.

Et hoc est manifestum ex similitudine filiorum carnalium, qui per semen carnale a patre procedentes generantur. Semen autem spirituale a patre procedens, est spiritus sanctus.

Et ideo per hoc semen aliqui homines in filios Dei generantur. I Io. III, 9: omnis qui natus est ex Deo peccatum non facit, quoniam semen Dei manet in eo.

Deinde cum dicit non enim accepistis, etc., probat propositum scilicet quod spiritum sanctum accipientes sint homines filii Dei, et hoc tripliciter.

Primo quidem ex distinctione donorum spiritus sancti; secundo, ex confessione nostra, ibi in quo clamamus, etc.; tertio, ex testimonio spiritus, ibi ipse enim spiritus.

Circa primum considerandum est, quod spiritus sanctus duos effectus facit in nobis: unum quidem timoris, Is. XI, 3: replebit eum spiritus timoris Domini, alium amoris, supra V, 5: charitas Dei diffusa est per spiritum sanctum in cordibus nostris, qui datus est nobis. Timor autem facit servos, non autem amor.

Ad cuius evidentiam considerari oportet, quod timor habet duo obiecta, scilicet malum quod quis timendo refugit, et illud a quo sibi hoc malum imminere videt. Dicitur enim homo timere et occisionem et regem qui potest occidere. Contingit autem quandoque quod malum quod quis refugit, est contrarium bono corporali vel temporali quod quis interdum inordinate amat et refugit pati ab aliquo homine temporali. Et hic est timor humanus vel mundanus; et hic non est a spiritu sancto. Et hunc prohibet Dominus.

Matth. X, 28: nolite timere eos qui corpus occidunt.

Alius autem est timor qui refugit malum quod contrariatur naturæ creatæ, scilicet malum poenæ, sed tamen refugit hoc pati a causa spirituali, scilicet a Deo: et hic timor est laudabilis quantum ad hoc saltem, quod Deum timet. Deut. V, 29: quis det

Ad Romanos

eos talem habere mentem ut timeant me? et secundum hoc a spiritu sancto est.

Sed inquantum talis timor non refugit malum quod opponitur bono spirituali, scilicet peccatum, sed solum poenam, non est laudabilis.

Et istum defectum non habet a spiritu sancto sed ex culpa hominis: sicut et fides informis quantum ad id quod est fidei, est a spiritu sancto, non autem eius informitas.

Unde et si per huiusmodi timorem aliquis bonum faciat, non tamen bene facit, quia non facit sponte, sed coactus metu poenæ, quod proprie est servorum. Et ideo timor iste proprie dicitur servilis, quia serviliter facit hominem operari.

Est autem tertius timor qui refugit malum quod opponitur bono spirituali, scilicet peccata vel separationem a Deo, et hoc quidem timet incurrere ex iusta Dei vindicta.

Et sic quantum ad utrumque obiectum respicit rem spiritualem, sed tamen cum hoc habet oculum ad poenam.

Et iste timor dicitur esse initialis, quia solet esse in hominibus in initio suæ conversionis.

Timent enim poenam propter peccata præterita et timent separari a Deo per peccatum propter gratiam charitati infusam. Et de hoc dicitur in Ps. CX, 10: initium sapientiæ timor Domini.

Est autem quartus timor, qui ex utraque parte oculum habet solum ad rem spiritualem, quia nihil timet nisi a Deo separari.

Et iste timor est sanctus qui permanet in sæculum sæculi, ut in Psalmo dicitur. Sicut autem timor initialis causatur ex charitate imperfecta: ita hic timor causatur ex charitate perfecta. I Io. IV, 18: perfecta charitas foras mittit timorem. Et ideo timor initialis et timor castus non distinguuntur contra amorem charitatis, qui est causa utriusque, sed solum timor poenæ; quia sicut hic timor facit servitutem, ita amor charitatis facit libertatem filiorum. Facit enim hominem voluntaria ad honorem Dei operari, quod est proprie filiorum.

Lex igitur vetus data est in timore, quod significabant tonitrua et alia huiusmodi, quæ facta sunt in datione veteris legis, ut dicitur Ex. XIX, 16 s.. Et ideo dicitur Hebr. XII, 21: et ita terribile erat quod videbatur.

Et ideo lex vetus per inflictionem poenarum inducens ad mandata Dei servanda, data est in spiritu servitutis. Unde dicitur Gal. IV, 24: unum quidem in monte sina in servitutem generans.

Et ideo hic dicit: recte dictum est quod qui spiritu Dei aguntur, etc., non enim iterum, in nova lege sicut in veteri lege fuit, accepistis spiritum servitutis in timore, scilicet poenarum, quem timorem spiritus sanctus faciebat; sed accepistis spiritum, scilicet charitatis, qui est adoptionis filiorum, id est, per quem adoptamur in filios Dei. Gal. IV, 5: ut adoptionem filiorum reciperemus.

Non autem hoc dicitur quasi sit alius

169

Commentaria in Epistolis S. Pauli

et alius spiritus, sed quia idem est spiritus, scilicet qui in quibusdam facit timorem servilem quasi imperfectum, in aliis facit amorem quasi quoddam perfectum.

Deinde cum dicit in quo clamamus, etc., manifestat idem per nostram confessionem.

Profitemur enim nos patrem habere Deum instructi a Domino, cum dicimus orantes pater noster qui es in cælis, ut habetur Matth. VI, 9. Hoc autem convenit dicere non solum Iudæis, sed etiam gentibus. Et ideo duo ponit idem significantia, scilicet abba, quod est Hebræum, et pater, quod est Latinum vel Græcum, ut ostendat hoc ad utrumque populum pertinere. Unde et Dominus, Mc. XIV, 36: abba pater, omnia possibilia sunt tibi. Ier. III, 19: patrem vocabis me.

Hoc autem dicimus non tantum sono vocis, quantum intentione cordis, quæ quidem propter sui magnitudinem clamor dicitur, sicut et ad Moysen tacentem dicitur, Ex. XIV, 15: quid clamas ad me, scilicet intentione cordis? sed ista magnitudo intentionis ex affectu filialis amoris procedit, quem in nobis scilicet, facit. Et ideo dicit in quo, scilicet spiritu sancto, clamamus: abba, pater. Unde Is. VI, 3 dicitur quod Serapim qui interpretantur ardentes, quasi igne spiritus sancti, clamabant alter ad alterum.

Deinde cum dicit ipse enim spiritus, etc., ostendit idem ex testimonio spiritus sancti, ne forte aliquis dicat, quod in nostra confessione decipimur; unde dicit: ideo dico, quod in spiritu sancto clamamus: abba, pater, ipse enim spiritus testimonium reddit quod sumus filii Dei. Hic autem testimonium reddit non quidem exteriore voce ad aures hominum; sicut pater protestatus est de filio suo, Matth. III, 17, sed reddit testimonium per effectum amoris filialis, quem in nobis facit. Et ideo dicit quod testimonium reddit, non auribus, sed spiritui nostro, etc.. Act. III, 15: nos testes sumus horum verborum.

Deinde cum dicit si autem filii, etc., ponit maiorem.

Et, primo, ostendit quod filiis debetur hæreditas, dicens: si autem aliqui filii, per spiritum scilicet, sequitur etiam quod sint hæredes, quia non solum filio naturali, sed etiam adoptivo debetur hæreditas. I Petr. I, 3 s.: regeneravit nos in spem vivam in hæreditatem, etc.. Ps. XV, 6: hæreditas mea præclara est mihi.

Secundo ostendit quæ sit ista hæreditas.

Et primo describit eam quantum ad Deum patrem, dicens hæredes quidem Dei. Dicitur autem aliquis hæres alicuius existere, qui principalia eius bona percipit seu adipiscitur, non autem qui aliqua munuscula recipit, sicut legitur Gen. XXV, 5 quod Abraham dedit cuncta quæ possedit Isaac, filiis autem concubinarum largitus est munera. Bonum autem principale quo Deus dives est, est ipsemet.

Est enim dives per seipsum, et non per aliquid aliud, quia extrinsecorum

170

Ad Romanos

bonorum non indiget, ut dicitur in Ps. XV, 2. Unde ipsum Deum adipiscuntur filii Dei pro hæreditate.

Unde Ps. XV, 5: Dominus pars hæreditatis meæ. Thren. III, 24: pars mea Dominus, dixit anima mea.

Sed cum filius hæreditatem non adipiscatur nisi patre defuncto, videtur quod homo non possit esse hæres Dei, qui numquam decidit.

Dicendum est autem, quod illud habet locum in bonis temporalibus, quæ simul a multis possideri non possunt, et ideo necesse est unum decedere ut alius succedat: sed bona spiritualia simul a multis haberi possunt, et ideo non oportet patrem decedere ut filii sint hæredes.

Potest tamen dici quod Deus decedit nobis inquantum est in nobis per fidem: erit autem nostra hæreditas, inquantum videbimus eum per speciem.

Secundo describit hanc hæreditatem ex parte Christi, dicens cohæredes autem Christi, quia ipse cum sit principalis filius a quo nos filiationem participamus, ita est principalis hæres, cui in hæreditate coniungimur.

Matth. XXI, 38: hic est hæres, etc.. Mich. I, 15: adhuc hæredem adducam tibi.

Deinde cum dicit si tamen compatimur, etc., ostendit causam dilationis huius vitæ gloriosæ. Et primo ponit causam ex parte passionum; secundo, præeminentiam gloriæ ad passiones, ibi existimo enim, etc..

Circa primum considerandum est quod Christus, qui est principalis hæres, ad hæreditatem gloriæ pervenit per passiones.

Lc. Cap. Ult.: nonne oportuit Christum pati, et ita intrare in gloriam suam? non autem nos faciliori modo debemus hæreditatem adipisci. Et ideo nos etiam oportet per passiones ad illam hæreditatem pervenire.

Act. XIV, 21: per multas tribulationes oportet nos introire in regnum Dei. Non enim statim immortale et impassibile corpus accipimus, ut simul cum Christo pati possimus.

Unde dicit si tamen compatimur, id est simul cum Christo patienter sustinemus tribulationes huius mundi, ut et cum Christo glorificemur.

II Tim. II, 11: si commortui sumus, et conregnabimus.

Lectio 4

Postquam apostolus demonstravit et dixit quod per gratiam Christi liberamur, nunc assignat causam dilationis immortalis vitæ, quæ est hæreditas filiorum Dei, ex eo quod oportet nos Christo compati, ut ad eius gloriæ societatem perveniamus.

Et quia posset aliquis dicere onerosam esse hæreditatem huiusmodi, ad quam non potest nisi per tolerantiam passionum perveniri, ideo hic ostendit excellentiam futuræ gloriæ ad passiones præsentis temporis. Et primo ponit quod intendit; secundo probat propositum, ibi nam expectatio,

Commentaria in Epistolis S. Pauli

etc..

Dicit ergo primo. Dictum est quod oportet nos pati ut et glorificemur, nec debemus refugere passiones, ut gloriam habeamus.

Existimo enim, ego, qui utrumque expertus sum, Eccli. XXXIV, 9: vir in multis expertus, cogitabit multa. Ipse abundanter passiones sustinuit, secundum illud II Cor. XI, 23: in laboribus et carceribus abundantius.

Ipse etiam futuræ gloriæ contemplator fuit, secundum illud II Cor. XII, 4: raptus in Paradisum, et audivit arcana verba, etc..

Hoc, inquam, existimo quod passiones huius temporis non sunt passiones condignæ ad futuram gloriam quæ revelabitur in nobis.

Ubi quatuor ponit ad ostendendum excellentiam illius gloriæ. Primo quidem designat eius æternitatem, cum dicit ad futuram, scilicet post hoc tempus; nihil autem est post hoc tempus nisi æternitas.

Unde illa gloria excedit passiones huius temporis, sicut æternum temporale. II Cor. IV, 17: id enim quod in præsenti est momentaneum, et leve tribulationis nostræ, supra modum in sublimitate æternum gloriæ pondus operatur in nobis.

Secundo designat eius dignitatem, cum dicit gloriam, quæ claritatem quamdam dignitatis insinuat. Ps. XLIX, 5: exultabunt sancti in gloria.

Tertio designat manifestationem cum dicit quæ revelabitur. Nunc enim gloriam quidem habent sancti, sed occultatam in conscientia.

II Cor. I, 12: gloria nostra hæc est: testimonium conscientiæ nostræ. Tunc autem gloria illa in conspectu omnium revelabitur, et bonorum et malorum, de quibus dicitur Sap. V, 2: mirabuntur in subitatione insperatæ salutis.

Quarto designat eius veritatem, cum dicit in nobis. Gloria enim huius mundi vana est, quia est in his quæ sunt extra hominem, puta in apparatu divitiarum et in opinione hominum. Ps. XLVIII, 7: in multitudine divitiarum suarum gloriantur. Sed illa gloria erit de eo quod est intra hominem, secundum illud Lc. XVII, 21: regnum Dei intra vos est.

Sic igitur passiones huius temporis, si secundum se considerentur, multum deficiunt a quantitate huius gloriæ. Is. LIV, 7: ad punctum in modico dereliqui te, et in miserationibus magnis congregabo te. Sed si considerentur huiusmodi passiones inquantum eas aliquis voluntarie sustinet propter Deum ex charitate, quam in nobis spiritus facit, sic ex condigno per huiusmodi passiones homo meretur vitam æternam. Nam spiritus sanctus est fons cuius aquæ, id est effectus, saliunt in vitam æternam, ut dicitur Io. IV, 14.

Deinde cum dicit nam expectatio creaturæ, etc. Ostendit propositum per excellentiam illius gloriæ. Et primo ex expectatione creaturæ; secundo ex expectatione apostolorum, ibi non solum autem, etc..

Circa primum duo facit.

Ad Romanos

Primo ponit expectationem creaturæ; secundo manifestat eam, ibi vanitati enim, etc..

Dicit ergo primo: dictum est quod etiam futura gloria excedit passiones præsentes.

Et tamen hoc manifestum est; nam expectatio creaturæ, id est ipsa creatura expectans, expectat revelationem filiorum Dei: quia, ut dicitur I Io. III, 2: nunc filii Dei sumus, et nondum apparuit quid erimus.

Occultatur enim dignitas divinæ filiationis in sanctis propter exteriores passiones sed postmodum revelabitur illa dignitas, quando immortalem et gloriosam vitam suscipient, ita quod ex persona impiorum dicitur Sap. V, 5: ecce quomodo computati sunt inter filios Dei.

Dicit autem expectatio expectat, ut talis geminatio intensionem expectationis designet, secundum illud Ps. XXXIX, 1: expectans expectavi Dominum.

Sciendum est autem quod creatura hic tripliciter accipi potest.

Uno modo homines iusti, qui specialiter creatura Dei dicuntur, vel quia permanent in bono, in quo creati sunt; vel propter excellentiam, quia omnis creatura quodammodo eis deservit. Iac. I, 18: voluntarie genuit nos verbo veritatis, ut simus initium aliquod creaturæ eius.

Hæc autem creatura, id est homo iustus, expectat revelationem gloriæ filiorum Dei, tamquam præmium sibi repromissum. Tit. II, 13: expectantes beatam spem et adventum gloriæ magni Dei.

Secundo, potest dici creatura ipsa humana natura, quæ subiicitur bonis gratiæ, quæ quidem in hominibus iniustis nondum iustificata est sed est sicut informis.

In hominibus autem iam iustificatis, est quidem partim formata per gratiam sed tamen est adhuc informis respectu illius formæ, quam est accepta per gloriam.

Sic igitur ipsa creatura, id est nos ipsi, secundum quod consideramur in bonis naturæ, expectat revelationem gloriæ filiorum Dei.

Quod etiam nobis competit per gratiam, sicut si dicamus quod materia expectat formam, vel colores expectant completionem imaginis, sicut dicit Glossa. Iob XIV, 14: cunctis diebus quibus nunc milito, expecto, donec veniat immutatio mea.

Tertio modo potest intelligi de ipsa creatura sensibili, sicut sunt elementa huius mundi, secundum illud Sap. XIII, 5: a magnitudine speciei et creaturæ cognoscibiliter poterit eorum creator videri.

Huiusmodi autem creatura dupliciter aliquid expectat: nam expectatio creaturæ sensibilis, secundum quod est a Deo, ordinatur ad aliquem finem, quod quidem contingit dupliciter.

Uno modo secundum quod Deus imprimit aliquam formam et virtutem naturalem huiusmodi creaturæ, ex qua inclinatur ad aliquem finem naturalem, puta si dicamus quod arbor

173

Commentaria in Epistolis S. Pauli

expectat fructificationem et ignis expectat locum sursum.

Alio modo creatura sensibilis ordinatur a Deo ad aliquem finem qui superexcedit formam naturalem ipsius. Sicut enim humanum corpus induetur quadam forma gloriæ supernaturali, ita tota creatura sensibilis, in illa gloria filiorum Dei, quamdam novitatem gloriæ consequetur, secundum illud Apoc. XXI, 1: vidi cælum novum et terram novam. Et per hunc modum creatura sensibilis expectat revelationem gloriæ filiorum Dei.

Deinde cum dicit vanitati enim, etc., manifestat prædictam expectationem.

Et primo ponit necessitatem expectandi; secundo, expectationis terminum, ibi quia ipsa creatura, etc.; tertio, expectationis signum, ibi scimus enim quod omnis creatura, etc..

Necessitas autem expectandi est ex defectu cui subiacet creatura. Cui enim nihil deficit non habet necesse aliquid expectare.

Defectum autem creaturæ ostendit, dicens vanitati enim creatura subiecta est.

Et siquidem per creaturam intelligatur homo iustus, sic intelligitur subiici vanitati, id est istis rebus corporalibus, quæ sunt mutabilia et caduca. Unde dicitur vana, secundum illud Eccle. I, 2: vanitas vanitatum et omnia vanitas.

Subiicitur autem eis propter necessitatem præsentis vitæ, circa ea occupationem habens, non tamen volens, quia huiusmodi temporalia non amat, sicut illi contra quos dicitur in Ps. IV, 3: ut quid diligitis vanitatem et quæritis mendacium? sed tamen huiusmodi vanitati subiicitur talis creatura propter eum, id est propter ordinationem Dei, qui subiecit eam, id est hominem iustum, huiusmodi sensibilibus creaturis, et tamen in spe, ut scilicet quandoque a tali occupatione homo liberetur, in resurrectione scilicet quando neque nubent, neque nubentur, sed erunt sicut Angeli in cælo, Matth. XXII, 30.

Si vero intelligatur creatura ipsa humana natura, sic est subiecta vanitati, id est passibilitati secundum illud Ps. XXXVIII, 6: verumtamen universa vanitas omnis homo vivens. Non tamen volens, quia talis vanitas est humanæ naturæ in poenam inflicta. Poena autem est involuntaria, sicut et culpa voluntaria. Sed tamen huiusmodi passionibus humana natura subiicitur propter eum, id est propter sententiam Dei, qui subiecit eam, scilicet humanam naturam, defectibus, sed tamen in spe, quandoque evadendi huiusmodi passiones. Is. XXVIII, 28: non in perpetuum triturans triturabit.

Si autem intelligatur de creatura sensibili, sic talis creatura subiecta est vanitati, id est mutabilitati, non volens.

Huiusmodi enim defectus, qui consequuntur mutabilitatem, sicut corruptio et senium et alia huiusmodi, sunt contra naturam particularem huius vel illius rei, cuius appetitus est ad conservationem, licet sint secundum naturam universalem. Sed nihilominus huiusmodi vanitati creatura sensibilis subiicitur propter

Ad Romanos

eum, id est propter ordinationem Dei, qui subiecit eam in spe, id est in expectatione gloriosæ novitatis, ut supra dictum est.

Deinde cum dicit quia et ipsa creatura, etc., ostendit terminum prædictæ expectationis.

Non enim est vana eius expectatio vel spes, quia ipsa creatura liberabitur a servitute corruptionis in libertatem gloriæ filiorum Dei.

Et si quidem per creaturam intelligatur homo iustus, per servitutem corruptionis intelligitur cura quærendi victum et vestitum et alia quibus servitur nostræ mortalitati, quæ est quædam servitus, a qua liberabuntur sancti tendentes in libertatem gloriæ filiorum Dei. Qui, quamvis nunc habeant libertatem iustitiæ, quæ est a servitute peccati, nondum tamen habent libertatem gloriæ, quæ est a servitute miseriæ. Iob XXXIX, 5: quis dimisit onagrum liberum? si vero per creaturam intelligatur humana natura, ipsa liberabitur a servitute corruptionis, id est ad litteram a passibilitate et corruptione, et hoc tendens in libertatem gloriæ filiorum Dei, quæ est non solum a culpa, sed etiam a morte, secundum illud I Cor. XV, 54: absorpta est mors in victoria.

Si vero intelligatur de creatura sensibili, sic ipsa creatura liberabitur a servitute corruptionis, id est, mutabilitatis: quia in qualibet mutatione est aliqua corruptio, ut Augustinus dicit et etiam Philosophus in VIII Physic.. Et hoc in libertatem gloriæ filiorum Dei, quia hoc etiam libertati gloriæ filiorum Dei congruit ut sicut ipsi sunt innovati ita etiam eorum habitatio innovetur.

Is. LXV, 17: ego creo cælos novos et terram novam, et non erunt in memoria priora, id est, prior mutabilitas creaturæ.

Dicit autem, quia et ipsa, etc. Secundum primum sensum. Ac si dicat: non solum nos apostoli sed etiam alii iusti.

In sensu autem secundo: non solum iusti, sed etiam ipsa humana natura, quæ in quibusdam nondum est renovata per gratiam.

In tertio autem sensu intelligendum est ac si dicatur: non solum homines sed alia creatura.

Deinde cum dicit scimus enim, etc., ponit signum expectationis, dicens scimus enim, nos apostoli, per spiritum sanctum instructi et etiam per experimentum, quod omnis creatura ingemiscit et parturit usque adhuc.

Quod quidem si intelligatur de creatura sensibili, habet difficultatem.

Primo quidem quantum ad hoc quod dicit ingemiscit et parturit, hoc enim convenire videtur non nisi creaturæ rationali. Sed potest sic exponi, ut hoc quod dicit ingemiscit idem sit ei quod dixit non volens. In illis enim ingemiscimus, quæ nostræ voluntati repugnant. Sic ergo inquantum defectus creaturæ sensibilis sunt contra naturalem appetitum particularis naturæ, dicitur ipsa creatura sensibilis ingemiscere. Quod

Commentaria in Epistolis S. Pauli

autem dicit parturit, idem est ei quod supra dixerat expectat.

Nam parturitio est via ad prolem producendam.

Secundum autem dubium est in hoc quod dicit omnis creatura, quia sic etiam includerentur corpora cælestia; unde et Glossa dicit quod sol et luna non sine labore statuta sibi implent spatia.

Sed exponendum est ut labor accipiatur pro motu, sicut et requies quandoque accipitur pro cessatione ab opere, sicut Deus die septima requievisse dicitur Gen. II, 3. Et, secundum hoc, per gemitum intelligitur corruptio, quæ ammiscetur motui locali, prout scilicet desinit esse in hoc ubi et incipit esse in alio. Per parturitionem autem intelligitur ordinatio cælestium corporum ad eorum innovationem.

Si vero exponatur de hominibus, sic dicitur humana natura omnis creatura, quia participat cum omni creatura: cum spirituali quidem quantum ad intellectum, cum animali quantum ad corporis animationem, cum corporali quantum ad corpus. Hæc ergo creatura, id est homo, ingemiscit, partim propter mala quæ patitur, partim propter bona sperata quæ differuntur Thren. I, 22: multi gemitus mei. Parturit autem, quia cum quadam afflictione animi sustinet dilationem gloriæ expectatæ. Prov. XIII, 12: spes quæ differtur, affligit animam. Io. XVI, 21: mulier cum parit, tristitiam habet. Ps. XLVII, 6: ibi dolores ut parturientis.

Dicit autem usque adhuc, quia iste gemitus non est ablatus per nostram iustificationem, sed manet usque adhuc, id est usque ad mortem. Vel usque adhuc, quia et si aliqui iam sint liberati qui sunt in gloria, adhuc tamen nos sumus residui. Vel usque adhuc, quia non solum antiqui patres, qui fuerunt ante Christum, sed etiam adhuc tempore gratiæ eadem patimur. II Petr. III, 9 dicitur ex persona impiorum: ubi est nunc promissio aut adventus eius? ex quo patres dormierunt, omnia sic perseverant ab initio creaturæ.

Est autem sciendum quod creatura Dei potest dici omne illud, quod sub Deo est.

Aliqui voluerunt prædicta verba exponere de qualibet creatura, etiam de Angelis sanctis: sed valde inconveniens est, ut ipsi dicantur vanitati subiecti, aut ingemiscere et parturire, cum ipsi iam habeant gloriam eius cuius similitudinem expectamus, secundum illud Matthæi XXII, 30: erunt sicut Angeli Dei in cælis: et ideo convenientius secundum prædicta exponitur.

Lectio 5

Supra ostendit apostolus excellentiam futuræ gloriæ ex expectatione creaturæ, nunc ostendit idem ex expectatione apostolorum. Non autem potest esse parvum quod a magnis viris expectatur tam anxie.

Et circa hoc duo facit.

Primo proponit quod intendit; secundo probat propositum, ibi spe enim, etc..

Ad Romanos

Circa primum tria facit.

Primo proponit dignitatem expectantium cum dicit non solum autem illa, scilicet creatura, expectat gloriam filiorum Dei, sed et nos ipsi, scilicet apostoli, habentes primitias spiritus sancti, quia scilicet spiritum sanctum et tempore prius, et cæteris abundantius apostoli habuerunt, sicut et in fructibus terræ illud quod primo ad maturitatem pervenit, est pinguius et magis acceptum.

Ier. II, 3: sanctus Israel Domino primitiæ frugum eius. Hebr. XII, 23: accessistis ad ecclesiam primitivorum qui conscripti sunt in cælestibus.

Ex quo patet quod apostoli sunt omnibus aliis sanctis, quacumque prærogativa præfulgeant, sive virginitatis, sive doctrinæ, sive martyrii, præferendi, tamquam abundantius spiritum sanctum habentes.

Sed potest aliquis dicere, quod quidam alii sancti maiora tormenta sustinuerunt, et maiores austeritates propter Christum, quam apostoli.

Sed sciendum est quod magnitudo meriti principaliter et respectu essentialis præmii, attenditur secundum charitatem. Consistit enim præmium essentiale in gaudio quod habetur de Deo. Manifestum est autem, quod de Deo plus gaudebunt qui plus amant. Unde et illam visionem beatam Dominus suo dilecto promittit, dicens Io. XIV, 21: si quis diligit me, diligetur a patre meo: et ego diligam eum, et manifestabo ei meipsum. Sed secundum quantitatem operum, meretur homo præmium accidentale, quod est gaudium de talibus operibus. Apostoli ergo, illa opera quæ fecerunt, ex maiori charitate fecerunt, ex qua habebant cor ad multa maiora facienda si fuisset opportunum.

Si autem dicat aliquis: potest tantum quis conari quod habebit æqualem charitatem cum apostolis, dicendum, quod charitas hominis non est a seipso, sed ex gratia Dei, quæ datur unicuique secundum mensuram donationis Christi, ut dicitur Eph. IV, 7.

Unicuique autem dat gratiam proportionatam ei ad quod eligitur, sicut homini Christo data est excellentissima gratia, quia ad hoc est electus, ut eius natura in unitatem personæ divinæ assumeretur, et post eum habuit maximam plenitudinem gratiæ beata maria, quæ ad hoc est electa ut esset mater Christi. Inter cæteros autem ad maiorem dignitatem sunt electi apostoli, ut scilicet immediate ab ipso Christo accipientes, aliis traderent ea, quæ pertinent ad salutem, et sic in eis ecclesia quodammodo fundaretur, secundum illud Apoc. XXI, 14: murus habebat fundamenta duodecim, et nomina apostolorum erant in eis scripta: et ideo dicitur I Cor. XII, 28: Deus posuit in ecclesiam primum quidem apostolos. Et ideo Deus eis abundantiorem gratiam præ cæteris tribuit.

Secundo ponit anxietatem expectationis cum dicit et ipsi intra nos gemimus.

Commentaria in Epistolis S. Pauli

Qui quidem gemitus designat afflictionem ex dilatione rei cum magno desiderio expectatæ, secundum illud Prov. XIII, 12: spes quæ differtur, affligit animam. Ps. VI, 6: laboravi in gemitu meo.

Iste autem gemitus non est tam exterius, quam interius, tum quia ex interiori cordis affectu procedit, tum quia est propter interiora bona. Unde signanter dicit intra nos.

Thren. I, 22: multi gemitus mei.

Tertio ponit rem expectatam dicens adoptionem filiorum Dei expectantes, id est completionem huius adoptionis. Inchoata enim est huiusmodi adoptio per spiritum sanctum iustificantem animam. Supra eodem: accepistis spiritum adoptionis filiorum. Consummabitur autem per ipsius corporis glorificationem. Unde supra V, 2: gloriamur in spe gloriæ filiorum Dei. Et hoc est quod subdit redemptionem corporis nostri, ut scilicet sicut spiritus noster redemptus est a peccato, ita corpus nostrum redimatur a corruptione et morte. Os. XIII, 41: de morte redimam eos. Phil. III, 21: reformabit corpus humilitatis nostræ.

Deinde cum dicit spe enim, etc., probat quod dixerat tali ratione: spes est de his quæ non præsentialiter videntur, sed in futuro expectantur. Sed nos sumus salvi facti per spem, ergo expectamus in futurum complementum salutis.

Primo ergo ponit minorem, dicens: nos enim, apostoli et cæteri fideles, spe salvi facti sumus, quia scilicet spem nostræ salutis habemus. I Petr. I, 3: regeneravit nos in spem vivam. Ps. LXI, 9: sperate in eum omnis congregatio populi.

Secundo ponit maiorem, dicens spes autem, id est, res sperata, quæ videtur, quasi præsentialiter habita, non est spes, id est, non est res sperata, sed habita. Spes enim est expectatio futuri. Soph. III, 8: expecta me in die resurrectionis meæ in futurum.

Tertio ponit probationem maioris, dicens nam quod videt quis, quid, id est cur, sperat? quasi dicat: spes importat motum animæ in aliquid non habitum tendentem.

Cum autem aliquid iam habetur, non est necessarium ut in id aliquis moveatur.

Et est notandum, quod quia spes ex fide quodammodo oritur, attribuit spei opus illud quod est fidei, scilicet esse de non visis, secundum illud Hebr. XI, 1: fides est argumentum non apparentium.

Quarto ponit conclusionem, dicens si autem quod non videmus speramus, sequitur, quod per patientiam expectamus.

Unde notandum est, quod proprie patientia importat tolerantiam tribulationum cum quadam æquanimitate. Infra XII, 12: in tribulatione patientes. Quia vero dilatio boni habet quandam rationem mali, inde est quod etiam diutina expectatio bonorum absentium, cum tranquillitate animi, attribuitur patientiæ, sed hæc maxime ad

Ad Romanos

longanimitatem pertinent, secundum illud Iac. V, 7: patientes estote, fratres, usque ad adventum Domini.

Utroque autem modo patientia hic accipitur: quia apostoli expectabant æquanimiter gloriam, et cum dilatione et tribulatione.

Deinde cum dicit similiter autem, etc., ostendit quomodo per spiritum sanctum adiuvamur in defectibus vitæ præsentis. Et primo quantum ad completionem desideriorum; secundo, quantum ad directionem exteriorum eventuum, ibi scimus autem, etc..

Circa primum duo facit.

Primo proponit quod intendit; secundo manifestat propositum, ibi nam quid oremus, etc..

Dicit ergo primo: dictum est quod per spiritum sanctum vivificabuntur nostra mortalia corpora, quando auferetur a nobis nostra infirmitas, similiter autem, et in statu huius vitæ, in quo adhuc infirmitati subiicimur, spiritus adiuvat infirmitatem nostram, et si non totaliter eam tollat. Ez. III, 14: spiritus quoque elevavit me, et assumpsit me: et abii amarus in indignatione spiritus mei, quasi infirmitate nondum totaliter cessante, manus enim Domini erat mecum confortans me. Et in hoc spiritus me assumpsit.

Matth. XXVI, 41: spiritus quidem promptus est, caro autem infirma.

Deinde cum dicit nam quid oremus, etc., manifestat quod dixerat. Et primo ostendit necessitatem auxilii spiritus, quod pertinet ad infirmitatem præsentis vitæ; secundo ostendit modum auxilii, ibi sed ipse spiritus, etc.; tertio ostendit efficaciam auxilii, ibi qui autem scrutatur.

Dicit ergo primo: recte dico quod spiritus adiuvat infirmitatem nostram; nam in hoc patimur infirmitatem quod nescimus quid oremus, sicut oportet. Iob III, 23: viro cuius abscondita est via, et circumdedit eum Deus tenebris.

Et est considerandum quod duo dicit nos apostolus nescire, scilicet quid orando petamus, et modum quo petere oporteat; sed utrumque videtur esse falsum.

Nam primum scimus quid oremus: quia hoc nos Dominus docuit Matth. VI, 9: sanctificetur nomen tuum, etc..

Sed dicendum quod in generali quidem possumus scire quid convenienter oremus, sed in speciali hoc non possumus scire.

Primo quidem, quia si desideramus aliquod opus virtutis facere, quod est implere voluntatem Dei, sicut in cælo et in terra, potest contingere quod illud opus virtutis non est huic vel illi congruum: sicut alicui qui utiliter potest in actione proficere, non expedit contemplationis quies, et e converso, ut Gregorius dicit in moralibus super illud Iob V, 26: ingrediens in abundantia sepulchrum.

Unde dicitur Prov. XIV, 12: est via quæ videtur homini iusta, novissima autem illius ducunt ad mortem.

Secundo aliquis desiderat aliquod temporale bonum ad sustentationem vitæ, quod est petere panem

Commentaria in Epistolis S. Pauli

quotidianum, quod tamen sibi vertitur in periculum mortis. Multi enim propter divitias perierunt. Eccle. V, 12: divitiæ conservatæ in malum Domini sui.

Tertio aliquis desiderat liberari ab aliqua molestia tentationis, quæ tamen est sibi ad custodiam humilitatis: sicut Paulus petiit amoveri a se stimulum, qui tamen erat ei datus ne eum magnitudo revelationum extolleret, ut dicitur II Cor. XII, 7.

Similiter etiam videtur quod sciamus sicut nos oportet orare: secundum illud Iac. I, 6: postulet in fide nihil hæsitans.

Et ad hoc dicendum, quod in generali hoc scire possumus, sed speciali motu cordis nostri usquequaque discernere non possumus, utputa utrum petamus aliquid ex ira, vel ex zelo iustitiæ. Unde et Matth. XX, 20, reprobata est petitio filiorum Zebedæi, quia licet viderentur participationem divinæ gloriæ postulare, tamen ex quadam vana gloria seu elatione procedebat eorum petitio.

Deinde, cum dicit sed ipse, etc., ponit modum auxilii spiritus sancti, dicens quod ipse spiritus postulat pro nobis gemitibus inenarrabilibus. Quod quidem videtur suffragari errori Arii et Macedonii, qui posuerunt spiritum sanctum esse creaturam et minorem patre et filio; postulare enim est minoris, sed si ex eo, quod dicit eum postulare, intelligamus eum esse passibilem creaturam et patre minorem, consequens est etiam quod ex eo quod dicit gemitibus postulare, intelligamus eum esse passibilem creaturam beatitudine carentem, quod nullus umquam hæreticus dixit. Nam gemitus ex dolore est qui ad miseriam pertinet.

Et ideo exponendum est postulat, id est postulantes nos facit, sicut et Gen. XXII, 12: nunc cognovi quod timeas Dominum, id est, cognoscere feci.

Facit autem spiritus sanctus nos postulare, inquantum in nobis recta desideria causat. Nam postulatio est quædam desideriorum explicatio. Desideria autem recta ex amore charitatis proveniunt, quam in nobis scilicet facit. Supra V, 5: charitas Dei diffusa est in cordibus nostris per spiritum sanctum, qui datus est nobis.

Spiritu autem sancto dirigente et instigante cor nostrum, et nostra desideria non possunt esse nisi nobis utilia Is. XLVIII, 17: ego Dominus docens te utilia; et ideo subdit pro nobis.

Eius autem quod multum desideramus et desideranter petimus, dilationem cum dolore et gemitibus patimur, et ideo subdit gemitibus, quos scilicet in corde nostro causat, inquantum scilicet nos facit cælestia desiderare, quæ differuntur animæ. Iste est gemitus columbæ, quem spiritus sanctus in nobis facit. Nah. II, 7: minabantur gementes ut columbæ.

Dicit autem inenarrabilibus: aut quia sunt propter rem inenarrabilem, scilicet cælestem gloriam II Cor. XII, 4: audivit arcana verba quæ non licet homini loqui, aut quia ipsi motus cordis sufficienter enarrari non possunt, secundum quod a spiritu sancto procedunt.

Iob XXXVIII, 37: quis enarrabit cælorum rationem? deinde, cum dicit qui autem scrutatur, etc., ostendit efficaciam auxilii, quo spiritus sanctus nos adiuvat, dicens qui autem scrutatur corda, id est, Deus cui proprium est corda scrutari. Ps. VII, 10: scrutans corda et renes Deus.

Dicitur autem Deus scrutari corda, non quod inquirendo occulta cordis cognoscat, sed quia manifeste scit ea quæ in corde latent.

Soph. I, 12: scrutabor Ierusalem in lucernis.

Deus, inquam, scrutans corda, scit, id est approbat secundum illud II Tim. II, 19: novit Dominus qui sunt eius, quid desideret spiritus, id est, quid desiderare nos faciat.

Ps. XXXVII, 9: Domine, ante te omne desiderium meum.

Ideo autem desideria spiritus quæ in sanctis facit spiritus sanctus, sunt Deo accepta: quia postulat pro sanctis, id est postulare eos facit, secundum Deum, id est, quod convenit divino beneplacito Prov. XI, 23: desiderium iustorum omne bonum, in cuius exemplum Dominus patri dicebat, Matth. XXVI, 39: non sicut ego volo, sed sicut tu vis.

Lectio 6

Ostendit supra apostolus quod spiritus sanctus adiuvat nos in infirmitatibus præsentis vitæ, quantum ad impletionem nostrorum desideriorum, hic ostendit qualiter nos iuvat quantum ad exteriores eventus, dirigendo in bonum nostrum.

Et primo proponit quod intendit; secundo probat propositum, ibi nam quos præscivit, etc.; tertio infert quandam conclusionem ex dictis, ibi quis ergo separabit nos, etc..

Circa primum duo consideranda occurrunt.

Primo quidem magnitudo beneficii quod nobis a spiritu sancto confertur, ut scilicet omnia nobis cooperentur in bonum.

Ad cuius evidentiam considerandum est, quod quidquid fit in mundo, etiamsi malum sit, cedit in bonum universi: quia, ut Augustinus dicit in enchiridion: Deus est adeo bonus, quod nihil mali esse permitteret, nisi esset adeo potens quod ex quolibet malo posset elicere aliquod bonum.

Non autem semper cedit malum in bonum eius in quo est, quod sicut corruptio unius animalis cedit quidem in bonum universi, inquantum per corruptionem unius generatur aliud, non tamen in bonum eius quod corrumpitur: quia bonum universi est a Deo volitum secundum se, et ad ipsum ordinantur omnes partes universi.

Et eadem ratio esse videtur circa ordinem nobilissimarum partium ad alias partes, quia malum aliarum partium ordinatur in bonum nobilissimarum. Sed quicquid fit circa nobilissimas partes, non ordinatur nisi

Commentaria in Epistolis S. Pauli

in bonum ipsarum, quia de eis propter se cura habetur, de aliis autem propter ipsas: sicut medicus infirmitatem pedis sustinet, ut curet caput.

Inter omnes autem partes universi excellunt sancti Dei, ad quorum quemlibet pertinet quod dicitur Matth. XXV, 23: super omnia bona sua constituet eum. Et ideo quicquid accidit, vel circa ipsos vel alias res, totum in bonum eorum cedit: ita quod verificatur quod dicitur Prov. XI, 29: qui stultus est, serviet sapienti, quia scilicet etiam mala peccatorum in bonum iustorum cedunt. Unde et Deus specialem curam de iustis habere dicitur, secundum illud Ps. XXXIII, 16: oculi Domini super iustos, inquantum scilicet sic de eis curat, quod nihil mali circa eos esse permittit, quod non in eorum bonum convertat.

Et hoc quidem manifestum est quantum ad mala poenalia quæ patiuntur, unde in Glossa dicitur quod ipsorum infirmitate exercetur humilitas, afflictione patientia, contradictione sapientia, odio benevolentia; unde I Petr. III, 14: si quid patimini propter iustitiam, beati.

Sed numquid etiam eis peccata cooperantur in bonum? quidam dicunt quod peccata non continentur sub hoc quod dicit omnia, quia secundum Augustinum, peccatum nihil est, et nihil fiunt homines, cum peccant.

Sed contra hoc est quod in Glossa sequitur: usque adeo talibus Deus omnia cooperatur in bonum, ut si qui horum deviant et exorbitant, etiam hoc ipsum eis faciat proficere in bonum. Unde et in Ps. XXXVI, 24 dicitur: cum ceciderit iustus, non collidetur, quia Dominus supponit manum suam.

Sed secundum hoc videtur, quod semper tales in maiori charitate resurgant, quia bonum hominis in charitate consistit, quam si non habeat apostolus se nihil esse recognoscit I Cor. XIII, 2.

Sed dicendum est, quod bonum hominis non solum consistit in quantitate charitatis, sed præcipue in ipsius perseverantia usque ad mortem, secundum illud Matth. XXIV, 13: qui perseveraverit usque in finem, hic salvus erit. Ex hoc autem quod iustus cadit, resurgit cautior et humilior: unde in Glossa subditur, postquam dixerat quod hoc ipsum faciat eis in bonum proficere, quia sibi humiliores redeunt atque doctiores. Discunt enim cum tremore se exultare debere: non quasi arrogando sibi tamquam de sua virtute fiduciam permanendi.

Secundo oportet considerare quibus hoc beneficium competat.

Circa quod, primo, attenditur aliquid ex parte hominis, cum dicit diligentibus Deum.

Dei enim dilectio est in nobis per inhabitantem spiritum, ut habitum est supra.

Ipse autem spiritus sanctus est qui nos dirigit in viam rectam, ut dicitur in Ps. XXVI, 11. Unde dicitur I Petr. III, 13: quis est qui vobis noceat, si boni æmulatores fueritis? et Ps. CXVIII, 165: pax multa diligentibus legem tuam, et

Ad Romanos

non est illis scandalum.

Et hoc rationabiliter: quia, ut dicitur Prov. VIII, 17: ego diligentes me diligo; diligere est bonum velle dilecto; Dei autem velle est operari. Omnia enim quæcumque voluit fecit, ut in Ps. CXXXIV, 6 dicitur. Et ideo Deus omnia convertit in bonum his qui eum diligunt.

Secundo attenditur id quod est ex parte Dei, qui primo fideles ab æterno prædestinavit; secundo ex tempore vocat; tertio sanctificat: et hæc tria tangit, cum dicit his qui secundum propositum vocati sunt sancti, id est, prædestinatis, vocatis, et sanctificatis: ut propositum referatur ad prædestinationem, quæ, secundum Augustinum, est propositum miserendi, Eph. I, 11: prædestinati secundum propositum eius. Quod dicit, vocati, ad vocationem pertinet. Is. XLI, 2: vocavit eum, ut sequeretur se. Quod dicit sancti, ad sanctificationem, secundum illud Lev. XXI, 8: ego Dominus qui sanctifico.

Hoc autem apostolus se scire dicit ex persona sanctorum, dicens scimus. Sap. X, 10: dedit illi scientiam sanctorum. Procedit autem hæc scientia tum ex experimento, tum etiam ex consideratione efficaciæ charitatis, Cant. VIII, 6: fortis est ut mors dilectio, et etiam prædestinationis æternæ, Is. XLVI, 10: omnis voluntas mea implebitur, et omne consilium meum fiet.

Deinde, cum dicit nam quos præscivit, etc., probat quod dixerat tali ratione: nullus potest nocere his quos Deus promovet, sed prædestinatos diligentes Deum, Deus promovet; ergo nihil potest eis nocere, sed omnia cedunt eis in bonum.

Primo ergo probat minorem, scilicet quod eos Deus promoveat; secundo, maiorem, scilicet quod promotis a Deo nihil potest esse nocivum, ibi quid ergo dicemus, etc..

Circa primum duo facit.

Primo proponit ea quæ sunt ad promotionem sanctorum ab æterno; secundo, ea quæ sunt ex tempore, ibi quos autem prædestinavit, etc..

Ponit autem duo circa primum, scilicet præscientiam et prædestinationem, cum dicit nam quos præscivit et prædestinavit.

Dicunt autem quidam quod prædestinatio hic accipitur pro præparatione quæ est in tempore, qua scilicet Deus præparat sanctos ad gratiam, et hoc dicunt ad distinguendum præscientiam a prædestinatione.

Sed si recte consideretur, utrumque est æternum, et differunt ratione. Nam sicut dictum est supra, super illud: qui prædestinatus est, prædestinatio importat præordinationem quamdam in animo eorum quæ quis est facturus. Ab æterno autem Deus prædestinavit beneficia quæ sanctis suis erat daturus. Unde prædestinatio est æterna.

Differt autem a præscientia secundum rationem, quia præscientia importat solam notitiam futurorum: sed prædestinatio importat causalitatem quamdam respectu eorum. Et ideo

Commentaria in Epistolis S. Pauli

Deus habet præscientiam etiam de peccatis, sed prædestinatio est de bonis salutaribus.

Unde Apost. Eph. I, 5 s. Dicit: prædestinati secundum propositum eius, ut simus in laudem, etc..

Circa ordinem autem præscientiæ et prædestinationis dicunt quidam quod præscientia meritorum bonorum et malorum est ratio prædestinationis et reprobationis, ut scilicet intelligatur quod Deus prædestinet aliquos, quia præscit eos bene operaturos, et in Christum credituros. Et secundum hoc littera sic legitur: quos præscivit conformes fieri imaginis filii eius, hos prædestinavit.

Et hoc quidem rationabiliter diceretur, si prædestinatio respiceret tantum vitam æternam, quæ datur meritis; sed sub prædestinatione cadit omne beneficium salutare, quod est homini ab æterno divinitus præparatum; unde eadem ratione omnia beneficia quæ nobis confert ex tempore, præparavit nobis ab æterno. Unde ponere quod aliquod meritum ex parte nostra præsupponatur, cuius præscientia sit ratio prædestinationis, nihil est aliud quam gratiam ponere dari ex meritis nostris, et quod principium bonorum operum est ex nobis, et consummatio est ex Deo.

Unde convenientius sic ordinatur littera: quos præscivit, hos et prædestinavit fieri conformes imaginis filii sui. Ut ista conformitas non sit ratio prædestinationis, sed terminus vel effectus. Dicit enim apostolus Eph. I, 5: prædestinavit nos in adoptionem filiorum Dei.

Nihil enim aliud est adoptio filiorum quam illa conformitas. Ille enim qui adoptatur in filium Dei, conformatur vero filio eius.

Primo quidem in iure participandæ hæreditatis, sicut supra dictum est 17: si filii et hæredes, hæredes quidem Dei, cohæredes autem Christi. Secundo, in participatione splendoris ipsius. Ipse enim est genitus a patre tamquam splendor gloriæ eius, Hebr. I, 3. Unde per hoc quod sanctos illuminat de lumine sapientiæ et gratiæ, facit eos fieri conformes sibi. Unde in Ps. CIX, 3 dicitur: in splendoribus sanctorum ex utero ante Luciferum genui te, id est, profundentem omnem splendorem sanctorum.

Quod autem dicit imaginis filii eius, potest intelligi dupliciter. Uno modo ut sit constructio appositiva, ut sit sensus: conformes imaginis filii eius, qui est imago. Col. I, 15: est imago invisibilis Dei. Alio modo potest intelligi, ut sit constructio transitiva, ut sit sensus: prædestinavit nos fieri conformes filio suo in hoc quod portemus eius imaginem. I Cor. XV, 49: sicut portavimus imaginem terreni, sic portemus imaginem cælestis.

Dicit autem quos præscivit et prædestinavit, non quia omnes præscitos prædestinet, sed quia eos prædestinare non poterat, nisi præsciret. Ier. I, 5: priusquam te formarem in utero, novi te.

Quid autem ex hac prædestinatione sequatur, subiungit ut sit ipse primogenitus in multis fratribus.

Sicut enim Deus suam naturalem bonitatem voluit aliis communicare, participando eis similitudinem suæ bonitatis, ut non solum sit bonus, sed etiam auctor bonorum, ita filius Dei voluit conformitatem suæ filiationis aliis communicare, ut non solum sit ipse filius, sed etiam primogenitus filiorum. Et sic qui per generationem æternam est unigenitus, secundum illud Io. I, 18: unigenitus qui est in sinu patris, secundum collationem gratiæ, sit primogenitus in multis fratribus.

Apoc. I, 5: qui est primogenitus mortuorum et princeps regum terræ.

Habet igitur Christus nos fratres, tum quia nobis similitudinem filiationis communicavit, sicut hic dicitur, tum quia similitudinem nostræ naturæ assumpsit, secundum illud Hebr. II, 17: debuit per omnia fratribus assimilari.

Deinde, cum dicit quos autem prædestinavit, etc., ponit ea quæ ex parte sancti divinitus consequuntur.

Et primo ponit vocationem, cum dicit: quos prædestinavit, hos et vocavit. Prædestinatio autem eius irrita esse non potest, secundum illud Is. XIV, 24 s.: iuravit Dominus exercituum, dicens: si non, ut putavi, ita erit, et quomodo mente tractavi, sic eveniet.

Primum autem in quo incipit prædestinatio impleri, est vocatio hominis, quæ quidem est duplex, una exterior, quæ fit ore prædicatoris.

Prov. IX, 3: misit ancillas suas, ut vocarent ad arcem. Hoc modo Deus vocavit Petrum et Andream, ut dicitur Matth. IV, 18.

Alia vero vocatio est interior, quæ nihil aliud est quam quidam mentis instinctus, quo cor hominis movetur a Deo ad assentiendum his quæ sunt fidei vel virtutis. Is. XLI, 2: quis suscitavit ab oriente iustum, et vocavit eum ut sequeretur se? et hæc vocatio necessaria est, quia cor nostrum non se ad Deum converteret, nisi ipse Deus nos ad se traheret. Io. VI, 44: nemo potest venire ad me, nisi pater qui misit me traxerit eum. Thr. V, 21: converte nos, Domine, ad te, et convertemur. Et etiam hæc vocatio est efficax in prædestinatis, quia huiusmodi vocationi assentiunt. Io. VI, 45: omnis qui audivit a patre meo et didicit, venit ad me.

Unde, secundo, ponit iustificationem, cum dicit quos vocavit, hos et iustificavit, scilicet gratiam infundendo. Supra III, 24: iustificati gratis per gratiam ipsius.

Hæc autem iustificatio et si in aliquibus frustretur, quia non perseverant usque ad finem, in prædestinatis tamen nunquam frustratur.

Unde, tertio, ponit magnificationem, cum subdit hos et magnificavit. Et hoc dupliciter, scilicet uno quidem modo per profectum virtutis et gratiæ; alio autem modo per exaltationem gloriæ. Sap. Cap. Ult.: in omnibus, Domine, magnificasti populum tuum et honorasti.

Ponit autem præteritum pro futuro, si intelligatur de magnificatione gloriæ, vel propter certitudinem futuri, vel quia quod in quibusdam est futurum,

Commentaria in Epistolis S. Pauli

in aliis est completum.

Deinde, cum dicit quid ergo dicemus etc., manifestat maiorem, scilicet quod promotis a Deo nullus potest nocere.

Et primo ostendit quod non possint pati detrimentum per malum poenæ; secundo quod nec per malum culpæ, ibi quis accusabit, etc..

Malum poenæ est duplex. Unum quidem consistit in illatione malorum, aliud in subtractione bonorum.

Primo ostendit quod illi, qui promoventur a Deo, non patiuntur detrimentum per conatum alicuius persequentis, dicens: quid ergo dicemus? quasi dicat: cum tot bona Deus suis electis præstet, quid potest dici contra hæc, ut scilicet prædicta Dei beneficia annullentur? quasi diceret: nihil. Prov. XXI, 30: non est sapientia, et non est prudentia, et non est consilium contra Dominum.

Vel: quid dicemus? ad hæc scilicet aspicientes, oportet nos obstupescere. Habac. 3, secundum aliam litteram: consideravi opera tua, et expavi. Vel: quid dicemus ad hæc? id est, quid poterimus Deo retribuere tot beneficiis dignum? Ps. CXV, 3: quid retribuam Domino pro omnibus quæ retribuit mihi? et subiungit si Deus pro nobis est, scilicet prædestinando, vocando, iustificando et magnificando, quis contra nos, scilicet esse poterit efficaciter? Is. L, 8: stemus simul, quis est adversarius meus? Iob XVII, 3: pone me iuxta te, et cuiusvis manus pugnet contra me.

Secundo ostendit quod sancti Dei non possunt pati detrimentum ex subtractione bonorum, dicens qui etiam proprio filio non pepercit.

Cum autem supra de multis filiis mentionem fecisset, dicens: accepistis spiritum adoptionis filiorum, ab omnibus illis hunc filium separat, dicens proprio filio suo, id est non adoptato, ut hæretici mentiuntur, sed naturali et coæterno. I Io. Cap. Ult.: ut simus in vero filio eius Iesu Christo, de quo pater dicit Matth. III, 17: hic est filius meus dilectus.

Quod autem dicit non pepercit, intelligendum est quod eum a poena non exemit. Nam culpa in eo non fuit, cui parci potuisset. Prov. XIII, 24: qui parcit virgæ, odit filium suum.

Non tamen Deus pater filio suo non pepercit, ut ei aliquid accresceret, qui est per omnia Deus perfectus, sed propter nostram utilitatem eum passioni subiecit. Et hoc est quod subdit sed pro nobis omnibus tradidit illum, id est, exposuit eum passioni pro expiatione peccatorum nostrorum. Supra IV, 25: traditus est propter delicta nostra. Is. LIII, 6: Dominus posuit in eo iniquitatem omnium nostrum.

Tradidit eum Deus pater in mortem, eum incarnari et pati statuendo, et humanæ eius voluntati inspirando charitatis affectum, qua passionem spontaneus subiret. Unde ipse seipsum tradidisse dicitur Eph. V, 2: tradidit semetipsum pro nobis; tradidit etiam Iudas, et Iudæi exterius aliquid operando, ut supra habitum est.

Est autem notandum quod dicit qui

etiam proprio, etc., quasi dicat. Non solum alios sanctos pro salute hominum tribulationi exposuit, secundum illud Osee VI, 5: propter hoc dolavi in prophetis, II Cor. I, 6: cum tribulamur pro vestra exhortatione et salute, sed etiam proprium filium suum.

In ipso autem filio Dei omnia existunt, sicut in primordiali et præoperativa causa.

Col. I, 17: ipse est ante omnia, etc.. Unde, eo tradito nobis, omnia sunt data nobis; unde subdit quomodo non etiam cum illo, scilicet dato nobis, omnia donavit nobis, ut scilicet omnia cedant in bonum nostrum; superiora quidem, scilicet divinæ personæ ad fruendum, rationales spiritus ad convivendum, omnia inferiora ad utendum, non solum prospera sed etiam adversa. I Cor. III, 22 s.: omnia vestra sunt, vos autem Christi, Christus autem Dei. Unde patet quod, sicut in Psalmo dicitur, nihil deest timentibus eum.

Lectio 7

Postquam apostolus ostendit quod sancti, quos Deus promovet, nullum detrimentum pati possunt, quasi a malo poenæ, hic ostendit quod nullum detrimentum pati possunt quasi a malo culpæ.

Et primo ostendit propositum; secundo excludit quamdam obviationem, ibi Christus Iesus, etc..

Circa primum considerandum est quod aliquis propter culpam læditur a duobus.

Primo quidem ab accusatione; secundo a iudice condemnante.

Primo ergo ostendit quod nulla accusatio possit esse sanctis Dei nociva: et hoc ratione divinæ electionis. Qui enim aliquem elegit, ex hoc ipso eum approbare videtur.

Sancti autem sunt electi a Deo. Eph. I, 4: elegit nos in ipso ante mundi constitutionem, ut essemus sancti. Qui autem accusat, improbat eum quem accusat. Non autem valet alicuius accusatio contra Dei approbationem.

Et ideo dicit quis accusabit, scilicet efficaciter, adversus electos, id est adversus quos Deus elegit ut sint sancti? unde dicitur Apoc. XII, 10: proiectus est accusator fratrum nostrorum.

Secundo ostendit quod nullius accusatio potest esse sanctis nociva.

Et hoc etiam ostendit ex alio Dei beneficio, quo scilicet Deus nos iustificat; quod quidem beneficium præmittit dicens Deus, scilicet est, qui iustificat, secundum illud quod supra dictum est: quos vocavit, hos et iustificavit. I Cor. VI, 11: sed iustificati estis.

Condemnatio autem contra iniustos locum habet. Quis est ergo qui condemnet iustificatos a Deo? Iob XXXIV, 29: ipso concedente pacem, quis est qui condemnet? deinde, cum dicit Christus Iesus, excludit obviationem. Posset aliquis timere ne

Commentaria in Epistolis S. Pauli

a Christo Iesu aliquis accusaretur et condemnaretur tamquam transgressor mandati ipsius Christi, sicut et de Moyse Dominus dicit Io. V, 45: est qui accusat vos Moyses, in quo speratis. Et quod etiam ab ipso condemnaretur, eo quod ipse est constitutus a Deo iudex vivorum et mortuorum, ut dicitur Act. X, 42. Ipse etiam est immunis a peccato, I Petr. II, 22: qui peccatum non fecit, et ideo idoneus videtur ad accusandum et condemnandum, secundum illud Io. VIII, 7: qui sine peccato est vestrum, primus in illam lapidem mittat.

Et ideo dicit Christus Iesus, quasi diceret: numquid Christus Iesus accusabit adversus electos Dei vel etiam eos condemnabit? et ostendit quod non, quia etiam ipse secundum humanitatem suam magna beneficia sanctis confert sicut et secundum suam divinitatem.

Et ponit quatuor humanitatis ipsius beneficia.

Primo quidem mortem, cum dicit qui mortuus est, scilicet pro nostra salute, I petr. III, 18: Christus semel pro peccatis nostris mortuus est.

Secundo, resurrectionem, per quam scilicet nos vivificat, et nunc vita spirituali, et tandem vita corporali. Unde subdit qui et resurrexit, ut supra IV, 25: resurrexit propter iustificationem nostram. Addit autem imo, quia potius est nunc commemorandus ex virtute resurrectionis, quam ex infirmitate passionis.

II Cor. Cap. Ult.: nam si crucifixus est ex infirmitate nostra, vivit ex virtute Dei.

Tertio, ipsam patris confessionem, cum dicit qui est a dextris Dei, id est in æqualitate Dei patris secundum naturam divinam, et in potioribus bonis eius secundum naturam humanam. Et hoc etiam est ad gloriam nostram, quia, ut dicitur Eph. II, 6, consedere nos fecit in cælestibus in Christo Iesu.

Inquantum enim nos membra eius sumus, nos in ipso Deo patri consedemus. Apoc. III, 21: qui vicerit, dabo ei sedere mecum in throno meo, sicut ego vici et sedi cum patre meo in throno eius.

Quarto, interpellationem eius, cum dicit qui etiam interpellat pro nobis, quasi advocatus noster existens. I Io. II, 1: advocatum habemus apud patrem Iesum Christum.

Ad officium advocati pertinet, non quod accuset vel condemnet, sed magis accusatorem repellat et condemnationem impediat.

Dicitur autem pro nobis interpellare dupliciter.

Uno modo pro nobis orando, secundum illud Io. XVII, 20: non pro his rogo tantum, scilicet apostolis, sed et pro his qui credituri sunt per verbum eorum in me.

Nunc autem eius interpellatio pro nobis est voluntas ipsius de nostra salute. Io. XVII, 24: volo ut ubi sum ego, et illi sint mecum.

Alio modo interpellat pro nobis

Ad Romanos

humanitatem pro nobis assumptam et mysteria in ea celebrata conspectui paterno repræsentando.

Hebr. IX, 24: introivit in ipsum cælum, ut appareat nunc vultui Dei pro nobis.

Deinde cum dicit quis ergo nos separabit, etc., infert conclusionem ex dictis.

Et quia hæc conclusio quasi incredibilis videtur inexpertis, proponit eam per modum quæstionis; unde tria facit.

Primo proponit quæstionem; secundo ostendit necessitatem quæstionis propositæ, ibi sicut scriptum est, etc.; tertio ponit solutionem, ibi in his omnibus, etc..

Potest autem hæc quæstio ex præmissis duplici ratione concludi.

Primo quidem sic: tot beneficia sunt nobis divinitus collata, et tam efficacia, ut nullus contra ea possit. Omnia autem prædicta beneficia ad hoc tendunt, ut nos simus in charitate radicati et fundati, ut dicitur Eph. III, 17. Quis ergo nos separabit a charitate Christi? qua scilicet Christum diligimus et proximum, secundum quod ipse præcepit, Io. XIII, 34: mandatum novum do vobis, etc..

Alio modo sic: dictum est, quod magna beneficia Deus sanctis suis confert, ex quorum consideratione adeo charitas Christi in cordibus nostris fervet, quod nihil eam extinguere potest. Cant. Cap. Ult.: aquæ multæ non potuerunt extinguere charitatem.

Proponit autem mala, per quorum passionem aliquis cogi posset, ut charitatem Christi desereret.

Et primo ponit ea quæ pertinent ad vitam; secundo, id quod pertinet ad mortem.

Circa vero ea quæ in vita imminent sustinenda, primo ponit mala præsentia; secundo, futura.

Circa præsentia vero primo ponit ea quæ pertinent ad tolerantiam malorum; secundo, ea quæ pertinent ad defectum bonorum.

Mala autem perpessa considerari possunt dupliciter.

Uno modo secundum quod sunt in patiente, qui dupliciter ab eis affligitur, scilicet exterius secundum corpus. Et ad hoc pertinet tribulatio. Dicitur enim a tribulis, quæ sunt herbæ pungitivæ. Gen. III, 18: spinas et tribulos germinabit tibi. Unde aliquis tribulari dicitur, cum exterius pungitur. Nec tamen propter hoc iusti vincuntur. Ps. XXXIII, 19: multæ tribulationes iustorum, et de his omnibus liberabit eos Dominus. Affligitur etiam homo ab eis per interiorem anxietatem cordis, dum scilicet aliquis non videt quo divertat, vel quomodo evadat. Et quantum ad hoc subdit an angustia? Dan. XIII, 22: angustiæ mihi sunt undique, et quid eligam ignoro.

Alio modo huiusmodi mala considerari possunt secundum quod sunt in agente. Et quantum ad hoc subdit an persecutio? quamvis enim persecutio ad hoc proprie pertinere videatur, quod aliquis alium persequitur effugando, secundum illud Matth. X,

Commentaria in Epistolis S. Pauli

23: si vos persecuti fuerint in una civitate, fugite in aliam, tamen communiter persecutio accipi potest pro inflictione cuiuslibet nocumenti.

Ps. CXVIII, 157: multi qui persequuntur me et tribulant me.

Deinde ponit mala quæ pertinent ad subtractionem bonorum, quæ sunt necessaria vitæ, scilicet cibus et vestimenta, secundum illud I Tim. VI, 8: habentes alimenta et quibus tegamur, his contenti simus. Ad subtractionem autem cibi pertinet fames, unde subdit an fames? ad subtractionem autem vestitus pertinet nuditas. Unde subdit an nuditas? I Cor. IV, 11: usque in hanc horam esurimus, et sitimus, et nudi sumus.

Quantum ad mala futura subdit an periculum, scilicet imminens in futurum? II Cor. XI, 26: periculis fluminum, periculis latronum.

Quantum autem ad mortem subdit an gladius? Hebr. XI, 37: in occisione gladii mortui sunt.

Deinde cum dicit sicut scriptum est, etc., ostendit huius quæstionis necessitatem per hoc quod dicit, quod sanctis omnia ista imminebant patienda propter Christi charitatem.

Et inducit verba Psalmistæ, quasi in persona martyrum proposita, in quibus, primo, ponit causam passionis. Martyrem enim non facit poena, sed causa, ut dicit Augustinus.

Unde dicit propter te. Matth. X, 39: qui perdiderit animam suam, id est vitam, propter me, inveniet eam. I Petr. IV, 15 s.: nemo vestrum patiatur ut fur, aut homicida; si autem ut christianus, non erubescat. Patitur etiam propter Christum, non solum qui patitur propter fidem Christi, sed etiam qui patitur pro quocumque iustitiæ opere, pro amore Christi. Matth. V, 10: beati qui persecutionem patiuntur propter iustitiam.

Secundo ponit gravitatem passionis, cum dicit mortificamur, id est morti tradimur.

Esth. VII, 4: traditi sumus ego et populus meus, ut conteramur et pereamus.

Tertio continuitatem persecutionis, cum dicit tota die, id est, per totum tempus vitæ.

II Cor. IV, 11: semper nos qui vivimus, in mortem tradimur propter Iesum.

Quarto promptitudinem persequentium ad occidendum, cum dicit æstimati sumus ut oves occisionis, id est deputatæ ut occidantur in macello, quæ cum studio occiduntur.

Ita et sancti ex proposito et cum studio occidebantur.

Io. XVI, 2: venit hora, ut omnis qui interficit vos, arbitretur obsequium se præstare Deo. Zac. XI, 4: pasce pecora occisionis, quæ qui possidebant, occidebantur.

Deinde cum dicit sed in his omnibus, solvit quæstionem.

Et, primo, proponit solutionem dicens sed in his omnibus, scilicet malis quæ supra posui, superamus, dum scilicet circa omnia illibatam charitatem servamus. Sap. X, 12: *certamen forte dedit illi ut vinceret.*

Et hoc non nostra virtute, sed per auxilium Christi, unde subdit *propter eum qui dilexit nos,* id est propter eius auxilium, vel propter affectum quem ad eum habemus, non quasi nos primo dilexerimus eum sed quoniam ipse prior dilexit nos, ut dicitur Io. IV, 19; et I Cor. XV, 57: *gratias Deo qui dedit nobis victoriam per Iesum Christum.*

Secundo, ibi *certus sum,* manifestat solutionem, ostendens inseparabilem esse sanctorum charitatem. Et primo ostendit quod non potest separari a creaturis quæ sunt; secundo, quod nec etiam a creaturis quæ non sunt, sed esse possent, ibi *neque creatura alia.*

Circa primum duo facit.

Primo ponit ea quæ sunt in homine, dicens *certus sum enim, quia neque mors,* quæ est præcipuum inter terribilia, *neque vita,* quæ est præcipuum inter appetibilia, scilicet *poterit nos separare a charitate Dei.* Infra XIV, 8: *sive vivimus, Domino vivimus: sive morimur, Domino morimur.*

In his autem duobus includuntur omnia quæ supra posuit. Nam sex præcedentia pertinent ad vitam; unum autem, scilicet gladius, pertinet ad mortem, ut supra dictum est.

Deinde ponit ea quæ sunt exterius, inter quæ, primo, ponit spirituales creaturas, dicens *neque Angeli,* qui scilicet sunt minores deputati ad custodiam hominum singulorum.

Ps. XC, 11: *Angelis suis mandavit de te. Neque principatus,* scilicet qui sunt deputati ad custodiam gentium. Dan. X, 20 s.: *nunc revertar ut prælier adversus principem Persarum. Cum enim egrederer, apparuit princeps Græcorum veniens, et nemo est adiutor meus, nisi Michæl noster princeps.* Addit autem *neque virtutes,* qui est supremus ordo ministrantium. Lc. XXI, 26: *virtutes cælorum movebuntur.*

Potest autem hoc intelligi dupliciter. Uno modo de malis Angelis, qui contra sanctos decertant. Eph. VI, 12: *non est nobis colluctatio adversus carnem et sanguinem, sed adversus principes et potestates.* Alio modo potest intelligi de bonis. Et secundum hoc, ut Chrysostomus dicit in libro de compunctione cordis, hoc dicebat, non quod Angeli affectare possent aliquando eum a Christo separare, sed etiam ea quæ sunt impossibilia, verbi gratia, fieri posse dixit magis quam se ab amore Christi seiungi: ut per hoc quanta in eo vis esset divinæ charitatis ostenderet, atque omnibus ante oculos poneret.

Hic enim amantium mos est, ut amorem suum silentio tegere nequeant: sed necessariis suis et charis asserunt et produnt, et flammas suas infra pectus cohibere non possunt. Enarrant ea frequentius, ut ipsa assiduitate narrandi amoris sui solatium capiant, et refrigeria immensi ardoris assumant. Sic ergo facit beatus hic eximius amator Christi, omnia quæ sunt et quæ erunt, quæque accidere possunt, et quæ omnino non possunt, simul uno sermone complectitur. Et

Commentaria in Epistolis S. Pauli

simile est quod dicitur Gal. I, 8: sed licet nos, aut Angelus de cælo evangelizet vobis, præter quam quod evangelizavi vobis, anathema sit.

Deinde posuit etiam creaturas sensibiles, quarum duplicem diversitatem ponit.

Primo quidem secundum tempus, quo diversificantur secundum præsens et futurum.

Unde dicit neque instantia, id est præsentia sive dolorem sive delectationem inferant.

II Cor. IV, 18: non contemplantibus nobis ea quæ videntur. Addit autem neque futura, quorum nec timor, nec desiderium potest nos separare a Christo. Unde dicebat act. XXI, 13: ego non solum alligari, sed et mori in Ierusalem paratus sum propter nomen Domini Iesu.

Deinde ponit diversitatem sensibilium creaturarum ex parte magnitudinis: et, primo, tangit magnitudinem virtutis, cum dicit neque fortitudo, id est neque quæcumque creatura fortis, potest me separare a Christo, puta fortis ignis, aut fortis aqua: quia, ut Cant. VIII, 6 dicitur, fortis est ut mors dilectio.

Deinde ponit magnitudinem dilectionis, describens eam secundum ea quæ proprie conveniunt corporibus, scilicet altum et profundum.

Unde dicit neque altitudo, ex qua, scilicet aliquis mihi minaretur præcipitium, sicut dicitur Lc. IV, 29 quod duxerunt Iesum usque ad supercilium montis ut præcipitarent eum.

Neque profundum, in quo aliquis submersionem minaretur. Ps. LXVIII, 2: infixus sum in limo profundi.

Possunt etiam hæc tria ad res humanas referri.

Tripliciter enim aliquis homo posset a Deo aliquem avertere. Uno quidem modo cogendo per fortitudinem; sed sicut dicitur I Reg. II, 2: non est fortis sicut Deus noster.

Secundo, stupefaciendo per altitudinem auctoritatis; sed de eo dicitur in Ps. LXXXII, 19: tu solus altissimus super omnem terram. Tertio, seducendo per profundum sapientiæ; sed de eo dicitur Iob XI, 8: profundior inferno et unde cognosces? possunt etiam hæc duo, altitudo et profundum, ad prospera et adversa referri, secundum illud II Cor. VI, 7: per arma iustitiæ a dextris et a sinistris. Vel secundum Chrysostomum, in libro de compunctione cordis, qui ait: altitudo et profundum non mihi aliud indicare videntur, quam regnum cælorum et Gehennam. Quasi dicat: nec si a regno decidere me necesse sit, aut etiam in Gehennam trahi pro Christo, nec hoc mihi quidem metuendum est.

Quantum autem ad ea quæ non sunt sed possunt esse, subdit neque creatura alia, quod utique secundum Chrysostomum de his dicitur quæ non sunt, quasi illi non sufficiant omnia quæ sunt, sed illa quæ non sunt provocat quodammodo ad certamen.

Nihil, inquit, istorum poterit nos separare a charitate Dei. I Cor. XIII, 8: charitas nunquam excidit. Quæ quidem charitas Dei est in Christo Iesu Domino nostro, quia scilicet per eum data est nobis, inquantum per spiritum sanctum nobis dedit. Lc. XII, 49: ignem veni mittere in terram et quid volo nisi ut accendatur? sed cum scriptum sit Eccle. IX, 1: nescit homo utrum amore vel odio dignus sit, sed omnia in futurum servantur incerta: quid est hoc quod dicit se esse certum quod nihil possit eum a charitate separare? ad quod dici potest quod apostolus non loquitur singulariter de seipso, sed loquitur in persona omnium prædestinatorum, de quibus propter certitudinem prædestinationis annuntiat quod nihil eos a charitate possit separare. Potest etiam ista certitudo causari ex virtute charitatis quæ, quantum in se est, ab aliquibus non potest separari, cum Deum super omnia diligant. Quod autem aliquis interdum a charitate recedat, non est propter defectum charitatis, sed propter defectum liberi arbitrii.

Si autem Paulus hoc dicit de seipso, de hoc certus esse non poterat, nisi forte per revelationem, quia dictum est ei, II Cor. XII, 9: sufficit tibi gratia mea. Nam quantum ad possibilitatem liberi arbitrii, ipse alibi dicit I Cor. IX, 27: ne forte cum aliis prædicaverim, ipse reprobus efficiar.

Capitulus IX

Lectio 1

Apostolus supra necessitatem et virtutem gratiæ demonstravit, hic incipit agere de origine gratiæ, utrum ex sola Dei electione detur aut detur ex meritis præcedentium operum, occasione accepta ex eo quod Iudæi, qui videbantur divinis obsequiis mancipati, exciderant a gratia, gentiles autem ad eam erant admissi, qui prius fuerant a Deo alieni.

Primo igitur agit de electione gentium; secundo de casu Iudæorum cap. X fratres voluntas quidem cordis mei, etc..

Circa primum duo facit.

Primo commemorat dignitatem Iudæorum; secundo ostendit quomodo gentiles ad illam dignitatem sunt assumpti, ibi non autem quod exciderit.

Circa primum duo facit.

Primo apostolus ostendit affectum suum ad gentem Iudæorum, ne ea quæ contra eos dixit vel dicturus est, ex odio dicere videatur; secundo eorum dignitatem ostendit, ibi qui sunt Israelitæ, etc..

Circa primum duo facit.

Primo confirmat ea quæ dicturus est; secundo demonstrat suum affectum, ibi quoniam mihi tristitia.

Circa primum duo facit.

Primo confirmat dicenda per simplicem assertionem, dicens veritatem dico, quod maxime convenit prædicatori, qui est testis veritatis.

Prov. VIII, 7: veritatem meditabitur guttur meum. Zach. VIII, 19: pacem et veritatem diligite.

Et quia quandoque aliquis veritati

Commentaria in Epistolis S. Pauli

quam loquitur aliquod mendacium interserit, ad hoc excludendum subdit non mentior. Eph. IV, 25: deponentes mendacium loquimini veritatem.

Secundo confirmat quæ dicenda sunt per iuramentum, quod est quædam confirmatio per testimonium infallibilis veritatis. Tales autem sunt testes sanctorum. Primo quidem Deus, secundum Iob XVI, 20: ecce in cælo testis meus. Et ideo dicit in Christo Iesu, id est, per Christum Iesum, qui est veritas absque mendacio. II Cor. I, 19: Dei enim filius qui prædicatus est in vobis, non fuit in illo est, et non. Secundo testis infallibilis sanctorum est eorum conscientia, unde subdit testimonium perhibente mihi conscientia mea.

II Cor. I, 12: gloria nostra hæc est, testimonium conscientiæ nostræ. Et quia interdum conscientia errat, nisi per spiritum sanctum rectificetur, subdit in spiritu sancto.

Supra VIII, 16: ipse spiritus testimonium reddit spiritui nostro.

Deinde cum dicit quoniam tristitia, etc., ostendit suum affectum ad Iudæos per dolorem, quem de eorum casu patiebatur, quem quidem primo exponit; secundo eius signum ponit cum dicit optabam, etc..

Exaggerat autem suum dolorem tripliciter.

Primo quidem ex eius magnitudine: quoniam mihi tristitia est magna, quia scilicet est de magno malo, id est de excidio tantæ gentis. Thr. II, 13: magna est velut mare contritio tua.

Sed contra hoc videtur esse quod dicitur Eccli. XXX, 22: tristitiam non des animæ tuæ, quod videtur sententiæ Stoicorum consonare, qui tristitiam omnino ab animo sapientis propellebant. Cum enim tristitia sit de malo præsenti, non potest sapienti competere, cui nullum malum est præsens. Non enim æstimabant aliquid esse bonum nisi honestum, et malum nisi peccatum.

Sed hæc opinio refellitur dupliciter. Primo quidem quia corporales defectus licet non sint simpliciter mala, quibus scilicet homines fiant mali, sunt tamen quædam mala, quæ natura abhorret. Unde et Dominus pro his tristatus legitur Matth. XXVI, 38: tristis est anima mea usque ad mortem.

Secundo cum ex charitate homo debet suum diligere proximum sicut seipsum, imminet sapienti tristitia laudabilis de peccato proximi, sicut de peccato sui ipsius; unde apostolus dicit I Cor. XII, 21: et lugeam multos ex eis qui peccaverunt.

Sic igitur reprobatur sæculi tristitia quæ mortem operatur, procedens ex amore sæculi: sed tristitia quæ est secundum Deum, utpote ex divina charitate procedens, salutem operatur, ut dicitur II Cor. VII, 10. Et talis fuit ista tristitia.

Secundo exaggerat eam ex continuitate; unde subdit et continuus dolor. Non quod continuo actu doleret, sed secundum habitum.

Ier. IX, 1: ut plorem die ac nocte interfectos populi mei.

Ad Romanos

Tertio exaggerat eam ex sui veritate, et dicit cordi meo; non enim erat superficialis, sed in corde radicata. Thr. I, 22: multi gemitus mei et cor meum moerens.

Deinde cum dicit optabam enim, etc., ponit signum doloris dicens: optabam enim ego ipse, qui tam fervens sum in charitate Christi, ut supra ostensum est, anathema esse a Christo pro fratribus meis.

Ubi, primo, sciendum est quod anathema est Græcum et componitur ab ana quod est sursum, et thesis quod est positio, ut dicatur anathema quasi sursum positum: quia scilicet cum capiebatur aliquid in præda quod nolebant esse in usu hominum, suspendebant illud in templo. Et inolevit usque adhuc ut ea quæ sunt separata ab hominum communi usu, anathemata vocarentur; unde Ios. VI, 17 dicitur: sit civitas hæc anathema, et omnia quæ in ea sunt, Domino.

Dicit ergo optabam ego ipse anathema esse a Christo, id est separatus ab eo, quod quidem fit dupliciter.

Uno modo per culpam, per quam aliquis a charitate Christi separatur, eius præceptum non servans. Io. XIV, 15: si diligitis me, mandata mea servate. Sic autem apostolus non poterat optare esse anathema a Christo pro quacumque causa, ut ex supra dictis in VIII, 35, patet. Est enim hoc contra ordinem charitatis, quo quis tenetur Deum super omnia diligere et salutem suam plusquam salutem aliorum. Et ideo non dicit, opto sed optabam, scilicet, tempore infidelitatis.

Sed secundum hoc nihil magnum dicit apostolus, quia tunc etiam propter se volebat esse separatus a Christo. Unde et quædam Glossa exponit quod dicit, tristitia magna est mihi, de tristitia qua dolebat de præterito statu peccati, in quo a Christo voluerat esse separatus.

Alio modo potest aliquis esse separatus a Christo, id est a fruitione Christi quæ habetur in gloria.

Sic autem separari a Christo volebat apostolus pro salute gentilium, nedum pro conversione Iudæorum, secundum illud Philipp. I, 23 s.: desiderium habens dissolvi et cum Christo esse, multo melius; permanere in carne necessarium propter vos. Et hoc modo dicebat optabam, scilicet si fieri posset, anathema esse, id est separatus a gloria, vel simpliciter vel ad tempus, propter honorem Christi, qui est ex conversione Iudæorum, secundum illud Prov. XIV, 28: in multitudine populi dignitas regis. Unde Chrysostomus dicit in libro de compunctione cordis: ita totam eius mentem devicit amor, ut etiam eo quod præ cæteris omnibus amabilius erat esse cum Christo, rursum idipsum, quia ita placeret Christo contemneret, sed et cælorum regna, quod videbatur laborum esse remuneratio pro Christo, nihilominus cedere pateretur.

Et causam tanti affectus ostendit subdens pro fratribus meis. Unde Eccli. XXV, 1 s. Dicitur, quod tria sunt probata coram Deo et hominibus: concordia fratrum, etc.. Et ne hoc intelligeretur de his qui erant spiritualiter in Christo fratres,

Commentaria in Epistolis S. Pauli

secundum illud Matth. XXIII, 8: omnes vos fratres estis, subiungit qui sunt cognati mei secundum carnem.

II Cor. XI, 22: semen Abrahæ sunt, et ego.

Deinde cum dicit qui sunt Israelitæ ostendit dignitatem Iudæorum, ut eius tristitia videretur esse rationabilis propter pristinam dignitatem populi pereuntis propensius enim est malum dignitatem perdidisse, quam numquam habuisse, ut dicit Glossa et non solum ex affectu carnali procedens.

Ostendit autem eorum dignitatem tripliciter.

Primo quidem quantum ad suam gentem, cum dicit qui sunt Israelitæ, id est, a genere Iacob descendentes, qui est dictus Israel, Gen. XXXII, 28, et II Cor. XI, 22: Israelitæ sunt, et ego. Et hoc ad dignitatem pertinet.

Dicitur enim Deut. IV, 7: non est alia natio tam grandis, etc..

Secundo ostendit dignitatem illius gentis ex Dei beneficiis, inter quæ primo ponit spiritualia beneficia, quorum unum respicit præsens; et quantum ad hoc dicit quorum est adoptio filiorum Dei; unde dicitur Exod. IV, 22: primogenitus meus Israel. Et hoc quidem dicitur quantum ad spirituales viros qui fuerunt in illo populo. Quantum ad carnales vero supra VIII, 15 innuit, quod acceperunt spiritum servitutis in timore. Aliud vero beneficium ponit quod respicit futurum, cum dicit et gloria, scilicet filiorum Dei eis repromissa. In cuius signum legitur Ex. Cap. Ult.

Quod gloria Domini implevit tabernaculum.

Deinde ponit alia beneficia figuralia, quorum tria sunt figura præsentis spiritualis beneficii.

Et horum primum est testamentum, id est, pactum circumcisionis Abrahæ datum, ut dicitur Gen. XVII, 2. Quamvis hoc possit referri ad testamentum novum, quod primo Iudæis est prædicatum. Unde et Dominus dicebat, Matth. XV, 24: non sum missus nisi ad oves quæ perierunt domus Israel. Et Ier. XXXI, 31 dicitur: feriam domui Israel foedus novum. Secundum est lex data Moysi.

Unde et subdit legislatio. Eccli. XXIV, 33: legem mandavit nobis Moyses. Tertium est cultus divinus, cum dicit et obsequium, quo scilicet Deo serviebant, omnibus aliis gentibus servientibus idolis. Is. XLIV, 1: et nunc audi, serve meus Iacob, et Israel quem elegi.

Deinde ponit id quod pertinet ad futuram gloriam, cum dicit et promissa. Promissiones enim factæ in veteri testamento impletæ per Christum, Iudæis præcipue factæ videntur. Unde dicitur infra XV, 8: dico Iesum Christum ministrum fuisse circumcisionis ad confirmandas promissiones patrum, etc.. Fuerunt autem eis multæ promissiones factæ de bonis terrenis, ut patet Lev. XXVI, 3 s., et Deut. XXVIII, 1-14. Sed per illa temporalia bona spiritualia figurabantur.

Tertio autem describit dignitatem Iudæorum ex origine, cum dicit

Ad Romanos

quorum patres, quia scilicet secundum carnem sunt progeniti ab illis patribus qui fuerunt maxime Deo accepti. Deut. IV, 37: dilexi patres tuos, et elegi semen eorum. Os. IX, 10: quasi prima poma ficulneæ eius vidi patres eorum.

Quarto ostendit dignitatem eorum ex prole cum dicit ex quibus est Christus secundum carnem, sicut ipse dicit. Io. IV, 22: salus ex Iudæis est.

Et ne hoc parum videatur, ostendit Christi dignitatem, dicens: qui est super omnia Deus benedictus in sæcula, amen.

I Io. Cap. Ult.: hic est verus Deus et vita æterna.

In quibus verbis quatuor hæreses destruuntur.

Primo quidem Manichæi, qui dicebat Christum habuisse corpus phantasticum et non verum, quod removet per hoc quod dicit secundum carnem. Habet enim veram carnem, secundum illud Lc. Cap. Ult.: spiritus carnem et ossa non habet, sicut me videtis habere.

Secundo, hæresis valentini qui dicit Christum non de massa humani generis, sed de cælo corpus attulisse. Quod quidem excludit in hoc quod dicit Christum ex Iudæis secundum carnem esse, secundum illud Matth. I, 1: liber generationis Iesu Christi filii David.

Tertio, hæresis Nestorii qui posuit alium esse filium hominis alium Dei: contra quem apostolus hic dicit, quod ille est ex patribus secundum carnem qui est Deus super omnia.

Quarto, excluditur hæresis Arii qui dicebat Christum esse minorem patre et quod est creatus ex nihilo. Contra quorum, primum dicit quod est super omnia; contra secundum, quod est benedictus per omnia sæcula.

Hoc enim de solo Deo dicendum est, quod eius bonitas duret in sæcula.

Lectio 2

Postquam apostolus posuit dignitatem Iudæorum, nunc ostendit quod ista dignitas non pertineat ad eos qui carnaliter processerunt ab antiquis patribus sed ad spirituale semen quod est a Deo electum.

Et primo ostendit, quod huiusmodi dignitas proveniat ex electione divina; secundo ostendit, quod hæc electio communiter pertinet ad Iudæos et ad gentiles, ibi quos etiam vocavit non solum, etc..

Circa primum duo facit.

Primo ostendit quomodo ex electione divina homines spiritualem dignitatem consequuntur; secundo movet quæstionem de iustitia divinæ electionis, ibi quid ergo dicemus? circa primum duo facit.

Primo proponit quod intendit; secundo ostendit propositum, ibi sed in Isaac, etc..

Circa primum duo facit.

Primo ponit firmitatem divinæ electionis; secundo ostendit in quibus impleatur, ibi non enim omnes, etc..

Dicit ergo primo: ita dictum est quod

Commentaria in Epistolis S. Pauli

eorum sunt promissa et adoptio filiorum et gloria, pro quorum casu est mihi magna tristitia et continuus dolor. Non autem est hoc sic intelligendum, quod verbum Dei exciderit, id est frustratum sit, quia et si non habet locum in quibusdam qui exciderunt, habet tamen locum in aliis. Is. LV, 11: verbum quod egreditur ex ore meo, non revertetur ad me vacuum, etc.. Ps. CXVIII, 89: in æternum, Domine, permanet verbum tuum.

Deinde cum dicit non enim, etc., ostendit quomodo et in quibus verbum Dei exciderit.

Circa quod considerandum est quod Iudæi de duobus præcipue gloriabantur, videlicet de Abraham qui primo accepit pactum circumcisionis a Domino, ut dicitur Gen. XVII, 10, et de Iacob sive Israel, cuius tota posteritas in populo Dei connumerabatur.

Non autem ita fuit de Isaac; nam posteritas filii eius Esau ad populum Dei non pertinebat.

Unde apostolus ostendit propositum, primo quidem per comparationem ad Iacob, dicens non enim omnes qui sunt ex Israel, id est ex Iacob secundum carnem progeniti, hi sunt veri Israelitæ ad quos pertinent Dei promissa, sed illi qui sunt recti et videntes Deum per fidem. Is. XLIV, 2: rectissime quem elegi. Unde et Dominus dixit Nathanæli Io. I, 47: ecce verus Israelita, in quo dolus non est. Hoc autem nomen Israel impositum fuit Iacob ab Angelo, ut patet Gen. XXXII, 28.

Secundo ostendit idem propter comparationem ad Abraham, dicens neque omnes qui sunt carnale semen Abrahæ, sunt spirituales Abrahæ filii, quibus Deus benedictionem repromisit, sed solum illi qui eius fidem et opera imitantur. Io. VIII, 39: si filii Abrahæ estis, opera Abrahæ facite.

Deinde, cum dicit sed in Isaac, etc., manifestat propositum. Et primo quantum ad Abraham; secundo quantum ad Iacob, ibi non solum autem illa, etc..

Circa primum tria facit. Primo proponit auctoritatem Scripturæ, dicens sed in Isaac vocabitur tibi semen. Hoc Dominus dixit Abrahæ, ut habetur Gen. XXI, 12, ubi agebatur de expulsione Ismælis.

Quasi dicat: non omnes qui nati sunt carnaliter ab Abraham pertinent ad illud semen, cui facta est repromissio, secundum illud Gal. III, 16: Abrahæ dictæ sunt promissiones et semini eius, sed illi qui similes sunt Isaac.

Deinde, cum dicit id est, non qui filii, etc., exponit auctoritatem inductam secundum quod facit ad propositum.

Ad cuius evidentiam accipiendum est quod apostolus dicit Gal. IV, 22 s.: Abraham duos filios habuit, unum de ancilla, et unum de libera: sed qui de ancilla, scilicet Ismæl, secundum carnem natus est, quia scilicet secundum legem et consuetudinem carnis ex iuvencula natus est; qui autem ex libera, scilicet Isaac, per repromissionem, et non secundum carnem, id est non secundum carnis legem et consuetudinem, quia natus est ex sterili et vetula, ut habetur Gen.

XVIII, 10, quamvis sit natus secundum carnem, id est secundum substantiam carnis quam accepit a parentibus.

Ex quo apostolus hic accipit quod illi non adoptantur in filios Dei, qui sunt filii carnis, id est ex hoc ipso quod secundum carnem progeniti sunt ab Abraham, sed illi æstimantur in semine, quibus facta est repromissio, qui sunt filii promissionis, id est illi qui ex gratia promissionis divinæ facti sunt filii Abrahæ secundum imitationem fidei, secundum illud Matth. III, 9: potens est Deus de lapidibus his suscitare filios Abrahæ. Sicut etiam Ismæl, secundum carnem natus, non est computatus in semine, sed Isaac per repromissionem natus.

Tertio, ibi promissionis enim, etc., probat convenientem fuisse suam expositionem, qua per Isaac significari dixit eos qui sunt filii repromissionis, quia scilicet Isaac per promissionem natus est.

Unde dicit promissionis enim, hoc verbum est quod Angelus, imo Dominus in Angelo, dixit ad Abraham Gen. XVIII, 10: secundum hoc tempus veniam, quo significatur tempus gratiæ. Gal. IV, 4: cum venit plenitudo temporis, misit Deus filium suum. Et erit Saræ filius, scilicet per gratiam repromissionis. Unde et Gal. IV, 5 dicitur: ut adoptionem filiorum reciperemus.

Deinde, cum dicit non solum autem illa, etc., manifestat propositum quantum ad Iacob. Et primo ponit quod intendit; secundo manifestat propositum, ibi cum enim nondum nati, etc..

Dicit ergo primo: non solum illa, scilicet Sara, habuit filium de quo facta est promissio, sed et Rebecca habens in utero duos filios, quorum unus pertinebat ad promissionem, alius ad carnem solum, et hoc ex uno concubitu Isaac patris nostri. Dicitur enim Gen. XXV, 21 ss. Quod Isaac rogavit pro uxore sua eo quod sterilis esset, et dedit Dominus conceptum Rebeccæ, sed collidebantur in ventre eius parvuli.

Et est notandum quod hoc apostolus inducit contra Iudæos, qui reputabant se Dei iustitiam adepturos propter merita patrum, contra quos dicit de viris iustis Ez. XIV, 16, quod filium et filiam non liberabunt, sed ipsi in iustitia sua liberabuntur. Unde et Ioannes Iudæis dicebat Matth. III, 9: ne coeperitis dicere: patrem habemus Abraham, etc.. Contra horum opinionem ergo primo induxerat quod de filiis Abrahæ unus erat electus, et alius reprobatus.

Possent autem hoc adscribere vel diversitati matrum, quia Ismæl natus est de ancilla et Isaac de libera; vel diversitati meritorum patris, quia Ismælem genuit incircumcisus.

Ut igitur omne subterfugium excludatur, inducit exempla, ubi unus eligitur et alius reprobatur eorum, qui non solum ab uno patre sed etiam ab una matre sunt geniti et eodem tempore, imo ex uno concubitu.

Deinde, cum dicit cum nondum, etc., ostendit propositum, et primo per auctoritatem Gen. XXV, 24; secundo per auctoritatem prophetæ, ibi sicut scriptum est, etc..

Circa primum tria facit. Primo designat tempus promissionis, et dicit quod per repromissionem est unus filiorum Rebeccæ alii prælatus, cum nondum nati fuissent.

Et sicut per superiora exclusit opinionem Iudæorum de meritis patris confidentium, ita etiam per hoc excludit errorem Manichæorum, qui diversitatem eorum quæ hominibus accidunt, nativitati adscribunt, ut scilicet uniuscuiusque vita et mors disponatur secundum constellationem sub qua natus est, contra quod dicitur Ier. X, 2: a signis cæli nolite metuere quæ gentes timent.

Subdit autem aut aliquid egissent boni aut mali, ubi excluditur error Pelagianorum, qui dicunt secundum merita præcedentia gratiam dari, cum tamen scriptum sit Tit. III, 5: non ex operibus iustitiæ quæ fecimus nos, sed secundum suam misericordiam salvos nos fecit.

Utrumque autem horum ostenditur falsum per hoc quod ante nativitatem et ante opera unus filiorum Rebeccæ alteri est prælatus.

Excluditur per hoc etiam error Origenis, qui posuit animas hominum simul cum Angelis esse creatas et quod pro meritis eorum, quæ ibi egerunt bene vel male, diversitatem vitæ sortiuntur, secundum quem non posset esse verum quod hic dicitur: cum nondum aliquid mali vel boni egissent. Contra hoc autem est quod dicitur Iob XXXVIII, 7: ubi eras, cum

me laudarent astra matutina, et iubilarent omnes filii Dei? posset enim secundum Origenis errorem responderi: eram inter ipsos Dei filios iubilantes.

Secundo ostendit quid accipi posset ex ipsa promissione, quia unus geminorum in utero existentium alteri est prælatus, dicens ut propositum Dei, scilicet volentis unum præ alio magnificare, maneret, id est firmum esset, et hoc non secundum merita sed secundum electionem, id est inquantum ipse Deus spontanea voluntate unum alteri prælegit, non quia sanctus erat, sed ut sanctus esset, secundum illud Eph. I, 4: elegit nos in ipso ante mundi constitutionem, ut essemus sancti. Hoc autem est propositum prædestinationis, de quo ibidem dicitur: prædestinati secundum propositum voluntatis eius.

Tertio ponit promissionem, dicens non ex operibus, quæ nulla præcesserunt, ut dictum est, sed ex vocante, id est ex ipsa gratia vocantis de quo supra dictum est: quos prædestinavit, hos et vocavit, dictum est ei, scilicet Rebeccæ, quia maior, scilicet Esau, serviet minori, scilicet Iacob.

Quod quidem tripliciter potest intelligi.

Uno modo secundum eorum personas, et sic intelligitur Esau servisse Iacob, non directe sed occasionaliter, inquantum persecutio quam ei intulit, in eius bonum cessit, secundum illud Prov. XI, 29: qui stultus est serviet sapienti.

Secundo potest referri ad populos ex

utroque progenitos: quia Idumæi aliquando fuerunt subiecti Isrælitis, secundum illud Ps. LIX, 8: in Idumæam extendam calceamentum meum. Et hoc videtur competere his quæ præmittuntur in Gen. XXV, 23. Præmittuntur enim: duo populi ex ventre tuo dividentur: populus populum superabit, et maior minori serviet.

Tertio potest intelligi figuraliter dictum ut per maiorem intelligatur populus Iudæorum, qui primo adoptionem filiationis accepit, secundum illud Ex. IV, 22: primogenitus meus Israel, per minorem autem figuratur populus gentilium, qui posterius est ad fidem vocatus, qui etiam figuratur per filium prodigum.

Maior ergo populus serviet minori, inquantum Iudæi sunt nostri capsarii, custodientes libros ex quibus nostræ fidei testimonium perhibetur. Io. V, 39: scrutamini Scripturas.

Deinde, cum dicit sicut scriptum est, etc., probat propositum ex auctoritate prophetæ, dicens sicut scriptum est, scilicet I, 2 Malachiæ prophetæ, ex persona Dei dicentis Iacob dilexi, Esau autem odio habui.

Dicit autem hic quædam Glossa quod id quod supra dictum est maior serviet minori, dictum est secundum præscientiam; quod autem hic dicit, est intelligendum secundum iudicium, quia scilicet Deus propter bona opera dilexit Iacob, sicut et omnes sanctos diligit. Prov. VIII, 17: ego diligentes me diligo. Esau vero odio habuit propter peccata, sicut scriptum est Eccli. XII, 7: altissimus odio peccatores habet.

Sed quia dilectio hominis prævenitur a dilectione Dei, secundum illud I Io. IV, 10: non quasi nos dilexerimus Deum, sed quoniam ipse prior dilexit nos, oportet dicere quod ante Iacob dilectus sit a Deo, quam ipse Deum dilexerit. Nec potest dici quod Deus ex tempore eum diligere inceperit, alioquin eius affectus esset mutabilis.

Et ideo oportet dicere quod Deus ab æterno Iacob dilexit, ut dicitur Ier. XXXI, 3: in charitate perpetua dilexi te.

Est autem in his verbis apostoli considerandum, quod tria ponit in Deo pertinentia ad sanctos, videlicet electionem, per quam intelligitur prædestinatio, et electio Dei, quæ quidem realiter sunt idem in Deo, sed differunt ratione. Nam ipsa Dei dilectio dicitur secundum quod vult bonum alicui absolute; electio autem dicitur secundum quod per bonum quod alicui vult, eum alteri præfert; prædestinatio autem est secundum quod hominem dirigit in id bonum quod ei vult, diligendo et eligendo. Et ideo secundum rationem prædestinatio sequitur dilectionem, sicut et voluntas de fine naturaliter præcedit directionem aliquorum in finem.

Electio autem et dilectio aliter ordinantur in Deo et in homine. In homine enim electio præcedit dilectionem, voluntas enim hominis movetur ad amandum ex bono quod in re amata considerat, ratione cuius ipsam præelegit alteri et præelectæ suum amorem impendit. Sed voluntas Dei est causa omnis boni quod est in creatura et ideo bonum per quod una creatura præfertur alteri per modum electionis, consequitur voluntatem Dei, quæ est de bono illius, quæ pertinet ad rationem dilectionis. Unde non propter aliquod bonum quod in homine eligat Deus eum diligit, sed potius eo quod ipsum diligit, præfert eum aliis eligendo.

Sicut autem dilectio de qua hic loquitur, pertinet ad æternam Dei prædestinationem, ita etiam odium, de quo hic loquitur, pertinet ad reprobationem qua Deus reprobat peccatores.

Nec est dicendum quod ista reprobatio sit temporalis, quia nihil temporale est in voluntate divina, sed est ab æterno: quæ quidem quantum ad aliquid convenit cum dilectione vel prædestinatione, quantum autem ad aliquid differt.

Convenit quidem quantum ad hoc quod sicut prædestinatio est præparatio gloriæ, ita reprobatio est præparatio poenæ. Is. XXX, 33: præparata est ab heri Thopheth a rege præparata.

Differt autem quantum ad hoc quod prædestinatio importat præparationem meritorum quibus pervenitur ad gloriam, sed reprobatio importat præparationem peccatorum quibus pervenitur ad poenam. Et ideo præscientia meritorum non potest esse aliqua ratio prædestinationis, quia merita præscita cadunt sub prædestinatione; sed præscientia peccatorum potest esse aliqua ratio reprobationis ex parte poenæ, quæ præparatur reprobatis, inquantum scilicet Deus proponit se puniturum malos propter peccata quæ a seipsis habent, non a Deo; iustos autem proponit se præmiaturum propter merita quæ a seipsis non habent. Os. XIII, 9: perditio tua ex te, Israel, tantum in me auxilium tuum.

Lectio 3

Postquam præmisit apostolus quod secundum Dei electionem unus alteri præfertur non ex operibus, sed ex gratia vocantis hic inquirit de iustitia huius electionis. Et primo proponit dubitationem; secundo solvit, ibi absit. Moysi, etc..

Tertio obiicit contra solutionem, ibi dicis itaque mihi: quid adhuc, etc..

Dicit ergo primo: dictum est quod Deus sine merito præcedente unum eligit, et alterum reprobat. Quid ergo dicemus? numquid per hoc probari potest quod sit iniquitas apud Deum? videtur quod sic. Pertinet enim ad iustitiam in distributionibus, ut æqualiter æqualibus distribuatur. Homines autem, remota differentia meritorum, sunt æquales. Si ergo absque consideratione meritorum Deus inæqualiter distribuit, unum eligens et alium reprobans, videtur quod sit in eo iniquitas, quod est contra illud quod dicitur Deut. XXXII, 4: Deus fidelis et absque ulla iniquitate; Ps. CXVIII, 137: iustus es, Domine, et rectum iudicium tuum.

Ad Romanos

Est autem sciendum quod Origenes hanc obiectionem solvere volens incidit in errorem.

Ponit enim in suo periarchon, Deum ab initio solum creaturas spirituales fecisse, et omnes æquales, ne ex eorum inæqualitate posset secundum rationem prædictam iniquitas Deo adscribi, sed postea creaturarum diversitas subsecuta est ex diversitate meritorum.

Nam illarum creaturarum spiritualium quædam per amorem conversæ sunt ad Deum plus vel minus, et secundum hoc distincti sunt diversi ordines Angelorum: quædam vero aversæ sunt a Deo plus vel minus, et secundum hoc alligatæ sunt corporibus vel nobilibus vel ignobilibus, quædam quidem cælestibus corporibus, quædam autem corporibus Dæmonum, quædam autem corporibus hominum. Et secundum hoc ratio condendi et distinguendi creaturas corporeas, est peccatum spiritualis creaturæ. Quod est contra id quod Gen. I, 31 dicitur: vidit Deus cuncta quæ fecerat, et erant valde bona, per quod datur intelligi quod causa producendi creaturas corporales, est bonitas, ut dicit Augustinus, de civitate Dei.

Et ideo, hac opinione reiecta, videndum est qualiter apostolus dubitationem solvat, cum dicit absit. Moysi enim dicit, etc..

Et circa hoc duo facit.

Primo solvit obiectionem prædictam quantum ad dilectionem sanctorum; secundo quantum ad odium seu reprobationem malorum, ibi dicit enim Scriptura, etc..

Circa primum duo facit.

Primo proponit auctoritatem Scripturæ ex qua procedit solutio; secundo ex ea conclusionem inducit, ibi igitur non volentis, etc..

Inducit autem auctoritatem quæ habetur Exod. XXXIII, 19, ubi dixit Dominus Moysi, secundum litteram nostram: miserebor cui voluero, et clemens ero in quem placuero, sed apostolus inducit eam secundum litteram LXX, dicens Moysi enim dicit, Dominus, miserebor cui misereor, et misericordiam præstabo cui miserebor, ubi secundum superficiem litteræ omnia bona nostra Dei misericordiæ adscribuntur secundum illud is. LXIII, 7: miserationum Domini recordabor, laudem Domini super omnibus quæ reddidit nobis. Et Thren. III, 22: misericordiæ Domini quod non sumus consumpti, multæ enim sunt miserationes eius.

Exponitur autem hæc auctoritas in Glossa dupliciter, et secundum hoc ex auctoritate hac dupliciter solvitur quæstio et obiectio.

Uno modo sic: miserebor cui misereor, id est illi qui est dignus misericordia; et, ad maiorem expressionem, iterat dicens misericordiam præstabo cui misereor, id est cui dignum iudico misereri: sicut et in Ps. Cii, 13 dicitur: misertus est Dominus timentibus se.

Et secundum hoc licet misericorditer sua impendat, tamen ab iniustitia excusatur, quia dat quibus dandum est, et quia non dat cui dandum non est,

Commentaria in Epistolis S. Pauli

secundum rectitudinem sui iudicii.

Sed misereri cui dignum est, potest intelligi dupliciter. Uno modo ut intelligatur aliquis dignus misericordia propter opera præexistentia in hac vita, licet non in alia, ut posuit Origenes, quod pertinet ad hæresim Pelagianorum, qui posuerunt gratiam Dei hominibus secundum merita dari.

Sed hoc stare non potest, quia, sicut dictum est, ipsa etiam bona merita sunt homini a Deo, et sunt prædestinationis effectus.

Alio modo potest intelligi ut aliquis dicatur dignus misericordia, non propter aliqua merita præcedentia gratiam sed propter merita subsequentia, puta ut dicamus quod Deus dat alicui gratiam et proposuit eam ab æterno illi se daturum, quem præscivit ea bene fore usurum.

Et secundum hoc intelligit Glossa quod miseretur cui miserendum est. Unde dicit miserebor cui misertus ero, id est, illi miserebor vocando et gratiam apponendo, cui præscius ero quod misericordiam daturus essem, sciens illum convertendum et apud me permansurum.

Sed videtur quod nec hoc convenienter dici possit.

Manifestum est enim quod nihil potest poni ut ratio prædestinationis, quod est prædestinationis effectus, etiam si accipiatur prout est in Dei præscientia, quia ratio prædestinationis præintelligitur prædestinationi, effectus autem in ipsa includitur.

Manifestum est autem quod omne Dei beneficium quod homini confert ad salutem, est divinæ prædestinationis effectus. Divinum autem beneficium non solum extendit se ad infusionem gratiæ, qua homo iustificatur, sed etiam ad gratiæ usum: sicut etiam in rebus naturalibus non solum Deus causat ipsas formas in rebus, sed etiam ipsos motus et operationes formarum, eo quod Deus est principium omnis motus, cuius operatione cessante a movendo, ex formis nullus motus vel operatio sequitur. Sicut autem se habet habitus gratiæ vel virtutis in anima ad usum ipsius, sic se habet forma naturalis ad suam operationem. Et ideo dicitur Is. XXVI, 12: omnia opera nostra operatus es in nobis, Domine.

Probat autem hoc speciali ratione Aristoteles de operibus voluntatis humanæ.

Cum enim homo habeat potentiam ad opposita, puta ad sedendum vel non sedendum, oportet quod reducatur in actum per aliquid aliud. Reducitur autem in actum alterius horum per consilium, ex quo unum oppositorum præelegit alteri. Sed cum iterum homo habet potentiam consiliandi vel non consiliandi, oportebit esse aliquid per quod reducatur in actum consilii. Et cum in hoc non sit procedere in infinitum, oportet esse aliquod principium extrinsecum superius homine, quod ipsum moveat ad consiliandum, et hoc non est aliud quam Deus.

Sic igitur ipse usus gratiæ est a Deo, nec propter hoc superfluit habitus gratiæ, sicut nec superfluunt formæ naturales, quamvis Deus in omnibus operetur, quia, sicut dicitur Sap. VIII, 1, ipse disponit omnia suaviter, quia scilicet per suas formas omnia inclinantur quasi sponte in id ad quod ordinantur a Deo.

Sic igitur non potest esse quod merita consequentia gratiam sint ratio miserendi aut prædestinandi, sed sola Dei voluntas, secundum quam misericorditer aliquos liberat.

Manifestum est enim quod iustitia distributiva locum habet in his quæ dantur ex debito, puta si aliqui meruerunt mercedem, ut plus laborantibus maior merces donetur, non autem habet locum in his quæ sponte et misericorditer aliquis dat; puta si aliquis duos pauperes in via inveniens det uni quod potest, vel disponit in eleemosynam dare, non est iniquus sed misericors. Similiter si aliquis, duobus æque ipsum offendentibus, uni dimittat offensam et non alteri, est misericors uni, et iustus ad alterum, neutri vero iniquus.

Cum enim omnes homines propter peccatum primi parentis damnationi nascantur obnoxii, quos Deus per suam gratiam liberat, sola misericordia liberat: et sic quibusdam est misericors, quos liberat, quibusdam autem iustus, quos non liberat, neutris autem iniquus.

Et ideo apostolus quæstionem solvit per auctoritatem, quæ omnia divinæ misericordiæ adscribit.

Sciendum est tamen quod Dei misericordia secundum tria attenditur. Primo quidem secundum prædestinationem, qua ab æterno proposuit aliquos liberare. Ps. Cii, 16: misericordia eius ab æterno et usque in æternum.

Secundo, secundum vocationem et iustificationem quibus homines salvat ex tempore.

Tit. III, 5: secundum suam misericordiam salvos nos fecit. Tertio, magnificando per gloriam, quando liberat ab omni miseria.

Ps. Cii, 4: qui coronat te in misericordia et miserationibus.

Et ideo dicit miserebor, scilicet vocando et iustificando, cui misereor, prædestinando et misericordiam præstando, finaliter glorificando eum cui misereor vocando et iustificando.

Et hic sensus magis concordat cum nostra littera, quæ dicit: miserebor cui voluero, et clemens ero cui mihi placet. Ubi manifeste non meritis, sed soli divinæ voluntati adscribitur divina misericordia.

Deinde, cum dicit igitur non volentis, etc., concludit propositum ex præmissa auctoritate.

Et potest hæc conclusio multipliciter intelligi; uno modo sic: igitur, ipsa salus hominis, non est volentis neque currentis, id est non debetur alicui per aliquam eius voluntatem, vel exteriorem operationem, quæ dicitur cursus secundum illud I Cor. IX, 24: sic currite ut comprehendatis, sed est miserentis Dei, id est, procedit ex sola Dei misericordia, et maxime sequitur ex auctoritate inducta Deut. IX, 4: nec dicas in corde tuo: propter iustitiam meam introduxit me Dominus, ut

Commentaria in Epistolis S. Pauli

terram hanc possiderem.

Potest autem et aliter intelligi ut sit sensus: omnia procedunt ex Dei misericordia, igitur non est volentis, scilicet velle, neque currentis, scilicet currere, sed utrumque est miserentis Dei, secundum illud I Cor. XV, 10: non autem ego, sed gratia Dei mecum. Et Io. XV, 5: sine me nihil potestis facere.

Sed si hoc solum in hoc verbo intellexisset apostolus, cum etiam gratia sine libero arbitrio hominis non velit neque currat, potuisset e converso dicere: non est miserentis Dei, sed volentis et currentis, quod aures piæ non ferunt.

Unde plus aliquid est ex his verbis intelligendum, ut scilicet principalitas gratiæ Dei attribuatur.

Semper enim actio magis attribuitur principali agenti, quam secundario, puta si dicamus quod securis non facit arcam, sed artifex per securim. Voluntas autem hominis movetur a Deo ad bonum. Unde supra VIII, 14 dictum est: qui spiritu Dei aguntur, hi sunt filii Dei. Et ideo hominis operatio interior non est homini principaliter, sed Deo attribuenda. Phil. II, 13: Deus est qui operatur in nobis velle et perficere pro bona voluntate.

Sed si non est volentis velle, neque currentis currere, sed Dei moventis ad hoc hominem, videtur quod homo non sit Dominus sui actus, quod pertinet ad libertatem arbitrii.

Et ideo dicendum est, quod Deus omnia movet, sed diversimode, inquantum scilicet unumquodque movetur ab eo secundum modum naturæ suæ. Et sic homo movetur a Deo ad volendum et currendum per modum liberæ voluntatis. Sic ergo velle et currere est hominis, ut libere agentis: non autem est hominis ut principaliter moventis, sed Dei.

Deinde, cum dicit dicit enim Scriptura, etc., solvit quæstionem præmissam quantum ad reprobationem malorum.

Et primo inducit auctoritatem; secundo infert conclusionem, ibi ergo cui vult miseretur, etc..

Dicit ergo: ita ostensum est quod non est iniquitas apud Deum, quantum ad hoc quod ab æterno diligit iustos. Sed etiam nec quantum ad hoc quod ab æterno reprobat malos. Dicit enim Scriptura ex ore Dei, Ex. IX, 16: quia in hoc ipsum excitavi te, vel servavi te, secundum aliam litteram, ut ostendam in te virtutem meam ut annuntietur nomen meum in universa terra. Nostra autem littera sic habet: et idcirco posui te, ut ostendam in te fortitudinem meam, ut enarretur nomen meum in omni terra.

Ubi primo, consideratum est quid Deus circa reprobos faciat, quod ostendit dicens in hoc ipsum servavi te, id est dignus eras mori propter mala quæ feceras, supra I, 32: qui talia agunt, digni sunt morte, sed tamen non statim tibi mortem induxi sed servavi te in vita eo fine quo sequitur, ut scilicet ostendam, etc..

Et in hoc etiam sensu potest legi quod dicitur excitavi te, id est, cum apud me pro tuis meritis mortuus esses, concessi tibi vitam, quasi te excitarem.

In quo apparet quod Deus iniquitatem reprobis non facit, cum ipsi ex suis meritis essent digni statim consumi, sed hoc ipsum quod eos servat in vita, procedit ex nimia sua bonitate. Ier. X, 24: corripe me, Domine verumtamen in iudicio et non in furore tuo, ne forte ad nihilum redigas me.

Alio modo potest intelligi excitavi te, in peccatum, ut deterior fias. Quod quidem non est intelligendum hoc modo quod Deus in homine causet malitiam, sed est intelligendum permissive, quia scilicet ex iusto suo iudicio permittit aliquos ruere in peccatum propter præcedentes iniquitates, sicut supra I, 24 dictum est: tradidit eos Deus in reprobum sensum.

Sed aliquid amplius videtur mihi in hoc esse intelligendum, quia, videlicet, instinctu quodam interiori moventur homines a Deo ad bonum et ad malum. Unde Augustinus dicit in libro de gratia et libero arbitrio, quod Deus operatur in cordibus hominum ad inclinandas eorum voluntates quocumque voluerit, sive ad bona pro sua misericordia, sive ad mala pro meritis eorum. Unde et Deus dicitur sæpius suscitare aliquos ad bonum, secundum illud Dan. XIII, 45: suscitavit Deus spiritum pueri iunioris. Dicitur etiam suscitare aliquos ad malum faciendum, secundum illud Is. XIII, 17: suscitabo medos qui sagittis parvulos interficiant.

Aliter tamen ad bona, aliter ad mala: nam ad bona inclinat hominum voluntates directe et per se, tamquam actor bonorum; ad malum autem dicitur inclinare vel suscitare homines occasionaliter, inquantum scilicet Deus homini aliquid proponit vel interius, vel exterius, quod, quantum est de se, est inductivum ad bonum; sed homo propter suam malitiam perverse utitur ad malum.

Supra II, 4: ignoras quoniam benignitas Dei ad poenitentiam te adducit: secundum autem duritiam tuam et cor impoenitens thesaurizas tibi iram in die iræ. Et Iob XXIV, 23: dedit ei Deus locum poenitentiæ, et ille abutitur eo in superbia.

Et similiter Deus quantum est de se, interius instigat hominem ad bonum, puta regem ad defendendum iura regni sui, vel ad puniendum rebelles. Sed hoc instinctu bono malus homo abutitur secundum malitiam cordis sui. Et hoc patet Is. X, 6, ubi dicitur de Assur: ad gentem fallacem mittam eum, contra populum furoris mei mandabo illi ut auferat spolia, etc.. Et post: ipse autem non sic arbitrabitur, et cor eius non ita æstimabit, sed ad conterendum erit cor eius. Et hoc modo circa Pharaonem accidit, qui cum a Deo excitaretur ad regni sui tutelam, abusus est hac excitatione in crudelitatem.

Secundo, oportet considerare quo fine Deus ista partim faciat et partim permittat.

Est enim considerandum, quod Deus operatur in creaturis ad suam manifestationem, secundum illud supra I, 20: invisibilia Dei per ea quæ facta sunt intellecta conspiciuntur.

Unde et huiusmodi excitatio in hoc ipsum ordinatur, et quantum ad præsentes, ut ostendam in te virtutem meam, Ex. XIV, 31: viderunt filii Israel manum magnam, quam exercuerat Dominus contra Aegyptios, et quantum ad absentes, ut annuntietur nomen meum in universa terra. Ps. XCV, 3: annuntiate inter gentes gloriam eius.

Sic igitur patet quod quantum ad hoc, non est iniquitas apud Deum, quia utitur creatura sua secundum eius merita ad gloriam suam. Et in hoc eodem sensu potest exponi si dicatur, posui te, id est ordinavi malitiam tuam ad gloriam meam; Deus enim malitiam ordinat, sed non causat.

Deinde cum dicit ergo cui vult miseretur, etc.; infert conclusionem quamdam ex utraque auctoritate supra inducta.

Nam ex eo quod dictum est miserebor cui misereor, concludit ergo cui vult miseretur.

Ps. Cii, 13: misertus est Dominus timentibus se. Ex eo vero quod dictum est: in hoc ipsum excitavit te, concludit et quem vult indurat.

Is. LXIII, 17: indurasti cor nostrum, ne timeremus te. Eccli. XXXIII, 12: ex ipsis benedixit et exaltavit, et ex ipsis maledixit et humiliavit.

Et quidem quod dicitur de Dei misericordia, dubitationem non habet, suppositis his quæ præmissa sunt.

Sed circa indurationem videtur esse duplex dubitatio.

Primo quidem quia duritia cordis ad culpam pertinere videtur, secundum illud Eccli. III, 27: cor durum male habebit in novissimo.

Si ergo Deus indurat, sequitur quod sit auctor culpæ. Contra quod dicitur Iac. I, 13: Deus intentator malorum est.

Ad quod dicendum quod Deus non dicitur indurare aliquos directe, quasi in eis causet malitiam, sed indirecte, inquantum scilicet ex his quæ facit in homine intus vel extra, homo sumit occasionem peccati, et hoc ipse Deus permittit. Unde non dicitur indurare quasi immittendo malitiam, sed non apponendo gratiam.

Secunda dubitatio est, quia ipsa obduratio non videtur divinæ voluntati posse adscribi, cum scriptum sit I Thess. IV, 3: hæc est voluntas Dei sanctificatio vestra. Et I Tim. II, 4: qui vult omnes homines salvos fieri.

Ad quod dicendum est, quod tam misericordia quam iustitia dispositionem voluntatis important. Unde sicut miseratio attribuitur divinæ voluntati, ita et id quod est iustitiæ.

Sic ergo intelligendum est cui vult miseretur, scilicet per suam misericordiam, et quem vult indurat, per suam iustitiam; quia illi, quos indurat, hoc merentur ut indurentur ab ipso, ut supra cap. 1 dictum est.

Lectio 4

Posita solutione præmissæ quæstionis, hic apostolus contra ipsam solutionem obiicit, et præcipue contra ultimam conclusionem qua dictum est: cuius

Ad Romanos

vult miseretur, et quem vult indurat.

Primo ergo ponit obiectionem; secundo solutionem, ibi o homo, tu quis es, etc..

Dicit ergo primo: dictum est quod Deus cuius vult miseretur, et quem vult indurat, dicis itaque mihi: quid adhuc quæritur? id est, quid oportet ulterius quærere de causa bonorum et malorum quæ hic aguntur, cum omnia voluntati divinæ attribuantur, quæ est causa sufficiens, eo quod nullus potest ei resistere? unde sequitur voluntati eius quis resistit? Eccle. I, 13: proposui in animo meo quærere et investigare sapienter de omnibus quæ fiunt sub sole.

Vel aliter quid adhuc quæritur, id est conqueritur Deus de hominibus quando peccant, sicut Is. I, 2: filios enutrivi et exaltavi, ipsi autem spreverunt me, etc.. Ideo autem videtur iustam querimoniam non habere, quia ex voluntate eius totum procedit, cui nullus potest resistere. Unde subdit voluntati eius quis resistit? vel aliter quid adhuc quæritur, scilicet ab homine ut faciat bonum vel vitet malum.

Mich. VI, 8: indicabo tibi, o homo, quid sit bonum, et quid Deus requirat a te, etc..

Frustra autem requiritur ab aliquo quod non est in eius potestate. Nihil autem in hominis potestate esse videtur secundum prædicta, quibus omnia divinæ voluntati videntur adscribi, cui resisti non potest. Sequitur voluntati enim eius quis resistit? quasi diceret: nullus. Esth. XIII, 9: non est qui tuæ possit resistere voluntati. Et hæc videtur esse intentio apostoli.

Deinde cum dicit o homo, tu quis es, etc. Respondet præmissæ quæstioni.

Ad cuius responsionis intellectum considerandum est, quod circa electionem bonorum et reprobationem malorum duplex quæstio potest moveri. Una quidem in generali, quare Deus velit quosdam indurare, et quorumdam misereri. Alia vero in speciali, quare velit huius misereri et hunc vel illum indurare.

Et potest quidem ratio huius quæstionis assignari; secundæ autem quæstionis non potest assignari ratio, nisi simplex Dei voluntas, cuius exemplum patet in rebus humanis.

Si enim aliquis ædificare volens, haberet multos lapides similes et æquales congregatos, posset ratio assignari quare quosdam ponat in summo et quosdam in imo ex parte finis, quia ad perfectionem domus quam facere intendit, requiritur et fundamentum quod habet lapides in imo, et cacumen parietis quod habet lapides in summo. Sed quare ponat hos lapides in summo et hos in imo, non habet aliquam rationem, nisi quia artifex voluit.

Primo igitur apostolus respondet dubitationi quantum ad quæstionem secundam, quare scilicet huius hominis misereatur et illum induret; secundo quantum ad quæstionem primam, quare scilicet quibusdam misereatur, et quosdam induret, ibi quod si volens Deus, etc..

Commentaria in Epistolis S. Pauli

Circa primum tria facit.

Primo arguit præsumptionem quærentis; secundo inducit auctoritatem quæ quæstionem solvit, ibi numquid dicit figmentum, etc.; tertio exponit auctoritatem, ibi an non habet potestatem, etc..

Dicit ergo primo: o homo, qui es fragilis et ignorans, tu quis es qui respondeas Deo? unde sufficis ad respondendum ei, si voluerit tecum iudicio contendere? Iob IX, 3: si voluerit contendere iudicio cum illo, non poterit ei respondere unum pro mille. Et, sicut dicitur Iob XXXIX, 32, qui arguit Deum, debet ei respondere.

In quo datur intelligi quod homo non debet scrutari rationem divinorum iudiciorum cum intentione comprehendendi, eo quod excedant rationem humanam. Eccli. III, 22: altiora te ne quæsieris. Prov. XXV, 27: perscrutator maiestatis opprimetur a gloria.

Deinde cum dicit numquid dicit figmentum, etc., inducit auctoritatem, quæ habetur Is. XLV, 9: numquid dicit lutum figulo suo: quid facis? et opus tuum sine manibus est.

Ubi considerandum est quod si aliquis artifex ex materia vili faciat vas pulchrum et nobilibus actibus accommodatum, totum adscribitur bonitati artificis, puta si ex luto faciat scutellas et urceos ad nobilem mensam decentes. Si vero ex vili materia, puta ex luto, faciat vas accommodatum vilibus usibus, puta coquinæ vel huiusmodi officiis, non posset vas conqueri si rationem haberet. Posset enim conqueri si ex materia pretiosa quæ præiacet artificis operationi, puta ex auro et lapidibus pretiosis faceret vas ad vilia officia deputatum.

Humana autem natura vilitatem habet ex sua materia, quia, ut dicitur Gen. II, 7: fecit Deus hominem de limo terræ, sed maiorem vilitatem habet ex corruptione peccati, quæ per unum hominem in hunc mundum intravit. Et ideo homo luto merito comparatur Iob XXX, 19: comparatus sum luto, et assimilatus sum favillæ et cineri. Unde quicquid boni habet homo debet bonitati divinæ quasi principali agenti adscribere. Is. LXIV, 8: nunc, Domine, pater es tu, nos vero lutum, et fictor noster tu, et opus manuum tuarum omnes nos. Si vero Deus hominem ad meliora non promoveat, sed in sua infirmitate eum dimittens, deputat eum ad infimum usum, nullam ei facit iniuriam: ut possit iuste de Deo conqueri.

Deinde cum dicit an non habet potestatem, etc., exponit apostolus verba prophetæ.

Quasi dicat: hoc est dictum figmentum, id est vas fictile, non posset dicere fictori quid me fecisti sic? quia figulus liberam potestatem habet ex materia luti opus facere quodcumque sibi placuerit. Unde dicit an non habet potestatem, scilicet liberam, figulus luti, qui scilicet operatur in vili materia, ex eadem massa, scilicet vilis materiæ, facere, absque alicuius iniuria, aliud quidem vas in honorem, id est in honorabiles usus, aliud vero in contumeliam, id est in usus viliores. II Tim. II, 20: in magna

Ad Romanos

enim domo non solum sunt vasa aurea et argentea, sed etiam lignea et fictilia: et quædam quidem in honorem, quædam autem in contumeliam.

Et similiter Deus liberam potestatem habet facere ex eadem corrupta materia humani generis, sicut ex quodam luto, nulli faciendo iniuriam, quosdam homines præparatos in gloriam, quosdam autem in miseria derelictos.

Ier. XVIII, 6: sicut lutum in manu figuli, ita in manu mea vos, domus Israel.

Deinde cum dicit quod si volens Deus, etc., solvit primam quæstionem, scilicet quare Deus velit quibusdam misereri, et quosdam in miseria derelinquere, sive quosdam eligere et quosdam reprobare.

Circa quod considerandum est, quod finis omnium divinorum operum est manifestatio divinæ bonitatis. Prov. XVI, 4: universa propter semetipsum operatus est Dominus. Unde supra I, 20 dictum est quod invisibilia Dei per ea quæ facta sunt intellecta conspiciuntur.

Tanta est autem divinæ bonitatis excellentia, quod non potest uno modo nec in una creatura sufficienter manifestari. Et ideo diversas creaturas condidit, in quibus diversimode manifestatur. Præcipue autem in creaturis rationalibus, in quibus eius iustitia manifestatur quantum ad illos quos pro eorum meritis punit, misericordia vero in illis quos ex sua gratia liberat. Et ideo ut utrumque in hominibus manifestaretur, quosdam misericorditer liberavit, sed non omnes.

Primo ergo ponit rationem reprobationis malorum; secundo ponit rationem electionis bonorum, ibi ut ostenderet divitias, etc..

Est autem in utrisque triplex differentia attendenda.

Prima quidem secundum finem; secunda, secundum usum; tertia, secundum divinum actum.

Finis autem reprobationis vel obdurationis malorum est manifestatio divinæ iustitiæ et virtutis. Et quantum ad hoc dicit quod, id est sed, si Deus volens ostendere iram suam, id est iustitiam vindicativam. Non enim dicitur ira in Deo secundum affectus commotionem, sed secundum effectus vindictæ.

Supra I, 18: revelatur ira Dei, etc.. Addit autem et notam facere potentiam suam, quia Deus contra malos non solum utitur ira, id est vindicta, puniendo eos sibi subiectos, sed etiam sua potentia subiiciendo sibi. Phil. III, 21: secundum operationem qua potest etiam sibi subiicere omnia. Ex. XIV, 31: viderant Aegyptios mortuos super littus maris, et manum magnam quam exercuerat Dominus contra eos.

Usus autem malorum ad quem utitur eis Deus est ira, id est poena. Et ideo vocat eos vasa iræ, id est, iustitiæ instrumenta, quibus Deus utitur ad ostendendam iram, id est iustitiam vindicativam. Eph. II, 3: eramus natura filii iræ.

Commentaria in Epistolis S. Pauli

Actus vero quem Deus erga eos exercet, non est quod disponat eos ad malum, quia ipsi de se habent dispositionem ad malum ex corruptione primi peccati. Unde dicit vasa apta in interitum, id est, in se habentia aptitudinem ad æternam damnationem. Gen. VI, 5: videns Deus quod multa malitia hominum esset in terra, et cuncta cogitatio humani cordis intenta esset ad malum omni tempore. Hoc autem solum Deus circa eos agit, quod eos permittit agere quæ concupiscunt.

Unde signanter dicit sustinuit. Et hoc eius patientiam demonstrat, quod non statim vindictam infert. Unde addit in multa patientia. Eccli. V, 4: altissimus est patiens redditor.

Deinde ex parte bonorum similiter tria ponit.

Primo quidem finem, cum dicit ut ostenderet divitias gloriæ suæ. Finis enim electionis et miserationis bonorum est, ut manifestaret in eis abundantiam bonitatis suæ, revocando eos a malo, et ad iustitiam eos trahendo, et finaliter eos perducendo in gloriam.

Et hoc est quod dicit ut ostenderet divitias gloriæ suæ, de quibus divitiis supra II, 4: an divitias bonitatis eius contemnis? Eph. II, 4: Deus autem qui dives est in misericordia.

Signanter autem dicit ut ostenderet divitias gloriæ suæ, quia ipsa condemnatio et reprobatio malorum, quæ est secundum Dei iustitiam, manifestat et commendat sanctorum gloriam, qui ab ipsa tali miseria liberantur.

Secundo describit usum eorum, cum dicit in vasa misericordiæ. Nominat autem bonos vasa misericordiæ, quia utitur eis Deus quasi instrumentis ad suam misericordiam manifestandam. Eccli. XLIV, 10: isti sunt viri misericordiæ.

Tertio ponit actum quem circa eos Deus exercet. Non enim Deus eos solum sustinet, quasi de se aptos existentes ad bonum, sed eos præparat et disponit vocando ad gloriam.

Unde dicit quæ præparavit in gloriam.

Ps. LXIV, 7: præparans montes in virtute tua.

Est autem constructio defectiva et suspensiva usque huc, ut sit sensus: si volens Deus hoc facere, quibusdam misereatur et quosdam induret, quid contra hoc iuste poterit dici? quasi dicat: nihil. Non enim sic quos vult indurat, ut eos peccare compellat, sed sustinet eos ut secundum suam inclinationem tendant in malum.

Lectio 5

Postquam apostolus ostendit quod Dei gratia datur hominibus ex divina electione, per quam homines ad gratiam vocantur, hic ostendit quod prædicta electio sive vocatio non solum pertinet ad Iudæos (ut ipsi poterant gloriari, propter hoc quod dicitur Deut. IV, 37: dilexi patres tuos), sed etiam ad gentes.

Et primo proponit quod intendit; secundo probat propositum, ibi sicut

Ad Romanos

in Osea dicit, etc.; tertio ex dictis infert conclusionem, ibi quid ergo dicemus, etc..

Dicit ergo primo, dictum est quod sanctos præparavit in gloriam, quos et vocavit, scilicet per gratiam suam, non solum ex Iudæis, sed etiam ex gentibus. Supra III, 29: an Iudæorum Deus tantum? nonne et gentium? Soph. II, 11: adorabunt eum viri de loco suo omnes insulæ gentium.

Deinde cum dicit sicut in Osea dicit, etc., probat propositum.

Et primo quantum ad gentiles; secundo quantum ad Iudæos, ibi Isaias autem clamat, etc..

Circa primum ponit duas auctoritates Oseæ loquentis pro gentibus, quarum prima promittit eis dona Dei; secunda ipsam divinam filiationem, ibi et erit in loco ubi dictum, etc..

Dicit ergo primo: sicut, Dominus, dicit in Osea, quia ipse erat qui loquebatur in prophetis. II Reg. XXIII, 2: spiritus Domini locutus est per me, et sermo eius per linguam meam. Unde et Oseæ I, 2 dicitur: principium loquendi Domino in Osea.

Est autem considerandum quod a tribus bonis quæ in Iudæis eminebant, gentiles erant alieni, quorum primum erat divinus cultus, ratione cuius dicebantur populus Dei, quasi ei servientes et eius præceptis obedientes.

Unde in Ps. XCIV, 7 dicitur: nos autem populus eius et oves pascuæ eius. Sed ab huius populi societate gentiles erant alieni, secundum illud Ephes. II, 12: alienati a conversatione Israel et hospites testamentorum.

Sed per Christum facti sunt populus Dei.

Tit. II, 14: dedit semetipsum pro nobis, ut emundaret sibi populum acceptabilem. Et hoc est quod dicit vocabo non plebem meam, id est, gentilitatem quæ non erat plebs mea, plebem meam, id est, ad hoc ut sit plebs mea.

Secundum est privilegium dilectionis. Os. III, 1: diligit Dominus filios Israel, in eo scilicet quod eis multa beneficia inducentia ad specialem gratiam præstabat, a qua quidem dilectione gentiles olim erant exclusi.

Eph. IV, 18: alienati a veritate Dei propter ignorantiam quæ est in illis. Et ideo dicit et non dilectam, meam, scilicet gentilitatem, vocabo dilectam, meam. Eph. II, 13: vos qui aliquando eratis longe, facti estis prope in sanguine Christi. Supra V, 10: cum inimici essemus, reconciliati sumus Deo per mortem filii eius.

Tertium est libertas a peccato originali, quæ Iudæis in circumcisione conferebatur.

Is. XIV, 1: miserebitur Dominus Iacob. Sed huius miserationis gentiles non erant participes.

Ez. XVI, 4: quando nata es, in die ortus tui non est præcisus umbilicus tuus; et infra: non pepercit super te oculus ut faceret tibi unum de his, misertus tui. Sed postea per Christum sunt misericordiam consecuti.

Commentaria in Epistolis S. Pauli

Ideo sequitur et non misericordiam consecutam, misericordiam consecutam. Tit. III, 5: secundum suam misericordiam salvos nos fecit, etc..

Hæc autem auctoritas habetur Oseæ II, 24 secundum LXX, loco cuius littera nostra habet: miserebor eius quæ fuit absque misericordia, et dicam non populo meo, populus meus es tu.

Deinde cum dicit et erit in loco, etc., inducit aliam auctoritatem quæ habetur Oseæ I, 10: in qua eis repromittitur dignitas filiorum Dei, de qua Iudæi gloriabantur propter id quod dicitur Is. I, 2: filios enutrivi et exaltavi, ipsi autem spreverunt me. Et Deut. XXXII, 6: nonne ipse est pater tuus? gentiles etiam non solum non dicebantur filii, quod pertinet ad eos qui ex amore Deo serviunt et spiritu Dei aguntur, ut supra cap. VIII, 14 dictum est, sed nec etiam digni erant ut populi Dei dicerentur, quod pertinere poterat etiam ad eos qui spiritum servitutis acceperant in timore.

Unde dicit et erit in loco, id est, in Iudæa, ubi dictum est eis, scilicet gentilibus a Iudæis quasi ex persona Dei loquentibus, non plebs mea vos, quia non reputabant eos populum Dei, ibi, id est etiam apud Iudæos credentes, vocabuntur filii Dei.

Vel in loco, id est toto mundo in quo convertentur ad fidem, ut detur intelligi quod non hoc modo convertentur sicut proselyti, quos Iudæi faciebant, qui suis locis derelictis in Iudæam pergebant; hoc autem non ita futurum esse in his qui ad Christum convertendi erant ostenditur Soph. II, 11: adorabunt eum viri de loco suo. Unicuique ergo in loco suo habitanti, ubi dictum est eis, olim ex divina sententia, non plebs mea vos, ibi vocabuntur filii Dei per divinam adoptionem. Io. I, 12: dedit eis potestatem filios Dei fieri his qui credunt in nomine eius.

Deinde cum dicit Isaias autem clamat, etc., probat propositum quantum ad Iudæos per auctoritatem Isaiæ.

Et ponit duas auctoritates, quarum prima videtur pertinere ad omnes credentes ex Iudæis, secunda specialiter ad apostolos, ibi et sicut prædixit, etc..

Dicit ergo primo: dictum est per Oseam pro gentibus, Isaias autem clamat, id est aperte loquitur pro conversione Israel.

Is. LVIII, 1: clama, ne cesses, quasi tuba exalta vocem tuam.

In hac autem prima auctoritate, primo, ponit paucitatem conversorum Israel, dicens si fuerit numerus filiorum Israel quasi arena maris, id est innumerabiles præ multitudine gentium. Gen. XXII, 17: multiplicabo semen tuum velut arenam maris etc.. III Reg. IV, 20: Iuda et Israel innumerabiles quasi arena maris.

Reliquiæ salvæ fient, id est non omnes, nec maior pars, sed aliqui pauci qui relinquentur ex excidio aliorum. Mich. VII, 1: factus sum sicut qui colligit in autumno racemos vindemiæ. Infra XI, 5: reliquiæ secundum electionem gratiæ salvæ factæ sunt.

Ad Romanos

Secundo, ibi verbum enim consummans, etc., assignat causam salutis, et, primo, ponit efficaciam evangelici verbi, dicens verbum enim consummans et abbrevians in æquitate.

Ubi notatur duplex efficacia evangelici verbi.

Prima est, quia consummans, id est, perficiens; ut enim dicitur Hebr. VII, 19: nihil ad perfectum adduxit lex. Dominus autem dicit, Matth. V, 17: non veni solvere legem, sed adimplere: tum quia figuris legis veritatem adhibuit, tum quia præcepta legis moralia debito modo exposuit, et occasiones transgrediendi abstulit, et etiam eis consilia perfectionis adiunxit. Unde et iuveni diviti Matth. XIX, 21, qui omnia mandata legis servaverat, dixit: unum tibi deest, si vis perfectus esse, vade et vende omnia quæ habes, etc..

Et propter hoc discipulis suis dicebat Matth. V, 49: estote perfecti sicut et pater vester cælestis perfectus est.

Secunda efficacia est abbreviandi, et hæc convenienter primæ adiungitur, quia quanto aliquod verbum est magis perfectum, tanto est altius, et per consequens magis simplex et breve. Est autem verbum evangelii abbrevians verba legis, quia omnia sacrificia figuralia legis in uno vero sacrificio comprehendit, quo Christus obtulit seipsum pro nobis hostiam, ut dicitur Ephes. V, 2. Omnia vero præcepta legis moralia in duobus præceptis charitatis concludit Matth. XXII, 40: in his duobus mandatis universa lex pendet et prophetæ.

Unde dicit abbrevians in æquitate, vel quia nihil est prætermissum de multitudine figurarum et præceptorum legis, quin sub brevitate evangelii comprehenderetur; vel quia nihil ipsorum remanet observandum quod est æquum secundum dictamen rationis naturalis Ps. CXVIII, 72: omnia mandata tua æquitas. Subaudiendum est autem erit ut sit sensus: verbum evangelii erit abbrevians et consummans in æquitate.

Secundo cum dicit quod verbum, etc., assignat rationem prædictæ efficaciæ, dicens quia Dominus super terram, existens, id est in terris tamquam homo inhabitans (secundum illud Baruch III, 38: post hæc in terris visus est, et cum hominibus conversatus est) faciet verbum breviatum.

Perfectius enim debet esse verbum et maioris virtutis quod ipse Dominus Deus carnem indutus locutus est per semetipsum, quam verba quæ locutus est per prophetas, secundum illud Hebr. I: multifarie multisque modis olim Deus loquens patribus in prophetis, etc..

Vel aliter: quia Dominus, scilicet Deus pater, faciet super terram verbum breviatum, id est incarnatum, quia filius Dei exinanivit semetipsum, formam servi accipiens.

Dicitur autem exinanitum vel breviatum, non quia aliquid subtractum sit plenitudini vel magnitudini divinitatis ipsius, sed quia nostram exilitatem et parvitatem suscepit.

Commentaria in Epistolis S. Pauli

Habetur autem hæc auctoritas Is. X, 22, ubi secundum litteram nostram sic dicitur: si fuerit populus tuus Israel quasi arena maris, reliquiæ convertentur ex eo. Consummatio abbreviata inundabit iustitiam. Consummationem enim et abbreviationem Dominus Deus exercituum faciet in medio omnis terræ.

Deinde cum dicit et sicut prædixit Isaias, etc., inducit auctoritatem pertinentem specialiter ad apostolos, dicens et sicut prædixit Isaias I, 9: nisi Dominus Sabaoth, id est, exercituum vel virtutum, reliquisset nobis, scilicet ex sua misericordia, semen, id est, verbum evangelii; Lc. VIII, 11: semen est verbum Dei. Vel, semen, id est Christum, Gal. III, 16: et semini tuo qui est Christus. Vel, semen, id est, apostolos, Is. VI, 13: semen sanctum erit id quod steterit in ea. Sicut Sodoma facti essemus, et sicut Gomorrha similes fuissemus.

Gravius enim fuit peccatum Iudæorum quam Sodomorum. Thr. IV, 6: maior effecta est iniquitas populi mei peccato Sodomorum.

Et Ez. XVI, 48: non fecit Sodoma ipsa et filiæ eius sicut fecisti tu et filiæ tuæ.

Et ideo quod Iudæi non sunt totaliter exterminati sicut Sodomitæ, est divinæ misericordiæ imputandum. Thr. III, 22: misericordiæ Domini quia non sumus consumpti.

Deinde cum dicit quid ergo dicemus? infert conclusionem ex dictis.

Et primo quantum ad gentes; secundo, quantum ad Iudæos, ibi Israel vero, etc..

Circa primum duo facit.

Primo concludit quod intendit, dicens: quid ergo dicemus, ex consideratione prædictorum? hoc, inquam, quod gentes apprehenderunt, id est, consecutæ sunt, iustitiam, scilicet qua vocantur filii. I Cor. VI, 11: et hoc quidem fuistis, sed iustificati estis. Et hoc quidem ex vocatione divinæ electionis, non ex meritis, quod patet per hoc quod dicit quæ non sectabantur iustitiam, secundum illud Ephes. II, 12: eratis in illo tempore sine Christo alienati a conversatione Israel.

Secundo, exponit quod dixerat. Iustitiam autem quæ ex fide est, non eam quæ in operibus consistit. Non enim ad hoc gentes conversæ sunt, ut iustitiam legalem observent, sed ut iustificentur per Christi fidem.

Supra III, 22: iustitia autem Dei per fidem Iesu Christi.

Deinde cum dicit Israel vero, etc., inducit conclusionem quantum ad Iudæos.

Et primo concludit quod intendit, dicens: Israel vero, id est, populus Iudæorum, sectando legem iustitiæ, in legem iustitiæ non pervenit.

Dicitur lex iustitiæ lex spiritus vitæ, per quam homines iustificantur, ad quam Iudæorum populus non pervenit: quam tamen sectabatur observando umbram huius spiritualis legis, quæ consistit in observationibus legalibus.

Hebr. X, 1: umbram habens lex futurorum bonorum. Vel sectando legem iustitiæ, id est legem Moysi, quæ est lex iustitiæ si sit bene intellecta: quia docet iustitiam.

Vel dicitur lex iustitiæ, quia facit homines iustos non vere, sed exterius dum peccata vitantur, non ex amore sed timore poenæ quam lex infligebat. Is. LI, 1: audite me, qui sequimini quod iustum est, et quæritis Dominum. Et in eodem: audite me qui scitis iustum, populus meus, lex mea in cordibus eorum.

Secundo assignat causam, dicens quare, scilicet dum sectarentur legem ad legem iustitiæ non pervenerunt? quia scilicet non per debitam viam sectabantur.

Et hoc est quod subdit quia non ex fide, scilicet Christi quærebant iustificari, sed quasi ex operibus legis. Sequebantur enim figuram et repudiaverunt veritatem. Supra III, 20: ex operibus legis non iustificabitur omnis caro coram illo.

Tertio manifestat causam propositam, et primo proponit manifestationem, dicens: offenderunt enim in lapidem offensionis, id est ad Christum qui assimilatur lapidi offensionis, in hoc quod sicut lapis in quem homo offendit non cavetur propter suam parvitatem, ita Iudæi videntes Christum infirmitate nostra contentum, non caverunt in eum offendere. Is. LIII, 3: quasi absconditus vultus eius, et despectus, unde non reputavimus eum. Ier. XIII, 16: antequam offendant pedes vestri ad montes caliginosos, id est ad Christum et eius apostolos qui dicuntur montes caliginosi, propter hoc quod eorum dignitas et magnitudo latebat.

Secundo ad hoc inducit auctoritatem, dicens sicut scriptum est, in Isaia scilicet.

Componit autem apostolus verba Isaiæ in diversis locis Scripturæ. Nam Is. XXVIII, 16 dicitur: ecce ego mittam in fundamentis sion lapidem. Lapidem angularem, probatum, pretiosum, in fundamento fundatum.

Qui crediderit, non festinet. Et hinc sumitur principium auctoritatis: ecce ponam in sion lapidem, scilicet quasi fundamentum, in quo designatur quod Christus divina ordinatione constitutus erat ecclesiæ fundamentum.

I Cor. III, 11: fundamentum aliud nemo potest ponere præter id quod positum est, quod est Christus Iesus.

Legitur etiam Is. VIII, 14: in lapidem autem offensionis et petram scandali duabus domibus Israel. Et hinc sumitur medium auctoritatis quo dicit lapidem offensionis et petram scandali, ut offensio referatur ad ignorantiam, quia, ut dicitur I Cor. II, 8, si cognovissent, numquam Dominum gloriæ crucifixissent.

Scandalum autem referendum est ad impactionem et casum, quo per infidelitatem ceciderunt, Christum et eius apostolos persequentes.

I Cor. I, 23: nos prædicamus Christum crucifixum, Iudæis quidem scandalum.

Lc. II, 34: ecce hic positus est in ruinam, etc..

Finis autem auctoritatis sumitur Isaiæ XXVIII, 16: qui crediderit, non festinet, loco cuius hic dicitur: omnis qui credit in eum non confundetur, quia scilicet consequetur mercedem ab eo. Eccli. II, 8: qui timetis Deum, credite illi, et non evacuabitur merces vestra.

Ponit autem apostolus hæc verba secundum litteram LXX. Et ad hunc sensum pertinet quod in littera nostra dicitur: qui crediderit, non festinet. Ille enim festinare videtur, qui delusum se reputat, quia cito non adipiscitur quod sperabat.

Capitulus X

Lectio 1

Postquam apostolus ostendit quomodo per electionem gratiæ Dei gentiles sunt ad fidem vocati et etiam aliqui ex Iudæis de maiori parte populi Iudaici offendentibus et scandalizatis, hic agit specialiter de casu Iudæorum.

Et circa hoc tria facit.

Primo manifestat causam casus eorum quem supra tetigerat; ex qua ostenditur casus eorum esse miserandus; secundo, ostendit casum eorum non esse universalem, ibi cap. XI dico ergo: numquid, etc.; tertio ostendit casum eorum non esse inutilem neque irreparabilem, ibi dico ergo: numquid, etc..

Circa primum duo facit.

Primo ostendit casum eorum esse miserandum ex sua causa; secundo ostendit quod non est totaliter excusabilis, ibi sed dico: numquid non audierunt, etc..

Circa primum duo facit.

Primo ostendit se ad Iudæos habere miserationis affectum; secundo ostendit causam miserationis, ibi testimonium enim illis, perhibeo, etc..

Dicit ergo primo: dictum est quod Iudæi in legem iustitiæ non pervenerunt propter hoc quod offenderunt in lapidem offensionis, nec tamen contra eos indignor sed eorum misereor. Et ideo dico vobis, o fratres, qui conversi estis tam ex gentibus quam ex Iudæis. Matth. XXIII, 8: omnes vos fratres estis, voluntas quidem cordis mei, id est ex intimo cordis affectu procedens est ad salutem eorum, ut scilicet ipsi salventur sicut et ego salvatus sum.

I Cor. VII, 7: volo omnes homines esse sicut meipsum. Act. XXVI, 29: opto apud Deum omnes qui audiunt tales fieri, qualis et ego sum. Et in hoc Deo conformabatur, qui, ut dicitur I Tim. II, 4, vult omnes homines salvos fieri.

Nec sola voluntas est in salutem eorum, sed etiam voluntatis effectus; unde subdit et obsecratio, scilicet mea, fit ad Deum pro illis in salutem. I Reg. XII, 23: absit a me hoc peccatum in Domino, ut cessem orare pro vobis. Iac. Cap. Ult.: orate pro invicem ut salvemini.

Et ex hoc patet, quod orandum est pro infidelibus ut salventur, quia et ipsa fides est donum Dei. Eph. II, 8: gratia salvati estis per fidem, et non ex vobis, Dei enim donum est.

Deinde, cum dicit testimonium, etc., assignat causam suæ miserationis, quia scilicet non ex certa malitia, sed ex ignorantia peccabant.

Et circa hoc tria facit.

Primo enim proponit eorum ignorantiam; secundo ostendit quid ignorabant, ibi ignorantes enim Dei, etc.; tertio ostendit veritatem eorum quæ ignorabant, ibi Moyses enim dicit, etc..

Dicit ergo primo: ideo salutem eorum volo, et propter hoc oro, misertus eorum, quia testimonium perhibeo de illis quod æmulationem quidem Dei habent, scilicet quia zelo Dei Christum et eius membra persequuntur. Io. XVI, 2: veniet hora, in qua omnis qui interficit vos, arbitretur obsequium se præstare Deo. Et huius rei testis esse poterat, quia et ipse aliquando fuerat in simili causa. Phil. III, 6: secundum æmulationem persecutus sum ecclesiam Dei. Sed non secundum scientiam, quia scilicet eorum zelus per rectam scientiam non ordinatur dum ignorant veritatem. Is. V, 13: propterea captivus ductus est populus meus, quia non habuit scientiam. I Cor. XIV, 38: si quis autem ignorat, ignorabitur.

Deinde, cum dicit ignorantes enim, etc., ostendit cuius rei scientiam non haberent. Et primo proponit quod intendit; secundo manifestat propositum, ibi finis enim legis Christus, etc..

Dicit ergo primo: recte dico quod non secundum scientiam, ignorantes enim Dei iustitiam, scilicet qua Deus per fidem iustificat, supra III, 22: iustitia autem Dei per fidem Iesu Christi et quærentes statuere, id est, firmare, suam, scilicet iustitiam, quæ consistit in operibus legis, quæ secundum eorum opinionem non expectabat aliquid a Deo, sed solum ex arbitrio operantium erat.

Et ideo dicit eorum esse iustitiam, quasi humanam et non divinam, secundum illud supra IV, 2: si Abraham ex operibus legis iustificatus est, habet gloriam, scilicet apud homines, sed non apud Deum.

Iustitiæ enim Dei non sunt subiecti, id est, nolunt subiici Christo, per cuius fidem iustificantur homines a Deo. Ps. LXI, 1: nonne Deo subiecta erit anima mea? supra III, 19: ut subditus fiat omnis mundus Deo. Ex. X, 3: usquequo non vis subiici mihi? deinde cum dicit finis legis Christus, etc., manifestat quod dixerat, scilicet eos Dei iustitiam ignorare et quod ei subiici nolunt, cum tamen iustitiam legalem statuere velint.

Circa quod considerandum est, quod sicut etiam Philosophi dicunt, intentio cuiuslibet legislatoris est facere homines iustos: unde multo magis lex vetus hominibus divinitus data ordinabatur ad faciendum homines iustos.

Hanc tamen iustitiam lex per semetipsam facere non poterat, quia neminem ad perfectum adduxit lex, ut dicitur Hebr. VII, 19, sed ordinat

Commentaria in Epistolis S. Pauli

homines in Christum quem promittebat, et præfigurabat. Gal. III, 24: *lex pædagogus noster fuit in Christo, ut ex fide iustificemur.* Et hoc est quod dicit *Christus enim est finis legis,* ad quem scilicet tota lex ordinatur. Ps. CXVIII, 96: *omnis consummationis vidi finem.* Finis, inquam, *ad iustitiam,* ut scilicet homines per Christum iustitiam consequantur, quam lex intendebat. Supra VIII, 3: *quod impossibile erat legi, mittens Deus filium suum, damnavit peccatum in carne, ut iustificatio legis impleretur in nobis.* Et hoc dico *omni credenti,* quia per fidem suos iustificat. Io. I, 12: *dedit eis potestatem filios Dei fieri his qui credunt in nomine eius.*

Deinde, cum dicit *Moyses enim,* etc., probat veritatem eorum quæ Iudæi ignorabant, scilicet quod iustitia Dei sit perfectior quam iustitia legalis et hoc auctoritate ipsius Moysi veteris legislatoris.

Primo ergo per eius verba ostendit conditionem iustitiæ legalis; secundo, conditionem iustitiæ fidei, ibi *quæ autem ex fide est,* etc..

Dicit ergo primo: recte distinxi iustitiam humanam a iustitia Dei, Moyses enim scripsit, Lev. XVIII, 5: *quoniam homo qui fecerit iustitiam quæ ex lege est, vivet in ea.* Ubi sic littera nostra habet: *custodite leges meas atque iudicia, quæ faciens homo, vivet in eis.* Et Ez. XX, 13: *iudicia mea proiecerunt, quæ faciens homo, vivet in eis,* quia scilicet hoc commoditatis consequebatur homo per legis observantiam, ne occideretur tamquam legis transgressor. Hebr. X, 28: *irritam quis faciens legem Moysi, absque ulla misericordia moritur.* Lev. XX, 9: *qui maledixerit patri vel matri, morte moriatur,* et sic de aliis.

Possumus ulterius dicere quod per legis observationem homo ordinatur in vita præsenti: promittebat enim lex temporalia bona, et quædam mandabat, quæ ad ordinationem carnalis vitæ pertinebant, Hebr. IX, 10: *iustitiis carnis usque ad tempus correctionis impositis.*

Sed contra videtur esse quod Dominus dicit, Matth. XIX, 16 ss., quærenti: *quid boni faciam ut habeam vitam æternam?* respondit: *si vis ad vitam ingredi, serva mandata.*

Unde et supra V, 20 super illud: *lex autem subintravit,* dicit quædam Glossa: iustitia legis suo tempore custodita, non solum bona temporalia, sed et vitam conferebat æternam.

Sed hæc intelligenda sunt secundum spiritualem sensum legis, qui pertinet ad fidem Christi. Sed quod hic dicitur, refertur ad interiorem legis sensum, secundum quem lex de vita æterna mentionem non faciebat.

Deinde cum dicit *quæ autem ex fide est iustitia,* etc., inducit auctoritatem Moysi de iustitia fidei. Et primo Moyses ostendit certitudinem fidei, quæ debet esse in corde hominis; secundo fidei effectum, ibi *sed quid dicit Scriptura,* etc..

Dicit ergo primo: non solum loquitur Moyses de iustitia legis, sed etiam ipse sic dicit de iustitia quæ est ex fide.

Quæ autem est ex fide iustitia, sic dicit, id est sic loquitur in corde hominis: ne dixeris in corde tuo, scilicet dubitando, quis ascendit in cælum? quasi hoc impossibile reputans, sicut et Prov. XXX, 4 quæritur: quis ascendit in cælum atque descendit? quia scilicet hoc tenere quasi impossibile, est deducere Christum a cælo, id est, asserere quod Christus non sit in cælo, contra id quod dicitur Io. III, 13: nemo ascendit in cælum, nisi qui descendit de cælo, filius hominis qui est in cælo. Eph. IV, 9: qui descendit, ipse est qui et ascendit super omnes cælos.

Aut etiam ne dixeris: quis descendit in abyssum, id est, in infernum, quasi reputans hoc esse impossibile; hoc enim negare, est revocare Christum ex mortuis, scilicet negare eum non esse mortuum. Ipse enim moriens in abyssum descendit. Eccli. XXIV, 45: penetrabo inferiores partes terræ.

Et secundum hoc prohibet dubitari de duobus articulis fidei Christi, scilicet de eius ascensione, et de eius morte et descensu ad inferos, quorum primum pertinet ad maximam Christi exaltationem; secundum ad maximam eius humiliationem.

Potest autem et aliter exponi, ut dicatur nobis certitudo duorum articulorum; primo quidem incarnationis, qua de cælis ad terram descendit; ut sit sensus ne dixeris in corde tuo, quis ascendit in cælum? et exponitur supplendo, id est, Christum deducere; quasi dicat: quis ascendit in cælum ad deducendum Christum ad nos? quod quidem non fuit necessarium, quia ipse propria virtute descendit.

Secundo autem, resurrectionis, cum subdit aut etiam ne dixeris quis descendet in abyssum? et supplendo additur hoc est Christum a mortuis revocare, quasi dicat: illuc descendit, ut inde posset Christum revocare, sicut ex persona insipientium dicitur Sap. II, 1: non est qui agnitus sit reversus ab inferis.

Et hic sensus congruit verbis Moysi; dicitur enim Deut. XXX, 11 s. Secundum litteram nostram: mandatum quod ego præcipio tibi hodie, non supra te est, neque procul positum, neque in cælo situm, ut possitis dicere: quis nostrum valet ad cælum conscendere, ut deferat illud ad nos? nec est inconveniens si quod Moyses dixit de mandato legis, hoc apostolus attribuit Christo: quia Christus est verbum Dei, in quo sunt omnia Dei mandata.

Sic ergo intelligendum est quod dixit: quis ascendit in cælum, id est, Christum deducere? ac si dicat: quis potest in cælum conscendere, ut verbum Dei inde deferat ad nos? et idem est dicendum in alio quod sequitur.

Deinde cum dicit sed quid dicit Scriptura, etc., ostendit fructum fidei per eiusdem auctoritatem. Et primo proponit auctoritatem; secundo exponit eam, ibi hoc est verbum fidei, etc.; tertio probat expositionem esse convenientem, ibi corde enim creditur, etc..

Dicit ergo primo: sed quid dicit

Commentaria in Epistolis S. Pauli

Scriptura? hoc, inquam, prope est verbum in ore tuo et in corde tuo. Sic enim post præmissa verba Deut. Sequitur: iuxta te est sermo valde in ore tuo et in corde tuo.

Quasi dicat: non sollicteris quod tibi desit verbum fidei iustificantis, propter hoc quod Christus est in cælo secundum naturam divinam, aut quod descendit in infernum propter mortem humanitatis, quia ipse descendens de cælo et resurgens ab inferis, impressit verbum fidei in ore tuo et in corde tuo.

Unde quod dicit prope est, potest referri ad hoc quod verbum Dei sumus adepti per Christum incarnatum et resurgentem.

Hebr. II, 3: quæ cum initium accepisset enarrari per Dominum. Ier. I, 9: ecce dedi verba mea in ore tuo.

Vel, secundum Glossam, quod dicit, prope, referendum est ad utilitatem, secundum quod dicimus, prope apud nos esse quod nobis est commodum et utile. Verbo enim Dei cor nostrum mundatur. Io. XV, 3: iam vos mundi estis propter sermonem quem locutus sum vobis.

Vel potest referri ad hoc quod verba fidei etsi sint supra rationem, Eccli. III, 25: plurima supra sensum hominis monstrata sunt tibi, non tamen sunt contra rationem, quia veritas non potest esse veritati contraria. Ps. XCII, 7: testimonia tua credibilia facta sunt nimis.

Deinde cum dicit hoc est verbum, etc., exponit auctoritatem prædictam.

Et primo ostendit quid sit illud verbum de quo Moyses loquitur, dicens hoc est verbum fidei quod prædicamus. II Tim. IV, 2: prædica verbum. Ier. XXIII, 28: qui habet sermonem meum, loquatur sermonem vere.

Secundo exponit quomodo hoc verbum est in ore per confessionem, et in corde per fidem.

Et hoc est quod subdit quia si confitearis in ore tuo Dominum Iesum Christum scilicet recognoscens eum Dominum, subiiciendo sibi tuum affectum, secundum quod dicitur I Cor. XII, 3: nemo potest dicere, Dominus Iesus, nisi in spiritu sancto; et iterum si credideris in corde tuo, scilicet fide formata, quæ per dilectionem operatur, ut dicitur Gal. V, 6, quod Deus illum suscitavit a mortuis, Ps. XL, 10: tu autem, Domine, miserere mei, et resuscita me, quia, ut dicitur II Cor. Cap. Ult.: resurrexit ex virtute Dei, quæ est communis sibi et patri; salvus eris, scilicet salute æterna, de qua dicitur Is. XLV, 17: salvatus est Israel in Domino salute æterna.

Quod autem dicit Dominum Iesum, ad mysterium incarnationis refertur. Quod autem sequitur Christum, manifeste ad resurrectionem refertur. De quibus duobus articulis supra fecerat mentionem.

Lectio 2

Postquam præmiserat apostolus exponendo verbum Moysi, quod confessio oris et fides cordis operantur salutem, proponens hoc causa exempli in duobus articulis, de quibus

Ad Romanos

videbatur Moyses fecisse mentionem, hic probat quod dixerat in universali.

Et circa hoc tria facit.

Primo ostendit quod per fidem et confessionem homo consequitur salutem; secundo ponit salutis ordinem, ibi quomodo ergo invocabunt, etc.; tertio infert quamdam conclusionem ex dictis, ibi ergo fides ex auditu, etc..

Circa primum tria facit.

Primo proponit quod intendit, dicens: recte dico, quod si confitearis ore et credas corde, salvus eris; corde enim creditur, ab homine, ad iustitiam, id est ad hoc ut iustitiam per fidem consequatur. Supra V, 1: iustificati igitur ex fide.

Signanter autem dicit corde creditur, id est voluntate. Nam cætera, quæ ad exteriorem Dei cultum pertinent, potest homo nolens sed credere non potest nisi volens. Intellectus enim credentis non determinatur ad assentiendum veritati ex necessitate rationis, sicut intellectus scientis, sed ex voluntate: et ideo scire non pertinet ad iustitiam hominis, quæ est in voluntate, sed credere. Gen. XV, 6: credidit Abraham Deo, et reputatum est illi ad iustitiam.

Postquam autem homo est iustificatus per fidem, oportet quod eius fides per dilectionem operetur ad consequendam salutem. Unde subdit ore autem confessio fit ad salutem, scilicet æternam consequendam.

Is. LI, 8: salus autem mea in sempiternum erit.

Est autem triplex confessio necessaria ad salutem.

Primo quidem confessio propriæ iniquitatis, secundum illud Ps. XXXI, 5: dixi: confitebor adversum me iniustitiam meam Domino, quæ est confessio poenitentis. Secunda confessio est per quam homo confitetur Dei bonitatem misericorditer beneficia præstantis Ps. CXVII, 1: confitemini Domino quoniam bonus, et hæc est confessio gratias agentis. Tertia est confessio divinæ veritatis Matth. X, 32: omnis qui confitebitur me coram hominibus, confitebor et ego eum coram patre meo; et hæc confessio est credentis, de qua nunc apostolus loquitur.

Hæc autem est necessaria ad salutem pro loco et tempore, quando scilicet exposcitur fides alicuius, scilicet a persecutore fidei, vel quando periclitatur fides aliena: sicut præcipue prælati debent prædicare fidem subditis suis. Et ideo baptizati liniuntur chrismate in fronte signo crucis, ut ipsum crucifixum confiteri non erubescant. Supra I, 16: non enim erubesco evangelium. Ita est autem et de omnibus virtutum actibus, qui pro loco et tempore sunt necessarii ad salutem. Nam præcepta affirmativa quæ de his dantur, obligant semper, sed non ad semper.

Secundo, ibi: dicit enim Scriptura, etc., probat per auctoritatem, dicens: dicit enim Scriptura, scilicet Is. XXVIII, 16, omnis qui credit in illum, fide scilicet formata, non confundetur, scilicet quasi deficiens a salute. Eccli. II 8: qui timetis Dominum, credite illi, et non

Commentaria in Epistolis S. Pauli

evacuabitur merces vestra.

Littera vero nostra habet: qui crediderit, non festinet, ut supra dictum est.

Tertio, ibi non enim est distinctio, etc., probat hoc esse universaliter intelligendum, cum Isaias indefinite hoc proponat.

Et, primo, proponit quod intendit, dicens: ideo dictum est omnis qui credit, etc., non enim est distinctio quantum ad hoc Iudæi et Græci. Col. III, 11: ubi non est gentilis et Iudæus, circumcisio et præputium, etc..

Secundo probat per rationem quæ duplici modo innititur, quorum primum tangit, dicens nam idem Dominus omnium. Supra III, 29: an Iudæorum Deus tantum? nonne et gentium? Ps. XLVI, 7: rex omnis terræ Deus. Et ideo ad ipsum pertinet providere omnium saluti. Secundum medium tangit, dicens dives est in omnes qui invocant illum.

Si enim non esset tantæ bonitatis quod sufficeret ad satisfactionem utriusque, posset putari quod non omnibus credentibus provideret, sed divitiæ bonitatis eius et misericordiæ indeficientes sunt. Supra II, 4: an divitias bonitatis eius contemnis? Eph. II, 4: Deus autem qui dives est in misericordia, etc..

Tertio probat idem per auctoritatem quæ habetur Ioel. II, 32: omnis quicumque invocaverit nomen Domini, salvus erit. Est autem invocare, in se vocare per affectum et devotum cultum. Ps. XC, 15: invocabit me, et ego exaudiam eum.

Deinde cum dicit quomodo ergo invocabunt, etc. Ponit ordinem quo quis vocatur in salutem, quæ est ex fide.

Et circa hoc duo facit.

Primo ostendit quod ea quæ sunt posteriora in hoc ordine, sine prioribus esse non possunt; secundo ostendit quod, positis prioribus, non est necessarium posteriora poni, ibi sed non omnes obediunt evangelio.

Circa primum duo facit.

Primo ponit ordinem eorum quæ requiruntur ad salutem; secundo confirmat quod supposuerat per auctoritatem, ibi sicut scriptum est.

Ponit autem primo quinque per ordinem, incipiens ab invocatione ad quam, secundum auctoritatem prophetæ, sequitur salus.

Dicit ergo quomodo ergo invocabunt in quem non crediderunt? quasi dicat: sine dubio invocatio salutem facere non potest, nisi fide præcedente. Pertinet autem invocatio ad confessionem oris quæ ex fide cordis procedit.

Ps. CXV, 10: credidi, propter quod locutus sum. II Cor. IV, 13: nos credidimus, propter quod et loquimur.

Secundo a fide ascendit vel procedit ad auditum, dicens aut quomodo credent ei quem non audierunt? illa enim homo credere dicitur quæ sibi ab aliis dicuntur quæ ipse non videt. Io. IV, 42: iam non propter tuam loquelam credimus; ipsi enim audivimus et

Ad Romanos

scimus quia hic est vere salvator mundi, etc..

Est autem duplex auditus: unus quidem interior, quo quis audit a Deo revelante, Ps. LXXXIV, 8: audiam quid loquatur in me Dominus Deus; alius autem auditus est, quo aliquis audit ab homine exterius loquente. Act. X, 44: adhuc loquente Petro verba hæc, cecidit spiritus sanctus super omnes qui audiebant verbum.

Primus autem auditus non communiter pertinet ad omnes, sed proprie pertinet ad gratiam prophetiæ, quæ est gratia gratis data distincte aliquibus, sed non omnibus, secundum illud I Cor. XII, 4: divisiones gratiarum sunt.

Sed quia nunc loquitur de eo quod indistincte ad omnes pertinere potest, secundum illud quod supra dixit non enim est distinctio, ideo relinquitur quod hoc sit intelligendum de secundo auditu. Et ideo subdit: quomodo ergo audient sine prædicante? auditus enim exterior est passio quædam audientis, quæ absque actione loquentis esse non potest. Unde et Dominus mandavit discipulis, Matth. Cap. Ult.: euntes in mundum universum, prædicate evangelium omni creaturæ.

Ea vero quæ fidei sunt, prædicatores a semetipsis non habent, sed a Deo. Is. XXI, 10: quæ audivi a Domino Deo exercituum annuntiavi vobis. I Cor. XI, 23: ego enim accepi a Domino quod et tradidi vobis.

Et ideo apostolus quarto subdit quomodo vero prædicabunt, nisi mittantur? quasi dicat, non digne. Ier. XXIII, 21: non mittebam eos, et ipsi currebant.

Mittuntur autem aliqui a Domino dupliciter.

Uno modo immediate ab ipso Deo per inspirationem internam. Is. XLVIII, 16: et nunc Dominus Deus misit me, et spiritus eius.

Huius autem missionis signum quandoque quidem est sacræ Scripturæ auctoritas, unde Ioannes baptista cum quæreretur ab eo quis esset, auctoritatem prophetæ induxit, dicens: ego vox clamantis in deserto, dirigite viam Domini, sicut dixit Isaias propheta, ut legitur Io. I, 23. Quandoque autem signum huius missionis est veritas eorum quæ annuntiantur.

Unde per contrarium dicitur Deut. XVIII, 22, quod hoc habebit signum: quod in nomine Domini propheta prædixerit et non evenerit, hoc Dominus non est locutus.

Quandoque vero signum huius missionis est operatio miraculi. Unde dicitur Ex. IV, 1, quod cum dixisset Moyses Domino: non credent mihi, nec audient vocem, scilicet illi ad quos mittor, Dominus dedit ei potestatem signa faciendi.

Nec tamen ista duo ultima sufficienter demonstrant Dei missionem, præsertim cum aliquis annuntiat aliquid contra fidem. Dicitur enim Deut. XIII, 1 s.: si surrexerit in medio tui propheta, et prædixerit signum atque portentum, et evenerit quod locutus est, et dixerit tibi, eamus et

Commentaria in Epistolis S. Pauli

sequamur deos alienos, non audies verba illius.

Alio modo mittuntur aliqui a Deo mediante auctoritate prælatorum, qui gerunt vicem Dei. II Cor. VIII, 18: misimus cum illo fratrem nostrum, cuius laus est in evangelio per omnes ecclesias.

Deinde, cum dicit sicut scriptum est, inducit auctoritatem ad probandum hoc ultimum, quod dixerat de missione prædicatorum, dicens sicut scriptum est, scilicet is. LII, 7: quam speciosi pedes evangelizantium pacem, evangelizantium bona ubi littera nostra sic habet: quam pulchri supra montes pedes prædicantis et annuntiantis pacem, annuntiantis bonum. Et similiter habetur Nahum I, 15: ecce super montes pedes evangelizantis et annuntiantis pacem.

In his autem verbis, primo, commendatur processus prædicatorum, cum dicit quam speciosi pedes, quod dupliciter potest intelligi. Uno modo ut per pedes intelligantur eorum processus, quia scilicet ordinate procedunt, non usurpantes sibi prædicationis officium. Cant. VII, 1: quam pulchri sunt gressus tui in calceamentis, filia principis.

Alio modo possunt intelligi per pedes affectus qui rectitudinem habent, dum non intentione laudis aut lucri verbum Dei annuntiant, sed propter hominum salutem et Dei gloriam. Ez. I, 7: pedes eorum, pedes recti.

Secundo tangit prædicationis materiam, quæ quidem est duplex.

Prædicant enim ea quæ sunt utilia ad vitam præsentem, quod designat cum dicit: evangelizantium pacem, scilicet triplicem.

Primo quidem annuntiant pacem quam Christus fecit inter homines et Deum. II Cor. V, 19: Deus erat in Christo mundum reconcilians sibi. Et posuit in nobis verbum reconciliationis.

Supra V, 1: pacem habeamus per Iesum Christum ad Dominum. Secundo annuntiant pacem habendam cum omnibus hominibus.

Infra XII, 18: si fieri potest quod ex vobis est, cum omnibus hominibus pacem habentes. Tertio annuntiant ea per quæ homo potest habere pacem in semetipso. Ps. CXVIII, 165: pax multa diligentibus legem tuam, Domine. Et sub his tribus continentur omnia quæ in hac vita sunt utilia ad salutem, vel quantum ad Deum, vel quantum ad proximum, vel quantum ad semetipsum.

Prædicant etiam ea quæ speramus habere in alia vita. Et quantum ad hoc dicit evangelizantium bona. Lc. XII, 44: super omnia bona sua constituet eum.

Deinde, cum dicit sed non omnes obediunt evangelio, etc., ostendit ex prioribus non semper sequi posteriora.

Licet namque non possit esse quod quis credat nisi audiat a prædicante, non tamen quicumque audit a prædicante credit, et hoc est quod subdit sed non omnes obediunt evangelio. II Thess. III, 2: non enim omnium est fides.

Ad Romanos

Hoc autem dicit ideo ut ostendatur quod verbum exterius loquentis non est causa sufficiens fidei, nisi cor hominis attrahatur interius virtute Dei loquentis, Io. VI, 45: omnis qui audivit a patre meo et didicit, venit ad me. Et sic quod homines credunt, non est attribuendum prædicatoris industriæ.

Per hoc etiam ostenditur quod omnes increduli non excusantur a peccato sed illi qui non audiunt et non credunt. Io. XV, 22: si non venissem et locutus eis non fuissem, peccatum non haberent; nunc autem excusationem non habent de peccato suo.

Et hoc etiam magis consonat his quæ apostolus posterius dicet.

Secundo, ad hoc inducit auctoritatem, cum subdit Isaias enim dicit: Domine, quis credidit auditui nostro? quasi diceret: rarus. Ez. II, 6: increduli et subversores sunt tecum. Mich. VII, 1: factus sum sicut qui colligit in autumno racemos vindemiæ. Quod quidem Isaias dixit prævidens Iudæorum infidelitatem futuram. Eccli. XLVIII, 27: spiritu magno vidit ultima, etc..

Dicit autem auditui nostro, vel propter id quod a Deo audierunt; sicut dicitur in Abdia 1: auditum audivimus a Domino, et legatos ad gentes misit; vel propter id quod homines ab apostolis audiebant. Ez. XXXIII, 32: audiunt verba tua, et non faciunt ea.

Deinde, cum dicit ergo fides ex auditu, etc., infert conclusionem ex dictis, dicens: ergo ex quo aliqui non credunt nisi audierint, fides est ex auditu. Ps. XVII, 45: in auditu auris obedivit mihi.

Sed contra videtur esse quod fides est virtus infusa divinitus. Phil. I, 29: vobis datum est, ut in ipsum credatis.

Dicendum est ergo, quod ad fidem duo requiruntur: quorum unum est cordis inclinatio ad credendum et hoc non est ex auditu, sed ex dono gratiæ; aliud autem est determinatio de credibili et istud est ex auditu.

Et ideo Cornelius qui habebat cor inclinatum ad credendum, necesse habuit ut ad eum mitteretur Petrus, qui sibi determinaret quid esset credendum.

Ex eo vero quod dixerat: quomodo audient sine prædicante? et quomodo prædicabunt, nisi mittantur? concludit auditus autem, scilicet credentium, est per verbum prædicatorum quod est verbum Christi, vel quia est de Christo, I Cor. I, 23: nos prædicamus Christum Iesum, vel quia a Christo habent quod mittantur I Cor. XI, 23: ego enim accepi a Domino quod et tradidi vobis.

Lectio 3

Postquam apostolus ostendit casum Iudæorum esse miserandum, quia ex ignorantia peccaverunt, hic ostendit quod eorum talis casus non est excusabilis ex toto, quia eorum ignorantia non fuit invincibilis vel ex necessitate existens, sed quodammodo voluntaria.

Et hoc quidem ostendit dupliciter.

Primo quidem per hoc quod audierunt ex doctrina apostolorum; secundo, per

Commentaria in Epistolis S. Pauli

hoc quod cognoverunt ex doctrina legis et prophetarum, ibi sed dico, numquid Israel non cognovit? circa primum duo facit.

Primo proponit quæstionem, dicens: dictum est quod fides est ex auditu et non possunt homines credere ei quem non audierunt, dico ergo numquid non audierunt? ut scilicet per hoc possint excusari totaliter ab incredulitate, secundum illud Io. XV, 22: si non venissem, et locutus eis non fuissem, peccatum non haberent.

Secundo ad quæstionem respondet interveniendo per auctoritatem Ps. XVIII, 5 dicentis in omnes terram exivit sonus eorum, scilicet apostolorum, id est fama eorum exivit in omnem terram, non solum Iudæorum sed etiam omnium gentium. Iob XXVIII, 22: perditio et mors dixerunt: auribus nostris audivimus famam eius, scilicet sapientiam per apostolos prædicatam. Et Dominus eis præceperat Matth. Cap. Ult. XXVIII, 19: euntes in universum mundum, prædicate evangelium omni creaturæ. Et verba eorum, scilicet distincta eorum doctrina, exierunt in fines orbis terræ. Ad litteram: usque ad fines mundi. Is. XXIV, 16: a finibus terræ laudes audivimus gloriam iusti. Et XLIX, 6: dedi te in lucem gentium, ut sis salus mea usque ad extremum terræ.

Et est notandum quod secundum Augustinum hæc verba nondum erant completa, quando apostolus talia loquebatur sed prævidebat ea esse complenda. Et ideo utitur præterito pro futuro, propter certitudinem divinæ præordinationis: sicut etiam David, cuius verba assumit apostolus, manifeste utebatur præterito pro futuro. Et ideo hoc dicit Augustinus, quia adhuc tempore suo dicit fuisse quasdam gentes in Africæ partibus, quibus non erat fides Christi prædicata.

Chrysostomus autem super Matth. E contrario dicit hoc quod hic dicitur, completum fuisse tempore apostolorum, exponens sic quod habetur Matth. XXIV, 14: et oportet hoc evangelium prædicari in universo orbe et tunc veniet consummatio, idest, destructio Ierusalem.

Utrumque autem est aliqualiter verum.

Tempore enim apostolorum, ad omnes gentes etiam usque ad fines mundi pervenit aliqua fama de prædicatione apostolorum per ipsos apostolos vel discipulos eorum. Matthæus namque prædicavit in Aethiopia, Thomas in India, Petrus et Paulus in occidente.

Et hoc est quod Chrysostomus dicere intendit.

Non tamen sic fuit impletum tempore apostolorum, quod in omnibus gentibus ecclesia ædificaretur, quod tamen est implendum ante finem mundi, ut dicit Augustinus in epistola ad Hesychium.

Magis tamen præsenti intentioni apostoli congruit expositio Chrysostomi quam Augustini.

Nulla enim ratio esset auferendi excusationem infidelibus per hoc quod in futurum erant audituri. Per hoc tamen non habetur quod ad singulos homines fama prædicationis apostolicæ pervenerit, licet pervenerit ad omnes gentes.

Numquid ergo illi ad quos non pervenit, utpote si fuerunt nutriti in sylvis, excusationem habent de peccato infidelitatis? ad hoc dicendum est quod, secundum sententiam Domini, quæ habetur Io. XV, 22, illi qui loquentem Dominum per se vel per eius discipulos non audierunt, excusationem habent de peccato infidelitatis, non tamen beneficium Dei consequentur, ut scilicet iustificentur ab aliis peccatis, vel quæ nascendo contraxerunt, vel male vivendo addiderunt, et pro his merito damnantur. Si qui tamen eorum fecissent quod in se est, Dominus eis secundum suam misericordiam providisset, mittendo eis prædicatorem fidei, sicut Petrum Cornelio, Act. X, 5 s., et Paulum Macedonibus, ut habetur Act. XVI, 9 s.. Sed tamen hoc ipsum quod aliqui faciunt quod in se est, convertendo se scilicet ad Deum, ex Deo est movente corda ipsorum ad bonum. Thr. V, 21: converte nos, Domine, ad te, et convertemur.

Deinde, cum dicit sed dico: numquid Israel, etc., ostendit eos esse inexcusabiles propter notitiam, quam habuerunt ex lege et prophetis.

Et primo movet quæstionem, dicens sed dico, adhuc inquirendo, numquid Israel, id est populus Iudæorum, non cognovit ea quæ pertinent ad mysterium Christi, et ad vocationem gentium, et casum Iudæorum? plane cognovit. Infra II, 18: instructus per legem; Ps. CXLVII 20: non fecit taliter omni nationi; Bar. IV, 4: beati sumus, o Israel, quoniam quæ placita sunt Deo, manifesta sunt nobis.

Secundo, cum dicit, ibi primus Moyses, solvit quæstionem et ostendit eos cognovisse, primo quidem, per doctrinam legis, dicens primus Moyses, qui est legislator. Quod non est sic intelligendum per hoc quod inducit primus, quasi fuerint duo Moyses, quorum primus hoc dixit; sed quia Moyses fuit primus, id est, præcipuus inter doctores Iudæorum; Deut. Cap. Ult.: non surrexit ultra propheta in Israel sicut Moyses; vel primus fuit in ordine talia dicendi, quia ipse primus inter alios hoc dixit.

Ego ad æmulationem vos adducam in non gentem, in gentem insipientem, in iram vos mittam. Ubi littera nostra sic habet: ego provocabo eos in eo qui non est populus et in gente stulta irritabo eos.

Ubi duplex est distinctio attendenda.

Prima quidem ex parte gentilitatis, quam vocat non gentem, quasi non dignam vocari gentem, eo quod non erat adunata in cultu unius Dei. Eccli. L, 27: secunda non est gens quam oderim. Eamdem autem gentem vocat gentem insipientem, et si aliqualiter gens dici posset secundum quod adunatur et gubernatur lege humana, dicitur tamen insipiens, quasi privata vera sapientia, quæ in cognitione et cultu Dei consistit. Eph. IV, 17 s.: sicut et gentes ambulant in vanitate sensus sui, tenebris obscuratum habentes intellectum, alienati a via Dei. Et sic refertur ad gentilitatem, secundum statum ante conversionem.

Possunt etiam hæc duo attribui gentilitati post conversionem, quæ dicitur non gens, id est non gentiliter vivens, sicut apostolus dicit ibidem: iam non amplius ambuletis sicut et gentes. Dicitur etiam gentilitas conversa gens insipiens, secundum opinionem infidelium. I Cor. III, 18: si quis inter vos sapiens videtur esse in hoc sæculo, stultus fiat ut sit sapiens.

Secunda differentia attenditur quantum ad hoc quod, primo, ponit æmulationem, scilicet invidiæ, qua Iudæi invidebant gentilibus conversis, Gal. IV, 17: æmulantur vos non bene. Secundo ponit iram, qua contra eos irascuntur. Ps. XXXVI, 12: observabit peccator iustum, et stridebit, etc..

Et hæc duo congrue coniunguntur, quia ex invidia causatur ira. Unde Iob V, 2 dicitur: virum stultum interficit iracundia, et parvulum occidit invidia.

Dicitur autem Deus in æmulationem inducere et in iram mittere, non quidem in eis causando malitiam sed subtrahendo gratiam, vel potius faciendo conversionem gentium, unde Iudæi occasionem iræ et invidiæ sumunt.

Secundo ostendit eos cognovisse per doctrinam prophetarum, et inducit Isaiam, primo quidem prænuntiantem conversionem gentium, dicens Isaias autem audet et dicit, id est audacter Iudæis annuntiat veritatem, quamvis ei periculum mortis immineret, Iob XXXIX, 12: audacter in occursum pergit armatis; et dicit, Is. LXIV, 1: inventus sum a gentibus non quærentibus me, palam apparui his qui me non interrogabant, ubi littera nostra sic habet: quæsierunt me qui ante non interrogabant, invenerunt qui non inquisierunt me.

In his autem verbis primo designat conversionem gentium, dicens inventus sum a gentibus non quærentibus me. Et ideo præter merita et intentionem gentilium ostenditur fuisse eorum conversio. Infra XV, 9: gentes autem super misericordia honorare Deum. De hac autem inventione dicitur Matth. XIII, 44: simile est regnum cælorum thesauro abscondito in agro, quem qui invenit homo abscondit, etc..

Secundo ostendit causam et modum conversionis eorum.

Causam quidem, quia non casu factum est ut invenirent quod non quærebant sed ex gratia eius qui eis voluit apparere; quod designatur in hoc quod dicit apparui. Tit. II, 11: apparuit gratia salvatoris nostri Dei omnibus hominibus.

Modum autem, quia non apparuit Christus gentilibus in ænigmatibus et figuris legis sed in manifesta veritate. Unde dicit palam. Io. XVI, 29: ecce palam loqueris, et proverbium nullum dicis. Palam, inquit, apparui eis, scilicet gentilibus, qui me non interrogabant, id est qui meam doctrinam non quærebant. Is. XLV, 20: rogant Deum non salvantem.

Secundo ostendit quod Isaias prænuntiavit incredulitatem Iudæorum, dicens ad Israel autem, id est contra Israel, dicit, Is. LXV, 2: tota die expandi manus meas ad populum non credentem, sed contradicentem mihi. Ubi nostra littera sic habet: expandi manus meas tota die ad populum incredulum, qui graditur in via non bona post cogitationes suas, populus qui ad iracundiam provocat me.

Quod autem dicit expandi manus meas, potest uno modo intelligi de expansione manuum Christi in cruce, quæ quidem dicitur fuisse in cruce tota die, id est principali parte totius diei, scilicet ab hora sexta usque ad vesperas, Matth. XXVII, 45.

Et quamvis eo expandente manus in cruce, sol sit obscuratus, petræ scissæ, monumenta aperta, Iudæi tamen in sua incredulitate permanserunt, eum blasphemantes, ut dicitur Matth. XXVIII, 39 s.. Unde subdit ad populum non credentem, sed contradicentem mihi.

Hebr. XII, 3: recogitate eum qui talem sustinuit a peccatoribus adversus semetipsum contradictionem.

Alio modo potest referri ad extensionem manus Dei in miraculis faciendis, Act. IV, 30: in eo quod manum tuam extendis ad sanitates, et signa et prodigia fieri per nomen sanctum filii tui Iesu; ut sit sensus: tota die, id est toto tempore prædicationis meæ, expandi manus meas, miracula faciendo, ad populum non credentem, etiam miraculis visis, Io. XV, 24: si opera non fecissem, quæ nemo alius fecit, peccatum non haberent, sed contradicentem mihi, id est meis miraculis detrahentem, secundum illud Matth. XII, 24: in Beelzebub, principe Dæmoniorum, eiicit Dæmonia. Osee IV, 4: populus tuus sicut hi qui contradicunt sacerdoti.

Tertio potest intelligi de extensione manus Dei ad beneficia illi populo exhibita, secundum illud Prov. I, 24: extendi manum meam, et non fuit qui aspiceret; ut sit sensus tota die, id est toto tempore legis et prophetarum, expandi manus meas ad dandum beneficia ad populum non credentem, sed contradicentem mihi. Deut. XXXI, 27: semper contentiose egistis contra Dominum.

Capitulus XI

Lectio 1

Postquam apostolus ostendit Iudæorum casum esse miserandum, non tamen totaliter excusabilem, hic ostendit casum Iudæorum non esse universalem. Et primo movet quæstionem; secundo solvit, ibi absit, etc.; tertio infert conclusionem, ibi quid ergo, etc..

Dicit ergo primo: dico, ad hæc inquirendo, numquid Deus repulit, totaliter, populum suum? scilicet Iudæorum, quia vocat eum non credentem sed contradicentem.

Et hoc Psalmista etiam inquirit dicens: ut quid Deus, repulisti in finem? Thr. II, 7: repulit Dominus altare suum.

Deinde, cum dicit absit, etc., solvit quæstionem ostendens quod Deus non

Commentaria in Epistolis S. Pauli

totaliter repulit populum Iudæorum. Et hoc est quod dicit absit, ut scilicet populus Iudæorum sit totaliter repulsus. Et hoc quidem, primo, probat quantum ad personam suam, dicens: nam et ego, scilicet in fide Christi existens, Israelita sum, scilicet gente; II Cor. XI, 22: Israelitæ sunt et ego.

Et quia in populo Israel erant aliqui proselyti, qui non descenderunt secundum carnem ex patriarchis, secundo, hoc de se excludit, subdens ex semine Abrahæ. II Cor. XI, 22: semen Abrahæ sunt, et ego.

Erant autem in populo Iudæorum tribus distinctæ secundum filios Iacob, quorum quidam fuerunt filii ancillarum, quidam uxorum.

Ioseph autem et Beniamin filii Machera, prædilectæ uxoris. Unde, tertio, suam excellentiam in populo Iudæorum ostendens dicit ex tribu Beniamin. Phil. III, 5: ex genere Israel, de tribu Beniamin. Unde et de eo exponitur a quibusdam quod legitur Gen.

Penult.: Beniamin, lupus rapax mane comedet prædam, et vespere dividet spolia.

Secundo, ibi: non repulit, etc., ostendit populum illum non esse repulsum a Deo etiam quantum ad multos electos suos.

Et primo proponit quod intendit; secundo inducit similitudinem, dicens an nescitis; tertio adaptat eam, ibi sic ergo et in hoc tempore, etc..

Dicit ergo primo: non solum ego non sum repulsus sed Deus non repulit plebem suam, totam, quam præscivit, id est prædestinavit. Supra VIII, 8: quos præscivit, hos et prædestinavit. Ps. XCIII, 14: non repellet Dominus plebem suam. Quod apostolus hic exponit quantum ad prædestinatos.

Deinde, cum dicit an nescitis, etc., inducit similitudinem de his quæ contigerunt tempore Eliæ, quando etiam totus populus videbatur a cultu unius Dei aberrasse.

Ubi primo ponit interpellationem Eliæ; secundo responsionem Domini, ibi sed quid dicit Scriptura divina, etc..

Dicit ergo primo an nescitis quid Scriptura sacra dicat in Elia, id est de Elia III Reg. XIX, 10. Vel, in Elia id est in libro de Elia scripto.

Totus enim liber regum est principaliter scriptus ad notificandum dicta et facta prophetarum.

Unde et inter libros propheticos computatur, ut Hieron. Dicit in prologo libri regum. Quemadmodum, scilicet ipse Elias, interpellat Deum adversus Israel.

Contra quod videtur esse verbum Samuelis dicentis I Reg. XII, 23: absit hoc peccatum a me in Domino, ut cessem orare pro vobis. Multo ergo minus est contra populum interpellandum.

Sed intelligendum est quod prophetæ contra populum aliquem interpellant tripliciter.

Uno modo conformando voluntatem suam voluntati divinæ eis revelatæ, sicut et in Ps. LVII, 11 dicitur:

Ad Romanos

lætabitur iustus, cum viderit vindictam. Alio modo interpellando contra regnum peccati, ut scilicet non homines, sed peccata hominum destruantur.

Tertio modo ut interpellatio, vel oratio est interpretanda per modum denuntiationis, secundum illud Ier. XVII, 18: confundantur qui me persequuntur, id est confundentur.

Duo autem in hac sua interpellatione contra eos allegat.

Primo quidem impietatem quam commiserant contra cultum Dei, uno quidem modo persequendo ministros eius, quod tangit dicens Domine, prophetas tuos occiderunt.

III Reg. XVIII, 13: numquid non indicatum est tibi Domino meo quid fecerim, cum interficeret Iezabel prophetas Domini? Act. VII, 52: quem prophetarum non sunt persecuti patres vestri? alio modo quantum ad loca Deo sanctificata, secundum illud Ps. LXXIII, 7: incenderunt igni sanctuarium tuum. Et quantum ad hoc dicit: altaria tua suffoderunt.

Unde notandum est quod, Deut. XII, 5, Dominus mandavit dicens: ad locum quem elegerit Dominus Deus vester de cunctis tribubus vestris, ut ponat nomen suum ibi et habitet in eo, venietis et offeretis in illo loco holocausta et victimas vestras.

Tamen ante ædificationem templi permittebatur populo, ut in diversis locis altaria construeret ad cultum divinum; quod quia erat contra legem, ædificato iam templo, Ezechias rex piissimus omnia huiusmodi altaria destrui fecit. Et hoc est quod dicitur IV Reg. XVIII, 22: nonne iste est Ezechias, qui abstulit excelsa et altaria, et præcepit Iudæ et Ierusalem: ante altare hoc adorabitis in Ierusalem? quod ergo Ezechias fecit ex pietate, hoc fecit Achab et Iezabel ex impietate, volentes cultum Dei totaliter extirpare.

Tertio, allegat contra eos impietatem quam facere intendebant, dicens et relictus sum ego solus, scilicet in cultu unius Dei; quod quidem dixit Elias, eo quod alii non ita aperte manifestabant se esse Dei cultores. Dicitur enim de eo Eccli. XLVIII, 1: surrexit Elias propheta quasi ignis, et verbum illius quasi facula ardebat.

Et quærunt animam meam, scilicet ut auferant eam. Miserat enim Iezabel ad Eliam, IV Reg. XIX, 2, dicens: hæc mihi faciant dii, et hæc addant, nisi hac hora cras posuero animam tuam sicut animam unius ex illis, scilicet prophetis Baal, quos occiderat Elias.

Deinde, cum dicit sed quid dicit, etc., ponit divinum responsum, dicens: sed quid dicit Scriptura ibidem, scilicet dixisse, illi, scilicet Eliæ, responsum divinum? hoc inquam, quod sequitur: reliqui mihi, id est in cultu meo non permittendo eos cadere in peccatum, septem millia virorum, ponitur certum pro incerto propter perfectionem septenarii et miliarii, qui non curvaverunt genua ante Baal id est qui cultum Dei non deseruerunt. Is. XLVII, 7: omnem qui invocat nomen meum, in gloriam meam creavi, etc..

Deinde, cum dicit sic ergo, etc.,

Commentaria in Epistolis S. Pauli

adaptat quod dixerat ad propositum.

Et primo ponit adaptationem, dicens sic ergo et in hoc tempore, in quo videtur multitudo populi deviasse, reliquiæ, id est multi qui sunt relicti ab illo excidio, salvæ fient, vel salvæ factæ sunt secundum electionem gratiæ Dei, id est secundum gratuitam electionem Dei. Io. XV, 16: non me elegistis, sed ego elegi vos.

Secundo ex hoc infert conclusionem, dicens si autem gratia, salvi facti sunt, iam non ex operibus eorum. Tit. III, 5: non ex operibus iustitiæ quæ fecimus nos, sed secundum suam misericordiam salvos nos fecit.

Tertio ostendit sequi conclusionem ex præmissis, dicens alioquin, scilicet si gratia est ex operibus, iam non est gratia, quæ dicitur ex eo quod gratis datur. Supra III, 24: iustificati gratis per gratiam ipsius.

Deinde, cum dicit quid ergo, etc., infert conclusionem intentam.

Et, primo ponit eam, dicens quid ergo secundum præmissa dicemus? hoc scilicet, quod Israel, quantum ad maiorem multitudinem populi, non est consecutus quod quærebat, scilicet iustitiam. Et hoc modo intelligendum est quod supra IX, 31 dictum est Israel sectando legem iustitiæ, in legem iustitiæ non pervenit. Io. VII, 34: quæretis me, et non invenietis.

Ita tamen quod electio, id est electi ex Iudæis, consecuta est iustitiam, Eph. I, 4: elegit nos in ipso, ut essemus sancti, cæteri vero, id est alia pars populi, excæcati sunt propter suam malitiam.

Sap. II, 21: excæcavit eos malitia eorum.

Secundo, ibi sicut scriptum est, etc., manifestat conclusionem quantum ad ultimam partem. Et primo per auctoritatem Isaiæ; secundo, per auctoritatem David, ibi et David dicit.

Circa primum notandum quod apostolus componit auctoritatem ex duabus.

Legitur enim Is. XIX, 10: miscui vobis spiritum soporis. Et quantum ad hoc dicit dedit Deus illis spiritum compunctionis, quod pertinet ad perversitatem affectus.

Compunctio enim importat quamdam cordis punctionem sive dolorem. Est ergo quædam bona compunctio qua quis dolet de propriis peccatis, secundum illud Ps. LIX, 5: potasti nos vino compunctionis. Est autem et mala compunctio, scilicet invidiæ, qua quis dolet de bonis aliorum.

Hunc ergo compunctionis, id est invidiæ, spiritum eis dedit Deus, non quidem immittendo malitiam sed subtrahendo gratiam, sicut supra dictum est X, 10: ego ad æmulationem adducam vos in non gentem.

Item legitur Is. VI, 10: excæca cor populi huius, et aures eius aggrava, et oculos eius claude: ne forte videat oculis suis, et auribus suis audiat. Et quantum ad hoc designans defectum cognitivæ virtutis, subdit oculos, ut non videant, scilicet per seipsos quantum ad miracula, quæ Christus, eis videntibus, fecit, et aures, ut non audiant, scilicet fructuose doctrinam

Ad Romanos

Christi et apostolorum. Is. XLII, 20: qui vides multa, nonne custodies? qui apertas aures habes, nonne audies? addit autem apostolus de suo usque in hodiernum diem, quia in fine mundi videbunt et audient, quando convertentur corda filiorum ad patres eorum, ut dicitur Malach. Cap. Ult..

Deinde cum dicit et David dicit, etc., ponit ad idem auctoritatem David.

In qua, primo, tangit occasionem defectus Iudæorum, dicens fiat mensa eorum, id est malitia qua peccatores reficiuntur. Iob XX, 12: cum dulce fuerit in ore eius malum, abscondet illud sub lingua sua. Quæ quidem mensa est coram ipsis quando ex certa malitia peccant. Hoc quidem fit in laqueum quando ex ea paratur tentatio ad peccandum, Is. XXIV, 18: qui explicaverit se de fovea, tenebitur laqueo, et in captionem, quando delectationi succumbit per consensum, is. VIII, 15: capientur et irretientur, et in scandalum, id est in pactionem casus quando ruunt de peccato in peccatum, Ps. CXVIII, 165: pax multa diligentibus legem tuam, et non est illis scandalum, et in retributionem illis quando scilicet punientur pro suis peccatis. Vel quia hoc ipsum est retributio delictorum, quia Deus eos permittit sic cadere.

Ps. XCIII, 2: redde retributionem superbis.

Vel mensa est sacra Scriptura Iudæis apposita.

Prov. IX, 2: proposuit mensam suam.

Quæ quidem fit in laqueum, quando occurrit aliquod ambiguum, in captionem, quando male intelligitur, in scandalum, quando ruit in pertinaciam erroris, et retributionem, ut supra.

Secundo ponit ipsum defectum quantum ad cognitivam virtutem, cum dicit obscurentur oculi eorum ne videant, quod magis prænuntiando quam optando dicitur.

Eph. IV, 18: tenebris obscuratum habentes intellectum. Et quantum ad effectum cum dicit et dorsum eorum, id est liberum arbitrium quod portat ad bona et ad mala, semper incurva, id est incurvari permitte ab æternis ad temporalia, a rectitudine iustitiæ ad iniquitatem. Is. LI, 23: incurvare ut transeamus.

Lectio 2

Postquam apostolus ostendit quod casus Iudæorum non est universalis, hic incipit ostendere quod casus eorum non est inutilis neque irreparabilis.

Et circa hoc duo facit.

Primo ostendit casum Iudæorum esse utilem et reparabilem; secundo excludit gloriam gentilium Iudæis insultantium, ibi quod si aliqui ex ramis, etc..

Circa primum duo facit.

Primo proponit quæstionem; secundo solvit, ibi absit, etc..

Dicit ergo primo: dictum est et probatum, quod cæteri Iudæi præter electos sunt excæcati. Dicit ergo, quæstionem movens, numquid sic offenderunt ut caderent? quod potest dupliciter intelligi. Uno modo sic: numquid Deus permisit eos offendere solum ut caderent, id est propter nullam aliam utilitatem inde consequentem, sed solum volens eos cadere? quod quidem esset contra bonitatem divinam, quæ tanta est, ut Augustinus dicit in enchiridion, quod numquam permitteret aliquid mali fieri nisi propter bonum, quod ex malo elicit. Unde et Iob XXXIV, 24 dicitur: conteret multos et innumerabiles, et stare faciet alios pro eis.

Et Apoc. III, 11 dicitur: tene quod habes, ne alter accipiat coronam tuam, quia scilicet Deus aliquos sic permittit cadere, ut quorumdam casus sit aliorum salutis occasio.

Alio modo potest intelligi sic: numquid sic offenderunt ut caderent? id est perpetuo in casu remanerent? Ps. XL, 9: numquid qui dormit non adiiciet ut resurgat? deinde cum dicit absit, etc., solvit quæstionem. Et primo secundum primum intellectum ostendens casum Iudæorum fuisse utilem; secundo solvit quæstionem quantum ad secundum intellectum, ostendens casum Iudæorum esse reparabilem, ibi quod si delictum illorum, etc..

Dicit ergo primo absit, ut scilicet inutiliter caderent. Sed, magis, illorum, scilicet Iudæorum, delicto, salus gentibus facta est occasionaliter. Unde et Dominus dicit Io. IV, 22: salus ex Iudæis est.

Quod quidem potest intelligi tripliciter.

Primo modo, quia per delictum quod in occisione Christi commiserunt, est subsecuta salus gentium per redemptionem sanguinis Christi. I Petr. I, 18: non enim corruptibilibus auro vel argento redempti estis de vana vestra conversatione paternæ traditionis, sed pretioso sanguine agni immaculati.

Secundo modo potest intelligi de delicto quo doctrinam apostolorum repulerunt, ex quo confectum est ut apostoli gentibus prædicarent, secundum illud Act. XIII, 46: vobis oportebat primum loqui verbum Dei, sed quoniam repulistis illud, ecce convertimur ad gentes, etc..

Tertio modo potest intelligi de hoc quod propter suam impoenitentiam sunt in omnes gentes dispersi. Et sic Christus et ecclesia ubique a libris Iudæorum testimonium habuit fidei christianæ, ad convertendos gentiles qui suspicari potuissent prophetias de Christo, quas prædicatores fidei inducebant, esse confictas, nisi probarentur testimonio Iudæorum; unde in Ps. LVIII, 12 dicitur: ostendit mihi super inimicos meos, scilicet Iudæos, ne occidas eos, ne quando obliviscantur populi mei: disperge illos in virtute tua.

Sequitur ut illos æmulentur.

Et quia non dicit qui vel quos, cum etiam sit duplex æmulatio, scilicet indignationis et imitationis, potest hoc quatuor modis exponi.

Primo modo ut intelligatur sic ut, gentiles, illos, scilicet Iudæos, æmulentur, id est imitentur in cultu

Ad Romanos

unius Dei. Eph. II, 12: eratis in illo tempore sine Christo alienati a conversatione Israel, et postea subdit: nunc autem vos, qui aliquando eratis longe, facti estis prope in sanguine Christi. I Thess. II, 14: vos imitatores facti estis ecclesiarum Dei, quæ sunt in Iudæa.

Vel ut gentiles æmulentur Iudæos, id est indignentur contra eos propter incredulitatem eorum. Ps. CXVIII, 158: vidi prævaricantes et tabescebam, quia eloquia tua non custodierunt.

Tertio modo potest intelligi sic: ut Iudæi æmulentur, id est imitentur gentiles quando ubique et nunc aliqui eorum particulariter convertuntur ad fidem, imitantes fidem gentium et finaliter omnis Israel salvus fiet cum plenitudo gentium intraverit et sic impleatur quod dicitur Deut. XXVIII, 44: ille erit in caput, et tu eris in caudam.

Quarto modo potest exponi sic: ut Iudæi æmulentur gentiles, id est contra eos ex invidia turbentur dum vident ad eos eorum gloriam translatam. Deut. XXXII, 21: ego provocabo eos in eo qui non est populus.

Deinde cum dicit quod si delictum eorum, etc., solvit quæstionem quantum ad secundum intellectum, ostendens casum Iudæorum esse reparabilem, quod quidem ostendit tripliciter.

Primo ex utilitate; secundo ex apostoli intentione, ibi vobis enim dico, etc., tertio ex conditione illius populi, ibi quod si delibatio sancta, etc..

Circa primum ponit talem rationem: bonum est potentius ad utilitatem inferendam quam malum; sed malum Iudæorum magnam utilitatem gentibus contulit, ergo multo maiorem confert mundo eorum bonum. Hoc est ergo quod dicit: dictum est quod eorum delicto salus gentibus facta est, quod, pro sed, illorum, scilicet Iudæorum, delictum divitiæ sunt mundi, id est, gentilium, quia scilicet delictum Iudæorum redundavit in spirituales divitias gentilium, de quibus dicitur Is. XXXIII, 6: divitiæ salutis sapientia et scientia, quod quidem refert ad eorum culpam. Et diminutio eorum, qua scilicet decreverunt ab illa celsitudine gloriæ quam habebant, quod pertinet ad poenam.

Dan. III, 37: imminuti sumus plusquam omnes gentes, sumusque humiles in universa terra hodie propter peccata nostra. Sunt autem divitiæ gentium per occasionem, ut dictum est. Vel diminutio eorum, id est, aliqui minimi et abiecti ex Iudæis gentes spiritualiter ditaverunt, scilicet apostoli, de quibus I Cor. I, 27: infirma mundi elegit Deus, ut confundat fortia. Quanto magis plenitudo eorum, id est abundantia eorum spiritualis, vel multitudo eorum ad Deum conversa in divitias gentium redundabit? Eccli. XXIV, 16: in plenitudine sanctorum detentio mea.

Et sic, si Deus propter utilitatem totius mundi permisit Iudæos delinquere et diminui, multo magis implebit ruinas eorum propter totius mundi utilitatem.

Deinde cum dicit vobis enim dico gentilibus, etc., ostendit idem ex sua

Commentaria in Epistolis S. Pauli

intentione quam primo proponit; secundo eius rationem assignat, ibi si enim amissio, etc..

Circa primum considerandum est, quod cum in superioribus huius epistolæ partibus locutus fuerit omnibus fidelibus existentibus Romæ, sive fuerint ex gentibus, sive ex Iudæis, nunc specialiter sermonem suum dirigit ad gentiles conversos.

Dicit ergo: dixi quod plenitudo eorum divitiæ mundi essent. In huius enim signum dico vobis gentibus, scilicet gentibus ad fidem conversis. Is. LXV, 1: dixi, ecce ego ad gentes, etc.. Hoc, inquam, vobis dico quamdiu ego sum gentium apostolus, quarum cura specialiter mihi incumbit ex iniuncto officio. Gal. II, 9: dextras dederunt mihi et Barnabæ societatis, ut nos in gentes, ipsi autem in circumcisionem. I Tim. I, 7: in quo positus sum ego prædicator et apostolus, veritatem enim dico in Christo Iesu, non mentior, doctor gentium in fide et veritate.

Ministerium meum honorificabo, non quidem his quæ ad sæcularem honorem pertinent sed primo quidem ornando ipsum bonis moribus. II Cor. VI, 4: in omnibus exhibeamus nosmetipsos sicut Dei ministros in multa patientia. Secundo per supererogationem operum, ad quæ non tenebatur.

I Cor. IX, 18: quæ est ergo merces mea ut evangelium Christi prædicans sine sumptu, etc.. Tertio ampliando sollicitudinem ad omnium salutem. II Cor. XI, 28: præter illa quæ extrinsecus sunt instantia mea quotidiana sollicitudo omnium ecclesiarum.

Unde et hic subdit si quo modo ad æmulandum provocem carnem meam, id est Iudæos, qui sunt mihi cognati secundum carnem, ut supra IX, 3 dictum est. Is. LVIII, 7: carnem tuam ne despexeris. Et hoc ad æmulandum bona æmulatione, secundum illud I Cor. XII, 31: æmulamini charismata meliora. Et per hunc modum ut salvos faciam aliquos ex illis, scilicet ex Iudæis I Cor. X, 33: non quærens quod mihi utile est, sed quod multis, ut salvi fiant.

Sed contra est quod ipse dicit II Cor. X, 13: nos autem non in immensum gloriamur, sed secundum mensuram regulæ, qua mensus est nobis Deus, mensuram pertingendi usque ad vos. Non autem acceperat mensuram sui ministerii, nisi super gentes.

Non ergo debebat se intromittere de Iudæis.

Dicunt autem quidam quod Iudæi in Iudæa habitantes non pertinebant ad eius apostolatum, sed Petri, Iacobi et Ioannis, ut dicitur Gal. II, 7. Sed Iudæi inter gentes habitantes, ad eius apostolatum pertinebant, et eorum saluti insistebat.

Sed hoc videtur contra intentionem litteræ.

Si enim illi Iudæi ad eius apostolatum pertinebant in hoc quod eorum conversioni intendebat, non honorificasset suum ministerium.

Et ideo dicendum est quod sic erat sibi commissa prædicatio gentium, ut ad eam ex necessitate teneretur, sicut ipse dicit I Cor. IX, 16: si non evangelizavero, væ mihi; necessitas enim mihi incumbit; nec tamen erat ei prohibitum Iudæis prædicare, quamvis ad hoc non teneretur. Et secundum hoc eorum saluti insistendo, ministerium suum honorificabat; quod quidem non faceret, si casum eorum irreparabilem reputaret.

Unde ipsum apostoli studium quod adhibebat ad conversionem Iudæorum, inducit pro signo quod casus Iudæorum sit reparabilis.

Deinde cum dicit si enim, etc.

Assignat rationem suæ intentionis, quia scilicet videbat quod conversio Iudæorum proveniebat in salutem gentium. Unde dicit si enim amissio eorum, id est incredulitas et inobedientia eorum, sicut dicitur servus amissus quando sub cura et obedientia Domini refugit esse. Ier. L, 6: grex perditus factus est populus meus. Si, inquam, ista Iudæorum amissio est occasionaliter reconciliatio mundi, inquantum per mortem Christi sumus reconciliati Deo, quæ assumptio nisi vita ex mortuis? id est, quod Iudæi reassumantur a Deo, secundum illud Zach. XI, 7: sumpsi mihi duas virgas. Quid, inquam, faciet talis assumptio, nisi quod gentiles resurgere faciat ad vitam? gentiles enim sunt fideles qui tepescent.

Matth. XXIV, 12: quoniam abundavit iniquitas refrigescet charitas multorum. Vel etiam qui totaliter cadent decepti ab Antichristo, Iudæis conversis in pristinum fervorem restituentur.

Et etiam sicut Iudæis cadentibus, gentiles post inimicitias sunt reconciliati, ita post conversionem Iudæorum, imminente iam fine mundi, erit resurrectio generalis, per quam homines ex mortuis ad vitam immortalem redibunt.

Deinde cum dicit quod si delibatio, etc. Ostendit idem ex conditione ipsius gentis Iudæorum.

Et hoc quidem dupliciter.

Primo, ex parte apostolorum cum dicit quod si delibatio sancta est, et massa.

Dicitur autem delibatio id quod ex massa pastæ sumitur, quasi ad probandum. Sunt autem apostoli ex gente Iudæorum assumpti a Deo, sicut delibatio ex massa. Et ideo si apostoli sunt sancti, consequens est quod gens Iudæorum sit sancta. I Petr. II, 9: gens sancta, populus acquisitionis etc..

Secundo probat idem ex parte patriarcharum, qui comparantur ad Iudæos, sicut radix ad ramos, unde et Is. XI, 1 dicitur: egredietur virga de radice Iesse. Si ergo patriarchæ, qui sunt radix, sunt sancti, et Iudæi, qui ex eis processerunt sicut rami, sunt sancti. Os. XIV, 6: erumpet radix eius, ut Libani, ibunt rami, etc..

Sed contra est quod dicitur Ezech. XVIII, 5 s.: vir si fuerit iustus, vita vivet.

Sic ergo non sequitur quod si radix est sancta, et rami. Ibidem etiam subditur quod si filius videns peccata patris sui timuerit et non fecerit simile, non morietur, sed vita vivet; unde etiam videtur non sequi quod si delibatio sancta est et massa.

Sed dicendum quod apostolus hic non loquitur de actuali sanctitate; non enim intendit ostendere Iudæos incredulos esse sanctos sed de sanctitate potentiali. Nihil enim prohibet eos reparari in sanctitate, quorum patres et quorum filii sunt sancti.

Vel potest dici quod illi sunt specialiter rami patriarcharum, qui eos imitantur, secundum illud Io. VIII, 39: si filii estis Abrahæ, opera Abrahæ facite.

Lectio 3

Postquam apostolus ostendit casum Iudæorum fuisse utilem et reparabilem, hic excludit gloriationem gentilium contra Iudæos.

Et circa hoc duo facit.

Primo ostendit gentilibus conversis, non esse gloriandum contra Iudæos; secundo respondet obiectioni gentilium, ibi dices ergo: fracti sunt, etc..

Circa primum duo facit.

Primo prohibet gentiles contra Iudæos gloriari; secundo rationem prohibitionis assignat, ibi quod si gloriaris, etc..

Videbatur autem ex duabus partibus imminere gentilibus gloriandi occasio contra Iudæos.

Primo quidem ex defectu Iudæorum, dicens: dictum est, quod si radix est sancta, et rami, sed si aliqui ex ramis, id est Iudæis, non omnes tamen, sunt fracti, id est, divisi a fide patrum qui comparantur radici, noli scilicet gloriari. Iob XV, 30: ramos eius arefacit flamma. Sap. IV, 5: confringentur rami inconsumpti.

Secundo videtur eis imminere materia gloriandi ex parte promotionis eorum. Promotio autem alicuius tanto magis consuevit eum extollere in vanam gloriam, quanto ex viliori statu elevatur, secundum illud Prov. XXX, 21: propter tria movetur terra, et quartum non poterit sustinere. Per servum cum regnaverit, etc.. Et ideo præmittit abiectum statum, de quo assumpti erant, dicens tu autem gentilis, cum in statu gentilitatis oleaster esses, id est arbor infructuosa. Ier. XVII, 6: erunt quasi myricæ in deserto. Matth. III, 10: omnis arbor quæ non facit fructum bonum, excidetur, etc..

Deinde ponit eorum promotionem.

Et primo quidem quantum ad hoc quod sunt assumpti in dignitatem illius gentis, unde dicit insertus es in illis, id est loco illorum.

Iob XXXIV, 24: conteret multos et innumerabiles, et stare faciet alios pro eis.

Secundo per hoc quod sunt consociati patriarchis, quos supra radici comparaverat unde dicit et socius radicis factus es, id est, consociatus es patriarchis et prophetis.

Matth. VIII, 11: multi venient ab oriente, et recumbent cum Abraham,

Ad Romanos

Isaac et Iacob in regno cælorum.

Tertio per comparationem ad gloriam apostolorum, cum dicit et socius pinguedinis olivæ factus es. Oliva quidem dicitur ipsa gens Iudæorum propter uberes fructus spirituales, quos attulit. Ier. XI, 6: olivam uberem, pulchram, fructiferam, speciosam vocavit Deus nomen tuum; Ps. LI, 10: ego autem sicut oliva fructifera in domo Dei. Sicut autem huius olivæ radix sunt patriarchæ et prophetæ, ita etiam pinguedo huius olivæ est abundantia gratiæ spiritus sancti, quam præ omnibus apostoli habuerunt, ut Glossa dicit. Unde Iud. IX, 9 oliva dixisse inducitur: numquid possum deserere pinguedinem meam? Ps. LXII, 6: sicut adipe et pinguedine repleatur anima mea. Sic ergo promoti sunt gentiles ad societatem illius populi, scilicet patriarcharum et apostolorum et prophetarum.

Eph. II, 19 s.: estis cives sanctorum et domestici Dei, superædificati super fundamentum apostolorum et prophetarum.

Et licet has occasiones gloriandi habere videaris, gentilis, noli tamen gloriari adversus ramos, id est adversus Iudæos. I Cor. V, 6: non est bona gloriatio vestra.

Deinde cum dicit quod si gloriaris, etc., assignat rationem suæ admonitionis, dicens, quod si, non obstante hac admonitione, gloriaris, insultando Iudæis stantibus vel excisis, hoc consideres, ad repressionem gloriæ tuæ, quod tu radicem non portas, sed radix te, id est Iudæa non accepit a gentilitate salutem sed potius e converso.

Io. IV, 22: salus ex Iudæis est. Unde et Abrahæ promissum est Gen. XXII, 18, quod in ipso benedicentur omnes cognationes terræ.

Deinde cum dicit dicis ergo, etc., excludit obiectionem gentilium. Et primo proponit obiectionem; secundo excludit eam ex consideratione divini iudicii, ibi bene, etc.; tertio inducit eos in diligentem considerationem divinorum iudiciorum, ibi vide ergo bonitatem, etc..

Dicit ergo primo: ergo tu gentilis, qui gloriaris contra Iudæos, forte dicis: fracti sunt rami ut ego inserar, id est ad hoc Deus permisit Iudæos a fide excidere, ut ego ad fidem intrarem.

Nullus autem sustinet detrimentum unius rei, nisi propter rem pretiosiorem et magis dilectam, sicut medicus permittit infirmitatem esse in pede ut sanet oculum. Sic igitur ex hoc ipso videtur gentilitas esse pretiosior et magis Deo accepta, quam Iudæa. Unde Mal. I, 10 s. Dicitur: non est mihi voluntas in vobis, dicit Dominus Deus, et munus non accipiam de manu vestra. Ab ortu autem solis usque ad occasum, magnum est nomen meum in gentibus. Et Is. XLIX, 6: parum est ut sis mihi servus ad suscitandas tribus Iacob.

Dedi te in lucem gentium.

Deinde cum dicit bene, etc., excludit obiectionem.

Et primo assignat causam defectus Iudæorum et promotionis gentilium,

Commentaria in Epistolis S. Pauli

dicens: bene in hoc dicis quod Deus permisit frangi ramos ut tu inseraris, sed considera causam fractionis ramorum: propter incredulitatem, inquam, fracti sunt, quia scilicet in Christum credere noluerunt. Ez. II, 6: increduli et subversores sunt tecum. Io. VIII, 46: si veritatem dico vobis, quare non creditis mihi? tu autem, scilicet gentilis, stas in fide, id est credendo in Christum, in quo gratiam consecutus es. II Cor. I, 23: nam fide statis.

I Cor. XV, 1: notum facio vobis evangelium, in quo statis, per quod et salvamini.

Secundo inducit admonitionem, dicens noli altum sapere, id est noli de te ultra teipsum præsumere. Infra XII, 16: non alta sapientes, sed humilibus consentientes. Ps. CXXX, 1: Domine, non est exaltatum cor meum, neque elati sunt oculi mei. Sed time, ne scilicet etiam tu frangaris per incredulitatem, quod pertinet ad timorem castum. Prov. XXVIII, 14: beatus homo qui semper est pavidus, qui vero mentis est duræ, corruet in malum. Eccli. I, 27: timor Domini expellit peccatum.

Tertio assignat rationem suæ admonitionis, dicens si enim naturalibus ramis, id est Iudæis, qui ex naturali origine ex patriarchis descenderunt, non pepercit Deus, quin eos frangi permitteret, time ne forte nec tibi parcat, quin, scilicet te permittat per incredulitatem excidere. Prov. VI, 34: zelus et furor viri non parcet in die vindictæ. Ier. XIII, 14: non parcam, neque miserebor, ut non dispergam eos.

In hoc ergo consistit solutio apostoli quod cum aliquis videt se gratiam adeptum, alio cadente, non debet extolli contra cadentem, sed magis timere sibi ipsi, quia ipsa superbia est causa præcipitii et timor est causa custodiæ et cautelæ.

Deinde cum dicit vide ergo bonitatem et severitatem, etc., inducit eos in diligentem considerationem divinorum iudiciorum.

Et primo inducit eos ad considerandum; secundo instruit eos quasi per se considerare non valentes, ibi nolo enim vos ignorare, fratres, etc.; tertio quasi nec ipse perfecte sufficeret ad istorum investigationem, exclamat admirando divinam sapientiam ibi o altitudo divitiarum, etc..

Circa primum tria facit. Primo ostendit quid considerari oporteat dicens vide ergo, idest diligenter considera, bonitatem Dei, miserentis; Ps. LXXII, 1: quam bonus Israel Deus, his qui recto sunt corde; supra II, 4: an divitias bonitatis eius contemnis? et severitatem, ipsius punientis; Ps. XCIII, 1: Deus ultionum Dominus. Nah. I, 2: Deus æmulator et ulciscens Dominus.

Prima enim consideratio tribuit spem; secunda timorem, ut vitetur desperatio et præsumptio.

Secundo ostendit in quibus utrumque dictorum sit considerandum quantum ad prædicta, dicens in eos quidem, scilicet Iudæos, qui ceciderunt

Ad Romanos

severitatem Thr. II 2, præcipitavit Dominus, nec pepercit, omnia speciosa Iacob destruxit, in te autem, scilicet gentilem qui insertus es, bonitatem. Ps. CXVIII, 65: bonitatem fecisti cum servo tuo, Domine.

Tertio ostendit quo tenore possint in prædictis hæc considerari, quia non immobiliter sicut quod potest mutari in futurum.

Et primo ostendit quantum ad gentiles, dicens: in te, dico, vide bonitatem Dei operantem, eo tamen tenore, si permanseris in bonitate. Io. XV, 9: manete in dilectione mea. Alioquin, si tu non dederis operam ad permanendum per timorem et humilitatem, et tu excideris. Matth. III, 10: omnis arbor quæ non facit fructum bonum, excidetur.

Secundo ostendit idem quantum ad Iudæos, et, primo, proponit quod intendit, dicens sed et illi, scilicet Iudæi, si non permanserint in incredulitate, inserentur, id est, in suum statum restituentur. Ier. III, 1: fornicata es cum amatoribus multis, tamen revertere ad me, dicit Dominus.

Secundo probat quod dixerat, et primo, ex divina potentia, dicens potens est enim Dominus Deus iterum inserere illos; et ideo non est de eorum salute desperandum.

Is. LIX, 1: ecce non est abbreviata manus Domini, ut salvare non possit.

Secundo probat idem per locum a minori, dicens nam si tu, gentilis, excisus es ex naturali oleastro, id est ex gentilitate quæ naturaliter erat infructuosa, non quidem, prout Dominus fecit naturam, sed secundum quod corrupta est per peccatum.

Sap. XII, 10: iniqua est natio eorum, et naturalis malitia ipsorum. Eph. II, 3: eramus natura filii iræ. Et insertus in bonam olivam id est, in fide Iudæorum, contra naturam, id est contra communem cursum naturæ.

Non enim consuevit ramus arboris malæ inseri in bonam arborem, sed potius e converso.

Id autem quod Deus facit, non est contra naturam, sed simpliciter est naturale. Dicimus enim esse naturale, quod fit ab agente, cui naturaliter subditur patiens, quamvis etiam non sit secundum propriam naturam patientis; sicut enim fluxus et refluxus maris est naturalis, propter hoc quod causatur ex motu lunæ, cui naturaliter subditur aqua, quamvis non sit naturalis secundum formam aquæ. Ita etiam cum omnis creatura sit naturaliter Deo subiecta, quicquid Deus facit in creatura, est simpliciter naturale, licet forte non sit naturale secundum propriam et particularem naturam rei in qua fit, puta cum cæcus illuminatur et mortuus resuscitatur.

Si, inquam, hoc factum est contra naturam, quanto magis hi qui sunt secundum naturam, id est qui naturali origine pertinent ad gentem Iudæorum, inserentur suæ olivæ, id est reducentur ad dignitatem gentis suæ, Mal. Cap. Ult.: convertet corda patrum ad filios, et corda filiorum ad patres eorum.

Commentaria in Epistolis S. Pauli

Lectio 4

Postquam apostolus induxit gentiles in cognitionem divinorum iudiciorum, in quibus divina bonitas et severitas manifestatur, hic quasi eis adhuc non sufficientibus considerare prædicta, exponit quid sibi circa hæc videatur. Et primo proponit factum; secundo probat, ibi sicut scriptum est, etc.; tertio rationem assignat, ibi si enim, etc..

Circa primum tria facit.

Primo proponit suam intentionem, dicens: ideo induxi vos ad considerandum bonitatem et severitatem Dei, nolo enim, o fratres, ignorare vos mysterium hoc, non enim omnia mysteria capere potestis. Hoc est enim perfectorum, quibus Dominus dicit Lc. VIII, 10: vobis datum est nosse mysterium regni Dei. Sap. VI, 24: non abscondam a vobis sacramenta Dei. Sed ignorantia huius mysterii esset vobis damnosa. I Cor. XIV, 38: si quis ignorat, ignorabitur.

Secundo assignat suæ intentionis rationem, ut non sitis vobismetipsis sapientes, id est non de sensu vestro præsumatis et ex vestro sensu alios condemnantes, vos eis præferatis. Infra XII, 16: nolite esse prudentes apud vosmetipsos. Is. V, 21: væ qui sapientes estis in oculis vestris, et coram vobismetipsis prudentes.

Tertio proponit quod intendit.

Primo quidem quantum ad casum particularium Iudæorum, cum dicit quia cæcitas contingit in Israel, non universaliter sed ex aliqua parte ut supra ostensum est. Is. VI, 10: excæca cor populi huius.

Secundo ponit terminum huius cæcitatis, dicens donec intraret, ad fidem, plenitudo gentium, id est non solum aliqui particulariter ex gentibus, sicut tunc convertebantur sed, vel pro toto vel pro maiori parte, in omnibus gentibus ecclesia fundaretur. Ps. XXIII, 1: Domini est terra et plenitudo eius.

Dicuntur autem gentiles ad fidem conversi intrare, quasi ex exterioribus et visibilibus rebus quæ venerabantur, in spirituali et voluntate divina. Ps. XCIX, 2: introite in conspectu eius in exultatione.

Et est notandum quod hoc adverbium donec potest designare causam excæcationis Iudæorum. Propter hoc enim permisit Deus eos excæcari, ut plenitudo gentium intraret, sicut patet ex supradictis.

Potest etiam designare terminum, quia videlicet usque tunc cæcitas Iudæorum durabit, quousque plenitudo gentium ad fidem intrabit. Et huic concordat quod infra subdit de futuro remedio Iudæorum, cum dicit et tunc, scilicet cum plenitudo gentium intraverit, omnis Israel salvus fiet, non particulariter sicut modo, sed universaliter omnes.

Os. I, 7: salvabo eos in Domino Deo suo.

Mich. Cap. Ult.: revertetur et miserebitur nostri.

Deinde cum dicit sicut scriptum est, etc., probat quod dixerat de futura salute Iudæorum. Et primo probat hoc

Ad Romanos

per auctoritatem; secundo per rationem, ibi secundum evangelium meum, etc..

Dicit ergo primo: dico quod omnis Israel salvus fiet, sicut scriptum est Is. LVI, 20 ubi nostra littera sic habet: veniet ex sion redemptor, et eis qui redeunt ad Iacob, hoc foedus meum cum eis, dicit Dominus. Sed apostolus hoc inducit secundum litteram LXX et tangit tria verba hic posita.

Primo salvatoris adventum, cum dicit veniet, Deus scilicet humanatus ad salvandum nos, ex sion, id est ex populo Iudæorum, qui significatur per sion, quæ erat arx Ierusalem, quæ est metropolis Iudææ. Unde dicitur Zachariæ IX, 9: exulta satis, filia sion, iubila, filia Ierusalem, ecce rex tuus venit tibi, etc.. Io. IV, 22: salus ex Iudæis est.

Vel dicit, ex sion eum venire, non quia sit ibi natus sed quia inde doctrina eius exivit in universum mundum, per hoc quod apostoli in coenaculo sion spiritum sanctum receperunt.

Is. II, 3: de sion exibit lex.

Secundo ponit salutem per Christum Iudæis oblatam, dicens qui eripiat, et avertat impietatem a Iacob. Et potest ereptio referri ad liberationem a poena. Ps. CXIV, 8: eripiet animam meam de morte.

Quod vero dicit avertet impietatem a Iacob, potest referri ad liberationem a culpa. Ps. XIII, 7: avertet Dominus captivitatem plebi suæ.

Vel utrumque refertur ad liberationem a culpa sed dicit qui eripiat, propter paucos, qui nunc difficulter quasi cum quadam violentia convertuntur. Amos III 12: quomodo si eruat pastor de ore leonis duo crura, aut extremum auriculæ, sic eruentur filii Israel.

Dicit autem avertet impietatem a Iacob, ad ostendendum facilitatem conversionis Iudæorum in fine mundi. Mich. Cap. Ult.: quis Deus similis tui, qui aufers iniquitatem, et transfers peccatum reliquiarum hæreditatis tuæ? tertio ostendit modum salutis, cum dicit et hoc testamentum, scilicet novum, erit illis a me cum abstulero peccata eorum. Vetus enim testamentum peccata non auferebat, quia, ut dicitur Hebr. X, 4: impossibile est sanguine taurorum et hircorum auferri peccata. Et ideo propter imperfectionem veteris testamenti promittitur eis novum testamentum. Ier. XXXI, 31: feriam domui Israel, et domui Iuda foedus novum.

Quod quidem habebit efficaciam ad remissionem peccati per sanguinem Christi. Matth. XXVI, 28: hic sanguis meus novi testamenti, qui pro multis effundetur in remissionem peccatorum. Mich. Cap. Ult.: deponet iniquitates nostras, et proiiciet in profundum maris omnia peccata nostra.

Deinde, cum dicit secundum evangelium meum, etc., probat propositum per rationem. Et primo inducit probationem; secundo removet obiectionem, ibi sine poenitentia enim.

Dicit ergo primo quod eorum peccata auferentur et quod postquam peccata habent, manifestum est quod sunt

Commentaria in Epistolis S. Pauli

inimici Christi. Secundum evangelium quidem inimici, id est quantum ad doctrinam evangelii pertinet, quam impugnant, propter vos, id est ad utilitatem vestri cedit, ut supra dictum est. Unde dicitur Lc. XIX, 27: verumtamen inimicos meos illos qui noluerunt me regnare super se, adducite huc, et interficite ante me. Io. XV, 24: nunc autem et viderunt, et oderunt me, et patrem meum.

Vel secundum evangelium dicit, quod eorum inimicitia ad utilitatem evangelii pertinet, cuius prædicatio, occasione talis inimicitiæ, ubique diffunditur. Col. I, 5 s.: in verbo veritatis evangelii, quod pervenit ad vos, sicut et in universo mundo est, fructificat et crescit.

Sed sunt charissimi Deo propter patres, et hoc secundum electionem, quia scilicet ob gratiam patrum eorum semen elegit.

Deut. IV, 37: dilexit patres tuos, et elegit semen eorum post eos.

Quod non est sic intelligendum quasi merita præstita patribus fuerint causa æternæ electionis filiorum sed quia Deus ab æterno elegit gratis et patres et filios, hoc tamen ordine ut filii propter patres consequerentur salutem, non quasi merita patrum sufficerent ad filiorum salutem, sed per quamdam abundantiam divinæ gratiæ et misericordiæ hoc dicit, quæ intantum patribus est exhibita, ut propter promissiones eis factas, etiam filii salvarentur.

Vel intelligendum est secundum electionem, id est quantum ad electos ex illo populo, sicut supra dictum est, electio consecuta est. Si autem sunt Domino charissimi, rationabile est quod a Deo salventur, secundum illud Is. LXIV, 4: oculus non vidit, Deus, absque te quæ præparasti, etc..

Deinde cum dicit sine poenitentia enim sunt, etc., excludit obviationem.

Posset enim aliquis obviando dicere quod Iudæi, et si olim fuerint charissimi propter patres, tamen inimicitia, quam contra evangelium exercent, prohibet ne in futurum salventur.

Sed hoc apostolus falsum esse asserit, dicens sine poenitentia enim sunt, scilicet dona et vocatio Dei, quasi dicat: quod Deus aliquid aliquibus donet, vel aliquos vocet, hoc est sine poenitentia, quia de hoc Deum non poenitet, secundum illud I Reg. XV, 29: triumphator in Israel non parcet, nec poenitudine flectetur. Ps. CIX, 5: iuravit Dominus, et non poenitebit eum.

Sed videtur falsum. Dicit enim Dominus Gen. VI, 6: poenitet me fecisse hominem.

Et Ier. XVIII, 9 s.: loquar de gente et de regno, ut ædificem et plantem illud.

Si fecerit malum in oculis meis, poenitentiam agam super bonum quod locutus sum ut facerem ei.

Sed dicendum est quod sicut Dominus irasci dicitur, non propter hoc quod in eo sit commotio iræ sed quia ad modum irati se habet quantum ad punitionis effectum, ita quandoque poenitere dicitur, non quasi in eo sit poenitentiæ commutatio sed quia ad modum poenitentis se habet dum mutat quod fecerat.

Sed adhuc videtur hoc quod dona et vocatio non sint sine poenitentia, quia dona divinitus concessa, frequenter amittuntur, secundum illud Matth. XXV, 28: tollite itaque ab eo talentum, et date ei qui habet decem talenta. Vocatio enim Dei etiam quandoque mutari videtur, cum scriptum sit Matth. XXII, 14: multi sunt vocati, pauci vero electi.

Sed dicendum est quod donum hic accipitur pro promissione, quæ fit secundum Dei præscientiam vel prædestinationem. Vocatio autem hic accipitur pro electione, quia propter certitudinem utriusque, quod Deus promittit, iam quodammodo dat: et quos elegit, iam quodammodo vocat. Et tamen ipsum temporale Dei donum et temporalis vocatio, non irritatur per mutationem Dei quasi poenitentis sed per mutationem hominis, qui gratiam Dei abiicit, secundum illud Hebr. XII, 15: contemplantes ne quis desit gratiæ Dei.

Potest etiam quod hic dicitur aliter intelligi, ut dicamus quod dona Dei quæ dantur in baptismo et vocatio qua baptizatus vocatur ad gratiam, sunt sine poenitentia hominis baptizati, quod quidem hic inducitur, ne aliquis desperet de futura Iudæorum salute, propter hoc quod non videntur de peccato suo poenitere.

Sed contra hoc quod dicitur, est quod Petrus dicit Act. II, 38: poenitentiam agite, et baptizetur unusquisque vestrum.

Sed dicendum est quod duplex est poenitentia: interior et exterior. Interior quidem consistit in contritione cordis, qua quis dolet de peccatis præteritis, et talis poenitentia requiritur a baptizato, quia, ut Augustinus dicit in libro de poenitentia: nemo suæ voluntatis arbiter constitutus, potest novam vitam inchoare, nisi poeniteat eum veteris vitæ, alioquin fictus ad baptismum accedit.

Exterior vero poenitentia consistit in exteriori satisfactione quæ a baptizato non requiritur, quia per gratiam baptismalem liberatur homo non solum a culpa sed etiam a tota poena per virtutem passionis Christi, qui pro peccatis omnium satisfecit, sicut supra VI, 3 dictum est: quicumque baptizati sumus in Christo Iesu, in morte ipsius baptizati sumus. Unde dicitur Tit. III, 5 s.: per lavacrum regenerationis et renovationis spiritus sancti, quem effudit in nos abunde.

Sed cum claves ecclesiæ et omnia alia sacramenta in virtute passionis Christi operentur, videtur quod pari ratione omnia alia sacramenta liberent hominem a culpa et a tota poena.

Sed dicendum est, quod passio Christi operatur in baptismo per modum cuiusdam generationis, quæ requirit ut homo totaliter priori vitæ moriatur, ad hoc ut novam vitam accipiat. Et ideo tollitur in baptismo totus reatus poenæ, qui pertinet ad vetustatem prioris vitæ. Sed in aliis sacramentis operatur virtus passionis Christi per

Commentaria in Epistolis S. Pauli

modum sanationis ut in poenitentia. Sanatio autem non requirit, ut statim omnes infirmitatis reliquiæ auferantur. Et eadem ratio est in aliis sacramentis.

Sed cum confessio peccatorum pertineat ad exteriorem poenitentiam, quæri potest utrum a baptizato confessio peccatorum requiratur: et videtur quod sic. Dicitur enim Matth. III, 6, quod baptizabantur homines a Ioanne, confitentes peccata sua.

Sed dicendum est quod baptismus Ioannis erat baptismus poenitentiæ, quia scilicet accipiendo illum baptismum quodammodo se profitebantur poenitentiam accepturos de peccato suo et ideo conveniens erat ut confiterentur, ut secundum modum peccati eis poenitentia statueretur. Sed baptismus Christi est baptismus remissionis omnium peccatorum, ita quod non restat baptizato aliqua satisfactio pro peccatis præteritis, propter quod nulla est confessionis vocalis necessitas. Ad hoc enim necessaria est confessio in sacramento poenitentiæ, ut sacerdos per potestatem clavium convenienter poenitentem solvat vel liget.

Deinde cum dicit sicut enim aliquando, etc., assignat rationem futuræ salutis Iudæorum post eorum incredulitatem. Et primo ponit similitudinem inter utriusque populi salutem; secundo huius similitudinis causam ostendit, ibi conclusit enim Deus, etc..

Dicit ergo primo: ita dico quod omnis Israel salvus fiet, quamvis nunc sint inimici. Sicut enim et vos, gentiles, aliquando non credidistis Deo. Eph. II, 12: eratis illo tempore sine Deo in hoc mundo; nunc autem misericordiam consecuti estis, infra XV, 9: gentes autem super misericordia honorare Deum. Os. II, 23: miserebor eius quæ fuit absque misericordia. Et hoc propter eorum incredulitatem, quæ scilicet fuit occasio vestræ salutis, ut supra dictum est.

Ita et isti, scilicet Iudæi, nunc, scilicet tempore gratiæ, non crediderunt, scilicet Christo. Io. VIII, 43: quare non creditis mihi? et hoc est quod subdit in vestram misericordiam, id est in gratiam Christi, per quam misericordiam consecuti estis. Tit. III, 5: secundum suam misericordiam salvos nos fecit. Vel non crediderunt ut per hoc pervenirent in vestram misericordiam. Vel non crediderunt, quod in vestram misericordiam occasionaliter cessit, ut et ipsi quandoque misericordiam consequantur. Is. XIV, 1: miserebitur Dominus Iacob.

Deinde, cum dicit conclusit enim, etc., assignat rationem huius similitudinis, quia scilicet Deus voluit, ut sua misericordia in omnibus locum haberet. Et hoc est quod subdit conclusit enim Deus, id est concludi permisit, omnia, id est omne hominum genus, tam Iudæos quam gentiles, in incredulitate, sicut in quadam catena erroris.

Sap. XVII, 7: una catena tenebrarum omnes erant colligati. Ut omnium misereatur, id est ut in omni genere hominum sua misericordia locum habeat. Sap. XI, 24: misereris omnium,

Domine. Quod quidem non est extendendum ad Dæmones secundum errorem Origenis, nec etiam quantum ad omnes homines singillatim, sed ad omnia genera hominum.

Fit enim hic distributio pro generibus singulorum et non pro singulis generum. Ideo autem Deus vult omnes per suam misericordiam salvari, ut ex hoc humilientur et suam salutem non sibi, sed Deo adscribant. Os. XIII, 9: perditio tua in te, Israel, tantummodo ex me auxilium tuum. Supra III, 19: ut omne os obstruatur, et subditus fiat omnis mundus Deo.

Lectio 5

Supra apostolus conatus fuit assignare rationem divinorum iudiciorum quibus tam gentes, quam Iudæi post incredulitatem misericordiam consequuntur, nunc, quasi ad hæc investiganda se insufficientem recognoscens, exclamando divinam excellentiam admiratur. Et primo admiratur divinam excellentiam; secundo probat quod dixerat, ibi quis enim cognovit, etc..

Circa primum duo facit.

Primo admiratur excellentiam divinæ sapientiæ secundum se consideratæ; secundo per comparationem ad nos, ibi quam incomprehensibilia, etc..

Excellentiam divinæ cognitionis admiratur. Primo quantum ad altitudinem, dicens o altitudo. Eccle. VII, 25: alta profunditas, quis inveniet eam? Ier. XVII, 12: solium gloriæ altitudinis a principio.

Hæc autem altitudo attenditur quantum ad tria. Uno quidem modo quantum ad rem cognitam, inquantum scilicet Deus seipsum perfecte cognoscit. Eccli. XXIV, 5: ego in altissimis habito. Alio modo quantum ad modum cognoscendi, inquantum scilicet per seipsum omnia cognoscit. Ps. Ci, 20: prospexit de excelso sancto suo, Dominus de cælo in terram aspexit. Tertio quantum ad certitudinem cognitionis. Eccli. XXIII, 28: oculi Domini multo plus lucidiores sunt super solem.

Secundo admiratur excellentiam divinæ cognitionis quantum ad eius plenitudinem, cum dicit divitiarum. Is. XXXIII, 6: divitiæ salutis sapientia et scientia.

Quæ quidem plenitudo attenditur in tribus.

Uno modo in multitudine cognitorum, quia scilicet omnia novit. Ioan. Cap. Ult.: Domine, tu omnia scis. Col. II, 3: in ipso sunt omnes thesauri sapientiæ Dei absconditi. Alio modo quantum ad facilitatem cognoscendi, quia statim omnia intuetur sine inquisitione et difficultate. Hebr. IV, 13: omnia nuda et aperta sunt oculis eius.

Tertio quantum ad copiam cognitionis, quia eam omnibus communicat affluenter.

Iac. I, 5: si quis vestrum indiget sapientia, postulet a Deo, qui dat omnibus affluenter.

Tertio admiratur divinam excellentiam quantum ad perfectionem, cum dicit sapientiæ et scientiæ Dei. Habet enim

Commentaria in Epistolis S. Pauli

sapientiam de divinis, Iob XII, 16: apud ipsum est fortitudo et sapientia, et scientiam de rebus creatis, Bar. III, 32: qui scit universa, novit eam.

Deinde cum dicit quam incomprehensibilia, etc., ostendit excellentiam divinæ sapientiæ per comparationem ad nostrum intellectum.

Et primo quantum ad sapientiam, ad quam pertinet iudicare et ordinare. Unde dicit quam incomprehensibilia sunt iudicia eius, quia scilicet homo non potest comprehendere rationem divinorum iudiciorum, quia in sapientia Dei latent. Ps. XXXV, 7: iudicia tua abyssus multa. Iob XI, 7: forsitan vestigia Dei comprehendes, et omnipotentem usque ad perfectum reperies.

Secundo quantum ad scientiam, per quam in rebus operatur. Unde subdit et investigabiles, id est non perfecte ab homine vestigabiles, viæ eius, id est processus eius, quibus in creaturis operatur. Et si ipsæ creaturæ sint homini notæ, tamen modi quibus Deus in creaturis operatur ab homine comprehendi non possunt. Ps. LXXVI, 19: in mari via tua et semitæ tuæ in aquis multis, et vestigia tua non cognoscentur. Iob XXXVIII, 24: per quam viam spargitur lux, etc..

Deinde cum dicit quis enim, etc., probat quod dixerat, ad quod inducit duas auctoritates, quarum una habetur Isaiæ XL, 13 ubi secundum litteram nostram sic legitur: quis adiuvit spiritum Domini, aut quis consiliarius eius fuit? loco cuius hic dicitur quis enim cognovit sensum Domini, aut quis consiliarius eius fuit? alia auctoritas habetur Iob XLI, 2: quis ante dedit mihi ut, reddam ei? ex loco cuius hic dicitur aut quis prior dedit illi, et retribuetur ei? in his autem verbis et sequentibus apostolus tria facit.

Primo ostendit excellentiam divinæ sapientiæ per comparationem ad intellectum nostrum, dicens: dictum est quod incomprehensibilia sunt iudicia eius et investigabiles viæ eius, quis enim cognovit sensum Domini, per quem scilicet iudicat et operando procedit; quasi dicat: nullus, nisi eo revelante. Sap. IX: sensum tuum quis scire poterit, nisi tu dederis sapientiam, et miseris spiritum sanctum tuum de altissimis? et I Cor. II, 11: quæ sunt Dei nemo novit, nisi spiritus Dei, nobis autem revelavit Deus per spiritum suum.

Secundo ostendit excellentiam divinæ sapientiæ, secundum quod in se habet altitudinem, quæ quidem est altitudo, quæ est supremi principii, ad quod duo pertinent: primo quod non sit ab alio; secundo quod alia sint ab eo, et hæc ostendit, ibi quoniam ex ipso.

Quod autem sapientia Dei non dependeat ab altiori principio, ostendit dupliciter.

Primo quidem per hoc quod non est instructa alieno consilio. Unde dicit aut quis consiliarius eius fuit? quasi diceret: nullus.

Ille enim consilio indiget, qui non plene cognoscit qualiter sit agendum, quod Deo non competit. Iob XXVI, 3: cui dedisti consilium? forsitan illi qui non habet sapientiam. Ier. XXIII, 18: quis affuit in consilio Domini? secundo per hoc quod non est adiuta alieno dono. Unde subdit aut quis prior dedit illi, et per hoc retribuetur ei? quasi prius danti. Quasi dicat: nullus. Non enim potest homo dare Deo, nisi quæ a Deo accepit.

Par. Cap. Ult.: tua sunt omnia, et quæ de manu tua accepimus, dedimus tibi.

Iob XXXV, 7: porro si iuste egeris, quid donabis ei, aut quid de manu tua accipiet? deinde cum dicit quoniam ex ipso, etc., ostendit altitudinem Dei, quantum ad hoc quod in ipso sunt omnia.

Et primo ostendit eius causalitatem; secundo eius dignitatem, ibi ipsi honor et gloria; tertio eius perpetuitatem, ibi in sæcula sæculorum, amen.

Dicit ergo primo: recte dixi quod nullus prior dedit illi, quia ex ipso, et per ipsum, et in ipso sunt omnia. Et ita nihil potest esse nisi a Deo acceptum.

Ad designandum autem Dei causalitatem utitur tribus præpositionibus, quæ sunt, ex, per et in.

Hæc autem præpositio, ex, denotat principium motus; et hoc tripliciter: primo quidem ipsum principium agens, vel movens; alio modo, ipsam materiam; tertio modo, ipsum contrarium oppositorum, quod est terminus a quo incipit motus.

Dicimus enim cultellum fieri ex fabro et ferro et ex infigurato. Universitas autem creaturarum non est facta ex præexistenti materia, quia et ipsa materia est effectus Dei. Et secundum hoc omnia creata non dicuntur ex aliquo esse sed, sicut ex opposito, dicuntur esse ex nullo, quia nihil erant antequam crearentur ut essent. Sap. II, 2: ex nihilo nati sumus. Ex Deo autem sunt omnia, sicut ex primo agente. I Cor. XI, 12: omnia autem ex Deo.

Notandum tamen quod hæc præpositio de, easdem habitudines designare videtur, hoc tamen superaddit, quia semper designat causam consubstantialem. Dicimus enim cultellum esse de ferro, non autem de artifice; quia igitur filius procedit a patre ut ei consubstantialis, dicimus filium esse de patre.

Creaturæ vero non procedunt a Deo tamquam ei consubstantiales; unde non dicuntur esse de ipso, sed solum ex ipso.

Hæc autem præpositio per, designat causam operationis, sed quia operatio est medium inter faciens et factum, dupliciter hæc præpositio per, potest operationis causam designare.

Uno modo secundum quod operatio exit ab operante: sicut aliquid dicitur per se operari, quod est sibi causa ut operetur. Hoc autem est uno quidem modo forma, sicut dicimus quod ignis calefacit per calorem. Alio modo aliquid superius agens, puta si dicamus quod homo generat per virtutem solis, vel potius Dei.

Sic igitur omnia dicuntur dupliciter esse per ipsum. Uno modo, sicut per primum agens, cuius virtute omnia alia agunt. Prov. VIII, 15: per me reges regnant. Alio modo, inquantum eius sapientia, quæ est eius essentia, est forma per quam Deus omnia fecit, secundum illud Prov. III, 19: Dominus sapientiæ fundavit terram.

Alio vero modo hæc præpositio per, designat causam operationis, non quidem secundum quod exit ab operante sed secundum quod terminatur ad opera, sicut dicimus quod faber facit cultellum per martellum, quod non est sic intelligendum, quod Martellus sic cum fabro operetur, sicut in prioribus intelligebatur, sed quia cultellus fit ex operatione fabri per martellum. Et ideo dicitur quod hæc præpositio per, quandoque designat auctoritatem in recto, sicut cum dicimus: rex operatur per balivum; quod pertinet ad hoc quod nunc dicitur. Quandoque autem in causali, sicut cum dicitur: balivus per regem operatur; quod pertinet ad præcedentem modum.

Hoc autem modo de quo nunc loquimur, dicuntur omnia esse facta a patre per filium, secundum illud Io. I, 3: omnia per ipsum facta sunt: non ita quod pater habeat a filio hoc quod facit res, sed potius, quia virtutem faciendi filius accipit a patre, non tamen instrumentalem, aut diminutam, aut aliam, sed principalem et æqualem, et eamdem. Io. V, 19: quæcumque pater facit, hæc et filius similiter facit.

Unde licet omnia sint facta a patre per filium, non tamen filius est instrumentum vel minister patris.

Hæc autem præpositio in, designat etiam triplicem habitudinem causæ: uno quidem modo designat materiam, sicut dicimus animam esse in corpore et formam in materia, hoc autem modo non dicitur quod omnia sint in Deo, quia ipse non est causa materialis rerum.

Alio modo designat habitudinem causæ efficientis, in cuius potestate est effectus suos disponere, et secundum hoc dicuntur omnia esse in ipso, secundum quod omnia in eius potestate et dispositione consistunt, secundum illud Ps. XCIV, 4: in manu eius sunt omnes fines terræ. Et Act. XVII, 28: in ipso vivimus, movemur et sumus.

Tertio modo designat habitudinem causæ finalis, secundum quod totum bonum rei et conservatio ipsius consistit in suo optimo, et secundum hoc dicuntur omnia esse in Deo, sicut in bonitate conservante. Col. I, 17: et omnia in ipso constant.

Quod autem dicit omnia, est absolute accipiendum pro omnibus, quæ habent verum esse; peccata autem non habent verum esse, sed in quantum sunt peccata, dicuntur per defectum alicuius entis, eo quod malum nihil est nisi privatio boni.

Et ideo cum dicitur ex ipso, et per ipsum, et in ipso sunt omnia, non est intelligendum de peccatis quia, secundum Augustinum, peccatum nihil est, et nihil fiunt homines cum peccant. Quicquid tamen entitatis est in peccato, totum est a Deo.

Sic igitur, secundum præmissa, omnia sunt ex ipso, scilicet Deo, sicut ex prima operatrice potentia. Omnia autem sunt per ipsum, inquantum omnia facit per suam sapientiam. Omnia sunt in ipso, sicut in bonitate conservante.

Hæc autem tria, scilicet potentia, sapientia et bonitas, communia sunt tribus personis.

Unde hoc quod dicitur ex ipso, et per ipsum, et in ipso, potest attribui cuilibet trium personarum, sed tamen potentia, quæ habet rationem principii, appropriatur patri, qui est principium totius divinitatis; sapientia filio, qui procedit ut verbum, quod nihil aliud est quam sapientia genita; bonitas appropriatur spiritui sancto, qui procedit ut amor, cuius obiectum est bonitas.

Et ideo appropriando dicere possumus: ex ipso, scilicet ex patre, per ipsum, scilicet per filium, in ipso, scilicet in spiritu sancto, omnia sunt.

Deinde cum dicit ipsi honor et gloria, ostendit Dei dignitatem, quæ consistit in duobus quæ præmissa sunt. Nam ex eo quod ex ipso et per ipsum, et in ipso sunt omnia, debetur ei honor et reverentia et subiectio a tota creatura. Mal. I, 6: si ego pater, ubi est honor meus? ex eo vero quod ab alio non accipitur nec consilium, nec donum, debetur ei gloria, sicut e contrario dicitur homini I Cor. IV, 7: si accepisti, quid gloriaris, quasi non acceperis? et quia hoc est proprium Dei dicitur Is. XLII, 8: gloriam meam alteri non dabo.

Ultimo ponit eius æternitatem, cum dicit in sæcula sæculorum, quia eius gloria non est transitoria, sicut gloria hominis, de qua dicitur Is. XL, 6: omnis gloria eius quasi flos agri, sed durat in sæcula sæculorum, id est per omnia sæcula succedentia sæculis, prout sæculum dicitur duratio uniuscuiusque rei.

Vel sæcula sæculorum dicuntur sæcula, id est durationes rerum incorruptibilium, quæ continent sæcula corruptibilium rerum, et præcipue ipsa Dei æternitas, quæ tamen pluraliter dici potest, licet in se sit una et simplex, propter multitudinem et diversitatem contentorum, ut sit sensus: in sæcula contentiva sæculorum. Ps. CXLIV, 13: regnum tuum, regnum omnium sæculorum.

Addit autem ad confirmationem amen, quasi dicat vere, ita est. Et sic accipitur in evangeliis, ubi dicitur amen dico vobis.

Quandoque tamen accipitur pro fiat.

Unde in Psalterio Hieronymi dicitur dicet omnis populus: amen, amen, ubi nos habemus fiat, fiat.

Capitulus XII

Lectio 1

Postquam apostolus ostendit necessitatem virtutum et originem gratiæ, hic docet gratiæ usum, quod pertinet ad instructionem moralem.

Et circa hoc duo facit.

Primo ponit doctrinam moralem in generali; secundo specialiter descendit ad quædam particularia pertinentia ad eos quibus scribit, circa medium XV

Commentaria in Epistolis S. Pauli

cap., ibi certus sum autem, etc..

Circa primum duo facit.

Primo docet usum gratiæ, quantum ad hoc quod sit homo perfectus; secundo quantum ad hoc quod perfectus imperfectum sustineat, XIV cap., ibi infirmum autem, etc..

Circa primum tria facit.

Primo inducit ad perfectionem vitæ quantum ad sanctitatem quam homo servat Deo; secundo quantum ad iustitiam quam quis exhibet proximo, XIII cap., ibi omnis anima, etc.; tertio quantum ad puritatem quam homo conservat in seipso, circa finem XIII capituli, ibi et hoc scientes, etc..

Circa primum duo facit.

Primo monet ut homo se exhibeat Deo sanctum; secundo docet qualiter aliquis uti debeat donis gratiæ Dei, quibus sanctificatur, ibi dico enim per gratiam, etc..

Circa primum duo facit.

Primo docet qualiter aliquis se debeat exhibere Deo quantum ad corpus; secundo quantum ad animam, ibi et nolite conformari, etc..

Circa primum duo facit.

Primo inducit observantiam eorum quæ docentur: et hoc dupliciter. Uno quidem modo ex parte sui ipsius, cum dicit obsecro itaque vos, fratres, quasi dicat: dictum est incomprehensibilia esse iudicia Dei, et investigabiles vias eius, itaque obsecro vos, fratres, ut scilicet observetis ea quæ dicentur.

Utitur autem obsecratione propter tria.

Primo quidem ad demonstrandum suam humilitatem. Prov. XVIII, 23: cum obsecrationibus loquitur pauper, qui scilicet de sua abundantia non confidit, et ideo non ex eo quod suum est, sed ex eo quod Dei est, homines conatur inducere ad bonum. Nam obsecrare est ob sacra contestari.

Secundo ut magis ex amore moveat rogando, quam ex timore, auctoritative imperando.

Unde dicitur ad Philem. 8 s.: multam fiduciam habens in Christo Iesu imperandi tibi quod ad rem pertinet, propter charitatem magis obsecro. Gal. Cap. Ult.: vos qui spirituales estis, huiusmodi instruite in spiritu lenitatis.

Tertio propter reverentiam Romanorum quibus scribebat. I Tim. V, 1: seniorem ne increpaveris, sed obsecra ut patrem.

Alio modo inducit eos ex parte Dei, cum dicit per misericordiam Dei, per quam scilicet salvati estis. Tit. II, 5: secundum misericordiam suam salvos nos fecit.

Et ideo ex consideratione divinæ misericordiæ debemus facere quod monemur. Matth. XVIII, 33: nonne oportuit et te misereri conservi tui, sicut et ego tui misertus sum? vel potest dici per misericordiam Dei, id est auctoritate apostolatus mihi misericorditer commissi. I Cor. VII, 25: misericordiam consecutus sum a Domino, ut sim fidelis.

Secundo ponit admonitionem, cum dicit ut exhibeatis corpora vestra, etc..

Circa quod sciendum est quod, sicut

Ad Romanos

Augustinus dicit X de Civit. Dei, visibile sacrificium, quod exterius Deo offertur, signum est invisibilis sacrificii, quo quis se et sua in Dei obsequium exhibet.

Habet autem homo triplex bonum.

Primo quidem bonum animæ, quod exhibet Deo per devotionis et contritionis humilitatem, secundum illud Ps. L, 19: sacrificium Deo spiritus contribulatus.

Secundo habet homo exteriora bona, quæ exhibet Deo per eleemosynarum largitionem.

Unde dicitur Hebr. Cap. Ult.: beneficentiæ et communionis nolite oblivisci, talibus enim hostiis promeretur Deus.

Tertio habet homo bonum proprii corporis: et quantum ad hoc dicit, ibi ut exhibeatis, scilicet Deo, corpora vestra, sicut quamdam spiritualem hostiam. Dicebatur autem animal Deo immolatum hostia, vel quia pro victoria hostium offerebatur, seu pro securitate ab hostibus, vel quia ad Ostium tabernaculi immolabatur.

Exhibet autem homo Deo corpus suum ut hostiam tripliciter.

Uno quidem modo, quando aliquis corpus suum exponit passioni et morti propter Deum, sicut dicitur de Christo Eph. V, 2: tradidit semetipsum oblationem et hostiam Deo.

Et apostolus dicit de se Phil. II, 17: si immolor supra sacrificium et obsequium fidei vestræ, gaudeo.

Secundo per hoc quod homo corpus suum ieiuniis et vigiliis macerat ad serviendum Deo, secundum illud I Cor. IX, 27: castigo corpus meum, et in servitutem redigo.

Tertio per hoc quod homo corpus suum exhibet ad opera iustitiæ et divini cultus exequenda.

Supra VI, 19: exhibete membra vestra servire iustitiæ in sanctificationem.

Est autem considerandum, quod hostia quæ Deo immolabatur, quatuor habebat.

Primo namque ipsa oblatio debebat esse integra et incorrupta. Unde dicitur Mal. I, 14: maledictus dolosus, qui habet in grege suo masculum, et votum faciens immolat debile Domino. Et propter hoc dicit viventem, ut scilicet hostia nostri corporis quam Deo offerimus, sit vivens per fidem formatam charitate. Gal. II, 20: quod nunc vivo in carne, in fide vivo filii Dei.

Est autem attendendum quod naturalis hostia quæ prius viva erat, occidebatur, ut immolaretur, ad ostendendum quod adhuc mors regnabat in homine regnante peccato, ut supra V, 12 ss. Dictum est. Sed hæc hostia spiritualis semper vivit et in vita proficit, secundum illud Io. X, 10: ego veni ut vitam habeant, et abundantius habeant, quia iam peccatum ablatum est per Christum: nisi dicamus quod hostia corporis nostri vivit quidem Deo per iustitiam fidei, sed mortificatur concupiscentiis carnis. Col. III, 5: mortificate membra vestra quæ sunt super terram.

Commentaria in Epistolis S. Pauli

Secundo vero hostia Deo oblata in ipsa immolatione sanctificabatur. Unde dicitur Lev. XXII, 3: omnis homo qui accesserit de stirpe vestra ad ea quæ consecrata sunt, et quæ obtulerunt filii Israel Domino, in quo est immunditia, peribit coram Domino.

Et ideo subdit sanctam, scilicet per devotionem, qua corpus nostrum Dei servitio mancipatur. Lev. XX, 7: sanctificamini et estote sancti, quia ego sanctus Dominus Deus vester. Proprie autem sanctitas dicitur per respectum ad Deum, inquantum scilicet homo servat ea quæ sunt iusta, quoad Deum.

Tertio quantum ad ipsam sacrificii consumptionem dicebatur sacrificium suave et acceptum Domino, secundum illud Lev. I, 9: oblata omnia adolebit sacerdos super altare in holocaustum, et in odorem suavissimum Domino. Unde hic dicit Deo placentem, scilicet per rectitudinem intentionis.

Ps. LV, 13: ut placeam coram Deo in lumine viventium.

Quarto in ipsa sacrificii præparatione apponebatur sal. Unde Lev. II, 13: quicquid obtuleris sacrificii, sale condies. Et Mc. IX, 48 dicitur: omnis victima sale salietur.

Sal autem discretionem sapientiæ significat.

Unde dicitur Col. Cap. Ult.: in sapientia ambulate ad eos qui foris sunt, sermo vester semper in gratia sit sale conditus.

Unde et hic sequitur rationabile obsequium vestrum, scilicet cum discretione corpora vestra Deo exhibeatis hostiam, vel per martyrium vel per abstinentiam vel per quodcumque opus iustitiæ. I Cor. XIV, 40: omnia honeste et secundum ordinem fiant in vobis. Et in Ps. XCVIII, 4: honor regis iudicium diligit.

Aliter se habet homo iustus ad interiores actus, quibus Deo obsequitur, et ad exteriores. Nam bonum hominis et iustitia eius principaliter in interioribus actibus consistit, quibus scilicet homo credit, sperat et diligit. Unde dicitur Lc. XVII, 21: regnum Dei intra vos est. Non autem principaliter consistit in exterioribus actibus. Infra XIV, 17: non est regnum Dei esca et potus.

Unde interiores actus se habent per modum finis, qui secundum se quæritur: exteriores vero actus per quos Deo corpora exhibentur, se habent sicut ea quæ sunt ad finem.

In eo autem quod quæritur tamquam finis nulla mensura adhibetur, sed quanto maius fuerit, tanto melius se habet. In eo autem quod quæritur propter finem, adhibetur mensura secundum proportionem ad finem, sicut medicus sanitatem facit tantum quantum potest, medicinam autem non tantum dat quantum potest, sed quantum videt expedire ad sanitatem consequendam. Et similiter homo in fide, et spe, et in charitate nullam mensuram debet adhibere, sed quanto plus credit, sperat, et diligit, tanto melius est; propter quod dicitur Deut. IV, 5: diliges Dominum Deum tuum, etc..

Ad Romanos

Sed in exterioribus actibus est adhibenda discretionis mensura per comparationem ad charitatem. Unde dicit Hieronymus: nonne rationalis homo dignitatem amittit, qui ieiunium vel vigilias præfert sensu integritati, ut propter Psalmorum atque officiorum decantationem, amentiæ vel tristitiæ quis notam incurrat? deinde cum dicit et nolite conformari, etc., ostendit qualiter se debeat homo exhibere Deo quantum ad animam.

Et primo prohibet sæculi conformitatem, cum dicit et nolite conformari huic sæculo, id est, rebus quæ temporaliter transeunt.

Nam sæculum præsens est quædam mensura eorum quæ temporaliter labuntur. Rebus autem temporalibus homo conformatur per affectum, eis amore inhærendo. Os. IX, 10: facti sunt abominabiles, sicut ea quæ dilexerunt. Iac. I, 27: religio munda et immaculata apud Deum et patrem hæc est, immaculatum se custodire ab hoc sæculo. Conformatur etiam huic sæculo qui vitam sæculariter viventium imitatur. Eph. IV, 17: testificor in Domino, ut iam non amplius ambuletis, sicut et gentes ambulant.

Secundo mandat interiorem mentis reformationem, cum dicit sed reformamini in novitate sensus vestri.

Sensus autem hominis hic dicitur ratio, secundum quod per eam homo iudicat de agendis. Hunc autem sensum homo in sua creatione habuit integrum et vigentem, unde dicitur Eccli. XVII, 6: sensus implevit corda illorum, et bona, et mala ostendit illis. Sed per peccatum hic sensus est corruptus, et quasi inveteratus, Bar. III, 11: inveterasti in terra aliena, et per consequens pulchritudinem et decorem suum amisit. Thren. I, 6: egressus est a filia sion omnis decor eius.

Monet ergo apostolus ut reformemur, id est, iterato formam et decorem mentis assumamus, quem nostra mens habuit, quod quidem fit per gratiam spiritus sancti, ad quam participando homo studium habere debet, ita scilicet ut qui eam nondum perceperunt, eam percipiant, et qui illam perceperunt, in ea proficiant. Eph. IV, 23: renovamini spiritu mentis vestræ. Ps. Cii, 5: renovabitur ut aquilæ iuventus tua.

Vel aliter renovamini, scilicet in exterioribus actibus, in novitate sensus vestri, id est secundum novitatem gratiæ, quam mente percepistis.

Tertio assignat rationem admonitionis prædictæ, cum dicit ut probetis quæ sit voluntas.

Circa quod considerandum est, quod, sicut homo qui habet gustum infectum, non habet rectum iudicium de saporibus sed ea quæ sunt suavia interdum abominatur, ea vero quæ sunt abominabilia appetit, qui autem habet gustum sanum, rectum iudicium de saporibus habet; ita homo qui habet corruptum affectum quasi conformatum rebus sæcularibus, non habet rectum iudicium de bono; sed ille qui habet rectum et sanum affectum, sensu eius innovato per gratiam, rectum iudicium habet de

Commentaria in Epistolis S. Pauli

bono.

Ideo ergo dixit: nolite conformari huic sæculo, sed renovamini in novitate sensus vestri, ut probetis, id est, experimento cognoscatis.

Ps. XXXIII, 9: gustate et videte, quoniam suavis est Dominus, quæ sit voluntas Dei, qua scilicet vult vos esse salvos. I Thess. IV, 3: hæc est voluntas Dei, sanctificatio vestra, bona, id est, vult bonum honestum nos velle, et ad hoc suis præceptis nos inducit. Mich. VI, 8: indicabo tibi, o homo, quid sit bonum, et quid Deus requirat a te, et beneplacens, inquantum scilicet bene disposito est delectabile id, quod Deus vult nos velle. Ps. XVIII, 9: iustitiæ Domini rectæ lætificantes corda. Et non tantum utilis ad finem consequendum, sed etiam perfecta, quasi coniungens nos fini. Matth. V, 48: estote perfecti, sicut et pater vester cælestis perfectus est.

Gen. XVII, 1: ambula coram me, et esto perfectus.

Talem ergo experiuntur Dei voluntatem illi, qui non conformantur huic sæculo, sed reformantur in novitate sensus sui. Illi autem qui in vetustate permanent, sæculo conformati, iudicant Dei voluntatem non esse bonam, sed gravem et inutilem. Eccli. VI, 21: quam aspera est sapientia indoctis hominibus.

Deinde, cum dicit dico enim per gratiam, etc., docet qualiter donis Dei homo debeat uti. Et primo docet hoc quantum ad dona quæ non sunt omnibus communia, sicut sunt gratiæ gratis datæ; secundo, quantum ad donum charitatis, quod est omnibus commune, ibi dilectio sine simulatione, etc..

Circa primum duo facit.

Primo docet in generali, quomodo debeat homo uti gratiis gratis datis; secundo exequitur hoc per partes ibi habentes autem donationes.

Circa primum duo facit.

Primo proponit documentum; secundo rationem assignat, ibi sicut enim in uno corpore, etc..

Circa primum tria facit.

Primo excludit superfluum, dicens: monui quod reformemini in novitate sensus vestri, quod quidem moderate facere debetis, dico enim, id est, mando, per gratiam, apostolatus et auctoritate apostolica, quæ data est mihi. Gal. II, 9: cum cognovissent gratiam quæ data est mihi inter gentes. Eph. III, 8: mihi omnium sanctorum minimo data est gratia hæc, etc., omnibus qui sunt inter vos, quia omnibus est hoc utile. I Cor. VII, 7: volo omnes homines esse sicut meipsum.

Hoc, inquam, mando, non plus sapere, quam oportet sapere, id est, nullus præsumat, de sensu aut sapientia sua confidens supra suam mensuram. Eccle. VII, 17: non plus sapias quam necesse est. Ps. CXXX, 1: neque ambulavi in magnis, neque in mirabilibus super me.

Secundo hortatur ad id quod est medium dicens sed sapere ad sobrietatem, scilicet mando vobis ut

Ad Romanos

mensurate sapiatis secundum gratiam vobis datam. Sobrietas enim mensuram importat. Et quamvis proprie dicatur circa potum vini, potest tamen accipi circa quamlibet materiam, in qua homo debitam mensuram observat. Tit. II, 12: sobrie et iuste et pie vivamus in hoc sæculo.

Tertio docet secundum quid accipienda sit mensuram medii, dicens et hoc, inquam, sicut Deus unicuique divisit, id est distribuit, mensuram fidei, id est mensuram donorum suorum, quæ ordinatur ad fidei ædificationem. I Cor. XII, 7: unicuique datur manifestatio spiritus ad utilitatem.

Dat enim Deus huiusmodi dona, non eadem omnibus, sed diversa diversis distribuit, secundum illud I Cor. XII, 4: divisiones gratiarum sunt. Nec omnibus æqualiter dat sed unicuique secundum certam mensuram.

Eph. IV, 7: unicuique nostrum data est gratia secundum mensuram donationis Christi.

Et ideo apostolus sobrie sapiens secundum hanc mensuram dicebat II Cor. X, 13: non autem in immensum gloriamur, sed secundum mensuram regulæ, qua mensus est nobis Deus. Soli autem Christo datus est spiritus non ad mensuram, ut dicitur Io. III, 34.

Non solum autem alias gratias gratis datas dat Deus mensurate sed etiam ipsam fidem quæ per dilectionem operatur. Unde Lc. XVII, 5 discipuli Christo dixerunt: Domine, adauge nobis fidem.

Lectio 2

Præmissa admonitione, hic apostolus rationem assignat sumptam ex similitudine corporis mystici ad corpus naturale. Et primo in corpore naturali tangit tria. Primo quidem corporis unitatem, cum dicit sicut enim in uno corpore; secundo, membrorum pluralitatem, cum dicit multa membra habemus: est enim corpus humanum organicum ex diversitate membrorum constitutum; tertio officiorum diversitatem, cum dicit omnia autem membra non eumdem actum habent. Frustra enim esset membrorum diversitas, nisi ad diversos actus ordinarentur.

Deinde aptat hæc tria ad corpus Christi mysticum, quod est ecclesia. Eph. I, 22: ipsum dedit caput super omnem ecclesiam, quæ est corpus eius.

Circa quod etiam tria tangit.

Primo quidem fidelium quasi membrorum multitudinem, cum dicit ita multi. Lc. XIV, 16: homo quidam fecit coenam magnam, et vocavit multos. Is. LIV, 1: multi filii desertæ.

Quamvis enim sint pauci per comparationem ad infructuosam multitudinem damnatorum, secundum illud Matth. VII, 14: arcta est via quæ ducit ad vitam, et pauci inveniunt eam, tamen absolute loquendo sunt multi. Apoc. VII, 9: post hæc vidi turbam magnam, quam dinumerare nemo poterat.

Secundo tangit corporis mystici unitatem, cum dicit unum corpus

259

Commentaria in Epistolis S. Pauli

sumus.

Eph. II, 16: ut reconciliet ambos in uno corpore, etc..

Huius autem corporis mystici est unitas spiritualis, per quam fide et affectu charitatis invicem unimur Deo, secundum illud Eph. IV, 4: unum corpus, et unus spiritus.

Et quia spiritus unitatis a Christo in nos derivatur, supra VIII, 9: si quis spiritum Christi non habet, hic non est eius ideo subdit in Christo, qui per spiritum suum, quem dat nobis, nos invicem unit et Deo.

Io. XVII, 2 s.: ut sint unum in nobis, sicut et nos unum sumus.

Tertio tangit officiorum diversitatem ad utilitatem communem reductam, dicens singuli autem alter alterius membra.

Membrum enim quodlibet proprium actum habet et virtutem; inquantum ergo unum membrum sua virtute et actu alteri prodest, dicitur membrum alterius, sicut pes dicitur membrum oculi, inquantum oculum defert, et oculus dicitur membrum pedis, inquantum dirigit pedem. I Cor. XII, 2: non potest dicere oculus manui: opera tua non indigeo.

Ita etiam in corpore mystico ille qui accepit gratiam prophetiæ, indiget illo qui accepit gratiam sanitatum, et ita est in omnibus aliis. Unde dum unusquisque fidelis secundum gratiam sibi datam alteri servit, efficitur alterius membrum. Gal. Cap. Ult.: alter alterius onera portate. I Petr. IV, 10: unusquisque sicut accepit gratiam in alterutrum illam administrantes.

Deinde, cum dicit habentes autem donationes, exequitur per partes monitionem, quam supra posuerat de sobrio et moderato gratiæ usu. Et primo ponit gratiarum diversitatem, dicens: sumus, inquam, alter alterius membra, non secundum eamdem gratiam, sed habentes diversas donationes differentes, non ex diversitate meritorum, sed secundum gratiam quæ data est nobis. I Cor. VII, 7: unusquisque proprium donum habet ex Deo, unus quidem sic, alius vero sic. Matth. XXV, 14 s.: vocavit servos suos, et tradidit illis bona sua, et uni dedit quinque talenta, alii autem duo, alii vero unum.

Secundo docet diversarum gratiarum usum, et, primo, in rebus divinis, quantum ad cognitionem quidem, dicens: sive prophetia, quam habentes, utamur ea secundum rationem fidei.

Dicitur autem prophetia quædam apparitio ex revelatione divina eorum quæ sunt procul. Unde I Reg. IX, 9 dicitur: qui propheta hodie dicitur, vocabatur olim videns.

Sunt autem procul a cognitione nostra, secundum se quidem futura contingentia, quæ propter defectum sui esse cognoscibilia non sunt; sed res divinæ sunt procul a nostra cognitione, non secundum se, cum sint maxime cognoscibiles, quia, ut dicitur I Io. I, 5: Deus lux est, et tenebræ in eo non sunt ullæ, sed propter defectum intellectus nostri, qui se habet ad ea, quæ sunt in seipsis manifestissima, sicut oculus noctuæ ad lucem solis. Et

Ad Romanos

quia unumquodque magis proprie dicitur tale, quod est secundum se tale, quam quod est est tale secundum aliud; inde est quod magis proprie dicuntur esse procul a cognitione nostra futura contingentia. Et propter hoc horum proprie est prophetia. Amos III, 7: non faciet Dominus Deus verbum, nisi revelaverit secretum suum. Dicitur tamen prophetia communiter etiam revelatio quorumcumque occultorum.

Hoc autem donum prophetiæ, non solum fuit in veteri testamento, sed etiam in novo Ioel II, 28: effundam de spiritu meo super omnem carnem, et prophetabunt filii vestri. Dicuntur etiam prophetæ in novo testamento, qui prophetica dicta exponunt, quia sacra Scriptura eodem spiritu interpretatur quo est condita. Eccli. XXIV, 46: adhuc doctrinam quasi prophetiam effundam.

Ordinatur autem prophetiæ donum, sicut et aliæ gratiæ gratis datæ, ad fidei ædificationem. I Cor. XII, 7: unicuique datur manifestatio spiritus ad utilitatem.

Hebr. II, 3 s.: confirmata est, scilicet doctrina fidei, contestante Deo signis et prodigiis, et variis virtutibus, et spiritus sancti distributionibus.

Et ideo prophetia est utendum secundum rationem fidei, id est non in vanum sed ut per hoc fides confirmetur, non autem contra fidem. Unde dicitur Deut. XIII, 1: si surrexerit in medio tui propheta, et dixerit tibi: eamus, et sequamur deos alienos; non audies verba prophetiæ illius, quia scilicet prophetizat contra rationem fidei.

Quantum ad sacramenta ministranda subdit sive ministerium in ministrando, id est, si quis accepit gratiam vel officium ministerii, puta ut sit episcopus vel sacerdos, qui dicuntur ministri Dei. Is. LXI, 6: vos sacerdotes Domini vocabimini, ministri Dei nostri: dicetur vobis, exequatur illud diligenter exequendo in ministrando, II Tim. IV, 5: ministerium tuum imple.

Secundo tangit ea quæ pertinent ad res humanas, in quibus potest aliquis alteri subvenire. Primo quidem quantum ad cognitionem vel speculativam vel practicam.

Quantum ergo ad speculativam primo dicit sive qui docet, id est qui habet officium vel gratiam docendi, utatur doctrina, id est ut studiose et fideliter doceat. Iob IV, 3: ecce docuisti plurimos. Matth. Cap. Ult.: euntes docete omnes gentes.

Quantum autem ad cognitionem practicam subdit qui exhortatur, id est qui habet officium vel gratiam exhortandi homines ad bonum, utatur illo in exhortando. Thess. II, 3: exhortatio nostra non fuit de errore, neque de immunditia, neque in dolo. Tit. II, 15: hæc loquere et exhortare.

Deinde ponit ea quæ pertinent ad exteriora opera, in quibus quandoque aliquis subvenit alicui aliquod donum dando, et quantum ad hoc dicit qui tribuit, id est qui habet facultatem tribuendi et gratiam, exequatur hoc in simplicitate, ut scilicet nihil mali ex

Commentaria in Epistolis S. Pauli

illo intendat, quasi donis homines ad malum alliciens. Vel etiam cum aliquis ex modico dato intendit multo maiora acquirere.

Eccli. XX, 14 s.: datus insipientis non erit tibi utilis, oculi enim illius septemplices sunt.

Exigua dabit, et multa improperabit. Et Prov. XI, 28: simplicitas iustorum dirigit eos.

Quandoque autem aliquis subvenit alteri, eius curam habendo, et quantum ad hoc dicit qui præest, id est qui est in prælationis officio constitutus, utatur illo officio in sollicitudine. Hebr. Cap. Ult.: obedite præpositis vestris, et subiacete eis. Ipsi enim pervigilant quasi rationem reddituri pro animabus vestris. II Cor. XI, 28: sollicitudo omnium ecclesiarum.

Quandoque autem subvenit aliquis alicui relevando eius miseriam, et quantum ad hoc dicit qui miseretur, id est qui habet facultatem et affectum miserendi, exequatur hoc in hilaritate, quasi libenter hoc faciens.

II Cor. IX, 7: non ex tristitia, aut ex necessitate.

Hilarem enim datorem diligit Deus. Eccli. XXXV, 11: in omni dato hilarem fac vultum tuum.

Deinde cum dicit dilectio sine simulatione, etc., docet usum doni gratuiti, quod est omnibus commune, scilicet charitatis. Et primo ponit ea quæ pertinent ad charitatem in generali; secundo ponit quædam specialiter pertinentia ad dilectionem quorumdam, ibi necessitatibus sanctorum, etc..

Circa primum tria facit.

Primo ostendit qualis debeat esse dilectio charitatis ex parte diligentis; secundo, qualiter se debeat habere ad proximum, ibi charitatem fraternitatis, etc.; tertio, qualiter se debeat habere ad Deum, ibi sollicitudine non pigri.

Circa qualitatem autem charitatis tria docet.

Primo quidem, quod dilectio debet esse vera. Unde dicit dilectio sine simulatione, ut scilicet non tantum in verbo, aut in exteriori apparentia, sed sit in vero cordis affectu, et efficacia operis. I Io. III, 18: non diligamus verbo, neque lingua, sed opere et veritate.

Eccli. VI, 15: amico fideli nulla est comparatio.

Secundo docet quod dilectio debet esse pura, cum dicit odientes malum. Tunc etiam est pura dilectio, quando homo non consentit amico suo in malum, sed ita diligit hominem, ut eius vitium odiat. Unde dicitur I Cor. XIII, 6: non gaudet super iniquitate, congaudet autem veritati. Ps. CXVIII, 113: iniquos odio habui.

Tertio docet quod dilectio debet esse honesta, cum dicit adhærentes bono, ut scilicet aliquis adhæreat alteri propter bonum virtutis. Gal. IV, 18: bonum autem æmulamini in bono semper. Hæc est pulchra dilectio, de qua dicitur Eccli. XXIV, 24: ego mater pulchræ dilectionis.

Deinde, cum dicit charitatem

fraternitatis, ostendit qualiter charitas se debeat habere ad proximum.

Et primo quantum ad interiorem affectum, cum dicit charitatem fraternitatis invicem diligentes; ut scilicet non solum fratres diligamus per charitatem sed etiam diligamus ipsam charitatem, qua eos diligimus et ab eis diligimur. Sic enim si charam habemus charitatem, non de facili eam dissolvi faciemus.

Hebr. Cap. Ult.: charitas fraternitatis maneat in vobis. Cant. Cap. Ult.: si dederit homo omnem substantiam domus suæ pro dilectione, tamquam nihil despiciet illam.

Secundo, quantum ad exteriorem effectum, cum dicit honore invicem prævenientes.

In quo tria designantur.

Primo quidem quod homo proximum in reverentia debet habere, quod pertinet ad rationem honoris. Nullus enim potest vere diligere eum quem despicit. Phil. II, 3: in humilitate, superiores invicem arbitrantes. Quod quidem fit dum aliquis suum defectum considerat et bonum proximi. In honore autem non solum reverentia intelligitur, sed etiam necessariorum subventio, sicut, cum dicitur Ex. XX, 12: honora patrem tuum, et matrem tuam, præcipitur necessariorum subventio, sicut patet per hoc quod Dominus, Matth. XV, 3 ss., arguit Pharisæos contra hoc præceptum impedientes filios a subventione parentum.

Secundo designatur quod effectus dilectionis debet mutuo exhiberi, ut scilicet homo non solum velit beneficia recipere, sed etiam exhibere. Eccli. IV, 36: non sit porrecta manus tua ad accipiendum, et ad dandum collecta.

Et XIV, 15 s.: in divisione sortis da et accipe. Et hoc designat, cum dicit invicem.

Tertio designatur quod effectus dilectionis debet esse promptus et velox, quod designatur, cum dicit prævenientes, ut scilicet aliquis præveniat amicum in beneficiis. Eccli. XXXVII, 1: omnis amicus dicet: et ego amicitiam copulavi.

Deinde, cum dicit sollicitudine, etc., ostendit qualiter se debeat habere dilectio charitatis ad Deum.

Et primo incipit ab ipsa rationis attentione, cum dicit sollicitudine sitis non pigri, scilicet ad serviendum Deo. Mich. VI, 8: indicabo tibi, o homo, quid sit bonum, et quid Deus requirat a te; postea subdit: sollicite ambulare cum Deo tuo. II Tim. II, 15: sollicite cura teipsum probabilem exhibere Deo.

Secundo, quantum ad effectum, cum dicit spiritu sitis ferventes, scilicet in Dei dilectione.

Procedit autem fervor ex abundantia caloris, unde fervor spiritus dicitur, quia propter abundantiam divinæ dilectionis totus homo fervet in Deum, Act. XVIII, 25 dicitur quod Apollo fervens spiritu loquebatur. I Thess. Ult.: spiritum nolite extinguere.

Tertio, quantum ad exterius obsequium, cum dicit Domino

Commentaria in Epistolis S. Pauli

servientes, scilicet servitute latriæ, quæ soli Deo debetur.

Deut. VI, 13: Dominum Deum tuum adorabis, et illi soli servies. Ps. II, 11: servite Domino in timore.

Vel, secundum aliam litteram: tempori servientes, ut scilicet Dei servitium congruo tempore faciamus. Eccle. VIII, 6: omni negotio tempus est, et opportunitas.

Quarto, quantum ad mercedem servitutis, cum dicit spe gaudentes, scilicet mercedis, quæ est Dei fruitio. Gen. XV, 2: ego Dominus merces tua magna nimis. Supra V, 2: gloriamur in spe gloriæ filiorum Dei. Facit autem spes hominem gaudentem ratione certitudinis, sed tamen affligit ratione dilationis. Prov. XIII, 12: spes quæ differtur affligit animam.

Quinto, quantum ad difficultatem quam homo patitur in Dei servitio. Unde subdit in tribulatione, scilicet quam propter Deum sustinetis, sitis patientes. Supra V, 3: tribulatio patientiam operatur.

Sexto quantum ad omnia prædicta dicit orationi instantes, in quo orationis assiduitas designatur. Lc. XVIII, 1: oportet semper orare, et numquam deficere.

II Thess. V, 17: sine intermissione orate.

Per orationem enim in nobis sollicitudo excitatur, fervor accenditur, ad Dei servitium incitamur, gaudium spei in nobis augetur et auxilium in tribulatione promeremur.

Ps. CXIX, 1: ad Dominum, cum tribularer, clamavi, et exaudivit me.

Deinde, cum dicit necessitatibus sanctorum, etc., determinat de charitate quantum ad speciales quasdam personas.

Et primo quidem quantum ad indigentes; secundo quantum ad inimicos, ibi benedicite persequentibus vos.

Circa primum duo facit.

Primo inducit ad exhibenda beneficia charitatis indigentibus in universali, cum dicit necessitatibus sanctorum communicantes.

Ubi tria sunt notanda. Primo quidem quod eleemosynæ ex charitate sunt impendendæ indigentibus, sive necessitatem patientibus.

Eph. IV, 28: laboret operando manibus suis quod bonum est, ut habeat unde tribuat necessitatem patienti.

Secundo, quod potius est subveniendum iustis et sanctis quam aliis. Unde dicit necessitatibus sanctorum. Eccli. XII, 5: da iusto, et non recipias peccatorem. Quod quidem non sic est intelligendum, quin etiam in necessitatibus sit peccatoribus subveniendum, sed quia non est eis subveniendum ad fomentum peccati. Utilius tamen est subvenire iustis, quia talis eleemosyna fructuosa est, non solum ex parte dantis sed etiam ex suffragio recipientis. Lc. XVI, 9: facite vobis amicos de mammona iniquitatis, ut cum defeceritis, recipiant vos in æterna tabernacula, scilicet suis suffragiis.

Secundo in speciali admonet ad hospitalitatem, dicens hospitalitatem sectantes, quia scilicet in hoc misericordiæ opere alia misericordiæ opera includuntur. Nam hospes non solum domum exhibet ad manendum sed etiam alia necessaria subministrat.

Hebr. Cap. Ult.: hospitalitatem nolite oblivisci. I Petr. IV, 9: hospitales invicem sine murmuratione.

Lectio 3

Supra apostolus ostendit qualiter charitas sit exhibenda indigentibus, nunc ostendit qualiter sit exhibenda etiam inimicis. Et primo ponit admonitionem; secundo probat quod dixit, ibi scriptum est enim, etc..

Circa primum considerandum est, quod ad charitatem tria pertinent. Primo quidem benevolentia, quæ consistit in hoc quod aliquis velit bonum alteri et malum eius nolit; secundo concordia, quæ consistit in hoc quod amicorum sit idem nolle et velle; tertio beneficentia, quæ consistit in hoc quod aliquis benefaciat ei quem amat et eum non lædat.

Primo ergo ponit ea quæ pertinent ad benevolentiam; secundo ea quæ pertinent ad concordiam, ibi gaudere cum gaudentibus; tertio ea quæ pertinent ad beneficentiam, ibi nulli malum, etc..

Circa primum duo facit.

Primo monet ut benevolentia sit ampla, quæ se extendat etiam ad inimicos, cum dicit benedicite persequentibus vos.

Circa quod notandum est, quod benedicere est bonum dicere. Contingit autem bonum dicere tripliciter. Uno modo enuntiando, puta cum quis bonum alterius laudat. Eccli. XXXI, 28: splendidum in panibus benedicent labia multorum et testimonium veritatis illius fidele.

Alio modo imperando, et sic benedicere per auctoritatem, est proprium Dei, cuius imperio bonum ad creaturas derivatur: ministerium autem pertinet ad ministros Dei, qui nomen Domini super populum invocant.

Num. VI, 22-26: sic benedicetis filiis Israel, et dicetis eis: benedicat tibi Dominus, et custodiat te. Ostendat Dominus faciem suam tibi, et misereatur tui. Convertat Dominus vultum suum ad te, et det tibi pacem. Et post: invocabunt nomen meum super filios Israel, et ego benedicam eis.

Tertio benedicit aliquis optando. Ps. CXXVIII, 8: et non dixerunt qui præteribant, benedictio Domini super vos. Et secundum hoc benedicere est bonum alicui velle, et quasi bonum pro aliquo precari. Et hoc modo accipitur hic.

Unde in hoc quod dicitur benedicite persequentibus vos, datur intelligi quod etiam ad inimicos et persecutores debemus esse benevoli, eis bona optando et pro eis orando. Matth. V, 44: diligite inimicos vestros, et orate pro persequentibus et calumniantibus vos.

Commentaria in Epistolis S. Pauli

Quod autem hic dicitur, quodam quidem modo est in præcepto, quodam autem modo est in consilio. Quod enim aliquis in generali dilectionis affectum impendat inimicis, non excludendo eos a communi dilectione proximorum et a communi oratione, quam quis pro fidelibus facit, pertinet ad necessitatem præcepti. Similiter etiam quod aliquis in articulo necessitatis inimico dilectionis effectum particulariter impendat, pertinet ad necessitatem præcepti. Unde dicitur ex. XXIII, 4: si occurreris bovi inimici tui, aut asino erranti, reducas eum.

Sed quod aliquis in speciali dilectionis affectum et orationis suffragium, aut qualecumque subventionis beneficium exhibeat inimico, interdum etiam extra articulum manifestæ necessitatis, pertinet ad perfectionem consiliorum: quia per hoc ostenditur tam perfecta charitas hominis ad Deum quod omne humanum odium superet. Ille autem qui poenitet et misericordiam petit, iam non est inter inimicos aut persecutores computandus.

Unde ei absque omni difficultate sunt charitatis indicia ostendenda. Eccli. XXVIII, 2: relinque proximo tuo nocenti te, et tunc deprecanti tibi peccata solventur.

Secundo docet quod benevolentia sive benedictio sit pura, id est absque permixtione contrarii. Unde dicit benedicite, et nolite maledicere, id est ita benedicatis quod nullo modo maledicatis. Quod est contra quosdam qui ore benedicunt et corde maledicunt, secundum illud Ps. XXVII, 3: qui loquuntur pacem cum proximo suo, mala autem in cordibus eorum. Et etiam contra illos qui quandoque benedicunt, quandoque maledicunt, vel quibusdam benedicunt, quibusdam maledicunt. Iac. III, 10: ex ipso ore procedit benedictio et maledictio. Non oportet, fratres mei, hæc ita fieri. I Petr. III, 9: non reddentes maledictum pro maledicto.

Sed contra hoc videtur esse quod in sacra Scriptura plures maledictiones inveniuntur.

Dicit enim Deut. XXVII, 26: maledictus qui non permanserit in sermonibus legis huius, nec eos opere perficit.

Ad quod dicendum est quod maledicere est malum dicere: quod quidem tripliciter contingit, sicut et benedicere, scilicet enuntiando, imperando et optando; et secundum quodlibet horum modorum potest bene et male fieri.

Si enim id quod est materialiter malum, dicatur malum quolibet prædictorum modorum, sub ratione boni non est illicitum, quia hoc est magis benedicere, quam maledicere: unumquodque enim magis iudicatur secundum suam formam, quam secundum suam materiam. Si vero aliquis dicat malum sub ratione mali, formaliter maledicit; unde est omnino illicitum.

Utrumque autem horum contingit in hoc, quod aliquis enuntiando malum profert.

Quandoque enim aliquis enuntiat malum alicuius ad notificandum necessariam veritatem et sic dicit malum sub ratione veri necessarii, quod est bonum, unde est licitum.

Et hoc modo Iob III, 1 s. Dicitur, quod Iob maledixit diei suæ, enuntians malitiam præsentis vitæ, sicut apostolus dicit Eph. V, 16: redimentes tempus, quoniam dies mali sunt.

Quandoque autem aliquis enuntiat malum alterius sub ratione mali, scilicet intentione detrahendi. Et hoc est illicitum. Dicitur enim I Cor. VI, 10: neque maledici, neque rapaces regnum Dei possidebunt.

Similiter etiam in eo quod quis dicit malum imperando; contingit autem quandoque quod aliquis dicit id quod est materialiter malum sub ratione boni, puta cum ex imperio alicuius provenit alicui malum poenæ propter iustitiam, quod quidem est licitum. Et hoc modo transgressores legis maledicuntur, id est, poenæ secundum iustitiam deputantur.

Quandoque vero aliquis imperando dicit malum alterius iniuste, puta propter odium et vindictam. Et talis maledictio est illicita.

Ex. XXI, 17: qui maledixerit patri vel matri, morte moriatur.

Et idem est etiam, circa id quod aliquis dicit malum optando. Si enim hoc optet sub ratione boni, puta ut per adversitatem alicuius perveniat ad spiritualem profectum, hoc licitum est. Iob V, 3: vidi stultum firma radice, et maledixi pulchritudini eius statim.

Si vero hoc homo faciat propter odium vel vindictam, est omnino illicitum. I Reg. XVII, 43: maledixit Philisthæus David in diis suis.

Deinde cum dicit gaudere cum gaudentibus, etc., ponit ea quæ pertinent ad concordiam. Et primo ponit concordiæ documenta; secundo removet impedimenta, ibi non alta sapientes, etc..

Concordia autem potest dupliciter attendi.

Uno modo quantum ad effectum in bonis et in malis. In bonis quidem, ut aliquis bonis aliorum congaudeat; unde dicit gaudere, scilicet debetis, cum gaudentibus. Phil. II, 17: gaudeo et congratulor omnibus vobis.

Sed hoc est intelligendum, quando quis gaudet de bono. Sunt autem quidam qui gaudent de malo, secundum illud Prov. II, 14: lætantur cum malefecerint, et exultant in rebus pessimis. Et in istis non est congaudendum.

I Cor. XIII, 6 dicitur de charitate, quod non gaudet super iniquitate, congaudet autem veritati.

In malis autem, ut aliquis tristetur de malis alterius. Unde subdit, flere, scilicet debetis, cum flentibus. Iob XXX, 25: flebam quondam super eo, qui afflictus erat. Eccli. VII, 38: non desis plorantibus in consolatione, et cum lugentibus ambula.

Ipsa enim compassio amici condolentis consolationem in tristitiis affert dupliciter: primo quidem, quia ex hoc colligitur efficax amicitiæ argumentum. Eccli. XII, 9: in malitia illius, id est in infortunio, amicus cognitus est. Et hoc ipsum est delectabile cognoscere aliquem sibi esse verum amicum.

Alio modo, quia ex hoc ipso quod amicus condolet, videtur se offerre ad simul portandum onus adversitatis, quod tristitiam causat.

Et quidem levius portatur quod portatur a pluribus, quam ab uno solo.

Secundo, concordia consistit in unitate sententiæ, et quantum ad hoc dicit idipsum, id est idem sitis, invicem sentientes, ut scilicet in eadem sententia conveniatis.

I Cor. I, 10: sitis perfecti in eodem sensu, et in eadem sententia. Phil. II, 2: eamdem charitatem habentes unanimes, idipsum sentientes.

Sciendum est tamen, quod duplex est sententia.

Una quidem quæ pertinet ad iudicium intellectus circa speculabilia, puta circa considerationes geometricas vel naturales: dissentire autem in talibus non repugnat amicitiæ vel charitati, quia charitas in voluntate est. Huiusmodi autem iudicia non proveniunt ex voluntate, sed ex necessitate rationis.

Alia vero sententia pertinet ad iudicium rationis circa agenda, et in talibus dissensio amicitiæ contrariatur: quia talis dissensio habet contrarietatem voluntatis. Et quia fides non solum est speculativa sed etiam practica, inquantum per dilectionem operatur, ut dicitur Gal. V, 6, ideo etiam dissentire a recta fide, est contrarium charitati.

Deinde cum dicit non alta sapientes, etc., excludit impedimenta concordiæ, quæ quidem sunt duo.

Primum est superbia, ex qua contingit quod dum aliquis inordinate suam excellentiam quærit et subiectionem refugit, vult alium subiici et eius excellentiam impedire.

Et ex hoc sequitur discordia. Prov. XIII, 10: inter superbos semper iurgia sunt. Et ideo ad hoc removendum dicit non sitis alta sapientes, ut scilicet inordinate vestram excellentiam appetatis. Supra XI, 20: noli altum sapere, sed time. Eccli. III, 22: altiora te ne quæsieris. Sed sitis consentientes humilibus, id est his quæ sunt humilia, id est quæ abiecta videntur non recusetis cum oportuerit. Ps. LXXXIII, 11: elegi abiectus esse in domo Dei mei. I Petr. Cap. Ult.: humiliamini sub potenti manu Dei, etc..

Secundum impedimentum concordiæ est præsumptio sapientiæ, vel etiam prudentiæ, ex qua contingit quod aliquis aliorum sententiæ non credit. Ad quod removendum dicit nolite esse prudentes apud vosmetipsos, ut scilicet iudicetis solum id esse prudentiæ quod vobis videtur. Is. V, 21: væ qui sapientes estis in oculis vestris, et coram vobismetipsis prudentes. Supra XI, 25: ut non sitis vobismetipsis sapientes.

Deinde, cum dicit nulli malum pro malo, etc., docet illa quæ pertinent ad beneficentiam, excludendo contrarium. Et primo docet quod non sit alicui malefaciendum ratione vindictæ; secundo docet quod non sit alicui malefaciendum ratione defensionis, ibi non vosmetipsos defendentes.

Circa primum tria facit. Primo prohibet vindictam dicens nulli malum pro malo reddentes, scilicet sitis. Ps. VII, 5: si reddidi retribuentibus mihi mala. I Petr. III, 9: non reddentes malum pro malo.

Sed hoc est intelligendum formaliter, sicut supra dictum est de maledicto: prohibemur enim affectu odii vel invidiæ reddere malum pro malo, ita quod in malo alterius delectemur.

Sed si pro malo culpæ quod quis facit, reddat iudex malum poenæ secundum iustitiam ad compensandam malitiam, materialiter quidem infert malum, sed formaliter et per se infert bonum. Unde cum iudex suspendit latronem pro homicidio, non reddit malum pro malo sed magis bonum pro malo.

Et hoc modo apostolus quemdam pro peccato incestus tradidit Satanæ in interitum carnis, ut spiritus salvus fieret, ut habetur I Cor. V, 5.

Secundo docet quod etiam bona sint proximis exhibenda, dicens providentes, scilicet sitis, bona non tantum coram Deo, ut scilicet curetis satisfacere conscientiæ vestræ coram Deo, sed etiam coram omnibus hominibus, ut scilicet ea faciatis quæ hominibus placeant. I Cor. X, 32 s.: sine offensione estote Iudæis, et gentibus, et ecclesiæ Dei, sicut et ego per omnia omnibus placeo. II Cor. VIII, 21: providentes bona non solum coram Deo, sed etiam coram omnibus hominibus.

Hoc tamen contingit et bene et male fieri.

Si enim hoc fiat propter favorem humanum, non bene agitur. Matth. VI, 1: attendite ne iustitiam vestram faciatis coram hominibus, ut videamini ab eis. Si autem hoc fiat ad gloriam Dei, bene agitur, secundum illud Matth. V, 6: sic luceat lux vestra coram hominibus, ut videant opera vestra bona, et glorificent patrem vestrum qui in cælis est.

Tertio assignat rationem utriusque dictorum. Ad hoc enim debemus abstinere a retributione malorum, et coram hominibus bona providere, ut cum hominibus pacem habeamus, et ideo subdit cum omnibus hominibus pacem habentes, Hebr. Cap. Ult.: pacem sequimini cum omnibus.

Sed hic addit duo, quorum primum est quod dicit si fieri potest. Quandoque enim malitia aliorum impedit ne cum eis pacem habere possimus, quia scilicet cum eis pax haberi non potest, nisi eorum malitiæ consentiatur, quam quidem pacem constat esse illicitam. Unde Dominus dicit Matth. X, 34: non veni pacem mittere, sed gladium.

Aliud autem addit dicens quod ex vobis est, scilicet et si ipsi contra pacem agant, tamen quod in nobis est facere nos debemus, ut eorum pacem quæramus. Ps. CXIX, 7: cum his qui oderunt pacem eram pacificus.

Et alibi: inquire pacem et persequere eam.

Deinde, cum dicit non vosmetipsos defendentes, etc., ostendit quod non

Commentaria in Epistolis S. Pauli

sunt mala proximis inferenda per modum defensionis.

Et primo ponit documentum, dicens non sitis vosmetipsos defendentes, o charissimi, sicut de Christo dicitur Is. L, 6: dedi corpus meum percutientibus, et genas meas vellentibus.

Et Is. LIII, 7: quasi agnus coram tondente se obmutuit, etc.. Unde et ipse Dominus mandavit Matth. V, 39: si quis te percusserit in una maxilla, præbe ei etiam alteram.

Sed, sicut Augustinus dicit in libro contra mendacium, ea quæ in novo testamento a sanctis facta sunt, valent ad exempla intelligendarum Scripturarum, quæ in præceptis data sunt. Ipse autem Dominus cum alapa percussus esset, non ait: ecce altera maxilla; sed: si male locutus sum, testimonium perhibe de malo; si autem bene, quid me cædis? ubi ostendit præparationem alterius maxillæ in corde esse faciendam. Paratus enim fuit Dominus non solum in altera cædi pro salute hominis, sed in toto corpore crucifigi.

Et sicut Augustinus dicit ad Marcellinum, tunc quidem hoc mandatum recte fit cum ei creditur profuturum esse propter quem fit, ad operandam in eo correctionem atque concordiam, etiam si alius exitus consequatur.

Sunt igitur ista præcepta patientiæ semper in cordis præparatione retinenda et ipsa benevolentia, ne reddatur malum pro malo, semper in voluntate complenda est.

Agenda sunt autem et multa etiam cum invitis benigna quadam asperitate plectendis.

Secundo assignat rationem, cum dicit sed date locum iræ, id est divino iudicio.

Quasi diceret: committatis vos Deo, qui suo iudicio potest vos defendere et vindicare, secundum illud I Petr. Cap. Ult.: omnem sollicitudinem vestram proiicientes in eum, quoniam ipsi cura est de vobis.

Sed hæc intelligenda sunt in casu in quo nobis non adest facultas aliter faciendi secundum iustitiam; sed quia, ut dicitur Deut. I, 17: Domini est iudicium, cum aliquis auctoritate iudicis, vel vindictam quærit ad comprimendam malitiam et non propter odium, vel etiam cum auctoritate alicuius superioris suam defensionem procurat, intelligitur locum dare iræ, id est divino iudicio, cuius ministri sunt principes, ut dicitur infra XIII, 4. Unde etiam Paulus procuravit se per armatos defendi contra insidias Iudæorum, ut patet Act. XXIII, 12 ss..

Deinde, cum dicit sicut scriptum est, etc., probat quod dixerat. Et primo per auctoritatem; secundo per rationem, ibi noli vinci a malo, etc..

Circa primum duo facit. Primo probat quod dictum est de prohibitione vindictæ, dicens dictum est: date locum iræ, id est divino iudicio, scriptum est enim, Deut. XXXII, 35, mihi vindictam, scilicet servate, et ego retribuam, dicit Dominus.

Nostra littera sic habet: mea est ultio, et ego retribuam eis in tempore. Ps. XCIII, 1: Deus ultionum Dominus. Nahum I, 2: Deus æmulator et ulciscens Dominus.

Secundo probat per auctoritatem, quod dictum est de benevolentia exhibenda inimicis.

In qua quidem auctoritate, primo, ponit documentum ut subveniamus inimicis in articulo necessitatis, quia hoc est de necessitate præcepti, ut supra dictum est. Et hoc est quod dicit sed, si esurierit inimicus tuus, ciba illum; si sitit, potum da illi. Matth. V, 44: benefacite his qui oderunt vos.

Secundo rationem assignat, dicens hoc enim faciens, carbones ignis congeres super caput eius. Quod quidem uno modo potest intelligi in malum, ut sit sensus: si tu ei benefacias, bonum tuum vertetur ei in malum, quia ex hoc incurret combustionem ignis æterni per suam ingratitudinem. Sed iste sensus repugnat charitati, contra quam ageret, qui alicui subveniret ut ei proveniret in malum.

Et ideo est exponendum in bonum, ut sit sensus hoc enim faciens id est, in necessitate ei subveniens, carbones ignis, id est amorem charitatis de qua dicitur Cant. VIII, 6: lampades eius, ut lampades ignis atque flammarum congeres, id est, congregabis, super caput, id est, super mentem eius.

Quia, ut Augustinus dicit in libro de catechizandis rudibus, nulla est maior provocatio ad amandum, quam prævenire amando. Nimis enim durus animus qui dilectionem: et si nolebat impendere, nolit rependere.

Deinde, cum dicit noli vinci a malo, etc., probat quod dixit per rationem.

Naturale est enim homini ut velit adversarium vincere et non vinci ab eo. Illud autem ab aliquo vincitur, quod ad illud trahitur, sicut aqua vincitur ab igne quando trahitur ad calorem ignis. Si ergo bonus aliquis homo, propter malum quod sibi ab aliquo infertur, trahatur ad hoc quod ei male faciat, bonus a malo vincitur. Si autem e contrario propter beneficium quod bonus persecutori exhibet, eum ad suum amorem trahat, bonus malum vincit.

Dicit ergo noli vinci a malo, scilicet eius qui te persequitur, ut tu eum persequaris, sed in bono tuo vince malum illius, ut scilicet ei benefaciendo, eum a malo trahas.

I Io. Cap. Ult.: hæc est victoria quæ vincit mundum, fides nostra. Ier. XV, 19: ipsi convertentur ad te, et tu non converteris ad eos.

Capitulus XIII

Lectio 1

Postquam apostolus ostendit qualiter se debeat homo exhibere Deo, utendo donis gratiæ eius hic ostendit quomodo debeat se exhibere proximo: et primo quantum ad superiores; secundo quantum ad omnes, ibi nemini quicquam debeatis, etc..

Circa primum duo facit.

Primo inducit homines ad

Commentaria in Epistolis S. Pauli

subiectionem quam debent superioribus; secundo ad exhibendum subiectionis signum, ibi ideo et tributa præstatis, etc..

Circa primum tria facit.

Primo proponit documentum; secundo rationem assignat, ibi non enim est potestas, etc.; tertio infert conclusionem intentam, ibi ideoque, etc..

Circa primum considerandum est quod quidam fideles in primitiva ecclesia dicebant terrenis potestatibus se subiici non debere propter libertatem, quam consecuti erant a Christo, secundum illud Io. VIII, 36: si filius vos liberaverit, vere liberi eritis. Sed libertas per Christum concessa, est libertas spiritus qua liberamur a peccato et morte, sicut supra VIII, 2 dictum est: lex spiritus in Christo Iesu liberavit me a lege peccati et mortis. Caro autem adhuc remanet servituti obnoxia, sicut supra dictum est. Et ideo tunc nulli subiectioni homo, per Christum liberatus, erit obnoxius, nec spirituali scilicet, nec carnali. Unde dicitur I Cor. XV, 24: cum tradiderit Christus regnum Deo patri, et evacuaverit omnem principatum et potestatem.

Interim autem dum corruptibilem carnem gerimus, oportet nos dominis carnalibus subiacere.

Unde dicitur Eph. VI, 5: servi, obedite dominis carnalibus. Et hoc est etiam quod hic apostolus dicit omnis anima potestatibus sublimioribus subdita sit.

Potestates autem sublimiores hic dicuntur homines in potestatibus constituti, quibus secundum iustitiæ ordinem subiici debemus.

I Petr. II, 23: subditi estote omni humanæ creaturæ propter Deum, sive regi quasi præcellenti, sive ducibus, tamquam ab eo Missis, etc..

Dicit autem indefinite potestatibus sublimioribus, ut ratione sublimitatis officii eis subiiciamur, etiam si sint mali.

Unde I Petr. II, 18 subditur: subiecti estote non tantum bonis et modestis, sed etiam dyscolis.

Quod autem dicitur omnis anima, per synecdochen intelligitur omnis homo, sicut et Gen. XVII, 14: delebitur anima illa de populo suo.

Utitur autem hoc modo loquendi, quia subiectionem superioribus debemus ex animo, id est ex pura voluntate, secundum illud Eph. VI, 6 s.: non ad oculum servientes, quasi hominibus placentes, sed ex animo cum bona voluntate.

Deinde cum dicit non est enim potestas, etc., ponit rationem admonitionis præmissæ.

Primo quidem ex parte honesti; secundo ex parte necessarii, ibi qui autem resistunt, etc..

Circa primum duo facit.

Primo præmittit duo principia; secundo ex eis concludit, ibi itaque qui resistit, etc..

Primo enim præmittit originem potestatis, dicens non est enim

Ad Romanos

potestas nisi a Deo.

Quicquid enim communiter de Deo et creaturis dicitur, a Deo in creaturas derivatur, sicut patet de sapientia, Eccli. I, 1: omnis sapientia a Domino Deo est. Potestas autem de Deo et de hominibus dicitur. Iob XXXVI, 5: Deus potestates non abiicit, cum ipse sit potens. Unde consequens est, quod omnis humana potestas sit a Deo. Dan. IV, 14: dominabitur excelsus in regno hominum, et cuicumque voluerit, dabit illud.

Io. XIX, 11: non haberes potestatem adversum me ullam, nisi tibi datum esset desuper.

Sed contra hoc esse videtur, quod dicitur Osee VIII, 4: ipsi regnaverunt, et non ex me: principes extiterunt, et non cognovi.

Ad hoc dicendum est, quod regia potestas, vel cuiuscumque alterius dignitatis potest considerari quantum ad tria. Uno quidem modo quantum ad ipsam potestatem, et sic est a Deo, per quem reges regnant, ut dicitur Prov. VIII, 15.

Alio modo potest considerari quantum ad modum adipiscendi potestatem, et sic quandoque potestas est a Deo: quando scilicet aliquis ordinate potestatem adipiscitur, secundum illud Hebr. V, 4: nemo sibi honorem assumit, sed qui vocatur a Deo tamquam Aaron. Quandoque vero non est a Deo sed ex perverso hominis appetitu, qui per ambitionem, vel quocumque alio illicito modo potestatem adipiscitur. Amos VI, 14: numquid non in fortitudine nostra assumpsimus nobis cornua? tertio modo potest considerari quantum ad usum ipsius: et sic quandoque est a Deo, puta cum aliquis secundum præcepta divinæ iustitiæ utitur concessa sibi potestate, secundum illud Prov. VIII, 15: per me reges regnant, etc.. Quandoque autem non est a Deo, puta cum aliqui potestate sibi data utuntur contra divinam iustitiam, secundum illud Ps. II, 2: astiterunt reges terræ, et principes convenerunt in unum adversus Dominum, etc..

Dubitatur etiam de potestate peccandi, utrum sit a Deo.

Ad quod dicendum est quod ipsa potentia qua peccatur, a Deo est. Eadem enim potentia est qua peccatur et qua recte agitur: sed quod in bonum ordinetur, a Deo est; quod autem ordinetur ad peccandum, est ex defectu creaturæ, inquantum est ex nihilo.

Secundo ponit, quod ea quæ sunt, a Deo ordinata sunt, cuius ratio est quia Deus omnia per suam sapientiam fecit, secundum illud Ps. CIII, 24: omnia in sapientia fecisti. Est autem proprium sapientiæ ordinate omnia disponere. Sap. VIII, 1: attingit a fine usque ad finem fortiter, et disponit omnia suaviter. Et ideo oportet effectus divinos ordinatos esse. Iob XXXVIII, 33: numquid nosti ordinem cæli, et pones rationem eius in terra? duplicem autem ordinem Deus in suis effectibus instituit: unum quidem quo omnia ordinantur in ipsum, Prov. XVI, 4: universa propter semetipsum operatus est Deus, alium vero quo effectus divini ordinantur ad invicem,

Commentaria in Epistolis S. Pauli

sicut dicitur Deut. IV, 19 de sole et luna et stellis, quod fecit ea in ministerium cunctis gentibus.

Deinde cum dicit itaque qui resistit, etc., ex duabus præmissis concludit propositum.

Si enim potestas principum, inquantum talis est, a Deo est, et nihil est a Deo sine ordine, consequens est, quod etiam ordo, quo inferiores potestatibus superioribus subiiciuntur, sit a Deo. Itaque qui contra hunc ordinem resistit potestati, Dei ordinationi resistit.

I Reg. VIII, 7: non te abiecerunt, sed me, ne regnem super eos. Lc. X, 16: qui vos spernit, me spernit.

Resistere autem divinæ ordinationi contrariatur honestati virtutis. Unde contra virtutem agit quicumque potestati resistit, in eo quod pertinet ad ordinem suæ potestatis.

Deinde cum dicit qui autem resistunt, etc., ostendit huiusmodi subiectionem non solum esse honestam, sed necessariam.

Et primo proponit quod intendit; secundo probat propositum, ibi nam principes, etc..

Dicit ergo primo: dictum est, quod qui resistit potestati, Dei ordinationi resistit, quod quidem secundum se est vitandum, tamquam contrarium virtuti. Multi tamen sunt, qui amorem virtutis non habentes, ea quæ sunt contraria virtuti non detestantur.

Unde tales cogendi sunt ad vitationem malorum per poenas, et quantum ad hoc subdit qui autem resistunt, scilicet divinæ ordinationi, sibi damnationem acquirunt, contra potestatis ordinem agendo.

Quod quidem potest intelligi, uno modo, de damnatione æterna, quam merentur qui potestatibus subiici nolunt in eo quod debent.

In cuius exemplum Dathan et Abiron, qui Moysi et Aaron restiterunt, sunt a terra absorpti, ut habetur Num. XVI, 20 ss..

Alio modo potest intelligi de damnatione poenæ, quæ per ipsos principes infertur.

Prov. XX, 2: sicut rugitus leonis, ita et terror regis: qui provocant eum, peccant in animam suam.

Sed contra hoc videtur esse quod apostoli et martyres principibus et potestatibus restiterunt et ex hoc non damnationem a Deo sed præmium acquisiverunt.

Sed dicendum est quod apostolus hic loquitur de eo qui resistit potestati inferiori, secundum quod est a Deo ordinata. Habet autem hoc divina ordinatio ut potestati inferiori non obediatur contra superiorem, sicut etiam in rebus humanis ut proconsuli non obediatur contra imperatorem, nec balivo contra regem. Et omnis potestas humana sub potestate Dei ordinatur et nulli potestati humanæ est contra Deum obediendum, secundum illud Act. V, 29: oportet obedire magis Deo quam hominibus.

Deinde cum dicit nam principes, etc., assignat rationem eius quod dixerat.

Ad Romanos

Et primo proponit rationem; secundo ex ratione posita quoddam utile documentum trahit, ibi vis autem non timere potestatem, etc..

Tertio huius documenti necessitatem assignat, ibi si autem malefeceris, etc..

Dicit ergo primo: dictum est quod qui resistunt potestati, sibi damnationem acquirunt, nam principes, qui hic potestates dicuntur, non sunt timori, id est in timorem, boni operis, id est propter bonum opus, sed mali, id est propter malum.

Quod quidem videtur esse intelligendum secundum causam instituendi principes. Ad hoc enim sunt instituendi principes, ut illi qui amore virtutis non provocantur ad vitandum malum et faciendum bonum, cogantur ad hoc timore poenæ. Prov. XX, 8: rex qui sedet in solio iudicii, dissipat omne malum intuitu suo. Et secundum hoc dicitur quod principes non sunt timori boni operis sed mali, quantum ad id quod principi ex officio competit, sicut et Is. XXXII, 8 dicitur: princeps ea quæ sunt digna principe cogitabit.

Potest autem hoc referri etiam ad malos principes, qui non sunt timori boni operis sed mali: quia et si interdum iniuste persequuntur bene operantes, non tamen illi qui bene operantur, causam habent timendi, quia hoc ipsum, si patienter sustinent, in eorum bonum cedit, secundum illud I Petr. III, 14: si quid patimini propter iustitiam, beati: timorem autem eorum ne timueritis, ut non conturbemini.

Ex hoc autem quod hic dicitur, assignari potest ratio quare qui potestati resistunt, sibi damnationem acquirant: sive intelligatur de damnatione punitionis, qua principes rebelles puniunt, sive de damnatione qua homines puniuntur a Deo. Si enim principes sunt timori mali operis, consequens est quod si aliquis potestati resistat, male operetur; et ita ipse homo, male agendo, est sibi causa punitionis temporalis et æternæ.

Deinde cum dicit vis autem non timere, etc., ex eo quod dixerat quoddam utile documentum tradit, scilicet vitandi timorem principum.

Et primo insinuat sua interrogatione hoc esse desiderabile, dicens vis non timere potestatem? quasi dicat: hoc debet homini esse placitum. Prov. XX, 2: sicut rugitus leonis, ita et terror regis.

Secundo docet medium ad hoc perveniendi, dicens bonum fac; quia, ut dicitur Prov. XVI, 13: voluntas regum, labia iusta; et in Ps. C, 6: ambulans in via immaculata, hic mihi ministrabat.

Tertio ostendit huius effectum, dicens: et si benefeceris, non solum timorem vitabis, sed etiam habebis laudem ex illa, scilicet potestate; quod planum est si accipiatur secundum finem, ad quem institutæ sunt potestates. Ad hoc enim institutæ sunt ut non solum a malis timore poenarum retrahant sed etiam ut ad bonum per præmia alliciant, secundum illud I Petr. II, 14: sive ducibus tamquam ab eo Missis ad vindictam malorum, laudem vero bonorum. Verificatur hoc etiam de malis principibus, quorum iniustam persecutionem, dum boni patienter sustinent, laudantur. Iac. V, 11: ecce beatificamus eos qui sustinuerunt.

Quarto rationem assignat, dicens Dei enim minister est tibi in bonum. Quod quidem manifeste patet, quantum ad debitum ordinem principum. Sunt enim sub regimine Dei, quasi supremi principis, tamquam ministri ordinati. Sap. VI, 3: cum essetis ministri regis illius, etc.. Ad idem autem tendit minister et Dominus. Eccli. X, 2: secundum iudicem populi, sic et ministri eius. Et ideo sicut Deus operatur in bonum his qui bonum agunt, ita et principes si recte ministerium suum impleant.

Sed et mali principes ministri Dei sunt, secundum ordinationem Dei ad inferendas poenas, licet hoc sit præter intentum eorum; secundum illud Is. X, 5: Assur virga furoris mei, et baculus ipse in manu mea est.

Ipse autem non sic arbitrabitur. Et Ier. XXV, 9: assumam universam cognationem Aquilonis, et Nabuchodonosor regem Babylonis servum meum, et adducam eos super terram istam, et super habitatores eius, etc..

Et quia tales mali principes, interdum, Deo permittente, bonos affligunt, quod in bonum eorum cedit, secundum illud supra VIII, 28: diligentibus Deum, etc..

Deinde cum dicit si autem male, etc., ostendit necessitatem præmissi documenti.

Dictum est enim quod benefaciendo non timebis potestatem, si autem malefeceris, time: quia causam timoris habes. Prov. X, 29: pavor his qui operantur malum.

Sap. XVII, 10: cum sit timida nequitia, data est in omnium condemnationem.

Secundo assignat rationem dicens non enim sine causa gladium portat. Loquitur autem secundum consuetudinem principum, qui quasi insignia suæ potestatis deferebant instrumenta puniendi, puta fasces virgarum ad verberandum, et secures vel gladios ad occidendum.

Iob XIX, 29: fugite a facie gladii, quoniam ultor iniquitatum est gladius.

Tertio rationem exponit dicens portat, inquam, gladium, quia est minister Dei, vindex, id est vindictam exercens, in iram, id est, ad exequendam iram Dei, id est iustum iudicium eius, ei qui malum agit, id est, contra malefactorem. Ez. XVII, 37 ss.: ecce ego congregabo omnes amatores tuos, et iudicabo te in iudiciis adulterorum, et dabo te in manus eorum, etc.. Prov. XVI, 12: abominabiles regi qui impie agunt, quoniam iustitia firmatur solium.

Ex quo patet quod non solum est licitum sed etiam meritorium principibus, qui zelo iustitiæ vindictam exercent in malos. Unde dicitur Ez. XXIX, 19 s.: erit merces exercitui illius, et operi quo servivit mihi adversus eam.

Deinde cum dicit ideoque necessitate, etc., infert conclusionem principaliter intentam, dicens: ideoque, propter prædictas rationes, subditi estote principibus ex necessitate, quia scilicet hoc est ex necessitate salutis, vel subditi estote voluntarie necessitati, quæ vobis imminet potentia principum, ut faciatis de necessitate virtutem; non solum propter iram, id est vindictam vitandam, quod pertinet ad secundam rationem, sed etiam propter conscientiam bonam conservandam, quod pertinet ad primam rationem, quia qui potestati resistit Dei ordinationi resistit. Tit. III, 1: admone illos principibus et potestatibus subditos esse.

Deinde cum dicit ideo enim et tributa præstatis, etc. Inducit homines ad exhibendum suis superioribus signum subiectionis.

Et primo ponit signum subiectionis; secundo inducit ad eius exhibitionem, ibi reddite ergo, etc..

Circa primum duo facit. Primo ponit subiectionis signum, dicens ideo enim, scilicet quia debetis esse subiecti, et tributa præstatis, id est, præstare debetis, in signum scilicet subiectionis. Et ideo conquerendo dicitur Thren. I, 1: princeps provinciarum facta est sub tributo. Dicuntur autem tributa, eo quod subditi dominis ea tribuunt.

Secundo assignat rationem, dicens ministri enim Dei sunt, in hoc ipsum, id est, pro ipso, scilicet tributa recipiendo, servientes, scilicet Deo, et populo.

Quasi dicat: unusquisque de suo ministerio vivere debet, secundum illud I Cor. IX, 7: quis, pascit gregem et de lacte eius non edit? et ideo cum principes nostri suo regimine Deo ministrent, a populo debent tributa suscipere, quasi stipendia sui ministerii, non autem ita quod hoc debeant sibi computare pro præmio. Proprium enim præmium principis est laus et honor, ut Philosophus dicit in V Ethic.. Et cum hoc non sufficit, tyrannus fit. Sed hoc non est intelligendum de laude humana solum vel honore, quia tale præmium esset vanum, sed de laude et honore divino, qui principibus bene gubernantibus exhibetur. Sap. VI, 22: o reges populi, diligite sapientiam, ut in perpetuum regnetis.

Huiusmodi autem tributa recipiunt ad sustentationem, laborant autem principes ad omnium pacem. Unde dicitur I Tim. II, 1 s.: obsecro primum omnium fieri obsecrationes pro regibus, et omnibus qui in sublimitate sunt constituti, ut quietam ac tranquillam vitam agamus. Baruch I, 11 s.: orate pro vita Nabuchodonosor regis Babylonis, ut vivamus sub umbra eius.

Ab hoc tamen debito liberi sunt clerici ex privilegio principum, quod quidem æquitatem naturalem habet. Unde etiam apud gentiles liberi erant a tributis illi qui vacabant rebus divinis. Legitur enim Gen. XLVII, 20-22, quod Ioseph subiecit Pharaoni totam terram Aegypti præter terram sacerdotum, quæ a rege tradita fuerat eis, quibus et statuta cibaria ex horreis publicis præbebantur.

Et infra dicitur quod in universa terra Aegypti, quinta pars solvitur absque terra sacerdotali, quæ libera erat ab

Commentaria in Epistolis S. Pauli

hac conditione.

Hoc autem ideo æquum est, quia sicut reges sollicitudinem habent de bono publico in bonis temporalibus, ita ministri Dei in spiritualibus, et sic per hoc quod Deo in spiritualibus ministrant, recompensant regi quod pro eorum pace laborat.

Sed attendendum est: cum tributa dicat regibus esse debita quasi laboris stipendium, dupliciter peccare possunt principes accipiendo tributa.

Primo quidem si utilitatem populi non procurent sed solum ad diripiendum eorum bona intendant. Unde dicitur Ez. XXXIV, 3: lac comedebatis et lanis operiebamini, et quod crassum erat, occidebatis, gregem autem meum non pascebatis.

Alio modo ex eo quod violenter diripiunt supra statutam legem, quæ est quasi quoddam pactum inter regem et populum, et supra populi facultatem. Unde dicitur Mich. III, 1: audite principes Iacob, et duces domus Israel.

Et postea subdit: qui violenter tollitis pelles eorum desuper eis, et carnes eorum desuper ossibus eorum.

Deinde cum dicit reddite ergo, etc., monet ad reddendum prædictum subiectionis signum.

Et primo quidem in generali, dicens: ex quo tributum debetur principibus, tamquam Dei ministris, reddite ergo omnibus debita.

Ex quo patet quod ex necessitate iustitiæ tenentur subditi sua iura principibus exhibere.

Matth. XVIII, 24: oblatus est regi unus qui debebat decem millia talenta. Et Matth. XXII, 21: reddite quæ sunt Cæsaris, Cæsari, etc..

Secundo specificat, et, primo, ea quæ sunt exteriora, dicens cui tributum, scilicet debetis, reddite tributum, quia scilicet principi tribuitur pro generali regimine, quo patriam in pace et quiete gubernat. Gen. XLIX, 15: vidit requiem quod esset bona, factusque est tributis serviens. Cui vectigal, scilicet debetis, reddite vectigal, quod scilicet redditur principi in aliquibus certis locis de mercimoniis, quæ deferuntur pro reparatione viarum et custodia. Vel vectigal dicitur, quod datur principi, quando per patriam devehitur, sicut sunt procurationes et alia huiusmodi.

Secundo ponit ea quæ sunt interius exhibenda.

Est autem considerandum quod principi debetur et timor et honor: timor quidem, inquantum est Dominus, sua potestate malos coercens a malis. Mal. I, 6: si ego Dominus, ubi est timor meus? et ideo dicit cui timorem, scilicet debetis, reddite timorem.

Prov. XXIV, 21: Deum time, fili mi.

Inquantum autem quasi pater providet bonis quæ sunt in laudem eorum, debetur illi honor.

Mal. I, 6: si ego pater, ubi honor meus? et ideo subdit, cui honorem, scilicet debetis, reddite honorem. I Petr. II, 17: regem honorificate. Sed contra est quod dicitur Lev. XIX, 15: non honores vultum potentis.

Sed hoc est intelligendum quantum ad hoc ut pro eo a iustitia non declines. Unde subditur: iuste iudica proximo tuo.

Lectio 2

Supra apostolus ostendit qualiter debeant fideles ad superiores iustitiam observare, hic ostendit quid debeant omnibus communiter exhibere.

Et circa hoc duo facit.

Primo ponit quod intendit; secundo reddit rationem, ibi qui enim diligit, etc..

Dicit ergo primo: dictum est reddite omnibus debita, non quidem particulariter, sed integraliter, et hoc est quod subdit nemini quidquam debeatis. Quasi dicat: ita plene omnibus omnia debita persolvatis, ut nihil remaneat, quod solvere debeatis.

Et hoc quidem propter duo. Primo quia in ipsa mora reddendi peccatum committitur, dum homo iniuste detinet rem alienam. Unde dicitur Lev. XIX, 13: non morabitur opus mercenarii tui apud te usque mane. Et eadem est ratio de aliis debitis.

Secundo quia quamdiu aliquis debet, est quodammodo servus et, cui debet, obligatur.

Prov. XXII, 7: qui accipit mutuum, servus est foenerantis.

Sunt tamen quædam debita, a quibus homo numquam potest se absolvere.

Et hoc contingit dupliciter. Uno quidem modo propter excellentiam beneficii, cui æquivalens recompensari non potest: sicut Philosophus dicit de honore qui exhibetur Deo vel parentibus, secundum illud Ps. CXV, 12: quid retribuam Domino pro omnibus quæ retribuit mihi? alio modo propter causam debendi, quæ semper manet; vel etiam propter hoc quod illud quod redditur, numquam exhauritur sed semper in reddendo crescit.

Et propter has causas debitum dilectionis fraternæ ita solvitur, quod semper debetur.

Primo quidem quia dilectionem proximo debemus propter Deum, cui sufficienter recompensare non possumus. Dicitur enim I Io. IV, 21: hoc mandatum habemus a Deo, ut qui diligit Deum, diligat et fratrem suum.

Secundo quia causa dilectionis semper manet, quæ est similitudo naturæ et gratiæ.

Eccli. XIII, 19: omne animal diligit sibi simile, sic et omnis homo proximum sibi.

Tertio quia charitas in diligendo non deficit sed proficit. Phil. I, 9: hoc oro, ut charitas vestra magis ac magis abundet.

Ideo dicit nisi ut invicem diligatis, quia scilicet dilectionis debitum ita semel redditur, ut tamen semper maneat sub debito præcepti.

Io. XV, 12: hoc est præceptum meum, ut diligatis invicem.

Commentaria in Epistolis S. Pauli

Deinde cum dicit qui enim diligit, etc., assignat causam eius quod dixerat, debito dilectionis nos numquam absolvi, quia scilicet in dilectione tota legis impletio consistit.

Unde circa hoc tria facit.

Primo proponit quod intendit; secundo manifestat propositum, ibi nam non adulterabis, etc.; tertio infert conclusionem intentam, ibi plenitudo ergo legis, etc..

Dicit ergo primo: ideo dictum est quod non intendamus nos expedire a debito dilectionis, sicut ab aliis debitis, qui enim diligit proximum, legem implevit, id est tota impletio legis ex proximi dilectione dependet.

Sed hoc non videtur verum. Dicitur enim I Tim. I, 5: quod finis præcepti charitas est.

Unumquodque enim perficitur cum ad finem pervenit: et ideo tota legis perfectio in charitate consistit. Sed charitas duos habet actus, scilicet dilectionem Dei et dilectionem proximi; unde et Dominus dixit Matth. XXII, 40 quod tota lex et prophetæ pendet in duobus mandatis charitatis: quorum unum est de dilectione Dei, aliud de dilectione proximi.

Non ergo videtur quod qui proximum diligit, impleat totam legem.

Sed dicendum est quod illa dilectio proximi ad charitatem pertinet, et legem implet, qua proximus diligitur propter Deum; et ita in dilectione proximi includitur dilectio Dei, sicut causa includitur in effectu. Dicitur enim I Io. IV, 21: et hoc mandatum habemus a Deo, ut qui diligit Deum, diligat et fratrem suum. Et, e converso, dilectio proximi includitur in dilectione Dei, sicut effectus in causa; unde ibidem dicitur: si quis dixerit quoniam diligo Deum, et fratrem suum odit, mendax est.

Et inde est quod in sacra Scriptura quandoque fit mentio solum de dilectione Dei, quasi sufficiat ad salutem, secundum illud Deut. X, 12: et nunc, Israel, audi, quid Dominus Deus tuus petit a te, nisi ut timeas Dominum Deum tuum, et ambules in viis eius, et diligas eum. Quandoque autem fit mentio solum de dilectione proximi. Io. XV, 12: hæc vobis mando, ut diligatis invicem.

Deinde cum dicit nam non adulterabis, etc., probat propositum.

Primo quidem per inductionem; secundo vero per medium syllogismi, ibi dilectio proximi, etc..

Circa primum, more inducentium, enumerat quædam præcepta, quæ dilectionem proximi implent. Et quia præcepta tria primæ tabulæ immediatius ordinantur ad dilectionem Dei, non facit mentionem hic de eis, quamvis et ipsa impleantur in dilectione proximi, prout dilectio Dei includitur in dilectione proximi. Enumerat autem mandata secundæ tabulæ, prætermittit tamen præceptum affirmativum tantum quod est de honore parentum, in quo etiam intelligitur, ut omnibus reddamus quæ debemus.

Enumerat autem præcepta negativa, per quæ aliquis prohibetur malum proximis inferre. Et hoc duplici ratione.

Primo quidem, quia præcepta negativa sunt magis universalia, et quantum ad tempora et quantum ad personas. Quantum ad tempora quidem, quia præcepta negativa obligant semper et ad semper. Nullo enim tempore est furandum et adulterandum. Præcepta autem affirmativa obligant quidem semper, sed non ad semper, sed pro loco et tempore; non enim tenetur homo, ut omni tempore honoret parentes, sed pro loco et tempore. Quantum ad personas autem, quia nulli hominum est nocendum, non autem sufficientes sumus, ut unus homo possit omnibus hominibus servire.

Secundo quia magis manifestum est quod per dilectionem proximi implentur præcepta negativa quam affirmativa. Qui enim diligit aliquem, magis abstinet a nocumento illius, quam ei beneficia impendat, a quo quandoque homo impeditur per impotentiam.

Tripliciter autem aliquis nocumentum proximo inferre potest. Uno modo, facto; alio modo, verbo; tertio, desiderio.

Facto quidem tripliciter. Uno modo quantum ad personam ipsius proximi, et hoc prohibetur cum dicitur non occides. In quo etiam intelligitur prohiberi omnis iniuria in personam proximi illata. I Io. III, 15: omnis homicida non habet vitam æternam in seipso.

Secundo quantum ad personam coniunctam, scilicet uxorem, et hoc prohibetur cum dicitur non adulterabis. In quo etiam intelligitur prohiberi fornicatio et omnis illicitus usus genitalium membrorum. Hebr. Cap. Ult.: fornicatores et adulteros iudicabit Deus.

Tertio quantum ad res exteriores, quod prohibetur, cum dicitur non furaberis. In quo etiam prohibetur omnis iniusta subtractio rei alienæ, sive per vim, sive per dolum.

Zach. V, 3: omnis fur, sicut ibi scriptum est, iudicabitur.

Nocumentum autem, quod quis proximo infert verbo, prohibetur, cum dicitur non falsum testimonium dices. Quod non solum prohibetur in iudicio sed etiam extra iudicium, sive per modum detractionis, sive per modum contumeliæ. Prov. XIX, 5: testis falsus non erit impunitus, et qui mendacia loquitur, non effugiet.

Nocumentum autem quod quis infert proximo, solo desiderio, prohibetur cum dicitur non concupisces rem proximi tui. Ubi etiam intelligitur prohiberi concupiscentia uxoris; supra VII, 7: nam concupiscentiam nesciebam, scilicet esse peccatum, nisi lex diceret: non concupisces. Ponuntur autem hæc mandata Ex. XX, 17 ss..

Enumeratis autem pluribus præceptis, colligit omnia alia in communi dicens et si quod est aliud mandatum, affirmativum vel negativum, vel ad Deum, vel ad proximum pertinens, per modum supra dictum, instauratur, id est perficitur et impletur, in hoc verbo: diliges proximum tuum sicut teipsum.

Commentaria in Epistolis S. Pauli

Quod quidem ponitur lev. XIX, 18; ubi nos habemus: diliges amicum tuum sicut teipsum.

Quod autem dicit proximum tuum, referendum est ad omnem hominem et etiam ad sanctos Angelos, ut Augustinus probat in I de doctrina christiana.

Nomine enim proximi intelligitur quicumque facit alicui misericordiam, secundum illud Lc. X, 36: quis tibi videtur illi proximus fuisse, qui incidit in latrones? et ille dixit: qui fecit misericordiam, etc.. Et quia proximus est proximo proximus, consequens est quod etiam ille, qui ab aliquo misericordiam recipit, proximus ei dicatur. Sancti autem Angeli nobis misericordiam impendunt, et nos omnibus hominibus misericordiam debemus impendere et ab eis, cum necesse fuerit, recipere. Unde patet quod et sancti Angeli et omnes homines proximi nobis dicuntur, quia beatitudinem, ad quam nos tendimus, vel iam habent, vel ad eam nobiscum tendunt.

Ex quo patet quod Dæmones non sunt secundum hanc rationem proximi nobis, nec sub hoc præcepto eorum dilectio nobis iniungitur, quia sunt totaliter a dilectione Dei exclusi et non sunt computandi in numero proximorum, sed in numero hostium.

Quod autem dicit sicut teipsum, non est referendum ad æqualitatem dilectionis, ut scilicet aliquis teneatur diligere proximum æqualiter sibi: hoc enim esset contra ordinem charitatis, quo quilibet plus tenetur suam, quam aliorum salutem curare.

Cant. II, 4: ordinavit in me charitatem. Sed est referendum ad similitudinem dilectionis, ut scilicet similiter diligamus proximum sicut nos ipsos.

Et hoc tripliciter. Primo quidem quantum ad finem dilectionis, ut scilicet nos et proximum diligamus propter Deum. Secundo quantum ad formam dilectionis, ut scilicet sicut aliquis seipsum diligit, quasi sibi volens bonum, ita aliquis proximum diligat, quasi ei bona volens. Qui autem diligit proximum ad hoc solum ut eius utilitate vel dilectione potiatur, non vult bonum proximo, sed ex proximo vult sibi bonum. Quo quidem modo homo amare dicitur res irrationales, puta vinum vel aquam, ut scilicet eis utatur. Tertio quantum ad effectum dilectionis, ut scilicet aliquis necessitati proximi subveniat, sicut sibi, et quod nihil illicitum, propter amorem proximi, committat sicut nec propter suum amorem.

Deinde, cum dicit dilectio proximi, etc., manifestat propositum medio syllogismi per hunc modum: qui diligit proximum, nullum malum operatur ad ipsum. Sed ad hoc tendit omne legis præceptum, ut abstineatur a malo. Qui ergo diligit proximum, legem implevit. Quod autem dilectio proximi malum non operetur, habetur I Cor. XIII, 4: charitas non agit perperam, etc..

Quocumque autem modo accipiatur hic malum, vel pro malo transgressionis, vel etiam omissionis, poterit hoc referri non solum ad præcepta negativa sed etiam ad

Ad Romanos

affirmativa.

Inquantum vero dilectio proximi includit dilectionem Dei, intelligitur quod dilectio proximi excludit malum, non solum quod est contra proximum, sed etiam quod est contra Deum. Et sic includuntur etiam præcepta tabulæ primæ.

Ultimo autem infert conclusionem principaliter intentam, dicens plenitudo ergo legis est dilectio, id est, per dilectionem lex impletur et perficitur. Eccli. XXIV, 16: in plenitudine sanctorum detentio mea. Col. III, 14: charitatem habete, quod est vinculum perfectionis.

Lectio 3

Postquam apostolus ostendit quomodo homo debet se Deo exhibere pium, convenienter eius donis utendo, et proximo iuste ei debita reddendo, hic ostendit quomodo in seipso debeat honestatem conservare.

Et circa hoc duo facit.

Primo proponit temporis congruitatem; secundo exhortatur ad honestatem operum, ibi abiiciamus ergo, etc..

Circa primum tria facit.

Primo ponit temporis congruitatem; secundo assignat rationem, ibi nunc enim propior est, etc.; tertio adhibet similitudinem, ibi nox præcessit, etc..

Dicit ergo primo: dictum est quæ debetis observare et hoc, non solum propter ea quæ dicta sunt, sed etiam scientes hoc tempus, id est per hoc quod debetis considerare huius temporis conditionem, quia ut dicitur Eccle. VIII, 6: omni negotio tempus est et opportunitas. Ier. VIII, 7: milvus in cælo cognovit tempus suum, turtur, et hirundo, et ciconia custodierunt tempus adventus sui, populus autem meus, etc..

Ad quid autem congruum sit hoc tempus ostendit, subdens quia hora est iam nos de somno surgere. Quod quidem intelligendum est non de somno naturæ, qui quandoque dicitur mors, secundum illud I Thess. IV, 12: nolumus vos ignorare de dormientibus, quandoque autem est quies animalium virtutum, secundum illud Io. XI, 12: si dormit, salvus erit. Nec enim intelligendum est de somno gratiæ, qui quandoque dicitur quies æternæ gloriæ, secundum illud Ps. IV, 9: in pace in idipsum, etc., quandoque autem est quies contemplationis etiam in hac vita. Cant. V, 2: ego dormio, et cor meum vigilat. Sed intelligitur de somno culpæ, secundum illud Eph. V, 14: exurge, qui dormis, et exurge a mortuis, etc., vel etiam negligentiæ, secundum illud Prov. VI, 9: usquequo, piger, dormies? tempus ergo est surgendi a somno culpæ per poenitentiam Ps. CXXVI, 2: surgite, postquam sederitis, etc., a somno vero negligentiæ per sollicitudinem bene operandi Is. XXI, 5: surgite, principes, accipite clypeum.

Eccli. XXXII, 15: hora surgendi non te tristet.

Deinde, cum dicit nunc enim, etc., assignat rationem eius quod dixerat,

283

Commentaria in Epistolis S. Pauli

dicens nunc enim propior est salus nostra, quam cum credidimus. Quod quidem secundum intentionem apostoli intelligitur de salute vitæ æternæ, de qua dicitur Is. LI, 8: salus autem mea in sempiternum erit.

Ad hanc autem salutem homo ordinatur, primo quidem, per fidem. Mc. Cap. Ult.: qui crediderit et baptizatus fuerit, salvus erit.

Sed semper magis ac magis homo accedit ad eam per bona opera et charitatis augmentum.

Unde dicitur Iac. IV, 8: appropinquate Deo, et appropinquabit vobis.

Hoc est ergo quod apostolus dicit: ideo hora est iam nos de somno surgere, nunc enim, quando scilicet per opera bona et per charitatis augmentum profecimus, propior, id est propinquior, est, scilicet nobis, nostra salus, scilicet vitæ æternæ de qua dicitur Is. LI, 8: salus autem mea in sempiternum erit; quam cum credidimus, id est quam cum a principio fidem accepimus.

Et potest hic intelligi duplex propinquitas.

Una quidem secundum tempus, qua viri sancti, in operibus iustitiæ proficientes, magis appropinquant ad terminum vitæ huius, in quo mercedem accipiunt.

Alia vero est propinquitas dispositionis vel præparationis, quia per augmentum charitatis et operationem iustitiæ homo præparatur ad illam salutem. Matth. XXV, 10: quæ paratæ erant, intraverunt cum eo ad nuptias.

Sed secundum quod ecclesia hæc verba adventus tempore legit, videntur hæc verba esse referenda ad salutem quam Christus fecit in suo primo adventu, ut intelligamus apostolum loquentem quasi ex persona omnium fidelium qui fuerunt ab initio mundi. Appropinquante enim iam tempore incarnationis Christi, quo vaticinia prophetarum crebrescebant, quod tempus repræsentat ecclesia, poterit dici: nunc propior est nostra salus scilicet Christus, quam cum credidimus, id est cum homines a principio credere coeperunt Christi adventum futurum.

Is. LVI, 1: iuxta est salus mea, ut veniat, et iustitia mea, ut reveletur.

Posset etiam assumi ad tempus misericordiæ, quo quis incipit velle a præteritis peccatis discedere. Tunc enim magis appropinquat suæ saluti, quam a principio, dum haberet fidem informem. Iac. IV, 7 s.; resistite diabolo, et fugiet a vobis; appropinquate Deo, et appropinquabit vobis, etc..

Deinde, cum dicit nox præcessit, dies autem appropinquavit, etc., ponit ad propositum similitudinem. Quod quidem secundum intentionem apostoli sic videtur esse intelligendum ut totum tempus vitæ præsentis nocti comparetur propter ignorantiæ tenebras, quibus præsens vita gravatur.

Iob XXXI, 1: omnes quippe involvimur tenebris, etc.. Et de hac nocte dicitur Is. XXVI, 9: anima mea desideravit te

Ad Romanos

in nocte.

Diei autem comparatur status futuræ beatitudinis propter claritatem Dei, qua sancti illustrantur. Is. LX, 19: non erit tibi amplius sol ad lucendum per diem, nec splendor lunæ illuminabit te, sed erit tibi Dominus in lucem sempiternam. Ad quem diem refertur quod dicitur in Ps. CXVII, 24: hæc dies, quam fecit Dominus, exultemus et lætemur in ea.

Alio modo potest intelligi quod status culpæ nocti comparetur propter tenebras culpæ, de quibus dicitur in Ps. LXXXI, 5: nescierunt, neque intellexerunt, in tenebris ambulant. Et de hac nocte dicitur sap. XVII, 20: solis autem illis superposita erat gravis nox, imago tenebrarum, quæ superventuræ erant illis.

Dies autem dicitur status gratiæ propter lumen spiritualis intelligentiæ, quod iusti habent sed impiis deest. Ps. XCVI, 11: lux orta est iusto. Sap. V, 6: sol intelligentiæ non est ortus nobis.

Tertio modo potest intelligi quod comparetur nocti tempus præcedens Christi incarnationem, quia nondum erat manifestata, sed sub quadam caligine. II Petr. I, 19: habetis propheticum sermonem, cui benefacitis attendentes quasi lucernæ lucenti in caliginoso loco. Et de hac nocte dicitur Is. XXI, 11: custos, quid de nocte? unde, sicut in nocte apparent umbræ ita etiam illo tempore eminebant legalia, quæ sunt umbra futurorum, ut dicitur Col. II, 17.

Tempus autem ab incarnatione Christi comparatur diei propter potentiam spiritualis solis in mundo, de quo dicitur Mal. Cap. Ult.: vobis timentibus nomen meum orietur sol iustitiæ. Unde et ipse Dominus dicit Io. IX, 4: me oportet operari opera eius qui misit me, donec dies est. Et postea subdit: quamdiu in mundo sum, lux sum mundi.

Quod ergo dicitur nox præcessit, indifferenter accipi potest pro qualibet prædictarum trium noctium. Iam enim præcesserat eos quibus scribebat, et magna pars temporis huius vitæ, et, quod verius est, præcesserat nox culpæ; præcesserat etiam tempus legis, quod fuit ante Christum.

Quod autem subdit dies autem appropinquavit, videtur secundum intentionem apostoli referendum esse ad diem futuræ gloriæ, qui licet nondum advenisset fidelibus Christi quibus scribebat, tamen in propinquo erat eis.

Secundum prædicta posset etiam intelligi tempus gratiæ Christi, quod etsi iam advenerit secundum temporum cursum, appropinquare tamen nobis dicitur per fidem et devotionem, sicut et Phil. IV, 5 dicitur: Dominus prope est, et in Ps. CXLIV, 18: prope est Dominus omnibus invocantibus eum.

Potest etiam hoc congruere his qui de peccatis poenitere incipiunt, quibus dies gratiæ appropinquat.

Deinde, cum dicit abiiciamus, etc., concludit exhortationem de honestate vitæ. Et primo ponit exhortationem; secundo exponit eam, ibi non in comessationibus, etc..

Commentaria in Epistolis S. Pauli

Circa honestatem vitæ tria tangit.

Primo quidem remotionem vitiorum concludens ex præmissis: si nox præcessit, ut dictum est, abiiciamus opera tenebrarum, quia, ut dicitur Eccle. VIII, 6, omni negotio tempus est et opportunitas.

Unde, recedente nocte, cessare debent opera noctis.

Dicuntur autem opera tenebrarum opera peccatorum: primo quidem, quia in seipsis privata sunt lumine rationis, quo illustrari debent humana opera, Eccle. II, 14: sapientis oculi in capite eius, stultus in tenebris ambulat, secundo, quia in tenebris aguntur, Iob XXIV, 15: oculus adulteri observat caliginem, tertio, quia per ea homo ad tenebras ducitur, secundum illud Matth. XXII, 13: mittite eum in tenebras exteriores.

Secundo inducit ad assumendas virtutes, quasi dicat: ex quo dies appropinquavit, assumentes ea quæ congruunt diei, induamur arma lucis, id est virtutes, quæ et arma dicuntur, inquantum nos muniunt.

Eph. Cap. Ult.: induite vos armaturam Dei, ut possitis stare adversus insidias diaboli.

Et dicuntur lucis arma, tum quia lumine rationis decorantur et perficiuntur, unde dicitur Prov. IV, 18: iustorum semita quasi lux splendens procedit, tum quia lucis examen requirunt, Io. III, 21: qui facit veritatem, venit ad lucem, tum quia per opera virtutum alii illuminantur, Matth. V, 16: sic luceat lux vestra coram hominibus, etc..

Tertio exhortatur ad usum virtutum et profectum, cum dicit sicut in die honeste ambulemus. Hæc enim duo videntur diei congruere. Primo quidem honestas.

Nam in die unusquisque seipsum studet componere, ut coram aliis honestus appareat. In nocte autem non sic. Unde dicitur I Thess. V, 7: qui dormiunt, nocte dormiunt: et qui ebrii sunt, nocte ebrii sunt: nos autem qui diei sumus, sobrii simus. Unde I Cor. XIV, 40 dicitur: omnia honeste et secundum ordinem fiant in vobis.

Secundo homo in die ambulat, non in nocte.

Unde dicitur Io. XI, 10: qui ambulat in nocte offendit. Et ideo, quia dies est, oportet quod ambulemus, id est de bono in melius procedamus. Unde dicitur Io. XII, 35: ambulate, dum lucem habetis.

Deinde, cum dicit non in comessationibus, etc., exponit quod dixerat.

Et, primo, exponit quomodo sunt abiicienda opera tenebrarum, quæ sunt opera peccatorum, de quibus quædam enumerat. Primo ponens ea quæ pertinent ad corruptionem concupiscibilis, cuius corruptio est intemperantia, quæ est circa delectationes tactus et circa cibos. Unde, primo, excludit intemperantiam ciborum, cum dicit non in comessationibus.

Dicuntur comessationes superfluæ et nimis accuratæ comestiones. Prov.

XXIII, 20: noli esse in conviviis peccatorum, nec in comessationibus eorum qui carnes ad vescendum conferunt. Quod quidem potest esse peccatum mortale ex hoc quod secundum legem pro hac culpa aliquis damnatur ad mortem. Dicitur enim de filio protervo Deut. XXI, 22: comessationibus vacat, et luxuriæ atque conviviis; lapidibus eum obruet populus, etc..

Dicitur autem aliquis vacare comessationibus atque conviviis, non quidem si comedat magnifice secundum statum suæ dignitatis, sicut dicitur, Esther II, 18, quod Assuerus iussit præparari convivium magnificum propter coniunctionem Esther, iuxta magnificentiam principalem; sed quando aliquis hoc facit præter decentiam sui status, et præcipue si ad hoc principalis eius cura existat, sicut illi de quibus dicitur infra ult.: huiusmodi Christo Domino non serviunt, sed suo ventri; et Phil. III, 9: quorum Deus venter est.

Secundo excludit intemperantiam circa potum, cum subdit et ebrietatibus, quæ pertinent ad superfluitatem potus extra mensuram rationis hominem ponentis.

Eccli. XXXI, 35: vinum in iucunditate creatum, et non in ebrietate.

Et est considerandum quod ebrietas ex suo genere est peccatum mortale, cum scilicet homo ex proposito inebriatur, quia videtur præferre delectationem vini integritati rationis.

Unde dicitur Is. V, 22: væ qui potentes estis ad bibendum vinum, et viri fortes ad miscendam ebrietatem. Si vero aliquis inebrietur præter intentionem, non ex proposito, puta quia ignorat virtutem vini, vel quia non æstimat se tanto potu inebriandum, non est peccatum mortale, quia non per se inebriatur sed per accidens, id est præter intentionem, quod quidem non potest contingere in his, qui frequenter inebriantur. Et ideo dicit Augustinus in sermone de Purgatorio, quod ebrietas est peccatum mortale, si assidua fuerit.

Unde signanter hic apostolus in plurali numero dicit: non in comessationibus et ebrietatibus.

Tertio excludit intemperantiam circa corporalem quietem, cum dicit non in cubilibus id est non in superflua dormitione, quam convenienter post comessationem et ebrietatem prohibet, quia sequitur ex illis.

Et potest esse in hoc peccatum mortale, quando propter quietem corporalem et somnum omittit homo quæ facere debet et inclinatur ad aliqua mala facienda. Mich. II, 1: væ qui cogitatis inutile, et operamini malum in cubilibus vestris.

Potest etiam quod dicit non in cubilibus vestris, referri ad apparatum luxuriæ. Unde dicitur in persona meretricis Prov. VII, 17: aspersi cubile meum myrrha, etc.. Gen. XLIX, 4: ascendisti cubile patris tui.

Et ideo convenienter, quarto, excludit intemperantiam circa venerea, cum subdit et impudicitiis, id est quibuscumque venereis actibus, qui dicuntur impudici, quia non cavent id

Commentaria in Epistolis S. Pauli

quod est maxime pudore vel confusione dignum: tum quia omnes delectationes tactus, gulæ et luxuriæ sunt communes nobis et brutis. Unde qui eis inordinate insistit, brutalis efficitur. Ps. XXXI, 9: nolite fieri sicut equus et mulus, quibus non est intellectus, etc.. Tum etiam quia specialiter in actibus venereis ratio hominis totaliter absorbetur a delectatione, ut non possit homo tunc aliquid intelligere, sicut Aristoteles dicit in libro ethicorum. Unde et Osee IV, 11 dicitur: fornicatio, et ebrietas, et vinum auferunt Cor. Apoc. IX, 21: non egerunt poenitentiam super immunditia et fornicatione et impudicitia, quam gesserunt.

Deinde excludit ea quæ pertinent ad corruptionem irascibilis, cum dicit non in contentione. Quæ quidem, ut Ambrosius dicit, est impugnatio veritatis cum confidentia clamoris. Potest autem intelligi quod per hoc prohibetur omnis rixa, non solum verborum, sed et factorum, quæ ut plurimum a verbis incipit. Prov. XX, 3: honor est homini qui separat se a contentionibus.

Solet autem contentio ex invidia generari, et ideo subdit et æmulatione. Unde Iac. III, 16 dicitur: ubi zelus et contentio, ibi inconstantia et omne opus pravum.

Secundo exponit quomodo debeamus induere arma lucis, dicens sed induimini Dominum Iesum Christum, in quo scilicet abundantissime fuerunt omnes virtutes, secundum illud Is. IV, 1: apprehendent septem mulieres virum unum.

Induimus autem Iesum Christum, primo quidem, per sacramenti susceptionem. Gal. III, 27: quicumque in Christo baptizati estis, Christum induistis.

Secundo, per imitationem. Col. III, 9: expoliantes vos veterem hominem cum actibus suis, et induentes novum, etc.. Et Eph. IV, 24: induite novum hominem, qui secundum Deum creatus est in iustitia, etc.. Dicitur autem induere Christum qui Christum imitatur, quia, sicut homo continetur vestimento et sub eius colore videtur, ita in eo, qui Christum imitatur, opera Christi apparent. Per hoc ergo induimur arma lucis, quando induimur Christum.

Tertio exponit quod dixerat sicut in die honeste ambulemus, per hoc quod subdit et carnis curam ne feceritis in desideriis.

In hoc enim pulchritudo honestatis consistit ut homo non carnem spiritui sed spiritum præferat carni. Supra VIII, 12: debitores sumus non carni, ut secundum carnem vivamus.

Sed notandum quod non dicit simpliciter carnis curam ne feceritis, quia quilibet tenetur ut carnis curam gerat ad sustentandam naturam, secundum illud Eph. V, 29: nemo umquam carnem suam odio habuit, sed nutrit et fovet, etc.. Sed addit in desideriis, ut scilicet inordinata carnis desideria, id est concupiscentias, non sequamur. Unde dicitur Gal. V, 16: spiritu ambulate, et desideria carnis non perficietis.

Capitulus XIV

Lectio 1

Postquam apostolus ostendit quomodo aliquis debeat perfectus fieri, hic ostendit quomodo perfecti debeant se habere ad imperfectos. Et primo ostendit quod non debeant eos scandalizare vel iudicare; secundo ostendit quod debent eos sustentare, cap. XV ibi debemus autem nos firmiores, etc..

Circa primum duo facit.

Primo prohibet inordinata iudicia; secundo prohibet infirmorum scandala, ibi sed hoc iudicate magis, etc..

Circa primum tria facit.

Primo proponit admonitionem; secundo exponit eam, ibi alius enim etc.; tertio rationem assignat, ibi Deus enim illum etc..

Circa primum considerandum est quod in primitiva ecclesia aliqui ex Iudæis conversi ad Christum, credebant legalia cum evangelio esse servanda, ut patet Act. XV, 1 s.. Et hos apostolus vocat infirmos in fide Christi, quasi nondum perfecte credentes quod fides Christi sufficiat ad salutem. Perfectos autem vel firmos in fide vocat eos qui fidem Christi sine legalibus credebant esse servandam.

De utrisque tamen erant aliqui Romæ inter fideles Christi.

Alloquitur ergo apostolus perfectos in fide, dicens: dictum est quod sic debetis induere Dominum Iesum Christum, assumite autem, id est affectu charitatis vobis coniungite ad supportandum, infirmum in fide, sicut expositum est, de quo potest intelligi illud sap. IX, 5: infirmus homo et exigui temporis, et minor ad intellectum iudicii et legum. Infra XV, 7: suscipite invicem, sicut et Christus suscepit vos. Eccli. XXIX, 12: propter mandatum assume pauperem. Et hoc non in disceptationibus cogitationum, id est non disceptando propter hoc quod unus contra alium cogitat, dum scilicet illi qui legalia servabant, iudicabant tamquam transgressores eos qui non servabant. Et illi qui non servabant, contemnebant tamquam errantes et ignorantes qui servabant. Supra II, 15: cogitationum invicem accusantium aut defendentium, etc..

Deinde, cum dicit alius enim, etc., exponit quod dixerat. Et primo ostendit qui sunt infirmi in fide; secundo ostendit qualiter sint disceptationes cogitationum vitandæ, ibi is qui manducat, etc..

Circa primum considerandum est quod inter cæteras legales observantias una erat discretio ciborum propter aliquos cibos in lege prohibitos, ut patet Lev. XI, 2 ss.; et hac quidem observantia quotidie erat utendum vel non utendum. Et ideo de hoc mentionem fecit specialiter apostolus, dicens alius enim, inter vos, qui scilicet est perfectus in fide, credit se posse licite manducare omnia, eo quod non reputat se astrictum ad legales observantias.

Matth. XV, 11: quod intrat in os non coinquinat hominem. I Tim. IV, 4:

Commentaria in Epistolis S. Pauli

omnis creatura Dei bona est, et nihil reiiciendum, quod cum gratiarum actione accipitur, etc..

In veteri autem lege prohibebantur aliqui cibi, non quia naturaliter essent immundi. Sicut enim in verbis hoc nomen stultus significat aliquod malum, quamvis hoc nomen sit bonum, ita in rebus quoddam animal bonum est secundum naturam, sed significatione est malum, sicut porcus, qui significat immunditiam. Et ideo prohibitus est antiquis esus illarum carnium, ut significaretur in eorum vitatione vitatio immunditiæ.

Tota enim illius veteris populi vita figuralis erat, ut Augustinus dicit in libro contra faustum. Veniente autem Christo qui est veritas, cessaverunt figuræ.

Subdit autem quantum ad infirmum qui autem infirmus est, olus manducet, quasi dicat: illis cibis utatur quibus non occurrit aliquod immundum in lege prohibitum.

In singulis enim generibus animalium, puta terrestribus, volatilibus et aquaticis, quædam genera erant concessa et quædam prohibita; sed in herbis et arboribus nihil erat prohibitum, ut patet Levit. XI, 1..

Et huius potest esse ratio duplex. Una est quia terræ nascentia fuerunt a principio concessa homini ad edendum, secundum illud Gen. I, 29: ecce dedi vobis omnem herbam afferentem semen super terram, et universa ligna quæ habent in semetipsis sementem generis sui, ut sint vobis in escam. Sed post diluvium primo legitur homini concessus carnium esus. Unde dicitur Gen. IX, 3: quasi olera virentia tradidi vobis omnia, scilicet animalium genera.

Alia ratio est, quia primam prohibitionem de abstinendo a quibusdam terræ nascentibus homo in Paradiso transgressus fuerat, ut patet Gen. III, 1.; et propter hoc non erat ei similis prohibitio iteranda.

Sed cum legalia cessaverunt in Christi passione, videtur quod inconvenienter apostolus infirmis in fide permittat quod a cibis prohibitis in lege abstineant, quod nunc in christianis non sustinetur ab ecclesia.

Sed distinguendum est triplex tempus, secundum Augustinum, quantum ad legalia.

Quorum primum est tempus ante passionem Christi, in quo legalia suum robur obtinebant quasi adhuc viventia. Secundum autem tempus est post passionem Christi ante divulgationem evangelii, in quo quidem tempore legalia mortua erant, quia nullus ad ea tenebatur, nec observata aliquid conferebant alicui, nondum tamen erant mortifera, quia sine peccato poterant Iudæi ad Christum conversi legalia observare: et pro illo tempore loquitur hic apostolus. Tertium autem tempus est post divulgationem evangelii, in quo legalia non solum sunt mortua sed mortifera, ut quisquis ea observet, peccet mortaliter.

Exponitur autem et aliter in Glossa, ut dicatur infirmus qui est ad lapsus vitiorum carnalium pronus, et huic consulendum est quod comedat olus,

Ad Romanos

id est, tenues et aridos cibos qui non sunt fomentum vitiorum, et abstineat ab illis quibus excitatur libido. Sed alius qui est fortior credit se absque periculo posse omnia manducare. Et hæc differentia apparet inter discipulos Christi qui non ieiunabant, tamquam confortati præsentia Christi et discipulos Ioannis baptistæ qui ieiunabant.

Unde et poenitentiam agentes a quibusdam cibis abstinent non propter eorum immunditiam, sed ad libidinem refrenandam.

Deinde, cum dicit is qui manducat, etc., exponit quomodo sunt vitandæ disceptationes cogitationum.

Et primo quantum ad perfectos, dicens is qui manducat, scilicet cum secura conscientia omnia vel etiam sine periculo libidinis, non spernat non manducantem, scilicet indifferenter omnia, tamquam infirmum in fide, vel quasi pronum ad vitia. Is. XXXIII, 1: væ qui spernis, nonne et ipse sperneris? Lc. X, 16: qui vos spernit, me spernit.

Secundo loquitur quantum ad infirmos, dicens et qui non manducat, scilicet indifferenter omnia, vel quia est infirmus in fide, de quo loquitur apostolus, vel etiam quia pronus est ad libidinem, non iudicet manducantem, scilicet indifferenter omnia, quasi transgressorem legis, vel quasi in libidinem præcipitem. Matth. VII, 1: nolite iudicare, et non iudicabimini. Supra II, 1: inexcusabilis es, o homo omnis qui iudicas.

Deinde cum dicit Deus enim illum assumpsit, etc., assignat tres rationes propter quas debemus a falso iudicio abstinere.

Secunda ponitur, ibi suo Domino, etc.; tertia, ibi tu autem qui iudicas, etc..

Prima ratio sumitur ex auctoritate iudicantis.

Unde primo ostendit hanc charitatem Deo competere; secundo concludit quod iudicium ad homines non pertinet, ibi tu quis es, etc..

Dicit ergo primo: recte dictum est quod qui non manducat manducantem non iudicet, Deus enim assumpsit illum, scilicet in servum a se iudicandum. Zac. XI, 7: assumpsi mihi duas virgas, id est duos populos.

Ps. XVII, 17: assumpsit me de aquis multis.

Ille autem qui assumitur ad superioris iudicium, non debet ab inferiori iudicari.

Et ideo concludit tu quis es, id est, cuius auctoritatis vel virtutis es, qui iudicas alienum servum? id est proximum tuum, qui est servus Dei? requiritur enim in iudicante auctoritas, secundum illud Ex. II, 14: quis constituit te principem et iudicem super nos? et, Lc. XII, 14: quis me constituit iudicem aut divisorem super vos? sed ex hac ratione sequi videtur hominis iudicium de alio homine esse illicitum.

Sed dicendum est quod intantum hominis iudicium licitum est, inquantum agitur auctoritate concessa divinitus. Unde dicitur Deut. I, 16:

Commentaria in Epistolis S. Pauli

audite illos, et quod iustum est iudicate, et postea sequitur quia Dei est iudicium, id est auctoritate divina agitur. Si quis vero velit sibi usurpare iudicium super ea quæ non sunt ei divinitus concessa ad iudicandum, est iudicium temerarium, sicut si quis iudex delegatus a Papa vellet in iudicando transgredi mandati fines. Deus autem soli sibi reservavit iudicare occulta, quæ præcipue sunt cogitationes cordium et futura. Et ideo si quis de his iudicare præsumpserit, est temerarium iudicium. Unde Augustinus dicit in libro de sermone Domini in monte: in his duobus temerarium est iudicium, cum videlicet incertum sit quo animo quid factum sit; vel incertum qualis futurus sit qui nunc vel bonus vel malus apparet.

Deinde cum dicit suo Domino stat, aut cadit, etc., ponit secundam rationem, quæ quidem sumitur ex fine meriti vel demeriti.

Posset aliquis dicere quod licet homo non habeat iudiciariam auctoritatem, tamen intromittere se debet iudicio alterius propter damnum vel fructum qui inde provenit; sed apostolus ostendit hoc ad Deum magis quam ad homines pertinere. Et sic etiam propter hoc debemus Deo proximorum iudicia relinquere, nisi inquantum vice ipsius fungimur in iudicando per auctoritatem nobis commissam: circa hoc tria facit.

Primo proponit quod intendit; secundo exemplificat, ibi nam alius iudicat, etc.; tertio probat propositum, ibi qui sapit diem, etc..

Circa primum duo proponit.

Primo quod quidquid circa hominem accidit, ad Deum pertinet, cum dicit suo Domino stat, scilicet recte agendo Ps. CXXI, 2: stantes erant pedes nostri in atriis tuis, Ierusalem; aut cadit, scilicet peccando Amos V, 1: domus Israel cecidit, et non adiiciet ut resurgat.

Ponit autem sub disiunctione stat aut cadit, propter incertitudinem, quia multi videntur cadere qui stant, et e converso, secundum illud Eccle. VIII, 10: vidi impios sepultos, qui cum adhuc viverent, in loco sancto erant, et laudabantur in civitate quasi iustorum operum. Loquitur autem hic apostolus secundum similitudinem hominis servi, ad cuius Dominum pertinet omne quod circa servum agitur.

Nec intelligendum est quod Deo aliquid proficiat vel noceat, si homo stet aut cadat.

Dicitur enim Iob XXXV, 6: si peccaveris, quid ei nocebis? porro si iuste egeris, quid ei donabis? sed quantum ad homines, id quod iuste agimus, ad gloriam Dei spectat.

Matth. V, 16: ut videant opera vestra bona, et glorificent patrem vestrum qui in cælis est.

Quod autem cadimus peccando, est hominibus occasio blasphemandi Deum. Supra II, 24: nomen Dei propter vos blasphematur inter gentes.

Vel quod dicit suo Domino stat, aut cadit, exponendum est in iudicio Domini sui. I Cor. IV, 4: qui iudicat me, Dominus est.

Ad Romanos

Secundo ostendit quod hominis statum iudicare ad Deum pertinet, dicens stabit autem. Quasi dicat: et si aliquis nunc cadat per peccatum, tamen potest esse quod iterum stabit. Et hoc omnino implebitur, si est prædestinatus. Ps. XL, 9: numquid qui dormit non adiiciet ut resurgat? Mich. VII, 8: ne læteris, inimica mea, quia cecidi, resurgam.

Et propter hoc si videmus aliquem manifeste cadentem, non debemus eum despicere, temerarie iudicando de eo quod numquam resurget, sed magis debemus præsumere quod iterum stabit, non ex consideratione conditionis humanæ, sed considerando virtutem divinam. Unde cum dicit potens est Deus statuere illum, propter eius bonitatem præsumere debemus, quod iterum statuet eum, Ez. III, 24: ingressus est in me spiritus, et statuit me supra pedes meos, sicut et supra dictum est: si non permanserint in incredulitate, inserentur; potens enim est Deus iterum inserere illos.

Deinde, cum dicit nam alius iudicat, etc., exemplificat quod dictum est.

Et, primo, proponit diversitatem humanæ sententiæ, dicens: ideo dico quod suo Domino stat, aut cadit, nam alius iudicat inter diem et diem, id est iudicat inter unum diem et alium, ut scilicet uno die abstineat et non alio. Quod quidem videtur pertinere ad infirmum in fide, qui reputat adhuc legalia esse observanda. Dicitur enim lev. XXIII, 27: decimo die mensis septimi dies expiationum erit, affligetisque animas vestras in eo. Et Iudith VIII, 6 dicitur quod Iudith ieiunabat omnibus diebus vitæ suæ præter sabbata et Neomenias et festa domus Israel.

Alius autem iudicat omnem diem indifferenter esse observandum quantum ad cæremonialia legis, quæ iam cessaverunt. Unde hoc videtur pertinere ad eum qui est perfectus in fide. Ps. CXLIV, 2: per singulos dies benedicam tibi.

Potest hoc etiam referri ad abstinentias quæ fiunt causa cohibendæ libidinis, quibus omni die aliqui vacant, puta qui perpetuo a carnibus vel vino abstinent vel ieiunant, quidam autem interpositis diebus abstinent et ab abstinentia cessant, secundum illud Eccle. III, 1: omnia tempus habent.

Secundo ostendit hæc omnia posse ad Dei gloriam pertinere, dicens unusquisque in sensu suo abundet, id est suo sensui dimittatur. Abundare enim in sensu suo est sensum suum sequi. Eccli. XV, 14: Deus ab initio constituit hominem, et reliquit illum in manu consilii sui. Vel in sensu suo, id est secundum sensum suum studeat abundare ad gloriam Dei, secundum illud I Cor. XIV, 12: ad ædificationem ecclesiæ quærite ut abundetis.

Sed hoc videtur locum habere in his quæ non sunt secundum se mala. In his autem quæ sunt secundum se mala, non est homo suo sensui relinquendus. Quod autem aliquis iudicet diem inter et diem, videtur esse secundum se malum, secundum primam expositionem.

Dicitur enim Gal. IV, 10 s.: dies observatis, et menses, et tempora, et

Commentaria in Epistolis S. Pauli

annos, timeo ne sine causa laboraverim in vobis. Et loquitur ibi ad litteram de his qui dixerunt dies observandos secundum cæremonias legis.

Sed dicendum, quod apostolus hic loquitur secundum tempus illud in quo, Iudæis ad fidem conversis, licitum erat legalia observare, ut dictum est. Sed quantum ad secundam expositionem videtur esse illicitum, quod dicit: alius iudicat omnem diem. Sunt enim quidam dies in quibus non est licitum ieiunare. Dicit enim Augustinus in epistola ad casulanum: quisquis diem dominicum ieiunio decernendum esse putarit, non parvo scandalo esset ecclesiæ, nec immerito. Illis enim diebus quibus nihil certi statuit ecclesia vel Scriptura divina, mos populi Dei et instituta maiorum, pro lege tenenda sunt. Et in decretis dicitur d. 30: si quis presbyter propter publicam poenitentiam a sacerdote acceptam absque alia necessitate die dominica pro quadam religione ieiunaverit, sicut Manichæi, anathema sit.

Sed intelligendum est quod hic apostolus loquitur quantum ad illas abstinentias, quæ quolibet die licite fieri possunt absque dissonantia communis consuetudinis, vel eorum quæ sunt a maioribus instituta.

Deinde, cum dicit qui sapit diem, etc., probat propositum, quod scilicet unusquisque suo Domino stet aut cadat: et hoc tripliciter.

Primo per actum fidelium; secundo per intentionem eorum, ibi nemo enim vestrum, etc.; tertio per eorum conditionem, ibi sive ergo vivimus, sive morimur, etc..

Probat ergo primo quomodo unusquisque fidelium suo Domino stat aut cadit, per hoc quod de omnibus quæ fecit secundum suam conscientiam gratias agit Deo. Unde dicit qui sapit diem, ut scilicet uno die abstineat et alio die ab abstinentia cesset, Domino sapit, id est ad reverentiam Dei cibos discernit, sicut etiam nos discernimus vigilias festorum in quibus ieiunamus, a diebus festis quibus ieiunium solvimus propter reverentiam Dei. Eccli. XXXIII, 7: quare dies diem superat, et iterum lux lucem.

Deinde loquitur quantum ad illos qui iudicant omnem diem, quorum quidam omni die a ieiunio cessabant, sicut dicitur Matth. IX, 14 quod discipuli Christi non ieiunabant.

Unde dicit et qui manducat, scilicet omni die, Domino manducat, id est ad gloriam Domini, quod per hoc patet, gratias enim agit Deo, scilicet de cibo assumpto.

I Tim. IV, 3: abstinere a cibis quos Deus creavit ad percipiendum cum gratiarum actione fidelibus. Ps. XXI, 27: edent pauperes et saturabuntur, etc..

Ulterius quantum ad eum qui sic iudicat omnem diem, ut scilicet omni die abstineat, subdit et qui non manducat, id est abstinet omni die, Domino, id est, ad honorem Domini, non manducat. Et hoc patet per hoc quod gratias agit Deo qui sibi dedit voluntatem, et virtutem abstinendi. I Thess. Cap. Ult.: in omnibus gratias agite.

Sed quod hic dicit apostolus de his qui omni die vel abstinebant vel ab abstinentia cessabant, debet intelligi quantum ad illud tempus in quo hoc non erat contrarium statutis maiorum, nec communi consuetudini populi Dei.

Deinde cum dicit nemo enim vestrum sibi vivit, etc., probat idem ex intentione fidelium.

Et, primo, excludit inordinatam intentionem, dicens: recte dico quod unusquisque Domino suo stat aut cadit, nemo nostrum sibi vivit vel naturali vita vel spirituali, de qua dicitur Hab. II, 4: iustus autem meus ex fide vivit. Sibi, id est propter seipsum, quia hoc esset frui seipso. I Cor. X, 33: non quærens quod mihi utile est. Ps. CXIII, 9: non nobis, Domine, non nobis, etc.; vel sibi, id est, secundum suam regulam, sicut qui dicunt Sap. II, 11: sit fortitudo nostra lex iniustitiæ; vel sibi, id est suo iudicio, I Cor. IV, 3: sed neque meipsum iudico.

Et nemo moritur, scilicet morte corporali vel morte spirituali peccando, vel etiam morte spirituali qua quis moritur vitiis, puta in baptismo, secundum illud supra VI, 7: qui mortuus est iustificatus est a peccato; vel sibi, id est suo iudicio, vel propter seipsum aut suo exemplo; sed exemplo Christi moritur aliquis a vitiis. Rom. VI, 10: quod enim mortuus est peccato, mortuus est semel; et infra: ita et vos existimate vos mortuos esse peccato.

Ad Romanos

Secundo ostendit qualis sit recta intentio fidelium, dicens sive enim vivimus, vita corporali, Domino vivimus, id est ad gloriam Domini; sive morimur, morte corporali, Domino morimur, id est ad honorem Domini. Phil. I, 20: magnificabitur Christus in corpore meo sive per mortem sive per vitam.

Vel sic exponatur quod dicit vivimus et morimur de vita et morte spirituali, exponendum est quod dicit Domino, id est iudicio Domini qui constitutus est a Deo iudex vivorum et mortuorum, ut dicitur Act. X, 42.

Deinde cum dicit sive ergo vivimus, etc., ostendit propositum ex conditione fidelium.

Et, primo, concludit ex præmissis conditionem fidelium, scilicet quod non sunt sui, sed alterius. Illi enim qui sui sunt, sicut liberi homines, sibi vivunt et sibi moriuntur.

Quia ergo dictum est quod fideles non sibi vivunt aut moriuntur sed Domino, concludit sic sive ergo vivimus, sive morimur, Domini sumus, quasi servi eius qui habet potestatem vitæ et mortis. I Cor. VII, 23: pretio empti estis, nolite fieri servi. I Cor. VI, 20: empti enim estis pretio magno. I par. XII, 18: tui sumus, o David, et tecum, fili Isai.

Secundo assignat causam huius conditionis, dicens in hoc enim Christus mortuus est, et resurrexit, id est hoc adeptus est sua morte et resurrectione, ut vivorum dominaretur, quia resurrexit, vitam novam et perpetuam inchoando, et

Commentaria in Epistolis S. Pauli

mortuorum, quia mortem nostram moriendo destruxit. II Cor. V, 15: pro quibus mortuus est Christus, ut qui vivunt, iam non sibi vivant, sed ei qui pro eis mortuus est, et resurrexit.

Sic igitur per omnia prædicta apostolus probavit, quod unusquisque Domino suo stat aut cadit, per hoc scilicet quod fideles gratias agunt Deo, et quod Domino vivunt et moriuntur, et quod Domini sunt et in morte et in vita.

Deinde cum dicit tu autem quid iudicas, etc., ponit tertiam rationem quæ sumitur ex futuro iudicio.

Et circa hoc tria facit. Primo proponit superfluitatem præsentis iudicii, dicens tu autem quid iudicas? id est qua utilitate vel necessitate iudicas, fratrem tuum, temere de occultis, quæ tuo iudicio non sunt commissa? aut tu, alius qui iudicaris, quare spernis fratrem tuum, pro nullo reputans ab eo iudicari? Mal. II, 10: quare despicit unusquisque fratrem suum? secundo prænuntiat futurum Christi iudicium, quasi dicat: recte dico cur iudicas, quia non debes timere quod absque iudicio remaneat, omnes enim stabimus ante tribunal Christi. Dicitur enim tribunal Christi eius iudiciaria potestas, sicut et Matth. XXV, 21 dicitur: cum venerit filius hominis in maiestate sua, tunc sedebit super sedem maiestatis suæ.

Dicit autem omnes stabimus, quasi iudicandi, tam boni quam mali, quantum ad remunerationem vel punitionem. II Cor. V, 10: omnes nos manifestari oportet ante tribunal Christi, ut referat unusquisque propria corporis prout gessit, sive bonum sive malum.

Sed quantum ad discussionem non omnes stabunt ut iudicandi, sed quidam consedebunt, ut iudices. Matth. XIX, 28: sedebitis super sedes, iudicantes duodecim tribus Israel.

Tertio, ibi scriptum est enim, etc., probat quod dixerat. Et primo inducit auctoritatem; secundo infert conclusionem, ibi itaque unusquisque, etc..

Dicit ergo primo: dictum est quod omnes stabimus ante tribunal Christi, et hoc patet per auctoritatem sacræ Scripturæ.

Scriptum est enim, Is. XLV, 23, vivo ego, dicit Dominus: quoniam mihi flectetur omne genu, et omnis lingua confitebitur Deo.

Littera nostra sic habet: in memetipso iuravi, quia mihi curvabitur omne genu et iurabit omnis lingua.

Tria autem in his verbis ponuntur.

Primo quidem iuramentum, quod interdum in verbis Dei ponitur ad ostendendum id, quod dicitur, firmum esse immutabilitate divini consilii, non autem esse mutabile sicut ea quæ prænuntiantur secundum causas inferiores, ut prophetia comminationis.

Unde dicitur in Ps. CIX, 4: iuravit Dominus, et non poenitebit eum. Homines autem, ut apostolus dicit Hebr. VI, 16: per maiorem sui iurant. Quia vero Deus non habet maiorem in quo maior firmitas consistat veritatis,

Ad Romanos

per seipsum iurat.

Ipse autem est ipsa vita et fons vitæ, secundum illud Deut. XXX, 20: ipse est enim vita tua, et longitudo dierum tuorum, etc., Ps. XXXV, 10: apud te est fons vitæ, etc.; et ideo forma iuramenti Domini est vivo ego, quasi dicat: iuro per vitam qua ego singulariter vivo.

Secundo prænuntiatur subiectio communis creaturæ ad Christum, cum dicitur quoniam mihi, scilicet Christo, flectetur omne genu. In quo designatur perfecta subiectio rationalis creaturæ ad Christum. Solent enim homines in signum subiectionis maioribus flectere genua. Unde Phil. II, 10 dicitur: in nomine Iesu omne genu flectatur cælestium, terrestrium et infernorum.

Tertio prænuntiat fidei confessionem qua omnes gloriam Christi confitebuntur.

Unde sequitur et omnis lingua confitebitur Deo, id est confitebitur Christum esse Dominum, secundum illud Phil. II, 11: omnis lingua confiteatur, quia Dominus noster Iesus Christus in gloria est Dei patris.

Omnis enim lingua intelligi potest expressio cognitionis sive hominum, sive Angelorum, secundum illud I Cor. XIII, 1: si linguis hominum loquar et Angelorum, etc..

Hoc autem impletur nunc in hac vita, non quantum ad singulos homines sed quantum ad genera singulorum. De quolibet enim genere hominum nunc aliqui Christo subiiciuntur et ei confitentur per fidem, sed in futuro iudicio omnes et singuli ei subiicientur: boni quidem voluntarie, mali autem inviti. Unde dicitur Hebr. II, 8: in eo quod ei omnia subiecit, nihil dimisit non subiectum ei: nunc autem necdum videmus omnia subiecta ei.

Deinde, cum dicit itaque unusquisque, etc., infert conclusionem ex dictis.

Et primo conclusionem intentam ex eo quod immediate dixerat, dicens itaque, ex quo Christo flectitur omne genu, unusquisque nostrum per se reddet rationem Deo, scilicet ante tribunal Christi. Matth. XII, 36: de omni verbo otioso quod locuti fuerint homines, reddent Deo rationem in die iudicii. Et XVIII, 23: assimilatum est regnum cælorum homini regi qui voluit rationem ponere cum servis suis.

Sed videtur quod non quilibet per se rationem reddet, sed unus pro alio.

Hebr. Cap. Ult.: obedite præpositis vestris et subiacete eis. Ipsi enim pervigilant quasi rationem reddituri pro animabus vestris.

Sed dicendum quod in hoc ipso quod prælati pro aliis rationem reddent, reddent rationem pro suis actibus quos circa subditos agere debuerunt. Si enim fecerunt quod competebat eorum officio, non eis imputabitur si subditi pereant. Imputaretur autem eis si negligerent facere quod eorum officium requirebat.

Unde dicitur Ezech. III, 18 s.: si dicente me ad impium, morte morieris, non annuntiaveris ei, ipse in iniquitate sua morietur, sanguinem autem eius de manu tua requiram.

Si autem tu annuntiaveris impio, et ille

non fuerit conversus, ipse quidem in iniquitate sua morietur, tu autem animam tuam liberasti.

Secundo infert conclusionem principaliter intentam in tota præcedenti parte, dicens non ergo amplius invicem iudicemus, scilicet temerario iudicio, quod includitur rationibus supradictis. I Cor. IV, 5: nolite ante tempus iudicare, etc..

Lectio 2

Postquam apostolus prohibuit humana iudicia, hic prohibet scandalum proximorum, et circa hoc duo facit.

Primo proponit quod intendit; secundo manifestat propositum, ibi si enim propter cibum, etc..

Circa primum proponit tria.

Primo enim docet scandala esse vitanda, dicens: dixi quod non iudicetis invicem sed unusquisque de suis actibus iudicare debet, ne sint in scandalum aliorum. Et hoc est quod dicit sed hoc iudicate magis ne ponatis fratribus offendiculum, vel scandalum.

Scandalum autem, sicut dicit Hier. Super Matthæum, notat offendiculum vel ruinam, quam impactionem pedis possumus dicere.

Unde scandalum est factum vel dictum minus rectum, præbens alicui occasionem ruinæ, ad similitudinem lapidis ad quem in via positum homo impingit, et cadit.

Maius autem aliquid videtur esse scandalum quam offendiculum. Nam offendiculum potest esse quicquid retinet seu retardat motum procedentis: scandalum autem, id est, impactio, videtur esse cum aliquis disponitur ad casum. Non ergo debemus fratri ponere offendiculum ut aliquid faciamus, unde impediatur proximus a via iustitiæ. Is. LVI, 14: auferte offendiculum de via populi mei. Neque etiam debemus fratri ponere scandalum, aliquid faciendo, unde ipse inclinetur ad peccatum.

Matth. XVIII, 7: væ homini illi per quem scandalum venit.

Secundo docet id ex quo scandalum putabatur esse, secundum suam naturam, sive secundum se licitum.

Circa quod sciendum est quod, sicut supra dictum est, apud Romanos erant quidam ex Iudæis ad fidem Christi conversi, qui cibos secundum legem discernebant; alii vero habentes fidem perfectam indifferenter omnibus cibis utebantur, quod quidem secundum se licitum erat. Unde dicit scio et confido in Domino Iesu, quia nihil est commune per ipsum.

Circa quod notandum est, sicut dicit hier.

Super Matth., quod populus Iudæorum partem Dei se esse iactans, communes cibos vocat quibus omnes utuntur homines, verbi gratia suillam carnem, lepores et huiusmodi; et cæteræ gentes, quæ talibus utebantur cibis, non erant de parte Dei, ideo talis cibus immundus appellatur.

Quod ergo dicit nihil commune est, idem est ac si diceret: nihil immundum est.

Et hoc quidem apostolus, primum, dicit se scire, quia ita est secundum rerum naturam, secundum illud I Tim. IV, 4: omnis creatura Dei bona, et nihil reiiciendum quod cum gratiarum actione percipitur. Secundo dicit se confidere in Christo Iesu, quia per seipsum nihil est commune, quia scilicet cibi secundum suam naturam nunquam fuerunt immundi, vitabantur tamen aliquo tempore ut immundi, secundum legis præceptum propter figuram, sed hoc Christus removit implendo omnes figuras. Et ideo apostolus per fiduciam quam habet in Domino Iesu, asserit nihil esse commune vel immundum per ipsum, id est, ipso hoc faciente. Act. X, 15: quod Deus purificavit, tu ne commune dixeris.

Tertio ostendit quomodo hoc posset esse per accidens illicitum, inquantum scilicet est contra conscientiam manducantis.

Unde dicit: dictum est quod nihil est commune, sed hoc intelligendum est nisi ei qui, erronea conscientia, æstimat quid, id est aliquid ciborum, commune esse, id est immundum, illi commune est, id est ita est illicitum sibi, ac si esset secundum se immundum.

Tit. I, 15: omnia munda mundis, coinquinatis autem et infidelibus nihil mundum est, sed inquinata est eorum mens, et conscientia.

Et sic apparet quod aliquid, quod est secundum se licitum, efficitur illicitum ei qui id contra suam conscientiam agit, licet conscientia sua sit erronea, quod rationabiliter accidit. Nam actus iudicantur secundum voluntatem agentium, voluntas autem movetur a re apprehensa. Unde in id voluntas tendit quod ei vis apprehensiva repræsentat, et secundum hoc qualificatur, vel specificatur actio. Si igitur ratio alicuius iudicet aliquid esse peccatum et voluntas feratur in id faciendum, manifestum est quod homo habet voluntatem faciendi peccatum; et ita actio eius exterior, quæ informatur ex voluntate, est peccatum. Et eadem ratione si aliquis æstimet id quod est veniale peccatum, esse mortale peccatum, si hac conscientia durante illud faciat, manifestum est quod elegit peccare mortaliter, et ita actio eius propter suam electionem est peccatum mortale.

Si tamen aliquis post factum habeat conscientiam erroneam, per quam credat id quod est licitum a se factum fuisse peccatum, vel quod est veniale fuisse mortale, non propter hoc efficitur id quod est prius, vel peccatum, vel mortale, quia voluntas et actio non informantur ex apprehensione sequenti, sed ex præcedenti.

Hæc autem quæ dicta sunt dubitationem non habent, sed dubium potest esse, utrum si aliquis habeat erroneam conscientiam ut credat esse necessarium ad salutem quod est peccatum mortale, puta si aliquis æstimet se peccare mortaliter nisi furetur vel fornicetur, utrum talis conscientia eum liget, ita scilicet si contra conscientiam agat, mortaliter

Commentaria in Epistolis S. Pauli

peccet.

Et videtur quod non. Primo quidem quia lex Dei quæ prohibet fornicationem et furtum, fortius ligat, quam conscientia.

Secundo quia hoc posito esset perplexus, peccaret enim et fornicando et non fornicando.

Sed dicendum est quod etiam in per se malis conscientia erronea ligat. In tantum enim conscientia ligat, ut dictum est, inquantum ex hoc quod aliquis contra conscientiam agit, sequitur quod habeat voluntatem peccandi; et ita si aliquis credat non fornicari esse peccatum mortale, dum eligit non fornicari, eligit peccare mortaliter, et ita mortaliter peccat. Et ad hoc etiam facit quod hic dicit apostolus. Manifestum est enim quod discernere cibos quasi necessarium ad salutem erat illicitum, quia nec Iudæis conversis etiam ante divulgationem evangelii licebat servare legalia, spem ponendo in eis, quasi essent necessaria ad salutem, ut Augustinus dicit.

Et tamen apostolus hic dicit quod si quis habens conscientiam cogentem discernere cibos, quod est æstimare aliquid esse commune, et non discernit eos, scilicet abstinendo ab eis, peccat ac si manducaret immundum.

Et ita etiam in per se illicitis conscientia erronea ligat.

Nec obstat quod primo obiicitur de lege Dei, quia idem est ligamen conscientiæ etiam erroneæ et legis Dei. Non enim conscientia dictat aliquid esse faciendum vel vitandum,

nisi quia credit hoc esse contra vel secundum legem Dei. Non enim lex nostris actibus applicatur, nisi mediante conscientia nostra.

Similiter etiam nec obstat quod secundo obiicitur. Nihil enim prohibet aliquem esse perplexum aliquo supposito, licet nullus sit perplexus simpliciter, sicut sacerdos fornicarius, sive celebret Missam, sive non celebret quando debet ex officio, peccat mortaliter; non tamen est perplexus simpliciter, quia potest peccatum dimittere et celebrare. Et similiter potest aliquis conscientiam erroneam dimittere, et a peccato abstinere.

Est autem adhuc alia dubitatio.

Non enim dicitur scandalizare qui facit opus rectum, licet etiam ex eo aliquis sumat materiam scandali, legitur enim Matth. XV, 12 quod Pharisæi audito verbo Christi, scandalizati sunt. Sed non discernere cibos est opus rectum: ergo non est dimittendum propter scandalum eius qui perversam conscientiam habet errans in fide. Nam secundum hoc catholici deberent abstinere a carnibus et matrimonio, ne inde hæretici scandalizarentur secundum erroneam conscientiam.

Sed dicendum est quod aliquis scandalizare alium potest, non solum faciendo aliquod malum, sed etiam aliquid faciendo quod habet speciem mali, secundum illud I Thess. Cap. Ult.: ab omni specie mali abstinete vos. Dicitur autem aliquid habere speciem mali dupliciter. Primo videlicet secundum opinionem eorum qui sunt ab ecclesia præcisi; secundo, secundum opinionem eorum qui adhuc ab ecclesia tolerantur. Infirmi autem in fide, æstimantes legalia esse observanda, adhuc tolerabantur ab ecclesia ante evangelii divulgationem. Et ideo non erat comedendum cum eorum scandalo de cibis in lege prohibitis. Hæretici autem non tolerantur ab ecclesia, et ideo de eis non est similis ratio.

Deinde cum dicit si enim propter cibum, etc., manifestat quod dixerat. Et primo primum, scilicet quod non sit ponendum scandalum fratribus; secundo, secundum et tertium, quomodo scilicet sit aliquid commune, ibi omnia quidem munda sunt, etc..

Circa primum ponit quatuor rationes quarum prima sumitur ex parte charitatis, dicens si enim frater tuus contristatur, de hoc quod reputat te peccare, propter cibum quem tu comedis, quem ipse reputat immundum, iam non secundum charitatem ambulas, secundum quam aliquis proximum suum diligit sicut seipsum. Et ita vitat eius contristationem et non præfert cibum quieti fratris, quia, ut dicitur I Cor. XIII, 5: charitas non quærit quæ sua sunt.

Secundam rationem ponit, ibi noli cibo tuo, etc., quæ sumitur ex parte mortis Christi.

Videtur enim parum appretiare mortem Christi, qui pro cibo fructum eius evacuare non recusat. Unde dicit noli cibo tuo, quem tu scilicet indifferenter comedis non discernendo cibos, illum perdere, id est scandalizare, pro quo, id est pro cuius salute, Christus mortuus est. I Petr. III, 18: Christus semel mortuus est pro peccatis nostris, iustus pro iniustis.

Dicit autem illum perdi qui scandalizatur, quia scandalum passivum sine peccato scandalizati esse non potest. Ille enim scandalizatur qui occasionem sumit ruinæ. I Cor. VIII, 11: peribit infirmus in tua conscientia frater, pro quo Christus mortuus est.

Tertiam rationem ponit, ibi non ergo blasphemetur, etc.. Quæ sumitur ex donis spiritualis gratiæ. Et primo ostendit inconveniens quod sequitur contra huiusmodi dona ex eo quod alios scandalizamus; secundo manifestat quod dixerat, ibi non enim, etc.; tertio infert conclusionem intentam, ibi itaque quæ pacis sunt sectemur, etc..

Circa primum considerandum est, quod ex hoc quod aliqui indifferenter cibis utebantur in primitiva ecclesia cum scandalo infirmorum, hoc inconveniens sequebatur, quod infirmi fidem Christi blasphemabant, dicentes eam voracitatem ciborum inducere contra legis mandatum. Et ideo apostolus dicit: ex quo per Dominum Iesum factum est quod nihil est commune, non ergo bonum nostrum, id est fides vel gratia Christi, per quam libertatem a cæremoniis consecuti estis, blasphemetur ab infirmis dicentibus eam gulæ hominum indulgere. Iac. II, 7: ipsi blasphemant nomen bonum quod invocatum est super vos; de hoc bono dicitur in Ps. LXXII, 28: mihi adhærere Deo, bonum

Commentaria in Epistolis S. Pauli

est.

Deinde cum dicit non enim, etc., manifestat quod dixerat, scilicet in quo bonum nostrum consistat.

Et primo ostendit in quo non consistat, dicens non enim est regnum Dei esca et potus. Regnum autem Dei dicitur hic id per quod Deus regnat in nobis et per quod ad regnum ipsius pervenimus; de quo dicitur Matth. VI, 10: adveniat regnum tuum; et Mich. IV, 7: regnabit Dominus super omnes in monte sion. Deo autem coniungimur et subdimur per interiorem intellectum, et affectum, ut dicitur Io. IV, 24: spiritus est Deus, et eos qui adorant eum, in spiritu et veritate adorare oportet. Et inde est quod regnum Dei principaliter consideratur secundum interiora hominis, non secundum exteriora.

Unde dicitur Lc. XVII, 21: regnum Dei intra vos est.

Ea vero quæ sunt exteriora ad corpus pertinentia, intantum ad regnum Dei pertinent, inquantum per ea ordinatur, vel deordinatur interior affectus, secundum ea in quibus principaliter consistit regnum Dei. Et ideo cum esca et potus ad corpus pertineant, ipsa secundum se non pertinent ad regnum Dei, nisi secundum quod eis utimur, vel ab eis abstinemus. Unde dicitur I Cor. VIII, 8: esca autem nos non commendat Deo. Neque enim si non manducaverimus, deficiemus, neque si manducaverimus, abundabimus.

Pertinet tamen usus, vel abstinentia escæ et potus ad regnum Dei, inquantum affectus hominis circa hoc ordinatur, vel deordinatur.

Unde Augustinus dicit in libro de quæstionibus evangelii, et habetur hic in Glossa: iustificatur sapientia a filiis suis qui intelligunt non in abstinendo, nec in manducando esse iustitiam, sed in æquanimitate tolerandi inopiam, et in temperantia non se corrumpendi per abundantiam atque importunitatem sumendi. Non enim interest quomodo, ut in Glossa dicitur, quid alimentorum, vel quantum quis accipiat, dummodo id faciat pro congruentia hominum cum quibus vivit, et personæ suæ et pro valetudinis suæ necessitate; sed quanta facultate et severitate animi careat his, vel cum oportet vel cum necesse est his carere.

Secundo ostendit in quo consistat bonum nostrum, quod regnum Dei vocat, dicens sed regnum Dei est iustitia, et pax, et gaudium in spiritu sancto. Ut iustitia referatur ad exteriora opera, quibus homo unicuique reddit quod suum est et ad voluntatem huiusmodi opera faciendi, ut dicitur Matth. VI, 33: primum quærite regnum Dei et iustitiam eius. Pax autem referatur ad effectum iustitiæ. Per hoc enim pax maxime perturbatur, quod unus homo non exhibet alteri quod ei debet. Unde dicitur is. XXXII, 17: opus iustitiæ pax. Gaudium autem referendum est ad modum quo sunt iustitiæ opera perficienda; ut enim dicit Philosophus in I Ethic.: non est iustus qui non gaudet iusta operatione. Unde et in Ps. XCIX, 2 dicitur: servite Domino in lætitia.

Ad Romanos

Causam autem huius gaudii exprimit dicens in spiritu sancto. Est enim spiritus sanctus quo charitas Dei diffunditur in nobis, ut dicitur supra V, 6. Illud enim est gaudium in spiritu sancto, quod charitas parit, puta cum aliquis gaudet de bonis Dei et proximorum. Unde I Cor. XIII, 6 dicitur, quod charitas non gaudet super iniquitate, congaudet autem veritati. Et Gal. V, 22 dicitur: fructus autem spiritus est charitas, gaudium, pax.

Hæc autem tria quæ hic tanguntur, imperfecte quidem in hac vita habentur, perfecte autem quando sancti possidebunt regnum Dei sibi paratum, ut dicitur Matth. XXV, 34.

Ibi erit perfecta iustitia absque omni peccato.

Is. LX, 21: populus tuus omnes iusti. Ibi erit pax absque omni perturbatione timoris. Is. XXXII, 18: sedebit populus meus in pulchritudine pacis, in tabernaculis fiduciæ. Ibi erit gaudium. Is. XXXV, 10: gaudium et lætitiam obtinebunt, et fugiet dolor et gemitus.

Tertio probat quod dixerat, scilicet quod in his regnum Dei consistit. Ille enim homo videtur ad regnum Dei pertinere, qui placet Deo et a sanctis hominibus approbatur; sed hoc illi contingit in quo invenitur iustitia, pax et gaudium: ergo in his est regnum Dei. Dicit ergo: dictum est quod regnum Dei est iustitia, pax et gaudium in spiritu sancto, qui ergo in hoc servit Christo, qui est rex huius regni, secundum illud Col. I, 13: transtulit nos in regnum filii dilectionis suæ, ut scilicet vivat in iustitia, pace et spirituali gaudio, placet Deo, qui est huius regni auctor, Sap. IV, 10: placens Deo factus dilectus et probatus est hominibus, id est ab eis approbatur, qui sunt huius regni participes. Eccli. XXXI, 10: qui probatus est in illo, et perfectus inventus est.

Deinde cum dicit itaque, etc., infert admonitionem intentam, dicens: ex quo regnum Dei consistit in iustitia, pace et spirituali gaudio, itaque, ut ad regnum Dei pervenire possimus, sectemur ea quæ pacis sunt, id est ea studeamus adimplere per quæ christianorum pacem conservemus, Hebr. XII, 14: pacem sequimini et sanctimoniam, etc.. Custodiamus invicem ea quæ sunt ædificationis, id est ea per quæ invicem nos ædificemus, id est bonum conservemus, et in melius provocemur. I Cor. XIV, 12: ad ædificationem ecclesiæ quærite ut abundetis.

Quod quidem fiet si in iustitia et spirituali gaudio vixerimus.

Quartam rationem ponit, ibi noli propter escam, etc.. Quæ sumitur ex reverentia divinorum operum, quibus hoc reverentiæ debemus, ut ea quæ Deus operatur non debeamus destruere propter aliquod commodum corporale. Et hoc est quod dicit noli propter escam, quæ ad corporis utilitatem pertinet, destruere opus Dei. Quod quidem non intelligitur de quocumque Dei opere. Nam omnia quæ in cibum hominis veniunt, Dei opera sunt, sicut terræ nascentia et

Commentaria in Epistolis S. Pauli

animalium carnes, quæ sunt hominibus in cibum a Deo concessa, ut patet Gen. I, 29 et IX, 3. Sed intelligitur de opere gratiæ, quod in nobis ipsis specialiter operatur.

Phil. II, 13: Deus enim est qui operatur in nobis velle et perficere pro bona voluntate.

Hoc igitur opus Dei non debemus in proximo destruere propter escam nostram, sicut facere videbantur illi qui, turbatione et scandalo proximorum, indifferentibus utebantur.

Lectio 3

Postquam apostolus posuit rationem ad ostendendum, quod non debemus cum scandalo proximorum indifferenter sumere omnia, hic ostendit qualiter aliqui cibi possunt esse mundi et immundi.

Et circa hoc duo facit.

Primo proponit quæ sunt munda ex sua natura, dicens omnia quidem, quæ scilicet ad escam hominis pertinere possunt, munda sunt, scilicet ex sui natura, quia ex sui natura non habent quod animam hominis inquinent, secundum illud Matth. XV, 11: non enim omne quod intrat in os inquinat hominem.

I Tim. IV, 4: omnis creatura Dei bona. Dicebantur autem in lege quædam immunda, non natura, sed significatione, ut patet Lev. XI, 2 ss.. Sed et hanc immunditiam Christus removit, implendo veteris legis figuras.

Unde dictum est Petro, Act. X, 15: quod Deus purificavit, tu ne commune dixeris, id est immundum.

Secundo, ibi sed malum est homini, etc., ostendit qualiter aliquis cibus homini possit fieri immundus, ut scilicet ex eius esu secundum animam inquinetur, quod quidem ostendit fieri dupliciter.

Primo ex eo quod aliquis cibum quemcumque cum scandalo proximorum manducat; secundo ex eo quod contra conscientiam manducat, ibi beatus qui non iudicat, etc..

Circa primum tria facit. Primo ostendit quid circa esum ciborum sit malum, dicens: licet omnia ex sui natura sint munda, sed tamen malum est homini qui manducat, quemcumque cibum, per offendiculum, id est, cum confusione et scandalo proximorum.

Matth. XVIII, 7: væ homini illi per quem scandalum venit.

Secundo ostendit quid circa huiusmodi usum ciborum sit bonum, dicens bonum est non manducare carnem et non bibere vinum; quorum primum præcipuum esse videtur inter cibos, secundum inter potus.

Et ab his quidem abstinere ponit bonum esse, vel propter carnis concupiscentiam edomandam, secundum illud Eph. V, 18: nolite inebriari vino in quo est luxuria; vel etiam ut homo reddatur habilior ad spiritualia contemplanda, secundum illud Eccle. II, 3: cogitavi a vino abstrahere carnem meam, ut animum meum transferrem ad sapientiam.

Sed hoc non intendit hic apostolus dicere, sed quod bonum est his non uti cum scandalo proximorum, quod quidem apparet ex hoc quod subditur neque in quo frater tuus offenditur, etc.. Quod dico, non solum dico de vino et carnibus quod bonum est eis non uti, sed quocumque alio cibo; frater tuus offenditur, id est turbatur contra te, quasi illicite agentem, per quod pax eius perturbatur, aut scandalizatur, id est, ad casum peccati provocatur, propter quod læditur eius iustitia, aut infirmatur, id est saltem in dubitationem venit, utrum hoc quod agitur sit licitum, per quod eius spirituale gaudium diminuitur. Unde et ipse apostolus dicit I Cor. VIII, 13: si esca scandalizat fratrem meum, non manducabo carnem in æternum, ne fratrem meum scandalizem.

Sed cum licitum sit his cibis uti, si est ab his abstinendum propter hoc quod vitetur scandalum proximorum, videtur pari ratione quod ab omnibus licitis quæ non sunt necessaria ad salutem, sicut sunt necessaria iustitia, pax et spirituale gaudium, sit propter proximorum scandalum abstinendum.

Et ita videtur quod homini non liceat sua repetere cum scandalo proximi.

Sed dicendum est quod si scandalum ex infirmitate vel ex ignorantia proveniat eorum qui propter hoc scandalizantur, ad vitandum hoc scandalum, debet homo a licitis abstinere, si non sunt necessaria ad salutem. Hoc enim est scandalum pusillorum, quod Dominus vitari iubet, Matth. XVIII, 10: videte ne contemnatis unum ex his pusillis. Si vero huiusmodi scandalum ex malitia proveniat eorum qui scandalizantur, tale scandalum est quasi Pharisæorum, quod Dominus, Matth. XV, 12 ss., docuit esse contemnendum.

Unde ad vitandum huiusmodi scandalum non oportet a licitis abstinere.

Sed tamen circa scandalum pusillorum attendendum est, quod propter illud vitandum tenetur homo usum licitorum differre, quousque reddita ratione hoc scandalum amoveri possit. Si vero ratione reddita, adhuc scandalum maneat, iam non videtur ex ignorantia vel ex infirmitate procedere sed ex malitia: et sic iam pertinebit ad scandalum Pharisæorum.

Tertio excludit quamdam excusationem.

Posset enim aliquis dicere: licet proximus scandalizetur de hoc quod indifferenter ego cibis utor, tamen ad ostensionem meæ fidei, per quam certum est hoc mihi licere, volo indifferenter cibis uti.

Sed hanc rationem excludens apostolus dicit tu, qui scilicet indifferenter cibis uteris, fidem habes, rectam apud temetipsum, per quam constat licitum esse his cibis uti. Bona quidem et laudabilis est fides ista, sed habe eam in occulto, coram Deo, cui talis fides placet, Eccli. I, 34 s.: beneplacitum est Deo fides et mansuetudo. Quasi dicat: non oportet quod fidem istam manifestes per operis executionem, ubi hoc fit cum scandalo proximorum.

Commentaria in Epistolis S. Pauli

Sed contra videtur esse quod dicitur supra X, 10: corde creditur ad iustitiam, ore autem confessio fit ad salutem.

Non ergo videtur quod sufficiat corde solum coram Deo fidem habere, sed oportet huiusmodi fidem proximo manifestare, confitendo.

Dicendum est autem quod eorum quæ sunt fidei, quædam sunt quæ non sunt perfecte per ecclesiam manifestata, sicut in primitiva ecclesia nondum erat perfecte declaratum apud homines quod illi qui erant ex Iudæis conversi non tenerentur legalia observare, et sicut tempore Augustini nondum erat per ecclesiam declaratum quod anima non esset ex traduce. Unde in huiusmodi sufficit homini quod fidem habeat coram Deo, nec oportet quod fidem suam propalet cum scandalo proximorum, nisi forte apud eos qui habent de fide determinare.

Quædam vero sunt ad fidem pertinentia iam per ecclesiam determinata, et in talibus non sufficit fidem habere coram Deo, sed oportet quod coram proximo fidem quis confiteatur, quantumcumque ex hoc aliquis scandalizetur, quia veritas doctrinæ non est dimittenda propter scandalum, sicut nec Christus veritatem suæ doctrinæ propter scandalum Pharisæorum dimisit, ut habetur Matth. XV, 12 ss..

Sciendum etiam quod licet circa talia oporteat quod homo fidem suam manifestet confessione verborum, non tamen oportet quod eam manifestet executione operis, sicut si aliquis tenet fide uti matrimonio esse licitum, non requiritur ab eo quod matrimonio utatur ad fidei suæ manifestationem. Et sic etiam non requirebatur ab eis, qui rectam fidem habebant, quod fidem suam usu ciborum manifestarent.

Poterant enim manifestare verbotenus confitendo.

Deinde cum dicit beatus qui non iudicat, etc., ostendit quomodo ciborum usus efficitur aliquibus immundus, ex eo quod est contra conscientiam.

Et circa hoc tria facit.

Primo ostendit quid circa hoc sit bonum, ut scilicet de eo quod homo non facit non habeat conscientiam remordentem. Unde dicit beatus qui non iudicat semetipsum, id est cuius conscientia eum non reprehendit vel condemnat, in eo quod probat, id est approbat esse faciendum.

Sed hoc est intelligendum, si recta fide approbet esse aliquid faciendum. Si autem falsa opinione approbat aliquid esse faciendum, puta si arbitratur obsequium se præstare Deo, de eo quod discipulos Christi interficit, ut dicitur Io. XVI, 2, non excusatur ex eo quod circa hoc non iudicat semetipsum; imo beatior esset si circa hoc eum conscientia reprehenderet, inquantum per hoc a peccato magis prohiberetur. Sed in his quæ sunt licita, est intelligendum quod hic apostolus dicit. Hoc enim ad gloriam hominis pertinet quod eum sua conscientia non reprehendat.

Ad Romanos

II Cor. I, 12: gloria nostra hæc est, testimonium conscientiæ nostræ. Iob XXVII, 6: neque enim reprehendit me cor meum in omni vita mea.

Secundo ostendit quid circa hoc sit malum, ut scilicet contra conscientiam agat. Unde dicit qui autem discernit, id est, qui habet opinionem falsam quod oportuit cibos discernere, si manducaverit, scilicet cibos quos reputat esse illicitos, damnatus est, ex hoc quod quantum in ipso est, habet voluntatem faciendi quod est illicitum, et sic delinquit proprio iudicio condemnatus, ut dicitur Tit. III, 11.

Tertio assignat causam eius quod dixerat dicens quia non ex fide; ideo scilicet condemnatus est.

Potest autem hic fides dupliciter accipi: uno modo de fide quæ est virtus, alio modo secundum quod fides dicitur conscientia. Et hæ duæ acceptiones non differunt nisi secundum differentiam particularis et universalis.

Id enim quod universaliter fide tenemus, puta usum ciborum esse licitum vel illicitum, conscientia applicat ad opus quod est factum vel faciendum.

Dicitur ergo, ideo eum qui manducat et discernit, esse condemnatum, quia hoc non est ex fide, imo est contra fidem, id est contra veritatem fidei et contra conscientiam facientis.

Hebr. XI, 6: sine fide impossibile est placere Deo. Et quod hæc sit sufficiens causa condemnationis, ostendit subdens omne autem quod non est ex fide peccatum est. Ex quo videtur quod, sicut dicitur in Glossa omnis vita infidelium peccatum sit, sicut omnis vita fidelium est meritoria, inquantum ad Dei gloriam ordinatur, secundum illud I Cor. X, 31: sive manducatis, sive bibitis, sive aliquid aliud facitis, omnia in gloriam Dei facite.

Sed dicendum est quod aliter se habet fidelis ad bonum, et infidelis ad malum.

Nam in homine qui habet fidem formatam nihil est damnationis, ut supra VIII, 1 dictum est. Sed in homine infideli cum infidelitate est bonum naturæ. Et ideo cum aliquis infidelis ex dictamine rationis aliquod bonum facit, non referendo ad malum finem, non peccat. Non tamen opus eius est meritorium, quia non est gratia informatum. Et hoc est quod in Glossa dicitur: nihil bonum est sine summo bono, id est, nullum bonum meritorium est sine gratia Dei, et ubi deest agnitio vitæ æternæ et incommutabilis veritatis, quæ scilicet est per fidem, falsa virtus est in optimis moribus, inquantum scilicet non refertur ad finem beatitudinis æternæ.

Cum vero homo infidelis aliquid agit ex eo quod infidelis est, manifestum est quod peccat.

Unde in Glossa cum dicitur: opus omne quod non est ex fide, peccatum est, sic est intelligendum: omne quod est contra fidem vel contra conscientiam, peccatum est, et si ex genere suo bonum esse videatur, puta

Commentaria in Epistolis S. Pauli

si Paganus ad honorem suorum deorum virginitatem servet, vel eleemosynam det, hoc ipso peccat. Tit. I, 15: coinquinatis et infidelibus nihil mundum est, sed inquinatæ sunt eorum et mens, et conscientia.

Capitulus XV

Lectio 1

Supra apostolus docuit quod maiores debent scandala infirmorum vitare, hic docet quod maiores debent etiam infirmitates minorum sustinere.

Et circa hoc duo facit.

Primo proponit admonitionem; secundo manifestat eam, ibi unusquisque vestrum, etc..

Ista admonitio duo continet, quorum primum pertinet ad exteriorem exhibitionem.

Unde dicit: non solum debemus scandala infirmorum vitare, sed etiam nos qui sumus firmiores in fide, debemus sustinere imbecillitates infirmorum. Sicut enim in materiali ædificio eliguntur aliqua firmiora ad sustinendum totum ædificii pondus quod ex fragiliori materia superponitur, sicut sunt fundamenta et columnæ; ita etiam in spirituali ecclesiæ ædificio, non solum eliguntur, sed efficiuntur aliqui firmiores, ut sustineant pondus aliorum. Unde in Ps. LXXVI, 4 dicitur: ego confirmavi columnas eius. Et Gal. VI, 2: alter alterius onera portate. Sustinent autem firmiores imbecillitates infirmorum, dum eorum defectus patienter ferunt,

et pro posse sublevare nituntur.

Secundum autem pertinet ad interiorem intentionem. Unde dicitur: et non debemus nobis placere, ita scilicet ut semper illud velimus impleri quod nobis placet, sed debemus condescendere voluntatibus aliorum, ut faciamus ea quæ aliis placent et quæ eis sunt utilia. I Cor. X, 33: sicut et ego per omnia omnibus placeo.

Deinde cum dicit unusquisque vestrum, etc., manifestat propositam admonitionem, et primo quantum ad secundam partem; secundo quantum ad primam, ibi propter quod suscipite invicem, etc..

Circa primum duo facit.

Primo exponit quod dixerat; secundo rationem inducit, ibi etenim Christus non sibi, etc..

Dicit ergo primo: ita dictum est quod nos non debemus nobis placere, et hoc quidem est, quia unusquisque nostrum, qui sumus firmiores, debet placere proximo suo infirmo, id est, condescendere ei in his quæ ei placent, non tamen in his quæ mala sunt, sicut Is. XXX, 10 quidam requirunt: loquimini nobis placentia, etc.. Et ideo subdit in bonum.

Similiter etiam non debemus intendere ut hominibus placeamus propter humanum favorem vel gloriam, cum in Ps. LII, 6 dicatur: Deus dissipavit ossa eorum qui hominibus placent, sed ad honorem Dei, et utilitatem proximorum. Unde subdit ad ædificationem, id est propter hoc quod aliorum voluntati condescendentes, ipsi ædificentur in fide et dilectione Christi. Supra XIV, 19: quæ ædificationis sunt, invicem custodiamus.

Deinde, cum dicit etenim Christus, assignat rationem eius quod dixerat exemplo Christi. Et primo proponit exemplum Christi; secundo ostendit eius exemplum esse a nobis imitandum, ibi quæcumque scripta sunt; tertio subiungit rationem, ut id implere possimus, ibi Deus autem pacis etc..

Circa primum duo facit. Primo proponit exemplum, dicens: dictum est quod non debemus nobis placere, scilicet secundum nostram privatam voluntatem, etenim Christus, qui est caput nostrum, non sibi placuit, dum elegit pati pro nostra salute, et ea quæ suæ propriæ voluntati erant contraria, scilicet naturali voluntati humanæ, ut impleret divinam, quæ sibi et patri erat communis, secundum illud Matth. XXVI, 42: non mea voluntas, sed tua fiat.

Secundo ad hoc auctoritatem inducit, dicens sed sicut scriptum est in Psalmo ex persona Christi dicentis ad patrem: o pater, improperia Iudæorum improperantium tibi, id est, te blasphemantium per sua mala opera et per hoc quod veritati tuæ doctrinæ contradicunt, ceciderunt super me, quia videlicet opprimere me voluerunt, quia voluntatem tuam eis proponebam, et eorum mala opera redarguebam. Io. XV, 24: sed oderunt me et patrem meum.

Potest et hoc referri ad peccata totius humani generis, quia omnia peccata quodammodo sunt improperia Dei, inquantum per ea lex Dei contemnitur. Is. I, 4: dereliquerunt Dominum, blasphemaverunt sanctum Israël. Sic ergo improperia improperantium Deo ceciderunt super Christum, inquantum ipse pro peccatis omnium mortuus est. Is. LIII, 6: Deus posuit in eo iniquitates omnium nostrum. I Petr. II, 24: peccata nostra pertulit in corpore suo super lignum.

Deinde, cum dicit quæcumque enim scripta sunt, etc., ostendit quod hoc exemplum Christi sit nobis imitandum, dicens quæcumque enim scripta sunt in sacra Scriptura, vel de Christo vel de membris eius, scripta sunt ad nostram doctrinam. Nulla enim necessitas fuit hæc scribere, nisi propter nos, ut ex his instruamur. II Tim. III, 16: omnis Scriptura divinitus inspirata, utilis est ad docendum et erudiendum, etc..

Quid autem in Scripturis ad nostram doctrinam contineatur, ostendit subdens ut per patientiam et consolationem Scripturarum, id est quas Scripturæ continent. Continetur enim in sacra Scriptura patientia sanctorum in malis sustinendis. Iac. Cap. Ult.: patientiam Iob audistis. Continetur etiam in eis consolatio, quam Deus eis exhibuit, secundum illud Ps. XCIII, 19: secundum multitudinem dolorum meorum in corde meo, consolationes tuæ lætificaverunt animam meam.

Unde et I Petr. I, 11 dicitur: prænuntians eas, quæ in Christo sunt, passiones, quod pertinet ad

Commentaria in Epistolis S. Pauli

patientiam, et posteriores glorias, quod pertinet ad consolationem.

Quem autem fructum ex hac doctrina suscipiamus, ostendit subdens spem habeamus.

Per hoc enim quod ex sacra Scriptura instruimur eos, qui patienter propter Deum tribulationes sustinuerunt, divinitus consolatos fuisse, spem accipimus, ut et ipsi consolemur, si in ipsis fuerimus patientes. Iob XIII, 15: et si occiderit me, in ipso sperabo.

Deinde cum dicit Deus autem patientiæ, etc., quia videbatur nimis arduum ut purus homo possit exemplum Christi imitari, secundum illud Eccle. II, 12: quid est homo ut sequi possit regem, factorem suum? ideo adhibet orationis suffragium, dicens Deus autem patientiæ, scilicet dator, Ps. LXX, 5: tu es patientia mea, et solatii, idest qui spiritualem consolationem largitur, II Cor. I, 3: pater misericordiarum et Deus totius consolationis, det vobis, a quo est omne datum optimum, ut dicitur Iac. I, 17, idipsum sapere in alterutrum, idest ut invicem idem sapiatis, II Cor. Cap. Ult.: idem sapite, pacem habete, non quidem secundum consensum in peccatum, sed secundum Iesum Christum, de quo dicitur Eph. II, 14: ipse est pax nostra, qui fecit utraque unum.

Ut, per hoc quod idem sapiatis, unanimes, existentes per fidem et charitatis consensum, secundum illud Ps. Secundum aliam litteram: qui habitare facit unanimes in domo, uno ore, idest una oris confessione, quæ ex unitate fidei procedit, I Cor. I, 10: idipsum dicatis omnes; ut, pro conformitate cordis, honorificetis Deum, omnium creatorem, idipsum etiam existentem patrem Domini nostri Iesu Christi, per quem nos sibi in filios adoptavit. I Reg. II, 30: qui honorificaverit me, honorificabo eum. Mal. I, 6: si ego pater, ubi est honor meus? deinde, cum dicit propter quod suscipite invicem, manifestat primam partem admonitionis, in qua dixerat quod firmiores debent imbecillitatem infirmorum sustinere.

Et circa hoc duo facit.

Primo resumit admonitionem; secundo inducit rationem exemplo Christi, ibi sicut et Christus, etc.; tertio subiungit rationem, ibi Deus autem spei, etc..

Dicit ergo primo propter quod, id est, quia ea quæ scripta sunt ad nostram doctrinam ordinantur, scilicet exempla Christi et aliorum sanctorum, consequenter, suscipite invicem, secundum charitatis affectum, ut scilicet unus sustineat ea quæ sunt alterius, sicut vult se sustineri quantum charitas permittit: et unus alium etiam suscipiat ad adiuvandum et promovendum. Supra XIV, 1: infirmum in fide suscipite.

Deinde, cum dicit sicut et Christus suscepit vos, etc., assignat rationem exemplo Christi.

Et, primo, ponit eius exemplum, dicens sicut et Christus suscepit vos, scilicet in sua protectione et cura. Is. XLII, 1: ecce servus meus, suscipiam eum. Lc. I, 54: suscepit Israel puerum suum, recordatus misericordiæ suæ. Et hoc in

Ad Romanos

honorem Dei, in quem omnia referebat. Io. VIII, 49: honorifico patrem meum, et vos inhonorastis me.

Ex quo datur intelligi, quod nos invicem debemus suscipere in his quæ pertinent ad honorem Dei.

Secundo, ibi dico enim Christum, etc., manifestat quod dixerat. Et primo quidem quantum ad Iudæos; secundo, quantum ad gentiles, ibi gentes autem, etc..

Dicit ergo primo: dictum est quod Christus vos suscepit, qui estis congregati in unitate fidei ex Iudæis et gentibus.

Et hoc patet quantum ad utrosque.

Dico, ergo, Christum ministrum fuisse circumcisionis.

Est enim ipse auctor fidei quantum ad omnes, secundum illud Hebr. XII, 2: aspicientes in auctorem fidei, etc.. Sed in propria persona non exhibuit seipsum nisi Iudæis, secundum illud Matth. XV, 24: non sum missus nisi ad oves quæ perierunt domus Israel. Is. XLII, 2: non audietur vox eius foris. Et hoc quidem propter veritatem Dei, ut scilicet veritas Dei promittentis comprobaretur.

Supra III, 4: est autem Deus verax. Unde subdit ad confirmandas promissiones patrum, id est, ut per hoc implerentur promissiones patribus factæ. Lc. I, 69: erexit cornu salutis nobis in domo David pueri sui; sicut locutus est per os sanctorum.

II Cor. I, 20: quotquot sunt promissiones Dei, in illo est.

Deinde, cum dicit gentes autem, etc., ostendit etiam gentes susceptas a Christo.

Et primo proponit quod intendit; secundo confirmat per auctoritatem, ibi sicut scriptum est, etc..

Dicit ergo: ita dictum est quod Christus suscepit Iudæos propter veritatem Dei, ut promissiones patrum implerentur, gentibus autem non erant promissiones factæ.

Unde hoc non habet locum quantum ad gentiles, sed sunt propter misericordiam suscepti. Et hoc est quod dicit gentes autem debent honorare Deum super misericordia eis exhibita per Christum, quia licet eis personaliter non prædicaverit, ad eos tamen discipulos suos misit, qui in gentibus ministerium exercuerunt, sicut ipse exercuerat in Iudæis, secundum illud Matth. Cap. Ult.: euntes docete omnes gentes. Et de hac misericordia dicitur in Ps. XXXII, 5: misericordia Domini plena est terra. Lc. I, 50: misericordia eius a progenie in progenies timentibus eum, etc..

Sic ergo apostolus conversionem Iudæorum attribuit veritati divinæ, conversionem gentilium divinæ misericordiæ. Contra quod videtur esse quod dicitur in Ps. XXIV, 10: universæ viæ Domini misericordia et veritas.

Sed dicendum est quod per hoc quod ascribit vocationem Iudæorum divinæ veritati, non excludit misericordiam, quia et apostolus ex Iudæis natus dicit I Tim. I, 13: misericordiam consecutus sum. Et hoc ipsum misericordiæ fuit

Commentaria in Epistolis S. Pauli

quod Deus patribus promissiones facit de posterorum salute. Similiter etiam per hoc quod vocationem gentium ascribit divinæ misericordiæ, non excludit totaliter divinam veritatem, quia hoc ipsum ad divinam veritatem pertinebat, quod propositum suum de salvatione gentium implevit, quod dicit apostolus ad Eph. III, 9 esse sacramentum absconditum a sæculis in Deo.

Sed aliquis modus veritatis, scilicet pro impletione promissorum, consideratur in vocatione Iudæorum, qui non consideratur in vocatione gentium, quibus promissiones non sunt factæ.

Deinde, cum dicit sicut scriptum est, etc., confirmat quod dixerat de conversione gentium, per auctoritatem.

Licet enim gentibus non fuerit repromissa vocatio ad fidem Christi, non tamen ex improviso accidit, sed fuit prænuntiata vaticiniis prophetarum.

Inducit autem quatuor auctoritates, quarum prima continet gratiarum actiones Christi ad patrem, pro conversione gentium per ipsum facta. Unde dicit sicut scriptum est, in Ps. XVII, 50 ex persona Christi: constitues me in caput gentium, et ab insurgentibus in me Iudæis exaltabis me. O Deus pater, ego Christus confitebor tibi, confessione gratiarum actionis, in gentibus, id est pro gentium conversione per me facta, et cantabo nova quadam mentis exultatione nomini tuo, quod eis manifestum est, secundum illud Io. XVII, 6: manifestavi nomen tuum hominibus quos dedisti mihi.

Vel aliter: confitebor tibi in gentibus, id est, faciam quod tibi gentes confiteantur confessione fidei, Ps. LXVI, 4: confiteantur tibi populi, Deus, confiteantur tibi populi omnes, et nomini tuo cantabo, id est faciam quod gentes cantent tibi canticum quod consistit in exultatione spiritus renovati.

Ps. XCV, 1: cantate Domino canticum novum, cantate Domino, omnis terra.

Secunda auctoritas continet adunationem gentium et Iudæorum. Unde subdit et iterum dicit, Scriptura, o gentes quæ eratis alienæ, a conversatione Isræl, ut dicitur Eph. II, 12, lætamini, gentes, cum plebe eius, idest simul communem exultationem assumatis cum Iudæis, qui olim erant plebs eius. Is. IX, 3: lætabuntur coram te, sicut qui lætantur in messe. Io. X, 16: fiet unum ovile et unus pastor. Nostra autem littera habet: lætamini cum Ierusalem et exultate in ea, omnis qui diligitis eam.

Tertia autem auctoritas continet devotionem gentium ad Deum. Unde subdit et iterum scriptum est in Psalmis laudate, omnes gentes, Dominum, scilicet eius bonitatem confitentes, Ps.: a solis ortu usque ad occasum laudabile nomen Domini; et omnes populi, non solum populus Iudæorum, magnificate eum, id est credite esse magnum, id est quod sua magnitudine omnem laudem excedat. Eccli. XLIII, 33: benedicentes Dominum, exaltate illum quantum

Ad Romanos

potestis: maior enim est omni laude.

Matth. I, 11: ab ortu solis usque ad occasum magnum est nomen meum in gentibus.

Quarta auctoritas continet reverentiam gentium ad Christum. Unde subditur et rursus Isaias ait erit radix Iesse.

In quo praenuntiat Christi originem, ex David semine nasciturum. Iesse namque fuit pater David. Dicit ergo erit radix Iesse., ex cuius semine Christus nascetur. Is. XI, 10: egredietur virga de radice Iesse., et flos, etc..

Vel Christus erit radix Iesse., quia licet ex Iesse. processerit secundum carnis originem, tamen sua virtute Iesse. sustentavit et gratiam ei influxit. Supra XI, 18: non tu radicem portas, sed radix te.

Deinde tangit Christi officium, subdens et qui exurget in tantam gratiae excellentiam, ut possit regere gentes, eos divino cultui subiugando, quod nullus ante eum facere potuit.

Ps. II, 8: dabo tibi gentes haereditatem tuam. Reges eos in virga ferrea.

Ultimo ponit devotionem gentium ad Christum, dicens in eum gentes sperabunt, ut scilicet per eum haereditatem caelestis gloriae consequantur. I Petr. I, 3: regeneravit nos in spem vivam per resurrectionem Iesu Christi ex mortuis.

Deinde, cum dicit Deus autem spei, etc., subiungit orationem, dicens: dictum est quod in Christum gentes sperabunt.

Deus autem spei, id est, qui nobis hanc spem infundit, secundum illud Ps. LXX, 5: spes mea, Domine. Vel Deus spei, I. E., in quo sperandum est, repleat vos omni gaudio, scilicet spirituali, quod est de Deo, Nehem. VIII, 10: gaudium enim Domini est fortitudo vestra, et pace per quam homo in seipso et ad Deum et proximum est pacatus, Ps. CXVIII, 165: pax multa diligentibus legem tuam, Domine; in credendo, quasi dicat: ut cum hoc quod creditis, etiam pacem et gaudium habeatis, quae quidem sunt charitatis effectus, secundum illud Gal. V, 22: fructus autem spiritus sunt charitas, gaudium, pax.

Unde patet quod a Deo, qui est dator spei, optat eis ut cum fide habeant charitatem, per quam fides operatur, ut habetur Gal. V, 6, ne fides eorum sit informis et mortua: quia fides sine operibus mortua est, ut dicitur Iac. II, 26. Et ut sic per plenitudinem harum virtutum abundetis, proficiendo de bono in melius, non solum in spe, sed etiam in virtute spiritus sancti, id est in charitate, quae in cordibus nostris diffunditur per spiritum sanctum, ut supra V, 5 dictum est. II Cor. IX, 8: potens est autem Deus omnem gratiam abundare facere in nobis.

Lectio 2

Postquam apostolus generalibus admonitionibus Romanos instruxerat, hic incipit eis quaedam familiaria scribere. Et primo quaedam pertinentia ad seipsum; secundo, quaedam pertinentia ad alios ibi cap. XVI

Commentaria in Epistolis S. Pauli

commendo autem vobis Phoeben, etc..

Circa primum tria facit.

Primo excusat præsumptionem de hoc quod eos instruxerat et reprehenderat; secundo excusat suam tarditatem circa visitationem eorum, ibi propter quod plurimum impediar; tertio petit suffragia orationum ipsorum, ibi obsecro autem vos, fratres, etc..

Et circa primum duo facit.

Primo excludit oppositam causam instruendi et arguendi eos; secundo assignat veram causam, ibi audacius enim scripsi vobis, fratres, ex parte, etc..

Circa primum considerandum est, quod aliquis posset credere apostolum ideo scripsisse Romanis, quia æstimaret illum esse apud Romanos qui posset instruere et corrigere. Sed hoc ipse excludit, dicens certus sum enim, fratres mei, per ea quæ de vobis audivi, quoniam idonei estis ad admonendum eos qui inter vos admonitione indigent.

Ad hoc autem ut aliquis recte admoneat duo requiruntur, quorum primum est ut non ex odio vel ira, sed ex dilectione moneat secundum illud Ps. CXL 6: corripiet me iustus in misericordia. Et Gal. VI, 1: vos qui spirituales estis, instruite huiusmodi in spiritu lenitatis.

Et quantum ad hoc dicit quoniam et ipsi pleni estis dilectione. Ez. X, 2: imple manum tuam prunis ignis quæ sunt inter Cherubim, qui est ignis charitatis.

Secundo requiritur scientia veritatis, eo quod quidam habent zelum Dei in corrigendo, sed non secundum scientiam, ut supra X, 2 dictum est. Et ideo subdit repleti omni scientia, scilicet humana et divina: et veteris et novæ legis. I Cor. I, 5: in omnibus divites facti estis in illo, in omni verbo et in omni scientia.

Et ex hoc concludit sic ita ut possitis convenienter propter dilectionem et scientiam alterutrum monere. Quia enim in multis offendimus omnes, ut dicitur Iac. III, 2, oportet ut invicem moneamus; quia, ut dicitur Eccli. XVII, 12, unicuique mandavit Deus de proximo suo.

Deinde, cum dicit audacius, etc., assignat veram causam quare eos admonuerat et correxerat.

Et circa hoc duo facit.

Primo ostendit quod hoc pertinebat ad auctoritatem apostolatus sibi commissam; secundo ostendit qualiter hac potestate usus fuerit, ibi habeo igitur gloriam, etc..

Dicit ergo audacius autem, id est securius, scripsi vobis, errores et defectus vestros arguendo, quod quidem ad audaciæ præsumptionem posset ascribi propter hoc quod offensionem vestram non timui.

Iob XXXIX, 21: audacter in occursum pergit armatis.

Sed hæc præsumptio excusatur ex tribus.

Primo quidem ex conditione eorum quibus scribebat, quia etsi inter

Romanos essent aliqui respectu quorum talis reprehensio audax et præsumptuosa videretur, erant tamen aliqui, qui indigebant dura reprehensione propter contentionum insolentiam. Tit. I, 13: increpa illos dure. Et hoc est quod dicit ex parte, quasi dicat: non videtur mea Scriptura esse audax quantum ad omnes vos, sed quantum ad partem aliquam vestrum. Vel potest intelligi ex parte epistolæ, in qua eos reprehendit. Potest intelligi etiam ex parte ecclesiæ, quæ, scilicet, mecum est.

Secundo excusatur prædicta audacia ex intentione apostoli. Non enim scripsit eis tamquam reputans eos ignorantes, sed in memoriam eos reducens cognitorum. Et hoc est quod subdit tamquam in memoriam vos reducens, quasi oblitos eorum quæ sciebatis, sicut et Phil. IV, 10 dicitur: occupati autem eratis. Hebr. X, 32: rememoramini pristinos dies, in quibus illuminati magnum certamen sustinuistis passionum.

Tertio excusatur ex auctoritate apostoli, quæ hoc requirebat. Unde subdit per gratiam, scilicet apostolatus mihi commissi.

I Cor. XV, 10: gratia Dei sum id quod sum.

Huius autem gratiæ, primo, describit auctoritatem, cum dicit quæ data est mihi a Deo, quasi diceret: non ab hominibus.

Ad Gal. I, 1: Paulus apostolus non ab hominibus, neque per hominem.

Secundo specificat istam gratiam, cum dicit ut sim minister Christi Iesu in gentibus, id est ut serviam Christo in gentium conversione. I Cor. IV, 1: sic nos existimet homo ut ministros Christi. Supra XI, 3: quamdiu sum gentium apostolus, ministerium meum honorificabo.

Tertio ostendit huius gratiæ actum, cum dicit sanctificans evangelium Dei, id est sanctum esse ostendens et verbo veritatis et opere bonæ conversationis et miraculorum.

Col. I, 5 s.: in verbo veritatis evangelii quod pervenit ad vos, sicut et in universo mundo est, et fructificat, et crescit. Prov. VIII, 8: recti sunt sermones mei.

Quarto ponit finem huius gratiæ, cum dicit ut fiat oblatio gentium, id est, gentes per meum ministerium conversæ. In quo quasi quoddam sacrificium et oblationem Deo obtuli, secundum illud Phil. II, 17: et si immolor super sacrificium et obsequium fidei vestræ, gaudeo et congratulor omnibus vobis.

Fiat accepta, scilicet Deo per rectitudinem intentionis. Ps. L, 20: tunc acceptabis sacrificium iustitiæ, oblationes et holocausta; et sanctificata in spiritu sancto, id est per charitatem et alia spiritus sancti dona.

I Cor. VI, 11: sanctificati estis in nomine Domini nostri Iesu Christi, et in spiritu Dei nostri.

Deinde, cum dicit habeo igitur gloriam, etc., ostendit quomodo auctoritate apostolica fuerat usus. Et primo ponit fructum quem fecit;

Commentaria in Epistolis S. Pauli

secundo ostendit huius fructus magnitudinem, ibi ita ut, etc..

Tertio ostendit difficultatem, ibi sic autem prædicavi, etc..

Circa primum tria facit. Primo dat gloriam Deo de fructu quem fecit, dicens igitur, quia talem gratiam accepi et diligenter executus sum id ad quod mihi hæc gratia data est, habeo gloriam, id est meritum dignum gloriæ, sicut fidelis minister.

I Cor. IX, 15: melius est mihi mori, quam ut gloriam meam quis evacuet. Sed hanc gloriam non mihi principaliter attribuo sed eam habeo in Christo Iesu, id est per Iesum Christum, cuius virtute fructificare potui. Io. XV, 5: sine me nihil potestis facere. Et quia ipsi omnia tradita sunt a patre, ut dicitur Matth. XI, 27, et pater in eo manens, ipse facit opera, Io. XIV, 10, ideo ulterius hanc gloriam refert ad patrem, dicens ad Deum, scilicet patrem. Ps. CXIII, 9: non nobis, Domine, non nobis, sed nomini tuo da gloriam.

Assignat autem rationem eius quod dixerat, subdens non enim audeo loqui aliquid eorum quæ per me non effecit Christus, quasi dicat: nihil referam de fructu per me facto, quod per me factum non sit. Alioquin gloriam non haberem apud Deum, et si apud homines. Quæ quidem refero non tamquam per me principaliter facta, sed sicut quæ per me Christus fecit. Et ideo hanc gloriam dixi me habere in Christo Iesu. Is. XXVI, 12: omnia opera nostra operatus es in nobis.

Secundo ponit ipsum fructum, dicens in obedientiam gentium, quasi dicat: gloria mea hæc est pro eo quod feci gentes fidei obedire. Supra I, 5: ad obediendum fidei in omnibus gentibus. Ps. XVII, 44: in auditu auris obedivit mihi.

Tertio ostendit quomodo gentes ad hanc obedientiam adduxerit. Quia autem supra X, 17 dictum est fides ex auditu, auditus autem per verbum Christi, ideo dicit in verbo, id est per verbum prædicationis fidei.

Argumenta autem fidei prædicatæ sunt bona conversatio prædicantis, et quantum ad hoc subdit et factis, quasi scilicet per recta opera vos ad fidem allexi, Matth. V, 16: videant opera vestra, etc., et opera miraculorum, quibus Deus dat testimonium doctrinæ prædicatæ, secundum illud Mc. Cap. Ult.: Domino cooperante et sermonem confirmante sequentibus signis. Unde subdit in virtute signorum, id est miraculorum minorum, puta sanationes ægritudinum; et prodigiorum, id est maiorum miraculorum, quæ ex sua magnitudine aliquid magni portendunt, id est ostendunt.

Sed hoc totum non sufficeret nisi spiritus sanctus intus corda audientium ad fidem commoveret. Unde dicitur Act. X, 44 quod, loquente Petro verba fidei, cecidit spiritus sanctus super omnes qui audiebant verbum.

Et ideo subdit in virtute spiritus sancti.

Hebr. II, 4: contestante Deo signis et prodigiis et variis spiritus sancti distributionibus.

Ad Romanos

Deinde, cum dicit ita ut ab Ierusalem, ostendit magnitudinem fructus ex multitudine locorum, in quibus prædicavit, dicens ita ut incipiens ab Ierusalem, ubi in principio suæ conversionis prædicavit in synagogis Iudæorum, ut dicitur Act. IX, 28.

Ut sic impleret quod dicitur Is. II, 4: de sion exibit lex, et verbum Domini de Ierusalem.

Usque ad Illyricum, quod est mare Adriaticum ex parte opposita Italiæ, repleverim evangelium Christi, id est omnia illa loca replevi prædicatione evangelii.

Et ne aliquis intelligat quod solum vadens per rectam viam ab Ierusalem in Illyricum prædicaverit evangelium, addit per circuitum, quia scilicet gentibus circumquaque prædicavit et eas ad fidem convertit. Unde sibi potest competere quod dicitur Iob XXXVIII, 25: quis dedit vehementissimo imbri cursum? deinde, cum dicit sic autem prædicavi, etc., ostendit difficultatem hunc fructum faciendi: difficile enim est omnino ignaros ad fidem convertere.

Primo igitur difficultatem se passum ostendit, dicens sic autem prædicavi evangelium, non quidem ubi nominatus est Christus, idest non apud illos qui nomen Christi audiverant.

Ps. XVII, 44: populus, quem non cognovi, servivit mihi. Is. LV, 5: ecce gentes, quas nesciebas, vocabis, et gentes, quæ te non cognoverunt, ad te current.

Subdit autem rationem, dicens: ne super alienum fundamentum ædificarem.

Potest autem alienum fundamentum dupliciter intelligi. Uno modo doctrina hæretica, quæ est aliena a veræ fidei fundamento: et sic, hoc quod dicit ne, ponitur causaliter. Ea enim intentione apostolus voluit prædicare illis, qui nomen Christi non audierant, ne si præventi essent a doctrina pseudoapostolorum, difficilius esset eos ad veritatem reducere. Unde Matth. VII, 27 dicitur stultus est qui ædificat domum suam super arenam, cui comparatur falsa doctrina.

Alio modo per alienum fundamentum potest intelligi doctrina veræ fidei ab aliis prædicata: et sic potest sumi ne, consecutive.

Non enim vitavit apostolus prædicare illis quibus ante fuerat ab aliis prædicatum, sicut ipsis Romanis specialiter prædicavit, quos prius Petrus instruxerat, sed, eo prædicante illis qui nihil de Christo audierant, consecutum est, ut non ædificaret super alienum fundamentum, sed ipse iaceret prima fidei fundamenta, secundum illud I Cor. III, 10: ut sapiens architectus fundamentum posui.

Secundo, ad hoc quod dixerat, auctoritatem inducit dicens sicut scriptum est, Is. LII, 15, quoniam quibus non est annuntiatum de eo, videbunt, et qui non audierunt, contemplati sunt. In quibus verbis propheta videtur prædicere, quoniam gentiles excellentiori modo ad cognitionem Dei essent perventuri

Commentaria in Epistolis S. Pauli

quam Iudæi, qui ante cognoverant.

Ostendit ergo, primo, excellentiam quantum ad causam cognitionis, quæ scilicet duplex est: scilicet verba audita et res visæ. Hi enim duo sensus sunt disciplinabiles.

Iudæi ergo in notitiam mysteriorum Christi pervenerunt per verba annuntiata eis a prophetis. I Petr. I, 10 s.: prophetæ, quæ de futura in vobis gratia prophetaverunt, scrutantes in quod vel quale tempus significaret in eis spiritus Christi, prænuntians eas, quæ in Christo sunt, passiones et posteriores glorias.

Sed gentiles huiusmodi Christi mysteria iam realiter impleta vident, ideo dicitur quoniam gentes, quibus non est annuntiatum per prophetas de eo, id est de Christo, sicut fuit annuntiatum Iudæis, videbunt res iam impletas. Lc. X, 24: multi reges et prophetæ voluerunt videre quæ vos videtis, et non viderunt.

Secundo ostendit excellentiam quantum ad modum cognoscendi, quia Iudæi ex Annuntiatione prophetarum solum auditum habebant. Abd. 1: auditum audivimus a Domino, et legatos ad gentes misit. Sed gentiles ex visione intellectum perceperunt.

Unde dicitur et, gentes scilicet, qui, ante, non audierunt, prænuntiari Christum per prophetas, intelligent, scilicet fidei veritatem. Ps. II, 10: et nunc, reges, intelligite, etc..

Lectio 3

Postquam apostolus se excusavit de præsumptione quæ ei potuisset adscribi, ex hoc quod Romanos instruxerat et correxerat, hic se excusat de eo quod eos visitare distulerat.

Et circa hoc tria facit.

Primo ponit impedimentum visitationis præteritum; secundo ponit visitandi propositum, ibi nunc vero ulterius, etc.; tertio promittit visitationis fructum, ibi scio autem, etc..

Dicit ergo primo. Dictum est: prædicavi evangelium per multa loca, in quibus Christus non fuerat nominatus, propter quod, hactenus, impediebar plurimum, ex huiusmodi occupatione, venire ad vos.

Et istud impedimentum usque nunc duravit, unde subdit et prohibitus sum usque adhuc. Quod quidem potest referri ad multitudinem occupationum quas in aliis locis habuerat, vel etiam ad divinam providentiam per quam apostoli impediebantur ne pervenirent ad quosdam et dirigebantur in salutem aliorum, secundum illud Act. XVI, 6: transeuntes Phrygiam et Galatiæ regionem, vetati sumus a spiritu sancto loqui verbum in Asia. Unde et supra I, 13 dictum est: sæpe proposui venire ad vos, et prohibitus sum usque adhuc. Et hoc est quod dicitur Iob XXXVII, 12 de nubibus, per quas prædicatores intelliguntur: lustrant cuncta per circuitum quocumque eos voluntas gubernantis duxerit.

Ad Romanos

Deinde cum dicit nunc vero ulterius, etc., manifestat propositum suum de eorum visitatione. Et primo promittit eis suam visitationem; secundo assignat causam quare oporteat eam differre, ibi nunc igitur proficiscar, etc.; tertio assignat eis visitationis terminum, ibi hoc igitur cum consummavero, etc..

Dicit ergo primo ita: usque modo sum prohibitus, nunc vero, iam peragratis omnibus his locis, ulterius non habens locum, id est necessitatem permanendi in his regionibus, in quibus iam per me fundata est fides, cupiditatem habens veniendi ad vos ex multis iam præcedentibus annis secundum illud supra I, 11: desidero enim videre vos, ut aliquid impartiar vobis gratiæ spiritualis, cum in Hispaniam proficisci coepero, quo scilicet ire intendebat ut etiam in extremis terræ fundamenta fidei collocaret, secundum illud Is. XLIX, 6: dedi te in lucem gentium, ut sis salus mea usque ad extremum terræ, spero quod præteriens videbo vos. Per quod dat intelligere quod non intendebat ad eos principaliter ire, quia reputabat eis sufficere doctrinam Petri, qui primus inter apostolos Romanis fidem prædicavit.

Et quia tunc Romani dominabantur in toto occidente, eorum auxilio et ducatu se sperabat in Hispaniam proficisci, unde subdit et a vobis deducar illuc. Intendebat tamen aliquam moram apud eos contrahere; unde subdit si vobis fruitus fuero, id est consolatus secundum illud quod supra I, 12 dictum est: simul consolari in vobis. Et hoc ex parte, scilicet temporis, quia per aliquod tempus intendebat cum eis consolari.

Sed contra est quod Augustinus dicit in libro de doctrina christiana, quod illis solis rebus fruendum est, quæ nos beatos faciunt, scilicet patre, filio et spiritu sancto. Inconvenienter ergo dicit, se fruiturum esse Romanis.

Sed dicendum est quod sicut Augustinus dicit ibidem, hominem in se non esse fruendum, sed in Deo, secundum illud ad Philemonem, 20: ita, frater, ego te fruar in Domino, quod est delectari in homine propter Deum. Et sic intelligendum est quod dicit si fuero fruitus vobis, scilicet in Deo.

Vel quod dicit ex parte, potest referri ad bonos, quibus poterat frui in Deo. Nam alia parte, scilicet malis, non poterat frui, sed magis de eis dolere, sicut dicitur II Cor. XII, 21: ne cum venero, humiliet me Deus apud vos, et lugeam multos ex his qui ante peccaverunt.

Deinde cum dicit nunc igitur proficiscar, assignat rationem quare differebat visitationem.

Et circa hoc tria facit. Primo ponit causam, dicens nunc igitur proficiscar, id est ideo non statim venio ad vos, quia proficiscor Ierusalem ministrare sanctis.

Circa quod sciendum est quod legitur act. IV, 34 s., illi qui ex Iudæis a principio convertebantur ad fidem, venditis possessionibus suis, de pretio communiter vivebant, quod cum

Commentaria in Epistolis S. Pauli

defecisset, maxime quadam magna fame imminente, ut legitur Act. XI, 27 ss., discipuli, scilicet christiani, ex diversis partibus mundi, prout quisque habebat, proposuerunt singuli in ministerium mittere habitantibus in Iudæa fratribus, quod et fecerunt, mittentes ad seniores per manus Barnabæ et Sauli.

Ministerium igitur sanctorum hic dicit eleemosynam, quam fidelibus Christi attulit in Ierusalem, secundum illud I Cor. Cap. Ult.: quos probaveritis, hos mittam perferre gratiam vestram in Ierusalem, quod si dignum fuerit, ut et ego eam, mecum ibunt.

Secundo exponit quod dixerat de ministerio sanctorum, dicens probaverunt enim, id est approbaverunt, Macedonia et Achaia, id est fideles utriusque regionis, per eum conversi, collectionem aliquam facere, id est aliquam collectam, in pauperes Christi, id est ad usum pauperum, qui sunt de numero sanctorum, secundum illud Eccli. XII, 4: da iusto, et non recipias peccatorem.

Qui sunt in Ierusalem, in paupertate viventes. II Cor. IX, 1: de ministerio quod fit in sanctos ex abundanti est mihi scribere vobis. Scio enim promptum animum vestrum, pro quo de vobis glorior apud Macedones.

Tertio assignat rationes dictorum, quarum prima est beneplacitum. Unde dicit placuit enim illis, II Cor. IX, 7: unusquisque prout destinavit in corde suo, non ex tristitia aut necessitate.

Secunda causa est debitum. Unde subdit et debitores sunt eorum. Supra XIII, 7: reddite omnibus debita. Rationem autem debiti assignat, dicens nam si gentiles facti sunt participes bonorum spiritualium, quæ erant specialiter eorum, id est Iudæorum, scilicet notitiæ divinæ, et promissionum et gratiæ, secundum illud supra IX, 4: quorum adoptio est filiorum et gloria, etc.; et supra XI, 17: socius radicis et pinguedinis olivæ factus es. Sunt etiam facti participes spiritualium eorum, per hoc quod illi prædicatores eis miserunt. Debent et in carnalibus ministrare illis, secundum illud Eccli. XIV, 15: in divisione sortis da et accipe.

Et Ps. Sumite Psalmum, id est spiritualia, et date tympanum, id est temporalia.

Et ex hoc sumitur argumentum quod debentur sumptus non solum illis qui prædicant, sed etiam qui prædicatores mittunt.

Deinde cum dicit hoc igitur cum, etc., præfigit terminum quo ad eos sit venturus, dicens hoc igitur cum consummavero, scilicet ministerium sanctorum, et assignavero eis fructum hunc, id est eleemosynam gentilium, quæ est quidam fructus conversionis eorum, Os. X, 1: vitis frondosa Israel fructus est ei adæquatus; proficiscar per vos in Hispaniam.

Sed videtur hic apostolus falsum dicere: nunquam enim in Hispania fuisse legitur. In Ierusalem enim captus fuit, et exinde Romam perlatus est in vinculis, ut habetur act.

Ult., ubi est occisus simul cum Petro.

Ad Romanos

Dicunt ergo quidam quod, sicut dicitur Act. Cap. Ult., cum venisset Romam Paulus, permissum est ei manere sibimet cum custodiente se milite; et postea dicitur, quod mansit biennio toto in suo conductu, et in illo spatio dicunt eum in Hispaniam ivisse.

Sed quia hoc certum non est, potest melius dici, quod apostolus falsum non dixit, quia proponebat se facturum quod dicebat.

Et sic verba eius erant intelligenda quasi insinuantia eius propositum, non autem futurum eventum qui ei erat incertus; unde non poterat hoc prædicere, nisi forte sub conditione quam Iacobus dicit apponendam Iac. IV, 15: pro eo ut dicatis: si Dominus voluerit, et: si vixerimus, faciemus hoc aut illud.

Et sic etiam apostolus se excusat II Cor. I, 17, de hoc quod ad eos non iverat, sicut promiserat; dicens: cum ergo volui, numquid levitate usus sum? aut quæ cogito, secundum carnem cogito, ut sit apud me est et non? et sic ex hoc quod ex iusta causa prætermisit facere quod promiserat, se immunem dicit a levitate, carnalitate et falsitate.

Et sic etiam solvit hoc Gelasius Papa, et habetur in decretis: beatus, inquit, Paulus apostolus non ideo, quod absit, fefellisse credendus est, aut sibi extitisse contrarius, quoniam cum ad Hispaniam se promisisset iturum, dispositione divina, maioribus occupatus causis, implere non potuit quod promisit. Quantum enim ipsius voluntatis interfuit, hoc pronuntiavit quod re vera voluisset efficere. Quantum vero ad divini secreta consilii (quæ ut homo non potuit, licet spiritu Dei plenus, agnoscere) superna prætermisit dispositione præventus. Licet enim propheticum spiritum habuerit, tamen prophetis non omnia revelantur, ut patet IV Reg. IV, 27, ubi Eliseus dixit: anima eius in amaritudine est, et Dominus celavit a me, et non indicavit mihi.

Deinde cum dicit scio autem, etc., prænuntiat eis fructum suæ visitationis, dicens scio autem, scilicet ex fiducia divinæ gratiæ, quoniam veniens ad vos, in abundantia benedictionis Christi veniam, id est, Christus abundantius suam benedictionem dabit vobis in meo adventu, de qua dicitur in Ps. LXXXIII, 7: etenim benedictionem dabit legislator, ibunt de virtute in virtutem.

Et sic Laban dixit ad Iacob, Gen. III, 27: experimento didici quod benedixerit mihi Deus propter te.

Deinde cum dicit obsecro, ergo, etc., petit ab eis orationis suffragia, et primo petit eorum orationes, secundo ipse pro eis rogat, ibi Deus pacis, etc..

Circa primum tria facit. Primo inducit eos ad orandum pro se ex tribus.

Primo quidem ex superna charitate, cum dicit obsecro ergo vos, fratres. Ad Philemonem propter charitatem autem magis obsecro.

Secundo ex reverentia Christi, cuius ipse erat minister, dicens per Dominum nostrum Iesum Christum; in quo omnes unum sumus, ut supra XII,

Commentaria in Epistolis S. Pauli

5 dictum est.

Tertio ex dono spiritus sancti, quod eius ministerio tradebatur, unde subdit per charitatem spiritus sancti, quam spiritus sanctus in cordibus nostris diffundit, ut supra V, 5 dictum est.

Secundo petit auxilium orationis eorum, dicens ut adiuvetis me in orationibus vestris pro me ad Deum, scilicet pro me fusis. Prov. XVIII, 19: frater qui iuvatur a fratre, quasi civitas firma.

Hoc autem, ut Glossa dicit, non ideo dicit apostolus quia ipse minus mereatur quam alii minores, sed ordinem sequitur. Primo quidem ut ab ecclesia pro rectore suo fiat oratio, secundum illud I Tim. II, 1 s.: obsecro igitur primum omnium fieri obsecrationes, orationes, postulationes, gratiarum actiones pro omnibus hominibus, pro regibus et omnibus qui sunt in sublimitate constituti, etc.. Secundo, quia multi minimi dum congregantur unanimes, magis merentur. Et ideo impossibile est, ut multorum preces non impetrent. Matth. XVIII, 19: si duo ex vobis consenserint super terram, de omni re quamcumque petierint, fiet illis a patre meo qui est in cælis. Tertio, ut dum multi orant, multi etiam gratias agant exauditi, secundum illud II Cor. I, 11: adiuvantibus vobis in oratione pro nobis, ut per multos gratiæ agantur Deo.

Tertio ponit ea quæ vult sibi impetrari, quorum primum pertinet ad hostes quos habebat in Iudæa. Unde dicit ut liberer ab infidelibus qui sunt in Iudæa, qui præcipue Paulum impugnabant et odiebant, quia fiducialiter prædicabat cessationem legalium. Act. XXI, 21: audierunt de te quod discessionem doces a Moyse, etc..

Secundum pertinebat ad eos in quorum ministerium ibat. Et hoc est quod subdit et oblatio obsequii mei, id est ecclesia in qua eis ministro, fiat accepta sanctis qui sunt in Ierusalem, scilicet ut ex hac provocentur ad gratias agendum Deo et ad orandum pro ipsis gentibus a quibus recipiunt. Eccli. XXXI, 28: splendidum in panibus benedicent labia multorum. Tertium pertinet ad ipsos quibus scribebat. Unde subdit ut veniam ad vos in gaudio, et hoc per voluntatem Dei, contra quam nihil agere volebat. Supra I, 10: obsecrans si quomodo prosperum iter habeam in voluntate Dei veniendi ad vos.

Et refrigerer vobiscum, id est ut ex vestra præsentia refrigerium tribulationum mearum accipiam.

Deinde cum dicit Deus autem pacis, etc., ostendit quod pro eis orat, dicens: Deus autem, dator pacis, sit cum omnibus vobis, per hoc scilicet quod vos ad invicem pacem habeatis. II Cor. Cap. Ult.

V. 11: idipsum sapite, et Deus pacis et dilectionis erit vobiscum. Subdit amen, id est fiat. Psalmista: et dicet omnis populus, fiat, fiat.

Capitulus XVI

Lectio 1

Postquam apostolus proposuit fidelibus Romanis quibus scribebat quædam familiaria pertinentia ad suam personam, hic ponit quædam familiaria pertinentia ad alios.

Et circa hoc tria facit.

Primo monet quid ad alios debeant facere; secundo ostendit quid alii ad eos agant, ibi salutat vos, etc.; tertio epistolam finit in gratiarum actione, ibi ei autem qui potens, etc..

Circa primum duo facit.

Primo ostendit quos debeant salutare; secundo ostendit quos debeant vitare, ibi rogo autem vos, fratres.

Circa primum mandat quasdam personas salutari in speciali; secundo ponit in generali modum salutationis, ibi salutate invicem, etc..

Tertio salutat eos in communi ex parte fidelium, ibi salutant vos, etc..

Circa primum loquitur de quadam muliere Corinthia quæ Romam ibat, quam eis recommendat, describens eam, primo, ex nomine, dicens commendo autem vobis Phœben, quæ licet esset Deo devota, non tamen erat tantæ auctoritatis ut commendatitiis litteris non egeret, sicut ipse de se dicit II Cor. III, 1: aut numquid egemus, sicut quidam, commendatitiis litteris? secundo describit eam ex fidei religione, dicens sororem nostram. Omnes enim mulieres fideles, sorores vocantur, sicut et omnes viri fratres. Matth. XXIII, 8: omnes vos fratres estis.

Tertio ex officio pietatis, cum dicit quæ est in ministerio ecclesiæ, quæ est in cenchris, portu Corinthiorum, ubi aliqui christiani erant congregati, quibus dicta mulier serviebat, sicut et de ipso Christo lc. VIII, 3 dicitur quod quædam mulieres ministrabant ei de facultatibus suis. Et de vidua eligenda dicitur I Tim. V, 10: si hospitio recepit, si pedes sanctorum lavit.

Deinde dicit duo in quibus vult eam commendatam haberi, quorum primum est ut honeste recipiatur. Et hoc est quod dicit ut suscipiatis eam in Domino, id est propter amorem Dei. Digne sanctis, id est secundum quod dignum est recipi sanctos, secundum illud Matth. X, 11: qui recipit iustum in nomine iusti, mercedem iusti recipiet.

Quidam libri habent, digne satis, id est, convenienter; tamen littera non concordat cum Græco.

Secundum est ut eam sollicite adiuvent.

Unde subdit ut assistatis ei, scilicet consilium et auxilium ferendo in quocumque negotio vestri indiguerit. Habebat enim forte aliquid expedire in curia Cæsaris.

Sed contra hoc videtur esse quod dicitur I Thess. IV, 11: vestrum negotium agatis, quasi dicat: non intromittatis vos de negotiis alienis.

Sed dicendum est quod assistere negotiis alienis contingit dupliciter. Uno modo sæculariter, id est propter favorem hominum vel lucra, et hoc

Commentaria in Epistolis S. Pauli

non convenit servis Dei. II Tim. II, 4: nemo militans Deo implicat se negotiis sæcularibus.

Alio modo assistit aliquis negotiis alienis ex pietate, puta in auxilium indigentium et miserorum et hoc est religiosum, secundum illud Iac. I, 27: religio munda et immaculata apud Deum et patrem hæc est: visitare pupillos et viduas in tribulatione eorum. Et hoc modo apostolus hic loquitur.

Ultimo autem ostendit apostolus meritum eius, quare hoc sibi debeatur, dicens etenim ipsa quoque multis astitit et mihi ipsi. Is. III, 10: dicite iusto quoniam bene, retributio enim manuum eius fiet ei.

Matth. V, 7: beati misericordes, quoniam ipsi misericordiam consequentur.

Deinde mandat salutari quasdam alias personas sibi coniunctas, dicens salutate priscam et aquilam, qui erat vir priscæ, sed mulierem præponit, forte propter maiorem fidei devotionem, adiutores meos in Christo Iesu, id est in fide Christi prædicanda.

Apud enim eos Corinthi hospitabatur, ut habetur Act. XVIII, 2 s..

Qui pro anima mea suas cervices supposuerunt, id est seipsos mortis periculo exposuerunt pro vita mea conservanda, quod est indicium maximæ charitatis.

Io. XV, 13: maiorem hac dilectionem nemo habet, ut animam suam ponat quis pro amicis suis.

Hoc autem videtur factum fuisse Corinthi, ubi Paulus persecutionem est passus, sicut habetur Act. XVIII, 6. Vel forte melius dicendum est quod alii se periculo pro apostolo exposuerunt. Nam illud quod legitur Act. XVIII, 2, factum fuit quando prisca et aquila de Roma recedentes Corinthum venerunt, ut ibidem dicitur. Sed hoc scribebat apostolus quando adhuc æstimabat eos esse Romæ.

Vita autem apostoli, non tam sibi quam aliis necessaria erat, secundum illud Phil. I, 24: permanere autem in carne necessarium propter vos. Et ideo subdit quibus non solum ego gratias ago, sed et cunctæ ecclesiæ gentium: quarum sum apostolus et doctor I Tim. II, 7: doctor gentium in fide et veritate. Et etiam salutate domesticam eorum ecclesiam. Habebant enim in domo sua multos fideles congregatos.

Deinde vult alium salutari sibi dilectione coniunctum, dicens salutate ephenetum dilectum mihi, qui est primitivus Asiæ in Christo. Primus enim in tota Asia fuit ad fidem Christi conversus, quod erat ei ad magnam dignitatem, Hebr. XII, 22 s.: accessistis ad ecclesiam primitivorum, qui conscripti sunt in cælis. Tunc autem erat Romæ.

Deinde dicit salutate Mariam, quæ multum laboravit in vobis, ad hoc ut eos ad concordiam revocaret, quæ cum hoc facere non posset, significavit apostolo. Sap. III, 15: bonorum laborum gloriosus est fructus.

Deinde dicit salutate Andronicum et Iuniam, quos, primo, describit ex

Ad Romanos

genere, cum dicit cognatos meos. In quo ostendit eos fuisse Iudæos, de quibus supra IX, 3: qui sunt cognati mei secundum carnem.

Secundo ex passione pro Christo suscepta, dicens et concaptivos meos. Fuerant enim aliquando cum apostolo Christi incarcerati.

II Cor. XI, 23: in carceribus abundantius.

Tertio ex auctoritate, cum dicit qui sunt nobiles in apostolis, id est nobiles inter prædicatores, secundum illud Prov. Cap. Ult.: nobilis in portis vir eius. Quarto ex tempore, cum dicit et ante me fuerunt in Christo Iesu. Prius enim fuerunt conversi quam ipse apostolus et ex hoc eis maior reverentia debebatur. I Tim. V, 1: seniorem te ne increpaveris, sed obsecra ut patrem.

Deinde dicit salutate ampliatum dilectum meum in Domino, scilicet dilectione charitatis, quæ est in Christo.

Phil. I, 8: testis est mihi Deus, quomodo cupiam omnes vos esse in visceribus Christi.

Deinde dicit salutate urbanum adiutorem nostrum in Christo, scilicet in prædicatione fidei, Prov. XVIII, 19: frater qui adiuvatur a fratre, etc.. Et stachyn dilectum meum, quos coniungit, quia forte simul habitabant, vel aliqua alia necessitudine erant coniuncti.

Deinde dicit salutate apellen, probum in Christo, id est approbatum in Christo forte per aliquas tribulationes.

Iob XXIII, 10: probavit me quasi aurum quod per ignem transit.

Deinde dicit salutate omnes qui sunt ex domo, id est ex familia Aristoboli, in cuius domo multi fideles erant congregati, quem non salutat, quia forte ex aliqua causa erat absens. Deinde dicit salutate Herodionem cognatum meum, qui ex hoc ipso dicitur fuisse Iudæus.

Deinde dicit salutate omnes qui sunt ex domo Narcissi, qui dicitur fuisse presbyter et peregrinabatur per deserta loca ut fideles Christi confortaret. Unde quia tunc eum absentem noverat esse apostolus non mandat eum salutari, sed familiam eius.

Erant tamen in eius familia aliqui infideles, et ideo ad discretionem subdit qui sunt in Domino, quia solos fideles salutari mandat.

II Io. V, 10: si quis venit ad vos, et hanc doctrinam non affert, nolite recipere eum in domum, nec ave dixeritis ei.

Deinde dicit salutate tryphænam et tryphosam quæ laboraverunt in Domino, id est in ministerio sanctorum, quod Dominus sibi reputat fieri, secundum illud Matth. XXV, 40: quod uni ex minimis meis fecistis, mihi fecistis.

Deinde dicit salutate persidem charissimam meam, quam scilicet apostolus propter eius devotionem specialiter diligebat.

Unde subdit quæ multum laboravit in Domino, scilicet exhortando alios et ministrando sanctis, et etiam in

Commentaria in Epistolis S. Pauli

paupertate et aliis spiritualibus laboribus. II Cor. XI, 27: in laboribus, in ieiuniis, in vigiliis, etc..

Deinde dicit salutate rufum electum in Domino, id est, in gratia Christi, Eph. I, 4: elegit nos in ipso ante mundi constitutionem, et matrem eius, scilicet carne, et meam, quia fuit eius mater beneficio.

Aliquando enim servierat apostolo, licet tunc Romæ non esset. I Tim. V, 2: anus ut matres, iuvenculas ut sorores in omni castitate.

Deinde dicit salutate asyncritum, Hermem, patrobam, hermam et qui cum eis sunt fratres, quos simul salutat, quia simul concorditer habitabant. Ps. LXVII, 6: qui habitare facit unius moris in domo.

Deinde dicit salutate philologum et Iuliam, Nereum et sororem eius Olympiadem, et omnes qui cum eis sunt sanctos, id est in fide Christi sanctificatos.

I Cor. VI, 11: abluti estis et sanctificati estis.

Deinde ostendit modum quo se generaliter salutent, dicens salutate invicem in osculo sancto, quod dicitur ad differentiam osculi libidinosi, de quo dicitur prov. VII, 13: apprehensum deosculatur iuvenem.

Et etiam dolosi, de quo dicitur prov. XXVII, 6: meliora sunt vulnera diligentis, quam fraudulenta oscula inimici.

Osculum autem sanctum est quod in signum sanctæ trinitatis datur. Cant. I, 1: osculetur me osculo oris sui. Exinde autem mos in ecclesia inolevit ut fideles inter Missarum solemnia invicem dent oscula pacis.

Deinde salutat eos ex parte aliarum ecclesiarum, dicens salutant vos omnes ecclesiæ Christi, id est, in nomine et fide Christi congregatæ quia omnes vestram salutem optant et pro vobis orant. Iac. Cap. Ult.: orate pro invicem ut salvemini.

Lectio 2

Postquam apostolus mandavit quos salutarent hic ostendit eis quos debeant vitare.

Et circa hoc tria facit.

Primo docet quos debeant vitare; secundo rationem assignat, ibi huiusmodi enim, etc.; tertio promittit eis divinum auxilium ad hoc implendum, ibi Deus autem pacis, etc..

Et quia illi quos vitari volebat fraudulenter incedebant decipientes sub specie pietatis, secundum illud Matth. VII, 15: veniunt ad vos in vestimentis ovium, intrinsecus autem sunt lupi rapaces; ideo, primo, inducit eos ad cautelam habendam, dicens rogo autem vos, fratres, ut observetis eos qui dissensiones et offendicula præter doctrinam quam vos didicistis, faciunt.

Ubi, primo, considerandum est quod observare, nihil aliud est quam diligenter considerare, quod quidem quandoque in bono sumitur, quandoque in malo.

Ad Romanos

In malo quidem sumitur, quando aliquis diligenter considerat conditionem et processum alicuius ad nocendum, secundum illud Ps. XXXVI, 12: observabit peccator iustum et stridebit super eum dentibus suis. Et Lc. XIV, 1 dicitur: et ipsi observabant eum.

In bono autem accipitur, uno modo, quando quis considerat præcepta Dei ad faciendum.

Ex. XXIII, 21: observa igitur et audi vocem eius. Alio modo quando diligenter considerat bonos ad imitandum, secundum illud Phil. III, 17: imitatores mei estote, fratres, et observate eos qui ita ambulant, sicut habetis formam nostram.

Tertio observantur mali ad cavendum, et ita accipitur hic.

Erant enim quidam ad fidem conversi ex Iudæis, qui prædicabant legalia esse observanda, et ex hoc, primo, quidem in ecclesia sequebantur dissensiones et sectæ, dum quidam eorum errori adhærerent, alii vero in vera fide persisterent. Gal. V, 20: dissensiones, sectæ, etc.. Secundo sequebantur offendicula et scandala, de quibus supra XIV actum est, dum quidam alios iudicarent, et alii alios spernerent, qui dissensiones et offendicula faciunt. Is. LVII, 14: auferte offendicula de medio populi mei. Dicit autem præter doctrinam quam vos didicistis a veris Christi apostolis, ut ostendat quod huiusmodi dissensiones et scandala ex falsitate doctrinæ proveniebant.

Gal. I, 9: si quis vobis evangelizaverit præter id quod accepistis, anathema sit.

Secundo, monet ut cogniti vitentur, dicens et declinate ab illis, id est eorum doctrinam et consortia fugiatis. Ps. CXVIII, 115: declinate a me, maligni, et scrutabor mandata Dei mei.

Deinde cum dicit huiusmodi enim, etc., assignat eius quod dixerat duas rationes, quarum prima sumitur ex parte eorum quos vult vitari.

Et primo describit eorum intentionem, dicens huiusmodi enim homines non serviunt Christo Domino, sed suo ventri. Non enim prædicabant propter gloriam Christi, sed propter quæstum, ut suum ventrem implerent.

Phil. III, 18: multi ambulant quos sæpe dicebam vobis, nunc autem et flens dico, inimicos crucis Christi, quorum Deus venter est.

Secundo describit eorum deceptionem, dicens et per dulces sermones seducunt corda innocentium, id est, simplicium et imperitorum.

Prov. XIV, 15: innocens credit omni verbo. Per dulces sermones in quibus sanctitatem prætendunt, secundum illud Ps. XXVII, 3: qui loquuntur pacem cum proximo suo, mala autem in cordibus eorum. Et benedictiones, quibus scilicet benedicunt et adulantur illis qui eos sequuntur. Is. III, 12: popule meus, qui beatum te dicunt, ipsi te decipiunt. Mal. II, 2: maledicam benedictionibus vestris.

Secundam rationem assignat ex conditione Romanorum, qui faciles se exhibebant ad sequendum bonum et

Commentaria in Epistolis S. Pauli

malum.

Unde primo commendat eos de facilitate ad bonum, dicens vestra enim obedientia, qua de facili fidei obedistis, in omni loco divulgata est, propter dominium quod tunc Romani obtinebant super alias nationes. Unde quod a Romanis fiebat, de facili divulgabatur ad alios. Supra I, 8: fides vestra in universo mundo annuntiatur. Gaudeo igitur in vobis, quia scilicet fidei obedistis, et hoc in charitate, de qua dicitur I Cor. XIII, 6 quod non gaudet super iniquitate, congaudet autem veritati.

Secundo reddit eos cautos contra malum, dicens sed volo vos esse sapientes in bono, ut scilicet ei quod bonum est inhæreatis, I Thess. Cap. Ult.: quod bonum est tenete; et simplices in malo, ne scilicet per aliquam simplicitatem declinetis ad malum, ut talis sit vobis simplicitas, quod nullum decipiatis in malum. Matth. X, 16: estote prudentes sicut serpentes, et simplices sicut columbæ.

E converso de quibusdam dicitur Ier. IV, 22: sapientes sunt ut faciant mala, bene autem facere nesciunt.

Deinde cum dicit Deus autem pacis, etc., promittit eis divinum auxilium contra huiusmodi deceptores.

Et primo ponitur promissio, cum dicit Deus autem pacis, scilicet auctor, qui dissensiones odit quas isti faciunt, conteret Satanam, id est, diabolum qui per istos pseudoapostolos vos decipere conatur, sub pedibus vestris, quia scilicet per vestram sapientiam eum vincetis. Et hoc fiet velociter, scilicet in adventu meo. Lc. X, 19: ecce dedi vobis potestatem calcandi supra serpentes et scorpiones et omnem virtutem inimici. Mal.

Ult.: calcabitis impios, cum fuerint sicut cinis sub planta pedum vestrorum.

Secundo ponitur oratio ad hoc obtinendum, cum dicit gratia Domini nostri Iesu Christi sit vobiscum, quæ scilicet sufficit ad vos tuendos. II Cor. XII, 9: sufficit tibi gratia mea.

Deinde cum dicit salutat vos, etc., salutat eos ex parte aliorum, dicens salutat vos Timotheus adiutor meus, scilicet in prædicatione evangelii. I Cor. IV, 17: misi ad vos Timoneum, qui est filius meus charissimus et fidelis, etc.. Addit autem et Lucius et Iason et sosipater, cognati mei, qui Iudæi erant, scilicet vos salutant.

Erat autem quidam notarius Pauli nomine tertius, cui Paulus concessit ut ex sua persona Romanos salutaret. Unde subditur ego tertius qui scripsi hanc epistolam, saluto vos in Domino.

Deinde dicit salutat vos Caius hospes, cui scribitur Ioannis tertia canonica, in qua commendatur de charitate, quam exhibebat sanctis. Et universa ecclesia, scilicet quæ erat in domo eius congregata, vel quæ erat in illa provincia. Deinde dicit salutat vos Erastus, arcarius civitatis, qui scilicet custodiebat arcam communem, id est communes redditus civitatis, et quidam frater, id est, fidelis, nomine quartus.

Deinde salutat eos ex parte sua, dicens

Ad Romanos

gratia Domini nostri Iesu Christi sit cum omnibus vobis. Amen.

Et finit epistolam cum gratiarum actione, dicens ei autem, scilicet Deo qui est trinitas, qui potens est vos confirmare, I Petr. Cap. Ult.: modicum passos ipse perficiet, confirmabit solidabitque. Et hoc in fide quæ est iuxta evangelium meum id est secundum evangelium quod ego prædico. I Cor. XV, 11: sive ego, sive illi sic prædicavimus et sic credidistis. Et etiam secundum prædicationem Iesu Christi, qui primo evangelium prædicavit, secundum illud Hebr. II, 3: quæ cum initium accepisset enarrari per Dominum. Unde Matth. IV, 23 dicitur, quod circuibat Iesus prædicans evangelium regni.

Subditur autem, in revelatione mysterii, id est, secreti, quod quidem potest referri ad id quod dixerat iuxta evangelium meum; vel quia in ipso evangelio revelatur secretum incarnationis divinæ, secundum illud supra I, 17: iustitia Dei revelatur in eo; vel quia ipsi apostolo est evangelium revelatum.

I Cor. II, 10: nobis autem revelavit Deus per spiritum suum. De hoc autem secreto dicitur Is. XXIV, 16: secretum meum mihi.

Vel potest melius hoc referri ad hoc quod dixerat confirmare, quasi dicat: Deus potest vos confirmare in evangelio meo et prædicatione, et hoc secundum revelationem mysterii, id est, secreti, scilicet de conversione gentium, sicut habetur Eph. III, 8 s.: mihi autem omnium sanctorum minimo data est gratia hæc in gentibus, illuminare omnes quæ sit dispensatio sacramenti, etc..

Unde et ipse subdit temporibus æternis, quia videlicet occultum erat apud homines quod gentes essent convertendæ ad fidem. Vocat autem hæc tempora æterna quasi diu durantia, quia a principio mundi hoc fuit occultum, sicut et in Ps. LXXV, 4 dicitur: illuminans tu mirabiliter a montibus æternis.

Et potest dici quod tempora æterna dicuntur ipsa æternitas, de qua dicitur Is. LVII, 15: excelsus et sublimis habitans æternitatem, ut sicut simplex Dei essentia per quamdam similitudinem dimensionibus corporalibus describitur, secundum illud Iob XI, 9: longior terra mensura eius et latior mari, ita et simplex eius æternitas per tempora æterna designatur, inquantum omnia tempora continet.

Subdit autem quod, scilicet mysterium, nunc patefactum est, de conversione gentium, per Scripturas prophetarum, id est, secundum quod prophetæ prædixerunt, ut patuit supra XV. Unde ad Eph. III, 5 s. Dicitur: aliis generationibus non est agnitum filiis hominum, sicut nunc manifestum est sanctis apostolis eius et prophetis in spiritu esse gentes cohæredes, etc..

Est autem patefactum per operis impletionem ex præcepto Dei. Unde secundum præceptum æterni Dei, qui scilicet æterno proposito ea quæ vult temporaliter facit, quod quidem præceptum Dei ad obeditionem fidei

Commentaria in Epistolis S. Pauli

est in cunctis gentibus, id est, ut omnes gentes obediant fidei. Supra I, 5: ad obedientiam fidei in omnibus gentibus.

Si autem loquamur de mysterio incarnationis, sic construenda est littera: mysterii, inquam, temporibus æternis taciti, quia antea non erat ita manifestum. Quod, inquam, mysterium nunc patefactum est per Scripturas prophetarum, qui hoc prædixerunt secundum præceptum æterni Dei, qui voluit mysterium incarnationis patefieri, et hoc ad obedientiam fidei in cunctis gentibus. Mysterii, inquam, licet taciti apud homines, tamen cogniti soli Deo sapienti, quia ipse solus hoc cognovit et quibus hoc voluit revelare, quia, ut dicitur I Cor. II, 11: quæ sunt Dei, nemo novit nisi spiritus Dei. Vel potest intelligi de eo qui solus est sapiens, scilicet per essentiam, sicut dicitur Matth. XIX, 17, et Mc. X, 18: nemo bonus, nisi solus Deus. Nec excluditur per hoc filius, quia eadem est perfectio totius trinitatis, sicut e converso dicitur: nemo novit patrem nisi filius, Matth. XI, 27. Non excluditur pater a notitia sui ipsius.

Subdit autem per Iesum Christum; quod non sic intelligendum, quod Deus pater sit sapiens per Iesum Christum; quia cum Deo sit idem sapere quod esse, sequeretur quod pater esset per filium, quod est inconveniens; sed hoc referendum est ad hoc quod supra dixerat: nunc patefactum est, scilicet per Iesum Christum.

Cui, Iesu Christo, est honor et gloria, per reverentiam totius creaturæ, secundum illud Phil. II, 10: in nomine Iesu omne genu flectatur.

Et gloria, scilicet quantum ad plenam divinitatem, sicut ibi subditur: et omnis lingua confiteatur quia Dominus Iesus Christus in gloria est Dei patris. Et hoc non ad tempus, sed in sæcula sæculorum. Hebr. Cap. Ult.: Iesus Christus heri et hodie, ipse in sæcula.

Addit autem ad confirmationem veritatis: amen.

Vel potest sic construi: cogniti soli sapienti Deo, cui per Iesum Christum est gloria, qui Deum glorificavit, secundum illud Io. XVII, 4: ego clarificavi te super terram.

Est autem advertendum quod hæc constructio est defectiva, et est sic supplenda: ei qui potest, etc., sit honor et gloria per Iesum Christum, cui est honor et gloria. Si autem non sit ibi ly cui, erit constructio plana.

Prima Epistula ad Corinthios

Fragmenta, Capituli VIII-X desunt.

Prologus

Prooemium

Non abscondam a vobis sacramenta Dei, etc., Sap. VI, 24.

Sacramenti nomen dupliciter accipi consuevit. Nam quandoque sacramentum dicitur quodcumque secretum, et præcipue de rebus sacris; quandoque sacramentum dicitur sacræ rei signum, ita quod et eius imaginem gerat, et causa existat, secundum quod nos dicimus septem sacramenta ecclesiæ, scilicet baptismus, confirmatio, eucharistia, poenitentia, extrema unctio, ordo et matrimonium.

In qua quidem significatione sacramenti etiam prima significatio continetur; nam in his ecclesiæ sacramentis, divina virtus secretius operatur salutem, ut Augustinus dicit.

Hæc igitur sacramenta Dei prælatus, seu doctor ecclesiæ, fidelibus Christi non debet abscondere sed manifestare, propter tria.

Primo quidem, quia hoc pertinet ad honorem Dei, secundum illud Tob. XII, 7: sacramentum regis abscondere bonum est, opera autem Dei revelare et confiteri honorificum est.

Secundo, quia hoc pertinet ad salutem hominum, qui per horum ignorantiam in desperationem labi possent, sicut de quibusdam dicitur Sap. II, 22 quod nescierunt sacramenta Dei, nec speraverunt mercedem iustitiæ, quia per sacramenta homines purificantur, ut sint præparati ad recipiendum mercedem iustitiæ.

Tertio quia hoc pertinet ad debitum officium prælati vel doctoris, secundum illud Eph. III, 8: mihi omnium sanctorum minimo data est gratia hæc, illuminare omnes quæ sit dispensatio sacramenti absconditi a sæculis in Deo.

Sic ergo prædicta verba demonstrant nobis materiam huius epistolæ, in qua apostolus agit de sacramentis ecclesiæ.

Cum enim in epistola ad Romanos gratiam Dei commendasset, quæ in sacramentis ecclesiæ operatur: hic, scilicet in prima epistola ad Corinthios, de ipsis ecclesiæ sacramentis agit; in secunda vero de ministris sacramentorum.

Videamus ergo primo textum.

Capitulus I

Lectio 1

Dividitur ergo hæc epistola in partes duas.

In prima parte ponit epistolarem salutationem; in secunda prosequitur

Commentaria in Epistolis S. Pauli

suam intentionem, ibi gratias ago Deo meo.

Circa primum tria facit.

Primo ponit personas salutantes; secundo, personas salutatas ecclesiæ Dei, etc.; tertio bona salutifera optat, ibi gratia vobis et pax.

Circa primum duo facit.

Primo ponit personam principalem quam describit ex nomine, dicens Paulus, de quo quidem nomine satis dictum est in epistola ad Romanos. Hic autem sufficiat dicere quod hoc nomen præmittit in signum humilitatis; nam Paulus idem est quod modicus, quod ad humilitatem pertinet. I Reg. XV, 17: cum esses parvulus in oculis tuis, caput in tribubus Israel factus es. Matth. XI, 25: abscondisti hæc a sapientibus et prudentibus, et revelasti ea parvulis.

Consequenter describit eam a dignitate.

Et primo ponit modum adipiscendæ dignitatis, cum dicit vocatus, secundum illud Hebr. V, 4: nemo sumit sibi honorem, sed qui vocatur a Deo tamquam Aaron.

Secundo ponit ipsam dignitatem, dicens apostolus Iesu Christi, quæ quidem est prima dignitas in ecclesia, et interpretatur missus, quia fuerunt missi a Deo, ut vice eius fungerentur in terris. Unde dicitur Ic. VI, 13, quod elegit duodecim, quos et apostolos nominavit, et infra XII, 28: Deus posuit in ecclesia quosdam, primum quidem apostolos, etc..

Tertio ponit originem sive causam huius dignitatis, cum dicit per voluntatem Dei.

Quod est intelligendum de voluntate beneplaciti, ex qua perficiuntur illi qui multipliciter præsunt ecclesiis. Eccli. X, 4: in manibus Dei potestas terræ, et utilem rectorem in tempore suscitabit super illam.

Et de prædicta voluntate sub figura nobis dicitur, Iob XXXVII, 12, quod lustrant cuncta per circuitum quocumque voluntas gubernantis perduxerit.

Dimittit autem Deus aliquos præfici propter subditorum peccata, secundum illud Iob XXXIV, 30: regnare facit hominem hypocritam propter peccata populi. Talis autem rector non dicitur esse secundum voluntatem Dei, sed secundum eius indignationem, secundum illud Osee XIII, 11: dabo tibi regem in furore meo, et auferam in indignatione mea.

Secundo ponit personam adiunctam, cum dicit et Sosthenes frater, quem sibi salutando adiungit, quia ad apostolum detulerat contentiones et alios Corinthiorum defectus, ne hoc videretur ex odio fecisse; et ideo nominat eum fratrem, ut ostendat quod ex zelo charitatis hoc fecerat. Prov. IX, 8: argue sapientem, et diliget te.

Deinde ponit personas salutatas, cum dicit ecclesiæ Dei quæ est Corinthi.

Et, primo, ponit principales personas, quas describit tripliciter. Primo quidem ex loco, cum dicit ecclesiæ Dei

Prima ad Corinthios

quæ est Corinthi, id est, fidelibus Christi Corinthi congregatis.

Ps. XXXIV, 18: confitebor tibi in ecclesia magna. Secundo ex munere gratiæ, cum dicit sanctificatis in Christo Iesu, id est, in fide, passione et sacramento Christi Iesu.

Infra VI, 11: sed abluti estis, sed sanctificati estis. Hebr. Cap. Ult.: Iesus ut sanctificaret per suum sanguinem populum, extra portam passus est. Tertio ponit originem gratiæ, cum dicit vocatis sanctis; quia scilicet ad sanctitatem per gratiam vocationis pervenerunt. Rom. VIII, 30: quos prædestinavit, hos et vocavit. I Petr. II, 9: de tenebris vos vocavit in admirabile lumen suum.

Secundo ponit personas secundarias, fideles scilicet, quæ non erant in ipsa civitate sed habitabant in dioecesi civitatis vel districtu. Unde subdit vobis, inquam, qui estis Corinthi scribo, cum omnibus qui invocant nomen Domini nostri Iesu Christi, scilicet per veram fidei confessionem. Ioel. II, 32: omnis qui invocaverit nomen Domini salvus erit. Et hoc in omni loco ipsorum, id est eorum iurisdictioni subiecto, et nostro, quia per hoc quod subiiciebantur episcopo civitatis, non eximebantur a potestate apostoli, quinimo magis erant ipsi apostolo subiecti, quam his quibus ipse eos subiecerat. Ps. Cii, 22: in omni loco dominationis eius, benedic, anima mea, Domino.

Ultimo autem in salutatione ponit bona salutifera quæ eis optat, quorum primum est gratia, per quam iustificamur a peccatis, Rom. III, 24: iustificati gratis per gratiam ipsius; ultimum autem est pax, quæ perficitur in felicitate æterna. Ps. CXLVII, 14: qui posuit fines tuos pacem. Is. XXXII, 18: sedebit populus meus in pulchritudine pacis.

Per hæc autem duo, omnia alia includit.

Unde dicit gratia et pax.

Causam eorum ostendit, subdens a Deo patre nostro, secundum illud Iac. I, 17: omne datum optimum et omne donum perfectum desursum est, descendens a patre luminum.

Addit autem et Domino Iesu Christo, per quem, ut dicitur II Petr. I, 4, maxima et pretiosa promissa donavit nobis Deus. Io. I, 17: gratia et veritas per Iesum Christum facta est.

Quod autem dicit a Deo patre nostro. Potest intelligi de tota trinitate, a qua creati sumus et in filios adoptati. Additur autem et Domino Iesu Christo, non quia sit persona alia vel hypostasis præter tres personas, sed propter aliam naturam.

Vel quod dicitur Deo patre nostro, per quamdam appropriationem accipitur pro persona patris, sicut Io. XX, 17: ascendo ad patrem meum, Deum meum et Deum vestrum.

In hoc autem quod subdit et Domino Iesu Christo, manifestatur persona filii.

Tacetur autem de spiritu sancto, quia est nexus patris et filii, et intellectus ex ambobus, vel quia est donum utriusque, intelligitur in donis, de

Commentaria in Epistolis S. Pauli

quibus dicit gratia et pax, quæ per spiritum sanctum dantur. Infra XII, 11: hæc omnia operatur unus atque idem spiritus.

Deinde cum dicit gratias ago Deo meo, incipit epistolarem tractatum. Et primo gratias agit de bonis eorum, ut correctionem suorum defectuum tolerabilius ferant; secundo ponit eorum instructionem, ibi obsecro vos autem, fratres.

Circa primum duo facit.

Primo gratias agit de bonis quæ iam acceperant; secundo de bonis quæ in futurum expectabant, ibi expectantibus revelationem.

Circa primum duo facit.

Primo ponit gratiarum actionem, cum dicit gratias ago Deo meo, qui scilicet etsi sit Deus omnium per creationem et gubernationem, tamen est eius et cuiuslibet iusti per fidem et devotionem. Ps. CXVII, 28: Deus meus es tu, et confitebor tibi.

Ostendit etiam quando gratias agit, cum dicit semper, quia hæc gratiarum actio ex charitatis affectu procedit, qui in eius corde assiduus erat. Prov. XVII, 17: omni tempore diligit qui amicus est. Et quamvis omni tempore eos diligeret, et pro eorum bonis gratias ageret actualiter, tamen etiam pro eis gratias agebat omnibus horis quas habebat orationi deputatas.

Ostendit etiam pro quibus gratias agit, cum dicit pro vobis, de quorum scilicet bonis propter charitatis unionem gaudebat, sicut de suis. III Io. 4: maiorem horum non habeo gratiam, quam ut audiam filios meos in veritate ambulare.

Secundo ostendit materiam gratiarum actionis, et primo in generali, cum dicit in gratia Dei, id est, per gratiam Dei, quæ data est vobis in Christo Iesu, id est per Christum Iesum. Io. I, 16: de plenitudine eius omnes nos accepimus gratiam pro gratia.

Secundo in speciali, ubi primo ostendit gratiæ abundantiam cum dicit quia in omnibus, scilicet quæ pertinent ad salutem, divites, id est abundantes, facti estis in illo, id est per Christum, secundum illud II Cor. VIII, 9: propter vos egenus factus est, ut illius inopia divites essetis.

Et exponit in quibus sint divites facti, cum dicit in omni verbo, vel quia omnibus generibus linguarum loquebantur, vel quia in verbo doctrinæ abundabant. Verbum autem non proferretur ordinate, nisi ex scientia procederet, et ideo subdit in omni scientia, id est, intelligentia omnium Scripturarum, et universaliter omnium quæ pertinent ad salutem.

Sap. X, 10: dedit illi scientiam sanctorum.

Hoc autem quod dicit apostolus referendum est ad eos qui erant in ecclesia perfectiores, in quibus etiam alii minores has divitias possidebant, sicut Augustinus dicit super Ioannem: si amas unitatem cui hæres, habes quicquid in illa alter habet: tolle invidiam, et tuum est quod alius habet; quos enim cupiditas et invidia separat, charitas iungit.

Prima ad Corinthios

Secundo ostendit rectitudinem, dicens sicut testimonium Christi confirmatum est in vobis; non esset rectum verbum doctrinæ, neque recta scientia, si a testimonio Christi discordaret, vel si etiam Christi testimonium non firmiter per fidem cordibus inhæreret; quia, ut dicitur Iac. I, 6: qui hæsitat similis est fluctui maris, qui a vento movetur et circumfertur.

Testimonium autem Christi dicit, vel quia de ipso prophetæ prænuntiaverunt, secundum illud Act. X, 43: huic omnes prophetæ testimonium perhibent; vel quia ipse Christus testimonium perhibuit, secundum illud io. VIII, 14: si ego testimonium perhibeo de meipso, verum est testimonium meum; vel etiam quia apostolus in sua prædicatione Christo testimonium dedit. Act. XXII, 18: non recipient testimonium tuum de me.

Tertio tangit gratiæ perfectionem, cum dicit ita ut nihil vobis desit in ulla gratia, quia scilicet in diversis personis omnes gratias gratis datas habebant. Ad divinam enim providentiam pertinet, ut absque defectu necessaria largiatur. Ps. XXXIII, 10: nihil deest timentibus eum; et iterum: inquirentes autem Dominum non minuentur omni bono.

Deinde ponit bona in futurum expectanda.

Et circa hoc tria facit.

Primo ponit futuri boni expectationem, dicens vobis, inquam, non solum habentibus gratiam in præsenti, sed etiam expectantibus, in futurum, revelationem Domini nostri Iesu Christi, qua scilicet sanctis suis revelabitur, non solum per gloriam humanitatis, secundum illud Is. XXXIII, 17: regem in decore suo videbunt, sed etiam per gloriam divinitatis, secundum illud Is. XL, 5: revelabitur gloria Domini; quæ quidem revelatio homines beatos facit. I Io. III, 2: cum autem apparuerit, similes ei erimus: et videbimus eum sicuti est. Et in hoc vita æterna consistit, secundum illud Io. XVII, 3: hæc est vita æterna, ut cognoscant te solum verum Deum, et quem misisti Iesum Christum.

Sicut autem illi quibus Christus revelatur, sunt beati in re, ita illi qui hoc expectant, sunt beati in spe. Is. XXX, 18: beati omnes qui expectant eum. Et ideo de ipsa expectatione gratias agit.

Secundo ostendit quod hæc expectatio non est vana ex auxilio divinæ gratiæ.

Unde subdit: qui, scilicet Christus, qui spem dedit vobis huiusmodi revelationis, etiam confirmabit vos in gratia accepta.

I Petr. Cap. Ult.: modicum passos ipse perficiet, confirmabit solidabitque. Et hoc usque in finem, scilicet vitæ vestræ. Matth. X, 22: qui perseveraverit usque in finem, hic salvus erit. Non autem ut sitis sine peccato: quia, si dixerimus quoniam peccatum non habemus, ipsi nosmetipsos seducimus, et veritas in nobis non est, ut dicitur I Io. I, 8, sed ut sitis sine crimine, id est, sine peccato mortali. I Tim. III, 10: ministrent nullum crimen habentes. Et hoc, inquam, erit in die adventus Domini nostri Iesu Christi, quia scilicet qui sine crimine invenitur in die mortis, sine crimine perveniet ad diem iudicii, secundum illud Eccle. XI, 3: si ceciderit lignum ad Austrum, sive ad Aquilonem, in quocumque loco ceciderit, ibi erit. Nisi autem sine crimine nunc inveniatur, frustra illam revelationem expectaret.

Tertio rationem suæ promissionis assignat, dicens quod Deus vos confirmabit, quod debetis sperare, quia Deus est fidelis (Deut. XXXII, 4: Deus fidelis et absque ulla iniquitate), per quem vocati estis in societatem filii eius Iesu Christi Domini nostri, ut scilicet habeatis societatem ad Christum, et in præsenti per similitudinem gratiæ, secundum illud I Io. I, 7: si in luce ambulamus, sicut et ipse in luce est, societatem habemus cum eo ad invicem, et in futuro per participationem gloriæ, Rom. VIII, 17: si compatimur, ut et simul glorificemur.

Non autem videretur esse fidelis Deus, si nos vocaret ad societatem filii et nobis denegaret, quantum in ipso est, ea, per quæ pervenire ad eum possemus. Unde Iosue I, 5 dicit: non te deseram, neque derelinquam.

Lectio 2

Præmissa salutatione et gratiarum actione, hic incipit eos instruere.

Et primo ponitur instructio de his quæ ad omnes communiter pertinent, scilicet de his quæ pertinent ad ecclesiastica sacramenta.

Secundo instruit eos de his quæ ad quosdam pertinebant, XVI cap. De collectis autem quæ fiunt in sanctos, etc..

In sacramentis autem tria sunt consideranda.

Primo quidem ipsum sacramentum, sicut baptismus; secundo id quod est res significata et contenta, scilicet gratia; tertio id quod est res significata et non contenta, scilicet gloria resurrectionis.

Primo ergo agit de ipsis sacramentis; secundo de ipsis gratiis, XII cap.

De spiritualibus autem nolo vos, etc., tertio, de gloria resurrectionis, infra XV notum autem vobis facio.

Circa primum tria facit.

Primo determinat ea quæ pertinent ad sacramentum baptismi; secundo ea quæ pertinent ad sacramentum matrimonii, V cap., ibi omnino auditur inter vos, etc.; tertio ea quæ pertinent ad sacramentum eucharistiæ, VIII cap., ibi de his autem quæ idolis sacrificantur.

Dominus autem, Matth. Cap. Ult., discipulis præceptum dedit de doctrina simul et baptismo, dicens euntes docete omnes gentes, baptizantes, etc.. Et ideo apostolus in prima parte simul cum baptismo agit de doctrina.

Est autem sciendum quod inter Corinthios fideles erat quædam dissensio propter baptistas et doctores; illi enim qui erant instructi

Prima ad Corinthios

contemnebant alios, quasi qui meliorem doctrinam acceperint, et meliorem baptismum.

Unde circa primum duo facit.

Primo removet contentionem; secundo contentionis causam quæ erat in hoc, quod gloriabantur de quibusdam, et alios Christi ministros contemnebant, infra III capite et ego, fratres, non potui vobis loqui.

Circa primum tria facit.

Primo proponit admonitionem; secundo admonitionis necessitatem ostendit, ibi significatum est enim mihi, etc.; tertio rationem admonitionis assignat, ibi divisus est Christus? etc..

Circa primum duo consideranda sunt.

Primum quidem quod eos inducit ad admonitionem servandam. Uno modo per propriam humilitatem, cum dicit obsecro autem vos, etc.. Prov. XVIII, 23: cum obsecrationibus loquitur pauper. Alio modo per fraternam charitatem, cum dicit fratres, quia scilicet ex affectu fraternæ charitatis hoc dicebat.

Prov. XVIII, 19: frater qui iuvatur a fratre, quasi civitas firma. Tertio per reverentiam Christi, cum dicit per nomen Domini nostri Iesu Christi, quod est ab omnibus honorandum, et cui oportet omnes esse subiectos. Phil. II, 10: in nomine Iesu omne genu flectatur.

Secundo considerandum est quod inducit eos ad tria.

Primo quidem ad concordiam, cum dicit ut idipsum dicatis omnes, id est, omnes eamdem fidem confiteamini, et eamdem sententiam proferatis de his quæ sunt communiter agenda. Rom. XV, 6: ut unanimes uno ore honorificetis Deum.

Secundo prohibet vitium contrarium virtuti, cum dicit et non sint in vobis schismata, quia unitas ecclesiastica dividi non debet, in cuius signum milites de tunica inconsutili, Io. XIX, 24 dixerunt: non scindamus eam, sed sortiamur de ea cuius sit. Sunt autem proprie schismata, quando, vel propter diversam fidei confessionem, vel propter diversas sententias de agendis, homines unius collegii in diversas separantur partes. Is. XXII, 9: scissuras civitatis David videbitis, quia multiplicatæ sunt.

Tertio inducit eos ad id per quod possunt schismata vitare, scilicet ad perfectionem. Est enim divisionis causa, dum unusquisque partiale bonum quærit, prætermisso perfecto bono, quod est bonum totius. Et ideo dicit sitis autem perfecti in eodem sensu, scilicet quo iudicatur de agendis, et in eadem scientia, qua iudicatur de cognoscendis, quasi dicat: per hæc perfecti esse poteritis, si in unitate persistatis. Col. III, 14: super omnia charitatem habete, quod est vinculum perfectionis.

Matth. V, 48: estote perfecti sicut pater vester cælestis perfectus est.

Deinde, cum dicit significatum est mihi, ostendit necessitatem prædictæ admonitionis, quia scilicet contentionis vitio laborabant, quasi

Commentaria in Epistolis S. Pauli

dicat: ideo necesse est vos ad hoc inducere, quia significatum est mihi, fratres mei, ab his qui sunt cloes, id est, in quadam villa Corinthiorum iurisdictioni subiecta, vel cloes potest esse nomen matronæ, in cuius domo erant multi fideles congregati, quia contentiones sunt inter vos, contra id quod dicitur Prov. XX, 3: honor est homini qui separat se a contentionibus.

Et modum contentionis exponit, subdens hoc autem dico, id est, contentionem nomino, quod unusquisque vestrum nominat se ab eo a quo est baptizatus et instructus, et dicit: ego quidem sum Pauli, quia erat a Paulo baptizatus et instructus; alius ego autem Apollo, qui scilicet Corinthiis prædicaverat, ut habetur Act. XIX, 1; alius ego vero Cephæ, scilicet Petri, cui dictum est Io. I, 42: tu vocaberis Cephas, quod interpretatur Petrus. Quod quidem ideo dicebant, quod putabant a meliori baptista meliorem baptismum dari, quasi virtus baptistæ in baptizatis operaretur. Et de hoc pseudoapostoli gloriabantur, secundum illud Ps. XLVIII, 12: vocaverunt nomina sua in terris suis. Alius autem dicit ego autem sum Christi, qui solus benedixit, quia solius Christi virtus operatur in baptismo Christi. Io. I, 33: super quem videris spiritum descendere et manere, ipse est qui baptizat. Et ideo baptizati a solo Christo denominantur christiani, non autem a Paulo Paulini. Is. IV, 1: tantummodo invocetur nomen tuum super nos.

Ad huius autem erroris vitationem, dicuntur Græci hac forma in baptizando uti baptizetur servus Christi Nicolaus in nomine patris, et filii, et spiritus sancti, ut detur intelligi quod homo non baptizat interius, sed baptizatur a Christo. Quia tamen etiam homo baptizat ministerio, ut membrum et minister Christi, ideo ecclesia utitur hac forma in baptizando ego te baptizo in nomine patris, et filii, et spiritus sancti, quod quidem est expressius secundum formam a Christo traditam, qui dixit discipulis: docete omnes gentes, baptizantes eos in nomine patris, et filii, et spiritus sancti, etc., ubi ipsos apostolos dicit baptizantes, secundum quem modum sacramenti minister dicit: ego te baptizo.

Deinde cum dicit divisus est Christus? etc., ponit rationem prædictæ admonitionis, quare inter eos scissuræ et contentiones esse non debebant, et primo ex parte baptismi; secundo ex parte doctrinæ, ibi non in sapientia verbi, etc..

Circa primum tria facit.

Primo ponit inconveniens quod ex prædicta contentione sequitur; secundo manifestat quare illud inconveniens sequatur, ibi numquid Paulus crucifixus est, etc.; tertio excludit quamdam falsam suspicionem, ibi gratias ago Deo meo, etc..

Dicit ergo primo: dixi quod unusquisque vestrum dicit ego sum Pauli, ego Apollo, et ex hoc sequitur quod Christus est divisus. Nec refert utrum interrogative vel remissive

Prima ad Corinthios

legatur.

Hoc autem potest intelligi, uno modo, quasi diceret: per hoc quod inter vos contenditur, Christus est divisus a vobis, qui non nisi in pace habitat, secundum illud Ps. LXXV, 3: in pace factus est locus eius.

Is. LIX, 2: iniquitates vestræ diviserunt inter vos et Deum vestrum.

Sed melius aliter hoc potest intelligi, ut sit sensus: per hoc quod creditis baptismum esse meliorem, qui a meliori baptista datur, sequitur quod Christus, qui principaliter et interius baptizat, sit divisus, id est, differens in sua virtute et effectu, secundum differentiam ministrorum: quod patet esse falsum per id quod dicitur Eph. IV, 5: unus Dominus, una fides, unum baptisma.

Sed adhuc melius hoc intelligitur quod apostolus dicit: ex hoc quod ea quæ sunt propria Christi aliis attribuitis, quodammodo Christum dividitis, plures christos facientes, contra id quod dicitur Matth. XXIII, 10: Magister vester unus est Christus. Is. XLV, 22: convertimini ad me, et salvi eritis, omnes fines terræ, quia ego Dominus, et non est alius.

Est autem sciendum quod Christus in sacramento baptismi duplicem habet virtutem sibi propriam. Unam quidem divinam, qua simul cum patre et spiritu sancto interius mundat a peccato, et hoc nulli creaturæ potuit communicari.

Alia autem est propria virtus secundum humanam naturam, quæ est potestas excellentiæ in sacramentis, et consistit in quatuor.

Quorum unum est, quod ipse sacramenta instituit; secundum est quod potuit effectum sacramentorum sine sacramento conferre; tertium est quod meritum passionis eius operatur in baptismo et aliis sacramentis; quartum est quod ad invocationem nominis eius sacramenta conferuntur. Hanc autem potestatem excellentiæ, et maxime quantum ad ultimum, conferre potuit ministris baptismi, ut scilicet eorum nominibus consecraretur baptismus, sed noluit, ne schisma ex hoc in ecclesia fieret, dum tot reputarentur baptismi, quot essent baptistæ.

Et hoc est quod, secundum expositionem Augustini, Ioannes baptista de Christo nescisse fatetur, utrum scilicet hanc potestatem sibi retineret.

Deinde, cum dicit numquid Paulus, etc., ostendit prædictum inconveniens sequi ex eorum errore quod diversum baptisma esse æstimabant secundum differentiam baptistarum; hoc enim esset, si a baptistis baptismus efficaciam haberet, quod quidem solius est Christi.

Hoc autem ostendit dupliciter.

Primo quidem ex parte passionis Christi, in cuius virtute baptismus operatur, secundum illud Rom. VI, 3: quicumque baptizati sumus in Christo Iesu, in morte ipsius baptizati sumus. Et ideo dicit numquid Paulus crucifixus est pro vobis? quasi dicat: numquid passio Pauli causa est nostræ

Commentaria in Epistolis S. Pauli

salutis, ut secundum ipsum baptismus habeat virtutem salvandi? quasi dicat: non. Hoc enim proprium est Christo, ut sua passione et morte nostram salutem operatus fuerit.

Io. XI, 50: expedit ut unus homo moriatur pro populo, et non tota gens pereat. II Cor. V, 14: unus pro omnibus mortuus est.

Sed contra videtur esse quod apostolus dicit Col. I, 24: gaudeo in passionibus meis pro vobis, et adimpleo ea quæ desunt passionum Christi in carne mea pro corpore eius, quod est ecclesia.

Sed dicendum quod passio Christi fuit nobis salutifera non solum per modum exempli, secundum illud I Petr. II, 21: Christus passus est pro nobis, vobis relinquens exemplum, ut sequamini vestigia eius, sed etiam per modum meriti, et per modum efficaciæ, inquantum eius sanguine redempti et iustificati sumus, secundum illud Hebr. Cap. Ultimo: ut sanctificaret per suum sanguinem populum, extra portam passus est. Sed passio aliorum nobis est salutifera solum per modum exempli, secundum illud II Cor. I, 6: sive tribulamur, pro vestra exhortatione et salute.

Secundo ostendit idem ex virtute nominis Christi, qui in baptismo invocatur.

Unde subdit aut in nomine Pauli baptizati estis? quasi dicat: non. Ut enim dicitur Act. IV, 12, non est aliud nomen datum hominibus, per quod oporteat nos salvos fieri.

Unde et Is. XXVI, 8 dicitur: nomen tuum et memoriale tuum in desiderio animæ.

Sed videtur quod in nomine Christi homines non baptizentur. Dicit enim Matth. Cap. Ult.: docete omnes gentes, baptizantes eos in nomine patris, et filii, et spiritus sancti.

Dicendum est autem quod in primitiva ecclesia, quia nomen Christi multum erat odiosum, ut venerabile redderetur, apostoli in nomine Christi baptizabant ex speciali ordinatione spiritus sancti. Unde dicitur act. VIII, 12, quod in nomine Christi baptizati sunt viri et mulieres. Et tamen, ut Ambrosius dicit in nomine Christi tota trinitas intelligitur.

Christus enim interpretatur unctus, in quo intelligitur non solum ille qui ungitur, qui est filius Dei, sed etiam ipsa unctio, quæ est spiritus sanctus, et ipse ungens, qui est pater, secundum Ps. XLIV, 8: unxit te Deus, Deus tuus, oleo lætitiæ præ consortibus tuis.

Nunc autem quia nomen Christi iam est magnum in gentibus ab ortu solis usque ad occasum, ut dicitur Mal. I, 11, ecclesia utitur forma prius instituta a Christo, baptizans in nomine patris, et filii, et spiritus sancti. Et tamen quicumque in hac forma baptizantur, in nomine eius, qui est vere filius Dei, baptizantur, secundum illud I io. Cap. Ult.: ut simus in vero filio eius, Iesu Christo. Baptizantur etiam omnes fideles in nomine Christi, id est, fide et confessione nominis Christi, secundum illud Ioel. II, 32: omnis quicumque invocaverit nomen Domini, salvus erit. Unde baptizati a

Prima ad Corinthios

Christo christiani nominantur, quia, ut dicitur Gal. III, 27: quotquot in Christo baptizati estis, Christum induistis.

Sic ergo, si solius Christi passio, si solius Christi nomen virtutem confert baptismo ad salvandum, verum est proprium esse Christo, ut ex eo baptismus habeat sanctificandi virtutem.

Unde qui hoc aliis attribuit, dividit Christum in plures.

Deinde, cum dicit gratias ago Deo meo, excludit quamdam suspicionem.

Quia ibi dixerat: numquid enim Paulus crucifixus est pro vobis? posset aliquis credere quod et si non auctoritate, ministerio tamen plures baptizaverit.

Et circa hoc tria facit.

Primo gratias agit de hoc quod paucos baptizavit; secundo, quibusdam paucis nominatis, quosdam alios addit, ibi baptizavi autem; tertio assignat rationem quare non multos baptizaverit, ibi non enim misit me Deus.

Dicit ergo primo gratias ago Deo meo, quod neminem vestrum baptizavi, nisi Crispum, de quo Act. XVIII, 8: Crispus archisynagogus credidit Domino cum omni domo sua, et Caium, ad quem scribitur tertia canonica Ioannis.

Et quia gratiarum actio locum non habet, nisi in beneficiis perceptis, consequenter apostolus ostendit qualiter de hoc gratias agat, cum subdit ne quis dicat quod in nomine meo baptizati estis. Est enim optabile sanctis viris, ne ex bonis quæ ipsi faciunt, alii sumant occasionem erroris sui, sive peccati.

Et quia Corinthii in eum errorem devenerant, ut se a suis baptistis nominarent, dicentes ego sum Pauli et Apollo, ac si in eorum nominibus essent baptizati, ideo gratias agit de hoc quod de suo ministerio talis error consecutus non fuerit. Et ideo signanter dicit se baptizasse illos qui ab hoc errore immunes erant.

Deinde, cum dicit baptizavi autem, etc., ponit quosdam alios a se baptizatos, ne in eius verbis aliquid veritatis minus appareret.

Unde dicit baptizavi et domum, id est familiam, Stephanæ, scilicet cuiusdam matronæ.

Et quia circa particularia facta memoria hominum labilis est, subdit cæterum nescio, id est in memoria non habeo, si quem alium baptizaverim, in propria persona.

Deinde, cum dicit non enim misit, etc., assignat rationem quare paucos baptizaverit, dicens non enim misit me Deus baptizare, sed evangelizare.

Contra quod videtur esse quod dicitur Matth. Cap. Ult.: euntes docete omnes gentes, baptizantes eos in nomine patris, et filii, et spiritus sancti.

Sed dicendum est quod Christus apostolos misit ad utrumque, ita tamen quod ipsi per seipsos prædicarent, secundum quod ipsi dicebant Act. VI, 2: non est æquum relinquere nos verbum Dei, et ministrare mensis.

Baptizarent autem per inferiores

Commentaria in Epistolis S. Pauli

ministros, et hoc ideo quia in baptismo nihil operatur industria vel virtus baptizantis: nam indifferens est utrum per maiorem vel minorem ministrum detur baptismus, sed in prædicatione evangelii multum operatur sapientia et virtus prædicantis, et ideo prædicationis officium per seipsos apostoli tamquam maiores ministri exercebant, sicut et de ipso Christo dicitur Io. IV, 2 quod ipse non baptizabat, sed discipuli eius, qui tamen de seipso dicit Lc. IV, 43: quia et aliis civitatibus oportet me evangelizare regnum Dei, quia ideo missus sum. Is. LXI, 1: ad annuntiandum mansuetis misit me.

Lectio 3

Postquam apostolus improbavit Corinthiorum contentionem, ratione sumpta ex parte baptismi, hic excludit eorum contentionem, ratione sumpta ex parte doctrinæ.

Quidam enim eorum gloriabantur de doctrina pseudo-apostolorum, qui ornatis verbis et humanæ sapientiæ rationibus veritatem fidei corrumpebant. Et ideo apostolus primo ostendit hunc modum convenientem non esse doctrinæ fidei; secundo ostendit hoc modo docendi se usum apud eos non fuisse, II cap., ibi et ego, cum venissem ad etc..

Circa primum duo facit.

Primo proponit quod intendit; secundo manifestat propositum, ibi ut non evacuetur.

Dicit ergo primo: dixi quod misit me Christus evangelizare, non tamen ita quod ego in sapientia verbi evangelizem, id est, in sapientia mundana, quæ verbosos facit, inquantum per eam multis vanis rationibus homines utuntur. Eccle. VI, 11: ubi verba sunt plurima, multam in disputando habentia vanitatem. Prov. XIV, 23: ubi verba sunt plurima, ibi frequenter egestas. Vel sapientiam verbi nominat rhetoricam, quæ docet ornate loqui, ex quo alliciuntur interdum homines ad assentiendum erroribus et falsitatibus. Unde Rom. XVI, 18: per dulces sermones seducunt corda innocentium. Et de meretrice dicitur Prov. II, 16, in figura hæreticæ doctrinæ: ut eruaris a muliere aliena et extranea, quæ mollit sermones suos.

Sed contra dicitur Is. XXXIII, 19: populum impudentem non videbis, scilicet in catholica ecclesia, et populum alti sermonis, ita ut non possis intelligere disertitudinem linguæ eius, in quo nulla est sapientia.

Sed quia in Græco ponitur logos, quod rationem et sermonem significat, posset convenientius intelligi sapientia verbi, id est humanæ rationis, quia illa quæ sunt fidei, humanam rationem excedunt, secundum illud Eccli. III, 25: plurima supra sensum hominis ostensa sunt tibi.

Sed contra hoc videtur esse quod multi doctores ecclesiæ in doctrina fidei sapientia et rationibus humanis et ornatu verborum sunt usi.

Dicit enim Hieronymus in epistola ad magnum oratorem urbis Romæ, quod omnes doctores fidei in ornatu

Prima ad Corinthios

philosophiæ doctrinis atque scientiis suos referserunt libros, ut nescias quid in illis primum admirari debeas, eruditionem sæculi, an scientiam Scripturarum.

Et Augustinus dicit in quarto de doctrina christiana: sunt viri ecclesiastici qui divina eloquia non solum sapienter, sed etiam suaviter tractaverunt.

Dicendum est ergo quod aliud est docere in sapientia verbi quocumque modo intelligatur, et aliud uti sapientia verbi in docendo.

Ille in sapientia verbi docet qui sapientiam verbi accipit pro principali radice suæ doctrinæ, ita scilicet quod ea solum approbet, quæ verbi sapientiam continent: reprobet autem ea quæ sapientiam verbi non habent, et hoc fidei est corruptivum. Utitur autem sapientia verbi, qui suppositis veræ fidei fundamentis, si qua vera in doctrinis Philosophorum inveniat, in obsequium fidei assumit.

Unde Augustinus dicit in secundo de doctrina christiana, quod si qua Philosophi dixerunt fidei nostræ accommoda, non solum formidanda non sunt, sed ab eis tamquam ab iniustis possessoribus in usum nostrum vindicanda. Et in IV de doctrina christiana dicit: cum posita sit in medio facultas eloquii, quæ ad persuadendum seu prava seu recta valent pluribus, cur non bonorum studio comparetur ut militet veritati, si eam mali in usum iniquitatis et erroris usurpant.

Deinde, cum dicit ut non evacuetur crux Christi, probat quod dixerat, et primo quidem ex parte materiæ, secundo ex parte ipsorum docentium, ibi videte enim vocationem vestram, etc..

Circa primum tria facit.

Primo ostendit modum docendi qui est in sapientia verbi, non esse congruum fidei christianæ; secundo probat quod supposuerat, ibi verbum enim crucis; tertio probationem manifestat, ibi quoniam Iudæi signa petunt.

Circa primum considerandum est, quod etiam in philosophicis doctrinis non est idem modus conveniens cuilibet doctrinæ.

Unde sermones secundum materiam sunt accipiendi, ut dicitur in primo ethicorum.

Tunc autem maxime modus aliquis docendi est materiæ incongruus, quando per talem modum destruitur id quod est principale in materia illa, puta si quis in rebus intellectualibus velit metaphoricis demonstrationibus uti, quæ non transcendunt res imaginatas, ad quas non oportet intelligentem adduci, ut Boetius ostendit in libro de trinitate.

Principale autem in doctrina fidei christianæ est salus per crucem Christi facta.

Unde, cap. II, 2, dicit non iudicavi me scire aliquid inter vos, nisi Iesum Christum et hunc crucifixum. Qui autem principaliter innititur in docendo sapientiam verbi, quantum in se est, evacuat crucem Christi. Ergo docere in sapientia verbi non est

Commentaria in Epistolis S. Pauli

modus conveniens fidei christianæ. Hoc est ergo quod dicit ut non evacuetur crux Christi, id est, ne si in sapientia verbi prædicare voluero, tollatur fides de virtute crucis Christi. Gal. V, 11: ergo evacuatum est scandalum crucis. Ps. CXXXVI, 7: qui dicunt, exinanite usque ad fundamentum in ea.

Deinde, cum dicit verbum crucis, etc., probat quod per doctrinam, quæ est in sapientia verbi, crux Christi evacuetur.

Et circa hoc duo facit primo inducit probationem; secundo assignat causam dictorum, ibi scriptum est enim, etc..

Dicit ergo primo: ideo dixi quod si per sapientiam verbi doctrina fidei proponeretur, evacuaretur crux Christi, verbum enim crucis, id est Annuntiatio crucis Christi, stultitia est, id est stultum aliquid videtur, pereuntibus quidem, id est, infidelibus qui se secundum mundum existimant sapientes, eo quod prædicatio crucis Christi aliquid continet, quod secundum humanam sapientiam impossibile videtur, puta quod Deus moriatur, quod omnipotens violentorum manibus subiiciatur. Continet etiam quædam quæ prudentiæ huius mundi contraria videntur, puta quod aliquis non refugiat confusiones, cum possit, et aliqua huiusmodi. Et ideo Paulo huiusmodi annuntianti dixit festus, ut legitur Act. XXVI, 24: insanis, Paule, multæ litteræ ad insaniam te adducunt. Et ipse Paulus dicit infra IV, 10: nos stulti propter Christum.

Et ne credatur revera verbum crucis stultitiam continere, subdit his autem qui salvi fiunt, id est nobis, scilicet Christi fidelibus qui ab eo salvamur, secundum illud Matth. I, 21: ipse enim salvum faciet populum suum a peccatis eorum, virtus Dei est, quia ipsi in cruce Christi mortem Dei cognoscunt, qua diabolum vicit et mundum. Apoc. V, 5: ecce vicit leo de tribu Iuda. Item virtutem quam in seipsis experiuntur, dum simul cum Christo vitiis et concupiscentiis moriuntur, secundum illud Gal. V, 24: qui Christi sunt, carnem suam crucifixerunt cum vitiis et concupiscentiis.

Unde in Ps. CIX, 2 dicitur virgam virtutis tuæ emittit Dominus ex sion.

Lc. VI, 19: virtus de illo exibat et sanabat omnes.

Deinde cum dicit scriptum est enim, ostendit prædictorum causam, et ponit primo quare verbum crucis sit hominibus stultitia; secundo ostendit quare ista stultitia sit virtus Dei his, qui salvantur, ibi nam quia in Dei sapientia, etc..

Circa primum duo facit.

Primo inducit auctoritatem prænuntiantem quod quæritur; secundo ostendit hoc esse impletum, ibi ubi sapiens? circa primum considerandum quod id quod est in se bonum, non potest alicui stultum videri, nisi propter defectum sapientiæ.

Hæc est ergo causa quare verbum crucis quod est salutiferum credentibus, quibusdam videtur

Prima ad Corinthios

stultitia, quia sunt ipsi sapientia privati. Et hoc est quod dicit scriptum est enim: perdam sapientiam sapientium, et prudentiam prudentium reprobabo.

Potest autem hoc sumi ex duobus locis.

Nam in Abdia dicitur: perdam sapientiam de Idumæa, et prudentiam de monte Esau. Expressius autem habetur Is. XXIX, 14: peribit sapientia a sapientibus, et intellectus prudentium eius abscondetur.

Differunt autem sapientia et prudentia.

Nam sapientia est cognitio divinarum rerum; unde pertinet ad contemplationem, Iob XXVIII, 28: timor Dei ipsa est sapientia; prudentia vero proprie est cognitio rerum humanarum, unde dicitur Prov. X, 23: sapientia est viro prudentia, quia scilicet scientia humanarum rerum prudentia dicitur. Unde et Philosophus VI ethicorum dicit quod prudentia est recta ratio agibilium, et sic prudentia ad rationem pertinet.

Est autem considerandum quod homines quantumcumque mali non totaliter donis Dei privantur, nec in eis dona Dei reprobantur, sed in eis reprobatur et perditur quod ex eorum malitia procedit. Et ideo non dicit simpliciter perdam sapientiam, quia omnis sapientia a Domino Deo est, ut dicitur Is. XXIX, 14 ss., sed perdam sapientiam sapientium, id est, quam sapientes huius mundi adinvenerunt sibi contra veram sapientiam Dei, quia, ut dicitur Iac. III, 15, non est ista sapientia desursum descendens, sed terrena, animalis, diabolica. Similiter non dicit reprobabo prudentiam, nam veram prudentiam sapientia Dei docet, sed dicit prudentiam prudentium, id est, quam illi qui se prudentes æstimant in rebus mundanis prudentiam reputant ut scilicet bonis huius mundi inhæreant. Vel quia, ut dicitur Rom. VIII, 6, prudentia carnis mors est.

Et sic propter defectum sapientiæ reputant impossibile Deum hominem fieri, mortem pati secundum humanam naturam; propter defectum autem prudentiæ reputant inconveniens fuisse quod homo sustineret crucem, confusione contempta, ut dicitur Hebr. XII, 2.

Deinde cum dicit ubi sapiens, etc., ostendit esse impletum quod de reprobatione humanæ sapientiæ et prudentiæ fuerat probatum. Et primo ponit medium sub interrogatione; secundo conclusionem infert, ibi nonne stultam Deus fecit sapientiam huius mundi, etc..

Dicit ergo primo ubi sapiens? quasi diceret: non invenitur in congregatione fidelium qui salvatur. Per sapientem intelligit illum qui secretas naturæ causas scrutatur.

Is. XIX, 11: quomodo dicetis Pharaoni: filius sapientium ego? et hoc refertur ad gentiles, qui huius mundi sapientiæ studebant.

Ubi Scriba? id est peritus in lege, et hoc refertur ad Iudæos; quasi diceret: non est in coetu fidelium. Io. VII, 48: numquid ex principibus aliquis credidit in eum? ubi inquisitor huius

Commentaria in Epistolis S. Pauli

sæculi? qui scilicet per prudentiam exquirit quæ sit convenientia vitæ humanæ in rebus huius sæculi; quasi dicat: non invenitur inter fideles, et hoc refertur ad utrosque, scilicet Iudæos et gentiles. Baruch III, 23: filii Agar, qui exquisierunt prudentiam quæ de terra est.

Videtur autem apostolus hanc interrogationem sumere ab eo, quod dicitur Is. XXXIII, 18: ubi est litteratus? pro quo ponit sapientem.

Ubi est verba legis ponderans? pro quo ponit Scribam. Ubi est doctor parvulorum? pro quo ponit inquisitorem huius sæculi, quia parvuli maxime solent instrui de his, quæ pertinent ad disciplinam moralis vitæ.

Deinde cum dicit nonne stultam fecit, etc., infert conclusionem sub interrogatione, quasi dicat: cum illi qui sapientes mundi reputantur a via salutis defecerint, nonne Deus sapientiam huius mundi fecit stultam? id est, demonstravit esse stultam, dum illi qui hac sapientia pollebant tam stulti inventi sunt ut viam salutis non acciperent.

Ier. X, 14 et LI, 17: stultus factus est omnis homo a scientia sua. Is. XLVII, 10: sapientia tua et scientia tua hæc decepit te.

Potest autem et aliter intelligi quod dictum est, ac si diceret: perdam sapientiam sapientium et prudentiam prudentium reprobabo, id est eligam eam in primis meis prædicatoribus, secundum illud Prov. XXX, 1: visio quam locutus est vir cum quo est Deus; et infra: stultissimus sum virorum, et sapientia hominum non est mecum.

Ubi sapiens? quasi dicat: inter prædicatores fidei non invenitur. Matth. XI, 25: abscondisti hæc a sapientibus et prudentibus, et revelasti ea parvulis. Nonne Deus stultam fecit, id est demonstravit, sapientiam huius mundi? faciendo quod ipsis impossibile reputabatur, scilicet dictum esse hominem mortuum resurgere, et alia huiusmodi.

Deinde cum dicit nam quia in Dei sapientia, etc., assignat rationem quare per prædicationis stultitiam salventur fideles.

Et hoc est quod dictum est, quod verbum crucis pereuntibus quidem stultitia est, virtus vero salvationis credentibus; nam placuit Deo per stultitiam prædicationis, id est per prædicationem, quam humana sapientia stultam reputat, salvos facere credentes; et hoc ideo, quia mundus, id est mundani, non cognoverunt Deum per sapientiam ex rebus mundi acceptam, et hoc in Dei sapientia.

Divina enim sapientia faciens mundum, sua iudicia in rebus mundi instruit, secundum illud Eccli. I, 10: effudit illam super omnia opera sua; ita quod ipsæ creaturæ, per sapientiam Dei factæ, se habent ad Dei sapientiam, cuius iudicia gerunt, sicut verba hominis ad sapientiam eius quam significant.

Et sicut discipulus pervenit ad cognoscendum Magistri sapientiam per verba quæ ab ipso audit, ita homo poterat ad cognoscendum Dei

Prima ad Corinthios

sapientiam per creaturas ab ipso factas inspiciendo pervenire, secundum illud Rom. I, 20: invisibilia Dei per ea quæ facta sunt, intellecta conspiciuntur.

Sed homo propter sui cordis vanitatem a rectitudine divinæ cognitionis deviavit. Unde dicitur Io. I, 10: in mundo erat, et mundus per ipsum factus est, et mundus eum non cognovit. Et ideo Deus per quædam alia ad sui cognitionem salutiferam fideles adduxit, quæ in ipsis rationibus creaturarum non inveniuntur, propter quod a mundanis hominibus, qui solas humanarum rerum considerant rationes, reputantur stulta. Et huiusmodi sunt fidei documenta. Et est simile, sicut si aliquis Magister considerans sensum suum ab auditoribus non accipi, per verba quæ protulit, studet aliis verbis uti, per quæ possit manifestare quæ habet in corde.

Deinde cum dicit quoniam et Iudæi, etc., manifestat probationem præmissorum, et primo quantum ad id, quod dixerat: verbum crucis pereuntibus stultitia est.

Secundo quantum ad id quod dixerat: his qui salvi fiunt, virtus Dei est ipsis autem vocatis, etc..

Circa primum duo facit.

Primo ponit pereuntium differens studium et intentionem; secundo ex hoc rationem assignat eius quod dixerat, ibi nos autem prædicamus Christum.

Pereuntium autem, id est infidelium, quidam erant Iudæi, quidam gentiles. Dicit ergo: dictum est quod verbum crucis pereuntibus est stultitia, et hoc ideo quoniam Iudæi signa petunt. Erant enim Iudæi consueti divinitus instrui, secundum illud Deut. VIII, 5: erudivit eum et docuit. Quæ quidem doctrina cum esset a Deo per multa mirabilia manifestata, secundum illud Ps. LXXVII, 12: fecit mirabilia in terra Aegypti, et ideo ab afferentibus quamcumque doctrinam signa quærebant, secundum illud Matth. XII, 38: Magister, volumus a te signum aliquod videre. Et in Ps. LXXIII, 9 dicitur: signa nostra non vidimus.

Sed Græci sapientiam quærunt, utpote in studio sapientiæ exercitati, sapientiam dico quæ per rationes rerum mundanarum accipitur, de qua dicitur Ier. IX, 23: non glorietur sapiens in sapientia. Per Græcos autem omnes gentiles dat intelligere qui a Græcis mundanam sapientiam acceperunt. Quærebant igitur sapientiam, volentes omnem doctrinam eis propositam secundum regulam humanæ sapientiæ iudicare.

Deinde concludit quare verbum crucis sit eis stultitia, dicens nos autem prædicamus Christum crucifixum, secundum illud infra cap. XI, 26: mortem Domini annuntiabitis donec veniat. Iudæis scandalum, quia scilicet desiderabant virtutem miracula facientem et videbant infirmitatem crucem patientem; nam, ut dicitur II Cor. Cap. Ultimo: crucifixus est ex infirmitate.

Gentibus autem stultitiam, quia contra rationem humanæ sapientiæ videtur quod Deus moriatur et quod homo iustus et sapiens se voluntarie

Commentaria in Epistolis S. Pauli

turpissimæ morti exponat.

Deinde, cum dicit ipsis autem vocatis, manifestat quod dixerat: his autem qui salvi fiunt, virtus Dei est. Et primo manifestat hoc; secundo rationem assignat; ibi quia quod stultum, etc..

Dicit ergo primo: dictum est quod prædicamus Christum crucifixum, Iudæis scandalum et gentibus stultitiam, sed prædicamus Christum Dei virtutem et Dei sapientiam ipsis vocatis Iudæis et Græcis, id est his qui ex Iudæis et gentibus ad fidem Christi vocati sunt, qui in cruce Christi recognoscunt Dei virtutem, per quam et Dæmones superantur et peccata remittuntur et homines salvantur. Ps. XX, 14: exaltare, Domine, in virtute tua.

Et hoc dicit contra scandalum Iudæorum, qui de infirmitate Christi scandalizabantur et recognoscunt in cruce Dei sapientiam, inquantum per crucem convenientissimo modo humanum genus liberat. Sap. IX, 19: per sapientiam sanati sunt quicumque placuerunt tibi a principio.

Dicitur autem Dei virtus et Dei sapientia per quamdam appropriationem. Virtus quidem, inquantum per eum pater omnia operatur, Io. I, 3: omnia per ipsum facta sunt, sapientia vero, inquantum ipsum verbum, quod est filius, nihil est aliud quam sapientia genita vel concepta. Eccli. XXIV, 5: ego ex ore altissimi prodii primogenita ante omnem creaturam.

Non autem sic est intelligendum, quod Deus pater sit fortis et sapiens virtute aut sapientia genita, quia, ut Augustinus probat VI de trinitate, sequeretur, quod pater haberet esse a filio, quia hoc est Deo esse, quod fortem et sapientem esse.

Deinde cum dicit quia quod stultum est Dei, assignat rationem eius quod dixerat, dicens quomodo id, quod est infirmum et stultum possit esse virtus vel sapientia Dei, quia quod stultum est Dei sapientius est hominibus, quasi dicat: iam aliquod divinum videtur esse stultum, non quia deficiat a sapientia, sed quia superexcedit sapientiam humanam. Homines enim quidam consueverunt stultum reputare quod eorum sensum excedit. Eccli. III, 25: plurima super sensum hominis ostensa sunt tibi. Et quod infirmum est Dei, fortius est hominibus, quia scilicet non dicitur aliquid infirmum in Deo per defectum virtutis, sed per excessum humanæ virtutis, sicut etiam dicitur invisibilis, inquantum excedit sensum humanum. Sap. XII, 17: virtutem ostendis tu qui non crederis esse in virtute consummatus.

Quamvis hoc possit referri ad incarnationis mysterium: quia id quod reputatur stultum et infirmum in Deo ex parte naturæ assumptæ, transcendit omnem sapientiam et virtutem.

Ex. XV, 11: quis similis tui in fortibus, Domine?

Lectio 4

Supra ostendit apostolus quod modus docendi, qui est in sapientia verbi, non

Prima ad Corinthios

convenit doctrinæ christianæ, ratione materiæ quæ est ipsa crux Christi, hic ostendit quod prædictus docendi modus non convenit doctrinæ christianæ, ratione doctorum, secundum illud Prov. XXVI, 7: in derisum est in ore stulti parabola; et Eccli. XX, 22: ex ore fatui reprobabitur parabola.

Quia igitur primi doctores fidei non fuerunt sapientes sapientia carnali, non erat eis conveniens ut in sapientia verbi docerent.

Circa hoc ergo duo facit.

Primo ostendit quomodo primi doctores fidei non fuerunt sapientes sapientia carnali et in rebus humanis defectum patiebantur; secundo ostendit quomodo talis defectus est in eis per Christum suppletus, ibi ex ipso autem vos estis.

Circa primum tria facit.

Primo excludit a fidei primis doctoribus excellentiam sæcularem; secundo astruit eorum subiectionem quantum ad sæculum, ibi sed quæ stulta sunt mundi; tertio rationem assignat, ibi ut non glorietur.

Dicit ergo primo: dictum est quod stultum est Dei, sapientius est hominibus, et hoc considerare potestis in ipsa vestra conversione.

Videte enim, id est diligenter considerate, vocationem vestram, quomodo scilicet vocati estis: non enim per vos ipsos accessistis, sed ab eo vocati estis. Rom. VIII, 30: quos prædestinavit, hos et vocavit.

I Petr. II, 9: de tenebris vos vocavit in admirabile lumen suum.

Inducit autem eos ut considerent modum suæ vocationis, quantum ad eos per quos vocati sunt, sicut Is. LI, 2 dicitur: attendite ad Abraham patrem vestrum, et ad Saram quæ genuit vos.

A quibus vocationis ministris primo excludit sapientiam, cum dicit quia non multi, eorum per quos vocati estis, sapientes secundum carnem, id est in carnali sapientia et terrena. Iac. III, 15: non est ista sapientia desursum descendens, sed terrena, animalis, diabolica. Baruch III, 23: filii Agar exquisierunt sapientiam, quæ de terra est. Dicit non multi, quia aliqui pauci erant etiam in sapientia mundana instructi, sicut ipse, et ut Barnabas, vel Moyses in veteri testamento, de quo dicitur Act. VII, 22, quod eruditus erat Moyses in omni sapientia Aegyptiorum.

Secundo excludit sæcularem potentiam, cum dicit non multi potentes, scilicet secundum sæculum. Unde et Io. VII, 48 dicitur: numquid aliquis ex principibus credidit in eum? et Bar. III, 16 dicitur: ubi sunt principes gentium? exterminati sunt, et ad inferos descenderunt.

Tertio excludit excellentiam generis, cum dicit non multi nobiles. Et aliqui inter eos nobiles fuerunt, sicut ipse Paulus, qui in civitate Romana se natum dicit, Act. XXII, 25, et Rom. Cap. Ult. De quibusdam dicit qui sunt nobiles in apostolis.

Deinde, cum dicit sed quæ stulta sunt, etc., ponit e converso eorum

Commentaria in Epistolis S. Pauli

abiectionem quantum ad mundum, et primo defectum contrarium sapientiæ, cum dicit quæ stulta sunt mundi, id est, eos qui secundum mundum stulti videbantur, elegit Deus ad prædicationis officium, scilicet piscatores illitteratos, secundum illud Act. IV, 13: comperto quod homines essent sine litteris et idiotæ, admirabantur. Is. XXXIII, 18: ubi est litteratus, ubi verba legis ponderans? et hoc ut confundat sapientes, id est eos qui de sapientia mundi confidunt, dum ipsi non cognoverunt quæ sunt simplicibus revelata.

Matth. XI, 25: abscondisti hæc a sapientibus et prudentibus, et revelasti ea parvulis.

Is. XIX, 12: ubi sunt nunc sapientes tui? annuntient tibi.

Secundo ponit defectum contrarium potentiæ, dicens et infirma mundi, id est homines impotentes secundum mundum, puta rusticos et plebeios, elegit Deus ad prædicationis officium. In cuius figura dicitur III Reg. XX, 14: ego tradens eos in manu tua per pedissequos principum provinciarum; et Prov. IX, 3 dicitur quod sapientia misit ancillas ut vocarent ad arcem. In utrisque autem primorum prædicatorum infirmitas designatur.

Et hoc ideo ut confundat fortia, id est potentes huius mundi. Is. II, 17: incurvabitur omnis sublimitas hominum, et humiliabitur altitudo virorum.

Tertio ponit defectum contrarium nobilitati, in quo possunt tria considerari.

Primo quidem claritas generis, quam ipsum nomen nobilitatis designat. Et contra hoc dicit et ignobilia mundi, id est qui secundum mundum sunt ignobiles. Infra IV, 10: vos nobiles, nos autem ignobiles.

Secundo, circa nobilitatem considerantur honor et reverentia quæ talibus exhibentur, et contra hoc dicit et contemptibilia, id est homines contemptibiles in hoc mundo elegit Deus ad prædicationis officium, secundum illud Ps. LXXVIII, 4: facti sumus opprobrium vicinis nostris, et his qui in circuitu nostro sunt.

Tertio, in nobilitate consideratur magna opinio quam homines de eis habent. Et contra hoc dicit et ea quæ non sunt, id est quæ non videntur esse in sæculo, elegit Deus ad prædicationis officium. Iob XXX, 2: quorum virtus manuum erat mihi pro nihilo, et vita ipsa putabantur indigni. Et hoc ideo ut destrueret ea quæ sunt, id est eos qui in hoc mundo aliquid esse videntur. Is. XXIII, 9: Dominus exercituum cogitavit hoc, ut detraheret superbiam omnis gloriæ, et ad ignominiam deduceret universos inclytos terræ.

Deinde assignat causam dictorum dicens: ideo non elegit in sæculo excellentes sed abiectos, ut non glorietur omnis caro, etc., id est ut nullus pro quacumque carnis excellentia glorietur per comparationem ad Dominum. Ier. IX, 23: non glorietur sapiens in sapientia sua, et non glorietur fortis in fortitudine sua et non glorietur dives in divitiis suis.

Prima ad Corinthios

Ex hoc enim quod Deus mundum suæ fidei subiecit, non per sublimes in mundo, sive in sæculo, sed per abiectos, non potest gloriari homo quod per aliquam carnalem excellentiam salvatus sit mundus. Videretur autem non esse a Deo excellentia mundana, si Deus ea non uteretur ad suum obsequium.

Et ideo in principio quidem paucos, postremo vero plures sæculariter excellentes Deus elegit ad prædicationis officium. Unde in Glossa dicitur, quod nisi fideliter præcederet piscator, non humiliter sequeretur orator. Et etiam ad gloriam Dei pertinet, dum per abiectos sublimes in sæculo ad se trahit.

Deinde cum dicit ex ipso autem vos estis, ne prædicatores fidei tamquam non excellentes, sed abiecti in sæculo contemnerentur, ostendit quomodo Deus prædictum defectum in eis supplet. Et circa hoc tria facit.

Primo ostendit cui sit attribuenda salus mundi, quæ prædicatorum ministerio facta est, dicens: dictum est quod vocati estis non per excellentes sed per abiectos in sæculo, ex quo patet quod vestra conversio non est homini attribuenda sed Deo. Et hoc est quod dicit ex ipso autem, id est ex virtute Dei, vocati estis in Christo Iesu, id est ei iuncti et incorporati per gratiam. Eph. II, 10: ipsius enim factura sumus, creati in Christo Iesu in operibus bonis.

Deinde ostendit quomodo Deus prædictos defectus in prædicatoribus suis supplet per Christum. Et primo quantum ad defectum sapientiæ, cum dicit qui, scilicet Christus, factus est nobis prædicantibus fidem, et, per nos, omnibus fidelibus, sapientia, quia ei inhærendo, qui est Dei sapientia, et participando ipsum per gratiam, sapientes facti sumus. Et hoc a Deo, qui nobis Christum dedit et nos ad ipsum traxit, secundum illud Io. VI, 44: nemo potest venire ad me, nisi pater, qui me misit, traxerit eum. Deut. IV, 6: hæc est vestra sapientia et intellectus coram populis.

Secundo quantum ad defectum potentiæ, dicit et iustitia, quæ propter sui fortitudinem thoraci comparatur Sap. V, 19: induet pro thorace iustitiam. Dicitur autem Christus nobis factus iustitia, inquantum per eius fidem iustificamur, secundum illud Rom. III, 22: iustitia autem Dei per fidem Christi Iesu.

Tertio quantum ad defectum nobilitatis subdit et sanctificatio, et redemptio. Sanctificamur enim per Christum, inquantum per eum Deo coniungimur, in quo consistit vera nobilitas, secundum illud I Reg. II, 30: quicumque honorificaverit me, glorificabo eum, qui autem contemnunt me, erunt ignobiles.

Unde dicitur Hebr. Cap. Ult.: Iesus ut sanctificaret per suum sanguinem populum, extra portam passus est. Factus est autem nobis redemptio, inquantum per ipsum redempti sumus de servitute peccati, in quo vere ignobilitas consistit. Unde in Ps. XXX, 6 dicitur: redemisti me, Deus veritatis.

Tertio assignat dictorum causam, cum

dicit ut quemadmodum scriptum est, Ier. IX, 23 s., qui autem gloriatur, in Domino glorietur; ubi nostra littera habet: in hoc glorietur scire et nosse me.

Dicit enim: si salus hominis non provenit ex aliqua excellentia humana, sed ex sola virtute divina, non debetur homini gloria, sed Deo, secundum illud Ps. CXIII, 1: non nobis, Domine, non nobis, sed nomini tuo da gloriam. Eccli. Cap. Ult.: danti mihi sapientiam, dabo gloriam.

Capitulus II

Lectio 1

Postquam apostolus ostendit quis sit conveniens modus doctrinæ christianæ, hic ostendit se illum modum observasse.

Et circa hoc tria facit: primo ostendit se non fuisse usum apud eos aliqua excellentia sæculari; secundo ostendit apud quos excellentia spirituali utatur, ibi sapientiam autem loquimur inter perfectos, etc., tertio rationem assignat, ibi quæ etiam loquimur, etc..

Circa primum tria facit.

Primo dicit quod non ostendit apud eos excellentiam sæcularis sapientiæ; secundo quod non prætendit excellentiam potentiæ sæcularis, ibi et ego in infirmitate; tertio non prætendit excellentiam eloquentiæ, ibi et sermo meus.

Circa primum duo facit.

Primo proponit quod intendit; secundo rationem assignat, ibi non enim iudicavi.

Dicit ergo primo: quia dictum est quod Christus misit me evangelizare non in sapientia verbi, et quod non sunt multi sapientes, et ego, fratres, quamvis sapientiam sæcularem habeam, secundum illud II Cor. XI, 6: et si imperitus sermone, sed non scientia, cum venissem ad vos, convertendos ad Christum, ut habetur Act. XVIII, 1, veni annuntians vobis testimonium Christi, secundum illud Act. IV, 33: virtute magna reddebant apostoli testimonium resurrectionis Domini nostri Iesu Christi, et hoc non in sublimitate sermonis aut sapientiæ.

Attenditur autem sublimitas sapientiæ in consideratione aliquorum sublimium et elevatorum supra rationem et sensum hominum.

Eccli. XXIV, 7: ego in altissimis habitavi.

Sublimitas autem sermonis potest referri vel ad verba significantia sapientiæ conceptiones, secundum illud Eccle. Cap. Ult.: verba sapientium quasi stimuli, et quasi clavi in altum defixi, vel ad modum ratiocinandi per aliquas subtiles vias. Nam in Græco habetur logos, quod et verbum et rationem significat, ut Hieronymus dicit. Hoc autem dicit apostolus, quia fidem Christi per huiusmodi sublimitates sermonis aut sapientiæ confirmare nolebat.

I Reg. II, 3: nolite multiplicare sublimia.

Deinde huius rationem assignat,

dicens non enim iudicavi me scire aliquid, nisi Christum Iesum. Non enim ad hoc opus erat ut sapientiam ostentaret sed ut demonstraret virtutem, secundum illud II Cor. IV, 5: non enim prædicamus nosmetipsos, sed Iesum Christum. Et ideo solum utebatur his quæ ad demonstrandam virtutem Christi pertinebant, existimans se ac si nihil sciret quam Iesum Christum. Ier. IX, 24: in hoc glorietur qui gloriatur, scire et nosse me.

In Christo autem Iesu, ut dicitur Col. II, 3, sunt omnes thesauri sapientiæ et scientiæ Dei absconditi, et quantum ad plenitudinem deitatis et quantum ad plenitudinem sapientiæ et gratiæ, et etiam quantum ad profundas incarnationis rationes, quæ tamen apostolus eis non annuntiavit sed solum ea quæ erant manifestiora et inferiora in Christo Iesu. Et ideo subdit et hunc crucifixum, quasi dicat: sic vobis me exhibui ac si nihil aliud scirem quam crucem Christi. Unde Gal. Cap. Ult. Dicit: mihi absit gloriari, nisi in cruce Domini nostri Iesu Christi.

Quia igitur per sapientiam verbi evacuatur crux Christi, ut dictum est ideo ipse apostolus non venerat in sublimitate sermonis aut sapientiæ.

Deinde cum dicit et ego in infirmitate, etc., ostendit quod non prætenderit apud eos potentiam, sed potius contrarium et foris et intus.

Unde quantum ad id quod foris est dicit et ego fui apud vos in infirmitate, id est tribulationes apud vos patiens.

Gal. IV, 11: scitis quia per infirmitatem carnis evangelizavi vobis iampridem. Ps. XV, 4: multiplicatæ sunt infirmitates eorum.

Quantum vero ad id quod intus est, dicit et timore, scilicet de malis imminentibus, et tremore, inquantum scilicet timor interior redundat ad corpus. II Cor. VII, 5: foris pugnæ, intus timores.

Deinde cum dicit et sermo meus, ostendit quod non prætenderit apud eos excellentiam eloquentiæ: et circa hoc tria facit.

Primo excludit indebitum modum prædicandi, dicens et sermo meus, quo scilicet privatim et singulariter aliquos instruebam, Eph. IV, 29: omnis sermo malus ex ore vestro non procedat, sed si quis bonus est ad ædificationem fidei; et prædicatio mea, qua scilicet publice docebam, non fuit in verbis persuasibilibus humanæ sapientiæ, id est per rhetoricam, quæ componit ad persuadendum. Ut scilicet supra dixit quod non fuit intentionis quod sua prædicatio niteretur philosophicis rationibus, ita nunc dicit non fuisse suæ intentionis niti rhetoricis persuasionibus. Is. XXXIII, 19: populum impudentem non videbis, populum alti sermonis, ita ut non possis intelligere disertitudinem linguæ eius, in quo nulla est sapientia.

Secundo ostendit debitum modum quo usus fuit in prædicando, dicens: sermo meus fuit in ostensione spiritus et virtutis, quod quidem potest intelligi dupliciter. Uno modo quantum ad hoc quod credentibus prædicationi eius

Commentaria in Epistolis S. Pauli

dabatur spiritus sanctus, secundum illud Act. X, 44: adhuc loquente Petro verba hæc, cecidit spiritus sanctus super omnes qui audiebant verbum. Similiter etiam suam prædicationem confirmabat, faciendo virtutes, id est miracula, secundum illud Marc. Cap. Ultimo: sermonem confirmante sequentibus signis. Unde Gal. III, 5: qui tribuit vobis spiritum, et operatur in vobis.

Alio modo potest intelligi quantum ad hoc quod ipse per spiritum loquebatur, quod sublimitas et affluentia doctrinæ ostendit. II Reg. XXIII, 2: spiritus Domini locutus est per me. Et II Cor. IV, 13: habentes eumdem spiritum fidei credimus, propter quod et loquimur.

Confirmat etiam suam prædicationem, ostendendo in sua conversatione multa opera virtuosa. I Thess. II, 10: vos enim testes estis, et Deus, quam sancte et iuste sine querela vobis qui credidistis, affuimus.

Tertio assignat rationem dictorum, dicens ut fides vestra non sit in sapientia hominum, id est non innitatur sapientiæ humanæ, quæ plerumque decipit homines, secundum illud Is. XLVII, 10: sapientia tua et scientia tua hæc decepit te. Sed in virtute Dei, ut scilicet virtuti divinæ fides innitatur, et sic non possit deficere. Rom. I, 16: non erubesco evangelium, virtus enim Dei est in salutem omni credenti.

Deinde cum dicit sapientiam loquimur, etc., ostendit apud quos excellentia spiritualis sapientiæ utatur. Et primo proponit quod intendit; secundo manifestat propositum, ibi sapientiam vero.

Dicit ergo: apud vos solum Christum crucifixum prædicavi, sapientiam autem, id est profundam doctrinam, loquimur inter perfectos.

Dicuntur autem aliqui perfecti dupliciter: uno modo, secundum intellectum; alio modo secundum voluntatem. Hæc enim inter potentias animæ sunt propria hominis, et ideo secundum eas oportet hominis perfectionem considerari. Dicuntur autem perfecti intellectu illi, quorum mens elevata est super omnia carnalia et sensibilia, qui spiritualia et intelligibilia capere possunt, de quibus dicitur Hebr. V, 14: perfectorum est solidus cibus, eorum qui per consuetudinem exercitatos habent sensus ad discretionem mali et boni. Perfecti autem secundum voluntatem sunt, quorum voluntas super omnia temporalia elevata soli Deo inhæret et eius præceptis. Unde Matth. V, 48, præpositis dilectionis mandatis, subditur: estote perfecti sicut et pater vester cælestis perfectus est.

Quia igitur doctrina fidei ad hoc ordinatur, ut fides per dilectionem operetur, ut habetur Gal. V, 6, necesse est eum qui in doctrina fidei instruitur, non solum secundum intellectum bene disponi ad capiendum et credendum sed etiam secundum voluntatem et affectum bene disponi ad diligendum et operandum.

Deinde cum dicit sapientiam vero, etc., exponit qualis sit sapientia de qua

Prima ad Corinthios

mentionem fecit. Et primo ponit expositionem; secundo rationem expositionis confirmat, ibi quam nemo principum, etc..

Circa primum duo facit.

Primo exponit qualis sit ista sapientia per comparationem ad infideles; secundo, per comparationem ad fideles, ibi sed loquimur Dei sapientiam, etc..

Dicit ergo primo: dictum est quod sapientiam loquimur inter perfectos. Sapientiam vero dico, non huius sæculi, id est de rebus sæcularibus, vel quæ est per rationes humanas; neque eam principum huius sæculi.

Et sic separat eam a sapientia mundana, et quantum ad modum et materiam inquirendi, et quantum ad auctores, qui sunt principes huius sæculi; quod potest intelligi de triplici genere principum, secundum triplicem sapientiam humanam.

Primo possunt dici principes huius sæculi reges et potentes sæculares, secundum illud Ps. II, 2: principes convenerunt in unum adversus Dominum et adversus Christum eius. A quibus principibus venit sapientia humanarum legum, per quas res huius mundi in vita humana dispensantur. Secundo possunt dici principes Dæmones. Io. XIV, 30: venit princeps mundi huius, et in me non habet quicquam, etc.. Et ab his principibus venit sapientia culturæ Dæmonum, scilicet necromantia, et magicæ artes, et huiusmodi. Tertio possunt intelligi principes huius sæculi Philosophi, qui quasi principes se exhibuerunt hominibus in docendo, de quibus dicitur Is. XIX, 11: stulti principes Thaneos, sapientes consiliarii Pharaonis. Et ab his principibus processit tota humana philosophia.

Horum autem principum homines destruuntur per mortem et per amissionem potestatis et auctoritatis: Dæmones vero non per mortem, sed per amissionem potestatis et auctoritatis, secundum illud Io. XII, 31: nunc princeps huius mundi eicietur foras; de hominibus autem dicitur Bar. III, 16: ubi sunt principes gentium? et postea subdit: exterminati sunt et ad inferos descenderunt. Sicut ipsi non sunt stabiles, ita et eorum sapientia non potest esse firma: et ideo non ei innitendum est.

Deinde cum dicit sed loquimur, etc., exponit qualis sit sapientia per comparationem ad fideles.

Et primo describit eam quantum ad materiam vel auctoritatem, cum dicit sed loquimur Dei sapientiam, id est quæ est Deus et a Deo. Quamvis enim omnis sapientia a Deo sit, ut dicitur Eccli. I, 1, tamen speciali quodam modo hæc sapientia, quæ est de Deo, est etiam a Deo per revelationem, secundum illud Sap. IX, 17: sensum autem tuum quis sciet, nisi tu dederis sapientiam et miseris spiritum tuum de altissimis? secundo ostendit qualitatem eius, dicens in mysterio, quæ abscondita est; hæc enim sapientia abscondita est ab hominibus, inquantum hominis intellectum excedit, secundum illud Eccli. III, 25: plurima supra sensum hominis ostensa sunt tibi. Unde dicitur Iob XXVIII, 21:

Commentaria in Epistolis S. Pauli

abscondita est ab oculis omnium viventium.

Et quia modus docendi et doctrinæ debet esse conveniens, ideo dicitur quod loquitur eam in mysterio, id est in aliquo occulto, vel verbo vel signo. Infra XIV, 2: spiritus loquitur mysteria.

Tertio ostendit fructum huius sapientiæ, dicens quam Deus prædestinavit, id est præparavit, in gloriam nostram, id est prædicatorum fidei, quibus ex prædicatione tam altæ sapientiæ gloria magna debetur, et apud Deum, et apud homines. Prov. III, 35: gloriam sapientes possidebunt.

Et quod dicit in gloriam nostram, exponendum est omnium fidelium, quorum gloria hæc est ut in plena luce cognoscant ea quæ nunc in mysterio prædicantur, secundum illud io. XVII, 3: hæc est vita æterna ut cognoscant te solum Deum verum, et quem misisti Iesum Christum.

Lectio 2

Posita expositione de sapientia quam apostolus loquitur inter perfectos, hic rationem assignat expositionis prædictæ, et primo quantum ad hoc, quod eam descripserat per comparationem ad infideles; secundo, quantum ad hoc quod eam descripserat per comparationem ad fideles, ibi nobis autem revelavit Deus.

Circa primum duo facit.

Primo proponit quod intendit; secundo probat propositum, ibi si enim cognovissent.

Dicit ergo primo: dictum est quod sapientia quam loquimur non est principum huius sæculi, hæc enim sapientia est, quam nemo principum huius sæculi cognovit, quod verum est, de quibuscumque principibus intelligatur.

Sæculares enim principes hanc sapientiam non cognoverunt, quia excedit rationem humani regiminis. Iob XII, 24: qui immutat cor principum populi terræ, et decipit eos, ut frustra incedant per invium. Philosophi etiam eam non cognoverunt, quia excedit rationem humanam. Unde dicitur Bar. III, 23: exquisitores prudentiæ et scientiæ viam sapientiæ nescierunt. Dæmones etiam eam non cognoscunt, quia excedit omnem creatam sapientiam. Unde dicitur Iob XXVIII, 21: volucres cæli quoque latent. Perditio et mors dixerunt: auribus nostris audivimus famam eius.

Deinde cum dicit si enim cognovissent, etc., probat quod dixerat, et primo quidem probat per signum quod non cognoverunt principes Dei sapientiam, secundum quod est in se abscondita.

Secundo probat per auctoritatem, quod non cognoverunt eam, secundum quod præparata est in gloriam nostram, ibi sicut scriptum est.

Dicit ergo primo: recte dico, quod principes huius sæculi Dei sapientiam non cognoverunt, si enim cognovissent Dei sapientiam, cognovissent utique Christum esse Deum, qui in hac sapientia continetur, quo cognito, numquam crucifixissent

Deum gloriæ, id est, ipsum Christum Dominum dantem gloriam suis, secundum illud Ps. XXIII, 10: Dominus virtutum ipse est rex gloriæ; et Hebr. II, 10: qui multos filios in gloriam adduxerat.

Cum enim creaturæ rationali sit naturaliter appetibilis gloria, non potest in voluntatem humanam cadere, quod auctorem gloriæ interimat.

Quod autem principes crucifixerunt Iesum Christum, certum est, si intelligatur de principibus qui potestatem habent inter homines.

Dicitur enim in Ps. II, 2: astiterunt reges terræ, et principes convenerunt in unum adversus Dominum, et adversus Christum eius, quod Act. IV, 27 exponitur de Herode et Pilato, et principibus Iudæorum qui consenserunt in mortem Christi. Sed etiam Dæmones operati sunt in mortem Christi, persuadendo, secundum illud Io. XIII, 2: cum diabolus iam misisset in cor ut eum traderet, etc.. Sed et Pharisæi, et Scribæ in lege periti, qui studium sapientiæ dabant, operati sunt ad mortem Christi instigando et approbando.

Sed circa hoc duplex oritur dubitatio, quarum prima est de hoc quod dicit Deum gloriæ crucifixum. Non enim divinitas Christi aliquid pati potuit, secundum quam dicitur Christus Dominus gloriæ.

Sed dicendum quod Christus est una persona et hypostasis in utraque natura consistens, divina scilicet et humana. Unde potest utriusque naturæ nomine designari, et quocumque nomine significetur, potest prædicari de eo id quod est utriusque naturæ, quia utrique non supponitur nisi una hypostasis.

Et per hunc modum possumus dicere quod homo creavit stellas, et quod Dominus gloriæ est crucifixus, et tamen non creavit stellas secundum quod homo, sed secundum quod Deus, nec est crucifixus secundum quod est Deus, sed inquantum homo.

Unde ex hoc verbo destruitur error Nestorii, qui dixerat unam naturam esse in Christo, Dei et hominis, quia secundum hoc nullo modo posset verificari quod Dominus gloriæ sit crucifixus.

Secunda dubitatio est de hoc quod videtur supponere, quod principes Iudæorum vel Dæmones non cognoverunt Christum esse Deum. Et quidem, quantum ad principes Iudæorum, videtur hoc astrui per hoc quod dicit Petrus, Act. III, 17: scio quia per ignorantiam hoc feceritis, sicut et principes vestri.

Videtur autem esse contrarium quod dicitur Matth. XXI, 38: agricolæ videntes filium, dixerunt intra se: hic est hæres, venite, occidamus eum; quod exponens Chrysostomus dicit: manifeste Dominus probat his verbis Iudæorum principes non per ignorantiam, sed per invidiam Dei filium crucifixisse.

Solvitur in Glossa quod sciebant, principes Iudæorum, eum esse qui promissus erat in lege, non tamen mysterium eius quod filius Dei erat,

Commentaria in Epistolis S. Pauli

neque sciebant sacramentum incarnationis et redemptionis.

Sed contra hoc esse videtur quod Chrysostomus dicit quod cognoverunt eum esse filium Dei.

Dicendum est ergo quod principes Iudæorum pro certo sciebant eum esse Christum promissum in lege, quod populus ignorabat.

Ipsum autem esse verum filium Dei non pro certo sciebant, sed aliqualiter coniecturabant; sed hæc coniecturalis cognitio obscurabatur in eis ex invidia et ex cupiditate propriæ gloriæ, quam per excellentiam Christi minui videbant.

Similiter etiam videtur esse de Dæmonibus dubitatio.

Dicitur enim Mc. I, 23 ss. Et Lc. IV, 34, quod Dæmonium clamavit, dicens: scio quod sis sanctus Dei. Et ne hoc præsumptioni Dæmonum ascribatur, qui se iactabant scire quod nesciebant, eorum notitia quam habebant de Christo per ipsos evangelistas asseritur.

In Marco quidem sic scribitur: non sinebat ea loqui, scilicet Dæmonia, quoniam sciebant eum Christum esse. Et Lucas dicit: increpans non sinebat ea loqui quia sciebant eum esse Christum.

Et ad hoc respondetur in libro de quæstionibus novi et veteris testamenti, quod Dæmonia sciebant ipsum esse, qui per legem fuit repromissus, quia omnia signa videbant in eo quæ dixerunt prophetæ, mysterium autem divinitatis eius ignorabant.

Sed contra hoc videtur esse quod Athanasius dicit, quod Dæmonia dicebant Christum esse sanctum Dei, quasi singulariter sanctum: ipse enim naturaliter est sanctus cuius participatione omnes alii sancti vocantur.

Dicendum est autem quod, sicut Chrysostomus dicit, non habebant adventus Dei firmam et certam notitiam, sed quasdam coniecturas.

Unde Augustinus dicit in IX de civitate Dei quod innotuit Dæmonibus, non per id quod est vita æterna, sed per quædam temporalia sua virtute effecta.

Deinde cum dicit sed sicut scriptum est, probat per auctoritatem quod principes huius sæculi Dei sapientiam non cognoverunt, quantum ad hoc quod prædestinata est in gloriam fidelium, dicens: sed sicut scriptum est Is. LXIV, 4, ubi littera nostra habet: oculus non vidit, Deus, absque te, quæ præparasti his qui diligunt te.

Ostenditur autem illa gloria visionis aperte ab hominibus ignorari dupliciter.

Primo quidem quod non subiacet humanis sensibus, a quibus omnis humana cognitio initium sumit. Et ponit duos sensus. Primo visionis quæ deservit inventioni, cum dicit quod oculus non vidit, Iob XXVIII, 7: semitam eius ignoravit avis, nec intuitus est eam oculus vulturis. Et hoc ideo, quia non est aliquid coloratum et visibile. Secundo ponit sensum auditus, qui deservit disciplinæ, dicens nec auris audivit, scilicet ipsam gloriam, quia non est sonus aut vox sensibilis. Io. V, 37: neque speciem eius vidistis, neque vocem eius audistis.

Deinde excludit notitiam eius intellectualem, cum dicit neque in cor hominis ascendit. Quod quidem potest intelligi: uno modo ut ascendere in cor hominis dicatur quidquid quocumque modo cognoscitur ab homine, secundum illud Ier. II, 50: Ierusalem ascendat super cor vestrum: et sic oporteat, quod cor hominis accipiatur pro corde hominis carnalis, secundum illud quod dicitur infra III, 3: cum sint inter vos zelus et contentio, nonne carnales estis, et secundum hominem ambulatis? est ergo sensus quod illa gloria non solum sensu non percipitur, sed nec corde hominis carnalis, secundum illud Io. XIV, 17: quem mundus non potest accipere, quia non videt eum, nec scit eum.

Alio modo potest exponi secundum quod proprie dicitur in cor hominis ascendere id quod ab inferiori pervenit ad hominis intellectum, puta a sensibilibus, de quibus prius fecerat mentionem.

Res enim sunt in intellectu secundum modum eius; res igitur inferiores sunt in intellectu altiori modo quam in seipsis. Et ideo quando ab intellectu capiuntur, quodammodo in cor ascendunt. Unde dicitur Is. LXV, 17: non erunt in memoria priora, nec ascendent super Cor. Illa vero quæ sunt in intellectu superiora, altiori modo sunt in seipsis quam in intellectu. Et ideo quando ab intellectu capiuntur, quodammodo descendunt.

Prima ad Corinthios

Iac. I, 17: omne donum perfectum desursum est descendens a patre luminum.

Quia igitur illius gloriæ notitia non accipitur a sensibilibus, sed ex revelatione divina, ideo signanter dicit nec in cor hominis ascendit, sed descendit, id scilicet quod præparavit Deus, id est, prædestinavit, diligentibus se, quia essentiale præmium æternæ gloriæ charitati debetur, secundum illud io. XIV, 21: si quis diligit me diligetur a patre meo, et ego diligam eum et manifestabo ei meipsum, in quo perfectio æternæ gloriæ consistit; et Iob XXXVI, 33: annuntiat de ea, id est de luce gloriæ, amico suo quod possessio eius sit. Cæteræ autem virtutes accipiunt efficaciam merendi vitam æternam, inquantum informantur charitate.

Deinde cum dicit nobis autem, etc., probat prædictam expositionem de sapientia divina per comparationem ad fideles.

Et primo proponit quod intendit; secundo probat propositum, ibi spiritus enim.

Dicit ergo primo: dictum est quod sapientiam Dei nemo principum huius sæculi cognovit, nobis autem Deus revelavit per spiritum suum, quem scilicet nobis misit, secundum illud Io. XIV, 26: Paracletus autem spiritus sanctus, quem mittet pater in nomine meo, ille vos docebit omnia, Iob XXXII, 8: inspiratio omnipotentis dat intelligentiam.

Quia enim spiritus sanctus est spiritus veritatis, utpote a filio procedens, qui

Commentaria in Epistolis S. Pauli

est veritas patris, his quibus mittitur inspirat veritatem, sicut et filius a patre missus notificat patrem, secundum illud Matth. XI, 27: nemo novit patrem nisi filius, et cui voluerit filius revelare.

Deinde cum dicit spiritus enim, probat quod dixerat, scilicet quod per spiritum sanctum sit sapientia fidelibus revelata.

Et primo ostendit quod spiritus sanctus ad hoc sit efficax; secundo probat quod hoc in discipulis Christi fecerat, ibi nos autem.

Circa primum duo facit.

Primo proponit quod intendit; secundo manifestat propositum, ibi quis enim scit hominum, etc..

Dicit ergo primo: dictum est quod per spiritum sanctum revelavit nobis Deus suam sapientiam, et hoc fieri potuit: spiritus enim sanctus omnia scrutatur. Quod non est sic intelligendum, quasi inquirendo quomodo fiant, sed quia perfecte et etiam intima quarumlibet rerum novit, sicut homo quod aliquando diligenter scrutatur. Unde dicitur Sap. VII, 22 s. Quod spiritus intelligentiæ sanctus est, omnia prospiciens, et qui capiat omnes spiritus intelligibiles, mundos, subtiles, et non solum res creatas, sed etiam profunda Dei perfecte cognoscit. Dicuntur autem profunda ea quæ in ipso latent, et non ea quæ de ipso per creaturas cognoscuntur, quæ quasi superficie tenus videntur esse, secundum illud Sap. XIII, 5: a magnitudine speciei et creaturæ cognoscibiliter poterit creator eorum videri.

Deinde, cum dicit quis enim scit hominum, probat quod dixerat de spiritu Dei per similitudinem humani spiritus, dicens quis enim scit hominum ea quæ sunt hominis, id est, ea quæ latent in corde, nisi spiritus hominis, qui in eo est, id est, intellectus? et ideo quæ interius latent, videri non possunt.

Signanter autem dicit quis hominum, ne ab horum cognitione etiam Deus videatur excludi; dicitur enim Ier. XVII, 9: pravum est cor hominis, et quis cognoscet illud? ego Deus probans corda et scrutans renes, quia scilicet secretorum cordis solus Deus est cognitor.

Manifesta autem est ratio quare homo ea quæ in corde alterius latent scire non potest, quia cognitio hominis a sensu accipitur, et ideo ea quæ sunt in corde alterius, homo cognoscere non potest, nisi quatenus per signa sensibilia manifestantur, secundum illud I Reg. XVI, 7: homo videt quæ foris patent, Deus autem intuetur cor.

Sed nec Angelus bonus, nec malus ea quæ in corde hominis latent scire potest, nisi inquantum per aliquos effectus manifestantur, cuius ratio accipi potest ex ipso verbo apostoli, qui dicit ea ratione spiritum hominis cognoscere quæ in corde hominis latent quia in ipso homine est; Angelus autem, neque bonus neque malus, illabitur menti humanæ, ut in ipso corde hominis sit et intrinsecus operetur, sed hoc solius Dei proprium est.

Unde solus Deus est conscius secretorum cordis hominis, secundum illud Iob XVI, 20: ecce in cælo testis meus, et in excelsis conscius meus.

Secundo similitudinem adaptat ad spiritum Dei, dicens ita et quæ Dei sunt, id est, quæ in ipso Deo latent, nemo cognoscit, nisi spiritus Dei, secundum illud Iob XXXVI, 26: ecce Deus magnus vincens scientiam nostram.

Sed sicut ea quæ sunt in corde unius hominis alteri manifestantur per sensibilia signa, ita ea quæ sunt Dei possunt esse nota homini per sensibiles effectus, secundum illud Sap. XIII, 5: a magnitudine speciei et creaturæ, etc.. Sed spiritus sanctus, qui est in ipso Deo, utpote patri et filio consubstantialis, secreta divinitatis per seipsum videt, secundum illud Sap. VII, 22: est enim in illa, scilicet Dei sapientia, et spiritus intelligentiæ sanctus, omnem habens virtutem, omnia prospiciens.

Deinde, cum dicit nos autem, etc., ostendit quomodo cognitio spiritus sancti percipiatur, dicens: licet nullus hominum per se possit scire quæ sunt Dei, nos autem, spiritu sancto scilicet repleti, non accepimus spiritum huius mundi, sed spiritum qui a Deo est.

Nomine autem spiritus vis quædam vitalis et cognitiva et motiva intelligitur. Spiritus ergo huius mundi potest dici sapientia huius mundi, et amor mundi, quo impellitur homo ad agendum ea quæ mundi sunt; hunc autem spiritum sancti apostoli non receperunt, mundum abiicientes et contemnentes, sed receperunt spiritum sanctum, quo corda eorum illuminata sunt et inflammata ad amorem Dei, secundum illud Io. XIV, 26: Paracletus autem spiritus sanctus, quem mittet pater in nomine meo, etc., et Num. XIV, 24: servum meum Caleb, qui plenus est alio spiritu, et secutus est me, introducam in terram hanc.

Spiritus autem huius mundi errare facit, secundum illud Is. XIX, 3: dirumpetur spiritus Aegypti in visceribus eius, et consilium eius præcipitabo. Ex divino autem spiritu eius consecuti sumus, ut sciamus quæ a Deo data sunt nobis, ut sciamus de rebus divinis quantum unicuique Deus donavit: quia, sicut dicitur Eph. IV, 7, unicuique data est gratia secundum mensuram donationis Christi.

Vel potest intelligi spiritum Dei donatum sanctis, ut dona spiritualia cognoscant, quæ, non habentes, eumdem spiritum ignorant, secundum illud Apoc. II, 17: vincenti dabo manna absconditum, quod nemo scit, nisi qui accipit.

Ex hoc autem accipi potest, quod sicut nemo novit patrem nisi filius, et cui voluerit filius revelare, ut dicitur Matth. XI, 27: ita nemo novit quæ sunt Dei patris et filii, nisi spiritus sanctus et qui ipsum acceperunt: et hoc ideo, quia sicut filius consubstantialis est patri, ita spiritus sanctus patri et filio.

Lectio 3

Dixerat supra apostolus sapientiam loquimur inter perfectos. Postquam

Commentaria in Epistolis S. Pauli

ergo manifestavit qualis sit hæc sapientia, quia mundanis hominibus incognita, cognita autem sanctis, hic manifestat qua ratione hanc sapientiam sancti inter perfectos loquuntur. Et primo proponit quod intendit; secundo assignat rationem, ibi animalis autem homo, etc..

Circa primum, primo proponit revelatorum manifestationem, dicens: dictum est quod spiritum Dei accepimus, ut sciamus quæ a Deo donata sunt nobis, quæ scilicet nobis per spiritum revelata sunt, loquimur.

Sunt enim eis revelata ad utilitatem. Unde et Act. II, 4: repleti sunt omnes spiritu sancto, et coeperunt loqui.

Secundo tangit modum enarrandi, excludens modum inconvenientem, dicens non in doctis humanæ sapientiæ verbis, id est, non nitimur ad probandam nostram doctrinam per verba composita ex humana sapientia, sive quantum ad ornatum verborum, sive quantum ad subtilitatem rationum. Is. XXXIII, 19: populum alti sermonis non videbis.

Astruit enim modum convenientem, cum dicit sed in doctrina spiritus, id est, prout spiritus sanctus nos loquentes interius docet, et auditorum corda ad capiendum illustrat.

Io. XVI, 13: cum venerit ille spiritus veritatis, docebit vos omnem veritatem.

Tertio determinat auditores, dicens spiritualibus spiritualia comparantes, quasi dicat: recta comparatione spiritualia documenta tradimus spiritualibus viris, quibus sunt convenientia.

II Tim. II, 2: hæc commenda fidelibus viris, qui idonei erunt et alios docere.

Eosdem autem hic nominat spirituales, quos supra perfectos, quia per spiritum sanctum homines perficiuntur in virtute, secundum illud Ps. XXXII, 6: spiritu oris eius omnis virtus eorum.

Deinde, cum dicit animalis, etc., assignat rationem dictorum, et primo ostendit quare spiritualia non sunt tradenda animalibus hominibus; secundo quare sunt tradenda spiritualibus, ibi spiritualis, etc..

Circa primum duo facit.

Primo ponit rationem; secundo manifestat eam, ibi stultitia enim, etc..

Ratio ergo talis est: nulli sunt tradenda documenta quæ capere non potest, sed homines animales non possunt capere spiritualia documenta; ergo non sunt eis tradenda.

Hoc est ergo quod dicit animalis homo, etc.. Et ideo recta ratione non possunt tradi eis.

Ubi primo considerandum est quis homo dicatur animalis. Est ergo considerandum quod anima est forma corporis.

Unde propriæ animæ intelliguntur illæ vires quæ sunt actus corporalium organorum, scilicet vires sensitivæ. Dicuntur ergo homines animales qui huiusmodi vires sequuntur, inter quas est vis apprehensiva, et appetitiva, et ideo potest dici homo dupliciter animalis. Uno modo quantum ad vim apprehensivam, et hic dicitur animalis sensu, qui, sicut dicitur in Glossa, de Deo iuxta corporum phantasiam vel legis litteram, vel rationem philosophicam iudicat, quæ secundum vires sensitivas accipiuntur.

Alio modo dicitur quis animalis quantum ad vim appetitivam, qui scilicet afficitur solum ad ea quæ sunt secundum appetitum sensitivum, et talis dicitur animalis vita, qui, sicut dicitur in Glossa, sequitur dissolutam lasciviam animæ suæ, quam intra naturalis ordinis metas spiritus rector non continet.

Unde dicitur in canonica Iudæ 19: hi sunt qui segregant semetipsos, animales spiritum non habentes.

Secundo autem videndum quare tales non possunt percipere ea quæ sunt spiritus Dei: quod quidem manifestum est, et quantum ad animalem sensum, et quantum ad animalem vitam. Ea enim de quibus spiritus sanctus illustrat mentem, sunt supra sensum et rationem humanam, secundum illud Eccli. III, 25: plura supra sensum hominis ostensa sunt tibi, et ideo ab eo capi non possunt, qui soli cognitioni sensitivæ innititur. Spiritus etiam sanctus accendit affectum ad diligendum spiritualia bona, sensibilibus bonis contemptis, et ideo ille qui est animalis vitæ, non potest capere huiusmodi spiritualia bona, quia Philosophus dicit in IV Ethic.

Quod qualis unusquisque est, talis finis videtur ei. Prov. XVIII, 2: non recipit stultus verba prudentiæ, nisi ei dixeris

Prima ad Corinthios

quæ versantur in corde eius. Eccli. XXII, 9: cum dormiente loquitur, qui narrat sapientiam stulto.

Deinde, cum dicit stultitia enim, etc., manifestat quod dixerat per signum; cum enim aliquis aliqua sapienter dicta reprobat quasi stulta, signum est quod ea non capiat. Quia igitur animalis homo ea quæ sunt spiritus Dei reputat stulta, ex hoc manifestatur quod ea non capit. Et hoc est quod dicit stultitia enim est illi, scilicet animali.

Iudicat enim esse stulta quæ secundum spiritum Dei aguntur. Eccle. X, 3: in via stultus ambulans, cum ipse sit insipiens, omnes stultos æstimat.

Quod autem homini animali quæ secundum spiritum sunt videantur stulta, non procedit ex rectitudine sensus: sicut sapientes aliqua iudicant esse stulta quæ stultis videntur sapientia propter defectum intellectus; quia homo sensui deditus non potest intelligere ea quæ supra sensum sunt, et homo carnalibus affectus non intelligit esse bonum, nisi quod est delectabile secundum carnem.

Et hoc est quod sequitur et non potest intelligere, Ps. LXXXI, 5: nescierunt neque intellexerunt, in tenebris ambulant.

Quare autem non possit intelligere, ostendit subdens quia spiritualiter examinatur, id est, spiritualium examinatio fit spiritualiter. Numquam enim inferior potest examinare et iudicare ea quæ sunt superioris, sicut sensus non potest examinare ea quæ sunt intellectus. Et similiter, neque

Commentaria in Epistolis S. Pauli

sensus, neque ratio humana potest iudicare ea quæ sunt spiritus Dei. Et ita relinquitur quod huiusmodi solo spiritu sancto examinantur, secundum illud Ps. XVII, 31: eloquia Domini igne examinata, probata scilicet a spiritu sancto.

Quia ergo animalis homo caret spiritu sancto, non potest spiritualia examinare, et per consequens nec ea intelligere.

Deinde, cum dicit spiritualis autem iudicat omnia, etc., assignat rationem quare spiritualibus spiritualia tradantur, et primo ponit rationem; secundo manifestat causam, ibi quis enim novit.

Assignat autem talem rationem: illi tradenda sunt spiritualia qui potest iudicare, secundum illud Iob XII, 11: auris verba diiudicat; sed spiritualis est huiusmodi, ergo ei spiritualia sunt tradenda. Et hoc est quod dicit spiritualis autem diiudicat omnia, et ipse a nemine iudicatur.

Ubi primo videndum est quis homo dicatur spiritualis. Est autem notandum quod spiritus nominare consuevimus substantias incorporeas; quia igitur aliqua pars animæ est quæ non est alicuius organi corporei actus, scilicet pars intellectiva comprehendens intellectum et voluntatem, huiusmodi pars animæ spiritus hominis dicitur, quæ tamen a spiritu Dei et illuminatur secundum intellectum, et inflammatur secundum affectum et voluntatem.

Dupliciter ergo dicitur homo spiritualis.

Uno modo ex parte intellectus, spiritu Dei illustrante. Et secundum hoc in Glossa dicitur quod homo spiritualis est, qui, spiritui Dei subiectus, certissime ac fideliter spiritualia cognoscit. Alio modo ex parte voluntatis, spiritu Dei inflammante: et hoc modo dicitur in Glossa quod spiritualis vita est, qua spiritum Dei habens rectorem animam regit, id est animales vires. Gal. Cap. Ult.: vos qui spirituales estis, instruite huiusmodi, etc..

Secundo considerandum est quare spiritualis diiudicat omnia, et ipse a nemine iudicatur.

Ubi notandum est quod in omnibus ille qui recte se habet, rectum iudicium habet circa singula. Ille autem qui in se rectitudinis defectum patitur, deficit etiam in iudicando: vigilans enim recte iudicat et se vigilare et alium dormire; sed dormiens non habet rectum iudicium de se, nec de vigilante.

Unde non sunt res tales quales videntur dormienti, sed quales videntur vigilanti.

Et eadem ratio est de sano et infirmo circa iudicium saporum, et de debili et forti circa iudicium ponderum, et virtuoso et vitioso circa agibilia. Unde et Philosophus dicit in V ethicorum quod virtuosus est regula et mensura omnium humanorum, quia scilicet in rebus humanis talia sunt singularia, qualia virtuosus iudicat ea esse. Et secundum hunc modum apostolus hic dicit quod spiritualis iudicat omnia, quia scilicet homo habens intellectum illustratum et affectum ordinatum per spiritum sanctum, de singulis quæ pertinent ad salutem, rectum iudicium habet.

Ille autem qui non est spiritualis habet etiam intellectum obscuratum et affectum inordinatum circa spiritualia bona, et ideo ab homine non spirituali, spiritualis homo iudicari non potest, sicut nec vigilans a dormiente.

Quantum ergo ad primum horum dicitur Sap. III, 8 quod iudicabunt iusti nationes.

Quantum ad secundum dicitur infra IV, 3: mihi pro minimo est, ut a vobis iudicer, aut ab humano die.

Deinde cum dicit quis enim novit, etc., manifestat rationem inductam. Et primo inducit auctoritatem; secundo adaptat ad propositum, ibi nos autem, etc..

Est autem considerandum quod ad hoc quod aliquis possit de aliquo homine iudicare, duo requiruntur. Primo ut iudicans cognoscat ea quæ sunt iudicati, quia, ut dicitur I Ethic.: unusquisque bene iudicat quæ cognoscit, et horum est optimus iudex. Ex quo patet quod sensum, id est sapientiam Dei omnia iudicantem, nullus possit diiudicare.

Ideo dicit quis enim novit sensum Domini? quasi dicat: nullus: quia sapientia Dei excedit omnem cupiditatem hominis. Eccli. I, 3: sapientiam Dei præcedentem omnia quis investigavit? Sap. IX, 17: sensum autem tuum quis scire poterit, nisi tu dederis sapientiam? secundo requiritur quod iudicans sit superior iudicato.

Unde Dominus habet iudicium de servo, Magister de discipulo. Ex quo etiam patet quod nullus potest sensum Dei iudicare.

Propter quod sequitur aut quis instruxit eum? quasi dicat: nullus. Non enim habet scientiam ab aliquo acceptam, sed potius fontem omnis scientiæ. Iob XXVI, 3: cui dedisti consilium? forsitan ei qui non habet sapientiam? videntur autem verba hæc assumpta ex eo quod dicitur Is. XL, 13: quis adiuvit spiritum Domini, aut quis consiliarius eius fuit et ostendit illi? cum quo iniit consilium et instruxit eum? deinde adaptat quod dixerat ad propositum, dicens nos autem, scilicet spirituales viri, sensum Christi habemus, id est, recipimus in nobis sapientiam Christi ad iudicandum.

Eccli. XVII, 6: creavit illis scientiam spiritus, sensu adimplevit corda illorum.

Lc. Cap. Ult. Dicitur quod aperuit illis sensum, ut intelligerent Scripturas, et ita, quia sensus Christi diiudicari non potest, conveniens est quod spiritualis, qui sensum Christi habet, a nemine iudicetur.

Capitulus III

Lectio 1

Supra apostolus ostenderat contentionem et divisionem Corinthiorum, qui propter ministros Christi, a quibus baptizati et docti erant, ad invicem disceptabant; hic incipit eorum iudicium quod habebant de ministris improbare, ex quo iudicio contentiones in eis procedebant.

Et circa hoc duo facit.

Primo improbat eorum iudicium quantum ad hoc quod quibusdam ministrorum, de quibus gloriabantur, plus attribuebant quam deberent; secundo, quantum ad hoc quod alios Christi ministros contemnebant, IV cap., ibi sic nos existimet homo.

Circa primum duo facit.

Primo ostendit detrimentum quod patiebantur propter contentiones ex perverso iudicio provenientes; secundo improbat eorum perversum iudicium, ibi quid igitur est Apollo? circa primum duo facit.

Primo ponit detrimentum quod hactenus passi erant propter eorum defectum; secundo ostendit quod adhuc idem patiuntur, ibi sed nec nunc quidem.

Circa primum tria facit.

Primo ponit detrimentum quod hactenus passi erant propter eorum defectum.

Dixerat enim supra quod apostoli quidem spiritualia documenta spiritualibus tradebant, quæ animales homines percipere non poterant: quod eis adaptat, dicens et ego, fratres, qui scilicet inter alios apostolos spiritualibus spiritualia loquor, non potui, scilicet convenienter, vobis loqui quasi spiritualibus, ut scilicet traderem vobis spiritualia documenta, sed quasi carnalibus, scilicet locutus sum vobis. Eosdem enim carnales dicit quos supra animales, quibus oportet tradi ea quæ sunt infirmitati eorum accommoda.

Is. XXVIII, 9: quem docebit scientiam, et quem intelligere faciet auditum? ablactatos a lacte, avulsos ab uberibus, id est, carnali conversatione et sensu.

Secundo adhibet similitudinem, dicens tamquam parvulis in Christo, id est, parum adhuc introductis in perfectam doctrinam fidei, quæ spiritualibus debetur. Hebr. V, 13: omnis qui lactis est particeps, expers est sermonis iustitiæ; parvulus enim est: perfectorum autem est solidus cibus.

Tertio rationem assignat, ne credatur ex invidia eis spiritualem doctrinam subtraxisse, contra quod dicitur Sap. VII, 13: quam sine fictione didici, et sine invidia communico.

Unde subditur nondum enim poteratis, quasi dicat: non subtraxi vobis escam propter meam invidiam, sed propter vestram impotentiam, quia verba spiritualia nondum bene poteratis capere, secundum illud Io. XVI, 12: adhuc multa habeo vobis dicere, sed non potestis portare modo.

Deinde, cum dicit sed nec nunc quidem potestis, ostendit quod adhuc idem detrimentum patiuntur.

Et primo quidem ponit impotentiam cui adhuc subiacebant, dicens sed nec nunc quidem potestis, quasi dicat: quod a principio perfectam doctrinam capere non poteratis, non mirum fuit, quia hoc nescire vestræ novitati competebat, secundum illud I Petr. II,

2: sicut modo geniti infantes lac concupiscite.

Sed hoc videtur esse culpabile, quod post tantum tempus in quo proficere debuistis, eamdem impotentiam retinetis, secundum illud Hebr. V, 12: cum deberetis Magistri esse propter tempus, rursus indigetis doceri, quæ sunt elementa sermonum Dei.

Secundo assignat prædictæ impotentiæ rationem, dicens adhuc enim carnales estis, scilicet vita et sensu. Et ideo ea quæ sunt spiritus capere non potestis, sed sapitis ea quæ sunt carnis, secundum illud Rom. VIII, 5: qui secundum carnem sunt, quæ carnis sunt sapiunt.

Tertio ponit rationem probationis inductæ, dicens cum enim inter vos sit zelus et contentio, nonne carnales estis, et secundum hominem ambulatis? ubi considerandum est quod recte coniungit zelum et contentionem, quia zelus, id est invidia, est contentionis materia. Invidus enim tristatur de bono alterius, quod ille nititur promovere, et ex hoc sequitur contentio. Unde Iac. III, 16: ubi zelus et contentio, ibi inconstantia et omne opus pravum.

Et similiter e converso charitas, per quam quis diligit bonum alterius, est materia pacis.

Secundo considerandum est quod zelus et contentio non habent locum nisi in carnalibus hominibus, quia ipsi circa bona corporalia afficiuntur, quæ simul a pluribus integre possideri non possunt. Et ideo, propter hoc quod aliquis aliquod bonum corporale possidet, alius impeditur a plena possessione illius, et ex hoc sequitur invidia, et per consequens contentio. Sed spiritualia bona, quibus spirituales afficiuntur, simul a pluribus possideri possunt, et ideo bonum unius non est alterius impedimentum, et propter hoc in talibus nec invidia, nec contentio locum habet. Unde Sap. VII, 13: sine invidia communico.

Tertio considerandum est quare homines carnales dicit secundum hominem ambulare, cum tamen homo ex spiritu et carne componatur, quia naturæ humanæ consonum est, ut spiritus cognitionem a sensibus carnis accipiat. Unde consequenter affectus rationis humanæ secundum ea quæ sunt carnis movetur, nisi spiritus hominis per spiritum Dei supra hominem elevetur. Unde dicitur Eccli. XXXIV, 6: sicut parturientis, cor tuum phantasias patitur, nisi ab altissimo fuerit emissa visitatio.

Est ergo sensus secundum hominem, id est, secundum naturam humanam sibi a Dei spiritu derelictam, sicut et in Ps. IV, 3 dicitur: filii hominum, usquequo gravi corde, ut quid diligitis vanitatem et quæritis mendacium? quarto manifestat probationem inductam, dicens cum enim quis, id est, aliquis vestrum, dicat: ego quidem sum Pauli, quia a Paulo baptizatus et doctus, alius autem: ego Apollo (genitivi casus), per quod denotatur in vobis esse zelus et contentio, nonne homines estis, scilicet carnales et non spirituales, utpote zelum et contentionem habentes pro rebus humanis? qualis enim homo est,

Commentaria in Epistolis S. Pauli

talibus rebus afficitur et per affectum inhæret, secundum illud Osee IX, 10: facti sunt abominabiles, sicut ea quæ dilexerunt.

Deinde, cum dicit quid igitur est Apollo? improbat eorum iudicium, quantum ad hoc quod plus ministris attribuebant quam deberent. Et primo ostendit veritatem; secundo excludit errorem, ibi nemo vos seducat; tertio infert conclusionem intentam, ibi itaque nemo glorietur in hominibus.

Circa primum duo facit.

Primo ostendit conditionem ministrorum; secundo agit de eorum mercede, ibi unusquisque propriam mercedem.

Circa primum tria facit.

Primo ponit ministrorum conditionem; secundo ponit similitudinem, ibi ego plantavi, Apollo rigavit; tertio ostendit intentum, ibi itaque neque qui plantat.

Circa conditionem autem ministrorum duo tangit. Primo quod non sunt Domini, sed ministri, dicens: vos de Paulo et Apollo gloriamini, igitur quæro a vobis: quid est Apollo, et quid Paulus? id est, cuius dignitatis vel potestatis, ut digne de eis gloriari possitis? et respondet: ministri eius, scilicet Dei sunt. Quasi dicat: quod agunt in baptismo et in doctrina, non principaliter agunt sicut Domini, sed sicut ministri eius, secundum illud Is. LXI, 6: ministri Dei, dicetur vobis.

Posset autem alicui videri magnum esse, ministrum Dei esse, et gloriandum esse in hominibus de ministeriis Dei. Et vere esset, si sine hominibus non pateret accessus ad Deum, sicut illi qui solent gloriari de ministris regis, sine quibus non patet aditus ad regem. Sed hoc hic locum non habet, quia fideles Christi per fidem habent accessum ad Deum, secundum illud Rom. V, 2: per quem accessum habemus ad Deum per fidem et gratiam istam, in qua stamus, et gloriamur in spe gloriæ filiorum Dei. Ideo signanter addit cui credidistis, quasi dicat: per fidem iam estis coniuncti Deo, non hominibus. Unde supra II, 5 dictum est: ut fides vestra non sit in sapientia hominum, sed in virtute Dei. Et ideo primo de Deo est vobis gaudendum, quam de hominibus.

Contingit autem quod ministri hominum, vel dominorum, vel artificum primo habeant a seipsis aliquam dignitatem, vel virtutem, ex qua idonei ad ministerium fiunt, sed hoc non est de ministris Dei. Et ideo, secundo, ostendit quod tota dignitas et virtus ministrorum est a Deo, dicens et unicuique sicut Deus divisit, quasi dicat: in tantum aliquis, et unusquisque nostrum habet de virtute ministrandi, inquantum ei Deus dedit, unde nec sic nobis est gloriandum. II Cor. III, 5 s.: sufficientia nostra a Deo, qui idoneos nos fecit ministros novi testamenti.

Deinde, cum dicit ego plantavi, ponit similitudinem ministrorum ex similitudine agricolarum, ubi duplex differentia operationum intelligitur. Una, operationis unius ministri ad operationem alterius. Et quantum ad hoc dicit ego plantavi, id est, in prædicatione ad modum plantantis me habui, quia scilicet primo vobis prædicavi fidem, Is. LI, 16: posui verba mea in ore tuo, ut plantes cælos; Apollo rigavit, id est, ad modum rigantis se habuit, qui aquam plantis exhibet ad hoc ut nutriantur et crescant. Et similiter legitur Act. XVIII, 1 s. Quod, cum Paulus multos Corinthiorum convertisset, supervenit Apollo, qui multum contulit his qui crediderunt, publice ostendens per Scripturam esse Iesum Christum. Eccli. XXIV, 42 dicitur: rigabo hortum meum plantationum.

Secunda differentia est operationis ministrorum, qui exterius operantur plantando et rigando, ad operationem Dei, qui interius operatur. Unde subdit sed Deus incrementum dedit, interius scilicet operando.

II Cor. IX, 10: augebit incrementa frugum iustitiæ vestræ. Sic etiam in rebus corporalibus plantantes et rigantes exterius operantur, sed Deus operatur interius per operationem naturæ ad incrementa plantarum.

Deinde cum dicit itaque neque qui plantat, neque qui rigat, etc., infert ex præmissis duas conclusiones, quarum prima infertur secundum comparationem ministrorum ad Deum, dicens: ex quo Paulus plantavit, et Apollo rigavit, non sunt nisi ministri Dei, et non habent aliquid nisi a Deo, et non operantur nisi exterius, Deo interius operante. Itaque neque qui plantat est aliquid, scilicet principaliter et magnum de quo sit gloriandum, neque qui rigat, sed qui incrementum dat, Deus.

Prima ad Corinthios

Ipse enim per se est aliquid principale et magnum, de quo est gloriandum. Actio enim non attribuitur instrumento, cui comparatur minister, sed principali agenti. Unde Is. XL, 17 dicitur: omnes gentes quasi non sint, sic sunt coram eo.

Secundam conclusionem infert pertinentem ad comparationem ministrorum ad invicem, dicens qui plantat autem, et qui rigat, cum sint ministri Dei, et nihil nisi a Deo habentes, et solum exterius operantes, unum sunt, ex conditione naturæ et ministerii ratione: quare scilicet non potest unus alteri præferri, nisi secundum donum Dei, et ita quantum in seipsis est, unum sunt.

Et quia, consequenter, in intentione ministrandi Deo unum sunt per concordiam voluntatis, ideo stultum est de his qui unum sunt, dissentire. Ps. CXXXII, 1: ecce quam bonum et quam iucundum habitare fratres in unum. Rom. XII, 5: multi unum corpus sumus in Christo.

Lectio 2

Supra apostolus ostendit qualis sit conditio ministrorum, hic agit de remuneratione eorum. Et primo ponit de mercede bonorum ministrorum; secundo agit de punitione malorum, ibi nescitis quia templum Dei estis, etc..

Circa primum tria facit.

Primo promittit ministris mercedem propriam; secundo assignat rationem, ibi Dei enim sumus; tertio agit de

Commentaria in Epistolis S. Pauli

diversitate mercedis, ibi secundum gratiam Dei.

Dicit ergo primo: dictum est, quod neque qui plantat est aliquid, neque qui rigat, non tamen inutiliter plantat vel rigat, sed unusquisque suam propriam mercedem accipiet, secundum suum laborem. Quamvis enim qui incrementum dat, sit Deus, et ipse solus interius operetur, exterius tamen laborantibus mercedem tribuit, secundum illud Ier. XXXI, 16: quiescat vox tua a ploratu, et oculi tui a lacrymis; quia merces est operi tuo. Quæ quidem merces est ipse Deus, secundum illud Gen. XV, 1: ego protector tuus sum, et merces tua multa nimis.

Pro qua mercede laborantes mercenarii laudantur, secundum illud Lc. XV, 17: quanti mercenarii in domo patris mei abundant panibus? alioquin si pro alia mercede in opere Dei aliquis laboret, laudandus non est, secundum illud Io. X, 12: mercenarius autem, cuius non sunt oves propriæ, videt lupum venientem, et fugit.

Hæc autem merces et communis est omnibus, et propria singulorum: communis quidem, quia idem est quod omnes videbunt, et quo omnes fruentur, scilicet Deus, secundum illud Iob XXII, 26: super omnipotentem deliciis afflues, et levabis ad Deum faciem tuam; Is. XXVIII, 5: in illa die erit Dominus exercituum corona gloriæ et sertum exultationis populo suo. Et ideo Matth. XX, 9 s. Omnibus laborantibus in vinea datur unus denarius.

Propria vero merces erit singulorum: quia unus alio clarius videbit, et plenius fruetur secundum determinatam sibi mensuram. Unde et Dan. XII, 3 illi qui docti sunt, comparantur splendori firmamenti, qui ad iustitiam erudiunt plurimos quasi stellæ. Hinc est quod Io. XIV, 2 dicitur: in domo patris mei mansiones multæ sunt, propter quod etiam hic dicitur unusquisque propriam mercedem accipiet.

Ostendit autem secundum quid attendatur mensura propriæ mercedis, cum subdit secundum suum laborem. Unde et in Ps. CXXVII, 2 dicitur: labores manuum tuarum, quia manducabis, beatus es et bene tibi erit.

Non tamen propter hoc designatur æqualitas secundum quantitatem laboris ad mercedem, quia, ut dicitur II Cor. IV, 17: quod in præsenti est momentaneum et leve tribulationis nostræ, supra modum in sublimitate æternum gloriæ pondus operabitur in nobis.

Sed æqualitatem designat proportionis, ut scilicet ubi est potior labor, ibi sit potior merces.

Potest autem intelligi labor esse potior tripliciter. Primo quidem secundum formam charitatis, cui respondet merces essentialis præmii, scilicet fruitionis et visionis divinæ. Unde dicitur Io. XIV, 21: qui diligit me, diligetur a patre meo, et ego diligam eum, et manifestabo ei meipsum. Unde qui ex maiori charitate laborat, licet minorem laborem patiatur, plus de præmio essentiali accipiet.

Prima ad Corinthios

Secundo ex specie operis; sicut enim in rebus humanis ille magis præmiatur qui in digniori opere laborat, sicut architector quam artifex manualis, licet minus laboret corporaliter: ita etiam in rebus divinis ille qui in nobiliori opere occupatur, maius præmium accipiet quantum ad aliquam prærogativam præmii accidentalis, licet forte minus corporaliter laboret. Unde aureola datur doctoribus, virginibus et martyribus.

Tertio ex quantitate laboris, quod quidem contingit dupliciter. Nam quandoque maior labor maiorem mercedem meretur, præcipue quantum ad remissionem poenæ, puta quod diutius ieiunat vel longius peregrinatur, et etiam quantum ad gaudium quod percipiet de maiori labore. Unde Sap. X, 17 dicitur: reddidit, Deus scilicet, iustis mercedem laborum suorum. Quandoque vero est maior labor ex defectu voluntatis. In his enim quæ propria voluntate facimus, minorem laborem sentimus. Et talis magnitudo laboris non augebit, sed minuet mercedem. Unde dicitur Is. XL, 31: assument pennas ut aquilæ, current et non laborabunt, volabunt et non deficient; et ibi præmittitur: deficient pueri et laborabunt.

Deinde, cum dicit Dei enim sumus, assignat rationem eius quod dixerat.

Et primo ponit rationem; secundo adhibet similitudinem, ibi Dei agricultura estis.

Dicit ergo primo: recte quilibet nostrum mercedem accipiet, Dei enim sumus adiutores, scilicet secundum nostros labores.

Contra quod videtur esse quod dicitur Iob XXVI, 2: cuius adiutor es, numquid imbecillis? et Is. XL, 13: quis adiuvit spiritum Domini? dicendum est autem, quod dupliciter aliquis alium adiuvat. Uno modo augendo eius virtutem, et sic nullus potest esse Dei adiutor.

Unde et post præmissa verba Iob subditur: et sustentas brachium eius qui non est fortis. Alio modo obsequendo operationi alterius, sicut si minister dicatur Domini adiutor, in quantum exequitur opus eius aut ministerium artificis, et hoc modo ministri Dei sunt eius adiutores, secundum illud II Cor. VI, 1: adiuvantes autem exhortamur.

Sicut ergo ministri hominum exequentes eorum opera, mercedem ab eis accipiunt secundum suum laborem, ita et minister Dei.

Secundo adhibet similitudinem simplicis operis, scilicet agriculturæ et ædificationis.

Populus quidem fidelis ager est a Deo cultus, in quantum per operationem divinam fructum boni operis Deo acceptum producit, secundum illud Rom. VII, 4: sitis alterius qui ex mortuis resurrexit, ut fructificetis Deo, et Io. XV, 1 dicitur: pater meus agricola est.

Et hoc est quod primo dicitur Dei agricultura estis, id est, quasi ager a Deo cultus, et fructum ferens eius opere, et populus fidelis est quasi domus a Deo ædificata, inquantum

Commentaria in Epistolis S. Pauli

scilicet Deus in eis habitat, secundum illud Eph. II, 22: et vos coædificamini in habitaculum Dei.

Et ideo secundo dicitur Dei ædificatio estis, id est ædificium a Deo constructum, secundum illud Ps. CXXVI, 1: nisi Dominus ædificaverit domum, etc.. Sic igitur ministri Dei sunt adiutores, inquantum laborant in agricultura et ædificatione fidelis populi.

Deinde, cum dicit secundum gratiam Dei, etc., agit de diversitate mercedis, et quia merces distinguitur secundum distinctionem laboris, ut dictum est, ideo primo agit de diversitate laboris; secundo de diversitate mercedis, ibi si quis superædificat.

Circa primum duo facit.

Primo ponit distinctionem laborum; secundo subiungit admonitionem, ibi unusquisque autem videat, etc..

Circa primum duo facit. Primo, relicta similitudine agriculturæ quam supra prosecutus fuerat, sub similitudine ædificationis suum proprium laborem describit, dicens secundum gratiam Dei quæ data est mihi, ut sapiens architectus fundamentum posui.

Ubi considerandum est quod architectus dicitur principalis artifex, et maxime ædificii, ad quem pertinet comprehendere summam dispositionem totius operis, quæ perficitur per operationem manualium artificum.

Et ideo dicitur sapiens in ædificio, quia simpliciter sapiens est qui summam causam cognoscit, scilicet Deum, et alios secundum Deum ordinat. Ita sapiens in ædificio dicitur qui principalem causam ædificii, scilicet finem, considerat, et ordinat inferioribus artificibus quid sit propter finem agendum.

Manifestum est autem quod tota structura ædificii ex fundamento dependet, et ideo ad sapientem architectum pertinet idoneum fundamentum collocare. Ipse autem Paulus fundamentum spiritualis ædificii collocavit Corinthiis, unde supra dixit: ego plantavi.

Sicut enim se habet fundamentum in ædificio, sic plantatio in plantis.

Per utrumque enim significatur spiritualiter prima prædicatio fidei. Unde et ipse dicit Rom. XV, 20: sic autem prædicavi evangelium, non ubi nominatus est Christus, ne super alienum fundamentum ædificarem, et ideo se comparat sapienti architecto.

Hoc autem non suæ virtuti attribuit, sed gratiæ Dei. Et hoc est quod dicit secundum gratiam Dei quæ data est mihi, qui scilicet me aptum et idoneum ad hoc ministerium fecit.

Infra XV, 10: abundantius omnibus laboravi, non autem ego, sed gratia Dei mecum.

Secundo describit laborem aliorum, dicens alius autem, id est, quicumque inter vos laborat, superædificat, fundamento a me posito.

Quod quidem potest ad duo referri. Uno quidem modo inquantum aliquis superædificat fidei in seipso fundatæ profectum charitatis et bonorum operum. I Petr. II, 5: et ipsi tamquam lapides vivi superædificamini.

Alio modo ad doctrinam, per quam quis fundatam fidem in aliis perfectius manifestat.

Unde Ier. I, 10 dicitur: ut ædifices et plantes.

Et secundum hoc idem significat hæc superædificatio, quod supra rigatio.

Deinde, cum dicit unusquisque autem, etc., subiungit monitionem, dicens: dictum est quod ad alios pertinet superædificare, unusquisque autem videat, id est, diligenter attendat, quomodo superædificet, id est, qualem doctrinam fidei fundatam in aliis superaddat, vel qualia opera fidei in se fundatæ habeat. Prov. IV, 25: oculi tui videant recta, et palpebræ tuæ præcedant gressus tuos.

Secundo respondet tacite quæstioni, quare scilicet admoneat alios de superædificatione et non de fundatione, vel potius assignat rationem quare dixerit quod ad alios pertinet superædificare, dicens fundamentum aliud nemo potest ponere, præter id quod positum est, scilicet a me, quod est Iesus Christus, qui habitat in cordibus vestris per fidem, ut dicitur Eph. III, 17. Et de fundamento dicitur Is. XXVIII, 16: ecce ego mittam in fundamentis sion lapidem angularem, probatum, pretiosum, id est, in fundamento fundatum.

Sed contra videtur esse quod dicitur Apoc. XXI, 14: murus civitatis habens fundamenta duodecim, et in ipsis duodecim nomina apostolorum. Non ergo solus Christus est fundamentum.

Dicendum est autem, quod duplex est fundamentum.

Unum quidem quod per se habet soliditatem, sicut rupes aliqua supra quam ædificium construitur, et huic fundamento Christus comparatur. Ipse enim est petra de qua dicitur Matth. VII, 25: fundata enim erat supra firmam petram. Aliud est fundamentum, quod habet soliditatem non ex se, sed ex alio solido subiecto, sicut lapides qui primo supponuntur petræ solidæ. Et hoc modo dicuntur apostoli esse fundamentum ecclesiæ, quia ipsi primo superædificati sunt Christo per fidem et charitatem. Unde dicitur Eph. II, 20: superædificati supra fundamentum apostolorum.

Deinde cum dicit si quis superædificat, etc., agit de mercedis differentia quantum ad hoc, quod quidam eam accipiunt sine detrimento, quidam cum detrimento.

Et circa hoc tria facit.

Primo docet quod diversitas operationum manifestatur ex retributione; secundo ostendit quando manifestatur, ibi dies enim Domini; tertio ostendit quomodo manifestatur, ibi si cuius opus, etc..

Circa primum considerandum est quod apostolus intendens ostendere diversitatem superædificationis, sex ponit, videlicet tria contra tria. Ex una quidem parte aurum, argentum, et lapides pretiosos; et ex alia parte lignum, foenum et stipulam, quorum

Commentaria in Epistolis S. Pauli

tria, scilicet aurum, argentum, et lapides pretiosi habent quamdam inclytam claritatem simul et inconsumptibilitatem et pretiositatem.

Alia vero tria obscura sunt, et facile ab igne consumuntur, et vilia sunt. Unde per aurum, argentum et lapides pretiosos intelligitur aliquid præclarum et stabile; per lignum vero, foenum et stipulam aliquid materiale et transitorium.

Dictum est autem supra quod superædificatio potest intelligi, et quantum ad opera quæ unusquisque superædificat fidei fundamento, et quantum ad doctrinam quam aliquis doctor vel prædicator superædificat in fundamento fidei ab apostolis fundatæ.

Unde ista diversitas quam hic apostolus tangit, ad utramque superædificationem referri potest.

Quidam ergo referentes hæc ad superædificationem operum, dixerunt quod per aurum, et argentum, et lapides pretiosos intelliguntur bona, quæ quis fidei superaddit.

Sed per lignum, foenum, et stipulam debent intelligi peccata mortalia quæ quis facit post fidem susceptam. Sed ista expositio penitus stare non potest.

Primo quidem quia peccata mortalia sunt opera mortua, secundum illud Hebr. IX, 14: mundabit conscientias nostras ab operibus mortuis. In hoc autem ædificio nihil ædificatur nisi vivum, secundum illud I Petr. II, 5: et ipsi tamquam lapides vivi superædificamini.

Unde qui cum fide habet peccata mortalia, non superædificat, sed magis destruit vel violat, contra quem dicitur infra: si quis templum Dei violaverit, disperdet illum Deus.

Secundo, quia peccata mortalia magis comparantur ferro, vel plumbo, vel lapidi, tum propter gravitatem, tum quia etiam non renovantur per ignem, sed semper in eo manent in quo sunt: peccata vero venialia comparantur ligno, foeno et stipulæ, tum propter levitatem, tum etiam quia ab eis aliquis de facili expurgatur per ignem.

Tertio, quia secundum hanc expositionem videtur sequi, quod ille qui moritur in peccato mortali, dummodo fidem retineat, finaliter salutem consequatur, licet primo aliquas poenas sustineat. Sic enim sequitur: si cuius opus arserit, detrimentum patietur, ipse autem salvus erit, sic tamen quasi per ignem.

Quod quidem contrariatur manifeste sententiæ apostoli qua dicitur infra VI, 9 s.: neque fornicarii, neque idolis servientes, etc.

Regnum Dei possidebunt; et Gal. V, 21: qui talia agunt, regnum Dei non possidebunt.

Non est autem alicui salus nisi in regno Dei.

Nam qui ab eo excluduntur, mittuntur in ignem æternum, ut dicitur Matth. XXV, 41.

Quarto quia fides non potest dici fundamentum, nisi quia per eam Christus habitat in nobis, cum supra dictum sit quod fundamentum est ipse Christus Iesus. Non enim habitat

Christus in nobis per fidem informem, alioquin habitaret in Dæmonibus, de quibus scriptum est Iac. II, 19: et Dæmones credunt et contremiscunt. Unde quod dicitur Eph. III, 17, habitare Christum per fidem in cordibus nostris, oportet intelligi de fide per charitatem formata, cum scriptum sit I Io. IV, 16: qui manet in charitate in Deo manet, et Deus in eo. Hæc est fides quæ per dilectionem operatur, ut dicitur infra XIII, 4: charitas non agit perperam. Unde manifestum est quod illi qui operantur peccata mortalia, non habent fidem formatam, et ita non habent fundamentum.

Oportet ergo intelligere quod tam ille qui superædificat fundamento aurum, argentum, lapides pretiosos, quam etiam ille qui superædificat lignum, foenum, stipulam, vitet peccata mortalia.

Ad horum ergo distinctionem intelligendum est, quod actus humani ex obiectis speciem habent.

Duplex est autem obiectum humani actus, scilicet res spiritualis et res corporalis, quæ quidem obiecta differunt tripliciter. Primo quidem quantum ad hoc quod res spirituales sunt perpetuæ, res autem corporales sunt transitoriæ. Unde II Cor. IV, 18: quæ videntur, temporalia sunt; quæ autem non videntur, æterna. Secundo, quantum ad hoc quod res spirituales in seipsis claritatem habent, secundum illud Sap. VI, 13: clara est et quæ numquam marcescit sapientia. Res corporales obscuritatem habent ex materia.

Prima ad Corinthios

Unde dicitur Sap. II, 5: umbræ transitus est tempus nostrum. Tertio, quantum ad hoc quod res spirituales sunt pretiosiores et nobiliores rebus corporalibus; unde Prov. III, 15 dicitur de sapientia: pretiosior est cunctis opibus; et Sap. VII, 9: omne aurum in comparationem illius, arena est exigua, et tamquam lutum æstimabitur argentum in conspectu illius.

Et ideo opera quibus homo innititur rebus spiritualibus et divinis comparantur auro, argento et lapidi pretioso, quæ sunt solida, clara et pretiosa. Ita tamen quod per aurum designentur ea quibus homo tendit in ipsum Deum per contemplationem et amorem; unde dicitur Cant. V, 11: caput eius aurum optimum. Caput enim Christi est Deus, ut dicitur I Cor. XI, 3. De quo auro dicitur Apoc. III, 18: suadeo tibi emere a me aurum ignitum, id est sapientiam cum charitate. Per argentum significantur actus, quibus homo adhæret spiritualibus credendis, et amandis, et contemplandis; unde in Glossa refertur argentum ad dilectionem proximi, propter quod et in Psalmo LXVII, 14 pennæ columbæ describuntur deargentatæ, cuius superior pars, id est, posteriora describuntur esse in pallore auri. Sed per lapides pretiosos designantur opera diversarum virtutum, quibus anima humana ornatur; unde dicitur Eccli. L, 10: quasi vas auri solidum ornatum omni lapide pretioso. Vel etiam mandata legis Dei, secundum illud Ps. CXVIII, 127: dilexi mandata tua super aurum et topazion.

Opera vero humana quibus homo

375

Commentaria in Epistolis S. Pauli

intendit rebus corporalibus procurandis, comparantur stipulæ, quæ vilia sunt, namque fulgent et facile comburuntur; habent tamen quosdam gradus, prout quædam sunt aliis stabiliora, quædam vero facilius consumptibilia; nam ipsi homines inter creaturas carnales et digniores sunt, et per successionem conservantur.

Unde comparantur lignis, secundum illud Iudic. IX, 8: ierunt ligna sylvarum ut eligerent super se regem. Caro autem hominis facilius corrumpitur per infirmitatem et mortem; unde comparatur foeno, secundum illud Is. XL, 6: omnis caro foenum. Ea vero quæ pertinent ad gloriam huius mundi facillime transeunt, unde stipulæ comparantur; unde in Ps. LXXXII, 14 sequitur: pone illos ut rotam et ut stipulam ante faciem venti.

Sic ergo superædificare aurum, et argentum et lapides pretiosos, est superædificare fidei fundamento ea quæ pertinent ad contemplationem sapientiæ divinorum, et amorem Dei, et devotionem sanctorum, et obsequium proximorum, et ad exercitium virtutum.

Superædificare vero lignum, foenum et stipulam, est superaddere fidei fundamento ea quæ pertinent ad dispositionem humanarum rerum, et ad curam carnis, et ad exteriorem gloriam.

Sciendum tamen quod contingit aliquem hominem id intendere tripliciter.

Uno modo ita quod in his finem constituat; et cum hoc sit peccatum mortale, per hoc homo non superædificat sed, everso fundamento, aliud fundamentum collocat. Nam finis est fundamentum in rebus appetibilibus quæ quæruntur propter finem.

Alio modo aliquis intendit uti prædictis rebus totaliter ordinans eas in Dei gloriam; et quia opera specificantur ex fine intento, hoc iam non erit ædificare lignum, foenum et stipulam, sed aurum, argentum et lapides pretiosos.

Tertio modo aliquis licet in his finem non constituat, nec vellet propter ista contra Deum facere, afficitur tamen istis magis quam deberet, ita quod per hæc retardatur ab his quæ Dei sunt, quod est peccare venialiter: et hoc proprie est superædificare lignum, foenum, stipulam, non quia ipsa superædificentur proprie loquendo, sed quia opera ad temporalium curam pertinentia habent venialia adiuncta propter vehementiorem affectum ad ipsa, quæ quidem affectio, secundum quod magis et minus inhæret, ligno, foeno et stipulæ comparatur. Et dupliciter potest distingui.

Uno modo secundum permanentiam rerum spiritualium, ut prius dictum est, alio modo secundum vehementiam adhæsionis.

Sciendum tamen quod et illi qui spiritualibus rebus intendunt, non omnino possunt absolvi a cura rerum temporalium, nec etiam qui in charitate rebus temporalibus intendunt, sunt omnino a rebus spiritualibus vacui, sed studio diversificantur. Nam quidam studium vitæ suæ ordinant ad spiritualia, temporalibus vero non intendunt, nisi inquantum requirit necessitas corporalis vitæ. Quidam vero studium vitæ suæ applicant ad temporalia procuranda, utuntur tamen spiritualibus rebus ad directionem vitæ suæ. Primi igitur superædificant aurum, argentum et lapides pretiosos; secundi vero superædificant foenum, lignum et stipulam.

Ex quo patet, quod illi qui superædificant aurum, argentum et lapides pretiosos, habent aliquid de peccatis venialibus, sed non in quantitate notabili, propter hoc quod modicum attingunt de cura temporalium rerum. Illi etiam qui superædificant lignum, foenum, stipulam, habent aliquid stabile, pretiosum et præclarum, sed in minori quantitate, scilicet inquantum diriguntur per bona spiritualia.

Potest autem et hæc diversitas referri ad superædificationem doctrinæ. Nam illi qui fidei ab apostolis fundatæ per suam doctrinam superædificant solidam veritatem et claram, sive manifestam, et ad ornamentum ecclesiæ pertinentem, superædificant aurum, argentum, lapides pretiosos. Unde Prov. X, 20: argentum electum labia iusti.

Illi vero qui fidei ab apostolis fundatæ superaddunt in doctrina sua aliqua inutilia, et quæ non sunt manifesta, nec veritatis ratione firmantur, sed sunt vana et inania, superædificant lignum, foenum, stipulam. Unde dicitur Ier. XXIII, 28: qui habet somnium, narret somnium, et qui habet sermonem meum, loquatur sermonem meum vere. Quid paleis ad triticum? qui vero falsitatem doceret, non superædificaret, sed magis subverteret fundamentum.

Dicit ergo si quis superædificat, vel operando, vel docendo, super fundamentum hoc, id est, super fidem formatam in corde, vel super fidem fundatam ab apostolis et prædicatam, aurum, argentum aut lapides pretiosos, id est spiritualia opera vel præclaram doctrinam, vel lignum, foenum, stipulam, id est corporalia opera, vel frivolam doctrinam, uniuscuiusque opus manifestum erit, scilicet in divino iudicio, quale sit.

Non enim latet per humanam ignorantiam.

Nam quidam videntur superædificare aurum, argentum, lapidem pretiosum, qui tamen superædificant lignum, foenum, stipulam, in rebus spiritualibus corporalia meditantes, puta lucrum vel favorem humanum; quidam vero videntur superædificare lignum, foenum, stipulam, qui tamen ædificant aurum, argentum et lapidem pretiosum, quia in administratione temporalium nihil nisi spiritualia cogitant. Unde et Sophon. I, 12 dicitur: scrutabor Ierusalem in lucernis, et Lc. XII, 2: nihil opertum quod non reveletur.

Deinde, cum dicit dies enim Domini, ostendit quando hæc manifestatur.

Et primo ponit tempus manifestationis, cum dicit dies enim

Commentaria in Epistolis S. Pauli

Domini declarabit. Circa quod sciendum est quod tunc dicitur esse tempus et dies alicuius rei, quando est in optimo statu et maximo sui posse. Unde Eccle. III, 1 dicitur: omnia tempus habent.

Quando ergo homo suam voluntatem implet, etiam contra Deum, tunc est dies hominis.

Unde dicitur Ier. XVII, 16: diem hominis non desideravi, tu scis. Dies vero Domini dicitur quando voluntas Domini completur de hominibus, qui per eius iustitiam vel præmiabuntur vel damnabuntur, secundum illud Ps. LXXIV, 3: cum accepero tempus, ego iustitias iudicabo.

Unde secundum triplex Dei iudicium tripliciter potest intelligi dies Domini.

Erit nempe quoddam iudicium generale omnium, secundum illud Matth. XII, 41: viri Ninivitæ surgent in iudicio. Et secundum hoc dies Domini dicitur novissimus dies iudicii, de quo II Thess. II, 2: non terreamini quasi instet dies Domini. Et secundum hoc intelligitur dies Domini declarabit, quia in die iudicii manifestabitur differentia humanorum meritorum. Rom. II, 16: in die quando iudicabit Dominus occulta hominum.

Aliud autem est particulare iudicium quod fit de unoquoque in morte ipsius, de quo habetur Lc. XVI, 23: mortuus est dives, et sepultus est in inferno, mortuus est autem mendicus, et portatus est ab Angelis in sinum Abrahæ. Et secundum hoc dies Domini potest intelligi dies mortis, secundum illud I Thess. V, 2: dies Domini sicut fur in nocte veniet. Sic ergo dies Domini declarabit, quia in morte uniuscuiusque eius merita patent.

Unde dicitur Prov. XI, 7: mortuo homine impio, nulla erit ultra spes; et eiusdem XIV, 32: sperat autem iustus in morte sua.

Tertium autem est iudicium in hac vita, inquantum Deus per tribulationes huius vitæ interdum homines probat. Unde dicitur infra XI, 32: cum iudicamur, a Domino corripimur, ut non cum hoc mundo damnemur.

Et secundum hoc dicitur dies Domini, dies temporalis tribulationis, de quo dicitur Sophon. I, 14: vox diei Domini amara, tribulabitur ibi fortis. Dies ergo Domini declarabit, quia in tempore tribulationis affectus hominis probatur. Eccli. XXVII, 6: vasa figuli probat fornax, et homines iustos tentatio tribulationis.

Secundo ostendit per quod fiet ista declaratio, quia per ignem, unde sequitur quia in igne revelabitur, scilicet dies Domini.

Nam dies iudicii revelabitur in igne, qui præcedet faciem iudicis, exurens faciem mundi, et involvens reprobos, et iustos purgans: de quo dicitur in Ps. XCVI, 3: ignis ante ipsum præcedet, et inflammabit in circuitu inimicos eius. Dies autem Domini, qui est dies mortis, revelabitur in igne Purgatorii, per quem purgabitur si quid in elementis invenietur purgandum, de quo potest intelligi quod dicitur Iob XXIII, 10: probabit me quasi aurum quod per ignem transit. Dies vero qui est dies tribulationis divino iudicio

Prima ad Corinthios

permissæ, revelabitur in igne tribulationis, de quo dicitur Eccli. II, 5: in igne probatur aurum et argentum, homines vero acceptabiles in camino tribulationis.

Tertio ponit effectum manifestationis, cum subdit et uniuscuiusque opus quale sit, ignis probabit, quia scilicet per quemlibet ignium prædictorum probantur merita hominis vel demerita: unde in Ps. XVI, 3 dicitur: igne me examinasti, et non est inventa in me iniquitas.

In his tribus quæ hic apostolus ponit, primum est conclusio duorum sequentium.

Si enim dies Domini revelatur in igne, et ignis probat quale sit uniuscuiusque opus, consequens est quod dies Domini declaret differentiam operum humanorum.

Deinde cum dicit si cuius opus, ostendit modum prædictæ manifestationis.

Et primo quantum ad bona opera, cum dicit si cuius, id est, alicuius opus, quod ipse superædificavit, manserit, scilicet in igne, ille, scilicet qui superædificavit, mercedem accipiet. Ier. XXXI, 16: est merces operi tuo.

Et Is. XL, 10: ecce merces eius cum eo.

Dicitur autem aliquod opus in igne permanere illæsum dupliciter. Uno modo ex parte ipsius operantis, quia scilicet ille qui hoc facit opus, scilicet bonæ doctrinæ, vel quodcumque bonorum operum, propter huiusmodi opus non punitur, inquantum scilicet nec torquebitur igne Purgatorii, nec

igne qui præcedit faciem iudicis, nec etiam æstuat igne tribulationis. Qui enim non immoderate temporalia dilexit, consequens est quod non nimis doleat de eorum amissione.

Dolor enim causatur ex amore rei quæ amittitur.

Unde superfluus amor superfluum generat dolorem.

Alio modo potest intelligi ex parte ipsius operis: quolibet enim prædictorum iudiciorum superveniente homini, permanet et opus bonæ doctrinæ, vel quodcumque aliud bonum opus. Nam igne tribulationis superveniente, non cessat homo neque a vera doctrina, neque a bono opere virtutis; utrumque autem horum permanet homini quantum ad meritum et in igne Purgatorii et in igne qui præcedit faciem iudicis.

Secundo ostendit diem quantum ad mala opera, dicens si cuius, id est, alicuius, opus arserit, scilicet per aliquem ignium prædictorum, detrimentum patietur, scilicet qui hoc operatus est, non tamen usque ad damnationem. Unde subdit: ipse autem salvus erit, scilicet salute æterna, secundum illud Is. XLV, 17: salvatus est Israel in Domino salute æterna. Sic tamen quasi per ignem, quem scilicet prius sustinuit, vel in hac vita, vel in fine huius vitæ, vel in fine mundi. Unde dicitur in Ps. LXV, 12: transivimus per ignem et aquam, et eduxisti nos in refrigerium. Et Is. XLIII, 2 s.: cum transieris per ignem, non combureris, et flamma non comburet te, quia ego Dominus Deus salvator

Commentaria in Epistolis S. Pauli

tuus.

Dicitur autem opus alicuius ardere dupliciter. Uno modo ex parte operantis, inquantum scilicet aliquis affligitur igne tribulationis propter immoderatum affectum quo superflue terrena diligit, et punitur igne Purgatorii, vel igne qui præcedet faciem iudicis propter peccata venialia, quæ circa curam temporalium commisit, sive etiam per frivola et vana quæ docuit.

Alio modo ardet opus in igne ex parte ipsius operis, quia scilicet tribulatione superveniente, homo non potest vacare nec doctrinæ vanæ, nec terrenis operibus, secundum illud Ps. CXLV, 4: in illa die peribunt omnes cogitationes eorum. Nec etiam igne Purgatorii vel præcedente faciem iudicis remanebit ei aliquid prædictorum vel ad remedium vel ad meritum. Et similiter dupliciter patitur detrimentum, vel inquantum ipse punitur, vel inquantum perdit id quod fecit, et quantum ad hoc dicitur Eccli. XIV, 20 s.: omne opus corruptibile in fine deficiet, et qui operatur illud ibit cum illo, et omne opus electum in fine iustificabitur, et qui operatur illud honorificabitur in illo.

Quorum primum pertinet ad eum qui superædificat lignum, foenum et stipulam, quod est opus in igne ardens; secundum autem pertinet ad eum qui superædificat aurum, argentum et lapides pretiosos, quod est opus manens in igne absque detrimento.

Lectio 3

Supra ostendit apostolus, quæ sit merces bene laborantium, hic agit de poena male laborantium sive destruentium.

Et circa hoc duo facit.

Primo demonstrat poenam; secundo excludit errorem contrarium, ibi nemo vos seducat.

Ostendit autem poenam operantium ad destructionem, prosequens similitudinem ædificii spiritualis, et circa hoc tria facit.

Primo ostendit dignitatem spiritualis ædificii; secundo determinat poenam destruentium, ibi si quis; tertio assignat rationem poenæ, ibi templum enim Dei, etc..

Dicit ergo primo: dictum est quod ille qui superædificat, mercedem salutis accipiet, vel sine detrimento vel cum detrimento; sed ut possitis agnoscere, quæ sit poena male in vobis laborantium, oportet vos vestram dignitatem agnoscere; quam primo ponit, dicens: an vos nescitis quia, vos fideles Christi, estis templum Dei? Eph. II, 21 s.: in quo omnis ædificatio constructa crescit in templum sanctum in Domino, in quo et vos coædificamini in habitaculum Dei.

Secundo probat quod fideles sint templum Dei.

Est enim de ratione templi quod sit habitaculum Dei, secundum illud Ps. X, 5: Deus in templo sancto suo. Unde omne illud in quo Deus habitat, potest dici templum. Habitat autem Deus principaliter in seipso, quia ipse solus se comprehendit. Unde et ipse Deus templum Dei dicitur Apoc. XXI, 22: Dominus Deus omnipotens templum illius est.

Habitat etiam Deus in domo sacrata per spiritualem cultum, qui in ea sibi exhibetur; et ideo domus sacrata dicitur templum, secundum illud Ps. V, 8: adorabo ad templum sanctum tuum, etc.. Habitat etiam Deus in hominibus per fidem, quæ per dilectionem operatur, secundum illud Eph. III, 17: habitare Christum per fidem in cordibus vestris.

Unde et ad probandum quod fideles sint templum Dei, subiungit quod inhabitantur a Deo, cum dicit et spiritus Dei habitat in vobis. Et Rom. VIII, 11 dictum est: spiritus, qui suscitavit Iesum Christum habitabit in vobis.

Ez. XXXVI, 27: spiritum meum ponam in medio vestri.

Ex quo patet quod spiritus sanctus est Deus, per cuius inhabitationem fideles dicuntur templum Dei. Sola enim inhabitatio Dei templum Dei facit, ut dictum est.

Est autem considerandum quod Deus est in omnibus creaturis, in quibus est per essentiam, potentiam et præsentiam, implens omnia bonitatibus suis, secundum illud Ier. XXIII, 24: cælum et terram ego impleo.

Sed spiritualiter dicitur Deus inhabitare tamquam in familiari domo in sanctis, quorum mens capax est Dei per cognitionem et amorem, etiam si ipsi in actu non cognoscant et diligant, dummodo habeant per gratiam habitum fidei et charitatis, sicut patet de pueris baptizatis. Et cognitio sine dilectione non sufficit ad inhabitationem Dei, secundum illud I Io. IV, 16: qui manet in charitate, in Deo manet, et Deus in eo. Inde est quod multi cognoscunt Deum, vel per naturalem cognitionem, vel per fidem informem, quos tamen non inhabitat spiritus Dei.

Deinde cum dicit si quis autem templum, etc., subiungit poenam male operantium secundum convenientiam prædictorum, dicens si quis autem, etc..

Violatur autem templum Dei dupliciter.

Uno modo per falsam doctrinam, quæ non superædificatur fundamento, sed magis subruit fundamentum et destruit ædificium.

Unde dicitur Ez. XIII, 19 de falsis prophetis: violabant me ac populum meum propter pugillum hordei et fragmentum panis. Alio modo violat aliquis templum Dei per peccatum mortale, per quod aliquis vel seipsum corrumpit vel alium, opere vel exemplo. Unde dicitur Malac. II, 11: contaminavit Iudas sanctificationem Domini quam dilexit.

Sic autem dignum est, ut disperdatur ille a Deo per damnationem æternam qui violat spirituale templum Dei, vel qualitercumque polluit. Unde dicitur Malac. II, 12: disperdet Dominus virum qui fecerit hoc, Magistrum et discipulum. Et in Ps. XI, 4: disperdet

Commentaria in Epistolis S. Pauli

Dominus universa labia dolosa, etc..

Deinde cum dicit templum Dei, etc., assignat rationem eius quod dixerat de sanctitate templi.

Qui enim aliquam rem sacram violat, sacrilegium committit, unde dignum est ut disperdatur.

Templum enim Dei sanctum est quod estis vos, sicut supra dictum est, et in Ps. LXIV, 5 dicitur: sanctum est templum tuum, mirabile in æquitate; et alibi domum tuam, Domine, decet sanctitudo.

Et quidem in materiali templo est quædam sacramentalis sanctitas, prout templum divino cultui dedicatur, sed in fidelibus Christi est sanctitas gratiæ, quam consecuti sunt per baptismum, secundum illud infra IV, 11: abluti estis, sanctificati estis.

Deinde cum dicit nemo vos seducat, excludit errorem contrarium. Et primo monet fideles ut sibi caveant a seductione errorum; secundo docet modum cavendi, ibi si quis inter vos; tertio assignat rationem, ibi sapientia enim huius mundi, etc..

Circa primum sciendum quod quidam dixerunt quod Deus neque punit, neque remunerat hominum facta; ex quorum persona dicitur Sophon. I, 12: qui dicunt in cordibus suis: non faciet bene Dominus, et non faciet male. Et Thren. III, 37 s.: quis est iste qui dixit, ut fieret, Domino non iubente? ex ore altissimi non egredietur bonum neque malum. Ad hunc ergo errorem excludendum dicit nemo vos seducat, asserens scilicet quod ille qui templum Dei violat, non disperdatur a Deo, sicut Eph. V, 6 dicitur: nemo vos seducat inanibus verbis, propter hoc enim venit ira Dei in filios diffidentiæ.

Deinde cum dicit si quis inter vos, etc., docet modum cavendi huiusmodi seductionem.

Ubi sciendum est quod quidam dixerunt Deum non punire peccata hominum, innitentes rationibus humanæ sapientiæ, puta quod Deus non cognoscat singularia, quæ fiunt hic, ex quorum persona dicitur Iob XXII, 14: circa cardines cæli perambulat, nec nostra considerat. Ad hoc ergo vitandum dicit si quis inter vos videtur esse sapiens in hoc sæculo, id est, sapientia sæculari, quæ in eo quod contrariatur veritati fidei, non est sapientia, licet videatur esse, stultus fiat, abiiciendo istam sapientiam apparentem, ut sit sapiens, scilicet secundum sapientiam divinam, quæ est vera sapientia.

Et hoc etiam observandum est non solum in his in quibus sæcularis sapientia contrariatur veritati fidei, sed etiam in omnibus in quibus contrariatur honestati morum. Unde Prov. XXX, 1 dicitur: Deo secum morante confortatus est, etc..

Deinde cum dicit sapientia huius mundi, etc., assignat rationem eius quod dixerat.

Et primo ponit rationem. Videbatur enim ineptam monitionem fecisse, ut aliquis fieret stultus, et vere inepta esset si stultitia illa, de qua loquebatur, esset per abnegationem veræ sapientiæ, sed non est ita. Sapientia

Prima ad Corinthios

enim huius mundi stultitia est apud Deum.

Dicitur autem sapientia huius mundi, quæ principaliter mundo innititur. Nam illa, quæ per res huius mundi ad Deum attingit, non est sapientia mundi, sed sapientia Dei, secundum illud Rom. I, 19 s.: Deus enim illis revelavit. Invisibilia enim ipsius a creatura mundi per ea quæ facta sunt, intellecta conspiciuntur.

Sapientia ergo mundi, quæ sic rebus intendit, ut ad divinam veritatem non pertingat, stultitia est apud Deum, id est, stultitia reputatur secundum divinum iudicium.

Is. XIX, 11: stulti principes Thaneos, sapientes consiliarii Pharaonis dederunt consilium insipiens.

Secundo probat quod dixerat per duas auctoritates, quarum prima scribitur Iob V, 13. Unde dicit scriptum est: comprehendam sapientes in astutia eorum. Comprehendit autem sapientes Dominus in astutia eorum, quia per hoc ipsum quod astute cogitant contra Deum, impedit Deus eorum conatum, et implet suum propositum; sicut per malitiam fratrum Ioseph volentium impedire eius principatum, impletum est per divinam ordinationem, quod Ioseph in Aegypto venditus principaretur. Unde et ante præmissa verba dicit Iob: qui dissipat cogitationes eorum, scilicet malignorum, ne possint implere manus eorum, quod coeperant; quia, ut dicitur Prov. XXI, 30, non est sapientia, non est scientia, non est consilium contra Dominum.

Secunda auctoritas sumitur ex Ps., unde dicit et iterum scriptum est: Dominus novit cogitationes sapientium, id est, secundum sapientiam mundi, quoniam vanæ sunt; quia scilicet non pertingunt ad finem cognitionis humanæ, quæ est cognitio veritatis divinæ. Unde dicitur Sap. XIII, 1: vani sunt homines, in quibus non subest sapientia Dei.

Deinde cum dicit itaque nemo glorietur in hominibus, infert conclusionem principaliter intentam, scilicet quod non debeant gloriari de ministris Dei.

Et primo concludit propositum ex prædictis dicens itaque, ex quo ministri nihil sunt, sed laborant pro mercede, nemo glorietur in hominibus; sicut et in Ps. CXLV, 2 s. Dicitur: nolite confidere in principibus, neque in filiis hominum, in quibus non est salus. Et Ier. XVII, 5: maledictus vir qui confidit in homine, etc..

Secundo rationem assignat ex dignitate fidelium Christi, assignans ordinem fidelium in rebus.

Et primo ponit ordinem rerum ad fideles Christi, dicens omnia vestra sunt, quasi dicat: sicut homo non gloriatur de rebus sibi subiectis, ita et vos gloriari non debetis de rebus huius mundi, quæ omnia sunt vobis data a Deo, secundum illud Ps. VIII, 8: omnia subiecisti sub pedibus eius.

Exponit autem, quæ omnia, inter quæ primo ponit ministros Christi, qui sunt divinitus ordinati ad ministerium fidelium, secundum illud II Cor. IV, 5: nos autem servos vestros per Iesum. Et

Commentaria in Epistolis S. Pauli

hoc est, quod dicit sive Paulus, qui plantavit, sive Apollo, qui rigavit, sive Cephas, id est, Petrus, qui est universalis pastor ovium Christi, ut dicitur Io. Cap. Ult.. Post hæc ponit res exteriores, cum dicit sive mundus, qui est continentia omnium creaturarum, qui quidem est fidelium Christi, eo quod homo per res huius mundi iuvatur, vel quantum ad necessitatem corporalem, vel quantum ad cognitionem Dei, secundum illud Sap. XIII, 5: a magnitudine speciei et creaturæ, etc..

Consequenter ponit ea quæ pertinent ad ipsam hominis dispositionem, dicens sive vita, sive mors, quia scilicet fidelibus Christi et vita est utilis in qua merentur, et mors per quam ad præmia perveniunt, secundum illud Rom. XIV, 8: sive vivimus, sive morimur, etc.. Et Phil. I, 21: mihi vivere Christus est, et mori lucrum.

Ad hæc autem duo reducuntur omnia bona vel mala huius mundi, quia per bona conservatur vita, per mala pervenitur ad mortem.

Ultimo ponit quæ pertinent ad statum hominis præsentem vel futurum, dicens sive præsentia, id est, res huius vitæ, quibus iuvamur ad merendum; sive futura, quæ nobis reservantur ad præmium. Non enim habemus hic civitatem permanentem, sed futuram inquirimus, ut dicitur Hebr. Cap. Ult..

Omnia, inquit, vestra sunt, id est, vestræ utilitati deservientia, secundum illud Rom. VIII, 28: diligentibus Deum omnia cooperantur in bonum.

Sic ergo primus ordo est rerum Christi ad fideles; secundus vero fidelium Christi ad Christum, quos ponit subdens vos autem Christi estis, quia scilicet sua morte vos redemit. Rom. XIV, 8: sive vivimus, sive morimur, Domini sumus. Tertius ordo est Christi, secundum quod homo ad Deum; ideo addit Christus autem, secundum quod homo, Dei est. Unde eum Deum et Dominum in Ps. VII, 2 nominat, dicens: Domine Deus meus, in te speravi, ut nomine Dei tota trinitas intelligatur.

Quia ergo nullus debet gloriari de eo quod infra ipsum est, sed de eo quod est supra ipsum, ideo non debent fideles Christi gloriari de ministris, sed magis ministri de ipsis.

II Cor. VII, 4: multa mihi fiducia est apud vos, multa mihi gloriatio pro vobis. Sed fideles Christi debent gloriari de Christo, secundum illud Gal. Cap. Ult.: mihi absit gloriari, nisi in cruce Domini nostri Iesu Christi, sicut Christus de patre, secundum illud Sap. II, 16: gloriatur se patrem habere Deum.

Capitulus IV

Lectio 1

Superius redarguit apostolus Corinthios de hoc, quod de quibusdam ministris gloriabantur, hic autem arguit eos quod alios ministros contemnebant.

Et circa hoc duo facit.

Primo arguit eorum culpam; secundo instat ad eorum correctionem, ibi non ut confundam vos.

Circa primum duo facit.

Primo arguit eorum temeritatem, qua male de ministris iudicabant; secundo arguit eorum elationem, qua Christi ministros contemnebant, ibi hoc autem, fratres.

Circa primum duo facit.

Primo ostendit, quid sit de ministris Christi firmiter sentiendum; secundo quod non sit de eis temere iudicandum, ibi hic iam quæritur inter dispensatores.

Dicit ergo primo: dixi quod nullus vestrum debet gloriari de hominibus, tamen quilibet vestrum debet cognoscere auctoritatem officii nostri, ad quod pertinet quod sumus mediatores inter Christum cui servimus, ad quos pertinet quod dicit sic nos existimet homo ut ministros Christi, Is. LXI, 6: sacerdotes Dei vocabimini ministri Dei nostri, dicetur vobis, et inter membra eius, quæ sunt fideles ecclesiæ, quibus dona Christi dispensant, ad quos pertinet quod subditur et dispensatores mysteriorum Dei, id est, secretorum eius, quæ quidem sunt spiritualia eius documenta, secundum illud infra XIV, 2: spiritus est, qui loquitur mysteria; vel etiam ecclesiastica sacramenta, in quibus divina virtus secretius operatur salutem.

Unde et in forma consecrationis eucharistiæ dicitur: mysterium fidei.

Pertinet ergo ad officium prælatorum ecclesiæ, quod in gubernatione subditorum soli Christo servire desiderent, cuius amore oves eius pascunt, secundum illud Io. Cap. Ult.: si diligis me, pasce oves meas. Pertinet etiam ad eos, ut divina populo dispensent, secundum illud infra IX, 17: dispensatio mihi credita est, et secundum hoc sunt mediatores inter Christum et populum, secundum illud Deut. V, 5: ego sequester fui, et medius illo tempore inter Deum et vos.

Hæc autem æstimatio de prælatis ecclesiæ necessaria est ad salutem fidelium; nisi enim eos recognoscerent ministros Christi, non eis obedirent, tamquam Christo, secundum illud Gal. IV, 14: sicut Angelum Dei excepistis me, sicut Iesum Christum. Rursum, si eos non cognoscerent dispensatores, recusarent ab eis dona recipere, contra illud quod idem apostolus dicit II Cor. II, 10: quod donavi, si quid donavi, propter vos in persona Christi donavi.

Deinde cum dicit hic iam quæritur inter dispensatores, ostendit circa ministros Christi, temere iudicari non debere.

Et circa hoc tria facit.

Primo, ponit quoddam per quod iudicare satagunt de fidelitate ministrorum; secundo, ostendit de hoc iudicio se non curare, sed Deo reservare, ibi mihi autem pro minimo est; tertio, concludit prohibitionem temerarii iudicii, ibi itaque nolite.

Circa primum considerandum est, quod ministrorum et dispensatorum Christi, quidam sunt fideles, quidam infideles. Infideles dispensatores sunt, qui in dispensandis divinis ministeriis non intendunt utilitatem populi, et

Commentaria in Epistolis S. Pauli

honorem Christi, et utilitatem membrorum eius, secundum illud Lc. XVI, 11: in iniquo mammona fideles non fuistis.

Fideles autem, qui in omnibus intendunt honorem Dei, et utilitatem membrorum eius, secundum illud Lc. XII, 42: quis, putas, est fidelis servus et prudens, quem constituit Dominus super familiam suam? qui autem sunt fideles divino iudicio manifestabuntur in futuro.

Sed Corinthii temere volebant discutere, qui dispensatores essent fideles vel infideles.

Et hoc est quod dicit hic, hoc est, inter vos, iam, id est, præsenti tempore, quæritur, id est, discutitur, ut quis, id est aliquis, inter dispensatores fidelis inveniatur. Iudicabant enim plures esse infideles, vix aliquem virum putantes esse fidelem, secundum illud Prov. XX, 6: multi viri misericordes vocantur, virum autem fidelem quis inveniet? deinde cum dicit mihi autem pro minimo est, ostendit se hoc iudicium reputare nihil, et circa hoc tria facit.

Primo ponit, quod non curat circa hoc ab aliis iudicari, dicens mihi autem, qui sum minimus inter dispensatores, pro minimo est, id est, minima bona reputo, ut a vobis iudicer, scilicet esse fidelis, vel infidelis.

Et ne putarent ab apostolo hæc dici in eorum contemptum, ac si eorum iudicium despiceret, quasi vilium personarum, subiungit aut ab humano intellectu, qui est dies hominis, secundum illud Io. XI, 9: qui ambulat in die, non offendit, quia lucem huius mundi videt. Vel ad litteram aut ab humano die, id est, ab intellectu in hoc tempore iudicantibus, quasi dicat: vestrum, vel quorumcumque hominum iudicium parum curo.

Ier. XVII, 16: diem hominis non desideravi, tu scis.

Est autem sciendum, quod de iudicio hominum dupliciter debet curari. Uno modo, quantum ad alios, qui ex eorum bono, vel ædificantur, vel scandalizantur, et sic sancti non pro minimo, sed pro magno habent ab hominibus iudicari, cum Dominus dicat Matth. V, 16: videant opera vestra bona, et glorificent patrem vestrum, qui in cælis est.

Alio modo quantum ad seipsos, et sic non curant multum, quia nec gloriam humanam concupiscunt, secundum illud I Thess. II, 6: neque gloriam ab hominibus quærentes, neque aliquid a vobis, neque ab aliis. Neque opprobrium hominis timent, secundum illud Is. LI, 7: nolite timere opprobrium hominum, et blasphemias eorum ne timeatis. Unde apostolus signanter dicit mihi autem, etc., id est, quantum ad me pertinet, non autem id pro nullo est, sed pro minimo, quia bona temporalia, inter quæ bona fama computatur, non sunt nulla bona, sed minima, ut Augustinus dicit in libro de libero arbitrio.

Unde et Sap. VII, 9: omne aurum in comparatione illius arena est exigua.

Secundo ostendit, quod neque seipsum iudicare præsumit, dicens sed neque meipsum iudico.

Prima ad Corinthios

Videtur autem hoc esse contra id quod infra XI, 31 dicitur: si nosmetipsos diiudicaremus, non utique iudicaremur. Debet ergo quilibet iudicare seipsum.

Sed sciendum est, quod iudicio discussionis, de quo apostolus hic loquitur, quilibet debet iudicare seipsum, secundum illud Ps. LXXVI, 7: exercitabar et scopebam spiritum meum, et similiter iudicio condemnationis et reprehensionis in manifestis malis, secundum illud Iob XIII, 15: arguam coram eo vias meas; sed iudicio absolutionis non debet aliquis præsumere se iudicare ut innocentem; unde dicitur Iob IX, 20: si iustificare me voluero, os meum condemnabit me; si innocentem considero, pravum me comprobabit.

Cuius rationem assignat, dicens nihil mihi conscius sum, id est, non habeo alicuius peccati mortalis conscientiam, secundum illud Iob XXVII, 6: neque reprehendit me cor meum in omni vita mea. Sed non in hoc iustificatus sum, id est, non sufficit ad hoc, quod me iustum pronunciem, quia possunt aliqua peccata in me latere, quæ ignoro, secundum illud Ps.: delicta quis intelligit? et Iob IX, 21 dicitur: et si simplex fuero, hoc ipsum ignorabit anima mea.

Tertio concludit cui hoc iudicium reservetur, dicens qui autem iudicat me Dominus est, id est, ad solum Deum pertinet iudicare utrum sim fidelis minister an non; hoc enim pertinet ad intentionem cordis, quam solus Deus ponderare potest, secundum illud Prov. XVI, 2: spirituum ponderator est Dominus. Et Ier. XVII, 9: pravum est cor hominis et inscrutabile, quis cognoscet illud? ego Dominus probans renes et scrutans corda.

Deinde cum dicit itaque nolite, etc., concludit prohibitionem temerarii iudicii, et circa hoc tria facit.

Primo prohibet prævenire divinum iudicium, dicens: itaque exemplo meo qui neque meipsum iudico, neque ab aliis iudicari curo, sed iudicium meum Deo reservo, nolite ante tempus iudicare, quia, ut dicitur Eccle. VIII, 6, omni negotio tempus est et opportunitas.

Quoadusque veniat Dominus, scilicet ad iudicandum, secundum illud Is. III, 14: Dominus ad iudicium veniet cum senatoribus populi sui. Unde et Dominus dixit Matth. VII, 1: nolite iudicare. Sed hoc intelligendum est de occultis; de manifestis autem iudicare commissum est a Deo hominibus, secundum illud Deut. I, 16: audite illos, et quod iustum est iudicate.

Sunt enim aliqua manifesta non solum per evidentiam facti, sicut notoria, sed et propter confessionem, aut testium probationem.

Occulta vero Deus suo reservat iudicio.

Sunt autem occulta nobis, quæ latent in corde, vel etiam in abscondito fiunt, et de his dicitur in Ps. IV, 5: quæ dicitis in cordibus vestris, et in cubilibus vestris compungimini.

Unde homo quidem de his est temerarius iudex, sicut iudex

delegatus, qui excedit formam mandati iudicii de causa non sibi commissa.

Est ergo temerarium iudicium, quando aliquis de dubiis iudicat. Perversum autem, quando falsum iudicium profert. Et quamvis non sit iudicandum circa personas, puta ut aliquis iudicet malum hominem, qui bonus est, tamen multo gravius est, ut iudicium pervertatur de rebus ipsis, puta si quis diceret virginitatem esse malam, et fornicationem bonam. Contra quod dicitur Is. V, 20: væ qui dicitis bonum malum, et malum bonum.

Secundo describit perfectionem futuri divini iudicii, dicens qui, scilicet Dominus ad iudicandum veniens, illuminabit abscondita tenebrarum, id est faciet esse lucida et manifesta ea quæ occulte in tenebris facta sunt. Et manifestabit consilia cordium, id est omnia cordis occulta, secundum illud Iob XII, 22: qui revelat occulta de tenebris, et producit in lucem umbram mortis. Et Sophon. I, 12: scrutabor Ierusalem in lucernis.

Quod quidem est intelligendum tam de bonis, quam de malis, quæ non sunt per poenitentiam tecta, secundum illud Ps. XXXI, 1: beati quorum remissæ sunt iniquitates, et quorum tecta sunt peccata.

Tertio ponit fructum, quem boni reportabunt de divino iudicio, dicens et tunc laus erit unicuique, scilicet bonorum a Deo.

Quæ quidem laus vera erit, quia Deus nec decipi, nec decipere potest. Rom. II, 29: cuius laus non ex hominibus, sed ex Deo est.

II Cor. X, 18: non enim qui seipsum commendat ille probatus est, sed quem Deus commendat.

Lectio 2

Postquam apostolus reprehendit in Corinthiis temeritatem, qua ministros Christi iudicabant, hic arguit eorum elationem, qua ministros Christi contemnebant.

Et circa hoc tria facit.

Primo proponit quod intendit; secundo rationem assignat, ibi quis enim te discernit? tertio eorum contemptum ironice loquens irridet, ibi iam saturati estis.

Circa primum considerandum est, quod apostolus supra volens reprimere contentiones Corinthiorum, quas habebant ratione ministrorum, usus fuerat nominibus bonorum ministrorum Christi, sicut supra I, 12 dixit: unusquisque vestrum dicit: ego quidem sum Pauli, ego autem Apollo, ego vero Cephæ; et supra III, 22 ubi dixit: sive Paulus, sive Apollo, sive Cephas, et tamen non gloriabantur de bonis ministris Christi, nec propter eos dissidebant, sed propter pseudo-apostolos, quos nominare noluit, ne videretur ex odio, vel invidia contra eos loqui; sed loco eorum posuerat nomen suum et aliorum bonorum prædicatorum, et hoc est quod dicit hæc autem, fratres, scilicet quæ dixi de ministris, de quibus gloriamini, et pro quibus contenditis, transfiguravi id est, figuraliter loquens, transtuli, in me et

Apollo.

Dicit enim Prov. I, 6: *animadvertent parabolam et interpretationem verba sapientium et ænigmata eorum.* Et hoc propter vos, id est, vestram utilitatem, II Cor. IV, 15: *omnia propter vos;* ut in vobis discatis, *ne unus vestrum infletur,* id est, superbiat, adversus alium proximum suum, pro alio, scilicet pro quocumque ministro Christi, *ne supra quam scriptum est,* id est, ultra formam vobis in præmissis descriptam. Dicitur enim Sap. IV, 19: *disrumpens illos inflatos sine voce.*

Deinde cum dicit *quis enim te discernit?* assignat rationem quare unus non debeat contra alium inflari.

Et primo ponit rationem, dicens *quis enim te discernit?* quod potest intelligi dupliciter: uno modo sic: quis enim te discernit a massa perditorum? tu teipsum discernere non potes: unde non habes in te unde contra alium superbias. Et de hac discretione dicitur in Ps. XLII, 1: *iudica me, Deus, et discerne causam meam de gente non sancta.* Alio modo potest intelligi quis te discernit, scilicet superiorem faciens proximo tuo? hoc quod tu facere non potes, unde contra eum superbire non debes. Et de hac discretione dicitur Eccli. XXXIII, 11: *in multitudine disciplinæ Domini separavit eos, et immutavit vias illorum.* Sed inter homines, inquantum sunt fideles Christi, non est discretio, quia, ut dicitur Rom. XII, 5, *multi unum corpus sumus in Christo.* Et dicit Petrus: *nihil discernit inter nos et illos, fide purificans corda eorum.*

Secundo excludit quamdam rationem.

Posset enim aliquis discerni a bonis vel a malis, melior eis existens, propter bona quæ habet, puta fidem, sapientiam, et huiusmodi.

Sed hoc excludit apostolus, dicens *quid autem habes, quod non accepisti?* quasi dicat: nihil. Omnia enim bona sunt a Deo, secundum illud Ps. CIII, 28: *aperiente te manum tuam, omnia implebuntur bonitate;* et par. XXIX, 14: *tua sunt omnia, et quæ de manu tua accepimus, dedimus tibi.*

Et ex hoc concludit propositum, dicens *si autem accepisti, quid gloriaris, quasi non acceperis?* ille igitur gloriatur quasi non accipiens, qui de seipso gloriatur, et non de Deo, sicut de quibusdam dicitur in Ps. XLVIII, 7: *qui confidunt in virtute sua, et in multitudine divitiarum suarum gloriantur.*

Et ad hoc pertinet prima species superbiæ, qua scilicet aliquis superbiendo, quod habet, dicit a seipso habere, iuxta illud Ps. XI, 5: *labia nostra a nobis sunt, quis noster Dominus est?* ille autem gloriatur quasi accipiens, qui omnia Deo adscribens, gloriatur de ipso, sicut supra dictum est: *qui gloriatur, in Domino glorietur.* Sic autem gloriari non est superbire, sed humiliari sub Deo, cui homo dat gloriam, secundum illud Eccli. Cap. Ult.: *danti mihi sapientiam, dabo gloriam.*

Deinde, cum dicit *iam saturati estis,* irridet eorum superbiam, qui apostolos Christi contemnebant. Et primo in generali, secundo in speciali, ibi *nos*

Commentaria in Epistolis S. Pauli

stulti sumus, etc..

Circa primum duo facit.

Primo irridet in eis quod de se nimis præsumebant; secundo deridet in eis, quod apostolos contemnebant, ibi puto enim quod Deus, etc..

Circa primum duo facit.

Primo irridet eos de præsumptione, qua sibi attribuebant quod non habebant; secundo irridet eos de hoc, quod sibi singulariter attribuebant, quod singulariter non habebant, ibi sine nobis regnatis.

Attribuebant autem sibi abundantiam bonorum, quorum quædam sunt interiora; et quantum ad hoc dicit iam saturati estis, id est, vobis videtur quod saturati estis, id est, abundanter refecti spirituali dulcedine, de qua dicitur in Ps. XVI, 15: satiabor dum manifestabitur gloria tua. Poterat autem eis secundum veritatem dici, quod iam saturati estis, non plenitudine, sed fastidio, secundum illud Prov. XXVII, 7: anima satiata calcabit favum. Quædam vero sunt bona exteriora, et quantum ad hoc dicit iam divites facti estis, sicut vobis videtur, scilicet divitiis spiritualibus, de quibus dicitur is. XXXIII, 6: divitiæ salutis sapientia et scientia. Simile est, quod dicitur Apoc. III, 17: dicis, quia dives sum, et locuples valde, et nullius egeo.

Sed contra hoc videtur illud quod supra dixit in principio, dicens quia in omnibus divites facti estis in illo, in omni verbo, et in omni scientia, etc..

Sed dicendum est, quod supra dixit quantum ad bonos, qui inter eos erant; hic autem dicit quantum ad præsumptuosos, qui superbiebant de eo quod non habebant.

Potest et aliter distingui satietas et divitiæ, ut saturitas referatur ad usum gratiæ, quo quis spiritualibus fruitur; divitiæ autem ad ipsos habitus gratiarum.

Secundo cum dicit sine nobis regnatis, irridet eos, quod sibi singulariter attribuebant quod non habebant.

Unde dicit sine nobis regnatis, id est, ita vobis videtur, quod regnum ad vos pertineat, non ad nos. Sic enim erant decepti a pseudo-apostolis, ut crederent se solos habere fidei veritatem, quæ in regno Dei consistit, apostolum autem et sequaces eius errare. Contra quos dicitur Is. V, 8: numquid habitabitis vos soli in medio terræ? et ne videatur apostolus ex invidia hoc dicere, subiungit utinam regnetis. Optat enim ut veram fidem habeant, secundum illud Act. XXVI, 29: opto omnes qui audiunt, tales fieri, qualis et ego sum, exceptis vinculis his.

Et ut eis exempla humilitatis præbeat, subiungit ut et nos regnemus vobiscum, quasi dicat: si aliquam excellentiam habetis, non dedignamur vos sequi, sicut vos dedignamini sequi nos, contra illud quod dicitur Gal. IV, 18: quod bonum est, æmulamini in bono semper.

Et est advertendum, quod apostolus hic quatuor species superbiæ tangit, quarum prima est, quando aliquis reputat se non habere a Deo quod habet, quam tangit dicens quid gloriaris quasi non acceperis? et hoc etiam potest reduci ad secundam speciem qua aliquis existimat propriis meritis accepisse. Tertia species est, qua quis iactat se habere quod non habet, et quantum ad hoc dicit iam saturati estis, iam divites facti estis. Quarta species, quando aliquis, despectis cæteris, singulariter vult videri, et quantum ad hoc pertinet quod dicit sine nobis regnatis.

Deinde, cum dicit puto quod Deus, etc., irridet eos de hoc quod apostolos Christi contemnebant, et primo irrisorie ponit contemptum; secundo causam contemptus, ibi quia spectaculum facti sumus.

Dicit ergo primo: prius dixi, quod sine nobis regnatis, puto enim, id est, vos putare videmini, quod Deus nos apostolos ostendit novissimos, cum tamen infra XII, 28 dicatur, quod Deus in ecclesia posuit primum apostolos. Sic enim impletur quod dicitur Matth. XX, 16: erunt primi novissimi, et novissimi primi.

Et ponit exemplum: tamquam morti destinatos.

Illi enim, qui sunt condemnati ad mortem, novissimi habentur inter homines, utpote quos indignum sit vivere, et tales apostoli reputantur a mundanis hominibus, secundum illud Ps. XLIII, 22: æstimati sumus sicut oves occisionis.

Deinde, cum dicit quia spectaculum, assignat causam contemptus.

Circa quod considerandum est, quod quando aliqui sunt condemnati ad mortem, convocantur homines ad eorum occisionem, quasi ad spectaculum, et hoc maxime fiebat circa eos, qui damnabantur ad bestias. Quia apostoli erant quasi morti destinati, subiungit quia spectaculum facti sumus mundo, quasi totus mundus concurrat ad spectandum nostram occisionem, secundum illud Ps. XLIII, 14: posuisti nos opprobrium vicinis nostris.

Exponit autem quid nomine mundi intelligat, cum subdit et Angelis, et hominibus, scilicet bonis et malis. Concurrebant enim ad eorum spectaculum boni Angeli ad confortandum, mali autem ad impugnandum; boni homines ad compatiendum, et exemplum patientiæ sumendum, mali homines ad persequendum, et irridendum.

Deinde cum dicit nos stulti, etc., irridet eos in speciali, quod apostolos contemnebant.

Et circa hoc duo facit.

Primo ponit contemptum; secundo causam contemptus, ibi usque in hanc horam, etc..

Circa primum irridet eorum contemptum quantum ad hoc, quod sibi excellentiam, apostolis defectum attribuebant.

Et primo quantum ad perfectionem intellectus.

Et quantum ad hoc dicit nos stulti sumus propter Christum, id est stulti reputamur, quia crucem Christi prædicamus, supra I, 18: verbum crucis

Commentaria in Epistolis S. Pauli

pereuntibus stultitia est, et etiam quia propter Christum opprobria et contentiones sustinemus, secundum illud Sap. V, 4: nos insensati vitam illorum æstimabamus insaniam. Item, ut legitur act. XXVI, 24, festus dixit Paulo: insanis, Paule, multæ te litteræ ad insaniam adducunt.

Vos, secundum vestram reputationem, estis prudentes in Christo, quia scilicet nec crucem eius publice confiteri audetis, nec persecutionem pro eo sustinetis. Prov. XXVI, 16: sapientior sibi videtur piger septem viris sequentibus sententias.

Secundo quantum ad potestatem actionis, cum dicit nos infirmi, reputamur scilicet in exterioribus, propter afflictiones quas sustinemus. II Cor. XII, 9: libenter gloriabor in infirmitatibus meis. Vos autem, scilicet secundum vestram reputationem, estis fortes, scilicet in rebus corporalibus, quia secure vivitis sine tribulatione. Is. V, 22: væ qui potentes estis ad bibendum vinum, et viri fortes ad miscendam ebrietatem. Vos nobiles, scilicet estis, secundum vestram æstimationem, id est, honore digni, qui exterius contumelias non patimini. Is. XIX, 11: filius sapientium, ego filius regum antiquorum.

Nos autem ignobiles sumus, secundum vestram et aliorum reputationem, quia contemptibiles habemur. Supra I, 27: quæ contemptibilia sunt mundi et ignobilia elegit Deus.

Et tamen secundum rei veritatem est e converso.

Soli enim contemptibiles illi sunt, qui Deum contemnunt, secundum illud I Reg. II, 30: qui autem contemnunt me, erunt ignobiles.

Deinde, cum dicit usque in hanc horam, etc., assignat causam contemptus.

Et primo ponit pro causa defectum bonorum temporalium; secundo mala quæ in eis intelligebantur, ibi maledicimur et benedicimus; tertio concludit intentum, ibi tamquam purgamenta.

Circa primum duo facit.

Primo ponit defectum quem patiebantur in rebus necessariis.

Unde quantum ad ea, quæ pertinent ad victum, dicit usque in hanc horam, id est, continue a conversione nostra usque in præsens tempus, esurimus et sitimus.

II Cor. XI, 27: in fame et siti. Quantum vero ad vestitum, subdit et nudi sumus, id est, propter vestimentorum inopiam, quia etiam interdum expoliabantur. Iob XXIV, 7: nudos dimittunt homines vestimenta tollentes, quibus non est operimentum in frigore.

Sed contra est quod dicitur in Ps. XXXVI, 25: non vidi iustum derelictum, nec semen eius quærens panem.

Sed dicendum est, quod ita patiebantur apostoli, quod non derelinquebantur, quia divina providentia moderabatur in eis et abundantiam et inopiam, quantum eis expediebat ad virtutis exercitium. Unde et apostolus Phil. IV,

Prima ad Corinthios

11 ss.: *ubique et in omnibus institutus sum, et saturari, et esurire, et abundare, et penuriam pati; omnia possum in eo, qui me confortat.*

Secundo ponit defectum eorum, quæ pertinent ad bene esse humanæ vitæ, quorum primum est reverentia ab hominibus exhibita, contra quod dicit et *colaphis cædimur*, quod quidem fit magis ad opprobrium, quam ad poenam. Unde de Christo legimus Matth. XXVI, 67 quod *expuerunt in faciem suam, et colaphis eum cæciderunt*.

Secundo requiritur quies in loco, contra quod dicitur *et instabiles sumus*, tum quia expellebantur a persecutoribus de loco in locum, secundum illud Matth. X, 23: *si vos persecuti fuerint in una civitate, fugite in aliam*, tum etiam quia pro executione sui officii discurrebant ubique, secundum illud io. XV, 16: *posui vos ut eatis*.

Tertio requiritur ministrantium auxilium, contra quod dicitur *et laboramus operantes manibus nostris*, tum quia aliquando nullus dabat eis unde possent sustentari; tum etiam, quia labore manuum suarum victum acquirebant vel ad vitandum fidelium gravamen, vel ad repellendum pseudo-apostolos, qui propter quæstum prædicabant, ut habetur II Cor. XII, 16 ss.; tum etiam, ut darent otiosis laborandi exemplum, ut habetur II Thess. III, 9. Unde dicit Paulus Act. XX, 34: *ad ea quæ mihi opus erant, et his qui mecum sunt, ministraverunt manus istæ*.

Deinde, cum dicit *maledicimur*, etc., ponit mala quæ apostoli patiebantur.

Et primo in verbis, cum dicit *maledicimur*, id est, male de nobis dicunt homines, vel ad detrahendum, vel ad contumelias inferendum, vel etiam mala imprecando. Ier. XV, 10: *omnes maledicunt mihi*. Et *benedicimus*, id est, reddimus bonum pro malo, secundum illud I Petr. III, 9: *non reddentes maledictum pro maledicto, sed e contrario benedicentes*.

Secundo in factis, et quantum ad hoc dicit *persecutionem patimur*, non solum quantum ad hoc, quod fugamur de loco ad locum, quod proprie persecutio dicitur, sed quantum ad hoc quod multipliciter tribulamur, secundum illud Ps. CXVIII, 157: *multi qui persequuntur me, et tribulant me*. Et *sustinemus*, in Christo scilicet omnia patienter.

Eccli. I, 29: *usque ad tempus sustinebit patiens*.

Tertio tangit causam utriusque, cum dicit *blasphemamur*, id est, blasphemia imponuntur nobis, dum dicimur magi vel malefici, et reputamur Dei inimici, secundum illud io. XVI, 2: *venit hora, ut omnis qui interficit vos, arbitretur obsequium se præstare Deo*; et Rom. III, 8: *sicut blasphemamur, et sicut aiunt quidam nos dicere, faciamus mala, ut veniant bona*. Tamen, obsecramus Deum pro his qui nos persequuntur et blasphemant, secundum illud Matth. V, 44: *orate pro persequentibus et calumniantibus vos*.

Deinde cum dicit *tamquam*

393

Commentaria in Epistolis S. Pauli

purgamenta, etc., concludit ex omnibus præmissis eorum contemptum, dicens: et propter omnia prædicta facti sumus tamquam purgamenta huius mundi, id est, reputati sumus et a Iudæis et a gentilibus, ut per nos mundus inquinetur: et propter nostram occisionem mundus purgetur, et tamquam simus peripsema omnium. Dicitur peripsema quodcumque purgamentum, puta vel pomi, vel ferri, vel cuiuscumque alterius rei. Et hoc, usque adhuc, quia scilicet continue hoc patimur.

Sed quandoque deficiet, secundum illud Sap. V, 3, ubi ex ore impiorum dicitur: hi sunt, quos aliquando habuimus in derisum, et in similitudinem improperii. Et postea subditur: quomodo ergo computati sunt inter filios Dei?

Lectio 3

Postquam, apostolus reprehendit Corinthios de hoc quod apostolos temere iudicabant, et præsumptuose contemnebant, hic instat ad eorum correctionem, et primo admonitionis verbo; secundo, exemplo, ibi rogo ergo vos, fratres, etc.; tertio, correctionis flagello, ibi tamquam non venturus sim, etc..

Circa primum tria facit. Primo ponit admonitionis modum, dicens hæc, scilicet quæ in serie epistolæ hucusque vobis dixi, scribo non ut confundam vos, scilicet mala confusione, quæ in desperationem mittit, quamvis velim vos confundi confusione, quæ peccatum vitat, secundum illud Eccli. IV, 25: est confusio adducens peccatum, et est confusio adducens gratiam et gloriam.

Sed prædicta moneo vos, ut filios.

Eccle. VII, 25: filii tibi sunt? erudi illos, et cura illos a pueritia eorum.

Secundo ostendit debitum admonendi modum, dicens nam si decem millia pædagogorum habeatis in Christo, sed non multos patres.

Ubi considerandum est quod pater est qui primo generat: pædagogus autem est qui iam natum nutrit et erudit. Gal. III, 24: lex pædagogus noster fuit in Christo. Dicit ergo apostolus se patrem eorum in Christo, quia eis primo evangelium prædicavit.

Unde, assignans rationem eius quod dixerat, subdit nam in Christo Iesu per evangelium vos genui. Est autem generatio processus ad vitam, homo autem vivit in Christo per fidem. Gal. II, 20: quod autem nunc vivo in carne, in fide vivo filii Dei.

Fides autem, ut dicitur Rom. X, 17, est ex auditu, auditus autem per verbum. Unde verbum Dei est semen, quo apostolus eos genuit in Christo. Unde Iac. I, 18: voluntarie nos genuit verbo veritatis.

Alios autem dicit pædagogos, quia postquam fidem receperant, eos adiuvarunt: ut intelligatur esse eadem comparatio, quantum ad prædicationem evangelii, pædagogi ad patrem, quæ supra III, 6 ss. Posita est, rigatoris ad plantatorem, et superædificatoris ad fundatorem.

Deinde, cum dicit rogo ergo vos, fratres, instat ad corrigendum eos suo exemplo.

Et primo hortatur eos ad imitandum suum exemplum, dicens: ergo ex quo estis filii, cum bonorum filiorum sit imitari patres, rogo vos, imitatores mei estote, scilicet ut non temere iudicetis, sicut nec ego, quia neque meipsum iudicare præsumo, et de vobis humilia sentiatis, et de aliis maiora. Unde non sine causa tali modo loquendi usus est: nos infirmi, vos fortes. II Thess. III, 9: ut formam nosmetipsos daremus vobis ad imitandum.

Advertendum est autem quod eosdem, quos supra filios nominavit, nunc nominat fratres. Dixerat autem suos filios in Christo, quia eos non sibi, sed Christo genuerat, et quia ipse genitus erat a Christo, ex consequenti eos habebat ut fratres et filios.

In tantum ergo debebant eum imitari ut patrem, inquantum et ipse Christum imitabatur, qui est omnium principalis pater.

Et per hoc subtrahitur subditis occasio de adhærendo malis exemplis prælatorum. Unde in hoc subditi solum prælatos imitari debent, in quo ipsi Christum imitantur, qui est infallibilis regula veritatis; unde seipsum apostolis in exemplum posuit. Io. XIII, 15: exemplum dedi vobis, ut quemadmodum ego feci, etc.. Quod quidem exemplum Paulus sequebatur, secundum illud Iob XXIII, 11: vestigia eius secutus est pes meus, viam eius custodivi, et non declinavi ab ea.

Secundo removet excusationem ignorantiæ, dicens ideo misi ad vos Timotheum, qui est filius meus charissimus et fidelis in Domino, secundum illud Phil. II, 20, de Timotheo loquens: neminem habeo ita unanimem, qui sincera affectione pro vobis sollicitus sit. Qui vos commonefaciat vias meas, id est, qui vos doceat meos processus, id est, omnia opera, et moneat vos ad ea sequendum, secundum illud Ier. VI, 16: interrogate de semitis antiquis, quæ sit via bona, et ambulate in ea. Quæ quidem viæ sunt in Christo, et ideo non debetis dedignari eas sequi, secundum illud Ps. XXIV, 4: vias tuas, Domine, demonstra mihi. Et non videatur vobis hoc onerosum, quia hoc communiter omnibus impono. Unde subdit sicut ubique in ecclesia doceo.

Col. I, 5 s.: audistis veritatis evangelium, quod pervenit ad vos, sicut et in universo mundo.

Vel hoc quod dicit vias meas, referendum est ad opera, quod vero dicit sicut et ubique, ad documenta. Ad hoc enim missus erat Timotheus, ut induceret eos ad imitanda opera, et tenenda apostoli documenta.

Deinde, cum dicit tamquam non venturus sim ad vos, comminatur eis correctionis flagellum.

Et primo ostendit eos esse dignos correctionis flagello, dicens tamquam non venturus sim ad vos, inflati sunt quidam, scilicet vestrum, quasi non timentes per me de sua superbia convinci, et tamen digni sunt flagellis: nam humiles solis verbis corriguntur, superbi flagellis indigent, secundum

Commentaria in Epistolis S. Pauli

illud Iob XL, 7: respice cunctos superbos, et confunde eos.

Secundo prænuntiat eis suum adventum quo veniet ad iudicandum, ubi primo prænuntiat adventum, dicens veniam autem cito ad vos. Et quia dicitur Prov. XVI, 9: cor hominis disponit viam suam, sed Domini est dirigere gressus eius, ideo subdit si Dominus voluerit. Iac. IV, 15: si Dominus voluerit, et si vixerimus, faciemus hoc aut illud.

Secundo prænuntiat eis suam iudiciariam cognitionem, cum dicit et cognoscam, scilicet ordine iudiciario, secundum illud Iob XXIX, 16: causam, quam nesciebam, diligentissime investigabam. Non sermonem eorum, qui inflati sunt, sed virtutem, quasi dicat: non propter hæc ex mea examinatione approbabuntur, qui abundant in verbis, sed si abundarent in virtute; quia, ut dicitur Prov. XIV, 23, ubi verba sunt plurima, ibi frequenter egestas.

Tertio rationem assignat, dicens non enim in sermone est regnum Dei, sed in virtute, id est, non ideo aliqui pertinent ad regnum Dei, qui abundant in sermone, secundum illud Matth. VII, 21: non omnis qui dicit mihi: Domine, Domine, intrabit in regnum cælorum, sed qui facit voluntatem patris mei.

Ultimo comminatur eis correctionem, reservans tamen correctionem arbitrio eorum, dicens quid vultis? in virga, scilicet disciplinæ, veniam ad vos, scilicet castigandos, an in charitate, id est, ostensione amoris, et in spiritu mansuetudinis ut scilicet nihil durius vobiscum agam? hoc enim pendet ex vobis; nam si vos in via stultitiæ permanetis, oportet me ad vos cum virga venire, secundum illud Prov. XXII, 15: stultitia colligata est in corde pueri, et virga disciplinæ fugabit eam. Si vero vos correxeritis, ostendam vobis charitatem et mansuetudinem, Gal. Cap. Ult.: vos qui spirituales estis, instruite huiusmodi in spiritu lenitatis. Hoc autem non dicit quin si in virga veniens, non cum charitate veniret, cum scriptum sit prov. XIII, 24: qui parcit virgæ, odit filium suum: qui autem diligit illum, instanter erudit, sed quia ille qui castigatur virga, non sentit interdum dulcedinem charitatis, sicut illi quos blande consolatur.

Capitulus V

Lectio 1

Postquam apostolus prosecutus est ea, quæ pertinent ad baptismi sacramentum, hic incipit prosequi ea quæ pertinent ad matrimonium. Et primo arguit peccatum contrarium matrimonio, scilicet fornicationem; secundo agit de ipso matrimonio, VII, ibi de quibus autem scripsistis, etc..

Circa primum duo facit.

Primo ponit culpam; secundo redarguit eam, ibi non est bona gloriatio, etc..

Circa primum duo facit.

Primo ponit culpam cuiusdam fornicarii; secundo culpam aliorum, qui peccatum fornicarii tolerabant, ibi et vos inflati estis, etc..

Circa primum, primo ponit tria, quæ pertinent ad culpæ gravitatem.

Primo namque ostendit peccatum esse notorium, dicens: non sine causa quæsivi, an velitis quod in virga veniam ad vos. Est enim in vobis aliquid dignum virga disciplinæ, quia fornicatio auditur inter vos omnino, secundum publicam formam; contra quod dicitur Eph. V, 3: fornicatio autem nec nominetur in vobis; Is. III, 9: peccatum suum quasi Sodoma prædicaverunt, nec absconderunt.

Secundo aggravat peccatum ex comparatione, cum dicit et talis fornicatio, qualis nec inter gentes licita reputatur vel invenitur. Apud gentiles enim simplex fornicatio non reputabatur peccatum. Unde apostoli Act. XV, 20, ad hunc errorem excludendum, gentilibus ad fidem conversis imposuerant, quod abstineant se a fornicatione.

Erat tamen quædam fornicationis species, quæ et apud gentiles illicita habebatur. Et ideo dicit ita ut uxorem patris aliquis habeat, sicut dicitur Gen. XLIX, 4: effusus es sicut aqua, non crescas, quia ascendisti cubile patris tui, et maculasti stratum eius. Hoc autem erat horribile etiam apud gentiles, utpote contrarium naturali rationi existens. Per naturalem enim reverentiam filii ad parentes secundum omnem statum et legem pater et mater a matrimonio excluditur. Ut sic etiam possit intelligi, quod habetur Gen. II, 24: propter hoc relinquet homo patrem et matrem, scilicet in contractu matrimonii, et adhærebit uxori suæ. Sicut autem ibi subditur: vir et mulier erunt duo in carne una. Et ideo uxor patris repellitur a matrimonio: sicut persona patris vel matris, secundum illud Lev. XVIII, 8: turpitudinem uxoris patris tui ne discooperias, turpitudo enim patris tui est.

Deinde, cum dicit vos inflati estis, ponit culpam eorum qui hoc peccatum tolerabant. Et primo reprehendit eorum tolerantiam; secundo supplet quod illi negligebant ibi ego quidem, etc..

Circa primum notat in eis tria vitia.

Primo superbiam, cum dicit et vos inflati estis, scilicet vento superbiæ, reputantes vos innocentes ex comparatione peccatoris, sicut, Lc. XVIII, 11, Pharisæus dicebat: non sum sicut cæteri hominum, velut etiam hic publicanus.

Sap. IV, 19: disrumpam illos inflatos sine voce.

Secundo tangit eorum iniustitiam, cum dicit et non magis luctum habuistis, scilicet patiendo causam peccatoris, sicut Ier. IX, 1 dicitur: quis dabit capiti meo aquam, et oculis meis fontem lacrymarum, ut plorem die ac nocte interfectos filiæ populi mei? vera enim iustitia, ut dicit Gregorius, compassionem habet, non dedignationem.

Tertio tangit eorum iudicii negligentiam ut tollatur de medio vestrum qui hoc opus fecit. Talis enim

Commentaria in Epistolis S. Pauli

compassio viri iusti ad peccatorem vulnerat et liberat, secundum illud Prov. XXIII, 14: *tu virga percutis eum, et animam eius de inferno liberabis*. Per hoc etiam alii corriguntur, secundum illud Prov. XIX, 25: *pestilente flagellato, stultus sapientior erit*. Unde Eccle. VIII, 11: *quia non profertur cito contra malos sententia, absque ullo timore filii hominum perpetrant mala*.

Debet autem ad correctionem aliorum interdum peccator separari, ubi de contagione timetur, secundum illud Prov. XXII, 10: *eiice derisorem, et exibit cum eo iurgium, cessabuntque causæ et contumeliæ*.

Deinde, cum dicit *ego quidem absens corpore*, etc., supplet eorum negligentiam, sententiam proferens contra peccatorem.

Et circa hoc tria facit.

Primo ponit auctoritatem iudicantis; secundo modum iudicandi, ibi *congregatis vobis*, etc.; tertio sententiam iudicis, ibi *tradere huiusmodi*, etc..

Circa primum duo facit. Primo ponit auctoritatem ministri, scilicet sui ipsius.

Videbatur autem contra iudiciarium ordinem, ut condemnaret absentem, secundum illud Act. XXV, 16: *non est consuetudo Romanis condemnare aliquem, priusquam is qui accusatur, præsentes habeat accusatores*; sed hoc apostolus excusat, dicens *ego quidem absens corpore, præsens autem spiritu*, id est, affectu et sollicitudine mentis, secundum illud Col. II, 5: *et si corpore absens sum, sed spiritu vobiscum sum, gaudens et videns ordinem vestrum*. Vel *præsens spiritu*, quia per spiritum cognoscebat ea quæ apud ipsos agebantur, ac si præsens esset, sicut et Eliseus dixit IV Reg. V, 26: *nonne cor meum in præsenti erat, quando reversus est homo de cursu suo?* et quia sum spiritu præsens, *iam iudicavi*, id est, sententiam condemnationis ordinavi in eum, qui sic operatus est.

Secundo ponit auctoritatem principalis Domini, dicens *in nomine Domini nostri Iesu Christi*, id est, vice et auctoritate, seu cum virtute et invocatione nominis eius, secundum illud Col. III, 17: *omne quodcumque facitis verbo aut opere, in nomine Domini nostri Iesu Christi facite*.

Deinde, cum dicit *congregatis vobis in unum*, ostendit modum iudicandi, ubi tria tangit: primo fidelium congregationem, cum dicit *congregatis vobis*. Ea enim, quæ gravia sunt, multorum concordi deliberatione punienda sunt. Unde et antiquitus iudices sedebant in portis, ubi populus congregabatur, secundum illud Deut. XVI, 18: *iudices constitues in omnibus portis tuis*. Unde dicitur in Ps. CX, 1: *in consilio iustorum et congregatione magna opera Domini*. Et Matth. XVIII, 20: *ubi sunt duo vel tres congregati in nomine meo, ibi sum in medio*.

Secundo adhibet suum assensum, cum dicit *et meo spiritu*, id est, mea voluntate et auctoritate, secundum illud quod dixerat: *præsens autem spiritu*.

Prima ad Corinthios

Tertio adhibet auctoritatem principalis Domini, scilicet Christi, dicens cum virtute Domini nostri Iesu Christi, ex qua iudicium ecclesiæ habet robur firmitatis, secundum illud Matth. XVIII, 18: quodcumque ligaveris super terram, erit ligatum et in cælis.

Deinde, cum dicit tradere huiusmodi, etc., ponit condemnationis sententiam, circa quam tria ponit. Primo poenam, cum dicit tradere huiusmodi Satanæ supple: iudicavi.

Quod potest dupliciter intelligi.

Primo quod, sicut dicitur Matth. X, 8, Dominus dedit apostolis potestatem spirituum immundorum, ut eiicerent eos, et per eamdem potestatem poterant imperare spiritibus immundis, ut vexarent corporaliter quos hac poena iudicabant dignos. Mandavit ergo apostolus Corinthiis in eius auctoritate tradere prædictum fornicarium Satanæ corporaliter vexandum.

Unde ponit, secundo, huius sententiæ effectum, cum dicit in interitum carnis, id est, ad vexationem carnis et afflictionem in qua peccavit, secundum illud Sap. XI, 17: per quæ peccat quis, per hæc et torquetur.

Tertio ponit fructum, cum dicit ut spiritus salvus sit in die Domini nostri Iesu Christi, id est, ut salutem consequatur in die mortis, vel in die iudicii, sicut supra tertio expositum est et sic impletur quod ibi subditur: ipse autem salvus erit, sic tamen quasi per ignem, poenæ scilicet temporalis.

Non enim apostolus Satanæ tradidit peccatorem, ut eius potestati perpetuo subiaceret, sed ut carnis vexatione ad poenitentiam convertatur, secundum illud Is. XXVIII, 19: sola vexatio intellectum dat auditui. Est autem hæc sententia apostoli, quam Dominus servavit Iob II, 6, ubi Satanæ dixit: ecce in manu tua est, scilicet caro eius, verumtamen animam illius serva, scilicet illæsam.

Alio modo intelligi potest quod dicitur tradere huiusmodi Satanæ, scilicet per excommunicationis sententiam, per quam aliquis separatur a communione fidelium, et a participatione sacramentorum, et privatur ecclesiæ suffragiis, quibus homo munitur contra impugnationem Satanæ, propter quod de ecclesia dicitur Cant. IV, 9: terribilis ut castrorum acies ordinata, scilicet Dæmonibus.

Quod autem subditur in interitum carnis, intelligitur, ut scilicet ab ecclesia separatus, et tentationibus Satanæ expositus liberius ruat in peccatum, secundum illud Apoc. Cap. Ult.: qui in sordibus est, sordescat adhuc. Vocat autem peccata mortalia carnis interitum, quia, ut dicitur Gal. Cap. Ult., qui seminat in carne, de carne et metet corruptionem.

Subdit autem ut spiritus salvus sit, ut scilicet peccatorum turpitudinem cognoscens confundatur et poeniteat, et sic sanetur, secundum illud Ier. XXXI, 19: confusus sum et erubui, quoniam sustinui opprobrium adolescentiæ meæ.

Potest etiam intelligi, ut spiritus eius, scilicet ecclesiæ, id est spiritus sanctus

Commentaria in Epistolis S. Pauli

ecclesiæ salvus sit fidelibus in diem iudicii, ne scilicet perdant eum per contagium peccatoris, quia, ut dicitur Sap. I, 5. Spiritus sanctus disciplinæ effugiet fictum, etc..

Lectio 2

Supra apostolus memoravit duplicem culpam, scilicet Corinthii fornicatoris, et aliorum qui eius peccatum tolerabant, hic utramque culpam redarguit.

Primo culpam tolerantium eius peccatum; secundo culpam fornicatoris, ibi corpus autem non fornicationi, etc..

Circa primum duo facit.

Primo redarguit in Corinthiis negligentiam iudicii; secundo redarguit in eis quædam alia vitia circa iudicium, VI cap. Audet aliquis, etc..

Circa primum duo facit.

Primo redarguit eos qui fornicatorem a se non separaverunt; secundo reprobat falsum intellectum quem ex verbis suis conceperant, ibi scripsi vobis in epistola, etc..

Circa primum duo facit.

Primo reprehendit quod fecerant; secundo ostendit quid faciendum sit, ibi expurgate vetus fermentum, etc..

Circa primum duo facit. Primo reprehendit culpam præteritam quantum ad suam radicem. Dixerat enim supra quod ex inflatione sequitur in eis incompassio, et ex incompassione correctionis negligentia.

Arguit ergo primo Corinthiorum elationem, dicens non est bona gloriatio vestra, qua scilicet defectibus aliorum gloriamini, quasi vos sitis innocentes.

Debet enim unusquisque in Domino gloriari de bonis sibi divinitus datis, non de aliis, secundum illud Gal. VI, 4: opus autem suum unusquisque probet, et sic in semetipso gloriam habebit, et non in alio. Præcipue autem malum est de malis aliorum gloriari.

Dicitur enim in Ps. LI, 3: quid gloriaris in malitia? secundo assignat rationem eius quod dixerat, dicens an nescitis quod modicum fermentum totam massam corrumpit? quasi dicat: hoc ignorare non potestis.

Est autem sciendum quod in fermento duo possunt considerari. Primo sapor quem tribuit pani, et secundum hoc per fermentum significatur sapientia Dei, per quam omnia quæ sunt hominis sapida redduntur, et secundum hoc dicitur Matth. XIII, 33: simile est regnum cælorum fermento, quod acceptum mulier abscondit in farinæ satis tribus, donec fermentatum est totum.

Secundo, in fermento potest considerari corruptio, et secundum hoc per fermentum potest intelligi uno modo peccatum, quia scilicet per unum hominis peccatum omnia opera eius corrupta redduntur, puta per peccatum simulationis, quod comparatur fermento.

Lc. XII, 1: attendite a fermento

Prima ad Corinthios

Pharisæorum, quod est hypocrisis. Alio modo per fermentum potest intelligi homo peccator, et ad hoc inducitur hæc similitudo.

Sicut enim per modicum fermentum tota massa pastæ corrumpitur, ita per unum peccatorem tota societas inquinatur.

Unde Eccli. XI, 34: ab una scintilla augetur ignis, et ab uno doloso augetur sanguis. Et hoc quidem contingit, dum per peccatum unius alii provocantur aliqualiter ad peccandum.

Vel etiam dum peccanti consentiunt, saltem non corrigendo, dum possunt corrigere, secundum illud Rom. I, 32: digni sunt morte, non solum qui faciunt ea, sed etiam qui consentiunt facientibus. Et ideo Corinthiis non erat gloriandum de peccato unius, sed magis cavendum, ne peccato unius omnes inquinarentur ex eius consortio, secundum illud Cant. II, 2: sicut lilium inter spinas, sic amica mea inter filias, ubi dicit Glossa: non fuit bonus, qui malos tolerare non potuit.

Deinde, cum dicit expurgate vetus fermentum, ostendit quid de cætero sit faciendum. Et primo ponit documentum; secundo rationem assignat, ibi Pascha nostrum, etc..

Dicit ergo primo quia modicum fermentum totam massam corrumpit, ideo expurgate vetus fermentum, id est, expurgate vos, abiiciendo a vobis vetus fermentum, id est fornicarium, qui peccando rediit in vetustatem corruptionis antiquæ, secundum illud Baruch III, 11: inveterasti in terra aliena, coinquinatus es cum mortuis.

Quod quidem dicit, quia per separationem unius peccatoris tota societas expurgatur. Unde et, egresso Iuda, Dominus dixit Io. XIII, 31: nunc clarificatus est filius hominis.

Potest etiam per vetus fermentum intelligi antiquus error, secundum illud Is. XXVI, 3: vetus error abiit, vel etiam corruptio originalis peccati, secundum illud Rom. VI, 6: vetus homo noster simul crucifixus est, vel etiam quodcumque peccatum actuale, secundum illud Col. III, 9: expoliantes vos veterem hominem cum actibus suis: horum enim admonitione homo expurgatur.

Ponit autem consequenter purgationis effectum, dicens ut sitis nova conspersio.

Dicitur autem conspersio commixtio aquæ et farinæ novæ, antequam admisceatur fermentum. Remoto ergo fermento a fidelibus, id est peccatore, vel peccato, remanent sicut nova conspersio, id est, in puritate suæ novitatis, secundum illud Ps. Cii, 5: renovabitur ut aquilæ iuventus tua; Eph. IV, 23: renovamini spiritu mentis vestræ.

Deinde ponit modum debitum expurgationis cum dicit sicut estis azymi, id est, sine fermento peccati. Dicitur enim ab a, quod est sine, et azyma, quod est fermentum. Unde Dominus Matth. XVI, 6 dicit discipulis cavete a fermento Pharisæorum et Sadducæorum.

Deinde, cum dicit etenim Pascha nostrum, assignat rationem eius quod dixerat, scilicet quare fideles debent

Commentaria in Epistolis S. Pauli

esse azymi, quæ quidem ratio sumitur ex mysterio passionis Christi. Unde primo proponit ipsum mysterium; secundo concludit propositum, ibi itaque epulemur, etc..

Circa primum considerandum est quod inter cætera sacramenta legalia celeberrimum erat agnus paschalis, qui, ut præcipitur Ex. XII, 1 ss., immolabatur ab universa multitudine filiorum Israel in memoriam illius beneficii, quo Angelus percutiens primogenita Aegypti pertransivit domos Iudæorum, quorum fores linitæ essent sanguine agni. Unde nomen Paschæ sumitur, secundum quod ibi dicitur est enim phase, id est, transitus Domini, et ultimo virtute huius beneficii transivit populus mare rubrum, ut dicitur Ex. XIV, 15 ss..

Ille enim agnus figura fuit Christi innocentis, de quo dicitur Io. I, 29: ecce agnus Dei. Sicut ergo ille agnus figuralis immolabatur a filiis Israel, ut populus Dei liberaretur ab Angelo percutiente, et ut transirent mare rubrum, liberati de servitute Aegypti, ita Christus est occisus a filiis Israel, per cuius sanguinem populus Dei liberatur a diaboli impugnatione et servitute peccati per baptismum quasi per mare rubrum. Ille autem agnus figuralis Pascha Iudæorum dicebatur, quia in signum transitus immolabatur. Unde dicitur Matth. XXVI, 17: ubi vis paremus tibi comedere Pascha? id est, agnum paschalem.

Dicit ergo apostolus: ideo debetis esse azymi, etenim, id est, quia, sicut figurale Pascha veteris populi est agnus immolatus, ita Pascha nostrum, id est, novi populi, est Christus immolatus, cuius etiam immolationi convenit nomen Paschæ, tum significatione linguæ Hebreæ, quod significat transitum, Ex. XII, 11: est enim phase, id est, transitus, tum significatione linguæ Græcæ, prout nomen Paschæ significat passionem. Christus enim per passionem, qua fuit immolatus, transivit ex hoc mundo ad patrem, ut dicitur Io. XIII, 1.

Deinde, cum dicit itaque epulemur, concludit propositum.

Ad cuius evidentiam considerandum est, quod, sicut legitur Ex. XII, 8, agnus paschalis post immolationem manducabatur cum azymis panibus. Sicut ergo agnus figuralis fuit figura nostri Paschæ immolati, ita figuralis observantia paschalis debet conformari observantiæ novi Paschæ. Ergo quia Christus immolatus est Pascha nostrum, itaque epulemur, scilicet manducantes Christum, non solum sacramentaliter, secundum illud Io. VI, 54: nisi manducaveritis carnem filii hominis, et biberitis eius sanguinem, non habebitis vitam in vobis, sed spiritualiter fruendo sapientia eius, secundum illud Eccli. XXIV, 29: qui edunt me, adhuc esurient, et qui bibunt me, adhuc sitient, et sic cum gaudio spirituali, secundum illud Ps. XLI, 5: in voce exultationis et confessionis, sonus epulantis.

Deinde determinat modum epulandi secundum conformitatem veritatis ad figuram, dicens non in fermento veteri, neque in fermento malitiæ, et nequitiæ. Mandabatur enim Ex. XII, 15, quod omne fermentum non inveniretur in domibus manducantium agnum paschalem. Fermentum autem habet et vetustatem et corruptionem.

Unde per remotionem fermenti, primo quidem potest intelligi amotio observantiæ præceptorum veteris legis, quæ per passionem Christi est mortificata, secundum illud lev. XXVI, 10: vetera, novis supervenientibus, proiicietis. Secundo, per remotionem fermenti potest intelligi remotio corruptionis peccati, sicut supra dictum est, quod modicum fermentum totam corrumpit massam. Et quantum ad hoc subdit neque in fermento malitiæ et nequitiæ, ut malitia referatur ad perversitatem operis, secundum illud Iac. I, 21: abiicientes omnem immunditiam et abundantiam malitiæ. Per nequitiam vero intelligitur fraudulenta machinatio. Prov. XXVI, 25: quando sumpserit vocem suam, non credideris ei, quoniam septem nequitiæ sunt in corde eius.

Vel secundum Glossam cum dicit non in fermento veteri, removet vetustatem peccati in communi. Quod autem subdit neque in fermento malitiæ et nequitiæ, explicat peccatum per partes; ut malitia dicatur peccatum quod committitur in seipsum, nequitia peccatum quod committitur in alium.

Excluso ergo modo indebito epulandi, determinat modum convenientem, subdens sed in azymis sinceritatis et veritatis, id est, sinceritate et veritate, quæ significantur per azyma.

Ponitur autem sinceritas contra corruptionem peccati, quod significavit, cum dixit non in fermento malitiæ et nequitiæ. Nam sincerum dicitur quod est sine corruptione. Unde II Cor. II, 17 dicitur: non sumus sicut plurimi adulterantes verbum Dei, sed ex sinceritate in Christo loquimur. Veritas vero ponitur contra figuras veteris legis, sicut Io. I, 17 dicitur veritas et gratia per Iesum Christum facta est, quia scilicet verum Pascha cum veritate et non cum figuris celebrare debemus. Unde secundum Glossam per sinceritatem intelligitur innocentia a vitiis, seu novitas vitæ: per veritatem autem iustitia bonorum operum, vel rectitudo, quæ fraudem excludit.

Lectio 3

Induxerat supra apostolus Corinthios ad hoc, quod a seipsis peccatorem separarent, quod quidem prætermiserant propter falsum intellectum cuiusdam verbi, quod continebatur in epistola quadam, quam eis prius miserat. Et ideo pravum sensum, quem ex verbis conceperant, nunc excludit.

Unde circa hoc tria facit.

Primo resumit verbum prioris epistolæ; secundo excludit falsum intellectum, ibi: non utique fornicariis; tertio exponit verum intellectum, ibi: nunc autem scripsi vobis.

Dicit ergo primo: dixi vobis in epistola quadam alia, quæ in canone non habetur, ne commisceamini fornicariis, id est, non habeatis cum eis societatem, vel communionem,

Commentaria in Epistolis S. Pauli

secundum illud Prov. I, 15: fili mi, ne ambules cum eis, prohibe pedem tuum a semitis eorum; Eccli. IX, 6: non des fornicariis animam tuam in ullo.

Deinde, cum dicit non utique fornicariis, excludit falsum intellectum prædicti verbi. Et primo proponit quod intendit; secundo concludit propositum, ibi alioquin debueratis, etc..

Circa primum considerandum est, quod in prædicto verbo apostoli dupliciter falsum intellectum conceperant Corinthii. Primo quantum ad hoc, quod intelligebant illud esse dictum de fornicariis infidelibus.

Sed illud excludit apostolus, dicens non utique intendo dicere quod non commisceamini fornicariis huius mundi. Vocat autem infideles nomine mundi, secundum quod dicitur Io. I, 10: mundus eum non cognovit; supra I, 21: non cognovit mundus per sapientiam Deum.

Secundo conceperant falsum intellectum quantum ad hoc, quod putabant prohibuisse apostolum solum de fornicariis, non autem de aliis peccatoribus. Et ideo ad hoc excludendum subdit aut avaris, qui scilicet iniuste detinent aliena. Eph. V, 5: avaritia, quæ est idolorum servitus, non habet hæreditatem in regno Christi et Dei. Aut rapacibus, qui scilicet violenter diripiunt aliena. Infra eodem: neque rapaces regnum Dei possidebunt.

Aut idolis servientibus, contra quos dicitur Sap. XIV, 27: nefandorum enim idolorum cultura omnis malitiæ causa est, initium et finis. Et est sensus: non solum vobis prohibui societatem fornicatorum, sed etiam omnium aliorum peccatorum.

Et est advertendum, quod per fornicationem quis peccat contra seipsum, per avaritiam autem et rapacitatem contra proximum, per idolorum autem culturam contra Deum; et in his, quæ ponit, omne peccati genus intelligitur.

Deinde cum dicit alioquin, etc., assignat rationem propositi, dicens alioquin, si scilicet sit intelligendum verbum prædictum de fornicariis huius mundi, debueratis de hoc mundo exisse, quia scilicet totus mundus talibus plenus est. Unde non possetis tales fornicarios vitare, nisi de hoc mundo exeundo. Dicitur enim I Io. V, 19: totus mundus in maligno positus est.

Vel aliter: debueratis de hoc mundo exisse, quasi dicat: a tempore conversionis vestræ debueratis ab infidelibus mundi separari.

Unde non oportet vos super hoc moneri; dicitur enim Io. XV, 16: ego elegi vos de mundo.

Vel aliter: debueratis de hoc mundo exisse, scilicet per mortem. Melius est enim hominibus mori, quam peccatoribus in peccatis consentire. Unde dicitur infra IX, 15: melius est enim mihi mori, quam ut gloriam meam quis evacuet.

Deinde, cum dicit nunc autem scripsi vobis, exponit eis verum intellectum et primo proponit quod intendit; secundo

Prima ad Corinthios

rationem assignat, ibi: quid enim mihi est?; tertio infert conclusionem intentam, ibi auferte malum, etc..

Dicit ergo primo: nunc autem sic expono, quod olim scripsi vobis: non commisceamini, scilicet fornicariis et aliis peccatoribus. Si is qui, inter vos, frater nominatur, eo modo quo Dominus dicit, Matth. XXIII, 8: omnes vos fratres estis. Non tamen dicit: si is qui frater est, sed: si is, qui frater nominatur, quia per peccatum mortale aliquis a charitate recedit, quæ est spiritualis fraternitatis causa. Unde Hebr. Cap. Ult.

Dicitur charitas fraternitatis maneat in vobis. Nominatur ergo frater propter fidei veritatem, non autem est vere frater, propter charitatis defectum, qui est ex peccato.

Unde subditur aut fornicator, aut avarus, aut idolis serviens, aut maledicus, aut rapax, aut ebriosus, cum huiusmodi nec cibum sumere, scilicet debetis, secundum illud Io. II Canon.: si quis venit ad vos, et hanc doctrinam non affert, nolite eum recipere in domo vestra, nec ave dixeritis ei; quasi dicat: per hoc quod dixi non debere vos misceri peccatoribus, intellexi de fidelibus qui nominantur fratres, et sunt inter vos.

Non autem per hoc intelligendum est, sicut dicit Augustinus in libro contra Parmenianum, et habetur in Glossa hic, quod aliquis extraordinario iudicio debeat a communione aliorum separari, quia frequenter posset errare, sed potius hoc debet fieri secundum ordinem ecclesiæ, quando aliquis a communione repellitur, ut convictus, vel sponte confessus. Et ideo signanter dicit si is qui nominatur, ut eam nominationem intelligamus, quæ fit per sententiam ecclesiæ ordine iudiciario contra aliquem prolatam. Illi autem qui sic a communione pelluntur, sunt vitandi quantum ad mensam, sicut hic dicitur, et quantum ad salutationem, ut dicitur in prædicta auctoritate Ioannis, et ulterius quantum ad sacram communionem. Unde in versu dicitur: os, orare, vale, communio, mensa negatur, scilicet excommunicato.

Sed notandum quod apostolus supra non numeravit nisi peccata mortalia, in signum, quod pro solo peccato mortali debet aliquis excommunicari. Et de aliis quidem quæ ponit manifestum est; sed de ebrietate potest esse dubium, quæ non semper videtur esse peccatum mortale. Dicit enim Augustinus in sermone de Purgatorio, quod ebrietas, nisi sit frequens, non est peccatum mortale. Quod credo ideo esse, quia ebrietas ex suo genere est peccatum mortale. Quod enim aliquis propter delectationem vini velit perdere usum rationis, exponens se periculo multa alia peccata perpetrandi, videtur esse contrarius charitati. Contingit tamen per accidens ebrietatem non esse peccatum mortale propter ignorantiam vini fortitudinis, vel debilitatis proprii capitis, quæ tamen excusatio tollitur per frequentem experientiam: et ideo apostolus signanter non dicit ebrius sed ebriosus.

Addit autem duo peccata his quæ

Commentaria in Epistolis S. Pauli

supra posuerat, scilicet ebriosum et maledicum. Refertur autem ebrietas ad genus peccati quod committitur contra seipsum, sub quo continetur non solum luxuria, sed etiam gula; maledicus autem refertur ad genus peccati quod committitur contra proximum, cui nocet aliquis non solum facto, sed etiam verbo, mala imprecando, vel male diffamando: quod pertinet ad detractionem, vel mala in faciem dicendo: quod pertinet ad contumeliam, et hoc totum pertinet ad rationem maledici, ut supra dictum est.

Deinde, cum dicit quid enim mihi est, etc., assignat rationem eius quod dixerat. Et circa hoc tria facit. Primo assignat rationem, dicens: dixi hoc esse intelligendum de fratribus, et non de infidelibus.

Quid enim mihi est, id est, quid ad me pertinet, iudicare, id est, sententiam condemnationis ferre, de his qui foris sunt? id est, de infidelibus, qui sunt omnino extra ecclesiam? prælati enim ecclesiarum accipiunt spiritualem potestatem super eos tantum, qui se fidei subdiderunt, secundum illud II Cor. X, 6: in promptu habentes ulcisci omnem inobedientiam, cum impleta fuerit vestra obedientia.

Indirecte tamen prælati ecclesiarum habent potestatem super eos qui foris sunt, inquantum propter eorum culpam prohibent fideles, ne illis communicent.

Secundo adhibet similitudinem, dicens nonne de his qui intus sunt vos iudicatis? quasi dicat: eadem auctoritate vos iudicatis, qua et ego. Unde nec vos non iudicatis nisi de vestris, ita et ego. Dicitur Eccli. X, 1: iudex sapiens iudicabit populum suum.

Tertio respondet tacitæ dubitationi.

Posset enim videri, quod infideles essent meliores, qui propter peccata prædicta non condemnantur; sed hoc excludit, dicens: ideo nihil mihi de his qui foris sunt iudicare, nam eos qui foris sunt, id est, infideles, iudicabit Deus, scilicet iudicio condemnationis, non examinationis; quia, ut Gregorius dicit in moralibus, infideles damnabuntur sine iudicio discussionis et examinationis. Et quantum ad hoc dicitur Io. III, 18: qui non credit, iam iudicatus est, id est, manifestam in se habet causam condemnationis, et hoc gravius reservatur Dei iudicio, secundum illud Hebr. X, 31: horrendum est incidere in manus Dei viventis.

Deinde, cum dicit auferte malum, etc., infert conclusionem principaliter intentam, dicens: ex quo hoc quod dixi non commisceamini fornicariis, intelligendum est de fidelibus, non de his qui foris sunt. Ergo auferte malum, scilicet hominem, ex vobis ipsis, id est, de vestra societate eiicite, secundum illud Deut. XIII, 5: auferes malum de medio tui.

Est ergo considerandum ex præmissis apostoli verbis, quod non prohibemur communicare infidelibus, qui numquam fidem receperunt propter eorum poenam. Est tamen hoc cavendum aliquibus, scilicet infirmis, propter eorum cautelam, ne seducantur.

Illi vero qui sunt firmi in fide, possunt eis licite communicare, et dare operam conversioni eorum, ut dicitur infra X, 27: si quis infidelium vocat vos ad cænam et vultis ire, omne quod appositum fuerit manducate.

Infidelibus autem qui aliquando fideles fuerunt, vel sacramentum fidei receperunt, sicut hæreticis et apostatantibus a fide, subtrahitur omnino communio fidelium, et hoc in eorum poenam, sicut et cæteris peccatoribus qui adhuc subduntur potestati ecclesiæ.

Capitulus VI

Lectio 1

Supra apostolus reprehenderat Corinthios de negligentia iudicii, hic reprehendit in eis quædam alia peccata circa iudicia. Et primo quantum ad iudices eorum coram quibus litigabant; secundo quantum ad ipsa iudicia, ibi iam quidem omnino.

Circa primum tria facit.

Primo arguit eos de inordinatione; secundo rationem reprehensionis assignat, ibi an nescitis; tertio remedium adhibet, ibi sæcularia igitur iudicia.

Dicit ergo primo: ita negligitis in iudicando vestros, sed tamen præsumptuosi estis subire infidelium iudicia, et hoc est quod dicit audet, id est, præsumit, aliquis vestrum habens negotium, scilicet sæculare, adversus alium, iudicari apud iniquos, id est, subire iudicium infidelium, et non apud sanctos, id est, apud fideles, qui sunt sacramentis fidei sanctificati.

Hoc enim est inordinatum multipliciter.

Primo quidem, quia per hoc derogatur auctoritati · fidelium; secundo, quia derogatur dignitati fidelium quantum ad hoc quod infidelium iudicia subeunt; tertio quia per hoc datur occasio infidelibus iudicibus contemnendi fideles, quos dissentire vident; quarto, quia per hoc datur occasio infidelibus iudicibus calumniandi et opprimendi fideles, quos odio habent propter fidem et ritus diversitatem. Et ideo dicitur Deut. I, 15 s.: tuli de tribubus vestris viros sapientes et nobiles, præcepique eis, dicens: audite illos, et quod iustum est iudicate. Et eod. XVII, 15: non poteris alterius gentis facere regem, qui non sit frater tuus.

Sed videtur esse contra id quod dicitur I Petr. II, 13: subditi estote omni humanæ creaturæ propter Deum, sive regi tamquam præcellenti, sive ducibus tamquam ab eo Missis: pertinet enim ad auctoritatem principis iudicare de subditis. Est ergo contra ius divinum prohibere quod eius iudicio non stetur, si sit infidelis.

Sed dicendum quod apostolus non prohibet, quin fideles, sub infidelibus principibus constituti, eorum iudicio compareant, si vocentur, hoc enim esset contra subiectionem, quæ debetur principibus; sed prohibet quod fideles non eligant voluntarie

Commentaria in Epistolis S. Pauli

infidelium iudicium.

Deinde cum dicit an nescitis, etc., assignat rationem contra id, quod illi faciebant, sumptam ex hoc, quod derogabant auctoritati sanctorum. Et primo quantum ad auctoritatem quam habent super res mundanas; secundo quantum ad auctoritatem quam habent ad res supermundanas, id est, super Angelos, ibi an nescitis, quoniam Angelos iudicabimus? dicit ergo primo: inordinatum est iudicium apud infideles, quia fideles habent auctoritatem iudicandi, an nescitis, quia sancti de hoc mundo iudicabunt, id est, de hominibus mundanis huius mundi? quod quidem impletur tripliciter. Primo quidem secundum comparationem, scilicet secundum quod non solum boni iudicabunt malos, et sancti mundanos; sed etiam secundum quod boni iudicabuntur a melioribus, et mali iudicabunt peiores, secundum illud Matth. XII, 41: viri Ninivitæ surgent in iudicio cum generatione ista, et condemnabunt eam.

Secundo iudicabunt approbando sententiam iudicis, scilicet Christi, et hoc erit proprie iustorum, secundum illud Ps.: lætabitur iustus cum viderit vindictam. Unde Sap. III, 8 dicitur: iudicabunt sancti nationes.

Tertio modo per sententiæ prolationem.

Et hoc erit apostolorum et similium, qui contemptis rebus mundi, solis spiritualibus inhæserunt. Spiritualis enim iudicat omnia, ut dictum est supra II, 15. Unde et Matth. XIX, 28 dicitur: vos qui secuti estis me, sedebitis super sedes, iudicantes duodecim tribus Israel. Et in Ps. CXLIX, 6 s. Dicitur: gladii ancipites in manibus eorum, ad faciendam vindictam in nationibus.

Intelligitur autem ista prolatio sententiæ non vocalis, sed spiritualis, inquantum per superiores sanctos inferiores vel etiam peccatores spirituali quadam illuminatione illuminabuntur, quales poenæ, et qualia præmia eis debeantur: sicut etiam nunc homines illuminantur ab Angelis, vel etiam inferiores Angeli a superioribus.

Secundo ex hoc, quod dictum est, argumentatur ad propositum, dicens et si in vobis, id est, per vos, iudicabitur mundus, id est, mundani homines, numquid indigni estis, qui iudicetis de minimis, scilicet de negotiis sæcularibus, Lc. XVI, 10: qui in modico iniquus est, et in maiori iniquus erit.

Deinde cum dicit nescitis, etc., argumentatur ad idem ex auctoritate sanctorum super Angelos.

Et primo ponit eam, dicens an nescitis, quoniam nos, scilicet fideles Christi, iudicabimus Angelos? quod quidem potest intelligi de malis Angelis, qui condemnabuntur a sanctis, quorum virtute sunt victi. Unde Dominus, Lc. X, 19, dicit: ecce dedi vobis potestatem calcandi super serpentes, et super omnem virtutem inimici. Et in Ps. XC, 13: super aspidem et basiliscum ambulabis.

Potest etiam hoc intelligi de bonis Angelis, quorum plurimi in comparatione quadam invenientur Paulo et similibus sibi inferiores.

Unde signanter non dicit: iudicabitis, sed iudicabimus. Quamvis etiam dici possit, quod ex consequenti, si sancti iudicabunt homines bonos et malos, erit iudicium de bonis Angelis, quorum accidentale præmium augetur ex præmio sanctorum per Angelos illuminatorum, et etiam de malis Angelis, quorum poena augetur ex poena hominum per eos seductorum.

Secundo argumentatur ad propositum, dicens quanto magis sæcularia, scilicet iudicia, idonei erimus iudicare: qui enim est idoneus ad maiora, multo magis est idoneus ad minora. Unde et Dominus, cui commiserat quinque talenta, postmodum commisit unum, ut habetur Matth. XXV, 28.

Deinde cum dicit sæcularia igitur iudicia, adhibet remedium contra culpam eorum. Et primo ponit remedium; secundo exponit, ibi ad verecundiam vestram dico.

Dicit ergo primo: ergo ex quo sancti de hoc mundo iudicabunt, si habueritis inter vos sæcularia iudicia, quæ tamen habere non debetis, illos qui sunt contemptibiles in ecclesia constituite ad iudicandum, potius scilicet quam iudicemini apud infideles.

Unde et in Ps. CXL, 5 dicitur: corripiet me iustus in misericordia, et increpabit me, oleum autem peccatoris non impinguet caput meum.

Et Eccle. IX, 4 dicitur: melius est canis vivus leone mortuo.

Deinde cum dicit ad verecundiam vestram dico, exponit quo sensu prædicta dixit.

Posset enim aliquis credere, quod ad litteram essent eligendi contemptibiliores ad iudicandum; sed hoc excludit, dicens ad verecundiam vestram dico. Quasi dicat: non hoc dixi ut ita fiat, sed ut vos faciam verecundari, illa scilicet confusione, quæ adducit gratiam et gloriam, ut dicitur Eccli. IV, 25.

Contemptibiles enim in ecclesia essent eligendi ad iudicandum, si non invenirentur inter vos sapientes, quod esset vobis verecundum.

Unde subdit sic non est inter vos sapiens quisquam, qui possit iudicare inter fratrem et fratrem, sed frater cum fratre in iudicio contendit, et hoc apud infideles? potius autem quam hoc faceretis, deberetis constituere contemptibiles, qui sunt in ecclesia, ad iudicandum et supplendum defectum sapientum, qui tamen non est apud vos, secundum illud quod supra primo, dixerat: divites facti estis in illo, in omni verbo et in omni scientia.

Vel aliter ab illo loco sæcularia, etc.. Dixerat enim, quod sancti idonei sunt ad iudicandum sæcularia, et ideo vult ostendere per quos iudicia sæcularia debeant exerceri, scilicet per contemptibiles qui sunt in ecclesia. Vocat autem contemptibiles illos, qui sunt sapientes in rebus mundanis, per comparationem ad illos, qui sunt sapientes in rebus divinis, quibus est reverentia exhibenda, qui in rebus temporalibus non occupantur, ut solis spiritualibus vacent. Et hoc est quod

Commentaria in Epistolis S. Pauli

subditur ad verecundiam vestram dico; secundum aliam litteram: ad reverentiam vestram. Unde et apostoli dixerunt act. VI, 2: non est æquum relinquere nos verbum Dei, et ministrare mensis.

Postmodum autem redit ad id quod supra reprehenderat, scilicet quod Corinthii sub infidelibus iudicibus litigabant, dicens sic non est inter vos sapiens quisquam, scilicet in rebus temporalibus, quem supra contemptibilem dixit.

Unde alia non mutantur a prima expositione, quæ tamen videtur esse magis litteralis.

Lectio 2

Postquam apostolus reprehendit Corinthios de hoc quod coram infidelibus iudicibus litigabant, hic reprehendit eos quantum ad ipsa iudicia. Et circa hoc duo facit.

Primo ponit in quo peccabant circa iudicia; secundo manifestat quod dixerat, ibi an nescitis, etc..

Circa primum duo facit.

Primo reprehendit in eis circa iudicia id quod est licitum, sed non expediens; secundo id quod est penitus illicitum, ibi sed et vos, etc..

Circa primum duo facit: primo ponit reprehensionem; secundo removet excusationem, ibi quare non magis, etc..

Dicit ergo primo: dictum est, quod frater cum fratre in iudicio contendit, quod non solum malum est quod apud infideles contenditis, sed iam quidem, post conversionem vestram, omnino delictum est in vobis, id est, ad delictum vobis reputatur, quod iudicia habetis inter vos, inter quos scilicet debet esse pax: quia, ut dicitur II Tim. II, 24, servum Domini non oportet litigare, sed mansuetum esse ad omnes.

Apparet autem ex hoc, ut dicit hic Glossa Augustini, quod peccatum est iudicium habere contra aliquem, sed hoc videtur esse falsum: quia si peccatum est iudicium habere, videtur sequi quod etiam peccatum sit iudices constituere, cum hoc sit occasionem dare iudicium habentibus, cum tamen dicatur Deut. I, 16: audite illos, et quod iustum est iudicate, et postea subditur, quia Dei iudicium est.

Solvitur enim in Glossa quod infirmis permittitur in iudicio sua repetere, non autem perfectis: quibus licet sua repetere, sed non in iudicio.

Est autem sciendum hic, quod aliquid est perfectis illicitum, aliquid autem omnibus.

Perfecti quidem proprium non habent, secundum illud Matth. XIX, 21: si vis perfectus esse, vade et vende omnia quæ habes, et da pauperibus, et veni, sequere me; et ideo non licet eis in iudicio repetere quasi propria, cum eis non liceat habere proprium, licet tamen eis in iudicio repetere ea quæ sunt communia.

Non enim hoc faciendo peccant, sed magis merentur.

Prima ad Corinthios

Est enim opus charitatis defendere vel recuperare res pauperum, secundum illud Ps. LXXXI, 4: eripite pauperem, et egenum de manu peccatoris liberate.

Sed iudicium adversus aliquem est illicitum omnibus quantum ad tria. Primo quidem quantum ad causam ex qua aliquis iudicium habet, puta ex cupiditate et avaritia.

Unde, Lc. XII, 13, cum quidam de turba Domino dixisset: dic fratri meo ut dividat mecum hæreditatem, Dominus dixit: quis me constituit iudicem ad dividendum inter vos? postea subdit: videte et cavete ab omni avaritia.

Secundo quantum ad modum iudicii, quia scilicet cum contentione et detrimento pacis iudicium prosequuntur; ut enim dicitur Iac. III, 16, ubi zelus et contentio, ibi inconstantia et omne opus pravum. Et hoc videtur apostolus in eis reprehendere, ut patet ex hoc quod supra dixit: frater cum fratre in iudicio contendit.

Tertio ex perversitate iudicii, puta cum aliquis iniuste et fraudulenter in iudicio procedit, secundum illud Is. X, 2: ut opprimerent pauperem, et vim facerent causæ humilium populi mei. Et hoc etiam apostolus in eis reprehendit, ut patet per id quod subdit: sed vos iniuriam facitis.

Quarto propter scandalum quod sequitur.

Unde et Dominus mandat, Matth. V, 40: qui vult tecum in iudicio contendere, et tunicam tuam tollere, dimitte ei et pallium.

Ex charitate vero, sua in iudicio repetere licitum est. Unde Gregorius dicit in moralibus: cum curam rerum nobis necessitas imponit, quidam dum ea repetunt, solummodo sunt tolerandi: quidam vero servata charitate sunt prohibendi, scilicet ne rapientes non sua, semetipsos perdant.

Deinde cum dicit quare non magis, etc., tollit excusationem.

Possent enim dicere: necessitas nos inducit ad iudicia habenda, ut scilicet resistamus iniuriis et fraudibus aliorum; sed hoc excludit, subdens, quantum ad primum, quare non magis iniuriam, scilicet manifestam, accipitis, scilicet patienter sustinendo, secundum illud quod Dominus dicit, Matth. V, 39: si quis te percusserit in maxillam, præbe ei et alteram.

Quantum vero ad secundum subdit quare non magis fraudem patimini, id est, dolosam seductionem, secundum illud Matth. V, 41: si quis te angariaverit mille passus, vade cum illo et alia duo. Sed, sicut Augustinus dicit in libro de sermone Domini in monte, hæc præcepta Domini non sunt semper observanda in executione operis, sed semper sunt habenda in præparatione animi, ut scilicet simus parati hoc facere vel sustinere potius, quam aliquid agere contra charitatem fraternam.

Deinde cum dicit sed vos, etc., reprehendit in eis id quod est omnino illicitum.

Et primo arguit in eis manifestam iniustitiam, cum dicit sed vos iniuriam facitis, scilicet manifeste loquendo

Commentaria in Epistolis S. Pauli

contra iustitiam aliorum, vel in iudicio, vel extra iudicium.

Eccli. IX, 17: non placeat tibi iniuria iniustorum.

Secundo dolosam deceptionem, cum subdit et fraudatis, Prov. XII, 5: consilia impiorum fraudulenta. Tertio aggravat utrumque, cum subdit et hoc fratribus, id est, fidelibus, ad quos debemus bonum maxime operari, secundum illud Gal. Cap. Ult.: dum tempus habemus, operemur bonum ad omnes; maxime autem ad domesticos fidei. Et ideo contra quosdam dicitur Ier. IX, 4: omnis frater supplantans, supplantabit, et omnis amicus fraudulenter incedet.

Deinde, cum dicit an nescitis, etc., manifestat quod dixerat. Et primo, quantum ad id quod est omnino illicitum; secundo, quantum ad id quod est licitum, sed non expediens, ibi omnia mihi licent.

Circa primum duo facit.

Primo movet quæstionem; secundo determinat eam, ibi nolite errare, etc..

Dicit ergo primo: dixi quod vos iniuriam facitis, et defraudatis, quod est iniquitatem committere, sed an nescitis quod iniqui regnum Dei non possidebunt? quasi dicat: videmini hæc nescire, dum ab iniquitate non receditis, cum tamen in Ps. VI, 9 et Matth. VII, 23 dicatur: discedite a me, omnes qui operamini iniquitatem.

Deinde, cum dicit nolite errare, etc., determinat veritatem. Et primo ostendit periculum quod imminet iniquis; secundo ostendit quomodo ipsi hoc periculum evaserunt, ut timeant iterum in ipsum incidere, ibi et hoc quidem aliquando fuistis, etc..

Dicit ergo primo: nolite errare, quod signanter dicit, quia circa impunitatem peccatorum aliqui multipliciter errabant, secundum illud Sap. II, 21: et cogitaverunt, et erraverunt. Quidam enim Philosophi erraverunt credentes Deum non habere curam rerum humanarum, secundum illud Soph. I, 12: non faciet Dominus bene, et non faciet Dominus male. Quidam vero credentes solam fidem sufficientem esse ad salutem, secundum illud Io. XI, 26: qui credit in me, non morietur in æternum. Quidam vero credentes per sola Christi sacramenta salvari, propter id quod dicitur Mc. Cap. Ult.: qui crediderit et baptizatus fuerit, salvus erit, et io. VI, 55: qui manducat meam carnem, et bibit meum sanguinem, habet vitam æternam.

Quidam vero propter sola opera misericordiæ se impune peccare arbitrantur, propter illud quod dicitur Lc. XI, 41: date eleemosynam, et ecce omnia munda sunt vobis.

Nec intelligunt quod hæc omnia sine charitate non prosunt, secundum illud quod dicitur infra XIII, 2 s.: si habuero omnem fidem, et distribuero in cibos pauperum omnes facultates meas, charitatem autem non habuero, nihil mihi prodest. Et ideo subdit quod peccata contraria charitati a regno Dei excludunt, in quod sola charitas introducit, dicens neque fornicarii, neque idolis servientes, neque adulteri (de quibus dicitur Hebr.

Prima ad Corinthios

Ult.: fornicatores et adulteros iudicabit Deus), neque molles, id est, mares muliebria patientes, neque masculorum concubitores, quantum ad agentes in illo vitio, de quibus dicitur Gen. XIII, 13: homines Sodomitæ pessimi erant et peccatores coram Domino nimis, neque avari, neque fures (de quibus dicitur Zach. V, 3: omnis fur, sicut scriptum est, iudicabitur), neque ebriosi, neque maledici, neque rapaces regnum Dei possidebunt.

Dicitur enim Is. XXXV, 8: via sancta vocabitur, non transibit per eam pollutus.

Et Apoc. XXI, 27: non intrabit in illam aliquid coinquinatum, faciens abominationem.

Et est advertendum quod hic enumerat eadem vitia quæ in præcedenti capitulo posuerat.

Addit autem quædam in genere luxuriæ, scilicet adulterium et vitium contra naturam, in genere autem iniustitiæ, furtum.

Deinde, cum dicit et hæc quidem, etc., ostendit quomodo prædictum periculum evaserunt.

Et primo commemorat statum præteritum, dicens et quidem aliquando fuistis, scilicet fornicarii et idolis servientes, etc., et ideo specialiter hæc vitia commemorat, quia in eis abundaverunt, secundum illud Eph. V, 8: eratis enim aliquando tenebræ, nunc autem lux in Domino.

Secundo ostendit quomodo ab his intus fuerunt liberati, dicens sed abluti estis, scilicet virtute sanguinis Christi in baptismo, secundum illud Apoc. I, 5: lavit nos a peccatis nostris in sanguine suo. Sed sanctificati estis virtute sanguinis Christi per gratiam consecrati, secundum illud Hebr. Cap. Ult.: Iesus ut sanctificaret per suum sanguinem populum, extra portam passus est.

Sed iustificati estis, ad statum iustitiæ et virtutis, secundum illud Rom. VIII, 30: quos vocavit, hos et iustificavit.

Subditur autem horum beneficiorum causa. Et primo ex parte humanitatis, Christi, cum dicit in nomine Domini nostri Iesu Christi, id est, in fide et invocatione nominis Christi, secundum illud Act. IV, 12: non est aliud nomen datum sub cælo hominibus, in quo oporteat nos salvos fieri. Secundo ex parte divinitatis, cum subdit et in spiritu Dei nostri, secundum illud Ez. XXXVII, 5: ecce ego mittam in vos spiritum, et vivetis.

Quia igitur tam potenti virtute liberati estis, ad eadem redire non debetis.

Deinde, cum dicit omnia mihi licent, etc., manifestat id quod dixerat de prohibitione iudicii, ostendens quo sensu id reprehenderit, quia scilicet non reprehendit illud quasi omnino illicitum, sed quasi non expediens et nocivum.

Et circa hoc duo facit.

Primo proponit quod intendit; secundo rationem assignat, ibi esca ventri, etc..

Circa primum duo facit.

Primo proponit quod reprehenderat

esse licitum, sed non expediens, dicens omnia mihi licent. Dicuntur autem illa licita quæ homo facere non prohibetur; est autem duplex prohibitio, una coactionis, alia præcepti, et secundum hoc quidam intellexerunt illa licere a quibus non prohibetur aliqua necessitate cogente; et ideo, quia arbitrium hominis naturaliter liberum est a coactione, intellexerunt apostolum eo sensu dicere: omnia mihi licent, quia scilicet libero arbitrio hominis subiacent, sive sint bona, sive sint mala, secundum illud Eccli. XV, 18: ante hominem bonum et malum, vita et mors, quodcumque voluerit, dabitur ei.

Sed hic modus loquendi alienus est a Scriptura sacra, in qua dicitur non licere ea quæ divina lege prohibentur, secundum illud Matth. XIV, 4: non licet tibi habere uxorem fratris tui. Et ideo quod hic apostolus dicit omnia mihi licent, non potest absolute intelligi, sed ut sit accomoda distributio sub hoc sensu: omnia mihi licent, quæ scilicet divina lege non prohibentur.

Et potest hoc ad tria referri, primo quidem ad id quod dixerat de iudiciis, quia scilicet unicuique licet omnia sua iudicio repetere, cum non sit lege divina prohibitum. Alio modo potest referri ad id quod infra VIII, 8 dicturus est de indifferenti usu ciborum, ut sit sensus: licitum est mihi omnes cibos comedere, secundum illud Tit. I, 15: omnia munda mundis. Tertio potest referri ad id quod dicturus est infra IX, 4 ss., de sumptibus accipiendis, ut sit sensus: omnia mihi licent, scilicet accipere ad necessitatem vitæ, sicut coapostolis meis.

Subdit autem sed non omnia expediunt.

Dicitur autem illud expedire, quod est sine impedimento finem consequendi.

Contingit autem quod aliquid non totaliter excludit finem, sed impedimentum aliquod affert, sicut matrimonium non excludit hominem a regno Dei, impedimentum tamen affert, quia scilicet, ut infra VII, 34 dicit quæ sub viro est mulier, cogitat quomodo placeat viro. Unde, Matth. XIX, 10, discipuli dicunt: si ita est causa hominis cum uxore sua, non expedit nubere. Sic ergo fornicari nec licet, nec expedit, quia totaliter excludit finem, qui est vita æterna; matrimonium autem est licitum, sed non expediens.

Secundum igitur hunc modum, sua in iudicio repetere, indifferenter omnibus cibis uti, sumptus accipere ab his quibus prædicatur, est quidem licitum, quia non est contra iustitiam, nec aliqua prohibetur lege; non tamen est expediens, vel quia impeditur pax ad proximum, vel infirmis scandalum aliquod generatur, vel aliqua maledicendi occasio præbetur; unde Eccli. XXXVII, 31: non omnia omnibus expediunt.

Alio modo potest intelligi non absolute, sed sub conditione, ut sit sensus: dixi quod neque fornicarii, etc., regnum Dei possidebunt, et ideo non licet, quia finem excludunt; sed si omnia licerent mihi, non omnia expediunt, quia per ea præstatur impedimentum vitæ humanæ. Unde in persona impiorum dicitur Sap. V, 7: lassati sumus in via iniquitatis et perditionis, et ambulavimus vias difficiles.

Secundo ostendit esse nocivum id quod supra reprehendit, dicens omnia mihi licent, ut supra expositum est, sed tamen ego sub nullius redigar potestate, scilicet hominis. Ille enim qui utitur eo quod non expedit, sive licitum, sive illicitum, quodammodo redigitur sub potestate rei alicuius, vel hominis. Rei quidem, quia qui nimis rem aliquam amat, quodammodo servus illius rei efficitur, secundum illud Rom. Cap. Ult.: huiusmodi non Christo Domino serviunt, sed suo ventri. Hominis autem, quia dum aliquis facit quod non expedit, quodammodo subiicitur iudicio aliorum, et specialiter ille qui sua in iudicio repetit, subiicitur potestati iudicis. Infra X, 29: ut quid enim libertas mea iudicatur ab aliena conscientia? deinde, cum dicit esca ventri, etc., assignat rationem eius quod dixerat.

Et primo quare omnia licent, dicens esca ventri, scilicet debetur, ut scilicet in ventre decocta in nutrimentum totius corporis cedat.

Et venter escis, scilicet recipiendis et decoquendis deservit. Quia igitur ex Dei ordinatione venter est sollicitus ad escas recipiendas, et escæ ad hoc deputatæ sunt, quod in ventre ponantur, secundum illud Gen. I, 29 s.: ecce dedi vobis omnem escam et cunctis animantibus, ut habeant ad vescendum, non est illicitum quod homo res suas repetat, vel prædicator stipendia accipiat propter necessitatem escarum, vel ut etiam homo omnibus escis utatur.

Secundo ibi Deus autem, etc., assignat rationem quare omnia non expediunt.

Non enim expedit, quod homo patiatur aliquod detrimentum in eo quod numquam corrumpitur, scilicet in regno cælesti, propter id quod corrumpitur; et hoc accidit de esca et de ventre. Cessabit enim post hanc vitam escarum usus et ventris, quia corpora resurgentium conservabuntur absque cibo, Deo id faciente. Et hoc est quod dicit Deus autem destruet, id est, cessare faciet, hunc, scilicet ventrem, non quidem quantum ad essentiam, sed quantum ad effectum, quem nunc habet; et has, scilicet escas, quantum pertinent ad usum hominis, quia in resurrectione homines erunt sicut Angeli in cælo, ut dicitur Matth. XXII, 30.

Lectio 3

Supra apostolus tripliciter reprehendit Corinthios circa iudicia, nunc autem redit ad reprehendendum peccatum fornicarii, cuius supra V, 1 mentionem fecerat, et in cuius iudicio Corinthii negligentes erant; improbat autem fornicationem quatuor rationibus, quarum prima sumitur ex divina ordinatione; secunda ex unione ad Christum, ibi an nescitis quoniam corpora, etc.; tertia ex corporis inquinatione, ibi fugite fornicationem; quarta ex gratiæ dignitate, ibi an nescitis, etc..

Commentaria in Epistolis S. Pauli

Circa primum duo facit.

Primo ponit divinam ordinationem; secundo ordinationis finem, ibi Deus enim, etc..

Circa primum considerandum est quod aliqui argumentum suæ lasciviæ sumunt ex ordinatione Dei. Qui enim fornicantur, utuntur suo corpore ad usum a Deo institutum. Sed hoc excludit, dicens quod esca est ordinata ad ventrem, et venter ad escas, corpus autem hominis non fornicationi, id est, non est ordinatum ad fornicandum, sed Domino, id est, ad hoc est ordinatum, ut sit Domini nostri Iesu Christi, et Dominus corpori, id est, Dominus Iesus Christus ad hoc datus est hominibus, ut humana corpora suæ gloriæ conformet, secundum illud Phil. III, 21: reformabit corpus humilitatis nostræ, configuratum corpori claritatis suæ.

Sed contra hoc videtur esse quod sicut venter ordinatus est a Deo ad usum ciborum; ita quædam membra humani corporis sunt ordinata a Deo ad usum generationis, quibus fornicatio exercetur.

Sed attendenda est differentia quantum ad duo. Primo quidem quod apostolus supra locutus est de uno corporis membro, scilicet de ventre, hic autem loquitur de toto corpore, quod sicut non est ordinatum ad fornicandum, ita nec ad escas sumendum; sed potius usus escarum est propter corpus, corpus autem propter animam, a qua percipit vitam secundum eius conditionem. Et quia omnia ordinantur in Deum sicut in finem, ideo corpus debet esse subiectum Domino et ei dedicatum.

Et quia supra locutus est de usu escarum in communi absque inordinatione, fornicatio autem est usus inordinatus ex membro fornicatoris.

Unde nec ipsa membra sunt propter fornicationem, sed propter usum generationis ordinata ratione, cui omnia membra corporis deservire debent, sicut etiam venter non propter crapulam et ebrietatem, sed propter convenientem usum ciborum.

Deinde, cum dicit Deus vero, etc., ponit finem ordinationis prædictæ.

Et primo ponit quid Deus circa Dominum fecerit, dicens Deus vero et Dominum, scilicet Dominum Iesum Christum, suscitavit a mortuis, a quo ipse Christus petit in Ps. XL, 11: tu autem, Domine, miserere mei, et resuscita me. Deus autem est et pater, et filius, et spiritus sanctus, unde et ipse Christus, qui est filius Dei, se suscitavit, et sua virtute resurrexit, secundum illud Ps. III, 6: ego dormivi, et soporatus sum, et exsurrexi, quia Dominus suscepit me; et II Cor. Cap. Ult.: si crucifixus est ex infirmitate, sed vivit ex virtute Dei.

Secundo ponit quid circa nos facturus sit, dicens quod nos suscitabit Deus per virtutem suam, per quam scilicet Christum suscitavit, secundum illud Rom. VIII, 11: qui suscitavit Iesum Christum a mortuis, vivificabit et mortalia corpora vestra.

Et est advertendum, quod supra de

escis et ventre loquens, quæ pertinent ad usum animalis vitæ, dixit eas a Deo destruendas; nunc autem loquens de corpore et Domino, facit mentionem de resurrectione, quia scilicet animali vita cessante natura corporis in melius reformabitur. Unde patet quod non est utendum corpore ad fornicationem, quæ impedit futuram incorruptionem, secundum illud Gal. Cap. Ult.: qui seminat in carne, de carne et metet corruptionem.

Deinde, cum dicit nescitis, etc., ponit secundam rationem, quæ sumitur ex affinitate humani corporis ad Christum, quæ talis est: membra hominis fornicantis sunt membra meretricis; sed membra hominis sunt membra Christi; ergo per fornicationem fiunt membra Christi membra meretricis, quod est inconveniens.

Circa quod quatuor facit. Primo ponit maiorem, dicens an nescitis quoniam corpora vestra sunt membra Christi? quasi dicat: hoc non debetis nescire, quia quicumque estis regenerati in Christo, membra Christi estis effecti, secundum illud infra XII, 27: vos estis corpus Christi, et membra de membro.

Et hoc non solum quantum ad animas quæ ab eo iustificantur, sed etiam quantum ad corpora quæ ab eo resuscitabuntur, ut dictum est.

Secundo ponit conclusionem, dicens tollens ergo membra Christi, id est, iuste subtrahens servitio Christi, cui debent deputari (secundum illud Rom. VI, 13: exhibeatis membra vestra, arma iustitiæ, Deo), faciam, scilicet eadem, membra meretricis esse fornicando? absit: hoc enim est horrendum sacrilegium. Unde dicitur Mal. II, 11: contaminavit Iudas sanctificationem Domini quam dilexit, et habuit filiam Dei alieni.

Tertio ponit minorem, dicens an nescitis quia qui adhæret meretrici, scilicet fornicando, unum corpus efficitur? scilicet per immundam commixtionem.

Et ad hoc probandum, inducit auctoritatem Genesis, dicens: inquit, enim Scriptura, scilicet Gen. II, 24: erunt duo, scilicet vir et mulier, in carne una, id est, per mixtionem carnalem una caro efficiuntur, et sic membra unius fiunt membra alterius. Sunt enim hæc verba Adæ de viro et uxore loquentis, quæ apostolus hic etiam ad fornicationem refert, quia secundum speciem naturæ non differunt utriusque actus.

Est autem intelligendum, quod, sicut dicit Philosophus in libro de generatione animalium, in masculo est principium activum generationis, in foemina est passivum. Et sicut in planta, cuius vita principaliter ordinatur ad generationem, semper est unum corpus, in quo utrumque principium unitur; ita in animalibus quæ ordinantur ad altiores actus vitæ, non semper est unum corpus habens hæc duo principia, sed ex duobus fit unum in actu generationis. Quod quidem non est tantum viri, quia, sicut infra cap. VII, 4 dicitur, vir non habet potestatem sui corporis, sed mulier.

Secundo probat minorem, dicens qui

Commentaria in Epistolis S. Pauli

autem adhæret Domino, etc., scilicet per fidem et charitatem, est unus spiritus cum illo, quia scilicet unitur ei unitate spirituali, non corporali. Unde et Rom. VIII, 9 dicitur: si quis spiritum Christi non habet, hic non est eius; et Io. XVII, 21 s.: ut sint unum in nobis, sicut nos unum sumus, scilicet per connexionem spiritus: et quia corpus deservit spiritui, consequens est ut etiam corpora nostra, membra eius sint, cui per spiritum unimur, non quidem carnali coniunctione, sed spirituali.

Potest autem ex præmissis duabus rationibus una ratio conflari, ut scilicet quia corpus nostrum non est deputatum fornicationi, sed Domino, hoc scilicet modo quod membra nostra sunt membra Christi, ut postmodum exponit, non faciamus ea membra meretricis fornicando.

Deinde, cum dicit fugite fornicationem, etc., ponit tertiam rationem, quæ sumitur ex corporis inquinatione.

Primo ponit conclusionem intentam, dicens fugite fornicationem. Ubi notandum quod cætera vitia vincuntur resistendo, quia quanto magis homo particularia considerat et tractat, tanto minus in eis invenit unde delectetur, sed magis anxietur: sed vitium fornicationis non vincitur resistendo, quia quanto magis ibi homo cogitat particulare, magis incenditur; sed vincitur fugiendo, id est, totaliter vitando cogitationes immundas, et quaslibet occasiones, ut dicitur Zach. II, 6: fugite de terra Aquilonis, dicit Dominus.

Secundo assignat rationem, dicens omne peccatum aliud quodcumque fecerit homo, etc.. Ad cuius evidentiam sciendum quod quædam peccata non consummantur in carnali delectatione, sed in sola spirituali, ideo spiritualia vitia dicuntur, sicut superbia, avaritia, acedia; fornicatio autem completur maxime in carnali delectatione, et secundum hoc posset intelligi quod hic dicitur omne peccatum quodcumque fecerit homo, extra corpus est, quia scilicet completur præter sui corporis delectationem. Qui autem fornicatur, in corpus suum peccat, quia scilicet eius peccatum in carne consummatur.

Sed huic expositioni contrarium videtur esse, quod etiam peccatum gulæ consummatur in delectatione corporis.

Ad quod posset dici quod peccatum gulæ sub luxuria continetur, inquantum ad ipsam ordinatur, secundum illud Eph. V, 18: nolite inebriari vino, in quo est luxuria.

Sed melius potest dici, quod apostolus non dicit qui fornicatur corpore suo peccat, quod congrueret primæ expositioni; sed peccat in corpus suum, id est, contra corpus suum, corrumpendo et inquinando illud præter usum rationis. Unde et Apoc. III, 4: habes pauca nomina in Sardis, qui non inquinaverunt vestimenta sua, id est, corpus; et Apoc. XIX, 4: hi sunt qui cum mulieribus non sunt coinquinati.

Vel aliter secundum Augustinum, hic in Glossa, qui fornicatur, in corpus suum peccat, quia anima eius totaliter carni in illo actu subiicitur, ita quod non possit aliud ibi cogitare. Unde in Ps. XXXI, 9 dicitur: nolite fieri sicut equus et mulus, quibus non est intellectus.

Vel aliter: in corpus suum peccat, id est, contra uxorem suam, quæ dicitur corpus viri, contra quam non ita directe sunt alia peccata, sicut viri fornicatio. Unde et I Thess. IV, 4 dicitur: ut sciat unusquisque vestrum possidere vas suum in sanctificatione, id est, uxorem suam.

Vel secundum Augustinum potest intelligi de fornicatione spirituali, per quam anima adhæret per amorem mundo, et recedit a Deo, secundum illud Ps. LXXII, 27: perdes omnes qui fornicantur abs te. Est ergo sensus qui fornicatur, recedens a Deo propter amorem mundi, in corpus suum peccat, id est, per corporalem concupiscentiam.

Omne autem aliud peccatum, puta quod homo committit ex oblivione, vel ex ignorantia, seu negligentia, est extra corpus, id est, corporalem concupiscentiam.

Deinde, cum dicit an nescitis, etc., ponit quartam rationem, quæ sumitur ex dignitate gratiæ, quæ quidem ex duobus consurgit, scilicet ex gratia spiritus sancti, et ex redemptione sanguinis Christi.

Circa hoc igitur tria facit. Primo proponit dignitatem corporis nostri, quam habet ex gratia spiritus sancti, dicens an nescitis, quasi dicat, ignorare non debetis, quoniam membra vestra, scilicet corporalia, templum sunt spiritus sancti? sicut supra III, 16 dictum est: nescitis quia templum Dei estis.

Et huius rationem assignat subdens qui in vobis est. Dicitur autem templum, domus Dei; quia igitur spiritus sanctus Deus est, conveniens est, quod in quocumque est spiritus sanctus, templum Dei dicatur. Est autem spiritus sanctus principaliter quidem in cordibus hominum, in quibus charitas Dei diffunditur per spiritum sanctum, ut dicitur Rom. V, 5. Sed secundario etiam est in membris corporalibus, inquantum exequuntur opera charitatis. Unde in Ps. LXXXIII, 3 dicitur: cor meum et caro mea exultaverunt in Deum vivum.

Et ne hanc dignitatem sibi ascriberent, subdit quem habetis a Deo, non ex vobis.

Unde Ioel. II, 28: effundam de spiritu meo super omnem carnem; et Act. V, 23: spiritum suum dedit obedientibus sibi.

Secundo ponit dignitatem, quam habent corpora nostra ex redemptione sanguinis Christi, dicens et non estis vestri sed Iesu Christi, secundum illud Rom. XIV, 8: sive vivimus, sive morimur, Domini sumus; II Cor. V, 15: qui vivit, iam non sibi vivat.

Rationem huius assignat, dicens empti estis pretio magno, et ideo servi estis eius, qui vos redemit de servitute peccati. Unde infra VII, 22 dicitur: qui liber vocatus est, servus est Christi; pretio enim empti estis; et in Ps. XXX, 6: redemisti me, Domine Deus veritatis.

Commentaria in Epistolis S. Pauli

Dicitur autem pretium redemptionis magnum, quia non est corruptibile, sed æternam habens virtutem, cum sit sanguis ipsius Dei æterni. Unde I Petr. I, 18 s.: redempti estis de vana vestra conversatione, non corruptibilibus auro vel argento, sed sanguine agni immaculati et incontaminati, Iesu Christi.

Tertio infert conclusionem intentam, dicens glorificate ergo et portate Deum in corpore vestro. Quia enim membra vestra sunt templum Dei, in corpore vestro nihil debet apparere, nisi quod ad gloriam Dei pertinet, et hoc est glorificare Deum in corpore vestro, quia in Ps. XXVIII, 9 dicitur: in templo eius omnes dicent gloriam. Ex. Cap. Ult.

Dicitur: operuit nubes tabernaculum testimonii, et gloria Domini implevit illud.

Quia vero non estis vestri, sed estis servi Dei, debet corpus vestrum portare Deum, sicut equus vel aliud animal portat Dominum suum.

Unde in Ps. LXXII, 23 dicitur: ut iumentum factus sum apud te. Portat autem corpus nostrum Dominum, inquantum divino ministerio deputatur. Sic ergo homo debet vitare, ne in corpus suum peccet fornicando, quod est contra gloriam Dei, et contra ministerium quod corpus nostrum debet Deo.

Capitulus VII

Lectio 1

Postquam apostolus reprehendit fornicarium et sustinentes eum, hic accedit ad tractandum de matrimonio.

Et circa hoc tria facit.

Primo determinat de coniugatis et matrimonio iunctis; secundo, de virginibus, ibi de virginibus autem, etc.; tertio, de viduis, ibi mulier alligata est, etc..

Circa primum duo facit.

Primo instruit eos qui non sunt matrimonio iuncti, utrum scilicet debeant matrimonium contrahere; secundo manifestat quod dixerat, ibi hoc autem dico, etc..

Circa primum duo facit.

Primo manifestat quid circa hoc sit per se bonum; secundo, quid necessarium, ibi propter fornicationem autem, etc..

Circa primum considerandum quod in detestationem fornicationis, contra quam locutus iam fuerat, aliqui non habentes zelum Dei secundum scientiam, intantum procedebant, quod etiam matrimonium condemnabant, secundum illud I Tim. IV, 2 s.: in hypocrisi loquentium mendacium, prohibentium nubere. Et quia hoc durum Corinthiis videbatur fidelibus, super hoc apostolo scripserunt, eius sententiam requirentes, et ideo apostolus eis respondet: ita reprehendi ea quæ facitis. De quibus autem scripsistis mihi, respondeo, quantum ad matrimonium, bonum est homini mulierem non tangere.

Prima ad Corinthios

Circa quod notandum quod mulier data est viro ad adiutorium generationis: et in hoc differt vis generativa a nutritiva, quia vis nutritiva deservit homini ad conservationem individui; unde bonum est homini nutrimento uti, quia per hoc eius vita conservatur; generativa autem non deservit homini ad conservationem individui, sed ad conservationem speciei. Unde non potest dici quod bonum est homini, ad suum individuum, mulierem tangere, primo quidem quantum ad animam, quia, ut Augustinus dicit in soliloquiis, nihil sic deiicit animam ab arce virtutis suæ, sicut contactus ille corporum, sine quo uxor haberi non potest; et ideo Ex. XIX, 15 dicitur populo accepturo legem Dei: estote parati in diem tertium, et ne appropinquetis uxoribus vestris.

I Reg. XXI, 4 dixit Abimelech ad David: si mundi sunt pueri, maxime a mulieribus, manducent panem sanctum.

Secundo quantum ad corpus, quod vir subiicit per matrimonium potestati uxoris, se ex libero servum constituens. Servitus autem hæc præ omnibus aliis est amara. Unde et Eccle. VII, 27 dicitur: inveni amariorem morte mulierem.

Tertio quantum ad res exteriores, quarum occupatione necesse est hominem implicari, qui habet uxorem et filios nutriendos, cum tamen dicatur II Tim. II, 4: nemo militans Deo implicat se negotiis sæcularibus, ut ei placeat cui se probavit.

Deinde cum dicit propter fornicationem, etc., ostendit quid circa hoc sit necessarium.

Primo quantum ad contractum matrimonii; secundo quantum ad actum matrimonii iam contracti, ibi uxori vir debitum, etc..

Circa primum considerandum est, quod actus generativæ virtutis ordinatur ad conservationem speciei per generationem filiorum, et quia mulier data est viro in adiutorium generationis, prima necessitas tangendi mulierem est propter procreationem filiorum.

Unde Gen. I, 27 s. Dicitur: masculum et foeminam creavit eos, et benedixit eis Deus, et ait: crescite et multiplicamini, et replete terram. Sed hæc necessitas fuit circa institutionem humani generis, quamdiu oportuit multiplicari populum Dei per successionem carnis.

Sed apostolus, considerans humanum genus iam multiplicatum et populum Dei iam esse augmentatum, non propagatione carnis, sed generatione quæ est ex aqua et spiritu sancto, ut dicitur Io. III, 5, prætermisit hanc necessitatem, qua scilicet primitus institutum fuerat matrimonium in officium naturæ, et proponit secundam necessitatem secundum quam institutum est in remedium culpæ.

Quia enim carnalis concupiscentia adhuc post baptismum in fidelibus remanet, licet non dominetur, instigat homines maxime ad actus venereos propter vehementiam delectationis.

421

Commentaria in Epistolis S. Pauli

Et quia maioris virtutis est totaliter hanc concupiscentiam superare, quam possit hominibus convenire, secundum illud Matth. XIX, 11: non omnes capiunt verbum hoc, necessarium est quod in parte concupiscentiæ cedatur, et in parte superetur; quod quidem fit dum actus generationis ratione ordinatur, et non totaliter homo concupiscentia ducitur, sed magis concupiscentia subditur rationi.

Habet autem hoc ratio naturalis, quod homo utatur generationis actu, secundum quod convenit generationi et educationi filiorum. Hoc autem in brutis animalibus invenitur, quod in quibuscumque speciebus animalium sola foemina non sufficit ad educationem prolis, masculus simul nutrit prolem cum foemina; et ad hoc exigitur, quod masculus cognoscat propriam prolem. Et ideo in omnibus talibus animalibus, ut patet in columbis, turturibus et huiusmodi, naturaliter indita est sollicitudo de educatione prolis. Et propter hoc in huiusmodi non sunt vagi et indifferentes concubitus, ex quibus sequeretur incertitudo prolis; sed masculus determinatus determinatæ foeminæ coniungitur, non indifferenter quælibet cuilibet, sicut accidit in canibus et aliis huiusmodi animalibus, in quibus sola foemina nutrit prolem.

Maxime autem in specie humana masculus requiritur ad prolis educationem, quæ non solum attenditur secundum corporis nutrimentum, sed magis secundum nutrimentum animæ, secundum illud Hebr. XII, 9: patres quidem carnis nostræ habuimus eruditores et reverebamur eos; et ideo ratio naturalis dictat quod in specie humana non sint vagi et incerti concubitus, quales sunt concubitus fornicarii, sed sint determinati viri ad determinatam foeminam, quæ quidem determinatio fit per legem matrimonii.

Sic igitur triplex bonum habet matrimonium, primum quidem quod est in officium naturæ, prout scilicet ordinatur ad generationem et educationem prolis, et hoc bonum est bonum prolis.

Secundum bonum habet prout est in remedium concupiscentiæ, quæ scilicet coarctatur ad determinatam personam, et hoc bonum dicitur fides, quam scilicet vir servat uxori suæ, non accedens ad aliam, et similiter uxor viro.

Tertium bonum habet, prout in fide contrahitur Christi, quod quidem bonum dicitur sacramentum, inquantum significat coniunctionem Christi et ecclesiæ, secundum illud Eph. V, 32: sacramentum hoc magnum est, ego autem dico in Christo, et ecclesia.

Hoc est ergo quod dicit: dictum est quod bonum est homini mulierem non tangere, sed quia ad hoc bonum non sunt omnes homines idonei, unusquisque vir, propter fornicationem, scilicet vitandam, suam uxorem habeat, id est, sibi determinatam, ut tollantur vagi et incerti concubitus, quod pertinet ad fornicationem. Unde et Prov. V, 18:

Prima ad Corinthios

lætare cum muliere adolescentiæ tuæ, et postea subditur: quare seduceris, fili mi, ab aliena? deinde cum dicit uxori vir debitum reddat, etc., agit de usu matrimonii contracti. Et primo agit de debito reddendo; secundo de debiti intermissione, ibi nolite fraudare, etc..

Circa primum duo facit.

Primo proponit quod intendit, dicens: dictum est quod vir habeat uxorem, et uxor virum; habendi autem hæc est ratio, ut vir reddat debitum uxori, scilicet de suo corpore per carnalem commixtionem, similiter autem et uxor viro, quia quantum ad hoc ad paria iudicantur. Unde mulier non est formata de pedibus viri tamquam ancilla, nec de capite tamquam domina, sed de latere tamquam socia, ut legitur Gen. II, 21. Unde et mutuo debent sibi debitum reddere, secundum illud Rom. XIII, 7: reddite omnibus debita.

Secundo assignat debiti rationem, dicens mulier non habet potestatem sui corporis, scilicet ad actum generationis, ut scilicet possit proprio arbitrio vel continere, scilicet vel alteri se tradere; sed vir, scilicet habet potestatem sui corporis, quantum scilicet ad usum carnalis copulæ, et ideo uxor debet viro proprii corporis officium offerre.

Similiter autem et vir sui corporis potestatem non habet, sed mulier, etc.. Unde et ipse debet sui corporis officium offerre uxori, legitimo impedimento cessante. Unde et Gen. II, 24 dicitur: adhærebit uxori suæ, et erunt duo in carne una.

Deinde cum dicit nolite fraudare invicem, etc., agit de intermissione debiti reddendi. Et primo ostendit qualiter intermitti debeat actus coniugalis.

Circa quod docet unum esse cavendum, ne scilicet hoc per fraudem fiat, dicens nolite fraudare invicem, ut scilicet velit vir continere, invita uxore, aut etiam e converso.

Quod apostolus fraudem nominat, quia unus subtrahit alteri quod ei debetur, quod ad fraudem pertinet, non minus in actu matrimonii, quam in aliis rebus. Unde et prov. XII, 27 dicitur: non inveniet fraudulentus lucrum, quia scilicet ille, qui tali fraude continentiam Deo offert, non lucratur meritum vitæ æternæ. Sicut enim dicit Augustinus non vult Deus tale lucrum tali damno compensari, ut dum unus coniugum continet, altero invito, ille incidat in damnabiles corruptelas.

Tria autem docet observanda in tali intermissione: quorum primum est ut fiat ex communi consensu. Unde dicit nisi forte ex consensu. Unde dicitur Eccli. XXV, 1 s.: in tribus beneplacitum est spiritui meo, quæ sunt probata coram Deo et hominibus: concordia fratrum, et amor proximorum, vir et mulier bene sibi consentientes. Secundum est, ut sit ad certum tempus. Unde subdit nisi forte ad tempus, secundum illud Eccle. III, 5: tempus amplexandi, et tempus longe fieri ab amplexibus. Tertium est, ut hoc fiat propter debitum finem, scilicet causa spiritualium actuum, ad quos continentia reddit magis aptos. Unde subdit ut vacetis orationi, secundum

Commentaria in Epistolis S. Pauli

illud Ioel. II, 14: sacrificium et libamen Domino Deo nostro, et postea subdit: egrediatur sponsus de cubili suo, et sponsa de thalamo suo.

Secundo agit de reiteratione coniugalis actus; et primo ponit documentum, dicens iterum revertimini in idipsum, ut scilicet vobis invicem debitum reddatis, finito tempore orationis. Unde et III Reg. VIII, 66 dicitur, quod celebratis dedicationis solemniis, profecti sunt in tabernacula sua lætantes.

Secundo assignat rationem documenti. Non enim hoc dicit, quasi sit necessarium ad salutem, sed ad periculum vitandum. Unde subdit ne tentet vos Satanas, id est, ne sua tentatione vos prosternat; sicut etiam dicitur I Thess. III, 5: ne forte vos tentaverit is qui tentat, et inanis sit labor noster. Tentatio autem Satanæ non est fortibus timenda, de quibus dicitur I Io. II, 14: scribo vobis, iuvenes, quoniam fortes estis, et verbum Dei manet in vobis, et vicistis malignum. Est autem timenda debilibus, unde subdit propter incontinentiam vestram, id est, propter pronitatem ad incontinentiam, ex quo contingit, quod diabolus hominem tentando prosternit, et provocatur ad tentandum, secundum illud I Petr. Cap. Ult.: circuit quærens quem devoret.

Deinde cum dicit hoc autem dico, etc., manifestat quo sensu prædicta sunt accipienda, et primo facit quod dictum est; secundo, rationem assignat, ibi volo autem, etc.; tertio, exponit quod dixerat, ibi dico autem, etc..

Dicit ergo primo: dixi, quod unusquisque suam uxorem habeat, et unaquæque mulier virum suum, et iterum quod post continentiam determinati temporis, iterum revertamini in idipsum. Hoc autem dico secundum indulgentiam, id est, parcens infirmitati vestræ, non secundum imperium, quasi scilicet vobis necessarium ad salutem.

Subditis enim sunt quædam eorum infirmitati indulgenda, et non ad bona imperio cogendi.

Unde contra quosdam prælatos dicitur Ez. XXXIV, 4 s.: cum austeritate imperabatis eis, et cum potentia, et dispersi sunt greges mei.

Sed videtur apostolus inconvenienter loqui; indulgentia enim non est nisi de peccato. Per hoc ergo quod apostolus, secundum indulgentiam se dicit matrimonium concessisse, videtur exprimere quod matrimonium sit peccatum.

Sed ad hoc potest responderi dupliciter.

Uno modo ut indulgentia sumatur hic pro permissione. Est autem duplex permissio: una quidem de minus malo, sicut dicitur Matth. XIX, 8, quod Moyses permisit Iudæis dare libellum repudii propter duritiam cordis eorum, scilicet ad vitandum uxoricidium, ad quod erant proni. Talis enim permissio non fit in novo testamento propter sui perfectionem, secundum illud Hebr. VI, 1: ad perfectum feramur. Alia autem est permissio de minus bono, cum scilicet homo præcepto non cogitur ad maius bonum; et hoc modo apostolus hic indulget, id est, permittit matrimonium, quod est minus bonum quam virginitas, quæ non præcipitur, quæ est maius bonum.

Alio modo potest accipi indulgentia prout respicit culpam, secundum illud Is. XXVI, 15: indulsisti, Domine, indulsisti genti. Et secundum hoc indulgentia refertur ad actum coniugalem secundum quod habet annexam culpam venialem, tamen propter bona matrimonii sine quibus esset mortalis.

Unde considerandum est quod actus coniugalis quandoque quidem est meritorius, et absque omni culpa mortali vel veniali, puta cum ordinatur ad bonum prolis procreandæ et educandæ ad cultum Dei: sic enim est actus religionis; vel cum fit causa reddendi debitum: sic enim est actus iustitiæ.

Omnis autem actus virtutis est meritorius, si sit cum charitate. Quandoque vero est cum culpa veniali, scilicet cum quis ad actum matrimonialem ex concupiscentia excitatur, quæ tamen infra limites matrimonii sistit, ut scilicet cum sola uxore sit contentus. Quandoque vero est culpa mortalis, puta cum concupiscentia fertur extra limites matrimonii, scilicet cum aliquis accedit ad uxorem, æque libenter vel libentius ad aliam accessurus.

Primo ergo modo actus matrimonii non requirit indulgentiam; secundo modo habet indulgentiam inquantum aliquis consentiens concupiscentiæ in uxorem, non fit reus peccati mortalis; tertio modo omnino indulgentiam non habet.

Deinde cum dicit volo autem etc., assignat rationem eius quod dixerat, et primo quare non loquatur secundum imperium; secundo quare loquatur secundum indulgentiam, ibi sed unusquisque, etc..

Circa primum considerandum est quod nullus sapiens præcipit illud cuius contrarium magis vult fieri. Ideo apostolus non præcipit quod homines matrimonium contrahant, vel matrimonio contracto utantur, quia magis vult quod homines contineant. Et hoc est quod dicit volo autem omnes, homines, esse sicut meipsum, ut scilicet contineant, sicut ego contineo. Et similiter dicit Act. XXVI, 29: opto apud Deum omnes qui audiunt, fieri tales qualis ego sum.

Sed contra hoc videtur esse, quia si omnes homines continerent, sicut apostolus continebat, cessasset generatio, et sic non fuisset impletus numerus electorum, quod erat contra dispositionem divinam.

Dicunt quidam quod apostolo revelatum erat, quod si omnes homines salvarentur in continentia viventes, sicut ipse vivebat, sufficiebat ad implendum numerum electorum.

Sed hoc nulla auctoritate fulcitur; et ideo potest dici, quod apostolus volebat omnes esse continentes, quia scilicet volebat hoc de singulis, non tamen volebat quod omnes simul continerent.

Vel potest dici, et melius, quod volebat

Commentaria in Epistolis S. Pauli

omnes homines esse continentes voluntate antecedente, sicut ipse dicit I Tim. II, 4, quod Deus vult omnes homines salvos fieri, non autem voluntate consequente, qua Deus vult quosdam salvare, scilicet prædestinatos, et quosdam damnare, scilicet reprobatos, secundum illud Mal. I, 2 s.: Iacob dilexi, Esau autem odio habui. Est autem voluntas antecedens de eo, quod absolute consideratum est melius, sicut omnes homines esse salvos, vel continentes: voluntas autem consequens est de eo, quod est melius, consideratis circumstantiis personarum et negotiorum, et secundum hoc Deus vult quosdam damnare, et apostolus quosdam matrimonio iungi.

Deinde cum dicit sed unusquisque, assignat rationem quare secundum indulgentiam matrimonium permiserit, quia scilicet non quilibet tantæ virtutis donum accepit a Deo, ut scilicet possit totaliter continere, sicut et Dominus dixit Matth. XIX, 11: non omnes capiunt verbum hoc, sed qui capere potest, capiat. Et hoc est quod dicit: vellem quidem omnes esse continentes, sed unusquisque proprium, id est, secundum certam mensuram, habet donum ex Deo, alius quidem sic, puta ut in virginitate Deo serviat, alius vero sic, id est, ut Deo serviat in matrimonio, secundum illud Matth. XXV, 15: uni dedit quinque talenta, alii vero duo, alii vero unum, unicuique secundum propriam virtutem. Et Sap. VIII, 21: scivi quoniam aliter non possum esse continens, nisi Deus det, et hoc ipsum erat sapientiæ scire cuius esset hoc donum.

Deinde cum dicit dico autem, etc., exponit quod obscure dixerat.

Et primo quantum ad hoc quod dixerat: volo omnes homines esse sicut meipsum, quia scilicet hoc est absolute melius.

Unde dicit dico autem, scilicet exponendo, non nuptis, id est, virginibus, et viduis: bonum est illis si sic permanserint, scilicet continentes, sicut ego, secundum illud sap. IV, 1: quam pulchra est casta generatio cum claritate.

Secundo quantum ad hoc quod dixerat: sed unusquisque, etc., quasi dicat: quia non quilibet hoc donum accepit a Deo ut contineat. Unde dicit quod si non continent, id est, si donum continendi non acceperunt, nubant, id est, matrimonio iungantur, secundum illud I Tim. V, 14: volo iuvenes nubere.

Et assignat rationem, subdens melius est enim nubere, quam uri, id est, concupiscentia superari. Concupiscentia enim est calor quidam noxius; qui ergo concupiscentia impugnatur, calescit quidem, sed non uritur, nisi humorem gratiæ perdat a concupiscentia superatus.

Unde Iob XXXI, 12 dicitur: ignis est usque ad consummationem devorans, et universa eradicans germina.

Est autem hic attendendum quod apostolus utitur abusiva comparatione; nam nubere bonum est, licet minus, uri autem est malum.

Melius est ergo, id est magis

tolerandum, quod homo minus bonum habeat, quam quod incurrat incontinentiæ malum; et hoc est quod supra dixit propter fornicationem, scilicet vitandam, unusquisque suam uxorem habeat, etc., et postmodum: ne tentet vos Satanas propter incontinentiam vestram.

Lectio 2

Supra apostolus posuit documenta de contractu matrimonii, hic instruit eos qui iam matrimonium contraxerunt de matrimonio non dissolvendo: et primo docet eos qui sunt in matrimonio iuncti, ut in matrimonio maneant; secundo ponit utilem doctrinam quantum ad omnes status vel conditiones hominum, ibi unumquemque sicut vocavit Deus, etc..

Circa primum duo facit: primo agit de indissolubilitate matrimonii quantum ad eos qui sunt unius cultus; secundo quantum ad eos qui sunt in dispari cultu, ibi nam cæteris ego dico, etc..

Circa primum duo facit: primo ponit præceptum de indissolubilitate matrimonii; secundo docet quid sit servandum quando matrimonium quodammodo separatur, ibi quod si discesserit, etc..

Dicit ergo primo: dixi non nuptis, id est, virginibus et viduis, quod melius est eis si sic permanserint, his autem qui matrimonio sunt iuncti non patet eadem conditio: his enim præcipio non ego, scilicet indicta mihi auctoritate, sed Dominus, hoc præcepit.

Prima ad Corinthios

Capitulus XI

Lectio 1

Supra apostolus removit a fidelibus id quod est contrarium eucharistiæ sacramento, scilicet participationem mensæ idolorum, nunc autem instruit fideles de ipso eucharistiæ sacramento. Et primo præmittit quamdam admonitionem generalem; secundo accedit ad propositum, ibi volo autem vos scire, etc..

Circa primum duo facit.

Primo proponit admonitionem; secundo significat quomodo Corinthii ad prædictam admonitionem se habebant, ibi laudo autem vos, fratres, etc..

Circa primum considerandum est, quod ita se habet naturalis ordo rerum, quod ea quæ sunt inferiora in entibus imitantur ea quæ sunt superiora secundum suum posse. Unde etiam naturale agens tamquam superius assimilat sibi patiens.

Primordiale autem principium totius processionis rerum est filius Dei, secundum illud Io. I, 3: omnia per ipsum facta sunt.

Et ipse ideo est primordiale exemplar, quod omnes creaturæ imitantur tamquam veram et perfectam imaginem patris. Unde dicitur Col. I, 15: qui est imago Dei invisibilis primogenitus omnis creaturæ, quia in ipso condita sunt universa. Speciali tamen quodam modo exemplar est spiritualium gratiarum, quibus spirituales creaturæ illustrantur,

Commentaria in Epistolis S. Pauli

secundum illud quod in Ps. CIX, 3 dicitur ad filium: in splendoribus sanctorum ex utero ante Luciferum genui te, quia scilicet genitus est ante omnem creaturam per gratiam lucentem, habens exemplariter in se splendores omnium sanctorum.

Hoc autem exemplar Dei prius erat a nobis valde remotum, secundum illud Eccle. II, 12: quid est homo, ut sequi possit regem factorem suum? et ideo homo fieri voluit, ut hominibus humanum exemplar præberet.

Unde Augustinus dicit de agone christiano: qua perversitate non careat, qui dicta et facta illius hominis intueri diligit et sectatur, in quo se nobis ad exemplum vitæ præbuit filius Dei? et sicut divinitatis eius exemplar primo quidem imitantur Angeli, secundario vero reliquæ creaturæ, ut Dionysius dicit X cap.

Angelicæ hierarchiæ, ita humanitatis exemplar principaliter quidem imitandum proponitur prælatis ecclesiæ tamquam superioribus.

Unde et Dominus apostolis dicit io. XIII, 15: exemplum dedi vobis, ut quemadmodum ego feci, ita et vos faciatis. Secundario vero ipsi prælati informati exemplo Christi, proponuntur exemplar vitæ subditis, secundum illud I Petr. Cap. Ult.: forma facti gregis ex animo; et II Thess. III, 9: ut nosmetipsos formam daremus vobis ad imitandum nos.

Et ideo apostolus signanter dicit: dixi ut sine offensione omnibus sitis, et hoc quidem facere poteritis, si hoc quod dico servetis.

Imitatores mei estote, sicut et ego Christi, scilicet sum imitator. Imitabatur enim eum primo quidem in mentis devotione. Gal. II, 20: vivo ego, iam non ego, vivit vero in me Christus. Secundo in subditorum sollicitudine.

Unde dicebat Phil. II, 17: si immolor supra sacrificium et obsequium fidei vestræ, gaudeo et congratulor omnibus vobis, sicut et Christus obtulit semetipsum pro nobis, ut dicitur Eph. V, 2. Tertio quantum ad passionis tolerantiam. II Cor. IV, 10: semper mortificationem Iesu in corpore circumferentes.

Et Gal. Cap. Ult.: ego stigmata Domini Iesu in corpore meo porto.

Est autem notandum, quod non simpliciter dicit, imitatores mei estote, sed addit sicut et ego Christi, quia scilicet subditi prælatos suos imitari non debent in omnibus, sed in quibus illi Christum imitantur, qui est indeficiens sanctitatis exemplar.

Deinde, cum dicit laudo autem vos, fratres, ostendit qualiter Corinthii se habebant ad admonitionem prædictam.

Circa quod considerandum est, quod subditi suos prælatos sequuntur dupliciter, scilicet quantum ad facta et dicta. Quantum quidem ad facta, dum subditi prælatorum exempla imitantur, unde dicitur Iac. V, 10: exemplum accipite, fratres mei, prophetarum, qui locuti sunt in nomine Domini. Quantum vero ad dicta, dum eorum præceptis obediunt.

Prov. IV, 4: custodi præcepta mea et

Prima ad Corinthios

vives.

In his autem Corinthii deficiebant, et maxime quantum ad maiorem multitudinem, et ideo apostolus, alloquens eos, dicit laudo autem vos, fratres, quasi dicat: super hoc laudandos vos præbere debetis, sed non facitis, quod per omnia memores estis, quasi ad imitandum mea exempla. Non enim possumus illorum exempla imitari, quorum memoriam non habemus. Unde dicitur Hebr. XIII, 7: mementote præpositorum vestrorum, quorum intuentes exitum conversationis, imitamini fidem.

Quantum vero ad dicta, subdit et sicut tradidi vobis, præcepta mea tenetis, quasi dicat: eodem tenore observatis, quo ego tradidi; hoc enim dicit, quia ab observantia præceptorum eius recesserant. Io. XV, 20: si sermonem meum servaverunt, et vestrum servabunt.

Sed videtur hic modus loquendi non esse conveniens veritati sacræ Scripturæ, quæ nihil patitur falsitatis, secundum illud Prov. VIII, 8: iusti sunt omnes sermones mei, et non est in eis pravum quid, neque perversum.

Sed dicendum, quod ironica locutio est una de locutionibus figurativis, in quibus veritas non attenditur secundum sensum quem verba faciunt, sed secundum id quod loquens exprimere intendit per simile, vel contrarium, vel quocumque alio modo. Et ideo in ironica locutione veritas attenditur secundum contrarium eius quod verba sonant, sicut in metaphorica, secundum simile.

Deinde cum dicit volo autem vos scire, fratres, etc., accedit ad propositum, instruens scilicet fideles de eucharistiæ sacramento.

Et circa hoc tria facit.

Primo redarguit eorum errores circa ritum huius sacramenti; secundo ostendit huius sacramenti dignitatem, ibi ego enim accepi a Domino, etc.; tertio docet convenientem ritum, ibi itaque, fratres mei.

Circa primum tria facit.

Primo redarguit eorum errorem, quo scilicet errabant in habitu, quia scilicet mulieres ad sacra mysteria conveniebant capite non velato; secundo arguit errorem in conventu, quia scilicet dum convenirent ad sacra mysteria contentionibus vacabant, ibi hæc autem præcipio non laudans, etc.; tertio quantum ad certum cibum, quia scilicet pransi ad sacra mysteria sumenda accedebant, ibi: convenientibus autem vobis, etc..

Circa primum duo facit.

Primo præmittit quoddam documentum, ex quo sumitur ratio subsequentis monitionis; secundo ponit monitionem, ibi omnis autem vir orans, etc..

Circa primum ponit triplicem comparationem, quarum prima est Dei ad hominem, dicens: dixi quod præcepta mea tenetis per contrarium; sed ut appareat vos irrationabiliter agere, volo vos scire, tamquam rem necessariam, secundum illud is. V, 13: captivus ductus est populus meus, quia non habuit scientiam, quod omnis viri

Commentaria in Epistolis S. Pauli

caput Christus est, quod quidem dicitur secundum similitudinem capitis naturalis, in quo quatuor considerantur.

Primo quidem perfectio, quia cum cætera membra unum solum sensum habeant, scilicet tactum, in capite vigent omnes sensus; et similiter in aliis viris inveniuntur singulæ gratiæ, secundum illud quod dicitur infra XII, 8: alii datur per spiritum sermo sapientiæ, alii sermo scientiæ, etc.; sed in homine Christo est plenitudo omnium gratiarum.

Non enim ad mensuram dat ei Deus spiritum, ut dicitur Io. III, 34.

Secundo in capite invenitur sublimitas, quia ut, scilicet in homine, est superius omnibus membris, ita etiam Christus supereminet non solum omnibus hominibus, sed et omnibus Angelis, secundum illud ad Ephesios I, 20 s.: constituens illum ad dexteram suam in cælestibus, super omnem principatum et potestatem, et infra: et ipsum dedit caput super omnem ecclesiam.

Tertio in capite invenitur influentia, quia scilicet quodam modo influit cæteris membris sensum et motum, ita a capite Christo in cætera membra ecclesiæ motus et sensus spiritualis derivatur, secundum illud Col. II, 19: non tenens caput, ex quo totum corpus per nexum et coniunctiones subministratum et constructum crescit in augmentum Dei.

Quarto in capite invenitur conformitas naturæ ad cætera membra, et similiter in Christo ad alios homines, secundum illud Phil. II, 7: in similitudinem hominum factus et habitu inventus, ut homo.

Secundam comparationem ponit hominis ad hominem, cum dicit caput autem mulieris vir. Quod etiam secundum prædicta quatuor verificatur. Nam primo quidem vir est perfectior muliere, non solum quantum ad corpus, quia, ut Philosophus dicit in libro de generatione animalium, foemina est masculus occasionatus, sed etiam quantum ad animæ vigorem, secundum illud Eccle. VII, 29: virum ex mille reperi unum, mulierem ex omnibus non inveni.

Secundo, quia vir naturaliter supereminet foeminæ, secundum illud Eph. V, 22 s.: mulieres viris suis subiectæ sint sicut Domino, quoniam vir caput est mulieris.

Tertio, quia vir influit gubernando mulierem, secundum illud Gen. III, 16: sub viri potestate eris, et ipse dominabitur tui.

Quarto vir et foemina conformes sunt in natura, secundum illud Gen. II, 18: faciamus ei adiutorium simile sibi.

Tertiam comparationem ponit Dei ad Dominum, cum dicit caput vero Christi, Deus.

Est autem considerandum, quod hoc nomen Christus significat personam prædictam ratione humanæ naturæ: et sic hoc nomen Deus non supponit solum personam patris, sed totam trinitatem, a qua in humanitate Christi, sicut a perfectiori, omnia bona derivantur, et cui humanitas Christi subiicitur.

Alio modo potest intelligi, secundum quod hoc nomen Christus supponit dictam personam ratione divinæ naturæ: et sic hoc nomen Deus supponit solum personam patris, quæ dicitur caput filii, non quidem secundum maiorem perfectionem, vel secundum aliquam suppositionem, sed solum originem et secundum conformitatem naturæ, sicut in Ps. II, 7 dicitur: Dominus dixit ad me: filius meus es tu, ego hodie genui te.

Possunt tamen hæc mystice accipi, prout in anima est quoddam spirituale coniugium.

Nam sensualitas foeminæ comparatur, ratio vero viro, per quem sensualitas regi debet.

Unde et caput eius dicitur. Vel potius ratio inferior, quæ inhæret temporalibus disponendis, mulieri comparatur; viro autem ratio superior, quæ vacat contemplationi æternorum, quæ caput inferioris dicitur: quia secundum rationes æternas sunt temporalia disponenda, secundum illud Ex. XXV, 40: inspice et fac secundum exemplar quod tibi in monte monstratum est. Dicitur autem caput viri Christus, quia sola ratio secundum superiorem sui partem Deo inhæret.

Lectio 2

Præmisso documento subiungit admonitionem, cuius ratio sumitur ex documento prædicto.

Et circa hoc duo facit.

Primo ponit admonitionem ex parte viri; secundo ex parte mulieris, ibi omnis autem mulier, etc..

Dicit ergo primo: dictum est quod caput mulieris est vir, omnis autem vir orans aut prophetans velato capite, deturpat caput suum. Circa quod considerandum est, quod quilibet homo iudici assistens, suam conditionem vel dignitatem debet profiteri, et præcipue assistens Deo, qui est omnium iudex; et ideo, qui Deo assistunt, ordinatissime et convenientissime se gerere debent, secundum illud Eccle. IV, 17: custodi pedem tuum ingrediens domum Dei.

Dupliciter autem homo Deo assistit. Uno modo humana in Deum referens, quod quidem fit orando, secundum illud Eccli. XXXIX, 6 s.: in conspectu altissimi deprecabitur, aperiet os suum in oratione, et pro delictis suis deprecabitur. Alio modo divina ad homines deferens, quod quidem fit prophetando, secundum illud Ioel. II, 28: effundam spiritum meum super omnem carnem, et prophetabunt filii vestri. Unde signanter apostolus dicit vir orans et prophetans. His enim duobus modis vir Deo tamquam iudici, vel Domino assistit.

Dicitur autem prophetans dupliciter. Uno modo inquantum homo aliis annuntiat, quæ ei divinitus revelantur, secundum illud Lc. I, 67 s.: Zacharias pater eius impletus est spiritu sancto, et prophetavit, dicens: benedictus Dominus Deus Israel, etc.. Alio modo dicitur homo prophetans, inquantum

Commentaria in Epistolis S. Pauli

profert ea quæ sunt aliis revelata; unde illi qui in ecclesia dicunt prophetias, vel alias sacras Scripturas legunt, dicuntur prophetantes. Et sic accipitur infra XIV, 4: qui prophetat, ecclesiam ædificat; et ita etiam hic accipitur.

Pertinet autem ad dignitatem viri (ut infra patebit) carere velamine capitis, et ideo dicit quod omnis vir orans, aut prophetans velato capite, deturpat caput suum, id est, rem inconvenientem sibi agit.

Sicut enim in corpore pulchritudo dicitur ex debita proportione membrorum in convenienti claritate vel colore, ita in actibus humanis dicitur pulchritudo ex debita proportione verborum vel factorum, in quibus lumen rationis resplendet. Unde et per oppositum turpitudo intelligitur, quando contra rationem aliquid agitur, et non observatur debita proportio in verbis et factis. Unde supra VII, 36 dictum est: si quis turpem se videri existimat, super virgine sua, quod sit superadulta.

Sed contra hoc obiicitur: nam multi velato capite in ecclesia orant absque omni turpitudine secretius orare volentes.

Dicendum est autem, quod duplex est oratio. Una privata, quam scilicet quis Deo offert in propria persona; alia publica, quam quis offert Deo in persona totius ecclesiæ, ut patet in orationibus, quæ in ecclesia per sacerdotes dicuntur, et de talibus orationibus apostolus hic intelligit.

Item obiicitur de hoc quod dicit Glossa, quod prophetans dicitur Scripturas reserans, et secundum hoc ille qui prædicat, prophetat. Episcopi autem prædicant capite tecto mitra.

Sed dicendum est, quod ille qui prædicat vel docet in scholis, ex propria persona loquitur.

Unde et apostolus, Rom. II, 16, nominat evangelium suum, scilicet propter industriam qua utebatur in prædicatione evangelii; sed ille, qui sacram Scripturam in ecclesia recitat, puta legendo lectionem, vel epistolam, vel evangelium, ex persona totius ecclesiæ loquitur. Et de tali prophetante intelligitur, quod hic apostolus dicit.

Sed tunc remanet obiectio de his, qui cantant Psalmos in choro capite tecto.

Sed dicendum, quod Psalmi non cantantur, quasi ab uno singulariter se Deo præsentante, sed quasi a tota multitudine.

Deinde cum dicit omnis autem mulier, etc., ponit admonitionem quantum ad mulieres, dicens omnis autem mulier orans, aut prophetans, ut supra, non velato capite, quod repugnat propter conditionem eius, deturpat caput suum, id est, rem inconvenientem facit circa sui capitis detectionem.

Sed contra hoc obiicitur, quia apostolus dicit I Tim. II, 12: docere in ecclesia mulieres non permitto. Quomodo ergo competit mulieri, ut oret, aut prophetet publica oratione, aut doctrina? sed dicendum est, hoc intelligendum esse de orationibus ac lectionibus, quas mulieres in suis collegiis proferunt.

Prima ad Corinthios

Deinde cum dicit unum est enim, etc., probat admonitionem prædictam. Et primo inducit probationem, secundo probationis iudicium auditoribus committit, ibi vos ipsi iudicate, etc..

Circa primum duo facit.

Primo inducit probationem, secundo excludit obiectionem, ibi verumtamen neque vir, etc..

Circa primum ponit triplicem probationem, quarum prima sumitur per comparationem ad humanam naturam; secunda per comparationem ad Deum, ibi vir quidem non debet, etc.; tertia per comparationem ad Angelos, cum dicit et propter Angelos.

Circa primum considerandum est, quod natura, quæ cæteris animalibus providit auxilia sufficientia vitæ, hominibus præbuit ea imperfecta, ut per rationem, arte, usu, manu sibi ea perficerent, sicut tauris dedit cornua ad defensionem, homines autem arma defensionis sibi præparant manuali artificio rationis. Et inde est, quod ars imitatur naturam, et perficit ea quæ natura facere non potest. Sic igitur ad tegumentum capitis natura homini dedit capillos. Sed quia hoc tegumentum insufficiens est, per artem præparat homo sibi aliud velamen.

Eadem igitur ratio est de velamine naturali capillorum, et de velamine artificiali. Naturale autem est mulieri, quod comam nutriat.

Habet enim ad hoc dispositionem naturalem, et ulterius inclinatio quædam inest mulieribus ad comam nutriendam. In pluribus enim hoc accidit, quod mulieres magis student ad nutriendam comam, quam viri.

Videtur ergo conditioni mulierum conveniens esse, quod magis utantur artificiali velamine capitis, quam viri.

Circa hoc ergo tria facit. Primo ponit convenientiam velaminis naturalis et artificialis, dicens: dictum est mulier non velans caput, deturpat caput suum, unum est enim, scilicet unius rationis, privari scilicet velamine artificiali, ac si decalvetur, id est, ac si privetur naturali velamine capillorum, quod in poenam quibusdam prædicitur Is. III, 17: decalvabit Dominus verticem filiarum sion, et crinem earum nudabit.

Secundo ducit ad inconveniens, dicens nam et si non velatur mulier, tondeatur, quasi dicat: si abiicit velamen artificiale, abiiciat pari ratione etiam naturale, quod est inconveniens.

Sed contra hoc videtur esse, quod sanctimoniales tondentur.

Ad quod dupliciter potest responderi: primo quidem, quia ex hoc ipso quod votum viduitatis vel virginitatis assumunt, Christo desponsante, promoventur in dignitatem virilem, utpote liberatæ a subiectione virorum, et immediate Christo coniunctæ.

Secundo quia assumunt poenitentiæ lamentum, religionem intrantes. Est autem consuetudo viris, quod tempore luctus comam nutriant, quasi hoc sit suæ conditioni conveniens: mulieres autem e contrario tempore luctus comam deponunt. Unde dicitur Ier. VII, 29: capillum tuum tonde, et proiice, et sume indirectum planctum.

Tertio concludit propositum dicens si vero turpe, id est indecens, est mulieri tonderi aut decalvari, id est, privari naturali velamine, arte, vel natura, velet caput suum, utens scilicet velamine artificiali.

Deinde cum dicit vir quidem, etc., ponit secundam probationem, quæ accipitur per comparationem ad Deum. Et primo inducit ad probationem, secundo probat quod supposuerat, ibi non enim est vir, etc..

Circa primum duo facit.

Primo ponit rationem eius quod est ex parte viri, secundo illud quod est ex parte mulieris, ibi mulier autem, etc..

Dicit ergo primo: dictum est quod turpe est mulieri tonderi, sicut et non velari; viro autem non est turpe, cuius ratio est hæc vir quidem non debet velare caput suum, quia est imago et gloria Dei.

Per hoc autem quod dicit est imago Dei, excluditur quorumdam error, dicentium quod homo solum est ad imaginem Dei, non autem est imago, cuius contrarium hic apostolus dicit. Dicebant autem, quod solus filius est imago, secundum illud Col. I, 15: qui est imago invisibilis Dei.

Est ergo dicendum, quod homo imago Dei dicitur et ad imaginem. Est enim imago imperfecta: filius autem dicitur imago, non ad imaginem, quia est imago perfecta.

Ad cuius evidentiam considerandum est, quod de ratione imaginis in communi duo sunt. Primo quidem similitudo, non in quibuscumque, sed vel in ipsa specie rei, sicut homo filius assimilatur patri suo. Vel in aliquo quod sit signum speciei, sicut figura in rebus corporalibus. Unde qui figuram equi describunt, dicuntur imaginem eius depingere. Et hoc est, quod dicit Hilarius in libro de synodis, quod imago est species indifferens.

Secundo requiritur origo. Non enim duorum hominum, qui sunt similes specie, unus imago alterius dicitur, nisi ex eo oriatur, sicut filius a patre. Nam imago dicitur ab exemplari.

Tertio ad rationem perfectæ imaginis requiritur æqualitas.

Quia igitur homo similatur Deo secundum memoriam, intelligentiam et voluntatem mentis, quod pertinet ad speciem intellectualis naturæ, et hoc habet a Deo, dicitur esse Dei imago; quia tamen deest æqualitas, est Dei imago imperfecta. Et ideo dicitur ad imaginem, secundum illud Gen. I, 26: faciamus hominem ad imaginem et similitudinem nostram. Sed filius, qui est æqualis patri, est imago perfecta, non autem ad imaginem.

Considerandum est etiam, quod gloria Dei dupliciter dicitur. Uno modo qua Deus in se gloriosus est, et sic homo non est gloria Dei, sed potius Deus est gloria hominis, secundum illud Ps. III, 4: tu, Domine, susceptor meus es et gloria mea. Alio modo dicitur gloria Dei claritas eius ab eo derivata, secundum illud Ex. Cap. Ult.: gloria

Domini implevit illud.

Et hoc modo hic dicitur, quod vir est gloria Dei, inquantum claritas Dei immediate super virum refulget, secundum illud Ps. IV, 7: signatum est super nos lumen vultus tui, Domine.

Deinde cum dicit mulier autem, etc., ponit id quod est ex parte mulieris, dicens mulier autem est gloria viri, etc., quia claritas mulieris derivatur a viro, secundum illud Gen. II, 23: hæc vocabitur virago, quoniam de viro sumpta est.

Sed contra hoc obiicitur, quia imago Dei attenditur in homine secundum spiritum, in quo non est differentia maris et foeminæ, ut dicitur Col. III, 11. Non ergo magis debet dici, quod vir dicitur imago Dei, quam mulier.

Dicendum est autem, quod vir dicitur hic specialiter imago Dei secundum quædam exteriora, scilicet quia vir est principium totius sui generis, sicut Deus est principium totius universi, et quia de latere Christi dormientis in cruce fluxerunt sacramenta sanguinis et aquæ, a quibus fabricata est ecclesia. Potest etiam quantum ad interiora dici, quod vir specialius dicitur imago Dei secundum mentem, inquantum in eo ratio magis viget.

Sed melius dicendum est quod apostolus signanter loquitur. Nam de viro dixit, quod vir imago et gloria Dei est: de muliere autem non dixit, quod esset imago et gloria viri, sed solum quod est gloria viri, ut detur intelligi quod esse imaginem Dei, commune est viro et mulieri: esse autem gloriam Dei immediate proprium est viri.

Prima ad Corinthios

Restat autem considerandum, propter quid vir non debeat velare caput, sed mulier.

Quod quidem dupliciter accipi potest. Primo quidem quia velamen, quod capiti superponitur, designat potestatem alterius super caput existentis ordine naturæ: et ideo vir sub Deo existens, non debet velamen habere, super caput, ut ostendat se immediate Deo subesse, mulier autem debet velamen habere, ut ostendat se præter Deum alteri naturaliter subesse. Unde cessat obiectio de servo et subdito: quia hæc subiectio non est naturalis.

Secundo ad ostendendum, quod gloria Dei non est occultanda, sed revelanda: gloria autem hominis est occultanda; unde in Ps. CXIII, 9 s. Dicitur: non nobis, Domine, non nobis, sed nomini tuo da gloriam.

Lectio 3

Præmiserat apostolus quod mulier est gloria viri, quod hic probare intendit.

Et circa hoc tria facit.

Primo ponit probationem; secundo assignat rationem eius quod dixerat, ibi etenim non est creatus, etc.; tertio infert conclusionem intentam, ibi ideo debet, etc..

Circa primum considerandum, quod, sicut supra dictum est, mulier dicitur gloria viri per quamdam derivationem, et ideo, ad hoc probandum, subdit non enim, prima scilicet rerum conditione, vir est ex muliere, scilicet formatus, sed mulier ex viro. Dicitur enim Gen. II, 22, quod ædificavit Dominus Deus costam, quam tulerat de Adam in mulierem. De viro autem dicitur formavit Dominus Deus hominem de limo terræ.

Deinde cum dicit etenim, etc., assignat rationem eius quod dixerat.

Ad cuius evidentiam considerandus est talis ordo perfecti et imperfecti, quod imperfectum in uno et eodem subiecto prius est tempore, quam perfectum. Prius enim aliquis homo est puer, quam vir; simpliciter tamen perfectum est prius imperfecto, tempore et natura. Nam puer producitur ex viro.

Hæc igitur est ratio quare mulier producta est ex viro, quia perfectior est muliere, quod ex hoc probat apostolus, quia finis est perfectior eo quod est ad finem: vir autem est finis mulieris. Et hoc est quod dicit etenim non est creatus vir propter mulierem, sed mulier propter virum, in adiutorium scilicet generationis: sicut patiens est propter agens, et materia propter formam. Unde dicitur Gen. II, 18: non est bonum hominem esse solum, faciamus ei adiutorium simile sibi.

Deinde cum dicit ideo debet, etc., infert conclusionem intentam, dicens ideo, scilicet quia vir est imago et gloria Dei, mulier autem est gloria viri, mulier debet habere velamen super caput suum, quando scilicet Deo assistit orando, vel prophetando, ut per hoc ostendatur, quod non immediate subest Deo, sed subiicitur etiam viro sub Deo; hoc enim significat velamen, quod capiti superponitur. Unde alia littera habet, quod mulier debet habere potestatem super caput suum, et idem est sensus: nam velamen est signum potestatis, secundum quod in Ps. LXV, 12 dicitur: imposuisti homines super capita nostra.

Deinde cum dicit et propter Angelos, etc., assignat tertiam rationem, quæ sumitur ex parte Angelorum, dicens et etiam mulier debet habere velamen super caput suum propter Angelos. Quod quidem dupliciter intelligi potest. Uno modo de ipsis Angelis cælestibus, qui conventus fidelium visitare creduntur, præcipue quando sacra mysteria celebrantur. Et ideo tunc tam mulieres, quam viri ad reverentiam eorum honeste et ordinate se debent habere, secundum illud Ps. CXXXVII, 1: in conspectu Angelorum psallam tibi.

Alio modo potest intelligi, secundum quod Angeli dicuntur sacerdotes, inquantum divina populo annuntiant, secundum illud Mal. II, 7: labia sacerdotis custodiunt scientiam, et legem requirent ex ore eius, quia Angelus Domini exercituum est.

Debet ergo mulier velamen habere semper in ecclesia propter Angelos, id est, propter sacerdotes, duplici ratione. Primo quidem propter eorum reverentiam, ad quam pertinet quod mulieres coram eis honeste se habeant.

Unde dicitur Eccli. VII, 33: honora Deum ex tota anima tua, et sacerdotes illius. Secundo propter eorum cautelam, ne scilicet ex conspectu mulierum non velatarum ad concupiscentiam provocentur. Unde dicitur Eccli. IX, 5: *virginem ne aspicias, ne forte scandalizeris in decore illius.*

Augustinus autem aliter exponit prædicta. Ostendit enim quod tam mulier quam vir est ad imaginem Dei, per hoc quod dicitur Eph. IV, 23 s.: *renovamini spiritu mentis vestræ, et induite novum hominem, qui renovatur in agnitione Dei secundum imaginem eius qui creavit eum,* ubi non est masculus et foemina. Et sic patet, quod imago Dei attenditur in homine secundum spiritum, in quo non est differentia masculi et foeminæ; et ideo mulier est imago Dei sicut et vir. Expresse enim dicitur Gen. I, 27, quod *creavit Deus hominem ad imaginem suam, masculum et foeminam creavit eos:* et ideo Augustinus dicit hoc esse intelligendum in spirituali coniugio, quod est in anima nostra, in qua (sicut supra dictum est) sensualitas, vel etiam inferior ratio se habet per modum mulieris, ratio autem superior per modum viri, in qua attenditur imago Dei.

Et secundum hoc mulier est ex viro et propter virum, quia administratio rerum temporalium, vel sensibilium, cui intendit inferior ratio vel etiam sensualitas, debet deduci ex contemplatione æternorum, quæ pertinent ad superiorem rationem, et ad eam ordinari.

Et ideo mulier dicitur habere velamen, vel potestatem super caput suum, ad significandum quod circa temporalia dispensanda debet homo cohibitionem quamdam et refrænationem habere, ne ultra modum homo progrediatur in eis diligendis. Quæ quidem cohibitio circa amorem Dei adhiberi non debet, cum præceptum sit Deut. VI, 5: *diliges Dominum Deum tuum ex toto corde tuo.* Nam circa desiderium finis non apponitur mensura, quam necesse est apponi circa ea quæ sunt ad finem. Medicus enim sanitatem inducit quanto perfectiorem potest, non tamen dat medicinam quanto maiorem potest, sed secundum determinatam mensuram. Sic vir non debet habere velamen super caput. Et hoc debet propter Angelos sanctos: quia, sicut in Glossa dicitur grata est sanctis Angelis sacrata et pia significatio.

Unde et Augustinus dicit de Civit. Dei, quod Dæmones alliciuntur quibusdam sensibilibus rebus, non sicut animalia cibis, sed sicut spiritus signis.

Deinde cum dicit *verumtamen neque vir,* etc., excludit dubitationem quæ posset ex dictis oriri. Quia enim dixerat, quod vir est gloria Dei, mulier autem est gloria viri, posset aliquis credere, vel quod mulier non esset ex Deo, vel quod non haberet potestatem in gratia.

Unde primo hoc excludit, dicens: licet mulier sit gloria viri, qui est gloria Dei, verumtamen neque vir est in Domino, id est, a Domino productus, sine muliere, neque mulier sine viro; utrumque enim Deus fecit, secundum illud Gen. I, 27: *masculum et foeminam creavit eos.*

Commentaria in Epistolis S. Pauli

Vel aliter: neque vir est sine muliere in Domino, scilicet in gratia Domini nostri Iesu Christi, neque mulier sine viro, quia uterque per gratiam Dei salvatur, secundum illud Gal. III, 27: quicumque in Christo baptizati estis, Christum induistis. Et postea subdit: non est masculus, neque foemina, scilicet differens in gratia Christi.

Secundo assignat rationem, dicens: nam sicut in prima rerum institutione mulier est de viro formata, ita et in subsequentibus generationibus, vir per mulierem productus est, secundum illud Iob XIV, 1: homo natus de muliere.

Nam prima productio hominis fuit sine viro et muliere, quando Deus formavit hominem de limo terræ, ut dicitur Gen..

Secunda autem fuit de viro sine muliere, quando formavit Evam de costa viri, ut ibidem legitur. Tertia autem est ex viro et muliere, sicut Abel natus est ex Adam et Eva, ut legitur Gen. IV, 2. Quarta autem est ex muliere sine viro, ut Christus ex virgine, secundum illud Gal. IV, 4: misit Deus filium suum factum ex muliere.

Tertio ostendit rationem esse convenientem, dicens omnia autem ex Deo, quia scilicet et hoc ipsum, quod mulier primo fuit ex viro, et hoc quod postmodum vir est ex muliere, est ex operatione divina. Unde ad Deum pertinent tam vir, quam mulier. Unde dicitur Rom. XL, 36: ex ipso, et per ipsum, et in ipso sunt omnia.

Deinde cum dicit vos ipsi iudicate, etc., committit iudicium eius quod dixerat auditoribus.

Et circa hoc duo facit.

Primo committit iudicium rationalibus auditoribus; secundo comprimit protervos auditores, ibi si quis autem videtur, etc..

Circa primum quatuor facit. Primo committit auditoribus iudicium eius quod dixerat, more eius qui confidit se sufficienter probasse, dicens vos ipsi iudicate, etc.. Pertinet enim ad bonum auditorem iudicare de auditis. Unde dicitur Iob VI, 29: loquentes id quod iustum est iudicate. Et XII, 11: nonne auris verba diiudicat? secundo proponit sub quæstione id de quo debet esse iudicium, dicens decet mulierem non velatam orare Deum. Hoc prohibetur I Petr. III, 3, ubi dicitur: quarum sit non exterius capillatura.

Tertio ostendit unde debeant sumere suum iudicium, quia ab ipsa natura, et hoc est quod dicit nec ipsa natura docet vos. Et vocat hic naturam ipsam inclinationem naturalem, quæ est mulieribus ad nutriendum comam, quæ est naturale velamen, non autem viris. Quæ quidem inclinatio naturalis esse ostenditur, quia in pluribus invenitur. Oportet autem ab ipsa natura doceri, quia est Dei opus: sicut in pictura instruitur aliquis artificio pictoris. Et ideo contra quosdam dicitur Is. XXIV, 5: transgressi sunt leges, mutaverunt ius, dissipaverunt foedus sempiternum, id est, ius naturale.

Quarto autem a natura sumit

rationem; et primo ponit id quod est ex parte viri, dicens quod vir quidem, si comam nutriat, more mulieris, ignominia est illi, id est, ad ignominiam ei reputatur apud plures homines, quia per hoc videtur muliebris esse. Et ideo Ez. XLIV, 20 dicitur: sacerdotes comam non nutriant. Nec est instantia de quibusdam, qui in veteri lege comam nutriebant, quia hoc erat signum, quod tunc erat positum in lectione veteris testamenti, ut dicitur II Cor. III, 14.

Secundo ponit id quod est ex parte mulieris, dicens mulier et si comam nutriat, gloria est illi, quia videtur ad ornatum eius pertinere. Unde dicitur Cant. VII, 5: comæ capitis eius sicut purpura regis.

Et assignat consequenter rationem, cum dicit quoniam capilli dati sunt ei, scilicet mulieri, pro velamine; et ideo eadem ratio est de capillis nutriendis, et de velamine artificiali apponendo. Cant. IV, 1: capilli tui sicut grex caprarum, etc..

Deinde cum dicit si quis autem videtur, etc., comprimit protervos auditores, dicens si quis autem videtur contentiosus esse, ut scilicet rationibus prædictis non acquiescat, sed confidentia clamoris veritatem impugnet, quod pertinet ad contentionem, ut Ambrosius dicit, contra id quod dicitur Iob VI, 29: respondete, obsecro, absque contentione; et Prov. XX, 3: honor est ei, qui separat se a contentionibus.

Hoc sufficiat ad comprimendum talem, quod nos Iudæi in Christum credentes talem consuetudinem non habemus, scilicet quod mulieres orent non velato capite, neque etiam tota ecclesia Dei per gentes diffusa.

Unde si nulla esset ratio, hoc solum deberet sufficere, ne aliquis ageret contra communem ecclesiæ consuetudinem. Dicitur enim in Ps. LXVII, 7: qui habitare facit unius moris in domo. Unde Augustinus dicit in epistola ad casulanum quod omnibus, in quibus nihil certi diffinit sacra Scriptura, mos populi Dei, atque instituta maiorum pro lege habenda sunt.

Lectio 4

Postquam apostolus redarguit Corinthios de eorum errore in habitu, quia scilicet mulieres ad sacra mysteria conveniebant capite non velato consequenter arguit eorum errorem de scissuris in conventu, quia scilicet dum convenirent ad sacra mysteria, contentionibus vacabant. Et primo tangit eorum defectum in generali; secundo in speciali, ibi primum quidem, etc..

Dicit ergo primo hoc autem, quod dictum est supra quod mulieres velatæ sint in ecclesiis, præcipio, ut sic tripliciter eos induceret ad huiusmodi observantiam.

Primo quidem ratione, secundo consuetudine, tertio præcepto: quod solum sine aliis necessitatem induceret. Prov. IV, 4: custodi præcepta mea, et vives. Et Eccle. IV, 12 dicitur: funiculus triplex difficile

Commentaria in Epistolis S. Pauli

rumpitur.

Non laudans, sed magis vituperans, quod convenitis, in ecclesiam, non in melius, sicut deberet esse, sed in deterius, ex culpa vestra.

Omnia enim animalia gregalia, puta columbæ, grues, oves, naturali instinctu in unum conveniunt, ut sit eis corporaliter melius.

Unde et homo cum sit animal gregale vel sociale, ut Philosophus probat, I Lib. Politic., secundum rationem agere debet, ut multi in unum conveniant propter aliquod melius, sicut in rebus sæcularibus multi in unitatem civitatis conveniunt, ut sit eis melius sæculariter, scilicet propter securitatem et sufficientiam vitæ. Et ideo fideles in unum convenire debent propter aliquod melius spirituale, secundum illud Ps. Ci, 23: in conveniendo populos in unum, et reges ut serviant Domino.

Et alibi: in consilio iustorum et congregatione, magna opera Domini. Sed isti in deterius conveniebant propter culpas quas committebant dum convenirent. Is. I, 13: iniqui sunt cætus vestri. Eccli. XXI, 10: stupa collecta synagoga peccantium.

Deinde cum dicit primum quidem, etc., ponit in speciali quomodo in deterius convenirent.

Et primo ponit iudicium culpæ, dicens primum quidem, inter cætera scilicet quod in deterius convenitis, convenientibus vobis in ecclesia, audio scissuras esse inter vos, scilicet per contentiones quas exercebant.

Quod quidem ecclesiæ non convenit, quæ in unitate constituitur, secundum illud Eph. IV, 4: unum corpus et unus spiritus, sicut vocati estis in una spe vocationis vestræ.

Hoc autem prædicitur Is. XXII, 9: scissuras civitatis David videbitis, quia multiplicatæ sunt.

Dicit autem Glossa, quod dicendo, primum, ostendit quod primum malum est dissensio, unde cetera oriuntur. Ubi enim est dissensio, nihil rectum est.

Sed contra videtur esse, quod dicitur Eccli. X, 15: initium omnis peccati superbia; et I Tim. Cap. Ult.: radix omnium malorum cupiditas.

Dicendum est autem, quod hæ auctoritates loquuntur quantum ad peccata personalia singularium hominum, quorum primum est superbia ex parte aversionis, et cupiditas ex parte conversionis. Sed Glossa hic loquitur de peccatis multitudinis; inter quæ primum est dissensio, per quam solvitur rigor disciplinæ.

Unde dicitur Iac. III, 16: ubi est zelus et contentio, ibi inconstantia et omne opus pravum.

Secundo ponit credulitatem auditorum, cum dicit et ex parte credo, id est, quantum ad aliquos vestrum, qui erant ad contentionem proni, secundum illud quod dixerat supra I cap., 11 ss.: contentiones sunt inter vos. Hoc autem dico, quod unusquisque vestrum dicit: ego quidem sum Pauli, ego Apollo, ego vero Cephæ. Alii vero non erant contentiosi, ex quorum persona ibi subditur ego autem Christi. Unde et cant. II, 2 dicitur: sicut lilium inter spinas, sic amica mea inter filias, id est, boni inter malos.

Tertio assignat rationem suæ credulitatis, dicens nam oportet, non solum quascumque scissuras, sed etiam hæreses esse.

Ubi duo consideranda sunt. Primo quid sit hæresis, secundo quomodo oportet hæreses esse.

Circa primum sciendum, quod, sicut Hieronymus dicit super epistolam ad Galatas, hæresis Græce ab electione dicitur: quia scilicet eam sibi unusquisque eligat disciplinam, quam putat esse meliorem: ex quo duo accipi possunt. Primo quidem quod de ratione hæresis est, quod aliquis privatam disciplinam sequatur, quasi per electionem propriam: non autem disciplinam publicam, quæ divinitus traditur.

Secundo quod huic disciplinæ aliquis pertinaciter inhæreat. Nam electio firmam importat inhæsionem: et ideo hæreticus dicitur, qui spernens disciplinam fidei, quæ divinitus traditur, pertinaciter proprium errorem sectatur.

Pertinet autem aliquid ad disciplinam fidei dupliciter. Uno modo directe, sicut articuli fidei, qui per se credendi proponuntur.

Unde error circa hos secundum se facit hæreticum, si pertinacia adsit. Non possunt autem a tali errore propter simplicitatem aliquam excusari, præcipue quantum ad ea, de quibus ecclesia solemnizat, et quæ communiter versantur in ore fidelium, sicut mysterium trinitatis, nativitatis Christi, et alia huiusmodi.

Quædam vero indirecte pertinent ad fidei disciplinam, inquantum scilicet ipsa non proponuntur, ut propter se credenda, sed ex negatione eorum sequitur aliquid contrarium fidei: sicut si negetur Isaac fuisse filium Abrahæ, sequitur aliquid contrarium fidei, scilicet sacram Scripturam continere aliquid falsi.

Ex talibus autem non iudicatur aliquis hæreticus, nisi adeo pertinaciter perseveret, quod ab errore non recedat, etiam viso quid ex hoc sequatur. Sic igitur pertinacia qua aliquis contemnit in his quæ sunt fidei directe vel indirecte subire iudicium ecclesiæ, facit hominem hæreticum. Talis autem pertinacia procedit ex radice superbiæ, qua aliquis præfert sensum suum toti ecclesiæ. Unde apostolus dicit I ad Tim. VI, 3 s.: si quis aliter docet, et non acquiescit sanis sermonibus Domini nostri Iesu Christi, et ei quæ secundum pietatem est doctrinæ, superbus est, nihil sciens, sed languens circa quæstiones et pugnas verborum.

Secundo considerandum est, quomodo oporteat hæreses esse. Si enim opportunum est hæreticos esse, videtur quod sint commendabiles, et non sint extirpandi.

Sed dicendum est quod dupliciter de aliquo dicitur quod oportet illud esse. Uno modo ex intentione illius, qui hoc

Commentaria in Epistolis S. Pauli

agit, puta si dicamus quod oportet iudicia esse: quia scilicet iudices, iudicia exercentes, intendunt iustitiam et pacem in rebus humanis constituere.

Alio modo ex intentione Dei, qui etiam mala ordinat in bonum, sicut persecutionem tyrannorum ordinavit in gloriam martyrum.

Unde Augustinus dicit in enchiridion, quod Deus est adeo bonus, quod nullo modo permitteret fieri aliquod malum, nisi esset adeo potens quod de quolibet malo posset elicere bonum. Et secundum hoc dicitur Matth. XVIII, 7: necesse est, ut veniant scandala, verumtamen væ homini illi per quem scandalum venit. Et secundum hoc hic dicit apostolus, quod oportet hæreses esse, ex eo quod Deus malitiam hæreticorum ordinavit in bonum fidelium.

Et hoc dicit primo quidem ad maiorem declarationem veritatis. Unde dicit Augustinus de Civit. Dei, Lib. XVI in Glossa: ab adversario mota quæstio, discendi existit occasio: multa quippe ad fidem catholicam pertinentia, dum hæreticorum callida inquietudine excogitantur, ut adversus eos defendi possint, et considerantur diligentius, et intelliguntur clarius, et prædicantur instantius. Unde et Prov. XXVII, 17: ferrum ferro acuitur, et homo exacuit faciem amici sui. Secundo ad manifestandam infirmitatem fidei in his qui recte credunt. Et hoc est quod hic subdit apostolus ut et qui probati, id est, approbati sunt a Deo, manifesti fiant in vobis, id est, inter vos. Sap. III, 6: tamquam aurum in fornace probavit illos.

Deinde cum dicit convenientibus ergo vobis, etc., redarguit eos de tertio delicto, quia scilicet peccabant in modo et ordine sumendi corpus Christi. Et potest totum quod sequitur, dupliciter exponi.

Secundum autem primam expositionem redarguuntur de hoc quod corpus Christi pransi accipiebant.

Circa hoc ergo quatuor facit.

Primo ponit detrimentum quod incurrebant; secundo ponit culpam, ibi unusquisque enim, etc.; tertio inquirit de causa culpæ, ibi numquid domos, etc.; quarto concludit eorum vituperationem, ibi quid dicam vobis, etc..

Dicit ergo, primo, ita: convenientibus vobis, scissuræ sunt inter vos, ergo convenientibus vobis in unum, corpore, non animo, iam ad hoc advenistis, quod non est, id est, non licet vel non competit vobis, dominicam coenam manducare, id est sumere eucharistiæ sacramentum, quod Dominus in coena discipulis dedit. Hoc enim sacramentum, ut Augustinus dicit super Ioannem, est sacramentum unitatis et charitatis.

Et ideo non competit dissentientibus. Cant. V, 1: comedite, amici, et bibite, et inebriamini, charissimi.

Vel melius potest referri ad ea quæ sequuntur, ut sit sensus: non solum convenientibus vobis scissuræ sunt inter vos, sed convenit vobis convenientibus iam, id est in præsenti hoc determinatum habetis, quod non est, id est non licet vobis, dominicam coenam manducare, ad quam pransi acceditis. Quia enim Dominus discipulis suis post coenam hoc sacramentum tradidit, ut legitur Matth. XXVI, 26, volebant etiam Corinthii post communem coenam sumere corpus Christi.

Sed Dominus hoc rationabiliter fecit propter tria. Primo quidem, quia ordine congruo figura præcedit veritatem. Agnus autem paschalis erat figura, sive umbra huius sacramenti. Et ideo post coenam agni paschalis, Christus hoc sacramentum dedit. Dicitur enim Coloss. II, 17 de omnibus legalibus, quod sunt umbra futurorum, corpus autem Christi. Secundo ut ex hoc sacramento statim ad passionem transiret, cuius hoc sacramentum est memoriale. Et ideo dixit discipulis surgite, eamus hinc, scilicet ad passionem. Tertio ut arctius imprimeretur hoc sacramentum cordibus discipulorum, quibus ipsum tradidit in ultimo suo recessu.

Sed in reverentiam tanti sacramenti postmodum ecclesia instituit, quod non nisi a ieiunis sumatur, a quo excipiuntur infirmi, qui in necessitate, quæ legem non habet, possunt non ieiuni sumere corpus Christi.

Quia vero aqua non solvit ieiunium, æstimaverunt quidam, quod post potum aquæ posset aliquis sumere hoc sacramentum, præsertim quia, ut dicunt, aqua non nutrit, sicut nec aliquod aliud simplex elementum.

Quamvis autem aqua secundum se non nutriat, et ob hoc non solvat ieiunium ecclesiæ, secundum quod dicuntur aliqui ieiunantes, nutrit tamen aliis admixta, et ideo solvit ieiunium naturæ. Et secundum hoc dicuntur aliqui ieiuni, qui scilicet eadem die nihil sumpserunt, nec cibi, nec potus. Et quia reliquiæ cibi, quæ in ore remanent, sumuntur per modum salivæ, hoc non impedit aliquos esse ieiunos. Similiter et non impedit aliquos esse ieiunos, si tota nocte nihil dormierint, vel si etiam non sint plene digesti, dummodo eadem die omnino cibi vel potus nihil sumpserint.

Unde quia principium diei est sumendum secundum usum ecclesiæ a media nocte, ideo quicumque post mediam noctem aliquid sumpserit quantumcumque modicum cibi vel potus, non potest eadem die sumere hoc sacramentum.

Deinde, cum dicit unusquisque enim, etc., ponit culpam, et primo secundum quod peccabant in Deum; secundo prout peccabant in proximum, ibi et alius quidem, etc..

Dicit ergo primo: ideo dico quod non licet vobis dominicam coenam manducare, quia unusquisque vestrum præsumit, id est ante sumit, suam coenam, scilicet ciborum communium, ad manducandum. Quilibet enim eorum portabat ad ecclesiam fercula præparata, et comedebat quilibet seorsum antequam sumeret sacra mysteria. Os. IV, 18: separatum est convivium eorum, nunc interibunt. Eccli. XI, 19 dicitur in persona parci: inveni requiem mihi, et comedebam de bonis meis solus.

Commentaria in Epistolis S. Pauli

Deinde, cum dicit et alius quidem, etc., arguit culpam eorum, inquantum erat contra proximum.

Divites enim laute comedebant in ecclesia, et bibebant usque ad ebrietatem, pauperibus autem nihil dabant, ita quod remanebant esurientes.

Et hoc est quod dicitur et alius quidem esurit, scilicet pauper, qui non habebat unde sibi præpararet, alter autem ebrius est, scilicet dives, qui superflue comedebat et bibebat, contra id quod dicitur Nehem. VIII, 10: comedite pinguia, et bibite mulsum, et mittite partes eis, qui non præparaverunt sibi. Iob XXXI, 17: si comedi buccellam meam solus, et non comedit pupillus ex ea.

Deinde, cum dicit numquid domos, etc., inquirit de causa huius culpæ.

Et primo excludit causam per quam poterant excusari. Non enim est licitum domum Dei, quæ est deputata sacris usibus, communibus usibus applicare. Unde et Dominus Io. II, 16 eiiciens ementes et vendentes de templo, dixit domus mea domus orationis vocabitur, vos autem fecistis eam domum negotiationis.

Et Augustinus dicit in regula: in oratorio nemo aliquid faciat, nisi ad quod factum est, unde et nomen accepit. Tamen propter necessitatem, quando scilicet aliquis aliam domum non inveniret, licite posset ecclesia uti ad manducandum, vel ad alios huiusmodi licitos usus.

Hanc ergo excusationem excludit apostolus, dicens numquid non habetis domos, scilicet proprias, ad manducandum et bibendum? ut propter hoc excusemini, si in ecclesia convivia celebretis, quæ debetis in propriis domibus facere. Unde et Lc. V, 29 dicitur quod levi fecit Christo convivium magnum in domo sua.

Secundo, cum dicit aut ecclesiam Dei, etc., asserit causam quæ eos inexcusabiles reddit, quarum prima est contemptus ecclesiæ Dei. Et hanc ponit dicens aut ecclesiam Dei contemnitis? et ideo in ecclesia præsumitis coenam vestram ad manducandum.

Et potest hic sumi ecclesia tam pro congregatione fidelium, quam pro domo sacra, quæ non est contemnenda, secundum illud Ps. XCII, 5: domum tuam decet sanctitudo; et Ier. VII, 11: numquid spelunca latronum facta est domus ista, in qua invocatum est nomen meum in oculis vestris? isti autem utrumque contemnebant, dum, præsente conventu fidelium, in loco sacro convivia celebrabant.

Secundo ponit contemptum proximorum in hoc quod subditur et confunditis eos qui non habent. In hoc enim pauperes erubescebant, quod ipsi esuriebant in conspectu totius multitudinis, aliis laute comedentibus et bibentibus.

Dicitur autem Prov. XVII, 5: qui despicit pauperem, exprobrat factori eius. Et Eccli. IV, 2: animam esurientem ne despexeris.

Deinde, cum dicit quid dicam, etc.,

concludit eorum vituperationem, dicens: quid dicam vobis ex consideratione prædictorum? numquid laudo vos? et respondet: et si in aliis factis laudo vos, in hoc tamen facto non laudo.

Et est advertendum quod supra dum de habitu mulierum loqueretur, saltem ironice laudavit eos, dicens: laudo vos quod per omnia mei, etc.. Hic vero nec ironice vult eos laudare, quia in gravioribus delictis nullo modo sunt peccatores palpandi.

Unde et in Ps. IX, 3 dicitur: quoniam laudatur peccator in desideriis animæ suæ, et iniquus benedicitur. Exacerbavit Dominum peccator. Et Is. III, 12: popule meus, qui beatum te dicunt, ipsi te decipiunt.

Secundum aliam vero expositionem arguuntur de alia culpa.

In primitiva enim ecclesia fideles panem et vinum offerebant, quæ consecrabantur in sanguinem et corpus Christi, quibus iam consecratis, divites, qui multa obtulerant, eadem sibi repetebant, et sic ipsi abundanter sumebant, pauperibus nihil sumentibus, qui nihil obtulerant.

De hac ergo culpa apostolus eos hic reprehendit, dicens convenientibus enim vobis in unum, iam non est, id est, non contigit inter vos, dominicam coenam manducare.

Coena enim Domini est communis toti familiæ; unusquisque autem vestrum sumit eam, non quasi communem, sed quasi propriam, dum sibi vult vindicare quod Deo obtulit; et hoc est

Prima ad Corinthios

quod subdit unusquisque præsumit, id est, præsumptuose attentat, ad manducandum coenam, scilicet Domini, id est panem et vinum consecratum, quasi suam, id est, quasi propriam vindicans, scilicet ea quæ consecrata sunt Domino in suos usus. Et ita sequitur quod alius, scilicet pauper qui nihil obtulit, esurit, nihil scilicet sumens de consecratis, alius autem, scilicet dives qui multa obtulit, ebrius est; ad litteram, propter hoc quod nimium sumpsit de vino consecrato quod scilicet quasi proprium repoposcit.

Sed videtur hoc esse impossibile, quod de vino consecrato aliquis inebrietur, vel etiam nutriatur de pane, quoniam post consecrationem sub speciebus panis et vini nihil remanet, nisi substantia corporis Christi et sanguinis, quæ non possunt converti in corpus hominis, ad hoc quod ex eis nutriatur, aut inebrietur.

Dicunt ergo quidam, quod hoc non fit per aliquam conversionem, sed per solam immutationem sensuum hominis ab accidentibus panis et vini, quæ remanent post consecrationem. Consueverunt enim homines ex solo ciborum odore confortari, et ex multo odore vini stupefieri et quasi inebriari.

Sed confortatio vel stupefactio, quæ provenit ex sola immutatione sensuum, parvo tempore durat, cum tamen post consecrationem panis aut vini, si vinum in magna quantitate sumeretur aut panis, diu sustentaretur homo propter panem aut stupefieret propter vinum. Et præterea manifestum est quod panis consecratus in aliam substantiam converti potest, ex hoc quod per putrefactionem resolvitur in pulveres, aut per combustionem in cineres.

Unde nulla ratio est, quare negetur posse nutrire, cum ad nutriendum nihil aliud requiratur, quam quod cibus convertatur in substantiam nutriti.

Quidam ergo posuerunt, quod panis aut vinum consecratum possunt converti in aliud, et sic nutrire, quia remanet ibi substantia panis aut vini cum substantia corporis Christi et sanguinis.

Sed hoc repugnat verbis Scripturæ. Non enim verum esset quod Dominus dicit Matth. XXVI, 26: hoc est enim corpus meum, quia hoc demonstratum, est panis, sed potius esset dicendum hic, id est, in hoc loco, est corpus meum. Et præterea corpus Christi non incipit esse in hoc sacramento per loci mutationem, quia iam desineret esse in cælo. Unde relinquitur quod ibi incipiat esse per conversionem alterius, scilicet panis, in ipsum; unde non potest esse quod remaneat substantia panis.

Et ideo alii dixerunt quod remanet ibi forma substantialis panis, ad quam pertinet operatio rei: et ideo nutrit, sicut et panis nutriret.

Sed hoc non potest esse, quia nutrire est converti in substantiam nutriti, quod non competit nutrimento ratione formæ, cuius est agere, sed magis ratione materiæ, cuius est pati. Unde si esset ibi forma substantialis, panis nutrire non posset.

Alii vero dixerunt quod aer circumstans convertitur vel in substantiam nutriti, vel in quodcumque aliud huiusmodi; sed hoc non posset fieri absque multa condensatione æris, quæ sensui latere non posset.

Et ideo alii dixerunt quod divina virtute ad hoc quod sacramentum non deprehendatur in huiusmodi conversionibus, redit substantia panis et vini.

Sed hoc videtur esse impossibile, quia, cum substantia panis conversa sit in corpus Christi, non videtur quod possit substantia panis redire, nisi e converso corpus Christi converteretur in panem.

Et præterea si substantia panis redit, aut hoc est manentibus accidentibus panis: et sic simul erit ibi substantia panis et substantia corporis Christi, quod supra improbatum est; nam tamdiu est ibi substantia corporis Christi, quamdiu species remanent. Aut redit speciebus non manentibus, quod etiam est impossibile, quia sic esset substantia panis absque propriis accidentibus, nisi forte intelligatur quod Deus in termino conversionis causaret ibi quamdam materiam quæ sit subiectum huius conversionis. Sed melius est ut dicatur quod sicut virtute consecrationis miraculose confertur speciebus panis et vini, ut subsistant sine subiecto ad modum substantiæ, ita etiam eis miraculose confertur ex consequenti quod agant et patiantur quidquid agere aut pati posset substantia panis aut vini, si adesset. Et hac ratione species illæ panis et vini possunt nutrire et inebriare, sicut si esset ibi substantia panis et vini.

Cætera non mutantur a prima expositione.

Lectio 5

Postquam apostolus redarguit Corinthiorum inordinationes, quas committebant conveniendo ad eucharistiæ sacramentum sumendum, hic agit de ipso sacramento. Et primo agit de dignitate huius sacramenti; secundo inducit fideles ad reverenter sumendum, ibi itaque quicumque manducaverit etc..

Circa primum duo facit.

Primo commendat auctoritatem doctrinæ quam daturus est; secundo ponit doctrinam de dignitate huius sacramenti, ibi quoniam Dominus noster, etc..

Circa primum duo facit. Primo commendat auctoritatem doctrinæ ex parte auctoris, qui est Christus, dicens: dixi quod iam non est vobis dominicam coenam manducare, sacramentum eucharistiæ dominicam coenam vocans, ego enim accepi a Domino, scilicet Christo, qui est auctor huius doctrinæ, non ab aliquo puro homine. Gal. I, 1: Paulus apostolus non ab hominibus, neque per hominem, sed per Iesum Christum.

Hebr. II, 3: quæ cum initium accepisset enarrari per Dominum, etc..

Secundo commendat auctoritatem doctrinæ ex parte ministri, qui est ipse Paulus, cum subdit quod et tradidi

Prima ad Corinthios

vobis. Is. XXI, 10: quæ audivi a Domino exercituum Deo Israel, annuntiavi vobis. Sap. VII, 13: quam sine fictione didici, et sine invidia communico.

Deinde cum dicit quoniam Dominus Iesus, commendat dignitatem huius sacramenti, tradens institutionem ipsius. Et primo ponit institutionem; secundo tempus institutionis, cum dicit in qua nocte tradebatur, etc..

Tertio modum instituendi, ibi accepit panem, etc..

Institutor autem sacramenti est ipse Christus. Unde dicit quoniam Dominus noster Iesus Christus, etc.. Dictum est enim supra cum de baptismo ageretur, quod Christus in sacramentis habet excellentiæ potestatem, ad quam quatuor pertinent.

Primo quidem quod virtus et meritum eius operetur in sacramentis; secundo quod in nomine eius sanctificetur sacramentum; tertio quod effectum sacramenti sine sacramento præbere potest; quarto institutio novi sacramenti.

Specialiter tamen congruebat ut hoc sacramentum ipse in sua persona institueret, in quo corpus et sanguis eius communicatur.

Unde et ipse dicit Io. VI, 52: panis quem ego dabo vobis, caro mea est pro mundi vita.

Deinde cum dicit qua nocte tradebatur, describit tempus institutionis huius sacramenti, quod quidem congruum fuit, primo quidem

447

Commentaria in Epistolis S. Pauli

quantum ad qualitatem temporis.

Fuit enim in nocte. Per virtutem enim huius sacramenti anima illuminatur. Unde I Reg. XIV, 27 dicitur quod Ionathas intinxit virgam in favum mellis, et convertit manum suam ad os suum, et illuminati sunt oculi eius; propter quod et in Ps. CXXXVIII, 11 dicitur: nox illuminatio mea in deliciis meis.

Secundo quantum ad negotium quod in illo tempore gerebatur, quia scilicet quando tradebatur ad passionem, per quam transivit ad patrem, hoc sacramentum, quod est memoriale passionis, instituit. Unde dicitur Eccli. XXIX, 33: transi, hospes, et orna mensam, et quæ in manu habes, ciba cæteros.

Deinde cum dicit accepit panem, etc., ostendit modum institutionis. Et primo ponit ea quæ fecit et dixit Christus instituendo hoc sacramentum; secundo exponit, ibi quotiescumque enim, etc..

Circa primum duo facit.

Primo agit de institutione sacramenti huius quantum ad corpus Christi; secundo quantum ad eius sanguinem, ibi similiter et calicem, etc..

Circa primum ante expositionem litteræ, oportet primo considerare necessitatem institutionis huius sacramenti.

Est autem sciendum quod sacramenta instituta sunt propter necessitatem vitæ spiritualis.

Et quia corporalia sunt quædam similitudines spiritualium, oportet sacramenta proportionari eis quæ sunt necessaria ad vitam corporalem. In qua primo invenitur generatio, cui proportionatur baptismus, per quem regeneratur aliquis in vitam spiritualem.

Secundo ad vitam corporalem requiritur augmentum, per quod aliquis perducitur ad quantitatem et virtutem perfectam: et huic proportionatur sacramentum confirmationis, in quo spiritus sanctus datur ad robur.

Tertio ad vitam corporalem requiritur alimentum, per quod corpus hominis sustentatur, et similiter vita spiritualis per sacramentum eucharistiæ reficitur, secundum illud Ps. XXII, 2: in loco pascuæ ibi me collocavit, super aquam refectionis educavit me.

Est autem notandum quod generans non coniungitur genito secundum substantiam sed solum secundum virtutem, sed cibus coniungitur nutrito secundum substantiam.

Unde in sacramento baptismi, quo Christus regenerat ad salutem, non est ipse Christus secundum suam substantiam, sed solum secundum suam virtutem. Sed in sacramento eucharistiæ, quod est spirituale alimentum, Christus est secundum suam substantiam.

Continetur autem sub alia specie propter tria. Primo quidem ne esset horribile fidelibus sumentibus hoc sacramentum, si in propria specie carnem hominis ederent, et sanguinem biberent; secundo ne hoc ipsum esset derisibile infidelibus; tertio ut cresceret meritum fidei, quæ consistit in hoc quod creduntur ea quæ non videntur.

Traditur autem hoc sacramentum sub duplici specie propter tria. Primo quidem propter eius perfectionem, quia, cum sit spiritualis refectio, debet habere spiritualem cibum et spiritualem potum. Nam et corporalis refectio non perficitur sine potu et cibo.

Unde et supra X, 3 s. Dictum est quod omnes eamdem escam spiritualem manducaverunt, et omnes eumdem potum spiritualem biberunt; nam et corporalis refectio non perficitur sine cibo et potu.

Secundo propter eius significationem. Est enim memoriale dominicæ passionis, per quam sanguis Christi fuit separatus a corpore; et ideo in hoc sacramento seorsum offertur sanguis a corpore.

Tertio propter huius sacramenti effectum salutarem. Valet enim ad salutem corporis, et ideo offertur corpus: et valet ad salutem animæ, et ideo offertur sanguis. Nam anima in sanguine est, ut dicitur Gen. IX, 4 ss..

Offertur autem specialiter hoc sacramentum sub specie panis et vini. Primo quidem, quia pane et vino communius utuntur homines ad suam refectionem. Et ideo assumuntur in sacramento hæc, sicut aqua ad ablutionem in baptismo, et oleum ad unctionem.

Secundo propter virtutem huius sacramenti.

Nam panis confirmat cor hominis, vinum vero lætificat.

Tertio quia panis, qui ex multis granis fit, et vinum ex multis uvis, significant ecclesiæ unitatem, quæ constituitur ex multis fidelibus.

Est autem hæc eucharistia specialiter sacramentum unitatis et charitatis, ut dicit Augustinus super Ioannem.

His autem visis circa litteræ expositionem, primo considerandum est quid Christus fecerit; secundo quid dixerit, ibi et dixit, etc..

Tria autem facit. Primum quidem designatur, cum dicit accepit panem, per quod duo significari possunt: primo quidem quod ipse voluntarie passionem accepit, cuius hoc sacramentum est memoriale, secundum illud Is. LIII, 7: oblatus est, quia ipse voluit. Secundo potest significari quod ipse accepit a patre potestatem perficiendi hoc sacramentum, secundum illud Matth. XI, 27: omnia tradita sunt mihi a patre meo.

Secundum tangit, cum dicit et gratias agens. In quo datur nobis exemplum gratias agendi de omnibus quæ nobis divinitus dantur, secundum illud I Thess. Cap. Ult.: in omnibus gratias agite.

Tertium tangit, cum dicit fregit. Is. LVIII, 7: frange esurienti panem tuum.

Sed videtur hoc esse contrarium usui ecclesiæ, secundum quam prius consecratur corpus Christi, et postea frangitur: hic autem dicitur quod prius fregit, postea protulit verba consecrationis.

Et ideo quidam dixerunt quod Christus consecravit prius verbis aliis, et postea protulit verba quibus nos consecramus. Sed hoc non potest esse, quia sacerdos, dum consecrat, non profert ista verba quasi ex persona sua sed quasi ex persona Christi consecrantis.

Unde manifestum est quod eisdem verbis quibus nos consecramus, et Christus consecravit.

Et ideo dicendum est quod hoc quod hic dicitur et dixit, non est sumendum consequenter, quasi Christus acceperit panem, et gratias agens fregerit, et postea dixerit verba quæ sequuntur, sed concomitanter, quod dum accepit per se panem, gratias agens fregit et dixit. Et ideo cum Matth. XXVI, 26 dicatur quod Iesus accepit panem, et benedixit, ac fregit, apostolus non curavit hic de benedictione facere mentionem, intelligens nihil aliud esse illam benedictionem, quam hoc quod Dominus dixit hoc est corpus meum.

Deinde cum dicit et dixit, ostendit quid Christus dixerit instituendo hoc sacramentum.

In verbis autem primo quidem iniunxit sacramenti usum; secundo expressit sacramenti veritatem; tertio docuit mysterium.

Usum quidem sacramenti iniunxit, dicens accipite. Quasi diceret: non ex potestate vel merito humano competit vobis usus huius sacramenti, sed ex eminenti Dei beneficio. Sap. XVI, 20: Angelorum esca nutrivisti populum tuum, Domine. Supra IV, 7: quid habes quod non accepisti? et determinat speciem usus, cum dicit et manducate. Io. VI, 54: nisi manducaveritis carnem filii hominis. Iob XXXI, 31: si non dixerunt viri tabernaculi mei: quis det de carnibus eius, ut saturemur? sciendum est tamen quod hæc verba non sunt de forma consecrationis.

Est enim hæc differentia inter hæc et alia sacramenta, quia alia sacramenta perficiuntur non quidem in consecratione materiæ, sed in usu materiæ consecratæ, sicut in ablutione aquæ, aut in unctione olei seu chrismatis.

Et hoc ideo, quia in materiis aliorum sacramentorum non est aliqua natura rationalis, quæ sit gratiæ sanctificantis susceptiva; et ideo in forma aliorum sacramentorum fit mentio de usu sacramenti, sicut cum dicitur: ego te baptizo, vel confirmo te chrismate salutis, etc.. Sed hoc sacramentum perficitur in ipsa consecratione materiæ, in qua continetur ipse Christus, qui est finis totius gratiæ sanctificantis.

Et ideo verba quæ pertinent ad usum sacramenti, non sunt de substantia formæ, sed solum illa quæ continent veritatem et continentiam sacramenti, quæ consequenter ponit, subdens hoc est corpus meum.

Circa quæ verba tria oportet considerare.

Primo quidem de re significata per hæc verba, quod scilicet sit ibi corpus

Prima ad Corinthios

Christi; secundo de veritate huius locutionis, tertio utrum hæc sit conveniens forma huius sacramenti.

Circa primum considerandum est, quod quidam dixerunt corpus Christi non esse in hoc sacramento secundum veritatem, sed solum sicut in signo, sic exponentes quod hic dicitur hoc est corpus meum, id est, hoc est signum et figura corporis mei, sicut et supra X, 4 dictum est: petra autem erat Christus, id est, figura Christi.

Sed hoc est hæreticum, cum expresse Dominus dicat, Io. VI, 56: caro mea vere est cibus, et sanguis meus vere est potus.

Unde alii dixerunt quod est ibi vere corpus Christi, sed simul cum substantia panis, quod est impossibile, ut supra ostensum est.

Unde alii dixerunt quod est ibi solum corpus Christi, substantia panis non remanente, quæ annihilatur, vel in præiacentem materiam resolvitur. Sed hoc non potest esse, quia, sicut Augustinus dicit in libro LXXXIII quæst.: Deus non est auctor tendendi in non esse. Secundo quia etiam per hanc positionem tollitur hoc quod substantia panis convertatur in corpus Christi, et sic cum corpus Christi non incipiat esse in hoc sacramento per conversionem alterius in ipsum, relinquitur quod incipiat ibi esse per motum localem, quod est impossibile, ut supra dictum est.

Oportet igitur dicere, quod corpus Christi vere sit in hoc sacramento per conversionem panis in ipsum.

Considerandum tamen quod hæc conversio differt ab omnibus conversionibus quæ sunt in natura.

Actio enim naturæ præsupponit materiam, et ideo eius actio non se extendit, nisi ad immutandum aliquid secundum formam vel substantialem vel accidentalem. Unde omnis conversio naturalis dicitur esse formalis. Sed Deus qui facit hanc conversionem, est auctor materiæ et formæ, et ideo tota substantia panis, materia non remanente, potest converti in totam substantiam corporis Christi.

Et quia materia est individuationis principium, totum hoc individuum signatum, quod est substantia particularis, convertitur in aliam substantiam particularem, propter quod dicitur ista conversio substantialis seu transubstantiatio.

Contingit igitur in hac conversione contrarium eius quod accidit in conversionibus naturalibus, in quibus, manente subiecto, fit transmutatio interdum circa accidentia. Hic autem, transmutata substantia, manent accidentia sine subiecto, virtute divina, quæ sicut causa prima sustentat ea sine causa materiali, quæ est substantia causata ad hoc quod corpus Christi et sanguis sumatur in specie aliena rationibus supradictis. Et quia ordine quodam accidentia referuntur ad substantiam, ideo dimensiones sine subiecto remanent, et alia accidentia remanent in ipsis dimensionibus, sicut in subiecto.

Si autem sub illis dimensionibus nulla

substantia remaneat, nisi corpus Christi, dubium potest esse de fractionibus hostiæ consecratæ, cum corpus Christi glorificatum sit, et per consequens infrangibile.

Unde non potest huic fractioni substare, sed nec etiam aliud potest fingi quod subsistat, quia sacramentum veritatis non decet aliqua fictio. Unde nihil sensu percipitur in hoc sacramento, quod non sit ibi secundum veritatem.

Sensibilia enim per se sunt qualitates, quæ quidem remanent, sicut prius fuerant in hoc sacramento, ut dictum est.

Et ideo alii dixerunt quod est quædam ibi vero fractio sine subiecto, unde nihil ibi frangitur.

Sed nec hoc dici potest, quia cum fractio sit in genere passionis, quæ habet debilius esse quam qualitas, non potest esse in hoc sacramento sine subiecto, sicut nec qualitas.

Unde restat dicendum, quod fractio illa fundatur sicut in subiecto in dimensionibus panis et vini remanentibus. Corpus autem Christi non attingitur ab huiusmodi fractione, quia totum remanet sub qualibet parte dimensionum divisarum.

Quod quidem hoc modo considerari potest.

Nam corpus Christi est in hoc sacramento ex conversione substantiæ panis in ipsum. Non autem fit conversio ratione dimensionum.

Nam dimensiones panis remanent, sed solum ratione substantiæ. Unde et corpus Christi est ibi ratione suæ substantiæ, non autem ratione suarum dimensionum, licet dimensiones eius sunt ibi ex consequenti, inquantum non separantur a substantia ipsius.

Quantum autem ad naturam substantiæ pertinet, tota est sub qualibet parte dimensionum.

Unde sicut ante consecrationem tota veritas substantiæ et natura panis erat sub qualibet parte dimensionum: ita post consecrationem totum corpus Christi est sub qualibet parte panis divisi.

Significat autem hostiæ consecratæ divisio, primo quidem passionem Christi, per quam corpus eius fuit vulneribus fractum, secundum illud Ps. XXI, 17: foderunt manus meas et pedes meos.

Secundo distributionem donorum Christi ex ipso progredientium, secundum illud infra XII, 4: divisiones gratiarum sunt.

Tertio diversas partes ecclesiæ. Nam eorum qui sunt membra Christi, quidam adhuc in hoc mundo peregrinantur; quidam vivunt in gloria cum Christo, et quantum ad animam et quantum ad corpus; quidam autem expectant finalem resurrectionem in fine mundi, et hoc significat divisio hostiæ in tres partes.

Secundo considerandum est de veritate huius locutionis. Videtur enim hæc locutio esse falsa hoc est corpus meum. Conversio enim panis in corpus Christi fit in termino prolationis horum verborum. Tunc enim completur significatio huius locutionis.

Formæ enim sacramentorum significando efficiunt; et ideo sequitur quod in principio locutionis quando dicitur quod non sit ibi corpus Christi, sed sola substantia panis, quæ demonstratur per hoc pronomen hoc, quando est demonstrativum substantiæ. Idem est ergo, hoc, cum dicitur hoc est corpus meum, ac si diceret substantia panis est corpus meum, quod manifeste falsum est.

Dixerunt ergo quidam, quod sacerdos hæc verba materialiter et recitative profert ex persona Christi, et ideo demonstratio huius pronominis non refertur ad præsentem materiam, ut ex hoc locutio falsa reddatur, secundum quod obiectio procedebat.

Sed hoc non potest stare. Primo quidem, quia si hæc locutio non applicetur ad præsentem materiam, nihil faciet circa eam, quod est falsum. Dicit enim Augustinus super Ioannem: accedit verbum ad elementum, et fit sacramentum. Unde necesse est dicere, quod verba ista formaliter accipiantur, referendo ea ad præsentem materiam. Profert autem ea sacerdos ex persona Christi, a quo virtutem sumpserunt, ad ostendendum quod eamdem efficaciam nunc habent, sicut quando Christus ea protulit. Non enim virtus his verbis collata evanescit, neque temporis diversitate, neque ministrorum varietate.

Secundo, quia eadem difficultas remanet de prima prolatione qua Christus ea protulit.

Ideo alii dicunt quod sensus huius est hoc est corpus meum, id est hic panis, designat corpus meum, ut ly hoc, designet id quod est in principio locutionis.

Sed hoc etiam esse non potest, quia cum sacramenta efficiant quod figurant, hæc verba nihil efficiunt, nisi quod significant.

Secundo, quia ex hoc sequeretur, quod per hæc verba nihil efficeretur, quam quod corpus Christi esset ibi: sicut sub signo, quod supra improbatum est.

Et ideo alii dicunt quod ly hoc, facit demonstrationem ad intellectum, et demonstrat id quod erit in fine locutionis, scilicet corpus Christi. Sed nec hoc videtur convenienter dici, quia secundum hoc sensus esset corpus meum est corpus meum, quod non fit per hæc verba, cum hoc ante verba consecrationis fuerit verum.

Et ideo aliter dicendum est, quod formæ sacramentorum non solum sunt significativæ, sed etiam factivæ: significando enim efficiunt. In omni autem factione oportet subiici aliquid commune tamquam principium.

Commune autem in hac conversione non est aliqua substantia, sed accidentia quæ et prius fuerunt, et postea manent; et ideo ex parte subiecti in hac locutione non ponitur nomen, quod significat certam speciem substantiæ, sed ponitur pronomen, quod significat substantiam sine determinata specie.

Est ergo sensus hoc, id est, contentum

Commentaria in Epistolis S. Pauli

sub his accidentibus, est corpus meum. Et hoc est quod fit per verba consecrationis.

Nam ante consecrationem id quod erat contentum sub his accidentibus non erat corpus Christi, quod tamen fit corpus Christi per consecrationem.

Tertio autem oportet considerare quomodo est hæc conveniens forma huius sacramenti.

Nam hoc sacramentum, ut dictum est, non consistit in usu materiæ, sed in consecratione ipsius. Consecratio autem non fit per hoc, quod materia consecrata solum suscipiat aliquam virtutem spiritualem, sed per hoc quod transubstantiatur secundum esse in corpus Christi; et ideo nullo alio verbo utendum fuit, nisi verbo substantivo, ut dicatur hoc est corpus meum. Per hoc enim significatur id quod est finis, quod significando efficitur.

Deinde cum dicit quod pro vobis tradetur, tangit mysterium huius sacramenti.

Est enim sacramentum repræsentativum divinæ passionis, per quam corpus suum tradidit in mortem pro nobis, secundum illud Is. L, 6: corpus meum dedi percutientibus; et Eph. V, 2: tradidit semetipsum pro nobis.

Et ut ostendat rationem frequentandi hoc mysterium, subiungitur hoc facite in meam commemorationem, hoc recolendo scilicet tam magnum beneficium, pro quo vobis me tradidi in morte. Unde et Thren. III, 19 dicitur: recordare paupertatis meæ, absinthii et fellis. Et in Ps. CX, 4: memoriam fecit mirabilium suorum misericors et miserator Dominus, escam dedit timentibus se.

Lectio 6

Postquam apostolus posuit institutionem huius sacramenti quantum ad consecrationem corporis, hic ponit institutionem eius quantum ad sanguinis consecrationem.

Et primo ponit ordinem institutionis; secundo verba, cum dicit hic calix, etc..

Ordo autem attenditur quantum ad duo.

Primo ad concomitantiam utriusque speciei, cum dicit similiter et calicem. Utrumque enim est de perfectione huius sacramenti, tum propter perfectionem refectionis, tum propter repræsentationem passionis, tum propter efficientiam salutis animæ et corporis, ut supra dictum est.

Sed si prius consecratur in hoc sacramento corpus Christi, et postea sanguis, videtur sequi quod ante consecrationem sanguinis, corpus Christi in hoc sacramento sit exsangue: quod quidam inconveniens reputantes dixerunt, quod duæ formæ se expectant in efficiendo, ita scilicet quod prima forma consecrationis corporis non consequitur suum effectum, antequam perficiatur forma consecrationis sanguinis; sicut etiam dictum est, quod verba quæ proferuntur in consecratione corporis, non consequuntur suum effectum usque ad finem prolationis verborum.

Prima ad Corinthios

Sed hoc non est simile. Nam significatio verborum quibus consecratur corpus Christi, non completur nisi in termino prolationis eorum.

Et quia verba sacramentalia significando efficiunt, ideo non possunt habere effectum ante terminum prolationis. Tunc autem habent plenam significationem, etiam antequam proferantur verba consecrationis sanguinis, et ideo necesse est quod etiam tunc habeant suum effectum. Alioquin sacerdos peccaret statim, post verba consecrationis, proponens hostiam non consecratam populo adorandam, nisi iam esset corpus Christi, quia induceret populum ad idololatriam.

Est ergo dicendum, quod ante consecrationem sanguinis est in hoc sacramento corpus Christi, non sine sanguine.

Sciendum est enim quod in hoc sacramento dupliciter aliquid est. Uno modo ex VI consecrationis, illud scilicet in quod terminatur conversio panis et vini, sicut per formam consecrationis significatur, et sic sub specie panis est corpus Christi.

Alio modo est aliquid in hoc sacramento ex reali concomitantia, sicut divinitas verbi est in hoc sacramento propter indissolubilem unionem ipsius ad corpus Christi, licet nullo modo substantia panis in divinitatem convertatur.

Et similiter est ibi anima, quæ coniuncta est realiter ipsi corpori. Si vero in triduo mortis Christi, fuisset corpus Christi ab aliquo apostolorum consecratum, non fuisset ibi anima quæ tunc realiter erat a corpore separata.

Et idem dicendum est de sanguine. Nam sub speciebus panis ex VI consecrationis est corpus Christi, in quod substantia panis convertitur.

Sanguis autem est ibi ex reali concomitantia, quia tunc realiter sanguis Christi non est ab eius corpore separatus. Et, eadem ratione, sub specie vini est sanguis Christi ex VI consecrationis, corpus autem ex reali concomitantia, ita quod sub utraque specie est totus Christus. Si vero tempore passionis quando sanguis Christi erat ex corpore effusus, fuisset hoc sacramentum ab aliquo apostolorum perfectum, sub panis specie fuisset solum corpus Christi exsangue, sub speciebus autem vini fuisset solus sanguis Christi.

Secundo, attenditur ordo per comparationem ad cibos materiales, qui præcesserant, ubi subdit postquam coenavit, quod videtur signanter addidisse.

Nam Christus corpus suum tradidit inter coenam. Unde Matth. XXVI, 26 dicitur, quod coenantibus illis accepit Iesus panem, etc..

Sed sanguinem dedit expresse post coenam.

Unde et Lc. XXII, 20 dicitur similiter et calicem postquam coenavit, dicens, etc.. Cuius ratio est, quia corpus Christi repræsentat mysterium incarnationis, quæ facta est adhuc

455

Commentaria in Epistolis S. Pauli

legalibus observantiis statum habentibus, inter quas præcipua erat coena agni paschalis.

Sed sanguis Christi in sacramento directe repræsentat passionem, per quam est effusus et per quam sunt terminata omnia legalia.

Unde Hebr. IX, 12 dicitur, quod per proprium sanguinem introivit semel in sancta, æterna redemptione inventa.

Deinde ponit verba, dicens hic calix, etc.. Et primo demonstrat veritatem huius sacramenti; secundo iniungit usum, ibi hoc facite, etc..

Quantum ergo ad primum, dicit hic calix, etc.. Quod quidem dupliciter sumi potest. Uno modo metonymice, ut scilicet ponatur continens pro contento, quasi dicat: contentum in hoc calice; quod convenientius ponitur in consecratione vini, quod ratione suæ humiditatis indiget aliis terminis contineri, quam in consecratione panis, qui ratione suæ siccitatis, propriis terminis continetur.

Alio modo potest accipi metaphorice, ut sit sensus: sicut calix inebriat et perturbat, ita et passio. Unde Matth. XX, 22 dicit: potestis bibere calicem, quem ego bibiturus sum? et Matth. XXVI, 39: transeat a me calix iste.

Est ergo sensus hic calix, id est, contentum in hoc calice, vel hæc mea passio, est novum testamentum in meo sanguine.

Unde considerandum est, quod testamentum dupliciter sumitur in Scripturis.

Uno modo communiter pro quolibet pacto, quod quidem testibus confirmatur, et sic considerandum est, quod Deus dupliciter pactum iniit cum humano genere. Uno modo promittendo bona temporalia et a malis temporalibus liberando: et hoc vocatur vetus testamentum, vel pactum. Alio modo promittendo bona spiritualia et a malis oppositis liberando: et hoc vocatur testamentum novum. Unde dicitur Ier. XXXI, 31: feriam domui Israel et domui Iuda foedus novum, non secundum pactum quod pepigi cum patribus vestris, ut educerem eos de terra Aegypti, sed hoc erit pactum: dabo legem meam in visceribus eorum, et ero eis in Deum.

Est autem considerandum quod apud antiquos erat consuetudo ut alicuius victimæ sanguinem funderent ad confirmationem pacti.

Unde Gen. XXXI, 54 legitur, quod postquam inierunt enim foedus Laban et Iacob, immolatis victimis in monte, vocavit fratres suos.

Unde et Ex. XXIV, 8 legitur, quod Moyses sumptum sanguinem respersit in populum, et ait: hic est sanguis foederis, quod pepigit Dominus vobiscum. Sicut ergo vetus testamentum seu pactum confirmatum est sanguine figurali taurorum, ita novum testamentum seu pactum confirmatum est in sanguine Christi, qui per passionem est effusus. Et in hoc calice sacramentum taliter continetur.

Alio modo testamentum accipitur magis stricte pro dispositione

Prima ad Corinthios

hæreditatis percipiendæ, quam necesse est secundum leges certo numero testium confirmare. Non autem testamentum sic acceptum confirmatur nisi per mortem, quia, ut apostolus dicit Hebr. IX, 17, testamentum in mortuis confirmatum est, alioquin nondum valet, dum vivit qui testatus est.

Deus autem primo quidem dispositionem fecerat de æterna hæreditate percipienda, sed sub figura temporalium bonorum, quod pertinet ad vetus testamentum; sed postmodum fecit novum testamentum, expresse promittens hæreditatem æternam, quod quidem confirmatum est per sanguinem mortis Christi. Et ideo Dominus de hoc dicit hic calix novum testamentum est in meo sanguine; quasi dicat: per id quod in calice continetur commemoratur novum testamentum per Christi sanguinem confirmatum.

Est autem advertendum quod eadem verba quæ hic apostolus ponit, habentur Lc. XXII, 20, nisi quod ibi additur: qui pro vobis effundetur. Lucas enim discipulus fuit Pauli et eum in conscriptione evangelii est secutus. Sed Matth. XXVI, 28 dicitur hic est enim sanguis meus novi testamenti, qui pro multis effundetur in remissionem peccatorum.

Eadem verba ponuntur in Mc. XIV, 24.

Dicunt ergo quidam, quod quæcumque formæ horum verborum proferantur, quæ sunt scripta in canone sufficere ad consecrationem.

Probabilius autem dici videtur quod illis solis verbis perficitur consecratio, quibus ecclesia utitur ex traditione apostolorum structa.

Evangelistæ enim verba Domini recitare intenderunt quantum pertinet ad rationem historiæ, non autem secundum quod ordinantur ad consecrationem sacramentorum, quas in occulto habebant in primitiva ecclesia, propter infideles. Unde Dionysius dicit in ultimo cap. Ecclesiasticæ hierarchiæ: perfectivas invocationes non est fas in Scripturis exponere, neque mysticum ipsarum ante factas in ipsis ex Deo virtutes ex occulto in communi adducere.

Sed circa ista verba quibus ecclesia utitur in consecratione sanguinis, quidam opinantur quod non omnia sint de necessitate formæ sed solum quod dicitur hic est calix sanguinis mei, non autem residuum quod sequitur: novi et æterni testamenti, mysterium fidei, qui pro vobis et pro multis effundetur in remissionem peccatorum.

Sed hoc non videtur convenienter dici.

Nam totum illud quod sequitur est quædam determinatio prædicati. Unde et ad eiusdem locutionis sententiam seu significationem pertinet.

Et quia, ut sæpe dictum est, formæ sacramentorum significando efficiunt, totum pertinet ad vim effectivam formæ.

Nec obstat ratio quam inducunt, quia in consecratione corporis sufficit quod dicitur hoc est corpus meum, quia sanguis seorsum consecratus,

Commentaria in Epistolis S. Pauli

specialiter repræsentat passionem Christi, per quam eius sanguis separatus est a corpore.

Et ideo in consecratione sanguinis oportuit exprimere Christi passionis virtutem, quæ attenditur, primo quidem, respectu nostræ culpæ quam Christi passio abolet, secundum illud Apoc. I, 5: lavit nos a peccatis nostris in sanguine suo, et, quantum ad hoc, dicit qui pro vobis et pro multis effundetur in remissionem peccatorum.

Effusus est siquidem sanguis in remissionem peccatorum, non solum pro multis, sed etiam pro omnibus, secundum illud I Io. II, 2: ipse est propitiatio pro peccatis nostris, non pro nostris autem tantum, sed etiam pro totius mundi. Sed quia quidam se reddunt indignos ad recipiendum talem effectum, quantum ad efficaciam dicitur esse effusus pro multis, in quibus habet effectum passio Christi.

Dicit autem signanter pro vobis et pro multis, quia hoc sacramentum valet in remissionem peccatorum sumentibus per modum sacramenti, quod notatur signanter, cum dicitur pro vobis, quibus dixerat accipite. Valet etiam per modum sacrificii multis non sumentibus, pro quibus offertur; quod significatur cum dicitur: et pro multis.

Secundo, virtus eius consideratur per comparationem ad vitam iustitiæ, quam facit per fidem, secundum illud Rom. III, 24: iustificati gratis per gratiam ipsius, per redemptionem quæ est in Christo Iesu, quem proposuit propitiationem per fidem in sanguine ipsius. Et quantum ad hoc, dicit: mysterium, id est occultum fidei, quia scilicet fides passionis Christi erat occulta in omnibus sacrificiis veteris testamenti, sicut veritas in signo. Hoc autem ecclesia habet ex traditione apostolorum, cum in canone Scripturæ non inveniatur.

Tertio, virtus eius attenditur quantum ad vitam gloriæ, in quam per passionem Christi introducitur, secundum illud Hebr. X, 19: habentes fiduciam in introitum sanctorum in sanguine Christi. Et quantum ad hoc, dicit: novi et æterni testamenti. Aeterni siquidem, quia est dispositio de hæreditate æterna.

Novi autem, ad differentiam veteris, quia temporalia promittebat. Unde Hebr. IX, 15 dicitur: ideo novi testamenti mediator est, ut morte intercedente, repromissionem accipiant, qui vocati sunt æternæ hæreditatis.

Deinde cum dicit hoc facite, etc., iniungit usum huius sacramenti, dicens hoc facite, quotiescumque sumitis, in meam commemorationem, scilicet in memoriam meæ passionis. Unde et Thr. III, 20 dicit propheta: memoria memor ero, et tabescet in me anima mea. Et Is. LXIII, 7: miserationum Domini recordabor.

Est autem notandum quod in calice principaliter quidem debet poni vinum, rationibus supradictis. Debet autem apponi et aqua. Probabile enim est quod Christus in coena vinum mixtum discipulis dederit, propter consuetudinem terræ illius, in qua, ut

Prima ad Corinthios

temperetur fortitudo vini, ab omnibus vinum bibitur aqua mixtum. Unde et Prov. IX, 5 sapientia dicit: bibite vinum quod miscui vobis.

Nihilominus tamen aqua vino mixta significat populum christianum Christo per passionem coniunctum, secundum illud Apoc. XVII, 15: aquæ, populi sunt et gentes. Et participatio sanguinis Christi a fidelibus pertinet ad usum sacramenti, qui non est de necessitate huius sacramenti.

Sed potest vinum consecrari absque aqua, licet peccet qui sic consecrat, non servans ritum ecclesiæ. Et ideo si sacerdos ante consecrationem vini advertat quod aqua non fuerit apposita calici, debet apponere. Si vero post consecrationem advertat, non debet apponere, sed debet perficere sacramentum. Nihil enim post consecrationem est sanguini Christi miscendum quia talis permixtio non posset esse sine qualicumque corruptione vini consecrati, quod pertinet ad crimen sacrilegii.

Dicunt autem quidam quod cum de latere Christi pendentis in cruce fluxerit sanguis et aqua, ut legitur Io. XIX, 34, sicut vinum convertitur in sanguinem, ita aqua in aquam. Sed hoc non competit, quia in illa aqua figuratur ablutio quæ est per baptismum.

Et ideo alii dicunt quod, facta conversione vini in sanguinem, aqua remanet in sua substantia, et circumtegitur accidentibus vini. Sed hoc non competit, quia aqua admiscetur vino ante consecrationem, quando non differt ab alio vino. Unde non seorsum manet, sed permiscetur.

Et ideo dicendum est, quod aqua convertitur in vinum et sic totum convertitur in sanguinem Christi. Propter quod mos est modicum de aqua apponere et præcipue si sit vinum debile, quod non potest nisi modicum aquæ in seipsum convertere.

Deinde cum dicit quotiescumque, etc., exponit verba Domini quæ dixerat: hoc facite in meam commemorationem, dicens quotiescumque enim manducabitis panem hunc, etc..

Et dicit panem, propter species remanentes.

Dicit autem hunc, propter idem numero corpus significatum et contentum.

Et calicem, scilicet hunc, bibetis, mortem Domini annuntiabitis, repræsentando scilicet eam per hoc sacramentum.

Et hoc, donec veniat, id est, usque ad ultimum eius adventum, in quo datur intelligi, quod hic ritus ecclesiæ non cessabit usque ad finem mundi, secundum illud Matth. Cap. Ult.: ecce ego vobiscum sum usque ad consummationem sæculi. Et Lc. XXI, 32: non præteribit generatio hæc, scilicet ecclesiæ, donec omnia fiant.

Lectio 7

Postquam apostolus ostendit dignitatem huius sacramenti hic excitat fideles ad sumendum illud

Commentaria in Epistolis S. Pauli

reverenter: et primo ponit periculum quod imminet indigne sumentibus; secundo adhibet salutare remedium, ibi probet autem, etc..

Dicit ergo primo itaque, ex quo hoc quod sacramentaliter manducatur, est corpus Christi et, quod bibitur, est sanguis Christi, quicumque manducaverit hunc panem, vel biberit calicem indigne, reus erit corporis et sanguinis Domini.

In quibus verbis, primo, considerandum est qualiter aliquis indigne manducat et bibit: quod quidem, secundum Glossam contingit tripliciter.

Primo quidem quantum ad celebrationem huius sacramenti, quia scilicet aliquis aliter celebrat sacramentum eucharistiæ, quam a Christo traditum est: puta si offerat in hoc sacramento alium panem quam triticeum, vel alium liquorem, quam vinum de vite. Unde Lev. X, 1 s. Dicitur quod Nadab et Abiu, filii Aaron, obtulerunt coram Domino ignem alienum, quod eis præceptum non erat: egressusque ignis a Domino, devoravit eos.

Secundo ex hoc quod aliquis non devota mente accedit ad eucharistiam. Quæ quidem indevotio quandoque est veniale: puta cum aliquis, distracta mente ad sæcularia negotia, accedit ad hoc sacramentum habitualiter retinens debitam reverentiam ad ipsum; et talis indevotio licet impediat fructum huius sacramenti, qui est spiritualis refectio, non tamen facit reum corporis et sanguinis Domini, sicut hic apostolus loquitur.

Quædam vero indevotio est peccatum mortale, quæ scilicet est cum contemptu huius sacramenti, prout dicitur Malach. I, 12: vos polluistis nomen meum in eo quod dicitis: mensa Domini contaminata est, et quod supponitur contemptibile. Et de tali indevotione loquitur Glossa.

Tertio modo dicitur aliquis indignus ex eo quod cum voluntate peccandi mortaliter, accedit ad eucharistiam. Dicitur enim Levit. XXI, 23: non accedat ad altare qui maculam habet.

Intelligitur aliquis maculam peccati habere, quamdiu est in voluntate peccandi, quæ tamen tollitur per poenitentiam. Per contritionem quidem, quæ tollit voluntatem peccandi, cum proposito confitendi et satisfaciendi, quantum ad remissionem culpæ et poenæ æternæ; per confessionem autem et satisfactionem quantum ad totalem remissionem poenæ et reconciliationem ad membra ecclesiæ.

Et ideo in necessitate quidem, puta quando aliquis copiam confessionis habere non potest, sufficit contritio ad sumptionem huius sacramenti. Regulariter autem debet confessio præcedere cum aliqua satisfactione.

Unde in libro de Eccl. Dogmatibus dicitur: communicaturus satisfaciat lacrymis et orationibus, et confidens de Domino mundus accedat ad eucharistiam intrepidus et securus. Sed hoc de illo dico quem capitalia peccata et mortalia non gravant. Namque, quem mortalia crimina post

Prima ad Corinthios

baptismum commissa premunt, hortor prius publica poenitentia satisfacere, et ita sacerdotis iudicio reconciliatum communioni sociari, si non vult ad condemnationem eucharistiam percipere.

Sed videtur quod peccatores non indigne accedant ad hoc sacramentum. Nam in hoc sacramento sumitur Christus, qui est spiritualis medicus, qui de se dicit Matth. IX, 12: non est opus valentibus medicus, sed male habentibus.

Sed dicendum quod hoc sacramentum est spirituale nutrimentum, sicut baptismus est spiritualis nativitas. Nascitur autem aliquis ad hoc ut vivat, sed non nutritur nisi iam vivus. Et ideo hoc sacramentum non competit peccatoribus, qui nondum vivunt per gratiam: competit eis tamen baptismus.

Et, præterea, eucharistia est sacramentum charitatis et ecclesiasticæ unitatis, ut dicit Augustinus super Ioannem. Cum igitur peccator careat charitate, et sit separatus merito ab ecclesiæ unitate, si accedat ad hoc sacramentum, falsitatem committit, dum significat se habere charitatem, quam non habet.

Quia tamen peccator quandoque habet fidem huius sacramenti, licitum est ei hoc sacramentum inspicere, quod omnino infidelibus denegatur, ut Dionysius dicit III cap.

Ecclesiasticæ hierarchiæ.

Secundo considerandum est, quomodo ille qui indigne sumit hoc sacramentum, sit reus corporis et sanguinis Domini.

Quod quidem in Glossa tripliciter exponitur.

Uno modo materialiter: incurrit enim reatum ex peccato commisso circa corpus et sanguinem Domini, prout in hoc sacramento continetur, quod indigne sumit, et ex hoc eius culpa aggravatur. Tanto est enim eius culpa gravior, quanto maior est contra quem peccatur. Hebr. X, 29: quanto magis putatis deteriora mereri supplicia eum, qui filium Dei conculcaverit, et sanguinem testamenti pollutum duxerit? secundo exponitur per similitudinem, ut sit sensus reus erit corporis et sanguinis Domini, et mortis Domini poenas dabit, hoc est, ac si Christum occiderit, punietur, secundum illud Hebr. VI, 6: rursum crucifigentes sibimetipsis filium Dei, et ostentui habentes.

Sed secundum hoc videtur gravissimum esse peccatum eorum qui indigne sumunt corpus Christi.

Sed dicendum quod peccatum aliquod habet gravitatem dupliciter. Uno modo ex ipsa specie peccati, quæ sumitur ex obiecto, et secundum hoc gravius est peccatum quod contra divinitatem committitur, puta infidelitas, blasphemia vel aliquid huiusmodi, quam quod committitur contra humanitatem Christi.

Unde et ipse Dominus Matth. XII, 32 dicit, quod qui dixerit verbum contra filium hominis remittetur ei: qui autem dixerit contra spiritum sanctum, non remittetur ei. Et iterum,

Commentaria in Epistolis S. Pauli

gravius est peccatum quod committitur contra humanitatem in propria specie, quam sub specie sacramenti.

Alio modo gravitas peccati attenditur ex parte peccantis. Magis autem peccat qui ex odio aut invidia vel ex quacumque malitia peccat, sicut peccaverunt illi qui Christum crucifixerunt, quam qui peccat ex infirmitate, sicut interdum peccant illi qui indigne sumunt hoc sacramentum. Non ergo per hoc intelligitur quod peccatum indigne sumentium hoc sacramentum, comparetur peccato occidentium Christum secundum æqualitatem sed secundum similitudinem speciei: quia utrumque est circa eumdem Christum.

Tertio modo exponitur reus erit corporis et sanguinis Domini, id est corpus et sanguis Domini facient eum reum. Ita enim bonum male sumptum nocet, sicut prodest malum quo quis bene utitur, sicut stimulus Satanæ Paulo.

Per hæc autem verba excluditur error quorumdam dicentium, quod quam statim hoc sacramentum tangitur a labiis peccatoris, desinit sub eo esse corpus Christi. Contra quod est quod apostolus dicit: quicumque manducaverit panem hunc, vel biberit calicem Domini indigne. Secundum enim prædictam opinionem nullus indignus manducaret vel biberet.

Contrariatur autem prædicta opinio veritati huiusmodi sacramenti, secundum quam tamdiu corpus et sanguis Christi manent in sacramento, quamdiu remanent species, in quocumque loco existant.

Deinde cum dicit probet autem, etc., adhibet remedium contra prædictum periculum. Et primo ponit remedium; secundo assignat rationem, ibi qui enim manducat, etc.; tertio rationem manifestat per signum, ibi ideo inter vos, etc..

Dicit ergo primo: quia tantum reatum incurrit qui indigne sumit hoc sacramentum, ideo necesse est ut primo homo seipsum probet, id est, diligenter examinet suam conscientiam, ne sit in eo voluntas peccandi mortaliter, vel aliquod peccatum præteritum, de quo non sufficienter poenituerit.

Et sic, post diligentem examinationem securus, de pane illo edat, et de calice bibat, quia digne sumentibus non est venenum, sed medicina. Gal. Cap. Ult.: opus autem suum probet unusquisque. II Cor. XIII, 5: si estis in fide Christi, vos probate.

Deinde cum dicit quicumque enim manducaverit, etc., assignat rationem prædicti remedii, dicens: ideo probatio præexigitur, qui enim indigne manducat et bibit, iudicium, id est condemnationem, sibi manducat et bibit, sicut dicitur Io. V, 29: resurget qui male egerunt in resurrectionem iudicii.

Non diiudicans corpus Domini, id est ex eo quod non discernit corpus Domini ab aliis, indifferenter ipsum assumens, sicut alios cibos. Lev. XXII, 3: omnis homo qui accesserit ad ea quæ consecrata sunt, in quo est immunditia, peribit coram Domino.

Sed contra videtur esse quod dicitur Io. VI, 58: qui manducat me, vivit propter me.

Sed dicendum est, quod duplex est modus manducandi hoc sacramentum, scilicet spiritualis et sacramentalis. Quidam ergo manducant sacramentaliter et spiritualiter, qui scilicet ita sumunt hoc sacramentum, quod etiam rem sacramenti participant, scilicet charitatem, per quam est ecclesiastica unitas. Et de talibus intelligitur verbum Domini inductum: qui manducat me, vivit propter me.

Quidam vero manducant sacramentaliter tantum, qui scilicet ita hoc sacramentum percipiunt, quod rem sacramenti, id est, charitatem non habent, et de talibus intelligitur quod hic dicitur: qui manducat et bibit indigne, iudicium sibi manducat et bibit.

Est autem præter duos modos quibus sumitur sacramentum hoc, tertius modus sumendi, quo manducatur per accidens, dum scilicet sumitur non ut sacramentum, quod quidem contingit tripliciter. Uno modo sicut quando aliquis fidelis sumit hostiam consecratam, quam non credit esse consecratam; talis enim habet habitum utendi hoc sacramento, sed non utitur eo actu, ut sacramento.

Alio modo sicut quando hostiam consecratam sumit aliquis infidelis, qui nullam fidem habet huius sacramenti; talis enim non habet habitum utendi hoc sacramento, sed solum potentiam.

Tertio modo sicut quando hostiam sacratam comedit mus vel quodlibet animal brutum, quod etiam non habet potentiam utendi hoc sacramento.

Ex hoc igitur quod spiritualiter sumentes hoc sacramentum acquirunt vitam, alliciuntur quidam ad hoc quod frequenter hoc sacramentum assumant. Ex hoc autem quod indigne sumentes acquirunt sibi iudicium, plures deterrentur, ut rarius sumant: et utrumque commendandum videtur.

Legimus enim Lc. XIX, 6, quod Zachæus recepit Christum gaudens in domum suam, in quo eius charitas commendatur. Legitur etiam eodem, VII, 6, quod centurio dixit Christo: non sum dignus ut intres sub tectum meum. In quo commendatur honor et reverentia eius ad Christum.

Quia tamen amor præfertur timori, per se loquendo, commendabilius esse videtur quod aliquis frequentius sumat, quam quod rarius. Quia tamen quod est in se eligibilius, potest esse minus eligibile quantum ad hunc vel illum: considerare quilibet in seipso debet, quem effectum in se habeat frequens susceptio huius sacramenti. Nam si aliquis sentiat se proficere in fervore dilectionis ad Christum et in fortitudine resistendi peccatis, quæ plurimum consequuntur homines, debet frequenter sumere. Si vero ex frequenti sumptione sentiat aliquis in se minus reverentiam huius sacramenti, monendus est ut rarius sumat.

Unde et in libro de ecclesiasticis dogmatibus dicitur: quotidie

Commentaria in Epistolis S. Pauli

eucharistiam sumere, nec laudo nec vitupero.

Deinde cum dicit ideo inter vos, etc., manifestat prædictam rationem per signum.

Et primo ponit signum; secundo assignat causam illius signi, ibi quod si nosmetipsos, etc..

Circa primum considerandum est, quod, sicut Augustinus dicit in I de civit.

Dei, cap. VIII: si omne peccatum nunc manifeste Deus plecteret poena, nihil ultimo iudicio reservari putaretur. Rursus, si nullum peccatum nunc puniret, nulla esse divina providentia crederetur. In signum ergo futuri iudicii Deus etiam in hoc mundo pro peccato quosdam temporaliter punit, quod maxime observatum videtur in principio legislationis, tam novæ quam veteris. Legimus enim ex. XXXII, 28, propter peccatum vituli aurei adorati, multa millia hominum perempta.

Rursum legitur Act. V, 1-11, propter peccatum mendacii et furti Ananiam et Saphiram interiisse. Unde et propter peccatum huius sacramenti indigne sumpti, aliqui in primitiva ecclesia puniebantur a Deo infirmitate corporali vel etiam morte.

Unde dicit ideo, scilicet in signum futuri iudicii, inter vos, multi indigne sumentes corpus Christi, sunt infirmi corporaliter. Ps. XV, 4: multiplicatæ sunt infirmitates. Et imbecilles, id est longa invaletudine laborantes, et dormiunt multi, scilicet morte corporali, secundum quod sumitur dormitio I ad Thess. IV, 12: nolumus vos ignorare de dormientibus.

Deinde cum dicit quod si nosmetipsos, etc., assignat duplicem rationem prædicti signi, quarum prima sumitur ex parte nostri, secunda ex parte Dei, ibi cum iudicamur autem, etc..

Ex parte autem nostra causa divinæ punitionis est a negligentia, quia in nobis ipsis peccata commissa punire negligimus.

Unde dicit quod si nosmetipsos diiudicaremus, redarguendo et puniendo peccata nostra, non utique iudicaremur, id est, non puniremur a Domino neque postmodum in futuro, neque etiam in præsenti.

Sed contra est quod supra IV, 3 dictum est: sed neque meipsum iudico, et Rom. XIV, 22 dicitur: beatus qui non iudicat semetipsum.

Sed dicendum est quod aliquis potest seipsum iudicare tripliciter: uno modo discutiendo, et sic aliquis debet iudicare seipsum et quantum ad opera præterita et quantum ad futura, secundum illud Gal. Cap. Ult.: opus suum probet unusquisque.

Alio modo sententialiter seipsum absolvendo, quasi iudicando se innocentem quantum ad præterita, et secundum hoc nullus debet iudicare seipsum, ut scilicet se innocentem iudicet, secundum illud Iob IX, 20: si iustificare me voluero, os meum condemnabit me.

Si innocentem me ostendero, pravum me comprobabit.

Prima ad Corinthios

Tertio modo reprehendendo, ut scilicet faciat aliquid quod ipse iudicat esse malum.

Et hoc modo intelligitur quod inductum est: beatus est qui non iudicat semetipsum in eo quod probat. Sed quantum ad ea quæ iam fecit, debet quilibet se ipsum iudicare, reprehendendo et puniendo pro maleficiis. Unde dicitur Iob XIII, 15: vias meas in conspectu eius arguam, et XXIII, 4: ponam coram eo iudicium, et os meum replebo increpationibus.

Et de hoc iudicio Augustinus dicit in libro de poenitentia, et inducitur hic in Glossa: versetur ante oculos nostros imago futuri iudicii, et ascendat homo adversum se ante faciem suam, atque constituto in corde iudicio adsit accusans cogitatio, et testis conscientia, et carnifex Cor. Inde quidem sanguis animi confitentis per lacrymas profluat, postremo ab ipsa mente talis sententia proferatur, ut se indignum homo iudicet participem corporis et sanguinis Domini.

Deinde cum dicit cum iudicamur autem, etc., ponit causam quæ est ex parte Dei, dicens cum iudicamur autem, a Domino, id est in hoc mundo punimur, corripimur, id est hoc fit ad correctionem nostram, ut scilicet quilibet propter poenam quam sustinuit a peccato recedat. Unde et Iob V, 17 dicitur: beatus vir qui corripitur a Domino. Et Prov. III, 12: quem diligit Dominus, corripit. Vel etiam dum per poenam unius, alius peccare desistit, Prov. XIX, 25: pestilente flagellato stultus sapientior erit, et hoc ideo, ut non damnemur, æterna damnatione in futuro, cum hoc mundo, id est cum hominibus mundanis.

Deinde cum dicit itaque, fratres mei, etc., reducit eos ad debitam observantiam: et primo ponitur id quod nunc ordinat, secundo ponitur promissio de ordinatione futura, ibi cætera autem.

Circa primum tria facit. Primo ponit ordinationem suam, dicens itaque, fratres mei, etc., ne unusquisque coenam suam præsumat ad manducandum, cum convenitis, scilicet in ecclesia, ad manducandum, scilicet corpus Christi, invicem expectate, ut scilicet simul omnes sumatis. Unde Ex. XII, 6 dicitur: immolabit hædum multitudo filiorum Israel.

Secundo excludit excusationem, dicens si quis autem esurit, etc., et non potest tantum expectare, domi manducet, scilicet communes cibos, postmodum eucharistiam non sumpturus.

Eccli. XXXVI, 20: omnem escam manducabit venter.

Tertio rationem assignat, dicens ut non conveniatis, scilicet ad sumendum corpus Christi, in iudicium, id est in vestram condemnationem.

Deinde ponitur promissio, cum dicit cætera, scilicet quæ non sunt tanti periculi, cum venero, præsentialiter, disponam, qualiter scilicet ea conservare debeatis.

Ex quo patet quod ecclesia multa habet ex dispositione apostolorum, quæ in sacra Scriptura non continentur. Eccli.

Commentaria in Epistolis S. Pauli

X, 3: civitates inhabitabuntur, id est ecclesiæ disponentur, per sensum prudentium, scilicet apostolorum.

Capitulus XII

Lectio 1

Postquam apostolus prosecutus est de tribus sacramentis, scilicet baptismo, matrimonio et eucharistia, hic incipit determinare de his quæ pertinent ad rem sacramentorum. Est autem duplex res sacramenti: una significata et contenta, scilicet gratia, quæ statim cum sacramento confertur; alia significata et non contenta, scilicet gloria resurrectionis, quæ in fine expectatur.

Primo ergo agit de donis gratiarum; secundo de gloria resurrectionis, XV capit., ibi notum autem vobis facio, etc..

Circa primum agit de gratiis gratis datis; secundo præfert omnibus his charitatem, quæ pertinet ad gratiam gratum facientem, XIII cap., ibi si linguis hominum, etc.; tertio comparat gratias datas ad invicem, XIV cap., ibi sectamini charitatem, etc..

Circa primum duo facit. Primo principaliter exponit quid intendat, dicens: dixi quod cætera, quæ pertinent ad usum sacramentorum, cum venero disponam, sed quædam statim vobis tradere oportet.

Et hoc est quod dicit de spiritualibus autem, id est de donis gratiarum quæ sunt a spiritu sancto, o fratres, nolo vos ignorare.

Est enim maximum genus ingratitudinis ignorare beneficia accepta, ut Seneca dicit in libro de beneficiis; et ideo ut homo non sit Deo ingratus, non debet spirituales gratias ignorare. Supra II, 12: spiritum accepimus qui ex Deo est, ut sciamus quæ a Deo donata sunt nobis. Is. V, 13: propterea captivus ductus est populus meus, quia non habuit scientiam, scilicet spiritualium.

Secundo ibi scitis, quoniam cum gentes, etc., prosequitur suam intentionem et primo ostendit spiritualium gratiarum necessitatem; secundo ponit gratiarum distributionem, ibi divisiones vero, etc.. Necessitas autem alicuius rei maxime cognoscitur ex defectu ipsius.

Unde circa primum duo facit.

Primo ponit defectum quem patiebantur ante susceptam gratiam; secundo concludit gratiæ necessitatem, ibi ideo notum vobis, etc..

Dicit ergo primo: scitis, quasi experti, quoniam cum gentes essetis, id est gentiliter viventes, nondum suscepta gratia per baptismum. Gal. II, 15: nos enim natura Iudæi, non ex gentibus peccatores. Eph. IV, 17: gentes ambulant in vanitate sensus sui. Eratis euntes quasi prompta mente et assidua, secundum illud Ier. VIII, 6: omnes conversi sunt ad cursum suum, quasi equus impetu vadens in proelium; Prov. I, 16: pedes eorum ad malum currunt.

Ad simulacra muta, scilicet adoranda et colenda, secundum illud Ps. CXIII, 5:

Prima ad Corinthios

os habent et non loquuntur. Et ponitur specialiter in eis defectus locutionis, quia locutio est proprius effectus cognitionis; unde ostenditur non intelligere simulacra, et per consequens nihil divinitatis habere si sunt muta.

Et hoc prout ducebamini, id est sine aliqua resistentia. Ducebantur autem vel allecti ex pulchritudine simulacrorum, unde dicitur in epistola Ier.: videbitis in Babylonia deos aureos et argenteos, videte ne metus vos capiat in ipsis; aut etiam ex imperio alicuius principis, sicut legitur Dan. III, 1, quod Nabuchodonosor cogebat homines adorare statuam auream. Et II Mac. VI, 7 dicitur de quibusdam quod ducebantur cum amara necessitate in die natalis regis ad sacrificia. Vel etiam instinctu Dæmonum, qui ad hoc præcipue anhelant, ut divinus cultus eis exhibeatur, secundum illud Matth. IV, 9: hæc omnia tibi dabo, si cadens adoraveris me.

Ibant ergo ad idola colenda, prout ducebantur, id est sine aliqua resistentia, sicut de iuvene etiam vecorde dicitur Prov. VII, 22: statim eam sequitur, quasi bos ductus ad victimam.

Per hoc ergo apparet, quod homo ante susceptam gratiam prompte currit in peccatum sine resistentia.

Specialiter autem facit mentionem de peccato idololatriæ propter tria. Primo quidem, quia hoc est peccatum gravissimum introducere alium Deum, sicut gravissime peccaret contra regem qui alium regem in regnum eius introduceret. Unde dicitur Iob XXXI, 26: si vidi solem cum fulgeret, et lunam incedentem clare, et osculatus sum manum meam, scilicet quasi cultor solis et lunæ, quæ est iniquitas maxima et negatio contra Deum altissimum.

Secundo, quia a peccato idolatriæ omnia alia peccata oriebantur, secundum illud Sap. XIV, 27: nefandorum idolorum cultura omnis malis causa est.

Tertio, quia hoc peccatum apud gentiles commune erat et non reputabatur, unde in Ps. XCV, 5 dicitur: omnes dii gentium Dæmonia.

Est autem considerandum quod quidam dixerunt hominem in peccato mortali existentem sine gratia quadam non posse a peccato, cui subiacet, liberari, quia remissio peccatorum non fit nisi per gratiam, secundum illud Rom. III, 24: iustificati per gratiam eius; posse autem se præservare a peccato mortali, sine gratia, per liberum arbitrium.

Sed hæc positio non videtur vera. Primo quidem, quia non potest aliquis se a peccato mortali præservare, nisi omnia legis præcepta servando, cum nullus mortaliter peccet nisi transgrediendo aliquod legis præceptum; et ita posset aliquis observare omnia legis præcepta sine gratia, quod est hæresis Pelagiana.

Secundo quia charitatem, per quam Deus diligitur super omnia, nullus potest habere sine gratia, secundum illud Rom. V, 5: charitas Dei diffusa est in cordibus nostris per spiritum

Commentaria in Epistolis S. Pauli

sanctum qui datus est nobis. Non potest autem esse quod homo omnia peccata declinet, nisi Deum super omnia diligat: sicut illud magis contemnitur, quod minus diligitur.

Poterit ergo esse per aliquod tempus, quod ille qui caret gratia, a peccato abstinebit quousque occurrat illud, propter quod Dei præceptum contemnet, a quo ducitur ad peccandum.

Signanter autem apostolus dicit prout ducebamini.

Deinde cum dicit ideo notum vobis facio, etc., concludit duos effectus gratiæ, quorum primus est quod facit abstinere a peccato; secundus est quod facit operari bonum et hoc ponit ibi et nemo potest, etc..

Dicit ergo primo: ex quo quando sine gratia eratis, prompte ad peccandum currebatis, ideo notum vobis facio, quod si gratiam habuissetis hoc vobis non contigisset, nemo enim in spiritu Dei, etc., id est, per spiritum Dei, loquens, dicit: anathema Iesu, etc., id est blasphemiam contra Iesum secundum illud I Io. IV, 3: omnis spiritus qui solvit Iesum, ex Deo non est.

Notandum quod supra posuit gravissimum peccatum, quod est blasphemia, quod per gratiam declinatur, ut de aliis minoribus peccatis intelligatur.

Potest autem per hoc quod dicitur anathema Iesu, intelligi quodlibet peccatum mortale.

Anathema enim separationem significat.

Dicitur ab ana, quod est sursum, et thesis, quod est positio, quasi sursum positum, quia olim res, quæ ab usu hominum separabantur, suspendebantur in templis vel in locis publicis. Omne autem peccatum mortale separat a Iesu, secundum illud Is. LIX, 2: iniquitates vestræ diviserunt inter vos, et Deum vestrum. Quicumque ergo mortaliter peccat, dicit corde vel ore: anathema, id est, separationem a Iesu. Nemo ergo in spiritu Dei loquens dicit: anathema Iesu, quia nullus per spiritum Dei peccat mortaliter, quia, ut dicitur Sap. I, 5: spiritus sanctus disciplinæ effugiet fictum.

Sed secundum hoc videtur quod quicumque habet spiritum sanctum, non possit peccare mortaliter; quia etiam dicitur I Io. III, 9: omnis qui natus est ex Deo peccatum non facit, quoniam semen ipsius in eo manet.

Sed dicendum est quod quantum est ex spiritu Dei, homo non facit peccatum, sed magis a peccato retrahitur. Potest tamen peccatum facere ex defectu voluntatis humanæ, quæ spiritui sancto resistit, secundum illud Act. VII, 51: vos autem semper spiritui sancto restitistis. Non enim per spiritum sanctum inhabitantem tollitur facultas peccandi a libero arbitrio totaliter in vita præsenti.

Et ideo signanter apostolus non dixit: nemo spiritum Dei habens, sed nemo in spiritu Dei loquens.

Deinde cum dicit et nemo potest, etc., ponit secundum effectum gratiæ,

Prima ad Corinthios

scilicet quod sine ea homo non potest bonum operari. Dicit ergo et nemo potest dicere, quod Iesus est Dominus, nisi in spiritu sancto.

Contra quod videtur esse, quia per spiritum sanctum homo introducitur in regnum cælorum, secundum illud Ps. CXLII, 10: spiritus tuus bonus deducet me in terram rectam.

Dominus autem dicit Matth. VII, 21: non omnis qui dicit: Domine, Domine, intrabit in regnum cælorum. Non omnis ergo qui dicit: Dominum Iesum, dicit hoc in spiritu sancto.

Dicendum est autem quod dicere aliquid in spiritu sancto, potest intelligi dupliciter. Uno modo in spiritu sancto movente, sed non habito. Movet enim spiritus sanctus corda aliquorum ad loquendum, quos non inhabitat sicut legitur Io. XI, 49 ss., quod Caiphas hoc quod de utilitate mortis Christi prædixerat, a semetipso non dixit, sed per spiritum prophetiæ. Balaam etiam multa vera prædixit motus a spiritu sancto, ut legitur num. XXIII et XXIV, licet eum non haberet. Secundum hoc ergo intelligendum est quod nullus potest dicere quodcumque verum, nisi a spiritu sancto motus, qui est spiritus veritatis, de quo dicitur Io. XVI, 13: cum autem venerit ille spiritus veritatis, docebit vos omnem veritatem. Unde et in Glossa Ambrosius, hoc in loco dicit: omne verum a quocumque dicatur, a spiritu sancto est. Et specialiter in illis quæ sunt fidei, quæ per specialem revelationem spiritus sancti sunt habita, inter quæ est quod Iesus sit omnium Dominus, unde Act. II, 36 dicitur: certissime sciat omnis domus Israel, quia Deus fecit hunc Dominum Iesum quem vos crucifixistis.

Alio modo loquitur aliquis in spiritu sancto movente et habito. Et secundum hoc etiam potest verificari quod hic dicitur, ita tamen quod dicere accipiatur non solum ore, sed etiam corde et opere. Dicitur enim aliquid corde, secundum illud Ps. XIII, 1: dixit insipiens in corde suo: non est Deus.

Dicitur etiam aliquid opere, inquantum exteriori opere aliquis suum conceptum manifestat.

Nemo, ergo nisi habendo spiritum sanctum, potest dicere Iesum Dominum, ita scilicet quod non solum hoc ore confiteatur, sed etiam corde revereatur ipsum ut Dominum et opere obediat ipsi quasi Domino.

Sic igitur ex verbis præmissis tria circa gratiam considerare possumus. Primo quod, sine ea, peccatum homo vitare non potest, secundum illud Ps. XCIII, 17: nisi quia Dominus adiuvit me, Paulo minus in inferno habitasset anima mea.

Secundo quod per eam vitatur peccatum, secundum illud I Io. III, 9: qui natus est ex Deo, non peccat.

Tertio quod sine ea non potest homo bonum facere, secundum illud Io. XV, 5: sine me nihil potestis facere.

Deinde cum dicit divisiones vero, etc., incipit distinguere gratis datas, et primo distinguit eas in generali; secundo manifestat in speciali, ibi unicuique autem datur, etc..

Commentaria in Epistolis S. Pauli

In his autem quæ per gratiam spiritus sancti conferuntur, tria oportet considerare.

Primo quidem facultatem hominum ad operandum, secundo auctoritatem, tertio executionem utriusque.

Facultas quidem habetur per donum gratiæ, puta per prophetiam vel potestatem faciendi miracula, aut per aliquid huiusmodi.

Auctoritas autem habetur per aliquod ministerium, puta per apostolatum vel aliquid huiusmodi. Executio autem pertinet ad operationem.

Primo ergo distinguit gratias, secundo ministeria, tertio operationes.

Quantum ergo ad primum ostendit necessitatem gratiæ, quæ tamen non totaliter advenit omnibus, nisi Christo, cui datus est spiritus non ad mensuram, ut dicitur Io. III, 34; sed quantum ad alios sunt divisiones gratiarum, quia quidam abundant in una, quidam in alia. Sicut enim in corpore naturali caput habet omnes sensus, non autem alia membra, ita in ecclesia solus Christus habet omnes gratias, quæ in aliis membris dividuntur, quod significatur Gen. II, 12, ubi dicitur quod fluvius, scilicet gratiarum, egrediebatur ad irrigandum Paradisum, qui inde dividitur in quatuor capita. Et Matth. XXV, 15 dicitur et quod uni dedit quinque talenta, alii duo, alii unum.

Et quamvis dona gratiarum sint diversa, quæ a diversis habentur, non tamen procedunt a diversis auctoribus, sicut ponebant gentiles, qui sapientiam attribuebant Minervæ, locutionem mercurio, et sic de aliis. Ad quod excludendum subdit idem autem spiritus, scilicet sanctus, qui est auctor omnium gratiarum. Eph. IV, 4: unum corpus, et unus spiritus, et, Sap. VII, 22: est spiritus unus et multiplex: unus in substantia, multiplex in gratiis.

Deinde ponit distinctiones ministrationum, dicens et divisiones ministrationum sunt, id est diversa ministeria et officia requiruntur ad gubernationem ecclesiæ. Prælati enim ecclesiæ ministri dicuntur, supra IV, 1: sic nos existimet homo ut ministros Christi. Pertinet autem ad decorem et perfectionem ecclesiæ, ut in ea diversa ministeria sint, quæ significantur per ordines ministrantium, quod mirabatur regina Saba in domo Salomonis, ut legitur III Reg. X, 5. Omnes tamen uni Domino serviunt. Unde subditur idem autem Dominus. Supra VIII, 6: nobis unus Dominus Iesus Christus, per quem omnia.

Deinde ponit distinctionem operationum, dicens et divisiones operationum sunt, quibus aliquis in seipso bonum operatur, sicut per ministrationes ad proximum.

Ps. CIII, 23: exibit homo ad opus suum, scilicet sibi proprium. Eccli. XXXIII, 11: immutavit, id est distinxit, vias, id est operationes, eorum, quæ tamen omnes procedunt ab uno principio. Unde subdit idem vero Deus, qui operatur omnia, sicut prima causa creans omnes operationes. Ne tamen aliæ causæ videantur esse superfluæ subdit in omnibus, quia in causis secundariis prima causa operatur. Isa.

XXVI, 12: omnia opera nostra operatus es in nobis.

Et notandum quod apostolus valde congrue gratias attribuit spiritui qui est amor, quia ex amore procedit quod aliquid gratis detur ministerii a Domino cui ministratur; operationes Deo sicut primæ causæ moventi.

Et quod dicit spiritus, potest referri ad personam spiritus sancti; quod dicit Dominus, ad personam filii; quod dicit Deus, ad personam patris. Vel hæc tria possunt attribui spiritui sancto, qui est Dominus Deus.

Lectio 2

Posita in generali distinctione gratiarum et ministrationum, et operationum, hic manifestat ea quæ dixerat in speciali. Et primo quantum ad divisionem gratiarum; secundo quantum ad divisionem ministrationum, ibi et quosdam quidem posuit Deus, etc..

Circa primum duo facit.

Primo ponit distinctionem gratiarum in speciali; secundo adhibet similitudinem, ibi sicut enim corpus, etc..

Circa primum tria facit.

Primo ponit conditionem gratiarum gratis datarum; secundo ponit earum distinctionem, ibi alii quidem datur, etc.; tertio describit earum actionem, ibi hæc autem omnia, etc..

Dicit ergo primo: dictum est, quod sunt divisiones gratiarum, unicuique autem datur: in quo designatur earum subiectum.

Sicut enim nullum membrum est in corpore quod non participet aliquo modo sensum vel motum a capite, ita nullus est in ecclesia qui non aliquid de gratiis spiritus sancti participet, secundum illud Matth. XXV, 15: dedit unicuique secundum propriam virtutem et, Eph. IV, 7: unicuique nostrum data est gratia.

Manifestatio spiritus, in quo designatur officium gratiæ gratis datæ. Pertinet autem ad gratiam gratum facientem, quod per eam spiritus sanctus inhabitet, quod quidem non pertinet ad gratiam gratis datam, sed solum ut per eam spiritus sanctus manifestetur, sicut interior motus cordis per vocem. Unde Io. III, 8 dicitur: vocem eius audis, et in Ps. XCVII, 2 dicitur: notum fecit Dominus salutare suum.

Manifestatur autem, per huiusmodi gratias, spiritus sanctus dupliciter. Uno modo ut inhabitans ecclesiam et docens et sanctificans eam, puta cum aliquis peccator, quem non inhabitat spiritus sanctus, faciat miracula ad ostendendum, quod fides ecclesiæ quam ipse prædicat, sit vera. Unde dicitur Hebr. II, 4: contestante Deo signis et prodigiis, et variis spiritus sancti distributionibus.

Alio modo manifestatur per huiusmodi gratias spiritus sanctus, ut inhabitans eum cui tales gratiæ conceduntur. Unde dicitur Act. VI, 8, quod Stephanus plenus gratia faciebat prodigia et signa multa, quem spiritu sancto plenum elegerunt; sic autem non conceduntur huiusmodi gratiæ nisi sanctis.

Et ne huiusmodi manifestatio vana videatur, subdit ad utilitatem, scilicet communem. In quo designatur finis harum, et hoc vel dum probatur vera doctrina ecclesiæ; et sic fideles confirmantur et infideles convertuntur; vel dum sanctitas alicuius proponitur aliis in exemplum. Unde et infra XIV, 12: ad ædificationem ecclesiæ quærite ut abundetis, et supra X, 33: non quærens quod mihi utile est, sed quod multis, ut salvi fiant.

Deinde cum dicit alii quidem, etc., ponit distinctionem gratiarum, quæ quidem, ut dictum est, dantur ad utilitatem communem.

Et ideo oportet earum distinctionem accipere secundum quod per unum potest aliorum salus procurari. Quod quidem homo non potest facere interius operando, hoc enim solius Dei est, sed solum exterius persuadendo.

Ad quod quidem tria requiruntur. Primo quidem facultas persuadendi; secundo facultas persuasionem confirmandi; tertio persuasionem intelligibiliter proponendi.

Ad facultatem autem persuadendi requiritur quod homo habeat peritiam conclusionum et certitudinem principiorum, circa ea in quibus debemus persuadere. Conclusiones autem in his quæ pertinent ad salutem, quædam sunt principales, scilicet res divinæ et ad hoc pertinet sapientia, quæ est cognitio divinarum rerum, ut

Augustinus dicit, libro XIII de trinitate. Et quantum ad hoc dicitur alii quidem per spiritum datur, scilicet sanctum, sermo sapientiæ, ut possit persuadere ea quæ ad cognitionem divinorum pertinent. Lc. XXI, 15: ego dabo vobis os et sapientiam, cui non poterunt resistere et contradicere omnes adversarii vestri. Supra II, 6: sapientiam loquimur inter perfectos.

Secundariæ conclusiones sunt quæ pertinent ad notitiam creaturarum, quarum cognitio dicitur scientia, secundum Augustinum ibidem. Et quantum ad hoc subdit alii autem, scilicet datur, sermo scientiæ, secundum eumdem spiritum, ut scilicet per creaturas ea quæ sunt Dei, manifestare possit.

Huic enim scientiæ attribuitur illud quo pia fides defenditur et roboratur, non autem quidquid curiositatis in humanis scientiis invenitur, ut Augustinus ibidem dicit. Sap. X, 10: dedit illi scientiam sanctorum. Is. XXXIII, 6: divitiæ salutis sapientia et scientia.

Est tamen notandum quod sapientia et scientia inter septem dona spiritus sancti computantur, sicut habetur Is. XI, 2. Unde apostolus signanter inter gratias gratis datas non ponit sapientiam et scientiam, sed sermonem sapientiæ et scientiæ, quæ pertinent ad hoc ut homo aliis persuadere valeat per sermonem, ea quæ sunt sapientiæ et scientiæ.

Principia autem doctrinæ salutis sunt articuli fidei et ideo quantum ad hoc subditur alteri, scilicet datur, fides in eodem spiritu.

Non autem hic accipitur pro fidei virtute, quia hoc commune est omnibus membris Christi, secundum illud Hebr. XI, 6: sine fide impossibile est placere Deo. Sed accipitur pro sermone fidei, prout scilicet homo potest recte proponere ea quæ fidei sunt, vel pro certitudine fidei quam aliquis habet excellenter, secundum illud Matth. XV, 28: mulier, magna est fides tua.

Ea vero quæ pertinent ad salutarem doctrinam non possunt confirmari seu probari ratione, quia rationem humanam excedunt, secundum illud Eccli. III, 25: plurima supra sensum hominis ostensa sunt tibi.

Confirmantur seu probantur signo divino; unde et Moyses, mittendus ad populum Israel, signum accepit a Deo, per quod confirmaret ea, quæ ex parte Dei dicebat, ut patet Ex. IV, 1-9, sicut et signo regio confirmatur quod aliquid sit de mandato regis.

Signum autem Dei sumitur uno quidem modo ab eo quod solus Deus facere potest, sicut sunt miracula, quæ apostolus hic in duo distinguit. Nam primo dicit alii, scilicet datur, gratia sanitatum, id est per quam alicuius possit sanare infirmitatem, in uno, scilicet et eodem, spiritu. Ier. XVII, 14: sana me, Domine, et sanabor. Ex his enim persuadetur aliquis, non solum propter magnitudinem facti, sed etiam propter beneficium.

Secundo autem dicit alii datur operatio virtutum, ex quibus aliquis persuadetur solum propter magnitudinem facti, puta cum mare dividitur, ut legitur Ex. XIV, 21, vel quod sol et luna stetit in cælo, sicut legitur Ios. X, 13. Gal. III, 5: quis tribuit nobis spiritum, et operatur virtutes in nobis? alio autem modo accipitur signum divinum ab eo quod solus Deus cognoscere potest.

Hoc autem est vel futurum contingens, secundum illud Is. XLI, 23: annuntiate quæ ventura sunt, et sciemus quia dii estis vos.

Et quantum ad hoc dicit alii, scilicet datur, prophetia, quæ est divina revelatio inter eventus immobili veritate denuntians. Ioel. II, 28: effundam de spiritu meo super omnem carnem, et prophetabunt filii vestri.

Aliud autem est cognitio humani cordis, secundum illud Ier. XVII, 9 s.: pravum est cor hominis et inscrutabile, quis cognoscet illud? ego Dominus scrutans corda et probans renes.

Et quantum ad hoc subdit alii discretio spirituum, ut scilicet homo discernere possit, quo spiritu aliquis moveatur ad loquendum vel operandum, puta utrum spiritu charitatis vel spiritu invidiæ. I Io. IV, 1: nolite credere omni spiritui, sed probate spiritus si ex Deo sunt.

Facultas autem persuasionem pronuntiandi consistit in hoc quod homo possit loqui intelligibiliter aliis. Quod quidem impeditur dupliciter. Uno modo per diversitatem idiomatum. Contra quod remedium adhibetur per hoc quod dicit alii, scilicet datur, genera linguarum, ut scilicet possit loqui diversis linguis, ut

Commentaria in Epistolis S. Pauli

intelligatur ab omnibus, sicut de apostolis legitur Act. II, 4, quod loquebantur variis linguis.

Alio modo per obscuritatem Scripturæ inducendæ.

Contra quod remedium datur per id quod subditur alii interpretatio sermonum, id est difficilium Scripturarum. Dan. V, 16: audivi de te quod possis obscura interpretari.

Gen. XL, 8: numquid non Dei est interpretatio? deinde cum dicit hæc autem omnia, etc., determinat auctorem prædictarum gratiarum. Circa quod tres errores excludit.

Primo quidem gentilium attribuentium diversa dona diversis diis. Contra quod dicit hæc autem omnia operatur unus atque idem spiritus. Eph. IV, 4: unum corpus et unus spiritus.

Secundo errorem eorum qui Deo attribuebant solum universalem providentiam rerum, ponentes quod distinctiones particularium fiunt solum per causas secundas. Contra quod subditur dividens singulis prout vult. Eccli. XXXIII, 11: in multitudine disciplinæ Domini separavit eos.

Tertio excludit errorem eorum qui diversitatem gratiarum attribuebant vel fato, vel humano merito, et non solum voluntati divinæ, sicut Macedonii, qui dicebant spiritum sanctum esse ministerium patris et filii.

Et hoc excludit per hoc quod subdit prout vult. Io. III, 8: spiritus ubi vult spirat.

Lectio 3

Posita distinctione gratiarum, hic manifestat eam per similitudinem corporis naturalis. Et primo ponit similitudinem in generali; secundo exemplificat eam in speciali, ibi nam et corpus, etc..

Circa primum duo facit.

Primo ponitur similitudo; secundo similitudinis adaptatio, ibi ita et Christus, etc..

Circa primum considerandum est, quod, sicut in V metaphysicæ, tripliciter dicitur aliquid unum per se. Uno modo indivisibilitate, ut unitas et punctum, secundum quem modum unitas excludit totaliter multitudinem, non solum actualem, sed etiam potentialem.

Alio modo dicitur unum continuitate, ut linea et superficies, quæ quidem unitas excludit multitudinem actualem, sed non potentialem. Tertio modo integritate, quæ non excludit multitudinem neque potentialem, neque actualem, sicut domus est una quæ constituitur ex diversis lapidibus et lignis.

Et, eodem modo, corpus hominis aut cuiuslibet animalis est unum, quia eius perfectio integratur ex diversis membris, sicut ex diversis animæ instrumentis; unde et anima dicitur esse actus corporis organici, id est, ex diversis organis constituti.

Proponit ergo primo apostolus quod unitas corporis, membrorum multitudinem non excludit, dicens quod sicut corpus unum est, et multa membra habet, unde et Rom. XII, 4 dicitur in uno corpore multa membra habemus. Item proponit quod multitudo membrorum non tollit corporis unitatem, unde subdit omnia autem membra corporis cum sint multa, nihilominus unum corpus sunt, quod ex omnibus perficitur. Unde et Iob X, 11 dicitur: pelle et carne vestisti me, ossibus et nervis compegisti me.

Deinde cum dicit ita et Christus, etc., ponitur adaptatio similitudinis. Et primo adaptat similitudinem, dicens ita et Christus, scilicet est unus, secundum illud, supra VIII, 6: unus Dominus noster Iesus, per quem omnia. Et tamen multa et diversa habet membra, scilicet omnes fideles, secundum illud Rom. XII, 5: multi unum corpus sumus in Christo.

Secundo ponitur ratio adaptationis, ubi ponitur duplex ratio distinctionis.

Una quidem ratio unitatis est spiritus sanctus, secundum illud Eph. IV, 4: unum corpus et unus spiritus.

Sed per virtutem spiritus sancti duplex beneficium consequimur. Primo quidem, quia per ipsum regeneramur, secundum illud io. III, 5: nisi quis renatus fuerit ex aqua et spiritu sancto. Unde dicit etenim in uno spiritu, scilicet per virtutem unius spiritus sancti, omnes nos, qui sumus membra Christi, sumus baptizati in unum corpus, id est in unitatem ecclesiæ, quæ est corpus Christi, secundum illud Eph. I, 22: ipsum dedit caput super omnem ecclesiam, quæ est corpus eius; et Gal. III, 27: omnes qui in Christo baptizati estis, Christum induistis.

Secundo, per spiritum sanctum reficimur ad salutem. Unde subdit et omnes potati sumus in uno spiritu, id est per virtutem unius spiritus sancti.

Potest autem hic potus intelligi dupliciter.

Uno modo de interno refrigerio quod spiritus sanctus cordi humano præbet, extinguendo sitim carnalium desideriorum et concupiscentiarum.

Unde Eccli. XV, 3: aqua salutaris sapientiæ potavit eum, et, Io. VII, 38, flumina de ventre eius fluent aquæ vivæ.

Alio modo potest intelligi de potu sacramentali, qui per spiritum sacratur. Supra X, 4: omnes eumdem potum spiritualem biberunt.

Interponitur autem duplex ratio diversitatis. Una ex parte ritus, cum dicit sive Iudæi, sive gentiles, etc., alia ex parte conditionis, cum dicit sive servi, sive liberi.

Nulla enim huiusmodi diversitas impedit unitatem corporis Christi. Unde Gal. III, 28 dicitur: non est Iudæus, neque Græcus; non est servus, neque liber; unum enim estis in Christo Iesu.

Deinde cum dicit nam et corpus, explicat similitudinem in speciali. Et primo describit conditionem corporis naturalis et membrorum ipsius.

Secundo adaptat ad corpus mysticum Christi, ibi vos autem estis, etc..

Commentaria in Epistolis S. Pauli

Circa primum duo facit.

Primo describit integritatem corporis naturalis; secundo habitudinem membrorum ad invicem, ibi non potest autem oculus dicere, etc..

Circa primum tria facit.

Primo proponit quod intendit; secundo manifestat exemplificando, ibi si dixerit pes, etc.; tertio probat ducendo ad inconveniens, ibi si totum corpus oculus, etc..

Dicit ergo primo: dictum est quod, omnes nos in unum corpus mysticum baptizati sumus, quod repræsentat similitudo corporis naturalis. Nam corpus naturale hominis non est unum membrum, sed multa.

Quia scilicet eius perfectio non salvatur in uno membro, sed integratur ex multis, quæ necesse habent deservire diversis potentiis et actibus animæ. Unde et Rom. XII, 4 dicitur: sicut in uno corpore multa membra habemus, omnia autem membra corporis non eumdem actum habent, ita multi unum corpus sumus in Christo.

Deinde cum dicit si dixerit pes, etc., manifestat quod dixerat exemplificando in membris quibusdam.

Et primo in membris deservientibus motui: et ponit duo membra: pedem, tamquam ignobilius membrum, eo quod calcat terram et portat totius corporis pondus; manum autem tamquam membrum nobilius, eo quod ipsa est organum organorum. Et hoc est quod dicit si dixerit pes: non sum de corpore, quoniam non sum manus, non ideo non est de corpore? quasi dicat: perfectio corporis non tota consistit in uno membro, quamvis nobiliori sed ad eius perfectionem requiruntur etiam ignobiliora.

Per membra autem deservientia motui, designantur in ecclesia homines dediti vitæ activæ, ita quod pedes sunt subditi, de quibus dicitur Ez. I, 7: pedes eorum pedes recti; per manus autem figurantur prælati, per quos alii disponuntur, unde et Cant. V, 14 dicitur: manus illius tornatiles aureæ, plenæ hyacinthis. Sunt autem in ecclesia necessariæ non solum manus, id est prælati, sed etiam pedes, id est subditi. Unde Prov. XIV, 28 dicitur: in multitudine populi dignitas regis.

Secundo exemplificat de membris servientibus virtuti apprehensivæ, et ponit oculum qui deservit visui et aurem quæ deservit auditui. Nam isti duo sensus præcipue deserviunt humanæ sapientiæ: visus quidem quantum ad inventionem, eo quod plures rerum differentias ostendit; auditus autem quantum ad disciplinam, quæ fit per sermonem. Horum tamen sensuum dignior est visus quam auditus, quia et spiritualior est et plura demonstrat, ac per hoc oculus est dignior aure.

Dicit ergo et si dixerit auris, quæ est ignobilius membrum, non sum de corpore, quia non sum oculus, qui est membrum nobilius, non ideo non est de corpore? etc..

Per membra ergo deservientia virtuti apprehensivæ, designantur in ecclesia illi qui student vitæ contemplativæ, inter quos sunt, sicut oculi, doctores, qui per seipsos veritatem inspiciunt. Unde dicitur Cant. V, 12: oculi eius sicut columbæ super rivos aquarum, quæ resident iuxta fluenta plenissima.

Per aures autem significantur discipuli, qui a Magistris veritatem audiendo recipiunt.

Unde et Matth. XIII, 19 dicitur: qui habet aures audiendi, audiat. Sunt enim in ecclesia necessarii non solum doctores sed etiam discipuli.

Unde et Iob XXIX, 11 dicitur: auris audiens beatificavit me.

Deinde cum dicit si totum corpus, etc., probat ducendo ad inconveniens duplex, quorum primum est subtractio necessariorum a corpore, secundum est remotio integritatis corporis, ibi quod si essent omnia, etc..

Circa primum duo facit. Primo ponit inconveniens quod sequitur, dicens si totum corpus esset oculus, quod est membrum nobilius, ubi esset auditus? id est instrumentum audiendi, quasi dicat: si in ecclesia omnes essent Magistri. Unde dicitur Iac. III, 1: nolite plures Magistri fieri, fratres mei.

Et, iterum: si totum corpus esset auditus, id est instrumentum audiendi, ubi esset odoratus? etc.. Per quem possunt in ecclesia intelligi illi qui, et si non sint capaces verborum sapientiæ, percipiunt tamen quædam eius indicia a remotis, quasi odorem. Unde et Cant. I, 3 dicitur in odorem unguentorum tuorum currimus.

Secundo asserit contrariam veritatem, scilicet quod nec auditus corpori debet deesse, dicens nunc autem Deus posuit, id est ordinate disposuit, membra diversa. Nam et si membrorum distinctio sit opus naturæ, hoc tamen agit natura ut instrumentum divinæ providentiæ.

Et ideo primam causam dispositionis membrorum assignans, subdit unumquodque eorum in corpore, quasi dicat: non sic posuit membra diversa, ut unumquodque eorum secundum se separatim existeret, sed ut omnia convenirent in uno corpore. Et sicut voluit; nam prima causa institutionis rerum est voluntas divina, secundum illud Ps. CXIII, 3: omnia quæcumque voluit fecit.

Sic autem et in ecclesia disposuit diversa officia, diversos status secundum suam voluntatem.

Unde et Eph. I, 11 dicitur: prædestinati secundum propositum eius qui operatur omnia secundum consilium voluntatis suæ.

Deinde cum dicit quod si esset, etc., ducit ad aliud inconveniens, quod est defectus integritatis corporis.

Unde primo ponit hoc inconveniens, dicens quod si essent omnia unum membrum, ubi esset corpus? id est ubi esset integritas corporalis? quasi dicat: non esset. Ita si omnes in ecclesia unius conditionis et gradus essent, tolleretur perfectio et decor ecclesiæ, quæ in Ps. XLIV, 10 describitur circumamicta varietate.

Secundo asserit veritatem contrariam, dicens nunc autem multa quidem sunt

Commentaria in Epistolis S. Pauli

membra, sed unum corpus quod ex omnibus integratur.

Sic ecclesia ex diversis ordinibus constituitur.

Unde et Cant. VI, 9 describitur: terribilis ut castrorum acies ordinata.

Deinde cum dicit non potest autem oculus, etc., ponit comparationem membrorum ad invicem. Et primo quantum ad necessitatem; secundo quantum ad cultum membris adhibitum, ibi et quæ putamus, etc.; tertio quantum ad mutuam sollicitudinem, ibi sed in ipsum, etc..

Circa primum duo facit.

Primo proponit omnia membra corporis esse necessaria, quamvis quædam sint ignobilia; secundo ponit necessitatis comparationem, ibi sed multo magis, etc..

Ostendit autem primo rationem necessitatis membrorum secundum duplicem differentiam.

Primo quidem secundum differentiam membrorum deservientium motui, unde dicit non potest autem oculus, qui deservit cognitioni et significat contemplativos, dicere manui, quæ deservit motui et significat activos opera tua non indigeo. Indigent enim contemplativi per opera activorum sustentari.

Unde et Lc. X, 39 s. Dicitur quod cum maria secus pedes Domini sederet, audiens verba eius, Martha satagebat circa frequens ministerium.

Secundo ostendit idem secundum differentiam prælatorum, qui significantur per caput, et subditorum, qui significantur per pedes; et hoc est quod subdit aut iterum caput, id est prælatus, secundum illud I Reg. XV, 17: caput in tribubus Israel factus es, non potest dicere pedibus, id est subditis, non estis mihi necessarii, quia, ut dicitur Prov. XIV, 28, in multitudine populi dignitas regis.

Deinde cum dicit sed multo magis, etc., comparat diversa membra ad invicem quoad necessitatem eorum, dicens quod membra corporis quæ videntur esse infirmiora, sunt magis necessaria, sicut intestina.

Ita etiam in ecclesia sine officio aliquarum abiectarum personarum, puta agricultorum et aliorum huiusmodi, præsens vita transiri non posset; quæ tamen posset duci sine aliquibus excellentioribus personis contemplationi et sapientiæ deputatis, quæ ecclesiæ deserviunt ad hoc quod sit ornatior et melius se habens. Ex hoc enim aliquid dicitur necessarium, quod est utile ad finem. Illa vero quæ sunt nobilissima, non se habent in ratione utilium, sed sunt per seipsa appetenda ut fines. Et ideo dicitur Iob XXXI, 39: si fructus terræ comedi absque pecunia, et animam agricolarum eius afflixi.

Deinde cum dicit et quæ putamus, etc., comparat membra quantum ad exteriorem cultum. Et primo ponit diversitatem quæ diversis membris adhibetur; secundo causam diversitatis assignat, ibi Deus temperavit, etc..

Cultus autem exterior membris adhibitus ad duo pertinet scilicet ad honorem, sicut ea quæ apponuntur ad ornatum, ut monilia et inaures; et ad honestatem, sicut quæ apponuntur ad tegumentum, ut brachæ et alia huiusmodi.

Quantum ergo ad primum cultum, dicit primo et quæ putamus esse ignobiliora membra corporis, his circumdamus abundantiorem honorem, idest maiorem ornatum, sicut auribus alicubi suspenduntur inaures, oculis autem nihil apponitur, et pedibus apponuntur calceamenta depicta et gemmata, secundum illud Cant. VII, 1: quam pulchri sunt gressus tui in calceamentis, filia principis.

Manus autem nudæ habentur. Et, similiter in ecclesia, imperfectioribus sunt magis consolationes adhibendæ, quibus perfectiores non egent. Unde dicitur Is. XL, 11: in brachio suo congregabit agnos, et in sinu suo levabit, foetas ipse portabit, et, I Petr. III, 7 dicitur: viri quasi infirmiori vasculo muliebri impartientes honorem.

Secundo prosequitur quantum ad cultum honestatis, dicens et quæ inhonesta sunt, abundantiorem honestatem habent, scilicet per studium humanum. Dicuntur autem membra aliqua inhonesta in sanctis, non propter aliquam peccati turpitudinem, sed propter inobedientiam membrorum genitalium subsecutam ex peccato originali. Vel etiam quia sunt ignobili usui deputata, sicut omnia membra quæ deserviunt emissioni superfluitatum, quibus abundantior honestas adhibetur dum studiosius teguntur, quo non indigent membra nobilibus usibus deputata.

Unde subdit honesta autem nostra nullius egent, scilicet exterioris honestatis, unde nec faciei velamen apponitur. Et similiter in ecclesia illi qui sunt in aliquo culpabiles, sunt admonendi et custodiendi, secundum illud Eccli. XLII, 11: super filiam luxuriosam confirma custodiam. Et Gal. VI, 1 dicitur: si præoccupatus quis fuerit in aliquo delicto vos, qui spirituales estis, huiusmodi instruite in spiritu lenitatis; illi autem qui sunt absque culpa his non egent.

Et est notandum quod triplicem defectum circa membra notavit, scilicet inhonestatis, ignobilitatis et infirmitatis. Quorum primum in membris ecclesiæ pertinet ad culpam; secundum ad conditionem servilem; tertium ad statum imperfectionis.

Deinde cum dicit et Deus temperavit, etc., ponit causam prædicti cultus, et primo assignat causam efficientem primam.

Licet enim homines taliter se habeant ad cultum membrorum, hoc tamen procedit ex ordinatione divina, unde dicit sed Deus temperavit corpus, abundantiorem honorem tribuendo ei membro cui deerat. Nam homines hoc faciunt ex quodam divino instinctu, secundum illud Iob XXXIII, 16: aperit aures virorum et erudiens eos instruit disciplina.

Secundo ponit causam finalem, dicens ut non sit schisma in corpore. Quod quidem sequeretur, si defectui membrorum non subveniretur. Hoc autem schisma quantum ad membra corporis mystici manifeste vitatur,

Commentaria in Epistolis S. Pauli

dum pax ecclesiæ custoditur per hoc, quod singulis ea quæ sunt necessaria attribuuntur. Unde et supra dictum est cap. I, 10: idipsum dicatis omnes, et non sint in vobis schismata. Sed quantum ad membra corporis naturalis, schisma esset in corpore si debita proportio membrorum tolleretur.

Deinde cum dicit sed in idipsum, etc., ponit comparationem membrorum ad invicem quantum ad mutuam sollicitudinem.

Et, primo, proponit eam, dicens: non solum prædicta membra operantur ad invicem, sed etiam per se invicem sunt sollicita in idipsum, id est in unitatem corporis conservandi.

Et hoc quidem manifeste in corpore naturali apparet. Nam quodlibet membrum naturalem quamdam inclinationem habet ad iuvamentum aliorum membrorum. Unde et naturaliter homo opponit manum ad protegendum alia membra ab ictibus. Et similiter alii fideles, qui sunt membra corporis mystici, pro se invicem sollicitudinem gerunt, secundum illud Eccli. XVII, 12: unicuique mandavit Deus de proximo suo, et, Gal. VI, 2: alter alterius onera portate.

Secundo, specificat hanc sollicitudinem; et primo in malis, in quibus magis est manifestum. Unde dicit et si quid, scilicet mali, patitur unum membrum, compatiuntur omnia membra. Quod quidem manifestum est in corpore naturali. Nam uno membro languente, totum corpus quasi languescit, et ad locum languoris confluunt spiritus et humores quasi ad subveniendum. Et similiter debet esse in fidelibus Christi, ut unus, malo alterius compatiatur, secundum illud Iob XXX, 25: flebam quondam super eo qui afflictus erat, et anima mea compatiebatur.

Secundo in bonis, unde subdit sive gloriatur, id est, quocumque modo vigoratur, unum membrum, congaudent omnia membra.

Quod etiam manifestum est in corpore naturali, in quo vigor unius membri in iuvamentum cedit aliis membris. Sic debet etiam esse in membris ecclesiæ, ut unusquisque bonis alterius congaudeat. Phil. II, 17: gaudeo et congratulor omnibus vobis.

Rom. XII, 15: gaudere cum gaudentibus, et flere cum flentibus.

Deinde cum dicit vos autem estis, etc., adaptat similitudinem ad propositum.

Et, primo, quantum ad corporis unitatem, dicens vos autem, scilicet qui estis in unitate fidei congregati, estis corpus Christi, secundum illud Eph. I, 22 s.: ipsum dedit caput super omnem ecclesiam, quæ est corpus eius.

Secundo quantum ad membrorum distinctionem, cum subdit et estis membra de membro. Quod potest intelligi tripliciter.

Uno modo sic: estis membra dependentia de Christo membro, quod quidem dicitur membrum secundum humanitatem secundum quam, præcipue, dicitur ecclesiæ caput. Nam secundum divinitatem non habet rationem membri aut partis, cum sit commune bonum totius universi. Alio modo sic: vos estis membra dependentia de membro, inquantum per me Christo acquisiti estis, secundum illud, supra IV, 15: in Christo Iesu per evangelium ego vos genui. Tertio modo posset exponi ut designaretur distinctio et series membrorum, ut sit sensus: vos estis membra de membro, id est ita distinguimini et ordinamini ad invicem, sicut unum membrum ad aliud.

Deinde cum dicit et quosdam quidem, etc., prosequitur de distinctione ministrationum.

Circa quod tria facit.

Primo assignat ordinem ministrationum; secundo manifestat earum distinctionem, ibi numquid apostoli omnes, etc.; tertio ordinat eorum affectionem circa diversas administrationes et gratias, ibi æmulamini autem, etc..

Circa primum duo facit.

Primo ponit maiores seu principales administrationes; secundo ministrationes secundarias, ibi opitulationes, etc..

Maiores autem ministri in ecclesia sunt apostoli ad quorum officium tria pertinent, quorum primum est auctoritas gubernandi fidelem populum, quæ proprie pertinet ad officium apostolatus; secundo facultas docendi; tertio potestas miracula faciendi ad confirmationem doctrinæ. Et de his tribus habetur Lc. IX, 1 s., ubi

Prima ad Corinthios

dicitur: convocatis Iesus duodecim apostolis, dedit illis virtutem et potestatem super omnia Dæmonia, et ut languores curarent, et misit illos prædicare regnum Dei.

In omnibus autem potestatibus seu virtutibus ordinatis, illud quod est principale reservatur supremæ potestati; alia vero etiam inferioribus communicantur. Potestas autem faciendi miracula, ordinatur ad doctrinam sicut ad fidem, secundum illud Marc. Cap. Ult.: sermonem confirmante sequentibus signis. Doctrina autem ordinatur ad gubernationem populi sicut ad finem, secundum illud Ier. III, 15: dabo vobis pastores secundum cor meum, et pascent vos in scientia et doctrina. Et ideo primus gradus inter ecclesiastica ministeria est apostolorum, quibus specialiter competit ecclesiæ regimen.

Et propter hoc dicit et Deus posuit, id est ordinate collocavit, in ecclesia, quosdam, scilicet in determinatis ministeriis, secundum illud Io. XV, 16: posui vos, ut eatis.

Primum quidem apostolos, quorum regimini commisit ecclesiam, secundum illud Lc. XXII, 29: ego dispono vobis, sicut disposuit mihi pater meus regnum. Unde et Apoc. XXI, 19 s. Super duodecim fundamenta civitatis describuntur duodecim apostolorum nomina.

Propter quod et ipsi inter cæteros fideles primatum in spiritualibus gratiis obtinuerunt, secundum illud Rom. VIII, 23: nos ipsi primitias spiritus habentes.

Commentaria in Epistolis S. Pauli

Et quamvis ad apostolos præcipue pertineat doctrinæ officium, quibus dictum est Matth. Cap. Ult.: euntes docete omnes gentes, tamen alii in communionem huius officii assumuntur, quorum quidam per seipsos revelationes a Deo accipiunt, qui dicuntur prophetæ; quidam vero de his, quæ sunt aliis revelata, populum instruunt, qui dicuntur doctores, unde subdit secundo prophetas, qui etiam in novo testamento fuerunt.

Quod enim dicitur Matth. XI, 13: lex et prophetæ usque ad Ioannem, intelligitur de prophetis qui futurum Christi adventum prænuntiaverunt. Tertio doctores, unde et Act. XIII, 1 dicitur: erant in ecclesia quæ erat Antiochiæ, prophetæ et doctores.

Similiter etiam et gratia miraculorum fuit aliis communicata, quæ primitus a Christo data fuit apostolis, unde subdit deinde virtutes, qui scilicet miracula faciunt circa ipsa elementa mundi. Gal. III, 5: operatur virtutes in nobis. Quantum autem ad miracula quæ fiunt in corporibus humanis, subdit exinde gratias curationum, secundum illud Lc. IX, 1: ut languores curarent.

Deinde cum dicit opitulationes, etc., ponit minores sive secundarias administrationes, quarum quædam ordinantur ad regimen ecclesiæ, quod ad apostolatus dignitatem pertinere diximus; quædam vero ad doctrinam.

Ad regimen ecclesiæ pertinent in generali quædam opitulationes, id est illi qui opem ferunt maioribus prælatis in universali regimine, sicut archidiaconi episcopis, secundum illud Phil. IV, 3: adiuva illas quæ mecum laboraverunt in evangelio cum clemente et cæteris adiutoribus meis. In speciali autem ponit gubernationes, sicut sunt parochiales sacerdotes, quibus committitur gubernatio aliquarum particularium plebium. Prov. XI, 14: ubi non est gubernator, corruet populus.

Ad doctrinam autem pertinet secundario, quod subdit linguarum genera, quantum ad illos qui variis linguis loquuntur magnalia, ut dicitur Act. II, 4; nec scilicet propter varietatem idiomatum evangelica doctrina impediretur.

Quantum vero ad amovendum impedimentum doctrinæ, quod posset provenire ex obscuritate sermonum, subdit interpretationes sermonum. Infra XIV, 13: qui loquitur lingua, oret ut interpretetur.

Deinde cum dicit numquid omnes apostoli, etc., manifestat distinctionem prædictarum ministrationum, dicens numquid omnes in ecclesia sunt apostoli? quasi dicat: non. Numquid omnes prophetæ? etc..

Ex quo patet diversitas harum administrationum.

Eccli. XXXIII, 11: in multitudine disciplinæ Domini separavit eos. Et XXXVII, 31: non omnia omnibus expediunt.

Deinde cum dicit æmulamini autem, etc., ordinat eorum affectum circa prædicta spiritualia dona, dicens: cum multa sint dona spiritus sancti, ut dictum est, æmulamini, id est desiderate, charismata meliora, id est gratias potiores, ut scilicet magis desideretis ea quæ sunt meliora, puta prophetiam quam donum linguarum, ut infra XIII, 1 s. Dicetur. I Thess. Cap. Ult.: omnia probate, quod bonum est tenete.

Et ne in præmissis donis eorum affectus quiesceret, subdit et adhuc excellentiorem viam vobis demonstro, scilicet charitatem, qua directius in Deum itur. Ps. CXVIII, 32: viam mandatorum tuorum cucurri. Is. XXX, 21: hæc est via, ambulate in ea.

Capitulus XIII

Lectio 1

Apostolus gratiarum gratis datarum distinctionem assignavit, et ministrationum in quibus membra ecclesiæ distinguuntur, hic agit de charitate, quæ inseparabiliter concomitatur gratiam gratum facientem.

Et quia promiserat eis se demonstraturum viam excellentiorem, ostendit præeminentiam charitatis ad cætera gratuita dona.

Et primo quantum ad necessitatem, quia scilicet sine charitate alia dona gratuita non sufficiunt; secundo quantum ad utilitatem, quia scilicet per charitatem omnia mala vitantur, et omnia bona aguntur, ibi charitas patiens est, etc.; tertio quantum ad permanentiam, ibi charitas numquam excidit, etc..

Omnia autem dona gratuita reducere videtur apostolus ad tria. Nam primo ostendit quod donum linguarum, quod pertinet ad locutionem, sine charitate non valet; secundo quod etiam non valent ea quæ pertinent ad cognitionem, ibi et si habuero prophetiam, etc.; tertio ostendit idem de his quæ pertinent ad operationem, ibi et si distribuero in cibos pauperum, etc..

Erat autem apud Corinthios multum desiderabile donum linguarum, ut infra XIV 1. Patebit; et ideo, ab eo incipiens, dicit: promisi me demonstraturum excellentiorem viam, et hoc primo patet in dono linguarum, quia si linguis hominum, scilicet omnium, loquar, id est, si habuero donum gratiæ, per quod loqui possim linguis omnium hominum; et ad maiorem abundantiam subdit et Angelorum: charitatem autem non habeam, factus sum velut æs sonans aut cymbalum tinniens.

Recta comparatione utitur. Anima enim per charitatem vivit quæ vivit Deo, qui est animæ vita, secundum illud Deut. XXX, 20: ipse est vita tua. Unde et I Io. III, 14 dicitur: translati sumus de morte ad vitam, quoniam diligimus fratres; qui non diligit manet in morte.

Recte ergo comparat loquelam charitate carentem, sono rei mortuæ, scilicet æris aut cymbali, qui licet clarum sonum reddat, non tamen est vivus sed mortuus. Ita etiam locutio hominis charitate carentis, quantumcumque sit diserta, tamen habetur pro mortua, quia non proficit

Commentaria in Epistolis S. Pauli

ad meritum vitæ æternæ.

Est autem differentia inter æs sonans et cymbalum tinniens, quia æs, cum sit planum, ex percussione simplicem sonum emittit; cymbalum autem, cum sit concavum, ex una percussione sonum multiplicat, quod pertinet ad tinnitum. Aeri ergo comparantur qui veritatem simpliciter pronuntiant, cymbalo vero qui veritatem multiplicant et pronuntiant, multas rationes et similitudines apponendo, et conclusiones plurimas eliciendo, quæ tamen omnia sine charitate habentur ut mortua.

Considerandum est autem quæ linguæ Angelorum dicantur. Nam cum lingua sit membrum corporeum et ad eius usum pertineat donum linguarum, quod interdum lingua dicitur, ut patebit infra XVI, neutrum videtur Angelis competere qui membra non habent.

Potest ergo dici quod per Angelos intelliguntur homines Angelorum officium habentes, qui scilicet aliis hominibus divina annuntiant, secundum illud Mal. II, 7: labia sacerdotis custodiunt scientiam, et legem requirunt ex ore eius, quia Angelus Domini exercituum est.

Sub hoc ergo sensu dicitur si linguis hominum loquar et Angelorum, id est non solum minorum sed etiam maiorum qui alios docent.

Potest etiam intelligi de ipsis incorporeis Angelis, prout in Ps. CIII, 4 dicitur: qui facit Angelos suos spiritus. Et quamvis non habeant linguam corpoream, per similitudinem tamen lingua in eis dici potest vis, qua manifestant aliis quod habent in mente.

Est autem sciendum quod in cognitione mentis angelicæ aliquid est, de quo superiores Angeli non loquuntur inferioribus, neque e converso, scilicet ipsa divina essentia quam omnes immediate vident, Deo se omnibus monstrante, secundum illud Ier. XXXI, 34: non docebit ultra vir proximum suum, et vir fratrem suum, dicens: cognosce Dominum. Omnes enim cognoscent me a minimo usque ad maximum eorum.

Aliquid autem est in cognitione mentis angelicæ, de quo superiores loquuntur inferioribus, sed non econverso. Et huiusmodi sunt divinæ providentiæ mysteria, quorum plura cognoscunt in ipso Deo superiores, qui clarius eum vident quam inferiores. Unde superiores de huiusmodi inferiores instruunt vel illuminant, quod locutio potest dici.

Aliquid vero est in cognitione mentis angelicæ, de quo superiores loquuntur inferioribus et econverso; et huiusmodi sunt occulta cordium quæ ex libero arbitrio dependent, quæ soli Deo patent, et his quorum sunt, secundum illud supra II, 11: quæ sunt hominis, nemo novit nisi spiritus hominis qui in ipso est. Quæ in notitiam alterius deveniunt, eo cuius sunt manifestante, sive sit inferior, sive superior.

Fit autem huiusmodi manifestatio dum inferior Angelus superiori loquitur, non per illuminationem, sed per

Prima ad Corinthios

quemdam significationis modum. Est enim in quolibet Angelo aliquid quod naturaliter ab altero Angelo cognoscitur.

Dum ergo id quod est naturaliter notum, proponitur ut signum eius quod est ignotum, manifestatur occultum. Et talis manifestatio dicitur locutio ad similitudinem hominum, qui occulta cordium manifestant aliis per voces sensibiles, aut per quodcumque aliud corporale exterius apparens. Unde et ea, quæ sunt in Angelis naturaliter nota, inquantum assumuntur ad manifestationem occultorum, dicuntur signa vel nutus. Potestas autem manifestandi conceptum suum hoc modo metaphorice lingua nominatur.

Deinde cum dicit et si habuero, etc., ostendit idem de his quæ pertinent ad cognitionem.

Est autem attendendum quod supra proposuit quatuor dona gratuita ad cognitionem pertinentia, scilicet sapientiam, scientiam, fidem et prophetiam. Incipit ergo hic a prophetia, dicens et si habuero prophetiam, per quam divinitus occulta revelantur, secundum illud II Petr. I, 21: non enim voluntate humana allata est aliquando prophetia, sed spiritu sancto inspirati locuti sunt sancti Dei homines.

Secundo, quantum ad sapientiam, subdit et noverim omnia mysteria, id est occulta divinitatis, quod pertinet ad sapientiam, secundum illud supra II, 7: loquimur Dei sapientiam in mysterio absconditam.

Tertio, quantum ad scientiam, dicit et omnem scientiam, sive humanitus acquisitam, sicut habuerunt Philosophi, sive divinitus infusam, sicut habuerunt eam apostoli. Sap. VII, 17: dedit mihi eorum quæ sunt veram scientiam.

Quarto, quantum ad fidem, subdit et si habuero omnem fidem, ita ut montes transferam.

Potest autem exponi id quod dicit omnem fidem, id est omnium articulorum; sed merito est ut exponatur omnem, id est perfectam fidem, propter illud quod subditur ita ut montes transferam. Dicitur enim Matth. XVII, 19: si habueritis fidem sicut granum sinapis, dicetis monti huic: transi hinc, et transibit. Et quamvis granum sinapis sit minimum quantitate, non tamen intelligitur parva, sed perfecta fides grano sinapis comparari. Dicitur enim Matth. XXI, 21: si habueritis fidem, et non hæsitaveritis, non solum de ficulnea facietis, sed etiam si monti huic dixeritis: tolle et iacta te in mare, fiet. Fides ergo quæ non hæsitat, grano sinapis comparatur, quod quanto magis atteritur, tanto magis eius fortitudo sentitur.

Obiiciunt autem aliqui quod cum multi sancti perfectam fidem habuerint, nullus legitur montes transtulisse; quod quidem solvitur per id quod supra XII, 7 dictum est: unicuique datur manifestatio spiritus ad utilitatem.

Illo nempe modo, loco et tempore miracula per gratiam spiritus sancti

Commentaria in Epistolis S. Pauli

fiunt, quo ecclesiæ requiritur utilitas. Fecerunt autem sancti multo maiora, quam translationem montium, prout erat fidelibus utile, puta suscitando mortuos, dividendo mare et alia huiusmodi opera faciendo. Et hoc etiam fecissent, si necessitas adfuisset.

Potest etiam hoc transferri ad expulsionem Dæmonum de humanis corporibus, qui montes dicuntur propter superbiam. Ier. XIII, 16: antequam offendant pedes vestri ad montes caliginosos, ecce ego ad te, mons pestifer, qui corrumpis universam terram.

Attribuitur autem operatio miraculorum fidei non hæsitanti, quia fides innititur omnipotentiæ, per quam miracula fiunt.

Si, inquam, habuero omnia prædicta ad perfectionem intellectus pertinentia, charitatem autem non habuero, per quam perficitur voluntas, nihil sum, scilicet secundum esse gratiæ, de quo dicitur Eph. II, 10: ipsius sumus factura, creati in Christo Iesu in operibus bonis. Unde et contra quemdam dicitur Ez. XXVII, 19: nihil factus es, et non eris in perpetuum. Quod quidem fit propter defectum charitatis, per quam homo bene utitur intellectu perfecto. Sine charitate autem eius usus bonus non est. Unde et supra VIII, 1 dicitur, quod scientia inflat, charitas ædificat.

Est autem notandum quod apostolus hic loquitur de sapientia et scientia, secundum quod pertinent ad dona gratiæ gratis datæ, quæ sine charitate esse possunt.

Nam secundum quod computantur inter septem dona spiritus sancti, numquam sine charitate habentur. Unde et Sap. I, 4 dicitur: in malevolam animam non intrabit sapientia.

Et Sap. X, 10 dicitur: dedit illi scientiam sanctorum. De prophetia autem et fide manifestum est, quod sine charitate haberi possunt.

Sed notandum est hic quod fides firma, etiam sine charitate, miracula facit. Unde, Matth. VII, 22, dicentibus: nonne in nomine tuo prophetavimus, et multas virtutes fecimus? dicitur: numquam novi vos. Spiritus enim sanctus operatur virtutes etiam per malos, sicut et per eos loquitur veritatem.

Deinde cum dicit et si distribuero, etc., ostendit idem in his quæ pertinent ad opera, quæ consistunt in hoc quod homo faciat bona, secundum illud Gal. VI, 9: bonum facientes, non deficiamus; et in hoc quod patienter sustineat mala, secundum illud Ps. XCI, 15 s.: bene patientes erunt, ut annuntient.

Inter cætera vero bona opera magis commendantur opera pietatis, secundum illud I Tim. IV, 8: pietas ad omnia utilis est. Circa quod opus quatuor conditiones designat.

Quarum prima est, quod opus pietatis non totum congregetur in unum, sed dividatur in plures, secundum illud Ps. CXI, 9: dispersit, dedit pauperibus. Et hoc designatur cum dicitur si distribuero.

Secundo ut opus pietatis fiat ad

subveniendum necessitati, non ad serviendum superfluitati, secundum illud Is. LVIII, 7: *frange esurienti panem tuum*, et hoc designatur, cum dicitur *in cibos pauperum*.

Tertio ut opus pietatis exhibeatur indigentibus, secundum illud Lc. XIV, 13: *cum facis convivium, voca pauperes*; et hoc designatur, cum dicitur *pauperum*.

Quarto ad perfectionem pertinet, ut homo omnia bona sua in opera pietatis expendat, secundum illud Matth. XIX, 21: *si vis perfectus esse, vade, vende omnia quæ habes, et da pauperibus*; et hoc designatur, cum dicitur *omnes facultates meas*.

Inter mala vero quæ quis sustinet patienter, potissimum est martyrium. Unde dicitur Matth. V, 10: *beati qui persecutionem patiuntur propter iustitiam*. Quod etiam quadrupliciter commendat.

Primo quidem, quia laudabilius est quod, necessitate imminente, puta propter defensionem fidei, seipsum offerat passioni, quam si deprehensus patiatur. Et ideo dicit *si tradidero*.

Sicut et de Christo dicitur Eph. V, 2: *tradidit semetipsum pro nobis*.

Secundo quia gravior est corporis humani iactura, quam rerum, de quo tamen quidam commendantur Hebr. X, 34: *rapinam bonorum vestrorum cum gaudio sustinuistis*. Et ideo dicit *corpus*. Is. L, 6: *dedi corpus meum percutientibus*.

Tertio laudabilius est quod aliquis exponat corpus suum supplicio, quam corpus filii, vel cuiuscumque propinqui, de quo tamen commendatur quædam mulier II Mac. VII, 20: *supra modum videtur mirabilis et bonorum memoria digna, quæ pereuntes septem filios sub unius diei tempore conspiciens, bono animo ferebat*. Et ideo dicit *meum*. Iudicum V, 9: *qui propria voluntate obtulistis vos discrimini pro Domino*.

Quarto redditur martyrium laudabilius ex acerbitate poenæ, de quo subditur *ita ut ardeam*, sicut Laurentius. Eccli. L, 9: *quasi ignis effulgens et thus ardens in igne*.

Si, inquam, prædicta opera tam excellentia fecero, charitatem autem non habuero, vel quia simul cum prædictis operibus adest voluntas peccandi mortaliter, vel quia fiunt propter inanem gloriam, nihil mihi prodest, scilicet quantum ad meritum vitæ æternæ, quæ solis diligentibus Deum repromittitur, secundum illud Iob XXXVI, 33: *annuntiat de ea amico suo quod possessio eius sit*.

Et notandum quod locutionem, quæ est vox animalis, si sit sine charitate, comparat non existenti, opera autem quæ fiunt propter fidem, si sint sine charitate, dicit esse infructuosa. Sap. III, 11: *vacua est spes eorum, et labores sine fructu*.

Lectio 2

Postquam apostolus ostendit charitatem esse adeo necessariam, quod sine ea nullum spirituale donum sufficiat ad salutem, hic ostendit eam

Commentaria in Epistolis S. Pauli

adeo esse utilem et efficacis virtutis, quod per eam cuncta opera virtutis implentur. Et primo præmittit duo quasi generalia; secundo subiungit in speciali virtutum opera, quæ per charitatem complentur, ibi charitas non æmulatur, etc..

Circa primum duo facit. Nam omnis virtus consistit in hoc quod aliquis in operando bene se habeat in sustinendo mala, vel in operando bona.

Quantum ergo ad tolerantiam malorum, dicit charitas patiens est, id est facit patienter tolerari mala. Cum enim homo diligit aliquem propter eius amorem, de facili tolerat quæcumque difficilia; et similiter qui diligit Deum, propter eius amorem patienter tolerat quæcumque adversa. Unde et Cant. VIII, 7 dicitur: aquæ multæ non poterunt extinguere charitatem, nec flumina obruent eam.

Iac. I, 4: patientia opus perfectum habet.

Quantum autem ad operationem bonorum, subdit benigna est; benignitas autem dicitur quasi bona igneitas, ut scilicet sicut ignis liquefaciendo effluere facit, ita charitas hoc efficit, ut bona quæ homo habet, non sibi soli retineat, sed ad alios derivet, secundum illud Prov. V, 16: deriventur fontes tui foras, et in plateis aquas tuas divide. Quod quidem charitas facit. Unde I Io. III, 17 dicitur: qui habuerit substantiam huius mundi, et viderit fratrem suum necesse habere, et clauserit viscera sua ab eo, quomodo charitas Dei manet in eo? unde et Eph. IV, 32 dicitur: estote invicem benigni et misericordes. Et Sap. I, 6 dicitur: benignus est spiritus sapientiæ.

Deinde cum dicit charitas non æmulatur, etc., proponit in speciali virtutum opera, quæ charitas efficit, et quia ad virtutem duo pertinent, scilicet abstinere a malo et facere bonum, secundum illud Ps. XXXIII, 15: declina a malo, et fac bonum, et is. I, 16 s.: quiescite agere perverse, discite benefacere.

Primo ostendit quomodo charitas facit omnia mala vitare; secundo quomodo facit omnia bona efficere, ibi congaudet autem veritati, etc..

Malum autem efficaciter non potest homo Deo facere, sed solum sibi et proximo, secundum illud Iob XXXV, 6: si peccaveris, quid ei nocebis? et postea subditur: homini qui similis tui est, nocebit impietas tua. Primo ergo ostendit quomodo per charitatem vitantur mala, quæ sunt contra proximum; secundo quomodo vitantur mala, quibus aliquis deordinatur in seipso, ibi non inflatur, etc..

Malum autem quod est contra proximum, potest esse in affectu et in effectu.

In affectu autem præcipue est, cum per invidiam quis dolet de bonis proximi, quod directe contrariatur charitati, ad quam pertinet quod homo diligat proximum sicut seipsum, ut habetur Lev. XIX, 18. Et ideo ad charitatem pertinet, ut sicut homo gaudet de bonis propriis, ita gaudeat de bonis proximi. Ex quo sequitur quod charitas excludat invidiam.

Prima ad Corinthios

Et hoc est quod dicit charitas non æmulatur, id est non invidet, quia scilicet facit cavere invidiam. Unde et in Ps. XXXVI, 1 dicitur: noli æmulari in malignantibus. Et prov. XXIII, 17: non æmuletur cor tuum peccatores.

Quantum ad effectum, subdit non agit perperam, id est perverse contra aliquem. Nullus enim iniuste agit contra illum quem diligit sicut seipsum. Is. I, 16: quiescite agere perverse.

Deinde cum dicit non inflatur etc., ostendit quomodo charitas facit vitare mala, quibus aliquis deordinatur in seipso. Et primo quantum ad passiones, secundo quantum ad electionem, ibi non cogitat malum.

Ostendit ergo primo quod charitas repellit inordinatam passionem, quantum ad tria.

Primo quidem quantum ad superbiam, quæ est inordinatus appetitus propriæ excellentiæ.

Tunc autem inordinate suam excellentiam quis appetit, quando non sufficit ei contineri in eo gradu, qui sibi est a Deo præstitus. Et ideo dicitur Eccli. X, 14: initium superbiæ hominis, apostatare a Deo.

Quod quidem fit, dum homo non vult contineri sub regula ordinationis divinæ. Et hoc repugnat charitati, qua quis super omnia Deum diligit. Col. II, 18 s.: inflatus sensu carnis suæ, et non tenens caput, etc..

Recte autem superbia inflationi comparatur.

Nam id quod inflatur, non habet solidam magnitudinem, sed apparentem; ita superbi videntur quidem esse sibi magni, cum tamen vera magnitudine careant, quæ non potest esse absque ordine divino. Sap. IV, 19: dirumpet illos inflatos sine voce.

Est autem principalis superbiæ filia, ambitio, per quam aliquis quærit præesse; quam etiam charitas excludit, quæ potius proximis eligit ministrare, secundum illud Gal. V, 13: per charitatem spiritus servite invicem. Et ideo subdit non est ambitiosa, id est, facit hominem ambitionem vitare.

Eccli. VII, 4: noli quærere ab homine ducatum, neque a rege cathedram honoris.

Secundo, ostendit quomodo charitas excludit inordinationem cupiditatis, cum dicit non quærit quæ sua sunt, ut intelligatur cum præcisione, id est neglectis bonis aliorum. Nam qui diligit alios sicut seipsum, bona aliorum quærit sicut et sui ipsius. Unde et supra X, 33 apostolus dixit non quærens quod mihi utile est, sed quod multis, ut salvi fiant. Contra quod de quibusdam dicitur Phil. II, 21: omnes quæ sua sunt quærunt, non quæ Iesu Christi.

Potest et aliter intelligi non quærit quæ sua sunt, id est, non repetit ea quæ sunt sibi ablata, scilicet in iudicio cum scandalo: quia magis amat salutem proximi, quam pecuniam, secundum illud Phil. Cap. Ult.: non quæro datum, sed requiro fructum abundantem in iustitia vestra. Quod tamen qualiter intelligendum sit, supra VI dictum est.

Tertio, ostendit quomodo charitas excludat inordinationem iræ, dicens non irritatur, id est non provocatur ad iram.

Est enim ira inordinatus appetitus vindictæ.

Ad charitatem autem pertinet magis remittere offensas, quam supra modum aut inordinate vindicare, secundum illud Col. III, 13: donantes vobismetipsis, si quis adversus aliquem habet querelam; Iac. I, 20: ira viri iustitiam Dei non operatur.

Deinde cum dicit non cogitat, etc., ostendit quomodo per charitatem excluditur inordinatio electionis.

Est autem electio, ut dicitur in III Ethic.

Appetitus præconsiliati. Tunc ergo homo peccat ex electione et non ex passione, quando ex consilio rationis affectus eius provocatur ad malum.

Charitas ergo primo quidem excludit perversitatem consilii. Et ideo dicit non cogitat malum, id est non permittit excogitare quomodo aliquis perficiat malum. Mich. II, 1: væ qui cogitatis inutile, operamini malum in cubilibus vestris. Is. I, 16: auferte malum cogitationum vestrarum ab oculis meis.

Vel charitas non cogitat malum, quia non permittit hominem per varias suspiciones et temeraria iudicia cogitare malum de proximo.

Matth. IX, 4: ut quid cogitatis mala in cordibus vestris? secundo, charitas excludit inordinatum affectum malorum, cum dicit non gaudet super iniquitate. Ille enim qui ex passione peccat, cum quodam remorsu et dolore peccatum committit; sed ille qui peccat ex electione, gaudet ex hoc ipso quod peccatum committit, secundum illud Prov. II, 14: qui lætantur cum male fecerint, et exultant in rebus pessimis. Hoc autem charitas impedit, inquantum est amor summi boni, cui repugnat omne peccatum.

Vel dicit quod charitas non gaudet super iniquitate, scilicet a proximo commissa, quinimo de ea luget, inquantum contrariatur proximorum saluti quam cupit. II Cor. XII, 21: ne iterum cum venero humiliet me Deus apud vos, et lugeam multos ex his, qui ante peccaverunt.

Deinde cum dicit congaudet autem, etc., ostendit quomodo charitas facit operari bonum. Et primo quantum ad proximum; secundo quantum ad Deum, ibi omnia credit, etc..

Quantum ad proximum autem, homo operatur bonum dupliciter. Primo quidem gaudendo de bonis eius. Et quantum ad hoc dicit congaudet autem veritati, scilicet proximi, vel vitæ, vel doctrinæ, vel iustitiæ, ex eo quod proximum diligit sicut seipsum.

In III Io. 3: gavisus sum valde venientibus fratribus, et testimonium perhibentibus veritati tuæ, sicut in charitate ambulas.

Secundo in hoc quod homo mala proximi sustinet prout decet. Et quantum ad hoc dicit omnia suffert, id est absque turbatione sustinet omnes defectus proximorum, vel quæcumque adversa. Rom. XV, 1: debemus nos firmiores imbecillitates infirmorum sustinere.

Gal. VI, 2: alter alterius onera portate, et sic adimplebitis legem Christi, scilicet charitatem.

Deinde cum dicit omnia credit, ostendit quomodo charitas faciat operari bonum in comparatione ad Deum. Quod quidem fit præcipue per virtutes theologicas, quæ habent Deum pro obiecto. Sunt autem præter charitatem duæ virtutes theologicæ, ut infra dicitur, scilicet fides et spes.

Quantum ergo ad fidem dicit omnia credit, scilicet quæ divinitus traduntur. Gen. XV, 6: credidit Abraham Deo, et reputatum est ei ad iustitiam. Credere vero omnia quæ ab homine dicuntur, est levitatis, secundum illud Eccli. XIX, 4: qui cito credit, levis est corde.

Quantum autem ad spem, dicit omnia sperat, quæ scilicet promittuntur a Deo. Eccli. II, 9: qui timetis Deum, sperate in eum.

Et ne spes frangatur per dilationem, subdit omnia sustinet, id est patienter expectat quæ promittuntur a Deo quamvis dilata, secundum illud Hab. II, 3: si moram fecerit, expecta eum; Ps. XXVI, 14: confortetur cor tuum, et sustine Dominum.

Lectio 3

Postquam apostolus ostendit quod charitas excellit alia dona spiritus sancti necessitate et fructuositate, hic ostendit excellentiam charitatis ad alia dona quantum ad permanentiam.

Et circa hoc tria facit.

Primo proponit differentiam charitatis ad alia dona spiritus sancti, quantum ad permanentiam; secundo probat quod dixerat, ibi ex parte enim cognoscimus, etc.; tertio infert conclusionem intentam, ibi nunc autem manent, etc..

Circa primum duo facit.

Primo proponit permanentiam charitatis; secundo cessationem aliorum donorum, ibi sive prophetiæ, etc..

Dicit ergo primo charitas numquam excidit. Quod quidem male intelligentes, in errorem ceciderunt, dicentes, quod charitas semel habita, numquam potest amitti, cui videtur consonare quod dicitur I Io. III, 9: omnis qui natus est ex Deo, peccatum non facit, quoniam semen ipsius in eo manet.

Sed huius dicti primo quidem sententia falsa est. Potest enim aliquis charitatem habens, a charitate excidere per peccatum, secundum illud Apoc. II, 4 s.: charitatem tuam primam reliquisti. Memor esto itaque unde excideris, et age poenitentiam. Et hoc ideo est, quia charitas recipitur in anima hominis secundum modum ipsius, ut scilicet possit ea uti, vel non uti. Dum vero ea utitur homo, peccare non potest: quia usus charitatis est dilectio Dei super omnia, et ideo nihil restat propter quod homo Deum

Commentaria in Epistolis S. Pauli

offendat. Et per hunc modum intelligitur verbum Ioannis inductum.

Secundo, prædicta sententia non est secundum intentionem apostoli, quia non loquitur hic de cessatione donorum spiritualium, per peccatum mortale, sed potius de cessatione donorum spiritualium, quæ pertinent ad hanc vitam per gloriam supervenientem. Unde sensus apostoli est charitas numquam excidit, quia scilicet sicut est in statu viæ, ita permanebit in statu patriæ et cum augmento, secundum illud Is. XXXI, 9: dixit Dominus cuius ignis est in sion, scilicet in ecclesia militante et caminus eius in Ierusalem, id est in pace cælestis patriæ.

Deinde cum dicit sive prophetiæ, etc., proponit cessationem aliorum donorum spiritualium, et specialiter eorum quæ præcipua videntur.

Primo quantum ad prophetiam, dicit sive prophetiæ evacuabuntur, id est cessabunt, quia scilicet in futura gloria prophetia locum non habebit, propter duo. Primo quidem quia prophetia respicit futurum, status autem ille non expectabit aliquid in futurum, sed erit finale complementum omnium eorum quæ ante fuerant prophetata. Unde in Ps. XLVII, 9 dicitur: sicut audivimus, scilicet per prophetas, ita et vidimus, præsentialiter, in civitate Domini virtutum.

Secundo quia prophetia est cum cognitione figurali et ænigmatica, quæ cessabit in patria.

Unde dicitur Num. XII, 6: si quis fuerit inter vos propheta Domini, per somnium aut in visione apparebo ei, vel per somnium loquar ad illum. Et Osee XII, 10: in manibus prophetarum assimilatus sum.

Secundo quantum ad donum linguarum, dicit sive linguæ cessabunt. Quod quidem non est intelligendum quantum ad ipsa membra corporea, quæ linguæ dicuntur, ut dicitur infra XV, 52: mortui resurgent incorrupti, id est, absque diminutione membrorum.

Neque autem intelligendum est quantum ad usum linguæ corporeæ. Est enim futura in patria laus vocalis, secundum illud Ps. CXLIX, 6: exultationes Dei in gutture eorum, ut Glossa ibidem exponit.

Est ergo intelligendum quantum ad donum linguarum, quo scilicet aliqui in primitiva ecclesia linguis variis loquebantur, ut dicitur Act. II, 4. In futura enim gloria, quilibet quamlibet linguam intelliget. Unde non erit necessarium variis linguis loqui. Nam etiam a primordio generis humani, ut dicitur Gen. XI, 1: unus erat sermo, et unum labium omnibus, quod multo magis erit in ultimo statu, in quo erit unitas consummata.

Tertio quantum ad scientiam, subdit: sive scientia destruetur. Ex quo quidam accipere voluerunt quod scientia acquisita totaliter perditur cum corpore.

Ad cuius veritatis inquisitionem considerare oportet, quod duplex est vis cognitiva, scilicet vis sensitiva et vis intellectiva. Inter quas est differentia, quia vis sensitiva est actus organi corporalis, et ideo necesse est quod desinat corpore corrupto; vis autem intellectiva non est actus alicuius organi corporei, ut probatur in III de anima, et ideo necesse est quod maneat corpore corrupto. Si ergo aliquid scientiæ acquisitæ conservetur in parte animæ intellectivæ, necesse est quod id permaneat post mortem.

Quidam ergo posuerunt quod species intelligibiles non conservantur in intellectu possibili, nisi quamdiu intelligit. Conservantur autem species phantasmatum in potentiis animæ sensitivæ, puta in memorativa et imaginativa; ita scilicet quod semper intellectus possibilis quando de novo vult intelligere, etiam quæ prius intellexit, indiget abstrahere a phantasmatibus per lumen intellectus agentis, et secundum hoc consequens est quod scientia hic acquisita non remaneat post mortem.

Sed hæc positio est primo quidem contra rationem. Manifestum est enim quod species intelligibiles in intellectu possibili recipiuntur ad minus dum actu intelligit. Quod autem recipitur in aliquo, est in eo per modum recipientis.

Cum ergo substantia intellectus possibilis sit immutabilis et fixa, consequens est, quod species intelligibiles remaneant in eo immobiliter.

Secundo est contra auctoritatem Aristotelis in III de anima, qui dicit quod cum intellectus possibilis est sciens unumquodque, tunc etiam est intelligens in potentia. Et sic patet quod habet species intelligibiles per quas dicitur sciens, et tamen adhuc est in potentia ad intelligendum in actu, et ita species intelligibiles sunt in intellectu possibili, etiam quando non intelligit actu. Unde etiam, ibidem, Philosophus dicit, quod anima intellectiva est locus specierum, quia scilicet in ea conservantur species intelligibiles.

Indiget tamen in hac vita convertere se ad phantasmata, ad hoc quod actu intelligat, non solum ut abstrahat species a phantasmatibus, sed etiam ut species habitas phantasmatibus applicet: cuius signum est quod læso organo virtutis imaginativæ, vel etiam memorativæ, non solum impeditur homo ab acquisitione novæ scientiæ, sed etiam ab usu scientiæ prius habitæ.

Sic ergo remanet scientia in anima post corporis mortem, quantum ad species intelligibiles, non autem quantum ad inspectionem phantasmatum, quibus anima separata non indigebit, habens esse et operationem absque corporis communione.

Et secundum hoc apostolus hic dicit, quod scientia destruetur, scilicet secundum conversionem ad phantasmata. Unde et Is. XXIX, 14 dicitur: peribit sapientia a sapientibus, et intellectus prudentium eius abscondetur.

Deinde cum dicit ex parte enim cognoscimus, probat quod dixerat: et primo inducit probationem; secundo manifestat ea, quæ in probatione continentur, ibi cum essem parvulus, etc..

Commentaria in Epistolis S. Pauli

Inducit ergo primo ad probandum propositum talem rationem: adveniente perfecto cessat imperfectum; sed dona alia præter charitatem habent imperfectionem; ergo cessabunt superveniente perfectione gloriæ.

Primo ergo proponit minorem propositionem quo ad imperfectionem scientiæ, cum dicit ex parte enim cognoscimus, id est imperfecte.

Nam pars habet rationem imperfecti.

Et hoc præcipue verificatur quantum ad cognitionem Dei, secundum illud Iob XXXVI, 26: ecce Deus magnus vincens scientiam nostram; et XXVI, 14: ecce hæc ex parte dicta sunt viarum eius.

Proponit etiam imperfectionem prophetiæ, cum subdit et ex parte id est imperfecte, prophetamus. Est enim prophetia cognitio cum imperfectione, ut dictum est. Tacet autem de dono linguarum, quod est imperfectius his duobus, ut infra XIV, 2 patebit.

Secundo ponit maiorem, dicens cum autem venerit quod perfectum est, id est, perfectio gloriæ, evacuabitur quod ex parte est, id est, omnis imperfectio tolletur.

De qua perfectione dicitur I Petr. Cap. Ult.: modicum passos ipse perficiet.

Sed secundum hoc videtur, quod etiam charitas evacuetur per futuram gloriam, quia ipsa est imperfecta in statu viæ per comparationem ad statum patriæ.

Dicendum ergo, quod imperfectio dupliciter se habet ad id quod dicitur imperfectum.

Quandoque enim est de ratione eius, quandoque vero non, sed accidit ei; sicut imperfectio est de ratione pueri, non autem de ratione hominis, et ideo, adveniente perfecta ætate, cessat quidem pueritia: sed humanitas fit perfecta. Imperfectio est ergo de ratione scientiæ, prout hic de Deo habetur, inquantum scilicet cognoscitur ex sensibilibus; et similiter de ratione prophetiæ, inquantum est cognitio figuralis et in futurum tendens.

Non est autem de ratione charitatis ad quam cognitum bonum diligere pertinet. Et ideo superveniente perfectione gloriæ, cessat prophetia et scientia; charitas autem non cessat, sed magis perficitur, quia quanto perfectius cognoscetur Deus, tanto etiam perfectius amabitur.

Deinde cum dicit cum essem parvulus, etc., manifestat ea quæ præmissa sunt.

Et primo manifestat maiorem, scilicet quod veniente perfecto cessat imperfectum; secundo manifestat minorem, scilicet quod scientia, et prophetia sint imperfecta, ibi videmus nunc, etc..

Ostendit autem primum per similitudinem perfecti et imperfecti, quod invenitur in ætate corporali.

Unde et primo describit imperfectum ætatis corporalis, dicens cum essem parvulus, scilicet ætate, loquebar ut parvulus, id est prout congruit parvulo, scilicet balbutiendo.

Prima ad Corinthios

Unde propter naturalem defectum locutionis, qui est in parvulis, commendatur sapientia quod linguas infantium facit disertas, Sap. X, 21; et ut parvulus loquitur, qui vana loquitur.

Ps. XI, 3: vana locuti sunt unusquisque ad proximum suum.

Quantum vero ad iudicium subdit sapiebam ut parvulus, id est, approbabam vel reprobabam aliqua stulte, ut faciunt parvuli, qui quandoque pretiosa contemnunt, et vilia appetunt, ut dicitur Prov. I, 22: usquequo, parvuli, diligitis infantiam, et stulti ea quæ sunt sibi noxia cupient? sapiunt ergo ut parvuli, qui, spiritualibus contemptis, terrenis inhærent; de quibus dicitur Phil. III, 19: gloria in confusione eorum, qui terrena sapiunt.

Quantum autem ad rationis discursum, dicit cogitabam ut parvulus, id est aliqua vana.

Unde et in Ps. XCIII, 11 dicitur: Dominus scit cogitationes hominum, quoniam vanæ sunt.

Et videtur apostolus ordine præpostero hæc tria ponere. Nam locutio præexigit iudicium sapientiæ: iudicium vero præsupponit cogitationes rationis. Et hoc satis congruit imperfectioni puerili, in qua est locutio sine iudicio, et iudicium sine deliberatione.

Potest autem referri, quod dicit loquebar ut parvulus, ad donum linguarum; cum dicit sapiebam ut parvulus, ad donum prophetiæ; quod autem subdit cogitabam ut parvulus, ad donum scientiæ.

Secundo ponit id quod pertinet ad perfectionem ætatis, dicens quando autem factus sum vir, id est quando perveni ad perfectam et virilem ætatem, evacuavi, id est abieci, quæ erant parvuli; quia, ut dicitur Is. LXV, 20, puer centum annorum morietur, et peccator centum annorum maledictus erit.

Et est attendendum, quod apostolus hic comparat statum præsentem pueritiæ propter imperfectionem; statum autem futuræ gloriæ propter perfectionem, virili ætati.

Lectio 4

Hic loquitur de visione, quæ est cognitio Dei. Unde omnia præcedentia dona evacuanda, sunt intelligenda secundum quod ordinantur ad cognitionem Dei.

Circa hoc duo facit.

Primo enim probat id quod intendit in generali; secundo in speciali de seipso, ibi nunc cognosco, etc..

Dicit ergo: dixi quod ex parte cognoscimus, quia nunc videmus per speculum in ænigmate, sed tunc, scilicet in patria videbimus facie ad faciem.

Ubi primo considerandum est, quid sit videre per speculum in ænigmate; secundo quid sit videre facie ad faciem.

Sciendum est ergo, quod sensibile aliquid potest tripliciter videri, scilicet aut per sui præsentiam in re vidente,

Commentaria in Epistolis S. Pauli

sicut ipsa lux, quæ præsens est oculo; aut per præsentiam suæ similitudinis in sensu immediate derivatam ab ipsa re, sicut albedo quæ est in pariete videtur, non existente ipsa albedine præsentialiter in oculo, sed eius similitudine, licet ipsa similitudo non videatur ab eo; aut per præsentiam similitudinis non immediate derivatæ ab ipsa re, sed derivatæ a similitudine rei in aliquid aliud, sicut cum videtur aliquis homo per speculum. Non enim similitudo hominis immediate est in oculo, sed similitudo hominis resultantis in speculo.

Per hunc ergo modum loquendo de visione Dei, dico quod naturali cognitione solus Deus videt seipsum: quia in Deo idem est sua essentia et suus intellectus. Et ideo sua essentia est præsens suo intellectui. Sed secundo modo forte Angeli naturali cognitione Deum vident, inquantum similitudo divinæ essentiæ relucet immediate in eos. Tertio vero modo cognoscimus nos Deum in vita ista, inquantum invisibilia Dei per creaturas cognoscimus, ut dicitur Rom. I, 20. Et ita tota creatura est nobis sicut speculum quoddam: quia ex ordine, et bonitate, et magnitudine, quæ in rebus a Deo causata sunt, venimus in cognitionem sapientiæ, bonitatis et eminentiæ divinæ. Et hæc cognitio dicitur visio in speculo.

Ulterius autem sciendum est, quod huiusmodi similitudo, quæ est similitudinis in alio relucentis, est duplex: quia aliquando est clara et aperta, sicut illa quæ est in speculo; aliquando obscura et occulta, et tunc illa visio dicitur ænigmatica, sicut cum dico: me mater genuit, et eadem gignitur ex me. Istud est per simile occultum.

Et dicitur de glacie, quæ gignitur ex aqua congelata, et aqua gignitur ex glacie resoluta.

Sic ergo patet, quod visio per similitudinem similitudinis est in speculo per simile occultum in ænigmate, sed per simile clarum et apertum facit aliam speciem allegoricæ visionis.

Inquantum ergo invisibilia Dei per creaturas cognoscimus, dicimur videre per speculum.

Inquantum vero illa invisibilia sunt nobis occulta, videmus in ænigmate.

Vel aliter, videmus nunc per speculum, id est per rationem nostram, et tunc ly per, designat virtutem tantum. Quasi dicat videmus per speculum, id est virtute animæ nostræ.

Circa secundum vero sciendum est, quod Deus, secundum quod Deus, non habet faciem, et ideo hoc, quod dicit, facie ad faciem, metaphorice dicitur. Cum enim videmus aliquid in speculo, non videmus ipsam rem, sed similitudinem eius; sed quando videmus aliquid secundum faciem, tunc videmus ipsam rem sicut est. Ideo nihil aliud vult dicere apostolus, cum dicit: videbimus in patria facie ad faciem, quam quod videbimus ipsam Dei essentiam. I Io. III, 2: videbimus eum sicuti est, etc..

Sed contra est, quia Gen. XXXII, 30 dicitur: vidi Dominum facie ad faciem,

Prima ad Corinthios

etc.. Sed constat, quod tunc non vidit essentiam Dei; ergo videre facie ad faciem, non est videre essentiam Dei.

Responsio. Dicendum est quod illa visio fuit imaginaria; visio autem imaginaria est quidam gradus altior, scilicet videre illud quod apparet: in ipsa imagine in qua apparet et alius gradus infimus scilicet audire tantum verba. Unde Iacob, ut insinuaret excellentiam visionis imaginariæ sibi ostensæ, dicit vidi Dominum facie ad faciem, id est vidi Dominum imaginarie apparentem in sua imagine et non per essentiam suam. Sic enim non fuisset visio imaginaria.

Sed tamen quidam dicunt, quod in patria ipsa divina essentia videbitur per similitudinem creatam.

Sed hoc est omnino falsum et impossibile, quia numquam potest aliquid per essentiam cognosci per similitudinem, quæ non conveniat cum re illa in specie. Lapis enim non potest cognosci secundum illud quod est, nisi per speciem lapidis, quæ est in anima.

Nulla enim similitudo ducit in cognitionem essentiæ alicuius rei, si differat a re illa secundum speciem, et multo minus si differt secundum genus. Non enim per speciem equi, vel albedinis potest cognosci essentia hominis, et multo minus essentia Angeli. Multo ergo minus per aliquam speciem creatam, quæcumque sit illa, potest videri divina essentia, cum ab essentia divina plus distet quæcumque species creata in anima, quam species equi, vel albedinis ab essentia Angeli.

Unde ponere quod Deus videatur solum per similitudinem, seu per quamdam refulgentiam claritatis suæ, est ponere divinam essentiam non videri.

Et, præterea, cum anima sit quædam similitudo Dei, visio illa non magis esset specularis et ænigmatica, quæ est in via, quam visio clara et aperta, quæ repromittitur sanctis in gloria, et in qua erit beatitudo nostra.

Unde Augustinus dicit hic in Glossa, quod visio Dei, quæ est per similitudinem, pertinet ad visionem speculi et ænigmatis.

Sequeretur etiam quod beatitudo hominis ultima esset in alio, quam in ipso Deo, quod est alienum a fide. Naturale etiam hominis desiderium, quod est perveniendi ad primam rerum causam, et cognoscendi ipsam per seipsam, esset inane.

Sequitur nunc cognosco ex parte, etc.. Hic, illud quod probavit in generali, probat in speciali de cognitione sui ipsius, dicens nunc, id est in præsenti vita, ego Paulus cognosco ex parte, id est obscure et imperfecte; tunc autem, scilicet in patria, cognoscam sicut et cognitus sum, id est: sicut Deus cognovit essentiam meam, ita Deum cognoscam per essentiam; ita quod ly sicut, non importat hic æqualitatem cognitionis, sed similitudinem tantum.

Consequenter infert principalem conclusionem cum dicit nunc autem manent, etc..

Causa autem quare non facit mentionem de omnibus donis, sed de

Commentaria in Epistolis S. Pauli

istis tribus tantum est quia hæc tria coniungunt Deo, alia autem non coniungunt Deo, nisi mediantibus istis; alia etiam dona sunt quædam disponentia ad gignendum ista tria in cordibus hominum. Unde et solum ista tria, scilicet fides, spes et charitas, dicuntur virtutes theologicæ, quia habent immediate Deum pro obiecto.

Sed cum dona sint ad perficiendum vel affectum vel intellectum, et charitas perficiat affectum, fides intellectum: non videtur quod spes sit necessaria, sed superflua.

Ad hoc sciendum, quod amor est quædam vis unitiva, et omnis amor in unione quadam consistit. Unde et secundum diversas uniones, diversæ species amicitiæ a Philosopho distinguuntur.

Nos autem habemus duplicem coniunctionem cum Deo. Una est quantum ad bona naturæ, quæ hic participamus ab ipso; alia quantum ad beatitudinem, inquantum nos hic sumus participes per gratiam supernæ felicitatis, secundum quod hic est possibile, speramus etiam ad perfectam consecutionem illius æternæ beatitudinis pervenire et fieri cives cælestis Ierusalem. Et secundum primam communicationem ad Deum, est amicitia naturalis secundum quam unumquodque, secundum quod est, Deum ut causam primam et summum bonum appetit et desiderat, ut finem suum. Secundum vero communicationem secundam est amor charitatis, qua solum creatura intellectualis Deum diligit.

Quia vero nihil potest amari nisi sit cognitum, ideo ad amorem charitatis exigitur primo cognitio Dei. Et quia hoc est supra naturam, primo exigitur fides, quæ est non apparentium. Secundo ne homo deficiat, vel aberret, exigitur spes, per quam tendat in illum finem, sicut ad se pertinentem. Et de his tribus dicitur Eccli. II, 8: qui timetis Deum, credite in illum, quantum ad fidem; qui timetis Deum, sperate in illum, quantum ad spem; qui timetis Deum, diligite eum, quantum ad charitatem.

Ista ergo tria manent nunc, sed charitas maior est omnibus, propter ea quæ dicta sunt supra.

Capitulus XIV

Lectio 1

Posita excellentia charitatis ad alia dona, hic consequenter apostolus comparat alia dona ad invicem, ostendens excellentiam prophetiæ ad donum linguarum.

Et circa hoc duo facit.

Primo ostendit excellentiam prophetiæ ad donum linguarum; secundo quomodo sit utendum dono linguarum, et prophetiæ, ibi quid ergo est, fratres, etc..

Circa primum duo facit.

Primo ostendit, quod donum prophetiæ est excellentius, quam donum linguarum, rationibus sumptis ex parte infidelium, secundo ex parte fidelium, ibi fratres mei, etc..

Prima pars dividitur in duas.

Primo ostendit, quod donum prophetiæ est excellentius dono linguarum, quantum ad usum eorum in exhortationibus seu prædicationibus; secundo quantum ad usum linguarum, qui est in orando. Ad hæc enim duo est usus linguæ, ibi et ideo loquitur, etc..

Circa primum duo facit. Primo enim præmittit unum, per quod continuat se ad sequentia, et hoc est quod dicit: dictum est, quod charitas omnia dona excellit, si ergo ita est, sectamini, scilicet viribus, charitatem, quæ est dulce et salubre vinculum mentium. I Petr. IV, 8: ante omnia charitatem, etc.. Col. III, 14: super omnia autem charitatem habete, etc..

Secundo subdit illud per quod continuat se ad sequentia. Et hoc est quod dicit æmulamini, etc.. Quasi dicat: licet charitas sit maior omnibus donis, tamen alia non sunt contemnenda. Sed æmulamini, id est ferventer ametis, spiritualia dona spiritus sancti. I Petr. III, 13: quid est, quod vobis noceat, etc..

Licet autem æmulatio quandoque sumatur pro ferventi dilectione, quandoque pro invidia, tamen non est æquivocatio; imo unum procedit ab alio; zelari enim et æmulari designat ferventem amorem alicuius rei.

Contingit autem quod res amata ita diligatur ferventer ab aliquo, quod non patitur sibi consortem, sed ipse vult eam solus et singulariter. Et iste est zelus, qui secundum quosdam est amor intensus, non patiens consortium in amato. Hoc tamen contingit in spiritualibus, quæ possunt perfectissime a multis participari, sed solum in illis quæ non possunt a multis participari. Unde in charitate non est huiusmodi zelus non patiens consortium in amato, sed tantum in corporalibus, in quibus provenit, quod si aliquis habet illud quod ipse zelat, doleat: et ex hoc consurgit æmulatio, quæ est invidia. Sicut si ego amo dignitatem seu divitias, doleo quod aliquis habet eas, unde et ei invideo.

Et sic patet, quod ex zelo surgit invidia.

Cum ergo dicitur æmulamini spiritualia, non intelligitur de invidia, quia spiritualia possunt a multis haberi, sed dicit, æmulamini, ut inducat ad ferventer amandum Deum.

Et quia inter spiritualia est gradus quidam, quia prophetia excedit donum linguarum, ideo dicit magis autem, ut prophetetis, quasi dicat: inter spiritualia magis æmulamini donum prophetiæ. I Thess. V, 19 s.: spiritum nolite extinguere, prophetias nolite spernere.

Ad explanationem autem totius capitis prænotanda sunt tria, scilicet quid sit prophetia, quot modis dicatur in Scriptura sancta prophetia et quid sit loqui linguis.

Circa primum sciendum est, quod propheta dicitur, quasi procul videns, et secundum quosdam dicitur a for faris, sed melius dicitur a Pharos, quod est videre. Unde I Reg. IX, 9 dicitur, quod qui nunc dicitur propheta, olim videns dicebatur. Unde visio eorum

499

Commentaria in Epistolis S. Pauli

quæ sunt procul, sive sint futura contingentia, sive supra rationem nostram, dicitur prophetia. Est igitur prophetia visio seu manifestatio futurorum contingentium, seu intellectum humanum excedentium.

Ad huiusmodi autem visionem quatuor requiruntur.

Cum enim cognitio nostra sit per corporalia et per phantasmata a sensibilibus accepta, primo exigitur quod in imaginatione formentur similitudines corporales eorum quæ ostenduntur, ut Dionysius dicit quod impossibile est aliter lucere nobis divinum radium, nisi varietate sacrorum velaminum circumvelatum.

Secundum quod exigitur est lumen intellectuale illuminans intellectum ad ea quæ supra naturalem cognitionem nostram ostenduntur cognoscenda. Nisi enim ad similitudines sensibiles in imaginatione formatas intelligendas adsit lumen intellectuale, ille cui similitudines huiusmodi ostenduntur, non dicitur propheta, sed potius somniator. Sicut Pharao, qui licet viderit spicas et vaccas, quæ erant indicativa futurorum quorumdam, quia tamen non intellexit quod vidit, non dicitur propheta, sed potius ille, scilicet Ioseph, qui interpretatus est. Et similiter est de Nabuchodonosor, qui vidit statuam, et non intellexit, unde nec propheta dicitur, sed Daniel.

Et propter hoc dicitur, Dan. X, 1: intelligentia opus est in visione.

Tertium quod exigitur, est audacia ad annuntiandum ea quæ revelantur. Ad hoc enim Deus revelat, ut aliis denuntientur. Ier. I, 9: ecce dedi verba mea in ore.

Quartum est operatio miraculorum, quæ sunt ad certitudinem prophetiæ. Nisi enim facerent aliqua, quæ excedunt operationem naturæ, non crederetur eis in his, quæ naturalem cognitionem transcendunt.

Secundum ergo hos modos prophetiæ, dicuntur aliqui diversis modis prophetæ.

Aliquando enim aliquis dicitur propheta, qui habet omnia ista quatuor, scilicet quod videt imaginarias visiones, et habet intelligentiam de eis, et audacter annuntiat aliis, et operatur miracula, et de hoc dicitur Num. XII, 6: si quis fuerit inter vos propheta, etc..

Aliquando autem dicitur propheta ille, qui habet solas imaginarias visiones, sed tamen improprie et valde remote.

Aliquando etiam dicitur propheta, qui habet intellectuale lumen ad explanandum etiam visiones imaginarias, sive sibi, sive alteri factas, vel ad exponendum dicta prophetarum, vel Scripturas apostolorum. Et sic dicitur propheta omnis qui discernit doctorum Scripturas, quia eodem spiritu interpretatæ sunt quo editæ sunt. Et sic Salomon et David possunt dici prophetæ, inquantum habuerunt lumen intellectuale, ad clare et subtiliter intuendum; nam visio David intellectualis tantum fuit.

Dicitur etiam propheta aliquis solum ex hoc quod prophetarum dicta

Prima ad Corinthios

denuntiat, seu exponit, seu cantat in ecclesia, et hoc modo dicitur I Reg. XIX, 24 quod Saul erat inter prophetas, id est, inter canentes dicta prophetarum.

Dicitur etiam aliquis propheta ex miraculorum operatione, secundum illud Eccli. XLVIII, 14, quod corpus Elisei mortuum prophetavit, id est, miraculum fecit.

Quod ergo dicit hic apostolus per totum caput de prophetis, intelligendum est de secundo modo, scilicet quod ille dicitur prophetare, qui per lumen intellectuale divinum, visiones sibi et aliis factas exponit. Et secundum hoc planum erit, quod hic dicitur de prophetis.

Circa secundum sciendum est, quod quia in ecclesia primitiva pauci erant quibus imminebat fidem Christi prædicare per mundum, ideo Dominus, ut commodius et pluribus verbum Dei annuntiarent, dedit eis donum linguarum, quibus omnibus prædicarent.

Non quod una lingua loquentes ab omnibus intelligerentur, ut quidam dicunt, sed, ad litteram, quod linguis diversarum gentium, imo omnium loquerentur. Unde dicit apostolus gratias ago Deo, quod omnium vestrum lingua loquor. Et Act. II, 4 dicitur: loquebantur variis linguis, etc.. Et hoc donum multi adepti sunt a Deo in ecclesia primitiva.

Corinthii autem, quia curiosi erant, ideo libentius volebant illud donum, quam donum prophetiæ.

Quod ergo dicitur hic loqui lingua, vult apostolus intelligi lingua ignota, et non explanata, sicut si lingua theutonica loquatur quis alicui Gallico, et non exponat, hic loquitur lingua. Vel etiam si loquatur visiones tantum, et non exponat, loquitur lingua. Unde omnis locutio non intellecta, nec explanata, quæcumque sit illa, est proprie loqui lingua.

His ergo visis ad expositionem litteræ accedamus, quæ plana est.

Circa hoc ergo duo facit.

Primo probat, quod donum prophetiæ excellentius est dono linguarum; secundo excludit quamdam obiectionem, ibi volo autem vos, etc..

Quod autem donum prophetiæ excedat donum linguarum, probat duabus rationibus, quarum prima sumitur ex comparatione Dei ad ecclesiam; secunda ratio sumitur ex comparatione hominum ad ecclesiam.

Prima autem ratio talis est: illud per quod facit homo ea non solum quæ sunt ad honorem Dei sed etiam ad utilitatem proximorum est melius, quam illud quod fit tantum ad honorem Dei; sed prophetia est non tantum ad honorem Dei sed etiam ad proximi utilitatem, per donum vero linguarum solum illud fit quod est ad honorem Dei; ergo, etc..

Huius autem rationis ponit medium, et primo quantum ad hoc quod dicit, quod qui loquitur lingua, honorat tantum Deum. Et hoc est quod dicit qui loquitur lingua, scilicet ignota, non loquitur hominibus, id est, ad

Commentaria in Epistolis S. Pauli

intellectum hominum, sed Deo, id est, ad honorem Dei tantum. Vel Deo, quia ipse Deus solus intelligit. Sap. I, 10: auris zeli Dei audit omnia, etc..

Et quod non loquatur homini, subdit nemo enim audit, id est intelligit. Sic enim frequenter accipitur, non audire, pro non intelligere.

Matth. XIII, 9: qui habet aures audiendi, audiat.

Quare autem soli Deo loquatur, subdit quod ipse Deus loquitur. Unde dicit spiritus autem Dei loquitur mysteria, id est occulta.

Matth. X, 20: non enim vos estis, qui loquimini, etc.. Supra II, 11: nemo novit quæ sunt spiritus Dei, etc..

Secundo probat id quod dicit, quod prophetia est ad honorem Dei et utilitatem proximorum. Unde dicit nam qui prophetat, etc., id est explanat visiones seu Scripturas, loquitur hominibus, id est ad intellectum hominum, et hoc ad ædificationem incipientium, et ad exhortationem proficientium.

I Thess. V, 14: consolamini, pusillanimes.

Tit. II, 15: loquere et exhortare, et ad consolationem desolatorum.

Vel ædificatio pertinet ad spiritualem affectionem, quia ibi primo incipit ædificium spirituale. Eph. II, 22: in quo et vos coædificamini, etc.. Exhortatio vero ad inductionem ad bonos actus, quia si affectus est bonus, tunc actus est bonus. Tit. II, 15: hæc loquere et exhortare. Consolatio vero inducit ad tolerantiam malorum. Rom. XV, 4: quæcumque scripta sunt, ad nostram doctrinam scripta sunt.

Ad hæc enim tria inducunt prædicantes divinam Scripturam.

Secunda ratio talis est: illud quod est utile soli facienti est minus quam illud quod prodest etiam aliis; loqui autem linguis est utile soli ei qui loquitur, prophetare vero aliis prodest; igitur, etc..

Huius autem rationis ponit medium, et primo quantum ad primam partem medii, et hoc est quod dicit qui loquitur lingua, semetipsum, etc.. Ps. XXXVIII, 4: concaluit cor meum intra me, etc.. Secundo quantum ad secundam partem, et hoc est quod dicit qui autem prophetat, ecclesiam, id est fideles, ædificat instruendo. Eph. II, 20: superædificati supra fundamentum apostolorum et prophetarum.

Lectio 2

Hic apostolus excludit obiectionem seu falsum intellectum, qui posset esse circa præmissa. Possent enim aliqui credere, quod ex quo apostolus præfert prophetiam dono linguarum, quod donum linguarum esset contemnendum. Unde, ut hoc excludat, dicit volo autem vos, etc.. Ubi primo ostendit, quid intenderit insinuare; secundo rationem horum assignat, ibi nam maior, etc..

Dicit ergo: licet hæc, quæ dicta sunt supra, dixerim, non tamen volo vos donum linguarum spernere, sed volo vos omnes loqui linguis, tamen magis volo ut prophetetis. Num. XI, 29: quis tribuat ut omnis populus, etc..

Cuius rationem assignat, cum dicit nam maior, etc., quasi dicat: ideo volo ut magis prophetetis, quia maior est, etc..

Et huius ratio est, quia aliquando aliqui moventur a spiritu sancto loqui aliquid mysticum, quod ipsi non intelligunt; unde isti habent donum linguarum. Aliquando autem non solum loquuntur linguis, sed etiam ea, quæ dicunt, interpretantur. Et ideo dicit nisi forte interpretetur.

Nam donum linguarum cum interpretatione est melius quam prophetia; quia, sicut dictum est, interpretatio cuiuscumque ardui pertinet ad prophetiam. Unde qui loquitur et qui interpretatur propheta est et donum linguarum habet, et interpretatur, ut ecclesiam Dei ædificet; ideo dicit ut ecclesia, etc., id est non solum intelligat se, sed etiam ut ecclesia ædificetur. Rom. XIV, 19: quæ ædificationis sunt invicem custodiamus. Et Rom. XV, 2: unusquisque proximo suo placeat in bonum ad ædificationem.

Nunc autem, fratres, etc.. Hic probat donum prophetiæ esse excellentius quam donum linguarum, per exempla, et hoc tripliciter.

Primo per exemplum a seipso sumptum; secundo per exemplum sumptum a rebus inanimatis, ibi tamen quæ sine anima, etc.; tertio per exemplum sumptum ab hominibus diversimode loquentibus, ibi tam multa, etc..

Ex seipso autem argumentatur sic: constat ergo quod ego non minus habeo donum linguarum quam vos; sed si loquerer vobis solum linguis, et non interpretarer, nihil vobis prodessem. Ergo nec vos ab invicem.

Et hoc est quod dicit nunc autem, fratres, si venero ad vos linguis loquens. Hoc dupliciter potest intelligi, scilicet vel linguis ignotis, vel, ad litteram, quibuscumque signis non intellectis.

Quid vobis prodero, nisi loquar vobis aut in revelatione, etc..

Ubi notandum quod ista quatuor, scilicet aut in revelatione, etc., possunt dupliciter distingui.

Uno modo penes ea de quibus sunt. Et sic sciendum est, quod illustratio mentis ad cognoscendum, est de quatuor, quia vel est de divinis, et hæc illustratio pertinet ad donum sapientiæ. Divinorum enim, ut supra dictum est II, 11 est revelatio, quia, quæ sunt Dei, nemo novit, etc.. Et ideo dicit in revelatione, qua scilicet illuminatur mens ad cognoscendum divina.

Vel est de terrenis, et non de quibuscumque, sed de illis tantum, quæ sunt ad ædificationem fidei, et hoc pertinet ad donum scientiæ, et ideo dicit in scientia, non geometriæ, nec astrologiæ, quia hæc non pertinent ad ædificationem fidei, sed in scientia quæ est sanctorum. Sap. X, 10: dedit illi scientiam sanctorum, etc..

Vel est de eventibus futurorum, et hoc pertinet ad donum prophetiæ; et ideo

Commentaria in Epistolis S. Pauli

dicit aut in prophetia. Sap. VIII, 8: signa et monstra scit antequam fiant, et eventus temporum et sæculorum.

Notandum autem quod prophetia non accipitur hic communiter, scilicet secundum quod supra dictum est, sed accipitur hic particulariter prout est manifestatio futurorum tantum. Et secundum hoc diffinitur a Cassiodoro: prophetia est divina inspiratio rerum futura immobili veritate denuntians. Eccli. XXIV, 46: adhuc doctrinam quasi prophetiam effundam, etc..

Vel est de agendis moralibus, et hoc pertinet ad doctrinam; et ideo dicit aut in doctrina.

Rom. XII, 7: qui docet in doctrina.

Prov. XIII, 15: doctrina bona dabit gratiam.

Alio modo possunt hæc distingui penes diversos modos acquirendi cognitionem.

Et sic sciendum est quod omnis cognitio aut est a supernaturali principio, scilicet Deo, aut naturali, scilicet lumine naturali intellectus nostri.

Si autem a supernaturali principio, scilicet lumine divino infuso, hoc potest esse dupliciter, quia aut infunditur subito cognitio, et sic est revelatio; aut infunditur successive, et sic est prophetia, quam non subito habuerunt prophetæ, sed successive et per partes, ut eorum prophetiæ ostendunt.

Si vero cognitio acquiratur a naturali principio, hoc est aut per studium proprium, et sic pertinet ad scientiam; aut traditur ab alio, et sic pertinet ad doctrinam.

Tamen quæ sine anima, etc.. Hic ostendit idem per exempla sumpta ex rebus inanimatis, scilicet per instrumenta quæ videntur vocem habere. Et primo per instrumenta gaudii; secundo per instrumenta pugnæ, ibi etenim si incertam, etc..

Dicit ergo: hoc non solum patet per ea quæ supra dicta sunt, sed etiam quantum ad ea, quæ sine anima vocem dant, quod loqui linguis non solum non prodest aliis. Et quæ sine anima sunt vocem dantia.

Contra. Vox est sonus ab ore animalis prolatus, naturalibus instrumentis formatus.

Non ergo ea quæ sunt sine anima dant vocem.

Dicendum est quod licet vox non sit nisi animalium, tamen potest dici per quamdam similitudinem, scilicet secundum quod quædam, sicuti instrumenta, habent quamdam consonantiam et melodiam, et ideo de illis facit mentionem, scilicet de cithara, quæ dat vocem tactu, et tibia, quæ flatu.

Si ergo hæc dant vocem sine distinctione, quomodo scietur, etc.. Cum enim homo per instrumenta aliquid intendat exprimere, scilicet aliquos cantus, qui ordinantur vel ad fletum, vel ad gaudium, Is. XXX, 29: canticum erit vobis sicut vox sanctificatæ solemnitatis et lætitia cordis, sicut qui pergit cum tibia, ut intret in montem Domini, vel etiam ad lasciviam, non poterit diiudicari ad quid canitur tibia, aut ad quid cithara, si sonus sit confusus et indistinctus. Ita si homo loquitur linguis, et non interpretatur, non poterit sciri quid velit dicere.

Etenim si incertam vocem dederit, etc.. Hic ostendit idem per exempla inanimatorum, scilicet per instrumenta ad pugnam ordinata.

Et sumitur hæc similitudo ex Lib. Num. X, 1-10. Ibi enim legitur quod Dominus præcepit Moysi ut faceret duas tubas argenteas, quæ essent ad conveniendum populum, ad movendum castra et ad pugnandum. Et pro quolibet istorum habebant certum modum tubandi, quia aliter dabant vocem quando debebant convenire ad Concilium, aliter quando movebant castra, et aliter quando pugnabant.

Et ideo arguit apostolus quod sicut si tuba det incertam vocem, id est indistinctam, nescitur utrum se debeant parare ad bellum; et ita vos, si loquimini tantum linguis, nisi distinctum sermonem dicatis interpretando, vel exponendo, non poterit quis scire quid loquamini. Per tubam potest intelligi prædicator. Is. LVIII, 1: quasi tuba exalta vocem tuam, etc..

Ratio autem quare non potest sciri quid loquamini est quia eritis in æra loquentes, id est, inutiliter. Supra IX, 26: sic pugno non quasi æra verberans, etc..

Tam multa, etc.. Hic sumit exemplum a diversis linguis loquentium.

Et circa hoc tria facit.

Primo ostendit diversitatem linguarum; secundo inutilitatem loquentium sibi ad invicem in linguis extraneis, ibi si ergo nesciero, etc.; tertio concludit quod intendit ibi sic et vos quoniam æmulatores, etc..

Dicit ergo primo. Multæ et diversæ linguæ in mundo sunt, et quilibet potest loqui quacumque vult; si tamen non loquatur determinate, non intelligitur. Et hoc est quod dicit tam multa, etc..

Hoc potest dupliciter exponi, quia potest continuari cum præcedentibus, ut dicatur: eritis in æra loquentes, et tam multa, ut puta, etc., quasi dicat: ideo in æra, id est, inutiliter loquimini omnibus linguis, quia loquimini sine intellectu, quæ tamen proprias significationes vocum ad hoc habent, ut intelligantur.

Nihil enim sine voce est.

Vel potest sic punctuari: eritis in æra loquentes.

Tam multa, ut puta, sunt genera linguarum, id est singulis linguis.

Si ergo nesciero, etc.. Hic ostendit horum inutilitatem. Et hoc est quod dicit: si loquar omnibus linguis, sed si nesciero virtutem vocis, id est significationem vocis, ero cui loquar barbarus. Ier. V, 15: adducam super te gentem de longinquo, gentem cuius ignoras linguam.

Nota quod barbari, secundum quosdam, dicuntur illi, quorum idioma

Commentaria in Epistolis S. Pauli

discordat omnino a Latino. Alii vero dicunt quod quilibet extraneus est barbarus omni alii extraneo, quando scilicet non intelligitur ab eo.

Sed hoc non est verum, quia, secundum Isidorum, barbaria est specialis natio. Col. III, 11: in Christo Iesu non est barbarus et Scytha, etc.. Sed secundum quod verius dicitur, barbari proprie dicuntur illi, qui in virtute corporis vigent, in virtute rationis deficiunt et sunt quasi extra leges et sine regimine iuris. Et huic videtur consonare Aristoteles in politicis suis.

Consequenter, cum dicit sicut, etc., concludit quod intendit, et hoc potest dupliciter construi.

Primo ut punctetur hoc modo, quasi dicat: sic ego ero barbarus vobis, si loquar sine significatione et interpretatione, sicut et vos eritis barbari ad invicem; et ideo quærite, ut abundetis, etc., et hoc quoniam estis æmulatores, etc..

Vel, alio modo, ut totum ponatur sub distinctione; quasi diceret: ne ergo sitis barbari, sic scilicet sicut ego facio, quoniam estis æmulatores spirituum, id est, donorum spiritus sancti, quærite a Deo, ut abundetis.

Prov. XV, 5: in abundanti iustitia virtus maxima est. Quæ quidem iustitia est ædificare alios. Matth. VII, 7: petite, et dabitur vobis; quærite et invenietis; pulsate, et aperietur vobis.

Lectio 3

Supra ostendit apostolus excellentiam doni prophetiæ ad donum linguarum, rationibus sumptis ex parte exhortationis, hic vero ostendit idem rationibus sumptis ex parte orationis: hæc enim duo per linguam exercemus, orationem scilicet et exhortationem.

Et circa hoc duo facit.

Primo enim probat excellentiam prophetiæ ad donum linguarum rationibus; secundo exemplis, ibi gratias ago Deo meo, etc..

Circa primum duo facit.

Primo ponit necessitatem orationis; secundo ostendit quomodo in oratione plus valet donum prophetiæ quam donum linguarum nam si orem lingua, etc..

Dicit ergo primo: dixi quod donum linguarum sine dono prophetiæ non valet, et ideo, quia interpretari est actus prophetiæ, quæ est excellentior illi, qui loquitur lingua, ignota vel extranea vel aliqua mysteria occulta, oret, scilicet Deum, ut interpretetur, id est, ut interpretandi gratia detur sibi. Col. IV, 3: orantes ut Deus aperiat Ostium.

Glossa aliter exponit oret. Orare enim dicitur dupliciter, scilicet vel deprecari Deum vel persuadere, quasi dicat qui loquitur lingua, oret, id est ita persuadeat ut interpretetur.

Et sic accipit orare hic Glossa per totum capitulum. Sed non est hæc intentio apostoli, sed pro deprecatione ad Deum.

Nam si orem, etc.. Hic ostendit quod in orando plus valet prophetia, quam donum linguarum, et hoc dupliciter.

Primo, ratione sumpta ex parte ipsius orantis; secundo, ratione sumpta ex parte audientis, ibi cæterum, si benedixeris, etc..

Circa primum duo facit.

Primo ponit rationem ad propositum ostendendum; secundo removet obiectionem, ibi quid ergo, etc..

Circa primum sciendum est quod duplex est oratio. Una est privata, quando scilicet quis orat in seipso et pro se; alia publica, quando quis orat coram populo et pro aliis: et in utraque contingit uti et dono linguarum et dono prophetiæ. Et ideo vult ostendere quod in utraque plus valet donum prophetiæ, quam donum linguarum.

Et primo in oratione privata, dicens, quod si sit aliquis idiota, qui faciat orationem suam, dicens Psalmum, vel pater noster, et non intelligat ea quæ dicit, iste orat lingua, et non refert utrum oret verbis sibi a spiritu sancto concessis, sive verbis aliorum; et si sit alius qui orat, et intelligit quæ dicit, hic quidem orat et prophetat. Constat quod plus lucratur qui orat et intelligit, quam qui tantum lingua orat, qui scilicet non intelligit quæ dicit. Nam ille qui intelligit, reficitur et quantum ad intellectum et quantum ad affectum; sed mens eius, qui non intelligit, est sine fructu refectionis. Unde et cum melius sit refici quantum ad affectum et intellectum, quam quantum ad affectum solum, constat quod in oratione plus valet prophetiæ

Prima ad Corinthios

donum quam solum donum linguarum.

Et hoc est quod dicit: dico quod oret, ut interpretetur, nam si orem lingua, id est orando utor dono linguarum, ita quod proferam aliqua quæ non intelligo; tunc spiritus meus, id est spiritus sanctus mihi datus, orat, qui inclinat et movet me ad orandum. Et nihilominus mereor in ipsa oratione, quia hoc ipsum, quod moveor a spiritu sancto, est mihi meritum. Rom. VIII, 26: nam quid oremus, sicut oportet, nescimus, sed ipse spiritus sanctus postulare nos facit.

Vel spiritus meus, id est ratio mea, orat, id est dictat mihi quod ego loquar ea quæ ad bonum sunt, sive verbis propriis sive aliorum sanctorum.

Vel spiritus meus, id est virtus imaginativa, orat, inquantum voces seu similitudines corporalium sunt tantum in imaginatione absque hoc quod intelligantur ab intellectu; et ideo subdit: mens autem mea, id est intellectus meus, sine fructu est, quia non intelligit.

Et ideo melius est in oratione prophetia seu interpretatio, quam donum linguarum.

Sed numquid quandocumque quis orat, et non intelligit quæ dicit, sit sine fructu orationis? dicendum quod duplex est fructus orationis.

Unus fructus est meritum quod homini provenit; alius fructus est spiritualis consolatio et devotio concepta ex oratione. Et quantum ad fructum devotionis spiritualis privatur qui non

Commentaria in Epistolis S. Pauli

attendit ad ea quæ orat, seu non intelligit; sed quantum ad fructum meriti, non est dicendum quod privetur: quia sic multæ orationes essent sine merito, cum vix unum pater noster potest homo dicere, quin mens ad alia feratur.

Et ideo dicendum est quod quando orans aliquando divertit ab his quæ dicit, seu quando quis in uno opere meritorio non continue cogitat in quolibet actu, quod facit hoc propter Deum, non perdit rationem meriti.

Cuius ratio est, quia in omnibus actibus meritoriis, qui ordinantur ad finem rectum, non requiritur quod intentio agentis coniungatur fini, secundum quemlibet actum: sed vis prima, quæ movet intentionem, manet in toto opere, etiam si aliquando in aliquo particulari divertat; et hic prima vis facit totum opus meritorium, nisi interrumpatur per contrariam affectionem, quæ divertat a fine prædicto ad finem contrarium.

Sed sciendum est quod triplex est attentio. Una est ad verba quæ homo dicit: et hæc aliquando nocet, inquantum impedit devotionem; alia est ad sensum verborum, et hæc nocet, non tamen est multum nociva; tertia est ad finem, et hæc est melior et quasi necessaria.

Tamen id quod dicit apostolus mens est sine fructu, intelligitur de fructu refectionis.

Quid ergo est, etc.. Quia posset aliquis dicere: ex quo orare lingua est sine fructu mentis, sed tamen spiritus orat, numquid ergo non est orandum spiritu? ideo apostolus hoc removet dicens, quod utroque modo orandum est, et spiritu et mente: quia homo debet servire Deo de omnibus quæ habet a Deo; sed a Deo habet spiritum et mentem, et ideo debet de utroque orare. Eccli. XLVII, 10: de omni corde suo laudabit Dominum, etc.. Et ideo dicit orabo spiritu, orabo et mente: psallam spiritu, etc..

Et sic dicit orabo et psallam; quia oratio, vel est ad deprecandum Deum et sic dicit orabo, vel laudandum et sic dicit psallam.

De istis duobus Iac. V, 13: tristatur quis in vobis? oret æquo animo, et psallat. Ps. IX, 12: psallite Domino, etc..

Orabo ergo spiritu, id est imaginatione, et mente, id est voluntate.

Cæterum si benedixeris, etc.. Hic secundo ostendit quod donum prophetiæ plus valet quam donum linguarum, etiam in oratione publica, quæ est quando sacerdos publice orat, ubi aliquando dicit quædam quæ non intelligit, aliquando aliqua quæ intelligit.

Et circa hoc tria facit.

Primo ponit rationem; secundo exponit eam, ibi quomodo dicit, etc.; tertio probat quod supposuerat, ibi quoniam quid, etc..

Dicit ergo: dixi quod donum prophetiæ in oratione privata plus valet, cæterum, pro sed, et in publica, quia si benedixeris, id est si benedictionem dederis, spiritu, id est in lingua quæ non intelligatur, seu imaginatione, et motus a spiritu sancto, quis supplet locum idiotæ? idiota proprie dicitur qui scit tantum linguam in qua natus est; quasi diceret: quis dicet illud quod debet dicere ibi idiota? quod est, dicere: amen.

Et ideo dicit quomodo dicet super tuam benedictionem? ubi Glossa exponit, id est: quomodo consentiet benedictioni a te factæ in persona ecclesiæ? Is. LXV, 16: qui benedictus est super terram, benedicetur in Deo, amen. Amen idem est quod fiat, vel verum est; quasi dicat: si non intelligit quæ dicis, quomodo conformabit se dictis tuis? potest quidem se conformare, etiam si non intelligat, sed in generali tantum, non in speciali, quia non potest intelligere quid boni dicas, nisi quod benedicas tantum.

Sed quare non dantur benedictiones in vulgari, ut intelligantur a populo, et conforment se magis eis? dicendum est quod hoc forte fuit in ecclesia primitiva, sed postquam fideles instructi sunt et sciunt quæ audiunt in communi officio, fiunt benedictiones in Latino.

Consequenter probat, quare non potest dicere amen, cum dicit nam tu quidem, id est: licet tu gratias agas bene Deo, inquantum intelligis, sed alter, qui audit et non intelligit, non ædificatur, inquantum non intelligit in speciali, etsi in generali intelligat et ædificetur. Eph. IV, 29: omnis sermo malus ex ore vestro non procedat, sed si quis bonus est ad ædificationem fidei.

Et ideo melius est ut non solum lingua benedicat, sed etiam, ut interpretetur et exponat, licet tu qui gratias agis, bene agas.

Lectio 4

Hic ostendit apostolus excellentiam doni prophetiæ ad donum linguarum per rationes sumptas ex parte sui ipsius.

Et circa hoc duo facit.

Primo agit gratias de dono linguarum sibi a Deo dato; secundo se eis in exemplum proponit, ibi sed in ecclesia volo, etc..

Dicit ergo gratias ago, etc., quasi dicat: non ideo vilipendo donum linguarum, quia ego dico quod donum prophetiæ sit excellentius, sed debet charum haberi. Unde et ego gratias ago, etc.. Est ergo de omnibus gratias agendum. I Thess. V, 18: in omnibus gratias agite, etc..

Vel gratias ago, quasi dicat: non ideo vilipendo donum linguarum, quasi eo carens, immo etiam ego habeo; et ideo dicit gratias ago, etc..

Et ne intelligatur quod omnes loquerentur una lingua, dicit quod omnium vestrum lingua loquor, Act. II, 4: loquebantur variis linguis apostoli, etc..

Sed in ecclesia. Hic ponit se in exemplum, quasi dicat: si ego habeo donum linguarum sicut et vos, debetis facere illud quod facio. Sed ego volo, id est magis volo, loqui in ecclesia quinque, id est pauca, verba sensu

Commentaria in Epistolis S. Pauli

meo, id est intellectu, ut scilicet ego intelligam et intelligar, et ex hoc instruam alios, quam decem millia, id est quamcumque multitudinem, verborum in lingua; quod est loqui non ad intellectum quocumque modo fiat, ut supra expositum est.

Dicunt quidam quod ideo dicit quinque, quia apostolus videtur velle, quod magis velit dicere solum unam orationem ad intellectum, quam multas sine intellectu. Oratio autem, secundum grammaticos, ad hoc quod debeat facere perfectum sensum, debet habere quinque, scilicet subiectum, prædicatum, copulam verbalem, determinationem subiecti, et determinationem prædicati.

Aliis videtur melius quod quia ad hoc loquendum est cum intellectu, ut alii doceantur, ideo ponit quinque, quia doctor debet quinque, scilicet: credenda, Tit. II, 11: hæc loquere et exhortare, etc.; agenda, Mc. XVI, 15: euntes in mundum, etc.; vitanda, scilicet peccata Eccli. XXI, 2: quasi a facie colubri fuge, etc.; Is. LVIII, 1: annuntia populo meo scelera, etc.; speranda scilicet mercedem æternam, I Petr. I, 10: de qua salute exquisierunt, etc.; timenda, scilicet poenas æternas, Matth. XXV, 21: ite, maledicti, in ignem æternum, etc..

Fratres mei, nolite, etc.. Hic ostendit excellentiam doni prophetiæ ad donum linguarum, rationibus sumptis ex parte infidelium.

Et circa hoc duo facit.

Primo excitat attentionem, et reddit attentos; secundo arguit ad propositum, ibi in lege quid scriptum est? circa primum videtur apostolus excludere pallium excusationis aliquorum qui ideo docent quædam rudia et superficialia, quasi ostendant se volentes vivere in simplicitate, et ideo non curantes de subtilitatibus ad quas secundum rei veritatem non attingunt, habentes verbum Domini ad hoc Matthæi XVIII, 3: nisi conversi fueritis, et efficiamini sicut parvuli, etc..

Sed hoc apostolus excludit, cum dicit nolite pueri effici sensu, id est nolite puerilia et inutilia et stulta loqui et docere. Supra XIII, 11: cum essem parvulus, etc..

Sed quomodo debetis effici pueri? affectu, non intellectu. Et ideo dicit sed malitia. Ubi sciendum est quod parvuli deficiunt in cogitando mala, et sic debemus effici parvuli, et ideo dicit sed malitia parvuli estote, et deficiunt in cogitando bona, et sic non debemus esse parvuli, immo viri perfecti, et ideo dicit sensibus autem perfecti, etc., id est ad discretionem boni et mali perfecti sitis. Unde Hebr. V, 14: perfectorum est solidus cibus, etc..

Non ergo laudatur in vobis simplicitas quæ opponitur prudentiæ, sed simplicitas, quæ astutiæ. Et ideo Dominus dicit Matth. X, 16: estote prudentes sicut serpentes.

Rom. XVI, 19: volo vos sapientes esse in bono, simplices in malo.

Consequenter cum dicit in lege quid scriptum est? arguit ad propositum.

Ubi sciendum est quod hoc

argumentum, sicut patet per Glossam, distinguitur per multa; sed secundum intentionem apostoli non videtur quod attendatur in loco hoc nisi una ratio. Et ratio sua ad probandum quod donum prophetiæ est excellentius, quam donum linguarum, est talis: omne quod plus valet ad illud ad quod alterum principaliter ordinatur, est melius illo altero ordinato ad hoc; sed tam donum prophetiæ, quam donum linguarum, ordinatur ad conversionem infidelium; sed prophetiæ plus valent ad hoc, quam donum linguarum; ergo prophetia est melior.

Circa hanc ergo rationem duo facit.

Primo ostendit ad quid ordinatur donum linguarum, et ad quid ordinatur donum prophetiæ; secundo quod plus valet donum prophetiæ, ibi si ergo conveniat universa, etc..

Circa primum duo facit.

Primo inducit auctoritatem; secundo ex auctoritate arguit ad propositum, ibi itaque linguæ, etc..

Circa primum sciendum est, quod hoc quod dicit in lege quid scriptum est? potest legi vel interrogative, quasi dicat: non debetis effici pueri sensibus, sed perfecti, et hoc est videre et scire legem. Unde si estis perfecti sensibus, sciatis scilicet legem, et in lege quid scriptum est de linguis? quæ sunt inutiles aliquando ad id ad quod ordinatæ sunt, quia licet in diversis linguis loquar, scilicet populo Iudæorum, tamen homo non exaudit, etc..

Potest etiam legi remissive in lege quid scriptum est. Quasi dicat: nolite moveri sicut pueri ad aliquid appetendum, non discernentes utrum bonum vel minus bonum sit quod affectatis, et præponatis meliori bono, sed estote perfecti sensibus, idest discernatis inter bona et magis bona, et sic affectetis. Et hoc fit si cogitatis quid scriptum est in lege quoniam in aliis, etc., Sap. VI, 16: cogitare ergo de illa, sensus est consummatus.

Et dicit in lege, non accipiendo legem stricte pro quinque libris Moysi tantum, sicut accipitur Lc. Cap. Ult.: necesse est impleri omnia quæ scripta sunt de me in lege, etc.; sed pro toto veteri testamento, sicut accipitur Io. XV, 25: ut impleatur sermo qui in lege eorum scriptus est: quia odio habuerunt me gratis, quod tamen in Ps. XXIV, 19 scriptum est.

Accipitur tamen hæc auctoritas ex is. XXVIII, 11, ubi littera nostra habet: in loquela labii et lingua altera loquetur ad populum istum.

Hoc igitur scriptum est quoniam in aliis linguis, id est in diversis generibus linguarum, et labiis, id est in diversis idiomatibus et modis pronuntiandi, loquar populo huic, scilicet Iudaico, quia hoc signum specialiter fuit datum ad conversionem populi Iudæorum.

Nec sic exaudient, quia scilicet signis visis non crediderunt. Is. VI, 10: excæca cor populi huius, etc..

Sed quare Deus dedit eis signa, si non debebant converti? ad hoc sunt duæ rationes. Una ratio est, quia licet non omnes conversi fuerint, tamen aliqui sunt conversi, eo quod non repellit Dominus plebem suam, etc.. Alia ratio est, ut iustior appareat eorum damnatio, dum manifestius apparet eorum nequitia. Io. XV, 22: si non venissem, et locutus eis non fuissem, etc..

Consequenter, cum dicit itaque linguæ, etc., ex inducta auctoritate argumentatur ad propositum, quasi dicat: ex hoc manifeste apparet, quod donum linguarum datum est non fidelibus ad credendum, quia iam credunt, Io. IV, 42: non propter tuam loquelam, etc., sed infidelibus, ut convertantur.

In Glossa autem ponuntur duæ expositiones Ambrosii hoc in loco, quæ non sunt litterales; quarum una est ut dicatur: sicut in veteri testamento locutus sum populo Iudæorum per linguas, id est per figuras, et per labia, id est promittendo bona temporalia, sic, adhuc in novo testamento, loquar huic populo in aliis linguis, id est aperte et clare, et aliis labiis, id est spiritualibus, nec tamen sic exaudient me, scilicet quantum ad eorum multitudinem. Itaque linguæ datæ sunt non fidelibus, sed infidelibus, ad manifestandum scilicet eorum infidelitatem.

Alia est in aliis linguis, id est obscure et parabolice, loquar, ut quia sunt indigni.

Non exaudient, id est non intelligent. Consequenter ostendit ad quid ordinatur prophetia, scilicet ad instructionem fidelium, qui iam credunt. Et ideo quod prophetiæ datæ sunt non infidelibus, qui non credunt, Is. LIII, 1: Domine, quis credidit auditui nostro? sed fidelibus, ut credant et instruantur.

Ez. III, 17: fili hominis, speculatorem dedi te, etc.. Prov. XXIX, 18: cum defecerit prophetia, etc., dissipabitur populus.

Lectio 5

Glossa vult quod hic incipiat alia ratio ad propositum ostendendum. Sed secundum quod dictum est, non est nisi unum posita ratione, et est quasi manifestatio mediæ ipsius rationis, scilicet quod prophetia plus valet ad illud, ad quod specialiter ordinatur donum linguarum.

Unde circa hoc duo facit.

Primo ostendit inconveniens quod sequitur quantum ad infideles ex dono linguarum, ibi si autem omnes linguis.

Secundo ostendit bonum quod sequitur ex dono prophetiæ etiam ad infideles, ibi si autem omnes.

Inconveniens, quod sequitur ex dono linguarum sine prophetia, etiam quantum ad infideles, est quia reputantur insani qui sic loquuntur solis linguis, cum tamen donum linguarum ordinetur ad conversionem infidelium, ut iam patet. Et hoc est quod dicit si autem omnes, etc., quasi dicat: ex hoc patet quod linguæ non sunt præferendæ prophetiis, quia, si conveniant, scilicet omnes fideles, in unum, non solum corpore, sed etiam mente, Act. IV, 32: multitudinis credentium erat cor, etc., et omnes, qui iam convenerunt, loquantur linguis, ad litteram extraneis, vel loquantur ignota et obscura, et, dum sic confuse loquuntur, intret aliquis idiota, id est qui non intelligit nisi linguam suam, vel infidelis, propter quem datæ sunt linguæ, nonne dicent his, qui sic loquuntur, quid insanitis? quod enim non intelligitur, reputatur insanitio. Quod si intelligatur lingua, nihilominus quæ loquuntur sunt occulta, tamen malum est si non exponatur, quia poterunt credere de vobis, si occulta loquimini, quæ creduntur de gentilibus, qui occultabant ea quæ faciebant in ritu eorum, propter eorum turpitudinem. Et hæc etiam insanitio quædam est.

Contra. Idem est loqui linguis et loqui litteraliter quantum ad idiotas; cum ergo omnes loquantur litteraliter in ecclesia, quia omnia dicuntur in Latino, videtur quod similiter sit insania.

Dicendum est ad hoc, quod ideo erat insania in primitiva ecclesia, quia erant rudes in ritu ecclesiastico, unde nesciebant quæ fiebant ibi, nisi exponeretur eis. Modo vero omnes sunt instructi; unde licet in Latino omnia dicantur, sciunt tamen illud quod fit in ecclesia.

Consequenter autem cum dicit si autem omnes prophetent, ostendit quod bonum sequitur ex dono prophetiæ.

Et circa hoc tria facit.

Primo ostendit quid per bonum prophetiæ sequatur, quantum ad infideles; secundo ostendit quomodo hoc sequatur, ibi occulta enim, etc.; tertio, subinfert quis effectus inde proveniat, ibi et ita cadens in faciem, etc..

Dicit ergo: constat quod ex dono linguarum non convincuntur infideles; si autem, pro sed; si hi, qui conveniunt, prophetent, id est omnes ad intellectum loquantur, vel exponant Scripturas vel etiam revelationes eis factas interpretentur. Omnes dico non simul, sed unus post alium sic prophetent.

Intret autem, scilicet ecclesiam, idiota aliquis, scilicet non habens nisi linguam maternam, hoc est bonum quod inde sequitur, quia convincitur de aliquo errore, qui ostenditur sibi. Ier. XXXI, 19: postquam ostendisti mihi, confusus sum. Ab omnibus, qui prophetant, diiudicatur. Quasi dicat: damnabilis ostenditur de malis moribus et vitiis suis. I Cor. II, 15: spiritualis, id est doctor, omnia diiudicat, etc..

Ad hæc enim duo valet prophetia, scilicet ad confirmationem fidei, et instructionem morum.

Quomodo autem hoc bonum sequatur ex prophetiæ dono, subdit cum dicit occulta enim cordis. Quod potest intelligi tripliciter.

Uno modo, et hoc ad litteram, quod aliqui in primitiva ecclesia gratiam habuerunt, ut secreta cordium et peccata hominum scirent.

Unde legitur de Petro, Act. V, 1 ss., quod damnavit Ananiam de fraudato

Commentaria in Epistolis S. Pauli

pretio agri.

Et secundum hoc legitur occulta enim, etc., quasi dicat: ideo convincitur, quia occulta, id est secreta peccata sua, manifesta fiunt ab illis qui ea revelant.

Alio modo, ex hoc quod aliquando quis in prædicatione tangit multa, quæ homines gerunt in corde, sicut patet in libris beati Gregorii, ubi quilibet invenire potest fere omnes motus cordis sui. Et secundum hoc legitur occulta cordis, quasi dicat: ideo convincuntur, quia occulta cordis sui, id est ea quæ gerunt in corde, Prov. XXVII, 19: quomodo in aquis resplendet vultus aspicientium, sic corda hominum manifesta sunt prudentibus, manifestantur, id est tanguntur ab eis.

Alio modo, quia aliquando occultum cordis dicitur illud quod est alicui dubium et non potest per se certificari. Et secundum hoc legitur occulta cordis sui, id est ea de quibus in corde suo dubitabat et quæ non credebat, manifestantur, dum scilicet vadens ad ecclesiam frequenter fiunt sibi manifesta, sicut de seipso dicit Augustinus quod ipse ibat ad ecclesiam solum pro cantu et tamen ibi multa de quibus dubitabat et propter quæ non iverat, manifestabantur sibi. Ex hoc enim sequebatur reverentia, quia convictus reverebatur Deum.

Et hoc est, quod dicit et ita cadens, id est ex quo ita convincebatur et manifestabantur occulta cordis sui, cadens in faciem adorabit Deum, Matth. II, 11: procidentes adoraverunt eum, quod signum est reverentiæ.

De reprobis autem legitur, quod cadunt retrorsum. Prov. IV, 19: via impiorum tenebrosa, nesciunt ubi corruent. Electus vero in faciem cadit, quia videt ubi prosternitur, quod signum est reverentiæ. Matth. II, 11, et lev. IX, 24: laudaverunt Deum ruentes in facies suas. Ps. LXXI, 9: coram illo procident Aethiopes.

Et non solum exhibebit reverentiam Deo sed etiam ecclesiæ, quia pronuntians dicet quod vere Deus est in vobis, qui prophetatis in ecclesia. Zac. VIII, 23: ibimus vobiscum, audivimus enim quod Deus est vobiscum.

Apparet igitur quod donum prophetiæ est utilius quantum ad infideles.

Quid ergo est, fratres? hic ordinat eos ad usum donorum dictorum.

Et circa hoc duo facit.

Primo ostendit qualiter se debeant habere ad usum horum donorum; secundo concludit principale intentum, ibi itaque, fratres, æmulamini prophetare, etc..

Circa primum duo facit.

Primo ostendit quomodo ordinate se debeant habere in usu dictorum donorum; secundo exprimit eorum præsumptionem, ibi an a vobis sermo, etc..

Circa primum tria facit.

Primo ostendit in generali quomodo se debent habere in omnibus donis; secundo quomodo se habeant quantum ad donum linguarum, ibi sive lingua quis loquatur, etc.; tertio ostendit

Prima ad Corinthios

quomodo se habeant quantum ad donum prophetiæ, ibi prophetent duo aut tres, etc..

Dicit ergo: prophetare est melius quam loqui linguis. Quid ergo, fratres, agendum est? hoc scilicet agendum est: nam, cum convenitis, constat quod unus non habet omnia dona, et ideo non debet uti aliquis vestrum omnibus donis, sed eo dono quod specialius accepit a Deo et quod melius sit ad ædificationem.

Nam unusquisque vestrum habet aliquod donum speciale, alius habet Psalmum, id est canticum ad laudandum nomen Dei, vel Psalmos exponit. Abac. III, 19: super excelsa mea deducet me, etc.. Alius vero doctrinam, id est habet prædicationem ad instructionem morum, vel expositionem et spiritualem sensum. Prov. XII, 8: doctrina sua cognoscitur vir. Alius Apocalypsim habet, id est revelationem, vel in somniis, vel in visione aliqua. Dan. II, 28: est Deus in cælo revelans mysteria, etc.. Alius linguam habet, id est donum linguarum, vel legendi prophetias. Act. II, 4: et coeperunt loqui variis linguis, etc.. Alius interpretationem, supra XII, 10: alii interpretatio sermonum, etc..

Hæc autem sic ordinantur, quia vel sunt ex ingenio naturali, vel ex solo Deo.

Si sunt ex solo ingenio naturali vel sunt ad laudem Dei, et sic dicit Psalmum habet, vel ad instructionem proximi, et sic dicit doctrinam habet.

Si sunt a solo Deo, sic dupliciter: vel sunt aliqua occulta interius et sic dicit Apocalypsim habet, vel occulta exterius et sic dicit linguam habet. Et ad horum manifestationem est tertium, scilicet interpretatio.

Et debet fieri, ut omnia ad ædificationem fiant. Rom. XV, 2: unusquisque vestrum proximo suo placeat in bonum ad ædificationem.

Lectio 6

Hic apostolus ordinat eos quomodo se habeant ad usum doni linguarum, et circa hoc duo facit.

Primo ostendit qualiter debent uti dono linguarum; secundo quando debent cessare ab usu, ibi si autem non fuerit, etc..

Dicit ergo, primo, quod modus utendi dono linguarum talis sit inter vos, ut sive quis, id est si aliquis, loquatur lingua, id est dicat visiones vel somnia, huiusmodi locutio non fiat a multis propter occupationem temporis in linguis et non restet locus prophetiis et confusionem generet, sed secundum duos, id est duobus, et, si necesse fuerit, secundum multum tres, ut sit satis a tribus.

Deut. XVII, 6: in ore duorum vel trium, etc..

Sed notandum quod hæc consuetudo adhuc partim servatur in ecclesia. Nam lectiones et epistolas ac evangelia habemus loco linguarum, et ideo in Missa secundum duos servatur, quia solum duo dicuntur, quæ pertinent ad donum linguarum, scilicet epistola et evangelium. In matutinis secundum

Commentaria in Epistolis S. Pauli

multa fit, scilicet tribus lectionibus dictis in uno nocturno. Antiquitus enim dicebantur nocturna divisim secundum tres vigilias noctis, nunc vero dicuntur simul.

Non solum autem debet servari ordo quantum ad numerum loquentium, sed etiam quantum ad modum, et hoc est quod dicit et per partes, id est ut illi qui loquuntur succedant sibi ad invicem, scilicet quod unus post alium loquatur. Vel per partes, id est intercise, ut scilicet loquatur unam partem visionis, seu instructionis et eam exponat, et post aliam et ipsam exponat, et sic deinceps; quem modum consueverunt servare prædicatores, quando prædicant per interpretationem hominibus ignotæ linguæ, et ideo dicit et unus interpretetur.

Consequenter cum dicit si autem non fuerit, etc., ostendit quando non est utendum linguis, dicens quod loquendum est per partes et unus debet interpretari. Sed si non fuerit aliquis interpres, id est qui interpretetur, ille, qui donum habet linguarum, taceat in ecclesia, id est non loquatur seu prædicet multitudini in lingua ignota, quia non intelligitur ab eis, sed sibi loquatur, quia ipse se intelligit, et hoc tacite, orando vel meditando. Iob X, 1: loquar in amaritudine animæ meæ, dicam Deo, etc..

Prophetæ autem duo, etc.. Hic apostolus ordinat eos, quomodo se habeant ad usum prophetiæ.

Et circa hoc duo facit.

Primo ostendit qualiter utendum est dono prophetiæ, et quantum ad numerum et ad ordinem; secundo ostendit, quibus usus prophetiæ interdicitur, ibi mulieres in ecclesia, etc..

Circa primum tria facit.

Primo docet ordinem utendi dono prophetiæ; secundo huius rationem assignat, ibi potestis enim omnes, etc.; tertio obiectionem excludit, ibi spiritus prophetarum, etc..

Circa primum duo facit.

Primo determinat ad numerum utentium dono dicto; secundo, docet modum seu ordinem utendi, ibi quod si alii, etc..

Circa primum sciendum est quod usus prophetiæ secundum quod hic videtur accipere apostolus, est proponere verbum exhortationis ad plebem, exponendo Scripturas sacras. Et quia erant in primitiva ecclesia plures qui a Deo hoc donum habebant, et fideles non erant adhuc multiplicati, ideo, ne esset confusio et tædium, vult apostolus, quod non omnes qui sciunt exponere prophetias et sacram Scripturam, prophetent, sed aliqui et determinati. Et hoc est quod dicit prophetæ, etc., quasi dicat: nolo quod omnes qui conveniunt, sed duo tantum, aut, ad plus, tres, prout hoc loquendi necessitas exigit, dicant, id est exhortentur.

Et hoc etiam consonat Scripturæ. Supra XVII, 6 et Matth. XVIII, 16: in ore duorum, vel trium, etc..

Cæteri vero, scilicet illi qui non

debent, diiudicent ea quæ ab his proponuntur, utrum scilicet bene vel male dicta sint: bene dicta approbando, et male dicta retractari faciendo. Supra II, 15: spiritualis homo omnia diiudicat.

Est etiam servandus ordo in utendo dicto dono, ut si alteri illorum, qui sedebant et tacebant et diiudicabant, fuit aliquid melius revelatum, quam illi qui exhortatur et stat prior, tunc iste, qui stat, debet sedere, et ille, cui melius revelatum est, debet surgere et exhortari. Et hoc est quod dicit quod si alii, sedenti, revelatum fuerit, scilicet per spiritum sanctum, prior stans taceat et cedat ei, Rom. XII, 10: honore invicem prævenientes.

Et ratio huius est, quia secundum hunc modum potestis, successive, prophetare per singulos, id est omnes scilicet, ut sic omnes, id est maiores, discant, et omnes, id est minores, exhortentur, Prov. I, 5: audiens sapiens, etc..

Et si aliquis dicat: o apostole, ego non possum tacere dum alius prophetat, vel cedere sedenti, ex quo incepi, quia non possum retinere spiritum, qui in me loquitur, secundum illud Iob IV, 2: conceptum sermonem tenere quis potest? ideo apostolus hoc removet cum dicit et spiritus prophetarum, etc., quasi dicat: immo bene potest tacere vel sedere, quia spiritus prophetarum, id est spiritus qui dat prophetias, et ponit in plurali numero propter multas revelationes eis instinctas, prophetis subiecti sunt, quidem quantum ad cognitionem, quia, sicut dicit Gregorius quod non semper spiritus prophetiæ adest prophetis.

Unde non est habitus, sicut scientia.

Sic enim sequeretur, quod etiam quantum ad cognitionem eis subiectus esset, et possent uti eo quando vellent, et non uti: sed est quædam vis aut impressio a Deo, illuminans et tangens corda prophetarum, et tunc solum quando sic tanguntur, cognoscunt. Unde non est sic eis subiectus.

Nec secundum hoc intelligitur verbum apostoli, sed spiritus prophetarum sunt subiecti prophetis quantum ad pronuntiationem, quia scilicet in eorum potestate est pronuntiare ea quæ revelantur eis quando volunt, et non pronuntiare. Et sic nihil valet excusatio, quia non cogit te spiritus quin tacere possis.

Et quod hoc sit verum, probat cum dicit non enim est dissensionis, etc.. Et facit talem rationem. Deus numquam cogit ad id unde oriatur rixa vel dissensio, quia Deus non est dissensionis sed pacis; sed si cogeret homines spiritus prophetiæ ad loquendum, tunc esset causa dissensionis, quia sic vellet semper loqui vel docere vel non tacere alio loquente, de quo alii turbarentur.

Ergo spiritus sanctus non cogit homines ad loquendum. II Cor. Cap. Ult.: Deus pacis et dilectionis erit vobiscum, etc..

Verumtamen, quia adhuc posset obiicere, quod hoc non faceret, quia solum eis ista mandabat, et non aliis ecclesiis, unde et in gravamen posset videri, ideo apostolus subdit, hoc non

Commentaria in Epistolis S. Pauli

solum in eis, sed etiam in omnibus ecclesiis docere. Et hoc est quod dicit sicut in omnibus ecclesiis sanctorum doceo, scilicet de usu linguarum et prophetiæ. Supra I, 10: idipsum dicatis omnes.

Lectio 7

Hic apostolus ponit personas quibus interdicit usum prophetiæ.

Et circa hoc duo facit.

Primo, ostendit quibus prophetiæ usus interdicitur; secundo, removet obiectionem, ibi si quid autem volunt, etc..

Circa primum duo facit.

Primo, ponit mandatum de interdicto; secundo huius rationem assignat, ibi non enim permittitur, etc..

Dicit ergo: volo ut viri hoc modo utantur dono prophetiæ, sed mulieres, in ecclesia, nolo loqui; sed taceant in ecclesiis, I Tim. II, 12: mulierem docere in ecclesia non permitto. Et rationem huius assignat Chrysostomus, dicens, quod semel est locuta mulier et totum mundum subvertit.

Sed contra hoc videtur quia de multis mulieribus legitur quod prophetarunt, sicut de Samaritana, Io. IV, 39, et de Anna uxore Phanuel, Lc. II, 36, et de Debora, Iud. IV, 4, et de Holdama propheta, de uxore sellum, IV Reg. XXII, 14, et de filiabus Philippi, act. XXI, 9. Supra etiam dicitur omnis mulier orans vel prophetans, etc..

Responsio. Dicendum quod in prophetia sunt duo, scilicet revelatio et manifestatio revelationis, sed a revelatione non excluduntur mulieres sed multa revelantur eis sicut et viris.

Sed Annuntiatio est duplex. Una publica, et ab hac excluduntur; alia est privata, et hæc permittitur eis, quia non est prædicatio, sed Annuntiatio.

Huius autem rationem assignat, dicens non enim permittitur eis loqui, scilicet ab ecclesiæ auctoritate, sed hoc est officium earum, ut sint subditæ viris. Unde cum docere dicat prælationem et præsidentiam, non decet eas quæ subditæ sunt.

Ratio autem quare subditæ sunt et non præsunt est quia deficiunt ratione, quæ est maxime necessaria præsidenti. Et ideo dicit Philosophus, in politica sua, quod corruptio regiminis est quando regimen pervenit ad mulieres.

Consequenter cum dicit si quid volunt, etc., quia possent aliqui dicere quod ad minus de dubiis possunt quærere in ecclesia, ideo apostolus hoc excludit, et circa hoc duo facit. Primo enim removet obiectionem, secundo rationem assignat, ibi turpe est, etc..

Dicit ergo: dico quod mulieres taceant in ecclesia, sed si aliqua, de quibus dubitant, addiscere volunt, interrogent viros suos domi.

I Tim. II, 11: mulier in silentio discat cum omni, etc..

Huius autem ratio est quia turpe est, non solum indecens: in mulieribus enim commendatur verecundia. Eccli. XXVI, 19: gratia super gratiam, etc.. Si ergo in publico quæreret et disputaret,

Prima ad Corinthios

signum esset inverecundiæ, et hoc est ei turpe. Et inde est etiam quod in iure interdicitur mulieribus officium advocandi.

Consequenter cum dicit an a vobis sermo, etc., confutat contradicentes. Et quia possent omnes simul contradicere, vel ad minus sapientes inter eos, ideo circa hoc duo facit.

Primo enim confutat eos quantum ad totam eorum ecclesiam; secundo quantum ad sapientes tantum, ibi si quis autem videtur, etc..

Circa primum sciendum est quod causa quare populus consuevit contradicere Domino, vel rectori, est singularitas. Singularitas enim potest causari vel ex prioritate in aliquo bono, vel excellentia. Et ideo apostolus, volens contradicentes Corinthios confutare, excludit primo ab eis prioritatem, cum dicit an a vobis sermo Dei processit? quasi dicat: non, sed a Iudæis. Is. II, 3: de sion exibit lex, etc.. Quasi dicat: si in ecclesia Iudæorum facerem aliquas ordinationes contra ordinationes suas, possent contradicere, quia ipsi prius habuerunt verbum Dei, sed vos non, quia non processit a vobis sermo Dei.

Secundo excludit ab eis excellentiam an in vos solos, etc., quasi dicat: non solum vos credidistis, sed etiam alii. Unde vos non excellitis eos, Ps. XVIII, 5: in omnem terram exivit sonus eorum, et ideo debetis facere, ut alii faciunt.

Consequenter cum dicit si quis autem videtur, etc., in speciali confutat maiores.

Et circa hoc duo facit.

Primo confutat eos; secundo respondet cuidam tacitæ obiectioni, ibi si quis autem ignorat, etc..

Dicit ergo: esto quod tota ecclesia non contradicat, sed aliquis, qui videtur esse propheta, etc..

Et dicit videtur, quia si contradicit non vere est propheta vel sapiens seu spiritualis, quia non contradiceret.

Dicit etiam, propheta, et spiritualis, quia multi sunt spirituales qui non sunt prophetæ, licet omnes prophetæ sint spirituales.

Iste, inquam, qui sic videtur propheta et spiritualis, non contradicat, sed cognoscat, id est sciat quia ea, quæ scribo vobis, sunt mandata Dei et non tantum mea. Quasi dicat: ex quo nullus ausus est mandatis Domini contradicere, et ea quæ scribo sunt mandata Dei, non audeat aliquis contradicere.

II Cor. Cap. Ultimo: an experimentum quæritis, etc..

Et ex hoc possumus colligere, quod verba apostolorum sunt ex familiari revelatione spiritus sancti et Christi et ideo servanda sunt sicut præcepta Christi. Unde et signanter apostolus distinguit illa, quæ ex se mandat, cum dicit de virginibus autem mandatum Domini non habeo.

Sed posset dicere: o apostole, quomodo ego cognoscam quod hæc sint mandata Dei? non possum hoc scire. Hoc apostolus excludit, dicens: non valet tibi hoc, quia non debes ignorare.

Commentaria in Epistolis S. Pauli

Quare? quia omnis ignorans, etc.. Matth. XXV, 12: amen dico vobis: nescio vos. Ex quo patet quod omnes tenentur scire ea quæ sunt de necessitate salutis, quæ ipse prius mandat et apostoli et prophetæ.

Vel aliter: si quis videtur, etc., ut sit confirmatio præcedentium, quasi dicat: ita scribo, sed vos non potestis ea agnoscere propter eorum difficultatem, et quia simplices estis, sed ut sciatis quod ea, quæ scribo, iusta sunt et honesta, volo adducere testimonium prophetarum et spiritualium virorum, qui sunt inter vos. Et ideo dicit si quis autem, etc.. Supra II, 15: spiritualis iudicat omnia.

Et ne aliquis dicat: non curamus scire ista, subdit quod tenentur scire quia omnis ignorans, etc.. Is. V, 13: propterea captivus ductus, etc.. Ps. LXXXI, 5: nescierunt neque intellexerunt, etc..

Itaque, fratres mei, etc.. Apostolus hic concludit generalem admonitionem.

Et circa hoc tria facit. Primo monet eos ad appetitum omnium donorum, dicens: itaque et loqui linguis et prophetare est bonum.

Aemulamini, id est desideretis, prophetare.

Cuius causa est, quia, sicut dicitur prov. XXIX, 18, deficiente prophetia, dissipabitur populus. Et accipitur prophetare hic, secundum quod totum capitulum expositum est.

Et tamen, licet desideretis prophetare, nolite prohibere loqui linguis, ne fiat dissensio.

Secundo inducit ad modum debitum, cum dicit omnia autem honeste, ut scilicet uno loquente, alii taceant, et mulieres in ecclesia non loquantur, et similia. Rom. XIII, 13: sicut in die honeste ambulemus, etc..

Tertio inducit eos ad congruum ordinem, cum dicit et secundum ordinem, ut scilicet primo unus, et postea alius loquatur, et per partes et similia, quæ dicta sunt. Iudic. V, 20: stellæ manentes in ordine et cursu suo, adversus sisaram pugnaverunt.

Capitulus XV

Lectio 1

Postquam apostolus instruxit Corinthios de ipsis sacramentis et de re contenta et significata in sacramentis, scilicet de gratia et eius effectibus hic consequenter instruit eos de re non contenta sed significata in sacramentis, scilicet de gloria resurrectionis, quæ non est contenta in sacramento, cum non statim habeat eam qui suscipit sacramenta, sed significatur gloria resurrectionis in ipsis, inquantum confertur in eis gratia per quam ad beatitudinem pervenitur.

Circa hoc autem duo facit.

Primo præmittit tractatum de resurrectione; secundo per hoc probat resurrectionem communem omnium hominum, ibi si autem Christus prædicatur, etc..

Circa primum duo facit.

Primo commendat evangelicam

doctrinam; secundo annuntiat quæ oportet scire circa resurrectionem Christi, ibi tradidi enim vobis, etc..

Commendat enim eminentiam evangelicæ doctrinæ quantum ad quatuor.

Primo quantum ad prædicantium auctoritatem, quia ipsi apostoli. Et hoc est quod dicit o fratres, continuando se ad præcedentia, facio vobis notum evangelium, quod idem est quod bona Annuntiatio, quæ incipit a Christo; unde, quidquid pertinet ad Christum vel est de ipso Christo, dicitur evangelium. Quod prædico vobis, quasi dicat: illud quod prædicavi vobis de Christo, notum facio vobis, id est reduco vobis ad memoriam, quasi non sint nova ea quæ scribo. Phil. III, 1: eadem scribere vobis, etc..

Prædicavi ego, scilicet vobis, et alii apostoli, aliis.

Et in hoc apparet auctoritas huius doctrinæ, quia a Christo, a Paulo, et ab aliis apostolis.

Hebr. II, 3: quæ cum initium accepisset enarrandi.

Secundo quantum ad communem fidem omnium populorum, et ideo dicit quod et accepistis, omnes.

Sed hoc Augustinus dicit pertinere ad eminentiam huius fidei, faciens tale argumentum: ad credenda ea quæ sunt fidei, aut sunt miracula facta, aut non. Si sunt facta miracula, habeo propositum quod dignissima et certissima est. Si non sunt facta, hoc est maximum omnium miraculorum, quod per quosdam paucos conversi sunt ad fidem infinita multitudo hominum; per pauperes, prædicantes paupertatem, divites; per idiotas, prædicantes ea quæ rationem excedunt, conversi sunt sapientes et Philosophi. Ps. XVIII, 5: in omnem terram exivit sonus eorum, etc..

Sed si obiiciatur, quod etiam lex Mahometi recepta est a multis, dicendum quod non est simile, quia ille opprimendo et VI armorum subiugavit eos; sed isti apostoli moriendo, ipsi alios ad fidem duxerunt, et faciendo signa et prodigia. Ille enim proponebat quædam quæ ad delicias et lascivias pertinent, sed Christus et apostoli terrenorum contemptum.

I Thess. II, 13: cum accepistis a nobis verbum Dei, etc..

Tertio quantum ad virtutem, quia confirmat et elevat ad cælestia. Ideo dicit in quo statis, scilicet elevati ad cælestia. Ille enim dicitur stare qui rectus est, et hoc sola lex Christi facit. Rom. V, 1: iustificati per fidem, etc.. Lex enim vetus non faciebat stare, sed curvabat ad terrena. Deut. XXXIII, 28: oculus Iacob in terra frumenti et vini.

Quarto quantum ad utilitatem, quia sola nova lex perducit ad finem salutis; vetus autem non. Hebr. VII, 19: neminem ad perfectum adduxit lex. Et ideo dicit per quod et salvamini. Hic iam ex certitudine spei per inchoationem, quæ est per fidem, salvamini, et in futuro in veritate rei et spei. Iac. I, 21: in mansuetudine suscipite insitum verbum, etc.. Io. XX, 31: hæc autem scripta sunt, ut credatis,

Commentaria in Epistolis S. Pauli

et ut credentes, etc..

Et apponit hic duas conditiones. Primam cum dicit si tenetis, etc.. Glossa sic exponit: si tenetis qua ratione prædicavi vobis, illud evangelium, id est resurrectionem mortuorum, ea ratione, qua confirmavi vobis, id est per resurrectionem Christi.

Vel aliter: salvamini, ita tamen si tenetis, id est, si servatis ea ratione qua prædicavi vobis evangelium Christi.

Secunda conditionem ponit cum dicit nisi frustra credidistis. Quasi dicat: salvamini per fidem, si non frustra credidistis, id est si fidei adduntur bona opera, quia fides sine operibus mortua est, Iac. II, 26. Illud enim dicitur esse frustra, quod est ad finem quem non consequitur. Finis autem fidei est visio Dei. Unde si non salvamini, frustra credidistis, non simpliciter, sed inquantum non pervenit ad finem. Vel aliter: si tenetis, quasi dicat, teneatis, nisi frustra, etc..

Tradidi enim. Hic ostendit propositum, etc..

Circa hoc tria facit.

Primo ostendit originem doctrinæ de resurrectione Christi; secundo ostendit ea quæ in doctrina huiusmodi continentur, ibi quoniam Christus mortuus; tertio consonantiam seu convenientiam prædicantium ad hanc doctrinam, ibi sive enim ego, etc..

Dicit ergo primo: istud debetis tenere, id est memoria habere, quod tradidi vobis in primis, et adhuc trado.

Et dicit in primis, id est inter prima credenda.

Credenda enim vel pertinent ad trinitatem, vel fidem incarnationis. Et primo debet homo credere ea quæ ad fidem incarnationis pertinent, et postea quæ ad trinitatem pertinent.

Unde quod tradidi vobis in primis, scilicet de incarnatione, et non a me, vel ex mea auctoritate tradidi, sed quod accepi a Christo vel a spiritu sancto. Gal. I, 1: Paulus apostolus, etc., supra XI, 23: ego accepi a Domino, etc.. Is. XXI, 10: quæ audivi a Domino exercituum, etc..

Ea autem quæ accepit et tradidit, sunt quatuor, scilicet: mors, sepultura, resurrectio, apparitio Christi.

Dicit ergo primo: tradidi vobis, primo, mortem Christi. Et ideo dicit quoniam Christus mortuus est. In quo removet duplicem suspicionem, quæ suboriri posset circa mortem Christi. Prima est quod mortuus esset pro peccatis suis actualibus, vel originali. Et hoc excludit, cum dicit pro peccatis nostris, non suis. Is. LIII, 8: propter scelus populi mei percussi eum. I Petr. III, 18: Christus semel pro peccatis nostris, etc..

Alia suspicio est quod mors Christi esset casualis, vel violentia Iudæorum. Et hoc excludit cum dicit secundum Scripturas, scilicet veteris et novi testamenti; et ideo signanter specialiter dicit secundum Scripturas.

Is. LIII, 7: sicut ovis ad occisionem ductus est. Ier. XI, 19: ego quasi agnus mansuetus, qui portatur ad victimam, etc.. Matth. XX, 18: ecce ascendimus Ierosolymam, etc..

Tradidi enim vobis, secundo, sepulturam Christi, et ideo dicit et quia sepultus est.

Sed numquid sepultura est articulus fidei specialiter, quia facit hic mentionem specialiter de ea? dicendum quod secundum illos, qui numerant articulos secundum credenda, non est specialis articulus fidei, sed includitur cum articulo passionis et mortis Christi. Cuius ratio est quia fides est eorum quæ sunt supra rationem.

Unde ibi incipit articulus fidei, ubi deficit ratio. Hoc autem primum est, quod Dominus sit conceptus, et ideo conceptio est articulus fidei; secundum, quod Deus est natus de virgine, et ideo hic est alius; tertium, quod impassibilis Deus patiatur et moriatur, et hic est alius, et cum hoc intelligitur etiam de sepultura. Unde non est specialis articulus.

Facit autem apostolus hic mentionem de sepultura propter tria. Primo ut ostendat veritatem mortis Christi. Evidens enim mortis signum alicuius est, quod sepeliatur. Secundo ad ostendendum veritatem resurrectionis, quia si non fuisset sepultus, nec custodes fuissent iuxta sepulchrum illis diebus, possent dicere, quod discipuli fuissent eum furati. Tertio quia apostolus vult eos inducere ad fidem resurrectionis, et hoc videtur magis difficile, quod sepultus resurgat. Et de hoc dicitur is. XI, 10: et erit sepulchrum eius gloriosum.

Is. LIII, 9: dabit impios, etc..

Tradidi etiam vobis resurrectionem, quia resurrexit tertia die. Os. VI, 3: vivificabit nos post, etc.. Et etiam dicit tertia die, non quod fuerint tres dies integri, sed duæ noctes, et una dies per synecdochen. Et huius causa fuit, sicut dicit Augustinus, quia Deus per suum simplum, id est per malum poenæ, quod significatur per unum diem, destruxit nostrum duplum, id est poenam et culpam, quod significatur per duas noctes.

Tradidi etiam vobis, quarto, Christi apparitiones, quia visus est Cephæ. Et ponit primo apparitiones factas aliis, secundo apparitiones factas sibi soli, ibi novissime.

Sciendum est autem, circa primum, quod apparitiones Christi non sunt factæ omnibus communiter, sed aliquibus specialibus personis. Act. X, 40: dedit eum manifestum fieri, etc.. Et huius ratio fuit, ut servaretur ordo in ecclesia, ut, per quosdam speciales, fides resurrectionis deveniret ad alios.

Notandum autem est quod apparitiones Christi non ponuntur hic omnes, nec illæ quæ factæ sunt mulieribus. Ponuntur autem hic quædam quæ non leguntur in evangeliis.

Et horum ratio fuit, quia apostolus vult ex ratione confutare infideles, et ideo noluit ponere testimonia nisi authentica; et ideo tacuit apparitiones mulieribus factas, et posuit quasdam quæ non inveniuntur, ut ostendat quod etiam aliis pluribus apparuit. Sed facit mentionem specialem de Petro et

Commentaria in Epistolis S. Pauli

Iacobo, quia erant quasi columnæ, ut dicitur Gal. II, 9.

Dicit ergo: tradidi vobis, quia visus est Cephæ, id est Petro, Lc. Cap. Ult.: surrexit Dominus vere, etc.. Et creditur quod inter viros primo apparuit Petro, quia erat in maxima tristitia. Unde et Angelus dixit Mc. Cap. Ult.: ite, dicite discipulis eius et Petro, etc..

Postea, id est in alia vice, visus est undecim apostolis. Semel quidem visus est decem tantum, quando Thomas erat absens, et post octo dies undecim, quando Thomas erat cum eis. Augustinus dicit quod debet dicere duodecim, sed corruptum est vitio scriptorum, et dicit quod non refert quod iam obierat, et Mathias nondum erat electus, quia consuetum est quod quando maior pars collegii facit aliquid, dicitur quod totum collegium hoc facit. Unde quia Dominus elegerat duodecim, ideo potest dici quod visus est duodecim, id est, toti collegio apostolorum; sed non est vitium, sive dicatur duodecim, sive undecim.

Deinde, iterum, visus est plus quam quingentis fratribus. Sed de hoc nihil legimus in sacra Scriptura, nisi hoc quod hic dicitur.

Potest tamen dici quod hæc apparitio fuit de qua loquitur Dionysius in III de divinis nominibus, quando omnes discipuli convenerunt ad videndum corpus, quod ferebat principem vitæ.

Sed contra hoc videtur esse quia hoc fuit ante ascensionem, quando scilicet Christus apparuit Iacobo. Sed congregatio discipulorum ad videndum beatam virginem, de qua videtur loqui Dionysius, fuit multum post.

Et ideo melius videtur dicendum quod apparuit quingentis fratribus simul ante ascensionem suam; et non refert quod dicitur discipuli erant centum viginti, quia licet illi, qui erant in Ierusalem, essent centum viginti, tamen in Galilæa multi erant discipuli, et forte omnes congregati sunt simul cum apparuit.

Et, ut huius testimonium sit magis certum, dicit quod ex eis adhuc multi manent, id est vivunt, quidam autem ex eis dormierunt, id est mortui sunt in spe resurrectionis. Et vocat sanctorum mortem dormitionem quia moriuntur carne corruptibili, ut resurgant incorruptibiles.

Rom. VI, 9: Christus resurgens, etc..

Deinde, id est post, visus est Iacobo, scilicet Alphæi. Et ratio huius potest assignari, quia, ut legitur, Iacobus vovit se non sumpturum cibum, nisi prius videret Christum.

Sed secundum hoc non servaretur ordo apparitionis, quia, si post omnes numeratas apparitiones apparuisset Iacobo, nimis fuisset sine cibo: et hoc est difficile.

Et ideo dicendum est quod ideo singulariter Christus apparuit Iacobo, quia specialem devotionem Iacobus ad Christum habuit. Et de ista etiam apparitione nihil habetur in evangelio.

Deinde, post hoc scilicet, visus est omnibus apostolis in ascensione, ut legitur Matth. Cap. Ult.

Prima ad Corinthios

Et Act. I, 3 ss..

Novissime autem omnium, etc..

Hic apostolus commemorat apparitionem factam sibi soli.

Et circa hoc duo facit.

Primo ostendit ordinem apparitionis; secundo rationem eius assignat, ibi ego enim sum, etc..

Dicit ergo ita: dixi quod omnibus manifestatus est Christus, novissime, id est ultimo et post ascensionem, visus est et mihi tamquam abortivo, et ideo novissime.

Dicit autem tamquam abortivo, propter tria. Abortivus dicitur aliquis foetus vel quia nascitur extra tempus debitum, vel cum violentia educitur, vel quia non perducitur ad debitam quantitatem; et quia hæc tria videbat in se apostolus, ideo dicit tamquam abortivo.

Primo enim ipse extra tempus aliorum apostolorum renatus est Christo. Nam alii apostoli renati sunt Christo ante adventum spiritus sancti, Paulus vero post.

Secundo quia alii apostoli spontanee conversi sunt ad Christum, sed Paulus coactus.

Act. IX, 4: prostravit eum ad terram, etc..

Et hoc multum valet contra hæreticos, qui dicunt quod nullus debet cogi ad fidem, quia Paulus coactus fuit. Et sicut dicit Augustinus, plus profecit in fide Paulus cum coacte conversus est, quam multi qui spontanee venerunt.

Tertio quia reputat se aliis minorem, et non pervenisse ad virtutem aliorum apostolorum.

Et ideo, quasi rationem assignans, dicit ego enim sum minimus, etc..

Circa hoc duo facit.

Primo enim ostendit suam parvitatem; secundo rationem huius exponit, ibi quoniam persecutus sum, etc..

Parvitatem autem suam manifestat, primo, in comparatione ad apostolos cum dicit ego enim sum minimus. Is. LX, 22: minimus erit in mille, et parvulus in gentem fortissimam, Eccli. III, 20: quanto magnus es, etc..

Et licet sit minimus in comparatione ad apostolos, posset tamen dici quod est magnus in comparatione ad alios, quia est apostolus; et ideo, secundo, ostendit suam parvitatem in comparatione ad alios, cum dicit qui non sum dignus, non solum esse sed vocari apostolus, licet vocer, II Cor. III, 5: non quod sufficientes, etc..

Sed posses dicere: o apostole, propter humilitatem nullus debet dicere falsum; cum ergo tu sis magnus, quare vocas te minimum? et ideo cum dicit quoniam persecutus, etc., ostendit quomodo sit minimus, et quomodo non minimus. Minimum autem dicit se, considerando præterita facta sua. Et dicit non sum dignus, etc.. Quare? quia persecutus sum ecclesiam Dei, quod alii apostoli non fecerunt. Gal. I, 13: supra modum persequebar, etc.. I Tim. I, 13: qui fui blasphemus et persecutor, etc..

Et licet ex me sim minimus, tamen ex

525

Commentaria in Epistolis S. Pauli

Deo non sum minimus; et ideo dicit gratia Dei sum id quod sum.

Et circa hoc duo facit.

Primo commendat conditionem suam quantum ad statum; secundo quantum ad executionem status, ibi et gratia eius, etc..

Dicit ergo primo: ex me nihil sum, sed id quod sum, gratia Dei sum, id est ex Deo, non ex me. Eph. III, 7: cuius factus sum minister, etc.. Et dicit id quod sum, quia homo sine gratia nihil est. Supra XIII, 2: si habuero omnem prophetiam, etc..

Sed qualiter usus sit et executus statum suum, ostendit, dicens et gratia eius, etc.. Ubi primo ostendit quomodo usus sit gratia ista, quia ad bonum, et ideo dicit in me vacua non fuit, id est otiosa, quia ea usus est ad id ad quod data est sibi. Gal. II, 2: non in vacuum cucurri, etc..

Secundo manifestat quomodo alios excessit, et ideo subdit sed abundantius illis omnibus, id est apostolis sigillatim, laboravi, prædicando, quia nullus per tot loca prædicavit et annuntiavit Christum, unde dicit Rom. XV, 19: ita quod a Ierusalem usque ad Illyricum, etc., et etiam usque ad Hispaniam; operando, quia licet ipse, sicut alii apostoli, posset exigere sumptus sibi necessarios, tamen specialiter voluit de labore manuum quærere sumptus suos, ut ipse dicit II Thess. III, 8: nocte et die manibus nostris, etc.; tribulationes sustinendo; nullus enim apostolorum tot persecutiones et tribulationes sustinuit, ut ipse enumerat II Cor. XI, 23: in laboribus plurimis et carceribus, etc..

Tertio ostendit usus efficaciam, quia hoc non a se solo sed ex instinctu et adiutorio spiritus sancti. Et ideo dicit non autem ego, solus operor, sed gratia Dei mecum, quæ movet voluntatem ad hoc. Is. XXVI, 12: omnia opera nostra, etc.. Phil. II, 13: qui operatur in nobis velle, etc.. Deus enim non solum infundit gratiam, qua nostra opera grata fiunt et meritoria, sed etiam movet ad bene utendum gratia infusa, et hæc vocatur gratia cooperans.

Sive ego enim, etc.. Hic ostendit concordiam prædicantium; et hoc potest dupliciter legi.

Primo ut sit confirmatio dictorum, quasi dicat aliquis: tu ita prædicas sed tamen non credimus tibi soli, quia minimus es inter apostolos. Ideo respondens apostolus ait: immo debetis mihi credere, quia ego non prædico alia; sive ego, sive alii apostoli sic prædicamus, scilicet Christum resurrexisse et visum fuisse, etc.. Et vos etiam credidistis sicut ego et illi prædicaverunt, scilicet quod Christus resurrexit, et visus est, etc.. II Cor. IV, 13: habentes eumdem spiritum, etc..

Secundo potest legi ut efficacia prædicationis sit omnibus apostolis ex uno, id est a gratia Dei, quasi dicat: sive ego prædicem, sive illi, id est apostoli, sicut prædicamus, hoc fecimus adiuti et firmati per gratiam Dei; et etiam vos ipsi credidistis, scilicet inspirati spiritu sancto et gratia Dei, sine qua nihil facere possumus. Io. XV, 5: sine me nihil potestis facere.

Lectio 2

Supra apostolus astruxit fidem per resurrectionem Christi, hic vero probat per resurrectionem Christi, resurrectionem mortuorum futuram. Et primo probat futuram resurrectionem; secundo ostendit qualitatem resurgentium, ibi sed licet aliquis, etc.; tertio vero describit ordinem resurrectionis, ibi ecce mysterium vobis dico, etc..

Circa primum duo facit.

Primo probat resurrectionem mortuorum futuram, ratione sumpta ex resurrectione Christi; secundo ratione sumpta ex vita sanctorum, ibi alioquin quid facient, etc..

Probat autem mortuorum resurrectionem ex resurrectione Christi, tali ratione: si Christus resurrexit, ergo et mortui resurgent.

Circa ergo hanc rationem tria facit.

Primo ponit conditionale, scilicet si Christus resurrexit, et mortui resurgent; secundo vero probat antecedens ipsius conditionalis, ibi si autem resurrectio mortuorum, etc.; tertio probat conditionalem esse veram, ibi nunc autem Christus resurrexit, etc..

Dicit ergo primo: dixi, quod sive ego prædicaverim, sive illi, scilicet alii apostoli, sic credidistis. Sed si prædicatur a nobis, quod Christus resurrexit a mortuis, quomodo quidam in vobis, id est, inter vos, dicunt, etc.; quasi dicat: si Christus resurrexit a mortuis, secundum quod nos prædicamus I Thess. IV, 13: si credimus quod Christus, etc., nullus debet dubitare resurrectionem mortuorum futuram. Unde Rom. VIII, 11: qui suscitavit Iesum, etc..

Sed videtur quod hæc argumentatio non valeat, cum sit locus a maiori affirmando.

Quia, licet Christus resurrexit specialiter ex virtute divinitatis suæ, non sequitur quod alii homines resurgant.

Sed ad hoc dicunt aliqui quod non est locus a maiori, sed a simili. Mori enim et resurgere competit Christo secundum humanam naturam, et dicunt, quod est simile argumentum, sicut si dicerem: anima Socratis est immortalis, ergo omnes, scilicet animæ hominum, sunt immortales.

Videtur autem quod sit melius dicendum quod sit locus a causa, quia resurrectio Christi est causa resurrectionis nostræ. Et ideo, secundum Glossam dicendum est: si Christus, qui est causa efficiens nostræ resurrectionis, resurrexit, quomodo dicunt, etc..

Sed tamen non est dicendum quod sit causa efficiens tantum per modum meriti, quia resurgendo non meruit eam, cum iam esset comprehensor et viveret vita gloriosa, nisi forte meritum resurrectionis mortuorum referatur ad passionem Christi. Nec est causa exemplaris tantum, ut quidam dicunt, sed est causa efficiens et

Commentaria in Epistolis S. Pauli

exemplaris. Unde Augustinus dicit super Ioannem, quod verbum caro factum vivificat animas, et resuscitat mortuos. Sic ergo patet quod si Christus resurrexit, et mortui resurgent.

Sed contra: resurgere a mortuis est supra naturam, hoc autem non est nisi virtutis infinitæ, qui Deus est; non ergo resurrectio corporis Christi est causa efficiens resurrectionis mortuorum, cum humanitas Christi, seu corpus, sit creatura: licet de Christo vel de homine, non possit dici quod est creatura.

Responsio. Dicendum quod inquantum Deus, sive inquantum divinitas est in Christo, Christus est et exemplar et causa efficiens resurrectionis mortuorum per humanitatem suam, sicut per instrumentum divinitatis suæ.

Ad illud quod obiicitur, dicendum quod caro Christi seu humanitas non dicitur facere effectum virtutis infinitæ, inquantum caro vel humanitas, sed inquantum caro Christi vel humanitas Christi.

Sed quæritur adhuc: nam, posita causa sufficienti, statim ponitur effectus; si ergo resurrectio Christi est sufficiens causa resurrectionis mortuorum, statim deberent mortui resurgere et non tantum differre.

Responsio. Dicendum, quod effectus sequitur ex causis instrumentalibus secundum conditionem causæ principalis. Et ideo cum Deus sit principalis causa nostræ resurrectionis, resurrectio vero Christi sit instrumentalis, resurrectio nostra sequitur resurrectionem Christi secundum dispositionem divinam, quæ ordinavit ut tali tempore fieret.

Sed numquid si Deus non fuisset incarnatus, homines resurrexissent? dicendum videtur quod non, quia Christus non fuisset passus, nec resurrexisset.

Dicendum est autem ad hoc quod hæc obiectio nulla est, quia quando aliquid ordinatur ab aliqua causa, debet argumentari ad illud, servato ordine illius causæ. Et ideo dicendum est quod Deus ordinavit resurrectionem mortuorum fore per istum modum; potuisset tamen et alius modus adhuc inveniri a Deo si voluisset.

Deinde cum dicit si autem resurrectio mortuorum non est, etc., probat antecedens, scilicet quod Christus resurrexit, et hoc ducendo ad inconvenientia.

Et circa hoc duo facit.

Primo ducit ad inconvenientia; secundo ostendit illa esse inconvenientia, ibi invenimur autem et falsi testes, etc..

Circa primum facit deductionem suam supponendo quod si Christus non resurrexit, neque mortui resurgent: quod, si ita est, sequuntur duo inconvenientia: unum est quod inanis est prædicatio apostoli et inutilis; aliud est quod inanis est fides Corinthiorum.

Unde dicit si autem Christus non resurrexit, inanis est, etc.. Et hoc est quod dicit: ex hoc quod sive ego, sive illi, si sic prædicant, etc.. Dicit ergo si autem Christus non resurrexit, inanis est, id est falsa, prædicatio nostra, quia sic credidistis; et hoc magnum est inconveniens, quod prædicationem eorum non suffulserit veritas, cum apostolus dicat Phil. II, 16: non in vacuum cucurri neque laboravi.

Invenimur autem, etc.. Hic ostendit illa duo esse inconvenientia. Et primo ostendit quod sit inconveniens, si prædicatio apostolorum esset inanis seu falsa; secundo ostendit quod sit inconveniens, si fides illorum esset inanis, ibi quod si Christus non resurrexit, etc..

Ostenditur autem primum esse inconveniens, quia essent falsi testes, non solum dicendo aliqua vana vel aliqua contra aliquem hominem false, quod est mortale peccatum, sed falsi testes adversus Deum, quod est sacrilegium. Quia si Deus non suscitavit Christum a mortuis, secundum quod nos prædicamus, invenimur falsi testes; et si mortui non resurgunt, Deus non resuscitavit Christum a mortuis. Iob XIII, 7: numquid Deus indiget vestro mendacio? etc..

Et hoc est pessimum, scilicet quod aliquid attribuatur Deo quod non facit et laudare in eo quod non est. Unde dicit Augustinus: non minori, sed maiori fortasse scelere in Deo laudatur falsitas, quam vituperetur veritas. Cuius ratio est quia intellectus noster numquam potest tantum laudare Deum, quin deficiat a perfectione eius; et ideo si non totaliter intellectus omnem veritatem possit de Deo intelligere, hoc est, ad excellentiam Dei; sed si attribuitur aliquid Deo quod non habet, vel non facit, videtur quod intellectus noster est maior Deo, et intelligat aliquid maius eo quod sibi false attribuit. Et hoc contra illud I Io. III, 20: Deus maior est corde nostro.

Quod si Christus. Hic ostendit quod inconveniens sit, si fides illorum esset inanis. Et hoc ostendit per tria inconvenientia, quæ sequuntur inde.

Primum est, quia constat quod falsitas non habet virtutem purgandi, sed constat quod fides purgat peccata. Act. XV, 9: fide purificans, etc.. Si ergo fides nostra sit inanis, quod esset si Christus non resurrexit, quia sic credidistis, scilicet quod resurrexit, peccata vestra non sunt vobis dimissa. Et hoc est quod dicit adhuc estis in peccatis vestris.

Sed quia posset aliquis dicere: licet fides non purget peccata, possunt tamen purgari ab eis per bona opera; ideo addit secundum inconveniens, scilicet quod mortui, qui non possunt purgari in alia vita, perierunt absque spe salutis. Et ideo, quasi concludens, dicit ergo qui in Christo, id est in fide Christi, dormierunt, id est mortui sunt in spe salutis, perierunt, quia in alia vita nulla sunt opera meritoria.

Sed quia posset adhuc dicere: non curo de peccatis, non curo de mortuis, dummodo habeam in vita ista quietem et tranquillitatem, ideo addit tertium inconveniens cum dicit si in hac tantum vita, etc..

Et innititur tali argumento: si resurrectio mortuorum non est, sequitur quod nihil boni habeatur ab

Commentaria in Epistolis S. Pauli

hominibus, nisi solum in vita ista; et si hoc est, tunc illi sunt miserabiliores, qui in vita ista multa mala et tribulationes patiuntur. Cum ergo plures tribulationes apostoli et christiani patiantur, sequitur quod sint miserabiliores cæteris hominibus, qui ad minus perfruuntur huius mundi bonis.

Sed circa hanc rationem videntur duo dubitanda.

Unum quia non videtur quod sit verum universaliter quod apostolus dicit, scilicet quod christiani sunt confidentes in hac vita tantum, quia possent dicere illi, quod licet corpora non habeant bona nisi in vita ista, quæ est mortalis, tamen secundum animam habent multa bona in alia vita.

Ad hoc obviatur dupliciter. Uno modo, quia si negetur resurrectio corporis, non de facili, imo difficile est sustinere immortalitatem animæ. Constat enim quod anima naturaliter unitur corpori, separatur autem ab eo contra suam naturam, et per accidens. Unde anima exuta a corpore, quamdiu est sine corpore, est imperfecta. Impossibile autem est quod illud quod est naturale et per se, sit finitum et quasi nihil; et illud quod est contra naturam et per accidens, sit infinitum, si anima semper duret sine corpore. Et ideo Platonici ponentes immortalitatem, posuerunt reincorporationem, licet hoc sit hæreticum: et ideo si mortui non resurgunt, solum in hac vita confidentes erimus.

Alio modo quia constat quod homo naturaliter desiderat salutem sui ipsius, anima autem cum sit pars corporis hominis, non est totus homo, et anima mea non est ego; unde licet anima consequatur salutem in alia vita, non tamen ego vel quilibet homo. Et præterea cum homo naturaliter desideret salutem, etiam corporis, frustraretur naturale desiderium.

Secundum dubium est quia videtur quod, dato quod corpora non resurgant, non essemus nos christiani miserabiliores cæteris hominibus, quia illi qui sunt in peccatis, sustinent maximos labores. Ier. IX, 5: ut inique agerent, laboraverunt, et Sap. V, 7: dicunt impii: ambulavimus vias difficiles.

At vero de bonis et iustis dicitur Gal. V, 22: fructus autem spiritus est charitas, gaudium, pax, etc..

Ad hoc dicendum quod mala quæ sunt in hoc mundo, non sunt secundum se appetenda, sed secundum quod ordinantur ad aliquod bonum. Apostoli autem et christiani multa mala passi sunt in hoc mundo. Nisi ergo ordinarentur ad aliquod bonum, essent miserabiliores cæteris hominibus. Aut ergo ordinantur ad bonum futurum, aut ad bonum præsens; sed ad bonum futurum non ordinantur, si non est resurrectio mortuorum.

Si autem ordinantur ad bonum præsens, hoc vel est bonum intellectus, sicut Philosophi naturales paupertates et alia multa mala passi sunt, ut pervenirent ad veram veritatem.

Sed ad hoc non possunt ordinari, si non est resurrectio mortuorum: quia sic fides eorum esset falsa, quia ipsi prædicaverunt resurrectionem futuram; falsitas autem non est bonum intellectus. Vel est bonum moris, sicut morales Philosophi multa mala passi sunt, ut pervenirent ad virtutes et famam. Sed nec ad hoc ordinari possunt, quia si resurrectio mortuorum non sit, non reputatur virtus et gloria velle omnia delectabilia dimittere, et sustinere poenas mortis et contemptus, sed potius reputatur stultitia. Et sic patet quod miserabiliores essent cæteris hominibus.

Lectio 3

Hic probat positam superius conditionalem esse veram, scilicet si Christus resurrexit, mortui resurgunt.

Et circa hoc tria facit.

Primo ostendit quomodo se habeat resurrectio Christi ad resurrectionem aliorum; secundo ostendit ordinem resurrectionis, ibi unusquisque autem in suo ordine, etc.; tertio ostendit finem resurrectionis, ibi deinde finis, etc..

Circa primum duo facit.

Primo ostendit habitudinem resurrectionis Christi ad resurrectionem aliorum, per conditionalem prædictam, probans hoc; secundo probat ipsam habitudinem, ibi quoniam quidem, etc..

Dicit ergo nunc, id est ex quo dicta inconvenientia sequuntur si Christus non resurrexit, ideo ad ipsa vitanda dicamus, quod Christus resurrexit. Hoc autem verum est, secundum quod Matth. Cap. Ult. Dicitur, et aliis locis evangeliorum.

Sed resurrectionis Christi habitudo ita se habet ad resurrectionem aliorum, sicut primitiæ fructuum ad sequentes fructus, quæ excedunt alios fructus tempore et melioritate, seu dignitate; et ideo dicit quod resurrexit, non sicut alii, sed primitiæ, id est primo tempore et dignitate. Apoc. I, 5: primogenitus mortuorum.

Primitiæ, dico, dormientium, id est, mortuorum qui in spe resurrectionis quiescunt.

Ex hoc potest inferri conditionalis posita, quia, sicut dicimus et verum est, si Christus, qui est primitiæ dormientium, resurrexit, ergo et alii dormientes.

Sed contrarium videtur, scilicet quod Christus non resurrexit primitiæ dormientium, quia Lazarus fuit resuscitatus a Christo nondum passo, et aliqui prophetæ suscitaverunt alios a mortuis, ut habetur in veteri testamento.

Ad hoc dicendum quod duplex est resurrectio.

Una est ad vitam mortalem, et ad istam Lazarus et alii, qui suscitati fuerunt, resurrexerunt ante Christum. Alia ad vitam immortalem, et de hac loquitur hic apostolus.

Sed contra Matth. XXVII, 52 dicitur, quod multa corpora sanctorum surrexerunt.

Commentaria in Epistolis S. Pauli

Cum ergo hoc legatur ante Christi resurrectionem, et constet quod non resurrexerunt ad vitam immortalem, videtur quod adhuc restet quæstio prima.

Responsio. Dicendum est, quod hoc quod Matthæus dicit de resurrectione illorum, dicit per anticipationem, quia licet dicatur in tractatu de passione, non tunc resurrexerunt, sed postquam Christus resurrexit.

Quoniam quidem, etc.. Hic probat habitudinem positam, scilicet quod Christus sit primitiæ dormientium. Et primo probat in generali, secundo in speciali, ibi et sicut in Adam, etc..

Probat in generali tali ratione: Deus voluit reintegrare humanam naturam, sed humana natura corrupta est per hominem, quia mors intravit per hominem. Pertinebat ergo ad dignitatem humanæ naturæ, ut reintegraretur per hominem, hoc autem est ut reducatur ad vitam. Conveniens ergo fuit, sicut mors intravit per hominem, scilicet per Adam, ita resurrectio mortuorum fieret per hominem, scilicet per Christum. Rom. V, 17: si enim unius delicto, etc..

Et sicut in Adam. Hic probat idem in speciali, dicens quod sicut in Adam omnes morimur morte corporali, ita et omnes vivificamur in Christo. Rom. V, 12: per unum hominem, etc..

Et non dicit per Evam, quod videtur contra illud Eccli. XXV, 33: per illam omnes morimur.

Dicendum quod hoc est per illam Evam, scilicet suggerentem, sed per Adam sicut causantem. Nam si solum Eva peccasset, peccatum originale non fuisset traductum in posteros.

Vivificabuntur, inquam, in Christo, scilicet boni et mali vita naturæ, sed vita gratiæ non nisi boni; sed tamen apostolus loquitur hic de resurrectione ad vitam naturæ, ad quam omnes vivificabuntur. Io. V, 26: sicut pater habet vitam in semetipso, ita et filio dedit vitam habere, id est vivificandi virtutem.

Io. V, 28: omnes qui in monumentis sunt, etc..

Unusquisque autem in suo ordine, etc.. Hic ostendit ordinem resurrectionis.

Et primo insinuat ipsum ordinem; secundo manifestat id quod dixerat, ibi primitiæ Christus, etc..

Dicit ergo quod verum est quod omnes in Christo vivificabuntur, sed tamen differenter, quia differentia erit inter caput et membra, et differentia quantum ad bonos et malos. Et ideo dicit quod unusquisque resurget in suo ordine, scilicet dignitatis.

Rom. XIII, 1: quæ autem sunt, a Deo ordinata sunt.

Sed hunc ordinem consequenter manifestat, quia primitiæ Christus, quia ipse est prior tempore et dignitate, quia plus de gloria. Io. I, 14: vidimus eum quasi unigenitum, etc..

Deinde resurgent omnes qui sunt Christi, posteriores tempore et dignitate. Isti sunt qui carnem suam crucifixerunt cum vitiis, etc..

Gal. IV, 4: at ubi venit plenitudo. I Tim. VI, 14: serves mandatum sine macula irreprehensibile usque in adventum Domini nostri.

Qui autem sint Christi exponit, dicens qui crediderunt per fidem, per dilectionem operantem.

Hebr. XI, 6: accedentem ad Deum oportet credere, etc.. In adventu eius, primo et secundo.

Sed sciendum quod inter alios sanctos non erit ordo temporis, quia omnes resurgent in ictu oculi, sed bene secundum dignitates, quia martyr resurget ut martyr, apostolus ut apostolus, et sic de aliis.

Deinde finis. Hic ostendit finem resurrectionis, et hunc duplicem. Unum quantum ad adeptionem boni, alium quantum ad remotionem mali, ibi oportet illum regnare, etc..

Circa primum duo facit.

Primo ostendit quod adeptio ipsius boni consistit in inhærentia ad Deum; secundo ostendit, quod in immediata inhærentia, ibi cum evacuaverit, etc..

Dicit ergo, quod deinde, id est post hoc, erit finis resurrectionis. Et finis huiusmodi non erit, ut vivant vita corporis et voluptatibus, ut Iudæi et Saraceni fingunt; sed quod inhæreant Deo per immediatam visionem et beatam fruitionem: et hoc est tradere regnum Deo et patri.

Et ideo dicit cum tradiderit, id est, perduxerit, regnum, id est fideles suos quos proprio sanguine acquisivit, Apoc. V, 9: redemisti nos Deo in sanguine tuo, Deo et patri, id est ante conspectum Dei, id est creatoris sui, inquantum est homo, et patris, inquantum est Deus. Et hoc est, quod petebat Philippus, Io. XIV, 8: Domine, ostende nobis patrem, etc.. Sed sic tradet, ut sibi non adimat, imo ipse unus Deus cum patre et sancto spiritu regnabit.

Vel cum tradiderit regnum Deo et patri, id est cum ostendet Deum patrem regnare.

In Scriptura enim tunc dicuntur aliqua fieri, quando primo innotescunt, et huiusmodi innotescentia fit per Christum. Matth. XI, 27: nemo novit patrem, nisi filius, et cui, etc..

Cum evacuaverit. Hic ostendit immediationem dictæ inhærentiæ. Sicut enim dicitur Gal. IV, 1 s., quanto tempore hæres parvulus est, est sub tutoribus, etc..

Sed quando iam est magnus et perfectus, tunc immediate absque pædagogo et tutore sub patre est in domo.

Status autem huius vitæ præsentis assimilatur pueritiæ, et ideo in vita ista sumus sub Angelis, sicut sub tutoribus, inquantum præsunt nobis et dirigunt nos; sed quando tradetur regnum Deo et patri, tunc immediate erimus sub Deo, et cessabunt omnia alia dominia. Et hoc est quod dicit et cum evacuaverit omnem principatum et potestatem et virtutem, id est cum cessaverit omne dominium, tam humanum quam angelicum, tunc immediate erimus sub Deo. Is. II, 12: exaltabitur Dominus solus in die illa.

Commentaria in Epistolis S. Pauli

Ier. XXXI, 34: non docebit ultra vir proximum suum, etc..

Sed numquid non remanebunt ordines Angelorum distincti? dicendum quod sic, quantum ad eminentiam gloriæ, qua unus alteri præeminet, sed non quantum ad efficaciam executionis ad nos. Et ideo illos dicit evacuari, quorum nomina pertinent ad executionem, scilicet principatus, potestates et virtutes. Illos autem qui sunt de superiori hierarchia non nominat, quia non sunt exequentes; nec Angelos, quia est nomen commune. Dominationes autem non dixit evacuari, quia licet sint de exequentibus, non tamen ipsi exequuntur, sed dirigunt et imperant. Dominorum enim est dirigere et imperare, non exequi; Archangeli vero intelliguntur cum principatibus; archos enim idem est quod princeps. Hi tres ordines secundum Gregorium leguntur descendendo, quia secundum ipsum principatus sunt super potestates, et potestates super virtutes; sed secundum Dionysium, ascendendo, quia vult quod virtutes sint super potestates, et potestates super principatus.

Vel aliter cum evacuaverit, etc., id est tunc erit notum, quod principatus, et potestates, et dominationes nihil potestatis habuerunt ex seipsis, sed a Deo, ex quo sunt omnia.

Deinde cum dicit oportet illum, etc., ostendit apostolus finem resurrectionis quoad remotionem mali. Quod quidem ostendit per destructionem omnium inimicorum ad Christum. Et primo ponit ipsorum destructionem; secundo subiectionis perfectionem, ibi novissime autem, etc.; tertio subiectionis finem, ibi cum autem subiecta fuerint.

Dicit ergo primo: dixi quod finis erit, cum tradiderit regnum Deo et patri; sed numquid Christus habet regnum ita quod oportet illum regnare? sic enim dicitur Matth. Cap. Ult.: data est mihi, etc.

Lc. I, 32: et regnabit in domo Iacob. Oportet, inquam, donec ponat inimicos suos sub pedibus eius.

Sed numquid modo non sunt inimici eius sub pedibus eius, id est, sub potestate Christi? dicendum quod modo inimici Christi sunt sub potestate eius, sed dupliciter. Vel inquantum per ipsum convertuntur sicut Paulus, quem prostravit Act. IX, 3 s.; vel inquantum Christus facit voluntatem suam, etiam de his qui faciunt hic contra voluntatem Christi.

Sic ponit inimicos suos sub pedibus suis, puniendo eos; sed in futuro ponet sub pedibus, id est sub humanitate Christi. Sicut enim per caput deitas Christi intelligitur, quia caput Christi Deus, I Cor. XI, 3, ita per pedem, humanitas.

Ps. CXXXI, 7: adorabimus in loco ubi steterunt pedes eius, etc.. Sic ergo inimici erunt non solum sub deitate, sed etiam sub humanitate Christi. Phil. II, 10: in nomine Iesu omne genu, etc..

Sed quid est quod dicit donec ponat? etc.. Numquid non regnabit, priusquam posuerit inimicos sub pedibus? dicendum quod hoc potest

Prima ad Corinthios

intelligi dupliciter, nam ly donec quandoque determinat tempus, et ponitur pro finito, sicut si dicerem: non videbo Deum donec moriar, quia usque tunc non videbo, sed postea videbo.

Quandoque ponitur pro infinito, sicut cum dicitur: non cognovit eam donec peperit filium suum. Non quod velit dicere, quod non cognovit eam solum usque ad partum filii, sed nec etiam postea unquam cognovit, sicut dicit Hieronymus.

Iste modus servatur quando aliqui intendunt excludere illa solum de quibus est dubium.

Unde evangelium exclusit illud solum, quod videtur esse dubium, scilicet quod Ioseph cognovisset beatam virginem ante partum. Hoc vero quod post partum non cognovit eam, nulli est dubium, cum tot mysteria pueri viderit et toties ab Angelis monitus sit, et adoratus etiam a magis Iesus fuisset; unde poterat eam iam Dei matrem cognoscere, et ideo non curavit hoc excludere: sic etiam loquitur hic apostolus.

Quod enim aliquis regnet, adhuc inimicis non subiugatis, videtur esse dubium; sed quod regnet postquam inimici subiugati sunt, nulli est dubium. Et ideo illud excludit principaliter dicens donec ponat, etc., quasi dicat: verum est, quod Christus habet regnum, et licet sint aliqui inimici, dum non faciunt voluntatem suam, tamen regnat donec ponat, etc..

Potest etiam alio modo intelligi donec ponat, etc., ut ly donec determinet tempus, et ponatur pro futuro, ut dicatur sic oportet illum regnare, sed quando? donec ponat, etc.. Quasi dicat: usque tunc regnabit, quousque ponat inimicos sub pedibus, postea vero non regnabit.

Sed secundum hanc expositionem, regnare non importat regnum habere, sed in regnando proficere et regnum augeri, et hoc quantum ad manifestationem perfectam regni Christi. Quasi dicat: regnum Christi paulatim proficit, inquantum scilicet manifestatur et innotescit, donec ponat inimicos sub pedibus, id est quousque omnes inimici regnare eum fateantur: boni quidem cum gaudio beatitudinis, mali vero cum confusione; et postea non regnat, id est regnum suum non proficit, et non amplius manifestatur, quia iam plene manifestum erit.

Sic ergo patet omnium adversantium subiectio, quæ quidem subiectio perfectissima erit, quia etiam illud quod maxime inimicatur, subiicietur sibi. Hoc autem est mors, quæ maxime contrariatur vitæ; et ideo dicit novissime autem, etc.; ubi tria facit.

Primo ponit subiectionem mortis; secundo probat hoc per auctoritatem, ibi omnia enim subiecit, etc.; tertio ex ipsa auctoritate arguit, ibi cum autem dicat, etc..

Dicit ergo: dixi quod omnes inimicos subiecit sub pedibus eius. Sed qualiter? perfectissime, inquam, quia novissime inimica mors destruetur, scilicet in fine, quia non poterit esse cum vita, ubi omnes per resurrectionem vivent.

Commentaria in Epistolis S. Pauli

Os. XIII, 14: ero mors tua, o mors. Is. XXV, 8: præcipitabit mortem in sempiternum.

Sciendum est autem, quod Origenes ex hoc verbo sumpsit occasionem erroris sui, quem ponit in periarchon.

Ipse enim voluit quod poenæ damnatorum essent purgatoriæ et non æternæ, et voluit quod omnes, qui sunt in inferno, quandoque converterentur ad Christum et salvarentur, et etiam diabolus. Et hoc confirmat per ista verba donec ponam inimicos, etc.. Et intelligit quod hoc quod dicitur inimicos sub pedibus, solum intelligitur de subiectione, quæ fit per conversionem peccatorum ad Deum, non de subiectione qua sunt subiecti Christo etiam illi, qui numquam convertuntur ad Christum, inquantum punit eos in inferno. Et ideo dicit oportet illum regnare, donec ponat inimicos sub pedibus, quia tunc omnes damnati et qui sunt in inferno salvabuntur, inquantum scilicet convertentur ad ipsum, et servient ei, et non solum ipsi homines damnati; autem, pro sed, novissime ipsa mors, id est diabolus, destruetur, non quod non sit omnino, sed quod non sit mors, quia etiam ipse diabolus in fine salvabitur.

Sed hoc est hæreticum et damnatum in Concilio.

Iterum sciendum est quod apostolus signanter posuit hoc quod dicitur novissime autem, etc., ad removendum duas quæstiones, quæ possunt fieri circa prædicta de resurrectione, scilicet utrum Christus posset vivificare mortuos. Et hoc solvitur, quia omnes inimicos posuit sub pedibus eius, et etiam ipsam mortem.

Et quare non statim omnes resuscitavit? ad quod respondetur, quod oportet quod primo subiiciat inimicos sub pedibus, et novissime cum destruetur ipsa mors, tunc resurgent omnes ad vitam. Non ergo differt, quia non potest, sed ut servet ordinem, quia quæ a Deo sunt, ordinata sunt.

Quod autem ipsa mors subiiciatur Christo, probat per auctoritatem Ps. VIII, 8: omnia subiecisti sub pedibus eius, id est, sub humanitate eius, scilicet Christi. Phil. II, 11: omnis lingua, etc.. Is. XLV, 24: mihi curvabitur omne genu, etc..

Ex hac autem auctoritate argumentatur, dicens cum autem dicat, etc..

Et est ratio sua talis: propheta dicit omnia subiecisti, etc., sed dicendo omnia, constat quod nihil exclusit, nisi illum qui subiecit; ergo subiecta sunt Christo omnia et ipsa mors.

Dicit ergo: cum autem dicat, Psalmista scilicet, omnia subiecta sunt ei, scilicet Christo, inquantum homini, præter eum, scilicet patrem, qui subiecit ei omnia. Hebr. II, 8: in eo qui omnia sibi subiecit, etc..

Matth. Cap. Ult.: data est mihi omnis potestas, etc..

Sed contra. Si pater subiecit omnia filio, ergo filius est minor patre.

Responsio. Dicendum est, quod pater

subiecit omnia filio, inquantum est homo, ut dictum est, et sic pater est maior filio. Est enim minor patre secundum humanitatem, æqualis vero secundum divinitatem. Vel dicendum, quod etiam ipse filius, inquantum Deus, subiecit sibi omnia, quia sic potest omnia quæ pater potest, Phil. III, 20: salvatorem expectamus, etc., secundum operationem qua potens est subiicere omnia.

Consequenter cum dicit cum autem subiecta fuerint illi omnia, etc., ostendit finem huius resurrectionis non esse in humanitate Christi, sed ulterius perducetur rationalis creatura ad contemplationem divinitatis, et in ea est beatitudo nostra, et finis noster ipse Deus est.

Et ideo dicit cum autem subiecta, etc., quasi dicat: nondum Deus subiecit omnia Christo, sed cum omnia fuerint ei subiecta, scilicet Christo, tunc ipse filius secundum humanitatem subiectus erit illi, scilicet patri, Io. XIV, 28: pater maior me est; et subiectus est nunc etiam Christus secundum quod homo patri, sed hoc tunc manifestius erit.

Et ratio huius subiectionis est ut sit Deus omnia in omnibus, id est ut anima hominis totaliter requiescat in Deo, et solus Deus sit beatitudo. Modo enim in uno est vita et virtus in alio et gloria in alio, sed tunc Deus erit vita et salus et virtus, et gloria et omnia.

Vel aliter ita, ut sit Deus omnia in omnibus, quia tunc manifestabitur quod quidquid boni habemus est a Deo.

Prima ad Corinthios

Lectio 4

Ostensa resurrectione mortuorum ex resurrectione Christi, hic consequenter ostendit resurrectionem mortuorum ex vita sanctorum. Et circa hoc duo facit.

Primo probat propositum; secundo subiungit admonitionem, ibi nolite seduci, etc..

Probat autem propositum, ducendo ad tria inconvenientia.

Primum inconveniens est quod frustraretur devotio hominum ad baptismum; secundum est quod frustraretur labor sanctorum, et hoc ponit ibi ut quid et nos periclitamur, etc.; tertium est quod daretur occasio fruendi voluptatibus. Et hoc ponit, ibi manducemus et bibamus, etc..

Circa primum duo facit.

Primo ponit primum inconveniens; secundo explicat illud, ibi si omnino mortui, etc..

Dicit ergo primo: dixi quod mortui resurgunt, alioquin, scilicet si non est resurrectio mortuorum futura, ut nos prædicamus, quid facient qui, etc.. Hoc potest dupliciter intelligi.

Uno modo, ut per hoc quod dicit mortui, intelligantur opera peccati, quæ sunt mortua, quia carent vita gratiæ, et ducunt ad mortem. Hebr. IX, 14: sanguis Christi emundabit, etc.. Et secundum hoc plana est littera.

Quid, scilicet facient illi, qui baptizantur pro mortuis, id est pro peccatis abluendis, si non sint vitam gratiæ habituri? alio modo, quia quidam tunc temporis volebant, quod

Commentaria in Epistolis S. Pauli

homines possent primo baptizari, ut sibi ipsis remissionem peccatorum consequerentur; et iterum baptizabantur pro aliquo consanguineo suo defuncto, ut etiam post mortem dimitterentur ei peccata. Et secundum hoc sit littera: quid facient qui baptizantur pro mortuis, scilicet consanguineis, pro quorum salute baptizantur, si non sit resurrectio mortuorum? sed isti in aliquo commendari possunt, scilicet in hoc quod fidem resurrectionis videbantur habere. Sed in aliquo possunt reprehendi, in hoc scilicet quod unum credebant posse pro alio baptizari.

Sed tunc est quæstio: si oratio unius prodest alteri, quare non etiam baptismus? ad hoc est duplex responsio. Una est, quod opera quæ faciunt vivi, prosunt mortuis propter unionem charitatis et fidei. Et ideo non prosunt nisi illis qui decedunt cum charitate et fide. Unde infidelibus nec oratio, nec baptismus vivorum prosunt; tamen oratio prodest illis qui sunt in Purgatorio.

Alia responsio, et melior, quia bona opera valent mortuis, non solum ex vi charitatis, sed etiam ex intentione facientis. Sicut si ego dicerem Psalterium pro aliquo qui est in Purgatorio, qui tenebatur dicere, ut satisfaciam pro eo, valet quidem quantum ad satisfactionem solum illi pro quo dico.

Dicendum est ergo secundum hoc, quod baptismus non habet virtutem ex intentione nostra, sed ex intentione Christi. Intentio autem Christi est ut baptismus illis proficiat, qui in Christi fide baptizantur.

Consequenter istud inconveniens explicat, dicens si omnino, etc.. Et ista explicatio videtur magis convenire secundæ expositioni supra positæ, quasi dicat: ut quid baptizantur pro illis, id est, pro mortuis, si non resurgunt? sed si secundum primam expositionem exponatur, tunc sic potest dici si omnino mortui non resurgunt, ut quid etiam baptizantur pro illis, id est pro peccatis, cum ipsa non dimittantur? ut quid periclitamur, etc.. Hic ponit secundum inconveniens, et circa hoc duo facit.

Primo ponit inconveniens in communi; secundo in speciali, ibi quotidie, etc..

Dicit ergo: non solum frustra baptizantur aliqui pro remissione peccatorum, sed nos etiam frustra affligimur, si resurrectio mortuorum non est. Et hoc est quod dicit ut quid et nos, sancti apostoli, periclitamur, id est pericula patimur, omni hora? II Cor. XI, 26: periculis fluminum, periculis, etc..

Constat enim, quod sancti exponunt se tribulationibus, et affligunt seipsos propter spem vitæ æternæ, secundum illud Rom. V, 11: non solum autem, sed et gloriamur, etc..

Spes autem non confundit, etc.. Si ergo resurrectio mortuorum non sit, totaliter spes perit. Frustra ergo affligerent se, si mortui non resurgunt.

Nec obstat, si dicatur quod anima separata præmiatur, quia, ut probatum

Prima ad Corinthios

est supra, non posset probari quod anima esset immortalis.

Consequenter cum dicit quotidie, etc., enumerat pericula in speciali, et primo quantum ad personam; secundo quantum ad locum, ibi si, secundum hominem, ad bestias, etc..

Manifestat ergo in speciali pericula quantum ad personam suam; unde dicit quotidie morior, etc., quasi dicat: non quæcumque pericula patimur, sed etiam mortis, quia quotidie morior, id est sum in periculis mortis. Ps. XLIII, 22: propter te mortificamur tota die. Et hoc ostendit apostolus Roman. 8 in persona apostolorum esse dictum, II Cor. IV, 10: semper mortificationem, etc..

Propter gloriam vestram, id est ut ego acquiram gloriam, quam expecto ex vestra conversione ad fidem. II Thess. II, 20: vos estis gloria mea et gaudium, quam habeo, id est, spero me habiturum, in Christo Iesu Domino nostro, id est per charitatem Christi.

Alia littera habet per gloriam, etc., et tunc ly per gloriam, est verbum iurantis; quasi dicat: per gloriam vestram, quam scilicet expectatis, quæ est Deus. Ac si diceret: iuro per Deum, quem habeo in spe in Christo Iesu, id est per passionem, etc.. Ex quo apparet, quod etiam apostolus iuravit, et quod in viris perfectis iurare non est peccatum.

Si secundum hominem, etc.. Hic specificat pericula quantum ad locum.

Ubi sciendum est, quod hoc legitur act. XIX, ubi dicitur quod, cum Paulus apud Ephesum multos convertisset ad fidem, quidam concitaverunt contra eum populum, intantum quod non esset ausus exire in theatrum, et quod multa pericula sit ibi passus.

Ergo forte facit hic de hoc mentionem, quia e vicino passus hoc fuerat.

Dicit ergo: si secundum hominem, id est secundum rationem ex qua homo est, hoc disputando de resurrectione, concludens quod homo non moritur sicut bestia. Pugnavi ad bestias, id est ad homines bestialiter viventes apud Ephesum.

Vel si pugnavi ad bestias Ephesi, et hoc dico non ex revelatione divina, sed secundum hominem, id est ex instinctu humano, si tot pericula passus sum, etc..

Deinde cum dicit manducemus, etc., ponit tertium inconveniens, quod est: si resurrectio mortuorum non esset, daretur occasio fruendi voluptatibus. Quasi dicat: si non est alia vita, stulti sumus si affligimus nos, sed manducemus et bibamus, id est utamur deliciis et fruamur voluptatibus. Sap. II, 1: non est, qui sit agnitus, etc.: venite, fruamur, etc.. Cras enim, id est, in proximo, moriemur; totaliter enim deficiemus in anima et corpore, si mortui non resurgunt.

Deinde cum dicit nolite seduci, ex prædictis concludit admonitionem, et primo quantum ad infirmos; secundo vero quantum ad perfectos et iustos, ibi vigilate, iusti, etc..

Circa primum duo facit. Primo reddit eos attentos, dicens nolite seduci,

Commentaria in Epistolis S. Pauli

quasi dicat: dictum est, quod si resurrectio mortuorum non sit, stultum esset non uti lasciviis et voluptatibus. Ne ergo ad lascivias inducamini, nolite seduci ab his qui negant resurrectionem. Col. II, 18: videte ne quis vos seducat, etc..

Secundo rationem attentionis assignat, dicens corrumpunt, etc., quasi dicat: ideo nolite seduci, quia colloquia mala, illorum scilicet qui negant resurrectionem, corrumpunt bonos mores, II Tim. II, 17: sermo eorum serpit ut cancer.

Hieronymus dicit quod hoc est sumptum ex dictis gentilium, et est versus cuiusdam Menandri.

Et ex hoc, ut ipse dicit, argumentum habemus, quod licet nobis quandoque in sacra Scriptura uti auctoritatibus gentilium.

Deinde cum dicit vigilate, etc., ponit admonitionem quantum ad perfectos.

Posset enim dicere, quod a colloquiis illorum debent cavere infirmi qui de facili seducuntur; perfecti autem non sic seduci possunt.

Apostolus autem vult, quod etiam perfecti sint cauti.

Unde circa hoc duo facit. Primo reddit eos attentos, dicens vigilate, iusti, id est vos, qui reputamini iusti, vigilate, id est, solliciti sitis. Matth. XXIV, 42: vigilate, quia nescitis, etc.. Apoc. XVI, 15: beatus qui vigilat, etc..

Secundo rationem assignat, dicens nolite, etc., et hanc duplicem, quarum unam propter seipsos. Nullus enim est adeo perfectus, quin debeat sibi cavere a peccatis. Inertia autem et torpor frequenter inducit ad peccatum, unde ne peccent inducit eos ad vigiliam, et ideo dicit et nolite peccare, id est ne peccetis, Tob. IV, 6: in mente habeto Deum, et cave ne aliquando peccato consentias.

Aliam rationem inducit propter alios, quia non solum propter seipsos sint solliciti, sed et propter alios, ne illi seducantur. Et hoc est quod dicit quidam enim habent ignorantiam Dei, id est non rectam fidem. Rom. X, 3: ignorantes Dei iustitiam, etc..

Et hoc loquor vobis ad reverentiam vestram, ut sitis cauti. Vel ad verecundiam vestram, quia verecundum est vobis, qui reputamini sapientes, et instructi in fide, quod sint aliqui inter vos ignorantiam Dei habentes, id est non rectam fidem.

Lectio 5

Superius apostolus probavit resurrectionem mortuorum, hic ostendit qualitatem et modum resurgentium.

Et circa hoc duo facit.

Primo movet quæstionem circa qualitatem resurgentium; secundo solvit, ibi insipiens tu, etc..

Circa resurrectionem fuerunt duo errores. Quidam enim totaliter negabant resurrectionem mortuorum futuram. Cum enim non considerarent nisi principia naturæ et posse, et viderent quod secundum principia

Prima ad Corinthios

naturæ et posse nullus de morte potest redire ad vitam, nec cæcus potest recuperare visum, ideo totaliter negaverunt resurrectionem, ex quorum persona dicitur Sap. II, 5: umbræ transitus est tempus nostrum, etc.. Et ibidem: de nihilo nati sumus, etc.. Iob XIV, 14: putasne mortuus homo rursum vivet, etc..

Alii autem dixerunt resurrectionem mortuorum futuram esse, sed dicebant quod resurgebant ad eumdem modum vivendi, et ad eosdem actus. Et hoc etiam posuerunt quidam Philosophi qui dicunt: post multa annorum curricula Plato adhuc resurget, et habebit eosdem scholares Athenis, quos aliquando habuit. Hoc etiam asserunt Pharisæi, Matth. XXII, 28, de muliere septem virorum, unde dicebant: in resurrectione cuius erit? Saraceni etiam fingunt quod habebunt post resurrectionem uxores, et voluptates, et delicias corporales. Iob XX, 17: non videat rivulos fluminis torrentis mellis et butyri. Contra quos dicitur Matth. XXII, 30, quod erunt sicut Angeli Dei in cælo.

Has ergo duas quæstiones movet hic apostolus.

Primam cum dicit quomodo resurgunt mortui? quomodo est possibile quod mortui qui sunt cinis possint resurgere? secundam, cum dicit quali autem corpore venient? quasi dicat: numquid cum tali corpore resurgent cum quali sumus modo? has duas quæstiones solvit cum dicit insipiens, etc.. Primo solvit secundam, secundo vero solvit primam, ibi ecce mysterium vobis dico, etc..

Ad intellectum autem eorum quæ apostolus ponit in prima parte, oportet investigare quid apostolus intendat. Intendit autem in ista parte apostolus ostendere quod mortui resurgunt, et quod erit eadem substantia. Ubi primo ponit similitudines; secundo adaptat, ibi sic etiam resurrectio mortuorum, etc.; tertio probat, ibi si est corpus animale, etc..

Circa primum duo facit.

Primo proponit similitudines in una specie, secundo in diversis speciebus, ibi non omnis caro, eadem caro, etc..

Circa primum sciendum est quod videmus in una et eadem specie quod una res in via generationis habet diversas qualitates et formas; sicut granum aliam formam et qualitatem habet quando seminatur, aliam quando pullulat, aliam quando iam est in herba. Et ideo ex hac similitudine apostolus intendit ostendere qualitatem resurgentium.

Unde circa hoc tria facit.

Primo comparat ordinem seminationis ad pullulationem; secundo differentiam qualitatis in semine et in pullulatione, ibi tu quod seminas, etc.; tertio causam qualitatis in pullulatione, ibi Deus autem, etc..

Dicit ergo insipiens, etc.. Sed contra Matth. V, 22: qui dixerit fratri suo: racha, etc..

Dicendum quod Dominus prohibet dici fratri racha seu fatue, ex ira non ex correctione.

Causa autem quare dicit insipiens, est

541

Commentaria in Epistolis S. Pauli

quia hæc obiectio contra resurrectionem procedit ex principiis humanæ sapientiæ, quæ tamdiu est sapientia, quamdiu est subiecta sapientiæ divinæ; sed quando recedit a Deo, tunc vertitur in insipientiam; unde cum contradicat sapientiæ divinæ, vocat eam insipientem.

Quasi dicat: insipiens, nonne quotidie experiris, tu, quia quod seminas, in terra, non vivificatur, id est vegetatur, nisi prius moriatur, id est putrescat? Io. XII, 24: nisi granum frumenti, etc..

Ex hoc videtur apostolus facere comparationem, quod quando corpus hominis ponitur in sepulchro in terra, tunc est quædam seminatio; quando vero resurgit, tunc est quædam vivificatio.

Unde ex hoc opinantur aliqui, resurrectionem mortuorum esse naturalem, propter hoc quod apostolus hic resurrectionem comparat pullulationi seminis quæ est naturalis. Opinantur enim in pulveribus resolutis, in quos resolvuntur humana corpora, esse quasdam virtutes seminales activas ad corporum resurrectionem.

Sed istud non videtur esse verum. Fit enim resolutio corporis humani in elementa, sicut et aliorum mixtorum corporum, unde pulveres in quos humana corpora resolvuntur, nullam aliam habent virtutem activam quam alii pulveres, in quibus constat non esse aliam virtutem activam ad corporis humani constitutionem, sed solum in semine hominis; differunt autem pulveres in quos humana corpora resolvuntur, ab aliis pulveribus solum secundum ordinationem divinam, prout huiusmodi pulveres sunt ex divina sapientia ordinati, ut iterum ex eis humana corpora reintegrentur.

Unde resurrectionis activa causa solus Deus erit, etsi ad hoc utatur ministerio Angelorum, quantum ad pulverum collectionem.

Propter quod apostolus infra modum resurrectionis exponens, attribuit sono tubæ, et supra attribuit Christo resurgenti, non autem alicui virtuti activæ in pulveribus.

Non ergo intendit hic probare apostolus quod resurrectio sit naturalis, per hoc quod semen naturaliter pullulat, sed intendit hic manifestare per exempla quædam, quod non sit eadem qualitas corporum resurgentium et corporum morientium, et primo per hoc quod non est eadem qualitas seminis et pullulationis, ut ex sequentibus manifeste ostendetur.

Nam consequenter cum dicit et quod seminas, etc., ostendit qualitatem seminis differentem esse a qualitate pullulationis, cum dicit et quod seminas, non corpus, quod futurum est, seminas, id est non quale futurum est seminas. Quod exponens subdit sed nudum granum, puta tritici vel alicuius cæterorum, scilicet seminum, quia seminatur nudum semen, pullulat autem ornatum herba, et aristis, et huiusmodi. Et similiter corpus humanum aliam qualitatem habebit in resurrectione quam nunc habet, ut infra exponetur.

Est tamen differentia inter resurrectionem humani corporis, et pullulationem seminis; nam surget idem corpus numero, sed habebit aliam qualitatem, sicut infra dicit apostolus, quod oportet corruptibile hoc induere incorruptionem; et Iob XIX, 27 dicitur quem visurus sum ego ipse, et non alius. Sed in pullulatione nec est eadem qualitas, nec idem corpus numero, sed solum idem specie.

Et ideo signanter apostolus de pullulatione loquens, dixit non corpus, quod futurum est, seminas, dans intelligere quod non sit idem numero.

Et in hoc opus naturæ deficit ab opere Dei. Nam virtus naturæ reparat idem specie, sed non idem numero: virtus autem Dei reparare potest etiam idem numero.

Et sic etiam ex hoc quod hic dicitur potest sumi probatio ad hoc quod resurrectionem futuram fieri non est impossibile, sicut insipiens obiiciebat. Quia si natura ex eo quod mortuum est, potest reparare idem specie, multo magis Deus potest reparare idem numero; quia et hoc ipsum quod natura facit, opus Dei est. Habet enim hoc natura a Deo, quod hoc facere possit.

Et ideo consequenter describens qualitatem pullulationis, attribuit eam primum quidem Deo, secundo proportioni naturæ.

Dicit autem primo Deus autem dat illi corpus sicut vult, quia scilicet ex ordinatione divinæ voluntatis procedit, quod ex tali semine talis planta producatur, quæ quidem planta est quasi corpus seminis. Ultimus enim fructus plantæ est semen. Et hoc ideo attribuit operationi divinæ, quia omnis operatio naturæ est operatio Dei, secundum illud supra XII, 6: idem autem Deus qui operatur omnia in omnibus. Et hoc sic potest considerari.

Manifestum est enim quod res naturales absque cognitione operantur ad finem determinatum, alioquin non semper, vel in maiori parte, eumdem finem consequerentur. Manifestum est etiam, quod nulla res cognitione carens in certum finem tendit, nisi directa ab aliquo cognoscente, sicut sagitta tendit ad certum signum ex directione sagittantis. Sicut ergo si aliquis videret sagittam directe tendere ad certum signum, quamvis sagittantem non videretur, cognosceret statim quod dirigeretur a sagittante. Ita cum videamus res naturales absque cognitione tendere ad certos fines, possumus pro certo cognoscere quod operantur ex voluntate alicuius dirigentis, quem dicimus Deum. Et sic dicit apostolus quod Deus dat, semini, corpus, id est, ex semine producit plantam, sicut vult.

Sed rursus, ne aliquis crederet huiusmodi naturales effectus ex sola Dei voluntate provenire, absque operatione et proportione naturæ, subiungit et unicuique seminum proprium corpus, puta ex semine olivæ generatur oliva, et ex semine tritici generatur triticum. Unde et Gen. I, 11: germinet terra herbam virentem et facientem semen iuxta genus suum.

Commentaria in Epistolis S. Pauli

Sic ergo et in resurrectione erit alia qualitas corporis resurgentis, quæ tamen proportionabitur meritis morientis.

Lectio 6

Hic apostolus ponit exemplum de diversitate qualitatis corporis resurgentis in diversis speciebus. Et primo comparando cælestia ad terrestria; secundo terrestria ad cælestia, ibi sunt corpora cælestia, etc.; tertio corpora cælestia ad invicem, ibi alia claritas, etc..

Quia posset aliquis dicere: quomodo est possibile quod mortui resumant corpus et carnem, si non sint habituri eamdem corporis qualitatem? ideo ad hoc excludendum introducit diversas qualitates corporis et carnis, ut sic manifestum sit quod non oportet, si non erit eadem qualitas, quod non resumatur idem corpus, vel eadem caro.

Dicit ergo primo quod non omnis caro est eadem caro, secundum formam, sed alia est caro hominum, alia piscium, alia pecorum, alia volucrum, etc.. Et similiter est alia morientis, et alia resurgentis.

Sicut autem exemplum superius inductum de semine et pullulatione deficiebat in hoc quod in seminatione et pullulatione non est idem numero, nec eædem qualitates, ita hæc exempla deficiunt, quia in his exemplis nec est eadem species, nec eadem qualitas.

Sed caro hominis resurgentis est eadem secundum speciem cum carne morientis, sed tamen erit alia secundum qualitatem. Erit enim eiusdem naturæ, sed alterius gloriæ, ut Gregorius de corpore Christi dicit.

Si quis autem hæc quæ dicta sunt, ad diversum statum resurgentium referre vellet, posset dici quod per homines intelliguntur boni secundum rationem viventes, secundum illud Ez. XXXIV, 31: vos autem greges mei, greges pascuæ meæ, homines estis. Per pecora vero intelliguntur luxuriosi, secundum illud II Petr. II, 12: hi vero velut irrationabilia pecora, etc.. Per volucres, superbi, per pisces, cupidi, secundum illud Ps. VIII, 9: volucres cæli et pisces maris, etc..

Ad idem autem introducit diversitatem cælestium et terrestrium corporum, cum subdit: sunt corpora cælestia, ut sol et luna et huiusmodi, et sunt corpora terrestria, ut ignis, aqua, etc.; sed alia quidem est gloria, id est pulchritudo et decor, cælestium corporum, alia autem terrestrium, Eccli. XLIII, 10: species cæli gloria stellarum.

Et possunt per cælestia corpora intelligi contemplativi. Phil. III, 20: nostra conversatio in cælis est. Per terrestria activi, qui circa terrena occupantur; unde Marthæ dictum est, Lc. X, 41: turbaris erga plurima.

Et ad idem ulterius introducit diversam qualitatem cælestium corporum, cum dicit alia claritas solis, etc.. Similiter inter stellas est differentia, stella enim differt, etc..

Et potest intelligi per solem Christus, Mal. Cap. Ult.: orietur vobis timentibus nomen meum sol iustitiæ, etc.. Per lunam beata virgo, de qua Cant. VI, 9: pulchra ut luna. Per stellas ad invicem ordinatas, cæteri sancti. Iudic. V, 20: stellæ manentes in ordine suo, etc..

Consequenter cum dicit sic erit resurrectio mortuorum, adaptat prædicta exempla ad resurrectionem mortuorum.

Nec intelligendum est, quantum ad litteralem expositionem, quod apostolus hoc dicat ad designandum in resurgentibus generis diversitatem, propter id quod præmiserat stella differt, etc.. Sed hoc refert ad omnia præcedentia, ut ostendatur ex omnibus præmissis, quod sicut in rebus inveniuntur diversæ qualitates corporum, ita erit diversa qualitas resurgentium a qualitate morientium. Unde sequitur seminatur corpus, etc.. Ubi apostolus maxime ostendit aliam esse qualitatem corporis morientis, et corporis resurgentis.

Et agit hic de corpore resurgente glorioso, cuius propriæ qualitates dotes corporis gloriosi dicuntur. Quæ quidem sunt quatuor, quas hic apostolus tangit.

Primo enim tangit dotem impassibilitatis, cum dicit seminatur in corruptione, etc.. Et quamvis seminatio accipi posset pro prima corporis origine, secundum quod generatur ex semine, tamen convenientius est, secundum intellectum apostoli, ut seminatio referatur ad mortem et sepulturam, ut respondeat ei quod supra dictum est: quod seminas non vivificatur, nisi prius moriatur.

Dicitur autem mors et resolutio, seminatio, non quod in corpore mortuo, vel in cineribus ex eo resolutis sit aliqua virtus ad resurrectionem, sicut est virtus activa in semine ad generationem; sed quia a Deo talis ordinatio est deputata, ut ex eo iterato reformetur corpus humanum. Sic igitur corpus humanum, quando seminatur, id est, quando moritur, est in corruptione, id est secundum suam proprietatem est corruptioni subiectum, secundum illud Rom. VIII, 10: corpus quidem mortuum est propter peccatum.

Sed resurget in incorruptione. Dicitur autem hic incorruptio, non solum ad excludendum separationem animæ a corpore, quia hanc incorruptionem et corpora damnatorum habebunt, sed ad excludendum tam mortem quam quamlibet noxiam passionem, sive ab interiori, sive ab exteriori. Et quantum ad hoc intelligitur impassibilitas corporis gloriosi, secundum illud Apoc. VII, 16: non esurient, neque sitient amplius, etc..

Secundo tangit dotem claritatis, cum dicit seminatur in ignobilitate, id est corpus quod ante mortem, et in morte est deformitatibus et miseriis multis subiectum, secundum illud Iob XIV, 1: homo natus de muliere, etc.. Sed resurget in gloria, quæ claritatem significat, ut Augustinus dicit super Ioannem. Erunt enim corpora sanctorum clara et fulgentia, secundum illud Matth. XIII, 43: fulgebunt iusti, sicut sol, etc..

Tertio tangit dotem agilitatis, cum dicit seminatur in infirmitate, id est,

Commentaria in Epistolis S. Pauli

corpus animale, quod ante mortem est infirmum et tardum, et ab anima non facile mobile, secundum illud Sap. IX, 15: corpus quod corrumpitur aggravat animam. Sed surget in virtute, quia scilicet fiet ut ex tanta virtute ab anima moveri possit, ut in nullo difficultatem ad motum exhibeat, quod ad dotem agilitatis pertinet. Tanta enim erit ibi facilitas, quanta felicitas, ut Augustinus dicit.

Unde dicitur Sap. III, 7 de iustis: fulgebunt iusti, et tamquam scintillæ in arundineto discurrent.

Et Is. XL, 31: qui sperant in Domino habebunt fortitudinem, assument pennas, etc..

Quarto tangit dotem subtilitatis, cum dicit seminatur corpus animale, etc..

Quam quidam ad hoc referre volunt quod corpori glorioso secundum hanc dotem competat ut possit simul esse cum corpore non glorioso in eodem loco.

Quod quidem sustineri posset, si corpori secundum statum præsentem competeret, quod non posset simul cum alio corpore esse in eodem loco secundum aliquid quod a corpore removeri posset.

Nunc autem si diligenter consideretur, quod secundum hoc nihil aliud corpori competit nisi secundum quod habet dimensiones corporales.

Unde videmus corpora quantumcumque subtilia, non compati secum alia corpora, ut patet in ære et in igne; et, ulterius, si essent corpora separata omnino absque materia, sicut quidam posuerunt, non possent simul cum corporibus naturalibus esse in eisdem locis, ut Philosophus dicit. Remanentibus igitur dimensionibus in quocumque corpore, est contra suam naturam quod sit cum alio corpore in eodem loco. Unde si hoc aliquando contingit, erit ex miraculo. Propter quod Gregorius et Augustinus miraculo adscribunt quod corpus Christi ad discipulos ianuis clausis intravit. Nulla enim virtus terminata potest facere miraculum, hoc enim solius Dei est. Relinquitur ergo quod esse simul cum alio corpore in eodem loco, non possit esse ex dote seu ex qualitate corporis gloriosi.

Non tamen negandum est quin corpus gloriosum possit esse simul cum alio corpore in eodem loco, quia corpus Christi post resurrectionem intravit ad discipulos ianuis clausis, cui corpus nostrum in resurrectione conformandum speramus; sed sicut corpus Christi hoc habuit non ex proprietate corporis, sed ex virtute divinitatis unitæ, ita corpus cuiuslibet alterius sancti hoc habebit non ex dote, sed ex virtute divinitatis existentis in eo. Per quem modum corpus Petri habuit quod ad umbram eius sanarentur infirmi, non per aliquam proprietatem ipsius.

Est ergo dicendum quod ad dotem subtilitatis pertinet quod hic apostolus tangit dicens seminatur corpus animale, surget spirituale. Quod quidam male intelligentes, dixerunt quod corpus in resurrectione vertetur in spiritum, et erit simile æri aut vento, qui spiritus dicitur. Quod maxime excluditur per illud quod ad apostolos dicitur Lc. Cap. Ult.: palpate et videte, quia spiritus, etc.. Unde et hic apostolus non dicit quod resurgat spiritus, sed spirituale corpus.

Ergo in resurrectione spirituale erit, non spiritus, sicut nunc est animale, non anima.

Ad horum autem differentiam cognoscendam considerandum est, quod unum et idem in nobis est quod dicitur et anima et spiritus; sed anima dicitur secundum quod perficit corpus, spiritus autem proprie secundum mentem, secundum quam spiritualibus substantiis assimilamur, secundum illud Eph. IV, 23: renovamini spiritu mentis vestræ.

Item considerandum est, quod triplex est differentia potentiarum in anima; quædam enim potentiæ sunt quarum operationes ad bonum corporis ordinantur, sicut generativa, nutritiva, et augmentativa. Quædam vero sunt, quæ quidem corporeis organis utuntur, ut omnes potentiæ sensitivæ partis; sed earum actus ad corpus non ordinantur directe, sed magis ad perfectionem animæ. Quædam vero sunt potentiæ quæ neque utuntur corporeis organis, neque directe ad bonum corporis ordinantur, sed magis ad bonum animæ, sicut quæ pertinent ad intellectivam partem.

Primæ ergo potentiæ pertinent ad animam, inquantum animat corpus; secundæ vero maxime pertinent ad animam, inquantum est spiritus; tertiæ vero medio modo se habent inter utrasque: quia tamen iudicium de potentia aliqua magis debet sumi ex obiecto et fine, quam ex instrumento, ideo secundæ potentiæ magis se tenent cum tertiis, quam cum primis.

Item considerandum est quod cum unaquæque res sit propter suam operationem, corpus ad hoc perficitur ab anima, ut sit subiectum operationibus animæ. Nunc autem in statu isto corpus nostrum est subiectum operationibus, quæ pertinent ad animam, inquantum est anima, prout generatur et generat, nutritur, crescit et decrescit.

Quantum autem ad spirituales animæ operationes, corpus, licet aliquo modo subserviat, tamen multum impedimentum affert, quia corpus quod corrumpitur aggravat animam, ut dicitur Sap. IX, 5. Sed in statu resurrectionis cessabunt operationes animales a corpore, quia non erit generatio, nec augmentum aut nutrimentum, sed corpus absque aliquo impedimento et fatigatione incessanter serviet animæ ad spirituales operationes eius, secundum illud Ps. LXXXIII, 5: beati qui habitant in domo tua, Domine, etc.. Sicut ergo nunc est corpus nostrum animale, tunc vero erit spirituale.

Causam autem harum proprietatum quidam attribuunt luci, quam dicunt esse de natura quintæ essentiæ, et venire in compositionem humani corporis, quod quia frivolum est et fabulosum, sequentes Augustinum, dicimus quod procedunt ex virtute animæ glorificatæ. Dicit enim Augustinus in epistola ad Dioscorum: tam potenti natura Deus fecit animam,

Commentaria in Epistolis S. Pauli

ut eius plenissima beatitudo, quæ in fine temporum promittitur sanctis, redundet etiam in inferiorem naturam, quæ est corpus; non beatitudo, quæ fruentis est propria, sed plenitudo sanitatis, id est, incorruptionis vigor.

Videmus autem ex anima quatuor corpori provenire, et tanto perfectius, quanto anima fuerit virtuosior. Primo quidem dat esse; unde quando erit in summo perfectionis, dabit esse spirituale. Secundo conservat a corruptione; unde videmus homines quanto sunt fortioris naturæ, minus a calore et frigore pati. Cum ergo anima fuerit perfectissima, conservabit corpus omnino impassibile. Tertio dat pulchritudinem et claritatem; infirmi enim et mortui propter debilitatem operationis animæ in corpus, efficiuntur discolorati, et quando erit in summa perfectione, faciet corpus clarum et fulgidum. Quarto dat motum, et tanto facilius, quanto virtus animæ fuerit fortior supra corpus. Et ideo quando erit in ultimo suæ perfectionis, dabit corpori agilitatem.

Lectio 7

Hic apostolus differentiam qualitatis corporum morientium ad corpora resurgentium supra exemplis ostensam, ostendit ratione.

Circa autem hoc duo facit.

Primo enim præmittit quod probare intendit; secundo præmissum probat, ibi sicut scriptum est, etc..

Dicit ergo primo: dixi quod id quod seminatur animale, surget spirituale, et, quod hoc sit verum, scilicet quod sit aliquod corpus spirituale, ostendo, quia si est corpus animale, est et spirituale. Et non intendit apostolus ex hoc arguere ad propositum sed hoc supponit, intendens probare ipsum quod dicit si est corpus, etc.. Eccli. XXXIII, 15: intuere in omnia opera altissimi, duo contra duo, et unum contra unum.

Sicut scriptum est, etc.. Hic probat propositum. Est autem sua probatio talis: duo sunt principia humani generis; unum secundum vitam naturæ, scilicet Adam, aliud secundum vitam gratiæ, scilicet Christus; sed animalitas est derivativa in omnes homines a primo principio, scilicet Adam; ergo constat quod multo amplius a secundo principio, scilicet Christo, spiritualitas derivabitur in omnes homines.

Huius rationis, primo, probat primam diversitatem principiorum, secundo mediam, scilicet determinationem similitudinis ex utroque principiorum, ibi qualis terrenus, etc..

Circa primum tria facit.

Primo ostendit principiorum differentiam; secundo principiorum ordinem ad invicem, ibi sed non prius quod spirituale, etc.; tertio rationis ordinem assignat, ibi primus, etc..

Ponit ergo, primo, conditionem primi principii secundum vitam naturæ, sumens auctoritatem Gen. II, 7. Unde dicit sicut scriptum est: factus est, a Deo, primus homo Adam in animam viventem, vita scilicet animali, qualem anima potest dare, cum scilicet spiravit

Prima ad Corinthios

Dominus in faciem eius spiraculum vitæ, Gen. II, 7. Forma enim humana et anima dicitur et spiritus. Inquantum enim intendit curæ corporis, scilicet vegetando, nutriendo et generando, sic dicitur anima; inquantum autem intendit cognitioni, scilicet intelligendo, volendo et huiusmodi, sic dicitur spiritus. Unde cum dicit factus est primus homo Adam in animam viventem, intendit hic apostolus de vita qua anima deservit circa corpus, non de spiritu sancto, sicut quidam fingunt, propter hoc quod præcedit et inspiravit in faciem eius spiraculum vitæ, dicentes hoc esse spiritum sanctum.

Secundo ponit conditionem secundi principii, dicens novissimus vero Adam, id est Christus. Et dicitur novissimus, quia Adam induxit unum statum, scilicet culpæ, Christus vero gloriæ et vitæ. Unde cum post statum istum nullus alius sequatur in vita ista, ideo dicitur novissimus. Is. LIII, 2 s.: desideravimus eum despectum et novissimum virorum.

Et alibi scilicet Apoc. I, 17: ego primus et novissimus. Et alibi: ego sum alpha et omega, etc..

Dicit autem Adam, quia de natura Adæ factus in spiritum viventem.

Et ex hoc, conditionibus principiorum visis, apparet eorum diversitas, quia primus homo factus est in animam, novissimus in spiritum. Ille autem in animam viventem solum, iste vero in spiritum viventem et vivificantem.

Cuius ratio est: quia, sicut Adam consecutus est perfectionem sui esse per animam, ita et Christus perfectionem sui esse, inquantum homo, per spiritum sanctum. Et ideo cum anima non possit nisi proprium corpus vivificare, ideo Adam factus est in animam, non vivificantem, sed viventem tantum; sed Christus factus est in spiritum viventem et vivificantem, et ideo Christus habuit potestatem vivificandi. Io. I, 16: de plenitudine eius, etc., et Io. X, 10: veni ut vitam habeant et abundantius habeant. Et in symbolo: et in spiritum sanctum vivificantem.

Sed ne aliquis diceret: si Christus factus est in spiritum vivificantem, quare dicitur novissimus? ideo, consequenter, cum dicit sed non prius, etc., ostendit ordinem principiorum.

Videmus enim in natura quod in uno et eodem, prius est imperfectum quam perfectum.

Unde cum spiritualitas se habeat ad animalitatem, sicut perfectum ad imperfectum, ideo in humana natura non prius debet esse spirituale, quod est perfectum, sed, ut servetur ordo, prius debet esse imperfectum, scilicet quod animale est, deinde perfectum, scilicet quod spirituale est. Supra XIII, 10: cum venerit quod perfectum est, etc..

Sicut dicit Augustinus, huius signum est, quod primogeniti antiquitus consueverunt esse animales, sicut Cain ante Abel natus, Ismæl ante Isaac, et Esau ante Iacob.

Rationem autem dictæ diversitatis assignat dicens primus homo, etc., quasi dicat: vere primus homo factus

Commentaria in Epistolis S. Pauli

est in animam viventem, quia de terra, Gen. II, 7: formavit Dominus hominem de limo terræ, et ideo dicitur esse terrenus, id est animalis; secundus homo, scilicet Christus, factus est in spiritum vivificantem, quia de cælo; quia divina natura quæ fuit huic naturæ unita, de cælo est. Et ideo debet esse cælestis, id est, talem perfectionem debet habere, qualem decet de cælo venire, scilicet perfectionem spiritualem. Io. III, 31: qui de cælo venit, super omnes est.

Dicit autem primum hominem de terra, secundum modum loquendi, quo res de illo esse dicuntur quia prima pars est in eorum fieri, sicut cultellus dicitur de ferro quia prima pars, unde est cultellus, est ferrum. Et quia prima pars unde Adam factus est, terra est, ideo, dicitur de terra. Secundus homo dicitur de cælo, non quod attulerit corpus de cælo, cum de terra assumpserit, scilicet de corpore beatæ virginis, sed quia divinitas (quæ naturæ humanæ unita est) de cælo venit, quæ fuit prior quam corpus Christi.

Sic ergo patet principiorum diversitas, quod erat maior propositio rationis principalis.

Consequenter cum dicit qualis terrenus, etc., ostendit derivationem similitudinis horum principiorum ex utroque, et primo in communi, secundo dividit eam per partes, ibi igitur sicut portavimus, etc..

Dicit ergo qualis terrenus, etc., quasi dicat: primus homo, quia terrenus fuit et mortalis, ideo derivatum est ut omnes essent et terreni et mortales. Supra eodem 22: et sicut in Adam omnes moriuntur.

Zach. XIII, 5: Adam exemplum meum, etc..

Quia vero fuit secundus homo cælestis, id est spiritualis et immortalis, ideo omnes et immortales et spirituales erimus. Rom. VI, 5: sed complantati facti sumus similitudini, etc..

Igitur sicut portavimus, etc.. Hic concludit qualiter in speciali debeamus conformari homini, scilicet cælesti.

Possumus autem dupliciter conformari cælesti in vita scilicet gratiæ et gloriæ, et una est via ad aliam: quia sine vita gratiæ non pervenitur ad vitam gloriæ. Et ideo dicit sicut portavimus, etc., id est quamdiu peccatores fuimus, in nobis fuit similitudo Adæ.

II Reg. VII, 19: ista est lex Adam, Domine Deus, etc.. Ut ergo possimus esse cælestes, id est pervenire ad vitam gloriæ, portemus imaginem cælestis, per vitam gratiæ. Col. III, 9 s.: exuentes veterem hominem, induite novum hominem, scilicet Christum.

Rom. VIII, 29: quos præscivit et prædestinavit conformes, etc.. Sic ergo debemus conformari cælesti in vita gratiæ, quia alias non perveniemus ad vitam gloriæ.

Et hoc est quod dicit hoc autem dico, fratres, quasi dicat: nisi vivatis, scilicet vita gratiæ, non poteritis pervenire ad regnum Dei, scilicet ad vitam gloriæ, quia caro et sanguis regnum Dei non possidebunt.

Quod quidem non est intelligendum, sicut quidam hæretici dicunt, quod non resurget caro et sanguis secundum substantiam, sed quod totum corpus vel vertetur in spiritum, vel in ærem: quod est hæreticum et falsum; nam apostolus dicit quod conformabit corpus nostrum corpori claritatis suæ. Unde cum Christus post resurrectionem habuerit carnem et sanguinem, sicut dicitur Lc. Cap. Ult.: palpate et videte, quia spiritus carnem et ossa non habet, etc., constat quod et nos in resurrectione carnem et sanguinem habebimus.

Non est intelligendum caro et sanguis, id est substantia carnis et sanguinis, regnum Dei non possidebunt, sed caro et sanguis, id est, carni et sanguini operam dantes, scilicet homines dediti vitiis et voluptatibus, regnum Dei non possidebunt. Et sic accipitur caro, id est, homo carnaliter vivens, Rom. VIII, 9: vos autem non in carne, etc..

Vel: caro et sanguis, id est, opera carnis et sanguinis regnum Dei non possidebunt, quod est contra Iudæos et Saracenos, qui fingunt se habituros post resurrectionem uxores, fluvios mellis et lactis.

Vel: caro et sanguis, id est corruptio carnis et sanguinis, regnum Dei non possidebunt, id est post resurrectionem, corpus non subiicietur corruptioni carnis et sanguinis, secundum quam vivit homo.

Unde, et secundum hoc, subdit neque corruptio incorruptionem possidebit, id est neque corruptio mortalitatis, quæ nomine carnis hic exprimitur, possidebit incorruptionem, id est, incorruptibile regnum Dei, quia resurgemus in gloria. Rom. VIII, 21: ipsa creatura liberabitur a servitute corruptionis, etc..

Lectio 8

Hic apostolus postquam respondit quæstioni de qualitate resurgentium, respondet consequenter quæstioni qua quærebatur de modo et ordine resurgendi.

Et circa hoc duo facit.

Primo ostendit modum et ordinem resurrectionis; secundo confirmat per auctoritatem, ibi cum autem mortale hoc, etc..

Circa primum duo facit.

Primo enim proponit intentum; secundo ostendit quo ordine fiat, ibi in momento, in ictu oculi, etc..

Primo igitur reddit eos attentos, ostendens id quod proponit esse arduum et occultum, dicens ecce mysterium, id est occultum quoddam, dico vobis, id est aperio vobis, fratres, quod debet vobis aperiri et omnibus credentibus. Lc. VIII, 10: vobis datum est nosse, etc.. Supra, II, 6: sapientiam loquimur inter perfectos, et, post: sed loquimur Dei sapientiam quæ abscondita est, etc..

Quid autem sit istud mysterium, subdit omnes quidem, etc..

Circa primum sciendum est, quod sicut Hieronymus dicit, in quadam epistola ad Minervium et Alexandrum

Commentaria in Epistolis S. Pauli

monachos, hoc quod hic dicitur omnes quidem resurgemus, etc., in nullo libro Græcorum habetur; sed in quibusdam habetur omnes quidem dormiemus, id est omnes moriemur. Et dicitur mors somnus, propter spem resurrectionis. Unde idem est ac si diceret omnes quidem resurgemus, quia nullus resurget nisi moriatur.

Sed non omnes immutabimur. Hoc non mutatur in libris Græcis. Et hoc est verum, quia ista mutatio, de qua hic loquitur, non erit nisi secundum corpora beatorum, quia immutabuntur ad illa quatuor quæ supra posita sunt, quæ dicuntur dotes corporum gloriosorum.

Et hanc desiderabat Iob. XIV, 14: cunctis diebus quibus nunc milito, expecto, donec veniat immutatio mea.

In quibusdam vero libris invenitur: non omnes quidem dormiemus, id est, moriemur, sed omnes immutabimur. Et hoc intelligitur dupliciter.

Primo ad litteram, quia quorumdam opinio fuit quod non omnes homines morientur, sed quod aliqui in adventu Christi ad iudicium venient vivi, et isti non morientur sed isti mutabuntur in statum incorruptionis, et, propter hoc dicunt non omnes quidem dormiemus, id est moriemur, sed omnes immutabimur, tam boni quam mali et tam vivi quam mortui. Unde secundum hos immutatio non intelligitur de statu animalitatis ad statum spiritualitatis, quia, secundum hanc, soli boni immutabuntur, sed de statu corruptionis ad statum incorruptionis.

Alio modo exponitur mystice ab Origene, et dicit quod hoc non dicitur de somno mortis, quia omnes morientur, Ps. LXXXVII, 49: quis est homo qui vivet, etc., sed de somno peccati, de quo in Ps. XII, 4: illumina oculos meos ne unquam obdormiam, ut sic dicatur: non omnes moriemur, id est non omnes peccabimus mortaliter, sed omnes immutabimur, sicut supra de statu corruptionis ad incorruptionem.

Et licet hæc littera, scilicet non omnes moriemur, etc., non sit contra fidem, tamen ecclesia magis acceptat primam, scilicet quod omnes moriemur sive resurgemus, etc.; quia omnes morientur etiam si sint tunc aliqui vivi.

Ordinem autem et modum resurrectionis manifestat consequenter cum dicit in momento, in ictu oculi, etc.. Et hoc quantum ad tria.

Primo enim manifestat ordinem quantum ad tempus; secundo quantum ad causam resurrectionis, ibi in novissima tuba; tertio quantum ad progressum effectus a causa, ibi canet enim tuba, etc..

Dicit ergo quod omnes resurgemus, sed quomodo? in momento.

Per quod excludit errorem dicentium resurrectionem non esse futuram omnium simul, sed dicunt quod martyres resurgent ante alios per mille annos, et tunc Christus descendet cum illis, et possidebit regnum corporale Ierusalem mille annis cum eis. Et hæc fuit opinio Lactantii. Sed hoc patet esse falsum, quia omnes in momento

Prima ad Corinthios

resurgemus et in ictu oculi.

Excluditur etiam per hoc alius error eiusdem qui dicebat quod iudicium duraturum erat per spatium mille annorum. Sed hoc est falsum, quia non erit ibi aliquod perceptibile tempus, sed in momento, etc..

Sciendum est autem quod momentum potest accipi vel pro ipso instanti temporis, quod dicitur nunc, vel pro aliquo tempore imperceptibili; tamen utroque modo potest accipi hoc, referendo illud ad diversa.

Quia si nos referamus hoc ad collectionem pulverum (quæ fiet ministerio Angelorum), tunc momentum accipitur pro tempore imperceptibili.

Cum enim in collectione illorum pulverum sit mutatio de loco ad locum, oportet quod sit ibi tempus aliquod. Si autem referamus ad reunitionem corporum et pro unione animæ, quæ omnia fient a Deo, tunc momentum accipitur pro instanti temporis, quia Deus in instanti unit animam corpori et vivificat corpus.

Potest etiam hoc quod dicit in ictu oculi, ad utrumque referri, quasi si in ictu oculi intelligitur tantum apertio palpebrarum (quæ fit in tempore perceptibili), tunc refertur ad collectionem pulverum. Si vero in ictu oculi intelligitur ipse subitus contuitus oculi, et qui fit in instanti, tunc refertur ad unionem animæ ad corpus.

Consequenter cum dicit in novissima tuba, ostendit ordinem resurrectionis, quantum ad causam immediatam.

Et ista tuba est vox illa Christi, de qua Matth. XXVI, 6 dicitur: media nocte clamor factus est; Io. V, 25: audient vocem filii Dei, et qui audierint, etc..

Vel ipsa præsentia Christi manifesta mundo, secundum quod dicit Gregorius: tuba nihil aliud esse designat, quam præsentiam Christi mundo manifestatam, quæ dicitur tuba propter manifestationem, quia omnibus erit manifesta. Et hoc modo accipitur tuba Matth. VI, 2: cum facis eleemosynam, noli tuba canere ante te.

Item dicitur tuba propter officium tubæ, quod erat ad quatuor, ut dicitur Num. X, 1-10, scilicet ad vocandum consilium, et hoc erit in resurrectione, quia tunc convocabit ad consilium, id est ad iudicium. Is. III, 14: Dominus ad iudicium veniet, etc..

Ad solemnizandum festum. Ps. LXXX, 4: buccinate in Neomenia tuba. Sic et in resurrectione.

Is. XXXIII, 20: respice sion civitatem solemnitatis nostræ. Ad pugnam, et hoc in resurrectione. Sap. V, 21: pugnabit pro illo, etc.. Is. XXX, 32: in cytharis et tympanis, etc.. Ad movendum castra, sic et in resurrectione: quidam eundo ad Paradisum, quidam eundo ad infernum. Matth. XXV, 46: ibunt qui bona fecerunt in vitam æternam, qui vero mala in ignem æternum.

Consequenter cum dicit canet enim tuba, etc., ponit progressum effectus a causa prædicta.

Et circa hoc duo facit.

Primo enim ponit progressum effectus;

Commentaria in Epistolis S. Pauli

secundo necessitatem huius assignat, ibi oportet enim mortale, etc..

Progressus effectus est quia statim ad sonitum tubæ sequetur effectus, quia mortui, etc., Ps. LXVII, 34: dabit voci suæ vocem virtutis, etc..

Ponit autem duplicem effectum. Unus est communis, quia mortui resurgent incorrupti, id est integri, sine aliqua diminutione membrorum.

Quod quidem est commune omnibus, quia in resurrectione est commune omne quod pertinet ad reparationem naturæ, quia omnes habent communionem cum Christo in natura. Et licet Augustinus relinquat sub dubio, utrum deformitates remaneant in damnatis, ego tamen credo quod quidquid pertinet ad reparationem naturæ, totum confertur eis: sed quod pertinet ad gratiam, solum electis confertur. Et ideo omnes resurgent incorrupti, id est, integri, etiam damnati.

Hieronymus autem exponit incorrupti, id est in statu incorruptionis, ut scilicet ulterius post resurrectionem non corrumpantur, quia isti ad beatitudinem æternam ibunt, mali vero ad poenam æternam. Dan. XII, 2: multi de terræ pulvere evigilabunt.

Alius effectus est proprius, id est apostolorum tantum, quia nos immutabimur, scilicet apostoli, et non solum erimus incorrupti, sed etiam immutabimur, scilicet de statu miseriæ ad statum gloriæ, quia seminatur animale surget autem spirituale.

Et secundum hunc modum exponendi apparet, quod melior est littera illa quæ dicit omnes quidem resurgemus, sed non omnes immutabimur, quam illa quæ habet omnes immutabimur, quia licet omnes resurgant, tamen soli sancti et electi immutabuntur.

Posset tamen etiam secundum illos qui habent non omnes quidem morimur, sed omnes immutabimur, legi sic: mortui resurgent incorrupti, id est ad statum incorruptionis, et nos qui vivimus, licet non resurgamus, quia non morimur, tamen immutabimur de statu corruptionis ad incorruptionem. Et videtur consonare iis quæ dicit I Thess. IV, 16: nos qui vivimus, qui relinquimur, simul rapiemur cum illis, etc.; ut sicut et ibi, et hic connumeret se vivis.

Lectio 9

Hic apostolus ponit necessitatem effectus resurrectionis ab ipsa causa progredientis. Et circa hoc duo ponit correspondentia duobus quæ posuerat in progressu effectuum ab ipsa causa. Primum fuit generale omnium, scilicet quod mortui resurgent incorrupti. Et ideo, primo, quantum ad hoc dicit oportet corruptibile hoc induere incorruptionem.

Secundum fuit speciale apostolis et bonis, scilicet et nos immutabimur, et ideo, secundo, quantum ad hoc dicit et mortale hoc induere immortalitatem.

Quia enim corruptibile opponitur incorruptibili, et in statu præsentis vitæ subiicimur corruptioni, ideo dicit quod cum resurgemus, oportet hoc corruptibile, etc., necessitate scilicet congruentiæ. Et hoc propter tria.

Primo propter completionem humanæ naturæ.

Nam, sicut etiam dicit Augustinus, anima quamdiu est separata a corpore est imperfecta, non habens perfectionem suæ naturæ, et ideo non est in tanta beatitudine separata existens, in quanta erit corpori unita in resurrectione.

Ut ergo perfruatur beatitudine perfecta, oportet corruptibile hoc, id est corpus, induere, ut ornamentum, incorruptionem, ut ulterius aliquatenus non lædatur mortale.

Secundo propter exigentiam divinæ iustitiæ, ut scilicet illi qui bona fecerunt seu mala in corpore, præmientur vel puniantur etiam in ipsis corporibus.

Tertio propter conformitatem membrorum ad caput; ut sicut Christus resurrexit a mortuis per gloriam patris, ita et nos in novitate vitæ ambulemus, Rom. VI, 4.

Notandum autem quod ipsam incorruptionem seu immortalitatem assimilat vestimento, cum dicit induere. Vestimentum enim adest vestito et abest, manente eadem numero substantia vestiti, ut per hoc ostendat quod corpora eadem numero resurgant et iidem homines iidem numero erunt in statu incorruptionis et immortalitatis, in quo sunt modo.

Unde ex hoc excluditur error dicentium quod corpora non resurgent eadem numero.

Prima ad Corinthios

Unde signanter dicit oportet corruptibile hoc, scilicet corpus, nam anima non est corruptibilis.

Excluditur etiam error dicentium quod corpora glorificata non erunt eadem cum istis, sed cælestia, et de isto modo simile habetur II Cor. V, 2: nam in hoc ingemiscimus, etc.; Is. LII, 1: induere vestimentis gloriæ tuæ; Iob XL, 5: circumda tibi decorem, etc..

Sed contra hoc est, quia videtur impossibile quod corruptibile hoc induat incorruptionem, id est, quod corpora resurgant eadem numero, quia impossibile est ea, quæ differunt genere vel specie, esse eadem numero; sed corruptibile et incorruptibile non solum differunt specie, sed genere; ergo impossibile est quod corpora resurgentium sint incorruptibilia, et remaneant eadem numero.

Præterea, Philosophus dicit, quod impossibile est quod illa quorum substantia corruptibilis mota est, reintegrentur eadem numero, sed eadem specie; substantia autem corporum humanorum est corruptibilis, ergo impossibile est reintegrari eadem numero.

Respondeo. Dicendum est, ad primum, quod unumquodque consequitur genus et speciem ex sua natura et non ex aliquo extrinseco suæ naturæ, et ideo dico, quod si resurrectio corporum futura esset ex principiis naturæ corporum, impossibile esset quod corpora resurgerent eadem numero. Sed dico quod incorruptio corporum resurgentium dabitur ab alio principio, quam a natura ipsorum

555

corporum, scilicet a gloria animæ, ex cuius beatitudine et incorruptione, tota beatitudo et incorruptio corporum derivabitur.

Sicut ergo eiusdem naturæ et idem numero est liberum arbitrium, modo dum est volubile ad utramque partem et cum erit firmatum in fine ultimo, ita et eiusdem naturæ et idem numero erit corpus, quod modo est corruptibile et tunc, quando per liberum arbitrium firmatum erit per gloriam animæ, erit incorruptibile.

Ad secundum dicendum, quod ratio Philosophi procedit contra illos, qui ponebant omnia, in istis inferioribus, causari ex motu corporum cælestium, et quod revolutis eisdem revolutionibus corporum superiorum, sequebantur iidem effectus numero, qui aliquando fuerant. Unde dicebant quod adhuc Plato idem numero leget Athenis et quod habebit easdem scholas, et eosdem auditores quos habuit. Et ideo Philosophus contra eosdem arguit, quod licet idem cælum numero, et idem sol sit in eisdem revolutionibus, tamen effectus, qui inde proveniunt non consequuntur identitatem numero, sed specie, et hoc secundum viam naturæ.

Similiter dico, quod si corpora induerent incorruptionem, et surgerent secundum viam naturæ, quod non resurgerent eadem numero, sed eadem specie. Sed cum reintegratio et resurrectio, sicut dictum est, fiant virtute divina, dicimus quod corpora erunt eadem numero, cum neque principia individuantia huius hominis sint aliud, quam hæc anima, et hoc corpus. In resurrectione autem redibit et anima eadem numero, cum sit incorruptibilis, et hoc corpus idem numero ex eisdem pulveribus, in quibus resolutum fuit, ex virtute divina reparatum, sic erit idem homo numero resurgens.

Nec facio vim in formis intermediis, quia non pono esse aliquam aliam formam substantialem in homine, nisi animam rationalem, a qua habet corpus humanum quod sit animatum natura sensibili et vegetabili et quod sit rationale. Formæ vero accidentales nihil impediunt identitatem numeralem quam ponimus.

Consequenter cum dicit cum autem corruptibile, etc., confirmat quod dixerat per auctoritatem.

Et circa hoc duo facit.

Primo ponit auctoritatem; secundo ex ea concludit tria, ibi ubi enim est, mors, etc..

Dicit ergo primo: dixi quod oportet corruptibile hoc induere, etc., sed cum mortale hoc induerit immortalitatem, tunc, scilicet in futuro, quod est contra illos qui dicunt iam resurrectionem factam, fiet sermo qui scriptus, scilicet, absorpta est, etc..

Hoc secundum translationem nostram non invenitur in aliquo libro bibliæ; si tamen inveniatur in translatione LXX, non est certum unde sumptum sit. Potest tamen dici hoc esse sumptum ex Is. XXVI, 19: vivent mortui, etc., et XXV, 8: præcipitabit mortem in sempiternum. Osee XIII, 14, ubi nos habemus: ero mors tua, o mors, LXX habent: absorpta est mors in victoria, id est propter victoriam Christi.

Et ponit præteritum pro futuro, propter certitudinem prophetiæ. I Petr. III, 22: deglutiens mortem, etc..

Consequenter cum dicit ubi est, mors, victoria tua? etc., concludit tria ex præmissa auctoritate; insultationem sanctorum contra mortem, gratiarum actiones ad Deum, ibi Deo autem gratias, et admonitionem suam Corinthiis, ibi itaque, fratres mei, etc..

Circa primum duo facit.

Primo ponit insultationem, secundo exponit, ibi stimulus autem, etc..

Loquens ergo apostolus de victoria Christi contra mortem, quasi in quodam speciali gaudio positus, assumit personam virorum resurgentium, dicens ubi est, mors, victoria tua? hoc non invenitur in aliquo loco sacræ Scripturæ; utrum autem ex se, vel aliunde habuerit hoc apostolus, incertum est. Si tamen aliunde accepisset, videtur accepisse de Is. XIV, 4: quomodo cessavit exactor, quievit tributum, etc..

Dicit ergo ubi est, mors, victoria tua? etc., scilicet corruptionis victoria tua, id est potentia qua totum humanum genus prosternebas, de omnibus triumphabas. II Reg. XIV, 14: omnes morimur, etc., Iob XVIII, 14: calcet super eum quasi rex interitus, etc.. Ubi est, mors, stimulus tuus? quid autem sit stimulus consequenter exponit dicens stimulus autem, etc..

Unde duo ponit: unum per quod exponit quod dixit; aliud per quod obiectionem excludit, ibi virtus peccati, etc..

Sciendum est autem quod stimulus mortis potest dici vel stimulans ad mortem, vel quo utitur seu quem facit mors; sed litteralis sensus est stimulus mortis, id est stimulans ad mortem, quia homo per peccatum est impulsus et deiectus ad mortem. Rom. V, 23: stipendia peccati mors, etc..

Sed quia aliquis posset obiicere, quod iste stimulus est remotus per legem, ideo consequenter hoc apostolus excludit, subdens virtus vero, id est augmentum, peccati lex, quasi dicat: non est remotum peccatum per legem, imo virtus peccati lex, id est augmentum occasionaliter, scilicet non quod induceret ad peccatum sed inquantum dabat occasionem peccati et non conferebat gratiam; ex qua magis accedebatur concupiscentia ad peccandum. Rom. V, 20: lex subintravit, ut abundaret delictum. Rom. VII, 8: occasione accepta, peccatum per mandatum, etc..

Est autem alius sensus, sed non litteralis, ut stimulus mortis dicatur quo utitur mors. Et sic per mortem intelligitur diabolus.

Apoc. VI, 8: nomen illi mors. Et sic stimulus mortis est tentatio diaboli. Et sic totum quod dicitur de morte, exponitur de diabolo, ut in Glossa habetur.

Vel stimulus mortis, id est a morte factus, id est a carnali concupiscentia. Iac. I, 15: concupiscentia cum conceperit, etc.. Concupiscentia enim primo volentes allicit, sicut in

Commentaria in Epistolis S. Pauli

intemperatis; secundo repugnantes trahit, ut in incontinentibus; postea contendit, sed non vincit, ut in continentibus; postea debilitatur eius contentio, sicut in temperatis, et ultimo totaliter deficit, sicut in beatis, quibus dicere competit: ubi est, mors, contentio vel victoria tua? quia ergo stimulus mortis destructus est non per legem, sed per victoriam Christi, ideo Deo sunt reddendæ gratiarum actiones. Et hoc est quod dicit Deo autem gratias, scilicet ago, seu agamus, qui dedit nobis victoriam, mortis et peccati, per Iesum Christum, non per legem. I Io. V, 4: hæc est victoria, etc.. Rom. VII, 24: quis me liberabit, etc.. Gratia Dei, etc..

Nam quod impossibile, etc..

Consequenter cum dicit itaque, fratres mei, etc., subdit admonitionem. Sicut enim dictum est, pseudo-apostoli corrumpebant Corinthios negando resurrectionem, et ideo, postquam iam astruxit fidem resurrectionis, et per exempla ostendit, admonet eos quod bene se habeant, ne seducantur a pseudo-apostolis.

Et circa hoc tria facit. Primo enim eos in fide confirmat, dicens itaque, scilicet iam ostensa resurrectione, fratres mei, per fidem, per quam omnes sumus filii Dei Io. I, 12: dedit eis potestatem, etc., dilectissimi, per charitatem qua debemus nos invicem diligere I Io. IV, 21: hoc mandatum habemus a Deo, etc., stabiles estote, scilicet in fide resurrectionis, ne recedatis a fide Eph. IV, 14: non simus sicut parvuli fluctuantes, etc., et immobiles, ne scilicet ab aliis seducamini Col. I, 23: in fide fundati, stabiles, et immobiles, etc..

Secundo inducit ad bona opera, dicens abundantes in omni opere bono semper Gal. Cap. Ult.: dum tempus habemus, etc.. Prov. XV, 5: in abundanti iustitia.

Tertio roborat eos per spem, dicens scientes quod labor vester, etc., Sap. III, 15: bonorum enim laborum gloriosus est fructus.

Capitulus XVI

Lectio 1

Supra per totam seriem epistolæ proposuit apostolus Corinthiis quamdam doctrinam generalem, in hoc ultimo capite proponit eis quædam specialia et familiaria.

Et circa hoc duo facit.

Primo monet eos quid ipsi debeant aliis facere; secundo ostendit quid alii faciant ipsis, ibi salutat vos ecclesia, etc..

Circa primum duo facit.

Primo instruit eos de his quæ debent facere ad absentes; secundo vero de his quæ debent facere ad præsentes, ibi vigilate et state in fide, etc..

Circa primum tria facit.

Primo instruit eos de his quæ pertinent ad absentes pauperes sanctos, qui sunt in Ierusalem; secundo de his quæ pertinent ad apostolum, ibi veniam ad vos, etc.;

tertio de his quæ pertinent ad discipulos, ibi si autem venerit, etc..

Circa ea quæ debent fieri sanctis, qui erant in Ierusalem, de tribus instruit eos apostolus.

Primo qualiter eleemosyna sanctis facienda sit colligenda; secundo qualiter sit conservanda, ibi unusquisque autem vestrum, etc.; tertio qualiter sit in Ierusalem transmittenda, ibi cum autem præsens fuero, etc..

Circa primum sciendum est, quod, sicut legitur Act. IV, 34 s., mos erat in primitiva ecclesia, ut conversi ad fidem venderent possessiones et omnia quæ habebant, et pretium ponerent ad pedes apostolorum, et de eis unicuique (prout erat opus) provideretur, ut sic nullus haberet proprium, sed essent illis omnia communia. Et, sicut dicitur in collationibus patrum, omnis religio ab illa sancta societate sumpsit exordium.

Contigit autem ut fame pervalida exorta, pauperes sancti, qui erant in Ierusalem, inopia maxima laborarent. Unde factum est, ut apostoli ordinarent ad ipsorum subventionem, quod per alias ecclesias Christi collectæ fierent, et hæc commissio facta est Paulo et Barnabæ, Gal. II, 9: dederunt mihi et Barnabæ, etc.. Et quia apostolus super hoc sollicitus erat, monebat illos, quos converterat, ut eis subvenirent, quia, sicut ipse ad Romanos dicit, iustum est, ut a quibus spiritualia receperant, temporalia ministrent.

Et hoc est quod dicit de collectis autem quæ fiunt per ecclesias in sanctos, id est in usum sanctorum, et non quorumlibet. Eccle. XII, 5: da iusto, et ne recipias peccatorem.

Non quod peccatoribus non sit aliquid dandum, sed quia magis debet quis dare eleemosynam iusto indigenti quam peccatori.

Sicut ordinavi in ecclesia Galatiæ, ita et vos facite, id est colligite, per unam, scilicet diem, sabbati, id est, septimanæ. Et hoc ideo ordinatum est, ut paulatim qualibet hebdomada aliquid parvum solverent, ne si simul totum solvissent, gravarentur. Et licet eis paululum videretur, et quasi insensibile, paulatim dare, tamen, completo anno, eleemosynæ in simul collectæ, magnæ erant.

Vel per unam sabbati intelligitur prima dies post sabbatum, scilicet dies dominicus.

Et hoc ideo illo die fieri voluit apostolus, quia iam inoleverat consuetudo, ut populus in dominicis diebus ad ecclesiam conveniret.

Lev. XXIII, 35: dies primus celeberrimus erit atque sanctissimus, etc.. Et post: est enim coetus atque collectæ, etc.. De huiusmodi eleemosyna dicitur Dan. IV, 24: peccata tua eleemosynis redime; et Eccli. XXIX, 15: eleemosyna viri quasi sacculus, etc..

Quia vero non solum debet apponi modus in colligendo, sed etiam in conservando, ideo consequenter instruit qualiter collectæ conserventur, cum dicit unusquisque autem vestrum,

Commentaria in Epistolis S. Pauli

etc.. In quo ostenditur maxima industria apostoli, ne aliqui crederent quod apostolus faceret collectas istas magis causa quæstus proprii, quam propter necessitatem sanctorum. Ideo suspicionem hanc vitans, et quantum ad se et quantum ad suos ministros, noluit dictam pecuniam a se, seu a suis ministris custodiri, sed ordinavit quod quilibet illud quod sibi placebat elargiri, reportaret domi et conservaret seorsum, faciens sic per totum annum. Et huius ratio erat, quia apostolus nolebat, quod quando veniret Corinthum, vacarent collectis, sed doctrinæ et rebus spiritualibus. Et ideo dicit ut non cum venero, etc.. Act. VI, 2: non est æquum nos relinquere, etc..

Notandum est ergo quod quilibet debet cavere sibi, ne videatur aliquid spirituale facere propter quæstum, et inde est quod Dominus, Matth. X, 9 voluit prædicatores nihil habere. Romanis etiam mos erat, ut nullus assumeretur ad senatus officium, nisi prius probatus fuisset in officio quæstoris, quia virtutis est magnæ res temporales custodire.

Qualiter autem debeant mitti in Ierusalem, subdit, dicens cum autem præsens fuero, etc., quasi dicat: nec in hoc volo aliquos specialiter onerare, cum præsens fuero, scilicet ad portandum pecuniam, sed mittam illos quos probaveritis, id est approbaveritis mittendos, mittam, inquam, per epistolas, id est cum epistolis Missis a vobis et a nobis, laudatoriis et commendatoriis, scilicet in quibus contineatur quantitas pecuniæ, commendatum studium nostrum et charitas.

Mittam, inquam, perferre gratiam vestram, id est quod gratis dabitis sanctis pauperibus, in Ierusalem. II Cor. VIII, 1: notam facimus vobis gratiam Dei, etc.. In Ierusalem, id est sanctis qui sunt in Ierusalem.

Et non solum mittam illos quos probaveritis, sed si dignum fuerit, etc., id est si magna quantitas fuerit, mecum ibunt, in quo inducit eos ad bene et liberaliter solvendum.

Rom. XV, 25: nunc igitur proficiscar Ierusalem ministrare sanctis, etc..

Consequenter apostolus instruit eos de his quæ pertinent ad seipsum. Et circa hoc tria facit. Primo promittit eis suam præsentiam, dicens veniam ad vos, cum Macedoniam pertransiero, etc.; secundo dicit se facturum apud eos diutinam moram; tertio excusat suæ præsentiæ dilationem.

Circa primum sciendum est, quod, sicut dicitur Act. XVI, 9, vir Macedo apparuit apostolo cum esset in Troade, deprecans eum, et dicens ei: transiens in Macedoniam libera nos. Ut ergo apostolus iussa impleret, disposuit se Macedoniam iturum.

Et quia Macedonia erat media inter Asiam et Achaiam, in qua est Corinthus, ideo dicit cum pertransiero in Macedoniam, veniam ad vos, imo veniam ad vos inde, scilicet quia tunc ero vobis propior.

Secundo promittit se facturum apud eos diutinam moram, dicens apud vos forsitan manebo, id est moram contraham, vel etiam hiemabo, id est per totam hiemem permanebo vobiscum, quia multa corrigenda sunt in vobis.

Vel, causam quare ad eos vadit, subdit, cum dicit ut vos me deducatis quocumque iero. Et dicit quocumque, quia nesciebat determinare quo iret, nisi secundum quod spiritus sanctus inspirabat sibi. Deducatis, inquam, non defendatis me, sed ut doceatis vias.

Tertio cum dicit nolo enim vos, etc., excusat dilationem suæ præsentiæ dupliciter.

Uno modo, quia Corinthii possent dicere: non est necesse quod tantum differas venire et quod primo vadas in Macedoniam, quia tu potes venire in Achaiam et permanere, ita quod non transeas per Macedoniam. Et ad hoc dicit: licet sic possem venire ad vos, tamen non diu possem manere vobiscum, quia statim oportet me ire in Macedoniam, vel redire in Asiam. Unde quia nolo vos modo in transitu videre, ideo modo non venio primo ad vos: nam ego spero aliquam moram contrahere vobiscum, si Dominus permiserit.

Dicit si Dominus permiserit, quia forte vel antequam esset ibi, vel postquam iam esset ibi, Dominus inspiraret ei quod iret ad alium locum, ubi faceret maius bonum.

Alio modo excusat se, et hoc videtur magis litterale, quia oportebat eum diu manere apud Ephesum, quæ est in Asia.

Et ideo dicit permanebo autem Ephesi usque ad Pentecosten, etc.. Forte hæc epistola missa fuit in hieme, seu in vere, et tunc post Pentecosten debebat ire in Macedoniam et morari ibi usque ad hiemem, et tunc ire Corinthum et hiemare.

Rationem autem quare volebat morari Ephesi usque ad Pentecosten, subdit, cum dicit Ostium autem, etc., id est, magnum fructum facio in Epheso. Et dicit Ostium esse apertum magnum, id est multa corda hominum ad credendum parata, et evidens, quia sine contradictione. Col. IV, 3: orantes simul et pro nobis, ut Deus aperiat nobis Ostium, etc..

Sed quia sunt multi adversarii, qui conantur impedire vel subintrare, si ergo absentarem me, tantus fructus posset de facili impediri, ideo nolo recedere quousque sitis bene firmati. Apoc. III, 8: ecce dedi coram te Ostium apertum.

Lectio 2

Hic instruit eos de his quæ pertinent ad discipulos suos. Et primo de his quæ pertinent ad Timotheum, secundo de his quæ pertinent ad Apollo, ibi de Apollo, etc..

De Timotheo tria mandat. Primo ut secure custodiatur, unde dicit si autem venerit ad vos Timotheus, videte, studeatis, ut sine timore sit apud vos. Forte aliqua commotio fuerat ibi propter pseudo-apostolos.

II Cor. VII, 5: foris pugnæ, intus timores, etc.. Et hoc debetis facere, quia opus Domini operatur, sicut et ego prædicando.

Commentaria in Epistolis S. Pauli

II Tim. IV, 5: tu vero vigila, in omnibus labora.

Secundo ut in honore habeatur, et ideo dicit ne quis ergo illum spernat. Et ratio huius est forte, quia iuvenis erat. I Tim. IV, 12: nemo adolescentiam tuam spernat. Lc. X, 16: qui vos spernit, me spernit.

Tertio ut pacifice deducatur, et hoc est quod dicit deducite autem illum, etc.. Et ratio huius est quia expecto illum cum fratribus, qui sunt cum eo.

De Apollo, etc.. Iste est ille Apollo, de quo habetur Act. XVIII, 24, quod Iudæus quidam, etc., et iste ivit in Achaiam, et fuit quasi specialis doctor eorum post apostolum, I Cor. III, 6: ego plantavi, Apollo rigavit, etc. Et, ut Glossa dicit, episcopus erat. Et quia Corinthii male se habuerant, recesserat ab eis, et iverat ad apostolum.

Postmodum vero Corinthii rogaverunt apostolum, ut remitteret illuc ipsum, ad quod respondet eis, dicens de Apollo autem fratre, quem rogastis remitti ad vos, notum vobis facio, tria.

Primo, preces meas sibi factas, quoniam multum rogavi eum, ut veniret ad vos cum fratribus. Et dicit: rogavi eum, licet possit præcipere, quia magnis viris non de facili debet fieri præceptum. I Tim. V, 1: seniorem obsecra, etc.. Eccle. XXXII, 1: rectorem te posuerunt, etc..

Sed numquid licuit sibi relinquere populum suum? ad hoc dicendum quod, sicut Gregorius dicit, quando omnes subditi male se habent et nolunt corrigi, licet episcopo recedere ab eis. Unde quia isti erant tales, licuit ei. Vel dicendum est, quod forte non erat episcopus eorum, sed specialiter prædicaverat eis.

Secundo, responsum Apollinis, quia renuit venire ad eos, ibi et utique non fuit voluntas eius ut nunc, etc.. Et ratio huius est quia forte nondum erant bene correcti, vel quia ipse erat in aliis arduis occupatus.

Tertio, promittit eum aliquando ad eos iturum.

Unde dicit veniet autem cum ei vacuum, id est opportunum, fuerit, scilicet quando vos eritis correcti.

Consequenter, postquam instruxit eos quid debeant facere absentibus hic instruit eos qualiter se habeant ad præsentes.

Circa hoc duo facit.

Primo ostendit qualiter se habeant quantum ad omnes in communi; secundo quantum ad quosdam in speciali, ibi obsecro autem vos, fratres.

Instruit autem eos apostolus in communi de tribus, scilicet de fide, de bona operatione et de modo bene operandi. Sed tamen istis tribus præmittit unum quod est omnibus necessarium, id est, sollicitudo. Unde dicit vigilate et orate. Lc. XII, 43: beati servi illi, quos cum venerit Dominus, invenerit vigilantes, etc., et, Matth. XXVI, 41: vigilate et orate, etc..

De fide ergo instruit, cum dicit state, scilicet in fide, Eph. VI, 14: state succincti, etc..

De bona operatione, cum dicit viriliter,

Prima ad Corinthios

id est fortiter, agite, quia fides sine operibus mortua est, Iac. II, 26.

Sed quia bona operatio non est attribuenda nobis sed Deo, ideo subdit et confortamini in Domino. Ps. XXX, 25: viriliter agite, et confortetur cor vestrum, etc..

De modo agendi, cum dicit omnia vestra in charitate fiant, id est, omnia debent referri ad finem charitatis, scilicet ut fiant propter Deum et proximum, Col. III, 14: super omnia charitatem, etc..

Consequenter cum dicit obsecro autem, etc., instruit eos quomodo se habeant ad quosdam in speciali. Et primo quantum ad illos qui videntur habere aliquam prærogativam in spiritualibus; secundo quantum ad illos qui in corporalibus operibus, ibi gaudeo autem, etc..

Dicit ergo obsecro autem vos, fratres: nostis, id est approbastis, domum Stephanæ, et fortunati, et Achaici. Approbastis, inquam, propter duo, et quia sunt primitiæ, id est primo conversi, quia ab ipso apostolo in primis baptizati, supra I, 16: baptizavi autem, etc., et quia magis devoti et prompti ad ministeria sanctorum, unde dicit et in ministerio sanctorum ordinaverunt seipsos. Rom. XII, 13: necessitatibus sanctorum, etc.. Et ideo obsecro, ut et vos subditi, etc., Hebr. XIII, 17: obedite præpositis, etc.. Et omni cooperanti, Phil. IV, 3: adiuva eos qui mecum laboraverunt.

Sap. III, 15: bonorum laborum gloriosus, etc..

Hic instruit eos quantum ad illos, qui præeminent in ministeriis et potest dupliciter exponi. Uno modo ut dicatur gaudeo autem in præsentia Stephanæ, fortunati, et Achaici, qui sunt præsentes vobis, quorum præsentia est vobis proficua. Quoniam ipsi id quod vobis deerat, suppleverunt, docendo vos. Et in hoc quidem refecerunt spiritum meum, inquantum gaudeo de bono vestro, et spiritum vestrum, inquantum instructi estis. Phil. IV, 5: gavisus sum valde, quia inveni, etc.. Et ideo, quia sic se habuerunt, ergo agnoscite, id est, honorate eos, etc..

Alio modo, ut dicatur: gaudeo in præsentia Stephanæ, fortunati, et Achaici, quia scilicet personaliter mecum sunt, et serviunt mihi, in quo supplent quod deerat vobis, id est, quod vos non poteratis mihi corporaliter exhibere. In quo quidem refecerunt spiritum meum, inquantum mihi servierunt, et paverunt me, et vestrum, inquantum de bono meo gaudetis, et ideo cognoscite, etc..

Salutant vos, etc.. Hic apostolus insinuat quid alii faciant Corinthiis.

Et circa hoc duo facit.

Primo insinuat quomodo salutentur ab aliis; secundo subdit suam salutationem, ibi salutatio mea, etc..

Circa primum tria facit. Primo insinuat quomodo salutat eos tota ecclesia Asiæ in communi. Unde dicit salutant vos omnes ecclesiæ Asiæ. Rom. Cap. Ult.: salutant vos omnes ecclesiæ Christi.

Secundo quomodo salutant eos specialiter hospites Pauli. Unde dicit

Commentaria in Epistolis S. Pauli

salutant vos in Domino multum, aquila, etc.. Isti erant hospites apostoli, et de his habetur Rom. XVI, 3 et Act. XVIII, 2 s..

Tertio quomodo salutant eos apostoli et familiares sui. Unde dicit salutant vos omnes fratres, qui scilicet mecum sunt, phil.

Ult.: salutant vos qui mecum sunt fratres.

Ex quo ergo omnes salutant vos, et vos etiam salutate invicem in osculo sancto, non libidinoso, quo mulier apprehensum deosculatur iuvenem, Prov. VII, 13, non fraudulento, quo Iudas osculatus est Christum, Matth. XXVI, 49.

Salutatio, etc.. Hic suam salutationem subdit, et circa hoc duo facit. Primo ponit titulum salutationis, dicens salutatio mea, scilicet scripta est, manu mea Pauli. Et hoc faciebat in epistolis suis propter quosdam, qui sub specie apostoli scribebant falsas litteras. Unde ut non deciperentur, postquam scripta erat epistola per aliquem, in fine consequenter scribebat apostolus manu sua.

Secundo ponit ipsam salutationem, in qua, primo, male dicit malis, dicens si quis non amat, etc., anathema sit, id est separatus vel excommunicatus; maranatha, id est Dominus veniet; quasi dicat: qui non amat Dominum nostrum Iesum Christum, sit anathema in adventu Domini.

Sed numquid sunt excommunicandi omnes qui non sunt in charitate? respondeo. Dicendum, quod hoc intelligitur, si quis non amat Dominum Iesum Christum, id est fidem Christi, et isti sunt hæretici et sunt excommunicati. Vel si quis usque ad finem mortis non perseverat in amore Domini Iesu Christi, in adventu erit separatus a bonis.

Secundo, benedicit bonis, bene optans eis, scilicet gratiam Christi, cum dicit gratia Domini nostri Iesu Christi. Et hoc optans, optat eis omne bonum, quia in gratia Domini nostri Iesu Christi continetur omne bonum.

Optat etiam eis charitatem suam, dicens charitas mea, etc., ut vos invicem et Deum diligatis ea charitate qua ego vos diligo, et non propter aliquod aliud nisi in Christo Iesu, id est propter amorem Christi.

Amen, id est fiat.

Secunda Epistula ad Corinthios

Prologus

Prooemium

Ministri Dei nostri, dicetur vobis, Is. LXI, 6.

In his verbis congrue tangitur materia huius secundæ epistolæ ad Corinthios.

Nam in prima epistola agit apostolus de ipsis sacramentis, sed in hac secunda agit de ministris ipsorum sacramentorum, tam bonis, quam malis.

Ratio autem hanc epistolam scribendi fuit, quod Corinthii, post prædicationem eius, admiserant pseudo-apostolos, quos apostolo præferebant. Propter hoc scribit eis hanc epistolam, in qua commendat apostolos et ostendit verorum apostolorum dignitatem; ostendit etiam et vituperat falsorum apostolorum falsitatem.

Commendat autem verorum apostolorum dignitatem, ex hoc quod sunt ministri Dei. Ministri, inquit, Dei, dicetur vobis, scilicet apostolis, qui quidem dicuntur ministri quantum ad tria.

Primo quantum ad dispensationem sacramentorum.

I Cor. IV, 1: sic nos existimet homo, ut ministros, etc.. Christus enim institutor est sacramentorum, sed apostoli et eorum successores ea dispensant, et ideo subditur in prædicta auctoritate et dispensatores mysteriorum Dei.

Secundo quantum ad gubernationem, scilicet inquantum gubernant populum Dei. Sap. VI, 5: cum essetis ministri, non recte iudicastis, etc.. Deus enim gubernat omnia per prudentiam. Unde quicumque aliquid gubernat, dicitur minister Dei.

Tertio quantum ad humanæ salutis operationem, inquantum scilicet eorum ministerio et prædicatione, homines ad salutem conversi sunt: cuius salutis solus Deus est auctor, quia ipse est qui venit salvum facere quod perierat, apostoli vero ministri. I Cor. III, 4 s.: quid ergo est Apollo? quid Paulus? ministri eius, cui credidistis, etc..

Capitulus I

Lectio 1

De istis ergo ministris tractat hic apostolus, ostendens in hac epistola eorum dignitatem etiam scribens Corinthiis. In qua quædam præmittit.

Primo salutationem; secundo prosequitur epistolam, ibi benedictus Deus, etc..

In salutatione autem tria ponit: primo enim describit personas salutantes;

Commentaria in Epistolis S. Pauli

secundo personas salutatas, ibi ecclesiæ quæ est, etc.; tertio bona optata, ibi gratia vobis, etc..

Circa primum primo describitur persona salutans principalis, quia Paulus; secundo persona adiuncta, quia Timotheus.

Persona salutans describitur ab humilitate, quia Paulus, qui Latine dicitur modicus.

Iste est ille modicus, de quo Is. LX, 22: minimus erit in mille, etc..

Vel a doctrina, quia Paulus dicitur os tubæ.

Ista est illa tuba de qua Zach. IX, 14: Dominus in tuba canet, etc.. Et competit quod dicitur Is. LVIII, 1: quasi tuba exalta vocem tuam, etc..

A dignitatis auctoritate, quia apostolus, etc.. Ubi tria ponuntur. Primo quod sit legatus, unde dicitur apostolus, id est principaliter missus. Soli enim duodecim apostoli electi missi sunt a Christo. Lc. VI, 13: elegit duodecim, quos et apostolos, etc.. Alii autem discipuli non missi sunt principaliter, sed secundario. Et inde est quod apostolis succedunt episcopi, qui habent specialem curam gregis Domini. Alii autem sacerdotes succedunt septuaginta duobus discipulis, qui gerunt vices commissas sibi ab episcopis.

Est ergo eius dignitas quia apostolus.

I Cor. IX, 2: si aliis non sum apostolus, sed tamen vobis sum, etc.. Gal. II, 8: qui operatus est Petro, etc..

Sed quare vocat se hic apostolum, dicens Paulus apostolus, cum in epistola ad Romanos scribit se servum? ratio huius est, quia Romanos reprehendit de dissensione et superbia, quæ est mater dissensionis, quia inter superbos semper iurgia sunt. Unde ut eos revocet a dissensione, inducit eos ad humilitatem, vocando se servum. Corinthii vero erant pertinaces et rebelles, et ideo, ut reprimat eorum proterviam, usus est hic nomine dignitatis, dicens se apostolum.

Secundo ponitur cuius sit legatus, quia Iesu Christi. Infra V, 20: pro Christo legatione fungimur.

Tertio ponitur modus quo adeptus est legationem, quia non iniecit se ut pseudo. Ier. XXIII, 21: non mittebam eos, et ipsi currebant.

Non est datus populo ex divino furore, iuxta illud Iob XXXIV, 30: qui facit regnare hypocritam, etc.. Osee XIII, 11: dabo tibi regem, sed in furore meo. Est adeptus apostolatum ex voluntate Dei et beneplacito.

Act. IX, 15: vas electionis est mihi iste. Et ideo dicit per voluntatem Dei.

Persona autem adiuncta est Timotheus.

Unde dicit et Timotheus frater. Frater, inquam, propter fidem, Matth. XXIII, 8: omnes vos fratres estis, etc., et propter dignitatem, quia episcopus: et inde est quod Papa vocat omnes episcopos fratres.

Connumerat autem sibi Timotheum, quia cum ipse transisset per eos, sicut dixit in I Epist., ult. Cap., possent credere quod malitiose retulisset

Secunda ad Corinthios

apostolo ea de quibus ipse scribit ad eos.

Consequenter ponuntur personæ salutatæ, et primo principales, secundo adiunctæ principalibus, in hoc quod dicit ecclesiæ Dei, quæ est totus populus fidelis, tam clerici quam laici. I Tim. III, 15: ut scias quomodo oporteat te conversari. Quæ est Corinthi, quia Corinthus erat metropolis Achaiæ.

Sed adiunctæ personæ sunt omnes sancti, qui sunt unius spiritus sancti gratia renati.

I Cor. VI, 11: sed abluti estis, sed sanctificati, etc.. Qui sunt in Achaia, cuius metropolis est Corinthus.

Istis autem personis salutatis optat apostolus bona. Unde dicit gratia vobis, etc..

Et circa hoc duo facit.

Primo ponit ipsa bona; secundo ipsorum auctorem, ibi a Deo patre, etc..

Ponit autem ista duo extrema bona, ut in eis intelligantur media.

Primum enim bonum est gratia, quæ est principium omnium bonorum. Nam ante gratiam nihil est nisi diminutum in nobis.

Ultimum autem omnium bonorum est pax, quia pax est generalis finis mentis. Nam qualitercumque pax accipiatur, habet rationem finis; et in gloria æterna et in regimine et in conversatione, finis est pax. Ps. CXLVII, 3: qui posuit fines tuos pacem.

Quis autem sit auctor horum bonorum ostendit, subdens a Deo patre, etc.. Et hæc duo possunt dupliciter distingui, quia cum dicit a Deo patre, potest intelligi pro tota trinitate.

Nam, licet persona patris dicatur pater Christi per naturam, tamen tota trinitas est pater noster per creationem et gubernationem.

Is. LXIII, 16: et nunc, Domine, pater noster es tu. Ier. III, 19: patrem vocabis me. A Deo ergo patre nostro, id est a tota trinitate proveniunt bona. Matth. VII, 11: si vos cum sitis mali, etc..

Sed si Deus pater noster accipiatur pro tota trinitate, quare additur persona filii, cum dicit et Domino Iesu Christo? numquid est alia persona a trinitate? dicendum quod additur non propter aliam personam sed propter aliam naturam, scilicet humanitatis assumptæ a filio in personam divinam: quam quidem trinitati connumerat, quia omnia bona proveniunt nobis a trinitate per incarnationem Christi; et primo gratia, Io. I, 17: gratia et veritas, etc., secundo pax, Eph. II, 14: ipse est pax nostra, etc..

Item cum dicit a Deo patre nostro, potest intelligi persona patris solum; et, licet tota trinitas sit pater noster, ut dictum est, tamen persona patris est pater noster per appropriationem; et sic hoc quod dicit et Domino Iesu Christo, intelligitur de persona filii.

De persona autem spiritus sancti non fit hic mentio, quia, sicut dicit Augustinus, cum sit nexus patris et filii, ubicumque ponitur persona patris et persona filii, intelligitur persona

Commentaria in Epistolis S. Pauli

spiritus sancti.

Lectio 2

Hic incipit epistola in qua apostolus duo facit.

Primo enim excusat se de eo quod non iverat ad eos, sicut promiserat; secundo prosequitur intentionem suam, cap. III, ibi incipimus iterum, etc..

Circa primum duo facit.

Primo ponit excusationem de mora; secundo moræ assignat causam, secundo cap., ibi statui autem, etc..

Circa primum duo facit.

Primo enim reddit eos benevolos; secundo excusationem ponit, ibi et hac confidentia, etc..

Circa primum duo facit.

Primo captat eorum benevolentiam, recitando quædam in generali; secundo quædam in speciali, ibi non enim, etc..

Benevolentiam autem eorum captat apostolus ostendendo quod quidquid facit, totum facit ad eorum utilitatem.

Et circa hoc duo facit.

Primo præmittit utilitatem quæ ex ipso aliis provenit; secundo rationem eorum assignat, ibi quoniam sicut abundant, etc..

Circa primum tria facit.

Primo enim ponitur gratiarum actio; secundo actionis gratiarum modus, ibi qui consolatur, etc.; tertio causa, ibi ut possimus et ipsi consolari.

Agit ergo gratias toti trinitati, a qua provenit omne bonum. Et ideo dicit benedictus Deus, id est tota trinitas. Item personæ patris, cum dicit et pater Domini nostri Iesu Christi, per quem, scilicet Christum, pater nobis omnia donavit.

Sed sciendum quod nos benedicimus Deum, et Deus benedicit nobis, sed aliter et aliter.

Nam dicere Dei, est facere. Ps. XXXII, 9: dixit et facta sunt. Unde benedicere Dei est bonum facere, et bonum infundere, et sic habet rationem causalitatis. Gen. I, 28, et XXII, 17: benedicens benedicam tibi, etc..

Dicere autem nostrum non est causale, sed recognoscitivum seu expressivum. Unde benedicere nostrum idem est quod bonum recognoscere.

Cum ergo gratias agimus Deo, benedicimus sibi, id est recognoscimus eum bonum et datorem omnium bonorum. Tob. XII, 6: benedicite Deum cæli, etc.. Dan. III, 57: benedicite, omnia opera, etc..

Recte ergo gratias agit patri, quia misericors est, unde dicit pater misericordiarum, et quia consolator, unde dicit et Deus totius consolationis.

Et agit gratias de duobus, quibus homines maxime indigent. Primo enim indigent, ut auferantur ab eis mala, et hoc facit misericordia, quæ aufert miseriam; et misereri est proprium patri. Ps. Cii, 13: quomodo miseretur pater filiorum, etc..

Secundo indigent ut sustententur in malis quæ adveniunt. Et illud est proprie consolari, quia nisi homo haberet aliquid in quo quiesceret cor eius, quando superveniunt mala, non subsisteret. Tunc ergo aliquis consolatur aliquem, quando affert ei aliquod refrigerium, in quo quiescat in malis. Et licet in aliquibus malis homo possit in aliquo consolari et quiescere et sustentari, tamen solus Deus est, qui nos consolatur in omnibus malis.

Et ideo dicit Deus totius consolationis; quia si peccas, consolatur te Deus, quia ipse misericors est. Si affligeris, consolatur te, vel eruendo ab afflictione per potentiam suam, vel iudicando per iustitiam. Si laboras, consolatur te remunerando, Gen. XV, 1: ego merces tua, etc.. Et ideo dicitur Matth. V, 5: beati qui lugent, etc..

Materiam autem gratiarum actionis subdit dicens qui consolatur, etc.. Quasi dicat: ideo benedictus, quia consolatur nos in omni tribulatione. Infra VII, 6: qui consolatur, etc..

Causam autem huius ponit, cum dicit ut possimus et ipsi consolari.

Ubi notandum est, quod in donis divinis est ordo. Ad hoc enim Deus dat aliquibus specialia dona, ut ipsi effundant illa in utilitatem aliorum. Non enim dat lumen soli, ut sibi soli luceat sed ut toti mundo. Unde vult quod de omnibus bonis nostris, sive sint divitiæ, sive potentia, sive scientia, sive sapientia, accrescat aliqua utilitas aliis. I petr. IV, 10: unusquisque gratiam quam accepit, etc..

Hoc est ergo quod apostolus dicit consolatur nos in omni tribulatione.

Sed quare? non ut solum nobis hoc sit ad bonum, sed etiam ut aliis prosit. Unde dicit ut possimus et ipsi consolari eos, etc..

Possumus enim consolari alios per exemplum consolationis nostræ. Qui enim non est consolatus, nescit consolari. Eccli. XXXIV, 11: qui non est tentatus, qualia scit? qui sunt in omni, id est in qualibet pressura. Is. LXI, 1 s.: spiritus Domini misit me, etc., ut consolarer omnes lugentes, etc., Eccli. XLVIII, 27: consolatus est lugentes, etc..

Possumus, dico, consolari per exhortationem ad tolerantiam passionum, promittendo præmia æterna, qua scilicet exhortamur vos per Scripturas et internas inspirationes, ut patienter sustineamus, et alios exhortemur exemplo nostro, et per ipsas Scripturas. I Cor. XI, 23: ego enim accepi a Domino, etc..

Is. XXI, 10: quæ audivi a Domino, etc..

Posita utilitate quæ ex apostolis aliis provenit, dictorum consequenter rationem assignat, dicens quoniam sicut abundant, etc..

Et quia duo dixerat, scilicet quod Deus consolatur nos in omni tribulatione, et quod possimus et ipsi, etc., hic rationem horum duorum exponit, et primo ostendit quomodo Deus consolatur nos in omni tribulatione; secundo quomodo consolatio nostra convertitur in consolationem aliorum,

Commentaria in Epistolis S. Pauli

ibi sive autem tribulamur, etc..

Dicit ergo: recte dico quod consolatur nos in omni tribulatione nostra, quia secundum quod abundant passiones Christi in nobis, etc..

Dicit Christi, id est inchoatæ a Christo.

Ez. IX, 6: a sanctuario meo incipite. In Christo enim inceperunt passiones pro peccatis nostris, quia ipse peccata nostra pertulit in corpore suo super lignum, I Petr. II, 24, deinde per apostolos, qui dicebant mortificamur tota die, Ps. XLIII, 22 etc., deinde per martyres qui secti sunt, tentati sunt, etc., Hebr. XI, 37; ultimo ipsi peccatores pro suis peccatis patienter iram Domini portabunt, quia peccaverunt ei.

Vel passiones Christi, id est quas sustinemus propter Christum: Act. V, 41: ibant apostoli gaudentes, etc.. Et Ps. XLIII, 22: propter te mortificamur, etc.. Sicut, inquam, huiusmodi passiones abundant, sic abundat per Christum consolatio nostra. Ps. XCIII, 19: secundum multitudinem dolorum, etc..

Lectio 3

Postquam apostolus ostendit quod Deus consolatur servos suos in tribulationibus, scilicet ministros fidei et prædicatores, hic consequenter manifestat, quod eorum consolatio cedit ad bonum aliorum.

Et circa hoc duo facit.

Primo manifestat qualiter eorum consolatio sit ad aliorum utilitatem et salutem; secundo ordinem huius consolationis et salutis insinuat, ibi quæ operatur tolerantiam, etc..

Circa primum advertendum est, quod tria dicit apostolus se recepisse: tribulationem, cum dicit: in omni tribulatione nostra, consolationem, cum dicit: qui consolatur nos, exhortationem, cum subdit: ut possimus et ipsi, etc.. Accipiendo ergo hæc tria passive, dicimus, quod apostoli consolantur, tribulantur et exhortantur. Unde et tria ostendit apostolus cedere ad consolationem aliorum, et hoc in quodam ordine. Et primo eorum tribulationem, cum dicit sive, inquit, tribulamur, etc.. Quasi dicat: vere quidquid recipimus est in bonum vestrum, quia sive tribulamur, pro vestra exhortatione et salute, quia scilicet nostro exemplo monet vos Deus ad passionum tolerantiam, unde provenit vobis salus æterna. Unde I Machab. VI, 34 legitur, quod ostenderunt elephantis sanguinem uvæ, et mororum, ut acuerent eos ad bellum. Quod fit, quando tepidis et pigris adhibentur passiones sanctorum in exemplum.

Secundo ostendit, quod eorum consolatio in aliorum utilitatem cedit, cum dicit sive consolamur. Quasi dicat: ipsa nostra consolatio, qua nos spe præmii consolamur, est ad consolationem vestram, inquantum exemplo nostro vos etiam eamdem spem præmii habentes, gaudetis.

Tertio ostendit quod eorum exhortatio passiva est ad bonum aliorum, dicens sive exhortamur, per internam inspirationem vel per flagella, hoc est

Secunda ad Corinthios

pro vestra exhortatione, scilicet ut vos ad maiora animemini, et salutem speretis. Unde dicitur II Mach. Cap. Ult., quod exhortati sermonibus Iudæ, etc.. Adiuvantibus autem vobis, etc..

Huius autem consolationis et salutis ordinem insinuat, cum subdit quæ operatur tolerantiam, etc..

Et circa hoc duo facit.

Primo ostendit patientiam habitam in adversis; secundo manifestat fructum, qui ex patientia provenit, ibi ut spes firma, etc..

Dicit ergo: dico quod hæc ad vestram salutem cedunt, quæ salus est vobis in hoc, inquantum exemplo nostri estis fortes ad tolerantiam passionum, et ut patienter sustineatis passiones quas et nos patimur.

Lc. XXI, 19: in patientia vestra possidebitis animas vestras. Iac. V, 10: exemplum accipite, fratres mei, etc..

Ex qua quidem patientia provenit vobis fructus, quia ex hoc spes nostra firma est pro vobis, quod vos efficiamini hæredes vitæ æternæ. Rom. V, 3 s.: tribulatio patientiam operatur, patientia vero spem. Gregorius: tanto spes in Deum solidior surgit, quanto quis graviora pro nomine eius pertulerit.

Nam ex passionibus quas sustinent sancti Dei pro Christo, consurgit eis spes vitæ æternæ.

Et causa spei huius est, quia sumus scientes, quia sicut estis socii nostri in passionibus, eritis socii et consolationis, id est vitæ æternæ. II Tim. II, 11: fidelis sermo, nam si commortui sumus, et convivemus, etc.

I Petr. IV, 13: communicantes Christi passionibus gaudete, etc..

Consequenter cum dicit non enim volumus vos, captat eorum benevolentiam, recitando quædam in speciali.

Et circa hoc tria facit.

Primo enim describit persecutionem quam passus est in Asia; secundo specialem ei consolationem collatam, ibi qui de tantis, etc.; tertio subdit consolationis causam, ibi nam gloria, etc..

Dicit ergo primum: non solum ea quæ dicta sunt de tribulationibus in generali, bonum est vos scire, sed non volumus vos ignorare, quia scire est utile vobis, inquantum exemplo nostri patientiores estis.

Nolumus, inquam, vos ignorare de tribulatione nostra, etc.. Thren. III, 19: recordare paupertatis meæ, etc..

Hæc est illa persecutio, de qua legitur Act. XIX, 23 ss., quæ facta est apostolo ab Asiano quodam argentario concitante plebem contra eum, quam quidem apostolus exaggerat a tribus. Ex loco, quia in Asia, et hoc est quod dicit quæ, scilicet tribulatio, facta est in Asia, id est, apud Ephesum, quæ est in Asia, ubi debuisset magis honorari et consolari.

Ex acerbitate, quia supra consuetudinem humanarum passionum, et ideo dicit quoniam supra modum sumus, etc.. Item supra

Commentaria in Epistolis S. Pauli

posse, et ideo dicit supra virtutem.

Sed contra I Cor. X, 13: fidelis Deus, qui non patietur vos tentari supra, etc..

Respondeo. Dicendum quod pati supra virtutem potest intelligi dupliciter. Vel supra virtutem naturalem, et de hac loquitur hic, supra quam Deus aliquando permittit sanctos tentari; vel supra virtutem gratiæ, et de hac intelligitur illud I Cor. X, 13: fidelis Deus, etc., supra quam non permittit aliquem Deus tentari. Et quod apostolus loquatur hic de virtute naturali, ostendit consequenter cum dicit ita ut tæderet nos vivere.

Constat enim quod inter alia vivere magis desideratur. Quando ergo est tanta persecutio, ut et ipsa vita reddatur tædiosa, manifestum est quod est supra virtutem naturæ.

Et hoc est quod dicit ita ut, etc.; quasi dicat: sic erat gravis persecutio, ut vita esset nobis tædiosa. Iob X, 1: tædet animam meam vitæ meæ.

Contra Iac. I, 2: omne gaudium existimate, fratres mei, etc..

Respondeo. Dicendum quod tribulatio potest considerari dupliciter. Vel secundum se, et sic est tædiosa; vel in comparatione ad finem, et sic est iucunda, inquantum propter Deum et spem vitæ æternæ sustinetur.

Et non solum erat nobis tædiosa vita, sed eramus certi de morte. Unde dicit sed ipsi in nobis responsum mortis, id est certitudinem mortis, habuimus; quasi dicat: opinio mea dictabat mihi hoc, quod deberem mori.

Vel aliter, responsum mortis, id est ipsa ratio diceret et eligeret mori propter tædium vitæ.

Exaggerat etiam tribulationem ex causa, unde dicit ut non simus in nobis, etc., scilicet ut reprimatur humana superbia.

Ier. XVI, 19: Domine, fortitudo mea et robur, etc.. Sed in omnibus confidamus de Deo.

Ier. XVII, 7: benedictus qui confidit in Domino, etc.. Et ideo dicit sed in Deo qui suscitat, etc.. I Reg. II, 6: Dominus mortificat et vivificat.

Sed quia Dominus non derelinquit sperantes in se, ideo subdit apostolus consolationem ei factam a Domino, dicens qui de tantis periculis, etc.. Et circa hoc tria facit.

Primo describit consolationem præsentem contra mala præterita; secundo consolationem futuram; tertio causam spei.

Dicit ergo: consolati sumus a Deo, qui eripuit nos in præterito de tantis periculis, et eruit in præsenti, quia non cessat liberare, Is. XLIII, 2: cum transieris per aquas, etc., in quem speramus, quoniam eripiet, et adiecit in futuro, Eccli. II, 9: qui timetis Dominum, sperate in illum.

Huius autem spei causam nobis præbent orationes vestræ. Unde dicit adiuvantibus vobis nos in orationibus, quas pro nobis facitis.

Prov. XVIII, 19: frater qui iuvatur a fratre, etc.. Rom. XV, 30: obsecro vos, fratres, per Dominum Iesum Christum, et per charitatem sancti spiritus, ut adiuvetis me in orationibus vestris, etc..

Quæ quidem orationes necessariæ sunt, quia Deus multa bona confert uni ad preces multorum. Cuius ratio est, quia Deus de bonis quæ confert, vult exhiberi sibi gratias et quod multi ex hoc teneantur ad gratiarum actiones, hoc autem fit quando ex eo quod dat uni ad preces multorum, obligat sibi omnes, ad quorum preces confert bonum aliquod, ut sic non solum ille cui confert, sed etiam ipsi rogantes, gratias referant Deo. Et hoc est quod dicit ut ex multarum personis.

Et dicit ex multarum facierum, vel quantum ad ætatem, vel quantum ad conditionem, vel quantum ad diversitatem gentium vel morum.

Eius quæ in nobis est donationis, id est pro illa donatione, scilicet fidei, quæ in nobis est, per multos agantur gratiæ Deo pro nobis.

Eph. V, 20: gratias agentes Deo et patri.

Vel aliter: ut ex multarum personis facierum, id est conditionum personis. Dico eius donationis, quæ est in nobis, id est, quæ habent idem donum, scilicet fidei vel charitatis, id est ex multis personis illorum qui sunt in fide Christi, agantur, etc.. Et sic secundum hanc expositionem per diversas facies intelliguntur diversæ virtutes, ut facies unius dicatur illa virtus in qua præeminet: sicut facies Iob, patientia; facies David, humilitas, et sic de aliis.

Secunda ad Corinthios

Lectio 4

Posita consolatione apostolo a Deo facta post persecutionem, hic consequenter consolationis causam assignat, quæ est de spe divini auxilii.

Et circa hoc duo facit.

Primo proponit causam spei; secundo adducit ad hoc testimonium eorum quibus scribit, ibi non enim alia, etc..

Dicit ergo: dico quod speramus adhuc eripi a Domino et consolari, nam gloria, etc., quasi dicat: causa huius est bona conscientia nostra. Spes enim est expectatio futurorum ex gratia et meritis proveniens.

Unde et circa hoc tria facit.

Primo ostendit gloriam quam habet de testimonio puræ conscientiæ; secundo causam huius gloriæ insinuat, ibi quod in simplicitate; tertio manifestat unde proveniat hæc causa, ibi et non in sapientia carnali.

Dicit ergo: ideo spero et confido de Deo, quia gloria nostra, id est, glorior ex testimonio et puritate conscientiæ nostræ, ex quibus secure potest confidere de Deo.

I Io. III, 20: si cor nostrum nos reprehenderit, etc.. Rom. VIII, 16: ipse spiritus testimonium, etc..

Notandum autem quod conscientiæ testimonium verum est, quia non decipit. Multi enim exterius videntur boni, qui in conscientia sua non sunt boni. Et semper durat.

Sed non dicit conscientiæ aliorum sed nostræ, quia semper homo plus debet

Commentaria in Epistolis S. Pauli

stare testimonio conscientiæ suæ de se, quam testimonio aliorum; quod non faciunt illi qui reputant se bonos ex hoc quod alii sunt mali, non ex hoc quod ipsi in veritate boni sint; et illi qui gloriantur de bonitate alicuius boni viri, qui eis aliqua affinitate coniungitur.

Causam autem huius gloriæ insinuat, dicens, quod in simplicitate, etc.; quæ consistit in duobus. In duobus enim consistit puritas conscientiæ, ut scilicet ea quæ facit sint bona, et quod intentio facientis sit recta, et ista dicit apostolus de se.

Primo quod habet intentionem rectam ad Deum in operibus suis, et ideo dicit quod in simplicitate, id est in rectitudine intentionis.

Sap. I, 1: in simplicitate cordis, etc.. Prov. XI, 3: simplicitas iustorum, etc..

Secundo quod ea quæ facit sunt bona, et ideo dicit et sinceritate operationis, Phil. I, 10: ut sitis sinceri et sine offensa.

Unde autem proveniat huius gloriæ causa, manifestat subdens sed non in sapientia carnis.

Hoc potest dupliciter legi. Primo ut referatur ad hoc quod immediate præcedit, scilicet Dei; et tunc est insinuativum, unde veniat ei sinceritas et simplicitas; quasi dicat: multi antiqui fuerunt sapientes in sapientia terrena, sicut Philosophi, et multi Iudæi pure vixerunt confidentes in iustitia legis, sed nos non in sapientia carnali, quæ secundum naturas rerum, vel desideria carnis est, sed in gratia Dei conversati sumus in hoc mundo.

Rom. VIII, 6: prudentia carnis mors est, etc.. I Cor. II, 4: non in persuasibilibus humanæ sapientiæ verbis, etc.. I Cor. XV, 10: gratia Dei sum id quod sum.

Vel etiam secundum hunc modum non in sapientia, etc., id est, quasi innixus humanæ sapientiæ, sed gratiæ Dei. Prov. III, 5: ne innitaris prudentiæ tuæ.

Alio modo potest exponi, ut hoc quod dicit in simplicitate, etc., referatur ad puritatem vitæ; hoc vero quod dicit non in sapientia, etc., referatur ad veritatem doctrinæ, quasi dicat: sicut vita nostra est in simplicitate et sinceritate Dei, sic doctrina non est in sapientia carnali, sed in gratia Dei. Sed tamen duæ primæ magis valent.

Et licet sic bene conversati simus in mundo isto, tamen abundantius quantum ad vos, quia scilicet ab aliis ecclesiis receperat sumptus, ab eis non. Infra XI, 8: alias ecclesias expoliavi. Et ratio huius potest esse, quia avari erant, unde, ne contristaret eos, noluit ab eis recipere sumptus.

Consequenter huius sanctæ suæ conversationis testimonium eorum invocat, dicens non enim alia, etc., quasi dicat: hæc quæ scribimus vobis, non sunt vobis incognita, quia iam legistis ea in prima epistola, et cognovistis per experientiam operum. I Io. II, 7: non mandatum novum.

Et licet non perfecte cognoveritis, quia comparastis vobis pseudo-apostolos, spero tamen quod usque in finem, scilicet vitæ, cognoscetis, scilicet perfecte, sicut usque modo cognovistis nos ex parte. Cuius ratio est, quia cum quis videt aliquem aliquid bene incipere, debet sperare quod semper bene proficiat. Et quare? quia qui coepit in vobis opus bonum, etc., ut dicitur Phil. I, 6.

Et cognoscetis, quia nos sumus gloria vestra, id est, per nos debetis consequi gloriam æternam, ad quam homo pervenit per fidem Christi, quam prædicamus vobis.

Prov. XVII, 6: gloria filiorum sunt patres eorum.

Ita dico sumus gloria vestra, sicut et vos gloria nostra estis, quia per vos a nobis instructos habere speramus præmium æternæ gloriæ. I Thess. II, 19: quæ est spes nostra aut corona gloriæ nostræ? nonne vos? et hæc gloria erit nobis ex vobis, in die Domini nostri Iesu Christi, id est, in die iudicii, qui dicitur Christi, quia tunc faciet voluntatem suam cum peccatoribus, puniendo eos, qui in hoc mundo fecerunt voluntatem suam, contra Christi Domini voluntatem peccando. Ps. LXXIV, 3: cum accepero tempus, ego iustitias iudicabo, etc.. Apoc. XX, 12: libri aperti sunt, etc..

Lectio 5

Apostolus, captata benevolentia Corinthiorum, consequenter excusationem suam addit, et circa hoc tria facit.

Primo enim ponit intentum; secundo sub quæstione accusationem contra eum ab eis factam exponit, ibi cum ergo hoc, etc.; tertio excusat se, ibi fidelis autem Deus.

Circa primum sciendum est quod apostolus in prima epistola (quam nos non habemus) Missa ab eo Corinthiis, vel per nuntium, promiserat eis quod primo iret ad eos antequam iret in Macedoniam, et per eos iret in Macedoniam, et iterum inde rediret in Achaiam, in qua est Corinthus, et de Achaia in Iudæam; postmodum, in secunda epistola, quam nos habemus primam, scribit eis quod primo iret in Macedoniam, et postmodum iret in Corinthum.

Quia ergo videtur secundum hoc contrarium primæ promissioni, apostolus excusat se modo de hoc, ponens primo ipsam promissionem primo factam, et ideo dicit et hac confidentia, quasi dicat: vos scitis puritatem et sinceritatem meam, et estis testes mei, et gloria mea, ideo in hac confidentia, id est in hoc confisus, quia per alterutrum glorificari speramus, volui primo venire ad vos, ut secundam gratiam haberetis, quia secunda visitatio et confirmatio in fide, dicitur secunda gratia respectu conversionis, quam primo habuerunt ministerio et prædicatione ipsius. Et per vos transire in Macedoniam, et iterum a Macedonia venire ad vos, et a vobis deduci in Iudæam. Iste est ordo primæ promissionis, sed in præcedenti epistola est ordo contrarius, sicut dictum est.

Consequenter huius mutationis accusationem, qua accusabant eum Corinthii, ponit sub quæstione, dicens cum ergo hoc voluissem, etc..

Commentaria in Epistolis S. Pauli

Duo imponebant ei ex hoc, levitatem, quia mutaverat propositum, Eccli. XXVII, 12: stultus ut luna mutatur, et carnalitatem, quia visum erat eis, quod ex aliquo carnali et humano affectu hoc fecisset. Unde hæc duo tangit, et primo levitatem, unde dicit numquid levitate usus sum, si non feci quod aliquando volui? absit. est. XVI, 9: nec putare debetis, si diversa iubeamus, ex animi levitate venire. Ps. XXXIV, 18: in populo gravi, etc..

Secundo tangit carnalitatem cum dicit aut numquid ea quæ cogito, facienda vel dimittenda, secundum carnem cogito, id est secundum aliquem carnalem affectum, ut sit apud me, est et non, id est affirmatio et negatio? infra X, 2: arbitrantur nos tamquam secundum carnem ambulemus. Iac. I, 8: vir duplex animo, etc..

Exposita eorum accusatione, consequenter excusat se, dicens fidelis autem Deus, etc., et circa hoc duo facit.

Primo insinuat se non fuisse mentitum; secundo ostendit modum quomodo non fuit mentitus, ibi qui autem confirmat, etc..

Quod autem non fuerit mentitus, excusat se dupliciter, scilicet ex consuetudine, et ex causa.

Ex consuetudine quidem, quia non debet credi quod aliquis de facili mentiatur, qui numquam inventus est mendax, et secundum hanc expositionem fidelis Deus, etc., accipitur in VI iuramenti, quasi: testis sit mihi Deus, quod sermo meus, scilicet prædicationis, qui fuit apud vos, non est in illo est et non, id est, non est in illo falsitas.

Deut. XXXII, 4: Deus fidelis, et absque ulla, etc..

Si autem sumatur fidelis Deus, etc., pro veritate divinæ promissionis, tunc est sensus: fidelis est Deus, id est servat promissa sua.

Promiserat autem mittere ad vos prædicatores veritatis, Ier. III, 15: dabo vobis pastores iuxta cor, etc., et ideo cum sim missus ab eo, sermo noster qui fuit, etc., sicut supra.

Ex causa excusat se, cum dicit Dei enim filius. Et hoc dupliciter, scilicet motiva et efficiente, ibi qui autem confirmat, etc..

Causa autem motiva ad non mentiendum est, quia qui assumit aliquod officium, naturaliter movetur ad ea quæ congruunt illi officio, et non ad contraria. Sed constat quod officium apostolicum est prædicare veritatem; non ergo movetur ad contrarium veritatis, quod est mentiri.

Et circa hoc tria facit.

Primo probat veritatem dicti sui per dictum Christi; secundo veritatem Christi per dictum Dei, ibi quotquot autem, etc.; tertio concludit suum propositum, ibi ideo et per ipsum, etc..

Dicit ergo primo: dico quod dicta nostra debent reputari vera, et vera sunt, quia prædicavimus Christum in quo non fuit aliqua falsitas. Et hoc est quod dicit Dei enim filius Christus, qui est prædicatus per nos in vobis; per me, scilicet principaliter, et sylvanum, secundario (iste est Sylas de quo

Secunda ad Corinthios

habetur Act. XVIII, 5) et Timotheum, de quo supra. Isti enim duo fuerunt cum apostolo, quando primo convertit eos.

In illo, scilicet filio Dei, non fuit est et non, id est, falsitas, vel non fecit quod non convenit. Sed fuit in illo est, id est veritas; nam verum et ens convertuntur. Io. XIV, 6: ego sum via, veritas et vita.

Sed quia posset videri dubium hoc quod dicit, quod in Christo non fuit falsitas, ideo statim hoc probat, subdens quotquot autem, etc..

Et probat hoc modo. Constat quod in illo quod est manifestativum divinæ veritatis non potest esse falsitas; filius Dei venit ad manifestandum divinam veritatem in promissionibus a Deo factis complendis per ipsum; ergo in ipso non est falsitas. Et hoc est quod dicit: non est in filio Dei est et non, sed est, quia quotquot promissiones Dei, scilicet sunt factæ hominibus, in illo, id est in Christo, est, id est in Christo verificantur et complentur. Rom. XV, 8: dico Iesum Christum ministrum fuisse, etc.. Ad confirmandas, etc..

Ex his ergo concludit, quod postquam dicta sua vera sunt, quia prædicat filium Dei, in quo est veritas, ideo et per ipsum, scilicet Christum, dicimus, amen Deo, id est verum. Apoc. III, 14: hæc dicit, amen testis fidelis, etc.. Is. LXV, 16: qui benedictus est in terra, benedicetur in Deo, amen, etc..

Et istam veritatem dicimus Deo, id est, ad honorem Dei, scilicet manifestantes eius veritatem et gloriam nostram, quia gloria nostra est conversio vestra. Vel gloria nostra, quia gloria nostra est ostendere et prædicare verbum Dei.

Consequenter cum dicit qui autem confirmat, etc., probat apostolus quod non est mentitus, per causam efficientem. Licet enim homo ex libero arbitrio possit uti lingua sua ad verum vel ad falsum loquendum, nihilominus tamen Deus potest confirmare hominem sic in vero, ut non nisi vera loquatur. Si ergo Deus aliquem confirmaret in vero, manifestum est quod non diceret falsum; sed Deus confirmat nos in veritate; ergo, etc..

Et ideo dicit quod Deus est qui confirmat vos nobiscum in Christo, id est, in vera prædicatione Christi, quasi dicat: si Christus esset extra nos, possemus mentiri, sed ex quo est nobiscum, et nos sumus in Christo, non mentimur. Ps. LXXIV, 4: ego confirmavi columnas eius, etc..

Sumus ergo in Christo dupliciter, scilicet per gratiam et per gloriam. Per gratiam quidem sumus inquantum uncti sumus spiritus sancti gratia, et effecti sumus membra Christi, et iuncti sibi. Qua etiam gratia Christus unctus est secundum quod homo. Ps. XLIV, 8: unxit te Deus, etc.. Et ex plenitudine istius unctionis redundavit in omnes suos, sicut unguentum in capite, scilicet Christo, quod descendit, etc.. Et ideo dicit quod unxit nos Deus. Unxit, inquam, in reges et sacerdotes.

Apoc. V, 10: fecisti nos Deo, etc..

I Petr. II, 9: vos autem genus electum, etc..

Commentaria in Epistolis S. Pauli

Unionem autem quæ est per gloriam, non habemus in re, sed in spe certa, inquantum habemus firmam spem vitæ æternæ.

Et habemus duplicem certitudinem spei huius unionis consequendæ. Una est per signum, alia per pignus.

Per signum evidens, quia fidei. Unde dicit signavit nos signo fidei Christi. Item signum crucis. Ez. IX, 4: signa thau, id est signum crucis. Apoc. VII, 3: quoadusque signemus servos Dei nostri, etc.. Et hoc per spiritum sanctum. Rom. VIII, 9: si quis spiritum Christi non habet, etc.. Et ideo speciale et certum signum est vitæ æternæ consequendæ configurari Christo. Cant. VIII, 6: pone me ut signaculum, etc.. Vel signavit signo vitæ.

Per pignus vero maximum, quia spiritus sancti, et ideo dicit dedit pignus spiritus in cordibus nostris. De quo certum est quod nullus potest eum accipere a nobis.

Sed nota, in pignore duo sunt consideranda, scilicet quod faciat spem habendæ rei, et quod valeat tantum, quantum valet res, vel plus; et hæc duo sunt in spiritu sancto. Quia si consideremus substantiam spiritus sancti, sic valet tantum spiritus sanctus quantum vita æterna, quæ est ipse Deus, quia scilicet valet quantum omnes tres personæ. Si vero consideretur modus habendi, sic facit spem, et non possessionem vitæ æternæ, quia nondum perfecte habemus ipsum in vita ista. Et ideo non perfecte beati sumus, nisi quando perfecte habebimus in patria. Eph. I, 13: signati estis spiritu.

Consequenter cum dicit ego autem testem, etc., excusat se de eo quod non venit: et hoc per iuramentum quod maius est. Et circa hoc tria facit. Primo ponit suam excusationem; secundo respondet tacitæ quæstioni, ibi non quia dominamur; tertio exponit quod dicit, ibi nam fide statis.

Excusat se autem per iuramentum duplex.

Unum attestationis, cum dicit ego autem testem Deum invoco, aliud execrationis, cum dicit in animam meam, id est, contra animam meam. Rom. I, 9: testis est mihi Deus, etc.. Testem, inquam, invoco Deum, quia non veni ultra, id est, post primam vicem, vel postquam discessi a vobis; et hoc feci, parcens vobis, scilicet quia ipse sciebat eos incorrigibiles. Unde si ivisset tunc, aut punivisset, et sic forte recessissent totaliter a fide; aut non punivisset, et sic dedisset occasionem magis peccandi.

Sed quia aliquis posset dicere: quare dicis parcens vobis? numquid Dominus noster es? ideo consequenter hoc removet, dicens non, dico, quia dominamur fidei vestræ, sed adiutores, etc., quasi dicat: non dico hoc ut Dominus, sed ut coadiutor. I Petr. V, 3: non enim dominantes in cleris, etc..

Adiutor, inquam, gaudii vestri, vel emendationis vestræ.

Quare autem dicat, fidei vestræ, exponit consequenter, dicens nam fide statis, id est, statis in gratia ista Christi per fidem.

Capitulus II

Lectio 1

Apostolus supra posuit excusationem in generali de mora eundi ad Corinthios, hic vero insinuat causam tantæ moræ, et quomodo eis pepercit.

Circa hoc autem duo facit.

Primo enim insinuat unam causam dilationis fuisse ne in adventu suo tristitiam inferret eis; secundo ostendit aliam causam fuisse ne fructus quem apud alios sperabat, et inceperat facere, impediretur, ibi cum venissem autem, etc..

Circa primum duo facit.

Primo ostendit causam dilationis esse in communi, ne tristitiam inferret; secundo loquitur in speciali de quodam, qui eum contristaverat, ibi si quis autem contristavit me.

Circa primum tria facit.

Primo assignat rationem quare venire distulit; secundo causam dicti assignat si enim ego contristatus, etc.; tertio manifestat quæ dixit, ibi nam ex multa tribulatione.

Dicit ergo: dixi quod non veni ad vos parcens vobis, in hoc scilicet quia nolui vos contristari, ideo statui, id est firmiter disposui, hoc ipsum apud me, quod proposui, cum aliam epistolam misi, Eccli. XXXVII, 20: ante omnia verbum verum, etc.. Ne iterum, id est alia vice, in tristitia venirem ad vos, id est vos contristem.

Et ratio quare noluit eos contristare est illa qua Dominus noluit ieiunare discipulos suos, scilicet ad hoc, ut amore et non timore afficerentur ad Christum, et iungerentur sibi. Voluit enim eos Dominus firmare et nutrire in fide, in omni dulcedine et desiderio cordis, et sic, firmati ex amore, non de facili avellerentur propter tribulationes, quia aquæ multæ non potuerunt extinguere charitatem, Cant. VIII, 7. Similiter apostolus non vult eos propter hoc contristare.

Rationem huius dicti, scilicet quod non vult eos contristare, assignat cum dicit si enim ego contristo, etc..

Et circa hoc duo facit.

Primo assignat causam quare noluit eos contristare; secundo manifestat quare hoc significet eis, ibi et hoc ipsum scripsi.

Dicit ergo: ratio quare nolui in tristitia venire est quia tristitia vestra redundat in tristitiam meam, et de consolatione vestra gaudeo, et solum vos consolamini me, cum sum apud vos; unde, si venirem et contristarem vos, ego ex tristitia vestra tristarer, et sic nullus esset qui lætificaret me inter vos, qui contristamini ex me, quia contristatus non de facili alium consolatur. Prov. X, 1: filius sapiens, etc.. Prov. XXIX, 3: vir qui amat sapientiam, etc..

Vel aliter: est duplex tristitia. Una secundum mundum; alia secundum Deum, quæ poenitentiam in salutem operatur. Apostolus non loquitur de prima, sed de secunda. Et dicit: ex hoc ipso ego consolabor, si contristo vos, id est, si increpando reduco ad poenitentiam; sed si venirem, et

Commentaria in Epistolis S. Pauli

viderem vos non poenitere de peccatis, tunc nullam consolationem haberem, quia nullus contristatur et poenitet ex me, id est, mea correctione et increpatione.

Causa autem quare hoc scribo vobis est ut ita disponatis vos quod, quando venero, non habeam tristitiam de eo quod viderim vos incorrectos, super tristitiam quam habui, quando audivi vos peccasse.

Et circa hoc duo facit. Primo ponit admonitionem; secundo spem de impletione admonitionis ostendit, ibi confidens in omnibus vobis, etc..

Admonitio est ista: ideo scripsi vobis hoc, scilicet quod tristor de peccato vestro commisso, II Petr. II, 8: iniquis operibus animam iusti cruciabant, etc., ut paretis et disponatis vos corrigendo, ut cum venero ad vos, non habeam tristitiam de peccatis, de quibus, scilicet vobis, oportuerat me gaudere, id est, debebam lætari et congratulari, scilicet de præsentia vestra. Lc. XV, 10: gaudium est Angelis Dei, etc..

Qualem autem spem habeat de impletione suæ admonitionis, subdit, dicens: confidens de omnibus vobis, etc.; quasi dicat: hanc fiduciam habeo de vobis taliter disponi vos, ut cum venero, omnes detis mihi materiam gaudii. Et hoc debetis libenter facere, quia gaudium meum, etc., id est cedit ad gaudium vestrum, vel est propter gaudium vestrum, quod habetis de recuperatione gratiæ.

I Tim. II: quod est gaudium meum.

Etc.. Rom. XII, 15: gaudere cum gaudentibus, etc..

Sed quia posset aliquis dubitare de hoc, quod dicit ne, cum venero, tristitiam super tristitiam habeam, et quærere quam tristitiam habuit de eis, ideo consequenter hoc exponit, dicens nam ex multa tribulatione, etc..

Et circa hoc duo facit.

Primo manifestat tristitiam iamdudum habitam; secundo respondet cuidam tacitæ quæstioni, ibi non ut contristemini, etc..

Dicit ergo primo: quia haberem tristitiam, si non invenirem vos correctos, super tristitiam quam habui quando peccastis, et oportuit me contristare vos redarguendo dure. Nam ex multa tribulatione et angustia cordis scripsi primam epistolam, per multas lacrymas, quas fudi pro vobis iam mortuis per peccatum. Ier. IX, 1: quis dabit capiti meo aquas, etc.. Eccli. XXII, 3: confusio est patri de filio indisciplinato.

Is. LVII, 1: iustus perit, et non est qui recogitet, etc..

Sciendum est autem quod duo ponit ad exaggerationem tristitiæ, tribulationem scilicet et angustiam, quia unum additum alteri aggravat tristitiam. Nam aliquando quis tribulatur, sed sine angustia, tunc scilicet quando aliqua adversitate quasi acutissimo tribulo pungitur, et tamen videt sibi patere vias evadendi, quia si non pateat, tribulationi angustia iungitur. Dicit ergo ex multa tribulatione, qua pungebar de facto et malo vestri, et angustia cordis, quia non videbam unde de facili posset poni remedium, scripsi, etc..

Ps. CXVIII, 143: tribulatio et angustia invenerunt me.

Sed quia possent dicere: o apostole, etiam hæc Scribis nobis ut tristemur, et ideo hoc removet, dicens non ut contristemini, scilicet scribo vobis illa, sed ut sciatis quam charitatem habeam in vobis. Duo enim sunt signa dilectionis, scilicet quod gaudeat quis de bono alterius, et tristetur de malo eius, et hæc ego habeo ad vos. Infra V, 14: charitas Christi urget nos. Abundantius, quam credatis, vel abundantius quam ad alios.

Lectio 2

Postquam apostolus insinuavit causam dilationis, ne scilicet tristitiam inferret, et de eius contristatione tractavit, hic consequenter tractat de contristante.

Et circa hoc tria facit.

Primo enim exaggerat culpam contristantis; secundo poenam eius pro culpa inflictam, ibi sufficit illi, etc.; tertio hortatur eos habere misericordiam ad contristantem, ibi ita ut e contrario, etc..

Dicit ergo primo: scripsi vobis per multas lacrymas, quas fudi propter tristitiam conceptam et propter poenam infligendam peccanti, sed si quis contristavit me, ille scilicet fornicarius enormis, de quo dicitur I Cor. V, 1: omnino auditur inter vos fornicatio, etc.. Iste, inquam, et si contristavit, non contristavit me, sed ex parte, id est, non contristavit me, scilicet solum, sed vos et nos. Non omnes, sed ex parte.

Et hoc dico, non ut onerem vos omnes, id est, ut vobis hoc onus omnibus non imponam derisorie loquendo, quasi dicat: non ita estis boni et diligitis me, quod pro tristitia mea, et pro peccato fratris omnes doleatis.

Vel ut non onerem omnes vos, non tantum illos qui non doluerunt de peccato.

Vel aliter dicendum, et melius, non me contristavit, sed ex parte, etc..

Sciendum est enim quod aliquis aliquando tristatur totaliter, et aliquando non totaliter.

Totaliter quidem tristatur quis, quando præ tristitia absorbetur a dolore; et hæc tristitia est quæ mortem operatur, ut dicitur infra, VII, 10, quæ quidem, secundum Philosophum, non cadit in sapientem. Non totaliter autem tristatur quis quando licet ex aliquo malo quod patitur seu videt fieri, tristatur, tamen ex aliis causis bonis gaudet, et ista tristitia est secundum Deum et cadit in sapientem.

Quia ergo apostolus dicit se contristatum, ne credatur totaliter a tristitia absorptus, quod non est sapientis, dicit se contristatum ex parte, quasi non totaliter.

Et secundum hoc legitur sic: contristavit me, scilicet fornicarius, propter peccatum suum sed non me contristavit totaliter, quia licet in ipso propter peccatum habuerim tristitiam, tamen in vobis propter multa bona

Commentaria in Epistolis S. Pauli

quæ facitis, et in ipso propter poenitentiam quam fecit, habeo gaudium. Et dico ex parte, ut non onerem omnes vos, id est, ut non imponam vobis hoc onus, quod scilicet contristaveritis me.

Sed ne isti propter tristitiam apostoli adhuc vellent eum magis punire, ostendit eis poenam sufficientem fuisse, dicens sufficit illi qui eiusmodi est, quod scilicet contristavit me, tam graviter peccando, obiurgatio quæ fit a pluribus, id est tam manifesta et publica correctio, quæ fuit, quod separatus fuit ab omni communione, id est excommunicatus ab ecclesia et traditus Satanæ, ut habetur I Cor. V, 5. Est ergo sufficiens hæc poena propter dictas causas.

Vel potest dici sufficiens, non quantum ad Dei iudicium, sed quantum expediebat tempori et personæ. Melius enim est sic servare lenitatis spiritum in corrigendo, ut per poenitentiam correctionis fructus sequatur, quam si durius corrigatur, et desperet peccans et maioribus peccatis immergatur. Et ideo dicitur Eccli. XXI, 5: obiurgatio et iniuriæ annullabunt substantiam.

Quia ergo poena sufficiens fuit et poenitentiam egit, ideo consequenter inducit eos ad miserendum, dicens ita ut e contrario magis, etc., ubi tria facit.

Primo mandat ut ei, scilicet peccanti, parcant; secundo huius rationem assignat, ibi ne forte, etc..

Tertio inducit eos ad observantiam huius monitionis, ibi propter quod, etc..

Dicit ergo primo: dico quod sufficiens poena est illi, et intantum ut velim ut e contrario magis donetis, id est remittatis.

Lc. VI, 37: dimittite, et dimittetur vobis.

Eph. IV, 32: donantes invicem, sicut et Deus in Christo donavit vobis.

Et non solum donetis, sed, quod plus est, consolemini. Et hoc proponendo sibi exempla peccantium, qui restituti sunt ad statum gratiæ, sicut dicitur de David, Petro, Paulo, et Magdalena, et per verba Dei: Ez. XVIII, 32: nolo mortem peccatoris, etc.. I Thess. Cap. Ult.: corripite inquietos, consolamini pusillanimes, etc..

Rationem autem huius admonitionis subdit ne forte abundantiori tristitia absorbeatur qui eiusmodi est. Aliquis enim propter peccatum et poenam peccati, aliquando sic mergitur tristitia, quod absorbetur, dum nullum habet consolatorem; et hoc est malum, quia non sequitur ex hoc poenitentiæ fructus, qui speratur, scilicet correctio, sed potius desperans tradit se omnibus peccatis, sicut Cain, cum dixit: maior est iniquitas, etc., Gen. IV, 13; et Eph. IV, 19: qui desperantes tradiderunt se, etc.. Et propter hoc dicitur II Reg. II, 26, quod periculosa res est desperatio. Et ideo dicebat David in Ps. LXVIII, 16: neque absorbeat me profundum, etc..

Et ideo ne hoc contingat, dicit consolamini, ut scilicet cesset a peccato. Is. XXVII, 9: hic est omnis fructus, ut auferatur peccatum.

Contra apostolus, non solum per

Secunda ad Corinthios

rationem sed ex aliis causis, inducit eos ad hoc cum dicit propter quod obsecro, etc..

Et inducit eos a tribus modis. Primo precibus, dicens propter quod, scilicet ne absorbeatur, obsecro, qui possum præcipere. Phil.

V. 8: multam fiduciam habens in Christo Iesu imperandi tibi, etc.. Contrarium faciunt mali prælati. Ez. XXXIV, 4: cum austeritate imperabatis eis, etc.. Ut confirmetis in illum charitatem. Quod fit si ostenditis charitatem vestram ad eum, et non abominamini eum propter peccata, nec contemnitis, sed propter consolationem vestram facitis eum habere odio peccatum suum, et diligere iustitiam.

Lc. XXII, 32: et tu conversus confirma fratres tuos, etc..

Secundo inducit eos præcepto, dicens ideo enim scripsi hoc, scilicet ut cognoscam experimentum vestrum, an in omnibus obedientes sitis.

Et dicit in omnibus, scilicet sive in his quæ placent vobis, sive in his quæ displicent.

Primo enim mandaverat eis quod excommunicarent eum, et sic fecerunt mandatum apostoli: nunc vero secundo mandat eis quod parcant. Et ideo dicit an in omnibus obedientes sitis.

Tertio ex commemoratione beneficii, cum dicit cui autem aliquid donastis, etc., quasi dicat: vos debetis hoc facere, quia etiam ego feci. Sic enim vos remisistis alicui et rogastis me quod ego remitterem, et ego remisi. Et hoc est quod dicit cui autem aliquid donastis vos, et ego, scilicet donavi.

Et hoc patet. Nam et ego, quod donavi, etc.; ubi quatuor tanguntur ad huiusmodi donationem seu remissionem necessaria.

Primum est discretio, ut scilicet non passim et temere remittatur. Et ideo dicit si quid, scilicet in debito modo. Prov. IV, 25: palpebræ tuæ præcedant, etc.. Secundum est finis, quia non propter amorem vel odium debet fieri, sed propter utilitatem aliquam ecclesiæ vel aliquorum. Et ideo dicit propter vos. Tertium est auctoritas, quia non debet fieri auctoritate propria, sed Christi, qui remittit peccata auctoritate; alii vero, quibus commissum est, ministerio, et sicut membra Christi. Et ideo dicit in persona Christi, scilicet non mea auctoritate. Et tamen quodcumque remittitur, Christus remittit. Io. XX, 23: quorum remiseritis peccata, etc..

Quartum est necessitas; unde dicit ut non circumveniamur a Satana. Diabolus enim multos decepit, quosdam scilicet trahendo ad peccatorum perpetrationem, quosdam vero ad nimiam rigiditatem contra peccantes, ut si non potest eos habere per perpetrationem facinorum, saltem perdat quos iam habet per prælatorum austeritatem, qui eos non misericorditer corrigentes in desperationem inducunt, et sic hos perdit, et illos diaboli laqueus includit. Eccle. VII, 17: noli esse nimis iustus, etc.. I Petr. V, 8: adversarius vester diabolus, etc.. Et hoc continget nobis,

Commentaria in Epistolis S. Pauli

si non remittamus peccantibus. Et ideo, ut non circumveniamur a Satana, ego donavi, si quid donavi. Non enim ignoramus cogitationes eius, scilicet Satanæ. Verum est in generali, sed in speciali nullus potest scire eius cogitationes, nisi solus Deus. Iob XLI, 4: quis revelavit faciem indumenti eius? etc..

Lectio 3

Posita prima causa suæ dilationis, ne scilicet cum tristitia iret ad eos, hic ponit causam secundam quæ est ex fructu quem alicubi faciebat.

Et circa hoc duo facit.

Primo ponit sui itineris processum; secundo ipsius processus effectum, ibi Deo autem gratias, etc..

Circa primum duo facit.

Primo ostendit impedimentum fructificandi, quod habuit in Troade; secundo subiungit processum suum in Macedoniam, ibi sed valefaciens, etc..

Dicit ergo cum venissem Troadem propter evangelium, id est ad prædicandum Christum, Io. XV, 16: posui vos ut eatis, etc., et Ostium mihi apertum esset, id est mentes hominum paratæ et dispositæ essent ad recipiendum prædicationis verba et Christum.

I Cor. XVI, 9: Ostium mihi apertum est, etc..

Apoc. III, 20: ecce sto ad Ostium, etc.. Sed non in quocumque, imo in Domino, quia ipsa præparatio mentis humanæ est ex virtute divina. Nam licet facilitas qua mentes præparantur, sit causa conversionis, tamen ipsius facilitatis et præparationis causa est Deus. Thren. Cap. Ult.: converte nos, Domine, ad te, et convertemur.

Cum, inquam, ita esset apertum mihi Ostium in Domino, non habui requiem spiritui meo, id est non potui facere quod spiritus meus volebat, id est dictabat. Tunc enim dicitur habere spiritus requiem, quando efficit quod vult, sicut tunc dicitur caro requiescere, quando habet quod concupiscit. Lc. XII, 19: anima mea, habes multa bona, etc.. Apostolus non dicit: non habui requiem carni meæ vel corpori sed spiritui meo, id est voluntati meæ spirituali, quæ est ut Christum firmem in cordibus hominum. Et impediebar, quia videbam corda parata et disposita, et non poteram prædicare.

Sed quare non habuit requiem spiritui suo, subdit eo quod non inveni Titum fratrem meum, id est propter absentiam Titi, et hoc duplici de causa.

Una causa est, quod licet apostolus sciret omnes linguas, ita ut diceret: gratias ago Deo meo, quod omnium vestrum lingua loquor, tamen magis expeditus et edoctus erat in lingua Hebræa, quam in Græca; Titus autem magis in Græca. Et ideo volebat eum habere præsentem, ut prædicaret in Troade. Et quia erat absens, nam Corinthii detinuerant eum, dicit non habui requiem spiritui meo.

Sed quia dona Dei non sunt imperfecta, et donum linguarum fuit

Secunda ad Corinthios

specialiter apostolis collatum ad prædicandum per totum mundum, Ps. XVIII, 5: in omnem terram exivit sonus eorum, etc., et ideo alia causa est melior, quæ est, quia apostolo imminebant in Troade multa facienda. Nam ex una parte imminebat ei prædicare his qui parati erant recipere Christum per fidem; ex alia parte imminebat ei resistere adversariis qui impediebant; et ideo quia ipse non poterat solus ista facere, angustiabatur de absentia Titi, qui instituisset prædicationi et conversioni bonorum, et apostolus restitisset adversariis.

Et specialiter etiam hoc scribit eis, ut innuat, quod non solum prima causa dilationis suæ fuit ex eis, sed etiam secunda. Nam ipsi propter duritiam et dissensionem eorum detinuerant tanto tempore Titum, et ideo dicit eo quod non inveni Titum fratrem, vel in Christo, vel coadiutorem. Prov. XVIII, 19: frater qui iuvatur a fratre, etc..

Et quia non inveni Titum in Troade, non remansi ibi, sed valefaciens eis, qui erant conversi, et in quibus Ostium apertum erat, profectus sum in Macedoniam, ubi credebam eum invenire.

Causa autem essendi in Macedonia legitur Act. XVI, 9, ubi dicitur quod vir Macedo, etc..

Consequenter cum dicit gratias autem Deo, etc., ponit profectum sui processus, et circa hoc duo facit.

Primo enim describit ordinem sui processus; secundo excludit ab isto processu pseudoapostolos, ibi ad hoc quis tam idoneus, etc..

Circa primum duo facit.

Primo insinuat profectum quem faciebat; secundo exponit quoddam quod dixerat, ibi Christi bonus odor, etc..

Circa primum sciendum quod apostolus profectum et fructum quem faciebat, non attribuit sibi, neque propriæ virtuti, sed Deo. I Cor. XV, 10: abundantius omnibus laboravi non ego, sed gratia, etc.. Et ideo dicit gratias autem Deo, scilicet ago. I Thess. V, 18: in omnibus gratias agite. Eph. V, 20: gratias agentes, etc.. Qui semper triumphat nos in Christo Iesu, id est triumphare nos facit in prædicatione Christi contra adversarios.

Ubi sciendum est quod prædicatores veritatis duo debent facere, scilicet exhortari in doctrina sacra et contradicentem devincere.

Et hoc dupliciter: disputatione hæreticos, patientia vero persecutores. Unde per ordinem ista tangit hic apostolus, et ideo dicit qui triumphat nos, quantum ad contradicentes.

Rom. VIII, 37: in his omnibus superamus.

Et I Mac. III, 19: non in fortitudine exercitus victoria belli, sed de cælo, etc..

Et odorem notitiæ suæ manifestat per nos in omni loco, quantum ad exhortationem sacræ doctrinæ.

Sed odorem notitiæ suæ exponit Glossa, id est filium suum; sed melius est ut hoc dicatur ad differentiam

Commentaria in Epistolis S. Pauli

notitiæ de Deo, quam faciunt aliæ scientiæ et quam facit fides.

Nam notitia de Deo quæ habetur per alias scientias, illuminat intellectum solum, ostendens quod Deus est causa prima, quod est unus et sapiens, etc.. Sed notitia de Deo quæ habetur per fidem et illuminat intellectum et delectat affectum, quia non solum dicit quod Deus est prima causa, sed quod est salvator noster, quod est redemptor, et quod diligit nos, quod est incarnatus pro nobis: quæ omnia affectum inflammant. Et ideo dicendum quod odorem notitiæ suæ, id est notitiam suæ suavitatis, credenti per nos in omni loco manifestat, quia iste odor longe lateque diffunditur. Eccli. XXIV, 23: ego quasi vitis fructificavi, etc.. Gen. XXVII, 27: ecce odor filii, etc..

Quia vero aliqui possent dicere: quid est odor Dei in omni loco? nam multa loca sunt in quibus non recipitur prædicatio nostra. Ideo apostolus exponit, dicens: non curo, quia sive recipiant prædicationem, sive non, tamen notitia Dei manifestatur ubique per nos, quia sumus bonus odor Christi Deo, id est ad honorem Dei. Et loquitur ad similitudinem legis, ubi dicitur quod sacrificium fiat in odorem suavitatis suavissimum Deo; quasi dicat: nos sumus holocaustum quod offertur Deo in odorem suavitatis. Et tam in his qui salvi fiunt, ut scilicet non pereant, quod est eis a Deo, quam in his qui pereunt, quod est eis ex seipsis.

Unde Osee XIII, 9: perditio tua, Israel, ex te, etc..

Sed estne odor bonis et malis eodem modo? non, sed aliis quidem est odor mortis in mortem, id est, invidiæ et malitiæ occasionaliter ducentis eos in mortem æternam, illis scilicet qui invidebant bonæ famæ apostoli et impugnabant prædicationem Christi et conversionem fidelium. Lc. II, 34: positus est hic in ruinam, et in resurrectionem, etc..

Aliis autem odor vitæ, dilectionis et bonæ opinionis ducentis eos in vitam æternam scilicet illis qui gaudent et convertuntur ad prædicationem apostoli. I Cor. I, 18: verbum crucis pereuntibus, etc.. His autem qui salvi, etc..

Sic ergo ex odore apostoli boni vivunt, mali moriuntur, sicut legitur quod ad odorem vinearum florentium moriuntur serpentes.

Consequenter cum dicit: sed ad hæc quis tam idoneus, etc., excludit ab isto profectu pseudo-apostolos, dicens quis illorum pseudo-apostolorum est tam idoneus ad ista, scilicet quæ nos apostoli veri facimus? quasi dicat: nullus. Ps. CXXXVIII, 17: nimis honorati sunt amici tui, Deus.

Sed contra Prov. XXVII, 2: laudet te alienus, etc.. Ad hoc respondet Gregorius super Ezech., quod sancti duplici ex causa seipsos laudant, et non propter gloriam suam et vanitatem.

Prima causa est, ut non desperent in tribulationibus, sicut Iob, quando amici nitebantur eum ad desperationem inducere, reduxit ad memoriam sua bona quæ fecerat, ut

Secunda ad Corinthios

confortatus non desperaret. Unde dicebat: pepigi foedus cum oculis meis, etc..

Legitur etiam de quodam sancto patre, quod quando tentabatur de desperatione, reducebat ad memoriam bona quæ fecerat, ut confortaretur; quando tentabatur de superbia, reducebat ad memoriam mala, ut humiliaretur.

Secunda causa est propter utilitatem, ut scilicet haberetur in maiori fama, et citius crederetur doctrinæ suæ. Et propter hanc causam hic apostolus laudat se. Nam Corinthii præferebant sibi pseudo-apostolos, et condemnabant eum, et ideo non sic obediebant sibi. Ut ergo non vilipenderent eum, sed obedirent sibi, præfert se eis et laudat se, et dicit sed ad hæc quis tam idoneus, sicut nos? non pseudo-apostoli, quia licet ipsi prædicent, tamen adulterant verbum Dei, quod nos non facimus.

Unde dicit non sumus sicut plurimi, scilicet pseudo-apostoli, adulterantes verbum Dei, admiscendo contraria, sicut hæretici, qui licet confiteantur Christum, tamen non dicunt eum esse verum Deum. Sic faciunt pseudo-apostoli, qui dicunt cum evangelio debere observari legalia.

Item non adulterantes verbum Dei, id est, prædicantes vel propter quæstum, vel propter favorem laudis. Sic enim mulieres adulteræ dicuntur quando recipiunt semen ex alio viro ad propagationem prolis. In prædicatione autem semen nihil aliud est quam finis seu intentio tua, vel favor gloriæ propriæ.

Si ergo finis tuus est quæstus, si intentio tua est favor gloriæ propriæ, adulteras verbum Dei. Hoc faciebant pseudo-apostoli, qui propter quæstum prædicabant. Infra IV, 2: neque adulterantes verbum Dei, etc.. Apostoli autem prædicabant neque propter quæstum, neque gloriam propriam, sed propter laudem Dei et salutem proximi. Et ideo subiungit sed ex sinceritate, id est, sincera intentione, non pro quæstu et sine admixtione corruptionis. Supra I, 12: ex sinceritate, etc..

Ponit autem triplicem rationem huius sinceritatis. Prima ratio sumitur ex dignitate mittentis. Nuntium enim veritatis decet vera loqui. Et ideo dicit ex Deo, id est, illa sinceritate quæ est digna nuntiatio Dei.

I Petr. IV, 11: si quis loquitur quasi sermones Dei.

Secunda sumitur ex auctoritate præsidentis cui astat. Ideo dicit coram Deo, coram quo ex sinceritate loqui debemus. III Reg. XVII, 1: vivit Dominus, in cuius conspectu sto, etc..

Tertia sumitur ex dignitate materiæ de qua loquitur. Nam prædicatio apostolorum est de Christo, et ideo debet esse sincera, sicut et ipse Deus et Christus. Et ideo dicit in Christo solum, non de legalibus, ut pseudo-apostoli faciunt. I Cor. II, 2: neque existimavi me scire aliquid inter vos, nisi Christum, et hunc crucifixum.

Commentaria in Epistolis S. Pauli

Capitulus III

Lectio 1

Postquam apostolus suam excusationem posuit, in qua benevolentiam captavit auditorum, hic consequenter prosequitur suam intentionem, scilicet tractans de ministris novi testamenti.

Et circa hoc duo facit.

Primo enim commendat dignitatem bonorum ministrorum; secundo vero exaggerat malitiam malorum ministrorum, et hoc a X cap.

Et deinceps. Circa primum duo facit.

Primo enim commendat ministerium novi testamenti; secundo commendat usum huius ministerii in aliis, exhortando eos ad hoc, ibi VI cap.

Adiuvantes autem, etc..

Circa primum commendat huiusmodi ministerium novi testamenti ex tribus.

Primo ex dignitate in isto capite; secundo ex usu, cap. IV, ibi ideo habentes, etc.; tertio ex præmio, cap. V, ibi scimus autem quoniam si, etc..

Circa primum duo facit.

Primo removet quamdam obiectionem; secundo commendat ministros novi testamenti, ibi qui et idoneos nos fecit, etc..

Circa primum sciendum est quod apostolus intendit commendare ministros novi testamenti, quorum ipse erat unus. Et ideo ne Corinthii obiicerent sibi quod in hoc vellet commendare seipsum, statim excludit, dicens incipimus iterum nosmetipsos, etc.. Ubi duo facit.

Primo movet quæstionem; secundo respondet, ibi scilicet aut numquid egemus, etc..

Quæstio sua talis est: dico quod non sumus adulterantes verbum Dei, sicut pseudo, sed ex sinceritate, sicut ex Deo. Sed numquid hoc dicendo, incipimus iterum nos commendare, id est, dicimus ista ut velimus nostram gloriam quærere et non Dei? et dicit iterum, quia in epistola prima commendaverat se satis, cum dixit: ut sapiens architectus, etc.. Non ergo hoc dicimus, ut quæramus gloriam nostram, sed Dei. Prov. XXVII, 2: laudet te alienus, etc..

Huic autem quæstioni respondet, cum dicit aut numquid egemus, etc.. Et ostendit, quod non libenter commendat se.

Et circa hoc duo facit.

Primo ostendit quod non indiget commendatione hominum; secundo quod neque etiam hoc requirit ipse ab eis, ibi fiduciam autem talem, etc..

Circa primum duo facit.

Primo ostendit, quod non indiget commendatione eorum ad gloriam propriam; secundo huius causam assignat, ibi epistola nostra vos estis, etc..

Dicit ergo: dico quod non incipimus commendare nosmetipsos, quia non indigemus commendatione. Et hoc est, quod dicit aut numquid egemus nos, veri ministri, sicut quidam, scilicet

Secunda ad Corinthios

pseudo, commendatitiis epistolis, id est laudibus Missis, ad vos, ab aliis, aut ex vobis, aliis Missis? sed contra Col. IV, 10 dicitur: Marcus consobrinus Barnabæ, de quo accepistis mandatum, etc.. Etiam legati Papæ semper portant litteras commendatitias. Non est ergo malum.

Respondeo. Dicendum, quod accipere litteras huiusmodi a personis famosis, ut solum per illas commendentur et honorentur, quousque ipsi ex bonis operibus suis veniant in notitiam, hoc non est malum, hoc faciunt legati Papæ. Apostolus vero ita iam erat notus et commendatus apud istos per opera sua, quod non indigebat litteris commendatitiis.

Et ideo statim causam huius assignans, subdit epistola nostra vos estis. Quasi dicat: ego habeo bonas litteras, non indigeo aliis. Et ideo circa hoc duo facit. Primo enim ostendit quæ sit ista littera quam habet; secundo exponit hoc idem, ibi manifestati, etc.. Circa primum duo facit.

Primo ostendit quæ sit illa littera; secundo ostendit eam esse sufficientem ad commendationem propriam, ibi scripta, etc..

Dicit ergo sic epistola nostra vos estis, id est epistola per quam manifestatur dignitas nostra, qua nos commendamur, ita ut epistolis aliis non indigeamus. Supra II: gloria nostra vos estis. Gal. IV, 19: filioli mei quos iterum parturio, etc..

Sed hæc epistola estne sufficiens? ita, quia scripta, etc.. Ubi duo tangit, sufficientiam litterarum huiusmodi causantia. Unum est, quod intelligatur et sciatur ab eo pro quo mittitur, alias adhuc quæreret, nisi sciret se eam habere. Et quantum ad hoc dicit scripta in cordibus nostris, quia semper vos habemus in memoria, habentes de vobis specialem curam. Phil. I, 7: eo quod habeam vos, etc..

Secundum est, quod ille cui mittitur, legat et sciat eam, alias non curaret de commendatione eius. Et quantum ad hoc dicit quæ scitur et legitur ab omnibus hominibus. Scitur, inquam, quia per nos instituti estis et conversi. Legitur autem, quia exemplo nostri etiam alii imitantur vos. Hab. II, 2: scribe visum, et explana eum super tabulas, ut percurrat qui legerit eum.

Quomodo autem scitur hæc epistola, exponit dicens manifestati, etc.. Et circa hoc tria facit. Primo exponit cuius sit hæc littera; secundo quomodo sit scripta, et tertio in quo.

Cuius autem sit, sic ostendit, quia Christi.

Et ideo dicit manifestati quoniam estis Christi, id est a Christo informati et inducti, scilicet principaliter et auctoritative.

Matth. XXIII, 8: unus est Magister vester.

Sed a nobis secundario et instrumentaliter.

Et ideo dicit ministrata a nobis. I Cor. IV, 1: sic nos existimet homo, etc. I Cor. III, 4: quid igitur Cephas, etc..

Quomodo autem sit scripta, ostendit, quia non atramento, id est non

Commentaria in Epistolis S. Pauli

admixta erroribus, sicut pseudo-apostoli; non mutabilis et imperfecta, sicut vetus lex, quæ neminem ad perfectum adduxit, Hebr. VII, 19. Nam atramentum nigrum est per quod intelligitur error, et delebile per quod intelligitur mutabilitas.

Non, inquam, atramento est scripta, sed spiritu Dei vivi, id est spiritu sancto, quo vivitis, et quo docente instructi estis.

Eph. I, 13: in quo signati estis.

Ubi autem sit scripta insinuat, subdens non in tabulis lapideis, sicut lex vetus, ut excludat duritiem, quasi dicat: non in lapideis cordibus habentibus duritiem, sicut Iudæi.

Act. VII, 51: dura cervice, etc.. Sed in tabulis cordis carnalibus, id est, in cordibus latis ex charitate, et carnalibus, id est, mollibus ex affectu implendi et intelligendi.

Ez. XXXVI, 26: auferam a vobis cor lapideum, etc..

Fiduciam autem talem, etc.. Apostolus supra excusavit se, quod non quærebat gloriam suam quia non indigebat ea, hic vero probat quia ipse non quærit gloriam propriam, imo omnia bona quæ facit, non attribuit sibi, sed Deo.

Et circa hoc duo facit.

Primo enim attribuit omnia bona, quæ habet et facit, Deo; secundo causam huius assignat, ibi non quod sufficientes, etc..

Dicit ergo primo: dico quod non egemus epistolis commendatitiis, et quod vos estis epistola nostra ministrata a nobis. Nec etiam quærimus gloriam nostram, sed Christi.

Et fiduciam talem, id est dicendi talia, habemus ad Deum, id est referimus in Deum. Vel fiduciam tendentem in Deum, ex cuius viribus hoc dico, quia ipse in me operatur.

Quam quidem fiduciam habemus per Christum, per quem accessum habemus ad patrem, ut dicitur Rom. V, 2, qui univit nos Deo. Ier. XVII, 7: benedictus vir, etc.. Et quia unitus Deo per Christum habeo hanc fiduciam.

Ps. XI, 6: fiducialiter agam, etc..

Causa autem huius fiduciæ est, quia quidquid ego facio, etiam ipsum principium operis, Deo attribuo. Et ideo dicit non quod simus sufficientes cogitare, saltem non dicere, vel implere. Nam in quolibet processu operis primo est assensus, qui fit cogitando, deinde collatio per verbum, et postmodum impletio per opus; unde fit, ut sic nec cogitare quis a se habeat, sed a Deo; non est enim dubium, quod non solum perfectio operis boni est a Deo, sed etiam inchoatio.

Phil. I, 6: qui coepit in vobis opus bonum, etc.. Et hoc est contra Pelagianos dicentes, quod inchoatio boni operis est ex nobis, sed perfectio est a Deo. Is. XXVI, 12: omnia opera nostra, etc..

Sed ex hoc, ne videatur tollere libertatem arbitrii, dicit a nobis, quasi ex nobis, quasi dicat: possum quidem aliquid facere, quod est liberi arbitrii, sed hoc, quod facio, non est ex me, sed a Deo, qui hoc ipsum posse confert; ut sic, et libertatem hominis defendat cum dicit a nobis, id est a nostra parte, et divinam gratiam commendet, cum dicit quasi ex nobis scilicet procedat, sed a Deo.

Hoc etiam Philosophus vult, quod numquam homo per liberum arbitrium potest quoddam bonum facere, sine adiutorio Dei.

Et ratio sua est, quia in his, quæ facimus, quærendum est illud propter quod facimus.

Non est autem procedere in infinitum, sed est devenire ad aliquid primum, puta ad consilium.

Sic ergo bonum facio, quia consilium mihi inest ad hoc, et hoc est a Deo. Unde dicit, quod consilium boni est ab aliquo, quod est supra hominem, movens eum ad bene operandum. Et hoc est Deus, qui et homines movet et omnia, quæ agunt ad actiones suas, sed aliter et aliter. Cum enim huiusmodi motus sit quoddam receptum in moto, oportet quod hoc fiat secundum modum suæ naturæ, id est, rei motæ. Et ideo omnia movet secundum suas naturas. Ea ergo, quorum natura est ut sint liberæ voluntatis, dominium suarum actionum habentia, movet libere ad operationes suas, sicut creaturas rationales et intellectuales. Alia autem non libere, sed secundum modum suæ naturæ.

Licet autem non simus sufficientes cogitare aliquid a nobis, tamquam ex nobis, tamen habemus aliquam sufficientiam, qua scilicet bonum possumus velle et credere incipiamus, et hoc a Deo est. I Cor. IV, 7: quid habes, quod non accepisti?

Lectio 2

Commendato ministerio novi testamenti, hic consequenter commendat ministros eius. Et primo ponit duo quæ respondent verbis præmissis. Præmiserat enim donum a Deo acceptum, cum dixit: sufficientia nostra, etc.; et fiduciam ex dono conceptam, cum dixit: fiduciam talem, etc.. Primo ergo determinat ea quæ pertinent ad donum perceptum; secundo ea quæ ad fiduciam conceptam, ibi habentes igitur talem, etc..

Circa primum tria facit.

Primo ostendit donum a Deo susceptum, scilicet ministerium novi testamenti; secundo describit novum testamentum, ibi non littera, sed spiritu; tertio ex dignitate novi testamenti ostendit dignitatem ministrorum eius, ibi si ministratio, etc..

Dicit ergo: dico quod sufficientia nostra ex Deo est, qui et fecit nos idoneos ministros novi testamenti, Is. LXI, 6: ministri Dei nostri, dicetur vobis. Et in hoc tenemus locum Angelorum. Ps. CIII, 4: qui facit Angelos, etc..

Sed non solum fecit nos ministros, sed idoneos. Deus enim cuilibet rei dat ea per quæ possit consequi perfectionem suæ naturæ.

Commentaria in Epistolis S. Pauli

Unde, quia Deus constituit ministros novi testamenti, dedit et eis idoneitatem ad hoc officium exercendum, nisi sit impedimentum ex parte recipientium. Supra II, 16: et ad hæc quis tam idoneus, scilicet sicut apostoli a Deo instituti? hoc autem novum testamentum quid sit, describit, subdens non littera, etc..

Et describit ipsum quantum ad duo, scilicet quantum ad illud in quo consistit, et quantum ad causam propter quam datum est, ibi littera enim occidit, etc..

Circa primum sciendum est quod apostolus loquitur profunde. Dicitur enim Ier. XXXI, 31 ss.: feriam domui Israel et domui Iuda foedus novum, non secundum pactum quod pepigi cum patribus vestris. Et post: dabo legem meam in visceribus eorum, et in corde eorum superscribam eam, etc.. Vetus ergo testamentum scribitur in libro, postmodum sanguine aspergendo, ut dicitur Hebr. IX, 19: accepit sanguinem et aspersit librum, etc., dicens: hic est sanguis, etc..

Et sic patet, quod vetus lex est testamentum litteræ. Sed novum testamentum est testamentum spiritus sancti, quo charitas Dei diffunditur in cordibus nostris, ut dicitur Rom. V, 5. Et sic dum spiritus sanctus facit in nobis charitatem, quæ est plenitudo legis, est testamentum novum, non littera, id est per litteram scribendum, sed spiritu, id est per spiritum qui vivificat. Rom. VIII, 2: lex spiritus vitæ, id est vivificantis.

Causa autem quare datum sit novum testamentum per spiritum, subditur quia littera occidit occasionaliter. Nam littera legis dat solam cognitionem peccati.

Rom. III, 20: per legem autem cognitio peccati.

Ex hoc autem, quod cognosco peccatum, solum duo sequuntur. Nam lex dum per eam cognoscitur, non reprimit concupiscentiam: sed magis occasionaliter auget, inquantum concupiscentia ferventius fertur in rem prohibitam. Unde huiusmodi cognitio, nondum destructa causa concupiscentiæ, occidit; hinc vero addit prævaricationem. Nam gravius est peccare contra legem scriptam et naturalem simul, quam contra legem naturalem solum. Rom. VII, 8: occasione accepta non data, peccatum, etc..

Licet autem occasionaliter occidat, inquantum scilicet auget concupiscentiam, et addit prævaricationem, non tamen est mala lex vetus, quia ad minus prohibet mala. Est tamen imperfecta, inquantum non removet causam.

Est ergo lex sine spiritu interius imprimens legem in corde, occasio mortis. Et ideo necessarium fuit dare legem spiritus, qui charitatem in corde faciens, vivificet. Io. VI, 64: spiritus est, qui vivificat.

Consequenter ex his ostendit dignitatem sui ministerii.

Et circa hoc duo facit.

Primo ostendit, quod ministerium novi testamenti præfertur ministerio veteris testamenti; secundo quod non solum præfertur, sed quod ministerium veteris testamenti quasi nihil habet de gloria in comparatione ad novum, ibi nam nec glorificatum, etc..

Circa primum duo facit.

Primo ostendit quod ministerium novi testamenti præfertur veteri; secundo rationem huius assignat, ibi nam si ministratio, etc..

Circa primum sciendum est, quod apostolus argumentatur ex hoc quod habetur exodi XXIV, ubi littera nostra habet, quod Moyses habebat faciem cornutam, ita quod non possent, etc.. Alia littera habet faciem splendidam, quod melius dicitur. Non enim intelligendum est eum habuisse cornua ad litteram, sicut quidam eum pingunt; sed dicitur cornuta propter radios, qui videbantur esse quasi quædam cornua.

Arguitur autem ex hoc sic. Et primo per unum simile, et est locus a minori. Constat enim quod si aliquid quod minus est, habet aliquid de gloria, quod multo magis illud quod est maius. Sed vetus testamentum est minus quam novum; cum ergo illud fuerit in gloria, ita ut non possent, etc., videtur quod multo magis novum est in gloria.

Quod autem vetus testamentum minus sit novo, probat tripliciter.

Primo quantum ad effectum, quia illud est testamentum mortis, istud vitæ, ut dictum est. Et quantum ad hoc dicit, quod si ministratio mortis, id est vetus, quæ est occasio mortis. Et hoc respondet ei quo dicitur littera occidit, etc..

Secundo quantum ad modum tradendi, quia vetus fuit tradita litteris in tabulis lapideis, nova vero fuit impressa spiritu in cordibus carnalibus. Et hoc innuit, cum dicit litteris deformata, id est perfecte formata, in lapidibus, id est in tabulis lapideis. Et hoc ei respondet, quo dicitur: non littera, sed spiritu, etc..

Tertio quantum ad perfectionem, quia gloria veteris testamenti sine fiducia est, quia neminem ad perfectum adduxit lex. In novo vero est gloria cum spe melioris gloriæ, scilicet sempiternæ. Is. LI, 6: salus mea in sempiternum erit. Et hoc innuit, cum dicit quæ evacuatur, Gal. V, 2: quod si circumcidamini, Christus nihil, etc..

Conclusio ponitur, cum dicit quomodo non magis, quod planum est.

Horum autem rationem assignat consequenter, cum dicit nam si ministratio, etc..

Et est ratio sua talis: gloria magis debetur iustitiæ, quam damnationi, sed ministerium novi testamenti est ministerium iustitiæ, quia iustificat interius vivificando. Ministerium autem veteris testamenti est ministerium damnationis occasionaliter. Supra eodem: littera occidit, spiritus autem vivificat. Cum ergo ministratio damnationis, id est, ministratio veteris testamenti, quæ occasionaliter est causa damnationis, ut dictum est, est in gloria, quæ apparuit in facie Moysi, constat quod multo magis abundat in gloria, id est,

Commentaria in Epistolis S. Pauli

dat abundantem gloriam ministris eius, ministerium iustitiæ, id est, novi testamenti, per quod datur spiritus, per quem est iustitia et consummatio virtutum.

Prov. III, 35: sapientes gloriam possidebunt.

Consueverunt hoc in loco fieri quæstiones de comparatione Moysi et Pauli, sed, si recte considerentur verba apostoli, non sunt necessariæ, quia hic non fit comparatio personæ ad personam, sed ministerii ad ministerium.

Sed quia possent pseudo-apostoli dicere quod licet maius ministerium sit novi testamenti quam ministerium veteris testamenti non tamen est multo maius, et ideo bonum est quod illi ministerio, et isti intendamus, quod et faciebant, quia simul servabant legalia cum evangelio. Ideo hic consequenter apostolus hoc improbat, cum dicit nam nec glorificatum, etc..

Et circa hoc duo facit.

Primo enim ostendit, quod ministerium novi testamenti absque aliqua comparatione excedit ministerium veteris; secundo causam huius assignat, ibi si enim quod evacuatur, etc..

Dicit ergo: dixi quod ministerium iustitiæ abundat in gloria, et intantum quod gloria veteris ministerii non est dicenda gloria, quia nec glorificatum, etc.: quod dupliciter exponitur.

Primo modo sic quia nec, etc., id est illa gloria nihil est in comparatione ad istam novi testamenti, quia illa gloria non est omnibus ministris collata, sed solum Moysi, et non claruit in toto Moyse, sed in parte, id est in facie solum particulariter. Et ideo nec glorificatum est, id est nec glorificari debet, propter excellentem gloriam, id est comparatione excellentis gloriæ novi testamenti, quæ abundat gratia, ut per eam purificati homines possent videre non gloriam hominis, sed Dei.

Secundo modo ut punctetur sic: nec glorificatum est quod claruit; quasi dicat: nam in hac parte, id est in respectu huius naturæ particularis, qui sumus servi, non est glorificatum, id est non gloriosum illud quod claruit in veteri testamento; et hoc propter excellentem gloriam, quæ est in novo, quia illa est gloria Dei patris.

Huius autem causam assignat consequenter, cum dicit si enim quod evacuatur, etc..

Et est ratio sua talis: illud quod datur ut transeat, nihil est in respectu ad illud quod datur ut semper maneat. Si ergo testamentum vetus, quod evacuatur, tollitur, I Cor. XIII, 10: cum venerit quod perfectum est, evacuabitur quod ex parte est, etc.. Per gloriam enim Moysi ministratum saltem per particularem gloriam.

Constat quod testamentum novum manet, quia hic inchoatur, et perficitur in patria.

Lc. XXI, 33: cælum et terra transibunt, verba autem mea non transibunt. Erit multo magis in gloria æterna, in qua perficietur.

Erit, inquam, nobis, qui sumus eius

ministri.

Lectio 3

Positis his quæ pertinent ad commendationem doni percepti a Deo, hic consequenter ponit ea quæ pertinent ad commendationem fiduciæ de ipso dono conceptæ.

Circa hoc autem duo facit.

Primo ponit fiduciam ex dono conceptam; secundo vero comparat fiduciam veteris et novi testamenti, ibi et non sicut Moyses.

Dicit ergo primo: habentes igitur talem spem, ex hoc scilicet quod nobis dictum est, scilicet videndi gloriam Dei, Rom. VIII, 24: spe enim salvi facti sumus, multa fiducia utimur, id est, confidenter operamur ea quæ pertinent ad usum huius ministerii, ex quo crescit nobis spes. Prov. XXVIII, 1. Iustus quasi leo confidens absque terrore erit. Ier. XVII, 7: benedictus vir qui confidit in Domino.

Consequenter, sicut prætulit donum dono, ita præfert fiduciam novi testamenti fiduciæ veteris testamenti, cum dicit et non sicut Moyses, etc..

Et circa hoc duo facit: primo proponit factum in veteri testamento; secundo exponit, ibi quod evacuatur, etc..

Factum autem quod proponit legitur exodi XXXIV, 34, ubi dicitur quod Moyses quando loquebatur ad populum, velabat faciem suam, quia propter claritatem vultus eius non poterant respicere in eum filii Israel. Et ideo dicit et non sicut Moyses, etc.,

quasi dicat: dico quod utimur multa fiducia, et tanta, quod non accidit nobis, sicut Moyses faciebat eis, scilicet non revelando faciem suam populo, quia nondum venerat tempus revelandi claritatem veritatis.

Habemus ergo nos fiduciam absque velamine.

Consequenter exponit hoc quod dixerat, de velamine, dicens quod evacuatur, etc.. Velamen enim illud erat obscuritas figurarum, quæ per Christum evacuata est.

Et circa hoc tria facit.

Primo enim ponit evacuationem huius velaminis; secundo quomodo hæc evacuatio habet locum in Iudæis, ibi sed obtusi, etc.; tertio quomodo non habeat locum in ministris novi testamenti, ibi nos vero revelata, etc..

Dicit ergo quod Moyses ponebat velamen, scilicet figuræ, super faciem suam, quod, scilicet velamen, evacuatur, id est tollitur per Christum, scilicet implendo in veritate quod Moyses tradidit in figura, quia omnia in figura contingebant illis. Sic enim Christus per mortem suam removit velamen de occisione agni paschalis, et ideo statim cum emisit spiritum, velum templi scissum est. Item, in mittendo spiritum sanctum in corda credentium, ut intelligerent spiritualiter quod Iudæi carnaliter intelligunt. Et hoc velamen removit, cum aperuit eis sensum, ut intelligerent Scripturas, Lc. Cap. Ult..

Qualem autem effectum habeat in Iudæis hæc evacuatio, ostendit, dicens

Commentaria in Epistolis S. Pauli

sed obtusi, etc..

Et circa hoc duo facit.

Primo ostendit, quod remotum ab illis non fuit in statu infidelitatis; secundo ostendit, quod removebitur in eorum conversione, ibi cum autem conversus fuerit, etc..

Circa primum duo facit.

Primo ostendit rationem quare hæc evacuatio non habet locum in Iudæis; secundo, ex hoc ostendit eos adhuc habere velamen, ibi sed usque in hodiernum diem, etc..

Dicit ergo quod evacuatur in his qui credunt, sed non quantum ad Iudæos infideles. Et ratio huius est, quia obtusi sunt sensus eorum, id est ratio eorum hebes est, et sensus eorum imbecilles et obtusi sunt, nec possunt videre claritatem divini luminis, id est divinæ veritatis, absque velamine figurarum.

Et huius ratio est quia claudunt oculos, ut non videant, quia velum templi scissum est. Et ideo est ex eorum culpa infidelitatis, non ex defectu veritatis, quia, remoto velamine, omnibus aperientibus oculos mentis per fidem clarissime veritas manifestatur.

Rom. XI, 25: cæcitas ex parte contigit in Israel. Io. IX, 39: in iudicium veni in hunc mundum, etc.. Sic enim prophetaverat Isaias VI cap.: excæca cor populi huius, etc..

Et vere intantum obtusi sunt sensus eorum, ut veritatem nobis manifestatam usque in hodiernum diem non intelligant. Sed idipsum velamen, quod erat in veteri testamento, antequam velum templi scissum esset in lectione veteris testamenti, quia non aliter intelligunt illud, quam ante, quia adhuc innituntur figuris, ut veritatem non revelent, id est non intelligant: sic velamen Dei, non figuram, sed veritatem credunt, quod scilicet evacuatur quantum ad fideles, et quantum in se est omnibus per Christum, id est in fide Christi, sed in eis non manet, quia non credunt venisse Christum.

Consequenter cum dicit sed usque in hodiernum diem, etc., ostendit quomodo adhuc apud Iudæos est velamen quantum ad infideles, licet remotum sit per Christum.

Circa quod sciendum est, quod velamen dicitur apponi alicui dupliciter: aut quia apponitur rei visæ ne possit videri, aut quia apponitur videnti ne videat. Sed Iudæis in veteri lege utroque modo appositum erat velamen.

Nam et corda eorum excæcata erant, ne cognoscerent veritatem propter eorum duritiem, et vetus testamentum nondum completum erat, quia nondum veritas venerat.

Unde in signum huius velamen erat in facie Moysi et non in faciebus eorum, sed, veniente Christo, velamen remotum est a facie Moysi, id est a veteri testamento, quia iam impletum est, sed tamen non est remotum a cordibus eorum. Et hoc est quod dicit sed usque in hodiernum diem, quasi dicat: amotum est a fidelibus veteris testamenti velamen, sed adhuc cum

Secunda ad Corinthios

legitur Moyses, id est, cum exponitur eis vetus testamentum, act. XV, 21: Moyses a temporibus antiquis habet in singulis civitatibus, qui eum prædicent in synagogis, etc., velamen, id est cæcitas, est positum super cor eorum. Rom. XI, 25: cæcitas ex parte contigit, etc..

Quando autem et quomodo removetur ab eis illud velamen, ostendit consequenter, cum dicit cum autem conversus, etc..

Et primo describit modum removendi hoc velamen; secundo rationem huius reddit, ibi Dominus autem spiritus, etc..

Dicit ergo, quod illud velamen adhuc est in eis, sed non quod vetus testamentum sit velatum, sed quia corda eorum velata sunt. Et ideo, ad hoc ut removeatur, nihil restat, nisi quod convertantur, et hoc est quod dicit cum autem conversus fuerit, scilicet aliquis eorum ad Deum per fidem in Christum, ex ipsa conversione auferetur velamen.

Is. X, 21: reliquiæ convertentur, etc..

Et hoc idem habetur Rom. IX, 27.

Et nota, quod cum ageret de cæcitate, loquitur in plurali, unde dicit super corda eorum, cum vero loquitur de conversione, loquitur in singulari dicens cum autem conversus, ut ostendat eorum facilitatem ad malum, et difficultatem ad bonum, quasi pauci convertantur.

Ratio autem quare convertantur, et velamen removeatur, hoc modo est, quia Deus vult.

Posset enim dicere, quod velamen illud appositum est ex præcepto Domini, et ideo non potest removeri. Sed apostolus ostendit, quod non solum potest removeri, imo quia removetur per eum, qui est Dominus.

Et hoc est, quod dicit Dominus enim, etc..

Quod potest dupliciter legi. Uno modo, ut spiritus teneatur ex parte subiecti, ut dicatur: spiritus, id est spiritus sanctus, scilicet qui est auctor legis, est Dominus, id est operatur ex proprio libertatis arbitrio. Io. III, 8: spiritus ubi vult spirat. I Cor. XII, 11: dividens singulis prout vult. Ubi autem spiritus Domini, ibi libertas; quasi dicat: quia spiritus est Dominus, potest dare libertatem, ut possimus libere uti Scriptura veteris testamenti absque velamine. Et ideo, qui non habent spiritum sanctum, non possunt libere uti. Gal. V, 13: vos in libertatem vocati estis. I Petr. II, 16: quasi liberi, et non quasi velamen habentes malitiæ libertatem.

Alio modo, ut per Dominum intelligatur Christus, et tunc legitur sic Dominus, id est Christus, est spiritualis, id est spiritus potestatis, et ideo ubi est spiritus Domini, id est lex Christi spiritualiter intellecta, non scripta litteris, sed per fidem cordibus impressa, ibi est libertas, ab omni impedimento velaminis.

Sciendum autem, quod occasione istorum verborum, scilicet ubi spiritus Domini, ibi libertas, et illorum, scilicet iusto lex non est posita, aliqui erroneæ dixerunt quod viri spirituales non

Commentaria in Epistolis S. Pauli

obligantur præceptis legis divinæ. Sed hoc est falsum; nam præcepta Dei sunt regula voluntatis humanæ.

Nullus autem homo est, nec etiam Angelus, cuius voluntatem non oporteat regulari et dirigi lege divina. Unde impossibile est aliquem hominem præceptis Dei non subdi.

Hoc autem quod dicitur iusto lex non est posita, exponitur, id est, propter iustos, qui interiori habitu moventur ad ea quæ lex Dei præcipit, lex non est posita: sed propter iniustos, non quin etiam iusti ad eam teneantur.

Et similiter ubi spiritus Domini, ibi libertas, intelligitur, quia liber est, qui est causa sui: servus autem est causa Domini; quicumque ergo agit ex seipso, libere agit; qui vero ex alio motus, non agit libere. Ille ergo, qui vitat mala, non quia mala, sed propter mandatum Domini, non est liber; sed qui vitat mala, quia mala, est liber. Hoc autem facit spiritus sanctus, qui mentem interius perficit per bonum habitum, ut sic ex amore caveat, ac si præciperet lex divina; et ideo dicitur liber, non quin subdatur legi divinæ, sed quia ex bono habitu inclinatur ad hoc faciendum, quod lex divina ordinat.

Deinde, cum dicit nos vero omnes, etc., ostendit quomodo Christi fideles sunt omnino liberi ab hoc velamine. Dicit ergo: dico quod ab illis aufertur velamen hoc, cum aliquis conversus fuerit sicut nos, non aliquis, sed omnes, qui sumus Christi fideles. Lc. VIII, 10: vobis datum est, etc..

Revelata facie, non habentes velamen supra cor, sicut illi. Et intelligitur per faciem, cor, seu mens, quia sicut per faciem videt quis corporaliter, ita per mentem spiritualiter. Ps. CXVIII, 18: revela oculos meos, etc..

Gloriam Domini, non Moysi: gloria enim significat claritatem, ut dicit Augustinus. Iudæi autem videbant quamdam gloriam in facie Moysi ex hoc, quod locutus est cum Deo.

Sed hæc gloria est imperfecta, quia non est claritas ex qua ipse Deus est gloriosus; et hoc est cognoscere ipsum Deum. Vel gloriam Domini, id est, filium Dei. Prov. X: gloria patris, filius sapiens, etc..

Speculantes non sumitur hic a specula, sed a speculo, id est ipsum Deum gloriosum cognoscentes per speculum rationis, in qua est quædam imago ipsius. Et hunc speculamur quando homo ex consideratione sui ipsius assurgit in cognitionem aliquam de Deo, et transformatur.

Cum enim omnis cognitio sit per assimilationem cognoscentis ad cognitum, oportet quod qui vident, aliquo modo transformentur in Deum. Et siquidem perfecte vident, perfecte transformantur, sicut beati in patria per fruitionis unionem, I Io. III, 2: cum autem apparuerit, etc.. Si vero imperfecte, imperfecte, sicut hic per fidem, I Cor. XIII, 12: videmus nunc per speculum in ænigmate.

Et ideo dicit in eamdem imaginem, id est sicut videmus, transformamur, inquam, a claritate in claritatem, in quo distinguit triplicem gradum cognitionis in discipulis Christi:

primus est a claritate cognitionis naturalis in claritatem cognitionis fidei.

Secundus est a claritate cognitionis veteris testamenti, in claritatem cognitionis gratiæ novi testamenti. Tertius est a claritate cognitionis naturalis et veteris et novi testamenti, in claritatem visionis æternæ.

Infra IV, 16: licet is qui foris est, etc..

Sed unde est hoc? non ex littera legis, sed tamquam a spiritu Domini. Rom. VIII, 14: quicumque spiritu Dei aguntur. Ps. CXLII, 10: spiritus tuus bonus deducet, etc..

Capitulus IV

Lectio 1

Ostensa dignitate ministerii novi testamenti, hic consequenter apostolus determinat de usu ministerii.

Et circa hoc duo facit.

Primo enim ostendit usum huius ministerii, qui debet esse in agendis bonis; secundo illum, qui debet esse in malis patienter tolerandis, ibi habemus autem thesaurum, etc..

Circa primum duo facit.

Primo ponit huius ministerii usum; secundo obiectionem excludit, ibi quod si, etc..

Dicit ergo: quia igitur huiusmodi ministerium est tantæ dignitatis in se et in ministris, ideo habentes hanc administrationem, idest hanc dignitatem administrandi spiritualia. I Cor. IV, 1: sic nos existimet homo, ut ministros, etc.. Rom. XI, 13: quamdiu sum gentium apostolus, ministerium, etc..

Habentes, inquam, non ex nobis, seu ex meritis nostris, sed iuxta quod misericordiam consecuti sumus a Deo, id est ex misericordia Dei, quam in hoc consecuti sumus a Deo.

I Tim. I, 13: misericordiam consecutus sum, etc..

Consequenter cum dicit non deficimus, etc., describit usum huius ministerii, qui debet esse circa bona agenda, et hoc quantum ad duo.

Primo quantum ad vitationem malorum; secundo quantum ad operationem bonorum in manifestatione, etc..

Docet autem vitari mala in usu huius ministerii, et quantum ad vitam, et quantum ad doctrinam. Sed quantum ad vitam dupliciter, scilicet quantum ad operationem, et quantum ad intentionem.

Nam si quis vitat mala operari et bona intentione, perfecte vitat mala. In operatione autem vitatur malum, in adversitate patienter mala sustinendo, et ideo dicit non deficimus, per impatientiam. Gal. VI, 9: bonum autem facientes non deficiamus. II Cor. XII, 10: cum infirmor, tunc fortior sum et potens.

Vitatur etiam in prosperitate, temperate utendo eis quæ prospere succedunt, et ideo dicit sed abdicamus occulta dedecoris, id est amovemus a nobis quæ hominem turpem et

Commentaria in Epistolis S. Pauli

dedecorosum faciunt, scilicet immunda et turpia, et etiam occulta, non solum manifesta.

Iac. I, 21: abiiciamus omnem immunditiam.

Eph. V, 12: quæ in occulto ab eis fiunt, turpe, etc..

In intentione autem vitatur malum vitæ, si est intentio recta, et quantum ad hoc dicit non ambulantes in astutia, id est in astutia et simulatione et hypocrisi, quod faciunt pseudo, qui aliud prætendunt exterius, et aliud gerunt interius in corde. Iob XXXVI, 13: simulatores et callidi provocant iram Dei.

In doctrina autem vitatur malum quando verbum Domini debito modo proponitur, et quantum ad hoc dicit non adulterantes verbum.

Quod dupliciter exponitur, ut patet supra.

Et primo non permiscentes doctrinæ Christi falsam doctrinam, quod faciebant pseudo dicentes legalia debere servari cum evangelio. Secundo non prædicantes propter lucrum, vel gloriam propriam. Et istorum primus est lupus, secundus mercenarius.

Sed qui vera prædicat, et propter gloriam Dei, est pastor. Unde Augustinus: pastor est amandus, lupus vitandus, sed mercenarius ad tempus tolerandus.

Sed quia non sufficit ad perfectam iustitiam solum vitare mala, sed requiritur operatio bona, ideo consequenter subiungit de operatione bonorum in ipso usu huius ministerii. Et ponitur triplex bonum, quod facit contra triplex malum. Primum bonum contra malum doctrinæ; secundum contra malum operationis; tertium contra malum intentionis.

Contra malum doctrinæ, quod debet vitari, facit bonum manifestæ veritatis. Et quantum ad hoc dicit in manifestatione veritatis, quasi dicat: non deficimus sed, vitantes mala, ambulamus et proficimus in manifestatione veritatis, id est veritatem puram manifestamus.

Io. XVIII, 37: ad hoc natus sum, ut testimonium perhibeam veritati. Eccli. XXIV, 31: qui elucidant me, vitam æternam habebunt.

Contra malum operationis faciunt bona opera, et quantum ad hoc dicit commendantes nosmetipsos, etc.. Et hoc non facimus dicendo de nobis bona, quia non de facili creditur ei qui seipsum commendat, sed operando bona, quia talia opera facimus, ut ex ipsis operibus reddamus nosmetipsos commendabiles, ad omnem conscientiam hominum.

I Petr. II, 12: conversationem vestram inter gentes, etc..

Contra malum intentionis facimus bonum reddendo nos commendabiles, non solum ad omnem conscientiam hominum, sed etiam coram Deo, qui intuetur corda. Infra X, 18: non enim qui seipsum commendat, ille probatus est, etc.. Rom. XII, 17: providentes bona, non solum coram, etc..

Et, secundum Augustinum in Glossa,

apostolus implet in hoc mandatum Domini, Matth. V, 16: sic luceat, etc., item VI, 1: attendite ne iustitiam, etc., primum in hoc quod dicit commendantes nos, etc.; secundum vero in hoc quod dicit coram Deo, Rom. II, 28: non enim, qui in manifesto, etc..

Vel potest totum hoc magis secundum continuationem litteræ, legi sic, ut dicatur: ideo habentes hanc administrationem, iuxta quod, etc., non deficimus, supple a bene operando, sed abdicamus, etc., et iterum, in manifestatione veritatis; servato tamen eodem modo exponendi, sicut in prima lectura.

Lectio 2

Hic consequenter apostolus respondet cuidam tacitæ obiectioni.

Posset enim dici sibi ab aliquo: tu dicis, quod non deficis in manifestatione veritatis Christi, sed hoc non videtur, quia multi contradicunt tibi. Huic ergo quæstioni respondet.

Et circa hoc duo facit.

Primo enim respondet quæstioni prædictæ; secundo excludit quoddam dubium, quod videtur ex responsione sua sequi, ibi non enim nosmetipsos, etc..

Circa primum tria facit.

Primo ostendit quibus occultatur veritas Christi; secundo occultationis causam assignat, ibi in quibus Deus huius sæculi; tertio ostendit quod hoc non est ex defectu veritatis evangelii, ut occultetur, ibi ut non fulgeat, etc..

Dicit ergo: dixi quod non deficimus in manifestatione, quod, idest sed, si evangelium nostrum, quod scilicet nos prædicamus, est opertum, id est occultum, non est opertum omnibus, sed illis tantum, qui pereunt, scilicet præbendo impedimentum ne eis manifestetur. I Cor. I, 18: verbum crucis pereuntibus stultitia est, etc..

Causa ergo huius occultationis est non ex parte evangelii, sed propter eorum culpam et malitiam. Et hoc est quod subdit in quibus Deus huius sæculi, etc.. Et hoc potest exponi tribus modis.

Primo modo sic: Deus huius sæculi, id est Deus qui est Dominus huius sæculi et omnium rerum creatione et natura, iuxta illud Ps. XXIII, 1: Domini est terra, et plenitudo eius, orbis terrarum, excæcavit mentes infidelium, non inducendo malitiam, sed merito, imo demerito præcedentium peccatorum subtrahendo gratiam. Is. VI, 10: excæca cor populi huius, etc.. Unde et præcedentia peccata insinuat, cum dicit infidelium, quasi infidelitas eorum fuerit causa huius excæcationis.

Secundo modo sic: Deus huius sæculi, id est diabolus, qui dicitur Deus huius sæculi, id est sæculariter viventium, non creatione sed imitatione, qua sæculares eum imitantur.

Sap. II, 25: imitantur eum, qui sunt, etc.. Et hic excæcat suggerendo, trahendo et inclinando ad peccata. Et sic quando iam sunt in peccatis, operiuntur in tenebris peccatorum ne videant. Eph. IV, 18: tenebris obscuratum habentes intellectum, etc..

Commentaria in Epistolis S. Pauli

Tertio modo sic: Deus habet rationem ultimi finis, et complementum desideriorum totius creaturæ. Unde quidquid aliquis sibi pro fine ultimo constituit in quo eius desiderium quiescit, potest dici Deus illius. Unde cum habes pro fine delicias, tunc deliciæ dicuntur Deus tuus; similiter etiam si voluptates carnis, vel honores. Et tunc exponitur sic: Deus huius sæculi, id est illud quod homines sæculariter viventes sibi pro fine constituunt, ut puta voluptates, vel divitiæ et huiusmodi.

Et sic Deus excæcat mentes, inquantum impedit ne homines lumen gratiæ hic, et gloriæ in futuro, videre possint. Ps. LVII, 9: supercecidit ignis, scilicet concupiscentiæ, ut non viderent solem. Sic ergo excæcatio infidelium non est ex parte evangelii, sed ex culpa infidelium.

Et ideo subdit ut non fulgeat, etc.. Ubi sciendum est, quod Deus pater est fons totius luminis. I Io. I, 5: Deus lux est, et tenebræ in eo non sunt, etc.. Ex hoc autem fontanoso lumine derivatur imago huius luminis, scilicet filius verbum Dei. Hebr. I, 3: qui cum sit splendor, etc.. Hic ergo splendor gloriæ, imago fontanosæ lucis, carnem nostram accepit et multa gloriosa et divina in hoc mundo opera fecit.

Declaratio igitur huius lucis est evangelium, unde et evangelium dicitur notitia claritatis Christi, quæ quidem notitia virtutem habet illuminativam. Sap. VI, 13: clara est et quæ numquam marcescit sapientia, etc.. Et quidem, quantum est de se, in omnibus refulget et omnes illuminat, sed illi qui præbent impedimentum, non illuminantur. Et hoc est quod dicit: ideo excæcavit mentes infidelium, ut scilicet non effulgeat in eis, scilicet in mentibus infidelium, licet in se effulgens sit, illuminatio evangelii illuminantis. Quod quidem est illuminans, quia est gloria Christi, id est claritas. Io. I, 14: vidimus gloriam, etc.. Quæ quidem gloria provenit Christo ex eo quod est imago Dei. Col. I, 15: qui est imago invisibilis Dei.

Nota, secundum Glossam, quod Christus perfectissima imago Dei est. Nam ad hoc quod aliquid perfecte sit imago alicuius, tria requiruntur, et hæc tria perfecte sunt in Christo. Primum est similitudo, secundum est origo, tertium est perfecta æqualitas.

Si enim inter imaginem et eum, cuius est imago, esset dissimilitudo, et unum non oriretur ex alio, similiter etiam si non sit æqualitas perfecta, quæ est secundum eamdem naturam, non esset ibi perfecta ratio imaginis. Nam similitudo regis in denario, non perfecte dicitur imago regis, quia deest ibi æqualitas secundum eamdem naturam; sed similitudo regis in filio dicitur perfecta imago regis, quia sunt ibi illa tria quæ dicta sunt.

Cum ergo ista tria sint in Christo filio Dei, quia scilicet est similis patri, oritur a patre, et æqualis est patri, maxime et perfecte dicitur imago Dei.

Consequenter cum dicit non enim nosmetipsos, etc., removet apostolus quoddam dubium. Posset enim aliquis, contra prædicta, dicere apostolo: supra

Secunda ad Corinthios

dixisti evangelium vestrum esse opertum, modo dicis evangelium Christi illuminare; si ergo detur quod evangelium Christi sit illuminans, non potest hinc sequi quod opertum sit evangelium vestrum. Et ideo ad hoc removendum, duo facit.

Primo, ostendit quod idem est evangelium suum et Christi; secundo, ostendit unde sit quod evangelium suum sit illuminativum, ibi quoniam Deus qui dixit, etc..

Dicit ergo primo: dico quod manifestatio claritatis Christi est evangelium Christi et nostrum. Nostrum quidem tamquam per nos prædicatum; Christi vero, tamquam in ipso evangelio prædicati. Et hoc est quod non prædicamus nosmetipsos, id est non commendamus nos, nec ad nos, id est ad laudem, vel lucrum nostrum convertimus prædicationem nostram, sed ad Christum totum referimus et laudem eius. I Cor. I, 23: nos autem prædicamus Christum, etc.. Ps. LXXII, 28: ut annuntiem omnes prædicationes tuas, non meas, in portis, etc..

Sed Iesum Dominum nostrum, nos autem servos vestros per Iesum. Quasi dicat: Iesum prædicamus ut Dominum, nos autem servos.

Et huius ratio est quia principaliter quærimus laudem Christi et non nostram. Nam servus est, qui est propter utilitatem Domini.

Et inde est, quod minister ecclesiæ, qui non quærit honorem Dei et utilitatem subditorum, non dicitur verus rector, sed tyrannus.

Nam quicumque bene regit, debet esse sicut servus, quærens honorem et utilitatem subditorum.

Gen. XXV, 23: maior serviet minori.

I Cor. IX, 19: cum essem liber, omnium vestrum me servum feci.

Consequenter cum dicit quoniam Deus qui dixit, etc., ostendit unde evangelium suum habet virtutem illuminativam.

Ubi nota ordinem procedendi servatum ab apostolo, qui talis est: nos aliquando, scilicet antequam conversi essemus ad Christum, eramus tenebrosi sicut et vos et alii in quibus non fulget claritas gloriæ Christi. Nunc vero, postquam Christus vocavit nos per gratiam suam ad se, tenebræ istæ remotæ sunt a nobis, et iam fulget in nobis virtus gloriæ claritatis Christi; et intantum refulget in nobis, quod non solum illuminamur ad hoc quod videre possimus, sed etiam quod alios illuminemus. Ex spirituali ergo gratia et abundanti refulgentia claritatis gloriæ Christi in nos, habet evangelium nostrum virtutem illuminativam.

Et hoc est quod dicit: dico quod ideo illuminat evangelium nostrum, quoniam Deus, qui dixit, id est præcepto solo fecit, lucem splendescere, quod fuit in separatione elementorum, quando chaos tenebrosum illuminavit per lucem quam fecit. Gen. I, 3: dixit, fiat lux. Eccli. XXIV, 6: ego feci, ut in cælis oriretur lux, etc.. Iste, inquam, Deus, illuxit in cordibus, id est in mentibus, nostris, prius tenebrosis per absentiam

603

Commentaria in Epistolis S. Pauli

luminis gratiæ et obscuritatem peccati. Lc. I, 79: *illuminare his qui in tenebris, etc.*.

Illuxit, inquam, non solum ut nos illuminaremur, sed ad illuminationem, id est ut et alios illuminemus. Eph. III, 8: *mihi omnium sanctorum minimo data est, etc.*. Matth. V, 14: *vos estis lux, etc.*. Ad illuminationem dico, scientiæ, id est ut faciamus alios scire.

Dico, claritatis Dei, id est claræ divinæ visionis, in facie Iesu Christi. Glossa: id est per Iesum Christum, qui est facies patris, quia sine ipso non cognoscitur pater. Sed melius dicitur sic: ad illuminationem sanctæ claritatis Dei, quæ quidem claritas fulget in facie Christi Iesu, id est ut per ipsam gloriam et claritatem, cognoscatur Christus Iesus.

Quasi dicat: in summa, ad hoc Deus illuxit nobis ad illuminationem, ut ex hoc Iesus Christus cognoscatur et prædicetur in gentibus.

Lectio 3

Supra tractavit de usu ministerii novi testamenti quantum ad bona agenda, hic consequenter tractat de usu eius quantum ad tolerantiam malorum.

Et circa hoc duo facit.

Primo enim ostendit tolerantiam malorum, quæ patiebantur; secundo vero hoc manifestat, ibi *semper enim nos, qui vivimus, etc.*.

Circa primum tria facit.

Primo ponit causam quare tribulationibus exponantur a Deo; secundo ostendit, quod in istis tribulationibus patienter se habeant, ibi *in omnibus tribulationem patimur, etc.*; tertio vero rationem huius patientiæ assignat, ibi *semper mortificationem Iesu, etc.*.

Dicit ergo, Deus illuxit mentibus nostris ad illuminationem aliorum, quæ quidem lux est maximus thesaurus. Sap. VII, 14: *infinitus enim thesaurus, etc.*. Is. XXXIII, 6: *divitiæ salutis sapientia, etc.*. Istum autem maximum thesaurum non habemus in pretioso loco, sed in re vili et fictili: et ratio huius est, ut scilicet Deo efficacia eius tribuatur.

Et hoc est quod dicit habemus thesaurum istum, id est lucem illam qua alios illuminamus, in vasis fictilibus, id est in corpore fragili et vili. Ps. Cii, 14: *ipse cognovit figmentum nostrum*. Ier. XVIII, 6: *sicut lutum in manu figuli, sic et vos in manu, etc.*.

Is. LXIV, 8: *et nunc, Domine, pater noster es tu, nos vero lutum*.

Ideo habemus in vasis fictilibus, ut sublimitas, istius lucis, sit virtutis Dei, id est Deo attribuatur, et non ex nobis credatur esse. Nam si essemus divites, si potentes, si nobiles secundum carnem, quidquid magnum faceremus, non Deo, sed nobis ipsis attribueretur.

Nunc vero, quia pauperes et contemptibiles sumus, huiusmodi sublimitas Deo, et non nobis, attribuitur. Et ideo vult nos Deus contemptui haberi, et tribulationibus exponi.

Secunda ad Corinthios

Deut. XXXII, 27: ne dicerent: manus nostra excelsa, etc.. Et I Cor. I, 29: ut non glorietur omnis caro, etc.. Sap. XII, 8: misisti antecessores tuos ne dicerent, etc..

Consequenter cum dicit in omnibus tribulationem patimur, etc., ostendit eorum patientiam in iis, quæ patiuntur. Et circa hoc duo facit.

Primo ostendit mala, quæ patiuntur in generali; secundo enumerat ea in speciali, ibi aporiamur, sed non destituimur, etc..

Dicit ergo. Vere habemus hunc thesaurum in vasis fictilibus, quia in omnibus tribulationem patimur; quasi dicat: nullus modus tribulandi deest nobis. Act. XIV, 21: per multas tribulationes, etc.. Nec mirum, quia, ut dicitur Lc. Cap. Ult.: oportuit Christum pati, et sic intrare, etc..

Et licet sic tribulemur, non tamen angustiamur.

Et loquitur ad similitudinem viatoris, qui quando non patet ei via, qua exeat de aliquo arcto loco, angustiatur. Quasi dicat: homines, qui solum in mundo confidunt, angustiantur, si undique a mundo tribulantur, quia non patet eis via remedii, cum non sperent nisi de mundo. Sed nos, licet tribulemur in mundo, quia tamen confidimus de Deo et speramus in Christo, patet nobis via evasionis et auxilii a Deo, et ideo non angustiamur.

Consequenter cum dicit aporiamur, etc., enumerat tribulationes in speciali.

Sunt autem quatuor in quibus homines consueverunt tribulari, et in istis tribulati sunt apostoli, scilicet in rebus exterioribus, in inquietudine status, in læsione famæ, et in afflictione proprii corporis.

Quantum ergo ad primum dicit aporiamur, id est depauperamur. Aporos enim Græce, Latine dicitur pauper; quasi dicat: adeo pauperes sumus, ut necessaria desint. I Cor. IV, 11: usque in hanc horam esurimus, etc..

Sed non destituimur a Deo, qui est thesaurus noster. Divitiæ enim non quæruntur propter se, sed propter sufficientiam vitæ.

Unde homines, qui sine Dei auxilio et spe sunt, si careant divitiis, destituuntur; sed qui solum de Deo confidunt et sperant, quantumcumque aporiantur, non destituuntur. Infra VI, 10: tamquam nihil habentes, et omnia possidentes.

Sed nec sufficit, imo cum hoc inquietamur, persecutionem patimur, scilicet de loco ad locum. Matth. X, 23: persequentur vos.

Sed non derelinquimur a Deo, quin præbeat auxilium. Hebr. Cap. Ult.: non te deseram, etc.. Ps. IX, 11: sperent in te, qui noverunt te, etc..

Sed et cum hoc lædimur in fama, quia humiliamur, id est contemnimur et pro nihilo reputamur. Io. XVI, 2: venit hora, ut omnis qui interficit vos, etc.. Matth. V: beati eritis cum vos oderint, etc.. Sed quia quando quis contemnitur, et causa contemptus subest, ille qui contemnitur, consuevit confundi; quando vero causa non

Commentaria in Epistolis S. Pauli

subest, non confunditur, et istis non suberat causa contemptus, ideo dicit non confundimur. Quasi dicat: quia non subest causa, non curamus.

Ps. XXX, 2: in te, Domine, speravi, non confundar, etc..

Sed quasi hæc pauca sint, addit ad tribulationis exaggerationem, dicens deiicimur ad mortis pericula, sed non perimus, id est a bono non cessamus, vel non perimus quia Deus sustentat nos. Iob XI, 17: cum te consumptum putaveris, etc.. I Cor. IV, 13: tamquam purgamenta huius mundi, etc.. Ps. XLIII, 22: æstimati sumus sicut oves, etc..

Consequenter cum dicit semper mortificationem, etc., subdit rationem huius patientiæ.

Circa quod sciendum est quod in Christo talis fuit processus. Nam a principio suæ conceptionis carnem habens passibilem, et passus mortuus fuit, sed tamen interius vivebat spirituali vita. Post resurrectionem vero, illa spiritualis et gloriosa vita usque ad corpus derivata est, et factum est ipsum corpus gloriosum et immortale, quia: Christus resurgens ex mortuis, iam non moritur, etc.. Unde ex hoc accipitur duplex status in corpore Christi, scilicet mortis et gloriæ. Et ideo dicit: quod ideo pericula mortis et passiones patienter sustinemus, ut perveniamus ad gloriosam vitam.

Et hoc est quod dicit: ita sustinemus semper, id est in omnibus et ubique, mortificationem Iesu, id est propter Iesum, vel ad similitudinem mortis Iesu, Gal. Cap. Ult.: stigmata Domini Iesu, etc.. Quia propter veritatem passi sumus, sicut et Iesus.

In corpore nostro, non solum in mente, Ps. XLIII, 22: propter te mortificamur tota die.

Ut vita Iesu, id est vita gratiæ quam Iesus dat; vel vita gloriæ ad quam Iesus per passiones pervenit, Lc. XXIV, 26: nonne oportuit Christum pati, et ita intrare in gloriam, id est manifeste appareat etiam inimicis.

Dicit ergo in futura, scilicet resurrectione, vel etiam nunc vita gloriæ, in corporibus nostris, non solum in animabus, Iudic. VII: fractis lagunculis apparuerunt lucernæ.

Et idcirco dicit Ambrosius: non timebat mori propter resurrectionem promissam.

Circumferentes, id est ubique portantes et sustinentes, quia quocumque eamus patimur et non cædimus. Et hoc ideo ut vita Iesu, quæ latet nunc in corde nostro, in corporibus nostris manifestetur, quando scilicet reformabit corpus humilitatis nostræ, etc., phil. III, 21. Col. III, 3: mortui estis, et vita vestra, etc.. II Tim. II, 11: si commortui sumus, et convivemus.

Lectio 4

Posita patientia apostolorum in malis, et causa patientiæ ostensa, hic apostolus consequenter manifestat ea; et primo manifestat id quod dixit de spe gloriæ; secundo vero id quod dixit

Secunda ad Corinthios

de sua patientia, ibi propter quod non deficimus, etc..

Circa primum duo facit.

Primo manifestat spem gloriæ quam habet; secundo ostendit unde hæc spes sibi proveniat, ibi habentes autem eundem, etc..

Circa primum tria facit. Primo ostendit quomodo mortificationem Iesu in corpore suo portet; secundo vero manifestat quomodo portet vitam Iesu, ibi ut et vita, etc.; tertio manifestat quid ex hoc sibi et aliis proveniat, ibi ergo mors, etc..

Dicit ergo primo: dico quod portamus mortificationem in corporibus nostris, non quod moriamur, sed quia nos qui vivimus, corporali vita vel virtutibus, semper tradimur in mortem, vel in pericula mortis. Et hoc quidem, propter Iesum. Ps. XLIII, 22: æstimati sumus sicut oves, etc..

Qualiter autem vitam Iesu portemus in corpore exponit subdens: ita, scilicet ut vita Iesu immortalis et impassibilis, manifestetur in carne nostra nunc mortali, ita ut caro nostra mortalis recipiat immortalitatem in resurrectione. I Cor. XV, 53: oportet autem mortale hoc induere, etc..

Sed ex hoc quid proveniat, subdit, dicens ergo mors operatur, id est exercet dominium suum in nos, vita autem, scilicet præsens, operatur in vobis, quia estis in prosperitate, iuxta illud I Cor. IV, 10: nos stulti, etc.. Ut mors operetur in nobis magnum bonum, scilicet consecutionem vitæ spiritualis. Ps. CXV, 15: pretiosa est in conspectu Domini mors sanctorum eius, etc.. Sed vita terrena quam amatis, operatur in vobis magnum malum, scilicet mortem æternam. Prov. X, 16: opus iusti ad vitam, etc.. Io. XII, 25: qui amat animam suam in hoc mundo, etc..

Vel aliter: duo fuerunt in Christo, mors corporalis et vita spiritualis. Dicit itaque ergo mors, etc., quasi dicat: in nobis non solum vita spiritualis operatur, inquantum imitamur spiritualiter, sed etiam mors operatur, id est propter spem resurrectionis, et propter amorem Christi, vestigia mortis Christi in nobis apparent, inquantum passionibus mortis exponimur, Ps. XLIII, 22: propter te mortificamur tota die; sed in vobis operatur solum vita Christi, per quam vitam fides plantatur in vobis et vita spiritualis.

Unde autem proveniat apostolo hæc spes certitudinis, subdit, dicens habentes autem, etc.. Et circa hoc duo facit.

Primo ponit causam certitudinis; secundo concludit ipsam certitudinem, ibi scientes quoniam qui, etc..

Causa autem huius certitudinis est spiritus, infundens fidem in cordibus eorum.

Unde primo ponit causam hanc; secundo vero manifestat eam per exemplum, ibi sicut scriptum est, etc..

Dicit ergo: ex hoc speramus et non deficimus, quia sumus habentes eumdem spiritum fidei, quem antiqui habuerunt, quia, licet tempora mutata sint, spiritus tamen et fides non est mutata, nisi quod illi credebant Christum venturum et passurum, nos autem credimus ipsum venisse et passum fuisse. Et hic spiritus est spiritus sanctus, qui est spiritus fidei.

I Cor. XII, 11: hæc autem omnia operatur unus atque idem spiritus, etc.. Et ibidem: alteri fides in eodem spiritu.

Hunc ergo spiritum habentes, quem antiqui habuerunt, facimus eadem quæ illi, et credimus. Illi autem quid fecerint, dicit Ps. CXV, 10: credidi, scilicet Deo et perfecte.

Et hoc omnes antiqui fecerunt. Hebr. XI, 39: hi omnes testimonio fidei, etc.. Propter quod, scilicet credidi, locutus sum, id est confessus sum fidem. Rom. X, 10: corde creditur ad iustitiam, etc.. Quod etiam nos facimus, quia propter hoc quod credimus, loquimur et confitemur fidem et prædicamus.

Act. IV, 20: non enim possumus quæ vidimus et audivimus non loqui. Spiritus ergo sanctus est causa huius certitudinis.

Ultimo ergo concludit conclusionem intentam, scilicet ipsam certitudinem. Et primo de salute propria; secundo de salute aliorum, ibi et constituet vobiscum, etc..

Dicit ergo scientes, id est certam scientiam habentes, quoniam qui suscitavit Iesum, id est Deus pater, vel tota trinitas, et nos cum Iesu suscitabit, ut scilicet sumamus eamdem gloriam cum Iesu, quia cum simus membra eius, debemus esse cum capite.

Io. XII, 26: volo, pater, ut ubi ego sum, illic sit et minister meus, etc.. Rom. VIII, 11: qui suscitavit Dominum Iesum a mortuis, suscitabit, etc..

Et non solum sum certus de salute nostra, sed etiam de vestra, quia constituet nos vobiscum, id est simul erimus; quia sicut nos sumus membra Christi, ita et vos per nos.

I Thess. IV, 16: et sic semper cum Domino erimus. Matth. XXIV, 28: ubicumque fuerit corpus, etc..

Et ideo dicit vobiscum, ut animet eos ad bonum, inquantum ostendit eos non esse inferiores, sed pares.

Et bene hoc possum certe dicere, quia omnia sunt propter utilitatem vestram.

Nam omnia, quæ sustinemus, omnes gratiæ quas recipimus a Deo, sunt propter vos, scilicet instruendos nostro exemplo. Et hoc ideo ut gratia abundans a nobis, in vos abundet per multos in gloriam Dei, id est multi agant gratias Deo super beneficio tanto. Eph. V, 20: gratias agentes Deo et patri, etc..

Lectio 5

Posita patientia quam apostoli habebant in tribulationibus, et præmio quod expectabant manifestato, hic consequenter agit de patientiæ causa et patientiæ modo, seu ratione. Et circa hoc tria facit.

Primo enim insinuat sanctorum patientiam; secundo patientiæ causam, ibi non contemplantibus nobis, etc.; tertio patientiæ remunerationem, ibi id enim, etc..

Circa primum intendit ostendere, quod sanctorum patientia est invincibilis. Et hoc est quod dicit propter quod, scilicet quia sumus scientes quod qui suscitavit Iesum a mortuis, suscitabit nos et constituet vobiscum, ideo non deficimus, scilicet in tribulationibus, id est non deducimur ad hoc quod non possimus propter Christum amplius ferre et sustinere. Nam deficere idem est quod ferre non posse. Ier. XX, 9: defeci, ferre non sustinui.

Causa autem quare non deficimus est quia licet quantum ad aliquid deficiamus, scilicet quantum ad exteriorem hominem, tamen quantum ad aliquid semper renovamur, scilicet quantum ad interiorem hominem. Et hoc est quod dicit sed licet is qui foris est, etc..

Ubi sciendum est, quod occasione istorum verborum hæreticus, Tertullianus nomine, dixit quod anima rationalis, quæ est in hominis corpore, habet corpoream figuram et membra corporea, sicut et corpus habet: et hoc dicitur homo interior; corpus vero, cum sensibus suis, dicitur homo exterior. Quod quidem falsum est. Unde, ad intellectum huius verbi, sciendum est quod etiam secundum Philosophum in Ethic., et secundum consuetudinem loquendi, unumquodque dicitur esse illud quod est principalius in ipso, puta, quia in civitate principalius est potestas et Concilium, id quod facit potestas et Concilium, dicitur tota civitas facere.

Principalius autem in homine potest

Secunda ad Corinthios

aliquid iudicari et secundum veritatem et secundum apparentiam. Secundum veritatem quidem principalius in homine est ipsa mens, unde secundum iudicium spiritualium virorum mens dicitur homo interior. Secundum apparentiam vero principalius in homine est corpus exterius cum sensibus suis; unde secundum iudicium illorum, qui tantum corporalia et sensibilia considerant et terrena sapiunt, quorum Deus venter est, corpus cum sensibus dicitur homo exterior.

Et ideo, secundum hunc modum, loquitur hic apostolus, dicens licet homo noster, scilicet corpus cum natura sensitiva, corrumpatur, in tribulationibus, ieiuniis et abstinentiis et vigiliis, Rom. VI, 6: vetus homo noster simul, etc.. Habac. III, 16: ingrediatur putredo, etc., tamen is homo, qui intus est, scilicet mens, seu ratio munita spe futuri præmii et firmata munimine fidei, renovatur. Quod sic intelligendum est: vetustas enim est via ad corruptionem. Hebr. VIII, 13: quod antiquatur et senescit, etc.. Natura autem humana fuit in integritate condita et, si in illa integritate permansisset, semper esset nova: sed per peccatum incepit corrumpi; quo fit, quod quidquid consecutum est, sicut ignorantia, difficultas ad bonum, et pronitas ad malum, poenalitas et alia huiusmodi, totum pertinet ad vetustatem.

Cum ergo natura humana huiusmodi peccatum sequentia deponit, tunc dicitur renovari.

Quæ quidem depositio hic incipit in

Commentaria in Epistolis S. Pauli

sanctis, sed perfecte consummabitur in patria.

Hic enim deponitur vetustas culpæ: nam spiritus deponit vetustatem peccati et subiicitur novitati iustitiæ. Hic intellectus deponit errores et assumit novitatem veritatis; et, secundum hoc, is, qui intus est homo, scilicet anima, renovatur. Eph. IV, 23: renovamini spiritu mentis vestræ. Sed in patria tolletur etiam vetustas poenæ. Unde ibi erit consummata renovatio. Ps. Cii, 5: renovabitur ut aquilæ, etc..

Sed quia sancti quotidie proficiunt in puritate conscientiæ et in cognitione divinorum, ideo dicit de die in diem. Ps. LXXXIII, 6: ascensiones in corde suo. Sic ergo patientia est invincibilis, quia renovatur de die in diem.

Tertium principale, scilicet huius patientiæ causa, est recogitatio præmii, quæ est efficacissima, quia, secundum Gregorium, recogitatio præmii, diminuit vim flagelli. Et hoc est quod dicit id enim quod, etc., quasi dicat: nihil sunt tribulationes quas hic patimur, si respiciatur ad gloriam, quam ex eis consequimur.

Unde comparat statum sanctorum, qui sunt in vita ista, ad statum eorum, qui sunt in patria, et ponit quinque in utroque statu correspondentia sibi invicem.

Nam primo status istius vitæ in sanctis est status, quantum in se est, parvus et quasi imperceptibilis. Unde dicit id, id est minimum. Is. LIV, 7: ad punctum, in modico dereliqui te.

Item transitorium. Unde dicit in præsenti, id est in vita ista, quæ est in afflictionibus et ærumnis. Iob VII, 1: militia est vita hominis, etc..

Item temporis brevitas. Unde dicit momentaneum.

Is. LIV, 8: in momento indignationis abscondi faciem meam parumper a te, etc.. Nam totum tempus huius vitæ comparatum ad æternitatem, non est nisi momentaneum.

Item est levis. Unde dicit leve. Nam licet supra I, 8 dicatur: gravati sumus supra modum, quia scilicet grave est corpori, tamen spiritui charitate ferventi levissimum est. Augustinus: omnia gravia et immania facilia et prope nulla facit amor.

Item est poenosus. Et ideo dicit tribulationis.

Mich. VII, 9: iram Domini portabo, etc..

Sed quantum ad statum beatitudinis ponit quinque, quia contra hoc, quod dicit, id, ponit supra modum, id est supra mensuram. Rom. VIII, 18: existimo quod non sunt condignæ passiones, etc..

Sed contra Matth. XVI, 27: reddet unicuique iuxta opera sua. Non ergo supra mensuram.

Respondeo. Dicendum est, quod ly sed, non designat æqualitatem quantitatis, ut scilicet quantum quis meruit, tantum præmietur, sed designat æqualitatem proportionis, ut scilicet qui plus meruit, plus præmii accipiat.

Item contra id quod dicit in præsenti, ponit in sublimitate, id est in statu sublimi absque perturbatione. Is. LVIII, 14: sustollam te super altitudinem nubium, etc..

Contra id quod dicit momentaneum, ponit æternum, Is. XXXV, 10: lætitia sempiterna super capita eorum, etc..

Contra id quod dicit leve, ponit pondus.

Et dicit pondus, propter duo. Pondus enim inclinat et trahit ad motum suum quæ subsunt sibi. Sic gloria æterna erit tanta, quod totum hominem faciet gloriosum, et in anima et in corpore; nihil erit in homine, quod non sequatur impetum gloriæ.

Vel dicitur pondus, propter pretiositatem.

Nam pretiosa solum ponderari consueverunt.

Contra hoc, quod dicit tribulationis, ponit gloriæ.

Vel hoc quod dicit gloriæ, potest esse commune ad alia quatuor, quæ de statu patriæ dicuntur; hoc vero quod dicit tribulationis, ad quatuor quæ de statu præsentis vitæ dicta sunt.

Operatur supra id, scilicet quod tribulationes patimur, nam hæc sunt causa et meritum, quare Deus istam gloriam nobis conferat.

Est ergo sanctorum patientia invincibilis, eorum remuneratio ineffabilis, sed, remunerationis eorum recompensatio, recta et delectabilis.

Unde dicit non contemplantibus nobis, etc., quasi dicat: licet hæc, quæ speramus, sint futura, et interim corpus nostrum corrumpatur, nihilominus tamen renovamur, quia non attendimus ad ista temporalia, sed ad cælestia. Et hoc est quod dicit: operatur in nobis pondus gloriæ, nobis dico, non contemplantibus, id est non attendentibus ad ea quæ videntur, id est ad terrena, sed ad ea quæ non videntur, scilicet cælestia.

Phil. III, 13: quæ retro sunt obliviscens, etc.. I Cor. II, 9: oculus non vidit, etc..

Et quare cælestia contemplamur? quia ea quæ videntur, id est terrena, sunt temporalia, et transitoria, ea autem quæ non videntur, scilicet cælestia, sunt æterna. Is. LI, 8: salus autem mea in sempiternum erit.

Capitulus IV

Lectio 1

Postquam apostolus commendavit ministerium novi testamenti, et quantum ad dignitatem, et quantum ad usum, consequenter hic commendat illud quantum ad præmium, licet de præmio, quantum ad aliquid aliqualiter et incomplete supra tractavit, hic tamen de hoc complete tractat. Circa quod tria facit.

Primo enim agit de præmio; secundo vero de præparatione et præmii susceptione, ibi et ideo contendimus sive, etc.; tertio vero de causa utriusque, scilicet præparationis et præmii quod expectatur, ibi omnia autem ex Deo, qui reconciliavit, etc..

Circa primum duo facit.

Commentaria in Epistolis S. Pauli

Primo ponit præmium, quod expectatur; secundo exprimit desiderium præmii expectati, ibi nam in hoc ingemiscimus, etc..

Sed quia præmium quod expectatur est inæstimabile, scilicet gloriæ cælestis, et ideo dicit scimus quoniam, etc., quasi dicat secundum Glossam vere operatur in nobis pondus gloriæ, quia in corporibus erit hæc gloria, non tantum in animabus. Enim, id est quia, scimus, id est certi sumus, quia iam habemus in spe, quoniam si terrestris domus nostra, id est, corpus.

Homo enim, ut dictum est, dicitur mens, cum sit principalius in homine; quæ quidem mens se habet ad corpus, sicut homo ad domum. Sicut enim destructa domo, non destruitur homo eam inhabitans sed manet, sic, destructo corpore, non destruitur mens seu anima rationalis, sed manet. Corpus ergo terrestre dicitur domus habitationis, id est, in qua habitamus. Iob IV, 19: qui habitant domos luteas, etc.. Dissolvatur, id est destruatur. Scimus, inquam, quod habemus ædificationem, id est ædificium, ex Deo, id est paratum a Deo. Aedificium, dico, domum non manufactam, id est non opere hominis, nec opere naturæ, sed corpus incorruptibile, quod assumemus; quod quidem non est manufactum, quia incorruptibilitas in corporibus nostris provenit solum ex operatione divina. Phil. III, 21: reformabit corpus humilitatis nostræ, etc.. Domum æternam, id est domum ab æterno præparatam. Is. XXXIII, 20: tabernaculum quod nequaquam destruetur in cælis. Matth. V, 12: merces vestra copiosa est in cælis. Hanc autem commutationem, ut scilicet pro terrestri domo habeant cælestem, desiderabat Iob, dicens XIV, 14: cunctis diebus quibus nunc milito.

Expositio est secundum Glossam.

Sed tamen non est secundum intellectum apostolicum, nec præcedentibus, nec sequentibus concordat. Nam ipse cum habeat unam materiam continuam de qua loquitur, non interponit aliam. Et ideo videamus quid intendat apostolus dicere.

Sciendum est autem, quod apostolus vult hic ostendere quod sancti rationabiliter sustinent tribulationes, ex quibus vita præsens corrumpitur, quia ex hoc statim perveniunt ad gloriam, non ad gloriosum corpus, ut dicitur in Glossa. Et ideo dicit: ideo sustinuimus enim, id est quia, scimus, id est, pro certo habemus, quoniam si terrestris domus nostra huius habitationis, id est, corpus, dissolvatur, id est, corrumpatur per mortem, habemus, statim, non in spe sed in re, meliorem domum, scilicet ædificationem, domum non manufactam, id est, gloriam cælestem, non corpus gloriosum. De hac autem domo dicitur Io. XIV, 2: in domo patris mei mansiones multæ, etc.. Quæ quidem est ex Deo non manufacta, quia gloria æterna est ipse Deus. Ps. XXX, 3: esto mihi in Deum protectorem et in domum, etc.. Et æternam, ad litteram, quia ipse Deus est æternus.

In cælis, id est, in excelsis, quia statim corrupto corpore, anima sancta consequitur hanc gloriam non in spe, sed in re. Nam et antequam corpus dissolvatur, habemus hanc domum in spe.

Sic ergo præmium sanctorum est admirabile et desiderabile, quia gloria cælestis est.

Ideo consequenter subiungit desiderium sanctorum ad ipsum præmium, dicens nam in hoc ingemiscimus, etc..

Ubi tria facit.

Primo exprimit desiderium gratiæ ad præmium ipsum; secundo ostendit quod desiderium gratiæ retardatur ex desiderio naturæ, ibi nam et qui sumus in hoc tabernaculo, etc.; tertio ostendit quomodo desiderium gratiæ vincit desiderium naturæ, ibi audentes igitur, etc..

Sed desiderium gratiæ est cum fervore. Nam in hoc ingemiscimus, etc., quasi dicat: hæc est vera probatio, quod habemus domum non manufactam, quia si desiderium naturæ non est frustra, multo minus desiderium gratiæ frustra est.

Cum igitur nos habeamus ferventissimum desiderium gratiæ de gloria cælesti, impossibile est, quod sit frustra. Et hoc est, quod dicit ingemiscimus, id est, ingemendo desideramus, in hoc, scilicet animæ desiderio retardati.

Ps. CXIX, 5: heu mihi, quia incolatus meus, etc.. In hoc enim quod cupientes sumus, id est cupimus, superindui habitationem nostram, id est fruitionem gloriæ, quæ de cælo est, id est cælestis; quæ dicitur habitatio, quia in ipsa gloria sancti habitant sicut in suo consolatorio. Matth. XXV, 21-23: intra in gaudium Domini tui.

Per hoc autem quod dicit superindui, dat intelligere quod illa domus cælestis, de qua supra dixerat, non est aliquid ab homine separatum, sed aliquid homini inhærens. Non enim dicitur homo induere domum sed vestimentum, domum autem dicitur aliquis inhabitare.

Hæc ergo duo coniungit, dicens superindui habitationem, per quod ostendit, quod illud desiderium est aliquid inhærens, quia induitur, et aliquid continens et excedens, quia inhabitatur.

Sed quia non simpliciter dixit: indui, sed superindui, rationem sui dicti subdit, dicens si tamen vestiti, et non nudi inveniamur.

Quasi dicat: si anima indueretur habitatione cælesti, quod non exueretur habitatione terrena, id est non corrumperetur corpus nostrum per mortem, sed cælestis adeptio illius habitationis esset superinduitio.

Sed quia oportet quod evacuetur habitatione terrena, ad hoc quod induatur cælesti, non potest dici superinduitio, sed induitio simplex.

Et ideo dicit si tamen vestiti et non nudi inveniamur, quasi dicat: superindueremur quidem, si inveniremur induti, et non nudi. Nudus enim non dicitur superindui, sed indui tantum.

Glossa vero aliter exponit de

Commentaria in Epistolis S. Pauli

vestimento spirituali, dicens: cupimus superindui, quod utique fiet, tamen hac conditione, si nos inveniamur vestiti, scilicet virtutibus, et non nudi, scilicet virtutibus.

De istis vestibus dicitur Col. III, 12: induite vos sicut electi Dei, etc.. Quasi dicat: nullus ad illam gloriam perveniet, nisi habeat virtutes.

Quæ quidem expositio non videtur concordare intentioni apostoli.

Sic ergo desiderium gratiæ fervet ad præmium, sed tamen retardatur a desiderio naturæ, quod ostendit cum dicit nam dum sumus in tabernaculo isto, etc.. Ubi primo ponit conditionem desiderii naturalis; secundo ostendit, quod etiam hic status desiderii naturalis est a Deo, ibi qui autem efficit nos, etc..

Conditio autem desiderii est naturalis retardans desiderium gratiæ, quia vellemus inveniri vestiti et non nudi, id est ita vellemus quod anima perveniret ad gloriam, quod corpus non corrumperetur per mortem.

Cuius ratio est quia naturale desiderium inest animæ esse unitam corpori, alias mors non esset poenalis. Et hoc est quod dicit nam, nos, qui sumus in hoc tabernaculo, id est, qui habitamus in isto mortali corpore, II petr. I, 14. Scio quod velox sit depositio tabernaculi mei, ingemiscimus, id est intus in corde, non solum extra in voce, gemimus, Is. LIX, 11: ut columbæ meditantes gememus, quia durum est cogitare mortem. Et tamen gravati, quasi aliquo existente contra desiderium nostrum, eo quod non possumus pervenire ad gloriam, nisi deponamus corpus, quod est ita contra naturale desiderium, ut dicit Augustinus, quod nec ipsa senectus a Petro timorem mortis auferre potuit. Et ideo dicit eo quod nolumus spoliari, scilicet tabernaculo terreno, sed supervestiri, gloria supercælesti, vel, secundum Glossam, corpore glorioso.

Sed quia posset videri indecens, quod corpus ex una parte esset corruptibile ex sui natura, si non fuisset ante dissolutum, et ex parte gloriæ esset gloriosum, subdit modum quomodo fieri vellet, dicens ut absorbeatur quod mortale est, etc., quasi dicat: non sic supervestiri volumus, quod corpus remaneat mortale, sed ita quod gloria auferat ex toto corruptionem corporis, absque corporali dissolutione.

Et ideo dicit absorbeatur quod mortale est, id est ipsa corruptio corporis, a vita, scilicet gloriæ. I Cor. XV, 54: absorpta est mors in victoria, etc..

Lectio 2

Hic ostendit auctorem supernaturalis desiderii de habitatione cælesti.

Causa enim naturalis desiderii quod nolumus expoliari est quia scilicet anima naturaliter unitur corpori, et e converso.

Sed hoc, quod cælestem inhabitationem superindui cupiamus, non est ex natura, sed ex Deo. Et ideo dicit qui autem efficit nos in hoc, etc., quasi dicat: volumus superinduere cælestem habitationem, ita tamen quod non spoliemur terrena, et tamen,

Secunda ad Corinthios

hoc ipsum quod volumus sic supervestiri, efficit in nobis Deus. Phil. II, 13: Deus est qui operatur in nobis, etc..

Cuius ratio est, quia quamlibet naturam consequitur appetitus conveniens fini suæ naturæ, sicut grave naturaliter tendit deorsum, et appetit ibi quiescere. Si autem sit appetitus alicuius rei supra naturam suam, illa res non movetur ad illum finem naturaliter, sed ab alio quod est supra naturam suam.

Constat autem quod perfrui cælesti gloria et videre Deum per essentiam, licet sit rationalis creaturæ, est tamen supra naturam ipsius, non ergo movetur rationalis creatura ad hoc desiderandum a natura, sed ab ipso Deo, qui in hoc ipsum efficit nos, etc..

Sed quomodo hoc efficit subdit, dicens qui dedit pignus, etc..

Circa quod sciendum est, quod Deus efficit in nobis naturalia desideria et supernaturalia.

Naturalia quidem quando dat nobis spiritum naturalem convenientem naturæ humanæ.

Gen. II, 7: inspiravit in faciem eius, etc.. Supernaturalia vero dat quando infundit in nobis supernaturalem spiritum, scilicet spiritum sanctum. Et ideo dicit dedit nobis pignus spiritus, id est spiritum sanctum causantem in nobis certitudinem huius rei, qua desideramus impleri. Eph. I, 13: signati estis spiritu promissionis sancto, etc..

Dicit autem pignus, quia pignus debet tantum valere, quantum valet res pro qua ponitur.

Sed in hoc differt a re pro qua ponitur, quia pleniori iure possidetur res, quando iam habetur, quam pignus, quia res possidetur ut quid suum, pignus vero servatur et tenetur quasi pro certitudine rei habendæ. Ita est de spiritu sancto, quia spiritus sanctus tantum valet quantum gloria cælestis, sed differt in modo habendi, quia nunc habemus eum quasi ad certitudinem consequendi illam gloriam; in patria vero habebimus, ut rem iam nostram, et a nobis possessam. Tunc enim habebimus perfecte, modo imperfecte.

Sic ergo retardatur desiderium gratiæ a desiderio naturæ.

Sed numquid impeditur? non, sed desiderium gratiæ vincit. Et hoc est quod dicit audentes igitur, etc., quasi dicat: duo desideria sunt in sanctis: unum quo desiderant cælestem habitationem, aliud quo nolunt expoliari. Et si hæc duo essent compossibilia, non essent contraria et unum non retardaretur ab alio. Sed apostolus ostendit ea esse incompossibilia et quod oportet quod unum vincat alterum.

Unde circa hoc tria facit.

Primo enim ostendit incompossibilitatem dictorum desideriorum; secundo interponit quamdam probationem, ibi per fidem enim, etc.; tertio ostendit quod horum vincat, ibi audemus autem, etc..

Incompossibilitatem ostendit cum dicit audentes igitur, etc.. Audere, proprie est immiscere se in pericula mortis, et

615

non cedere propter timorem. Licet autem sancti naturaliter timeant mortem, tamen audent ad pericula mortis et non cedunt timore mortis.

Prov. XXVIII, 1: iustus quasi leo confidens.

Eccli. XLVIII, 13: in diebus suis non pertimuit principem. Et scientes, scilicet sumus hoc quod confirmat in nobis audaciam, ut pro Christo mori non timeamus, quoniam dum sumus in hoc corpore mortali, peregrinamur, id est elongamur, a Deo. Ps. CXIX, 5: heu mihi, quia incolatus meus, etc..

Peregrinamur, inquam, quia sumus extra patriam nostram, qui Deus est, alias non diceremur peregrinari ab eo. Et hoc non est ex natura nostra, sed ex eius gratia.

Quod autem peregrinamur a Domino, probat cum dicit per fidem enim ambulamus, id est procedimus in vita ista per fidem, et non per speciem, id est non per perfectam visionem. Fidei enim verbum est sicut lucerna a qua illuminamur ad ambulandum in vita ista. Ps. CXVIII, 105: lucerna pedibus meis verbum, etc.. In patria autem non erit huiusmodi lucerna, quia ipsa claritas Dei, id est ipse Deus, illuminabit illam.

Et ideo tunc per speciem, id est per essentiam, videbimus eum.

Dicit autem per fidem ambulamus, quia fides est de non visis. Est enim fides substantia sperandarum rerum, argumentum non apparentium, Hebr. XI, 1 s.. Quamdiu autem anima corpori mortali unitur, non videt Deum per essentiam. Ex. XXXIII, 20: non videbit me homo, etc.. Unde inquantum assentimus, credendo his, quæ non videmus, dicimur ambulare per fidem et non per speciem.

Sic ergo patet duorum desideriorum incompossibilitas, quia non possumus cum hoc corpore superindui cælestem habitationem: et probatio huius, quia per fidem ambulamus.

Sequitur consequenter victoria unius desiderii de duobus, scilicet desiderium gratiæ, cum dicit audemus, etc.. Et debet resumi scientes supra positum, quia littera suspensiva est, ut dicatur sic: hoc, inquam, scientes, quia dum sumus in hoc corpore, etc., audemus et bonam voluntatem habemus, etc..

Duo dicit, quorum unum importat repugnantiam, quam habet in volendo, quæ fit per timorem mortis. Ubi enim est timor, non est audacia. Nam ex appetitu naturæ surgit timor mortis, ex appetitu gratiæ surgit audacia.

Ideo dicit audemus.

Aliud importat imperfectionem animi in desiderando, quia nisi bene desideraretur, non vinceretur timor mortis, cum sit valde naturalis.

Et ideo, non solum oportet audere, sed bonam voluntatem habere, id est cum gaudio velle. Licet enim, secundum Philosophum in actu fortitudinis non requiratur gaudium ad perfectionem virtutis, sicut in aliis virtutibus, sed solum non tristari, tamen quia fortitudo sanctorum perfectior est, non solum non tristantur in periculis mortis, sed etiam gaudent. Phil. I, 23: habens desiderium dissolvi, etc..

Sed quid audemus? magis peregrinari a corpore, id est removeri a corpore, per corporis dissolutionem, quod est contra desiderium naturæ, et præsentes esse ad Dominum, id est ambulare per speciem, quod est desiderium gratiæ. Hoc desiderabat Psalmista XLI, 3, qui dicebat: sitivit anima mea ad Deum, etc..

Et nota, quod hic concludit eadem duo, quæ proposuit in principio, supra secundo, scilicet quod si terrestris domus nostra huius habitationis dissolvatur, quod idem est, quod hic dicit peregrinari a corpore, et quod habemus habitationem in cælis non manufactam, et hoc quod idem est præsentes esse ad Deum.

Confutatur per hæc verba error dicentium animas sanctorum decedentium non statim post mortem deduci ad visionem Dei et eius præsentiam, sed morari in quibusdam mansionibus usque ad diem iudicii.

Nam frustra sancti auderent et desiderarent peregrinari a corpore, si separati a corpore non essent præsentes ad Deum.

Et ideo dicendum est quod sancti statim post mortem vident Deum per essentiam, et sunt in cælesti mansione. Sic ergo patet quod præmium, quod sancti expectant, est inæstimabile.

Sequitur de præparatione ad præmium, quæ fit per pugnam contra tentationes et per exercitium bonorum operum, et hoc est quod dicit ideo contendimus, etc.. Præparantur autem sancti ad hoc præmium tripliciter, scilicet primo placendo Deo; secundo proficiendo proximo, ibi scientes autem timorem Dei; tertio abdicando a se carnales affectus, ibi itaque nos, etc..

Deo autem placent resistendo malis, et ideo dicit ideo, quia scilicet totum desiderium nostrum est quod simus præsentes Deo, contendimus, id est cum conatu nitimur, seu studemus cum pugna et lucta, contra tentationes diaboli, carnis et mundi.

Lc. XIII, 24: contendite intrare per angustam portam, etc.. Placere illi, scilicet Deo ad quem desideramus esse præsentes; et hoc sive absentes, sive præsentes illi sumus: quia nisi studeamus ei placere in vita ista dum sumus absentes, non poterimus ei placere, nec esse ei præsentes in alia vita. Sap. IV, 10: placens Deo factus dilectus, etc..

Consequenter cum dicit omnes enim nos manifestari, etc., subdit causam quare sancti contendunt placere Deo, quæ quidem causa sumitur ex consideratione futuri iudicii, ubi nos omnes manifestari oportet.

Ponit autem apostolus quinque conditiones futuri iudicii. Primo enim ponit ipsius universalitatem, quia nullus excipietur ab illo iudicio. Et ideo dicit omnes nos, id est omnes homines, bonos et malos, magnos et parvos. Rom. XIV, 10: omnes stabimus ante tribunal Christi. Apoc. XX, 12: vidi mortuos pusillos et magnos stantes in conspectu agni, etc..

Sed contra hoc obiicitur dupliciter.

Commentaria in Epistolis S. Pauli

Primo quia videtur quod infideles non venient ad iudicium, nam qui non credit iam iudicatus est, ut dicitur Io. III, 18.

Secundo quia quidam erunt ibi ut iudices, Matth. XIX, 28: sedebitis super sedes, etc..

Non ergo omnes erunt ante tribunal, ut iudicentur.

Responsio. Dicendum quod in iudicio duo erunt, scilicet prolatio sententiæ, et discussio meritorum, et quantum ad hoc non omnes iudicabuntur, quia illi qui totaliter abrenuntiaverunt Satanæ et pompis eius, et per omnia adhæserunt Christo, non discutientur, quia iam dii sunt. Illi vero, qui in nullo adhæserunt Christo, nec per fidem, nec per opera, similiter non indigent discussione, quia nihil habent cum Christo; sed illi qui cum Christo aliquid habent, scilicet fidem, et in aliquo recesserunt a Christo, scilicet per mala opera et prava desideria, discutientur de his quæ contra Christum commiserunt.

Unde quantum ad hoc, soli christiani peccatores manifestabuntur ante tribunal Christi.

Item, erit in iudicio prolatio sententiæ, et quantum ad hoc omnes manifestabuntur.

Sed de pueris non videtur, quia dicitur ut referat unusquisque propria corporis prout gessit; sed pueri nihil gesserunt in corpore, ergo, etc.. Sed hoc solvit Glossa, quia non iudicabuntur pro his, quæ ipsi gesserunt per se, sed de his quæ gesserunt per alios, dum per eos crediderunt vel non crediderunt, baptizati vel non baptizati fuerunt. Vel damnabuntur pro peccato primi parentis.

Secundo vero ponit iudicii certitudinem. In iudicio hominum multi decipi possunt, dum quidam iudicantur mali, qui tamen sunt boni, et e converso. Et huius ratio est, quia non manifestantur corda, sed in illo iudicio perfectissima certitudo erit, quia erit ibi manifestatio cordium. Unde dicit manifestari. I Cor. IV, 5: nolite ante tempus iudicare, etc..

Tertio ponit iudicii necessitatem, quia nec per interpositam personam, nec per contumaciam poterit quis effugere iudicium illud. Unde dicit oportet, id est necessarium est.

Iob XIX, 29: scitote esse iudicium. Eccle. Cap. Ult.: cuncta quæ fiunt adducet Deus, etc..

Quarto ponit iudicis auctoritatem. Unde dicit ante tribunal Christi, ut scilicet veniat ad iudicandum homines in eadem forma, in qua iudicatus est ab hominibus, ut existens in forma humana videatur a bonis et malis.

Mali enim non possunt videre gloriam Dei.

Io. V, 27: potestatem dedit ei iudicium facere, etc.. Tribunal autem dicit iudiciariam potestatem, et sumptum est ab antiqua consuetudine Romanorum, qui elegerunt tres tribunos plebis, ad quorum officium pertinebat diiudicare excessus consulum et senatorum, et loca istorum vocabantur tribunalia.

Quinto ponit iudicis æquitatem, quia secundum merita propria erunt præmia vel poenæ. Unde dicit ut referat unusquisque, etc.. Rom. II, 6: reddet unicuique secundum opera sua. Et dicit corporis, non solum pro his quæ fecit motu corporis, sed pro his quæ mente gessit, alias infideles non punirentur. Et ideo cum dicit corporis, intelligendum est, id est pro his quæ gessit dum vixit in corpore.

Lectio 3

Ostenso qualiter sancti se præparant ad præmium æternæ gloriæ placendo Deo, hic ostendit consequenter quomodo præparant se ad hoc proficiendo proximo.

Et circa hoc duo facit.

Primo ostendit sollicitudinem suam, quam habet de salute proximorum; secundo vero huius sollicitudinis causam assignat, ibi charitas Christi, etc..

Circa primum tria facit.

Primo ponit curam quam habet de salute proximorum persuadendo eis; secundo excludit quamdam falsam suspicionem, ibi non iterum nos, etc.; tertio ostendit quod etiam in modo docendi proximorum utilitatem intendat, ibi sive enim mente, etc..

Circa primum duo facit.

Primo, ponit studium suum de utilitate proximorum; secundo, manifestat hoc, ibi Deo autem, etc..

Dicit ergo: dico quod oportet nos manifestari ante tribunal, etc., et hæc consideratio inducit homines ad timendum iudicium.

Et ideo dicit scientes ergo timorem Domini, id est quam pure et caste timendus sit Dominus Iesus Christus, suademus hominibus, ut timeant et credant. Iob XXIII, 15: considerans eum timore sollicitor. Ier. X, 7: quis non timebit te, o rex gentium? Is. VIII, 13: Dominum exercituum, ipsum sanctificate, etc..

Sed quia aliquis posset dicere quod non ex conscientia bona, sed ex commodo suo suadebat hominibus, et ideo manifestat hoc esse falsum duplici testimonio, scilicet Dei, unde dicit Deo autem manifesti sumus, quod scilicet ex timore Dei loquimur. Deus enim videt intentionem cordis nostri. Ier. XVII, 9: pravum est cor hominis et inscrutabile, et quis cognoscet illud? ego Dominus, etc.. Io. II, 25: ipse sciebat, etc..

Item testimonio conscientiarum ipsorum, unde dicit spero autem in conscientiis vestris, etc.. Et vere spero, quia sic me exhibui ut vos scire possitis nos esse probatos, et firmiter hoc tenere etsi non confiteamini ore.

Supra IV, 2: commendantes nosmetipsos ad omnem conscientiam, etc..

Consequenter, quia possent credere quod hoc dixerit apostolus ad commendationem propriam, removet hanc suspicionem falsam dicens non iterum nos commendamus vobis, id est non dicimus hoc ad commendationem

Commentaria in Epistolis S. Pauli

nostram ut quasi iterum velimus nos commendare: supra enim, III, et etiam I Cor. III, aliqua dixerat ad commendationem suam. Et ideo dicit iterum. Infra X, 18: *non enim qui seipsum commendat*, etc..

Sed hoc dicimus propter utilitatem vestram, quasi dicat damus vobis occasionem gloriandi, id est materiam gloriandi. Pseudo-apostoli enim per elationem gloriabantur, dicentes se fuisse doctos ab apostolis, qui fuerunt a Domino, scilicet a Petro et Iacobo, qui erant columnæ fidei, detrahentes in hoc apostolo, quasi non fuerit cum Domino Iesu, et volentes eius doctrinam destruere. Ut ergo et Corinthii haberent in quo gloriarentur contra ipsos pseudo-apostolos, scilicet de gratia apostolo data, ut eos et refellant et non seducantur ab eis, ideo dicit hoc. Unde subdit ut habeatis ad eos, id est contra eos, vel ad eos reprimendos, quid possitis dicere.

Ad eos, dico, qui in facie gloriantur, et non in corde.

Quod tripliciter exponitur sic: in facie gloriantur, id est exterioribus observantiis legalibus, quia ad litteram docebant servare legalia.

Et non in corde, id est in virtute Christi, quæ est in corde, quia in spiritualibus, sicut apostolus, qui in virtute crucis Christi dicebat: *mihi autem absit gloriari*, etc..

Item in facie gloriantur, id est in conspectu hominum, sicut hypocritæ faciunt, et non in corde, id est in testimonio conscientiæ, sicut apostolus. Unde dicit: *gloria nostra hæc est*, etc..

Vel in facie gloriantur, quia aliqua prætendebant exterius, quæ tamen non ita sentiebant interius in corde, scilicet quod dicebant se doctos ab apostolis, et quod sequerentur eorum doctrinam, quam tamen nitebantur destruere.

Patet ergo qualiter apostolus in docendo proximorum salutem procurabat.

Sequitur videre quomodo ipsorum salutem procurabat etiam in modo docendi.

Unde dicit *sive enim mente*, etc., quod exponitur dupliciter.

Uno modo sic, ut apostolus dicat se excedere, quando loquitur eis, commendando se sobrium esse; quando non loquitur de commendatione propria. Secundum hoc dicit: quocumque modo doceamus, vel est honor Dei vel utilitas proximi, quia si excedimus mente, id est commendamus nos, Deo, scilicet est, id est ad honorem Dei, vel de servando iudicio Dei: sive sobrii sumus, id est non alta dicamus de nobis, hoc est vobis, id est, ad utilitatem vestram.

Sed aliter, et est magis litteralis sensus. Dico quod damus vobis occasionem gloriandi pro nobis, quia nos, in omnibus quæ facimus et etiam in modo faciendi, intendimus bonum vestrum.

Unde sciendum quod apostoli sunt medii inter Deum et populum. Deut. V, 5: *ego sequester et medius fui*, etc.. Oportebat ergo quod haurirent a Deo

Secunda ad Corinthios

quod effunderent populo.

Et ideo necessarium erat quod quandoque elevarent se per contemplationem in Deum ad percipiendum cælestia, quandoque conformarent se populo ad tradendum quæ a Deo perceperant, et hoc totum in eorum utilitatem cedebat. Et ideo dicit sive enim excedimus mente, id est elevamur ad hoc quod percipiamus dona gratiarum, et hoc ut Deo scilicet uniamur, quod fit per excessum rerum temporalium. Ps. CXV, 11: *ego dixi in excessu meo*. Dionysius: *est enim extasim faciens divinus amor*, etc.. Sive sobrii simus, id est commensuremus nos vobis, tradendo divina præcepta, hoc est vobis, id est ad utilitatem vestram. Sobrietas enim idem est, quod commensuratio. Bria enim in Græco idem est quod mensura. Hæc sobrietas non opponitur ebrietati, quæ est de vino, quæ ad bella trahit in terra, sed opponitur ebrietati quæ est a spiritu sancto, quæ rapit hominem ad divina, de qua dicitur Cant. V, 1: *bibite, amici, et inebriamini, charissimi*. Nam illa scilicet sobrietas est propter utilitatem proximi, sed hæc ebrietas est propter amorem Dei.

Huiusmodi autem descensus, signatus est per descensum Angelorum per scalam quam vidit Iacob Gen. XXVIII, 12, et Io. I, 51: *videbitis cælum apertum*, etc..

Consequenter cum dicit *charitas autem Christi*, etc., subiungit apostolus causam præmissæ sollicitudinis, quæ quidem est charitas Christi.

Circa hoc autem duo facit.

Primo ostendit se urgeri a charitate Christi ad procurandam salutem proximorum; secundo ostendit unde provocetur charitas Christi in ipso, ibi *æstimantes hoc*, etc..

Dicit ergo: dico quod sive excedimus Deo sive sobrii sumus vobis, est ad utilitatem vestram. Et huius causa est quia charitas Christi urget nos ad hoc. Et dicit urget, quia urgere idem est quod stimulare; quasi dicat: charitas Christi, quasi stimulus, stimulat nos ad faciendum ea, quæ charitas imperat, ut scilicet procuremus salutem proximorum.

Hic est effectus charitatis. Rom. VIII, 14: *qui spiritu Dei aguntur, id est agitantur*, etc.. Cant. VIII, 6: *lampades eius, ut lampades ignis*, etc..

Unde autem proveniat iste stimulus charitatis, ostendit consequenter, subdens *æstimantes hoc, quoniam si unus*, etc., et primo assignat rationem huius; secundo exponit, ibi *et pro omnibus mortuus est*, etc..

Dicit ergo: dico quod omnia pro vobis facimus, quia urget nos charitas Christi, quia æstimamus, quod si unus, scilicet Christus, pro omnibus mortuus est, quod etiam nos ita vivamus, id est ad utilitatem vestram, quod etiam nobis mortui simus, id est nihil curemus de nobis, sed de Christo et de his quæ Christi sunt. Et hoc est quod dicit *si unus*. Rom. V, 8: *commendat Deus suam charitatem in nobis*, etc.. I petr. II, 21: *Christus passus est pro nobis*, etc..

Quod ergo infertur *ergo omnes mortui sunt*, exponitur tribus modis. Primo ut

Commentaria in Epistolis S. Pauli

dicatur omnes mortui sunt, morte peccati in Adam. Non enim esset necessarium quod Christus pro omnibus moreretur, nisi omnes mortui fuissent morte peccati in Adam.

I Cor. XV, 22: sicut in Adam omnes, etc..

Secundo ut dicatur omnes mortui sunt, scilicet veteri vitæ. Christus enim mortuus est ad delenda peccata, ergo omnes debent mori veteri vitæ, scilicet peccati, et vivere vita iustitiæ, Rom. VI, 10: quod enim mortuus est peccato, etc., ita et vos æstimate vos mortuos esse, etc..

Tertio, et magis litteraliter, ergo mortui sunt omnes, id est ita debet se quilibet reputare ac si esset mortuus sibi ipsi. Col. III, 3: mortui estis, etc..

Et hunc modum exponit consequenter cum dicit et pro omnibus mortuus est Christus, I Io. II: mortuus est ut vivamus Christo.

Unde subdit ut et qui vivit, scilicet vita naturali, iam non sibi vivat, id est non propter seipsum et propter bonum suum tantum, sed ei qui pro ipsis mortuus est et resurrexit, scilicet Christo, id est totam vitam suam ordinet ad servitium et honorem Christi.

Gal. II, 20: vivo ego, iam non ego, etc..

Eccli. XXIX, 20: gratiam fideiussoris tui ne obliviscaris, etc..

Et horum ratio est quia unusquisque operans sumit regulam operis sui a fine. Unde si Christus est finis vitæ nostræ, vitam nostram debemus regulare non secundum voluntatem nostram, sed secundum voluntatem Christi. Sic enim et Christus dicebat Io. VI, 38: descendi de cælo, non ut facerem voluntatem meam, etc..

Nota autem quod duo dicit, scilicet quod mortuus est Christus et quod resurrexit pro nobis; ubi duo exiguntur a nobis.

Quia enim mortuus est pro nobis et nos debemus mori nobis ipsis, id est pro ipso abnegare nos ipsos. Unde dicebat Lc. IX, 23: qui vult venire post me, abneget semetipsum, etc.. Quod idem est ac si diceret: moriantur sibi ipsis.

Quia vero Christus resurrexit pro nobis, et nos debemus ita mori peccato et veteri vitæ et nobis ipsis, quod tamen resurgamus ad novam vitam Christi. Rom. VI, 4: quomodo Christus surrexit a mortuis per gloriam patris, ita et nos in novitate, etc.. Et propter hoc Dominus non dixit solum: abneget semetipsum et tollat crucem suam, sed addidit et sequatur me, scilicet in novitate vitæ, proficiendo in virtutibus. Ps. LXXXIII, 8: ibunt de virtute in virtutem, etc..

Lectio 4

Posito quomodo sancti præparant se ad susceptionem gloriæ cælestis, placendo Deo et proficiendo proximo, hic consequenter ostendit quomodo præparant se ad hoc idem, abdicando a se carnalem affectum.

Et circa hoc tria facit.

Secunda ad Corinthios

Primo ponit abdicationem carnalis affectus; secundo excludit instantiam, ibi et si cognovimus, etc.; tertio concludit intentum, ibi si qua ergo in Christo, etc..

Dicit ergo primo: ex quo ergo adeo certi sumus de gloria æterna, ita quod nos ex hoc neminem secundum carnem novimus.

Ubi nota, quod secundum carnem est quædam determinatio, et potest dupliciter exponi, secundum quod dupliciter constructio fieri potest.

Uno modo, ut ly secundum carnem, construatur cum hoc accusativo neminem, et sic exponit Glossa: neminem secundum carnem, id est carnaliter viventem, approbamus. Ex quo enim quilibet debet mori, non approbamus eum, qui carnaliter vivit. Et hoc modo accipitur caro Rom. VIII, 9: vos autem in carne non estis, etc.. Alio modo: neminem secundum carnem, id est secundum carnales legis observantias viventem, novimus, id est approbamus. Et hoc modo accipitur caro Phil. III, 4: qui confidunt in carne, id est, in carnalibus legis observantiis, etc.. Tertio: neminem secundum carnem, id est secundum carnis corruptionem, novimus, id est reputamus.

Licet enim fideles adhuc carnem corruptibilem gerant, tamen in spe iam habent corpus incorruptibile. Unde non reputant se secundum quod modo carnem corruptibilem habent, sed secundum quod habituri sunt corpus incorruptibile. Hoc modo accipitur caro I Cor. XV, 50: caro et sanguis regnum Dei non possidebunt.

Alio modo potest construi, ut ly secundum carnem, construatur cum hoc verbo novimus.

Et sic est sensus: dico quod ex quo non debemus nobis vivere, sed ei qui pro nobis mortuus est, itaque nos ex hoc neminem secundum carnem novimus, id est non sequimur in aliquo carnalem affectum, nec aliquem hoc modo reputamus. Et hoc modo accipitur illud Deut. XXXIII, 9: qui dixerit patri suo et matri: nescio vos, etc.. Et sic ly secundum carnem, refertur ad cognoscentem; sed in prima expositione referebatur ad cognitum.

Quia vero aliquis posset dare instantiam de Christo, quod saltem cognovisset eum secundum carnem, ideo consequenter hoc removet dicens quod si cognovimus, etc..

Circa hoc sciendum est quod Manichæus adducebat verba ista pro se in fulcimentum sui erroris. Ipse enim dicebat Christum non habuisse verum corpus, nec fuisse ex semine David natum. Et sic Augustinus dicit in libro contra faustum: si quis contra eum allegaret verbum apostoli ad Rom. I, 3: qui factus est ei ex semine David secundum carnem, et illud I Tim. III, 16: et manifeste magnum est pietatis sacramentum, quod manifestatum est in carne, etc., et II Tim. II, 8: memor esto Dominum Iesum Christum resurrexisse a mortuis ex semine David, etc., respondebat, quod apostolus aliquando fuerat huius opinionis, scilicet quod fuisset ex semine David et quod verum corpus habuisset, sed postea hanc opinionem mutavit et correxit se hic. Unde dicebat et si cognovimus secundum carnem Christum, id est si fuerimus aliquando huius opinionis, quod Christus habuisset veram carnem, sed nunc iam non novimus, id est modo mutavimus illam opinionem et non credimus ita.

Quod quidem dupliciter improbat Augustinus.

Primo quia de eo, quod falso putamus, nullus dicit novimus, sed opinamur.

Cum ergo apostolus utatur hic hoc verbo cognovimus, videtur quod non aliquando falso putaverit. Secundo quia supra apostolus dicit neminem novimus secundum carnem.

Si ergo verum esset quod dicit Manichæus, apostolus nullum cognosceret habere verum corpus, quod est falsum. Est ergo falsum quod Manichæus dicit.

Et ideo aliter exponendum secundum veritatem, et dupliciter. Uno modo, ut sumatur hic caro pro corruptione carnis, I Cor. XV, 50: caro et sanguis, etc., et tunc est sensus: et si cognovimus aliquando Christum secundum carnem, id est habere eum carnem corruptibilem ante passionem, sed nunc iam non novimus, scilicet eum habere carnem incorruptibilem, quia Rom. VI, 9 dicitur: Christus resurgens ex mortuis iam non moritur, etc..

Alio modo secundum Glossam, ut ly si aliquando secundum carnem Christum cognovimus, referatur ad statum Pauli ante conversionem ad Christum; quod vero sequitur sed nunc iam non novimus, referatur ad statum eius post conversionem.

Et sic est sensus: et ego et alii Iudæi infideles aliquando, id est ante conversionem meam, cognovimus Christum secundum carnem, id est secundum quod carnaliter opinati sumus de Christo, scilicet eum esse tantum hominem et quod venit tantum ad carnales observantias legis; sed iam, id est postquam conversus sum, non novimus, id est hæc opinio cessavit, immo credo quod sit verus Deus et quod non sit colendus per carnales observantias. Unde dicebat Gal. V, 2: si circumcidimini, Christus nihil vobis proderit.

Potest et aliter exponi, ut hoc quod dicit et si cognovimus, etc., dicat apostolus in persona omnium apostolorum Christi; et sic videtur respondere ultimæ expositioni huius, quod dicitur neminem cognovimus.

Unde sciendum est quod Augustinus, exponens illud Io. XVI, 7: expedit vobis, ut ego vadam, ubi ratio Domini ad hoc subditur: si enim non abiero, Paracletus non veniet ad vos, dicit, quod hoc ideo erat, quia discipuli carnaliter amantes Christum afficiebantur ad ipsum, sicut carnalis homo ad carnalem amicum, et sic non poterant elevari ad spiritualem dilectionem, quæ etiam pro absente multa facit pati. Ut ergo radicaretur in eis affectus spiritualis, qui est a spiritu sancto, et cessaret carnalis, dixit eis Dominus: pax vobis, etc.. Hoc ergo apostolus, in persona omnium discipulorum, commemorans dixit et si cognovimus, id est si adhæsimus Christo aliquando, scilicet quando nobiscum erat præsentia corporali, secundum carnem, id est secundum carnalem affectum, sed iam non novimus, id est iam iste affectus cessavit a nobis per spiritum sanctum, qui datus est nobis.

Consequenter cum dicit si qua igitur in Christo, etc., ex præmissis concludit quemdam effectum esse consecutum, scilicet novitatis in mundo. Et ideo dicit si qua igitur, id est si aliqua, in Christo, id est in fide Christi, vel per Christum, nova creatura est facta. Gal. V, 6: in Christo Iesu neque præputium, neque circumcisio, etc..

Ubi notandum quod innovatio per gratiam dicitur creatura. Creatio enim est motus ex nihilo ad esse. Est autem duplex esse, scilicet esse naturæ et esse gratiæ. Prima creatio facta fuit quando creaturæ ex nihilo productæ sunt a Deo in esse naturæ, et tunc creatura erat nova, sed tamen per peccatum inveterata est. Thren. III, 4: vetustam fecit pellem meam, etc.. Oportuit ergo esse novam creationem, per quam producerentur in esse gratiæ, quæ quidem creatio est ex nihilo, quia qui gratia carent, nihil sunt. I Cor. XIII, 2: si noverim mysteria omnia, etc., charitatem autem non habeam, etc.. Iob XVIII, 15: habitent in tabernaculo illius socii eius, qui non est, id est peccati. Augustinus dicit: peccatum enim nihil est, et nihili fiunt homines cum peccant.

Et sic patet, quod infusio gratiæ est quædam creatio.

Si ergo aliqua creatura facta est nova per ipsum, vetera transierunt ei. Hoc quidem sumptum est Lev. XXVI, 10, ubi dicitur: novis supervenientibus vetera proiicietis.

Ex quo sic argumentatur: si omnia nova facta sunt et secundum legem novis supervenientibus vetera sunt proiicienda, ergo si qua creatura est, vetera transierunt ei, id est transire debent ab eo. Vetera autem quæ transire debent sunt legalia. Rom. VII, 6: serviamus in novitate spiritus, et non in vetustate litteræ. Item errores gentilium. Is. XXVI, 3: vetus error abiit. Item corruptiones peccati. Rom. VI, 6: vetus homo noster, etc..

Quibus quidem in nobis transeuntibus, virtutes contrariæ his vitiis debent in nobis innovari.

Apoc. XXI, 5: et dixit qui sedebat in throno: ecce nova facio omnia.

Lectio 5

Postquam apostolus in superioribus tractavit de præmio sanctorum et de præparatione ad susceptionem eius, hic consequenter agit de causa utriusque.

Et circa hoc tria facit, quia primo, ostendit auctorem omnium prædictorum esse Deum; secundo, commemorat beneficium a Christo collatum, ibi qui reconciliavit, etc.; tertio, beneficii usum, ibi pro Christo ergo legatione, etc..

Dicit ergo: dixi quod intendimus

Commentaria in Epistolis S. Pauli

salutem proximorum, et vetera transierunt, sed hæc omnia sunt nobis ex Deo patre, vel ex Deo auctore. Rom. XI, 36: ex ipso, et in ipso, et per ipsum sunt omnia. Iac. I, 17: omne datum optimum, etc..

Sequitur beneficium susceptum a Deo, ibi qui reconciliavit, etc., ubi primo, ponit ipsum beneficium collatum; secundo exponit, ibi quoniam quidem Deus, etc..

Commemorat autem duplex beneficium per Christum collatum: unum commune, aliud speciale.

Commune quidem toti mundo, scilicet reconciliationis ad Deum, et hoc est quod dicit: qui, scilicet Deus pater, reconciliavit, id est pacificavit, nos sibi, et hoc per Christum, id est per incarnatum verbum. Homines enim erant inimici Dei propter peccatum, Christus autem hanc inimicitiam abstulit de medio, satisfaciens pro peccato. Et fecit concordiam.

Col. I, 20: pacificans per sanguinem crucis eius, sive quæ in terris, sive quæ in cælis, etc.. Et ideo dicit per Christum. Rom. V, 10: reconciliati sumus Deo per mortem, etc..

Speciale autem beneficium est apostolis collatum, scilicet quod ipsi sint ministri huius reconciliationis. Unde dicit et dedit nobis, apostolis, vicariis Christi, ministerium huius reconciliationis. Supra III, 6: ministros nos elegit, etc.. Ps. Lxxi, 3: suscipiant montes, id est apostoli, pacem populo, scilicet a Domino.

Consequenter cum dicit quoniam, etc., exponit quæ dixit: primo, primum; secundo, secundum, ibi posuit in nobis, etc..

Dicit ergo. Dico quod Deus reconciliavit nos sibi, hoc modo: inimicitiæ enim inter Deum et hominem erant propter peccatum, ut dictum est, secundum illud Is. LIX, 2: peccata vestra diviserunt, etc.. Destructo ergo peccato per mortem Christi, inimicitiæ iam solutæ sunt. Et hoc est quod dicit quoniam quidem Deus erat in Christo, per unitatem essentiæ, Io. XIV, 10, 11: ego in patre, et pater in me est. Vel Deus erat in Christo per Christum mundum sibi reconcilians, Rom. V, 10: reconciliati sumus Deo, etc.. Et hoc non reputans illis delicta ipsorum, id est non habens in memoria illorum delicta, tam actualia quam originalia, ad puniendum, pro quibus Christus plene satisfecit. Et secundum hoc dicitur nos reconciliasse sibi, inquantum non imputat delicta nostra nobis. Ps. XXXI, 2: beatus vir cui non imputavit Dominus peccatum.

Consequenter cum dicit et posuit in nobis, etc., exponit secundum, scilicet de beneficio apostolis collato. Quasi dicat: hoc modo dedit nobis ministerium reconciliationis, quia posuit in nobis verbum reconciliationis, id est dedit virtutem et inspiravit in cordibus nostris, ut annuntiemus mundo hanc reconciliationem esse factam per Christum. Et hoc faciendo inducimus homines, ut conforment se Christo per baptismum. Ier. I, 9: ecce dedi verba mea, etc..

Secunda ad Corinthios

Consequenter cum dicit pro Christo ergo legatione, etc., ostendit usum beneficii.

Et primo quantum ad secundum beneficium collatum apostolis; secundo, quantum ad primum collatum omnibus, ibi obsecramus pro Christo, etc..

Dicit ergo: ex quo Deus posuit verbum reconciliationis, debemus eo uti. Et hoc est ergo quod fungimur legatione pro Christo, id est sumus legati Christi. Eph. VI, 20: pro quo legatione fungimur in catena ista, etc..

Et idoneitas ad hanc legationem est nobis ex virtute Dei, quæ est in me. Et ideo dicit tamquam Deo exhortante per nos, quia Deus, qui in nobis loquitur, dat nobis idoneitatem ad hanc legationem. Matth. X, 20: non vos estis qui loquimini, etc.. Infra XIII, 3: an experimentum quæritis eius, qui in me, etc..

Consequenter cum dicit obsecramus, etc., subdit quantum ad usum primi beneficii. Et primo inducit ad usum; secundo ostendit unde adsit nobis facultas ad ipsum usum, ibi eum qui non, etc..

Dicit ergo: ex quo Deus fecit reconciliationem, et nos sumus legati Dei in hoc, obsecramus, etc.. Blande alloquitur, cum posset imperare. II Tim. Cap. Ult.: argue, obsecra, increpa, etc.. Ad Philem. 8: potestatem habens imperandi, etc.. Obsecramus, inquam, pro Christo, id est propter amorem Christi, reconciliamini Deo.

Videtur autem hoc esse contrarium ei quod dicit, quod Deus reconciliavit nos sibi. Si ergo ipse reconciliavit, quid necesse est ut nos reconciliemur? iam enim reconciliati sumus.

Ad hoc dicendum quod Deus reconciliavit nos sibi, ut causa efficiens, scilicet ex parte sua, sed, ut sit nobis meritoria, oportet etiam quod fiat reconciliatio ex parte nostra.

Et hoc quidem in baptismo et in poenitentia, et tunc cessamus a peccatis.

Unde autem adsit nobis huiusmodi facultas reconciliandi Deo, ostendit ex hoc scilicet quod dedit nobis potestatem iuste vivendi, qua possumus abstinere a peccatis, et, hoc faciendo, reconciliamur Deo.

Et ideo dicit eum qui non, etc.. Quasi dicat: bene potestis reconciliari, quia Deus, scilicet pater, eum, scilicet Christum, qui non noverat peccatum, I Petr. II, 22: qui peccatum non fecit, etc.; Io. VIII, 46: quis ex vobis arguet me, etc., pro nobis fecit peccatum.

Quod tripliciter exponitur. Uno modo, quia consuetudo veteris legis est ut sacrificium pro peccato, peccatum nominetur. Os. IV, 8: peccata populi mei comedent, id est oblata pro peccato. Tunc est sensus fecit peccatum, id est hostiam, vel sacrificium pro peccato. Alio modo, quia peccatum aliquando sumitur pro similitudine peccati, vel pro poena peccati. Rom. VIII, 3: misit Deus filium suum in similitudinem peccati, etc., id est de similitudine peccati damnavit peccatum. Et tunc est sensus fecit peccatum, id est fecit eum assumere carnem mortalem et passibilem. Tertio modo, quia aliquando dicitur hoc esse hoc vel illud, non quia sit, sed quia opinantur homines ita esse.

Et tunc est sensus fecit peccatum, id est fecit eum reputari peccatorem. Is. LIII, 12: cum iniquis reputatus est.

Et hoc quidem fecit, ut nos efficeremur iustitia, id est ut nos, qui peccatores sumus, efficeremur non solum iusti, imo ipsa iustitia, id est iustificaremur a Deo; vel iustitia, quia non solum nos iustificavit, sed etiam voluit quod per nos alii iustificarentur.

Iustitia, dico, Dei, non nostra. Et in Christo, id est per Christum.

Vel, aliter, ut ipse Christus dicatur iustitia.

Et tunc est sensus ut nos efficeremur iustitia, id est ut inhæreremus Christo per amorem et fidem, quia Christus est ipsa iustitia. Dicit autem, Dei, ut excludat iustitiam hominis, quæ est qua homo confidit de propriis meritis. Rom. X, 3: ignorantes Dei iustitiam, etc. In ipso, scilicet Christo, id est per Christum, quia ipse factus est nobis iustitia, I Cor. I, 30.

Capitulus VI

Lectio 1

Supra apostolus commendavit ministerium apostolatus, hic consequenter ipsum ministerium, sibi commissum ad utilitatem subditorum, exequitur. Et circa hoc duo facit.

Primo hortatur eos in generali ad omnia, quæ communiter sunt necessaria ad bonam vitam; secundo hortatur eos de quodam speciali suffragio fiendo sanctis in Ierusalem, et hoc VIII cap., ibi notum autem vobis facimus, fratres, etc..

Circa primum autem duo facit.

Primo hortatur eos ad bona præsentia; secundo commendat eos de bonis in præterito factis, et hoc VII cap., ibi has igitur habentes promissiones, etc..

Circa primum tria facit.

Primo hortatur in generali, quod gratia Dei non utantur in vanum; secundo ostendit gratiam Dei eis esse collatam, ibi ait enim: tempore accepto, etc.; tertio docet eos in speciali modum utendi dicta gratia, ibi nemini dantes ullam offensionem, etc..

Dicit ergo primo: ex quo facultas adest nobis ad bene operandum, et hæc est gratia Dei, nos autem ad hoc pro Christo legatione fungimur; ideo, adiuvantes, nos, scilicet prædicationibus, exemplis et exhortationibus.

Prov. XVIII, 19: frater qui adiuvatur a fratre, etc.. Vel, adiuvantes, scilicet Deum. I Cor. III, 9: adiutores Dei sumus.

Sed contra Is. XL, 13: quis adiuvit spiritum Domini, etc.. Non ergo bene dicitur, adiuvantes Deum.

Responsio: quod iuvare Deum potest intelligi, vel ei vires ministrare ad aliquid agendum, et sic nullus iuvat Deum, nec iuvare potest; vel eius mandatum exequi, et sic sancti homines Deum iuvare dicuntur, exequendo eius mandata.

Nos, inquam, sic iuvantes, hortamur vos, Rom. XII, 8: qui exhortatur, etc.. Hoc scilicet exhortamur, ne in vacuum gratiam Dei recipiatis, quasi dicat: ne receptio gratiæ sit vobis inutilis et vacua, quod tunc contingit, quando ex perceptione gratiæ quis non sentit fructum. Qui quidem duplex est, scilicet remissio peccatorum. Is. XXVII, 9: hic est omnis fructus, etc.. Et ut homo iuste vivendo perveniat ad gloriam cælestem. Rom. VI, 21: habetis fructum vestrum. Quicumque ergo gratia percepta non utitur ad vitandum peccata, et consequendum vitam æternam, hic gratiam Dei in vanum recipit.

Phil. II, 16: non in vacuum cucurri, etc..

Et ne aliquis dubitaret de perceptione huius gratiæ a Deo, ideo consequenter apostolus probat eos iam recepisse gratiam hanc, vel paratam habere ad recipiendum, dicens ait enim: tempore, etc.. Et circa hoc duo facit.

Primo inducit auctoritatem prophetæ; secundo inductam adaptat ad propositum, ibi ecce nunc tempus, etc..

Dicit ergo primo: dico quod paretis vos ad fructuose percipiendum gratiam, quæ vobis est collata, vel parata. Ait enim, Dominus per Isaiam XLIX, 8: tempore accepto, etc..

Circa quod sciendum est quod Dominus dicitur facere nobis gratiam, vel exaudiendo nos in petitionibus nostris, vel iuvando in operationibus nostris; sed exaudit, ut percipiamus quod petimus. Iac. I, 5: si quis indiget sapientia, postulet, etc.. Adiuvat, ut perficiamus quod operamur. Ps. XCIII, 17: nisi quia Dominus adiuvit me, etc.. Et hæc duplex est gratia, præveniens scilicet et cooperans, vel subsequens, quæ quidem necessaria est nobis ad obtinendum.

Et primo gratiam prævenientem quam optare debemus, ut simus accepti a Deo. Ps. XXXI, 6: pro hac orabit ad te omnis sanctus.

Et quantum ad hoc dicit in tempore accepto, id est acceptionis et gratificationis; hoc enim tempore accepto fit, quod gratis fit.

Rom. IV, 6: beatitudinem hominis cui Deus accepto fert iustitiam, etc.. Exaudivi te, id est acceptavi te. Vel tempore accepto, id est in tempore gratiæ. Et hoc modo gratia præveniens dicitur illa, per quam liberamur a peccatis. Gratia vero subsequens dicitur per quam virtutes nobis ex perseverantia in bono conferuntur.

Secundo necessaria est nobis gratia cooperans; et hanc petebat Ps. XXII, 6: et misericordia eius subsequatur me, etc.. Et quantum ad hoc dicit in die salutis adiuvi te.

Tempus enim ante Christum non fuit dies, sed nox. Rom. XIII, 12: nox præcessit, etc..

Sed tempus Christi dicitur dies, et non solum dies, sed dies salutis. Ante enim non erat salus, quia nullus ad finem salutis perveniebat, scilicet ad visionem Dei, sed modo, quando iam

Commentaria in Epistolis S. Pauli

nata est salus in mundo, homines salutem sequuntur. Matth. I, 21: vocabis nomen eius Iesum. Ipse enim salvum faciet populum, etc.. I Petr. IV: operamini vestram salutem. Et hoc fit auxilio gratiæ cooperantis, qua per nostra opera pervenimus ad vitam æternam. Phil. II, 13: Deus est qui operatur, etc..

Consequenter auctoritatem inductam adaptat ad propositum, dicens ecce nunc, etc., quasi dicat: hæc quæ dixit Dominus de tempore gratiæ per prophetam, implentur modo, quia ecce nunc tempus acceptabile, id est gratificationis, per quam exaudimur a Deo, quia iam venit plenitudo temporis, scilicet incarnationis Christi, Gal. IV, 4. Et hoc quantum ad primam partem auctoritatis Ps. LXVIII, 14: tempus beneplaciti Deus. Ecce nunc dies salutis, in quo scilicet, adiuti gratia cooperante, possumus operari ad consequendum salutem æternam.

Io. IX, 4: me oportet operari, etc.. Gal. VI, 10: dum tempus habemus, etc..

Consequenter cum dicit nemini dantes, etc., docet modum utendi gratia eis collata. Et primo in generali, qualiter scilicet in vacuum non recipiatur; secundo in speciali, ibi in multa patientia, etc..

Dicit ergo: sic utendum est gratia, ut dantes nemini ullam offensionem.

Nam gratia ad duo datur, scilicet ad vitandum mala, et ad operandum bona.

Et ideo duo docet, ut scilicet vitemus mala, et quantum ad hoc dicit nemini dantes, etc..

Quod potest dupliciter exponi. Uno modo, ut referatur ad apostolos, quasi dicat: nos adiuvantes vos exhortamur; nos, dico, nemini ullam dantes offensionem, quia si per malam vitam aliquos offenderemus, vituperaretur ministerium nostrum, et contemneretur prædicatio nostra. Rom. II, 24: nomen Dei per vos blasphematur. Gregorius: cuius vita despicitur, restat ut eius prædicatio contemnatur.

Unde publicus et famosus peccator cavere debet sibi ne prædicet, alias peccat.

Ps. XLIX, 16: peccatori autem dixit Deus, etc..

Alio modo, ut referatur ad subditos, quasi dicat hortamur vos ne in vacuum, etc.; vos, dico, nemini dantes ullam, etc.; id est, non facientes aliquid unde alii scandalizentur.

I Cor. X, 32: sine offensione estote, etc..

Rom. XIV, 13: non ponatis offendiculum, etc..

Et ratio huius est ut non vituperetur, etc..

Id est ita irreprehensibiliter vos habeatis, ut ministerium nostrum, id est apostolatus noster, non vituperetur. Quando enim subditi male se habent, vituperium est prælatis.

I Petr. II, 12: conversationem vestram inter gentes, etc.. Vel ut non vituperetur commune ministerium, quo ad vos et nos, qui sumus ministri

Secunda ad Corinthios

Dei. Nos, dico, sumus ministri Dei ad exequendum voluntatem eius in nobis, et in aliis. Sed vos ad exequendum voluntatem eius in vobis tantum. Is. LXI, 6: vos sacerdotes Domini vocabimini, etc..

Consequenter cum dicit sed in omnibus exhibeamus, etc., docet eos modum utendi percepta gratia quantum ad bona operanda.

Dicit ergo: nemini demus ullam offensionem, sed exhibeamus nos, et vos, opere et sermone, in omnibus quæ ad virtutes pertinent, tales, quales debent esse ministri Dei, ut scilicet conformemur nos Deo faciendo eius voluntatem. Eccli. X, 2: secundum iudicem populi, sic et ministri eius. I Cor. IV, 1: sic nos existimet homo, ut ministros, etc..

Consequenter cum dicit in multa patientia, etc., ostendit in speciali quomodo nos debemus exhibere sicut Dei ministros in usu gratiæ collatæ. Et hoc quantum ad tria.

Primo, quantum ad exteriorem operationem; secundo quantum ad maiorem devotionem, ibi os nostrum patet, etc.; tertio quantum ad infidelium vitationem, ibi nolite iugum ducere, etc..

Circa primum tria facit, secundum tria in quibus consistit operatio exterior.

Primo enim consistit in sufferentia malorum; et quantum ad hoc dicit in multa patientia, etc..

Secundo in operatione bonorum, et quantum ad hoc dicit in castitate, etc..

Tertio in mutua cooperatione bonorum ad mala, et quantum ad hoc dicit per arma iustitiæ, etc..

Est ergo necessaria in malis sustinendis virtus patientiæ. Unde dicit in multa patientia, etc.. Ubi tria facit.

Primo inducit ad patientiam. Et hoc quia in Ps. XCI, 15 s. Legitur: bene patientes erunt, ut annuntient. Et quantum ad hoc dicit in multa patientia. Prov. XIX, 11: doctrina viri per patientiam noscitur. Lc. XXI, 19: in patientia vestra possidebitis animas vestras.

Dicit in multa, id est propter multas tribulationes quæ occurrunt.

Secundo ostendit materiam patientiæ in generali, et hoc dupliciter, scilicet in superventione malorum; unde dicit in tribulationibus, Rom. XII, 12: in tribulatione patientes; Act. XIV, 12: per multas tribulationes, etc.. Et in defectu necessariorum; unde dicit in necessitatibus, scilicet eorum quæ sunt necessaria ad vitam. Ps. XXIV, 17: de necessitatibus, etc..

Tertio ostendit materiam patientiæ in speciali. Et primo in his, quæ pertinent ad tribulationes, quæ sunt voluntariæ, et hoc quantum ad tribulationes, quæ pertinent ad animam, et sic dicit in angustiis, scilicet cordis, quando scilicet sic arctatur adversis, ut non pateat via evadendi. Hebr. XI, 37: angustiati, afflicti, etc.. Item inquantum ad tribulationes, quæ sunt in corpore, et sic dicit in plagis, scilicet illatis ab aliis, et carceribus, Act. XVI, 23: cum multas plagas ei intulissent,

Commentaria in Epistolis S. Pauli

etc.. Infra XI, 23: in carceribus abundantius, in plagis supra modum, etc.. In seditionibus, scilicet totius populi commoti. Act. XIX, 40: periclitamur argui seditionis hodiernæ, etc..

Secundo in his, quæ pertinent ad necessitates.

Necessitas autem aliquando est voluntaria.

Et sic dicit in laboribus, propria manu operando apud Corinthios, quia avari erant, ne eos gravaret sumptibus; et apud Thessalonicenses, quia erant otiosi, ut daret exemplum exercitii. Act. XI: ad ea quæ mihi opus erant, etc.. In vigiliis, propter prædicationes. Infra XI, 27: in vigiliis.

In ieiuniis, aliquando voluntariis aliquando involuntariis propter penuriam. I Cor. IX, 27: castigo corpus meum, etc..

Sed contra est quod dicitur Matth. XI, 30: iugum meum suave est. Hic vero dicitur in tribulationibus multis, etc.. Non ergo suave, sed gravissimum.

Respondeo. Hæc sunt in seipsis aspera, sed propter amorem et interiorem fervorem spiritus dulcorantur. Unde Augustinus: omnia grandia et immania, facilia et prope nulla facit amor.

Lectio 2

Positis his quæ pertinent ad tolerantiam malorum, ponit consequenter ea quæ pertinent ad observantiam bonorum.

Bonitas autem operis consistit in tribus: in perfectione virtutum, et hoc pertinet ad cor; in veritate locutionis, et hoc pertinet ad os; in virtute operis, et hoc pertinet ad opus.

Primo ergo ostendit apostolus qualiter se habeant in his quæ pertinent ad perfectionem virtutum, quæ consistunt in corde; secundo in his, quæ ad virtutem oris, ibi in verbo veritatis; tertio in his, quæ pertinent ad perfectionem operis, ibi in virtute Dei.

Circa primum ponit quatuor virtutes: et primo virtutem castitatis, quæ maximum locum tenet in virtute temperantiæ, et quantum ad hoc dicit in castitate, scilicet mentis et corporis.

Ubi notandum est quod immediate post multos labores, vigilias et ieiunia, subdit de castitate, quia qui vult habere virtutem castitatis, necesse habet laboribus dari, vigiliis insistere, et macerari ieiuniis. I Cor. IX, 27: castigo corpus meum, et in servitutem redigo, etc.. Hebr. XII, 14: pacem sequimini, etc..

Si autem quæratur, quare non facit mentionem de aliis virtutibus, nisi solum de temperantia, dicendum est quod sic facit, sed implicite; quia hoc quod dicit: in multa patientia, in tribulationibus, etc., pertinet ad virtutem fortitudinis; hoc vero quod dicit: per arma iustitiæ, pertinet ad virtutem iustitiæ.

Secundo ponit virtutem scientiæ.

Unde dicit in scientia. Et siquidem scientia referatur ad scientiam qua aliquis scit bene conversari in medio nationis pravæ et perversæ, sic refertur ad virtutem prudentiæ. Si vero scientia referatur ad certitudinem, qua fideles certi sunt de his quæ pertinent ad cognitionem Dei, sic pertinet ad virtutem fidei.

Et utraque necessaria est christianis, quia sine scientia, primo modo sive secundo modo accepta, homines de facili ruunt in peccatis.

Is. V, 13: propterea captivus ductus est populus meus, quia non habuit scientiam. Ier. III, 15: dabo vobis pastores iuxta cor meum.

Tertio ponit virtutem spei. Unde dicit in longanimitate, quæ pertinet ad perfectionem spei. Nihil autem aliud est longanimis, quam qui arduum aliquod ex spe, semper ac diu dilatum, patienter expectat, et hoc a spiritu sancto. Gal. V, 22; fructus autem spiritus, charitas, etc., longanimitas, etc.. Col. I, 11: in omni patientia et longanimitate.

Quarto ponit virtutem charitatis.

Charitas autem duo habet, scilicet effectum exteriorem et interiorem. Sed in effectu exteriori habet suavitatem ad proximum. Non enim convenit quod aliquis non sit suavis ad eos quos diligit. Et ideo dicit in suavitate, id est dulci conversatione ad proximos, ut scilicet blandi simus. Prov. XII, 11: qui suavis est, vivit in moderationibus, etc.. Eccli. VI, 5: verbum dulce multiplicat amicos, etc.. Sed non in suavitate mundi, sed in ea quæ causatur ex amore Dei, scilicet ex spiritu sancto, et ideo dicit in spiritu sancto, id est quam spiritus sanctus causat in nobis. Sap. XII, 1: o quam bonus et suavis, etc..

In effectu autem interiori habet veritatem absque fictione, ut scilicet non prætendat exterius contrarium eius quod habet interius.

Et ideo dicit in charitate non ficta. I io. III, 18: non diligamus verbo neque lingua, sed, etc.. Col. III, 14: super omnia charitatem habentes. Et huius ratio est quia, ut dicitur Sap. I, 5: spiritus sanctus disciplinæ effugiet fictum.

Consequenter ostendit quomodo se habeant in his, quæ pertinent ad veritatem oris, ut scilicet sint veraces. Et ideo dicit in verbo veritatis, scilicet vera loquendo et prædicando.

Quomodo autem se habeant in perfectione operis, subdit, dicens in virtute Dei, id est non in operibus nostris confidamus, sed solum in virtute Dei, et non in propria.

I Cor. IV, 20: regnum Dei non est in sermone, etc..

Consequenter cum dicit per arma iustitiæ, etc., ostendit qualiter se habeant in operatione bonorum et malorum, inter bona et mala, prospera et adversa, et hoc pertinet ad virtutem iustitiæ. Et primo ostendit hoc in generali; secundo exponit in speciali.

Dicit ergo primo, quod exhibeamus nos sicut Dei ministros in multa patientia. Et quod plus est, per arma iustitiæ. Ubi sciendum est quod iustitia ordinat et facit hominem tenere locum suum, a dextris, id est, in prosperis, ut

Commentaria in Epistolis S. Pauli

scilicet non elevetur, et a sinistris, id est in adversis, ut scilicet non deiiciatur.

Phil. IV, 12: ubique et in omnibus, etc., scio abundare, etc..

Consequenter hoc exponit per partes prosperorum et adversorum, dicens per gloriam, etc.. Ubi sciendum est, quod in rebus temporalibus prosperitas vel adversitas in tribus consistit: in superbia vitæ, in concupiscentia carnis, in concupiscentia oculorum, iuxta illud I Io. II, 16: omne quod est in mundo, aut est concupiscentia carnis, etc.. Et hæc prosequitur ordine suo, quia primo dicit quomodo se habeant in adversis et prosperis, quæ pertinent ad superbiam vitæ, dicens per gloriam, etc.. Secundo quomodo se habeant in his quæ pertinent ad concupiscentiam carnis, ibi quasi morientes, etc.. Tertio quomodo se habeant in his quæ pertinent ad concupiscentiam oculorum, ibi sicut egentes, etc..

Sunt autem duo, quæ ad superbiam pertinent, scilicet sublimitas status et operum. Et ideo dicit per gloriam, id est per statum excellentiæ, quasi dicat: exhibeamus nos Dei ministros, scilicet per Dei gloriam, id est in prosperitate. Is. XXIII, 9: Dominus exercituum cogitavit, etc.. Et quod apostoli gloriosi appareant, patet Act. XIV, 10, quod Paulus et Barnabas credebantur esse dii. Et ignobilitatem, quæ est in sinistris, quasi dicat: nec in gloria elevemur, nec, si contemptibiles sumus, deiiciamur. I Cor. I, 28: ignobilia huius mundi elegit Deus, etc..

Quantum ad famam operum dicit per infamiam et bonam famam. Ubi sciendum est, quod, sicut Gregorius dicit, homo non debet ex se dare causam infamiæ suæ, sed potius debet procurare bonam famam, iuxta illud Eccli. XLI, 15: curam habe de bono nomine, et hoc propter alios, quia oportet nos bonum testimonium habere ad eos, qui foris sunt, I Tim. III, 7. Si vero contingat aliquem incurrere in infamiam iniuste, non debet esse ita pusillanimis, ut propter hoc derelinquat iustitiam. Si vero sit in bona fama apud infideles, non debet tamen superbire, sed debet inter utrumque medio modo incedere.

Consequenter exponit ista duo quæ posuit.

Et primo quam infamiam habuerunt, et ostendit quod magnam, quia ut seductores, etc., quasi dicat: a quibusdam habemur ut seductores, a quibusdam vero habemur ut veraces. Nec mirum, quia etiam de Christo alii dixerunt quia bonus est, alii vero quod non, sed seducit turbas, ut dicitur Io. VII, 12. Secundo ostendit quomodo fuerunt gloriosi et ignobiles, quia sicut ignoti et cogniti, id est approbati a bonis, et incogniti, id est despecti a malis. I Cor. IV, 13: tamquam purgamenta, etc..

Consequenter prosequitur ea quæ pertinent ad concupiscentiam carnis. Et ponit tria quæ concupiscit caro. Primo enim concupiscit longam vitam, et quantum ad hoc dicit quasi morientes, id est licet exponamur periculis mortis, infra XI, 23: in mortibus frequenter, etc., tamen ecce vivimus, virtute et fide. Et ideo Hab. II, 4: *iustus ex fide vivit*. Ps. CXVII, 17: *non moriar, sed vivam*, etc..

Secundo concupiscit incolumitatem et quietem.

Et quantum ad hoc dicit *ut castigati et non mortificati*, quasi dicat: licet diversis flagellis castigemur a Domino, non tamen tradit nos morti. Ps. XI: *castigans castigavit me Dominus*, etc.. II Tim. III, 12: *omnes qui pie volunt*, etc..

Tertio concupiscit gaudium et iucunditatem, et quantum ad hoc dicit *quasi tristes, semper autem gaudentes*; quia licet in exterioribus, et quæ ad carnem sunt, patiamur tristitiam et amaritudinem, interius tamen continuum gaudium habemus, quod crescit in nobis ex consolationibus spiritus sancti, et spe remunerationis æternæ. Iac. I, 2: *omne gaudium existimate*, etc.. Io. XVI, 20: *tristitia vestra vertetur in gaudium*, etc..

Consequenter prosequitur de his quæ pertinent ad concupiscentiam oculorum.

Et circa hoc ponit duo, quorum unum est in comparatione ad alios; et secundum hoc, prosperum in divitiis est quod homo abundet, ita quod possit aliis ministrare de divitiis suis. Sinistrum autem in hoc est, quod homo sit ita pauper, quod oporteat eum ab aliis mendicare. Et ideo dicit quod, in his temporalibus, sumus *sicut egentes*, id est ab aliis accipientes; sed tamen quantum ad spiritualia sumus *multos locupletantes*. Et non dicit omnes, quia non sunt omnes locupletari parati. Prov. XIII, 7: *est quasi pauper, cum in multis divitiis sit*.

Secundum est in comparatione ad seipsos, et secundum hoc prosperum in divitiis est multa possidere, sinistrum autem, ut nihil penitus habeat. Et quantum ad hoc dicit, quod in exterioribus sunt tamquam nihil habentes, scilicet in temporalibus, quia omnia dimiserunt propter Christum. Matth. XVI: *si vis perfectus esse, vade, et vende omnia quæ habes*, etc.. Sed interius et in spiritualibus, omnia possidentes, scilicet per interiorem magnitudinem cordis. Et hoc ideo est quia ipsi vivebant non sibi, sed Christo, et ideo, omnia quæ sunt Christi, reputabant ut sua. Unde cum Christo omnia sint subiecta, omnia possidebant, et omnia tendebant in eorum gloriam. Ios. I, 3: *et omnem locum quem calcaverit pes vester, vobis tradam*.

Nota autem circa præmissa, quod apostolus utitur in præmissis miro modo loquendi. Nam ipse quasi semper ponit unum contra unum, et temporale contra spirituale; sed tamen in temporalibus semper addit quamdam conditionem, puta: ut, sicut, quasi, tamquam, sed in opposito spirituali, nihil addit. Cuius ratio est quia temporalia, sive sint mala, sive bona, sive transmutabilia et apparentia, habent tamen similitudinem vel boni vel mali. Et ideo dicit: *ut seductores*, et *quasi ignoti*, quia non erant in rei veritate sic, sed in opinione hominum, et si erant transitoria, erant bona aut mala. Bona autem spiritualia existentia sunt

Commentaria in Epistolis S. Pauli

et vera, et ideo non addit eis conditionem aliquam.

Lectio 3

Postquam apostolus docuerat usum gratiæ collatæ quantum ad bonas operationes exteriores, hic consequenter instruit eos circa usum prædictum quantum ad interiorem devotionem, quæ consistit in lætitia cordis, quæ latitudinem cordis causat.

Et circa hoc tria facit.

Primo enim exhibet se eis in exemplum latitudinis; secundo ostendit, quod ab ipso non habent contrarium exemplum, nec possunt accipere, ibi non angustiamini in nobis, etc.; tertio exhortatur eos ad cordis latitudinem, ibi eamdem autem habentes, etc..

Circa primum duo facit.

Primo ponit signum latitudinis cordis; secundo ponit ipsam latitudinem cordis quam habebat apostolus, ibi cor nostrum dilatatum est, etc..

Signum autem latitudinis est os latum, quia os immediate adhæret cordi. Unde quæ per os exprimimus, sunt expressa signa conceptionum cordis. Matth. XII, 34: ex abundantia cordis os loquitur. Et hoc est quod dicit os nostrum patet ad vos. Os enim clausum est aliquando, tunc scilicet quando ea quæ sunt in corde non patent exterius; sed apertum et patens est, quando ea quæ in corde sunt, manifestantur. Iob III, 1: post hæc aperuit, etc.. Matth. V, 2: aperiens os suum, etc..

Et ne hoc videatur pertinere ad vitium vanitatis, quia manifestat se, subdit rationem, dicens ad vos, id est propter utilitatem vestram manifestamus vobis secreta cordis nostri.

I Cor. X, 33: non quærens quod mihi utile sit, etc..

Causa autem huius dilatationis procedit ex dilatatione et latitudine cordis. Et ideo dicit cor nostrum dilatatum est, etc..

Prov. XXI, 4: exaltatio oculorum dilatatio est cordis.

Cor autem aliquando est strictum, tunc scilicet quando comprimitur et concluditur in modico, sicut cum quis non curat nisi de terrenis, et contemnit cælestia, non valens ea intellectu capere. Aliquando autem est latum, tunc scilicet quando quis magna appetit et desiderat, et talis erat apostolus, qui non reputans ea quæ videntur, desiderabat cælestia.

Et ideo dicit cor nostrum dilatatum est, id est ampliatum ad magna appetenda.

Consequenter ostendit quod non habent ab apostolo contrarium exemplum, dicens non angustiamini, etc., quasi dicat: ex quo ostendimus vobis latitudinem cordis nostri, non habetis a nobis exemplum, nec causam unde angustiamini. Sed si hoc facitis, tunc quidem angustiamini, sed non in nobis, imo ex visceribus vestris, id est ex vobis.

Ubi sciendum est quod angustiari idem est quod includi in aliquo, unde non

Secunda ad Corinthios

patet alius aditus evadendi. Isti autem erant seducti adeo a pseudo, quod non credebant posse salutem consequi, nisi in observantiis legalibus. Et ideo efficiebantur servi, cum essent liberi secundum fidem Christi. Unde angustiatio huius servitutis non proveniebat eis ab apostolo, sed ex visceribus eorum, id est ex duritia cordium ipsorum. Lc. XXIII, 28: nolite flere, etc..

Consequenter hortatur eos ad latitudinem cordis, dicens eamdem autem habentes, etc., quasi dicat: si aliquando decepti a pseudo angustiati estis, non omnino remaneatis in angustiatione, imo studeatis habere latum cor, sicut nos habemus, quia eamdem habebitis remunerationem quam nos habemus.

Et ideo dicit eamdem remunerationem habentes, scilicet sicut et nos. Supra I, 7: sicut estis socii passionum, etc..

Tamquam filiis, non inimicis, dico vobis, vel tamquam filiis Dei; quasi dicat: eamdem remunerationem habentes, quam filii Dei, scilicet hæredes vitæ æternæ. Rom. VIII, 17: si filii, et hæredes. Eamdem, inquam, habentes remunerationem, dilatamini et vos, id est habeatis cor magnum et liberum libertate spiritus, quæ est in fide Christi, et non coangustiamini in servitute observantiæ legalis.

Consequenter cum dicit nolite iugum ducere, etc., docet eos usum collatæ gratiæ quantum ad infidelium vitationem. Et circa hoc duo facit.

Primo ponitur apostoli exhortatio; secundo exhortationis ratio, ibi quæ enim participatio, etc.; tertio rationem huius auctoritate confirmat, ibi vos enim estis templum Dei, etc..

Dicit ergo nolite iugum ducere, etc.. Ubi est sciendum quod iugum dicitur omne illud quod ligat plures ad aliquid faciendum.

Unde quia aliquando aliqui conveniunt ad faciendum aliquid boni quod est ex Deo, et aliqui ad faciendum aliquid mali quod est ex diabolo, ideo dicitur iugum Dei et iugum diaboli. Iugum quidem Dei est ipsa charitas, quæ ligat hominem ad serviendum Deo. Matth. X: tollite iugum meum, etc.. Iugum vero diaboli est ipsa iniquitas, quæ ligat ad malum et ad male faciendum.

Is. IX, 4: iugum oneris eius.

Hoc ergo dicit nolite iugum ducere, id est nolite communicare in operibus infidelitatis, cum infidelibus. Et hoc propter duo. Primo quia aliqui erant inter eos, qui reputabantur sapientiores, non abstinentes ab idolothitis, et ex hoc scandalizabant inferiores. Alii autem erant qui communicabant cum Iudæis in traditionibus seniorum. Unde apostolus hortatur eos, cum dicit nolite, etc., ut non communicent cum Iudæis in traditionibus legis, neque cum gentibus in cultu idolorum. Utrique enim infideles sunt.

Rationem autem huius assignat, dicens quæ enim participatio, etc.. Quæ sumitur ex distinctione duplici. Una distinctio est quantum ad causam, sed alia est quantum ad statum. Distinctio quantum ad causam duplex est, scilicet quantum ad causam habitualem, et

637

Commentaria in Epistolis S. Pauli

quantum ad causam efficientem.

Causa autem habitualis est duplex: una quantum ad effectum, et hoc est quod dicit quæ enim participatio iustitiæ, etc.; quasi dicat: non debetis iugum ducere cum infidelibus, quia alius habitus est in vobis, alius in illis. In vobis quidem est habitus iustitiæ, in illis vero est habitus iniquitatis. Maxima autem iustitia est reddere Deo quod suum est, et hoc est colere ipsum. Unde cum vos colatis Deum, est in vobis habitus iustitiæ; summa autem iniquitas est auferre Deo quod suum est, et dare diabolo. Is. I, 13: iniqui sunt coetus vestri. Ier. XXIII, 28: quid paleis ad triticum? alia causa habitualis est quantum ad intellectum, et hæc distinctio est, quia fideles sunt illuminati lumine fidei sed infideles sunt in tenebris errorum. Et quantum ad hoc dicit aut quæ societas lucis ad tenebras? quasi dicat: non est conveniens quod eis communicetis, quia non est aliqua societas conveniens, quia vos estis lux per scientiam fidei.

Eph. V, 8: eratis aliquando tenebræ, nunc autem lux in Domino, etc.. Illi vero tenebræ sunt per ignorantiam. Prov. IV, 19: via impiorum tenebrosa, etc.. Unde Dominus a principio divisit lucem a tenebris, ut dicitur Gen. I, 18.

Quantum vero ad causam efficientem dicit quæ autem conventio Christi ad Belial? quasi dicat: vos estis servi Christi, et membra eius, I Cor. XII, 27: vos estis corpus Christi, illi autem sunt membra diaboli.

Et dicitur diabolus Belial, absque iugo, quia noluit subiici iugo Dei. Ier. II, 20: a sæculo fregisti, etc..

Quod autem non possit esse conventio Christi ad Belial, patet ex verbis Christi, Io. XIV, 30: venit princeps mundi huius, etc., et etiam ex verbis diaboli, Matth. VIII, 29: quid nobis, et tibi, Iesu, etc..

Alia distinctio est quantum ad statum fidei, et hoc quantum ad duo, scilicet quantum ad statum fidei, et secundum hoc dicit aut quæ pars est fidelis, etc.; quasi dicat: non eadem est pars utriusque, quia pars fidelis est ipse Deus, quem habet præmium, et ut finem suæ beatitudinis. Ps. XV, 5: Dominus pars hæreditatis meæ, etc.. Sed pars infidelis sunt bona terrena. Sap. II, 9: hæc est sors nostra, etc.. Matth. XXIV, 51: dividet eum, et partem, etc..

Item quantum ad statum gratiæ, et secundum hoc dicit quis autem consensus, etc., quasi dicat: non est aliqua convenientia templo Dei et idolis. Unde vos estis templum Dei per gratiam, I Cor. III, 16: templum Dei, etc. Et VI, 19: nescitis quoniam membra vestra templum sunt, etc., non debetis ergo communicare cum infidelibus qui sunt templa idolorum.

Sed notandum quod Dominus prohibet per Ezechielem, quod in templo Dei non colantur idola, Ez. XXVI. Multo ergo magis prohibentur homines, quorum animæ sunt templum Dei, ne violent illa per participationem idolorum. I Cor. III, 17: si quis templum Dei violaverit, etc..

Consequenter cum dicit vos enim

estis, etc., confirmat rationem propositam per auctoritatem. Et circa hoc duo facit.

Primo enim confirmat quod induxit ratione admonitionis; secundo vero confirmat ipsam admonitionem, ibi propter quod exite, etc..

Circa primum duo facit.

Primo resumit quod probare intendit; secundo vero inducit auctoritatem ad propositum, ibi sicut dicit Dominus, etc..

Dicit ergo: recte dico quod non est consensus templo Dei cum idolis, id est non debetis cum eis participare, quia vos estis templum Dei vivi, et non mortui, sicut idololatræ.

Ad hoc probandum adducit auctoritatem, probans hoc ipsum per usum templi. Usus enim templi est ut Deus habitet in eo, nam templum est locus Dei ad inhabitandum sibi consecratus. Ps. X, 5: Dominus in templo sancto suo, etc.. Quæ quidem auctoritas sumitur ex Levit. XXVI, 12, quæ talis est: ponam tabernaculum meum in medio vestri, etc.. In qua auctoritate quatuor tangit, quantum ad hunc usum pertinet.

Primum, pertinet ad gratiam operationum quod est Deum esse in aliquo per gratiam.

Et hoc est quod dicit inhabitabo in eis, scilicet in sanctis, per gratiam excolens eos.

Licet autem Deus in omnibus rebus dicatur esse per præsentiam, potentiam et essentiam, non tamen dicitur in eis inhabitare, sed in solis sanctis per gratiam. Cuius ratio est quia Deus est in omnibus rebus per suam actionem, inquantum coniungit se eis, ut dans esse et conservans in esse. In sanctis autem est per ipsorum sanctorum operationem, qua attingunt ad Deum, et quodammodo comprehendunt ipsum, quæ est diligere et cognoscere: nam diligens et cognoscens dicitur in se habere cognita et dilecta.

Secundum pertinet ad gratiam cooperantem, quo scilicet proficiunt sancti auxilio Dei, et quantum ad hoc dicit inambulabo in eis, id est promovebo eos de virtute in virtutem.

Nam hic profectus sine gratia Dei esse non potest. I Cor. XV, 10: gratia Dei sum id quod sum: nam, sicut gratia operans facit nos esse aliquid in esse iustitiæ, ita et gratia cooperans facit nos in ipso esse proficere.

Tertium pertinet ad Dei beneficium, et hoc vel protectionis per providentiam, et hoc tangit, dicens ego ero illorum Deus, id est providentia mea protegam eos. Ps. CXLIII, 15: beatus populus, cuius Dominus, etc.. Vel beneficium remunerationis, ut sic dicatur ero illorum Deus, id est dabo eis meipsum in mercedem. Gen. XV, 1: ego ero merces tua, etc.. Et Hebr. XI, 16: non confunditur Deus eorum vocari Deus.

Quartum pertinet ad debitum cultum et servitium sanctorum, et quantum ad hoc dicit et ipsi erunt mihi in populum, id est me colent et mihi obedient, ut mei et non alterius.

Ps. XCIV, 7, IC, 3: nos autem populus

Commentaria in Epistolis S. Pauli

eius, et oves, etc..

Vel possunt ad præsentiam corporalem referri, et tunc exponitur sic: quoniam inhabitabo in illis per carnis assumptionem, Io. I, 14: verbum caro factum est, etc.; et ambulabo inter illos, corporaliter cum eis conversando, Bar. III, 38: post hæc in terris visus est, etc.; et ero illorum Deus per gloriam, Deut. IV, 7: non est alia natio tam grandis, etc.; et ipsi erunt mihi populus, id est per fidem me colent.

Consequenter cum dicit propter quod exite, etc., confirmat ipsam admonitionem per aliam auctoritatem. Et circa hoc duo facit.

Primo confirmat admonitionem per auctoritatem; secundo ostendit præmium promissum servantibus monitionem, ibi ego recipiam vos, etc..

Dicit ergo propter quod, id est quia estis templum Dei, exite de medio eorum.

Et sumitur de Is. LII, 11: recedite, recedite inde, et pollutum nolite tangere.

Ubi tria dicit: exite, separamini, et immundum nolite tangere, quia tripliciter debemus nos habere ad infideles.

Primo ut exeamus ab eis, relinquendo peccata.

Zach. II, 6: o, o, fugite de terra Aquilonis, etc.. Sed Donatistæ dicunt quod debemus corporaliter deserere malam societatem, quod non est verum. Unde quod apostolus dicit, intelligendum est de separatione spirituali. Et ideo sic exponit: exite, spiritualiter, non sequendo vitam eorum. Cant. II, 2: sicut lilium inter spinas, etc.. Et hoc ideo, ut vitemus ipsas peccatorum occasiones ab eis datas. Et ideo dicit separamini, id est longe ab eorum consensu sitis. Matth. X, 35: veni enim separare, etc.. Num. XVI, 26: recedite a tabernaculis hominum impiorum, etc.. Tertio ut arguamus eos cum male agunt. Et ideo dicit immundum ne tetigeritis, scilicet consentientes eis in malis. Rom. I, 32: non solum qui faciunt ea, sed et qui consentiunt, etc.. Eph. V, 11: nolite communicare operibus infructuosis. Et hoc, quia qui tangit picem, etc., Eccli. XIII, 1.

Præmium autem repromissum servantibus monitionem, est duplex, scilicet divina familiaritas et divina adoptio. Divina familiaritas, quia ego recipiam vos, quasi dicat: secure exeatis, quia ego recipiam vos in meos. Ps. XXVI, 10: quoniam pater meus et mater mea, etc.. Ps. LXIV, 5: beatus quem elegisti, etc.. Is. XLII, 1: ecce servus meus, etc.. Sed divina adoptio, quia adoptat nos in filios, quia dicit et ero vobis in patrem, et vos eritis mihi in filios, Rom. VIII, 15: non accepistis, etc.. Et dicit filios quantum ad perfectos, et filias quantum ad imperfectos, et hoc sumitur ex II Reg. VII, 14, ubi dicitur de Salomone: ego ero ei in patrem, etc..

Capitulus VII

Lectio 1

Monuit apostolus Corinthios qualiter se in futuro debeant habere, hic commendat eos de bonis præteritis. Sed ut fiat quædam continuatio præteritorum ad futura, primo concludit admonitionem; secundo vero commendat eos, ibi multa mihi fiducia, etc..

Circa primum tria facit.

Primo ponit admonitionem; secundo inducit exemplum sui ipsius ad admonitionem servandam, ibi capite nos, etc.; tertio ponit admonentis intentionem, ibi non ad condemnationem vestram, etc..

Circa primum tria facit. Primo ponit motivum ad observantiam admonitionis, et hoc est promissio eis facta. Et ideo dicit has igitur habentes promissiones charissimi, scilicet quod Deus habitet in nobis, et recipiat nos, etc..

Secundo ponit admonitionem, cum dicit: mundemus, etc.. Et hoc ideo, quia promissiones istæ non dantur nisi mundis, et ideo mundemus nos ab omni inquinamento carnis et spiritus, id est carnalium et spiritualium vitiorum. Is. LII, 11: mundamini, qui fertis vasa Domini, etc..

Ubi sciendum est, quod omne peccatum quod consummatur in delectatione carnis est carnale; illud vero quod consummatur in delectatione spiritus, est spirituale. Et inde est quod peccata carnalia, si considerentur quantum ad sui consummationem, sunt duo tantum, scilicet gula et luxuria, cætera vero peccata sunt spiritualia. Si vero considerentur quantum ad sui originem, sic omnia peccata possunt dici carnalia, quia omnia ex conceptione carnis originem habent, et hoc modo loquitur ad Gal. V, 19: manifesta sunt autem opera carnis, etc..

Tertio ponit modum implendi admonitionem, ibi perficientes, etc..

Posset enim aliquis dicere: numquid non sumus mundati in baptismo? et ideo addit perficientes sanctificationem, id est perficimus emundationem inchoatam in baptismo.

Sanctus enim idem est quod mundus. Lev. XI, 44 et XIX, 2: sancti estote, quoniam ego sanctus sum, etc..

Perficiamus, inquam, quia Philosophi conati sunt perficere et non potuerunt, quia non potuerunt omnia peccata vitare: quantumcumque enim aliqua peccata vitarent et exercerent actus virtutum, adhuc tamen remanebat in eis peccatum infidelitatis. Et ideo in vero cultu Dei solum perficitur emundatio, et hoc est quod dicit in timore, id est, in cultu, Dei. Eccli. XXV, 14: timor Domini, etc..

Sed contra Col. III, 14: super omnia charitatem habentes, quæ est vinculum perfectionis.

Non igitur perficitur sanctificatio in timore Dei, sed in charitate Dei.

Respondeo. Dicendum est quod hic

Commentaria in Epistolis S. Pauli

loquitur de timore filiali, qui est charitatis effectus, et non de servili, qui contrariatur charitati.

Dicit autem in timore, ut doceat nos habere affectum ad Deum cum quadam reverentia et sollicitudine. Amor enim causat securitatem, quæ quandoque negligentiam parit, sed, qui timet, semper est sollicitus.

Consequenter cum dicit capite nos, etc., in exemplum se præbet, quasi diceret: accipite nos in exemplum. I Cor. XI, 1: imitatores mei estote, etc.. Ego enim mihi cavi ab immunditia per sanctificationem, quia neminem læsi.

Ubi notandum quod tripliciter potest aliquis lædere proximum, et nullo istorum modorum læsit aliquem. Primo in persona, et quantum ad hoc dicit neminem læsimus, scilicet in persona, sicut faciunt mali Domini, Mich. III, 2: violenter tollitis pellem eorum, etc.. Secundo quantum ad famam, inducendo eos, vel exemplo vel persuasionibus, ad malum, et quantum ad hoc dicit neminem corrupimus. I Cor. XV, 33: corrumpunt bonos mores. Tertio quantum ad subtractionem bonorum, et quantum ad hoc dicit neminem circumvenimus, id est in bonis fraudavimus.

I Thess. IV, 6: ne quis circumveniat, etc..

Consequenter cum dicit non ad condemnationem vestram, etc., aperit suam intentionem, quasi dicat: non dico hoc condemnando vos, sed ut emendemini. Mala enim præterita propter duo consueverunt commemorari. Aliquando ad condemnationem, et hoc quando non est ultra spes correctionis; aliquando autem ad emendationem, ut scilicet corrigantur, et hoc modo loquitur hic non ad condemnationem vestram, etc..

I Cor. VII, 35: hæc ad utilitatem vestram dico, etc..

Et ratio huius est, quia gaudeo de bono vestro, prædiximus enim quod vos estis, etc..

Supra III, 2: epistola nostra vos estis scripta in cordibus nostris. Phil. I, 7: eo quod habeam vos, etc..

Estis, inquam, in cordibus nostris, scilicet ad commoriendum et ad convivendum.

Quod potest intelligi de morte culpæ, et de morte naturali. De morte culpæ, ut non intelligatur quod nos simus parati ad commoriendum vobiscum, id est quando vos peccatis, nos volumus peccare, sed quod mortem culpæ vestram eo dolore accipimus quo nostram.

II Cor. XI, 29: quis infirmatur, et ego non infirmor? I Cor. XV, 31: quotidie morior, etc.. Et ad convivendum, quia ita gaudeo de bona vita vestra in gratia, sicut et de nostra. De morte vero naturali, ut intelligatur ad commoriendum, id est paratus sum mori pro vobis, infra XII, 15: libentius impendar, et superimpendar, etc., et ad convivendum, id est ut desiderem vos esse socios in vita æterna, II Tim. II, 11: si commortui sumus, et convivemus.

Secunda ad Corinthios

Lectio 2

Apostolus posuit supra admonitionem ex præmissis conclusam, hic subdit suam commendationem. Et circa hoc duo facit.

Primo ponit eorum commendationem; secundo ipsam exponit, ibi nam et cum venissem, etc..

Commendationem autem ipsorum ponit ostendendo affectum suum, qui consurgit ex bonis operibus quæ Corinthii faciebant.

Consuevit enim quadruplex affectus in cordibus diligentium consurgere ex bonis quæ dilecti operantur, et hos quatuor se apostolus concepisse de eis ostendit. Et primo affectum fiduciæ. Unde dicit multa mihi fiducia est apud vos, inquantum scilicet confido, quod qui bene coepistis, semper proficietis in melius. Unde ex bonis auditis de vobis, spero maiora in futurum. Phil. I, 6: confido de vobis, quod qui coepit in vobis opus bonum, etc.. Hebr. VI, 9: confidimus de vobis, charissimi, etc.. Et hæc fiducia bona est et salubris. Hebr. X, 35: nolite amittere fiduciam, etc..

Secundo ex hoc concipit affectum gloriationis. Ex quo enim quis bona amici sicut sua diligit, consequens est ut de bonis amici, sicut de propriis, glorietur. Et hoc specialiter, quoniam ipse est causa illorum bonorum, sicut Magister est causa doctrinæ discipuli. Et ideo dicit multa mihi gloriatio pro vobis est, etc.. Prov. X, 1: gloria patris filius sapiens.

Tertio ex prædictis concipit affectum consolationis, quando is qui lætatur et gloriatur de bonis suis vel amici, habet remedium contra tristitias.

Consolatio enim est remedium contra tristitias.

Naturale autem est quod semper delectatio et gaudium, tristitiæ opponitur. Et, secundum Philosophum, omnis delectatio debilitat, vel totaliter tollit tristitiam. Si delectatio sit contraria tristitiæ, totaliter absorbet tristitiam; si autem non sit contraria, debilitat et diminuit eam. Et inde est quod quando quis est in tristitia, quandocumque nuntiantur sibi aliqua læta, diminuitur tristitia.

Et ideo, quia audit læta de Corinthiis, dicit repletus sum consolatione, audita scilicet correctione vestra. Supra I, 5 s.: sicut abundant Christi passiones, etc.. Phil. II, 2: si qua consolatio, etc.. Implete gaudium meum, etc..

Quarto, consurgit ex prædictis affectus exsuperantis gaudii.

Licet enim ex aliquibus delectationibus diminuatur tristitia, non tamen totaliter tollitur, nisi gaudium sit magnum. Quamvis autem apostolus multas tribulationes sustineret, quia tamen multum gaudebat de bonis Corinthiorum, ideo non solum non absorbebatur tristitia totaliter, sed etiam superabundabat gaudio. Et ideo dicit superabundo gaudio in omni tribulatione nostra, id est gaudium meum superat omnem tribulationem, quæ erat in animo meo. I Thess. II, 19: quæ est enim spes nostra, aut gaudium, etc.. Rom. XII, 12: in tribulatione patientes.

Commentaria in Epistolis S. Pauli

Consequenter cum dicit nam cum venissem, etc., exponit suam commendationem.

Duo autem dixerat, scilicet se accepisse gaudium, et habuisse tribulationem.

Primo ergo manifestat suam tribulationem; secundo vero suam consolationem, ibi sed qui consolatur, etc..

Tribulationem autem aggravat ex duobus, scilicet ex subtractione remedii, et ex tribulationis multiplicitate.

Ex subtractione remedii, cum dicit nam et cum venissem, etc.. Quasi dicat: vere tribulationem habeo, quia in nullo consolor, nam cum venissem Macedoniam, nullam requiem habuit caro nostra. Hic facit mentionem de persecutione quam passus est in Macedonia, quando liberavit ancillam pythonissam, ut legitur Act. XVI, 18-24.

Dicit autem nullam requiem habuit caro nostra, et non dicit spiritus noster, quia sancti semper habent pacem spiritus, cum etiam in adversis, anima quæ in corpore patitur, spe futuri præmii quiescat, quamquam multa sustineat affectui carnis contraria.

Ex multiplicitate vero tribulationum aggravat, cum dicit omnem tribulationem passi sumus, id est omne genus tribulationis secundum corpus, et secundum animam.

Supra IV, 8: in omnibus tribulationem patimur, etc.. Io. XVI, 33: in mundo pressuram, etc.. Et quod omnem tribulationem passus fuerit exponit consequenter, cum dicit foris pugnæ, intus timores. Foris, id est extra meipsum, pugnæ persecutionum, sed tamen intus, id est in corde, est timor de malo, timens persecutionem in futuro. Deut. XXXII, 25: foris vastabit eos gladius, etc..

Sed contra Prov. XXVIII, 1: iustus quasi leo confidens absque terrore erit. Respondeo.

Est sine timore quantum ad spiritum, non tamen quantum ad carnem.

Vel foris, id est extra ecclesiam, pugnæ illatæ ab infidelibus, sed intus timores, ne scilicet illi qui intra ecclesiam sunt, excidant a fide propter persecutores. Vel foris, id est in manifesto, pugnæ, quibus impugnantur a manifestis inimicis; intus timores, qui iniiciuntur nobis ab illis, qui dicunt se amicos, et non sunt: quia, ut dicit Boetius de consolatione, nulla pestis efficacior ad nocendum, quam familiaris inimicus. Matth. X, 36: inimici hominis domestici eius.

Consequenter, cum dicit sed qui consolatur, etc., ponit materiam suæ consolationis, quam extollit ex duobus, scilicet grata præsentia Titi, et ex consolatione Titi, ibi non solum autem, etc..

Dicit ergo: licet hic graviter afflicti fuerimus, sed qui, scilicet Deus, consolatur humiles, consolatus est, etc., cuius præsentia, utpote mihi gratissima, est et in adiutorium.

Supra: qui consolatur nos in omni

Secunda ad Corinthios

tribulatione nostra.

Dicit autem, qui consolatur humiles, quia superbos non consolatur, sed eis resistit, ut dicitur Iac. IV, 6 et I Petr. V, 5. Consolatur autem humiles, dando eis gratiam, quæ est consolatio spiritus sancti. Is. LXI, 2: *ut consolarer omnes lugentes*, etc..

Non solum autem, etc.. Hic ponitur alia materia consolationis apostoli, scilicet consolatio Titi. Et materia huius consolationis est duplex. Prima emendatio Corinthiorum, quam habuerunt in præsentia Titi; secunda est devotio Corinthiorum, quam ostenderunt ad timut, ibi in consolatione autem vestra, etc..

Circa primum duo facit.

Primo ponit consolationem de poenitentia Corinthiorum; secundo exponit quædam quæ dixit, ibi contristati enim estis, etc..

Circa primum tria facit.

Primo ponit consolationem Titi; secundo materiam consolationis, ibi referens nobis, etc.; tertio effectum consolationis in mente apostoli, ibi ita ut magis gauderem, etc..

Dicit ergo: non solum consolatur nos Deus in adventu Titi, sed etiam in consolatione qua ipse tutis consolatus est de vobis et in vobis.

Et huius consolationis materia est, quia ipse tutis consolatus est, referens nobis vestrum desiderium, etc..

Ubi tria ponit laudabilia propter tria reprehensibilia quæ fuerunt in eis. Fuerunt enim pigri ad bonum, et contra hoc dicit referens nobis vestrum desiderium, de proficiendo in melius.

Item erant proni ad malum, et contra hoc dicit vestrum fletum, scilicet de peccatis commissis.

Ier. VI, 26: *luctum unigeniti fac*, etc..

Item erant faciles deceptioni pseudorum, et contra hoc dicit vestram æmulationem, contra pseudos habitam pro amore mei.

Nam ante æmulabamini contra me pro eis.

Consequenter, cum dicit ita ut magis, etc., ponit affectum conceptum ex consolatione Titi, qui quidem affectus est gaudium. Unde circa hoc tria facit. Primo ponit conceptum gaudium; secundo ostendit suæ æstimationis imitationem; tertio subdit rationem gaudii.

Dicit ergo: intantum gavisus sum de his quæ Titus retulit mihi, ita ut magis gauderem de hoc, quam de tribulatione mea doluerim.

Nam spiritualia præferenda sunt temporalibus.

Vel, ut magis gauderem de hoc quod contristavi vos, quam doluerim olim. Peccaverant enim faciendo fornicationem, et apostolus increpaverat eos, ut patet in prima epistola.

Tunc autem incertus erat apostolus, quem eventum deberet habere illa tristitia, bonum scilicet an malum; et ideo dubitans poenituit.

Commentaria in Epistolis S. Pauli

Sed videns postmodum quod bonum inde provenerat, gaudebat, ideo dicit quoniam etsi contristavi vos, increpando in prima epistola, non me poenitet modo, quia correcti estis, etsi olim poeniteret, quando scilicet eram incertus, utrum tristitia induceret vos ad correctionem vel desperationem, videns quod epistola illa, etsi ad horam vos contristavit, nunc gaudeo, quia estis conversi.

Et rationem gaudii assignat, quia non gaudeo de hoc, quia contristati estis, sed de effectu, scilicet de correctione, quia scilicet contristati estis non ad desperationem, sed ad poenitentiam, sicut medicus non gaudet de amaritudine medicinæ sed de effectu, scilicet de sanitate. Supra VI, 10: quasi tristes, semper autem gaudentes.

Lectio 3

Posita consolatione apostoli et Titi de tristitia Corinthiorum, eo quod fuerit ad poenitentiam, et non ad desperationem, hic consequenter huius consolationis ratio assignatur, eorum tristitiam commendando.

Et circa hoc duo facit.

Primo enim commendat eorum tristitiam; secundo ex hoc concludit propositum, ibi et si scripsi vobis, etc..

Commendat autem Corinthiorum tristitiam ex duobus.

Primo ex causa, secundo ex effectu, ibi quæ enim tristitia est, etc..

Causa autem ex qua commendatur eorum tristitia, hæc est, quia est secundum Deum. Et ideo dicit: licet ad horam contristaverim vos per epistolam, tamen gaudeo, id est quia contristati estis secundum Deum.

Ubi sciendum est, quod tristitia et gaudium et communiter omnis affectio, ex amore causatur. Tristatur enim quis, quia caret eo quod amat. Qualis autem est amor, talis est tristitia ex amore causata. Est autem duplex amor. Unus quo diligitur Deus, et ex hoc causatur tristitia quæ est secundum Deum; alius amor quo amatur sæculum, et ex hoc causatur tristitia sæculi. Amor, quo diligimus Deum, facit nos libenter servire Deo, sollicite quærere honorem Dei, et vacare Deo dulciter. Et quia peccando impedimur a servitio Dei et ideo ei non vacamus, nec eius honorem quærimus, ideo amor Dei causat tristitiam de peccato, et hæc est tristitia secundum Deum, quæ quidem tristitia non fuit vobis ad malum, nec detrimentum, sed potius ad fructum et meritum. Et ideo dicit ut in nullo detrimentum patiamini ex nobis, quia non solum bona et grata quæ vobis impendimus, vobis prosunt, sed etiam hoc ipsum quod vos corrigimus et contristamus.

Hebr. XII, 11: omnis disciplina in præsenti, etc..

Consequenter cum dicit quæ enim tristitia, etc., commendat eorum tristitiam ex effectu, qui quidem est præmium vitæ æternæ. Et circa hoc duo facit.

Primo enim ponit effectum in generali; secundo experimentum specialiter in

Secunda ad Corinthios

eis consecutum, ibi ecce enim hoc ipsum, etc..

Circa primum duo facit.

Primo enim ponit effectum tristitiæ, quæ est secundum Deum; secundo ponit effectum tristitiæ, quæ est secundum mundum, ibi sæculi autem, etc..

Dicit ergo primo: dico quod tristitia nostra non fuit vobis detrimentum, enim, id est quia, tristitia quæ est secundum Deum, operatur poenitentiam; poenitentiam autem dico in salutem stabilem, id est sempiternam, quæ est salus stabilis, et est beatorum, de qua Is. XLIX: salus autem mea in sempiternum erit. Et hanc operatur poenitentia. Matth. III, 2: agite poenitentiam, appropinquabit enim regnum cælorum.

Et dicit stabilem, ut excludat salutem temporalem, quæ est transitoria et communis ipsis hominibus et iumentis, de qua in Ps. XXXV, 7: homines et iumenta salvabis, Domine, etc..

Sed contra hoc quod dicit quod tristitia, quæ est secundum Deum, poenitentiam operatur, videtur esse, quia ipsa tristitia secundum Deum est poenitentia. Poenitere enim est tristari de malo, et secundum Deum.

Non ergo operatur poenitentiam.

Respondeo. Dicendum est, quod poenitentia habet tres partes, quarum pars prima est tristitia, scilicet dolor et compunctio de peccatis; aliæ duæ sunt confessio et satisfactio.

Cum ergo dicit, quod tristitia operatur poenitentiam, intelligendum est, quod compunctio, seu dolor de peccato operetur in nobis poenitentiam, id est, alias partes poenitentiæ, scilicet confessionem et satisfactionem.

Vel dicendum est, quod tristitia secundum Deum est communior quam poenitentia, quia poenitentia est de proprio peccato, sed tristatur quis secundum Deum et de peccatis propriis et de alienis. Sic ergo effectus tristitiæ, quæ est secundum Deum, est salus æterna.

Effectus vero tristitiæ, quæ est secundum mundum, est mors. Quia enim qui diligit sæculum, inimicus Dei constituitur, ut dicitur Iac. IV, 4, ideo ex amore sæculi mors causatur.

Tristatur enim secundum sæculum quis, non quia peccans Deum offendit, sed, deprehensus in peccato, punitur de eo et detegitur.

Et hæc tristitia est vitanda in peccatis.

Eccli. XXX, 24: tristitiam longe fac a te, etc..

Consequenter manifestat effectum prædictum per experimentum sumptum in ipsis, cum dicit ecce enim hoc ipsum, etc., quasi dicat: vere salutem stabilem, quia experimento patet quod in nobis multa, quæ ad salutem ducunt, operatur.

Ponit autem sex ad hoc pertinentia, quorum unum est generale, scilicet sollicitudo.

Quando enim homo est in lætitia, de facili committit aliquas negligentias; sed quando est tristis et in timore,

Commentaria in Epistolis S. Pauli

sollicitatur. Et ideo dicit ecce enim, scilicet in vobis experti estis, hoc ipsum, scilicet secundum Deum contristari vos, quantam in vobis operatur sollicitudinem ad vitandum mala et ad faciendum bona. Mich. VI, 8: indicabo tibi, o homo, quid sit bonum, etc.. Et infra: sollicitum, etc..

Alia vero sunt specialia, quorum quædam pertinent ad effectum interiorem, quædam ad actum exteriorem. Eorum vero quæ pertinent ad effectum interiorem, quædam sunt ad peccati remotionem, quædam vero ad boni adeptionem. Nam verus poenitens debet recedere a malo et facere bonum.

Quantum autem ad remotionem mali, ponit tria. Primum est, ut desistat facere malum, et quantum ad hoc dicit sed defensionem, contra alios qui nos ad malum inducunt.

I Petr. V, 9: cui resistite fortes in fide. Vel, secundum Glossam, ut contra pseudo-apostolos me defendatis. Eph. VI, 13: accipite armaturam Dei, etc.. Secundum est quod homo indignetur contra se pro peccatis quæ fecit, et quantum ad hoc dicit sed indignationem. Indignatio autem sui operatur tristitiam secundum Deum. Is. LXIII, 5: indignatio mea auxiliata est mihi.

Tertium est, quod sit in continuo timore de futuro, ut caveat, et quantum ad hoc dicit sed timorem, de recidivo, ne scilicet in futuro similiter contingat. Eccli. XXV, 14: timor Domini omnia, etc..

Quantum autem ad hanc boni adeptionem, duo ponit. Primo desiderium, quo ad bonum afficitur, et quantum ad hoc dicit sed desiderium, quo bonum facere affectetis. Prov. XI, 23: desiderium iustorum omne bonum.

Secundo æmulationem bonam, qua bonos imitari conatur, et quantum ad hoc dicit sed æmulationem, ut scilicet me et alios bonos imitemini. I Cor. XIV, 1: sectamini charitatem, æmulamini charismata meliora.

Eorum vero quæ pertinent ad exteriorem actum duo ponit.

Primum est ut vindicent in seipsis quod peccaverunt: et hoc utile est. Cum enim omne malum necessarium sit puniri, vel ab homine vel a Deo, si hoc non punit, melius est quod homo malum in se puniat quod fecit, quam quod Deus, quia, ut dicitur Hebr. X, 31, horrendum est incidere in manus Dei, etc.. Et quantum ad hoc dicit sed vindictam, id est quia peccantes punitis, et etiam vos ipsos. I Cor. IX, 27: castigo corpus meum, etc.. Is. XXVI: iustitiam non fecimus, etc..

Secundum est quod totaliter abstineat a malo. Et ideo dicit in omnibus exhibuistis, duce scilicet fide, incontaminatos esse negotio, scilicet christiano. Supra VI, 4: in omnibus exhibeamus, etc.. Eph. I, 4: elegit nos ante mundi constitutionem, ut essemus sancti.

Ps. C, 6: ambulans in via immaculata, etc.. Vel negotio de quo scilicet correcti estis, puta de favore quem dedistis fornicatori, sed postmodum, puniendo et condemnando ipsum, ostendistis vos in hoc incontaminatos esse.

Lectio 4

Hic, assignata ratione quare gaudet apostolus de ipsorum tristitia, consequenter inducit conclusionem suam, in qua duo facit.

Primo enim ostendit intentionem suam quam habuit in scribendo; secundo manifestat gaudium quod habuit de ipsorum correctione, ibi ideo consolati, etc..

Dicit ergo primo: ex quo incontaminati estis, igitur apparet quod et si scripsi vobis, per epistolam increpando, non scripsi propter eum tantum qui fecit iniuriam, incestu maculando cubile patris sui, ut dicitur I Cor. V, 1; nec propter eum tantum qui passus est, scilicet propter patrem, quasi non propter zelum vindictæ solum; sed hoc feci ad manifestandam sollicitudinem nostram, quam pro vobis habemus, id est ut sciretis quam solliciti simus pro vobis.

Et hoc dico coram Deo, ut sit iuramentum, id est Deo teste. Vel ad manifestandam coram vobis Deo, scilicet de omnibus, sollicitudinem nostram. Col. II, 1: volo vos scire quam sollicitudinem, etc..

Vel aliter: non scripsi tantum propter eum qui fecit iniuriam, ut scilicet corrigeretur, vel propter eum qui passus est ut placaretur, sed ad manifestandam, etc., ut scilicet vos, qui indignati fuistis pro contumelia et poena inflicta fornicatori, reconciliaremini Deo.

Secunda ad Corinthios

Consequenter concludit gaudium quod habuit de eorum correctione, cum dicit ideo et consolati sumus, etc., quasi dicat: quia hoc consecutus sum, ex eo quod scripsi, scilicet quod estis correcti, ideo consolati sumus, id est consolationem accepimus. Gaudium enim hominis est cum consequitur quod cum desiderio intendit. Supra I, 12: abundantius autem, etc..

Consequenter cum dicit in consolatione autem, etc., ponit secundam causam suæ consolationis, quæ sumitur ex devotione quam ostenderunt ad Titum.

Et circa hoc tria facit.

Primo ponit gaudium suum de gaudio Titi conceptum; secundo gaudii rationem assignat, ibi et si quid apud illum, etc.; tertio materiam gaudii Titi assignat, ibi reminiscentis omnium vestrum, etc..

Dicit ergo primo: gavisi sumus, de correctione vestra, autem, id est sed, in consolatione nostra abundantius magis gavisi sumus, quam turbati fuerimus de tribulatione, super gaudio Titi. Vel magis gavisi sumus, id est magis gaudium attulit consolationi nostræ gaudium Titi. Et hoc quia refectus est spiritus eius. Tunc enim reficitur animus prælati, quando subditi eius sunt obedientes ei et eum reverentur. Ad Philem.: refice viscera, etc..

Refectus, inquam, ab omnibus vobis, quia omnes vel correcti estis, vel est spes correctionis.

Rationem autem huius gaudii assignat quantum ad duo. Unum est ex parte

649

Commentaria in Epistolis S. Pauli

apostoli, quia scilicet ipse inventus est verax.

Nam apostolus commendaverat Corinthios Tito, antequam iret ad eos. Quia vero nunc ita invenit Titus, sicut apostolus dixit, gaudet apostolus verba sua vera fuisse, et hoc est quod dicit et si quid apud illum de vobis gloriatus sum, commendando vos. Dicit autem gloriatus sum, quia gloria apostoli erat bonum illorum. Non sum confusus, id est non erubesco me falsa dixisse. Quando enim aliquis invenitur mendax, confunditur.

Eccli. XXXVII, 20: ante omnia sermo verax, etc.. Sed sicut omnia in veritate vobis locutus sum, id est sicut prædicavi vobis veritatem, ita gloriatio nostra quæ fuit ad Titum de vobis, veritas facta est, id est inventa est vera.

Alia ratio est ex parte Corinthiorum. Nam amici desiderant, ut illi quos diligunt, ab omnibus diligantur. Quia ergo Titus diligebat Corinthios propter eorum devotionem, ideo de hoc apostolus gaudebat. Et ideo dicit apostolus et viscera eius, etc., quasi dicat: non solum gaudeo quia inventus sum verax, sed etiam quia viscera eius, id est viscerosa charitas eius, et nimius amor abundantius, quam antea, in vobis esset, ex quo vidit profectum vestrum; vel abundantius quam in aliis. Eph. VI: induite vos sicut electi Dei, etc..

Materiam autem gaudii manifestat ex duobus, scilicet ex obedientia et reverentia.

Ex obedientia quidem cum dicit reminiscentis omnium vestrum obedientiam, qua obedienter sibi obtemperastis. In quo etiam et laudavit vos. I Reg. XV, 22: melior est obedientia, etc.. Eccli. III, 1: filii sapientiæ ecclesia iustorum. Ex reverentia autem cum dicit quomodo cum timore, scilicet filiali, non servili, cum timore animi et tremore corporis excepistis eum. Gal. IV, 15: testimonium enim vobis, etc..

Et quia ita habuistis vos ad eum, gavisus sum, quia verax inventus sum, et ipse diligit vos. Unde gaudeo quod in omnibus confido in vobis, non solum in bona voluntate sed etiam in bonis operibus in futuro, quod bene vos habeatis. Hebr. VI, 9: confidimus de vobis meliora et viciniora saluti.

Capitulus VIII

Lectio 1

Posita iam exhortatione ad bonum in generali, hic consequenter exhortatur eos ad quoddam bonum particulare, scilicet ad largitionem collectarum pro sanctis qui erant in Ierusalem. Nam, sicut act. XV, 2 dicitur, et apostolus tangit ad Gal. II, 9, apostoli imposuerunt Paulo et Barnabæ, ut proponerent verbum salutis gentibus, exhortando eos ad subveniendum sanctis, qui erant in Ierusalem, qui venditis omnibus, et positis ad pedes apostolorum, in maxima erant paupertate; et ad hoc inducit eos ad præsens. Ubi duo facit.

Primo inducit eos ad dandum; secundo monet ad modum dandi, ut scilicet cito

Secunda ad Corinthios

et abundanter dent, et hoc cap. IX, ibi nam de ministerio, etc..

Circa primum duo facit.

Primo tractat de collectis dandis; secundo de ministris per quos huiusmodi collectæ fiant, ibi gratias autem Deo qui dedit, etc..

Circa primum duo facit.

Primo inducit eos ad dandum; secundo excludit excusationem, ibi si enim voluntas prompta est, etc..

Inducit autem eos ad dandum tripliciter.

Primo exemplo aliorum qui dederunt; secundo exemplo Christi, ibi scitis enim gratiam Domini nostri, etc.; tertio ex ipsorum propria utilitate, ibi hoc enim vobis utile, etc..

Circa primum tria facit.

Primo ponit exemplum; secundo ostendit se permotum ab hoc exemplo, ibi ita ut rogaremus Titum, etc.; tertio monet ut ipsi hoc exemplum sequantur, ibi sed sicut in omnibus abundatis, etc..

Circa primum sciendum est quod apostolus ad hoc, ut Corinthii liberaliter tribuant, proponit eis Macedones in exemplum. Et commendat eos quantum ad duo, scilicet primo quantum ad patientiam in adversis; secundo quantum ad liberalitatem in donis, ibi et altissima paupertas, etc..

Circa primum sciendum est quod apostolus inducit eos ad eleemosynas ut merita ipsorum crescant, et ideo in illo tempore hoc fecit, quando possunt mereri, scilicet tempore gratiæ; tunc enim eleemosynæ meritoriæ sunt. Et hoc est quod dicit notam vobis facimus gratiam, id est gratuitum donum Dei, scilicet eleemosynarum largitionem.

Et dicit hoc esse gratiam, quia quidquid boni facimus, est ex gratia Dei. Quæ, quidem gratia, non est data istis, sed mihi, inquantum scilicet ex mea procuratione et sollicitudine et monitione, Macedones ad hoc moti sunt. Eph. III, 8: mihi autem omnium sanctorum minimo, etc.. Data est, inquam, mihi in ecclesiis Macedoniæ, id est apud fideles Macedoniæ.

Quæ quidem gratia est quantum ad duo, scilicet quantum ad patientiam, quia in multo experimento, etc.. Ubi ponit conditiones patientiæ perfectæ.

Una est quod homo sit constans, ita quod nec timore tribulationis deiiciatur, sed nec etiam in ipso tribulationis experimento. Et ideo dicit quod in multo experimento tribulationis, constantes fuerunt.

Alia est quod in ipsis tribulationibus gaudeat, sicut legitur de beato Laurentio; et quantum ad hoc dicit abundantia gaudii ipsorum, scilicet Macedonum, fuit. Iac. I, 2: omne gaudium existimate, etc.. Rom. XII, 12: in tribulatione gaudentes, etc.. Vel in multo experimento tribulationis, non quam ipsi passi fuerunt, sed quam viderunt pati in Macedonia, abundantia gaudii ipsorum fuit.

Item secundo, gratia est quantum ad liberalitatem in eleemosynis. Et quantum ad hoc dicit et altissima, etc..

651

Commentaria in Epistolis S. Pauli

Ubi duo facit.

Primo ponit eorum liberalitatem; secundo exponit quod dixerat, ibi quia secundum virtutem, etc..

Dicit ergo primo: non solum fuerunt patientes in tribulationibus, scilicet Macedones, sed etiam fuerunt liberales, quia altissima, id est maxima, paupertas eorum, vel nobilissima. Secundum Glossam facit paupertatem altam elevatio spiritus supra res temporales et contemptus earum. Et sic istorum paupertas altissima erat, quia non habebant divitias, et contemnebant eas. Iac. II, 5: nonne Deus elegit pauperes in mundo, etc..

Hæc, inquam, paupertas abundavit, id est excrevit, in divitiis copiose dando.

Sed hæc expositio Glossæ non videtur esse secundum intentionem apostoli, et ideo aliter dicendum est altissima paupertas, etc..

Ubi sciendum est, quod homo ex duabus causis habet promptum animum ad dandum satis, scilicet ex abundantia divitiarum, sicut divites, vel ex contemptu divitiarum; et sic idem facit in paupere contemptus, quod facit in divite abundantia. Et ideo dicit altissima paupertas, sic supra, abundavit, id est effectum abundantiæ fecit, in divitias simplicitatis eorum, quia cor eorum erat solum ad Deum, et ex hoc provenit contemptus divitiarum.

Prov. XI, 3: simplicitas iustorum, etc..

Consequenter cum dicit quia secundum virtutem, etc., exponit quod dixit commendando ipsorum liberalitatem quantum ad tria, scilicet quantum ad quantitatem dati, quantum ad voluntatem dandi, et quantum ad ordinem dationis.

Quantum ad quantitatem dati, quia dederunt supra virtutem. Et ideo dicit: vere abundavit in divitias, quia ego reddo illis testimonium quod fuerunt voluntarii ad dandum secundum virtutem rerum suarum et supra virtutem, quia intantum dederunt quod post eguerunt.

Vel dicendum est, et melius, quod est virtus interior animi, et virtus exterior, scilicet facultas rerum temporalium. Virtus interior est promptitudo animi ad dandum. Et ideo dicit testimonium illis reddo, quod fuerunt voluntarii ad dandum, secundum virtutem animi interiorem, et supra virtutem exteriorem, scilicet divitiarum. Tob. IV, 9: si multum tibi fuerit, etc..

Contra: quicumque dat supra virtutem, dat immoderate; non ergo ex hoc est dignus laude.

Respondeo. Dicendum est quod virtus in dando potest considerari dupliciter, scilicet simpliciter seu absolute, et secundum proportionem aliorum. Quando ergo dat plus quam alii suæ proportionis, non peccat; sed si simpliciter dat supra virtutem, tunc immoderate dat. Sic ergo commendat eorum liberalitatem quantum ad quantitatem dati.

Commendat autem eam quantum ad voluntatem dandi, cum dicit quia voluntarii fuerunt, Ex. XXV, 2: ab omni qui ultroneus offert. In hoc autem fuerunt voluntarii, quia

Secunda ad Corinthios

rogaverunt nos cum multa exhortatione, obsecrantes, id est rogantes. Quasi dicat: non solum rogaverunt, sed etiam per rationes nos induxerunt, ut habeant gratiam et communicationem ministerii, etc., id est ut liceret eis dare sua pauperibus sanctis, qui sunt in Ierusalem, non reputantes se facere gratiam nobis, sed quod eis gratia fiat. Hebr.

Ult.: beneficentiæ autem et communionis, etc..

Commendat etiam eorum liberalitatem quantum ad ordinem dandi, quia non solum sua dederunt, sed primo seipsos, quia talis debet esse ordo in dando, ut primo homo sit acceptus Deo, quia nisi homo sit Deo gratus, non sunt accepta munera eius. Gen. IV, 4: respexit Dominus ad Abel, scilicet primo, et ad munera eius consequenter.

Eccli. XXX, 24: miserere animæ tuæ, etc..

Et ideo dicit non sicut speravimus, quasi dicat: vere voluntarii fuerunt, quia non sicut speravimus, id est non ea intentione qua putabamus, ut scilicet darent pro culpis redimendis, sed semetipsos dederunt primum Domino, emendando vitam suam, et deinde nobis, obediendo per omnia, per voluntatem Dei, quæ est ut subdantur homines vicariis suis. Hebr. Cap. Ult.: obedite præpositis vestris, etc..

Glossa dicit quod non aliter erat ab eis recipiendum, nisi scilicet prius seipsos dedissent Deo; ergo videtur quod non sint recipiendæ eleemosynæ a peccatoribus.

Sed dicendum est quod non est ab eis recipiendum, quando dant ea intentione ut foveantur in peccatis.

Sic ergo, posito exemplo Macedonum, ostendit se consequenter permotum esse hoc exemplo, cum dicit ita ut rogaremus Titum, quasi diceret: intantum nos permoti fuimus hoc exemplo de liberalitate Macedonum, ut scilicet rogaremus Titum, ut etiam vos sitis participes ipsius gratiæ, ut, scilicet Titus, quemadmodum coepit vos monere ad benefaciendum, postquam vidit vos correctos, et inducere vos ad communionem, ita perficiat in vobis, et spiritualiter gratiam istam de largitione eleemosynarum, ut non desit vobis. Phil. I, 6: qui coepit in vobis, etc..

Consequenter admonet eos, ut hoc exemplo ipsi inducantur, cum dicit sed sicut in omnibus, etc.. Ubi duo dicit.

Primo monet ut ipsi, exemplo Macedonum, sint prompti ad eleemosynas faciendum; secundo quamdam suspicionem aufert, ibi non quasi imperans dico, etc..

Dicit ergo sed sicut in omnibus, etc., quasi dicat: sicut vos superatis Macedones in omnibus aliis gratiis, ita debetis eos superare etiam in ista, scilicet eleemosynis faciendis. Et hoc est quod dicit sicut in omnibus aliis abundatis; et, primo in his quæ pertinent ad intellectum, et quantum ad hoc dicit in fide, qua creditur, et sermone, quo confitemur, Rom. X, 10: corde creditur ad iustitiam, quantum ad fidem, ore autem confessio fit ad salutem, quantum ad sermonem; et in

Commentaria in Epistolis S. Pauli

scientia Scripturarum. I Cor. I, 5: in omnibus divites facti estis, etc..

Secundo in his quæ pertinent ad opus, et quantum ad hoc dicit et in omni sollicitudine, scilicet bene operandi. Rom. XII, 11: sollicitudine non pigri.

Tertio in his quæ pertinent ad affectum, et quantum ad hoc dicit in charitate vestra spirituali habita in nos superabundantius.

Col. III, 14: super omnia charitatem habentes, etc.. Sicut, inquam, in omnibus istis abundatis, ita scilicet rogavi Titum, ut in hac gratia, scilicet eleemosynarum, abundetis.

Et quia posset haberi suspicio quod quasi ex imperio mandaret, ut darent eleemosynas, contra quod est quod dicitur Ez. XXXIV, 4: vos autem cum austeritate, etc., et ideo contra removet, dicens non quasi imperans dico. Hoc est quod rogavi Titum, vel quod ego ipse hoc dico vobis, id est non feci quasi imperans. I Petr. Cap. Ult.: non ut dominantes in cleris. Sed dico hoc comprobans, id est volens comprobare per aliorum sollicitudinem, scilicet Macedonum, vestræ charitatis ingenium.

Ubi sciendum est, quod ingenium bonum sumitur non solum pro aptitudine ad sciendum faciliter, sed etiam ad bene operandum.

Cuius ratio est, quia ad hoc quod aliquis bene operetur, exigitur scientia dirigens. Et ideo sicut in addiscendo dicitur boni ingenii esse qui cito capit verba Magistri, ita, in operando, boni ingenii dicitur, qui exemplo aliorum cito movetur ad bene operandum. Et ideo dicit apostolus comprobans, id est probare volens, bonum ingenium vestrum, id est quam promptam voluntatem habeatis ad dandum, moti exemplo Macedonum. I Cor. IV, 14: non ut confundam vos hæc scribo.

Lectio 2

Hic inducit Corinthios ad dandum eleemosynas exemplo Christi, dicens: volo comprobare ingenium vestrum bonum ad dandum, scilicet pauperibus, et hoc facere debetis exemplo Christi. Enim, id est quia, scitis gratiam Domini nostri Iesu Christi, quam quidem humano generi contulit. Io. I, 17: gratia et veritas per Iesum Christum, etc.. Et hæc dicitur gratia, quia quidquid filius Dei poenalitatum nostrarum assumpsit, totum gratiæ est imputandum, quia nec præventus alicuius bonitate, nec alicuius virtute coactus, nec inductus sua necessitate.

Est autem gratia ista quoniam propter nos egenus factus est. Et dicit egenus, quod plus est quam pauper. Nam egenus dicitur ille, qui non solum parum habet, sed qui indiget seu eget; pauper vero ille qui parum habet. Ad significandum ergo maiorem paupertatem dicitur egenus factus est, scilicet in temporalibus. Lc. IX, 58: filius hominis non habet, etc.. Thren. III, 19: recordare paupertatis, etc..

Est autem factus egenus, non ex necessitate, sed ex voluntate, quia gratia ista iam non esset gratia. Et ideo dicit cum dives esset, scilicet in bonis spiritualibus. Rom. X, 12: *idem Deus dives in omnes*, etc.. Prov. VIII, 18: *mecum sunt divitiæ*, etc.. Dicit autem *esset*, non *fuisset*, ne videretur Christus amisisse divitias spirituales cum assumpsit paupertatem. Sic enim assumpsit hanc paupertatem quod illas inæstimabiles divitias non amisit. Ps. XLVIII, 3: *simul in unum dives et pauper*. Dives in spiritualibus, pauper in temporalibus.

Causam autem quare voluit fieri egenus, subdit cum dicit *ut illius inopia divites essemus*, id est ut illius paupertate in temporalibus, vos essetis divites in spiritualibus.

Et hoc est propter duo, scilicet propter exemplum et propter sacramentum.

Propter exemplum quidem, quia si Christus dilexit paupertatem, et nos, exemplo suo, debemus diligere eam. Diligendo autem paupertatem in temporalibus, efficimur divites in spiritualibus. Iac. II, 5: *nonne Deus elegit pauperes in mundo, divites in fide*, etc.. Et ideo dicit *ut illius inopia*, etc..

Propter sacramentum autem, quia omnia quæ Christus egit vel sustinuit, fuit propter nos. Unde sicut per hoc quod sustinuit mortem, liberati sumus a morte æterna et restituti vitæ, ita per hoc quod sustinuit inopiam in temporalibus, liberati sumus ab inopia in spiritualibus, et facti divites in spiritualibus.

I Cor. I, 5: *divites facti estis in illo in omni scientia*, etc..

Consequenter cum dicit *consilium in hoc do*, etc., inducit eos ad dandum ex parte eorum. Et circa hoc duo facit.

Primo ponit ipsorum utilitatem, quæ ex hoc provenit; secundo ostendit quod hoc etiam ab ipsis volitum est, scilicet ut darent eleemosynas, ibi *qui non solum*, etc..

Dicit ergo: considerans hoc beneficium, *consilium vobis do*, id est hortor vos ad hoc, scilicet ad dandum eleemosynas, scilicet non solum propter utilitatem sanctorum, qui sunt in Ierusalem, sed et propter utilitatem vestram. Prov. XXVII, 9: *boni amici consiliis anima dulcoratur*, etc..

Et hoc quia utile est vobis. Bonum enim pietatis plus est utile facienti, quam illi cui fit, quia faciens reportat inde commodum spirituale, recipiens vero temporale. Et sicut spirituale præferri debet temporali, sic in operibus pietatis utilitas dantis præfertur utilitati accipientis. I Tim. IV, 8: *pietas ad omnia valet*.

Hoc autem non solum eis est utile sed etiam ipsi hoc voluerunt, et ideo dicit *quia non solum*, etc.. Ubi tria facit.

Primo commemorat bonum principium in eis; secundo hortatur eos ad debitum finem, ibi *nunc vero et facto*, etc.; tertio exponit quoddam quod dixerat, ibi *si enim voluntas*, etc..

Dicit ergo: vere debetis libenter dare eleemosynas, quia non solum est vobis utile, sed etiam hoc ipsum velle sponte coepistis, scilicet dare eleemosynas, *a priori anno*, quo scilicet veni ad vos. Vel a priori anno, id est præcedenti. Quasi dicat: plus est velle, quam

Commentaria in Epistolis S. Pauli

facere, iuxta illud Eccli. XVIII, 16: verbum melius est quam datum, etc..

Et ideo debetis esse prompti ad dandum.

Et quia estis prompti ad dandum, ideo nunc quod habuistis in animo perficite facto, alioquin illa voluntas esset frustra.

Io. IV: non diligamus verbo, neque lingua, etc.. Phil. I, 6: qui coepit in vobis, etc.. Et huius ratio est, ut quemadmodum promptus est animus voluntatis, id est discretio voluntatis. Secundum Glossam, prompta est, ita sit prompta discretio perficiendi.

Vel, aliter, ut animus sumatur pro voluntate.

Et tunc dicitur: quemadmodum prompti fuistis ad volendum, ita prompti ad perficiendum.

Et hoc ex eo quod habetis, id est secundum facultatem vestram.

Consequenter exponit hoc quod dicit ex eo quod habetis, dicens si enim, etc., quasi dicat: dico quod debetis esse prompti ad dandum, et in hoc non intendo vos gravare, ut scilicet detis supra facultates vestras, quia forte voluntas prompta ad hoc inducit vos, sed in hoc opus non potest imitari voluntatem. Et ideo dicit: ex eo quod habetis, enim, pro quia, si voluntas prompta est secundum id quod habet, accepta est.

Et huius ratio est, quia voluntas acceptatur in perfectione operationis; opus autem non perficitur, nisi ex eo quod habetur. Et ideo dicit secundum quod habet, accepta est.

Tob. IV, 9: si multum tibi fuerit, abundanter tribue, etc..

Consequenter cum dicit non enim ut aliis, etc., removet suspicionem quamdam.

Possent enim dicere isti: si damus eleemosynas pauperibus sanctis, qui sunt in Ierusalem, ipsi otiosi vivent, et nos damna patiemur, et sic efficiemur miseri. Ideo apostolus primo hanc suspicionem excludit; secundo suam intentionem manifestat; tertio vero confirmat per auctoritatem.

Et removet suspicionem, cum dicit non enim ut aliis, etc.; quasi dicat: non enim ita moneo vos eleemosynas dare, ut aliis sit refrigerium, dum otiose viverent de eleemosynis vestris, vobis autem sit tribulatio, id est paupertas, quia vos affligeremini.

Sed numquid peccant illi qui dant omnia aliis, et ipsi postea paupertate affliguntur? et videtur quod sic per hæc verba apostoli.

Respondeo. Dicendum est, secundum Glossam, quod melius esset totum dare pauperibus, et affligi pro Christo. Illud autem quod dicit hic, condescendendo fecit, quia infirmi erant, et forte deficerent, si egestate premerentur.

Intentionem suam manifestat, cum dicit sed ex æqualitate, etc., quasi dicat: non intendo tribulationem vestram, sed quamdam æqualitatem, ut scilicet vestra abundantia, etc.. Quod potest exponi tripliciter.

Primo de æqualitate quantitatis;

secundo de æqualitate proportionis; tertio de æqualitate voluntatis.

De æqualitate quantitatis, quia isti, scilicet Corinthii, abundabant in temporalibus et deficiebant in spiritualibus; sancti vero, qui erant in Ierusalem, abundabant in spiritualibus et deficiebant in temporalibus.

Vult ergo ut fiat inter eos æqualitas quantitatis, ut scilicet illi qui abundant in temporalibus, dent medietatem omnium illis, qui deficiunt in eis, et isti dent medietatem spiritualium eis, ut sic sint æqualiter divites. Et ideo hoc potius dicit, ut scilicet ex æqualitate quantitatis, id est dimidia parte bonorum vestrorum, in præsenti tempore, quod breve est, vestra abundantia, terrenorum, suppleat illorum inopiam, qui deseruerunt omnia mundi, et ut illorum abundantia, scilicet in spiritualibus, sit supplementum vestræ inopiæ in spiritualibus, id est ut sitis participes vitæ æternæ. Lc. XVI, 9: facite vobis amicos, etc.. Eccli. XIV, 15 s.: in divisione sortis da et accipe; da temporalia et accipe spiritualia.

De æqualitate autem proportionis exponitur sic, et melius. Vos, Corinthii, habetis abundantiam temporalium, sancti qui sunt in Ierusalem abundantiam spiritualium.

Volo ergo ex quadam æqualitate, non quæ sit secundum quantitatem, sed secundum proportionem, ut scilicet sicut illi sustentantur eleemosynis vestris, ita vos ditemini precibus illorum apud Deum. Sicut enim illi non ita ditantur de bonis vestris temporalibus, sicut vos estis divites, ita nec vos bonis illorum spiritualibus ditemini sicut illi. Et ideo dicit sed ex æqualitate, etc., prædicta vestra abundantia terrenorum, illorum, scilicet sanctorum, inopiam, in temporalibus, suppleat, ut et illorum abundantia in spiritualibus, etc..

I Cor. IX, 11: si nos vobis spiritualia seminavimus, etc..

De æqualitate autem voluntatis exponitur sic: sed ex æqualitate, etc., id est volo quod sit in vobis æqualitas voluntatis, ut scilicet sicut illi habent voluntatem communicandi vobis ea in quibus abundant, ita vos habeatis voluntatem communicandi illis ea in quibus abundatis.

Consequenter confirmat hoc per auctoritatem. Unde dicit sicut scriptum est, scilicet Ex. XVI: qui multum, scilicet collegerat de manna, id est qui amplius habuit quam gomor, non abundavit, id est non habuit ultra sufficientiam suam; et qui modicum, non minoravit, id est non defecit ei, quia omnes æqualiter abundabant, ut dicitur Ex. XVI. Et sic nec qui plus collegerat, plus habuit, nec qui minus paraverat, reperit minus.

Lectio 3

Postquam tractavit de collectis dandis, hic consequenter tractat de ministris per quos collectæ fiant. Et circa hoc duo facit.

Primo nominat eos; secundo recommendat eos Corinthiis, ibi ostensionem ergo quæ est, etc..

Commentaria in Epistolis S. Pauli

Circa primum tria facit.

Primo enim nominat Titum; secundo Barnabam, ibi misimus etiam cum illo fratrem, etc.; tertio Apollo, ibi misimus autem cum illis, etc..

Circa Titum duo commendat, scilicet eius sollicitudinem et sollicitudinis signum, ibi quoniam exhortationem, etc..

Dicit ergo primo: dixi, supra, quod rogavi Titum ut perficeret gratiam istam de eleemosynis colligendis, quod imminet sollicitudini meæ ex ordinatione apostolorum, de quo inveni etiam ipsum sollicitum; et ideo ago gratias Deo, qui dedit eamdem sollicitudinem, quam ego habeo, pro vobis, exhortandis et promovendis ad opera misericordiæ, in corde Titi; quia ipse etiam sollicitus est, sicut et ego, ut perficiat in vobis hanc gratiam. Hebr. VI, 11: cupimus unumquemque vestrum eamdem ostentare sollicitudinem, etc.. Rom. XII, 8: qui præest in sollicitudine.

Signum autem huius sollicitudinis est, quia quando rogavi eum, ipse consensit exhortationi meæ. Et ideo dicit quoniam exhortationem quidem suscepit. Et quia prosecutus est quod petii, unde dicit sed cum sollicitior esset sua voluntate, quam mea exhortatione, profectus est ad vos; qui tamen primo recusabat venire propter peccata vestra. Rom. XII, 11: sollicitudine non pigri.

Consequenter cum dicit misimus autem, etc., tractat de secundo ministro. Et circa hoc duo facit.

Primo commendat ipsum; secundo subdit rationem quare mittit tam solemnes nuntios, ibi devitantes, etc..

Frater iste, secundum quosdam, est Lucas, vel secundum alios Barbanas, quem quidem commendat ex tribus, scilicet ex fama, quia laus eius, scilicet Lucæ, est in evangelio ab eo scripto per omnes ecclesias, quia est approbatum per apostolos. Vel cuius laus, scilicet Barnabæ, est in evangelio prædicato ab ipso per omnes ecclesias, quia Iudæis et gentibus. Unde dicitur de Barnaba, Act. XI, 24, quod erat vir bonus plenus fide et spiritu sancto.

Item commendat ipsum ex societate sua, quia non solum est famosus, sed et ordinatus est ab ecclesiis Iudææ comes peregrinationis meæ, id est prædicationis meæ, qua, ut peregrini, mundum circuimus. Supra V, 6: quamdiu sumus in corpore, peregrinamur a Deo, etc.. Et hoc est verum de Luca, quia ipse fuit unus de septuaginta duobus discipulis, et socius Pauli. De Barnaba similiter, quia per spiritum sanctum dicitur Act. XIII, 2: segregate mihi Barnabam et Paulum in opus, etc.. Et factus est comes in hanc gratiam, scilicet collectionis eleemosynarum.

Vel in hanc gratiam, scilicet prædicationis, de qua dicitur Eph. III, 8: mihi autem omnium sanctorum minimo, etc..

Item commendat eum ex officio, quia est minister gratiæ quæ ministratur a nobis.

I Cor. IV, 1: sic nos existimet homo. Supra III, 6: qui et idoneos nos, etc..

Secunda ad Corinthios

Ministratur autem gratia ista ad Domini gloriam, ut scilicet Dominus noster glorificetur, scilicet de eleemosynis factis, de conversione plurimorum populorum prædicationi nostræ, quia, ut dicitur Prov. XIV, 28, in multitudine populi, etc..

Item ministratur, ut voluntas nostra impleatur, quia nos hoc volumus fieri. Et ideo dicit et voluntatem nostram destinatam, id est prædestinatam a Deo, qui prædestinavit ab æterno nos talem voluntatem habere.

Consequenter cum dicit devitantes, etc., assignat causam quare mittat tam solemnes nuntios. Et primo huius rationem assignat; secundo probat, ibi providemus ergo, etc..

Dicit ergo: causa quare tam solemnes nuntios mittimus, est ista: ut sciatis negotium huiusmodi inesse cordi nostro. Et ideo dicit devitantes hoc, scilicet ne quis, etc., quasi dicat: ut vitemus vituperium quod posset mihi impingi ab aliquibus, vel negligentiæ, si non mitterem strenuos, vel fraudis si non mitterem securos. Et isti strenui erant et prompti et securi, quia dati ab ecclesiis et electi per spiritum sanctum. Supra VI, 3: nemini dantes ullam offensionem, etc..

Dicit autem in hac plenitudine, scilicet eleemosynarum vel conversionis gentium.

I Petr. IV, 10: unusquisque sicut accepit gratiam in alterutrum, etc..

Et hoc probat dicens providemus enim, etc., quasi dicat: bene dico devitantes, quia providemus, id est providere debemus, bona, id est ut opera nostra bona sint non solum coram Deo, ut ei placeamus, sed etiam coram hominibus, ut scilicet eis bona videantur. Et hoc facit, sollicite procurando et bonos imitando. Rom. XII, 9: adhærentes bono, etc..

Consequenter cum dicit misimus autem cum illis et fratrem nostrum, etc., tractat de tertio nuntio, scilicet de Apollo.

Ubi duo facit. Primo, quia commendat eum de sollicitudine, cum dicit quem, scilicet Apollo, probavimus sæpe sollicitum esse de salute vestra; nunc autem multo sollicitiorem.

Nam, sicut supra apparet, Apollo fuit primus, qui post apostolum prædicavit apud Corinthum. I Cor. III, 6: ego plantavi, Apollo rigavit. Hic autem, turbatus de peccato ipsorum recessit, et sollicitudinem quam ante pro ipsis habebat, postposuit.

Nunc vero, audita conversione eorum, factus est de salute ipsorum sollicitior, quam antea esset. Eph. IV, 3: solliciti servare unitatem spiritus, etc.. Rom. XII, 8: qui præest in sollicitudine, etc..

Secundo, subdit causam sollicitudinis quam assumpsit, quia Apollo confidit de vobis ex his quæ Titus dixit de vobis, commendans vos.

Unde dicit multa confidentia in vobis, sive pro Tito qui est socius meus, et quia libenter venit in societatem Titi et Lucæ seu Barnabæ, et quia ad hoc inductus fuit ab apostolis ecclesiarum, quæ sunt in Iudæa. Et ideo dicit sive fratres nostri, apostoli ecclesiarum

659

Commentaria in Epistolis S. Pauli

Iudææ, scilicet induxerunt eum ad sollicitudinem habendam pro vobis. Quæ quidem ecclesiæ sunt gloriæ Christi, id est ad gloriam Christi.

Consequenter cum dicit ostensionem ergo quæ est, etc., recommendat istos nuntios Corinthiis, dicens: quia tales misimus ad vos, ergo ostensionem, etc., id est, ostendatis opere, quod charitatem habetis ad eos et quod vere commendavi vos et quod ego vere gloriatus sim de vobis in faciem ecclesiarum, ad quas perveni et quibus prædicavi.

Vel in faciem omnium ecclesiarum, quia quod facitis eis, innotescet omnibus ecclesiis.

Capitulus IX

Lectio 1

Supra apostolus induxit Corinthios ad dandum eleemosynas sanctis qui sunt in Ierusalem, hic vero inducit eos quantum ad modum dandi, ut scilicet hilariter et abundanter dent. Unde ad hoc quod bene darent, misit tam solemnes nuntios.

Circa hoc autem duo facit.

Primo excludit opinatam causam de missione nuntiorum; secundo vero astruit veram, ibi misimus autem fratres, etc..

Circa primum tria facit.

Primo excludit suspicionem; secundo ad hoc causam assignat, ibi scio enim promptum, etc.; tertio causam probat, ibi pro quo de vobis, etc..

Quantum ad primum, quia posset aliquis dicere apostolo: tu mones nos quod bene recipiamus nuntios quos mittis, sed quare non potius mones quod bene largiamur eleemosynas? et ideo hoc removens dicit: non est necessarium quod hoc moneam, nam, id est quia, de ministerio quod fit in sanctos ex abundanti est, id est superfluum est, mihi scribere vobis.

Et huius causa est, quia scio promptum animum vestrum, ad subveniendum eis. Ps. Cvii, 2: paratum cor meum, Deus, etc..

Quod autem sit promptus animus vester, probo ex duobus. Primo ex gloriatione nostra de vobis. Nam nisi scirem vos esse promptos ad hoc, non fuissem gloriatus de vobis apud alios. Et ideo dicit pro quo, scilicet promptitudine animi vestri. Supra I, 12: gloria nostra, etc.. Et supra VII, 4: multa mihi fiducia, etc.. Glorior apud Macedones, de hoc scilicet quoniam et Achaia, in qua Corinthus metropolis est, parata est ab anno præterito, ad largiendum.

Secundo ex effectu, quia vos provocastis exemplo vestro multos ad hoc. Et ideo dicit et vestra æmulatio, id est amor et studium imitandi vos, provocavit plurimos, quia enim audierunt vos bene correctos proficere, provocantur plurimi, scilicet ad proficiendum.

Prov. XXVII, 17: ferrum ferro acuitur, etc..

Gal. IV, 18: bonum autem æmulamini,

Secunda ad Corinthios

etc..

I Cor. XII, 31: æmulamini charismata, etc..

Consequenter cum dicit misimus autem fratres, etc., ponit veram causam quare miserit tam solemnes nuntios. Et primo ponit in generali; secundo in speciali, ibi ut quemadmodum dixi, etc..

Circa primum duo facit. Primo assignat veram causam, dicens: causa autem quare istos misi, est non quod credam vos nolle subvenire pauperibus, sed ut ne quod gloriamur de vobis, id est ne gloria nostra, quam habemus de vobis, evacuetur, si scilicet deficeretis. I Cor. IX, 15: bonum est mihi mori, etc.. Evacuetur, inquam, in hac parte, quia bene constat mihi quod in aliis virtutibus et bonis non evacuabitis gloriam meam.

Secundo cum dicit ut quemadmodum, etc., hortatur eos ad debitum modum dandi. Et primo hortatur, ut dent prompte; secundo ut dent abundanter, ibi necessarium ergo, etc.; tertio ut dent hilariter ibi unusquisque prout destinavit, etc..

Circa primum duo facit. Primo ponit modum dandi; secundo rationem assignat, ibi ne cum venero, etc..

Modus dandi est ut scilicet prompte detur.

Et ideo dicit: ideo misi ministros, ut sitis parati ad dandum, quemadmodum dixi, scilicet exemplo Macedonum. Matth. XXV, 10: quæ paratæ erant, etc.. Prov. III, 28: ne dicas amico tuo: vade, et revertere, et cras dabo tibi, etc..

Ratio autem huius est ne cum venerint mecum, scilicet ad vos, Macedones, et invenerint vos imparatos, erubescamus nos, quasi dicat: vobis erit confusio si promisistis, et non solvistis. Sed esto quod sustineatis, et non curetis de confusione vestra, ad minus caveatis erubescentiæ nostræ, qui dicimus vos esse paratos.

Consequenter cum dicit necessarium ergo, etc., hortatur eos quod dent abundanter.

Et circa hoc duo facit.

Primo ponit admonitionem; secundo admonitionis rationem assignat, ibi hoc autem dico, etc..

Dicit ergo: ne ergo evacuetur gloria nostra, et vos non erubescatis, necessarium existimavi rogare fratres, scilicet Lucam.

Titum et Apollo, ut perveniant ad vos, et præparent repromissam benedictionem hanc, scilicet eleemosynam, quæ dicitur benedictio, quia est causa æternæ benedictionis. Nam per actionem dandi, homo benedicitur a Deo, Ps. XXIII, 5: hic accipiet benedictionem a Domino, etc., et ab hominibus, Eccli. XXXI, 28: splendidum in panibus, etc.. Prov. XXII, 9: qui pronus est ad misericordiam, etc..

Et dicit hanc benedictionem paratam esse quasi benedictionem, id est abundanter, et non quasi avaritiam, id est parce.

Ratio autem quare debeant abundanter

dare, est quia ego dico, quod qui parce seminat, id est qui parum dat in mundo isto, parce et metet, id est parum recipiet in alio sæculo. Et dicit seminat, quia semina nostra sunt quidquid boni fecerimus.

Et iterum, quia si parum seminatur, non multum colligetur. Gal. VI, 8: quæ seminaverit homo, hæc et metet. Sed multiplicata, et qui seminat in benedictionibus, id est abundanter, metet et de benedictionibus, scilicet Dei largam retributionem.

Sed numquid non metent omnes abundanter? dicendum est sic, quantum ad quantitatem præmii, quia omnes affluent, et nullus ibi parce metet. Sed dicit abundanter, quasi ad proportionem et bene seminantium. I Cor. XV, 41: stella a stella differt. Abundanter omnes quantum ad præmium substantiale, sed parce in comparatione ad præmium accidentale, in quo est sanctorum differentia.

Supra VIII, 15: qui multum, non abundavit, et qui modicum, non minoravit. Quia aliquando aliquis parce dat, et cum magna charitate, et abundanter metet.

Consequenter cum dicit unusquisque enim, etc. Hortatur eos, ut dent hilariter et gaudenter. Et circa hoc duo facit.

Primo enim monet eos ad gaudenter dandum; secundo rationem assignat, ibi hilarem enim datorem, etc..

Dicit ergo: dico quod paretis illud quod vultis dare quasi benedictionem, id est abundanter, et dignum benedictione, non quasi avaritiam, id est non parce. Et hoc dicit, quia illud quod sponte fit, non potest avare fieri. Et ideo subdit unusquisque enim, etc., quasi non avare, quia unusquisque, scilicet vestrum, det eleemosynas prout destinavit, id est prædeliberavit, in corde suo, scilicet secum conferens, non ex tristitia, etc.. Quasi dicat unusquisque voluntarie det, non coacte.

Ponit autem duo opposita voluntario, scilicet tristitiam et necessitatem. Voluntarium enim tollitur per violentum. Est autem duplex violentum, scilicet simplex et mixtum.

Simplex quando absolute quis cogitur ad aliquid contra voluntatem suam faciendum. Ad removendum ergo illud violentum, dicit non ex necessitate, quod fieret si darent coacti mandato apostoli. Quasi dicat: non cogat vos ad dandum mandatum nostrum, sed moveat vos ad hoc prompta voluntas vestra. Ex. XXXV, 5: omnis voluntarius, etc..

Violentum mixtum est quando quis non absolute cogitur ad faciendum aliquid contra voluntatem suam, sed secundum quid, scilicet quod nisi faciat incurrit maius damnum, sicut si non proiiciantur merces in mari, navis submergitur. Et ideo aliquo modo fit sponte et aliquo modo violenter inquantum scilicet coguntur timore maioris damni. Ut ergo hoc removeat, dicit non ex tristitia, id est non ita quod sit violentum mixtum. Quasi dicat: non ex timore confusionis, ne scilicet erubescatis, sed ex gaudio quod concepistis propter amorem quem habetis ad sanctos. Ps. LIII, 8: voluntarie sacrificabo tibi, etc..

Consequenter cum dicit hilarem enim datorem, etc., rationem assignat, et est talis: omnis remunerator remunerat ea quæ sunt remuneratione digna. Hæc autem sunt solum actus virtutum. In actibus autem virtutum duo sunt, scilicet species actus et modus agendi qui est ex parte agentis. Unde, nisi in actu virtutis utrumque istorum concurrat, non dicitur actus ille simpliciter virtuosus, sicut non dicitur perfecte iustus, secundum virtutem, qui operatur opera iustitiæ, nisi delectabiliter et cum gaudio operetur.

Et licet apud homines, qui non vident nisi ea quæ patent, sufficiat quod quis operetur actum virtutis secundum ipsam speciem actus, puta actum iustitiæ, tamen apud Deum, qui intuetur cor, non sufficit quod solum operetur actum virtutis secundum speciem, nisi etiam secundum debitum modum operetur, scilicet delectabiliter et cum gaudio.

Et ideo non datorem tantum, sed hilarem datorem diligit Deus, id est approbat et remunerat, et non tristem, et remurmurantem.

Ps. Ic, 2: servite Domino in lætitia. Eccli. XXXV, 11: in omni dato hilarem, etc.. Rom. XII, 8: qui miseretur in hilaritate, etc..

Lectio 2

Hic rationem trium modorum assignat. Et circa hoc duo facit.

Primo assignat rationem sumptam ex parte ipsorum; secundo rationem sumptam ex parte Dei, ibi ut in omnibus locupletati, etc..

Circa primum duo facit.

Primo ponit rationem; secundo ipsam confirmat, ibi sicut scriptum est, etc..

Ratio est talis: quicumque dat aliquid quod multiplicatur sibi, debet prompte, abundanter et hilariter dare, sicut videmus quod homines abundanter et prompte et cum gaudio seminant semen, quia multiplicatum illud recolligunt. Cum ergo eleemosynæ multiplicentur dantibus, debetis illas prompte, gaudenter et abundanter facere. Et quod multiplicentur patet, quia Deus potens est omnem gratiam, etc., quasi dicat: non timeatis dare ne, indigentia gravati, poeniteat aliquando vos dedisse, quia potens est Deus facere abundare omnem gratiam spiritus sancti, qua scilicet semper gaudeatis de bono opere quod fecistis. Et ideo dicit abundetis in omne opus bonum, id est abundantem affectum habeatis ad dandum eleemosynam, sicut habetis ad alia opera virtutum.

Et tamen habeatis plenam sufficientiam bonorum exteriorum; et ideo dicit semper omnem sufficientiam habentes, id est vos reputantes habere. Iac. I, 5: qui dat omnibus affluenter, et I Tim. VI, 8: habentes alimenta, etc..

De ista sufficientia dicitur infra XII, 9: sufficit tibi gratia mea, etc.. De multiplicatione vero dicitur Is. XXX, 23: dabitur pluvia semini tuo; Matth. XIX, 29: omnis qui reliquerit, etc., centuplum accipiet, etc..

Commentaria in Epistolis S. Pauli

Consequenter cum dicit sicut scriptum est, etc., probat positam rationem dupliciter, scilicet auctoritate et experimento, ibi qui autem administrat, etc..

Probat autem auctoritate, dicens: recte debet vos movere prædicta ratio, quia, sicut scriptum est, etc..

Sed Glossa in alio sensu adducit hanc auctoritatem, quam sit intentio apostoli. Nam Glossa sic adducit: dico quod abundetis in omne opus bonum, scilicet largitione eleemosynarum, quia scriptum est dispersit, dedit pauperibus. Sed apostolus videtur hoc velle referre ad illud quod dicit abundare facere omnem gratiam, et hoc quia ille qui dispersit, dedit pauperibus, iustitia eius manet in æternum. Eccli. XII, 2: bene fac iusto, et invenies retributionem, etc..

In auctoritate autem proposita notatur quibus sit dandum, quia pauperibus id est indigentibus, etc.. Lc. XIV, 12: cum facis prandium, etc.. Quomodo dandum, quia dispersit, quia non totum uni, sed divisim multis. I Cor. XII, 3: si distribuero, etc.. Is. LVIII, 7: frange esurienti panem, etc..

Iustitia eius, id est virtus iustitiæ, manet in æternum, quia ex quo dat, augetur voluntas ad dandum. Vel iustitia eius, id est merces iustitiæ eius, manet in æternum. Prov. XI, 18: seminanti iustitiam merces fidelis, etc..

Experimento autem confirmat rationem prædictam, dicens qui autem administrat, etc.. Quasi dicat: experti estis, quia hoc ipsum quod datis in eleemosynas, habetis a Deo. Et ideo debetis libenter dare amore Dei. I par. Cap. Ultimo: tua sunt omnia quæ de manu, etc..

Et insinuat tria circa hoc. Primum est quod aliquis posset dicere: si nos damus modo quod habemus, deficient nobis necessaria ad quotidianum victum. Et hoc removet, quia non solum semen ministrat seminanti, sed panem, id est necessaria vitæ, præstabit ad manducandum, Ps. CXXXV 25: qui dat escam omni carni.

Secundum est, quia posses dicere quod si multum daremus, deficient nobis quæ habemus ad dandum iterum. Et hoc apostolus removet dicens, quod non deficiet, sed multiplicabit semen vestrum, unde scilicet plures eleemosynas facitis.

Tertium est, quia posset aliquis dicere, quod si modo damus, deficiet nobis voluntas ad dandum, et poenitebit nos dedisse, et sic totum amittemus. Et hoc removet, dicens et augebit incrementa frugum iustitiæ vestræ, id est intantum augebit facultatem et voluntatem dandi eleemosynas, ex quibus procedit iustitia vestra, quod semper parati et prompti eritis ad dandum eleemosynas, et quod fruges maximæ erunt in comparatione ad parvum semen. Prov. III, 9: de primitiis frugum tuarum da pauperibus. Lev. XXV, 21: dabo benedictionem, etc.. I Tim. IV, 8: pietas ad omnia valet.

Deinde cum dicit ut in omnibus locupletati, etc., assignat rationem, quare prompte, abundanter et hilariter dare debeant, ex parte ipsorum dantium; hic assignat rationem ex parte ipsius Dei pro quo dare debent.

Et primo assignat rationem; secundo manifestat eam, ibi quoniam ministerium huius officii, etc..

In ratione autem assignanda tria considerantur, quorum primum est ipsorum locupletatio, quod respondet præmissis. Dixerat enim supra: multiplicabit semen vestrum et augebit incrementa frugum iustitiæ vestræ et hoc primo resumit, dicens et ut in omnibus locupletati, id est tam in corporalibus, quam in spiritualibus bonis. I Cor. I, 5: divites facti estis, etc..

Sed ne aliquis crederet, quod finis ponendus sit in abundantia divitiarum temporalium, aut quod divitias spirituales aliquis otiose absque usu possidere deberet, refert hoc primum ad aliud secundum, dicens abundetis in omnem, id est perfectam, simplicitatem, id est largitatem simplici animo factam, ut largitio procedat ex divitiis temporalibus, simplicitas autem ex spiritualibus. Prov. XI, 3: simplicitas iustorum, etc..

Sed et hoc ipsum ad alium finem referendum est, scilicet ad Deum. Et ideo tertio subdit quæ, scilicet largitio simplex, operatur per nos, id est mediantibus nobis, gratiarum actionem Deo, I Thess. V, 18: in omnibus gratias agite, etc..

Deinde cum dicit quoniam ministerium, etc., manifestat rationem supra positam, scilicet quomodo eorum largitio operetur gratiarum actionem Deo. Et primo hoc ostendit; secundo ponit gratiarum actionis materiam, ibi glorificantes Deum, etc.; tertio ipse prorumpit in gratiarum actionem, ibi gratias Deo, etc..

Dicit ergo: dico quod largitio vestra operatur gratiarum actiones Deo, quia ministerium huius officii vestri, quo subvenitis sanctis, multa bona habet, quia non solum supplet ea quæ desunt sanctis, quantum ad temporalia. Supra VIII, 14: vestra abundantia illorum inopiam suppleat, etc..

Non solum ergo hoc bonum sequitur inde, sed etiam quod ipsi orant pro vobis, et agunt gratias Deo, probantes et approbantes ministrationem vestram. Et hoc est quod dicit sed etiam abundat, id est excrescit, in actione gratiarum, quæ fit per multos, non solum perfectos, sed per alios fideles pauperes, qui inde agunt gratias Deo in Domino, qui eos ad hoc movet, videntes et probantes ministerium vestrum. Supra I, 11: ut ex multarum personis facierum, etc..

Huius quidem gratiarum actionis materia est propter tria.

Primo propter eorum fidem quam acceperunt, et ideo dicit: dico quod abundat in gratiarum actione, glorificantes, scilicet fideles, Deum in obedientia confessionis vestræ, id est de confessione fidei vestræ, quam confitemini et creditis in Christum. Matth. V, 16: sic luceat lux vestra, etc.. Prov. XXI, 28: vir obediens loquetur victorias.

Secundo propter eorum largitionem. Et ideo dicit glorificantes et in simplicitate communicationis vestræ, id est pro largitione vestra, in illos, scilicet sanctos pauperes, et in omnes, scilicet fideles qui indigent, simplici et puro animo facta. Gal. VI, 6: communicet is qui catechizatur verbo ei qui se catechizat, etc., et iterum operemur bonum ad omnes, etc..

Tertio propter hoc quod ipsi viri sancti habent a Deo, ut pro eis agant gratias Deo.

Et ideo dicit: glorificantes etiam Deum in ipsorum obsecratione pro vobis; id est glorificant Deum de hoc quod ipsi viri sancti obsecrant pro nobis. Ipsorum, dico, desiderantium vos videre in æterna beatitudine, et hoc propter eminentem gratiam Dei in vobis.

Ex his ergo apostolus prorumpit in gratiarum actionem Deo, dicens gratias, etc.. Id est quia tot bona inde proveniunt de ministerio vestro, ego ago gratias Deo, etc., scilicet charitatis, quæ maxime videtur vigere in vobis, qui subvenitis etiam illis qui sic agunt gratias Deo et orant pro vobis.

Et hoc donum est inenarrabile, quia non potest dici, quantum utile sit, quia oculus non vidit, nec auris audivit, etc..

Capitulus X

Lectio 1

Postquam tractavit de bonis ministris Christi et fidei, consequenter apostolus invehitur contra falsos ministros et pseudo-prophetas. Et primo invehitur contra eos; secundo vero contra illos, qui, decepti ab eis, adhærebant eis, in XIII cap., ibi ecce tertio, etc..

Circa primum duo facit.

Primo excusat se de eis quæ imponuntur sibi per rationem; secundo vero per facti evidentiam, ibi quæ autem secundum faciem sunt, etc..

Circa primum duo facit.

Primo recusat se excusare per experimentum, cum tamen posset; secundo vero excusat per rationem, ibi qui arbitrantur, etc..

Circa primum tria facit.

Primo præmittit obsecrationem; secundo interponit illud quod imponitur sibi a pseudo, ibi qui in facie quidem, etc.; tertio recusat experimentum, ibi rogo autem.

Dicit ergo ipse autem ego Paulus, qui vos et alios ad eleemosynas exhortor; ego, inquam, ipse, obsecro vos per mansuetudinem et modestiam Christi. De mansuetudine Christi habetur Matth. XI, 29: discite a me, quia mitis sum, etc.. De modestia sap. XI, 21: omnia in numero, pondere et mensura disposuisti, etc.. Modestia enim nihil aliud est quam modum servare in agendis.

Facit autem specialiter hic mentionem de mansuetudine et modestia Christi, quia pseudo, et Corinthii, specialiter imponebant Paulo quod cum esset præsens apud eos conversaretur humiliter, et cum esset absens scriberet eis valde dure. Et ideo posuit illa duo quæ Christus habuit, ut sciant quod apostolus hæc etiam ostendit et servavit exemplo Christi.

Secunda ad Corinthios

Et ideo consequenter interponit vitium sibi impositum, dicens: ego ipse Paulus, id est vere humilis, quia Paulus humilis et quietus interpretatur. I Cor. XV, 9: ego sum minimus, etc.. Unde ego ipse, id est, vere Paulus. Ps. Ci, 28: tu quidem ipse es. Eccli. XIX, 23: est qui nequiter humiliat se, etc..

Et Iac. III, 16: ubi zelus et contentio, ibi inconstantia, etc..

Ego inquam obsecro, qui in facie, id est exterius, ut dicitis, humilis sum inter vos, id est humiliter conversatus, cum sum vobis præsens, absens autem, id est cum sum absens a vobis, quando scilicet non timeo lædi ab aliquo vestrum, confido in vobis, id est confidenter ago, aspere vobis per epistolam scribens. Prov. XXVIII, 1: iustus quasi leo confidens, etc..

Consequenter cum dicit rogo autem, etc., recusat sumere experimentum.

Isti enim credebant quod apostolus ex timore ductus conversaretur humiliter inter eos, et ideo dicit: vos ita creditis, sed ego rogo vos, qui et ipse obsecro, ut velitis experiri, utrum ego, si necesse sit, faciam in præsentia, quomodo facio in absentia. Et ideo dicit ne præsens, id est cum fuero apud vos, audeam facere in vobis, si necesse sit, per eam confidentiam, id est ita confidenter, sicut existimor a vobis audere, id est audacter et confidenter agere, in quosdam, incorrectos dure reprehendendo, per litteras etiam corrigendo. Iob XXXI: exaltat audacter, etc..

Deinde excusat se per rationem, dicens qui arbitrantur, etc., quasi dicat: et licet nolim experimento me excusare propter vos, tamen ratio in promptu est ad excusandum me sufficienter.

Circa hoc ergo tria facit.

Primo ponit causam, quare imponunt ei quod dictum est; secundo destruit causam illam; tertio confirmat per rationem.

Causa autem quare hoc sibi imponitur, scilicet quod præsens sit humilis, absens autem severus et austerus, est quia isti arbitrabantur apostolum secundum carnem ambulare.

Et quia unusquisque secundum regulam operis operatur, finis autem habet rationem regulæ, ideo quilibet dirigit opus suum ad finem quem intendit. Qui ergo ponunt finem suum in bonis carnalibus dicuntur ambulare secundum carnem. Et inde est quod ita regulant opera sua, ut consequantur ea quæ sunt carnis; quæ quidem, quia possunt subtrahi ab hominibus, ideo homines, qui in carnalia tendunt, blande se habent ad homines et humiliter. Et ideo, quia credebant apostolum ambulare secundum carnem ideo credebant quod propter hoc humiliter conversatus sit inter eos.

Sed hæc ratio nulla est et vana, et ideo destruit eam. Dicens in carne enim, etc., quasi dicat: quod nos sumus in carne non possumus negare, quia Rom. VIII, 12 dicitur: debitores sumus non carni, etc.; sed quod nos regulemur secundum carnem, ponendo in bonis carnalibus finem, sive intentionem nostram, hoc est falsum, quia non secundum carnem militamus, id est vitam nostram, quæ

Commentaria in Epistolis S. Pauli

est quædam militia, ut dicitur Iob VII, 1, non regulamus secundum carnem.

Et quod non militemus secundum carnem probat, cum dicit nam arma nostra, etc., et primo, ex militaribus armis, sicut unusquisque pugnator habet arma accommoda militiæ et pugnæ suæ. Sed constat quod arma eorum qui pugnant secundum carnem, seu militant, sunt divitiæ, voluptates, honores et potentiæ mundanæ et temporales, cum ergo arma nostra non sint huiusmodi, quia arma militiæ nostræ non sunt carnalia, sed potentia Deo, id est secundum Deum, vel ad honorem Dei, ergo nos non militamus secundum carnem.

Secundo vero cum dicit ad destructionem, etc., ponit virtutem armorum spiritualium, quorum quidem virtus patet ex triplici effectu eorum.

Primus effectus est quod per ipsa arma confunduntur rebelles. Et quantum ad hoc dicit ad destructionem munitionum, quasi dicat: bene sunt potentia Deo, ut destruant rebelles. Infra Tit. I, 9: ut sit potens exhortari, etc.. Ier. I, 10: ut evellas et destruas, etc..

Muniunt autem se aliqui contra Deum dupliciter.

Aliqui astutis consiliis, sicut sunt tyranni, qui machinantur pravis consiliis suis destruere quæ Dei sunt, ut ipsi tyrannizent.

Et quantum ad hoc dicit consilia destruentes, scilicet tyrannorum. Iob V, 13: qui apprehendit sapientes, etc..

Aliqui vero per superbiam vel altitudinem ingenii proprii. Et quantum ad hoc dicit et omnem altitudinem, scilicet suæ superbiæ. Rom. XII, 16: non alta sapientes, etc., id est superba. Sive profunditatem intellectus tam legisperitorum, quam Philosophorum. Rom. VIII, 39: neque altitudo, neque profundum. Is. V, 21: væ qui sapientes estis in oculis vestris. Altitudinem, dico, extollentem se adversus scientiam Dei, scilicet fidem, quæ est scientia Dei, quia quæ de Deo dicuntur impugnant, scilicet partum virginis, et alia Dei mirabilia.

Is. XI, 9: repleta est terra scientia Dei.

Apoc. II, 23: quam dicunt altitudinem Satanæ.

Apoc. II, 24: qui non cognoverunt altitudinem Satanæ. Rom. XI, 20: noli altum sapere, sed time.

Secundus effectus est conversio infidelium ad fidem. Et quantum ad hoc dicit et in captivitatem redigentes, etc.; quod quidem fit quando id quod homo scit, totum supponit ministerio Christi et fidei. Ps. CII, 8: ad alligandos reges eorum in compedibus, etc.. Eccli. VI, 25: iniice pedem tuum in compedes illius, id est in documenta fidei, etc..

Tertius effectus est correctio peccantium.

Et quantum ad hoc dicit et in promptu habentes, id est promptum et liberum animum habentes ad puniendum omnem inobedientiam. Ps. CII, 6: gladii ancipites in manibus, etc.. Et hoc erit, cum impleta fuerit vestra obedientia, id est cum vos perfecte obedientes eritis, quia si vos velitis obedire, non erit nobis locus puniendi inobedientiam aliorum et vestram.

Vel, tunc ulciscemur vos de inobedientia, quando impleta fuerit obedientia vestra, id est quando destruetur inobedientia vestra: contraria enim contrariis curantur.

Lectio 2

Supra excusavit se apostolus per rationem hic excusat se per facti evidentiam.

Et circa hoc duo facit.

Primo enim committit auditoribus iudicium suæ excusationis; secundo prosequitur suam causam, ibi si quis confidit, etc..

Dicit ergo primo: licet appareat per rationem falsum esse quod imponunt mihi pseudo, tamen si aliqui sint inter vos, qui ratione non vincantur et noluerint rationi acquiescere, saltem videte, id est considerate, ea quæ sunt secundum faciem, id est in manifesto apparent de me evidenter. Committit autem eis iudicium causæ suæ, ad ostendendam securitatem cordis sui. Iob VI, 29: respondete, obsecro, absque contradictione.

Sed contra Io. VII, 24: nolite secundum faciem iudicare. Non ergo bene dicitur hic quæ secundum faciem sunt videte.

Respondeo. Dicendum est quod ibi accipitur secundum faciem pro his quæ exterius apparent in homine, scilicet pro sola veritatis apparentia, secundum quæ non debet homo iudicare, quia aliquando contrarium latet in corde. Unde dicitur Matth. VII, 15: veniunt ad vos in vestimentis ovium, intrinsecus, etc.. Hic vero accipitur secundum faciem pro ipsa veritate evangelica et facti evidentia, secundum quam potest fieri iudicium.

Glossa aliter exponit, scilicet secundum faciem, id est pseudo videte, id est attendite.

Quasi dicat: considerate facta eorum, quia impossibile est quin inter multa bona quæ prætendunt, non faciant aliqua ex quibus poteritis cognoscere intentionem ipsorum pravam. Matth. VII, 20: ex fructibus eorum, etc..

Consequenter cum dicit si quis autem confidit, etc., prosequitur causam suam. Contingit autem quod aliquis movetur contra aliquem, deceptus auctoritate alicuius qui se magnum facit. Et sic Corinthii commoti erant contra apostolum decepti a pseudo, qui se dicebant maioris auctoritatis quam Paulus, quia venerant a Iudæa, et quia erant primo conversi. Et ideo apostolus duo facit.

Primo evacuat auctoritatem illorum pseudorum; secundo prosequitur causam suam, ibi ut autem non existimer, etc..

Circa primum duo facit.

Primo ostendit quod pseudo non sint sibi præferendi; secundo quod ipse est præferendus eis, ibi nam et si amplius, etc..

Dicit ergo: hoc, inquam, secundum faciem videte; quod si quis, de pseudo, confidit se Christi esse, propter aliquod magnum quod fecerit, vel propter aliquod donum spirituale quod a Christo receperit, hoc cogitet apud se, id est consideret diligenter in corde suo quia sicut ipse Christi est, ita et nos. Quasi dicat: quidquid invenitur in eis, totum invenitur in nobis, unde debeamus dici et esse Christi. I Cor. VII, 40: puto quod et ego spiritum Christi habeam. Rom. VIII, 9: si quis spiritum Christi non habet, hic non est eius.

Non solum autem nos sumus Christi sicut et ipsi, sed multo plus possumus gloriari quod sumus Christi quam ipsi.

Et hoc est quod dicit nam et si amplius aliquid gloriatus fuero de potestate nostra, quam, scilicet potestatem, dedit nobis Dominus.

Act. IX, 15: vas electionis est mihi iste. Gal. II, 8: qui operatus est Petro, etc..

Dedit, inquam, mihi potestatem hanc specialem ad convertendum gentes in ædificationem, scilicet ecclesiæ, et non in destructionem, sicut faciunt pseudo, abutentes potestate eis data in contrarium ad quod data est. Nam, licet potestas detur in ædificationem ecclesiæ in fide et charitate, isti tamen quærunt gloriam suam et non Christi, et ideo destruunt. Et hoc faciebant prædicando observari legalia et faciendo quæstum.

Si ergo amplius glorior de hac potestate quam habeo, et in qua gloriam Christi quæro et non meam, non erubescam, scilicet de huiusmodi commendatione mea, quia non facio ad ostendendum me, sed causa necessitatis, scilicet ut ostendens auctoritatem meam esse magnam, et pseudo nullam, non decipiamini ab eis de cætero.

Ubi nota quod, secundum Gregorium, duabus de causis potest aliquis se commendare absque peccato, scilicet quando aliquis provocatur opprobriis et conculcatur; et hoc ut non desperet videns se conculcari, et ut confutet adversarios. Sic Iob commendavit se multum, sicut patet XXVII cap., unde dicit: neque enim reprehendit me cor meum in omni vita mea, etc..

Item quando aliquis prædicans veritatem, et alius adversarius veritatis contradicit sibi et impedit manifestationem veritatis, tunc huiusmodi prædicator debet se commendare et ostendere auctoritatem suam, ut confutet illum et ut trahat auditores ad veritatem. Et hoc facit apostolus in multis locis et hic etiam.

Consequenter cum dicit ut autem non existimer, etc., prosequitur causam suam ex facti evidentia. Et circa hoc tria facit.

Primo ostendit falsum esse quod sibi imponitur; secundo rationem dicti assignat, ibi non enim audemus, etc.; tertio exponit rationem ipsam, ibi non autem non, etc..

Circa primum sciendum est, quod, sicut dictum est, imponebatur apostolo quod in præsentia esset humilis propter timorem, vel propter gratiam et favorem captandum, et in absentia dure scriberet eis. Et ideo dicit apostolus quod non est ita, sed si bene volunt considerare quæ apparent, ita

Secunda ad Corinthios

invenient eum facto, qualem habuerunt scripto, et hoc possunt experiri, si volunt.

Et hoc est quod dicit ut autem non existimer, a pseudo seu a vobis, tamquam terrere vos, vel timorem vobis incutere, per epistolas nostras quas vobis mittimus, quem quidem timorem non incutiebam vobis in præsentia.

Et hoc ideo est quoniam ipsi, scilicet pseudo, inquiunt: epistolæ, scilicet Pauli, graves sunt, id est dure et graviter punientes, et fortes, id est absque timore; sed præsentia non talis, imo infirma, id est debilis et humilis, quod respondet ei quod dicit fortes; et sermo, scilicet prædicatio sua, et collocutio, et exhortatio, contemptibilis, quod respondet ei quod dicitur graves.

Sed qui est huiusmodi, id est qui talia dicit de nobis, cogitet, id est sciat certe, quia quales sumus, etc.. Id est tales erimus præsentes, cum venimus ad vos, quales sumus per epistolas, absentes, si necesse fuerit.

Causam autem quare apostolus se habuit humiliter ad eos, manifestat apostolus I Cor. II, 3: et ego, fratres, cum timore multo et tremore, etc., quod faciebat, quia non erant firmi in fide. Et voluit eos per dulcedinem suæ conversationis firmare. Quare autem locutus fuerit sibi plana, et prædicaverit eis non subtilia, insinuat I Cor. III, dicens: tamquam parvulis in Christo lac potum dedi vobis, etc.. Nondum enim erant capaces altioris doctrinæ.

Consequenter cum dicit non enim audemus, etc., ostendit rationem dicti sui, dicens: dico quod non sumus similes pseudo, nec etiam est verum quod imponitur nobis, quia ego non dico alia quam facere est necesse.

Et ideo dicit non enim audemus nos inserere, id est dicere nos esse unum ex eis, aut comparare, id est similem facere, quibusdam, scilicet pseudo, qui seipsos vobis tantum commendant, et tamen ab aliis et a factis suis non commendantur, contra illud Prov. XXVII, 2: laudet te alienus, et non os tuum, etc.. Sed ipsi in nobis, etc., id est secundum ea quæ sunt in nobis commensuramus facta nostra et dicta. Quasi dicat: illa dicimus de nobis quæ sunt proportionata nobis, id est commensurata factis nostris.

Gal. Cap. Ult.: unusquisque opus suum probet, etc..

Sed contra cap. IV, 2 dicitur commendantes nosmetipsos ad omnem conscientiam, etc.. Ergo non bene dixit.

Respondeo. Dicendum est quod aliud est commendare seipsum ad conscientiam, et aliud ad aures. Nam ad conscientias hominum commendamus nos ipsos, cum bene agimus, et hoc est bonum. Ad aures autem commendamus nosmetipsos verbis tantum, et hoc est malum. Primo modo commendant se iusti et apostolus; secundo modo pseudo et hypocritæ.

Lectio 3

Supra apostolus ostendit rationem

Commentaria in Epistolis S. Pauli

eorum quæ dixerat, hic consequenter ipsam rationem manifestat.

Dixerat enim quod commensurabat se sibi, et non excedebat mensuram suam. Potest autem aliquis in gloriando et commendando se, excedere dupliciter. Primo quantum ad id de quo gloriatur, puta, si quis gloriatur de eo quod non habet; secundo quantum ad id in quo gloriatur, puta, si quis habens aliquid ex alio, gloriatur in ipso, tamquam a se haberet.

Et ideo apostolus ostendit quod neutro istorum modorum excedit mensuram gloriando vel laudando se. Et primo quantum ad primum; secundo quantum ad secundum, ibi qui autem gloriatur, etc..

Circa primum duo facit.

Primo probat quod non excedit mensuram suam quantum ad gloriam de præteritis; secundo quantum ad gloriam de futuris, ibi spem autem habentes, etc..

Circa primum tria facit.

Primo proponit intentum; secundo propositum probat, ibi non enim quasi non, etc.; tertio concludit, ibi nec in immensum gloriantes, etc..

Dicit ergo primo: dico quod metimur et comparamus nosmetipsos nobis, facientes scilicet secundum quod officium nostrum exigit. Hoc autem nos agentes non in immensum gloriamur, id est non excedimus mensuram nostram exercendo potestatem nostram et commendando nos, Lev. XIX, 35: nolite facere iniquum, etc.; sed, gloriamur, secundum mensuram regulæ, qua mensus est nobis Deus.

Glossa hic exponit de mensura prælationis apostoli, et dicit secundum mensuram, id est secundum mensuratum mihi a Deo populum, cuius ego sum prælatus et regula ad dirigendum.

Sed hoc idem potest universalius accipi, ut mensura regulæ dicatur quantitas gratiæ: et tunc est sensus: sed gloriamur secundum mensuram qua mensus est nobis Deus, id est, secundum quantitatem gratiæ, quam dedit nobis Deus. Eph. IV, 7: unicuique data est gratia, etc.. Quæ quidem gratia est nobis regula, ne extollamur, et deviemus a Deo.

Qua mensus est nobis Deus, quia quidquid boni facimus in evangelizando et in conversatione vestra et aliorum, totum est ex Deo mihi in vobis et aliis concessum. I Cor. III, 6: ego plantavi, Apollo rigavit, etc.. Mensuram, dico, pertingendi usque ad vos, quia vos estis sub mensura gratiæ mihi datæ, per quam conversi estis ad Christum et obeditis evangelio.

Hoc est ergo quod proponit, scilicet quod non excedit mensuram suam gloriando se, quod sit eorum prælatus et quod per eum conversi sunt.

Et quod ita sit, scilicet quod pertingat usque ad eos, probat consequenter, cum dicit non enim quasi non pertingentes, etc., quasi dicat: vere gloriamur, non enim superextendimus nos in gratia vel gloria, vel in potestate nostra, quasi non simus pertingentes

Secunda ad Corinthios

usque ad vos potestate nostra et ministerio.

Nam usque ad vos pervenimus in evangelio Christi, id est, in prædicatione evangelii Christi. I Cor. IV, 15: in Christo Iesu per evangelium ego vos genui, etc.; et supra IX, 1: nonne opus meum vos estis, etc.. Gal. II, 8: qui operatus est Petro in apostolatum, etc..

Et ideo concludit dicens: igitur cum glorior de vobis, non glorior in immensum.

Unde dicit non in immensum gloriantes, etc., ubi alius fundamentum fidei posuisset.

Consequenter cum dicit spem autem habentes, etc., ostendit quod non excedit mensuram suam quantum ad gloriam de futuro.

Sciendum est autem, quod prædicator potest habere duplex argumentum gloriæ de prædicatione sua. Unum est ut conversi ad prædicationem suam proficiant in melius.

Aliud ut per ipsos conversos alii convertantur, quia, ut dicitur Ex. XXXVI, cortina cortinam trahit, etc.; et Apoc. Cap. Ult.: qui audit, dicat: veni. Nam quando quis videt alios converti, facilius convertitur.

Et quantum ad ista duo, apostolus sperat augeri gloriam suam de Corinthiis, primo scilicet de profectu eorum in melius. Et ideo dicit: dico quod

Capitulus XI

Lectio 1

Postquam apostolus excusavit se de his quæ falso imponebantur sibi a pseudo, hic consequenter, ut confutet eos, scilicet pseudo, et reddat auctoritatem suam honorabilem, commendat se Corinthiis.

Circa hoc autem duo facit.

Primo rationem suæ commendationis assignat; secundo ponit suam commendationem, ibi in quo quis audet, etc..

Circa primum tria facit.

Primo petit ut eius insipientia supportetur; secundo subdit necessitatem suæ commendationis, ut non insipiens videatur, ibi æmulor enim vos, etc.; tertio innuit quod dato quod sit insipiens, supportare debent, ibi iterum dico ne quis, etc..

Circa primum duo facit.

Primo præmittit suum desiderium, ut petitio sua facilius exaudiatur; secundo ponit suam petitionem, ibi sed et supportate me.

Desiderium autem apostoli est, ut Corinthii sustineant apostolum commendantem se. Et ideo per adverbium optandi incipit dicens utinam sustineretis, etc..

Circa quod sciendum est, quod præcepta moralia sunt de agendis, quæ cum sint particularia et variabilia, non possunt determinari una communi ratione et regula indefinite, sed oportet quandoque præter regulam

Commentaria in Epistolis S. Pauli

communem aliquid facere in aliquo casu emergente. Quando autem hoc modo fit aliquid præter communem regulam, sapientes, qui causam huius considerant, non turbantur, nec reputant insipienter factum esse. Indiscreti vero et minus sapientes non considerantes ex qua causa hoc ita fiat, turbantur et reputant stulte factum fore; sicut patet, quia præceptum morale est non occides, aliquando tamen necesse est malos occidere. Et quando hoc fit, sapientes commendant vel non reputant male factum. Stulti autem et hæretici damnant, dicentes hoc esse male factum.

Quia ergo communis lex moralis est quod homo non commendet seipsum, secundum quod dicitur Prov. XXVII, 2: laudet te alienus, etc., potest fieri in aliquo casu præter hanc communem regulam ut homo commendet se, et laudabiliter hoc facit, et tamen indiscreti hoc reputant insipientiam. Unde cum immineret casus quo apostolus deberet se commendare, hortatur eos ad hoc quod istud non reputent ei ad insipientiam, dicens utinam sustineretis, scilicet patienter, modicum insipientiæ meæ, supportando me.

Et dicit modicum, quia si commendaret se sine causa, esset maxima insipientia. Et iterum, si commendaret se ex causa omnino urgente, tunc nihil esset ibi insipientiæ. Sed quia commendat se, licet ex causa non tamen omnino urgente, cum alio modo posset confutare pseudo, et quia commendat se multum, videtur ibi esse aliquid insipientiæ, et hoc est, quod dicit modicum insipientiæ meæ. Infra XII, 11: factus sum insipiens, etc..

Et licet sic sim insipiens, tamen supportate me. Et hoc debent facere, quia subditi debent supportare prælatos, et e converso.

Gal. VI, 2: alter alterius onera, etc.. Eph. IV, 2: supportantes invicem in charitate.

Necessitatem autem commendationis ostendit, dicens æmulor, etc.. Et circa hoc tria facit.

Primo ostendit huiusmodi commendationem provenire ex zelo, ut excludat insipientiam; secundo dicit hunc zelum non esse inordinatum, ut vitet indiscretionem, ibi timeo autem, etc.; tertio excludit eorum excusationem, ibi nam si is qui venit, etc..

Circa primum duo facit.

Primo ponit zelum, quem habet ad eos, sanctum, quia Dei; secundo ostendit causam huius zeli, quia incumbebat sibi ex officio, ibi despondi vos, etc..

Est ergo zelus sanctus, quia æmulor vos, id est diligo vos ferventer, Dei æmulatione, id est ad honorem Dei, non meum.

Circa quod nota, quod æmulatio, prout est idem quod zelus, non aliud est quam quidam motus animi bonus vel malus, tendentis in statum proximi, et importat fervorem amoris.

Et ideo consuevit sic definiri: zelus est amor intensus non patiens consortium in amato. Et si quidem non patiatur consortium in aliquo bono, puta vitii vel alicuius imperfectionis, sed singulariter illud solus vult habere, tunc zelus est bonus et æmulatio bona, de qua dicitur I Cor. XII, 31: æmulamini charismata, etc.. Gal. IV, 18: æmulamini bonum in bono, etc.. III Reg. XVII: zelo zelatus, etc.. Ps. LXVIII, 10: zelus domus tuæ, etc.. Si vero non patiatur consortium in aliqua excellentia vel in aliqua prosperitate mundi, quia aliquis singulariter vult eam sibi, tunc zelus est malus et æmulatio mala.

Hoc autem bono zelo, seu æmulatione, aliquando quis æmulatur alios pro se, sicut vir zelatur pro uxore sua, quam sibi soli vult servari. Aliquando vero zelatur aliquis pro alio, sicut eunuchus zelatur uxorem Domini sui, ut custodiat eam sibi. Sic apostolus populum suum, quem videbat paratum ad præcipitium, et cum sponso Christo velle prostitui diabolo, æmulabatur, ne Christus sponsus verus in eis aliquod diaboli consortium pateretur. Et ideo dicit Dei æmulatione, quasi dicat: non pro me sed Christo, qui est sponsus. Io. IX, 29: qui habet sponsam, sponsus est. III Reg. XIX, 10, 14: zelo zelatus sum pro Domino, etc..

Unde autem apostolo incumbebat huiusmodi æmulatio, ostendit, dicens despondi enim vos, etc., quasi diceret: merito vos æmulor Dei æmulatione, quia ego sum paranymphus huius matrimonii, quod est inter vos et Christum, quia ego despondi vos, id est feci sponsalia, quæ sunt per fidem et charitatem. Os. II, 20: sponsabo te mihi, etc..

Secunda ad Corinthios

Et ideo pertinet ad me custodire vos. Quicumque ergo convertit populum ad fidem et ad iustitiam, despondet eum Christo.

Despondi, inquam, non multis, quia quæ multis adhæret, polluitur. Ier. III, 1: tu autem polluta es, etc.. Sed uni Christo, scilicet viro perfecto virtutis plenitudine. Zach. VI, 12: oriens nomen eius. Ier. XXXI, 22: novum faciet Dominus super terram, etc.. Et dicitur Christus vir unus quia singularis, et quantum ad modum conceptionis, et quantum ad modum nascendi, et quantum ad gratiæ plenitudinem. Eccle. VII, 29: unum de mille, etc.. Isti, inquam, viro despondi vos exhibere virginem.

Nota quod a plurali ad singulare descendit, dicens desponsavi vos in plurali, et exhibere virginem in singulari, volens ostendere quod ex omnibus fidelibus fit unum corpus et una ecclesia, quæ debet esse virgo in omnibus membris suis, et ideo dicit virginem castam. In omnibus enim accipitur virginitas pro integritate corporis, castitas pro integritate mentis. Nam aliquando aliqua est virgo corpore, quæ non est casta mente.

Sic ecclesia exhibet se Christo virginem, quando perseverat in fide, et infra sacramenta absque corruptione alicuius idololatriæ et infidelitatis.

Ez. XVI, 25: ad omne caput viæ ædificasti signum, etc.. Castam exhibet se quando existens infra sacramenta et in fide Christi, exhibet puritatem corporis et operis.

Commentaria in Epistolis S. Pauli

Eph. V, 27: ut exhiberet sibi gloriosam ecclesiam, non habentem maculam, neque rugam, etc..

Sed quia Corinthii possent dicere: non necesse est quod custodias nos, et zelus tuus non est rationabilis, quia nos bene servabimus nosmetipsos; ideo consequenter causam huius zeli ostendit, dicens timeo autem, etc..

Ubi sciendum est quod in Paradiso fuit coniugium Adam et Evæ; sed Eva corrupta fuit per serpentem non violenter, sed astute, inquantum promisit falsum et suasit iniquum.

Falsum quidem, cum dixit: eritis sicut dii et nequaquam moriemini, cum tamen ex hoc ipsi incurrerint necessitatem mortis; iniquum vero ut transgrederentur et præterirent mandatum Dei.

Et secundum hanc similitudinem apostolus loquens, dicit ecclesiam esse sicut Evam, quam diabolus aliquando persecutus est manifeste per tyrannos et potestates, et tunc sicut leo rugiens circuit, quærens quem devoret, ut dicitur I Petr. V, 8. Aliquando molestat ecclesiam latenter per hæreticos, qui promittunt veritatem et simulant se bonos, et tunc sicut serpens seducit astutia sua promittendo falsa.

Et ideo dicit timeo ne sicut serpens Evam seduxit, a Paradiso eam eiiciens, astutia sua, promittendo falsa, I Tim. II, 14: Adam non est seductus, sed mulier; ita, idest per similes deceptiones hæreticorum, corrumpantur sensus vestri. Et dicit sensus vestri, quia sicut in matrimonio carnali cavet sponsus ne coniux corrumpatur carnaliter, ita apostolus in hoc matrimonio spirituali timet ne corrumpantur spiritualiter sensus cordis, I Cor. XV, 33: corrumpunt bonos mores, etc.; vel sensus spirituales, de quibus Sap. I, 1: sentite de Domino, etc.; I Cor. XIV, 20: nolite pueri effici sensibus.

Et excidant a simplicitate, quæ est in Christo Iesu. Simplex enim est illud quod compositione caret. Pseudo ergo componebant unam sectam ex Iudaismo et evangelio, mandantes simul cum evangelio servari legalia.

Illi ergo excidunt a simplicitate Christi, qui seducti a pseudo, simul cum evangelio servant legalia, et hoc timebat apostolus de Corinthiis. Eccli. II, 14: væ peccatori ingredienti terram duabus viis. Et e contra Prov. XI, 3: simplicitas iustorum dirigit eos.

Lectio 2

Posito zelo quem ad Corinthios habebat apostolus, et ostenso zelum esse rationabilem, hic consequenter removet eorum excusationem. Et circa hoc duo facit.

Primo proponit eorum excusationem; secundo vero removet eam, ibi existimo enim me, etc..

Circa primum sciendum est quod Corinthii possent suspicari quod ideo zelum haberet de eis, quia timeat ne dimittant doctrinam suam propter doctrinam pseudo; unde possent dicere: constat quod minus bona sunt dimittenda propter magis bona; ergo si pseudo meliora doceant, non debes

Secunda ad Corinthios

turbari, si acquiescimus eis. Et ideo hanc excusationem ponit, ostendendo quod nihil maius quam apostolus, docent et prædicant.

Nam apostolus tria prædicavit eis, et docuit eos. Primo quod essent Christi.

Supra IV, 5: *non enim prædicavimus nosmetipsos, sed Christum Iesum*. Secundo quod haberent spiritum Christi. Rom. VIII, 9: *si quis spiritum Christi non habet, hic non est eius*. Tertio ut reciperent evangelium Christi. Rom. I, 16: *non enim erubesco evangelium, etc.*. Si ergo pseudo meliora vobis prædicarent et vos docerent, recte faceretis et excusabiles essetis; sed hoc non faciunt.

Et hoc est quod dicit *nam et si is qui, etc.*, quasi dicat: timeo ne pseudo qui venit ad vos non missus, sed ex se, sicut fur et latro.

Io. X, 8: *quotquot venerunt, fures sunt et latrones*. Ier. XXIII, 21: *non mittebam eos, et ipsi currebant*. Rom. X, 15: *quomodo prædicabunt, nisi, etc.*. Si, inquam, talis prædicator prædicat vobis alium Christum, scilicet excellentiorem quam illum quem nos prædicavimus: quod non potest esse, quia, ut dicitur I Cor. VIII, 6: *unus Dominus noster Iesus Christus, per quem omnia, etc.*. Et hoc quantum ad primum.

Aut alium spiritum, scilicet meliorem, *accipitis*, scilicet per talem, *quam accepistis*, scilicet per nos, id est ministerio nostro, quod non potest esse, quia, ut dicitur I Cor. XII, 11: *hæc omnia operatur unus atque idem spiritus, etc.*. Et hoc quantum ad secundum.

Aut prædicat vobis aliud evangelium, id est aliam prædicationem vel doctrinam, *quam per nos non recepistis*, Gal. I, 6: *miror quod sic tam cito transferimini, etc.*. Si, inquam, alia et meliora facerent vobis, *recte pateremini*, id est faceretis, excusando vos.

Et quia non potest eis aliud evangelium, id est melius tradi, ideo apostolus excommunicat Galatas, si aliud evangelium recipiant, Gal. I, 9: *si quis aliud vobis evangelizaverit, etc.*.

Consequenter cum dicit *existimo, etc.*, removet hanc excusationem. Et circa hoc duo facit.

Primo ostendit quod ipse non minus fecit eis quam alii; secundo quod plus, ibi *aut numquid, etc.*.

Circa primum tria facit.

Primo ostendit quod nihil minus fecit facto quam alii apostoli; secundo innuit quod non defuit ei facultas ad hoc faciendum, ibi *nam et si imperitus sermone, etc.*; tertio ostendit evidentiam utriusque, ibi *in omnibus autem, etc.*.

Dicit ergo: recte pateremini vos seduci ab eis, si melius prædicarent vobis, sed hoc non est verum. *Enim*, id est quia, *existimo me nihil minus fecisse, in his, a magnis apostolis*, id est quam Petrus et Ioannes, quos isti habebant magnos.

Et comparat se magnis apostolis, tum quia Paulus videbatur et reputabatur ab eis minor quam illi, eo quod illi fuerunt cum Iesu, et Paulus non; tum etiam quia pseudo dicebant se missos ab eis, et ideo ostendendo se parem magnis apostolis, istorum errorem removet et pseudo confutat. Et non solum nihil minus fecit, sed plus. I Cor. XV, 10: plus omnibus laboravi.

Et ne forte dicerent ei: unde tibi est facultas ad hoc faciendum, cum sis imperitæ linguæ? ostendit quod ei facultas affuit ex magnitudine scientiæ, dicens: licet sim imperitus sermone, tamen non sum imperitus scientia, II Petr. Cap. Ult.: sicut et charissimus frater noster Paulus, secundum sapientiam, etc..

Sed hoc sciendum est, quod pseudo quærentes gloriam propriam et lucra sectantes, nitebantur attrahere populum per ornata et subtilia et exquisita verba, non attendentes nisi solum aures permulcere. Apostolus vero, quia non quærebat utilitatem propriam, sed solum dilatationem fidei Christi et profectum eius, ita proponebat verbum fidei, ut omnes possent capere, conformans se conditioni audientium et capacitati. Unde quia isti in principio non erant capaces altæ doctrinæ, proposuit eis fidem, non in subtilitate sermonis, sed eo modo quo capere possent, scilicet plane et aperte. Et ideo isti dicebant eum esse imperitum sermone. I Cor. I, 17: non in sapientia verbi, etc.. Et propter hoc dicit apostolus: licet sim imperitus sermone, ut vobis videtur, hoc non fuit ex defectu scientiæ, sed propter vos, ex quadam dispensatione, quia tamquam parvulis in Christo lac potum dedi vobis, etc..

Vel dicendum, ad litteram, quod apostolus fuit balbus, et ex hoc pseudo deridebant eum.

Et ideo dicit et si imperitus sermone, id est impeditæ linguæ, non tamen sum imperitus scientia, Ex. IV, 10: impeditioris et tardioris linguæ sum.

Quod autem nihil minus fecerim a magnis apostolis, evidenter apparet per ea quæ feci vobis. Et ideo dicit in omnibus prædictis, manifestatus sum in vobis, qui experti estis quæ per me fiunt. I Cor. IX, 2: signaculum apostolatus mei vos estis in Domino.

Et infra XII, 12: signa tamen apostolatus mei facta sunt super vos, etc..

Consequenter cum dicit aut numquid peccatum, etc., ostendit quod plus fecit quam omnes alii, et hoc quia prædicavit sine sumptibus.

Circa hoc duo facit.

Primo ponit factum, secundo causam facti assignat, ibi quare? quia non diligo vos, etc..

Circa primum duo facit.

Primo ostendit factum quantum ad præteritum; secundo quantum ad futurum, ibi et in omnibus, etc..

Factum autem præteritum ostendit dupliciter.

Primo in generali, secundo in speciali, ibi quoniam gratis, etc..

Dicit ergo: recte dico quod nihil minus feci ab illis, nisi forte hoc reputetis male et minus factum, quia diminui de auctoritate mea, non accipiens sumptus a vobis; sed si hoc esset malum, minus fecissem.

Et ideo ostendit quod non est malum. Et hoc est quod dicit aut numquid peccatum feci, id est numquid peccavi, humilians meipsum et diminuens de auctoritate mea? quasi dicat, non. Eccli. III, 20: quanto maior es, etc.. I Cor. IX, 19: cum essem liber, etc.. Matth. VI: qui humiliaverit se, etc..

Ratio autem humiliationis meæ est non propter lucrum proprium, sed propter promotionem vestram. Unde dicit ut vos exaltemini, id est in fide confirmemini. Corinthii autem avari erant, et ideo si a principio accepisset sumptus, forte destitissent a fide.

Item, pseudo prædicabant propter quæstum.

Ut ergo Corinthii reciperent apostolum et pseudo auferret occasionem quæstus, gratis prædicavit eis sine sumptibus propriis.

Hoc autem quod dixerat in generali, manifestat in speciali, ibi quoniam gratis, etc., et facit duo.

Primo ostendit quomodo sine sumptibus prædicavit eis in primo adventu ad eos; secundo ostendit quod idem fecit in mora quam apud eos contraxit, ibi et cum essem, etc..

Circa primum duo facit. Primo proponit quod intendit, scilicet humiliationem, dicens: in hoc humilians meipsum, quoniam evangelizavi vobis gratis, id est sine sumptu, non autem sine mercede, quia hoc non est laudis. Licet enim omnes possent capere sumptus personæ ab eis quibus proponunt verbum Dei,

Secunda ad Corinthios

nullus tamen prædicare debet pro mercede et quæstu.

Secundo, quia possent dicere isti: unde ergo accepisti sumptus? respondet quod ab aliis ecclesiis, dicens ecclesias alias expoliavi, accipiens ab eis stipendium ad ministerium vestrum. Ex hoc convincit eos quod non possint dicere apostolo quod non liceret ei accipere ab eis. Si enim accipitur ab aliis ad servitium eorum, multo magis liceret ei accipere ab ipsis.

Ex hoc etiam apparet quod legatus Papæ visitans unam partem legationis, potest accipere stipendia. Et quod Dominus Papa, pro necessitate unius patriæ, potest accipere subsidium ab aliis partibus mundi. Ratio est, quia ecclesia est sicut unum corpus. Videmus autem in corpore naturali quod natura, quando deficit virtus in uno membro, subministrat humores et virtutem accipiens ab aliis membris.

Lectio 3

Ostenso quod quando primo eis prædicavit in ipso adventu, evangelizavit eis gratis, hic ostendit quod nec etiam contrahendo moram apud eos, accepit ab eis sumptus. Et primo hoc ostendit, secundo vero respondet cuidam tacitæ quæstioni, ibi nam quod mihi, etc..

Dicit ergo: non solum quando primo veni ad vos non accepi a vobis sumptus; sed etiam cum essem apud vos diu et etiam egerem, ut ostendat quod non dimisit eis sumptus propter divitias, nulli onerosus fui, aliquid ab

679

Commentaria in Epistolis S. Pauli

aliquo accipiendo. In quo apparet causa quare dimisit: quia Corinthii, propter avaritiam eis innatam, reputabant sibi onus ministrare sumptus. I Cor. IX, 12: non sumus usi hac potestate, sed omnia sustinemus, etc..

Sed possent isti dicere: unde ergo habuisti necessaria? et ideo respondet dicens quod ab aliis ecclesiis. Ideo scilicet nihil accepi, quia illud quod mihi deerat, scilicet a pretio quod lucrabatur nocte laborando manibus suis, apud aquilam et priscam.

Erat enim scenofactoriæ artis, per quam lucrabatur sibi necessaria. Act. XX, 34: ad ea quæ mihi opus erant, etc.. Illud ergo quod deerat non dedistis vos, sed suppleverunt fratres qui venerunt a Macedonia, scilicet Philippenses, qui erant valde liberales.

Unde de hoc in epistola ad Philippenses commendat eos: Phil. IV, 15: nulla ecclesia communicavit mihi in ratione dati et accepti, nisi vos. Sed Corinthii erant avari.

Consequenter cum dicit et in omnibus sine onere, etc., ostendit quomodo se habebit in hoc ad eos in futurum, dicens, quod etiam sine onere vult se habere ad eos. Et circa hoc duo facit.

Primo ponit suam rationem communem; secundo confirmat eam, ibi est veritas Christi, etc..

Dicit ergo: non solum feci hoc, scilicet quod gratis vobis evangelizavi et nulli onerosus fui, sed etiam in omnibus servabo me vobis sine onere, sicut usque modo servavi, non dure reprehendendo, non severe corrigendo, nec vestra accipiendo. Act. III: argentum et aurum et vestem nullius concupivi. Num. XVI, 15: tu scis quod nec asellum quidem acceperim ab eis, dicit Moyses ad Dominum. Samuel dicit, I Reg. XII, 3: loquimini de me, si oppressi, etc..

Et quod ita facturus sit, confirmat ex duobus.

Primo ex eo qui loquitur in ipso, scilicet Christo, qui est veritas, a qua non potest esse falsum. Et ideo dicit est veritas Christi in me, etc., quasi dicat: hoc quod dixi verum est, quia veritas Christi loquitur in me, etc.. Hoc infra ultimo: an experimentum quæritis eius qui in me, etc..

Vel hoc potest accipi per modum iurantis.

Quasi dicat: Deus, qui est veritas et est in me scrutans corda, sit mihi testis, quod ita servabo me. Rom. I, 9: testis est mihi Deus, etc..

Secundo, ex eo quod non intendit minuere gloriam suam, sed augere.

Apostolus enim attribuebat sibi apud Christum ad magnam gloriam quod ipse solus, inter apostolos, sine sumptu prædicabat Corinthiis.

Et ideo dicit: ideo servabo me sine onere, quoniam non infringetur, id est non minuetur, in me hæc gloria, quod scilicet gratis prædico vobis, et quod a licitis abstineo, propter salutem vestram: quæ quidem est gloria Christi, quia ipse glorificatur per hoc in me; vel quia ego hanc gloriam habeo specialiter apud Christum. Quæ

Secunda ad Corinthios

quidem refringeretur in regionibus Achaiæ, ubi Corinthus erat metropolis, si recepisset ab eis, quia avari erant. Habitabant enim in maritimis, et erant intenti mercationibus, et tales consueverunt esse avari. I Cor. IX, 15: bonum est mihi magis mori, quam ut gloriam meam quis evacuet.

Consequenter cum dicit quare? quia non, etc., ponit causam quare non accepit sumptus ab eis. Et circa hoc duo facit.

Primo excludit falsam causam; secundo astruit veram, ibi quod autem facio, etc..

Circa primum sciendum est, quod pseudo imponebant apostolo, quod ideo non recipiebat a Corinthiis sumptus, quia non diligebat eos, et quia non intendebat eis benefacere et servire. Dicit ergo quare, scilicet hoc facio, quia non diligo vos, id est pro odio quod habeo ad vos, sicut dicunt pseudo? Deus scit quod diligo vos, et quod non pro odio hoc facio. Io. Cap. Ult.: Domine, tu scis, quia amo te.

Sic ergo, exclusa causa falsa, sequitur vera, ibi quod autem facio, etc.. Et circa hoc duo facit.

Primo ponit veram causam; secundo rationem huius assignat, ibi nam eiusmodi pseudo, etc..

Circa primum sciendum est, quod pseudo, ut dictum est, quærebant lucra et gloriam propriam. Et ideo, ut in reverentia haberentur, nitebantur exterius sequi vestigia apostoli, vel etiam, si potuissent, excellere ipsum.

Dicit ergo apostolus: si ergo volunt me imitari, in hoc imitentur, ut nihil accipiant.

Et quia sciebat quod pseudo prædicabant ut acciperent, et, per consequens, quod non prædicarent si deficeret eis lucrum, dicit quod facio, ideo facio et faciam hoc, non propter odium, sed ut amputem occasionem eorum, scilicet pseudo, qui volunt, supple meo exemplo, habere occasionem accipiendi vestra.

Sciebat enim, secundum Ambrosium, quod si non acciperent, non diu prædicarent. E contrario dicitur Prov. VI: da occasionem sapienti, etc.. Et hoc, ut tales inveniantur, scilicet pseudo, sicut et nos, scilicet non accipientes pecunias, sicut et nos non accipimus. In quo quidem ipsi gloriantur, scilicet quod imitantur nos, et ego nolo, si perfecte volunt nos imitari, quod accipiant.

I Cor. VII, 7: volo omnes homines esse sicut me, scilicet non accipientes.

Ut in quo, etc.. Hoc legitur tripliciter.

Uno modo sic: ut inveniantur tales, supple sicut et nos, non accipiendo sicut et nos non accipimus, et, per consequens, a prædicatione cessando. In quo, scilicet esse tales, sicut et nos gloriantur; contendebant enim esse similes veris apostolis. Secundo modo sic: ut in eo in quo gloriantur, scilicet accipiendo, quia hoc solum quærebant, inveniantur sicut et nos, id est similes nobis, cessando scilicet et desistendo ab acceptione, ut nobis assimilentur. Tertio modo sic: ut in eo in quo gloriantur, scilicet in non accipiendo, dicunt enim se nihil accipere,

Commentaria in Epistolis S. Pauli

inveniantur sicut et nos, id est non meliores nobis, ne scilicet possint se in hoc nobis præferre.

Nam eiusmodi, hoc continuatur tripliciter.

Primo modo sic: ita gloriantur et contendunt, non sicut nos, nam eiusmodi, etc..

Secundo modo sic: et vere desistant accipere, ut nobis assimilentur, nam eiusmodi, etc..

Tertio modo sic: ita in non accipiendo gloriantur, ut nobis similes videantur.

Posita autem vera causa, probat eam consequenter, dicens nam eiusmodi, etc., ostendens quomodo student assimilari apostolos.

Et circa hoc tria facit.

Primo ponit causam; secundo probat eam, ibi sed non mirum; tertio consequenter ostendit differentiam pseudo ad veros apostolos, ibi quorum finis, etc..

Dicit ergo: recte dico, quod hoc facio, ut amputem eis occasionem accipiendi.

Nam eiusmodi pseudo-apostoli sunt operarii, scilicet falsi. Phil. III, 2: videte canes, videte malos operarios, etc..

Subdoli, id est, callidi et vulpini, sub specie religionis decipientes. Ez. XIII, 4: quasi vulpes in desertis, etc.. Cant. II, 15: capite nobis vulpes parvulas, quæ demoliuntur vineas, etc.. Matth. VII, 15: veniunt ad vos in vestimentis ovium, etc.. Et hoc est quod dicit transfigurantes se in apostolos Christi, id est exterius portantes signa bonorum apostolorum.

II Tim. III, 5: habentes quidem speciem pietatis, etc..

Et hoc probat, quia sicut veri apostoli mittuntur a Deo et informantur ab ipso, sic Satanas transformat se in Angelum lucis, qui est dux et incentor eorum, ostendens se esse vel Angelum Dei, vel aliquando Christum. Non est ergo mirum neque magnum si ministri eius, scilicet pseudo, transformant se in ministros iustitiæ, id est simulant se esse iustos. Eccli. X, 2: secundum iudicem populi, sic et minister eius, etc..

Notandum autem est, quod Satanas transfigurat se aliquando visibiliter, sicut beato Martino, ut deciperet eum, et hoc modo multos decepit. Sed ad hoc valet et necessaria est discretio spirituum, quam specialiter Deus contulit beato Antonio. In hoc tamen potest cognosci, quod Satanas sit, quia bonus Angelus in principio hortatur ad bona, et perseverat in eis, sed malus in principio quidem prætendit bona, sed postmodum volens explere desiderium suum, et quod intendit, scilicet decipere, inducit et instigat ad mala. I Io. IV, 1: omni spiritui nolite credere, etc.. Et ideo Iosue cum videret Angelum in campo suo, dixit Iudic. V: noster es an adversariorum? aliud etiam signum est, quod bonus Angelus etsi terreat in principio, tamen statim consolatur, et confortat, sicut Zachariam, Lc. I, 13: ne timeas, Zacharia. Et ad beatam virginem dixit: ne timeas, maria, etc.. Malus autem Angelus stupefacit et desolatum dimittit.

Secunda ad Corinthios

Et hoc ideo, ut stupefactum facilius decipiat et persuadeat sibi.

Aliquando autem transfigurat se invisibiliter, et hoc quando ea, quæ in se mala sunt, facit apparere bona, pervertendo sensus hominis et inflammando concupiscentiam. Prov. XVI, 25: *est via quæ videtur homini recta*, etc.. Sic decepit monachum quemdam, qui cum proposuisset in animo suo numquam exire cellam, suggessit ei diabolus, quod bonum esset quod exiret ad ecclesiam et reciperet corpus Christi. Cui suggestioni consentiens, propositum mutavit vadens ad ecclesiam.

Postmodum cognoscens eum fuisse diabolum, gloriatus est monachus quod non deceperat eum, quia ad bonum iverat, et tamen iam removit eum a proposito continue standi in cella. Postmodum vero iterum suggessit ei, quod pater suus esset mortuus, et dimiserat sibi multas divitias distribuendas inter pauperes, quod iret ad civitatem, ad quam cum iret, numquam rediit ad cellam, et mortuus est in peccato. Unde valde difficile est, quod homo caveat sibi, et ideo recurrendum est ad adiutorium divinum. Iob XLI, 4: *quis revelabit faciem indumenti eius*, etc., quasi dicat: nullus nisi Deus.

Consequenter ponit ministrorum, et malorum et bonorum differentiam, quæ consistit in hoc, quod finis illorum, scilicet ministrorum Christi, et Satanæ, erit secundum opera eorum. Nam finis bonorum erit bonus, et malorum erit malus, et boni inducuntur ad bonum, et mali ad malum. Phil. III, 19: *quorum finis interitus*, etc.. Item boni recipient bona, et mali mala. Supra V, 10: *omnes nos manifestari oportet ante tribunal Christi*.

Lectio 4

Supra apostolus induxit Corinthios, ut patienter sustinerent suam commendationem, ostendens, quod hoc faciebat ex zelo quem habebat ad eos, et quia zelus ille erat rationabilis et ordinatus, hic autem consequenter ponit aliam rationem, per quam ostendit, quod dato, quod insipienter ageret, nihilominus tamen deberent eum supportare. Unde in ista ratione procedit ex suppositione stultitiæ. In hac autem parte duo facit.

Primo enim proponit suam petitionem; secundo rationem dictorum assignat, ibi *quod loquor*, etc..

In petitione sua duo facit. Primo enim petit, quod non reputent eum insipientem, quod pertinet ad præmissam rationem.

Et ideo dicit *iterum dico*, quod ex quo zelus meus est rationabilis, et ego rationabiliter commendo me, *ne quis*, scilicet vestrum, *me reputet insipientem*.

Secundo petit, quod dato, quod insipienter agat, tamen supportent eum, et hoc pertinet ad rationem hanc. Et ideo dicit *alioquin*, id est si non rationabiliter commendo me, et penitus velitis me ex hoc insipientem reputare, tamen *accipite*, id est supportate, *me velut insipientem*. Et dicit, *velut*, quia licet ipsi reputent

Commentaria in Epistolis S. Pauli

eum insipientem in hoc, tamen in rei veritate non est insipiens. Accipite me, inquam, velut insipientem, ut et ego modicum quid glorier. Et dicit modicum, quia infra commendabit se de gloria, quæ est secundum carnem, quæ valde modica est.

Iob XXV, 6: homo putredo et filius hominis vermis. Eccli. X, 9: quid superbis, terra et cinis? rationem autem dictorum assignat, dicens quod loquor, etc.. Dixerat autem tria. Primo quia supponit insipienter commendasse se ipsum; secundo quod vult gloriari; tertio quod sustineant eum. Et horum trium rationem assignat. Et primo de hoc, quod supposuit insipienter commendare se; secundo quare vult gloriari, ibi quoniam multi gloriantur, etc.; tertio quod debeant eum supportare, ibi libenter enim suffertis, etc..

Dicit ergo primo: ratio quare debetis insipientem accipere me est, quia illud quod loquor in hac substantia gloriæ, id est commendatione carnis, quæ a quibusdam appetitur, ac si per eam debeant subsistere, non loquor secundum Deum, sed quasi in insipientia.

Et dicit ex hypothesi, sicut illud quod supra dixit: velut insipientem. Unde ibi posuit velut, hic ponit quasi. Ac si diceret: si non rationabiliter commendarem me, tunc illud quod loquor, in commendatione mea, non est secundum Deum, id est, secundum rationem divinæ sapientiæ. Et tunc merito acciperetis me non secundum Deum loqui, sed insipienter. Supra X, 18: non enim, qui seipsum commendat, ille probatus est, etc..

Prov. XXVII, 2: laudet te alienus, etc..

Rationem autem suæ commendationis et gloriæ ostendit, subdens quoniam multi gloriantur, etc..

Ubi sciendum est, quod pseudo, quia ex Iudæis erant, gloriabantur secundum carnem, dicentes se esse filios Abrahæ et ex hoc volebant haberi in reverentia a Corinthiis et auctoritate.

Dicit ergo apostolus: dato, quod sit insipientia, quod glorier secundum carnem, tamen quoniam multi, scilicet pseudo, gloriantur secundum carnem, et ego etiam gloriabor secundum carnem, Prov. XXVI, 5: responde stulto secundum stultitiam suam, ne sibi sapiens videatur.

Sed contra est quia Seneca dicit summa malorum est, quod ad exemplum vivitur malorum. Et Ex. XXIII, 2: non sequaris turbam ad faciendum malum. Non ergo apostolus debet gloriari secundum carnem, eo quod pseudo gloriantur.

Respondeo. Dicendum est, quod licet sit eadem materia gloriationis, non tamen est eadem intentio et idem finis, quia pseudo commendabant se propter gloriam propriam, et ut ipsi haberentur in auctoritate, et possent lucrari; apostolus autem gloriabatur, ut verbum Dei, per eum prædicatum, esset maioris auctoritatis et ponderis, et fructum faceret Christo.

Rationem autem quare debeant eum supportare, subdit, dicens libenter enim suffertis, etc., et primo ponit rationem hanc, quod scilicet debeant eum supportare.

Possent enim dicere: quare debemus te supportare, si es insipiens? et dicit apostolus, quod ideo, quia cum vos ipsi sitis sapientes in oculis vestris et in vestra reputatione, libenter suffertis, id est estis consueti supportare, insipientes, pseudo scilicet.

Secundo ostendit in quo supportent insipientes. Et ponit quinque gravia quæ sustinebant a pseudo: primum est iugum servitutis. Et quantum ad hoc dicit sustinetis enim si quis, id est aliquis pseudo, redigit vos in servitutem, quasi dicat: per Christum liberati fuistis a servitute legis, quæ est in timore, et reducti estis in libertatem filiorum Dei, quæ est in charitate. Gal. IV, 31: non sumus ancillæ filii, sed liberæ. Et tamen vos sustinetis pseudo, qui ex huiusmodi libertate redigunt vos in servitutem legis, quia cogunt vos servare legalia. Gal. V, 1: nolite iugo servitutis, etc..

Multo ergo magis debetis sustinere me, qui volo vos præservare in libertate Christi, quam pseudo, qui volunt vos reducere in servitutem legis.

Secundum est grave valde, scilicet quod pseudo vivunt de bonis vestris laute, nos vero non. Supra VIII, 13: non ut aliis sit remissio, etc.. Et ideo dicit si quis devorat, Matth. XXIII, 14: væ qui comeditis domos viduarum, etc..

Tertium grave est deprædatio et expoliatio, quia isti ad litteram blandis verbis et prætextu pietatis accipiebant eis omnia, et quantum ad hoc dicit si quis accipit, id est blande decipit, subtrahendo vestra. Rom. XVI, 18: per blandos sermones seducunt corda insipientium.

Quartum grave est nimia iactantia super eos cum Corinthiorum contemptu. Ideo dicit si quis extollitur, iactando se importune. Eccli. VI, 2: non te extollas in cogitatione, etc..

Quintum grave est illatio opprobriorum. Nam pseudo non solum tam gravia eis inferebant, sed super hoc addebant improperia, dicentes eis iniurias, et maxime de ignobilitate. Nam quia ipsi erant Iudæi, et cultores unius Dei, dicebant se nobiles esse, et Corinthios ignobiles, quia non erant de semine Abrahæ, nec circumcisi, et quod de idololatris. Et quantum ad hoc dicit si quis in faciem vos cædit, id est coram vobis infert contumelias et dicit iniurias.

Et huiusmodi iniuriæ sunt secundum ignobilitatem, quam vobis obiiciunt, vel ignominiam quam inferunt. Et tamen illos sustinetis, et nos non, quasi nos fuerimus infirmi in hac parte gloriæ, quam attribuistis eis, præferendo eos nobis, præsertim cum pseudo dicant, quod ideo nos non dicimus nec facimus vobis ista, quia nos sumus infirmi in hac parte, id est quia sumus ignobiles. I Cor. IV, 10: nos infirmi, vos fortes; vos nobiles, nos autem ignobiles.

Lectio 5

Positis rationibus suæ commendationis et causis quare supportandus est, hic consequenter incipit se commendare.

Commentaria in Epistolis S. Pauli

Et circa hoc duo facit.

Primo enim adæquat se pseudo et aliis, qui commendabant se; secundo præfert se eis, ibi ut minus sapiens, etc..

Adæquat autem se apostolus eis in gloria.

Est autem gloria duplex. Una secundum carnem, quæ modica est et contemnenda.

Unde ipse dicit Phil. III, 7: sed quæ mihi fuerunt lucra, arbitratus, etc.. Alia est secundum Christum, quia magna gloria est sequi Dominum, Eccli. XXIII, 38. Et hæc est quærenda.

Gal. Cap. Ult. 14: mihi absit gloriari nisi in cruce, etc.. Et ideo apostolus adæquat se eis quantum ad utramque gloriam. Et primo quantum ad primam; secundo quantum ad secundam, ibi ministri Christi, etc..

Et, primo, adæquat se eis in generali, dicens: recipiatis me insipientem, si tamen insipientia est. Ex hypothesi enim loquor, quia si quis ausus est præsumere de se, et commendare se, et ego possum bene audere et commendare me in eodem, in quo ipse commendat se, quia non subest eis maior causa suæ commendationis, quam mihi.

Et hoc dico in insipientia, id est dico, quod insipienter agam, cum tamen ipse sapienter ageret, cum hoc non faceret pro sui iactantia sed ut pseudo humiliaret. Supra eodem: existimo me non minus fecisse a magnis apostolis, etc..

Secundo cum dicit Hebræi sunt, etc., adæquat se eis in speciali, ostendens per singula se parem eis esse in quibus pseudo gloriabantur. Commendatio autem istorum et gloria erat de tribus. Primo de natione et lingua, quia dicebant se Hebræos; secundo de genere, quia dicebant se esse de genere Israel; tertio de promissione, quia dicebant se esse participes promissionis Abrahæ, cum essent de semine eius.

Et quantum ad hæc tria adæquat se eis.

Primo quantum ad nationem et linguam, dicens Hebræi sunt, et ego, scilicet lingua et natione, quasi dicat: ita sicut et illi.

Et notandum est, quod, secundum quod quidam dicunt, Hebræi dicuntur ab Abraham, quia ante eum de facili non invenitur illud nomen. Potest tamen dici et forte melius, quod dicuntur a quodam Heber, de quo habetur Gen. Cap. XI, 14: vixit sale triginta annis, et genuit Heber. Et sequitur: vixit Heber triginta tribus annis, et genuit Phaleg.

Et tempore eius fuerunt divisæ linguæ, et lingua Hebræorum remansit in familia sua.

Secundo adæquat se eis quantum ad genus, dicens Israelitæ sunt, et ego, scilicet secundum ritus.

Tertio quantum ad tertium, dicens semen Abrahæ sunt, et ego.

Et de istis tribus dicitur Phil. III, 4 s.: si quis alius sibi confidere videtur, ego magis circumcisus octavo die quantum ad tertium, ex genere Israel de tribu

Secunda ad Corinthios

Beniamin quantum ad secundum, Hebræus, ex Hebræis quantum ad primum. Rom. XI, 1: nam ego Israelita sum ex semine Abrahæ, etc..

Sic ergo patet, quod non sum minor eis quantum ad gloriam, quæ est secundum carnem; sed nec etiam quantum ad gloriam, quæ est secundum Christum, quia ministri Christi sunt, id est dicunt se sic, ut decipiant vos, et ego sum minister Christi.

I Cor. IV, 1: sic nos existimet homo, ut ministros Christi, etc.. Supra III, 6: qui et nos idoneos fecit, etc..

Consequenter cum dicit ut minus sapiens, etc., præfert se omnibus apostolis et pseudo. Et primo quantum ad mala perpessa, secundo quantum ad beneficia recepta, et hoc cap. XII, ibi si gloriari oportet, etc..

Circa primum duo facit.

Primo præfert se quantum ad mala, quæ pertulit; secundo quantum ad modum quo mala vitavit, ibi Damasci præpositus.

Circa primum tria facit.

Primo proponit se aliis præferendum; secundo ostendit in quo sit præferendus, ibi quia in laboribus, etc.; tertio confirmat quædam dictorum, ibi si gloriari oportet, etc..

Dicit ergo: si videor insipiens vobis, quia commendo me et adæquo me aliis, quanto magis videbor vobis minus sapiens, si præferam me eis? et ideo dicit: non solum sum minister Christi sicut et illi, sed ut minus sapiens, secundum vestrum iudicium, dico quod ego sum plus minister Christi quam illi, et quantum ad hoc dicit se præferendum esse. Rom. XI, 13: ministerium meum honorificabo, præponendo scilicet illud ministerio aliorum.

In quo autem sit præferendus ostendit, dicens quia in laboribus, etc., quasi dicat: in hoc plus ego, quia sum magis ostensus minister Christi. In hoc, primo, quantum ad mala illata, secundo quantum ad mala sponte assumpta, ibi in itineribus sæpe.

Mala autem illata primo ponit in generali, dicens: plus ego sum, scilicet ostensus minister, in laboribus plurimis quam illi, etsi aliquos labores pertulerint. I Cor. XV, 10: abundantius omnibus illis laboravi.

Secundo enumerat ista mala in speciali, et hoc, primo, quantum ad carceris squalores, quia in carceribus abundantius, scilicet quam illi. Act. XVI, 23: cum multas plagas illis intulissent, scilicet Paulo et sociis, miserunt in carcerem.

Secundo quantum ad flagellorum dolores, quia in plagis, scilicet ostensus sum, supra modum aliorum, scilicet modum humanæ virtutis, vel supra modum humanæ consuetudinis.

Supra XI, 23: in plagis, in carceribus, etc..

Sed contra I Cor. X, 13: fidelis Deus, qui non permittet vos tentari supra id, etc..

Non ergo supra modum humanæ virtutis.

Commentaria in Epistolis S. Pauli

Respondeo. Dicendum est, quod Deus non permittit nos tentari sine adiutorio gratiæ divinæ. Et ideo dicebat apostolus I Cor. XV, 10: non autem ego, sed gratia Dei mecum.

Et quantum ad mortis terrorem; unde dicit in mortibus frequenter, id est in periculis et terroribus mortis. Unde dicebat ipse Rom. VIII, 36: mortificamur tota die. I Cor. XV, 31: quotidie morior propter gloriam vestram.

Sed consequenter, cum dicit a Iudæis quinquies, etc., manifestat duo ultima pericula, quæ perpessus est. Et primo periculum plagarum, secundo periculum mortis.

Plagarum autem periculum manifestat per ipsa perpessa a suis, scilicet Iudæis.

Et ideo dicit a Iudæis quinquies, etc..

Notandum est autem, sicut dicitur Deut. XXV, 2 s., pro mensura delicti erit plagarum modus. Ita dumtaxat, ut quadragenarium numerum non excedant, etc.. Ex quo habetur quod homines pro minoribus peccatis debent flagellari, ita tamen, quod flagellatus non reciperet ultra quadraginta plagas. Iudæi autem, ut viderentur misericordes, semper faciebant citra mandatum legis, dantes pauciores quam quadraginta, secundum quod eis videbatur. Quia ergo odio habebant Paulum, quando flagellabant eum, dimittebant sibi de numero prædicto quantominus poterant, scilicet unam tantum minus, dantes sibi trigintanovem. Et hoc est, quod quinque vicibus accepit, id est recepit quadraginta plagas, minus una, plaga, id est trigintanovem.

Secundo manifestat pericula perpessa ab extraneis, scilicet a gentibus, dicens ter virgis cæsus sum. Act. XVI, 22: Magistratus, scissis eorum tunicis, iussit eos virgis cædi.

Item XXII, 24: iussit eum tribunus duci in castra, et flagellis cædi, et torqueri eum, etc..

Pericula vero mortis illata, et primo pericula mortis illata ab hominibus ostendit, dicens semel lapidatus sum. Hoc fuit in civitate Lycaoniæ, ibi obrutus lapidibus fuit quasi mortuus. Act. XIV, 18: lapidantes Paulum eiecerunt eum extra civitatem, credentes eum mortuum.

Secundo pericula mortis illata a periculis naturæ, et hæc sunt specialiter maris, et aggravat ea, primo, ex numero, quia ter naufragium feci, id est pertuli; secundo ex continuitate, quia nocte et die in profundo maris fui, quod est gravius; quia ad litteram dicit, quod cum pluries passus sit naufragium, tamen semel stetit sub aqua per diem et noctem, divina eum virtute protegente.

Unde poterat dicere illud Ionæ II, 4: et proiicite me in profundum, etc..

Enumeratis autem malis illatis, enumerat consequenter etiam mala assumpta, cum dicit in itineribus. Et primo exteriora, secundo interiora, ibi præter illa quæ extrinsecus, etc..

Mala exteriora exprimit, et primo quantum ad mala, quæ contingunt in itineribus; secundo quantum ad ea quæ eveniunt in domibus.

Quantum ad primum, primo, ponit multiplicitatem itinerum, dicens in itineribus sæpe, scilicet ostensus sum minister Christi, sustinendo multa dura et gravia patienter.

Rom. XV, 19: ab Ierusalem usque in Illyricum, etc.. Et cum hoc multas alias vias fecit, et Romam, et Hispaniam vadens. Psalmo XVI, 4: propter verba labiorum tuorum, etc..

Secundo enumerat periculum itinerum. Et primo præmittit minora, secundo subdit gravius periculum, quod in falsis fratribus.

Præmittit autem tria, secundum quæ multa pericula passus est. Primo pericula secundum causas. Et hoc, vel ex causa naturali, et ideo dicit periculis fluminum. Naturaliter enim flumina hieme excrescunt, et sunt rapida et valde periculosa, etc.. Vel ex malitia violenta, et quantum ad hoc dicit periculis latronum, quos excitabat ei diabolus, ut vel vestes ei auferrent. Iob XIX, 2: simul venerunt latrones, etc.. Secundo enumerat pericula metum inferentia, et hoc vel ex suis, unde dicit periculis ex genere, id est, a Iudæis procuratis; vel ab extraneis, et ideo dicit periculis ex gentibus, propter unius Dei prædicationem, qui eum capere volebant; et sic in suis et in aliis non habebat requiem.

Ier. XV, 10: ut quid me genuisti, mater mea, virum doloris? etc.. Tertio enumerat pericula quantum ad loca, et hoc, vel quantum ad civitates, unde dicit periculis in civitate, id est, in commotionibus civitatum contra me sicut fuit Ephesi et apud Corinthum, ut patet Act. XVIII, 12 et XIX, 23; vel quantum ad solitudines, et quantum ad hoc dicit periculis in solitudine, quæ erant vel a bestiis malis, sicut quando vipera momordit manum suam, Act. Cap. Ult., quando congregavit sarmenta, vel ex penuria ciborum.

Vel quantum ad maria, et ideo dicit periculis in mari, non ex mari, sicut supra, sed in mari, ut pericula quæ proveniunt ex prædonibus et piratis. Eccli. XLIII, 26: qui navigant mare, etc..

Sed gravius periculum subdit, dicens periculis in falsis fratribus, id est in falsis christianis et hæreticis, et in pseudo. Ier. IX, 4: unusquisque a fratre suo se custodiat.

Lectio 6

Hic consequenter enumerat mala sponte assumpta, quæ sustinentur in domibus. Et enumerat tria mala opposita tribus bonis, quæ sunt necessaria ad vitam domesticam. Primum bonum est requies somni, secundum est sustentatio cibi, tertium est fomentum vestis.

Requiei ergo somni, opponit laborem et vigilias. Quantum ad laborem dicit in labore, scilicet manuum. Act. XX, 34: ad ea quæ mihi opus erant, etc.. Et ideo dicit supra VI, 5: in laboribus, quia, ad litteram, ut dictum est supra, manu sua victum quærebat.

Et II Thess. III, 8: nocte et die laborantes, etc.. Quantum ad laboris defectum dicit ærumna, quæ est

Commentaria in Epistolis S. Pauli

defectus et languor consequens ex labore, vel ex morbo naturali. Ps. C. XXXI, 4: conversus sum in ærumna, etc..

Quantum vero ad vigilias dicit in vigiliis multis, vel in vacando prædicationibus de nocte, vel operi manuali. Act. XX, 7 dicitur quod protraxit sermonem usque ad mediam noctem.

Sustentationi vero cibi opponit duplicem subtractionem cibi, unam quæ est ex necessitate; unde dicit in fame et siti, quia scilicet, ad litteram, deficiebat sibi aliquando cibus et potus. I Cor. IV, 11: usque in hanc horam, etc.. Aliam quæ est ex voluntate, unde dicit in ieiuniis multis, scilicet voluntarie assumptis, et propter exemplum bonum et propter macerationem carnis.

I Cor. IX, 27: castigo corpus meum, etc..

Sed contra, Matth. VI, 33: hæc omnia adiicientur vobis, scilicet temporalia. Quare ergo in fame et siti? respondeo. Dicendum est quod quando expedit, adiiciuntur nobis, scilicet temporalia, et propter utilitatem nostram, sed aliquando expedit carere eis.

Fomento vero vestis opponit duo, unum ex parte naturæ, unde dicit in frigore, aliud ex parte inopiæ, unde dicit et nuditate, scilicet ostensus sum, scilicet minister Christi. I Cor. IV, 11: nudi et instabiles, etc.

Supra VI, 4: in necessitatibus, etc..

Consequenter cum dicit præter illa, etc., enumerat mala assumpta interiora, quæ causantur ex sollicitudine cordis pro pseudo.

Bonus autem prælatus dupliciter affligitur pro subditis. Et primo sollicitudine conservationis subditorum, secundo pro defectu ipsorum.

Et istam duplicem afflictionem passus est apostolus. Primam cum dicit præter illa, quæ extrinsecus, etc., quasi dicat: præter omnia quæ exterius patior et passus sum, angit me gravius interior afflictio, scilicet sollicitudo subditorum. Et ideo dicit instantia omnium ecclesiarum magna est et multum gravat, quia multum sollicitat. Lc. X, 41: Martha, Martha, sollicita es, et turbaris erga plurima, etc.. Rom. XII, 8: qui præest in sollicitudine.

Secundam afflictionem passus est pro defectu subditorum, et hoc dupliciter, scilicet pro defectu spiritualium; unde dicit quis infirmatur, scilicet in fide et bono, et ego non infirmor? in corde dolens de eo, sicut de me. I Cor. IX, 22: factus sum infirmis infirmus, etc.. Ier. IX, 1: quis dabit capiti meo aquam, etc.. Item pro defectu corporalium; unde dicit quis scandalizatur, malo poenæ, id est quis patitur tribulationes, et ego non uror? igne compassionis. Iste est ignis, quem Dominus venit mittere in terram, Lc. XII, 49.

Et attende, quod congrue utitur hoc verbo uror, quia compassio procedit ex amore Dei et proximi, qui est ignis consumens, dum movet ad sublevandas miserias proximorum, et purgat ex affectu compassionis, et per quem nobis peccata relaxantur:

Secunda ad Corinthios

charitas autem illius compassionis operit multitudinem peccatorum.

Vel, aliter, aliquando enim labitur homo in peccatum ex seipso, et tunc infirmatur; aliquando autem ex malo exemplo aliorum, et tunc scandalizatur. Lc. XVII, 1 et Matth. XVIII, 7: væ homini illi per quem scandalum venit, etc..

Deinde cum dicit si gloriari oportet, etc., confirmat quædam dictorum superius.

Vel dic quod supra loquitur quantum ad mala, quæ pertulit commendabiliter, hic autem quantum ad mala, quæ vitavit prudenter. Sed quia vitare pericula, quæ surgunt propter fidem, videtur pertinere ad infirmitatem, ideo primo præmittit, quod in illis, quæ infirmitatis sunt, vult gloriari; secundo proponit iuramentum ad confirmationem dicendorum, ibi Deus et pater, etc.; tertio ostendit modum vitandi, ibi Damasci, etc..

Proponit ergo primo de quibus gloriatur, si debet gloriari, dicens si, pro quia, oportet gloriari, quæ sunt infirmitatis meæ gloriabor; quasi dicat: alii gloriantur in genere et in aliis mundanis rebus. Phil. III, 19: gloria in confusione, etc.. Et ego etiam coactus gloriatus sum in eis. Tamen si gloriari oportet, gloriabor in infirmitatibus meis. Infra XII, 9: libenter gloriabor in infirmitatibus meis, etc..

Secundo subdit, quod non mentitur invocans testimonium divinum per modum iuramenti, ut credatur sibi, dicens Deus et pater, etc.. Ubi tria ponit: unum per quod inducit ad amorem, unde dicit, Deus, Ier. X, 7: quis non timebit te, etc.. Aliud per quod excitavit ad amorem, unde dicit: pater, Iac. I, 17: omne datum optimum, etc.; Mal. I, 6: si ego pater, ubi est amor meus? vel, secundum aliam litteram, honor meus.

Tertium per quod movet ad reverentiam et laudem; unde dicit qui est benedictus Deus in sæcula, supra I, 3: benedictus Deus et pater, etc..

Iste ergo tam reverendus, tam diligendus, tam timendus scit, quod non mentior, scilicet in his quæ dixi et dicturus sum. Supra I, 18: non enim est apud nos est, et non, etc..

Consequenter cum dicit Damasci præpositus, etc., ostendit quanta mala vitavit, et hoc in quodam particulari periculo.

Ubi sciendum est, quod apostolus primo coepit prædicare Christum in Damasco, ubi dum pergeret christianos capere, prostratus est et ad fidem conversus. Et ideo Iudæi ad præpositum illius civitatis, qui erat ibi pro aretha rege, confugerunt, ut Paulum caperent et occiderent. Et ideo ille faciebat custodiri nocte et die portas civitatis, ut dicitur Act. IX, 24. Christiani autem, qui erant ibi, volentes servare Paulum, eum submiserunt in sporta per murum, et sic evasit.

Hunc ergo modum evadendi tangit apostolus, dicens: vere non mentior de hoc quod dico etiam modo, nam Damasci præpositus, qui sub aretha rege, genti Damascenorum præerat,

691

Commentaria in Epistolis S. Pauli

custodiri faciebat, inductus a Iudæis, civitatem Damascenorum, ad hoc scilicet ut me comprehenderet, et comprehensum assignaret Iudæis, ne amplius prædicarem; sed ego per fenestram submissus sum per murum, et sic effugi manus eius, scilicet præpositi. Et hoc fuit de mandato Domini dicentis Matth. X, 23: si vos persecuti fuerint, etc.. Sic Michol David deposuit per fenestram, ne caperetur a Saule, I Reg. XIX, 2. Sic Rahab exploratores demisit cum fune per fenestram, Ios. II, 15.

Sed hic obiicitur contra apostolum, primo, quia videtur quod non fuerit sufficienter confisus in Domino, sed fugit.

Respondeo. Dicendum est, quod quamdiu adest humanum auxilium, homo non debet confugere ad auxilium divinum, quia hoc esset tentare Deum, sed debet illo uti auxilio quantum potest. Apostolo autem nondum deerat humanum auxilium.

Secundo obiicitur, quia Io. X, 12 dicitur: mercenarius autem et qui non est pastor, videt lupum venientem, et fugit. Unde videtur quod non fuerit bonus pastor.

Respondeo. Dicendum est, quod aliquando quæritur persona prælati tantum, aliquando cum prælato totus populus. Quando ergo quæritur prælatus solus, tunc debet committere curam alteri, et absentare se. Et sic fecit hic Paulus. Et ideo dicit Glossa quod licet fugeret, tamen fuit ei cura de ovibus, bono pastori in cælo sedenti eas commendando, et utilitati eorum se, per fugam, præservando.

Quando vero quæritur totus grex, tunc debet præponere utilitatem et salutem gregis saluti corporis sui.

Nota autem, quod est quædam fuga humilitatis, quando quis fugit honores, sicut Christus fugit Io. VI, 15, cum vidisset quod vellent eum eligere in regem. Sic Saul cum electus fuit in regem, abscondit se domi, I Reg. X, 22. Quædam vero fuga est cautelæ, quando scilicet fugit pericula, ut præservetur ad maiora. Sic Helias fugit propter Iezabel, III Reg. XIX, 3; et sic apostolus hic fugit manus præpositi.

Capitulus XII

Lectio 1

Posita sua commendatione quantum ad mala perpessa, hic consequenter apostolus commendans se, ostendit præeminentiam suæ dignitatis quantum ad bona divinitus recepta. Prima autem gloriatio fuit de infirmitatibus; ista vero est de bonis eius. Unde circa hoc duo facit.

Primo commendat se de bonis susceptis divinitus; secundo excusat se de hac commendatione, quod hoc fecerit quasi coactus, ibi factus sum insipiens, etc..

Circa primum duo facit.

Primo extollit magnitudinem eorum quæ sunt sibi collata a Deo; secundo manifestat remedium infirmitatis sibi adhibitum contra periculum superbiæ, ibi et ne magnitudo, etc..

Secunda ad Corinthios

Circa primum duo facit.

Primo ponit bonum sibi divinitus collatum; secundo ostendit quomodo se habuit in gloriando de huiusmodi bono, ibi pro huiusmodi, etc..

Circa primum duo facit.

Primo ostendit quod hoc sit sibi collatum divinitus in generali; secundo vero in speciali, ibi scio hominem, etc..

Bonum autem apostolo collatum divinitus, sunt revelationes sibi divinitus factæ, et de istis vult hic gloriari. Unde dicit si gloriari oportet, id est quia gloriari oportet propter vos, tamen secundum se non expedit, quia qui gloriatur de bono recepto, incidit in periculum amittendi quod habet.

Eccli. XLIII, 15: aperti sunt thesauri, scilicet virtutum, per gloriationem inanem, et evanuerunt nebulæ sicut aves. Et hoc significatur in Ezechia, Is. XXXIX, 2, quando ostendit thesauros domus Domini nuntiis regis Babylonis.

Et licet simpliciter non expediat gloriari, tamen aliquando propter aliquam specialem causam potest homo gloriari, sicut ex præmissis manifestum est. Et ideo dicit: quia gloriari oportet, ideo dimissis commendationibus de infirmitatibus, veniam, commendando me, ad visiones et revelationes Domini.

Ubi notandum est, quod differentia est inter visionem et revelationem. Nam revelatio includit visionem, et non e converso.

Nam aliquando videntur aliqua, quorum intellectus et significatio est occulta videnti et tunc est visio solum. Sicut fuit visio Pharaonis et Nabuchodonosor Daniel II, 1 et Gen. XLI, 1. Sed quando cum visione habetur significatio intellectus eorum quæ videntur, tunc est revelatio. Unde quantum ad Pharaonem et Nabuchodonosor visio de spicis et de statua, fuit solum visio; sed quantum ad Ioseph et Danielem, qui significationem visorum habuerunt, fuit revelatio et prophetia.

Utrumque tamen, scilicet visio et revelatio, quandoque quidem fit a Deo. Dan. II, 28: est Deus in cælo revelans mysteria. Os. XII, 10: ego visiones multiplicavi eis. Ps. CXVIII, 18: revela oculos meos, etc.. Quandoque vero a malo spiritu. Ier. XXIII, 13: prophetæ prophetabant in Baal. Apostolo autem facta est et visio, et revelatio, quia secreta, quæ vidit, plene intellexit a Domino, non a malo spiritu. Unde dicit veniam autem ad visiones et revelationes Domini.

Est autem revelatio amotio velamenti. Potest autem esse duplex velamen. Unum ex parte videntis, et hoc est infidelitas, vel peccatum, vel duritia cordis; et de hoc supra III, 14: usque in hodiernum diem velamen, etc.. Aliud ex parte rei visæ, quando scilicet res spiritualis proponitur alicui sub figuris rerum sensibilium, et de hoc dicitur Num. IV, 15, quod sacerdotes tradebant Levitis vasa sanctuarii velata, quia scilicet debiliores non possunt spiritualia capere, secundum quod in seipsis sunt. Et ideo Dominus loquebatur turbis in parabolis, Matth. XIII, 13.

Commentaria in Epistolis S. Pauli

Consequenter visiones et revelationes huiusmodi, manifestat apostolus in speciali, loquens de se tamquam de alio. Unde dicit scio hominem in Christo, etc.. Et ponit duas visiones. Prima incipit hic, secunda vero incipit ibi et scio huiusmodi hominem in Christo, etc..

Circa primam autem visionem utitur apostolus quadam distinctione. Dicit enim se, circa huiusmodi revelationem, scire quædam et quædam nescire. Dicit autem se scire tria, scilicet videntis conditionem unde scio hominem in Christo; visionis tempus quia ante annos quatuordecim; et visionis fastigium quia raptus usque ad tertium cælum. Dicit autem se nescire videntis dispositionem, quia sive in corpore, sive extra corpus, nescio.

Videamus ergo ea quæ scivit, ut, per nota ad ignota, facilius pervenire possimus.

Et primo videntis conditionem, quæ est laudabilis, quia in Christo, id est conformem Christo.

Sed contra: in Christo nullus est, nisi qui habet charitatem, quia I Io. IV, 16 dicitur: qui manet in charitate, in Deo manet. Ergo scivit se habere charitatem, quod est contra illud: nescit homo utrum odio, vel amore dignus sit, etc..

Respondeo, quod esse in Christo potest intelligi dupliciter. Uno modo per fidem et fidei sacramentum, secundum illud apostoli, Gal. III, 27: quotquot baptizati estis, Christum induistis, scilicet per fidem et fidei sacramentum.

Et hoc modo scivit se apostolus in Christo esse.

Alio modo dicitur aliquis esse in Christo per charitatem, et hoc modo nullus scit se esse in Christo certitudinaliter, nisi per quædam experimenta et signa, inquantum sentit se dispositum et coniunctum in Christo, ita quod nullo modo, etiam propter mortem, permitteret se separari ab eo. Et hoc de se expertus erat apostolus, cum dicebat Rom. VIII, 38: certus enim sum, quod neque mors, neque vita, etc., separabit nos a charitate.

Unde potuit habere huiusmodi signa, quod esset in charitate Christi.

Secundo visionis tempus, quod fuit conveniens, quia ante annos quatuordecim, quia quatuordecim anni transacti erant ab eo tempore quo viderat visionem usque ad tempus quo scripsit hanc epistolam. Quando enim hanc epistolam scripsit, nondum apostolus erat positus in carcerem. Et sic videtur, quod fuit circa principium imperii Neronis, a quo post multum tempus occisus fuit.

Unde si computemus annos descendentes a principio imperii Neronis usque ad quatuordecim annos, manifeste apparet, quod apostolus habuit has visiones in principio suæ conversionis.

Ipse enim conversus fuit ad Christum anno quo Christus passus est. Christus autem passus est circa finem Tiberii Cæsaris, quo mortuo successit ei Gaius

Secunda ad Corinthios

imperator, qui vixit quatuor annis, post quem Nero factus est imperator.

Et sic inter Tiberium et Neronem fluxerunt quatuor anni. Et sic, additis duobus annis de tempore Tiberii, quia nondum mortuus erat quando Paulus fuit conversus, et octo de tempore Neronis, quod fluxerat usque ad tempus quando scripsit hanc epistolam, relinquitur quod a tempore suæ conversionis, usque ad tempus quo hanc epistolam scripsit, fuerunt anni quatuordecim.

Et ideo quidam dicunt satis probabiliter, quod apostolus has visiones habuit in illo triduo, quo post prostrationem suam a Domino stetit neque videns, neque manducans, neque bibens, Act. IX, 9.

Commemorat autem tempus suæ conversionis apostolus ut ostendat, quod si a tempore suæ conversionis tantum erat gratus Christo, ut talia sibi ostenderet, quanto magis post quatuordecim annos, cum profecerit et in auctoritate apud Deum, et in virtutibus, et gratia? tertio videamus fastigium visionis, quod quidem est excellens, quia raptus usque ad tertium cælum.

Sed sciendum quod aliud est furari et aliud rapi. Furari quidem proprie est, cum res alicui latenter aufertur. Unde Gen. XL, 15 dicebat Ioseph: furtim sublatus sum. Sed rapi proprie dicitur quod subito et per violentiam aufertur. Iob VI, 15: sicut torrens raptim, id est subito et rapide, transit in convallibus.

Inde est quod prædones, qui violenter expoliant, dicuntur raptores.

Sed attende quod aliquis homo dicitur rapi ab hominibus, sicut Enoch. Sap. IV, 11: raptus est, ne malitia, etc.. Aliquando rapitur anima a corpore. Lc. XII, 20: stulte, hac nocte animam tuam, etc.. Aliquando aliquis dicitur rapi a seipso, quando propter aliquid homo efficitur extra se ipsum, et hoc est idem quod extasis.

Sed et extra se ipsum efficitur homo et per appetitivam virtutem et cognitivam. Per appetitivam enim virtutem homo est solum in se ipso, quando curat quæ sunt sua tantum.

Efficitur vero extra se ipsum, quando non curat quæ sua sunt, sed quæ perveniunt ad bona aliorum, et hoc facit charitas. I Cor. XIII, 4: charitas non quærit quæ sua sunt.

Et de hac extasi dicit Dionysius, IV cap. De divinis nominibus: est autem extasim faciens divinus amor non sinens amatorem sui ipsius esse, sed amatorum, scilicet rerum amatarum.

Secundum cognitivam vero aliquis efficitur extra se, quando aliquis extra naturalem modum hominis elevatur ad aliquid videndum, et de isto raptu loquitur hic apostolus.

Sed sciendum quod modus naturalis humanæ cognitionis est, ut cognoscat simul per vim mentalem quæ est intellectus, et corporalem quæ est sensus. Et inde est quod homo non habet in cognoscendo liberum iudicium intellectus, nisi quando sensus fuerint in suo vigore bene dispositi, absque aliquo ligationis impedimento, alias, cum impediuntur, etiam iudicium intellectus impeditur,

Commentaria in Epistolis S. Pauli

sicut in dormientibus patet.

Tunc ergo homo efficitur extra se secundum cognitivam, quando removetur ab hac naturali dispositione cognitionis, quæ est ut intellectus, ab usu sensuum et sensibilium rerum abstractus, ad aliqua videnda moveatur.

Quod quidem contingit dupliciter, uno modo per defectum virtutis, undecumque talis defectus contingat, sicut accidit in phreneticis et aliis mente captis, et hæc quidem abstractio a sensibus non est elevatio hominis, sed potius depressio, quia virtus eorum debilitatur.

Alio vero modo per virtutem divinam, et tunc proprie dicitur elevatio, quia cum agens assimilet sibi patiens, abstractio quæ fit virtute divina et est supra hominem, est aliquid altius, quam sit hominis natura.

Et ideo raptus, sic acceptus, diffinitur sic: raptus est ab eo quod est secundum naturam in id quod est supra naturam, VI superioris naturæ, elevatio. In qua quidem definitione tangitur eius genus, dum dicitur elevatio; causa efficiens, quia VI superioris naturæ; et duo termini motus, scilicet a quo et in quem, cum dicitur ab eo quod est secundum naturam, in id quod est supra naturam. Sic ergo patet de raptu.

Sequitur de termino raptus, scilicet ad quem, cum dicitur usque in tertium cælum.

Notandum est autem, quod tertium cælum tripliciter accipitur. Uno modo secundum ea, quæ sunt infra animam; alio modo secundum ea, quæ sunt in anima; tertio modo secundum ea, quæ sunt supra animam.

Infra animam sunt omnia corpora, ut dicit Augustinus in libro de vera religione. Et sic possumus accipere triplex cælum corporeum, scilicet æreum, sidereum et empyreum.

Et hoc modo dicitur quod apostolus erat raptus usque ad tertium cælum, id est usque ad videndum ea quæ sunt in cælo empyreo, non ut existeret ibi, quia sic sciret si fuisset sive in corpore, sive extra corpus. Vel secundum Damascenum, qui non ponit cælum empyreum, possumus dicere quod tertium cælum, ad quod raptus est apostolus, est supra octavam sphæram, ut scilicet evidenter videret ea quæ sunt supra totam naturam corporalem.

Si autem accipiamus cælum secundum ea, quæ sunt in ipsa anima, sic cælum debemus dicere aliquam altitudinem cognitionis, quæ excedit naturalem cognitionem humanam.

Est autem triplex visio, scilicet corporalis, per quam videmus et cognoscimus corporalia, sive imaginaria, qua videmus similitudines corporum, et intellectualis, qua cognoscimus naturas rerum in seipsis. Nam proprie obiectum intellectus est, quod quid est. Huiusmodi autem visiones, si fiant secundum naturalem modum, puta, si video aliquid sensibile, si imaginor aliquid prius visum, si intelligo per phantasmata, non possunt dici cælum.

Sed tunc quælibet istorum dicitur

Secunda ad Corinthios

cælum, quando est supra naturalem facultatem humanæ cognitionis, puta, si aliquid vides oculis corporalibus, supra facultatem naturæ, sic es raptus ad primum cælum. Sicut Baltassar raptus est videns manum scribentis in pariete, ut dicitur Dan. V, 6. Si vero eleveris per imaginationem, vel per spiritum ad aliquid supernaturaliter cognoscendum, sic es raptus ad secundum cælum. Sic raptus fuit Petrus, quando vidit linteum immissum de cælo, ut dicitur Act. X, 10. Sed si aliquis videret ipsa intelligibilia et naturas ipsorum, non per sensibilia, nec per phantasmata, sic esset raptus usque ad tertium cælum.

Sed sciendum est, quod rapi ad primum cælum, est alienari a sensibus corporalibus.

Unde cum nullus possit abstrahi totaliter a sensibus corporeis, manifestum est quod nullus potest dici simpliciter raptus in primum cælum, sed secundum quid, inquantum contingit aliquando aliquem sic esse intentum ad unum sensum quod abstrahitur ab actu aliorum.

Rapi ad secundum cælum est, quando aliquis alienatur a sensu ad videndum quædam imaginabilia, unde tales semper consueverunt fieri in extasi. Et ideo, Act. X, 10, quando Petrus vidit linteum, dicitur quod factus fuit in extasi.

Paulus vero dicitur raptus ad tertium cælum, quia sic fuit alienatus a sensibus, et sublimatus ab omnibus corporalibus, ut videret intelligibilia nuda et pura eo modo quo vident Angeli et anima separata, et, quod plus est, etiam ipsum Deum per essentiam, ut Augustinus expresse dicit XII super Genesim ad litteram, et in Glossa, et ad Paulin. In libr.

De videndo Deum.

Nec etiam est probabile, ut Moyses, minister veteris testamenti ad Iudæos, viderit Deum, et minister novi testamenti ad gentes et doctor gentium, hoc dono fuerit privatus.

Unde dicit ipse supra III, 7: si ministratio damnationis fuit in gloria, etc.. De Moyse autem quod viderit Deum per essentiam, patet.

Nam ipse a Domino petivit Ex. XXXIII, 13: ostende mihi faciem tuam. Et licet tunc negatum fuerit sibi, non tamen dicitur, quod Dominus finaliter negaverit ei. Unde dicit Augustinus, quod concessum fuit ei per hoc quod dicitur Num. XII, 6 ss.: si quis fuerit inter vos propheta Domini, etc.. At vero non talis servus meus Moyses, etc.. Palam enim et non per ænigmata vidit Deum.

Sed numquid fieri potuisset Paulo, ut non raptus videret Deum? dicendum quod non. Nam impossibile est, quod Deus videatur in vita ista ab homine non alienato a sensibus, quia nulla imago, nullum phantasma est sufficiens medium ad Dei essentiam ostendendam, ideo oportet quod abstrahatur et alienetur a sensibus.

Tertio modo accipiendo cælum secundum ea quæ sunt supra animam: et sic triplex cælum est triplex hierarchia Angelorum, et secundum

Commentaria in Epistolis S. Pauli

hoc apostolus raptus fuit usque ad tertium cælum, id est ad hoc, ut videret essentiam Dei ita clare, sicut vident eum Angeli superioris et primæ hierarchiæ, qui sic vident Deum, quod immediate in ipso Deo recipiunt illuminationes, et cognoscunt divina mysteria. Et sic vidit Paulus.

Sic ergo vidit Dei essentiam sicut Angeli superioris hierarchiæ.

Ergo bene videtur, quod apostolus fuerit beatus, et per consequens fuerit immortalis.

Respondeo, quod licet viderit Deum per essentiam, non tamen fuit beatus simpliciter, sed solum secundum quid.

Sciendum est autem, quod visio Dei per essentiam fit per lumen aliquod, scilicet per lumen gloriæ, de quo dicitur in Ps. XXXV, 10: in lumine tuo videbimus lumen. Sed aliquod lumen communicatur alicui per modum passionis, alicui vero per modum formæ inhærentis, sicut lumen solis invenitur in carbunculo et in stellis, ut forma inhærens, id est connaturalis effecta, sed in ære invenitur ut forma transiens, et non permanens, quia transit, abeunte sole.

Similiter et lumen gloriæ dupliciter menti infunditur. Uno modo per modum formæ connaturalis factæ et permanentis, et sic facit mentem simpliciter beatam. Et hoc modo infunditur beatis in patria, et ideo dicuntur comprehensores, et, ut ita dicam, visores.

Alio modo contingit lumen gloriæ mentem humanam sicut quædam passio transiens, et sic mens Pauli fuit in raptu lumine gloriæ illustrata. Unde etiam ipsum nomen raptus ostendit transeundo hoc esse factum. Et ideo non fuit simpliciter glorificatus, nec habuit dotem gloriæ, cum illa claritas non fuerit effecta proprietas. Et propter hoc non fuit derivata ab anima in corpus, nec in hoc statu perpetuo permansit. Unde solum actum beati habuit in ipso raptu, sed non fuit beatus.

Sic per hoc patet quid apostolus scivit in suo raptu, scilicet videntis conditionem, visionis tempus et visionis fastigium.

Sequitur quid nescivit, scilicet utrum esset in corpore, vel extra corpus, quod tamen dicit Deum scire. Unde dicit sive in corpore, sive extra corpus, nescio, Deus scit; quod quidam intelligere voluerunt, ut raptus referatur ad corpus, dicentes apostolum dixisse se nescire, non quidem an anima esset coniuncta corpori in illo raptu an non, sed esset raptus secundum animam et corpus simul, ut simul corporaliter portaretur in cælum, sicut Habacuc portatus fuit Dan. Cap. Ult.; an secundum animam tantum esset in visionibus Dei, ut dicitur Ez. VIII, 3: in visione adduxit me in terram Israel.

Et iste fuit intellectus cuiusdam Iudæi, quem exponit Hieronymus in prologo super Danielem, ubi dicit: denique et apostolum nostrum dicit non fuisse ausum affirmare se raptum in corpore, sed dixisse: sive in corpore, etc..

Sed hunc intellectum Augustinus

maxime improbat II super Genesim ad litteram, quia non conveniunt cum aliis verbis apostoli. Apostolus enim dicit se raptum usque in tertium cælum; unde scivit pro certo, illud fuisse verum cælum. Scivit ergo an illud cælum esset corporeum an incorporeum, id est res incorporea. Sed si fuit incorporeum, scivit quod corporaliter ibi rapi non potuit, quia in re incorporea non potest esse corpus. Si vero corporeum fuerat, scivit quod non fuit ibi anima sine corpore; quia anima coniuncta corpori non potest esse in loco ubi non est corpus, nisi cælum incorporeum dicatur similitudo cæli corporei.

Sed si sic, apostolus non dixisset se scire quod esset raptus in tertium cælum, id est in similitudinem cæli, quia, pari ratione, dicere potuisset quod fuisset raptus in corpore, id est in similitudine corporis.

Dicendum est ergo, secundum Augustinum, quod divinam essentiam nullus in hac vita positus, et in hac mortali vita vivens, videre potest. Unde dicit Dominus ex. XXXIII, 20: non videbit me homo, et vivet, id est non videbit me homo, nisi totaliter separetur a corpore, ita scilicet quod anima eius non insit corpori, ut forma, vel si inest ut forma, tamen mens eius omnino in huiusmodi visione totaliter alienetur a sensibus.

Et ideo dicendum est, quod hoc quod apostolus dicit se nescire, utrum scilicet in illa visione anima eius fuerit totaliter separata a corpore, unde dicit sive extra corpus; vel utrum anima eius extiterit in corpore, ut forma, tamen mens eius fuerit a sensibus corporeis alienata, unde dicit sive in corpore. Et hoc etiam alii concedunt.

Lectio 2

Posito primo raptu, ponitur consequenter secundus raptus. Et duo facit: primo ponitur raptus, secundo raptus excellentia, ibi audivit arcana, etc..

Sed notandum, quod Glossa dicit istum raptum esse alium a primo. Et si bene consideretur, bis legitur aliquid de apostolo, ad quod possunt isti duo raptus referri. Nam Act. IX, 9 legitur de eo quod stetit tribus diebus non videns et nihil manducans, neque bibens, et ad hoc potest referri primus raptus, ut scilicet tunc fuerit raptus usque ad tertium cælum. Sed Act. XXII, 17 legitur quod factus est in templo in stupore mentis, et ad hoc refertur iste secundus raptus.

Sed hoc non videtur verisimile, quia quando in stupore mentis factus fuit, missus iam fuerat in carcerem apostolus; sed hanc epistolam scripsit apostolus diu ante, unde prius scripta fuit hæc epistola, quam apostolus fuisset in stupore.

Et ideo dicendum est, quod differt iste raptus a primo, quantum ad id in quod raptus est. Nam in primo raptus est in tertium cælum; in secundo vero in Paradisum Dei.

Si vero aliquis tertium cælum acciperet corporaliter, secundum primam acceptionem cælorum superius positam, vel si fuerit visio

Commentaria in Epistolis S. Pauli

imaginaria, posset similiter dicere Paradisum corporalem, ut diceretur quod fuerit raptus in Paradisum terrestrem.

Sed hoc est contra intentionem Augustini, secundum quem dicimus, quod fuit raptus in tertium cælum, id est visionem intelligibilium, secundum quod in se ipsis et in propriis naturis videntur, ut supra dictum est. Unde secundum hoc oportet non aliud intelligere per cælum, et aliud per Paradisum, sed unum et idem per utrumque, scilicet gloriam sanctorum, sed secundum aliud et aliud.

Cælum enim dicit altitudinem quamdam cum claritate, Paradisus vero quamdam iucundam suavitatem. In sanctis autem beatis et Angelis Deum videntibus sunt excellenter hæc duo, quia est in eis excellentissima claritas, qua Deum vident, et summa suavitas, qua Deo fruuntur. Et ideo dicuntur esse in cælo quantum ad claritatem, et in Paradiso quantum ad suavitatem. Is. LXVI, 14: videbitis et gaudebitis, etc..

Fuit ergo utrumque collatum apostolo, ut scilicet sublimaretur ad illam altissimam claritatem cognitionis, et hoc significat cum dicit ad tertium cælum, et ut sentiret suavitatem divinæ dulcedinis, unde dicit in Paradisum.

Ps. XXX, 20: magna multitudo dulcedinis tuæ, etc.. Apoc. II, 17: vincenti dabo manna absconditum, etc.. Et ista dulcedo est gaudium de divina fruitione, de qua Matth. XXV, 21 dicitur intra in gaudium Domini tui.

Sic ergo patet terminus raptus, quia in Paradisum, id est in eam dulcedinem, qua indeficienter reficiuntur illi, qui sunt in cælesti Ierusalem.

Sequitur consequenter ipsius raptus excellentia, quia audivit arcana verba, quæ non licet homini loqui. Et hoc potest dupliciter exponi. Uno modo, ut ly homini construatur cum licet et loqui; et sensus est: audivit arcana verba, id est percepit intima cognitione, secreta de Dei essentia quasi per verba, quæ scilicet verba non est licitum ut homini dicantur.

Alio modo, ut ly homini construatur solum cum non licet, et tunc est sensus: audivit verba, etc., quæ verba non licet homini loqui, homini scilicet imperfecto.

Sciendum autem, quod secundum Augustinum, Paulus est raptus ad videndum divinam essentiam, quæ quidem non potest videri per aliquam similitudinem creatam.

Unde manifestum est, quod illud quod Paulus vidit de essentia divina nulla lingua humana potest dici, alias Deus non esset incomprehensibilis.

Et ideo secundum primam expositionem dicendum est audivit, id est consideravit arcana verba, id est magnificentiam divinitatis, quam nullus homo potest loqui.

Dicit autem audivit pro vidit, quia illa consideratio fuit secundum interiorem actum animæ, in quo idem est auditus et visus, secundum quod dicitur Num. XII, 8: ore ad os loquitur ei et palam,

Secunda ad Corinthios

etc.. Dicitur autem illa consideratio visio, inquantum Deus videtur in hoc, et locutio, inquantum homo in ipsa instruitur de divinis.

Et quia huiusmodi spiritualia non sunt pandenda simplicibus et imperfectis, sed perfectis, secundum quod dicitur I Cor. II, 6: *sapientiam loquimur inter perfectos*, ideo, secundo modo, exponitur quod secreta, quæ ibi audivit, non licet mihi loqui homini, id est imperfectis, sed spiritualibus, inter quos loquimur sapientiam. Prov. XXV, 2: *gloria Dei est celare verbum*, id est hoc ipsum, quod necesse est celare magnalia Dei, pertinet ad gloriam Dei. Psalmus secundum translationem Hieronymi: *tibi silet laus, Deus*, id est quod incomprehensibilis est verbis nostris.

Deinde cum dicit *pro huiusmodi gloriabor*, etc., ostendit quomodo se habet ad gloriam. Et circa hoc tria facit.

Primo ostendit se non gloriari de huiusmodi revelationibus; secundo insinuat se habere aliquid præter illud unde gloriari possit, ibi *nam et si voluero*, etc.; tertio assignat causam, quare non gloriatur de omnibus, ibi *parco autem, ne quis*, etc..

Circa primum sciendum est, quod hoc quod dicit *pro huiusmodi autem gloriabor*, etc., potest dupliciter legi.

Uno modo, ut apostolus ostendat se esse ipsum pro quo gloriatur, ut scilicet ipse sit qui vidit has visiones; alio modo, ut ostendat quod alius sit qui vidit has visiones.

Sciendum est enim, quod in homine duo possunt considerari, scilicet donum Dei et humana conditio. Si ergo aliquis gloriatur in aliquo dono Dei, ut a Deo accepto, illa est bona gloria, quia sic in Domino gloriatur, ut dictum est supra, X, 17. Sed si gloriatur de illo dono, sicut a se habito, tunc mala est gloriatio huiusmodi. I Cor. IV, 7: *quid habes quod non accepisti? si autem accepisti, quid gloriaris quasi non acceperis?* dicit ergo apostolus, secundum hoc: *pro huiusmodi*, scilicet visionibus et donis Dei mihi collatis, *gloriabor, pro me autem non*, id est non gloriabor inde, quasi a me acceperim, quia a Deo habui. Sed si pro me oportet gloriari, nihil gloriabor, nisi in infirmitatibus meis, id est non habeo unde possim gloriari, nisi de infirma conditione mea.

Si autem exponatur, ut ostendat alium esse, qui vidit, etsi ipse sit, tunc est sensus, ut quasi loquatur de quodam alio, dicens *pro huiusmodi gloriabor*, id est pro illo homine, qui hoc vidit et qui hæc dona recepit, gloriabor; sed pro me, quasi velim manifestare me esse talem, nihil gloriabor, nisi in infirmitatibus meis, id est de tribulationibus quas patior.

Sed quia isti possent sibi dicere: o apostole, non est mirum si non gloriaris, quia non habes unde glorieris; ideo apostolus ostendit quod etiam præter illas visiones habet aliquid unde possit gloriari, dicens: licet pro huiusmodi homine glorier, et non pro me, tamen etiam bene pro me possum gloriari. Nam, *si voluero*

701

gloriari, etc., vel pro huiusmodi tribulationibus, vel pro aliis mihi a Deo collatis, vel etiam pro infirmitatibus, non ero insipiens, id est non insipienter agam. Et quare? veritatem enim dicam de aliis, de quibus præter dictas visiones gloriari possum.

Dicit autem non ero insipiens, quia gloriabatur de his quæ habebat. Quando enim gloriatur quis de his quæ non habet, stulte gloriatur. Apoc. III, 17: dicis quia dives sum, et nullius egeo, et nescis, etc.. Et quia gloriabatur ex causa sufficienti, ut ex prædictis est manifestum.

Consequenter autem cum dicit parco autem, etc., ostendit rationem quare non gloriatur de omnibus si potest gloriari; quæ quidem ratio est, ut eis parcat.

Unde dicit parco autem, etc., quasi dicat: possem de pluribus aliis gloriari, sed parco, id est parce glorior, vel parco vobis commendando me, nolens esse onerosus vobis.

Nam talia mihi Deus concessit, quæ si sciretis, reputaretis me multo maiorem, et hæc sunt dona gratuita multa, quæ habebat apostolus.

Ex quibus homines huius mundi consueverunt plus commendare homines, et maiores eos reputare quam ex gratum facientibus.

Et ideo dicit: nolo ex gratuitis commendari, et ideo parco, id est non glorior.

Et quare? ne quis existimet me, commendare, vel gloriari, supra id quod videt, etc..

Vel aliter: homo dupliciter cognoscitur, per conversationem et doctrinam suam; apostolus autem nolebat aliqua de se dicere, licet posset, quæ excedebant et vitam et doctrinam suam. Et ideo parco autem, ne quis existimet me esse supra id quod videt, de conversatione mea exteriori, aut audit aliquid ex me, id est ex doctrina prædicationis, et exhortationis, et instructionis meæ: quia forte crederent eum esse vel immortalem, vel Angelum. Prov. XI, 12: vir prudens tacebit. Prov. XXIX, 11: totum spiritum suum profert stultus, sapiens differt, etc..

Vel dicit parco autem, etc., pro detractoribus, scilicet pseudo, qui dicebant eum gloriari ex elatione et non ex causa, neque de his quæ in ipso erant.

Et ideo dicit parco autem, id est parce glorior, ne quis pseudo existimet me excedere elationis spiritu, supra id, id est in aliquid, quod videt in me, vel audit ex me, id est supra posse meritorium. Ps. CXXX, 1: Domine, non est exaltatum cor meum, etc.. Eccli. III, 20: quanto magnus es, etc..

Lectio 3

Hic agit de remedio adhibito contra superbiam. Et circa hoc tria facit.

Primo enim ponit remedium adhibitum; secundo manifestat suam orationem de remedio removendo, ibi propter quod ter Dominum, etc.; tertio insinuat Domini responsionem assignantis rationem de adhibito remedio, ibi et dixit mihi Dominus, etc..

Circa primum sciendum est quod plerumque sapiens medicus procurat et permittit supervenire infirmo minorem morbum, ut maiorem curet, vel vitet, sicut ut curet spasmum, procurat febrem; hoc evidenter in se beatus apostolus a medico animarum Domino nostro Iesu Christo factum ostendit.

Christus enim, velut medicus animarum summus, ad curandum graves animæ morbos permittit plurimos electos suos et magnos in morbis corporum graviter affligi, et, quod plus est, ad curandum maiora crimina, permittit incidere in minora etiam mortalia.

Inter omnia vero peccata gravius peccatum est superbia. Nam sicut charitas est radix et initium virtutum, sic superbia est radix et initium omnium vitiorum. Eccli. X, 15: initium omnis peccati superbia. Quod sic patet: charitas enim ideo dicitur radix omnium virtutum, quia coniungit Deo, qui est ultimus finis.

Unde sicut finis est principium omnium operabilium, ita charitas est principium omnium virtutum. Superbia autem avertit a Deo.

Superbia enim est appetitus inordinatus propriæ excellentiæ. Si enim aliquis appetit aliquam excellentiam sub Deo, si moderate quidem appetit, et propter bonum, sustineri potest; si vero non debito ordine, potest quidem alia vitia incurrere, scilicet ambitionis, avaritiæ, seu inanis gloriæ, et huiusmodi, tamen non est proprie superbia, nisi quando quis appetit excellentiam, non ordinando illam ad Deum. Et ideo superbia proprie dicta separat a Deo, et est radix omnium vitiorum, et pessimum omnium; propter quod Deus resistit superbis, ut dicitur Iac. IV, 6.

Quia ergo in bonis est maxime materia huius vitii, scilicet superbiæ, quia eius materia est bonum, permittit aliquando electos suos impediri, ex aliqua sui parte, ut per infirmitatem, vel per aliquem defectum, et aliquando etiam per peccatum mortale, ab huiusmodi bono, ut sic ex hac parte humilientur, quod ex illa non superbiant, et homo sic humiliatus recognoscat se suis viribus stare non posse. Unde dicitur Rom. VIII, 28: diligentibus Deum omnia, etc., non quidem ex eorum peccato, sed ex ordinatione Dei.

Quia igitur apostolus magnam habebat superbiendi materiam, et quantum ad specialem electionem, qua a Domino electus est, Act. IX, 15: vas electionis est, etc., et quantum ad secretorum Dei cognitionem, quia hic dicit se raptum in tertium cælum et in Paradisum, ubi audivit arcana verba quæ non licet homini loqui, et quantum ad malorum perpessionem, quia supra XI, 23: in carceribus plurimis, in infirmitatibus, ter virgis cæsus sum, etc., et quantum ad virginalem integritatem, quia volo omnes esse sicut et ego, I Cor. VII, 7, et quantum ad bonorum operationem, quia, supra, plus omnibus laboravi, et

Commentaria in Epistolis S. Pauli

specialiter quantum ad maximam scientiam qua emicuit, quæ specialiter inflat: ideo Dominus adhibuit ei remedium, ne in superbiam extolleretur.

Et hoc est quod dicit et ne magnitudo revelationis mihi factæ extollat me, in superbiam.

Eccli. VI, 2: non te extollas in cogitatione animæ tuæ velut taurus, etc.. Ps. LXXXVII, 16: exaltatus autem humiliatus, etc..

Et dicit, ut ostendat sibi factas fuisse revelationes prædictas, datus est mihi, id est ad meam utilitatem et humiliationem. Iob XXX, 22: elevasti me, et quasi super ventum ponens, etc.. Datus est, inquam, mihi stimulus, crucians corpus meum per infirmitatem corporis, ut anima sanetur; quia, ad litteram, dicitur quod fuit vehementer afflictus dolore iliaco. Vel stimulus carnis meæ, id est concupiscentiæ surgentis ex carne mea, a qua multum infestabatur. Rom. VII, 15: non enim, quod volo, etc.: igitur ego ipse mente servio legi Dei, etc.. Unde Augustinus dicit quod inerant ei motus concupiscentiæ, quos tamen divina gratia refrænabat.

Iste, inquam, stimulus est Angelus Satanæ, id est Angelus malignus.

Est autem Angelus a Deo missus seu permissus, sed Satanæ, quia Satanæ intentio est ut subvertat, Dei vero ut humiliet et probatum reddat. Timeat peccator, si apostolus et vas electionis securus non erat.

De remotione autem huius stimuli removendi sollicitus erat apostolus. Unde propter hoc orabat. Et hoc est quod subdit propter quod ter, etc..

Ubi sciendum est, quod infirmus nesciens processum medici apponentis mordax emplastrum, rogat medicum, ut removeat; quod tamen sciens medicus causam quare faciat, scilicet propter sanitatem, non exaudit eum quantum ad voluntatem petentis, magis curans de eius utilitate. Sic apostolus sentiens stimulum sibi gravem esse, ad singularis medici confugit auxilium, ut eum removeat.

Ter enim expresse et devote rogavit, ut Deus tolleret ab eo, scilicet stimulum. II par. XX, 12: cum ignoremus quod agere debeamus, etc.. Forte pluries hoc petiit, sed expresse et instanter ter eum petiit, vel ter, id est multoties. Ternarius enim est numerus perfectus. Et vere ipse rogandus est, quia ipse vulnerat, et medetur, Iob V, 18. Lc. XXII, 40: orate ne intretis in tentationem, etc..

Sequitur responsio Domini et dixit mihi Dominus, etc.. Ubi duo facit.

Primo ponit Domini responsionem; secundo responsionis rationem assignat, ibi nam virtus, etc..

Dicit ergo: ego rogavi, sed Dominus dixit mihi sufficit tibi, etc., quasi dicat: non est tibi necessarium, quod infirmitas corporis recedat a te, quia non est periculosa, quia non duceris ad impatientiam, cum gratia mea confortet te; nec infirmitas concupiscentiæ, quia non protrahet te ad peccatum, quia gratia mea proteget te. Rom. III, 24: iustificati gratis, etc..

Secunda ad Corinthios

Et vere sufficit gratia Dei ad mala vitanda, ad bona facienda, et ad vitam consequendam æternam.

I Cor. XV, 10: gratia Dei sum id quod sum, etc.. Rom. VI, 23: gratia Dei vita æterna.

Sed contra Io. XV, 16: quidquid petieritis patrem in nomine meo, dabit vobis, etc.. Aut ergo Paulus discrete petivit, et tunc debuit exaudiri; aut indiscrete, et tunc peccavit.

Respondeo. Dicendum est quod de una et eadem re potest homo dupliciter loqui. Uno modo secundum se et naturam illius rei; alio modo secundum ordinem ad aliud. Et sic contingit, quod illud quod est malum secundum se, est vitandum: secundum ordinem ad aliud est appetendum. Sicut potio inquantum secundum se est amara, est vitanda, tamen qui considerat eam secundum ordinem ad sanitatem, appetit eam. Ergo et stimulus carnis secundum se est vitandus ut affligens, inquantum vero est via ad virtutem et exercitium virtutis, est appetendus.

Apostolus autem, quia nondum revelatum ei erat illud secretum divinæ providentiæ, ut ad utilitatem suam cederet, considerabat sibi malum quantum in se est, et ideo petierat suam amotionem, nec in eo peccavit; sed Deus, qui ordinaverat hoc ad bonum humilitatis suæ, non exaudivit eum quantum ad eius voluntatem; quod tamen sciens, postmodum apostolus gloriabatur cum diceret: libenter gloriabor in infirmitatibus meis, etc..

Et licet non exaudierit eum quantum ad voluntatem, exaudivit tamen eum, et exaudit sanctos suos, quantum ad eius utilitatem.

Unde dicit Hieronymus in epistola ad Paulinum: bonus Dominus, qui sæpe non tribuit quod volumus, ut tribuat quod mallemus.

Rationem autem suæ responsionis subdit consequenter, cum dicit nam virtus, etc.. Mirus modus loquendi. Virtus in infirmitate perficitur: ignis in aqua crescit.

Intelligi vero potest hoc, quod dicitur virtus perficitur in infirmitate, dupliciter, scilicet materialiter et occasionaliter.

Si accipiatur materialiter, tunc est sensus: virtus in infirmitate perficitur, id est infirmitas est materia exercendæ virtutis. Et primo humilitatis, ut supra dictum est, secundo patientiæ, Iac. I, 3: tribulatio patientiam operatur, tertio temperantiæ, quia ex infirmitate debilitatur fomes, et temperatus efficitur quis.

Si vero accipiatur occasionaliter, tunc virtus in infirmitate perficitur, id est occasio perveniendi ad perfectam virtutem, quia homo sciens se infirmum, magis sollicitatur ad resistendum, et ex hoc, quod magis resistit et pugnat, efficitur exercitatior et per consequens fortior. Et ideo Levit. Legitur et Iudic. III, 1 s., quod Dominus noluit destruere omnes habitatores terræ; sed aliquos reservavit, ut scilicet filii Israel exercitarentur pugnando cum eis. Sic etiam scipio nolebat destructionem

Commentaria in Epistolis S. Pauli

civitatis Carthaginiensis, ut scilicet dum Romani haberent hostes exterius, non sentirent hostes interiores, contra quos durius bellum est, quam contra exteriores, ut ipse dicebat.

Consequenter ponit apostolus effectum huius responsionis dominicæ, dicens libenter gloriabor, etc..

Ponit autem duplicem effectum. Unus est gloriationis; unde dicit: quia virtus mea perficitur in infirmitatibus, igitur libenter gloriabor in infirmitatibus meis, id est mihi ad utilitatem meam datis. Et hoc, quia magis coniungitur Christo. Mihi autem absit gloriari, nisi in cruce, etc., Gal. Cap. Ult.. Eccli. X, 34: qui in paupertate gloriatur, etc..

Et ratio quod libenter gloriabor, ut inhabitet in me virtus Christi, ut scilicet per infirmitates inhabitet et consummetur in me gratia Christi. Is. XL, 29: qui dat lapso virtutem, etc..

Alius effectus est gaudii, unde dicit propter quod complaceo, etc.. Et circa hoc duo facit.

Primo ponit huiusmodi effectum; secundo huius effectus rationem assignat, ibi cum enim infirmor, etc..

Ponit autem effectum gaudii et materiam gaudii. Dicit ergo propter quod, quia virtus Christi habitat in me in infirmitatibus et in tribulationibus omnibus, et ideo complaceo mihi, id est multum delector et gaudeo dictis infirmitatibus meis. Iac. I, 2: omne gaudium existimate, fratres, etc..

Defectus autem in quibus propter gratiam Christi abundanter delectatur, enumerat. Et primo illos, qui sunt a causa interiori, et huiusmodi sunt infirmitates, et ideo dicit in infirmitatibus.

Ps. XV, 4: multiplicatæ sunt infirmitates eorum, postea acceleraverunt, scilicet ad gratiam.

Secundo, illos qui sunt a causa exteriori.

Et hos quidem quantum ad verbum, cum dicit in contumeliis, scilicet mihi illatis. Act. V, 41: ibant apostoli gaudentes, etc.; et quantum ad factum, et hoc, vel quantum ad defectum bonorum, cum dicit in necessitatibus, id est in penuriis necessariorum et in paupertate qua premebatur. Et hoc modo accipitur necessitas, cum dicitur Rom. XII, 13: necessitatibus sanctorum communicantes.

Vel quantum ad experimentum malorum illatorum, et hoc quantum ad exteriora, Matth. V, 10: beati qui persecutionem, etc.

Cum dicit in persecutionibus, scilicet corporis, quas de loco ad locum et ubique experimur.

Et quantum ad interiora, dicens in angustiis, id est in anxietatibus animi. Dan. XIII, 22: angustiæ sunt mihi undique, etc..

Sed materia omnium horum, quæ faciunt ad gaudium est, quia pro Christo, quasi dicat: ideo complaceo, quia propter Christum patior. I Petr. IV, 15: nemo vestrum patiatur quasi homicida, vel fur.

Et huius gaudii rationem assignat, dicens cum enim infirmor, etc., quasi dicat: merito complaceo mihi in illis, quia quando infirmor, etc., id est quando ex his, quæ in me sunt, vel ex persecutione aliorum incido in aliquod prædictorum, adhibetur mihi auxilium divinum, per quod confirmor.

Ps. XCIII, 19: consolationes tuæ lætificaverunt animam meam. Ioel III, 10: infirmus dicat, quia ego fortis sum. Supra IV, 16: licet is qui foris est, noster homo corrumpatur, etc.. Ex. I, 12 legitur, quod quanto plus premebantur filii Israel, tanto plus multiplicabantur.

Lectio 4

Posita commendatione sua consequenter apostolus excusat se de his quæ dixit, ostendens se coactum hoc dixisse, quæ ad gloriam suam pertinent. Et circa hoc duo facit.

Primo imponit Corinthiis causam eiusmodi gloriationis; secundo exponit et manifestat hanc causam, ibi ego enim debui, etc..

Dicit ergo: confiteor quod in his omnibus commendationibus meis factus sum insipiens, id est videtur vobis, quod opus insipientis fecerim, sed hoc non ex me, nec sponte, immo coactus feci, et vestra culpa fuit, quia vos me coegistis, id est dedistis mihi occasionem.

Frequenter enim subditi cogunt prælatos aliqua facere, quæ insipienter facta esse iudicari possunt, sed tamen pro loco et tempore sapienter facta sunt.

Hoc autem quod dixerat in communi, scilicet quod ipsi fuerant causa suæ commendationis, exponit consequenter, cum dicit ego enim debui, etc.; ubi dicit quod ipsi fuerunt causa suæ commendationis, primo omittendo bona quæ facere debuissent, in quo exaggerat eorum ingratitudinem; secundo committendo mala, in quo detestatur eorum malitiam, ibi timeo enim ne forte, etc..

Circa primum duo facit.

Primo commemorat quid facere debuissent, ostendens causam, ibi nihil enim minus, etc.; secundo removet ipsorum excusationem, ibi quid est enim quod minus, etc..

Dicit ergo: vere vos me coegistis, quia vos debuissetis facere illud quod ego feci. Unde dicit ego debui commendari a vobis, quod non fecistis quando necesse erat, scilicet quando pseudo vilipendendo me, et præferendo se reddebant vilem doctrinam et evangelium Christi a me prædicatum.

Unde quia vos non commendastis me, ne deperiret fides Christi in vobis, prorupi in commendationem propriam.

Sed contra supra III, 1 dicit: numquid egemus commendatitiis epistolis, etc.. Quare ergo voluit commendari ab istis? respondeo. Dicendum est quod apostolus propter se non egebat commendationibus sed propter alios, ut scilicet dum commendaretur, doctrina sua esset in maiori auctoritate, et pseudo confutarentur.

Sed quia possent isti dicere: ideo non

Commentaria in Epistolis S. Pauli

commendavimus te, quia non est in te aliquid commendatione dignum, propter hoc apostolus probat eis, quod bene poterant eum commendare, cum dicit nihil enim, etc., ostendens esse in se multa commendatione digna. Et primo quantum ad præterita bona, quæ fecit; secundo quantum ad futura, quæ facere intendit, ibi ecce tertio hoc paratus, etc..

Ostendit autem præterita commendabilia, quæ fecit primo in generali, quantum ad omnes ecclesias; secundo in speciali, quantum ad ea, quæ egit apud eos, ibi tametsi nihil, etc.; tertio excludit obiectionem, ibi quid est enim, etc..

Dicit ergo: merito debui commendari a vobis, quia multa sunt in me commendatione digna. Nam nihil minus feci ab eis, scilicet Petro et Iacobo et Ioanne, qui sunt supra modum apostoli, id est qui videntur a quibusdam digniores apostoli, quam ego sum. Pseudo enim dicebant, quod erant docti a Petro et Ioanne, qui fuerunt docti a Christo, et quod Petrus et Ioannes servabant legalia, unde et ipsi debebant servare.

Sed quia nihil minus feci ab eis, nec quantum ad prædicationem, nec quantum ad conversionem fidelium, ostensiones miraculorum, et perpessionem laborum, immo plus, quia ut supra plus omnibus laboravi, I Cor. XV, 10: abundantius omnibus, etc.; ideo magis sum commendandus.

Vel dicuntur supra modum apostoli, scilicet Petrus, Ioannes et Iacobus, quia fuerunt primo conversi ad Christum. I Cor. XV, 8: novissime autem visus est et mihi, etc.. Si secundum hoc accipiatur, nihil tamen minus fecit eis, quia in modico tempore, et postquam conversus fuit, plus laboravit.

Sed esto quod nihil fecerim quantum ad ecclesias, per quod possem commendari, multa tamen specialia egi apud vos, de quibus potuissetis me commendare.

Et ideo dicit tametsi nihil, id est, dato, quod nihil fecerim in comparatione ad eos, tamen effectus meæ virtutis manifeste apparent in vobis, et, primo, quantum ad prædicationem nostram, qua conversi estis ad fidem. Et sum apostolus vester. Et ideo dicit signa apostolatus mei, id est meæ prædicationis, facta sunt supra vos, a Deo, inquantum credentes conversi estis. I Cor. IX, 2: signaculum apostolatus mei vos estis.

I Cor. IV, 15: in Christo Iesu per evangelium ego vos genui.

Secundo per conversationem, per quam confirmatur fides, quia quando vita concordat doctrinæ, maioris auctoritatis est doctrina. Et virtus prædicatoris magis apparet per patientiam.

Prov. XIX, 11: doctrina viri per patientiam noscitur. Et ideo dicit in omni patientia.

Tertio quantum ad operationem miraculorum.

Et ideo dicit in signis, etc.. Mc. Cap. Ult.

Illi autem profecti, etc..

Secunda ad Corinthios

Et hæc tria distinguuntur, quia virtus est commune ad omnia miracula. Nam virtus est ultimum de potentia. Et ideo aliquid dicitur virtuosum, quia ex magna virtute.

Quia ergo miracula fiunt ex magna virtute, scilicet divina, ideo dicuntur virtutes.

Signum vero refertur ad minus miraculum.

Prodigium autem ad maximum.

Vel dicit signa quantum ad miracula facta de præsenti, prodigia quantum ad miracula de futuris.

Vel signa et prodigia dicit miracula quæ fiunt contra naturam, sicut illuminatio cæci, suscitatio mortui, etc.. Virtutes vero dicit, quæ sunt secundum naturam, sed non eo modo quo natura facit, sicut quod ad impositionem manus statim sanentur infirmi, quod etiam natura facit, sed successive.

Vel virtutes dicit virtutes mentis, sicut est castitas et huiusmodi.

Consequenter excludit obiectionem cum dicit quid enim est quod minus, etc..

Possent enim Corinthii respondere ad prædicta, et dicere: verum est quod multa bona fecisti et magna, et tamen alii fecerunt plura et maiora quam tu, et ideo apud eos et in eorum comparatione nolumus te commendare.

Et ideo hoc excludit, ostendens quod nihil minus fecit quam illi, sed plus. Et ideo dicit quid est enim quod minus habuistis a me præ cæteris ecclesiis, id est quam aliæ ecclesiæ Christi habuerunt per illos quantum ad spiritualia? quasi dicat: nihil; quia ipsi prædicaverunt fidem, et apostolus prædicavit; illi ostenderunt signa et virtutes, et apostolus similiter.

Et non solum non minus habuistis, sed plus, quia alii apostoli vivebant de sumptibus illorum quibus prædicabant; sed apostolus non, quia nihil accepit a Corinthiis.

Et ideo dicit nisi quod ego ipse non gravavi vos, accipiendo vestra, quasi dicat: nihil habuistis minus, nisi hoc forte reputetis minus, quia nihil accepi a vobis, quod tamen plus est. Act. XX, 34: ad ea quæ mihi opus erant, et his qui mecum sunt, necessaria ministraverunt, etc.. II Thess. III, 8: nocte ac die laborantes, etc.. Is. XXXIII, 15: qui excutit manus suas, etc..

Quod si hoc ipsum reputatis iniuriam, scilicet quod nolui vestra recipere, quod feci, quia non dilexi vos, et videtur vobis quod male fecerim, parcatis mihi. Et ideo dicit ironice loquendo donate, id est parcite, mihi hanc iniuriam. Hoc modo accipitur donare Eph. IV, 32: donantes invicem, sicut et Christus vobis donavit.

Lectio 5

Hic ostendit se esse commendabilem quantum ad bona futura, quæ facere intendit. Et tria facit.

Primo ostendit suum propositum de futuro bono, quod intendit; secundo propositi huius rationem assignat, ibi non enim quæro quæ vestra sunt, etc.; tertio ad rationem, similitudinem adhibet, ibi nec enim debent, etc..

Sciendum est circa primum, quod aliquando contingit, quod ideo aliqui non accipiunt uno tempore, ut reservent se ad aliud tempus, in quo possint et plus recipere et audacius. Ne ergo isti simile crederent de apostolo, ut ideo noluisset prima vice recipere ab eis, ut postmodum reciperet plus, dicit, quod non solum hoc fecit olim, sed etiam paratus est facere in futurum. Unde dicit ecce iam tertio, id est tertia vice, paratus sum venire ad vos, et non ero vobis gravis; quasi dicat: nec etiam tunc gravabo vos, accipiendo vestra. Supra II: in omnibus sine onere me servavi et servabo. Iob XXVII, 6: iustificationem quam coepi tenere, etc..

Dicit autem tertio paratus sum venire, et non dicit tertio venio, quia bene ter paratus fuit ire ad eos, sed tamen non ivit nisi bis. Paratus enim fuit ire prima vice, et tunc ivit, et conversi sunt. Secunda vice fuit paratus, et fuit impeditus propter peccatum eorum, et tunc non ivit, de quo excusat se in principio huius epistolæ. Modo est paratus ire tertio, et ivit, unde bis ivit, et ter fuit paratus ire.

Rationem autem huius boni propositi subdit, dicens non enim quæro, etc., quæ talis est: constat quod artifex disponit opus suum secundum finem quem intendit; prædicatores autem in prædicando, aliqui intendunt quæstum et bona temporalia, et ideo totam prædicationem ad hoc ordinant et disponunt; aliqui vero intendunt salutem animarum, et ideo hoc modo disponunt prædicationem suam, secundum quod vident expedire saluti illorum quibus prædicant. Quia ergo apostolus intendebat in prædicatione sua salutem Corinthiorum, et videbat, quod non expediebat quod reciperet ab eis sumptus, tum ut confutaret pseudo, tum etiam quia avari erant, ideo noluit accipere sumptus.

Et ideo huius rationem assignat, dicens: ideo non gravabo vos, sumptus accipiendo, quia non quæro quæ vestra sunt, in prædicatione mea, sed vos, et vestram salutem procurare intendo. Phil. IV, 17: non quæro datum, sed fructum. Et ideo Dominus dixit apostolis: faciam vos fieri piscatores hominum, non pecuniæ.

Hoc etiam figuratur Gen. XLVII, 19, ubi legitur, quod Ioseph emit Aegyptios in servitutem regis, quia bonus prædicator debet ad hoc studere, ut infideles convertat ad servitium Christi.

Sed huiusmodi rationi adaptat similitudinem, cum dicit nec enim debent, etc..

Et primo ponit similitudinem; secundo adaptat eam, ibi ego autem libentissime, etc.; tertio arguit eorum ingratitudinem, ibi licet plus vos, etc..

Dicit ergo: quod autem non quæram vestra, patet per simile. Videmus enim, quod parentes carnales debent thesaurizare filiis carnalibus, quia filii non debent thesaurizare parentibus, sed parentes filiis.

Cum ergo ego sim pater vester

Secunda ad Corinthios

spiritualis, et vos sitis filii mei, nolo quod vos thesaurizetis mihi, sed ego vobis.

Sed hic est quæstio de patribus carnalibus. Nam Ex. XX, 12 dicitur: honora patrem tuum, etc.. In quo etiam præcipitur nobis, quod ministremus eis necessaria.

Ergo filii tenentur thesaurizare parentibus.

Respondeo. Dicendum est quod ex præcepto tenentur filii ministrare et subvenire parentibus in necessariis, non autem congregare et thesaurizare eis. Nam thesaurizatio et congregatio fit in posterum. Sed nos videmus quod secundum naturam filii succedunt parentibus, et non e contrario, nisi in aliquo tristi eventu; et ideo naturaliter amor parentum est ad hoc, ut congregent filiis. Et hoc modo loquitur apostolus. Exodi autem XX, 12 loquitur Dominus de subventione in necessariis.

Item quæstio oritur de hoc quod dicit parentes filiis, etc.. Ergo cum prælati sint parentes nostri spirituales, videtur quod male fecerint principes et alii dando divitias prælatis.

Responsio. Dicendum est quod non dederunt prælatis propter se, sed propter pauperes.

Et ideo non dederunt eis, sed pauperibus.

Et hoc Dominus monet Matth. VI, 20: thesaurizate vobis thesauros in cælis, etc..

Prælatis autem dantur tamquam pauperum dispensatoribus.

Consequenter positam similitudinem adaptat.

In similitudine autem duo proposuit. Unum est, quod filii non debent thesaurizare parentibus, et hoc iam patet; et aliud est, quod parentes debent thesaurizare filiis, et dare.

Et quantum ad hoc dicit: quia ergo ego sum pater vester, ideo paratus sum dare vobis. Et hoc est quod dicit ego libentissime impendam vobis bona, non solum bona spiritualia, prædicando et exempla monstrando, sed etiam temporalia, quod et faciebat, inquantum prædicabat et serviebat eis cum sumptibus aliarum ecclesiarum.

Hæc tria ministrare debet quilibet prælatus suis subditis. Unde Dominus dixit ter Petro Io. XXI, 17: pasce oves meas, id est pasce verbo, pasce exemplo, pasce temporali subsidio.

Et non solum ista impendam vobis, sed paratus sum mori pro salute animarum vestrarum.

Unde dicit et superimpendar pro animabus vestris. Io. XV, 13: maiorem charitatem nemo habet, etc.. I Io. III, 16: si Christus animam suam pro nobis posuit, et vos debetis, etc.. Io. X, 11: bonus pastor animam suam, etc..

Ingratitudinem istorum increpat consequenter, dicens licet plus vos diligens, etc., quasi dicat: libenter impendar pro vobis, licet sitis ingrati, quia licet plus vos diligens, etc..

Et hæc comparatio potest exponi dupliciter.

Commentaria in Epistolis S. Pauli

Uno modo sic: licet plus diligam vos quam pseudo, tamen minus diligor, scilicet a vobis, quam diligantur pseudo, quos plus diligitis quam me. Et sic patet, quod ego plus vos diligo, quam illi; quia ego quæro salutem vestram tantum, illi vero bona vestra solum.

Alio modo sic: licet plus diligam, scilicet vos, quam alias ecclesias, tamen minus diligor a vobis, quam ab aliis ecclesiis. Phil. I, 8: testis est mihi Deus quomodo cupiam, etc.. Et quod plus dilexerit Corinthienses, quam alias ecclesias, patet, quia plus pro eis laboravit. Illud autem in quo plus laboramus, magis consuevimus diligere.

Consequenter cum dicit esto, ego vos, etc., removet suspicionem. Et primo ponit suspicionem ipsam; secundo excludit eam, ibi numquid per aliquem, etc.; tertio rationem exclusionis assignat, ibi olim putatis quod excusemus, etc..

Posset autem esse istorum suspicio talis, quod ideo ipse ab eis per se ipsum non acceperit, ut per alios dolose ab eis plus accipiat. Et ideo dicit, hoc ponens, esto, id est dato et concesso, quod ego, in persona mea et eorum qui mecum sunt, aliquid accipiendo non gravavi vos, sed, sicut credidistis, cum essem astutus, dolo, etc., id est per alios detraxi vobis bona vestra plurima: sed hoc est falsum, quia nihil ex dolo feci.

I Thess. II, 3: exhortatio nostra non de errore, neque de immunditia, neque in dolo.

Nam ipse erat verus Israelita, in quo dolus non fuit, Io. I, 47.

Hanc ergo suspicionem excludit consequenter, cum dicit numquid per aliquem, etc.. Et primo in generali, secundo in speciali.

In generali sic: si per alios voluissem surripere vestra, misissem aliquos, qui hoc procurarent apud vos. Sed numquid per aliquem eorum quem misi ad vos, circumveni vos, extorquendo per eos vestra? quasi dicat: non. Supra VII, 2: neminem circumvenimus, etc.. I Thess. IV, 6: ne quis circumveniat in negotio fratrem suum.

In speciali vero excludit suspicionem prædictam, cum dicit rogavi Titum, etc., quasi dicat: nullus eorum in speciali, quem misi ad vos, circumvenit vos. Titum enim cum precibus misi ad vos. Et hoc est, quod dicit rogavi Titum, etc.. De isto habetur supra VIII, 18. Misi etiam cum illo fratrem, scilicet Barnabam, vel Lucam. Supra VIII, 18: misimus cum illo, scilicet Tito, fratrem (scilicet alterum dictorum) cuius laus est in evangelio.

Sed numquid Titus circumvenit vos, etc., quasi dicat: non. Supra VIII, 16: gratias ago Deo meo, qui dedit eamdem sollicitudinem pro vobis in corde Titi, etc..

Et quod Titus non circumvenerit eos, probat per conformitatem Titi ad seipsum apostolum, et ponit duplicem conformitatem, scilicet cordis. Et ideo dicit nonne eodem spiritu ambulavimus, id est eamdem voluntatem habemus? vel eodem spiritu instigamur ad bene et recte agendum? supra IV, 13: habentes autem eumdem spiritum, etc.. Item conformitatem operis. Et ideo dicit nonne eisdem vestigiis, id est operibus intendimus, scilicet vestigiis Christi? nam ego sequor vestigia Christi. Iob XXIII, 11: vestigia eius, scilicet Christi, secutus est pes meus, etc..

I Petr. II, 21: Christus passus est, etc., ut sequamini vestigia eius. Et Titus sequitur vestigia mea. I Cor. XI, 1: imitatores mei estote, etc..

Et sic patet, quod si conformis est mihi in voluntate et opere, et ego non circumveni vos, nec intendo circumvenire; quod autem nec ipse circumvenerit vos, patet per illud Matth. VII, 16: a fructibus eorum cognoscetis, etc..

Rationem autem exclusionis subdit, dicens olim, seu rursus, putatis, etc.. Et primo ponit eorum opinionem, secundo excludit eam.

Opinio autem istorum erat, quod apostolus quasi reus et culpabilis omnia verba ista epistolæ diceret ad excusationem suam, et quod non essent vera sed ad excusandum tantum inventa; et ideo ponens hanc opinionem ipsorum, dicit vos putatis olim, id est a principio huius epistolæ, quod excusemus nos apud vos, id est quod hæc verba non sint vera, sed sint ad excusandum conficta.

Hanc autem excludit sic: qui enim sic excusat se, duo habet; unum est, quod non utitur verbis veris, sed confictis; aliud est, quia non vult pati detrimentum famæ suæ et gloriæ. Unde specialiter propter dispendium famæ aliqui excusant se. Sed neutrum istorum est in nobis; non ergo vera est opinio vestra.

Quod autem neutrum istorum sit in nobis, patet. Non enim dicimus verba falsa; quod probo, primo per testimonium Dei, quia coram Deo loquimur. Quasi dicat: teste Deo, hoc in veritate dico. Iob XVI, 20: ecce in cælo testis meus, etc..

Secundo per testimonium Christi, quia in Christo loquimur, id est per Christum, in quo nulla est falsitas. Supra II, 17: ex sinceritate sicut ex Deo in Christo loquimur.

Item non quærimus gloriam nostram, nec timemus infamiam, quia omnia, quæ dixi et de revelationibus et de tribulationibus, facio, seu dico, propter vestram ædificationem, ut scilicet permaneatis in virtute, et expellatis pseudo. Io. XIV: quæ ædificationis sunt invicem, etc.. I Cor. XIV, 26: omnia ad ædificationem fiant. Io. XII, 30: non propter me hæc vox venit, sed propter vos, etc..

Lectio 6

Posita una causa commendationis, quæ provenit ex omissione Corinthiorum, quantum ad ea bona quæ facere debuissent, in qua detestatur eorum ingratitudinem, hic consequenter ponit aliam causam, quæ provenit ex eorum commissione quantum ad mala quæ debuissent vitare, in qua exaggerat eorum

Commentaria in Epistolis S. Pauli

malitiam. Et circa hoc duo facit.

Primo ponit eorum culpam in generali; secundo explanat eam in speciali, ibi ne forte, etc..

Dicit ergo: non solum laudavi me propter hoc, quod vos omisistis me laudare, sed etiam propter periculum vestrum, quod est in hoc quod vos adhæretis pseudo, quia, dum fovent vos in peccatis, exponunt vos in magno periculo. Et ideo dicit timeo, scilicet ne forte cum venero, ad vos personaliter, non inveniam vos quales vos volo, scilicet iustos sed peccatores et incorrectos, et displiceatis mihi et ego vobis, quia iusto non placent peccatores, inquantum peccatores. Et inveniar talis a vobis, scilicet contristatus et puniens, qualem me non vultis habere. Mali enim odiunt correctionem, et veritatem. Ergo inimicus factus sum vobis, verum dicens vobis? etc., Gal. IV, 16.

Sic patet eorum malitia in generali, scilicet quod timebat ne nondum plene poenituerint.

In speciali etiam manifestat eorum malitiam, cum dicit ne forte contentiones, etc.. Et circa hoc duo facit.

Primo enim enumerat eorum mala præsentia; secundo commemorat præterita mala, de quibus nondum poenituerunt, ibi ne iterum cum venero, etc..

Sciendum est autem, circa primum, quod Corinthienses post conversionem inciderunt in peccatum carnale, ut patet de illo qui uxorem patris habuit, et de hoc in hac parte correcti sunt per primam epistolam, non tamen plene sed adhuc aliquid in eis remansit, et supra hoc remanserunt in eis multa peccata spiritualia, quæ proprie opponuntur charitati.

Charitas vero duo facit. Primo enim facit corda hominum ad invicem consentientia; secundo inducit homines ad mutuum profectum.

Et ideo, peccata spiritualia, e contrario, primo, faciunt homines ad invicem dissentientes; secundo faciunt eos invicem offendentes.

Et ideo primo enumerat peccata spiritualia quæ pertinent ad dissensionem; secundo ea quæ faciunt ad offensionem, ibi detractiones, etc..

In dissensionibus autem procedit ordine retrogrado. Nam, secundum rectum ordinem, homines primo dissentiunt, inquantum unus vult unum, alius vult contrarium; secundo, ex hoc procedunt ad inferendum nocumenta, inquantum quilibet vellet obtinere in proposito suo; tertio, quando non potest obtinere in proposito suo, sed succumbit, accenditur zelo invidiæ; quarto, ex hoc prorumpit ad contentiones verborum.

Et ab isto ultimo incipit apostolus, dicens ne forte contentiones, etc., quasi dicat: non solum timeo mala vestra in generali, sed in speciali, ne forte sint in vobis contentiones de meritis prælatorum, et de baptistis, etc.. Prov. XX, 3: honor est homini qui separat se a contentionibus, etc..

Ambrosius: contentio est impugnatio

veritatis, cum confidentia clamoris.

Et hæc contentio venit ab æmulatione; et ideo dicit et æmulationes, id est invidiæ, in his qui minores sunt, et minus habent. Iac. III, 16: ubi zelus et contentio, ibi inconstantia, etc.. Iob V, 2: parvulum occidit invidia, etc.. Sap. II, 24: invidia diaboli, etc..

Et æmulatio venit ab animositate, unde dicit animositates, in ultione et illatione nocumenti.

Eccli. VIII, 18: cum audace ne eas, etc.. Et animositas venit ex dissensionibus, et ideo dicit dissensiones, id est odia et contrarietas animorum. Rom. Cap. Ult.: observetis eos qui dissensiones et offendicula, etc..

I Cor. I, 10: idipsum dicatis omnes, et non sint in vobis schismata.

Consequenter enumerat eorum mala præsentia quantum ad offensionem. Et quia ista specialiter sunt mala in nocumentis verborum, et non factorum, ideo dimissis nocumentis factorum, enumerat nocumenta verborum, in quibus etiam procedit ordine retrogrado, incipiens a posteriore, et hoc est, cum quis expresse malum dicit de aliquo, et, siquidem in manifesto, sic est detractor, et ideo dicit detractiones, Rom. I, 30: detractores, Deo odibiles, etc.; si vero in occulto, tunc est susurro, et ideo dicit susurrationes.

Sunt enim susurrones, qui latenter seminant discordias. Eccli. XXVIII, 15: susurro et bilinguis maledictus erit.

Et hæc duo procedunt ex superbia, quæ animum inflatum contra aliquos

Secunda ad Corinthios

prorumpere facit in mala verba. Et ideo dicit inflationes, I Cor. IV, 18: tamquam non sim venturus ad vos, sic inflati, etc..

Et hæ inflationes veniunt ex seditionibus, quæ sunt præparationes partium ad pugnam, quia inter superbos semper iurgia sunt, prov. XIII, 10. Et ideo dicit seditiones, id est, tumultus ad pugnam. Prov. XVII, 11: semper iurgia quærit malus.

Sic ergo patet eorum malitia quantum ad mala præsentia, quæ multa sunt et in dissensionibus et in nocumentis.

Manifestat autem eorum malitiam quantum ad mala præterita, de quibus non poenituerunt, cum dicit ne iterum cum venero, humiliet me Deus, id est affligat, apud vos, ita quod et lugeam multos vestrum, ex his qui ante peccaverunt, id est ante primam epistolam, et non egerunt poenitentiam, plene post primam epistolam. Et merito lugeam, quia, sicut gloria patris est gloria filiorum, ita confusio patris est confusio filiorum. Sic Samuel lugebat Saul, I Reg. XVI, 1: usquequo luges Saul, etc..

Et hoc quia non poenituerunt, nec egerunt poenitentiam de peccatis carnalibus prædictis, quorum quædam sunt contra naturam, et ideo dicit super immunditia, id est luxuria contra naturam. Quædam sunt, quæ committuntur cum mulieribus corruptis, scilicet viduis seu coniugatis, et ideo dicit et fornicatione.

Quædam sunt, quæ fiunt in corruptione virginum, et ideo dicit et impudicitia quam gesserunt. Gal. V,

715

19: manifesta sunt opera carnis, quæ sunt fornicatio, immunditia, impudicitia, etc..

Capitulus XIII

Lectio 1

In præcedentibus apostolus multa locutus est ad detestationem pseudo, hic consequenter loquitur contra illos qui a pseudo sunt seducti. Et circa hoc duo facit.

Primo increpat seductos; secundo consolatur persistentes, ibi de cætero, fratres, gaudete, etc..

Circa primum, primo comminatur sententiæ severitatem; secundo ostendit suam iudiciariam potestatem, ibi an experimentum quæritis, etc.; tertio monet ad correctionem, ibi vosmetipsos tentate, etc..

Circa primum, primo promittit suam præsentiam; secundo prædeterminat sui iudicii formam, ibi in ore duorum vel trium, etc.; tertio comminatur severam sententiam, ibi prædixi enim, et prædico, etc..

Promittit ergo, primo, suum adventum, dicens ecce ego venio, quasi dicat: certum sit vobis, quod venio ad vos, et ideo cavete vobis ne inveniam vos imparatos.

Et dicit tertio, non quod tertio iverit, sed quia tertio iam paraverat ire, etsi non iverat nisi semel, in secundo apparatu impeditus.

I Cor. IV, 19: veniam ad vos cito, etc..

Veniam, inquam, et iudicabo malos, secundum ordinem tamen, ita scilicet quod in ore duorum vel trium testium, accusantium seu testantium contra aliquem, sit omne verbum, accusatorum; quod quidem dicitur Deut. XVII, 6: nemo occidetur, uno teste dicente testimonium, et eiusdem XIX, 15: non stabit testis unus contra aliquem.

Vel aliter in ore duorum, etc., quasi dicat: hoc quod dico de adventu meo ad vos, ita est certum, sicut testimonium duorum, vel trium. Sic ergo ordo iudicii erit.

Sed severitatem sententiæ comminatur, dicens prædixi enim, etc.. Ubi, primo, insinuat ordinem iudiciarium quo est procedendum, in quo exigitur ut præcedat trina admonitio. Et quantum ad hoc dicit prædixi vobis ut præsens, bis, quando scilicet eram vobiscum, et nunc absens prædico, ut sic ter admoneat. Prædico, inquam, his qui ante peccaverunt, et omnibus aliis; quasi dicat: omnes moneo.

Secundo, præmissa monitione, comminatur sententiam. Unde dicit quoniam si venero, non parcam iterum, quasi dicat: illis qui peccaverunt peperci prima vice, sed, si iterum peccaverint, vel si non egerint poenitentiam, non parcam eis iterum. Et hoc iuste fit, quia ille cui semel remittitur et iterum peccat, si remitteretur sibi, cresceret in malitia, et efficeretur insolens. Et ideo dicit sapiens Prov. XIII, 24: qui parcit virgæ, odit filium suum, etc..

Secunda ad Corinthios

Ex hoc ergo ordinatum est in ecclesia, ut præcedat trina monitio antequam quis sententiam excommunicationis fulminet, quia contingit, quod aliqui, licet sint in peccatis et offendant, tamen ex solo verbo admonitionis corriguntur et satisfaciunt. Et etiam a levioribus semper incipiendum est. Quod si admonitione non ducitur, ne magis insolescat, adhibenda est severitas sententiæ. Eccle. VIII, 11: *ex eo quod non profertur cito contra malos sententia, etc.*.

Consequenter ne possent calumniari de potestate apostoli, ostendit apostolus suam iudiciariam potestatem, dicens *an experimentum, etc.*. Ubi tria facit.

Primo ostendit se habere legationem et potestatem iudicandi a Christo; secundo ostendit virtutem Christi, ibi *qui in vobis non infirmatur, etc.*; tertio ostendit, quod virtus Christi etiam ad alios derivatur, ibi *nam et nos infirmi sumus in illo*.

Dicit ergo: si venero, non parcam, immo severissime iudicabo, et hoc bene possum, quia habeo auctoritatem Christi in puniendo et remittendo. Supra II, 10: *nam si quid donavi, etc.*. Supra V, 20: *pro Christo legatione fungimur, etc.*. Et ideo dicit *an experimentum, etc.*, quasi dicat: non est dubitandum de potestate mea, quia quidquid ego loquor, vel proferendo sententias, vel remittendo, vel prædicando, loquor a Christo.

Ex. IV, 12: *perge, ergo, ego ero in ore tuo*.

Lc. XXI, 15: *ego dabo vobis os et sapientiam, etc.*.

Quæ ergo homo facit ex instinctu spiritus sancti, dicitur quod spiritus sanctus facit; ideo apostolus quia a Christo motus hoc loquebatur, attribuit Christo tamquam principali, dicens *qui in me loquitur Christus, etc.*.

Sed ne dubitetur de potestate et virtute Christi, ideo consequenter apostolus ostendit virtutem Christi, cum dicit *qui in vobis, etc.*. Ubi primo ostendit virtutem Christi, quantum ad ea quæ in eis apparuerunt; secundo quantum ad ea quæ in Christo sunt, ibi *nam etsi, etc.*.

Dicit ergo: habeo potestatem iudiciariam a Christo, qui in me loquitur, qui magnæ virtutis est in vobis, dando dona gratiarum, distributionem spiritus et alia multa, quæ experti estis; et non solum non infirmatur, sed potens est in vobis, quia potenter vos liberavit a peccato, potenter vos convertit ad bonum. Ps. XXIII, 8: *Dominus fortis et potens, etc.*. Sap. XII, 18: *subest tibi cum volueris posse*. Et Paulo ante: *virtutem enim ostendis tu, etc.*.

Et non solum potentia Christi apparuit in vobis, sed etiam in seipso, scilicet inquantum a morte crucis, quam sustinuit ex infirmitate humana, quam assumpsit infirmatam in paupertate, surrexit, et vivit ex virtute Dei, quæ est ipse Deus. Talis enim erat illa susceptio, quæ Deum hominem faceret, et hominem Deum. I Cor. I, 25: *quod infirmum est Dei, fortius est hominibus, etc.*. Vel, ex virtute Dei,

Commentaria in Epistolis S. Pauli

scilicet patris, qui est etiam virtus Christi, quia eadem est virtus patris et filii. Apoc. I, 18: fuit mortuus, etc..

Hæc etiam virtus Christi derivatur ad nos.

Nam et nos infirmi, etc., quasi dicat: ad nos etiam pertinet illa virtus, quia et nos infirmi sumus in illo, id est ad intentionem illius, inquantum propter ipsum multa patimur, et mortificamus nosmetipsos, et humiliamus nos. I Cor. IV, 10: nos infirmi propter Christum, etc.. Supra X, 10: præsentia corporis infirma. Supra IV, 10: semper mortificationem, etc.. Et ideo vivemus, id est vivificabimur, ex virtute Dei in vobis, iudicandis.

Gal. I, 1: qui suscitavit Iesum Christum, etc..

Et est sensus: nos ex virtute qua Christus vivit, resuscitamur; et illa virtute habemus etiam potestatem iudicandi in vobis, vel vivemus, simili beatitudine, cum eo, et hoc ex virtute Dei, quæ quidem virtus Dei est in vobis, id est in conscientiis vestris.

Lectio 2

Post comminationem severi Dei iudicii, subdit apostolus admonitionem ad præparationem, ut iudicium severum non patiantur, et primo ponit ipsam admonitionem; secundo rationem admonitionis assignat, ibi ideo hæc absens scribo, etc..

Circa primum duo facit.

Primo ponit admonitionem; secundo excludit falsam suspicionem, ibi oramus autem ad Deum, etc..

Circa primum duo facit.

Primo monet ut se examinent; secundo innuit quid per huiusmodi examinationem invenire possint, ibi an non cognoscitis, etc..

Circa primum sciendum est, quod ille, qui secure vult comparere in iudicio, debet se primo examinare de factis suis, et sic poterit scire utrum tute compareat. Et ideo apostolus monet ut antequam veniant ad iudicium, quod erit in adventu suo ad eos, examinent se, dicens vosmetipsos tentate, id est examinate et considerate actus vestros.

I Thess. V, 21: omnia probate, quod bonum est tenete, etc..

Monet autem, ut de duobus se examinent, scilicet de fide. Unde dicit si estis in fide, scilicet quam prædicavi vobis, et a me accepistis de Domino Iesu Christo, an excideritis ab ea et sitis prolapsi in aliam. Et hoc necessarium est, quia I Cor. XI, 31 dicitur: si nosmetipsos iudicaremus, etc.. Ier. II, 23: vide vias tuas, etc..

Item de operibus. Unde dicit ipsi vos probate, scilicet an sitis in operibus bonis, et utrum conscientia remordeat vos aliquid mali fecisse. Et hoc utile est, quia I Cor. XI, 28 dicitur: probet autem seipsum homo, etc.; Gal. VI, 4: opus suum probet unusquisque.

Consequenter cum dicit an non cognoscitis, etc., ostendit quid per huiusmodi examinationem invenire poterunt. Et primo quid inveniant in seipsis; secundo quid inveniant in apostolo, ibi spero autem, etc..

Secunda ad Corinthios

In seipsis autem duo invenire poterunt per examinationem, quia aut scient se tenere fidem, et sic invenire poterunt et cognoscere, quod Christus sit in eis, et hoc est quod dicit an non cognoscitis vosmetipsos, quia Christus Iesus in vobis est? id est numquid si examinaretis vos, sciretis vos habere fidem, et cognosceretis, quod Christus est in vobis? quasi dicat: sic, quia ubi est fides Christi, ibi est Christus. Eph. III, 17: habitare Christum per fidem, etc.. I Cor. VI, 19: nescitis quia corpora vestra templum, etc..

Aut scient se non tenere fidem, et sic invenient quod sint reprobi. Et ideo dicit nisi forte reprobi estis, id est vere invenietis vos habere Christum, nisi forte dimiseritis fidem et reprobi sitis ab eo, quod prius habuistis per fidem. Ier. XV, 6: reliquisti me, retrorsum abiisti. Ier. VI, 29: malitiæ eorum non sunt consumptæ, argentum reprobum, etc..

Sed hic quæstio est litteralis de hoc quod dicit an non cognoscitis, etc.. Nam Christus in eis solum manet, qui habent charitatem, ut dicitur I Io. IV, 16: Deus charitas est, etc.. Si ergo cognoscimus, quod Christus per fidem sit in nobis, oportet quod hoc sit per fidem formatam. Cognoscentes ergo hoc modo Christum esse in nobis, sciemus nos habere charitatem qua informatur fides, quod est contra illud Eccle. IX, 1: nemo scit utrum odio, etc..

Respondeo. Dicendum est, quod habitare Christum in nobis, potest accipi dupliciter: vel quantum ad intellectum, vel quantum ad affectum. Si quantum ad intellectum, sic ipse habitat in nobis per fidem informem.

Et hoc modo nihil prohibet nos per certitudinem scire, quod Christus habitet in nobis, scilicet cum scimus nos tenere fidem, quam ecclesia catholica docet et tenet. Si vero quantum ad affectum, sic habitat Christus in nobis per fidem formatam, et hoc modo nullus potest scire, quod Christus habitet in nobis, vel quod habeamus charitatem, nisi per revelationem et specialem gratiam alicui concedatur certitudo. Per quamdam tamen coniecturam nihil prohibet nos scire posse quod in charitate sumus, quando scilicet quis invenit se taliter paratum et dispositum, ut nullo modo propter aliquod temporale vellet aliquid facere contra Christum. I Io. III, 21: si cor nostrum non reprehenderit nos, etc..

Patet ergo quod apostolus loquitur quantum ad primum modum. Vel etiam loquitur de cognitione, quæ est per coniecturam quamdam, ut dictum est.

Argumentum autem procedit quantum ad secundum modum, et de cognitione quæ est per certitudinem.

Quid autem in apostolo possint invenire subdit, dicens spero autem, etc..

Nam quia isti Corinthii possent dicere: nos non sumus reprobi, sed ideo non tenemus documenta tua, quia non sunt recta, sed reprobanda.

Et ideo dicit: quidquid sit de vobis, tamen spero, quod ex vita et doctrina nostra, quam ostendi vobis,

Commentaria in Epistolis S. Pauli

cognoscetis, quia non sumus reprobi, et non docuimus mala, nec exclusi sumus a potestate quam dicimus nos habere. Eccli. XIX, 26: ex visu cognoscitur vir. Matth. VII, 16: a fructibus eorum, etc..

Consequenter cum dicit oramus, etc., excludit suspicionem.

Comminatus enim fuerat eis iudicium severum, cum ostenderat potestatem suam in iudicando, et indixerat examinationem, credens Christum in eis esse, nisi ipsi essent reprobi. Sed tamen hoc dimittit sub dubio, utrum sit Christus in eis. Et quia ipsi possent credere et suspicari, quod apostolus gauderet de hoc quod essent reprobi, ut ipse in comparatione ad eos maior appareat et ut in eis posset exercere severius iudicium: ideo apostolus hanc suspicionem removet hic, primo, per orationem, quam pro eis ad Deum dirigit; secundo per gaudium, quod de eis concepit, ibi gaudemus enim, etc..

Orat autem, ut ipsi inveniantur innocentes, ut non examinentur ex severitate iudicii. Et ideo dicit oramus autem, scilicet Deum, ut vos nihil mali faciatis; quasi dicat: non credatis, quod velimus, quod sitis reprobi, sed oramus, ut nihil, etc..

Item orat, quod ipse appareat infirmus, per quod excluditur appetitus excellentiæ apostoli in comparatione ad eos. Et ideo dicit non, scilicet oramus, ut probati appareamus, id est non ut nos commendemur probati in comparatione ad vos, sed magis, ut vos quod bonum est, faciatis, Gal. VI, 9: bonum autem facientes, etc.. Ps. XXVI:

viriliter agite et confortetur cor vestrum; nos autem, ut reprobi simus, amittendo potestatem puniendi et iudicandi, quia ubi non est culpa, omnes sumus pares, et unus non habet potestatem iudicandi super alios.

Magis ergo vult apostolus, ut sint boni, quam ut subiaceant potestati iudicii sui.

Et quod careat potestate iudicandi si boni sint, ostendit cum dicit non enim possumus, etc., quasi dicat: nos non laboramus nisi pro veritate et pro ipsa stamus.

Constat autem, quod si puniremus innocentes, faceremus contra veritatem, et contra iustitiam.

Unde cum apostolus non possit facere contra veritatem sed pro veritate, id est pro iustitia, manifestum est, quod non puniet innocentes.

Notandum est, secundum Augustinum in Glossa, quod ad vitandum peccata, necessaria sunt duo, scilicet liberum arbitrium, et gratia Dei. Si enim liberum arbitrium non esset necessarium, numquam darentur homini præcepta, nec prohibitiones, nec exhortationes. Frustra etiam darentur poenæ. Gratia etiam est necessaria, quia nisi Deus omnes regeret per gratiam suam, non posset homo stare. Frustra etiam oraremus, quod non inducat nos in tentationem.

Et ideo apostolus ostendens utrumque esse necessarium, et orat Deum pro gratia obtinenda, et monet ut per liberum arbitrium recedant a malo et faciant bonum. Unde dicit oramus

Secunda ad Corinthios

quantum ad primum, ut nihil mali faciatis quantum ad secundum.

Consequenter cum dicit gaudemus, etc., removet falsam suspicionem propter gaudium de bono ipsorum conceptum.

Et primo ponit gaudium, quod de ipsorum innocentia concepit; secundo orationem quam pro ipsorum perfectione emittit, ibi hoc autem oramus, vestram, etc..

Dicit ergo: oramus quod vos probati appareatis, sed nos infirmi, et hoc apparet ex affectu nostro, quia gaudemus, quod scilicet aliqui sint inter vos boni et innocentes, ex quo subtrahatur nobis potestas iudicandi et videamur infirmi. Et hoc est quod dicit gaudemus, quoniam nos infirmi sumus, id est non exercentes potestatem nostram, vos autem potentes, id est sic bene agentes et vitia vincentes, quod subtrahitis vos a potestate nostra iudicandi. Cum enim aliquis male agit, subdit se potestati iudicis, sed bene faciendo repellit illam a se. Rom. XIII, 3: vis non timere potestatem? benefac, etc.. I Cor. IV, 10: nos infirmi, vos fortes.

De isto gaudio dicitur Phil. II, 17: gaudeo et congratulor vobis, etc..

Et non solum de his gaudemus, sed etiam super hoc oramus vestram consummationem, id est perfectionem.

In rebus enim naturalibus videmus quod quælibet res naturalis naturaliter tendit ad suam perfectionem, ad quam habet naturale desiderium. Et ideo cuilibet rei datur virtus naturalis, ut ad suam perfectionem naturalem possit pervenire. Gratia autem datur homini a Deo, per quam homo perveniat ad suam ultimam et perfectam consummationem, id est beatitudinem, ad quam habet naturale desiderium. Unde quando aliquis non tendit ad suam perfectionem, signum est, quod non habet satis de gratia Dei. Et ideo apostolus, ut isti possint in gratia crescere, orat ut perficiantur. Et Phil. I, 9: oro ut charitas, etc.. Eph. VI, 13: ut possitis resistere in die malo, etc..

Consequenter posita admonitione, causam admonitionis assignat, dicens ideo hæc absens scribo, etc., id est ideo absens scribo vobis hæc, monendo vos, ne scilicet cogar aliquid facere contra voluntatem meam, quæ est ut nihil dure agam contra vos, nisi quatenus per vos compellar. Et ideo dicit ut non præsens vobis durius agam contra vos quam velim vel quam velitis.

Sap. XI, 11: hos quidem tamquam pater monens probasti, etc.. Supra X, 1: absens confido in vobis. Rogo autem vos ne præsens audeam, etc..

Sed quia Corinthii possent dicere: numquid etiam si benefecerimus, non poteris contra nos, o apostole, dure agere? ideo respondet, dicens: non, quia non propono nec possum agere, nisi secundum quod recepi a Deo potestatem. Deus autem dedit mihi hanc potestatem, scilicet ligandi atque solvendi, in ædificationem, non in destructionem, id est ut vos ædificemini, et non ut destruamini. Et si dure vos corrigerem, non ædificarem, sed destruerem. Supra X, 8: de potestate nostra, quam dedit

Commentaria in Epistolis S. Pauli

nobis Dominus ad ædificationem, etc.. Hanc autem potestatem dedit Dominus Paulo, Act. IX: segregate mihi Barnabam et Paulum ad opus, etc..

Lectio 3

In præcedentibus apostolus increpavit seductos a pseudo, hic vero consolatur persistentes in fide et doctrina sua. Et primo ponit monitionem; secundo subdit salutationem, ibi salutate in osculo, etc..

Circa primum, primo ponit monitionem; secundo præmium impletæ monitionis, ibi et Deus pacis, etc..

Monet autem ad tria. Primo qualiter se habeant in seipsis; secundo qualiter se habeant ad proximos; tertio qualiter debent esse omnes ad invicem.

In seipsis autem debent bona duo habere. Primo gaudium de bono habito, et quantum ad hoc dicit de cætero, fratres, qui constantes fuistis, gaudete, in his quæ ad servitium Dei facitis. Et hoc est necessarium ad hoc quod sitis iusti et virtuosi, quia nullus est virtuosus, seu iustus, qui non gaudet iusta et virtuosa operatione. Et ideo dicitur in Ps. XCIX, 2: iubilate Deo, omnis terra, servite Domino in lætitia; Phil. IV, 4: gaudete in Domino semper; iterum dico, gaudete, etc.. Et vere semper est gaudendum, quia gaudium conservat hominem in bono habitu, quia nullus potest esse diu in eo quod contristat.

Secundo debent habere boni in seipsis æmulationem perfectionis, et quantum ad hoc dicit perfecti estote, id est semper tendatis ad profectum. Hebr. VI, 1: quapropter intermittentes inchoationis Christi sermonem, ad perfectionem, etc..

Non est autem hoc, quod hic dicitur, præceptum, scilicet quod homo sit perfectus, sed hoc, quod semper tendat ad perfectionem. Et hoc est necessarium, quia qui non studet ad proficiendum, est in periculo deficiendi. Videmus enim quod nisi remiges conentur ascendere, navis semper descendit. Et ideo dicebat Dominus Mc. Cap. Ult.: estote perfecti, etc..

Proximis autem est impendenda exhortatio ad bona. Et quantum ad hoc dicit exhortamini, etc.. Eccli. XVII, 12: unicuique mandavit Deus de proximo, etc.. Rom. XII, 8: qui exhortatur in exhortando, Apoc. Cap. Ult.: qui audit, dicat, veni.

Communia autem omnibus debent esse duo, scilicet ut idem sapiant, et ideo dicit idem sapite, et ut pacem habeant, et ideo dicit pacem habete. Et hæc duo ita se habent, quod unum est exterius, aliud interius.

Constat enim quod corpora non possunt servari et ordinari, nisi membra ordinentur ad invicem. Similiter nec ecclesia, nec ecclesiæ membra, nisi ordinentur et uniantur ad invicem.

Est autem duplex unio necessaria ad membra ecclesiæ unienda. Una est interior, ut scilicet idem sapiant per fidem, quantum ad intellectum, idem

Secunda ad Corinthios

credendo, et per amorem, quantum ad affectum, idem diligendo. Et ideo dicit idem sapite, id est idem sentiatis de fide, et idem diligatis affectu charitatis. Quia tunc est vera sapientia, quando operatio intellectus perficitur et consummatur per quietationem et delectationem affectus. Unde sapientia dicitur, quasi sapida scientia. Rom. XV, 6: ut sic unanimes, uno ore honorificetis Deum, etc.. I Cor. I, 10: idipsum dicatis, etc.. Phil. II, 2: idem sapiatis, etc.. Alia est exterior, scilicet pax, et ideo dicit pacem habete inter vos. Hebr. XII, 14: pacem sequimini, etc..

Ps. XXXIII, 15: inquire pacem. II Thess. III, 16: ipse Deus pacis det vobis pacem sempiternam in omni loco.

Consequenter cum dicit et Deus pacis et dilectionis erit vobiscum, ponit præmium quod redditur implentibus monitionem prædictam; quasi dicat: si servabitis pacem inter vos, Deus pacis et dilectionis erit vobiscum.

Circa quod notandum est, quod apud gentiles consuetum erat, quod aliqui ex donis denominabant deos, quia licet esset unus Deus tantum, tamen singula dona sua denominabant deos ex illis donis, sicut ex dono pacis denominabant Deum pacis, et ex dono salutis, Deum salutis. Huic vocabulo alludens apostolus dicit Deus pacis, etc.. Non quod pax sit unus Deus, sicut illi dicebant, sed ideo Christus dicitur Deus pacis, quia est dator pacis et amator. Io. XIV, 27: pacem meam do vobis, etc.. I Cor. XIV, 33: non est Deus dissensionis, sed pacis. Rom. V, 5: charitas Dei diffusa est in cordibus nostris, etc.. Ipse etiam est auctor pacis. Io. XVI, 33: in me pacem habebitis, etc.. Ipse in pace habitat.

Ps. LXXV, 3: in pace factus est locus eius, etc..

Item non solum est Deus pacis, sed etiam dilectionis. Et ideo dicit Deus pacis et dilectionis erit vobiscum. Et hoc ideo est, quia qui est in vera pace cordis et corporis, est in charitate, et qui manet in charitate, in Deo manet et Deus in eo, ut dicitur I Io. IV, 16, et quia homo non meretur nisi per pacem et dilectionem. Io. XIV, 23: si quis diligit me, etc..

Consequenter cum dicit salutate invicem in osculo, etc., ponit salutationem, et circa hoc primo indicit eis mutuam salutationem; secundo salutat eos ex parte aliorum, ibi salutant vos, etc.; tertio salutat eos ex parte sua, ibi gratia Dei, etc..

Mutuam salutationem indicit faciendam per osculum. Unde dicit salutate invicem, vos ipsos, in osculo sancto.

Ubi notandum est, quod osculum est signum pacis. Nam per os in quo datur osculum, homo respirat. Et ideo quando homines dant sibi mutua oscula signum est quod uniunt spiritum suum ad pacem.

Est autem pax simulata, et hæc est eorum qui loquuntur pacem cum proximo suo, mala autem in cordibus eorum, etc., ut dicitur in Ps. XXVII, 3. Quæ quidem fit per osculi fraudulentiam. Prov. XXVII, 6: meliora sunt verbera diligentis, etc..

Commentaria in Epistolis S. Pauli

Est et pax mala et turpis, quando scilicet conveniunt ad malum faciendum. Sap. XIV, 22: in magno viventes inscientiæ bello, etc.. Et hæc fit per osculum libidinosum.

Prov. VII, 13 dicitur de mala muliere, quod apprehensum deosculatur iuvenem, etc..

Est et pax sancta quam facit Deus. Phil. Cap. Ult.: et pax Dei, quæ exsuperat, etc.. Et hæc fit per osculum sanctum, quia unit spiritum ad sanctitatem. Et de hoc osculo dicitur hic in osculo sancto. Et ex hoc inolevit consuetudo, quod fideles et sancti viri, in signum charitatis et unionis, se invicem osculantur, et datur pax in ecclesiis in osculo sancto.

Ex parte autem aliorum salutat eos, dicens salutant vos sancti omnes, quia omnes sancti et fideles sperant et desiderant, ac orationibus procurant salutem nostram; unde omnes fideles Christi ad invicem sperant et desiderant sibi salutem. Ps. CXVIII, participem me fac, Deus, etc..

Ex parte autem sua salutat eos apostolus, dicens gratia Domini nostri, etc..

Ubi sciendum quod duplex est modus appropriandi aliquid divinis personis. Unus est essentialiter, alius causaliter; essentialiter autem appropriatur divinis personis, sicut patri potentia, quia ipse est potentia essentialiter, inquantum est principium; filio sapientia, inquantum est verbum; spiritui sancto amor, inquantum est bonitas.

Hic vero apostolus non appropriat ista hoc modo, scilicet per essentiam, quia sic omnia appropriarentur spiritui sancto, sed appropriat per causam. Et ideo cum gratia sit donum, quo dimittuntur nobis peccata Rom. III, 24: iustificati gratis, etc., et remissio peccatorum sit nobis facta per filium, qui, carnem nostram accipiens, pro peccatis nostris satisfecit, Io. I, 17: gratia et veritas per Iesum Christum facta est, etc.; propter hoc apostolus attribuit gratiam Christo. Unde dicit gratia Domini nostri, etc..

Charitas autem est nobis necessaria, quia oportet nos uniri Deo. I Io. IV, 16: qui manet in charitate, in Deo manet, etc.. Et quia hoc est a Deo patre, in quantum ipse sic dilexit mundum, ut filium suum unigenitum daret, ut dicitur Io. III, 16, Rom. V, 8: commendat autem Deus suam charitatem, ideo sibi, ut principio istius charitatis, attribuit charitatem cum dicit et charitas Dei, scilicet patris.

Communicatio vero divinorum fit per spiritum sanctum, quia est distributor donorum spiritualium. I Cor. XII, 11: hæc omnia operatur unus atque idem spiritus. Et ideo spiritui sancto attribuit communicationem, cum dicit et communicatio sancti spiritus.

Vel attribuit sibi hoc, quia ipse est communis aliis duabus personis.

Sic ergo apostolus in salutatione sua optat omnia necessaria, cum dicit gratia Domini nostri Iesu Christi, et charitas Dei, et communicatio spiritus sancti, sit semper cum omnibus vobis.

Secunda ad Corinthios

Amen. Gratia Christi, qua iustificamur et salvamur; charitas Dei patris, qua sibi unimur; et communicatio spiritus sancti, divina nobis dona distribuentis. Amen.

www.ingramcontent.com/pod-product-compliance
Lightning Source LLC
Chambersburg PA
BHW081156230426
666CB00016B/2829